大学与大师 上

清华校长梅贻琦传

岳南 著

中国文史出版社　博集天卷 CS-BOOKY

清华之立，其源实导自庚子拳匪之乱，……四万万人之膏血，清华所以成立之原素也。……且自美雨西来，留美学生之势力寝盛，将来中国之命运，殆全操诸留美学生之手。而清华实为留美学生之造制厂。质言之，清华学校与将来中国之命运，实有莫大之关系。关心中国前途者，对于清华已往之历史，盖不可以忽焉者也。

　　　　　　——梁朝威、余绍光《清华历史》，载《清华人》（Tsinghuapper）

　　民国以来，名校长群推蔡元培、傅斯年；梅贻琦之名不与焉，但专就办学教育而言，在我的心目中，他才是真正的典范。

　　　　　　　　　　　　　　　　　　　　　　　　——沈君山

　　清华校长连年更迭，学校很不稳定，校长很少作得长久的，自从梅先生接长以后，就一直安定下来，就只这件事在教育史上已是不朽。

　　　　　　　　　　　　　　　　　　　　　　　　——钱思亮

序

大学与大师

　　岳南先生是知名写实作家，2011 年我在新竹"清华大学"校长任内，有幸拜读岳南先生大作《南渡北归》三部曲，该书以民初到上世纪中叶知识分子遭遇为主题，是"一部二十世纪学术大师们的情感命运之书"，从一个清华人的观点来看这部书，感觉处处皆见清华人，时时皆闻清华事，剧力万钧，内心震撼不已，是一个难得的阅读经验。后来有机缘也顺利邀请到岳南先生担任新竹"清华大学"驻校作家。岳先生于 2011 年 10 月初到校，除讲学外，并积极主导及参与各项活动，包括 2012 年 4 月份邀请清华名师后裔来访、9 月邀请大陆作家代表团来访，并在同年 12 月 26、27 日举行的"梅贻琦校长逝世五十周年纪念会"演讲等。

　　新竹"清华大学"邀请岳南先生担任驻校作家，部分构想是希望借重岳南先生的才华与见识，完成一部以"两岸清华永久校长"梅贻琦为中心的大书，承蒙岳南先生首肯，于约五年前开始撰写《大学与大师：清华校长梅贻琦传》，本人有幸于 2016 年 9 月底阅读初稿。

　　本书除详细刻记梅校长之生平外，并将清华大学从建校到梅校长逝世的历史沿革做了一番精要的爬梳。全书共分上、下二部，除序章外，共有二十三章。上部之序章、第一至第十章，从梅校长家事到求学过程开展，包括与清华结缘，成为清华第一届直接留美生（1909 年），留美返国后担任清华大学物理教员、教授（1915 年），教务长（1926年），代理校务（1928 年），留美学生监督（1928—1931 年）各阶段行宜与作为。由各章标题可见，重点在清华梅校长治校以前的"史前史"。下部为第十一至第二十三章，则是梅贻琦治校以后到逝世的清华史。据岳南先生来函："此书稿尽管经历时间漫长，总算初步完成，心中不免长吁一口气。至于稿件的质量，不敢说上乘，还算是尽力而为之，非糊弄应景之作也。就好的方面言之，此为梅贻琦校长传记文学之第一部，是这一题材和人物较为全面的传记文学的开先河者。使用的材料来自海峡两岸与美国等地，而对新竹'清华大学'的材料特别注意并加以引用，力争实事求是，探寻历史真相，避免意识形态气味过重的文章或校友回忆录'左倾'或所谓右派的干扰，对所涉人物与事件，尽量达到'持平之论'。这样有利于还原历史真相，让读者对梅贻琦以及他那个时代的清华和梅主持的西南联大相关人事与诸种情形有一个清晰、明了的认识，以达到陈寅恪先生所言'在史中求史识''寻找历史的教训'的目的。"又云："就该著的形式与创作内容而言，目前所能见到、查到的材料，几乎一网打尽。以后或许有新的材料出现，并有超过该著作者，但可以相信的是，近期不会有了。这是作者值得欣慰的地方，也是当代读者视为幸运的地方吧。（以上是我自己的评价，或有不当之词语，但大体是这么一个事实与意思。）"我认为这是相当中肯平允之语。梅校长一生奉献给清华，在两岸清华担任校长二十四年期间，以全副心血发挥才智，奠定了北京清华与新竹"清华"在两岸分别成为数一数二名校的基础和声誉。梅校长就任时提出的"所谓大学者，非谓有大楼之谓也，有大师之谓也"，已成高等教育名言，深为世人推崇。他在一次致校友函中说，"生斯长斯，吾爱吾庐"，而以终身服务清华实践；一生尽瘁清华大学，未曾一日间断。清华事业就是他的事业，是古今极为少见的遇合。

梅贻琦校长是一位传奇人物，他37岁即由大师如林的清华教授群票选为教务长，42岁时又在众望所归下担任校长，一直到73岁时在新竹"清华"校长任内去世。梅先生担任教务长期间，正是清华成立国学院，震动学术界之际；他于1931年起担任校长，首先竭力平抚屡有驱赶前校长之举的纷乱氛围，落实校园民主，继而积极延揽大师级学者使清华迅速成为顶尖名校。抗日战争爆发后，梅校长以校务委员会常务委员身份主持西南联合大学校务，维持弦歌不辍，居功最伟；到1941年，清华已有"中邦三十载，西土一千年"之誉。而在抗战前后和国共战争时期，学潮不断，校园动荡，梅校长均能站在维护学校和学生立场，加以平息。1949—1955年滞美担任清华基金监督，1956年自美转到台湾创建新竹"清华"，从寻觅勘查校址到筹措经费，披荆斩棘，筚路蓝缕，圆满完成。招收第一届研究生十五人，而第三届研究生中即有李远哲先生日后荣获诺贝尔化学奖，加上华人中最先获得诺贝尔物理学奖的李政道和杨振宁先生出自西南联大，使得清华成为华人地区唯一拥有三位诺贝尔奖得主的大学，而这三位都出在梅校长任上。诚如岳南先生所言，"这个人才辈出，硕果延绵不绝的局机，绝不是偶然的"。

梅校长逝世十周年纪念会中，清华校友、曾任台湾大学校长及"中研院院长"的钱思亮先生代表各界所致纪念词，大意为：梅先生对国家的贡献很多很大，每一件对别的人说都可称为不朽。梅先生民国二十年（1931年）接任清华大学校长。那一时期清华的校长连年更迭，学校很不稳定，校长很少做得长久的；自从梅先生接掌以后，就一直安定下来；清华自梅校长执掌不久，就已在世界有名大学中奠立学术地位，这贡献对任何人来说都是不朽的功绩；抗战时搬到长沙、昆明，与北大、南开合组西南联大，三大学合作无间，并把学校办得很好，梅先生事实上对学校行政负责最多；战后复员到北平，梅校长重整清华园，两年多的时间，清华的规模与素质比以前更扩大提高了。1950年代中期之后在新竹重建"清华"，极节省地、一点一滴地亲自打下好的基础，建立了中国第一座原子炉，以最少的人、最少的钱、最短的时间，一次就成功了。我们今天在这里纪念梅先生，我们就想到梅先生撒播的种子；梅先生在清华四五十年，教导出这么多学生，都各守岗位工作；做"教育部长"时改革风气；倡办长期科学发展，影响既深且远。将来再过十年再过二十年，再来纪念梅先生，我们就更觉得梅先生的伟大，认识梅先生比现在更为深刻。——在梅校长逝世五十多年后回顾，钱先生一席话可谓神准：清华何其有幸，有旷世不朽教育家引领，奠定今天的基础与历史地位。

梅校长的知友、清华校友胡适先生在晚年常引李恕谷先生语："交友以自大其身，求士以求此身之不朽"，有人说是收徒弟哲学，岳南先生虽不能算是梅校长徒弟，但发扬光大一代教育家精神的功绩则一，是值得我们深深感谢与赞扬的。

陈力俊

2016年10月31日

目录
contents

大学与大师

大学与大师

上卷：从南开到清华

序章　归去来兮

严酷的寒冬比往年来得早了许多。

北平古城西郊，已凝冻成冰的残雪呈铡刀状，斜插于杂草败叶之间。阴沉的天空偶尔露出惨白的太阳，照射着雪草黏结的板块，反着阴森的光，一闪一闪，与滚动的漫天黄沙交结缠绕，升腾起一股刀兵四伏的朦胧幻象。烈风吹动中，树枝摇撼，枯絮夹着细沙碎石，如射出的镞矢飞舞旋转。稀落的行人，头上缠绕粗布围巾，或套一黑黄色狗皮长毛棉帽，弓腰曲背，蜿蜒前行。破旧的村落土屋，孤独地蹲在杂树丛生的荒野，显得分外寂寥落寞。放眼望去，满目河山透着冷彻骨髓的寒意。西山、海甸一带灰色苍茫里，影影绰绰的驼队在漫天风沙中缓慢地向古城移动。几只乌鸦于惊恐中放着悲声，穿过黑云冲向远方。天地迷茫处，动地的鼙鼓、战马的嘶鸣、学生的怒吼，伴着呼啸、凄厉的朔风隐约传来……

这是 1931 年 12 月 3 日上午晚些时候，苍凉寒冷的西直门外，一辆灰黑色老旧轿车沿农事试验场（动物园）一侧转向北行。黄土加碎石铺成的路面经历了严冬干旱与车轮辗压，已是遍体鳞伤。飞转的车轮载着车身一路颠簸向前驰去，过黄庄、入海甸、越"燕京"，闻名于世的圆明园废墟的庞大石柱举目在望。沿收割后的稻田东侧前行右拐，一座古典优雅的青砖白柱三拱"牌坊"式建筑突现眼前。低沉短促的喇叭声响过，门旁警卫肃立，举手敬礼。少顷，轿车从中间圆拱门悄然驶入。

半个时辰后，清华园荷花池畔小土山一侧钟声响起，众师生从散落于园内的各处馆舍走出，于寒风中整理着衣帽或跑或走，陆续来到庄重肃穆的大礼堂坐定，以好奇与兴奋之情，等候新任校长就职演说。

与以往国立清华大学新科校长就职仪式不同的是，这个日光惨淡的上午，园内外看不到陪同、随扈、迎接新校长的党国大员、公安巡警甚至护兵卫队，更无专门邀请主持的司仪、乐队，以及大批男女记者拥挤冲撞、窜进窜出的热闹场面，嵯峨堂皇的大礼堂显得有些空荡冷清。上午 11 点整，国立清华大学教务长张子高、秘书长杨公兆、理学院院长叶企孙等，引领两位学者沿长廊一侧向主席台走去。坐者望着二人背影，交头接耳议论开来。行在前面，身材略瘦、具有典型南方人相貌特征者，是代理校长翁文灏。紧随其后，身材高挺削拔、精神矍铄，脚蹬加绒高帮布质棉鞋，身穿浅蓝布长衫，外罩藏蓝色夹袄，头戴细毡灰色礼帽的中年男子，便是部分师生久闻大名但未见其人的清华新任校长——梅贻琦。

掌声过后，首先由代理校长翁文灏讲话。

翁氏以家乡浙东宁波官话开门见山地说道："今天梅校长到校视事，本人谨代表全校致热诚的欢迎。本人自今年七月间奉令暂代校务以来，因为各方面的事务纷繁，没有能用全部的时间，来替清华办事，这是很抱歉的。最近的两个月，本人因为职务的关系，常往来于京平之间，更没有能到校，承叶企孙先生的盛情，暂为代理，许多帮忙，这是本人应该致谢的。今天梅校长到校视事，清华负责有人，前途发展，不可限量，这是本人深为欣慰的。梅校长与清华有十余年深切不断的关系，大家均所谂悉，当然无须再为介绍。不过本人于今日临行之际，有两种善意的希望，愿意贡献给清华。"

讲到此处，翁代校长稍做停顿，以复杂、真诚的目光扫视一眼台下听众，语速缓慢略带沉重地说："一种是希望清华以后要保持安静的空气；一种是希望清华要具有进步的精神。总而言之，希望清华以后在安静的空气中求进步。"[1] 言毕，目光投向台下师生并点头示意，听众以热烈掌声报以友好回敬。

翁文灏没有再讲下去，也无须讲出具体实例予以启示，刚才一番温和谦恭又暗含批评之意的话语已经做了表达，间涉的历史背景、师生关系、现实处境与未来希望，在场者自是心领神会——

自大清王朝末年于这所废园兴建学堂算起，清华二十年历程，校名三更，校长十易。1919 年"五四运动"之后，以学生为主导的驱赶校长风潮逐渐兴起并愈演愈烈。许多年后，一个叫罗隆基的清华毕业生曾对外自豪地宣称，当年最大的丰功伟绩，就是"九年清华，三赶校长"，以示同学少年多不贱，个个都是叱咤风云、创造历史与改变历史的风云人物。

翁文灏出任代理校长之前，清华园内每位校长平均任期二年，在校最久者为周诒春，任期四年五个月；较短者为温应星、吴南轩，任期皆未过两个月；短者为乔万选，刚进校门即被学生赶出，任期约为一分钟；最短者为罗忠诒，未出家门即被拒，任期约等于零或负数。而在校长被驱逐之后的许多个时期，清华处于群龙无首状态，一切事务得益于多年形成的惯性或由校务委员会出面维持。

令在座师生记忆犹新的是，七个月前的 1931 年 4 月 20 日，又一任清华校长吴南轩在大礼堂宣誓就职，各色党国大员与帮闲者前来捧场，整个清华园岗哨林立，车辇浩荡，乐音飞扬，场面恢宏。大礼堂内用鲜花、绸缎布置一新，交相闪烁的镁光灯，晃荡得观礼者睁不开眼睛……惜好景不长，仅过一个月零九天，清华园内驱逐校长风潮啸起。5 月 29 日清晨，吴南轩官邸忽被学生包围，逼其辞职，几位校内高层人物亦分别被堵于寓所或办公处遭到斥责与驱逐。紧急中，吴南轩的几名嫡系要员在众生吵嚷斥骂中携印信逃出清华园，转入北平东交民巷使馆区利通饭店，与提前进城的吴氏汇合，托庇外国人保护，在此设立"国立清华大学临时办事处"，企图对清华事务遥控操纵。此番闹剧受到中国政府层峰及社会舆论严厉斥责与抨击，在巨大压力和清华师生坚拒的夹击下，吴南轩只好称病辞职。7 月 3 日，南京国民政府教育部下令，北平地质调查所所长翁文灏代理国立清华大学校长。

在政学两界德高望重，"洁身自好，磊落光明"，又以学识渊博、温和实干著称的翁文灏，临危受命，到校后顺应时代潮流和师生意愿，多方求解，四处安抚，风潮暂时平息，校务重新步入正轨，暑假前的年终大考顺利进行。深知清华教授与学生皆不好对付，且无心觊觎校长之位的翁文灏，见校园已恢复平静，遂向教育部递交辞呈并请正式校长早日到校。

9 月 15 日，新学期开始。翁文灏到校视事一天，把校务交于清华大学理学院院长叶企孙暂代，自己径返北平地质调查所去了。

开学仅三天，清华师生翘首以盼的新任校长连个影子都没见着，山海关外"咣"的一声，"九一八"事变的重大凶讯轰然传来。

1931 年 9 月 18 日晚，日本驻中国东北地区的关东军，奉令炮轰沈阳北大营，向中国东北边防军发起进攻。时任国民政府陆海空军副司令，坐镇北平，节制黄河以北广大地区的原"东北王"张学良接到战报，明确下令"不予抵抗"。当晚，日军攻占北大营，次日占领整个沈阳城。三天内长春、吉林陷落。未久，30 万名义上隶属中华民国南京中央政府的东北军一枪不放向关内撤退，日本关东军乘胜四面进攻，导致相当于日本国土 3.5 倍的中国东北三省全部沦陷，3000 多万父老成为亡国奴。——这就是震惊中外的"九一八"事变，也是"天才的爱国主义者"傅斯年认定的"第二次世界大战逻辑的开始"。[2]

事变突发，举世震惊，社会各界纷纷给予南京国民政府和坐镇北平的张学良副司令，以及张氏节制的东北军有力声援，北平各大学立即发起组织平津学术团体对日联合会，议定北平国立四大学，北平研究院，北平图书馆，南开、燕京二私立大学及中国大学负责人为常务委员，推举国立北京大学校长蒋梦麟为联合会主席，代表学术团体讨论应付此次事变的战略方策。同时，北平各大学教职员亦组织联合会，研究办法，领导民众，以做政府之声援与后盾……

9 月 21 日上午，国立清华大学教职员公会召开临时紧急会议，针对"九一八"事变成立清华校内专门的对日委员会，推举冯友兰、叶企孙、张子高、蒋廷黻、钱端升、叶公超等 17 人为常务委员，并敦请本校蒋廷黻、萧叔玉二教授对全校师生演讲中日问题，让学生了解日本，熟知中日之间国情与实力对比，以便为民族抗战有效地尽一份责任。同日上午，北平市政府召集本市军警宪机关及各大学当局联席谈话会，做出八项决定：

（一）各校禁止学生罢课；

（二）不许学生结队游行；

（三）各学校学生在校开会应先得学校当局许可并由便衣警察参加，以防意外；

（四）学生讲演应以三五人为限，并由学校当局通知警察随时保护；

（五）学生出外讲演不得携带武器，以防危险；

（六）讲演应就下列指定各地点举行……
…………[3]

政府当局的意图自是明显，清华校委会为顾及抗日大局，尽量予以配合。9 月 24 日，在无法阻止学生抗日救国热情，但出于"维稳"的考虑，必须设法避免学生集体进城游行紧急态势下，清华教务处发布通告："本日全体学生分道至附近乡村讲演东北问题，特许停课一日。"显然，清华校方想以此种方式，释放学生被"事变"火焰烧起的悲愤难抑的激烈情绪。

此时，南京政府与张学良的不抵抗政策，仍处于似是而非的模糊幻影中，学生的主流立场是拥护中央政府，并愿"为政府后盾"，共同对抗日军侵略。随着东北局势一发不可收拾，而南京政府与坐镇北平的张学良迟迟未下令行动，血气方刚的学生被激怒，逐步踏上了与政府对抗并正面交锋的"请愿"之路。9月28日，南京、上海两地学生5000余人，冒雨前往南京国民党中央党部请愿，在碰了软钉子后转赴国民政府外交部，得到的答复仍然是等待"国联"解决。外交部官僚在训话中，一度牛气哄哄地勒令学生返校复课。学生怒气越来越大，请愿队伍中几个平时闹事不怕事的另类分子，火从心头起，力从胆边生，呼地一下撞开阻挡的警卫，冲入外交部大楼，窜入外交部部长王正廷办公室质问各节。王先是打哈哈支吾其词，复恼羞成怒，勒令学生滚出去。学生则"以手击桌，碎玻璃桌面"，而后上前揪揍王氏。王恐，走避不及，被学生数人擒获，一顿胖揍，继之有学生于混乱中抄起红墨水瓶与花盆，猛击王氏头部，盆碎头破，王外长倒地不起，红墨水溅了满身，似鲜血流出，场面极为恐怖。军警赶至，急将王氏救出，护送至鼓楼医院，诊断为脑震荡兼膝盖严重骨折等三处重伤。国府最高权威蒋介石闻讯，大怒，但又不得不采取先礼后兵的战略决策，亲自出面接待学生并设法安抚。

听闻南京的蒋介石已经露头，心高气傲的北平学生，开始集结到张学良居住的顺承郡王府官邸外游行示威，且呈不可遏止之势。——许多有经验的教育界人士意识到，如果张学良不予以解释和安抚，大规模学潮就要在南北爆发并波及全国。清华作为北方国立大学重镇，因翁文灏代校长的辞职而处于群龙无首的状态，虚悬已久的校长问题必须尽快解决，否则后果不堪设想。于是，由教育界和社会有识之士向教育部提议、督促、荐举，复由部长提名、国民政府行政院会议通过，于10月14日颁布1716号训令，正式免除吴南轩虚位已久的国立清华大学校长之职，由梅贻琦接任。

当此之时，梅贻琦正以国立清华大学留美学生监督处监督身份，在美国华盛顿料理事务，鉴于事态紧急，南京方面拍发电报催其迅速返国就职。梅接电后不敢怠慢，迅即办理交接手续，打点行装登船启程，急匆匆向离别三年多的东方故园驶来。

梅贻琦在浩瀚的太平洋随船颠簸前行之际，"九一八"事变引起的风潮不但没有平息，反而蔓延全国并持续发酵。南京政府仍无出兵迹象，已成为亡国奴的东北各界民众，于11月7日组成650人的请愿团赶赴南京请愿。继之天津学生纷纷南下请愿，要求政府立即出兵，驱逐倭寇。二者得到的答复基本相同："不要听信造谣挑拨，要镇定听候中央处理，到必要时候，中央一定抵抗……"[4]

11月下旬，被张学良阻于门外、忍无可忍的北平学生开始图谋南下。在这个节骨眼上，清华大学历史系讲师吴其昌，偕夫人与胞弟——燕京大学学生吴世昌，在北平顺承郡王府官邸门外向张学良泣请未果。一怒之下，吴氏兄弟跑到南京中山陵前"绝食哭陵"，并发表《昭告总理文》，一番造势折腾，世人为之瞩目。

吴氏全家"绝食哭陵"消息传出，给清华大学师生极大震动与刺激，清华学生会立即决定全校停课赴京请愿。负维持校务之责的清华校务会闻讯，劝阻未果，清华学生进一步行动起来。许多年后，一位参加赴京请愿的学生仍记得当时紧张而感人的场面："只听见校钟当当沉重的鸣声，自上午起一直没有停过，这真是有力的号召，每响一声就如敲在心上一样，我躺在床上，听见隔壁的人声渐稀，知道都已去参加了。我终经不起这钟声的激励，抓了一件棉袍装在洗衣袋里，随大队走向北平前门车站去也！"又说："初到车站，铁路局方面受到命令，加以劝阻，但此时学生的情绪劝阻岂能生效呢？交涉至傍晚，同学决定'卧轨'，决不回头。'卧'倒是没'卧'，全体都站在铁轨上挡住一列正预备开往南京的列车，车上头灯强烈的照在我们的脸上，眼睛睁不开，冷风吹在身上寒噤的牙齿得得作响。……伫立了几个钟头，还是我们胜利了，铁路局询得南京方面的同意，允许前赴首都。这时腿都站直了的我们，真是高兴极了，全体拥上了三等车厢，就在深夜中出发！"[5]

11月26日，抵达南京的清华学生，受到蒋介石于中央党部单独接见和训示，众生自感达到请愿目的，翌日乘车离京返校。

此次清华学生作为赴京请愿的前驱，渐知手握重权的张学良压根不可能出兵抗战。北平乃至整个北方学生遂调转身心，把希望寄托于南京中央政府与蒋介石身上。当天，北平民国学院450名学生发起南下运动。28日，燕京大学190多名学生再度南下……一时间，北平与华北学生抢占、乘坐各种交通工具，向首都南京蜂拥而去。与此同时，京沪学生得天时、地利之便，更是风头劲健，纷纷向南京云集，街头的热切呼唤与"请愿"豪气，很快演变成声势浩大的"示威"游行，暴力色彩随之加剧，肢体冲突甚至群殴事件已无法避免，爱国学运向着恶化的方向迅速滑去，洞若观火的教育部以特快急件发出第2041号训令，企图挽狂澜于既倒。令称：

> 本部迭据京沪路郭局长承恩迴有先后电称："敬午来有学生八九千人至北站，不服劝阻，大部分强乘一次车迫令开行，所余学生，复强乘迴日第五次车第二段车进京，因机车力小，拟将该段车在第一段车后开出，学生不愿，竟将警务分段长龚国栋、站长方振华痛殴，并将站长室打毁，计昨今日沪站晋京学

生，约七千余人，五次车于有日一时二十分开出，约下午二时到京。又暨南大学学生代表四百余人，要求敬晨七次车在真茹停靠，当即拒绝，该代表即横卧轨道，夺取红旗，强迫停车，蜂拥攀登；又苏州有学生一千四百人强登敬日第九次车赴京；又无锡敬日，亦有请愿学生二十余人赴京，均经会同市府机关，竭力劝阻无效。……除呈复及函复并分令外，合行令仰该校当局劝谕各生，以后乘车，应照定章办理，不得有强迫开车情事，以维路政。此令。

中华民国二十年十二月三日　署理部长　李书华"[6]

南京政府当局于烦躁、紧迫中，失去了往日的克制与忍让，改以强硬姿态调动大批军警，动用武力手段，不惜流血，欲对赴京游行示威的学生加以镇压。

弹已上膛，箭在弦上。

在这千钧一发的严峻时刻，梅贻琦已奉命由美抵达国内。12月3日上午，梅以教育部最新任命的国立清华大学校长身份，由北平城内乘车驶入清华园这个倾注了他十余年心血与汗水的故地，风尘仆仆地随张子高、杨公兆、叶企孙等步入大礼堂，面对一排排熟悉或陌生的面孔，继代校长翁文灏之后，开始了一生中最为著名的演说：

本人离开清华，已有三年多的时期。今天在场的诸位，恐怕只有很少数的人认识我罢。我今天看出诸位里面，有许多女同学，这是从前我在清华的时候所没有的。……本人能够回到清华，当然是极高兴、极快慰的事。可是想到责任之重大，诚恐不能胜任，所以一再请辞。无奈政府方面，不能邀准，而且本人与清华已有十余年的关系，又享受过清华留学的利益，则为清华服务，乃是应尽的义务，所以只得勉力去做，但求能够尽自己的心力，为清华谋相当的发展，将来可告无罪于清华足矣。

清华这些年来，在发展上可算已有了相当的规模。本人因为出国已逾三年，最近的情形不很熟悉，所以现在也没有什么具体的意见可说。现在姑且把我对于今后的清华所抱的希望，略为说一说。

我先谈一谈清华的经济问题。清华的经济，在国内总算是特别的好、特别的幸运……

我希望清华今后仍然保持它的特殊地位，不使坠落。我所谓特殊地位，并不是说清华要享受什么特殊的权利。我的意思是要清华在学术的研究上，应该有特殊的成就，我希望清华在学术研究方面应向高深专精的方面去做。办学校，特别是办大学，应有两种目的：一是研究学术，二是造就人材。清华的经济和环境，很可以实现这两种目的，所以我们要向这方面努力。有人往往拿量的发展，来估定教育费的经济与否，这是很有商量的余地的。因为学术的造诣，是不能以数量计较的。我们要向高深研究的方向去做，必须有两个必备的条件：其一是设备，其二是教授。设备这一层，比较容易办到，我们只要有钱，而且肯把钱用在这方面，就不难办到。可是教授就难了。一个大学之所以为大学，全在于有没有好教授。孟子说："所谓故国者，非谓有乔木之谓也，有世臣之谓也。"我现在可以仿照说："所谓大学者，非谓有大楼之谓也，有大师之谓也。"

据在场的学生回忆，梅贻琦讲到此处，伸出手臂冲天一扬，抬头挺胸，脸呈激动、肃穆、庄严之色。台下听众大受感染，掌声雷动。

最后，梅贻琦面色沉重地望着众人，以轻缓的语调说：

我不能不谈一谈国事。中国现在的确是到了紧急关头，凡是国民一份子，不能不关心的。不过我们要知道救国的方法极多，救国又不是一天的事。我们只要看日本对于图谋中国的情形，就可以知道了。日本田中的奏策，诸位都看过了，你看他们那种处心积虑的处在，就该知道我们救国事业的困难了。我们现在，只要紧记住国家这种危急的情势，刻刻不忘了救国的重责，各人在自己的地位上，尽自己的力，则若干时期之后，自能达到救国的目的了。我们做教师做学生的，最好最切实的救国方法，就是致力学术，造成有用人材，将来为国家服务。

今天所说的，就只这几点，将来对于学校进行事项，日后再与诸君商榷。[7]

掌声再度响起。梅贻琦略带微笑点头致意，将放于桌上的礼帽捡起，与翁文灏等从容步下讲台悄然离去。——至此，清华园纠葛半年多的校长问题尘埃落定，国立清华大学未来的命运，与时年42岁的新任校长梅贻琦紧紧联系在了一起。

是时，学潮仍在大江南北呈汹涌澎湃之势，各种消息不断传出，清华大学部分学生蠢蠢欲动。梅贻琦深知学潮内在隐情与失控的后果，遂联合教务长、秘书长及评议会的张子高、杨公兆、叶企孙、冯友兰以及朱自清等颇具声望的行政人员及教授，来回穿梭于馆舍之间，与各方沟通联络，对学生倾心交谈，全力安抚、稳定学生情绪与校内秩序，昼夜不舍……

12月5日晚间，不幸消息传到清华园，北京大学南下示威团在南京成贤街、浮桥一带示威游行，国民党当局出动1000多名军警包围、殴打示威学生，有30余名学生被打伤，185名学生被捕。为表示对南京政府镇压学生的愤慨，12月6日，北平各校6000余名学生到顺承郡王府张学良官邸请愿示威，随后转向国民党北平市党部声讨，并于激愤中把党部牌子砸个稀巴烂。

12月15日，更加凶险的消息传出，有少数清华学生参与的北平各校学生南下救国示威团500余人，联合当地学生共2000余人冲进外交部，把悬挂在门口的牌子、院内停放的汽车，以及楼内门窗、办公桌椅、文件橱柜等捣毁砸烂，并把一沓沓外交卷宗抛在地上。洗劫过后，大队人马直奔国民党中央党部，众生一拥而上，缴了卫兵的枪械，砸掉门上的党徽，捣毁中央党部传达室和会客厅，继之四处寻衅打砸。时蒋介石正在党部举行会议并提出辞职下野，闻讯后请在座的代理行政院长、京沪卫戍司令陈铭枢，以及国民党、教育界双料耆宿蔡元培出面，接见学生并予以安抚。蔡元培、陈铭枢刚一出门，即闻呼打之声。蔡氏"甫发数语，该团学生即将蔡氏拖下殴打"[8]。另有学生以木棍猛击陈铭枢头颅，陈当即昏厥倒地。中央党部职员及警厅保安队急忙上前救护蔡、陈，学生见状，即有人拔出缴获的手枪鸣放，径向内冲，用木棍向内殴打，并绑架蔡元培向门外冲去。中央党部警卫见事发紧急，朝天鸣枪警示，并集结队伍追出营救蔡氏，直至玄武门附近的荒田水洼中，警卫与学生一番扭打殴斗，始把受伤的蔡元培救回。

12月17日，南京"珍珠桥惨案"发生。是日，北平、天津、上海、济南、安徽等地赴京请愿学生代表，同南京学生共3万余人联合举行示威游行。当游行队伍行进到珍珠桥时，早已部署在此地的国民党军警奉令进行血腥镇压，当场有30余名学生被枪杀，尸首被扔进河里。另有100余人受伤，100余人被捕。消息传出，举国哗然。

12月31日，南京教育部特别向国立清华大学发出训令，简略讲述12月15日、17日南京两次大规模学潮的政治动向，以及双方采取的行动。特别强调17日风潮内因、外力和因果关系，皆属学生成分复杂化，且有党派渗透暗中操纵演化而成；时有千余名学生携带木棍围攻国民党中央党部，其中一部分临时换带赤色臂章，党派色彩极其明显；而捣毁中央日报馆并带头实行纵火者，就是这些赤色分子……因而，教育部特令清华大学"即便遵照，切实劝谕各生一体遵照，是为至要"[9]。

当清华校长梅贻琦接到这件训令的时候，已是1932年1月3日。

就在这一天，由朝鲜调往东北地区的日军第 20 师团司令部、混成第 38、39 旅团，及一个重型轰炸机中队，协助日本关东军占领锦州。而此时驻锦州的中华民国东北边防军第 12、20 旅和骑兵第 3 旅，已奉张学良之命撤退至关内，并向河北滦县一带大举溃退。日军先头部队占领辽西，直逼山海关与长城各关塞隘口，以凌厉攻势吹响了占领热河、侵吞华北的号角，一个血火交织、关乎民族存亡续绝的大时代业已来临。与民族兴亡密切相关的教育事业，亦将在这战火纷飞中面临生死攸关的考验。广袤的华北大地，很快陷入"安放不下一张书桌"的险恶之境，梅贻琦与他统领的清华大学师生将何去何从？

"受任于败军之际，奉命于危难之间"，历史在民族危难的拐点上选择了梅贻琦，梅贻琦于大军溃退千里，山河破碎如絮，学潮汹涌澎湃的大时代里，重返清华园执掌舵柄。国共两大阵营裹挟着校内师生，在古老破碎的版图上交汇争锋，迸裂的火花与浩荡的激流，在这里碰撞搏击、互灭互生，梅贻琦单薄的身躯能承载得起这千钧重负吗？

——历史在静默中拭目以待！

注释

[1]《校闻：梅校长到校视事》，载《国立清华大学校刊》，第三四一号，1931 年 12 月 4 日。

[2] 傅斯年《中国要和东北共存亡》，载重庆《大公报》"星期论文"，1946 年 2 月 25 日。

[3]《北平市政府召集本市军警宪机关及各大学校当局联席谈话会纪录》，载《国立清华大学校刊》，第三一五号，1931 年 9 月 25 日。

[4]《蒋介石年谱》，李勇、张仲田编，中共党史出版社 1995 年出版。

[5] 孟昭彝《熊大缜英灵不泯》，载《清华校友通讯》，新一期，新竹，1962 年。

[6]《国立清华大学校刊》，第三四四号，1931 年 12 月 11 日。

[7]《国立清华大学校刊》，第三四一号，1931 年 12 月 4 日。

[8]《中华民国史事纪要》，中华民国史事纪要编辑委员会编，于台北 1986 年出版。

[9]《国立清华大学校刊》，第三五六号，1932 年 1 月 11 日。

第一章　往事何堪哀

◉ 少年南开

　　1908 年夏，一个 19 岁的青年学生于天津南开学堂以第一名的成绩毕业，当他摆动长衫、神情盎然地走出这座学府十年之后，门前竖起的纪念井铜牌上，不可或缺地镌刻了他的名字，以示永久纪念。——这位学子，便是后来被称为清华大学"永远的校长"的梅贻琦。

　　梅贻琦，字月涵，清光绪十五年腊月初八（1889 年 12 月 29 日）生于直隶天津城内照壁胡同一处普通院落。关于梅氏家世及其与天津的瓜葛，许多年后，梅贻琦在台湾应相关方面邀约，亲笔书写了一篇短文，简要叙述自己家族延续的历史脉络，文章说："关于琦之家世，幼年曾见一本'梅氏家乘'，略有记忆，以后经庚子之乱，遂未再寻得。此家谱起首，叙明初一将官名梅殷者，原籍武进，曾尚太祖之大公主，生二男，燕王至南京僭位，为殷夫妇所反对。一日殷赴燕王宴，归途落水淹死，大公主哭闹不休，燕王始允携二子回北京善视之，皆封军职。此二子之名字及其后代如何迁至天津，则全不记得了。在北京从未遇到过 [天津] 姓梅的，在天津家口亦不多，幼时家人常往来的只不过七八家，皆属中产以下人家，多半教书，或做'盐务'（如盐商经理之类），偶有做官的不过知县等级，但经商的甚少。在清末以诗或书画称小名家者颇有几人，所以梅家人在天津有'穷念书的'雅号，而还有'梅先生拔烟袋……不得已而为之'的笑话。"[1]又说:"琦幼时考学校时报名须默写三代,故还记得:曾祖名汝钰,祖茂生,似皆曾中举贡。琦生时祖父母已去世,稍长闻祖父曾做清丰县教官(训导),病殁于任所。先父讳臣,字伯忧,为三兄弟三姊妹中最长者,二十岁时考中秀才,以后曾两次上京赶考皆不第,便未再试,一生职业为盐务,担任盐商津店账房,或兼'外事'(与官府交结者)。家境非甚宽裕,但对于吾兄弟五人之教育,必尽力成全。琦姊妹亦五人,最小者二人亦能毕业于师范及南开大学。"[2]

据梅贻琦晚年的兼职秘书、清华校友赵赓飏说,这份"家世简史",属梅氏于仓促间撰成,颇为简略,有些记载语焉不详,故后来在新竹"清华"创办的《清华校友通讯》第三十一期披露后,清华1911级老校友张福运认为确属"略而不详",有待补充。于是,张氏特出《明通鉴》一书检阅,在"惠帝建文四年"条下,找到了有关"梅殷"名事的记载。原文如下:

> 上(指燕王)之即位也,驸马都尉梅殷尚拥兵淮上,不降。上乃迫宁国公主啮血为书以授殷。殷得书恸哭,乃还。既入见,帝迎劳曰:"驸马劳苦。"殷曰:"劳而无功耳。"上默然。以公主故,不诛,然自是益衔之。(按:燕王至南京,凡拥戴惠帝[即太祖之孙建文帝]未降诸大臣,皆加屠戮,故云"以公主故,不诛"。)

> "成祖永乐三年"条,又载:"冬十月乙丑杀驸马都尉梅殷。"

> 先是殷家居,上尝遣中官伺察,词色恒不平,于是陈瑛希旨劾殷:招纳亡命,私匿塞外人,与女秀才刘氏朋邪咒诅。上曰:"朕自处之。"因谕部臣考定公侯驸马仪仗从人之数,而别命锦衣卫执殷家人送辽东。至是,殷入朝。前军都督佥事谭深、锦衣卫指挥赵曦,挤殷笪桥下溺死,以殷自投水闻。都督同知许成发其事,上命治深、曦罪。对曰:"上命也"。上大怒,立命力士以金瓜落二人齿,斩之。遣官为殷治丧,谥"荣定",而封许成为永新伯。

> 初殷之死也,宁国公主谓上果杀殷,牵上衣大哭,问"驸马安在?"上曰:"为主迹贼,勿自苦。"寻官殷二子:顺昌为中军都督同知,景福为旗手卫指挥使。赐公主书曰:"驸马殷虽有过失,兄以至亲不问,比闻溺死,兄甚疑之。许成来首,已加爵赏。谋害之人,悉置重法。特报妹知之。"逾月,进封宁国长公主。

对于这段记载，张氏认为与梅贻琦自撰家世一文并无不符，唯能补其缺者，对梅殷一家之北迁，至其溺死桥下，更有翔实记载。为此，张福运慨叹曰："梅殷忠君抗逆，燕王即皇帝位尚拥兵不降，以永乐之残刻成性逞志淫刑，虽至亲亦不能免。五百年后，其后裔梅校长始显达，名垂史册，殆天之有以报其忠乎？"[3]

梅殷死后，其子孙为何落户天津，史乘不详，据赵赓飏推侧，明成祖朱棣既封驸马二子军职，谅必有俸无权，住处难免限居京畿附近地区，至少其中一位，可能依军籍之便而居住天津卫，因此世代留居。唐宋以来各地设"军州"或"卫"为军事防区，而清末民初，仍多呼天津为"卫"。梅夫人晚年回忆文，曾有一言，谓梅家是"明成祖时代由江苏北迁，来负责驻防天津卫的"。或可作为参考依据。[4]

至于梅氏家族来到天津卫的几百年岁月，出了多少算是"人物"的人物，有何种事功，延续到梅贻琦这一代已无从知晓。所能了解者，上限或于曾祖、祖父辈人物，然仍如雾中看花，不甚了了。能探清者，只是这个家族至清末就已衰落，梅贻琦父亲的功名是考来的，而他两位叔叔的秀才名头则是拿钱捐来的。母亲张氏，未曾入学，其先人在天津鼓楼北开设义生堂药店，勉强维持一家温饱……总之，在梅

◎梅贻琦与同胞兄弟及堂兄弟合影。后排右一为梅贻琦，左一为六弟梅贻瑞；前排左起：小弟梅贻宝，八弟梅贻琳，十弟梅贻璠

贻琦童年到青年的记忆里，留下深刻印象的就是几位父辈人物与家庭十几口人"非甚宽裕"的生活。

蒙"多子多福"风俗所赐，梅贻琦父母共生育五男五女十个孩子，昆弟五人依次是贻琦、贻瑞、贻琳、贻璠、贻宝，因家族大排行故，贻琦的弟、妹都称他为"五哥"。梅贻琦自幼忠厚老成，聪颖好学，读小学时已具有学霸气象，每次先生提问总能对答如流，深得先生与家长喜爱。读书之余，年幼的梅贻琦知道自己作为长子在家庭中的位置和担当，自觉帮助父母做事，如踩着小板凳帮助父亲记账，协助母亲照顾弟弟妹妹等成为常态。

1900 年，庚子乱起，天津成为义和团"扶清灭洋"的主战场之一。烈火硝烟中，11 岁的梅贻琦随父母及弟弟妹妹合家逃亡保定避祸。乱后归津，原本并不富裕的家业被洗劫一空，洗劫之人是拳匪、联军，或是清兵民贼兼及强盗小偷，已无从查考，即便查得亦无可奈何。经过此次浩劫，天津工商业受到重创，可谓一蹶不振。梅贻琦父亲失业，家中生活顿陷困境，只好从亲朋好友处借得粮钱暂时度日，每以玉米面充饥且要限量，家人每日处于半饥半饱状态。后来，父亲总算找到一份差事，但薪水低微，仍难维持一家生活。许多年后，梅贻琦五弟梅贻宝回忆自家"近代史上最艰辛的一段"往事时说："除去几间旧房庇身以外，我家够得上准无产阶级了。父亲的收入有限，家里人口可观，一切周章挪补，都要母亲伤脑筋。我一直到十几岁，恐怕是五哥回国以后，才穿到一件直接为我做的新袍子。家境虽然清苦，人口虽然众多，父亲却咬定牙，叫每个儿子受教育。后来天津开办了女子学校，他叫两个未出嫁的女儿亦上学校。"[5]

1904 年秋，15 岁的梅贻琦进入南开中学前身——天津私立第一中学堂就读，在这里，遇到了他生命中至关重要的人物——张伯苓。从此，他的人生进入了一个新天地。

张伯苓，名寿春，字伯苓，以字行。祖上乃山东人氏，原在大运河使船往来南北，以贩运油粮为生，不知何年何月流落到天津卫，后来在城内开了一家叫作"协兴"号的粮行维持生活。祖父名张虔，青少年时期为国学生，因屡试不第而致癫狂，38 岁死去。其父名云藻，字久庵，为独生子，且兼继承五门。久庵公自少年时代起即酷爱音乐，醉心骑射。及长，吸取父亲屡试不中以致癫狂而死的教训，不以科举功名为重，根据自己喜好，遍访名师大腕儿，悉心向学，后来终成正果，弹拉吹打无一不精，尤擅弹奏琵琶，江湖上人送外号"琵琶张"。久庵公练就如此本领，出山后在城内设馆授徒，并以此为终生志业，曾一度举家落户天津宜兴埠，在当地大户、肄业于天津水师学堂、后来成为教育家的温世霖家族执教，张、温两家就此建立了深厚友谊，进而有了姻亲关系。许多年后，一位叫温家宝的天津温氏家族子弟在接受俄罗斯记者采访时说："张伯苓先生是天津人，和我同乡，也是同村。"[6]指的就是这段前世因缘。而温家宝的爷爷温瀛士创办普育学校，就是深受前辈温世霖影响而亲身践行的一个成功案例。

张久庵年轻时先娶胡氏为妻，未久胡氏病故，续娶杨氏。1876 年 4 月 5 日张伯苓诞生，时久庵公已 43 岁，算是老来得子，一家欢喜自不待言。更令张氏夫妇及家族长老们惊喜的是，以后四年内又接连生了两位千金。张久庵 59 岁那年，送子观音再次光临张家，夫人杨氏又生下一个男孩，取名彭春。张彭春的诞生，结束了家族中张久庵一支二世单传的历史，张家人丁兴旺，家业随之振兴起来。许多年后，张伯苓与张彭春兄弟在中国近代教育舞台上联袂登场，一度呼风唤雨，演出了多姿多彩的一幕。

张伯苓 5 岁时，父亲开始给他开蒙，教读四子书，进行严格的修身立志教育。对于这段往事，张伯苓回忆说："当余尚梳小辫时，先父曾有言：'人愈倒霉，愈当勤剃头、勤打扮。'这就是说总当洁净光滑，表示精神。"[7]因久庵公技艺高超，名声在外，聘请者众，一日要应付几处塾馆，来回奔忙，无法携子就读，只好把张伯苓送到同族本家的塾馆附读。后转好友刘先生创办、专供贫寒子弟就读的塾馆继续学业。这个义学性质的塾馆，对张伯苓后来的性格、精神与世界观的形成，皆产生了重要影响。

1889 年秋，13 岁的张伯苓以家学渊源与塾馆就读的功底，考入天津北洋水师学堂，在驾驶班习驾驶技术。北洋水师学堂乃清朝直隶总督兼北洋通商大臣李鸿章筹办北洋海军过程中，创立的近代新式学校，校址位于天津城东八里的贾家沽道机器局西。学堂教员以西人为主，曾留学英国、被鲁迅称为"19 世纪末年中国感觉敏锐的人"的启蒙思想家，主张变法维新、后来以翻译《天演论》闻名士林的严复任总教习。严复入校后，以其出色的学问素养与管理才能，先后升任会办（副校长）、总办（校长）。当时李鸿章正处于权力的巅峰，属声势浩大的洋务派箭垛式人物，北洋水师的主要使命，是培植具有近现代思想精神与军事技术的优秀人才，学校的各种设施与教职员配备、学生选拔，极一时之新盛。如教师队伍中有苏格兰人麦克礼者，讲解透彻，更佐以日常人格的熏陶，使受业诸生获益匪浅，更是给张伯苓留下了深刻难忘的印象。作为学生、绰号"张小辫"的张伯苓，身手敏捷、头脑聪明，在驾驶技术、兵操等诸方面名列前茅，令诸教师与总教习严复甚为喜爱。正

◎北洋水师服役时的张伯苓

是在这所学堂里，少年张伯苓接受了较为正规的新式教育，学到了近代科学文化知识，如张伯苓三子张锡祜在追述乃父往事时所说："这个水师学堂，请的是洋教授，教的是新学，用的是洋文，念的是洋书，开洋船，使洋枪、洋炮。总之，到这里来上学，叫做上洋学。当时一般人的思想还不大开通，清政府为了多招学生起见，不但学费全免，管吃管住，而且每月津贴每人白银四两五钱。先生不满十四岁，考入了北洋水师学堂……一方面要念书，一方面还靠津贴来养家。"[8]

五年学堂时光匆匆过去。1894年秋，张伯苓以"最优等第一"的成绩毕业，时年不过18岁，身高却已超过一米九，虎背熊腰，威风凛凛，属于罕见的英俊青年与中国北方大汉形象。

1894年，乃中国人熟知并留有心灵伤痛的甲午年。这一年，中日为争夺朝鲜半岛控制权，在山东威海卫海域进行了一场空前大海战。许多年后的抗日战争期间，曾在南开与清华主讲中国近代史的蒋廷黻教授对这次历史的教训特别指出："那一次的海军战争是我民族在这次全面抗战以前最要紧的一个战争。如胜了，高丽可保，东北不致发生问题，而在远东中国要居上日本居下了。所以甲午八月十八日的海军之战是个划时代的战争。"[9]结果众人皆知，大清国的北洋舰队全军覆没，李鸿章等臣僚苦心孤诣经营的洋务事业灰飞烟灭。清廷迫于日人军事压力，于次年三月，由李鸿章与日首相伊藤博文签订了丧权辱国的不平等条约——《马关条约》。根据条约规定，中国承允高丽独立，割让辽东半岛（后因三国干涉而未得逞）、台湾岛及其附属各岛屿、澎湖列岛给日本，赔偿日本二亿两白银。同时增开沙市、重庆、苏州、杭州为商埠，允许日本人在中国通商口岸投资办厂。甲午之战的失败，给大清帝国带来了空前严重的危机，而日本却在这一划时代的战争中，利用中国的巨额赔款建军兴教行商，很快跻身世界列强之林。

北洋水师倾覆之惨烈，其程度出乎世人的想象，如胡适所言，竟然没残存一艘战舰可供中国海军学校毕业生实习之用。当时作为学生的张伯苓，空怀满腔热忱而英雄无用武之地，只好于苦闷中回家静候听令，一年后得入海军实习舰"通济"号做见习军官三个月。就是在这艘军舰上，张伯苓又遭遇了他终身不忘的国耻，遂决心脱离海军，走向教育救国之路。

威海卫在山东半岛的东端，原是中国海军的军港，《马关条约》签订后，欧洲列强乘机在大清国地盘上争夺势力范围，英国强租九龙并继德、俄之后强租威海卫，清廷无力抗拒，只好答应。但威海卫自甲午海战之后即被日本人占据，如果转让给英国，就要先从日本人手中拿回，再予英国人。于是，清廷决定派大员乘通济舰去山东办理接收、转让手续。时张伯苓正好在通济舰服务，亲身参与此事，并目睹了令人极其痛心的悲惨一幕——接收时，先下日本的太阳旗，后升大清国的黄龙旗；隔一日，降下黄龙旗，改悬英国的米字旗，是谓"国帜三易"。这个场景用张伯苓自己的话说，便是"悲愤填胸，深受刺戟！念国家积弱至此，苟不自强，奚以图存，而自强之道，端在教育。创办新教育，造就新人才，及苓将终身从事教育之救国志愿，即肇始于此时"[10]。

张伯苓所言大体不差，胡适在后来撰写的《教育家张伯苓》一文中说："张氏此种觉悟，此种决心，足以反映当时普及全国的革新运动。戊戌政变就是这种运动的高潮，可惜这种新运动不敌慈禧太后的反动势力而失败了。伯苓时年廿二岁，欣然应严修之聘，在其天津住宅设私塾教授西学。严氏私塾名'严馆'，学童为严修之子等五人。此为张氏一生从事教育事业的开端。"[11]

后世有人往往将严修误为严复，其实"二严"不是一人。胡适文中提到的严修（1860—1929），字范孙，号梦扶。祖籍浙江慈溪，先世移居天津经年，他本人生于直隶三河县。1882年，严修乡试中举，次年连捷进士，时年23岁。又三年，授翰林院编修，另补国史馆协修，再于1894年授贵州学政。严修在学政任上，力倡新学，首以奏请废科举、开经济特科有声于时，戊戌政变后致仕家居。光绪二十四年（1898年），严氏设立家塾，聘陶仲明担任塾师（其子陶孟和随父就读）。1901年，陶仲明因病早故，其位由张伯苓继之。张氏主讲课业，以英、算、理、化诸科为重，号称"西学"。时有学生五人，皆为严氏子侄，外加一个后来成为著名社会经济学家、官至中国科学院副院长的陶孟和。其后三年，号称天津商业八大家之一的王奎章亦聘张伯苓教其子弟，有学生六人，取名"王馆"，以与"严馆"有别。张伯苓每日上午到严馆上课，

◎严修

◎严复

下午到王馆教书，如是六年，直到迎来了两馆合并，成立天津第一中学堂，继而南开学校——这一划时代的变革。

1904年春，严修欲带张伯苓赴日本考察教育。为听取同道者的建议，4月22日，严修偕张伯苓访晤严复。此时严复因与李鸿章意见不合，已退出海军界，出任京师大学堂附设译书局总办。从中日甲午战争后的1895年2月起，严复即在天津《直报》发表《论世变之亟》《原强》《辟韩》《救亡决论》等文，主张变法维新、武装抗击外来侵略。1898年，严复翻译的《天演论》正式出版，以进化论为依据，强调教育的作用在于"鼓民力""开民智""新民德"，改造国民性等等，体现了他一贯倡导的"教育救国"思想。这一新式的教育观，对中国教育界、知识界摆脱儒家传统教育模式产生了巨大影响。而此时的严修，在时代感召下，思想亦有巨大演进，明确提出："欲救中国，必须变法维新；而变法维新，则非创办新教育不可。"[12] 相同的理想与志向，使严修与严复两位姓严的世纪鸿彦硕儒，渐渐走到一起并成为好友。这次"二严"相会，严复对严修与张伯苓的日本之行给予了极大鼓励。

一个月后，严修偕张伯苓登上了去往日本的轮船。8月3日，二人携带购买的部分教育与科学仪器启程回国。通过此次考察，严、张二人切身感受到日本的富强，实由于教育振兴发达的缘故，越发坚信"欲救中国，必须从教育着手"的信念。在回国的路途中，严修已按捺不住心中的激情，即与张伯苓商量"于吾津试办民立中学一处，以作中学之模范"。张伯苓听罢，表示"极愿效绵薄"。[13] 回国后的10月16日，二人按照约定办法，将严、王两馆合并，成立"私立中学堂"，张伯苓任监督（校长）兼教员。11月，严修奉朝廷命，出任直隶学校司总办，综理全省学政，办公场所设在保定。严修单身赴任，天津学堂一切事务，由张伯苓照计划主持办理。

按既定方针，学堂校舍在严氏偏院，有教室数间，师生用具由严家捐助，教学仪器等由王家出资订购，每月正常运转经费纹银200两，由严、王两家平均负担。学生每月学费三元，校方聘教员三四人，并请美、日教员授课，设高级师范班与普通班。师范班有原在严、王两馆就读的陶孟和、韩诵裳、严智惺、孟琴襄、武问泉、林次和等十几人，招收新生 70 余人，分为甲、乙、丙三班。——就在这个时候，少年梅贻琦通过考试，进入了这所散发着温热与青春朝气的私立中学堂。与梅氏一起考入者，有金邦正、喻传鉴和张伯苓胞弟张彭春等优秀学子。

1905 年 2 月，根据严修的意见，校名改为"私立敬业中学堂"。4 月，清朝将军长庚与铁良赴天津卫视事，在直隶总督署观看天津各学堂学生演练体操，众皆欢喜。时为直隶总督的袁世凯，认为各学堂名称字样过多（时天津共有 39 所学校，敬业中学堂是唯一的私立学校），恐日后无奇不有，不如像军队序列一样按数字排列更成体统。于是，当年底私立敬业中学堂改名为天津私立第一中学堂，军人出身但与严修友善的袁世凯到学校参观后，对诸方面给予高度评价，当场表示捐白银 5000 两以示奖掖。未久，清廷于京师设学部，作为全国最高教育行政机关，权倾朝野的袁世凯荐严修为学部侍郎，旋改左侍郎，在全国推广新式教育。时袁世凯主办实务事业甚得朝野称道，袁氏对外也大言不惭地宣称自己成绩只有两件，"曰练兵，曰兴学"，"兵事我自任之，学则听严先生所为，吾供指挥而已"[14]。严修一上任，即上奏朝廷"请颁布教育宗旨"，稍后主持设立图书局，聘王国维等名贯一时的学者编辑教科书；设名词馆，聘严复为总纂，并筹备成立京师图书馆等事宜，此为严修与严复，以及王国维等世纪名流正式建立公私之谊的起点。

此时的严修乃朝廷命官、二品大员，具有很高的社会地位和影响。想当年他初识张伯苓时，张年仅 22 岁，只是一名退役海军学校毕业生，默默无闻。但严修认为张是一块可堪雕琢造就的璞玉，日后必将青出于蓝而胜于蓝，成就一番大事业，创造一番大辉煌。于是乎，二人在教育这块天地里联手合作达 20 余年，无论是筚路蓝缕以启山林的草创时期，还是个人仕途与事业飞黄腾达的中期，甚或息身津门的晚年，严修与张伯苓相互尊重对方的人格学识，始终保持着"居停"与"西席"，亦即亦师亦友，而非"东家"与"伙计"的关系。正因这种关系与相互的信任和尊重，当严修在京师教育文化天地大展宏图之际，张伯苓也在天津施展他的精明才干，为学校尽力谋划，大事扩展，仅两年时间，即令学校风生水起，名震津门，报考人数与中途挤入学校者超过百人。眼看生源剧增，原有校舍已无法容纳，许多人还多方找关系、托门子向里挤送，张伯苓便找乐善好施的邑商郑菊如出面助力。张、郑二人一拍即合，郑氏主动捐赠天津近郊地名"南开洼"者十余亩，以扩校区。得此新地，张伯苓于欣喜中立即筹募经费，由严王二家，以及徐世昌、卢木斋、严子均等几位官宦巨贾，共集银 26000 余两，起建新校舍。1906 年 7 月 1 日，校舍正式动工，1907 年 2 月 13 日迁入新校址。同年 4 月，袁世凯再次慷慨捐款 5000 两白银

◎ 1907年迁入天津西南角新址的南开中学

以资鼓励。学校以此巨款，兴建礼堂一座，以袁氏表字命名为"慰庭礼堂"，以纪念袁世凯捐赠支持之意。1907年9月22日，新校舍落成暨学校成立三周年纪念会在新址举行，校名正式更名为"私立南开中学堂"。

从严王两馆合并到南开中学堂成立，张伯苓成为学校创办直接策划者之一，还是教学上的主要设计与实施者。南开中学建设日趋规范，树立了中国新式教育的典范，所开课程有修身、读经、国文、历史、地理、博物、物理、生理等，课业以中文书籍教授，而英文读本以及文法、外国历史、外国地理、数学、代数、几何、化学等课程，则用英文书籍教授。由于学校倡导新思想与开设新课程，加之教学水平不断提高，新式的修身、体育等课程得到学生喜爱，越来越多的高官巨宦、商业大亨及其同胞的子弟，不远千里从四面八方奔往天津南开中学就读，大有古时马融"绛帐传薪"之气象。对这一段历史，胡适曾感慨地说："张伯苓同严修的结识合作，自从南开初创时期起，这是一件美满的事件。严修是中国旧道德传统和学识渊博最可敬的代表人物。他是一位学者、藏书家、诗人、哲学家，最具公德心的爱国志士。他对教育的信念，对于新时代、新学识的虚心接受，和他在天津地方、直隶全省的道德名望，给年轻的张伯苓在创立远大的教育事业上有莫大的助力。"[15]从此，"南开与张伯苓两个名字，在中国教育史上永占光荣的一页"[16]。

1908年，南开中学堂第一届学生经过四年紧张而繁重的学习，于7月10日毕业。典礼仪式在南开中学校慰庭礼堂举行，直隶提学使卢木斋为梅贻琦、张彭春、金邦正、喻传鉴等33位毕业生颁发文凭。被张伯苓称为"南开校父"的严修，宣读了毕业训词。严氏殷切希望诸生"勿志为达官贵人，而志为爱国志士。鄙人所期望诸生者在此，本堂设立之宗旨亦不外此矣"[17]。

南开中学堂首批毕业的 33 名学生，有 4 人留校任教，有的继续升入高校深造，有的辗转出国留学。时年 19 岁的梅贻琦，以全班第一名的成绩，被保送至直隶（保定）高等学堂继续深造。

就在梅贻琦等 33 名学生于南开毕业前的 5 月 25 日，在大洋另一边，发生了一个与南开学生命运相连的事件，美国国会正式通过了退还所得庚子赔款余额给中国的议案，同时授权总统"酌定适当的时间与方式"予以退还，以用作派遣留学生赴美游学之用。[18] 消息传到大清国，人心振奋，教育界更是惊喜不已。在张伯苓等师长的鼓励下，以梅贻琦为首的数名南开毕业生，以惶恐、好奇的心理，于翌年率先参加清廷设立的游美学务处考试并顺利过关。从此，这一班学生，与庚子赔款造就的中国教育界最闪亮的新星——清华学校结下缘分，并在这片浸淫着欧风美雨的天地里，上演了一幕幕精彩的悲喜剧。

◎ 庚子之乱与赔款

与梅贻琦、金邦正、张彭春乃至中国万千学生命运相连，并对其影响至深且巨的庚子赔款案，肇始于庚子年发生的一件颇为邪乎、近乎奇幻的事件。

1894 年中日甲午黄海之战，泱泱中华帝国败于日本弹丸岛国，世人皆惊。丧权辱国的《马关条约》签订，使日本获得巨额利益的同时，更激发其鲸吞蛇噬之野心，连带引起欧洲列强瓜分中国的图谋与行动。1896 年，欧洲列强对清政府提出准许其修建铁路和采矿等要求，大清朝野深受刺激，原本蛰伏于心中的排外、仇外情绪，开始公开明朗化并向社会各阶层蔓延传布，未久便发生了"曹州教案"。

1897 年 11 月 1 日（清光绪二十三年十月十七日），山东曹州府大刀会成员惠潮现、雷继参等数人，因对德国传教士唆使当地教民欺压民众心怀怨恨，于这天深夜时分，趁着当晚灌进几两猫尿膘在肚中发热的狂劲儿，各自揣了鬼头刀与打狗棍，借着月光照耀下的凄冷夜色，跨过旷野田畴及野草丛生的乱坟岗子，悄然潜入巨野县磨盘张家庄外天主教堂，想从外国佬手中弄几票，如对方反抗就施以教训，以消心中怨气。结果两名留宿的德国传教士能方济（Franz Niez）、韩·理加略（Richard

Heule）受惊反抗被乱刀捅死。涌动的鲜血与鬼头刀反射的寒光，令惠潮现等大为惊恐，几人于慌乱中劫掠大宗财物仓皇逃遁。翌日，官府闻报，下令捕快四处访拿凶手。[19]

两名传教士被杀的凶讯很快传到德国，德皇威廉二世闻讯大怒。就在两天前，山东兖州府寿张县德国教堂也遭到了类似劫掠，大宗财物尽失，幸亏传教士外出未归，躲过了一劫。为还以颜色，11月6日，德皇威廉二世下令驻扎上海吴淞口的德国海军提督棣利士率舰队开往胶州湾，占领要隘、城市及其他据点予以示威，强迫清政府签订了《胶澳租界条约》，大意是：与本次命案相关的山东巡抚李秉衡革职查办；已捕获的三名主要劫犯杀二监一；赔偿教堂损失白银3000两，中方代建教堂三座（每座造价白银6.6万两），教士住宅七处（造价共白银2.4万两）；降谕保护德国教士；允许德国租借胶州湾99年，并享有修筑胶济铁路和开采沿线30里矿产的特权。这一条约的签订，标志着整个山东省辖境，已成为德国鬼子的势力范围。

蹲在周边觊觎华夏领土早已不耐烦的各色列强，眼见德国佬轻易得手，立即打起精神，来了个饿虎扑食。世界列强中最为凶残的俄军，奉命以最快的速度进驻辽阳旅顺；法国进占广州湾（今广东湛江）；英国派兵占领了山东威海，并要求拓展九龙新界。——当年张伯苓于通济舰上目睹旗帜三易并深受刺激，就发生在这个时候。

眼看列强如同一只只凶猛巨大的叫兽，即将把大清帝国疆域五马分尸，吞噬殆尽，朝野内外于惊恐愤懑中滋生更大的哀怨与排外、仇外情绪。只是当时没有人想到，这股情绪竟与一个叫义和拳的乡间神秘组织阴差阳错地纠缠在一起，并酿成了令人匪夷所思的国际事件与严重后果。

义和拳，其源头与嘉、道年间在山东、直隶一带兴起的白莲教等传统民间秘密宗教组织有关，该组织利用设立神坛、画符、请仙跳神等方法秘密聚众，以法术仪式练拳弄棒，求取"刀枪不入"的肉身，江湖上称为"义和拳"。参与者称"拳民"，成员大多来自底层农民、小商人、手工业者以及统货郎、江湖上卖膏药的神医仙道、流浪汉兼流氓无产者等。这个集鬼神妖魔与儒释道三教混合体的神秘组织，以"反清复明"为号召，与官府、土豪、士绅阶层作对，隔三岔五地来一次"劫富济贫"与"打土豪分财产"，所得货物金钱充作组织活动经费，以取得更大利润和暴力成果。拳民之行动，因与朝廷意旨以及社会上流阶层相对立，被官府和士绅、商人、地主阶层称为"拳匪"，并遭到严厉镇压。据罗惇曧《庚子国变记》载：

"义和拳起嘉庆时，民间私相传习。其时禁令严切，犯者凌迟死，燕齐之间，犹有密传其术者。"[20]

面对这股邪来疯去的神秘组织与突发力量，被打劫的家主与官府衙门如芒在背，朝廷曾多次明旨各地官府镇压，但"拳势"如野火乱窜，一直压而不绝。1898年10月25日，山东

◎义和拳民

冠县义和拳首领赵三多与阎书勤、姚文起等辈，集合义和拳众3000余人，在冠县蒋庄马场祭旗起义，竖起"助清灭洋"大旗，先后攻打本村及红桃园、小里固等村教堂，队伍逐渐发展壮大。但这个"助清灭洋"的口号和旗帜，没有得到清廷认可，反被认为是"扫清灭洋"的反革命行动。11月上旬，赵三多率部众在冠县侯村、魏村一带与清军交战，义和拳队伍严重受挫。经过一段时间的蛰伏休养之后，赵三多等人决定将义和拳改名为"神助义和团"，迷信色彩加重，而给朝廷与社会带来的动荡也日渐严重。

1899年，捐官出身的汉裔旗人毓贤出任山东巡抚，在镇压过程中，发现义和拳拳民乃一股庞大的人事劳力资源，可以为己所用，遂脑瓜一转，提出"民可用，团应抚，匪必剿"的方案，将其设法招安纳入民团以为己用。未久，事成。招安后的"义和拳"来了个咸鱼翻身，甚至鲤鱼跃龙门，由朝廷明令追捕围剿的匪帮流寇，一跃成为正牌的前卫组织——"义和团"。"义和拳"众徒子由当初大张旗鼓地"反清复明"，一夜间脱胎换骨，把旗帜翻转成官府认可的"扶清灭洋"，算是正式改换门庭，另奉新主。朝廷闻报，亦为之默许。

有了当朝圣上与封疆大吏及各府县大小官吏的招抚与支持，被赋予正面形象和神圣使命的义和团民，开始以正能量的面目与姿态替天行道、除暴安良。——这个将要被除的"暴"，由清朝统治者全面转换为在大清国地面上活动的洋人。于是乎，

◎义和团民

◎一个拿着旗上写有"钦命义和团粮台"字样的义和团民

义和团成员开始四处焚烧教会、捕杀教士，抵制所有外国事物以及之前失败的洋务运动。风潮很快遍及山东、华北甚至京畿地区。按义和团制定的铲除理念和革命宗旨，凡外国传教士统称为"大毛子"，一律杀无赦；如有中国人信奉天主教、基督教者，统称为"二毛子"；其他通洋学、懂洋语、用洋货者，则被称为"三毛子""四毛子"以至"十毛子"等。这一连串的"毛子"，皆为反动阶级和买办资产阶级的代表，必须从精神到肉体给予惩罚直至铲除消灭之。如有反对者，即被视为汉奸，予以口诛笔伐外加或明或暗的暴力惩治。

此时，大清帝国朝廷中枢刚刚经过一场血雨腥风的"戊戌政变"，在刀光剑影中完成了捕杀变法的谭嗣同、康广仁、林旭、杨深秀、杨锐、刘光第等诸君子，以及废黜光绪帝等一系列政变活动。[21]已完全控制朝廷命脉的慈禧太后，对在事变中掩护康有为、梁启超等辈逃遁的英、日等帝国主义怀恨在心，同时对一直设法阻挠自己当政的西方列强十分不满，内心郁积的排外、仇外情绪，与义和团"毁教堂、诛洋人"的口号及其所作所为正好契合。在这一默契精神与潜意识的牵引下，慈禧竟听信既愚且蠢的山东巡抚毓贤之言，相信义和团民真的能把一个百十多斤的肉人，练成"金钟罩、铁布衫""刀枪不入、枪炮不伤"的神汉，这些神汉借助自身修炼而成的巫术法功，轻易可置洋人于死地，倘稍稍施展神法魔力，便把传教士与众教徒甚至洋兵洋马，一个个打发到他姥娘家蹬歪不得……

正是根据这一糊涂的意识与认知，1900年1月慈禧太后不顾西方外交人员抗议和朝廷有识之士再三劝谏，悍然发布维护义和团并予以鼓励的诏令。

上有所好，下必甚焉。原本围剿义和团甚力的直隶总督裕禄，见风使舵，转身变成扶助义和团的得力干将与吹鼓手，此公除揣摩慈禧太后圣意，下令向团民发放大量饷银外，还邀请义和团首领大师兄到天津开坛聚众，以壮声势。于是乎，遍布草莽乡野的拳民闻讯，纷纷涌入直隶开坛作法、展示巫术。未久，自天津至涿州、保定一带，皆有拳民起坛请神。随着人数激增，官府赏银有限，拳民四处游荡，继而开始烧教堂、杀洋人，甚至捕杀与自己行动有冲突的清军官兵，以发泄心中的郁闷之气。同时，游荡的拳民呼号奔走，到处毁坏与洋务有关的铁路及电线杆等洋物，以刷自己的存在感。一时间，直隶至山东一线旷野田畴、城市乡村，烟雾升腾，杀声遍地，声震朝野。其间，蜂拥至涿州的三万义和团民，干脆占据知府衙门作为长期战斗、生活的大本营，不再挪窝。正为洋人挟制逼迫、焦虑不安的慈禧太后，闻知义和团已遍及华北且有如此壮观的景象和气魄，神情为之大振，立派军机大臣、协办大学士刚毅和顺天府尹赵舒翘，到涿州实际调查，看这伙团民是否真的可恃。刚毅对慈禧的用意心领神会，察验后很快回京禀报："拳民忠贞，神术可用"，"天降义和团，以灭洋人"。朝廷中枢的王公大臣如庄亲王载勋、端郡王载漪、辅国公载澜等辈，闻听义和团民有如此通天神术，顺杆上爬，力主招抚义和团以克洋人。慈禧欣然同意，着令照办。于是，几十万义和团民打着"扶清灭洋"的旗帜，以天降大任于斯人的神圣使命，高喊着"打！打！杀！杀！血！血！"等口号，从四面八方向京师涌来。驻华各国公使，闻报义和团民四处捕杀洋人、教徒，烧教堂、拆电线、毁铁路，且一度攻进天津租界捕杀界内人员，大为惊骇，纷纷要求清廷尽快取缔义和团这股在他们看来邪恶兼邪门的疯狂势力，按协约保护教堂、传教士与教民，但未获清廷回应。

正是在这样一个天造地设、近乎虚幻的历史环境与背景下，义和团势力于京津一带迅猛发展并波及清军大营，许多官兵受到蛊惑，又见朝廷抚慰赏银，在羡慕迷糊中纷纷加入义和团，成为一名光荣的团民和"神勇无敌的大力士"。以端郡王爱新觉罗·载漪为首的排外势力，在清廷内部争霸战中占据上风，朝堂内外，招抚义和团对抗洋人之声甚嚣尘上。总理衙门几位清醒理智的王公大臣，面对外国公使抗议，已无力说服朝廷对义和团采取严厉的镇压措施。各国公使眼看清廷无法或不想控制局势，遂在北京北堂（西什库教堂，即中国天主教总堂）主教樊国梁建议下，策

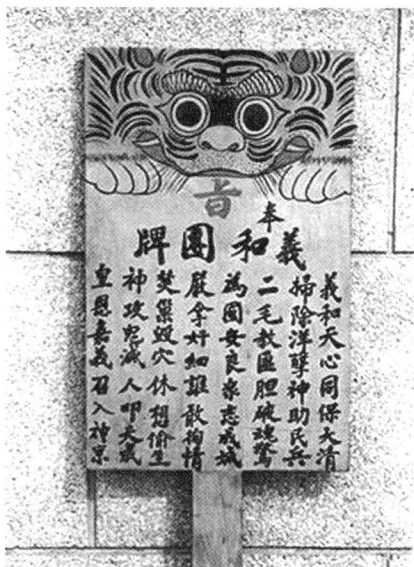

◎奉旨义和团牌

划直接出兵干涉……在各方恃强较劲与盘根错节的一连串事件逼促中，最终酿成了震惊世界的"庚子之乱"。

1900年5月28日，大英帝国、法兰西第三共和国、德意志帝国、奥匈帝国、意大利王国、大日本帝国、俄罗斯帝国、美利坚合众国等八国，在各国驻华公使会议上，正式决定联合出兵镇压义和团，并以保护使馆的名义，调兵进入北京。照会发出，清政府被迫同意。5月30日，八国海军陆战队400多人陆续由天津乘火车开往北京，进驻东交民巷使馆区。5月31日，北京东交民巷外国使馆要求加强保护，英、俄、法、美、意、日等六国，从天津增派水兵及陆战队349人登岸，乘火车于当晚抵达北京进驻东交民巷。6月3日，德、奥两国派兵83人抵京。随后，各国继续向京津增兵，集聚在天津租界的联军达2000余人，并有24艘军舰集结天津大沽口外，准备随时轰击大沽炮台。6月6日，八国联合调兵抗击义和团的战略计划，相继得到各自政府批准，战事一触即发。

面对列强咄咄逼人的进攻态势，清廷内部主和与主战、主剿与主抚两派分歧如油锅中的盐巴，爆炒不绝。6月9日，慈禧急调甘肃提督、当时正率部防卫京师的董福祥武卫后军进城，驻扎在天坛和先农坛附近以防不测。其间，董军中不少官兵深受传言与法术蛊惑，或明或暗地加入了义和团。6月10日，力主招抚义和团以为己用的端郡王载漪，出任总理各国事务衙门大臣。消息传出，义和团拳民如饮狂药，在欢呼声中大举入城，很快聚集起10万之众，东交民巷被围得水泄不通，叫骂、吵闹、打砸声在古城上空回旋。是日起，驻京外国使馆对外通信断绝，使馆军民如坠陷阱而不能出。驻天津各国领事及海军将领得知北京使馆险境，立即召开紧急会议，决定组成联军，由级别最高的英国军官西摩尔（Edward Hobart Seymour）为统帅，美国军官麦卡加拉为副统帅，率2000余官兵自天津向北京进发。由于沿途铁路许多地段已被义和团拆毁，加之义和团与清兵不断阻击，西摩尔部在杨村陷入困境，被迫后撤，于归途中遭到义和团与清军聂士成部攻击，最终败回天津租界，史称"廊坊大捷"。

6月11日，日本驻华使馆书记官杉山彬，走出使馆探听入京的西摩尔联军消息，在永定门外与董福祥部遭遇，一军官喝问来者何人，杉山彬回答乃日本国外交官。话音未落，清军官抽刀向前，一刀捅入对方心窝，杉山彬当场绝命。几名清军官兵一拥上前把尸体拖于路旁，剖腹挖心，陈尸街头，以惨烈之状警示洋人与国人，如再出头，必为杉山彬第二。

6月12日，恃强充能的德国驻华公使克林德（Klemens Freiherr von Ketteler），

◎廊坊大捷

带领一排海军陆战队官兵伏于内城之上，发现外部沙地有义和团成员正在练习、叫喊，做攻击使馆状，遂下令开枪，当场打死 20 余团民。此后，使馆卫队多次主动攻击义和团民，义和团民亦展开大规模反击并对教堂实施纵火报复，局面一度失控。据《庚子大事记》载："今晨探报，东华门外教堂起火，不少教民牵而北去。是为义和团入京第一次肇祸也。"[22]

6 月 13 日，红了眼的义和团成员冲入内城，四处烧教堂、杀教民。当天烧毁孝顺胡同亚斯立堂、双旗杆（今外交部街西口外）伦敦会、八面槽（王府井）天主教东堂、灯市口公理会、东四五条西口美国福音堂、交道口二条长老会、鼓楼西鸦儿胡同长老会、西直门内天主教西堂、西四羊肉胡同基督教堂、石驸马桥安立甘会、宣武门内天主教南堂等共 11 所教堂。其中，3200 名天主教徒逃入天主教北堂（内有 42 名法兵占据），2000 多名基督教徒逃入东交民巷使馆区。义和团民放火烧掉教堂和一切与洋人有关的建筑后，于 14 日往宣武门内再度火烧教堂多处，致"京师大乱"，虽"连两日有旨，言拳匪作乱当剿，而匪势愈张"。[23]6 月 16 日，前门一带几千家商铺，因老德记西药房遭大火而被烧成废墟。正阳门楼、北京 24 家铸银厂亦遭烧毁。此一惨状，《庚子国变记》作者李希圣慨然长叹曰："焚正阳门外四千余家，京师富商所集也，数百年精华尽矣。"又说："延及城阙，火光烛天，三日不灭。是日，召大学士六部九卿入议。太后哭，出罗嘉杰书示廷臣，相顾逡巡，莫敢先发。"[24]

6 月 17 日，联军攻占天津大沽口炮台。慈禧得到消息，亦得到虚假情报，以为外国人要求她归政于光绪皇帝，原本摇摆于和、战之间的"老佛爷"，怒火冲顶，态度急转直下，坚定地支持义和团并准备利用团民与清兵联合向洋人开战。

此前，各国公使要求清廷保护公使及眷属等人出使馆赴天津，未得清廷同意。6月19日，德国驻华公使克林德代表各国气势汹汹前去总理衙门抗议。当他乘轿途经东单牌楼时，清军神机营霆字枪队章京恩海正率队巡逻。恩海看到洋人乘轿而来，即站在北面高处，取枪对准轿子做射击状。克林德发现后，即在轿中首先开枪，未中。恩海开枪还击，克林德当场毙命，随行的一名翻译受伤，此为轰动一时的"克林德事件"[25]。事后，恩海等人分取克林德的银表、戒指、枪械等扬长而去。此事报告给极力支持义和团的端郡王载漪，漪"大喜"，令给恩海赏银并许诺日后提拔重用、加官晋爵云云。各国公使闻讯，纷纷以克林德之死为借口，欲对清廷进行先发制人的打击。

诸国公使未及下手，猫在紫禁城的慈禧"老佛爷"却极不耐烦地于6月20日，下令董福祥及武卫中军与义和团联合围攻东交民巷，"荣禄自持檄督之，欲尽杀诸使臣"。是时，十几万义和团民与清兵在城内叫喊"杀！杀！冲！冲！"北京城内狼烟四起，东交民巷一带更是杀声震天，火器与冷兵器打在一处、缠在一起，使馆区内外"炮声日夜不绝，屋瓦自腾，城中皆哭，拳匪助之，巫步披发，升屋而号者数万人，击动天地。夷兵裁四百，四面为营垒，穿地道，令教民分守之，人自为必死，皆奋"[26]。

◎攻打使馆区的义和拳民。

克林德被杀与驻华公使馆被围的消息迅速传到德国，德皇威廉二世怒不可遏，立刻派瓦德西元帅点兵七千，杀气腾腾赶往大清国，与原驻华德军联合对清廷"进行报复"，使"德国的声威广布中国，直至中国人再也不敢对德国人侧目而视"。

6月21日，按照慈禧太后的旨意，大清国以光绪皇帝的名义，正式向英、美、法、德、意、日、俄、西、比、荷、奥等11国同时宣战。庚子战争爆发。

7月14日，联军占领天津。

8月4日，由日、俄、英、美、法、德、意、奥等八国组成的联军约二万人自天津出发，向北京进军，沿途不断有后续兵员补充。此次进军较6月上旬西摩尔率部进京败于廊坊顺利得多，一路没有遇到真正有力的抵抗。时沿途有清兵和义和团民约15万之众，却被联军一触即溃，大刀长矛与巫步法术、披发号叫等等，压根无法与先进的火枪、大炮匹敌，号称"金钟罩、铁布衫"的血肉之躯，在火药催发的枪子弹丸面前，变成了只会动弹哆嗦的两足酒囊饭袋，钢弹穿过，囊崩袋散，血浆喷出，轰然倒地，再无声息。联军势如破竹，义和团与清兵瞬间崩溃无形，散兵游勇伴着小股武装一退再退，最后作鸟兽散。号称能征善战、骄横恣肆的直隶总督裕禄，与联军只战一个回合，便一败涂地，仓皇率领残兵败将退守北仓。8月5日，裕禄率部逃至杨村。杨村继陷，裕禄进退无路，自戕而死。

8月14日凌晨，八国联军对北京发动总攻，很快攻破广渠、朝阳、东便门等三门进入城内，驻扎天坛。而这个时候，城内"禁军皆溃，城中无一兵。董福祥走出彰义门，纵兵大掠而西，辎重相属于道"[27]。是时，已听闻溃败风声的慈禧太后，于宫中召见大学士六部九卿，无一人到场，只好对身旁大臣载澜说："事至此，惟有走耳，若能为卫乎？"载澜答："臣无兵，不能任此。"大臣载漪请张白旗，荣禄道："姑寓书使馆，请停战，徐议和，宜见听也。"太后曰："速图之，余母子性命视此矣！"皆失声而出，已无所达书。"拳匪在城中者尚数万人，俄顷而尽，墙阴屋壁，掊视往往得红巾。"[28]

15日晨，深知大势已去，只顾逃命的慈禧"青衣徒步涕泣而出，发不及簪"，带领光绪帝、隆裕皇后及部分王公、臣僚、太监，于慌乱中出西华门自西直门向北逃亡。王公士民闻八国联军入城，或乘车，或徒步，四处流窜，城中火起，一夕数惊。

16日晚，联军攻陷北京内城，鬼魂一样在城内游荡的义和团与清军残余惊退出京，不见踪迹。

17日，英国派出的印度军队在上海登陆；次日法国水兵在上海登陆。

19日，联军统帅瓦德西离柏林东来，于10月17日率兵三万抵达北京，设司令部于紫禁城仪銮殿，纵兵攻占保定、张家口等地。联军所到之处，杀人放火、奸淫抢劫，无数村镇沦为废墟，天津城楼房屋商铺被烧毁三分之一，北京一片残墙断壁，清宫无数文物珍宝、古观象台的天文仪器等被洗掳一空。大批官吏与民众惨遭杀戮，繁盛的京师如堕地狱，败象惨景一如《庚子国变记》所载："京师盛时，居人殆四百万。自拳匪暴君之乱，劫盗乘之，卤掠一空，无得免者。坊市萧条，狐狸昼出，

◎八国联军过后，北京一片残墙断壁

向之摩肩击毂者，如行墟墓间矣。"[29]

为收拾残局，清廷启用庆亲王奕劻及李鸿章与列强谈判。与此同时，慈禧太后于流亡途中发布彻底剿灭、铲除义和团匪帮的诏令。

当此之时，李鸿章身体已十分虚弱。甲午战败，鸿章奉朝廷之命赴日本谈判，于1895年3月24日下午返回驿馆，遭日本浪人小山丰太郎枪击，子弹命中左颊，李倒在血泊中，抬到医院检查，弹头正好嵌在左眼眶下方一寸位置。根据李氏与主治医生意见，弹头未予取出并长留于体内。鸿章经此一击一吓，原本就不太硬朗的身子骨，一下扑塌下来。庚子战败，朝廷再次命其出山与八国联军及其驻华代表谈判，李不得不从，只是身子虚弱得需要仆人抱扶，才能到桌子前坐下。此前，面对义和团与朝廷主战派扬风扎猛的蹦跳叫嚣，李鸿章曾竭力劝阻这一疯狂举动，并以前所未有的坦诚上书慈禧太后，大意为："想到即将发生的事，我的血液为之冰凉。任何开明的君主，早已将这些妄称拥有自然力量的拳匪处死。二位陛下目前仍受叛徒左右，认为这些拳匪乃忠实子民，以致国家骚乱日甚，举世为之震惊。"[30] 但刚愎自用又生性多疑的慈禧"老佛爷"，没有听从鸿章的劝告，竟致军队溃败，朝廷贴危，国家土崩鱼烂，不可收拾。在如此紧要关头，李鸿章蒙诏，以78岁病弱之躯，再度出山与外夷谈判，虽费尽心机仍无法避免任人宰割、一败涂地的命运。

1901年5月26日，清政府照准赔偿参战各国共450兆两，4厘息。

同年9月7日，即光绪二十七年（辛丑年）七月二十五日，清政府全权代表奕劻、李鸿章与英、美、俄、日、奥、法、德、意、西、荷、比等11个国家代表，在北京签订《北京议定书》。因这年属中国历法的辛丑年，又称《辛丑条约》。各方出席人员官衔、姓名如下：

大清国钦命全权大臣便宜行事总理外务部事务和硕庆亲王爱新觉罗·奕劻

大清国钦差全权大臣便宜行事太子太傅文华殿大学士北洋大臣直隶总督部堂一等肃毅伯李鸿章

德国钦差驻扎中华便宜行事大臣穆默（Alfons Mumm von Schwarzenstein）

奥匈帝国钦差驻扎中华便宜行事全权大臣齐干（M. M. Czikann von Wahlborn）

比利时钦差驻扎中华便宜行事全权大臣姚士登（M. Joostens）

西班牙波旁钦差驻扎中华全权大臣葛络干（M. B. J. de Cologan）

美国钦差特办议和事宜全权大臣柔克义（M. W. W. Rockhill）

法国钦差全权大臣驻扎中国京都总理本国事务便宜行事鲍渥（M. Paul Beau）

英国钦差便宜行事全权大臣萨道义（Sir Ernest Mason Satow）

意大利钦差驻扎中华大臣世袭侯爵萨尔瓦葛（Marquis Salvago Baggi）

日本国钦差全权大臣小村寿太郎（Komura Jutarō）

荷兰钦差驻扎中华便宜行事全权大臣克罗伯（M. F. M. Knobel）

俄罗斯钦命全权大臣内廷大夫格尔思（M. M. de Giens）

条约共 12 款，附件 19 件。大清国光绪皇帝"降旨全行照允，足适诸国之意妥办"。主要内容为：

一、对德、日"谢罪"。清政府分派亲王、大臣赴德、日两国表示"惋惜之意"，在德国公使克林德被杀之处建立牌坊。诸国被污渎及挖掘各坟茔，建立涤垢雪侮之碑，京都左近被污渎之诸国坟茔包括英、法、俄共七处。

二、惩治附合义和团的官员。从朝廷到地方被监禁、流放、处死的官员共百多人。[31]

三、赔款。须将各国政府的军费支用、会社、公司、个人，以及受佣外人之华民性命财产所有损失，一律赔偿。清政府赔款各国（共 11 国）白银 4.5 亿两，分 39 年还清，年息 4 厘，本息共计 982,238,150 两（九亿八千二百二十三万八千一百五十两），以海关税、常关税和盐税作担保。[32]

四、划定使馆区。各使馆境界，以为专与住用之处，并独由使馆管理，中国民人，概不准在界内居住，亦可自行防守。诸国分应自主，常留兵队，分保使馆。

五、拆炮台、驻军队。大沽炮台及有碍京师至海通道之各炮台，一律削平，列强可在自山海关至北京沿铁路的 12 个地方驻扎军队。

六、永禁或设或入与诸国仇敌之会，违者皆斩。各省官员必须保证外国人的安全，否则立予革职，永不录用。

七、设立外务部。将总理衙门改为外务部，班列六部之首，为清政府与列强交涉的专门机构。

…………

《辛丑条约》，是中国近代史上内容最刻毒、赔款数目最庞大、主权丧失最严重、精神屈辱最深沉，给大清国民带来空前灾难的不平等条约。当时的大清帝国人口约为 4 亿 5000 万，而赔款白银数额竟达 4 亿 5000 万两，相当于每个中国人头上顶了一两白银的债务。自此之后，中国完全沦为半殖民地半封建社会，清政府几乎变成了"洋人的朝廷"，成为西方列强统治中国的工具，四万万人民坠入水深火热、望不到尽头的天坑深渊，大清帝国的国祚也即将走到尽头。[33]

驻美公使梁诚的先声

经过一场拔屋摧城、国破家亡的大崩溃，命若悬丝的大清帝国，随着《辛丑条约》签订，又从阴间地狱的岔道口缓过一口阳气，晃晃悠悠地站了起来。极度惊恐的慈禧太后与光绪皇帝，在短暂喘息后，从逃亡的寄居地——西安，东返入京。一路上，山河破碎，宗庙坍塌，哀鸿遍野，慈禧一行却是"轿车启跸，仪卫甚盛""发卒数万人，各省所供献太后私财六七百万，尽辇之而东"[34]。

在慈禧一行浩浩荡荡重返北京时，城内外殷红的血迹尚未抹去，《辛丑条约》墨迹未干，但蒙在朝廷与国人头上的耻辱条款必须一一兑现。——尽管于风暴旋涡中，强撑病体主持签订条约的朝廷重臣李鸿章，已于画押两个月后心力交瘁，呕血而死。

列强在天津谈判赔款数额之时，各国代表漫天要价，清廷代表李鸿章等辈却无法就地还钱，只能任凭宰割，致使赔款总额一路飙升到白银 4 亿 5000 万两。美国代表虽对中国处境表示同情，但出于自身利益并为日后与中国谈判关税、贸易做筹码，根据国务卿海约翰（John Milton Hay）训令，在谈判桌上第一个站出来发声，并喊价赔款 2400 多万美元，而美国实际损失美金约为 1200 多万元，超索价值为 1200 余万元，近一倍还多，占中国赔款总额的 7.4% 强。如果加上利息，则美国所得总额为 5300 多万美元。对此，连当时具体参与其事的美国驻华公使赫德·康格（Edwin Hurd Conger），以及谈判全权代表柔克义，都认为美国政府这个要求未免太过分了。[35] 而美国国内舆论界正义之士闻讯，亦多有抨击，认为如此过分地要挟、吸取中国四万万人民的膏血，有损以自由、民主、平等立国的美利坚合众国对外形象。

尽管遭到国内声音并不高亢的谴责，主持者与索要者良心上稍感不安，但作为蒙受损失的战胜国之一，美国索要得理所当然。既然白纸黑字的条约已经签订，吃到嘴里的肥肉谁也不想吐出来，且美国如果真的要吐出来，将会牵涉其他列强的情感和利益，甚至引起新一轮吹胡子瞪眼、摔盆子砸碗、相互捋起袖子肉搏撕咬的大干与纷争。闷头发大财，暂不吭气，是当时美国政府自总统、国务卿到公使，连同参、众二院等政客的普遍心态。真正触动美国人神经并促其良心发现，进一步决定退款给中国的，是五年之后的人与事。

1901 年 9 月 6 日，即《辛丑条约》签订的前一天，世界政坛发生了一个意外事件，美国第 25 任（第 29 届）总统威廉·麦金莱（William Mckinley），在出席布法罗泛美博览会时，遭到一名无政府主义者刺杀。八天后的 14 日，麦金莱在布法罗不治身亡，享年 58 岁。

麦金莱去世几小时后，年仅 42 岁的副总统西奥多·罗斯福（Theodore Roosevelt，Jr）放弃登山旅行，从遥远的阿迪朗达克匆忙赶回，来到安放已故总统遗体的房间行礼吊唁。随后，罗斯福在离麦金莱去世的房子只有一英里远的密友安斯利·威尔科克斯家的图书馆，宣誓就任美国第 26 任总统。——至此，"繁荣总统"麦金莱时代成为过去，一个新的集门罗主义、英雄主义兼世界和平使者等于一身的"伟大总统"时代来临了。

罗斯福蝉联总统之后的 1905 年 1 月，大清帝国外务部电告驻美公使梁诚，关于庚子赔款一事，"现与各国另议还金办法"，梁诚的使命为：向美国外交部声明，提出另算，即向美国国务卿海约翰商谈，其他国家以金折价赔付，美方仍照前例以银折价。因为 1902 年 5 月在天津谈判时，美国代表坚决主张中国以白银折价抵偿

◎梁诚

赔款，此举虽未能得到各国响应，但清廷赔付款项用银或用金折价也一直没有统一。虽最近做了名义上的统一，鉴于美国"独倡其议，且已慨允在前"[36]，仍希望美国以银代款，给中国减轻一定负担。就中国情形言，以银两抵偿列强赔款，较之以黄金抵款略赚便宜，操作起来也较为方便云云。

梁诚遵令把此一旨意告知海约翰，对方一听，当场予以拒绝，说："当时用金用银之说未定，美国顾念邦交，特允暂行用银，以待各国公议。今各国即得贵政府允认还金，美国自当一例相待，庶几国体无所轩轾，议院不起责言。"[37]梁诚辩解道："美国政策向系独断独行，近年东方诸事以及当初用银办法，皆未尝俯仰随人，正宜始终坚持不变宗旨，愈见美国不为欧方所移，国体尤为独重，议院公论，不能遽加指摘。"[38]海约翰听罢，表示转达总统，交政府高层和参、众二院讨论后再做决定。

未久，梁诚根据清廷外务部电令再访海约翰询问结果，对方答道："总统及各部院会议此事，再三斟酌，均谓不与诸国一律，窒碍良多，议院万不允行。且金银相抵出入无多，在贵国亦不宜因此小事，遽有两歧办法。"[39]

梁诚思索了一会儿，说："出入虽属无多，惟美国苟允用银，将来别国尚有转机，若一律用金，更难翻案，我政府所争者只在此点，并非于贵国故存歧视。中国财政支绌，贵大臣所深知，现筹赔款已穷罗掘，一概还金，势须加增租税，民间难于负荷，仇洋之念益张，大局或有动摇，祸患何堪设想。贵大臣素主保全宗旨，当能为我筹也策。"[40]

海约翰听罢，"为[之]动容，默然良久，乃谓庚子赔款原属过多，现在各国还金已有成议，美款较少，即使收银亦省无几"[41]。

此前，梁诚通过明察暗访，得知美国用于"庚子之乱"的海陆军费，以及商民教会、传教士等损失抚恤各项加在一起，不及中国赔款的一半，至少有一半赔款，是美国乘大清帝国之危故意多索。这一部分多收赔款，从总统到外部大员皆心知肚明且不刻意避讳。随着事件平息，两国邦交恢复正常，美国上层人士多对中国的祸乱遭遇给予同情，如果顺水推舟，改辙而行，或可收到意外效果。于是，梁诚灵机一动，脑海突然如触电火，一个念头瞬间涌现，如同上帝在叩响自己的额头，一个神秘而伟大的授意不期而至，天赐的历史契机决不可失——梁诚转而试探性地说道："各国若将赔款核减，于我财政殊有补益，贵国如能倡首，义声所播，兴起闻风矣。"[42]

梁诚的话令海约翰猛地打个愣子，而后露出了激动、怜悯之色，当即表示梁氏此言甚在情理，自当竭力代为谋旋，惟总统刚在大选中谋得蝉联，不宜操之过急，当慢慢向前推进，或许能够成功。梁诚见对方态度语气皆算诚恳，点头致谢，表示将把海约翰的好意立即报告国内朝廷，从速议定。海氏极为慎重地叮嘱，让中国政府暂时"勿遽宣露，恐生阻力"梁诚点头称是。

回到公使馆，梁诚如同于暗夜征途中突然看到火光跳跃，按捺不住心中兴奋，把近来与海约翰交涉情况，特别是当天谈话内容，详书一密件禀报清廷外务部。在密件末尾，梁诚就庚款未来支付可能发生的纠葛和命运，做了天才的推理、判断并提出了建议："查各国还金既有成议，美国断不可独自收银而故作矫同，各国亦未必因美收银而稍为变计。不如因势利导，趁风收帆，乘其一隙之明，藉收已失之利，约计将来减收之数，较还金亏耗必可相抵有余。且美国定议之后，援案商令各国核实减收，当易为力。即使不尽照行，苟得什五，财力亦可稍纾。惟此时各国风闻，暗中沮惑，美国迫于群议，恐难坚持定见，海外部以勿遽宣露相嘱，亦正为此。"[43]

最后，梁诚表示，自己将随时运动华府上层人物，遇便催办，务期早日议行，免致夜长梦多，事久生变。如有风吹草动，当及时向外务部禀报，以便齐心合力、谋划筹策，早日促成美国还付多索庚子赔款之事。——此为中美外交史上首次论及庚子赔款退还中国的正式的官方文献。

1905年春末，梁诚根据与美国外交部官员交谈沟通情况，就庚子赔款一事专门致函清廷外务部，谓："此项赔款，除美国商民教士应领各款外，实溢美金二千二百万元。自海约翰代陈鄙意，倡议减收，又经[梁]诚运动劝说，近来上流议论已觉幡然改变，即固执如户部大臣[财政部长]疏氏者，亦不复显然相拒。观其机兆，似可图成。美使柔克义于此举尚表同情。诚欲乘其未离美之前，与之商定大致，俾承钧署询及不至稍有隔阂。"对至关重要的磋商经过及结果，梁诚禀报道：

> 柔[克义]言："总统以为，此项赔款摊付之法，中国早经筹定，若果交还，不知是否摊还民间，抑或移作别用？"
>
> 梁诚答："以交还不应得之赔款，贵国义声足孚遐迩，减免之项如何用法，则是我国内政，不能预为宣告。"

柔克义解释说："总统并非有心干预，特欲略知贵国宗旨，以便措词请求议院耳。"

对柔克义这一解释，梁诚颇具戒心与谋略办法，想出一个可能使中美两国层峰皆能接受，且为民间和舆论界喜闻乐见的方式。于是，梁诚给清廷外务部发送密件，直言不讳说出了这一想法与理由：

诚惟今日列强环伺，若不觇我措施，定其应付，不有非常举动，无由戢彼奸谋。今美总统所言，无论是否有心干涉，均应预为之地，庶免为彼所持，尤应明正其词，庶彼为我必折，似宜声告美国政府，请将此项赔款归回，以为广设学堂遣派游学之用。在美廷既喜得归款之义声，又乐观育才之盛举。纵有少数议绅或生异议，而词旨光大，必受全国欢迎，此二千二百万金元断不至竟归他人掌握矣。在我国以已出之资财，造无穷之才俊，利益损益已适相反。况风声所树，薄海同欢，中兴有基，莫或余侮，其为益又岂可以尺寸计耶！

此密件文思泉涌，直抒胸臆，斐然成章，内中快慰跃于笔端。——此为第一个在中美外交舞台上，提出以退赔庚款创设学堂、作育人才之清廷官员，其博大胸襟及长远眼光，足令后世来者慨叹敬佩。

为使国内朝廷官僚同行对自己这一主张和理想加以重视，梁诚不惜笔墨，对退款与兴学育人的各种利弊加以分析陈述：

按年赔款，各省摊定此二千二百万元者，合则见多，分则见少，即使如数归还民间，未必获益。与其徒资中饱，起交涉之责言，何如移应要需，定树人之至计耶！诚衡量轻重，若善于此……敬请酌裁，迅赐训示，俾得禀承一切，相机照会美外部办理，或能于秋间议院开会即行交议，早日告成，于大局不无裨益。柔使抵京谒见，倘蒙将此宗旨明白宣示，俾得接洽，则机轴愈紧，成功愈易。[44]

梁诚之意很明显，如果美国能退款，就用这笔款子兴教办学，而这样的举措正是美国上下所喜闻乐见的。如果用于其他事项，势必横生枝节，阻力重重，退款之事或许成为泡影。

正当梁诚沉浸于退还庚款兴办教育的梦想之际，想不到老奸巨猾的袁世凯横空插进一杠子，这一杠子使清廷庙堂之上的王公大臣，如同嘴里塞了一只飞天蜈蚣，吞而不甘，吐而无能。负责具体交涉的梁诚，更如同吃了一记闷棍，一时晕头转向，不知如何是好。

李鸿章死后，袁世凯受命署理直隶总督兼北洋大臣，次年实授，一跃凌驾于各省督抚地位之上，成为控制京畿重地的实力派人物，为中外所瞩目。正当世凯春风得意，在平津地盘上呼风唤雨之时，梁诚发往外务部的密件被其闻知。5月23日，即外务部收到密件的第十天，袁世凯致函外务部，谓："愚见目前中国待办要政极多，正虑无款可筹。美廷既有此盛举，应将此项收回之款，用以整饬路矿，作为举办学务之成本，即以所获余利，分别振兴学校，庶可本末兼权，款归实济，而举一二富强之要政，即为造千百才俊之宏基，亦仍与梁使之意相合……"[45]袁氏特别请外务部通知梁诚，令其与美国协商并争取美方同意，以便早日实现还款修路开矿之目标云云。

时外务部总理大臣是庆亲王奕劻，尚书兼会办大臣为瞿鸿機，原已同意梁诚想法并给予嘉许。对于袁世凯之意见，认为所提不合时宜，实属节外生枝，徒令各方不快。鉴于袁氏权势熏天，在不能得罪又不便明确拒绝的情形下，只有暗示梁诚于交涉中采取遮掩两端，或采取李鸿章惯用的"和稀泥""捣糨糊"之伎俩，予以应付。6月1日，外务部致梁诚函，在简述袁函内容之后，又谓："惟现在适有粤汉废约之议，若以整顿路矿为词，恐不免因疑生阻，仍应请阁下揆度情形，必须毫无妨碍，方可示此宗旨，否则但告以办理一切有益之新政，决不妄费。应措词较为赅括，务希相机因应，以期事克有成。"[46]

就在清廷外务部向梁城发出密函三天前，即5月29日，美国国务卿海约翰病逝于任所。此举给梁诚以重大打击，退还庚子赔款的磋商，无疑随着海氏之死而增加新的困难与阻隔。

7月12日，出于对海·约翰的纪念，已来北京的美国驻华公使柔克义，受到清廷官员热情招待，外务部官员借机向其陈述期望庚款归还的迫切心情与新政改革理想，柔克义深为感动和同情，在致美国总统罗斯福的信中，柔氏明确提出："在过去的几年里，海·约翰经常与我说起这件事，每次他都最后这样表达他的意见：我们必须找到某种方式履行公正。但这件事在国务院中并没有任何文字记录，只是在海约翰和我之间一再讨论，因此，提请您关心这件事是我的责任，也是对海约翰的纪念，相信以您的智慧，您能够决定以某种方式完成这一愿望。"[47]

此时，大清国与美国的关系出现了新的裂痕。起因是美国虐待华工，激起华人义愤与中美舆论的谴责。原来签订的中美禁工条约即将期满，中国希望废约再立新约，提出新的合作草案。美国初则拒绝修约，继则讨价还价，以致引起争议，谈判停顿。美使柔克义起程来华，主要任务就是与清廷另行交涉。而上海总商会闻讯，决计发动各界抵制美货，因而酿成全国性抵制美货运动。[48]另一道裂痕，则由清廷收回粤汉铁路引发。[49]1905年5月间，美国合兴公司已有意退让，转而获得大量赔款，但美国总统罗斯福则表示反对，态度至为强硬。此外，主张退还赔款的国务卿海约翰又突然去世，继任国务卿路提（Elihu，又译鲁特）正是前次代表合兴公司与梁诚交涉要求巨额赔偿者，其态度自与海约翰大为不同。美使梁诚见此情景左右为难，庚款之事一时难再提出。而此时的罗斯福因对粤汉铁路一事"颇不适宜，且恐有些牵掣"，对庚子赔款采取"搁置不提"的方法，晾在一边。中美关系如同一艘巨轮，在冰山冲撞与暗潮涌动中打着旋儿渐趋下沉。

尽管如此，当梁诚接到外务部密函，再度找机会与美国总统见面晤谈时，罗斯福仍和蔼大度地表示，待议院开会时一并交议，并谓去年海约翰曾有此说，现"海虽不幸去世，自当勉竟其志"。至于议院是否同情并给予通过，罗斯福没有把握，梁诚心中更是无底。再加上袁世凯横空插来一杠，使原本棘手之事变得更加复杂纷乱。尽管梁诚已预知美国政府官员认为退款本意在教育，面对袁氏提出的移作路矿建设，梁自是不便也不能提出，却也不好向美国人公开承诺非教育莫属，一旦袁世凯较劲或在背后捣起乱来，教育之事未成，美国人又不肯退款，很可能落个鸡飞蛋打的结局，自己也将猪八戒照镜子——里外不是人。于是，梁诚在致外务部函中表示，自己将与继任国务卿路提商定办法，尽快提请国会讨论通过，并使议院大佬们对于退款用处"任由我国自决，不令稍沾迹象"。即美国人只管麻利地退款于我大清帝国，其他的少啰唆，更不要狗拿耗子——多管闲事。与此同时，梁诚采取侧翼进攻战略，运动议绅报馆，在美国国内大造舆论，赞成退款，迫使美国上层与国会大员尽快"以期决可"[50]。

出乎梁诚意料，随着国内外形势变化，归还庚子赔款之事再次出现动荡反复。

美总统虽然应允退还庚款，但迟迟不向国会提出此案，原因是中美关系更趋恶化，罗斯福越想越觉得中国抵制美货运动及收回粤汉铁路，有欠公道。而1905年10月29日，广东又发生连州教案，美国传教士等五人被杀，更引起美国人反感。[51]11月16日，罗斯福在接见美国长老会在华传教士丁韪良（W.A.P.Martin）时表示："中国目前发生的抵制美货和杀害传教士事件，使退还庚子赔款不可能，至少目前无法向国会提出。"[52]大局如斯，总统罗斯福已无能为力，梁诚更是仰天长叹，退还庚款之事就此停顿下来。

1906 年初，在清廷重压下，中国社会各界抵制美货运动逐渐平息。同年 3 月，清政府应美国政府要求，公开发布保护外人"上谕"，美国总统罗斯福对退还庚款的态度亦有所转圜。

一直在美国公使馆观察外界动静的梁诚，见中美关系冰层在暖风吹拂中裂开了缝隙，而有缝隙就有撬动的机会和可能，遂不失时机地再度展开行动。只是，梁诚经过深思熟虑，没有直接去触碰美国权力中枢，而是从中产阶级和民间悄然着手，如召开记者招待会，到处对民众演说，写信致电发动议绅报馆、传教士以及教育文化界人士，从各个方面向美政府高层进言、督促、施压，呼吁庚款退还早日成为事实。在梁诚与国内相关人士遥相呼应，共同奔波、策动下，各色人物粉墨登场，加入了为庚款退还鼓与呼的队伍。

1906 年初，美国伊里诺里州大学（University of Illinois，今译伊利诺斯大学）校长埃德蒙·詹姆士（Edmund J.James），向罗斯福总统呈交了一份《关于派遣教育考察团去中国的备忘录》，指出："中国正临近一次革命。……哪一个国家能够做到教育这一代青年中国人，哪一个国家就能由于这方面所支付的努力，而在精神和商业的影响上取回最大的收获。如果美国在三十年前已经做到把中国学生的潮流引向这一个国家来，并能使这个潮流继续扩大，那么，我们现在一定能够使用最圆满和巧妙的方式，控制中国的发展。——这就是说，使用那从知识上与精神上支配中国领袖的方式。"

詹姆士对当时中国大批学生留学欧洲和日本表示十分关切和着急，认为："这就意味着，当这些中国人从欧洲回去后，将要使中国效法欧洲，效法英国、德国，法国，而不效法美国；这就意味着，他们将推荐英国、法国和德国的教师到中国去担任负责的地位，而不是请美国人去；这就意味着，英国、法国和德国的商品要被买去，而不买美国商品。各种工业上的特权将给予欧洲，而不给予美国。"最后，詹姆士以诗人和战略家的姿态做出如下结论：

> 为了扩展精神上的影响而花一些钱，即使从物质意义上说，也能够比用别的方法获得更多。商业追随精神上的支配，比追随军旗更为可靠。[53]

大清帝国自同治末年开始派遣学生出洋留学，当时选择的国家，几乎全部为欧洲和美国。但到了 1896 年，形势急转，朝野上下均掉头转向日本，无数青年学子纷纷涌向日本岛国，寻求科学知识和救国富民之道。其原因在于甲午一战，以泱泱天朝大国自居的大清王朝，竟败于撮尔弹丸之国，举国上下如冷水浇头，大受刺激而从睡梦中惊醒。朝野内外对日本的态度由鄙视转为崇拜，直至演变为狂热地羡慕其维新改革的巨大成就，从精神到行动，迅速转向了以日本明治维新为蓝本的战略、战术轨道。1898 年，清廷重臣张之洞发表《劝学篇》，指出"日本小国耳，何兴之暴也。伊藤（博文）、山县（有朋）、榎本（武扬）、陆奥（宗光）诸人，皆二十年前出洋之学生也，愤其国为西洋所胁，率其百余人分诣德法英诸国，或学政治工商，或学水陆兵法，学成而归，用为将相，政事一变，雄视东方……"张氏雄文甫一问世，即得到朝野重视和追捧，各省官僚与知识分子提及人才培养，无不主张派遣学生前往日本留学。而留学日本，从舟车与学费等方面算计，亦较欧美便利许多，特别是日本实行君主立宪体制，最能满足清王朝的心理需要。清廷于 1904 年模仿日本教育制度，颁布《奏定学堂章程》，同时以高薪大量聘请日本教习千余人到中国各省学堂任教，如张伯苓任学监的敬业学堂所聘日本教习，即是此风熏染的例证。鲁迅、陈衡恪、陈寅恪、许寿裳、沈尹默、沈兼士等后来成名的知识分子当年赴日本留学，亦在这一时期前后。风云际会，因了一种朝野默契，留日学生迅速兴起，仅 1905 年至 1906 年，留日学生即创 8000 人以上纪录，至 1907 年总数已超过 5 万人。——这一时期与这一显赫数字，被著名中日关系史专家任达（Douglas R.Reynolds）称为中日关系的"黄金时代"[54]。

◎ 20 世纪初的南开校长张伯苓，从服饰到发型、胡须等方面，都体现出访学日本的特色

在此之前的 1877 年至 1900 年间，美国在中国办了许多教会学校，培养了一不少人才，但清政府各省咨议局规定，官立学堂的毕业生有选举权与被选举权，教会学校则无。[55] 这一现实渐渐引起美国方面不满。1905 年 12 月 22 日，美国驻华公使代表团中文秘书威廉斯致书柔克义公使，曾提及此点，认为："教会学校……从未得到官僚阶级的多少支持，而它的毕业生极少可能找到官方任用机会。……难得有一个人会获得重要的位置。"[56] 对此，柔克义早已有所注意并耿耿于怀，期待有机会改善此种现状。当庚款退还问题浮出水面后，在美国政府官员中，反应敏锐且最早积极主张将退款用于改革中国教育者当属柔克义，他认为教育可使中

国政治安定与商业繁荣，使中国成为富足的贸易伙伴，尤其是一旦留美学生成为北京领袖时，美国对中国将有很大的影响力。因而，他于1905年初会梁诚，即有意让清廷声明退还庚款用于教育，以便国会顺利通过。

对于威廉斯等提到的问题，长期身处中国教会学校的政教人员以及传教士看得更加清楚，也更有切身感受。如在华的英裔美国商人兼公理会传教士斯密士（Arthur H.Smith，中文名为明恩溥），曾积极主张美国把退还的庚子赔款，用来创办教育并作派遣游美学生之用。此公于1872年来华，最初在天津混事，1877年到鲁西北赈灾传教，在恩县庞庄建立第一个教会，先后在此建立起小学、中学和医院，同时兼任上海《字林西报》通讯员等。1905年，斯密士辞去宣教之职，留居北京郊外通州专事写作。庚子乱起，此公被义和团围于美国驻华使馆多日，后设法脱身。1926年，斯密士返回美国，前后在华生活达54年之久。

早在1894年，斯密士就出版了《中国人的特性》一书，这部著作是此公在华多年观察与亲身体验的结晶，甫一问世即在东西方产生了巨大反响。在叙述中国人特性与生活习俗时，斯密士对中国人的"劣根性"进行了严厉批评与鞭挞，如漠视时间、灵活的固执、智力混沌、神经麻木、轻视外国人、缺乏公共精神、漠视舒适和便利，以及误解的"才能"、拐弯抹角的"才能"、指鸡骂狗的"才能"等等，皆成为该著作的标题和抨击对象。更有中国人"易活难死"，骨子里有"尔虞我诈"、好面子、保守、节俭过分等为现代社会所痛砭的毛病。最后，斯密士总结性地讲道："普遍的印象是，中国人是一大捆矛盾，根本无法理解。我们无法找到确切的理由，来解释为何我们与中国人交往了几百年，却无法像解释其他复杂的事物那样，来理解中国人的特性。"[57]

斯密士闻知美国政府有可能把多索庚款退还中国的消息，立即活动起来，并公开言称：庚子赔款是用来"惩罚"中国在庚子拳匪之乱中对美国的"侵犯"，美国退还庚款的目的，"不是完全退还这笔钱，而是要把这笔钱用在使这类似的事件难以再生"[58]云云。1906年3月6日，斯密士乘返美开会之机，由阿伯特（Lawrence Abbott）引见罗斯福总统，建议用庚子赔款在中国兴学和资助中国学生来美国留学，随着每年大批中国学生从美国各大学毕业，美国将最终赢得一批既熟悉美国，又与美国精神相一致的朋友和伙伴。没有任何其他方式，能如此有效地把中国与美国在经济上、政治上联系起来云云。

当此之时，罗斯福早已有了自己的打算，不待斯密士啰唆完便回敬道："我完全同意你。……这是一个伟大的想法，我要设法完成它。"[59]

注释

[1] 天津俗语云："寒梅，寿解"，意为梅家、解家皆天津大户也，后来两家皆成破落户，梅家寒酸，解家贫穷，但皆不忘读书习文。故梅氏一族有"穷念书的"雅号。

关于"梅先生拔烟袋"笑话，见戴愚庵《沽水旧闻》梅茂才的故事："庚子先，天津吸纸烟者，稀于威凤祥麟。而抽旱烟者，则触目皆是。妇女所吸之烟，不外锭子、杂拌二种。男子瘾大者，则吸关东烟叶。斯文人物，则吸兰花。妇女之烟袋，长约五尺，男子烟袋仅尺余，便携带也。妇人烟袋，银其嘴，乌木其杆，铜其锅，登其峰造其极矣。惟男子之袋，则甚考究，贵重者价数百金，次者数十金，下焉者亦值数金。与洋烟壶、扇子、斑指有随身四宝之雅称也……吸烟者外出，则以烟袋插叉裤中，图便利也。烟袋既如是考究，遂启小人以觊觎之心，小绺之流，则从而拔之。白钱贼中之新门户，遂有立拔烟袋者。同治七年秋，邑绅某，在金声园观剧，来一听衬戏者，拔绅之烟袋，袋固值百金。拔者艺未精，乃被捉。绅视窃，固孺者也。询之，为梅殿起，茂才也。问茂才何以出此？彼乃答以不得已而为之。绅良不忍，聘为西席。津中遂留此话柄，凡言事非得已而犹作者，乃曰'梅先生拔烟袋'，听者即知是不得已而为之也。"（见《梅先生拔烟袋》篇）

另，天津八大家，一般指韩、高、石、刘、穆、长源、振德、益照临。（见《天津老俗话》，章用秀编著，天津人民出版社 2011 年出版）又据赵赜飏《梅贻琦传稿》载："相传天津有八大家，如严、卜、韩、梅、张等，多以积宦或殷富名，张（伯苓、彭春）及梅家，则以受新式教育者人多闻名。"

[2]《梅校长家世》，载《清华校友通讯》，新三十一期，新竹。

[3] 张福运《梅校长家世补考》，载《清华校友通讯》，新三十二期，新竹。

[4]《梅贻琦传稿》，赵赜飏著，台北邦信文化资讯公司 1989 年 12 月出版。

[5] 梅贻宝《五月十九念"五哥"》，载《清华校友通讯》，新十二期，新竹。

[6]《温家宝接受俄罗斯记者采访》，载《人民日报》，2008 年 10 月 30 日。

[7]《张伯苓年谱长编》（下卷），梁吉生编著，人民教育出版社 2009 年出版。

[8] 张锡祚《张伯苓先生传略》，载《天津文史资料选辑》第八辑，天津人民出版社 1980 年出版。

[9]《中国近代史》，蒋廷黻著，上海古籍出版社 2004 年出版。

[10] 张伯苓《四十年南开学校之回顾》，载《张伯苓教育言论选集》，南开大学出版社 1984 年出版。

[11][16] 胡适《教育家张伯苓》，载《前线日报》，1947 年 11 月 5 日至 7 日。原为英

文，收入《胡适文集》（2），人民文学出版社 1998 年出版。

[12] 严仁赓《先祖严范孙教育思想与办学实践简述》，载《南开校友通讯丛书》，1990年第 1 期（复 12 期）。

[13] 魏云庄《本校历史存草》，载《南开星期报》，第 24 期，1914 年 11 月 16 日。转引自《张伯苓画传》，梁吉生、张兰普著，四川教育出版社 2012 年 5 月出版。

[14] 高成鸢《南开精神：被遗忘的黄钰生》，载《黄钰生文集》，2009 年 10 月出版。

[15] 胡适《教育家张伯苓》，载《南开校友》，第 2 卷第 2 期，1948 年 10 月。转引自《张伯苓画传》，梁吉生 张兰普著，四川教育出版社 2012 年 5 月出版。

[17] 陈宝泉《退思斋文诗存》，台北文海出版社 1982 年出版。转引自《张伯苓画传》，梁吉生、张兰普著，四川教育出版社 2012 年 5 月出版。另据载，1900 年八国联军攻陷天津后，当地居民由 100 万人锐减到 10 万人，"海河上漂尸阻塞河流，三天不能清理净尽"。成千上万来自南北中国的历史先觉者，有的从三岔口乘船，沿海河入海，远走欧、美、日诸国寻求救国方向与真理，有的在海河两岸废墟和伤口上，艰难地抓住中外政治、经济、文化交锋的差异与默契，进行民主政治与民族工商业的探索与实践，奇迹般在天津卫分娩、创造并实现了中国近代史上近百项第一：北洋学堂、北洋海军、北洋医院、巡警、监察厅、有轨电车、造币厂、实业银行、邮票、电报、电话、大公报、电影院、铜管乐队、足球、篮球……天津在现代中国独特、先进的地位由此确立。

[18]1908 年 5 月 25 日美国国会"共同决议"第二十九号，引自《美国外交档》（1917年）。转引自《清华大学史料选编》，第一卷，清华大学出版社 1991 年出版。

[19] 大刀会，清代民间武术团体，又称金钟罩，主要活动于鲁西南地区，以其成员练武时携带大刀而得名，一说以其练武时在场内横置大刀一口而得名。练武者伴有吞符念咒等法术，宣称可得神灵护卫，刀枪不入。外国教会势力在中国日趋猖獗，许多贫苦农民、手工业者纷纷习练，以求保家防身，最盛时达数万人，主要活动于山东、河南、江苏、安徽交界地区。光绪二十二年（1896 年），山东曹县人刘士瑞、单县人曹得礼率领大刀会"以诛锄西教为本旨"，开始焚烧教堂，诛杀传教士，后被清军捕杀。其后，大刀会渐趋没落，有的改称红拳、义和拳、红门等会，暗中活动于鲁西南地区。

[20] 罗惇曧《庚子国变记》，载《清季野史》，胡寄尘编，岳麓书社 1985 年出版。

[21]1895 年 4 月《马关条约》签订，消息传到北京，朝野震惊。时在北京参加会试的举子群情激愤，在康有为、梁启超等人组织鼓动下，由康起草，1300 多人联合签名上书，要求拒和、迁都、变法图强等，史称"公车上书"。此次行动使封闭衰弱的晚清社会产生了巨大震动，维新运动的序幕由此拉开。

大清帝国光绪皇帝，虽在光绪十三年，即 1887 年 17 岁时已在名义上实行亲政，但朝廷大权仍掌握在慈禧太后手中。面对列强瓜分之危，光绪帝于 1898 年（戊戌年）开始向慈禧要求实际权力，进行朝政改革。1898 年 6 月 8 日，徐致靖上书《请明定国是疏》（康有为代拟），请求光绪帝正式改变旧法，实施新政。6月11日，光绪帝颁布《定国是诏》，向天下表明变更体制的决心，百日维新由此开始。未久，光绪帝召见康有为，调任章京行走，以作为变法的智囊。其后又启用谭嗣同、杨锐、林旭、刘光第等辈，协助维新。但戊戌变法遭到以慈禧太后为首的愚昧兼顽固分子强烈抵制。9月21日，慈禧太后等守旧派发动政变，光绪帝被囚至中南海瀛台，维新派主将康有为、梁启超在英国人和日本人帮助下，分别逃往法国、日本。谭嗣同等主张维新变法的六名干将（戊戌六君子）被捕杀，所有新政措施，除7月开办的京师大学堂（今北京大学）外，全部废止。从6月11日至9月21日，清廷进行了103天的变法维新，最终以戊戌政变宣告失败。自此，掌控朝廷中枢的慈禧太后，排外、仇外情绪或称心理阴影越来越大，且一直挥之不去，直到"庚子之乱"达到顶峰。

[22]《庚子大事记》，杨典诰著，载《庚子记事》，中国社会科学院近代史研究所《近代史资料》编译室编，知识产权出版社2013年1月出版。

[23][24][26][27][28][29][34]《庚子国变记》，清代李希圣著，中国历史研究社编，上海书店1982年出版。

[25] 关于"克林德事件"，《庚子国变记》（清代李希圣著，光绪二十八年刻本）记录如下："二十三日[19日]，德使克林德入总理衙门，载漪伺于路，令所部虎神营杀之。虎神营者，虎食羊而神治鬼，所以诅也。……乱初起，令各公使皆反（返）国，期一日夜尽行。各公使请缓期，故入总理衙门议，而德使死焉。杀德使者，章京恩海也，其后日本执杀之。克林德已死，许缓行。又请迁入总理衙门，各公使不敢出。"

清廷战败后与列强签订《辛丑条约》第一款即规定：清政府派醇亲王载沣为头等专使大臣，代表清政府就克林德被杀一事亲赴德国谢罪致歉。同时，"在遇害处所，竖立铭志之碑，与克大臣品位相配，列叙大清国大皇帝惋惜凶事之旨，书以辣（拉）丁、德、汉各文"。

清廷为德国公使克林德所建造的大理石牌坊，额题"克林德碑"四字，两旁是拉丁文和德文，横匾刻光绪皇帝亲自书写的上谕："德国使臣男爵克林德，驻华以来，办理交涉，朕甚倚任。乃光绪二十六年五月拳匪作乱，该使臣于是月二十四日遇害，朕甚悼焉。特于死事地方，敕建石坊，以彰令名，盖表朕旌善恶之意。凡我臣民，其各惩前毖后，无忘朕命。"此碑被中国人视为国耻碑。

李鸿章与列强谈判过程中，德国代表提出要严惩克林德案的凶手，克林德夫人更是把凶手直指慈禧太后和光绪皇帝，谈判一度陷入僵局。这个时候，号称清末民初第一名妓的赛金花粉墨登场。据刘半农、商鸿逵《赛金花本事》载，赛金花在受访时有如下一段谈话：

当开和议时，态度最蛮横，从中最作梗的要算德国了。他们总觉得死了一个公使，理直气壮，无论什么都不答应，尤其是那位克林德夫人，她一心想替丈夫报仇，说出来许多的奇苛条件，什么要西太后抵偿罢，要皇上赔罪罢，一味的不依不饶，把个全权和议大臣李鸿章弄得简直没有办法了。我看着这种情形心里实在起急，又难过；私下里便向瓦德西苦苦地劝说了有多少次，请他不必过于执拗，给中国留些地步，免得两国的嫌恨将来越结越深。瓦德西说他倒没有什么不乐意，只是克林德夫人有些不好办。于是我便［自］告奋勇愿作个说客去说她。

我见着了她，她对我的态度还很和蔼，让我坐下，先讲了些旁的闲话，然后我便缓缓地向她解释说："杀贵公使的并不是太后，也不是皇上，是那些无知无识的土匪——义和团，他们闯下祸早跑得远远的了。咱们两国邦交素笃，以后还要恢复旧好呢，请你想开些，让让步吧！只要你答应，别人便都答应了。"

她道："我的丈夫与中国平日无仇无怨，为什么把他杀害？我总要替他报仇，不能就这么白白地死！"

我说："仇已算是报了。我国的王爷、大臣，赐死的也有，开斩的也有，仇还不算报了吗？"

她又说："那不行，就是不要太后抵偿，也要皇上给赔罪。"说这话时，她的态度很坚决。我想了想，遂说："好罢，你们外国替一个为国牺牲的人作纪念都是造一石碑，或铸一铜像；我们中国最光荣的办法却是树立一个牌坊。您在中国许多年，没有看见过那些为忠孝节义的人立牌坊吗？那都能够万古流芳、千载不朽的！我们给贵国公使立一个更大的，把一生的事迹和这次遇难的情形，用皇上的名义全刻在上面，这就算是皇上给他赔了罪。"经我这样七说八说，她才点头答应了。这时我心里欢喜极了，这也算我替国家办了一件小事。听说条约里的头一项就是这事哩！

对于赛金花所言此事以及她自称与八国联军特别是瓦德西统帅的私情，外界一直将信将疑。据尹润生回忆说：1930 年秋天，那时北平有个"世界学院"，由李煜瀛（石曾）任院长，他曾应德国记者的要求，约请赛金花开一次座谈会。地点在中南海福禄居世界学院北平分院。那时赛金花已有 50 岁左右，但看来不算衰老，但因染有鸦片嗜好，面容憔悴。当时她居住在宣武门外万明路大森里一带贫民区，生活非常贫困。为了出席这次座谈，世界学院临时救济她 60 元，作为添补衣履之资．她名片上印的是"魏赵灵飞"四个字。是日由世界学院用车接送。赛金花身穿青色服装，态度大方，由她临时约请的一位保姆搀扶着缓步走入世界学院。……德国记者寒暄一番后开始问："你怎样与瓦德西将军相识的？"赛金花："我跟洪文卿先生出使德国，不仅学习了一些德国话；在公开宴会场合也结识了不少德国执政文武官员，瓦德西将军就是其中之一。"……德国记者问："你在八国联军进驻北京时做了哪些事情？"赛金花："关于这个问题，可以说做的事情太多了！也是一时讲不完的。不过我可以举两个实例来介绍一下。一件事是……第二件事是：联军与清廷'议和'时，很长时间达不成协议，主要争端就在德国要求恢复和赔偿克林德名誉，条件十分苛刻。此事我曾出面与德方交涉，说明按中国传统风俗，为克林德立个纪念碑要比其他任何赔偿都要体面，后来德国也就到此为止。"……以上几件事是赛金花亲口所述，真实性如何，可供史学界参考。(《回忆赛金花答德国记者问》，尹润生遗作，载《文史资料选编》，政协北京市委文史资料研究会编，北京出版社 1983 年出版。内部发行)

有人认为赛金花所言应是真情实事。如上世纪 30 年代初，奉北大教授刘半农之命前往赛金花住处实际访问数次，写出《赛金花本事》的商鸿逵 (书中挂"刘半农初纂"字样，乃出版商为销售考虑，该著出版前刘氏已因赴西北考察染"回归热"病去世) 曾说道："刘 [半农] 先生说赛金花和慈禧是一朝一野相对的一对，这话说得很合适。这两个女人都是中国历史上极不光彩的人物，其所不同者，赛金花是个丢丑的，慈禧是个有罪的。这本书中所记赛金花的谈话，其劝说被戕德使克林德夫人答应立牌坊一事，是可以相信的。李鸿章曾利用她去和德国人拉拢，讨好求和，是完全有可能的。当时侵略军联合统帅为德国人瓦德西，他在中国气势汹汹，不可一世，肆意杀戮，为所欲为。赛金花为了使克林德夫人让步，曾是出过力的。"又说："议和十二条款，其第一款即是树立克林德纪念牌坊。观察当时情势，慈禧是急催李鸿章等和各国'克日开议'。这时清驻俄使臣杨儒曾电告奕劻和李鸿章道'德帅到华，和议更难维持'之言。这是光绪二十六年九月中的事。到十一月提出了十二条款，在款末附言：'若非将各款允从足适各国之意，各本国大臣难许有撤退京畿一带驻扎兵队之望。'为此，奕劻、李鸿章奏报慈禧，各国'词意决绝，不容辩论'(《光绪东华录》，二十六年十一月甲戌)。可是第一款却解决得很顺利，可知必定有人从中斡旋，这个人应当就是赛金花。"(商鸿逵《〈赛金花本事〉和赛金花》，载《文史资料选编》，政协北京市委文史资料研究会编，北京出版社 1983 年出版。内部发行。南按：本文刊载时，原文之赛金花与克林德夫人谈话中"那些无知无识的土匪——"等九字被删除，意为编辑们不承认义和团为匪，应视为民族英雄之意。)

赛金花认为自己是一个爱国者，尝谓："国家是人人的国家，救国是人人的本分。"(《天公不语对枯棋》，姜鸣著，北京三联书店 2006 年出版，第 202 页) 只是这种调子总又令人有一种说不出的滋味。1936 年 8 月 23 日，鲁迅病中曾著一杂文，提及赛金花时不无嘲讽地说："作文已经有了'最中心之主题'：连义和拳时代和德国统帅瓦德西睡了一些时候的赛金花，也早已封为九天护国娘娘了。"(《且介亭杂文·附集》之《这也是生活》)

此时的鲁迅还认为赛金花确实与瓦德西相识并"睡了一些时候"，而到了戏剧理论家齐如山眼里，赛金花与瓦德西压根就不熟悉，更谈不到"睡"的问题。齐如山氏乃中国人最早懂德文者之一，庚子事变中与西方外交界尤其德国方面接触颇多，因而对当时的情况颇多了解。在《关于赛金花》一文中，齐如山说："光绪庚子 (1900 年) 辛丑一年多的时间，我和赛金花虽然不能说天天见面，但一个星期之中，至少也要碰到一两次，所以我跟她很熟……赛金花没有见过瓦德西，就是偶见过一两次，她也不敢跟瓦德西谈国事。第一，她那两句德国话就不够资格，就说她说过，瓦德西有这个权可以答应这些事情么？……这种司令仍不过是只管军事，至于一切国事的交涉，仍由各国公使秉承各本国政府的意志进行，或主持。瓦德西怎能有权答应这种请求呢？在庚子那一年，赛金花倒是偶尔在人前表功，她倒是没有说过瓦帅，她总是说跪着求过克林德夫人，所以夫人才答应了她……一个公使夫人怎能接见这样一个人呢？再说我也常见克林德夫人，总没碰见过她……同她来往的人都是中尉、少尉，连上尉都很难碰到一个……（南按：下述他两次在中南海路上碰到瓦帅，赛金花正与几个德国下级军官在一起。）这两次赛金花都没敢见瓦帅，所以猜度她没有见过瓦帅……至于委身瓦帅，那是绝对不会有的。"（《赛金花本事》，刘半农等著，吴德铎整理，第253—258页，岳麓书社1985年出版）

对于以上不同的记述与判断，现代史家王春瑜经过考证认为，赛金花确实与瓦德西不熟，并说："齐老先生所言，合情合理，最为可信。赛金花之自述，及樊樊山之《彩云曲》等，多有不实；赛氏之捏造、夸张，不过是给自己贴金、涂脂抹粉而已。而樊樊山等跟着附和，则是起哄。'隔江犹唱后庭花'，乃传统文人喜说名妓风流韵事的再版，心态实不可取。"（《赛金花考》，载《一碗粥装得下半部历史》，王春瑜著，金城出版社2011年8月出版）

以上诸家论述，是耶，非耶，还是留待史家继续考证吧。

需要补充的一点是，第一次世界大战结束后，克林德牌坊改名为"公理战胜"碑，并迁移至北京长安街边的中央公园（今中山公园）。中共建政后，又改为"保卫和平"坊。

与此事件相关者，如杀死克林德公使的虎神营章京恩海，最后落到了德军手中。家住北京东城北豆芽菜胡同的满洲正白旗人恩海之所以被发现，与他当初私自拿走克林德身上的银质怀表有关。事变后恩海把这块银表拿到当铺当掉，被日本侦探侦知并发现表上有个"K"字，以此为线索，顺藤摸瓜抓到了恩海。随后，恩海被转到德国军队手中，被德军在东单牌楼克林德身亡处处斩，那一天是1900年12月31日，也是19世纪的最后一天。作为战利品，恩海的头颅与德军抢来的珍宝财物一并通过"土库曼"号轮船送到了德国。

至于当时指示恩海射杀克林德的主战派大臣——端郡王载漪，因"倡率诸王贝勒，轻信拳匪，妄言主战，至肇衅端，罪实难辞"，被八国联军列为"祸首"，按《辛丑条约》定"斩监候"罪名。后"惟念谊属懿亲，特予加恩发往极边新疆，永远监禁，即日派员押解起程"（《辛丑条约》附件六）。1917年，载漪借张勋复辟之机重获自由，1922年去世。

[30] 转引自《幸运的孩子：中国第一批留美学生》，里尔·莱博维茨、马修·米勒著，贾士蘅译，第204页，台北时报出版公司2011年出版。

[31] 庚子之乱，惩办的清廷高级官员，部分明列《辛丑条约》附件四，如下：

十二月二十五日上谕：京师自五月以来，拳匪倡乱，开衅友邦。现经奕劻、李鸿章与各国使臣在京议和大纲草约业已画押。追思肇祸之始，实由诸王大臣昏谬无知，嚣张跋扈，深信邪术，挟制朝廷，于剿办拳匪之谕，抗不遵行，反纵信拳匪，妄行攻战，以致邪焰大张，聚数万匪徒于肘腋之下，势不可遏。复主令卤莽将卒，围攻使馆，竟至数月之间，酿成奇祸，社稷阽危，陵庙震惊，地方蹂躏，生民涂炭，朕与皇太后危险情形，不堪言状，至今痛心疾首，悲愤交深。是诸王大臣信邪纵匪，上危宗社，下祸黎元，自问当得何罪。前经两降谕旨，尚觉法轻情重，不足蔽辜，应再分别等差，加以惩处。

已革庄亲王载勋，着赐令自尽；已革巡抚毓贤，前在山东巡抚任内，妄信拳匪邪术，至京为之揄扬，以至诸王大臣受其煽惑，及在山西巡抚任内，复戕害教士、教民多命，尤属昏谬凶残，罪魁祸首，前已遣发新疆，计行抵甘肃，着传旨即行正法，并派按察使何福堃监视行刑。前协办大学士吏部尚书刚毅，袒庇拳匪，酿成巨祸，并会出违约告示，本应置之重典，惟现已病故，着追夺原官，即行革职。革职留任甘肃提督董福祥，统兵入卫，纪律不严，又不谙交涉，率意卤莽，虽围攻使馆，系由该革王等指使，究难辞咎，本应重惩，姑念在甘肃素著劳绩，回汉悦服，格外从宽，着即行革职。降调都察院左都御史英年，于载勋擅出违约告示，曾经阻止，情尚可原，惟未能力争，究难辞咎，着加恩革职，定为斩监候罪名。革职留任刑部尚书赵舒翘，平日尚无嫉视外交之意，前查办拳匪，亦无庇纵之词，惟究属草率贻误，着加恩革职，定为斩监候罪名。英年、赵舒翘均着先在陕西省监禁。大学士徐桐，降调前四川总督李秉衡，均已殉难身故，为贻人口实，均着革职并将恤典撤销。

◎ 1900 年 7 月 9 日，山西巡抚毓贤在太原屠杀捕来的 46 名传教士及其妻小。传教士临死前，仍为所有人祈祷。法尔定夫人紧紧抓住三个孩子的手，毓贤当着母亲的面砍下三个孩子的头，再杀死他们的母亲。除了两三小孩，遇难者没有一个哭泣喊叫的（图为毓贤所杀传教士 G.B.Farthing 夫妇及三个孩子）

[32]《辛丑条约》最关键，也是各国最为关心的核心问题就

是赔款，因而这一问题争论也最为持久。据已发现的档案材料显示，俄国和德国最为贪婪。俄国率先提出要求赔偿白银 1.3 亿两。德国更是惊人，"坚持中国赔至最后一分钱"（《庚子赔款》，王树槐著，台湾"中央研究院"近代史研究所 1974 年初版，第 12 页）。联军统帅瓦德西来华前夕，德皇威廉二世于 1900 年 8 月 18 日告诉他要"谨记在心，要求中国赔款，务到最高限度，且必彻底贯彻主张"，因为德国"急需此款，以制造战舰"。（引文同上）瓦德西到后向德公使表示，要索取 20 亿马克（约 6.54 亿两白银）的赔款。此外，法国要求的赔款也多达 7000 多万两。以上诸国均要求赔款以现金的方式一次付清。

英、美、日等国则担心过多赔款压力会削弱中国市场购买力，从而损害自己的商业利益，因而认为首先需要了解中国究竟能够偿付多少再做商议。美国采取的态度是：一、将此问题移至海牙国际法庭仲裁；二、为限定赔数在中国财力能够付偿的范围之内，其目的即在保持中国之安全与和平，有利于中国对外之贸易，不致因赔款负担过重而濒于破产。美国国务卿海约翰训令美驻华公使康格，"应特别注意在中国能力范围内定一总数。至于分配方面，美国应依其所受损害及军事所费，在总数中所占比例分享"。未久，海约翰再度训令康格："当尽最大之努力，使各国同意一合理之赔偿总数。中国财力只能付偿 150，000，000 美元（约合 202，156，334 海关两），各国宜准此数按比例减低其要求。决定总数之后，美国将坚持其公平分配之额。各国对赔款如有争议，则提交海牙国际法庭仲裁。美国要求赔偿之数为 25，000，000 美元（约总额六分之一，占 16.6%），但可按比例减之。"（《庚子赔款》，第 11—12 页）

海约翰的建议提出后，各国代表对移至海牙国际法庭仲裁多不赞同，而赔偿数额限于中国财力偿付的范围之内，即海约翰估计之数，亦遭多国否决，所提数额要较此数多一倍甚至两倍有余。面对这一情况，美仍将尽力助华减轻负担。1901 年 3 月 21 日，海约翰训令美国驻华谈判代表柔克义，"不论用何种方式集成总数，使总数以四千万英镑为限，然后向中国提出，不作任何说明。分配问题，留待各国解决。各国如不能达成协定，则移至海牙法庭"（《庚子赔款》，第 12 页）。4 月 13 日，北京公使会议，应美代表之要求，讨论美国提出的 4000 万英镑案（2 亿 6700 万两银），美使强调："此数将使中国实际上付出五千万镑之巨，各国应该防止类似反对外人拳乱之事件再度发生，如中国加重税捐，民间对外人的反感将会加强与延久，则各国所受之损失更大。"（《庚子赔款》，第 13—14 页）但这个提案没有得到各国响应，美国方面大为扫兴。延至 5 月 7 日，各使集会时赔数要求已增至 6750 万英镑，约合 4 亿 5000 万两白银。

面对此情，美国代表于 5 月 7、9 两日，分别致电美国驻南京及汉口两领事，密告两江总督刘坤一、湖广总督张之洞，希望经由中国代表全权提出困难，美将尽力助华，惟盼以商业利益补偿减低之数。5 月 10 日，海约翰再电令柔克义，如各国应允同样减赔，美国可减去其"合理的"赔数的一半。但这个意见未得一国响应，美国弄了个灰头土脸。尽管如此，"美国的努力，可能使若干国家提出要求时有所考虑"（《庚子赔款》，第 18 页）。

事后，美国代表柔克义等分析其屡次提案失败的原因，主要乃美国先声夺人，谈判一开始就率先提出本国索取2500万的数额，而这个数额远远高于在华实际损失。——此点，列强与中国方面都心知肚明。如果按比例减之，美国所得也不会少于实际损失数额，仍不吃亏还可略有小赚。但其他国家认为自己付出与索取的基本持平，至少在心理上认为比他国所索合理；即使与美国一样索取过倍，按比例减低，仍比美国吃亏为大，因而对于美国的提案予以反对。——当然，在所有反对国代表中，犹以德国最甚。德国公使曾在会议上公开叫板道："美国建议总数四千万镑，而彼自要求二千五百万美元，如此德国应索八亿马克。"并称"美国的声明是一种伪君子的作风，经此一声明，美国已获利不少"云云。（引文同上）

列强争夺的最后结果是，庚子赔款以总额4亿5000万两落幕。其中，俄国得30%，德国得20%，法国得15%，英国得11%，美国到7%，日本7%，其他国家得10%。

面对不可逆转的惨局，清廷与列强"磋磨"的重点，转变为降低年息与赔款计息方法等枝节问题。此前，一直密切关注中外谈判命运的两江总督刘坤一，曾幻想列强能"免去利息"，而湖广总督张之洞则希望将利息降为2厘。但列强仍表示年息4厘。美国虽给予一些道义上的同情和援手，但收效甚微。5月24日，张之洞致电清廷代表李鸿章，要求继续与英国驻华参赞磋商，将赔款"减息为三厘三毫或三厘半"。（《义和团档案史料》下册，故宫博物院明清档案部编）5月26日，盛宣怀也急电清廷中枢军机处说：中国赔款4亿5000万两，"如经许四厘息，每年还二千万，共需本利千兆以内"，中国损失较大。"似可先还息三厘三毫……如得允，则便宜甚巨"。但是，"英、法、德均称，息非四厘不可"，德国驻华公使穆默、八国联军统帅瓦德西均称："四厘已减让到家，万难再减"，"四厘息，一毫不能减"。直至6月3日，奕劻、李鸿章仍表示将不遗余力地继续与列强"竭力磋磨，争得一分是一分"，结果还是以失败告终。（引文同上）

《辛丑和约》签订，李鸿章受到社会各阶层的指责与咒骂，深感内外交煎，累月发烧吐血，卧床不起。1901年11月7日，即《辛丑条约》签订两个月，气脉已竭的李鸿章行将归天。在死前一个小时，被鸿章倚为强援的俄国公使前来"恫吓催促"，逼迫他在一份俄占中国东北的条约上签字画押。此时李鸿章"已著殓衣，呼之犹应，不能语，延至次日午刻，目犹瞪视不瞑"。得急电匆忙赶来的老部下、直隶藩司、奉旨协助李鸿章办理议和与赔款的周馥见状抚之痛哭道："老夫子，有何心思放不下，不忍去耶？公所经手未了事，我辈可以办了，请放心去罢！"身边人大哭道："还有话要对中堂说，不能就这么走了！"鸿章"忽目张口动，欲语泪流"。周馥"以手抹其目，且抹且呼，遂瞑，须臾气绝"。终年78岁。

[33] 自德国陆军元帅瓦德西以联军总司令名义来华后，联军陆续增至10万，由京津出兵，分侵山海关、保定、正定以至山西境内。《辛丑条约》签订后，八国联军除留一部分常驻京津、津榆两线外，其余撤兵回国。此间，俄国除了派兵随联军进攻北京，趁机从南北两路派20余万军队进占中国东北领土。北路俄军8月攻占黑龙江省城齐齐哈尔，至9月占领吉林省城吉林；南路8月占据营口，10月占领沈阳，10月6日两军会师，占据了东北全

境。因俄国的行动威胁英美所希望维持的中国领土完整及贸易开放（门户开放）政策，也与在辽东和满洲东部省份希望扩展势力范围的日本发生冲突。日俄经过两年断断续续的谈判，最终双方关系破裂并在 1904 年 2 月爆发了惨烈的日俄战争，以日胜俄败而告终。根据辛丑条约，日本可以在中国一部分地区驻军，保护侨民和交通路线，这一举动，为以后中日冲突埋下了祸患。直至中日以"卢沟桥事变"为起点，双方短兵相接，开始了决定国家民族生死存亡的最后一搏，抗日卫国战争与第二次世界大战爆发。

[35][54]《从清华学堂到清华大学》（1911—1929），苏云峰著，台湾"中央研究院"近代史研究所 1996 年出版。

[36][37][38][39][40][41][42][43]《驻美公使梁致外务部函》，光绪三十年十二月十四日（1905 年 1 月 19 日）到。清华档案室藏，引自《清华大学史料选编》，第一卷，清华大学出版社 1991 年出版。

[44]《驻美公使梁致外务部函》，光绪三十一年四月初十日（1905 年 5 月 13 日）到。清华档案室藏，引自《清华大学史料选编》，第一卷，清华大学出版社 1991 年出版。

[45]《北洋大臣袁世凯致外务部函》，光绪三十一年四月二十日（1905 年 5 月 23 日）到。清华档案室藏，引自《清华大学史料选编》，第一卷，清华大学出版社 1991 年出版。

[46]《外务部致驻美国大臣梁函》，光绪三十一年四月二十九日（1905 年 6 月 1 日）发。清华档案室藏，引自《清华大学史料选编》，第一卷，清华大学出版社 1991 年出版。

[47]Rockhill to Theodore Roosevelt, July 12, 1905, Rockhill Papers.（《柔克义致罗斯福》，1905 年 7 月 12 日，载柔克义档案）

[48]19 世纪 40 年代，美国加利福尼亚州发现了金矿，挖掘金矿和西部的迅速开发需要大量劳动力，美国开始招募华工，许多中国人漂洋过海前往美国做劳工；至 80 年代，在美华工已达 30 余万人。但从 19 世纪 70 年代开始，美国就不断出现排斥、迫害乃至杀害华工的暴行。清政府于 1894 年同美国签订《中美会订限制来美华工保护寓美华人条款》，实际上承认了美国政府对华工的迫害。1904 年底，这一不平等条约期满。中国人民特别是旅美华侨中的有识之士强烈要求废除条约。在舆论压力下，清政府向美国政府提出改约要求。但美国政府悍然拒绝，要求续约。自 1905 年 5 月始，上海商务总会发起抵制美货运动，全国响应，"义声所播，震动全球"。但在美国施予压力与各方面利害权衡下，清政府于 8 月下旬连续向各省督抚下令"从严查究"，阻止抵制运动。美国政府为保住在华利益，最终放弃了续约要求。10 月以后排华运动逐渐平息，1906 年恢复正常交往。

[49]粤汉铁路废约经过：光绪二十二年（1896 年）五月，清廷谕令修筑粤汉铁路，由官方主持，三省绅商通力合作，以保铁路权利。但是盛宣怀却通过驻美公使伍廷芳向美合兴公司商借洋款 400 万英磅，美方在合同中强行塞入派员勘测、筑路并"照管驶车等事"的条款，规定直至 50 年后中国还清债款，方可收回铁路管理权。

签约后，美方拖延执行合同，甚至私卖三分之二股份给比利时万国东方公司，擅自决定粤汉铁路南段由美国修筑，北段由比利时修筑。粤、湘、鄂三省绅商本来就对朝廷出卖筑路权给美国极为不满，如今更对合兴公司的违约举动义愤填膺，强烈要求废除合同，收回路权，由三省自办粤汉铁路。时两江总督张之洞支持三省绅商的要求，美方理亏，又想出花招，提出以协丰公司收买合兴公司全部股票，另立合同，"以美接美"，或中美合办。张之洞谓"以美接美为谬谈，中美合办亦断断不可，废约坚决，一定不改"。最后，合兴公司向中国方面勒索高价，出让路权。张之洞从维护主权出发，"但期公司归我，浮价不必计较"，以675万美元的高价赎回路权。光绪三十一年（1905年）七月，张之洞奉旨督办粤汉铁路。

[50]《驻美大臣梁致外务部函》，光绪三十一年十月初五日（1905年11月1日）到。清华档案室藏，引自《清华大学史料选编》，第一卷，清华大学出版社1991年出版。

[51] 连州教案：连州地处广东省偏远的北部山区，1880年美国长老会传教士到达连州开始传教，并试图在连州购买土地作为教会地产修建教堂。1882年，再度试图购买在连州县城租用的房子，地方官进行干涉，没有购买成功，所租用的房子也不再续租，传教士不得不住在连州河上的船屋，后来把目光投向连州县城河对岸的鹅公山。1895年3月，一传教士试图购买鹅公山脚下靠近河边、属于菜园坝村民的一块地时，与村民发生纠纷并遭袭击。此后，在连州官府压制下，传教士从村民手中强行购买了位于鹅公山脚下的一块土地，并于1897年始，相继兴建男医所、女医所及教会人员居所。由此，村民和传教士之间的矛盾进一步加深。

1905年10月29日，当地村民在鸡公山龙崖庙举办庙会，所搭棚子占用教会男医所部分土地。教会医生迈克尔（Ecmachle），当地又称"麻医生"出面抗议，并把中午用于聚集众人的三尊小炮拿到寺庙附近的男医所，后经负责庆典的老人交涉才得以归还。事至此，一些愤怒的村民围在医所大门口不肯散去，当迈克尔走进男医所后，一些年轻村民转向大门投掷石块。迈克尔感到事态有点严重，迅速召集妻女及其他传教士从医所后门溜出，跑到位于鹅公山山腰的教士居所，而后派人给一河之隔的县衙送信报警。未久，两名文官和三名武官带着不足30名没有配枪的士兵跨桥赶至鹅公山平息事端。

接近中午，村民没有听到炮声，纷纷出门来到祭坛质问。得知缘故，大动公愤，百余人蜂拥至男医所找迈克尔医生理论，竟意外"在医院寻出药浸孩尸两具"，以此为洋人蓄意谋害中国孩童的证据。于是群情激愤，尽管该牧师百般开导，"言孩尸系洋人医院应有考究之物，并非谋害幼孩，无如众口不听劝告。必欲待洋人而甘心。"村民越集越多，达两千余众，有人借混乱投掷石块、砸器物并转而纵火焚烧房舍。

大火初起时，官府派来的兵丁建议护送美国人坐轿子或骑马离开鹅公山教士住所，前往河对岸的连州衙门，想不到那位惹祸的迈克尔医生竟牛气哄哄，发神经状加以拒绝。待大火延及男医所、女医所以及教士住所等建筑物且越烧越大时，官兵与洋人只好四处躲避。危急中，迈克尔医生和六名美国人从教士住所后门逃出，躲进了山上的一处洞穴。待官兵闻讯追来并找到这个洞穴，除迈克尔医生和帕德森小姐，其他五名美国人（迈克尔妻子和女儿

Amy、John Peal 牧师夫妇、Eleanor Chesnut 医生）已被村民搜出，残忍杀害。

自庚子拳匪之乱，清廷与他的臣民已被帝国主义列强打断了脊梁骨，只能趴在地上做行乞磕头状苟活于世，很难见到挺直脊梁且敢与洋人一较高下者，更不见有教案甚至致洋人死亡的暴力事件发生。想不到"天高皇帝远"的连州却是个异数，竟一下弄死五个洋人，一把火把传教士费尽心机积聚起来的医所、居所，连同财产烧了个精光。其严重程度与影响之大，震撼大清，惊动世界，被称为"清末广东第一教案"。

[52]《庚子赔款》，王树槐著，台湾"中央研究院"近代史研究所 1974 年初版，第 294 页。

[53][58] 斯密士《今日的美国与中国》，转引自《清华大学史料选编》，第一卷，清华大学出版社 1991 年出版。

[55]《中国教育制度沿革史》，郭秉文著，商务印书馆 1916 年出版。

[56]《美国外交档》（1907 年）。转引自《清华大学校史稿》，清华大学校史编写组编著，1981 年 2 月出版。

[57]《中国人的特性》，明恩溥著，戴欢、代诗圆译，长江文艺出版社 2011 年 6 月出版。

[59] 汤伯明《美国的归还庚子赔款与清华学校的创立》，载《教育与文化双周刊》，第 218 卷，1959 年 9 月。转引自苏云峰《从清华学堂到清华大学》（1911—1929），苏云峰著，台湾"中央研究院"近代史研究所 1996 年出版。

第二章　乱世游学梦

● 尘埃落定

　　正当梁诚为庚款退还之事四处奔波，调集各路人士、多方力量上下活动，效果渐显之时，却惹恼了美国继任国务卿路提。这位新升起的政治明星对梁诚鼓动议绅上书，报馆刊文宣传，催促白宫退还赔款等方式方法极不耐烦，尤对传教士和各色人物上蹿下跳、软硬兼施的手段表示不快，认为有联合"逼宫"气味，实在过分。一怒之下，索性将前任海约翰遗愿与总统罗斯福"允许照行"意旨抛在一边，不再顾及。在致梁诚好友、波士顿一位说情者的信中，路提明确表示："赔款终可减收，惟现收之数尚未足额，非俟数年以后不能定议。"[1]梁诚闻讯，大为惊骇，眼看此事即将起死回生，却又节外生枝，半路杀出一个中国程咬金式的莽汉从中作梗，如何是好？如果"藉此延宕，再阅数年，美国政府要人全易，他日奉使之人，纵有仪秦舌辩，亦将无所措手"。想到此处，梁诚"实深焦灼，不得不以全力相搏，作争胜须臾之想"[2]。

　　根据这一思路，梁诚经过反复权衡推敲，决定以新移民条约的让步对路提诱之，未成。转而采取中国古代外交家兼纵横家苏秦、张仪的合纵连横之术与"围魏救赵"之计谋，明暗兼施，绕开路提，拜托与之友善的新任内部大臣裴路（J.R.

Carheld）、工商部大臣士脱老士（O.S.Straus），再向罗大总统密申前议。二大臣被梁诚的舌卷风雷与真诚打动，表示愿助一臂之力。二人联手行动，尚不知路提阻挠的罗斯福被说动允准，并热情邀约梁诚午餐。已摸清总统底细的梁诚，自感机会难得，遂提前打好腹稿，制定进退之策，在餐桌上使出看家本领，采苏秦、张仪的老师鬼谷子权变之术及雄辩精髓，借机加以催订。罗斯福听罢再生感动，当场允诺尽快提交两院讨论并促成其事。随后，罗斯福与路提商榷，重新核定美国海军陆战队在北京平息庚子之乱时实际所付费用，并于5月2日告梁。梁诚闻讯，大喜，翘首以待美国外交部调查结果和正式照会。

正在这个节骨眼上，梁诚突然接到清廷外务部发来的急电，令其"迅速回京供差"，于新任公使到任之前，暂派员代理。也就是说，梁诚的公使之职被撤销了，必须无条件地迅速回国听令。梁诚阅罢，如冷水浇头，电稿从手中滑落，感知中了小人的暗算，但又无法明言，只于痛苦中，心有不甘地回电表示"俟赔款谈妥，得有照会作据，立即定期起程"。想不到外务部并不理会，再出一拳，复电称"减收赔款，事已妥协，自应遵照部电，将美墨秘古使事，遴派暂留美馆二等参赞周自齐代理，定期于五月二十三日（1907年7月3日）由美起程，即于是日交卸"[3]。

这个时候，梁诚对国内暗中下绊之人已基本猜到，如果不是袁世凯，也应与此

◎袁世凯

人有关。此时袁氏已调离直隶，赴京任军机大臣兼外务部尚书兼会办，成为朝廷中枢一手遮天的当国重臣。大权一朝在手，自是要按袁氏风格施展拳脚，而美国的庚子赔款一事当属外交重点。两年前，袁某人曾以北洋通商大臣、直隶总督的名头，提出以退还庚款整饬路矿主张，但遭到庆亲王特别是外务部尚书兼会办大臣瞿鸿禨等人婉拒，而驻美公使梁诚在与美外交部交涉过程中，更是把袁氏提议置于脑后，压根不提用于路矿之事，因而美国高层一直不知清廷内部有人怀此念想。袁世凯通过各种情报网络得知此情，气闷心堵又无可奈何。世道轮回，想不到仅两年时间，大清国的外交权柄就落入袁氏手中。此时正是庚款退还的关键时刻，如果让美国人赞成自己的主张，就必须先把交涉人——梁诚这块绊脚石踢开，另派使臣与对方谈判，而这

时梁诚与美国人的谈判一度遇阻后又重新开局，进展迅速，眼看就要大功告成。袁世凯于惊愕中，立即意识到必须尽快调虎离山，否则，心中计划将无从挽回。正是出于这样的考虑，袁世凯签发了召回梁诚的密电。

梁诚明知自己遭遇暗算又不能违令，同时又不甘心耗几年心血孕育出的成果功亏一篑。进退两难中，他咬紧牙关，一面催促美方加快进度，一面采取拖延之术，勉力苦撑。6月15日，梁诚终于接到美国外部大臣路提正式照会，才长叹一口气。照会道：

> ……当赔款之初定也，美国政府本已定意，俟赔恤各项呈报齐全，军费支用核算明白，即于合宜之时，将派定数目改正，除本国政府国民应得之数外，所有溢数愿请中国毋庸担任，以表真实之睦谊，兹准有关赔款之行政各部，将各项核计改正前来。本大臣奉总统谕，为实行改正起见，俟下期国会饬令受权，将与中国所订赔款方法，会同更正，仅照收美金十一兆六十五万五千四百九十二元六角九分，仍按原定利息计算，其余原订所开之数，概行减免，毋庸贵国担任付给。为此照会贵大臣，请烦查照，须至照会者。[4]

6月17日，梁诚致路提函："对于美国向中国表示的这一非凡的慷慨举动的诚挚谢意"，表示"立即将此受欢迎的消息电告敝国政府并请求立即呈报皇帝陛下。"[5]

6月24日，梁诚接到清廷外务部密电，谓梁氏所发电报内容已呈皇上御览，"美国总统阁下对华之崇高友谊，我政府表示衷心的谢意，特要求你予以转达。这一友谊受到深切而热烈的赞赏，是国际正义之独树一帜"[6]。

既得正式照会，又得以回复照会并得外务部密电，梁诚不便再行拖延，决定打道回府。行前，他赴罗斯福总统乡居，代表清廷外务部表达大清帝国皇帝的谢意。罗氏热情接待并暗示梁诚回国后向清廷建议"以练兵兴学为中原急务"[7]。梁点头答应，因想到袁世凯的路矿计划，未明言庚子退款一定用于教育，起而告辞。

归国前一个星期，梁诚将自己历经波折、锲而不舍、卒能力排众议，终获庚款退还成功的经过，做了回顾式叙述并报告外务部，算是对自己出使美国岁月的一个小结，也是对自己效忠的国家民族一个交代。在致外务部转朝廷的奏稿中，梁诚禀报道："三月初旬，总统邀臣午饭，乘间催订，当承允诺。越十余日，总统以臣将归国，特约期与外部大臣面订办法，旋以海陆军部册报支费数目过巨，往返磋商，切实核减，于五月初五日接外部大臣路提文称：'公私支恤各项核实计算，不过美金十一兆六十五万五千四百九十二元六角九分，奉总统谕，即饬国会授权，将中国还款原议更正照数减收等情。'"接下来，梁诚于百感交集中颇为动情地慨叹道：

> 臣窃维辛丑赔款各国所开总数至四百五十兆两之多，本利并计千有余兆，冒报浮开，实所不免。然事图完璧深恐徒托空言，而势等连鸡，尤难责之一国。乃美总统、外部一经剀切剖陈即能翻然迎合，时阅三年，屡经波折，卒能力排群议，慨践然诺。现有正式照会交来，作为允愿实据，并允饬行国会授权更正原议，其为出于至诚，确有把握，自无疑义，计所减让，本利共计美金二十七兆九十二万余元，约合华银三十三兆五十万两有奇。当此财政支绌，省一分之出款，即裕一分之国用，即纾一分之民力，未尝不无小补。而各国闻此举动，争相劝勉，次第减收，亦在意计之中，是皆我皇太后、皇上交邻有道，德业罩敷，故能感格至神，至于如此。而美总统趋慕义声，顾全睦谊，能人之所不能，以立各邦矜式，亦实有足多者。……伏乞皇太后、皇上圣鉴训示，谨奏。[8]

◎梁诚芝加哥留影

这份报喜的奏折，慈禧太后与光绪皇帝看罢不知做何感想，也许于昏睡迷醉中，认为自己确是"德业罩敷""感格至神"。甚至于恍惚晕眩中，借着昏劲儿再招一帮披发戴巾、脚跨巫步、嗥叫不止的大神天仙围住使馆区闹上几圈，亦未可知。

回国前，梁诚专门接受纽约时报记者访问，畅谈三年多来的交涉经过与艰辛曲折，认为总算办了一件实事，可告慰国人，亦无愧于自己驻节美利坚的使命。

梁诚归国后，庚款未尽事宜由继任驻美公使伍廷芳负责交涉，尽管途中遇到一些波折，毕竟大局已定，所磋商、争论者属于细枝末节问题而已。

1908 年 5 月 25 日，美国参众两院联席会议通过，决定：中国所偿美国赔款由 2444 万，减至 1365 万 5492 元 6 角 9 分，利息周年 4 厘在外。此款扣留 200 万美金，应俟一年内所有私家赔款，俟偿索公堂判定后，由外部大臣将所盈余款项一并归还中国。[9]

预算分年退还赔款表[10]

年份	退还中国之数（每年）
1909—1910	483，094美元
1911—1914	541，198美元
1915	724，993美元
1916—1931	790，196美元
1932—1939	1，380，378美元
1940	1，380，378美元
31年合计总额	28，922，519美元

就在国会通过的当天，美国国务院电饬驻华公使柔克义，命其正式通知清廷外务部，请中方表示何时退款等事宜，并提示柔使切记上次在华府的谈话。柔克义阅毕电文，并未立即正式知照清廷外务部询问，而是找来外务部总署左侍郎梁敦彦先行私下交谈，力陈美国希望中国利用此款派遣留美学生事宜。

6 月 10 日，柔克义再与梁敦彦会晤，交给梁一字条，约言庚款退还之用途保持不变。

6 月 30 日，梁回信说总署大臣早已同意。柔克义认为一切谈妥之后，才开始以公对公的官方名义，正式与清廷外务部接洽。

7 月 13 日，清廷外务部收到柔克义发来的照会，除历数美国国会两院议决内容，尚问及"于何时交还款项，如何办法，两节有何意见"等。

7 月 14 日，外务部回复道："至何时交还及如何办法两节，中国政府并无成见，实体贵国政府友谊之诚当择极妥办法办理。中国政府乘此机会愿表明实感美国之友谊，且念近年贵国大伯理玺天德（President）提倡中国学生来美分授高等教育，此事征之往事，入美国学堂结果甚善，而裨益中国者良非浅鲜。"[11]

同日，外务部再致柔克义公使，以罕见的快速办事效率，就美方最为关注和挂怀的派遣留学生事宜做了最后敲定，并以外务部庆亲王、那桐、袁世凯、联芳、梁敦彦等五人联署的方式给予明确答复：

从赔款开始退还之年起，敝国政府于前四年每年遣送百人至美留学，俾敝国在此四年中已有学生四百人在贵国留学。自第五年起，每年至少必遣五十人赴美留学，一直至该项退还赔款用毕为止。[12]

8月3日，美国国务卿路提致函柔克义，大意为：对于清帝国政府有关国会授权豁免赔款法案的态度，美国极为满意，特别高兴的是关于中国从退款开始之年起，每年遣送留学生的意向，美国从中看到了中国的信任和友谊的新的表示，美国对此有很高的评价。国务院已要求财政部根据豁免授权法案意图，以及中国遣送留美学生的意向，重新计算赔款的支付额，这项计算结果将转达柔克义公使，以作为详细拟定中国所要求的总计划的基础。[13]

一切按计划顺利向前推进，清廷方面很快制订出一份派遣美国留学生章程草案，以英文递交给驻华公使柔克义。柔氏看后非常满意，认为符合清政府给美国的保证。10月31日，柔克义在致国务卿路提的函件中附上草案，并特别提示说草案"是由袁世凯阁下制定的……并按我交给外务部的少许意见作了修改，我认为这一计划将确保这项使命的成功。"章程草案如下：

派遣美国留学生的章程草案

Ⅰ—总则

赴美留学生将由美国退还的赔款支付费用。建议请求皇上确定派出留学生人数，说明对他们总的安排，并同时通知美国公使。

外务部负责创办培训学校并任命留美学生监督。

学部负责学生培训毕业后的考试，外务部将请学部办理此事。

由外务部和美国公使馆委任的官员联合负责拟派出赴美的留学生的选拔以及他们在美国学校的分配。

Ⅱ—总目标

此次派出留学生的目的在于获得充实的学习效果。派出的留学生中有百分之八十将专修工业技术、农学、机械工程、采矿、物理及化学、铁路工程、建筑、银行、铁路管理，以及类似学科。另外百分之二十将专修法律及政治学。

Ⅲ—留学生资格

派遣的学生要有下列资格：

（a）质地聪明

（b）性格纯正

（c）身体强壮

（d）身家清白

（e）恰当年龄

（f）中文程度要有作文数百字的能力

（g）中国古典文学及历史要有基本知识

（h）英文程度要能直入美国大学和专门学校听讲

（i）要完成一般性学习的预备课程。

Ⅳ—候选人提名方法

学部将从所有学校中遴选最优秀的学生并让他们参加考试。外务部也招考应试者。这两类学生都必须完全达到所要求的标准，否则不能接纳为候选人。（详细章程将在以后拟定）。

Ⅴ—留学生的考试和选拔

由外务部指派的若干名官员与美国公使馆指派的一名官员将一起磋商，并向外务部报告整个过程的详细办法。一共应有三项考试：

（a）候选人须由西医检查身体状况。

（b）中文考试必须通过。

（c）英语及一般课程的考试必须通过（详细章程将随后发布）。

Ⅵ—培训学校

外务部将创办一所留美培训学校（为方便其它省份来的学生，也将在天津、汉口、广州开办分校）。所有录取的候选人都将进入这所学校或分校。第一年就要派出的学生将培训六个月，以后派出的学生则将培训一年。在此期间，将对学生的品性和能力进行仔细考察，只有表现令人满意的学生将被派往国外。如果发现不适合派出者将被除名。（详细章程随后发布）。

Ⅶ—留学生在国外的监督

在华盛顿、芝加哥或其它某个中心城市将设立游美监督处。将委任一名毕业于美国大学并且能力卓著的人为留学生监督，另外将任命4至5名助理以管理学生的安置、经费以及检查他们的学业。他们将作定期汇报。（详细章程随后发布）。

Ⅶ

候选学生完成其学习课程并取得毕业证书之后，外务部将他们交给学部照章考试，并按学部确定的标准授予学籍。[14]

这份草案是清廷外务部与学部主辅定位的依据，也堪称后来设立"游美学务处""留美监督处"以至清华学堂、清华学校、国立清华大学，并厘定美国公使馆角色的法源，此一草案在清华建校史上具有无可替代的重要地位。[15]

对此，柔克义公使特别向国务卿路提建议："我认为今天可以向您电告并议减免赔款应于下一年元月 1 日开始。如果这一建议得到您的批准，这将使中国政府能够立即开始执行现有项目计划，举行第一批考试，在北京创立预备学校等。看来可以认为第一批留学生将在不迟于明年秋天的时候被派往美国开始他们的学习。"[16]

1908 年 12 月 28 日，罗斯福总统根据当年 5 月 25 日国会两院联合决议，签署了美国多索庚子赔款退还中国的实施法令，该项退款自 1909 年 1 月 1 日正式执行。

命令既签，事情并未了结。袁世凯当初提出的路矿计划虽然受阻，但并未就此罢休，另一个相关计划仍在他的酝酿之中。而此时，奉天巡抚唐绍仪正在袁世凯暗中支持下，采取明修栈道、暗度陈仓的方式，已抵达美国并在美国官场上下加紧活动，企图扭转乾坤，改变庚款用途。

罗斯福总统签署退款令的前一年，即 1907 年（光绪三十三年），徐世昌任东三省总督，与奉天巡抚唐绍仪商定开发东北矿产资源，振兴、发展当地经济，藉以抵制正在侵占东北地盘的日俄两国。开发的路数则是向美国借款开设银行，由清廷担保，以东三省收入及美国退还庚款偿付。唐氏乃袁的心腹干将，当袁世凯刚刚出道为清政府驻朝鲜大臣时，唐就成为袁的书记官和得力助手，此后一直受袁提携，官运亨通，直至登上奉天巡抚的高位，成为名震一方的封疆大吏。徐、唐二人谋划的这个振兴东北方案，得到袁世凯赞同与支持。在袁暗中指点帮助下，唐绍仪最先游说美驻奉天总领事斯猜特（Willard Straight，又译司戴德），请其运动美国国务院。斯猜特被唐氏一番天花乱坠的描述所打动，表示赞成以退还庚款开办银行，并极力推动，但这一计划与美国层峰意愿冲突，未能得到支持。1908 年初，已大体明了事情来龙去脉的美国国务院，对唐氏计划反感之余明令斯猜特不要再搅和此事。唐见斯猜特中途退缩，遂于这年夏季专程进京拜访驻华公使柔克义，在明知美国国会两院已联合议决退还庚款以利教育的情况下，仍解释以美退还庚款为主体，设立银行开发东北的宏大计划，并保证将获利的一部分用来推动派遣学生留美，柔克义当场表示不予合作，并指出唐氏的计划"不切实际"，明确告之"退还庚子赔款是有条件的"，以绝其念。

唐绍仪见此计不成，转而向美国铁路大王哈里曼（E.H.Harriman）借款办理银行，对方表示需有中国政府明确保证，唐氏再度打出美国退还庚款的王牌，许诺继续活动各方，争取得到美国政府的同意以退还庚款作保。于是，唐氏与袁世凯密谋，绕开柔克义直接赴美向国务院、国会甚至总统本人活动，扭转退还庚款的用途。在袁世凯谋划操作下，1908 年 7 月 20 日，清廷任命唐绍仪为专使大臣并于 11 月初赴美，其公开的任务是"表示中国在赔款事宜方面对美国的感谢"。

对于唐绍仪赴美的真实企图，驻华公使柔克义心中极为清楚，"感谢"自然是表面的托词，而说服美方改变初衷，以退款抵押借款开办银行，才是此次行动的真正目的。因而，在唐未抵美之前，柔克义即向路提拍发密电，请其公布在北京已获之协议，即庚款用之于教育和派遣留学生赴美，令华府各界知晓，以杜绝唐氏进言。同时，柔克义提醒路提"提高警觉，以防唐之要求"[17]。因了柔氏的提醒和自身利益考虑，在唐绍仪于 11 月 30 日到达华府后，路提及罗斯福总统虽允其与美国财政人士见面，但态度至为消极。

为阻止唐绍仪在华府活动并借机变更庚款用途，柔克义再向清廷施加压力，希望中国信守承诺，不为外力所扰，坚定原有计划的实施。12 月 9 日，柔克义直接向清廷外务部总理大臣、庆亲王奕劻发去照会：

> 美政府现欲商定减收赔款办法，或仍按原定每年赔款数目，将十三兆上下本息还清，嗣后不再收受或每年减收，直至公历一千九百四十年为止。美政府因中国用第二层办法，有意派学生赴美留学，中政府此意甚善，惟应声叙减收之款系与派生留学一事紧接牵连，缘恐将来中国更易执政人员，抑或因他故政府意见顿改，既愿美国于赔款减收，复愿于所应受之款缓受。若不据实声明用减收之款派生出洋，是为不足。中政府之美意，或有变更，抑或难以办到，甚至被阻于他人，均属难于预定。如此，减收一事，由明年起每年减收若干，中政府应声明，每年所减之还款，拨出若干以办学务，并定实用此减收之银若干分，以办意所欲办之学务。如是定妥，美政府方可抵拒［别国］强［逼］中国将此减还之款改作他用。在两国现定减还款项新法时，相应将妥定办法，彼此照会声明也。为此照会贵亲王查照，须至照会者。[18]

尽管柔克义没有提及唐绍仪使美，可能对庚款用途带来的变数，但庆亲王与外务部大员，从照会暗含的旁敲侧击，已了然对方真正所指。第二天，庆亲王以外务部名义向唐绍仪拍发电报，转述柔使照会内容，令其"酌核"，以表警示。

唐绍仪的美国之行，在各方或明或暗合力夹击下，四处碰壁，一无所获，空手而归。与此相反的是，在中美双方反复保证与声明中，退还庚款用于教育并派遣学生赴美留学计划，为社会越来越多的人士所认知并表同情，这一成案如同越扭越紧的螺栓，与历史进程中两国人民智慧形成的庞大机器紧密地结合在一起，虽外力强硬亦难以剥离，更难以扭转乾坤。

在此之前，美国亦有退还多余赔款的纪录，但为数甚微，并未引起大的动静与广泛关注，此次退还本金千余万美元的庚子赔款，诚为空前举动，为中美交往史上划时代的大事。消息由官方正式公布后，社会各阶层一片哗然，教育文化界人士更是兴奋异常，惊叹连连。美国舆论界或就公道正义，或就增进两国友谊之论，发出了一片赞美之声。华盛顿《普斯提》（Post）云："明我不索不义之财于中国也，彼凉血忍心之国，固欲以重偿牵倒中国，久为我国民所反对。此举与我国光明正大的宗旨符合也。"[19] 曾以夫人身份随美国驻华公使埃德温·赫德·康格（Edwin Hurd Conger）在华住过七年，且多次觐见慈禧太后，《北京信札——特别是关于慈禧太后和中国妇女》一书作者萨拉·康格（Mrs.Sarah Pike Conger），亦撰文赞道："美国自动减收赔款，态度之伟大，非言语所能形容。此种态度，代表一股亲密的友谊，并非出于突然，而是由'五月花号（May Flower）'的精神而来，在自由的处女地上下种，由爱与真理的滋润生长而成。"[20]

面对各界广泛赞誉与各色人等引申演进之词，惊喜交加或曰悲欣交集的大清朝野上下，更是一片欢呼叫好之声。但于啧啧称赞与欢腾喧闹之后，亦有较为理性的不同声音传出。一度出任清廷内阁中书、《京报》总经理等职的政论家汪康年对此一事件撰文宣称："近来美国以退还赔款，大得感情于我……我朝廷感之，我社会感之，我学界商界中人，且舍近年工约之意见而感之，似美之此举，义声直震天地矣。"但是，"夫以理言之，则彼先时不应误算，今觉其误而还之我，谓之正直可矣，谓于我有加惠，则不可也"。更应足戒者，"吾外部谢其使，吾出使大臣谢其外部足矣。而又派专使焉，而又因是大施隆礼于其舰队焉。最奇者，当美之舰队至厦时，吾上海报界公议，电致其统将，代表国民谢意，无乃使彼失笑欤。其奇之又奇者，则浙江洋务局员王某，忽擅请于浙抚，亦发电往也"。[21]

于众声喧哗与遍布华夏的赞叹声中，甚或于昏睡的梦游呓语与义和团遗风浩荡、电报飞传之中，有一个人蛰伏在北京城偏僻角落，早已被朝野与舆论界抛诸脑后，悄然无声。此人便是梁诚。

遥想当年，梁诚以弱国外交使者的身份周旋于豪强之间，暴霜露，斩荆棘，历经波折，不屈不挠，几经谈判斡旋，终于成就了庚款退还之定约，厥功甚伟。当捷报初传之时，朝廷感动，王公将相惭喜交加，高官大吏为之惊骇瞠目。如晚清重臣、两江总督端方电贺道："减收办到，佩极"[22]。湖广总督张之洞更是满含感情地拍发电文："减收赔款事，久无成议，今承苫筹干运，居然允许，具见诚信远孚，为中国收回巨款，似此折冲樽俎，屡有裨益大局之举，海内外实无伦比，钦佩万分。"[23]

意想不到的是，梁诚因首先提及并赞成美方以退还庚款"广设学堂遣派游学之用"，且欲使此款"断不致竟归他人掌握"，与袁世凯的谋划和意旨相冲突，被暗中下绊卸任归国。更想不到的是，唐绍仪以谢恩专使身份赴美，企图暗中改变庚款成案，计划落空后，袁世凯对梁诚当年的强硬做法越发不满。故梁氏归国后虽授头品顶戴以表面上安慰，但不受重用，且被逐出外交界，屈居粤汉铁路广东段经理。及慈禧、光绪帝驾崩，袁世凯失势回归老家安阳隐居，始东山再起，出任驻德公使。1911年10月辛亥革命爆发，11月16日袁世凯虎豹归山，重掌朝柄，且以内阁总理大臣身份在京组阁，由梁敦彦担任外务大臣。55天后的1912年1月11日，梁诚被免驻德公使，令召回国。袁世凯为民国大总统后，梁诚隐居香港，虽有同僚周自齐等邀请劝进，梁氏深知事不可为，隐而不出。1917年，54岁的梁诚因瘤疾孤独地死去，身后倍加凄凉。

同年，美国参议院鉴于前国务卿海约翰，在庚子赔款退还过程中做出的公道主张和为之付出的努力，提议为其建立铜像以示旌表。此举与梁诚之死，形成了鲜明对照，其巨大的反差令人唏嘘。

◉ 似曾相识燕归来

历史于吵闹纷争、哀痛悲呼中进入了1909年。其时，大清帝国的慈禧皇太后与光绪皇帝，分别于前一年11月14与15日撒手归天。在一片鬼气迷蒙的阴森气氛笼罩下，年仅三岁的溥仪继登大位，改元宣统，其父载沣为摄政王，大清王朝开始了断气前最后的喘息与挣扎。

1909 年 1 月，美国政府开始退还多索的庚子赔款，清政府外务部根据与美国公使馆进一步商定的《派遣留学生规程》（草案），立即着手筹办游美学务处，并实施遣派留学生计划。7 月，外务部会同学部在草案基础上正式拟订了《遣派游美学生办法大纲》，要旨为：

一、设游美学务处。由外务部、学部会派办事人员，专司考选学生，管理肄业馆，遣送学生及与驻美监督通信等事，并与美国公使所派人员商榷一切。

二、设肄业馆。在京城外择清旷地方，建肄业馆一所（约容学生三百名，其中办事室、讲舍、书库、操场、教习学生居室均备），延用美国高等初级各科教习，所有办法均照美国学堂，以便学生熟习课程，到美入学可无扞格。此馆专为已经选取各省学生暂留学习，以便考察品学而设。

三、考选学生。各条所取学生拟分两格。第一格：年在二十以下，国文通达，英文及科学程度可入美国大学或专门学校；第二格：年在十五以下，国文通达，姿禀特异。每年拟取第一格学生一百名，除由外务部、学部在京招考外，并分咨各省提学使，在各该省招考。录取合格学生，不拘额数，咨送外务部复考，选取实在合格者，送入肄业馆学习，或数月或一年，再行由馆甄别。拟取第二格学生二百名，凡二十二行省民籍满、蒙、汉，旗人及内外蒙古、西藏等处，参照省分大小，赔款多寡，以及有无赔款，斟酌衰益，定为额数，由学部行知各省提学使，各按单开定额，选取送京，入肄业馆学习，或数月或一年，再行由馆甄别。于两格学生内各选五十名，送赴美国留学。其不入选之生，仍留馆肄业……[24]

这份大纲，基本确定了游美学务处到清华学校这一历史阶段的宗旨。按清廷主事者计划，选送赴美留学者，每生留美五年，退回的庚款可派遣 1800 人留美就学，"此种兴学育才之计划，盖 1870 年容闳氏所曾企图，而未克成功者也"[25]。

与当年容闳时代有所不同的是，《大纲》第一条最后一句"与美国公使所派人员商榷一切"，颇引人注意。正是这一句铁律，退还庚款的利用和学校建设多方掣肘，枝节横生，利弊难辨，争执各方徒添一些口舌与烦恼。如在《大纲》制定前的宣统元年四月，面对中国王纲解纽、军阀兴起，朝廷中枢即将全面崩盘的衰势颓局，美国政府对退还庚款的利用再度产生疑虑，对中国政客说一套做一套、阳奉阴违、欺上瞒下、下愚上诈的伎俩提高了警惕。为彻底杜绝退还庚款为军阀流寇、土皇帝们用于军火交易或寻花问柳纵情挥霍，美政府再度与清廷谈判，更加严格地规定了一套退款、用款办法，即清政府每月仍须按原数向上海花旗银行缴付赔款，再由美国驻上海总领事通知银行应汇美国之数，由上海海关道代表中国政府照数购一汇票交银行汇往美国后，再由美总领事签字核明，将所余之款退还上海海关道转交外务部。[26]

根据美国国务院解释，实行这套繁杂的"先赔后退"手续，其目的是"在这个制度下，万不能浪用一个月以上的款项"，因为"根据决议，如果美国总统查出中国政府用款不当，可以随时有权制止公使转拨款项"。如此这般，"每隔三十天考核一次用途，如果失了信，第二个月领事不再交还就是了"[27]。

美国佬办事确实够认真、厉害，有点远见。这条规定，算是彻底堵死了对退还庚款觊觎者的路子。理论上讲，再大的流寇、军阀以及各路诸侯，在铁律面前都无法撬动这块金砖。两年后，大清王朝彻底崩盘，天下大乱，豪杰并起，政客遍地走，军阀多于狗，许多强人打过退赔庚款的主意，只是格于上述金规铁律，又一个个望款兴叹，徒呼奈何？除袁世凯巧立名目、厚颜无耻地犯过一次规，受到警告而缩手外，其他各路军阀与历代当国者，皆按这一规矩执行下来。此为后话，暂且不表。

却说《纲领》既定，最紧迫的要务是组织班子招考学生，于秋季放洋赴美。

1909 年 9 月，清廷从外务部与学部分别挑选人员办理游美学务处，任事人员衔名、薪水数目，按照两年后 1911 年 9 月留存档案清单，计开：

　　总办：外务部署左丞兼学部丞参上行走周自齐，每月薪水二百五十两（支半薪）。

　　会办：外务部候补主事唐国安，每月薪水四百两；

　　学部员外郎范源濂，每月薪水二百两（支半薪）。

　　庶务长：外务部候补员外郎于德浚，每月薪水一百两。

　　中文文案：四品衔候选知州俞藩同，每月薪水一百两。

　　英文正文案：候选县丞谭辉章，每月薪水一百五十两。

　　英文副文案：候选府经历唐孳，每月薪水一百两。

　　庶务员：四品衔度支部主事许直，每月薪水五十两。

　　蓝翎五品衔礼部笔帖式伊端，每月薪水五十两。

天津水师学堂毕业生陈士廉，每月薪水五十两。

书记生：五人（略）

从官员与办事人员配置可以看出，游美学务处以外务部为主，学部为辅，共同办理学生游学事宜。周自齐、范源濂二人属兼差性质，支半薪；唐国安属全职全薪，具体事务实际由唐氏主持，故又名为"坐办"。[28]

成立后的游美学务处，先是赁得北京东城侯位胡同民房一所，暂为办公地点，聘任各员分任职事，拟具暂行章程，刊用木质关防，准备招考。因侯位胡同过于局促，刚刚成立的学务处又搬入史家胡同一个大院内办公。按中美双方商定计划，本年秋，应送一百名学生放洋，但"为时已迫，恐难足额"，遂将京师报考与各省咨送第一格学生会集一起通考。[29]消息传出，来自全国各地630多名考生，云集北京城内史家胡同游美学务处报名应考。借助这一千载难逢的历史契机，本著的主角——梅贻琦，正式登场亮相。

走出南开中学校门的梅贻琦，保送进入直隶高等学堂（保定）就读。时梅家经庚子之乱冲击，家庭更加破落，生活亦趋艰难，十几口之家，急需一个强壮劳力予以支撑，有叔伯戚友劝其父，等贻琦高等学堂毕了业，就该回津就业，哪怕当个中小学教员，到租界洋商写字间当个"摆"（Boy），怎样都可贴补家用，替父母分些重担。但当清廷成立游美学务处、于全国招考的消息传出时，刚好学满一年的梅贻琦在师友鼓励下，怀着几分好奇与继续求学的理想，毅然前往北京报名，欲实现放洋深造之梦。

清廷外务部位于东单北大街东堂子胡同，向北过了无量大人胡同和干面胡同（金宝街一带），就是史家胡同（今胡同西口在东四南大街，东口在朝阳门南小街），考试地点在史家胡同的学部衙门考棚，考试时间为宣统元年七月二十至二十七日（1909年9月4日至11日）。具体时间与考题为：

二十日考试国文，为第一场；

二十一日考英文，为第二场；

二十三、四两日校阅试卷，各按分数先行取录张榜晓示，已录取者准其接试科学。

二十五日考试代数、平面几何、法文、德文、拉丁文，为第三场；

二十六日考试立体几何、物理、美史、英史，为第四场；

二十七日考试三角、化学、罗马史、希腊史，为第五场。

按照规定，每场"随时校阅，各给分数，俟取定之后，传至本处核对笔迹，相符然后取具愿书，另定日期放洋赴美"[30]。

据前来参加考试的学生李鸣龢回忆，英文及有关西洋学科诸科目，皆由美国公使馆命题，国文与中国史地则由清廷学部命题。[31] 考场上，中文、英文、科学等多个回合下来，已是筋疲力尽，人生的关口总算熬过，只待吉星是否高照自己头顶。这次考试结束后，于八月三日（9 月 16 日）发榜，共有 47 人榜上有名，以程义法名列榜首，二至六名依次为邝煦堃、金涛、朱复、唐悦良、梅贻琦。

关于这次考试的场景，梅贻琦没有留下只言片语的记录，只有与他一起进入考棚且榜上有名的徐君陶，晚年回忆往事的时候曾提及一个相关片断，徐说："经过几项考试，一次一次的淘汰，末了剩下 47 个人，梅先生和我便是这 47 人中的两个。我记得我在看榜的时候，看见一位不慌不忙、不喜不忧的也在那儿看榜，我当时看他那种从容不迫的态度，觉察不出他是否考取。后来在船上看见了，经彼此介绍，原来就是现在的梅先生。"[32]

这年 10 月，梅贻琦一行 47 名录取新生全部集中到上海，由游美学务处会办唐国安率领，搭乘"中国号"邮轮启程赴美。时上海码头站满了送别人群，人头攒动，鲜花混杂着泪水在岸边摇动挥洒，颇为壮观。如此盛景，令许多老人又忆起了

◎ 1909 年，周自齐、范源廉、唐国安与第一批庚款直接留美生合影，第 46 为梅贻琦

当年看到的相似一幕。此为同治年间选派大批幼童在上海码头登船赴美留学之后，又一段历史大幕的开启。

遥想 37 年前的清同治年间，大清帝国内乱不止，风雨飘摇，即将倾圮。有识之士开始提倡推行洋务，曾国藩、李鸿章等朝廷重臣成为洋务运动的先驱与推行者。时容闳自美国耶鲁大学留学归来，有意振兴国内经济和工商业发展。[33] 同治四年（1865 年），容闳为两江总督曾国藩于上海创设江南制造局，制造先进机器，并附设翻译科，翻译与西洋科学有关的书籍。继则容闳又商请曾国藩、李鸿章、丁日昌等洋务派首领，挑选一部分幼童赴美留学。同治十年（1871 年）秋，在容闳多年倡议、奔波，曾国藩、李鸿章鼎力相助下，选派聪颖子弟赴美国留学计划得到朝廷恩准。按曾国藩、李鸿章奏折和容闳所拟派遣留学生章程，暂定总额为 120 人，分四批出国，每年遣送一批，每批 30 人，连续派遣四年，每年大约在同一时期放洋。学生年龄最低不低于 12 岁，最大不超过 15 岁，在美国各大学学习 15 年毕业，"按年分起，挨次回华。计回华之日，各幼童不过三十岁上下，年力方强，正可及时报效"[34]。考生"须身家清白，有殷实保证，体质经医生检验合格。考试科目为汉文写读，曾入学校习英文者，则并须试验其英文，应考及格后，当先入预备学校，肄习中西文字，至少一年，方可派赴美国留学"。"至于学生留学经费及出洋之服装等，皆由政府出资供给，每批学生放洋时，并派一汉文教习随同偕往。"与此同时，由曾国藩领衔签署的奏折中，提出在美国设立"中国留学生事务所"，推荐陈兰彬、容闳为正、副委员常驻美国管理。在上海设立幼童出洋肄业局，荐举刘翰清"总理沪局选送事宜"。同时在附设章程中规定：归国留学生"由驻洋委员胪列各人所长，听候派用，分别奏赏顶戴、官阶、差事。此系官生，不准在外洋入籍逗留，及私自先回，遽谋别业"[35]。9 月 9 日，皇上圣旨批准办理。

1872 年夏，上海留美预备学堂举行中、英文会考，首批进入学堂学习一年的 30 名幼童全部及格，获准放洋。容闳则于这年 7 月初先期赴美，为留美学生安排一切。

这年的 8 月 11 日，詹天佑、梁敦彦、邝荣光、蔡绍基、容尚谦等 30 名"奉旨钦赐官学生，赏赐袍帽顶戴"，由监督陈兰彬及助手曾兰生、容增祥等带队，自上海码头出发，跨

◎容闳于耶鲁大学的毕业照

越太平洋，于 9 月 12 日到达美国西海岸旧金山，当天就住进了这座城市最高的建筑——九层楼高的摩天大厦"皇宫大饭堂"。稍后，幼童们乘坐刚刚贯通北美大陆的蒸汽火车，到达美国东北部的新英格兰地区，开始了留学生涯。少年们入乡随俗，以惊人的速度克服了语言障碍，很快成为就读各学校优秀学生。

◎ 1850 年的耶鲁大学校园风光

1873 年初夏，第二批幼童赴美，领队是中文教习容元甫。抵美后，幼童按计划分配到康州河谷两岸的美国家庭中。据后来成为纽约中文报纸编辑的李恩富回忆："我

◎第一批赴美幼童合影

很幸运地分配到春田（马萨诸塞州）一位慈祥的太太家，她赶着马车来接我们。当我被介绍给她时，她拥抱我并吻我。她的动作使其他同学均大笑，更使我脸红。当然，我没说出我的尴尬，可能自襁褓以后，这是我首次被人亲吻。"[36]时与李恩富一起住在这位太太家的幼童留学生仅懂少许英文，与对方交流尚不适应。当第一个星期天来临时，太太要他们去"主日学校"，幼童们只听懂"学校"二字，便立刻拾起书包做好准备。最后发现自己被领到教堂里就座时，有两位幼童如遇大敌，立刻夺门而逃，跑回住处把自己关于房间不再动弹。——类似这样因语言沟通不畅而

引发的误解甚至矛盾，在开始的一年内屡见不鲜。当幼童逐渐适应本地语言和生活习俗后，类似误入教堂的笑话便成为回忆中美好的往事。

1874 年夏，第三批幼童即将赴美，上海《申报》借此机会，于 8 月 6 日对第一批幼童留学生近况做了如下报道：

> 闻今年二月份月课，梁敦彦考取第一名，蔡绍基考取第二名，黄开甲考取第五名，凡在前列者已陆续升入大书院内学习，行见蒸蒸日上。不数年后，中西各学尽能通贯，此诚我国家作人之雅化也。其尤足喜者，各幼童在外洋，俱得起居安吉，并无水土不服之虞，曾将西国照相法，每人各照一相，邮递至出洋总局，则皆容颜丰腴，仪观雄伟，彬彬然尽有儒者风也。现在第三批幼童业已选定三十名，不日随祁司马前去，作十五年之壮游，经六万里之沧海。乐哉斯行也！

如此大场面的壮游，延续到光绪元年即 1875 年结束。至此，清政府在四年间共选派 10 岁到 16 岁幼童 120 名赴美留学——这便是中国最早的官派留学生。这批幼童原计划留学 15 年，由于政治文化的差异以及国内顽固派作梗，9 年后便奉命撤回，留学计划中途夭折。

关于留美幼童中途归国事件颇为复杂，简而言之，与下列诸事有关。幼童多半介于 12 至 16 岁之间，在美国接受西方教育，"美国化"速度惊人，对自身形象更是敏感。刚入校就读时，清廷规定幼童必须有中国的老规矩，穿长袍、扎辫子，外貌颇像女生，引得美国同学哄笑与戏谑，也引来一场场打得鼻青脸肿的纠纷。如有一幼童着厚底布鞋，戴瓜皮帽，于乡间追逐邻居家一头逃跑的猪，引得全村人大笑不止，这位幼童发现后羞愧万分，以后与当地学生的纠纷甚至挥拳开打不可避免。当幼童渐渐长大并适应美国式生活，开始学穿西装、扎领带、蹬皮鞋，俨然一副美国本土学生打扮。此一改变，早年留学美国的容闳表示默许，而正监督陈兰彬却大为光火，给予严厉责罚，此为容、陈二人冲突之始。西风既开，一发不可收，有同学竟悍然剪去作为"忠君爱国"象征的辫子，陈兰彬认为是大逆不道，甚至犯上作乱，立即下令手下人将剪辫者捉拿起来，遣送回国予以惩罚。容闳虽表同情，却抵不住陈兰彬看似义正词严的威势，只得目视眼泪汪汪的幼童被送上归国的轮船。自此之后，容闳内心对陈氏的愤恨更加强烈。

同治十三年（1874 年），清政府出资七万五千多美元授权容闳在康耐狄格州

（今译康涅狄格州）哈特福德（Hartford）城建造"幼童出洋肄业局"楼房一座，以备幼童留学计划长久地坚持下去。也就在这一年，陈兰彬奉调归国，另派一守旧派人物区谔良为"肄业局"委员。当区氏得知容闳很早就皈依了基督教，且又加入了美国籍，娶了美国妻，在美建立幸福家庭后，认为容氏本人就是离经叛道的反面典型和汉奸，"出洋局"乃孔教之耻辱，遂密报清廷，加速了北京守旧派对容闳的杯葛。

　　同治皇帝驾崩后的光绪元年（1875 年），陈兰彬及容闳分别出任驻美、西、秘三国正副使臣（公使），按清廷官场的价值判别，此为一种荣升。但容闳希望能专心主持"肄业局"并致信李鸿章陈情。李的答复是，容既担任副使，同时保留对该局的职权。作为副使的容闳需长驻华府，出洋局大权随之旁落，对幼童管理、教育等事宜鞭长莫及。而更令容闳没有想到的是，光绪四年（1878 年），陈兰彬第二次抵美就任大清国首任驻美公使，同时偕原侍讲衔翰林院编修吴子登，出任"幼童出洋肄业局委员"，以正监督的身份主持该局事务。吴氏乃刚愎顽固之辈，一上任，其"叶公好龙"的本色立即显现，频频发布"谕告""规章"，再三强调幼童不可忘掉祖宗和"本国规矩"。第三批留美生唐绍仪见到吴氏未行跪拜礼，立即招来一顿板子，屁股被打肿，疗治数日才得恢复。每逢寒暑假，吴子登规定幼童必须集中到肄业局大楼研习中文，读四书五经，且致函各幼童所在学校，对"美国地理""钢琴演奏""英诗写作"等课目，"本局切盼中国各生之美籍教师们立刻予以停授"。

　　吴子登一面对幼童大加训斥体罚，并以遣送归国为要挟，一面向国内朝廷大员包括李鸿章发电致函告状，对幼童及容闳本人大肆攻击诬蔑。李鸿章此时正受同僚及政治对立面权臣排挤，对容闳与吴子登、陈兰彬的纠葛，以惯用的"和稀泥""捣糨糊"外交手腕给予劝勉，并告诫以大局为重，不要"负曾文正创办之初衷"云云。但吴子登与陈兰彬等人非但不听，反而变本加厉欲置容闳于死地。在致朝廷的奏折中，吴子登以"外洋风俗，流弊多端，各学生腹少儒书，德性未坚，尚未究彼技能，实易沾其恶习……"等事由加以诋毁，并请朝廷裁撤出洋肄业局，勒令幼童归国。同时危言耸听地密报："能早一日施行，即国家早获一日之福。"[37] 面对陈、吴二人的诬蔑与状告，容闳与其展开了针锋相对的斗争，他写信向李鸿章辩解并陈

◎梁如浩（左）与唐绍仪留美前合影

述意见，谓："吴子登本为反对党之一派，其视中国学生之留学外洋，素目为离经叛道之举。又因前与曾文正、丁日昌二人不睦，故于曾、丁二公所创之事业，尤思破坏，不遗余力。……夫文正之创此留学事务所 [出洋局前身]，其意固将为国家谋极大幸福也。吴子登苟非丧心病狂，亦何至欲破坏此有益于国之事？愚以为若吴子登其人者，只宜置之疯人院或废病院中，何足以任留学生监督？且举荐吴者实为陈兰彬，陈亦怯懦鄙夫，生平胆小如鼠，即极细微之事，亦不敢担负丝毫责任。予之与陈共事，无论外交方面、教育方面，意见咸相左。予今试略举一事……"[38]

尽管李鸿章与容闳等为此谏阻，并由容闳出面请美国前总统格兰特等致函清廷说情，终未能阻止吴、陈二人以及朝廷守旧势力、顽固派，包括曾国藩次子、外交官曾纪泽等人在内的联合夹击。1881 年，清廷下令撤销出洋肄业局，召回留美幼童。容闳亦接到裁去副公使的谕召，循例归国销差。同年暑假，留美幼童离开哈特福德城，赴旧金山候船归国。时就读于耶鲁大学的 22 名幼童生，只有詹天佑、欧阳庚刚顺利毕业。而容揆与谭耀勋二生则抗拒召回，留在美国耶鲁大学完成学业。当初 120 名赴美幼童，除先期因不守纪律被遣返 9 名、执意不归及病故者 26 名外，其余 94 人均在各大、中、小学就读，分三批于这年夏秋被遣送回国。

归国幼童踏上祖国土地，国内守旧顽固势力并未因此而消解心中的怀疑与厌恶，反而给予幼童以极大的羞辱，其遭遇至为悲惨，一位幼童在回忆中说："我们所得的待遇，直同被褫夺国籍的罪犯。上岸之后，即由兵士一队，押解入上海县城，安置一所破旧不堪、久无人迹的书院里。每人发一张床板一袭秽被。室内潮湿霉烂，臭气熏人，可达里许之外。大门小户，布满兵卫，既禁止我等外出，亦不许亲友入内探视……我等手中不名一钱……直蛮荒野人之不若……"[39]

面对留美幼童离奇曲折的命运，国内外舆论众说纷纭。清廷的清流派与朝野进步分子深表惋惜，一代大儒黄遵宪曾作诗哀叹道："坐令远大图，坏以意气私。牵牛罚太重，亡羊补恐迟。蹉跎一失足，再遭终无期。目送海舟返，万感心伤悲。"[40]

尽管命运多舛，遭遇不济，但留美归国的幼童没有就此沉沦，在日后的岁月里破蛹而出，奋发向上，于山河破碎的中华大地勇力搏击，逐渐成为推动中国近代化进程中一个庞大而有力的精英群体，于诸项事业中创造了辉煌的成就。这一批人物中，有被誉为"中国铁路之父"的詹天佑（一批）；有中国邮电事业的奠基人黄开甲（一批）、袁长坤（三批）、朱宝奎（三批）、周万鹏（三批）；有中国第一代海军将领容尚谦（一批）、蔡廷干（二批）；有中国早期最著名的煤矿——开滦煤矿矿冶工程师吴仰曾（一批）；有北洋大学校长蔡绍基（一批）；有世人熟悉的清朝外务

部尚书梁敦彦（一批）；有在上海照顾梅贻琦等留
学生订票、吃住与登船事宜的民国第一任电报总
局局长唐元湛（二批）；有唐山路矿学堂总督、交
通大学创始人、民国邮传部副大臣、外交总长梁
如浩（三批）；有中华民国第一任内阁总理唐绍仪
（三批），以及历尽波折、争取庚款退还大清王朝的
驻美公使梁诚（四批）。[41]

　　当美国政府决定把多索的庚子赔款退还中国，
用于派遣留美学生之时，负责实际事务的清廷外务
部右侍郎梁敦彦，草拟此一新的留学教育计划，提
议于北京创设一所留美预备学校，在下一代中国学
生出洋之前先教他们英文。这个决定，就缘于他幼
年留美曾经有过的痛苦体验。遥想当年，"他本人
和容闳带出去的其他孩童刚到新英格兰时，常因发
音不准确或忘记端上来的食物叫什么而被耻笑，异
常难为情；下一代的留美学生如果能先学一点英

◎蔡廷干

文便不至于如此"。后来梁敦彦提议创设的"这所新学校，日后演化为当今中国最
具声望的清华大学。当年初创的时候，第一任校长是容闳当年带到美国去的另一孩
童——唐国安"[42]。

　　事隔 37 年后的 1909 年 11 月底，"中国号"邮轮渡过浩瀚的太平洋，蒸汽火车
横跨北美洲，抵达美国东部城市士皮令飞鲁（Springfield，春田）。唐国安站在车窗
前向外瞭望，前来迎接的正是当年与自己同期留美的幼童，曾抗拒遣送归国并坚持
读完耶鲁大学、时为中国驻美使馆头等参赞容揆。[43]

　　大清帝国的少年学子再度联袂翩翩而来，恍如隔世，美国新闻界予以极大关
注，记者们在争相报道唐国安与他率领的 47 名清国留学生的同时，亦没有忘记容
闳这个闪光的名字，以及当年他亲率幼童赴美留学的光荣历史，还有他于"中国
二千年历史中，特开新纪元"的伟大贡献。[44]

　　尽管本次以庚款派遣留学生赴美，受到号称革命者如章太炎等辈，以及同盟会
机关报《民报》的口诛笔伐："美之返岁币也，以助中国兴学为辞"，实则是"鼓铸
汉奸之长策"，清政府"妄遣十百少年"留学美国，实"有百害而无一利"云云。[45]
但毕竟大势所趋，波澜壮阔的历史潮流无法阻挡，一个新的时代到来了。当此之

时，已是 81 岁高龄的"中国留学生之父"容闳正在美国，他劝说族侄容揆出任留学生监督，借以延续自己当年的未竟之梦。

岁月流逝，世道轮回，从容揆、唐国安率领的一群黄皮肤、黑眼睛、意气风发的翩翩少年身上，老迈倚杖、白发苍苍的容闳，独立于浩瀚无垠的旷野，又看到了当年自己的影子，以及那个阳光灿烂的秋天，率领幼童穿越新英格兰大地的欢乐场景。正是：无可奈何花落去，似曾相识燕归来！

● 来者之可追

唐国安率领梅贻琦等学生登陆春田市暂住，因美国各大学秋季开学业经两月，未及赶上本学期入学，乃由监督容揆根据每个学生的具体情况，先行分别送入波士顿附近各预备学校插班进修，翌年再往各大学及专门学校就读。据梅的同学张福良回忆："伊与梅先生同学十人，分配于麻州（马州）有名之葛柔屯学院（Groton School），但往葛镇报到时发现，华盛顿的中国公使馆教育组人员弄错，改洽很不出名而且接近停办之苏仑思中学（Lawrence Academy），亦在葛柔镇，那时该校学生尚不满百人。所幸为期不久，一九一〇年各入原洽定的高级学院。"[46]

诸生报到后，唐国安与容揆二人一起到各校考察留学生学习和生活情况，看到"诸生皆安心学习"，唐国安遂乘船返国，诸生在美的照料、管理等事宜，由容揆总负其责。

关于这一批同学插班就读的生活少有记录，幸梅贻琦二弟梅贻瑞保存了当年"五哥"一封家书，多少透露了一点生活实情。

在美就读的梅贻琦于 1909 年农历十二月十六日中午，收到来自家乡的第一封家书，4 天后的二十日中午梅回信。这封家书用毛笔书写于当时流行的"八行信笺"上，共有 6 页，计 1200 余字。前文已述，梅贻琦乃家庭中的长子，共有兄弟姐妹 10 人，因在梅氏家族大排行的缘故，被称为"五哥"。信中提到的"六弟"指梅贻瑞，实际是梅贻琦同胞之二弟。文曰：

　　六弟足下，别来四月，思念之情与日俱深。迩来正怀想殷殷，忽于十六午飞来家信，内附吾弟手书，环读三四周，欢喜莫名。凡吾所欲知者，吾弟皆一一告之，可见弟之爱我切，故思有以慰我也。兄居是间，一切如恒，毋庸赘叙。今就弟之所嘱所问，答复如下。

　　运动一节，兄颇着意练习，惟不敢涉险，望转禀明堂上放心可也。照相以此地荒僻，从未得一照，俟有机会，必当多照寄家，以慰悬念。兄自起行来美，沿途多作日记，以志所见所闻，至今未间。兹特将起程到美入堂一节拆寄家中，以便观此可知途中大概。惟观毕务望妥为收藏，切勿遗失，大哥处亦可寄去一观，或另抄寄去尤妙。报纸，此处皆为西文，于吾国事不详，故兄欲家中订阅一份好报，阅毕积数日或十数日邮寄兄处，则所费不多，而两有裨益也。

　　"堂上"指父母居住的正房，此处指父母。梅请二弟转告父母，自己尚没有涉足那些惊险的体育运动，因而无病无伤，身体如前。关于照相之事，当时没有机

◎ 1909 年，分到美国 *Lawrence Academy* 的 10 名大清国第一批庚款留美生合影。前排左起：陆宝淦、程义法、吴清度、杨永言；后排左起：范永增、朱惟杰、梅贻琦、程义藻、胡刚复、张福良

会，待进大学之后，梅贻琦履行了信中诺言，得以照相并寄回天津供家人与亲朋好友观看。据梅贻宝回忆说："我当时才入小学不久，不甚懂事。只记得五哥寄回来在上海剪下来的辫子。五哥不时寄回一些五彩的美国风景明信片，当时看了，心向往之。并且在若干照片中得以认识杨锡仁、张彭春、金仲藩诸先生，当时都是翩翩少年。"[47]

张彭春于梅贻琦走后，次年与胡适等人一起放洋赴美，属于庚款留美的第二期生，亦即胡适后来说的清华"第二代老祖宗"。梅贻宝所言几人合照之事，当在梅贻琦赴美第二年之后所摄。同时，梅贻宝还透露了一个信息，即放洋生在上海乘船前，或明或暗地剪掉了猪尾巴状的辫子，并由学校置办服装，从行头和外观上做了入乡随俗的准备。同 37 年前相较，危亡系于一线的大清王朝，在浩浩荡荡的世界潮流面前，自知难以抵挡，遂采取睁只眼闭只眼的态度，任这一批放洋学生随心所欲——比之当年梁敦彦、唐国安、唐绍仪、梁诚、容揆等赴美幼童，可谓幸运得多矣。

梅贻琦信中提到拆寄家中的日记，一直未能露面，想来是梅家在战火连绵、颠沛流离中毁掉或遗失了。梅贻琦一生做事严谨，有记日记的爱好和习惯，但世人发现并流传者，除 20 世纪四五十年代至六十年代几个并不连贯的阶段性日记，其他尚未发现遗存，特别是早期留美以及后来在美考察、工作、生活诸方面情形，应有日记记载和留存，惜至今下落不明，徒令后学与梅贻琦研究者扼腕长叹。

梅贻琦首次留美之时，腐朽没落的大清王朝如同坐在火山口上，丧钟已经鸣响，只待一声革命的惊雷炸为碎片变成历史的灰烬。梅氏身在美西，谈不上"处江湖之远，则忧其君"的境界，但心怀故土、感忧国家时局的心情自是不能避免，因而在回信中对他的二弟提出订阅报纸邮寄一事。信中又说：

> 捎家茶叶系保定同学邢君契莘（浙江人，一同来美）所送，云为伊家乡所产，兄亦未悉其名。中学范莲青先生未将蓝皮书送来，约被遗失。但此书系借自高等学堂汤谪卿先生者，名 *Ottoman's Grammar*，倘不能寻着，可于保定取回书中，找出兄所读者（与此相同）及曾文正公手札（七本，借自傅光亭兄）、*Junior Course of Composition by Nesfield*（一本，借自陆康衢兄）一同寄保，交魏孟藩兄，托伊转三人，吾弟宜写一信，述说明白。盖兄所欠人，务欲偿还，不然则我以为无心，人疑其有意苟得之事，兄不屑为。至于人或欠我，不必深追，物轻情重，全其大者而弃其小者可也。兄自来美，日食三餐，颇觉适口，

虽食量减少，而身体加重（兄前月重百二十五磅，今增三磅），则起居各得其宜可知矣。汽船于百八十经度重过一日之说，兄于日记中已稍论之。前信所写"Washington D.C."，不可分开，D.C. 字系 District of Columbia 之省文，因美之西北有华盛顿省，故于京城加 D.C. 以别之。

此段最令人感兴趣者，当属借书还书一事。事虽小，足反映一个人的修养、品德、学识与为人处事的态度。不以善小而不为；惟贤惟德，能服于人。这些儒家的伦理与人生观，此时已扎根于梅贻琦心中，并成为他日后处世的准绳和追求的理想人格。后来梅贻琦执掌清华大学，许多篇演讲可见出此时铸就的人格力量。尽管梅赴美后皈依了基督，但其处世的道德标准与人格力量，以及洵洵然有儒者之风，给师生与世人留下了难以忘怀的印象。这一切，自然要追溯到梅贻琦童年时代和读书时候打下的根基，而其深厚的儒学功底，在同时代中没有多少人可与之匹敌。一位与其稔熟的美国友人称梅为"博闻强识的中国儒士"。而另一位友人 Carroll B.Malone 则回忆说："他有一次对我说，假如我们之中有谁背诵任何中国古典经传有错漏，我可以接背任何章节。"[48] 从梅贻琦留下的文字与演讲中可以窥知，此非虚言，确实具备了这一才能，达到了常人难以企及的高度。信函最后，梅贻琦写道：

兄等入学事，殆亦难言。此次同来并无贵族，彼二生者，以能与监督辩难，监督辞穷，故不得已许之，他人则或为心愿，或不敢言，皆唯唯听命。兄则无所可否，多学一年即得一年之益，夫何乐而不为？监督名容揆，广东驻防旗人，久居美，纳美女为妻，今充中国使馆头等参赞，兼留美监督，为人颇刚愎，学生多不喜之。至于舞弊情事，名誉攸关，慎勿与外人道也。同室朱君惟杰，亦尚相得，惟伊有文人傲兀气，不甚可亲。弟嘱吾爱众亲仁，吾亦众人视之可耳。兄今衣帽只有二份，时易着之。内衣甚暖，足以御寒，及今手足皆未冻，虽吾在保时，尚未能如是也。弟劝吾习汉文，吾亦甚喜之，奈何课忙无暇，有愿莫随，且作文荒弃愈久，愈难下笔，惟得吾弟一二佳作以读之，亦可藉以温习。总之，家人念我时，即知我念家人，此情此心，有非文字所能尽罄者耳。临颖神驰，不尽缕缕。
此颂新春大吉。

兄月涵手其。十二月二十午

此信且不列号，俟至明正计起可也。大哥亦可参观此信，阅毕亦予与大哥一观，诸妹、弟同此不另。[49]

梅贻琦在信中答复了二弟梅贻瑞对于赴美留学生，为何有两个人直接进入大学，而其他人被安排在中学，其中是否存在舞弊情事的询问。按梅贻琦的说法，放洋学生并无特殊家庭背景，亦无徇私舞弊情事，实乃"彼二生者，以能与监督辩难，监督辞穷，故不得已许之"。唐国安归国后，有《外务部会奏第一次遣派学生到美入学情形折》上奏宣统皇帝，其中提到：学生安抵美国后，"适值该地学校学期业已过半，且各生程度不一，势难概受同等教育。其优者固宜直入大学，俾无废时之患。其次者亦必及时预备，循序渐进，方无躐等之虞，当经会同驻美监督容揆，将学生金涛等分别送入科乃鲁各大学，暨罗兰士各高等学校，并亲往详细查察……"[50]

从奏折透露的情形看，直接入大学的学生应为浙江绍兴人金涛等辈。梅贻琦赴美前已在直隶高等学堂读过一年书，算是大学一年级，现在回头从中学学起，似是走了回头路，吃了亏。但从梅贻琦信中可知，当时他的心态冷静平和，不认为是吃亏，反觉有益。这种顾大局与从长计议的乐观"屈就"性格，一直潜伏于梅氏身心并贯穿其一生。

特别值得一提的是给梅贻琦留下恶感的监督容揆。其人乃广东省新会县菏塘良村人，属容闳的族弟。当年受容闳鼓励，于1873年作为第二批幼童赴美留学。至美后，就读于春田中学，1880年6月高中毕业，成绩居全班第二名。为此，容揆作为学生代表在毕业典礼上致辞。此前，容揆于春田市加入基督教会——南公理会（South Congregational Church），且剪掉了辫子。留学生监督吴子登闻知后勃然大怒，认为是大逆不道，立即下令将其开除并遣送回国。其时，容揆已考入哈佛大学。而另一位因同一原因被开除的幼童留学生谭耀勋，也被勒令一起遣送回国。作为率领幼童赴美且负监督之责的容闳得此消息，因与吴子登已缔结矛盾，不便亲自出面营救，只好请与容揆有交往的好友杜吉尔牧师（Rev. Joseph H. Twichell）加以援手。杜氏答应并写了如下日记："容闳博士访我，其愿负担容揆大学费用每年七百元，如果能安排使容揆留美不返的话。他并列出条件二项：第一，俟容揆自立后自当归还费用。第二，容揆学成后应当替中国政府服务。……当我八月去肯泯河谷时，容揆与我约好在春田城见面。我们谈了此事。故当其他幼童整装待发归去之时，容揆及另一位信教之学生——谭耀勋，他已得到他同批（第一批）来美幼童之捐助，凑足进入耶鲁之学费——两人一齐由寄住之处出走，并躲藏了起来。"[51]

谭耀勋于 1883 年（光绪九年）毕业于耶鲁大学，几个月后因染肺炎去世，葬于康州柯布鲁克（Golbrook）公墓，墓碑上刻有中文名字以资纪念。容揆于 1880 年 9 月进入耶鲁大学文科专业，1884 年毕业后转入耶鲁雪菲尔科学院（Sheffield Scientific School at Yale）学化学，1886—1887 年又进入哥大矿业学院学习工程。毕业后，容揆在纽约报刊杂志社工作，作为自由撰稿人撰写文章，1894 年在春田市与彼此相爱、互相等待了十年之久的玛丽·博哈姆（Mary E.L.Burnham）小姐结婚，婚后仍住在纽约。1897 年，容揆进入华盛顿中国驻美使馆工作，翌年带全家回国，在上海、天津等地停留半年。这一年，唐绍仪作为清政府专使大臣，名义上为庚款退还事赴美致谢，容揆随行并兼任使团秘书，携家人一同回到美国，而后又重到驻美使馆工作，直到 1943 年去世。从容揆经历以及中学时代做出的"叛逆"举动评判，其人确有刚强与特立独行的性格，这种性格在对待晚辈学生时如不加收敛，原有的刚强很可能演化成刚愎自用、强横霸蛮，令学生不喜且得出梅贻琦式的评价亦不足为奇，至少逻辑上可如此推理。

在给二弟梅贻瑞回信的同时，梅贻琦另给父母信函一封。如下：

> 父母亲大人万福金安，敬禀者：今年接到元号家信，知福体康健，家中亦均平安，欣慰之至。男近在学堂，一切皆极安帖，手足亦未冻，请勿悬念。金仲藩兄现居义思韩朴顿（Easthampton，今译伊斯特汉普顿），距此处约四百里，故不得常相见，惟以信通音问，尚不甚寂寞。此地天气冬日甚冷，略似我津，惟雪则较多。男起居自知留神，余详于六弟信中。所嘱谨当遵行，诸请勿虑可也。[52]

男贻琦跪禀，十二月十六日

因这段时间梅的生活较为平淡，此信属一般汇报性质，故无特别注释之必要。唯值一提者，乃信中的金仲藩为梅的南开中学同学兼好友金邦正。金氏在美国习林学，归国后一度出任清华学校校长，后遭学生驱赶辞职离校，此为后话。

且说 1910 年新学期到来之时，梅贻琦与金邦正等一同赴美的 47 名留学生，按各自选择进入不同地区不同学校就读，大部分学子选择的是哈佛、耶鲁、斯坦福、马萨诸塞州理工等名校。当初清廷外务部与学部为创设游美学务处，给皇帝的奏折中曾明确规定，送往美国各大学的学生"以十分之八习农工商矿等科，以十分之二

◎外务部尚书梁敦彦

习法政理财师范诸学"[53]。此点与当年容闳遣送幼童赴美的宗旨有关，也与当时留日学生多习法政所引起的反弹有关。时负责外务部具体事务的梁敦彦，鉴于留日学生归国后多从事法政活动，缺乏现代专业训练与民族精神，对国家工业化与经济建设帮助甚微，乃主张留美学生应以攻读经济实业为主，人文及社会科学为辅。为此，他"曾严重的申说，我国外侮频仍，备受侵略，如不彻底改革，时不我与，覆亡立致"[54]。梁敦彦的见解，全凭本人过去经验和印象。"彼随容闳博士赴美时，不过一个十二三岁的幼童。他对于留日本回国的学生，印象最坏，认为多系'小政客'，昧于国家观念，简直未曾了解现代教育的真谛。……留学生究应选择何种科目——政治、科学、工程——均属待决的问题。鉴于彼时留日学生，多趋于法政一途，回国后，志在作一小官，或公务员，以资糊口。……因此多数主张学生游美，必须着重理、工、农、商等实际有用的学术与技能，庶几回国后，可能对于祖国的改造和建设，有真正的贡献。少数学生亦可选习文、哲一类的科目。"[55]

梁敦彦的意见为外部和学部所接受，乃有学习专业硬性之规定，并得到皇帝"依议，钦此"的朱批。从奏折与朱批的照应可以看出，二部的主持者与朝廷中枢，已认识到应用科学对中国的重要性和紧迫性。"悟已往之不谏，知来者之可追"，尽管外务部与清华学校后来对这一学科分配原则并没有严格执行，但应用科学已得到整个社会的认知，并被多数家庭认为是治国安邦、安身立命，甚至是升官发财之道。流风所及，大多数学子顺应时代潮流，投入经济实业与应用科学专业，形成的百分比大致与二部规划相当或略少的格局。据梅贻琦同期留美的同学李鸣龢回忆：这一批留美学生"其分布之地区，则由东部波士顿以达西部哥罗那多，其所习学科以工科为最多，农矿理科次之，习文科者不过三数人"。[56]此后学生深造的专业有所变化，而第二批以胡适、赵元任、张彭春、竺可桢为代表的留美学生，习文法科者又显然比第一批为多。

作为第一批径直留美的"史前生"梅贻琦，没有选择哈佛、耶鲁或马萨诸塞州理工等名校，他奔赴的是美国东部马萨诸塞州的吴士脱工科大学（Worcester

Polytechnic Institute，今译伍斯特理工学院），就读电机工程系。这个选择令交好的同学初感意外，再想又认为在情理之中，他们认为梅贻琦对学问和社会的理解，总有些与众不同，当时进入马萨诸塞州理工的同学好友徐君陶三十年后回忆说："他那种独具见解，确和一般人不同。……总之，梅先生的精神，少年时是这样，到现在还是这样。他的成功，就本着这种精神……"[57]

关于进入吴士脱大学后的梅贻琦的学习生活状况，他本人留下的记录或日记类资料湮没无闻，世人不得而知，但从另一个侧面可窥知一二，这便是杨锡仁当年与梅贻琦的交往印象。1910年，第二届游美学务处考选的庚款留美生杨锡仁亦来该校就读，恰好与梅贻琦分于同系同班同组同宿舍，直到毕业才分开。许多年后，杨回忆梅在校表现时，曾以理工科专业的思维归纳为几个要点："（1）异常用功；（2）暇时常背诵深思林肯之著名演讲 Gettysburg Address（南按：葛底斯堡演说）词；（3）得到吴士脱大学校长 lra Hollis 与主科教授的特别关照；（4）参加该校'世界会'组织，先后任秘书、会计与会长；（5）于同学中人缘甚佳，众人习于昵称之为 Mike；（6）性极温良，从无怨怒；（7）寡言慎行，永远轻言细语；（8）笃信基督教，每周与张彭春先生赴教堂（南按：1913年，梅、杨与张三人加入马萨诸塞州青年会）；（9）学业成绩优良。"[58]

除学校课业与活动，梅贻琦在美期间，曾先后担任"留美学生会"书记、《留美学生月报》经理等职，藉此可见梅贻琦不仅在校为优等生，在留学生团体中，亦是一个活跃人物。

1914年夏，梅贻琦自吴士脱大学毕业，获电机工程学士学位，并入选 SigmaXi 荣誉会员。按他的学业成绩与志向以及庚款留学生的待遇，可继续入研究院进修，拿到硕士、博士学位后归国。但天津家中兄弟姊妹众多，父亲于庚子之乱后一直失业，二弟贻瑞高中毕业后即不再继续学业，被迫去中学任教，月薪只有四十余元，无法满足一家老小吃喝穿衣，只有靠当卖衣物维持生活，经济实在困难。对这一状况，梅贻琦一直牵挂于心，在美四年，时常把撙节下来的膏火，五块十块地寄回家以补贴日用。毕业前，梅贻琦决心放弃继续攻读学位而回国做事，一是负担家计，二是施展才华，实现抱负。这年暑期，梅贻琦作别留美的同学好友，乘船归国，初秋回到天津家中。此时的他并未意识到，这一个求学经历，竟成为后来结缘并掌舵清华大学的坚固基石。[59]

梅贻琦回到了阔别近五年的家乡，海还是那个海，城市还是那座城市，周围的人还是那些人，就读的南开仍是南开。只是，当年在京考试并留下自己青春印记的游美学务处已经裁撤，移往京城西北郊清华园并更名为清华学校。大清帝国早已灰飞烟灭，中华民国于炮火血水中诞生已逾三年，一个王纲解纽、诸侯蜂起、异族入侵、科学与民主生根发芽的"数千年未有之大变局"（李鸿章语），就此在中华大地上形成。正所谓，"沉舟侧畔千帆过，病树前头万木春"。此一时机超越了任何一个朝代的乱世与所谓的盛世，一批特立独行的学者与风云人物破壁而出，一飞冲天，构成了二十世纪上半叶灿烂星河中一道亮丽的风景。

　　在这个风景大幕上，梅贻琦与陆续学成归国的庚款留学生，以沉着冷静的心态、明快开朗的格调，于大时代中勇往直前，很快于社会各界中脱颖而出，虎气生生又神采奕奕。此情此景正如李鸣龢所言："彼时民国肇造未久，国内实业或教育皆在滋长时期，各同学均能以其所长，献身于社会，如邢契莘之于造船业与港湾工程，戴济之于油漆业，程义法之于矿业，徐佩璜、王健之于化工业，朱复之于土木工程，吴玉麟之于电机工程，秉志之于生物学，何杰之于地质矿物学，胡刚复之于物理学，王琎之于化学，均对工业界或学术界有相当贡献。尤以梅校长出身于清华，服务母校垂四十余年，沉毅精诚，使母校向前迈进，成为我国最高学府……实为全体同学所特表庆幸也。"[60]

注释

[1][2]《驻美国大臣梁致外务部函》，光绪三十三年六月初七日（1907 年 7 月 16 日）收。清华档案室藏，引自《清华大学史料选编》，第一卷，清华大学出版社 1991 年出版。

[3] 梁诚《奏为交卸使事起程回京日期由》，光绪三十三年五月二十三日，载《梁诚的出使美国》，转引自《从清华学堂到清华大学》（1911—1929），苏云峰著，台湾"中央研究院"近代史研究所 1996 年出版。

[4]《照译美外部大臣路提来文》，清华档案室藏，引自《清华大学史料选编》，第一卷，清华大学出版社 1991 年出版。

[5]《中国公使致国务卿》，1907 年 6 月 17 日。载《美国外交关系》，转引自《清华大学史料选编》，第一卷，清华大学出版社 1991 年出版。

[6]《中华帝国外务部致中国公使梁诚》，北京，1907 年 6 月 24 日，原载《美国外交关系》，1908 年。转引自《清华大学史料选编》，第一卷，清华大学出版社 1991 年出版。

[7]《美国减收赔款档》，光绪三十三年七月八日收梁诚函。转引自《庚子赔款》，王树槐著，第 279 页。台湾"中央研究院"近代史研究所专刊，2012 年 12 月二版。

[8]《驻美国大臣梁致外务部函》，光绪三十三年六月二十五日（1907 年 8 月 3 日）收，清华档案室藏，引自《清华大学史料选编》，第一卷，清华大学出版社 1991 年出版。

[9]《29 号政府决议：联合决议——拟豁免中国部分赔款》，原载《美国外交关系》，1908 年，转引自《清华大学史料选编》，第一卷，清华大学出版社 1991 年出版。

关于二百万美金扣留款的处置方法，决议规定：如果在本决议通过后一年之内，任何个人凡曾向美国政府官员或国务院，递交过有关 1900 年中国赔款的申诉并遭到全部或部分否决者，均可向债务法庭呈递同样的申请。本决议授权该法庭听取并裁决这类申诉（且毋须上诉），可以重新判决，或者是按在此之前已经补偿的部分追加。每一项申诉均应完全或基本补偿申诉人因 1900 年中国的排外骚乱所受的实际损失或花费，但不包括仅仅是推测的申诉或推测的损害项目。……在所有上述申诉均已裁决并支付后所结余的款子，均应退还中国政府。……此外，债务法庭向任何申诉人裁定的款项基数，加上该申诉人已根据美国政府官员及国务院的决定可能取得的款项基数，其总数绝不能超过该申诉人最初申诉的总数。

另，第二批庚款游美生胡适，在留美期间写过一篇《美国退还庚子赔款记》，是较早把美国退还庚款解释清楚的人之一，从文章内容推断，胡氏写该文前似参考过这一事件的中美外交档案，因而无论从内容到列举数字都较可信。胡适记述道："辛丑和约，美国以海陆军费及商人损失不赀，遂索赔款约数二十五兆美金，合中国银三十四兆两有奇。是年四月，各国摊派赔款总数四百五十兆两，美国分得三十二兆九十三万两有奇，合美金二十四兆四十四万元有奇，议定分四十年付清，年息四厘。事定，美国政府下令，凡美国教会教士商人等，于庚子拳匪之乱，受有损失者，或死者之家属，皆得于此项赔款内，领取赔偿抚恤之费。令下，计来领偿金者，共得二百三十余人，共发给美金一兆九十九元有奇。加入陆军用费七兆十八万零，及海军用费二兆四十八万零，共计美国于庚子一役，所受损失之确数，为美金十一兆六十五万有奇。而于所得赔款二十四兆四十四万之内，减去此数，盖尚余十二兆七十余万金为浮数云。"（载《清季野史》，胡寄尘编，岳麓书社 1985 年出版，第 183—185 页）

[10] 美国收退庚子赔款数额统计：原收受赔款总额为 24，440，778 美元，现减为 13，655，492 美元，应退还 10，785，286 美元。算至 1908 年年底止，美国已收 700 余万美元，除利息外，尚欠本金 9，644，367 美元。自 1909 年起至 1940 年止，利息四厘，每年收取本利 539，588.76 美元即足，余数则退还中国。（《庚子赔款》，王树槐著，第 287 页）

另，经美国民间各类人士在中国庚子之乱中遭受损失提交数目、法庭判定，预留的 200 万美元赔款赔付不足半数，约为 80 余万元，尚余 1，175，835 美元，则于民国三年（1914 年）退还中国，估计总数为 11，961，131.12 美元。此款未列表内。（参见《清华

校史稿》）

美国总统罗斯福于 1908 年 12 月 28 日签署法令中提到的"计划 C"，日后退还中国的庚款即按此表进行。

年度	按年交还中国之数	年度	按年交还中国之数	年度	按年交还中国之数
1909	$483, 094.90	1920	$790, 196.00	1931	$790, 195.99
1910	483, 094.90	1921	790, 195.99	1932	1, 380, 378.35
1911	541, 198.78	1922	790, 195.99	1933	1, 380, 378.34
1912	541, 198.78	1923	790, 195.99	1934	1, 380, 378.34
1913	541, 198.78	1924	790, 196.00	1935	1, 380, 378.35
1914	541, 198.78	1925	790, 195.99	1936	1, 380, 378.43
1915	724, 993.42	1926	790, 196.00	1937	1, 380, 378.43
1916	790, 196.00	1927	790, 195.99	1938	1, 380, 378.35
1917	790, 196.00	1928	790, 196.00	1939	1, 380, 378.34
1918	790, 196.00	1929	790, 195.99	1940	1, 380, 378.36
1919	790, 195.99	1930	790, 196.00		

（原载《美国外交关系》，1980 年，转引自《清华大学史料选编》，第一卷）

[11]《外务部致美国公使柔克义照会》，光绪三十四年六月十六日（1908 年 7 月 14 日）发。

[12]《外务部致柔克义公使》，1908 年 7 月 14 日，原载《美国外交关系》，1908 年，转引自《清华大学史料选编》，第一卷，清华大学出版社 1991 年出版。

[13]《国务卿致柔克义公使》，原载《美国外交关系》，1908 年，转引自《清华大学史料选编》，第一卷，清华大学出版社 1991 年出版。

[14]《柔克义公使致国务卿（鲁特）》，载《美国外交关系》，1908 年，转引自《清华大学史料选编》，第一卷，清华大学出版社 1991 年出版。

[15]《从清华学堂到清华大学》（1911—1929），苏云峰著，台湾"中央研究院"近代史研究所 1996 年出版。

[16]《美国外交关系》，1908 年，转引自《清华大学史料选编》，第一卷，清华大学出版社 1991 年出版。

[17][19][20][21]《庚子赔款》，王树槐著，第 279 页。见台湾"中央研究院"近代史研究所专刊，2012 年 12 月二版。

[18]《美国公使柔致外务部照会》，光绪三十四年十一月十六日（1908 年 12 月 9 日）收。清华档案室藏，引自《清华大学史料选编》，第一卷，清华大学出版社 1991 年出版。

[22][23]《江督端来电》，光绪三十三年四月二十六日到；《鄂督张来电》，光绪三十三

年四月二十五日到。见《梁诚的出使美国》，载《从清华学堂到清华大学》（1911—1929），苏云峰著，台湾"中央研究院"近代史研究所 1996 年出版。

[24]《遣派游美学生办法大纲》，宣统元年五月二十三日（1909 年 7 月 10 日），清华大学校史馆藏。

[25] 曹云祥《清华学校之过去现在及将来》，载《清华周刊》（十五周年纪念增刊），1926 年 3 月。

[26][27]《美国驻华公使柔克义致清政府外务部函》，1909 年 4 月；《美国退还庚子赔款余额经过情形》，徐仲进等译，转引自《清华大学校史稿》，清华大学校史编写组编著，中华书局 1981 年出版。

[28]《游美学务处任事人员衔名薪水数目清单》，宣统三年八月初一日（1911 年 9 月 22 日），引清华大学档案室档案。关于游美学务处的来历与官员姓名、职称、薪水等事宜，参加宣统二年（1910 年）九月游美肄业馆首次招考第二格学生考试，并以第 14 名考中放洋的胡光尘，于 1981 年 2 月 28 日上午，在台北忠孝东路四段胡公馆接受新竹"清华大学"《清华校友通讯》特约通讯员潘秀玲教授采访时，曾做过如下解释：

一、关于外务部、学部两部会同任命周自齐筹办"游美学务处"的札子，即现在的委任状。胡说："这个札子曾经在我手里许多年，抗战时期才交给重庆的清华中学保管。……周先生交给我的时候，我注意到札子上'游美'的'游'字是补贴上去的，白纸底下还可以看到是个'留'字，这里头便有个幽默。"胡氏解释道："从这件原始的文献上，或见当时对这两字的定名是煞费斟酌后才决定的。揣想'游学'的意义，只表示稍'游'即返，'留学'则难免要发生'留'在那里的流弊，以致有悖国家遣送学生出洋学习以为国用的本旨。所以早期都称'游学生'，以后才逐渐改为'留学生'。现在想起来，前辈先生虽然惯于咬文嚼字，然亦足证他们确有远见。"

二、关于游美学务处。胡说，一般认为"总办是周自齐，会办两位，即范源廉（不是濂，字静生）与唐国安（号介臣）。这是错误的。"胡光尘解释道："顺序应该是总办、会办（即帮办），下面是坐办。因为外务部主其事，自然总办应由该部派出。周先生官拜左丞，是个高官（各部官职依次为尚书，左、右侍郎，再次即左、右丞）；学部的责任稍次，所以只派个郎中（等于司长）范源廉，也算是个高官，但距离左、右丞四个 rank（官阶）（左、右丞再下为左、右参议，郎中）；唐国安则是外务部主事，比郎中再次，距离左、右丞有六个 rank。至于说到，为什么一定有一位坐办呢？理由是左右丞、左右参议和郎中都是实缺的官职，天天得到 office（办公室）去，而游美学务处只算他们的一个 activity（工作），是他们兼差的一件业务，因此唐国安任坐办，是不兼差的，从外务部拨过来，就要坐在那儿办公，因此称之为"坐办"。最后，胡说："周自齐是同文馆最早的学生，又有满清举人身份（副榜，即举人备取），属科举出身。没有留过学，英文是在中国学的，但做过驻美代办、旧金山、纽约总领事和古巴代办，资格极老。会办范源廉是留日的，而唐国安则是与詹天佑、唐绍仪等同派出洋的幼年生，是留美的。从这里可以看得出来，当时在人选上是很有配合的，教育背景上也不偏颇留美派或那一派。……民国之后，制度打破，一切都乱起来了，不无可惜。"（《访〈波逐六十年〉作者胡光尘 11（幼）校友》，潘秀玲著，载《清华校友通讯》，新七十五期，新竹）

对于胡光尘所言范源濂不是"濂"而是"廉"，以及唐国安不是会办而是"坐办"之说，经查清华大学档案馆保存的文件，皆为"濂"与"会办"，因而可以判断胡氏之说，不能说是"胡说"，但也只能是姑妄言之，姑妄听之。

[29]《外务部学部呈报开办情形及刊用关防》，宣统元年八月初一日（1909 年 9 月 14日），引自清华大学档案室档案。

[30]《学部官报》第 102 期，转引自《中国近代教育史资料汇编：留学教育》，上海教育出版社 2006 年再版。

[31][56] 李鸣龢《一九〇九年第一期赴美同学之回忆》，载《清华校友通讯》，新一期，新竹。

[32][54][55][57]《清华校友通讯》，第六卷第九期，1940 年 9 月。

[33] 容闳（1828—1912 年），原名光照，族名达萌，号纯甫，英文名 YungWing，广东香山县（今中山市）南屏村（今珠海市南屏镇）人。清道光十五年（1835 年），容闳跟随父亲前往澳门，入读马礼逊纪念学校（Morrison School）。该校是伦敦妇女会女校的附属学校，由独立宣教士郭士立（原属荷兰传道会）夫人负责教导。道光十九年（1839 年），郭士立夫人辞职，美国教育家勃朗（Rev.Samuel Robbins Brown）牧师抵达澳门主持该校，马礼逊纪念学校正式独立。道光二十二年（1842 年），香港割让给英国，马礼逊纪念学校迁往香港，容闳亦随之迁往香港继续学业。道光二十七年（1847 年 1 月）初，勃朗牧师返回美国，离开时带容闳、黄宽及黄胜三名同学前往美国留学。4 月 12 日到达纽约，于马萨诸塞州之孟松预备学校（Monson Academy）就读，道光三十年（1850 年）毕业。容闳考入耶鲁学院，为首名于耶鲁学院就读的中国留学生。咸丰二年（1852 年），容闳入籍美国。咸丰四年（1854 年），容氏以优异成绩从耶鲁大学毕业，获文学士学位，其后返回中国，曾在广州美国公使馆、香港高等审判厅、上海海关道等处任职。

同治二年（1863 年），容闳到安庆谒见曾国藩，自此与曾氏结交。同治三年冬，受曾国藩委派，为筹建江南制造局赴美采购机器，所购 100 多种机器，成为第一个洋务企业——江南制造总局的主要设备。容闳的才智与办事能力深得曾国藩赏识，遂保举其以五品候补同知衔，任江苏巡抚丁日昌的译员。其间，容闳先后翻译了《地文学》《契约论》等书。同治九年，容闳又向曾国藩提议派学生官费赴美留学。曾国藩与李鸿章商议后奏报清廷获准，陈兰彬、容闳分任幼童出洋肄业局正、副委员。容闳在沪、粤、港共招生 120 名，从同治十年至十三年 4 年间，每年派出 30 名赴美留学，共计 120 人。因而容闳被誉为"中国留学生之父"。

[34][35]《曾国藩、李鸿章：奏选派幼童赴美肄业酌议章程折》，同治十年七月十九日（1871年9月3日），载《中国近代史资料汇编·留学教育》，第92、94页，上海教育出版社2006年出版。

[36]《中国最早的百名留美学生》（节录），转引自《中国幼童留美史——现代化的初探》，第三章，高宗鲁译，台北：华欣文化事业中心1982年出版。

[37]《陈兰彬：奏陈驻洋肄业局情形折》，光绪七年二月初六日（1881年3月5日），《中国近代教育史资料汇编：留学教育》，上海教育出版社2006年出版。

[38]《西学东渐记》，第19章，容闳著，湖南人民出版社1981年出版。

[39]《颜惠庆自传》，颜惠庆著，姚崧龄译，台北：传记文学出版社1973年出版。

[40]《人境庐诗草笺注》，黄遵宪著，钱仲联笺注，上海古籍出版社1981年出版。

[41] 梁诚（1864-1917），原名丕旭，字义衷，号镇东，广东番禺县（今广州海珠区黄埔村）人。1875年未满12岁考取第四批幼童留美生，1881年奉召归国。初在总理衙门任事，不久随张荫桓公使赴美，后任使馆参赞、公使等职。关于梁诚留学与使美等事，与其同村的梁嘉彬（经济史学家梁方仲胞弟，方仲、嘉彬兄弟皆毕业于清华，皆属梅贻琦学生辈人物，且受到梅的赏识）有过一段叙述："此项幼童，须身家清白年在十四岁以下，先读过中国经书，并须其同族人之有名位者为之保送。当时我家先曾祖（梁肇煌，广东番禺县黄埔乡人，1827—1886），以翰林出身历官学政、主考官、詹事等官。适任顺天府尹（即京兆尹，正三品，已位列九卿），因母病，自同治十二年（1873年）告假回广州，至光绪五年（1879年）始回京再补府尹，转调江宁布政使（从二品）。其同族人来求保送子弟出洋者甚众，有梁诚（初名丕旭，年十四）者甚聪慧，肇煌特加选拔，梁诚遂得留学美国，历小学中学以入耶鲁大学。值耶鲁与哈佛大学比赛棒球，梁诚以全叠打得挽救耶鲁于不败，由是名震耶鲁。至光绪十二年（1885年），梁诚学毕返国，寄居于肇煌藩署内，值张荫桓（号樵野，广东南海县人）放驻美公使，当时称使美兼使日（日斯巴尼亚，即西班牙）、秘（秘鲁）钦差大臣。路过南京，来访肇煌，适肇煌外出，由梁诚代为招待，荫桓久候不耐，与梁诚为天九牌之戏，梁诚之牌为天，荫桓之牌为地，梁诚竟以天牌垫地牌，佯为屡负，荫桓为之狂喜。肇煌归署，因介荐梁诚于荫桓。其后梁诚再度赴美，极得荫桓信用。至光绪二十八年、三十三年间，梁诚亦放驻美公使（当时称使美兼使日秘古[古巴]钦差大臣），族人知梁诚天牌垫地牌典故者，戏云'若要放钦差，除非天垫地'。"（梁嘉彬《记清华和我家的一小段因缘》，载《清华校友通讯》，新——八期，新竹）

南按：梁嘉彬所言，如梁诚留美的年龄、归国年月等皆错，唯后世研究者可从这个近似传说的故事中，看到梁诚与梁肇煌、张荫桓三者之间的关系，进而推断梁诚在仕途上得到后二者的提携是可能的。同时也可见出梁诚实乃有聪明过人之处，他在美使任上最终促成庚子赔款的退还，绝不是偶然的。

[42]《幸运的孩子：中国第一批留美学生》，里尔·莱博维茨、马修·米勒著，贾士蘅

译，第 209 页，台湾时报出版公司 2011 年出版。

[43] 与庚款退还控制方式相呼应的是，宣统元年（1909 年）派使馆汉务参赞丁家乃（Charles D.T.enney）协助挑选留学生事宜，并希望中国聘请一位美人担任留学生监督，但为张之洞所拒绝。张氏主张选派留学生应具有国学基础，美参赞无可奈何，只得同意。

[44]《西学东渐记》，容闳著、徐凤石、恽铁樵译，湖南人民出版社 1981 年出版。1870 年 10 月，五品候补同知容闳作为江苏巡抚丁日昌的译员，正随李鸿章在天津处理教案（1870 年，即同治九年，天津部分民众为反抗天主教会宗教迫害和侵扰，攻击教会机构并造成数十外国人被杀。教会动用武力威胁，列强军舰开至天津，七国公使向总理衙门抗议，清政府派曾、李等大员先后前往处理）。此前曾国藩奉命查办教案尚未离津，在容闳与丁日昌多次提议下，曾国藩与李鸿章联名奏报朝廷派学生官费赴美留学。奏折于 10 月 10 日发出，内有"且谓携带子弟前往外国者，如该员陈兰彬及江苏同知容闳辈，皆可胜任"等语。容闳闻此消息，"乃喜而不寐，竟夜开眼如夜鹰，觉此身飘飘然如凌云步虚，忘其为僵卧床第间。两日后，奏折拜发，文正领衔，余三人皆署名，由驿站加紧快骑，飞递入京，此时曾督及余人皆尚在津沽也"（《西学东渐记》，容闳著。以下引文同）。同年 10 月 17 日，曾国藩由天津启程赴京陛见，旋即返任两江总督。是年冬，曾国藩抵达南京两江总督任所，不久即接到前所上奏朱批"着照所请"，大喜。当即驰书容闳火速前来，商议实施留学教育具体事宜。这个消息令容闳兴奋无比，感而慨之曰："至此予之教育计划，方成为确有之事实，将于中国二千年历史中，特开新纪元矣！"

容闳抵达江宁两江总督府，曾国藩与其商定者凡四事：派送出洋学生之额数；设立预备学堂；筹定此项留学经费；酌定出洋留学年限。设留学生事务所（又名出洋局），设监督二人，汉文教习二人，翻译一人。监督乃曾国藩荐举的刑部主事陈兰彬，容闳副之。

同治十一年正月十九日（1872 年 2 月 27 日），曾国藩、李鸿章再度联署上《奏遴派委员携带幼童出洋肄业兼陈应办事宜折》，对出洋监督、事务人员，幼童选拔条件，出洋所需经费等进行了详细筹划说明，并就"应办事宜，开列清单，恭呈御览，仰恳饬下总理衙门核复施行"。曾、李二人对奉派幼童放洋赴美十分看重，谓"固属中华创始之举，抑亦古来未有之事"，促请尽快落实。3 月 1 日，曾国藩时发脚麻之症，舌蹇不能语，延至 3 月 20 日，于两江总督任上撒手归天，享年 61 岁。死后谥为"文正"。

曾国藩去世四个月后，第一批幼童自上海码头踏上了赴美的轮船。因了这段往事，容闳在回忆录中，对这位幼童赴美积极的倡导、推动者，以感激的心情写下了如下文字："设天假以年，使文正更增一龄者，则第一批学生已出洋，犹得见其手植桃李，欣欣向荣。惜夫世之创大业者，造化往往不赐以永年，使得亲见手创事业之收效。此种缺憾，自古如斯。然创业之人，既播其种子于世，则其人虽逝，而此种子之孳生繁殖，固已绵绵不绝。故文正种其因，虽未获亲睹其结果，而中国教育之前途，实已永远蒙其嘉惠。……文正一生之政绩、忠心、人格，皆远过于侪辈，殆如珠穆朗玛峰，独耸于喜马拉雅诸峰之上，令人望而生景仰之思。"

同时，容闳认为，作为曾国藩的衣钵继承人、幼童留美的另一位鼎力支持者，亲眼看到孩子们乘船放洋，九年后又遣送归国的李鸿章（谥文忠），其道德学问与曾文正公相差十万八千里。"予闻文正临危时，犹念念不忘教育事业，深望继己之李文忠，有以竟其未竟之志云。李文忠虽为曾文正所荐举以自代之人，顾其性情品格，与文正迥然不相侔。其为人感情用事，喜怒无常，行事好变迁，无一定宗旨。而生平大病，尤在好闻人之誉己。其外貌似甚鲁莽，实则胸中城府甚深，政治之才，固远不逮文正，即其人之忠诚与品格，亦有不可同日而语者。设有燃犀史笔传之，则其利身行己，如探海灯烛物，秋毫无遁形矣。"

容氏对曾氏的评价大体不差，而对鸿章的评价未免过于草率与感情用事。当然，这与李鸿章为人处事"和稀泥""捣糨糊"，以及幼童被迫遣送归国后，容闳对鸿章形成的哀怨心理有关。——颇具历史况味的是，在出洋肄业局被撤销、幼童遣送归国的多年之后，朝野上下已发觉留美学生的才干与长处，对当年朝廷和官僚政客的愚昧想法与鲁莽做法多有懊悔、指责之意。容闳与李鸿章偶然相见，当谈到国家人才缺乏，以及当年朝廷咬牙切齿地自美撤回留学幼童，造成今日之困局时，李鸿章突然向容闳问道："你何以忽然将出洋局停办了呢？"容闳听罢，先是吃了一惊，继之露出了一丝苦笑，他无法判断眼前这位中堂大人是真的老糊涂了，或是在装糊涂？

[45] 章太炎《清美同盟之利病》，载《民报》，第二四期，1908年。章氏的冥顽思想虽是受历史的局限，但在历史发展的长河中并不孤单，直到20世纪80年代，《清华大学校史稿》（中华书局1981年出版）编写组成员还在声称美国的"退款办学"，其目的是"来麻痹、消弭中国人民的反帝运动"（第2页），可见章氏之说，此道不孤，后继有人矣。

[46][58]《梅贻琦传稿》，赵赓飏著，台北：邦信文化资讯公司1989年出版。

[47] 梅贻宝《五月十九念"五哥"》，载《清华校友通讯》，新十二期，1965年，新竹。

[48]Carroll B.Malone《Dr.Mei, a Kind Friend, a Fine Scholar, a Good Educator》，载《清华校友通讯》，新十二期，第9页，1964年4月，新竹。

[49][52]《一个时代的斯文：清华校长梅贻琦》，黄延复、钟秀斌著，九州出版社2011年4月出版。

[50] 引自《清华大学史料选编》，第一卷，清华大学出版社1991年出版。

[51]《中国幼童留美史——现代化的初探》，第3章。高宗鲁译注，台北：华欣文化事业中心印行，1882年。

[53]《会奏收还美国赔款遣派学生赴美留学办法折》，宣统元年五月二十三日（1909年7月10日），引自《清华大学史料选编》，第一卷，清华大学出版社1991年出版。

[59] 关于梅贻琦回国具体时间，说法大体有二：一为民国三年，即1914年，如梅贻宝《五月十九念"五哥"》、赵赓飏《梅贻琦传稿》；二为民国四年，即1915年，如黄延复、钟秀斌《一个时代的斯文：清华校长梅贻琦》、百度百科等。本著采前一种说法。

[60] 李鸣龢《一九〇九年第一期赴美同学之回忆》，载《清华校友通讯》，新一期，新竹。

游美学务处录取径送赴美学生名单（前略）

编号	姓名	别号	籍贯	出生年月日	学科	校别
33	梅贻琦	月涵	天津		电机	B. S.（Worcester Poly. Technic Inst.）'14
34	程义法	中石	江苏吴县	一八九一	采矿	E. M.（Colorado Scho. of mines）'14
35	程义藻		江苏吴县		机械	M. E.（Colrnell）'14 S. B.（M. I. T.）'15
36	曾昭权		湖南湘乡		电机	
37	杨永言		江苏嘉定			
38	裘昌运	昌运	江苏无锡		农业、经济	（Univ. of wisc.）（Purdue and Columbia）
39	贺懋庆	勉吾	江苏丹阳	一八八六	造船工程	S. B.（M. I. T.）'14
40	卢景泰		广东顺德		道路工程	M. A.（Columbia）'15
41	戴修驹		湖南武陵		机械	B. S.（M. I. T.）'15
42	戴济	汝楫	江苏吴县		工业化学	A. B.（Maine Univ.）'14
43	谢兆基	纯组	浙江吴兴		化工	M. E.（Columbia）'14
44	魏文彬	雅庭	河北密云		财政	Ph. D.（Columbia）'14
45	邝煦堃	伯和	广东番禺		文学、新闻学	Litt. B.（Princeton）'14 B. Litt.（Columbia）'16
46	严家驺	伯鋆	福建闽侯		数理	B. S.（Ill.）'13 M. S.（Harvard）'14
47	罗惠侨	东里	浙江鄞县		河海工程	S. B.（M. I. T.）'13 M. S.（M. I. T.）'15

（《清华校友通讯》，1969年4月）

第三章 走进清华园

◉ 从学堂到学校

梅贻琦回到阔别五年的故乡，家人与师友自是欢欣非常。时代已变，人也在变，何况是万里归来的洋学士！梅的气质、学识以及看世界的角度、方法，变得广博并更具魅力。作为一个一生坎坷的小商人，父亲在全身散发着海腥味的儿子面前，欢喜之余，认为自己那一套旧学、旧识、旧本领，已不合时宜，且年老体衰，乃自觉退居二线，把一家之主的椅子，让于海归儿子梅贻琦坐上，并"命诸子惟五哥之命是听"[1]。梅贻琦并不谦让或无法谦让，乃挺直了腰杆，负起一家十几口生活起居的责任。许多年后，小弟梅贻宝在回忆中说："五哥"主持家中大计，"立即把我送进南开中学。学费每月3元，交付不出，张伯苓校长因为是世交，而且五哥是他的得意门生，所以亦不催促。但亦未明言算作免费奖学金，乃以记账方式出之。转年，我考入清华中等科……我入清华当学生的那年，亦即是五哥入清华当教员的那年"[2]。

梅贻宝所说的"那年"，乃民国四年，即1915年。在美皈依基督教的梅贻琦回国后，先在天津基督教青年会服务一年，算是尽了对乡土的赤子之心与对"主"虔诚侍奉之谊。1915年9月新学年开始，梅应清华校长周诒春之邀，离津赴京到清华园执教。此时，大清王朝早已崩溃，继这个王朝之后烟消云散的还有游美学务处、

◎梅贻琦（后排右二）四兄弟和父母合影

肄业馆以及清华学堂。——"庚款派遣留学生"的历史，随着新组阁的北洋政府一同进入了清华学校时代。

根据中美达成"自退款第一年起，前四年每年要派一百名学生留美"的协议，梅贻琦等第一批学生放洋后的翌年，即 1910 年 7 月，游美学务处又招考了第二批留学生。主考官为周自齐、范源濂、唐国安。报考 400 余人，录取了杨锡仁、赵元任、张彭春、竺可桢、胡适、周仁等 70 名，同年 8 月赴美。这次招考还录取了备取生 143 人，以备入肄业馆训练。

1911 年 6 月，学务处又考选了第三批直接留美生姜立夫、陆懋德、杨光弼、梅光迪、王赓、章元善、卫挺生、吴康、张福运等 63 人，同年 7 月由上海乘船赴美。

以上三批直接留美学生共 180 人，皆为 20 岁以下的青少年男生，大都来自国内英语教学较好的教会学校及省立高等学堂。因是经过游美学务处进行"品学甄别考试"后放洋美国，又被称为"甄别生"。同时，这三批学生因没有接受肄业馆与清华学堂实际培训直接赴美，又被称为清华"史前生"。

对于庚款派遣留学生，以及后来成立清华学堂的前景，第二批考取的"史前生"、时在美国康奈尔学习农学的胡适，曾给予乐观的展望，胡说："千九百九年，在北京举行第一次考试，派出学生四十七人，明年又派出七十人，同时取入清华学堂肄业百四十人。千九百十一年，由清华学堂考送七十人。现留美之赔款学生共百八十余人，后来者尚不可胜数，十年之后，赔款学生当遍于新大陆矣。"[3]

游美学务处在考取选派直接留美学生的同时，开始筹设游美肄业馆，以便经过短期训练，每年甄别一次，"择其学行优美，资性纯笃者，随时送往美国肄业"。按照规定，肄业馆学制八年，学生根据年龄、学历，分为高等科与中等科，每科四年制。中等科为初级课程，"高等科分科教授，参照美国大学办理"。[4]

1909 年 8 月，经外务部、学部"奏准"，内务府将皇室赐园——清华园拨给游美学务处，作为游美肄业馆馆址。按照计划，游美肄业馆原定于 1910 年秋季开学，后因应聘的美国教员尚未到馆，清华园馆舍亦未修葺、兴建完竣，延至 1911 年春季开学。

世界大潮迅猛向前，世人的眼光不断跟进，并在眼花缭乱的世界里，寻找着新的和引领时代风潮的热点。肄业馆筹备期间，游美学务处又根据世界大潮和国内蓬勃发展的新形势，提出创设正规留美预备学校——清华学堂。1910 年 12 月，这一方案得到清政府学部批准。对于这段历史，后来一度出任清华校长的曹云祥说道："中美约定原议，系于最初四年，每年派送学生一百名。一九〇九年举行考试，合格者仅四十八人。一九一〇年录取者，亦只七十人。学务处鉴于人才之难得，遂有自设学校，施行准备教育之决议。……先在北京举行入学试验，后又咨行各省保送。冀育才之效，不限一隅。自是每年赴美名额乃渐增，至民国三年，达九十八人焉。"又说："以上历史的回忆，凡以见当时所定选送游美学生之教育政策，乃斟酌

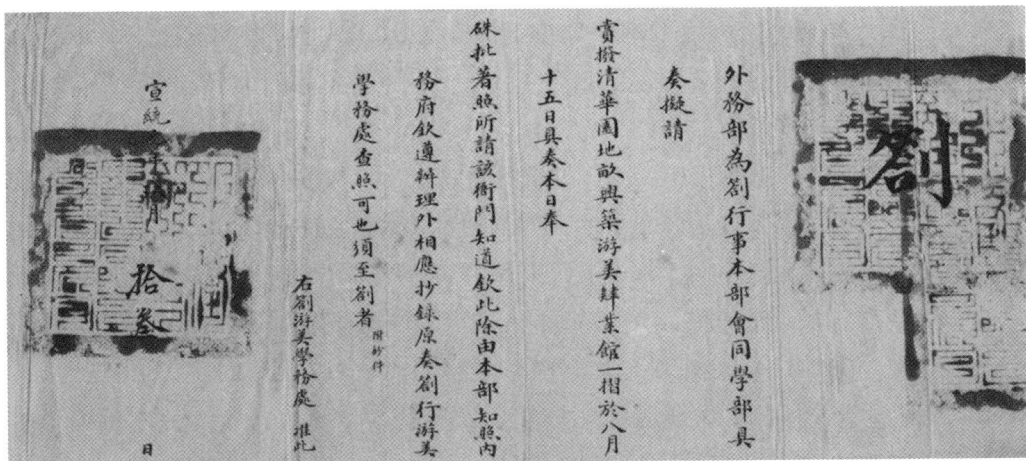

◎宣统元年九月十三日（1909 年 10 月 26 日），清政府外务部关于宣统元年八月十五日（1990 年 9 月 28 日）朱批赏拨清华园建游美肄业馆的劄文（清华大学档案馆藏）

时势与需要，会合朝野名流之意见，而后审择之，决非苟焉而已。"[5]

1911 年 2 月，设于北京城内的游美学务处和肄业馆，全部迁入清华园，正式将肄业馆改名为清华学堂。按办学章程："清华学堂系外务、学部奏设，以培植全材，增进国力为宗旨。以造成能考入美国大学与彼都人士受同等之教育为范围。""本校参酌中美学科制度，分设高等中等两科，各以四年毕业。"其教育方针是："进德修业，自强不息。"[6] 后来经梁启超演讲而定型，广为流传的清华校训"自强不息，厚德载物"，即结胎于 1911 年的初创时期。

新创立的学堂设正副监督三人，由学务处总办周自齐为监督，会办范源濂、唐国安分别任副监督。"嗣后考送学生，监督报告等事，即归并学堂办理，以一事权，而节縻费。其办事员司，除素称得力酌留二三员，由学堂监督分别委任外，一概裁汰。"[7]

1911 年 3 月，清华学堂在北京宣武门内学部考棚举行了入学复试。参试者有三个部分组成：在北京招考生；1910 年备取生；各省保送生。试毕，共录取 468 名，其中五分之三编入中等科，其余入高等科。——此为清华学堂招收的第一期学生。

1911 年 4 月 29 日，即宣统三年四月初一，清华学堂在清华园正式举行开学典礼。校名全称为"帝国清华学堂"，英文校印为 Tsing Hua Imperial College。此为清华大学历史的开端，以后每年的 4 月最后一个星期日，即为清华校庆日。

清华学堂于忙乱中总算开学，新聘的九女八男共十七位美国教员已抵达北京逾二月余（后又增加一位），全部分发到清华园外籍教员专门住宅——北院居住，高等科的教学全部由洋教员负责。中等科教务由二十名中国教员担任。未久，正监督周自齐受朝廷委任，赴大英帝国参加英王加冕典礼，副监督唐国安继之赴欧美考察，学堂正监督一职由外务部左丞颜惠庆代理，范源濂仍为副监督。教务长先后为胡敦复、张伯苓。

初至清华园的中外师生，新鲜、好奇的日子未过多久，1911 年 10 月 10 日，震惊中外的"辛亥革命"爆发。武昌的一声枪响，令清廷上下惊慌失措。内阁总理大臣奕劻及内阁协理大臣那桐、徐世昌等人深感局势严重，一致主张起用此前被摄政王载沣以皇帝之名，贬于河南洹上隐居的北洋军阀首领袁世凯，英美等国公使也随声附和。载沣见中外一致认为"非袁不能收拾局面"，只好硬着头皮于 10 月 14 日任命袁世凯为湖广总督，派其南下镇压造反的军民。11 月 1 日，清廷又任命袁世凯为内阁总理大臣。11 月 13 日，袁世凯抵达京师，16 日组织新内阁执掌政府权柄。

当此之时，病弱得骨瘦如柴、仅存最后一丝气息的大清王朝，面对脸上淌着热血、脚踏血浪汹涌而来的革命志士及其周身散发的浩然锐气，顾不得中美达成的协约，在袁世凯力主下，悍然截留、挪用美国"退还庚款"，以充镇压革命者军费和补助朝廷大员青春损失费及吃喝玩乐费。——当年袁世凯对庚款用途的未了心愿，总算以如此强硬的手段和霸蛮姿态得以变更。美国驻华使馆见中国乱象已现，且挪用庚款，根据此前中美所定条例，决定停付庚款余额，致使清华学堂经费来源断绝。

以武昌为爆发原点的战争烽火，夹杂着流言四处窜烧并在全国蔓延开来，清华园内人心惶惶，中外师生皆感危险向自己步步逼近，于惊恐中作鸟兽散。此时的清华学堂大部分是汉人学生，多从南方来京，而北方满洲人居多，特别是清华园附近多为满洲旗人。随着南方革命军高呼"打！打！杀！杀！血！血！"等口号，伴随浩大声势向北方推进，有学生为之恐惧，遂"请求学校设法保障安全"。其时，清华副监督范源濂正在园内巡视，"有一位同学向他建议说，我们是和美国有关系的学校，可以请美国人来保护"，范源濂听罢，顿脚大骂曰："你说这种话，就该打！"但是后来局势越来越乱，清华当局为安全计，"还是停课，让学生各自回家"。[8]

11月9日，清华学堂正式宣布停课。早已魂不守舍的学生一哄而散。美籍教员凭着一张走遍天下无人敢惹的四寸护照，怀揣清华学堂发的高额薪水，趁机到日本、朝鲜等国游玩去了，清华学堂的大门就此关闭。

辛亥革命的浪潮继续向前推进。1911年12月29日，南方十七省临时代表，选出同盟会魁首孙中山担任中华民国第一任临时大总统。1912年1月1日在南京宣布民国成立，孙中山宣誓就职，此为中华民国的肇始，亦为清华"寿与国同"的来源。这个时候，南方革命党武装力量在袁世凯率部抵抗下开始败退，武汉三镇已被袁氏掌控指挥的北洋军攻下两镇。1月25日，袁世凯及各北洋将领通电支持共和。2月12日，袁世凯逼迫清帝宣统皇帝溥仪逊位，隆裕太后接受优待条件，下诏袁世凯组建中华民国。自此，大清王朝入关后267年的血腥统治和残酷奴役就此宣告终结。

1912年2月15日，南京参议院正式选举袁世凯为临时大总统，袁以唐绍仪为内阁总理，实际军政事务仍攥在袁氏一人手中。自此，一个北洋政府名义上统治中国，南北东西各路军阀相互攻伐混战的大时代就此开端。——在这个豪杰并起，武夫当国的"进向大时代的时代"，许多人升官发财，许多人被砍头送进道路上铺满着鲜花的地狱。这正应了鲁迅所言：这个大时代之"所谓大，并不一定指可以由此得生，而也可以由此得死"[9]。死者不可追，生者自然成为主宰乱世的主体力量。

　　袁世凯一朝当国，被认为同道人的清华学堂监督周自齐，调升为山东都督兼民政长，成为山东地盘上的封疆大吏。周氏到任，一改儒生之气，立即在他的家乡鲁西南一带组织民团兵丁设防布控，与北进的革命军大战于城乡草莽之中，竭力抵御革命军北伐，内外透出一股罕见的勇武精进之气。清华学堂副监督范源濂，先后晋升为北洋政府教育部次长、总长，算是"大时代"中没有得死且受益的一员。学堂内只剩从欧洲考察归国不久的原副监督唐国安一人。此时的唐国安面临两个抉择，一是继续留在清华园勉力苦撑；一是到北洋政府做官。就私人关系论，唐国安留美归国在京时，经唐绍仪引荐，曾入外务部储才馆任职，并做过袁世凯家庭的私人教习，与袁氏一家友谊自存。时任北洋政府内阁总理的唐绍仪，既是唐国安的同乡、同学，又是同事，还是同宗同辈的叔伯兄弟。唐国安若想在内阁政府中谋官弄权，自是顺风顺水。但唐氏对官场一套似不感兴趣，对清华却情有独钟，遂甘愿留在清华园独自主持校务，苦撑待变。这年 4 月，国内形势稍有好转，清华有复校的希望，原聘请的教务长张伯苓，于辛亥革命兴起后辞职回津，唐国安继聘周诒春为教务长。

　　1912 年 5 月 1 日，南北各路军阀混战暂呈喘息、僵持阶段，关了半年门的清华学堂重新复学。经袁世凯亲自举荐，唐国安被任命为清华学堂监督。辛亥革命炮火轰鸣声中作鸟兽散的中外教员陆续归来，但返校学生仅有 360 名，其他生员还躲在各地瞪眼张望，打探清华园炮弹降落的系数与自己那身小鲜肉的关联。清华学堂早时招收的第一届文、实二科（又称特科）毕业生侯德榜、王正序、何穆、李永庆、

◎唐国安

李保鎏、吴大昌、余文灿、卓越、胡嗣鸿、马国骥、陈藩、徐世箴、杨炳勋、叶玉良、廖慰慈、郑辅维等 16 人，按计划应于这年 6 月毕业放洋，因退还庚款被袁世凯拿去充当军费填了大炮、烟枪而无法出国，只好留下继续学习以待机会。为此，清华校史上，以侯德榜为首的这个班级又称为"继续班"。[10]

　　大宗庚子赔款在炮膛与烟枪中化作青烟，清华学堂经费不继，面临再度关门的窘境，学堂监督唐国安坐立不安，乃四处奔走，借款索债，以维大局。8 月 22 日，心急如焚的唐监督向外交部紧急呈文，称：

……惟上年光复以来，财政困难几有接应不暇之势，本堂未到窘急地步，断不向该户（南按，指财政部）催收。今秋季学期已届，而美国聘来之教习，支薪必须应期。全堂上课之学生膳费，不容少缓。重以游美之学费月余三万金，汇期已过，若再拖延，学生固不免有解散之虞，学堂亦将有停办之势。堂中洋教习十八员，按所定合同索取薪金，不特应付为难，且与国体有损。国家焦烁万分，屡从借款着想，四处磋商，乃无一路应手，彷徨无措计，惟有吁请我总、次长大力维持，咨明财政部，将所欠学堂之款二十余万两，迅予拨发，以济急需……[11]

唐国安的呈文，在政府官僚眼里如一堆废纸，没有引起丁点注意，所欠款项自是无从拨发。10月17日，遵照民国政府教育部关于《普通教育暂行办法通令》，唐国安向外交部呈文：

案查教育部各令皆称学堂为学校，各省校名亦相率改名学校，本校事同一律，自应改称清华学校，以规划一。理合缮具呈文，伏祈鉴核施行。[12]

与索求巨款不同的是，此为挥笔圈点的小事一桩，且政府当局早已议定，外交部很快批复施行。于是，清华学堂更名为清华学校，仍以"培植全才，增进国力为宗旨，以造成能考入美国大学与彼都人士受同等之教育为范围"[13]。与此同时，外交部任命唐国安为第一任清华校长，周诒春为副校长兼教务长。原学务处下设机构、长驻美国华盛顿的游美学生监督处，改称"清华学校驻美学生监督处"，该处设监督一人，受清华校长直接领导，其职权是"经理清华学校所派留学生学费、月费、川资暨已核准之自费生津贴，并考核课务，约束风纪，及统计报告庶务一切事宜"[14]。自此之后，无论是老一辈的容揆，还是后来接任的赵国材、梅贻琦、赵元任等留美学生监督，执行的皆是这项任务和使命。——对于这一变革，当时在校的学生不止一人回忆说：震惊中外的辛亥革命闹腾了大半年尚未消停，对清华而言，除了师生于惊恐中四散逃奔，自谋生路，就是把"学堂"的名称革成了"学校"，英文校名去掉 Imperial（帝国）一个字，学堂"监督"革成了"校长"而已。

上述说法确属事实，但又遗漏了关键一项，即新的清华学校未及一年，便与教育部完全脱离了关系。

1912 年中华民国成立，范源濂出任北京政府唐绍仪内阁教育次长。是年 7 月，教育总长蔡元培辞职，范氏继任赵秉均内阁教育总长。鉴于清华人事与经费的特殊性，为避免多方掣肘，范总长主动提议清华归外交部管辖，与教育部暂时脱离关系并得到政府批准。自此，范源濂与清华关系渐行渐远，直至淡出了师生的视线。

关于范源濂何以坐上教育总长椅子，却拱手把兼管的清华学校这块"肥肉"，让于外交部一家独享？历史资料缺失，清华师生回忆文章亦少提及，唯范氏本人 1923 年赴美考察乡村教育时，于 2 月 27 日晚，受威斯康辛清华同学聚餐会邀请，一起与清华留学生萨本铁、罗隆基等共进晚餐并发表简短演说。根据罗隆基现场记录，范源濂在谈到清华学校创立原因一节时，谓主持此事者为外务部与学部，美使馆偶有咨询顾问等情事，实际上无十分权力。外交部代表为周自济、唐国安，学务部代表即为范源濂，"彼时外务部与学务部因上司官僚所见不同，以至关于清华招考之政策亦屡屡互相冲突。即以关于留学生年龄而论，外部极主小，谓十六岁以上则对外国语言已绝无专精之望，而在学务部则谓在三十岁以下之人，国学既乏根底，出洋实为耗费，彼此争不相能（？）而考试亦无从进行。招考时二部分阅，有一次外务部英文取第一之人，在学务部竟一分未得；而学务部取第一之人，则在外务部一分未得。谁去谁留，亦竟至争不相下。在周唐范三先生，则深悉此中困难，不分歧异，惟权操上司，总办等人无能为力耳。后唐周范三先生以为如此分权争立，无所统属，终非久计，于是决计禀请上司筹备完全学校。画清权限，以专责成。彼时学部上司即为张南皮（南按：张之洞），张之习惯非半夜不见客，范先生为清华事，鸡鸣候权者之门者，固不知若干次矣。及至民国成立以后，范先生又向教部提议将清华归外部办理，与学部脱离关系，此所以成为今日之清华也"[15]。

从这段演讲词看出，范源濂确为避免外交部与教育部官僚争权夺利，相互掣肘冲突，对清华前途产生负面影响而主动拱手相让。此事对范氏而言，自是高风亮节，顾全大局，但对清华本身而言，则不尽是好事。自从外交部一家大权独揽后，清华学校进入了另一个独特而夹着几分怪诞的历史阶段，为日后清华园内连绵不断的抗争，以及师生驱赶校长风潮埋下了祸根。

1913 年 7 月 1 日，清华校长唐国安终于请来了本该收到，但为政府扣留挪用的部分退还庚款，特科班的侯德榜等 16 人在"继续班"蹲了一年，总算如愿以偿，顺利赴美留学。此为清华继前三批直接留美"史前生"之后，由学校遣送的第一批高等科毕业生。早年以 10 门功课 1000 分的优异成绩享誉清华园的侯德榜，这次以平均 92 .9 分的毕业成绩名列第一。该生在美国拿到博士学位归国后，以创立"侯氏制碱法"名动天下，1948 年当选为中央研究院首届院士。

　　眼看放洋的学生即可成行，唐国安在长出一口气的同时，对政府随意断款的担心并未消除，为从根本上解决这一痼疾，他向外交部提出，必须重申庚子退款与清华的关系，专款必须专用，不得以任何理由妄加曲解和挪用。在致外交部呈文中，唐国安略带火气地强硬指出，内有"花旗银行要求到期偿还美金三十八万五千元，为数甚钜……华比、华俄两银行借款共计公砝平银七万三千两，卡利基借款美金二十万两并各利息（必须归还）。……今夏派生赴美川资各费以及本堂及游美学务经费，经此次派生后尚有游美学务之增加经费。以上种种，或为契约所关，或属事在必行，即应行之，退还之赔款六十余万美金全数到校，且尚有不敷之虞也"。最后，唐氏着力申明中美双方签订的协议，指出法源所在：

　　　　查美邦所退之赔款，原备充派游美经费之用，曾经前外务部与驻京美使商定有案，其与国家经常收入可以挪用途者迥然不同。此款之不能绳以普通规则，自在钧部洞察之中。国安为遵照成案，维持与国信用起见，特将美款与本校之关系详细缕陈……[16]

　　经唐国安奔走呼号，清华经费与退还庚款的关系终于被理顺，或者说此种被官僚政客视为敝履的中美庚款退还协议，又在历史大势面前重新回到法源地，把敝履捡回穿在脚上，并按双方约定规则与指定的道路继续行进。民国政府当局挪用、拖欠的专款，部分勾销，部分得以陆续偿还，以袁世凯为肇端的官僚政客制造的清华危机，暂时得以度过。

　　正在各方形势好转，清华校内恢复秩序，各项教务步入正轨的节骨眼上，唐国安撒手归天。

　　1913 年春，心力交瘁的唐国安发现自己患有极为严重的心脏病，且连续发病三次，几欲登上鬼录。时清华学校正处于危难关头，仍勉力支撑，但病情日益加剧。唐氏自知病入膏肓，将不久于人世，乃于 8 月 21 日呈外交部《因病辞职并荐贤自代》文：

　　　　为呈请事：窃国安以谫陋之才荷蒙钧部以本校校长之职，视事以来，时虞陨越。乃学风之嚣张，今非昔比，学款之支绌，罗掘俱穷。一年之间，精力耗于教务者半，耗于款务者亦半。入春以后，陡患心疾，比时旋轻旋重，方冀霍然，讵料渐入膏肓，势将不起。校长职务重要，未可一日虚席，谨恳钧部免官，另委贤员担任。惟国安有不能已于言者：查有留美文科硕士周诒春，老成练达，学识皆优，自充任副校长以来，苦心孤诣，劳怨弗辞。国安虽病，该副校长兼理一切，颇能措置裕如。若以之升任校长，必能胜任愉快。以任免之权操自本钧部，本不容他人置喙，而荐贤之忱，发于寸衷，实未敢安诸缄默，所有国安病势沉笃，敬谨辞职，并荐贤自代。各缘由理合具呈，伏乞监核施行。谨呈

外交部总次长

清华学校校长唐国安

中华民国二年八月二十一日 [17]

呈文尚未批复，22 日，唐国安心脏病猝发，于午后 4 时与世长辞，享年 54 岁。这位当年容闳带出的赴美幼童生，终于伴随着他的理想走完了短暂一生。为缅怀唐国安并表彰其对清华建校、治校的功绩，校方特制一面铜质壁碑，悬挂于工字厅大门口东墙之侧。碑额曰："纪念校长唐国安君"。《清华学校记略》亦专此为文纪念，内中写道："……时政府停解赔款，校费无所从出，校长唐君，奔走筹措，勉力支持，劳苦过甚。又逾年，以心疾死，全校惜之，为立纪念碑于校内。于是周诒春为校长，赵国材副之。" [18] 民国国史馆在唐国安去世不久撰写《唐国安先生传略》，给予高度褒扬：

> ……若先生者，乃真耶教之信徒、社会之义士、而中华民国之忠仆也。其赤国大公无我之行，载之口碑，必能使四百兆同胞永矢勿忘吾中华民国有唐氏第一人。 [19]

唐国安驾鹤西行，死者不能复生，遗泽尚存，外交部根据唐氏生前遗愿，于 1913 年 10 月 27 日，正式任命周诒春为清华学校校长。11 月 3 日，赵国材奉外交部命就任清华学校副校长。

周、赵二人一上台，便以"新官上任三把火"的热情与虎劲，开始购置园林土地、拆除老旧残破房产、扩大清华势力、修葺办公用房、营建教职工宿舍、送毕业生出洋、招纳新生入学、聘请中外教员等风风火火的行动。据《国立清华大学建校七十年大事记》（初稿）载：

民国三年（公元一九一四年）甲寅

周校长任内，建树甚多，诸如（一）筹建大礼堂、图书馆、科学馆、体育馆等建筑，外貌美观，内容充实，嘉惠后学甚多。（二）中英文同加重视，不予偏废。（三）养成节俭美德，在校学生，布衣布鞋，无一例外。（四）提倡体育，每一学生在毕业前必须通过最低标准之五项运动（游泳、百码、跳高、跳远、掷铁球），如有任何一项不及格，扣发毕业文凭，取消出洋资格。（五）考选专科女生（民国三年开始）及专科男生（民国五年起），送美深造。（专科女生系考选高中毕业生，专科男生系考选大学毕业生。）

◎周诒春校长（摄于 1914 年）

辛亥革命成功，政府为酬谢有功勋于国家之人士，派遣其子弟赴美留学，旋因经费无着，几陷绝境。周校长毅然由清华基金内拨款接济，解除困厄，使此批功勋子弟得以如期完成学业。其全部名单为赵昱、赵学魁、程祖彝、卓文……任鸿隽……李援……宋子文、曾广智、杨铨、余森等二十三人。其中李援与卓文二人曾于宣统三年（一九一一）在粤炸死满洲人将军凤山。

本年留美学生正监督为黄佐庭，副监督为谢昌熙。

本年毕业同学三十四人，于八月十五日，在周校长及职员数人护送下，与下列各班同学，由上海搭乘中国号邮轮赴美：（一）一九一一级幼年生十一人（原选送十四人，本年实际出国者为陈宏振等十一人）。（二）一九一三级毕业同学四十一人（毕业时为四十三人）。（三）一九一四级专科女生同学九人（考取十人，其中唐玉瑞因行前生病，未能上船，延至一九一八年方出国成行）。

本年冬，梁启超（任公）先生来校演讲，以"君子"为题，曾引述易经中之"天行健，君子以自强不息"及"地势坤，君子以厚德载物"勉励同学，学校当局因将"自强不息，厚德载物"采为校训。

本年创刊之刊物，有下列三种：（一）清华年报，为师生合作编辑之刊物，完全用英文撰述，体裁仿美国学校所刊行之年鉴，记载一年来校中大事、体育成绩、社交活动、教职员衔名、各级同学录、笑话、卡通照片（适遇美国在旧金山举行世界博览会，校方曾将该年报十册，连同学生各种学科成绩，选送比赛，获得教育组特奖）……（二）清华学报，按季出版，中英文各半。为讨论学术之刊物。（三）清华周刊，创刊于本年三月，初名《清华周报》，系一大张，两面印，共八版，与普通小型报纸类似。

民国四年（公元一九一五年）乙卯

校西十余里，有红石山及童儿山，系官荒地，面积颇大，土质亦沃，经本校收购为植树造林之用。

清华学校除免缴学费外，在本年以前进入者，由学校免费供应膳食，本年进入者，每人每月伙食费六元五角，只交三元；自下年度起，凡进入清华之新生同学，伙食费全部自理。

对于中等科之幼年生实行一种训导制度，三五个年幼之中等科学生，由学校配给一位导师，导师系由高等科年长学生担任，每星期聚会一次，在生活上对幼年同学予以指导。

本年毕业同学四十二人于同年放洋。

梅贻琦返国，在清华教物理及数理。[20]

——正是在这样一个历史转折点上，梅贻琦踏着时代的节拍走进了清华园，开始了他授业、解惑的岁月。

◉ 水木湛清华

1915 年秋，梅贻琦受周诒春校长之邀首次踏入清华园，当时情形及他个人的感受，因资料缺乏已不可考。有人说，1911 年 4 月 29 日清华学堂开学典礼，梅贻琦与程义法、金邦正等人站在校门口"恭恭敬敬，注视着周自齐一行人过去"云云。[21] 此说显然是不对的。梅贻琦 1909 年 10 月作为第一批直接留美生放洋，在美就读近五年才归国，其间并未返国探亲，其他如程义法、金邦正等亦复如是。因而，梅贻琦进入清华的时间不会早于 1914 年，此时"堂"早已改"校"。而 1915 年 9 月或 10 月间，很可能就是梅贻琦首次踏入对他来说尚属陌生的清华园，至少是首次进入已成为学校属地的清华园。——如果这个推断成立，他所看到的景物应该与梁实秋所见略同。这个"略同"并不需要"英雄所见"，一般清华师生皆可见到。这年秋天，14岁的梁治华（实秋）首次进校当学生，而26岁的梅贻琦来校当梁的老师。

◎清华学校校门

后来梁实秋回忆说："我记得，北平清华园的大门，上面横匾'清华园'三个大字。字不见佳，是清[朝]大学士那桐题的。遇有庆典之日，门口交叉两面国旗——五色旗。通往校门的马路是笔直一条碎石路，上面铺黄土，经常有清道夫一勺一勺地泼水。校门前小小一块广场，对面是一座小桥。桥畔停放人力车，并系着几匹毛驴。"[22]又说："紧把着校门，一边是守卫处，一边是稽查处和邮局，守卫处里面有二十几名保安警察，我们从这里经过，时常可以听见警笛的声音吹得呜呜的响，接着便可以看见许多警察鱼贯而出，手里持着短小的黑漆木棒，到晚上就肩着枪、带着灯了。他们的白布裹腿和黑色制服[相互]反映着，显着格外白净。"[23]

类似的景物风情，在梅贻琦主掌清华和西南联大时代担任训导长的查良钊，晚年也有过深情追忆，而最难忘的是匾牌等印记，查说："清华园内有两块常常使我怀念的匾额，一块是工字厅的'水木清华'；另一块是在大礼堂悬挂的'寿与国同'。前者象征着生气勃勃的清华环境，后者显示着本校与国家的密切关系。"[24]可以想象的是，这两块醒目得耀眼的匾额，一定也给初进清华园的梅贻琦留下了难忘的印象。"寿与国同"，是指清华建校与中华民国肇造的时间相同；"水木清华"，追述的典故与人物就有些遥远与繁杂了。

正如梅贻琦和梁实秋等一批又一批入校的青年师生后来撰写的回忆文章记述，清华学校坐落在北京西郊海淀镇，建立在清华园废墟之上，西邻即是闻名中外的圆明园——这座拥有"万园之园"美誉的园子，始建于清康熙四十六年（1707年），由圆明园、长春园、绮春园等三园组成，面积5200余亩，150余景，是清朝帝王在150余年间创建和经营的一座最为豪华精致、中西合璧的大型皇家宫苑。清朝皇帝每到盛夏来此避暑、听政，处理军政事务兼游玩淫乐，因而又称"夏宫"，或称政治角斗场兼淫乐所。圆明园周边建有数个附属小型园林，皆引万泉河清流滋养花木鱼虫，可谓一脉相通。咸丰十年，即1860年10月，第二次鸦片战争爆发，英法联军攻入北京，火烧圆明园并劫掠了难以计数的珍宝奇物，其情形正如悲愤交加的法国文豪维克多·雨果在《就英法联军远征中国致巴特勒上尉的信》中斥责与指控的那样："一天，两个强盗走进了圆明园，一个抢掠，一个放火，似乎获得胜利就可以当强盗了。……这两个胜利者一个装满了口袋，另一个装满了钱柜，然后勾肩搭背，眉开眼笑地回到了欧洲。……将受到历史制裁的这两个强盗，一个叫法兰西，另一个叫英吉利。"[25]当此之时，除圆明园三座主体园林建筑被焚毁，周边附属的清漪园、静明园、静宜园、畅春园，以及海淀镇等建筑均被烧成一片废墟，园内所藏财物几乎被洗劫一空。

圆明园以东有个熙春园，其历史与圆明园略同，属康熙帝的行宫，园内各景点有康熙、乾隆二帝许多墨迹留存。康乾之后，熙春园因袭相承。至道光初年，道光帝出于将西郊诸园分赐众多兄弟子女的需要，把熙春园一分为二，西部取名"近春园"，赐给四子文宗（咸丰帝奕詝）；东部仍袭用"熙春园"原名，别建新舍一百余间（现工字厅一带），赐给他的第五子、惇勤亲王奕誴，俗称小五爷园。咸丰帝登基后，把"熙春"改为"清华"，并亲署"清华园"匾额悬于"二宫门"，自此有清华园之名行世。1860年英法联军焚毁劫掠圆明园时，近春园被殃及，遭洗劫后逐渐沦为一片"荒岛"，而东部的清华园由于离圆明园远一点，幸免于难。

清华园主人奕誴有二子，长子载濂，二子载漪。奕誴死后，载濂袭爵为王，清华园由载濂承继。这位王爷常居城中朝阳门内烧酒胡同府第喝酒捞肉，并不到园内游玩，除每年招人于清华园内种地酌收租息外，一任园内荒芜而不加料理。到了1900年庚子拳乱起，其弟端郡王载漪——即闻讯神机营霆字枪队章京恩海射杀德使克林德而大加奖赏的那位王爷，这位爷的性情如史家廖一中先生所言："少不读书，刚愎自用"，"愚而不学，骄盈特甚"，本为西太后"所不喜"，后因其妻为西太后侄女，又"频入内，得太后欢心，以福晋故，渐为孝钦所信"。得到慈禧太后宠信的载漪，由此忘乎所以，怪招与昏招迭出，于战前曾集合义和团员，于清华园中"设坛举事"，除把园子闹得乌烟瘴气，还在一片"打打杀杀"外加"血血血"的叫嚣打斗声中，弄得四邻惊恐不安。待庚子乱平，罪大恶极的载漪作为钦犯流放新疆，可谓咎由自取，受其牵连的长兄载濂亦被夺爵、革职。清华园被朝廷内务府收回，但仍弃用，任其荒芜。这一个时期，用冯友兰的话说，即"若以中国人对外人的态度之变化为标准，可分为三期。在第一时期，中国人过于轻视外国人，看他们如鬼，所以称之谓'洋鬼子'。在第二时期，中国人过于重视外国人，把他们的地位从九渊之下，抬到九天之上。不看他们如鬼，而看他们如神。……原来清华园的旧主人，也是赞助义和拳的，因为义和拳失败，所以他的园子被收入官，后来即拨为清华的旧址。这个时候正是上述之第二期"[26]。

到了宣统元年（1909年）五月，外务部呈奏游美学生办法大纲，其中有于京郊清旷地方设立肄业馆、选生入馆等条。当时权倾朝野的清廷军机大臣那桐分管学、外二部，颇赞成是举，派员各处觅地，初择于城北小汤山温泉行宫，并拟筑火车支线以利交通。嗣后查城西北部约20里外海淀镇清华园较为适宜，因而奏请皇帝将清华园拨作游美肄业馆，即后来的清华学校校址。这一选择，用当时在校学生刘崇鋐后来的话说："似乎是另具意义"[27]。

宣统元年八月十七日，即1909年9月30日，清廷正式同意拨付清华园用以兴筑游美肄业馆。此为清华学校历史上一重大转折和标志，颇有存录价值，清廷外务部咨文如下：

外务部为何日移交清华园地亩兴筑游美肄业馆事致内务府咨文
宣统元年八月十七日

外务部为咨行事。

本部会同学部具奏，拟请赏拨清华园地亩，兴筑游美肄业馆一折，于八月十五日具奏。本日奉朱批：著照所请。该衙门知道。钦此。相应咨行贵府钦遵办理，定于何日移交，希即声复过部，以便派员接收可也。须至咨者。右咨内各部。[28]

宣统元年九月初九日，即1909年10月22日，外务部发文与清廷内务府商定，于三天后的十二日午刻派员接收。所派人员为外务部郎中长福、员外郎范源濂，会同中营总兵王文焕等前往清华园与内务府所派人员办理交接文书。

为扩大规模，宣统二年（1910年）春，校方又请朝廷将校西毗连的近春园，即沦为荒岛的原咸丰皇帝的园子——俗称四爷园，一并纳入校址。时校园面积达到900余亩。

1911年，第一批校舍建成。4月29日肄业馆开学，取名清华学堂，清华校史

◎修缮后的工字厅

◎民国时期的古月堂

的纪元由此开始。

1913年，即民国二年正月，外交部与清室内务府协商，将近春园西邻的长春园东南一部分，按例给价，纳入清华学校圈管，并筑以围墙数百丈。继之购入校外四围南马路及清华园火车站后身部分约200余亩。自此，清华学堂改名为清华学校，总面积达到了1200余亩，一跃成为中国境内当时占地面积最大的学校。

清华园盛时有两道宫门，园内主体建筑均为宫殿式，初进为大宫门和东西门房。再进为二宫门，咸丰皇帝书"清华园"匾额仍悬于宫门之上。学堂进驻后，大宫门已毁弃，未建；二宫门即工字殿，又称工字厅大门。这一组建筑因其前、后两大殿中间以短廊相连，俯视恰似一"工"字，故得名。工字厅院内共有房屋一百多间，曲廊回合，勾连着一座座独立的小院，朴实中透着灵气。一开始，工字厅为学务处办公场所，被一些外籍教员称为"Yamen"（衙门）。后学务处撤销，此处成为学校文化娱乐场所和重要人物交往、下榻的中心。1924年，印度诗人泰戈尔访华，就曾在工字厅下榻并留下一段佳话。主厅的西边有垂花门，额书"怡春院"，早年专为安置伶工之所，建校初期为庶务长办公处。与工字厅西院一巷之隔，有一独立的小庭院，房屋数十间，曰"古月堂"。这组建筑肇始于道光二年之后，初时为园主的专用书房，有说是太子、王子的读书之所。而当年的燕京大学，现在与清华园一路之隔的北京大学占据的园子，则是当年公主读书之所在。[29]

清华学堂入驻后，园内原有的两座破庙早已拆除并平整了地面，其他如马圈、车房、东所、西所、西跨院、饭房院、黄花院、佛堂院等残破灰瓦房共计 131 间，全部铲除，或夷为平地植树栽花，或在原址上建新的建筑。已建成的馆舍有：一院西部——又称清华学堂洋楼；三院——中等科教室和宿舍洋楼；北院——外国教员住宅。至于所聘中国籍教员，由于华人地位低下，除薪水比洋人教员少一大截，专门宿舍自是为零，入住洋楼更是梦中泡影，只能集体暂住在以工字厅为主体古旧建筑的附属院落——古月堂。

　　当时近春园与清华园西部的河流要道和进出水闸，被种地农民为图自家便利随意阻塞，校方请内务部将那块地段一并按例作价划入清华园，支付大洋一万零五百元搞定。租农迁走，原地筑起围墙五百丈，对渠道加以清理排淤，自此整个清华园区域水流与循环问题得到解决，自万泉河奔涌而来的水流源源不断注入池塘。工字厅西部一长渠，与园内一大一小两个池塘重新注入了清水。未久，荷花长起，开满了整个池塘，成为师生迁入清华园后见到的第一处美丽景观。正是：

　　　　半亩方塘一鉴开，天光云影共徘徊。
　　　　问渠哪得清如许？为有源头活水来。

　　除荷花搭配的天光云影，还有与"藤影荷声之馆"般配的"水木清华"。前者是当年在此居住的吴宓（雨僧）教授起的别名，因这个小院与工字厅后厅以"三步廊"相接，俗称"西客厅"或"西花厅"。初建时用作书房，自领一院，院内藤萝缠绕，榱外荷花映窗，是工字厅大院内最幽美的一个处所，吴宓在此"奠居"时故名，由诗文大家黄节（晦闻）墨书"藤影荷声之馆"精裱后悬于厅内，为院内景物增色不少，亦成为校内外文人学者论诗谈艺的最佳去处。

◎荷花池

在这个馆里，吴氏以《学衡》《大公报·文学副刊》主编的身份叱咤文坛有时，并草成《空轩诗话》《空轩诗》等多首，以"寓个人心境"和世间情怀。红学专家俞平伯曾有《壬申春日宴集藤影荷声馆即席赠雨公》诗曰：

> 明灯促膝坐移时，为惜兰言酒不辞。
> 偶忆廿年尘梦浅，藤阴摊卷日初迟。

"滕影荷声之馆"后厦正廊门额之上，悬有查良钊怀念的"水木清华"匾额，据传是康熙皇帝手笔，或者后人模仿御笔再造之，算得上庄重挺秀，或者说不算难看。两旁朱柱上有一副颇为精彩的楹联：

> 槛外山光历春夏秋冬万千变幻都非凡境，
> 窗中云影任东西南北去来澹荡洵是仙居。

此为清初州校官、震泽沈广文，为广陵驾鹤楼杏轩题写的得意之作，并由清代道光进士，咸丰、同治、光绪三代礼部侍郎殷兆镛录书。典出晋代谢混《游西池》诗："惠风荡繁囿，白云屯曾阿。景昃鸣禽集，水木湛清华。""湛"为澄清之意。因工字厅后有荷花池，故有谢氏诗句，以及康熙帝前来游玩时御书之"水木清华"匾额。咸丰登基后，再次来园内工字厅游览，门廊北有临水平台，平台边竖绿豆色石制栏杆。从平台上遥看四周，山峦起伏，松柏苍劲，野花遍山，一派水清木华的自然景象。兴之所至，咸丰乃下诏将工字厅一代由"熙春园"改为"清华园"，并御笔题写"清华园"三字，悬于工字厅门额上方。正因了康、

◎水木清华

咸二帝两块御书匾额，以及"清华"二字和清华园命名，才有了日后再度以此命名的清华学堂、清华学校与后来的国立清华大学。

当然，梅贻琦与梁实秋等师生初进清华园的时候，此处正大兴土木，全面改造，在景观和环境上要达到查良钊心目中的"水木湛清华"仙居境界，还要等到十几年之后。

◉ 清华园里好读书

梅贻琦进入清华园时的自然与人文环境，梁实秋在回忆文章中做了极其生动、活泼兼幽默的叙述，其文风、文笔皆体现了地道的"梁氏风格"——许多幽默段子趋于黑色，读后却令人捧腹外加喷饭。如此嬉笑怒骂皆成文章，顺手拈来皆为故事，严谨中不乏诙谐，知人论世不失史家风采的"雄文"，确属了解1915年之后清华园历史风貌以及师生生活情形、情趣不可或缺的上乘之作。对于校园与房舍所处位置以及内外环境的变迁存续，梁实秋做了如下描述：

校门以内是一块大空地，绿草如茵。有一条小河横亘草原，河以南靠东边是高等科，额曰"清华学堂"，也是那桐手笔。校长办公室在高等科楼上。……河以北是中等科，一座教室的楼房之外，便是一排排的寝室。现在回想起来，像是编了号的监牢。我起初是六个人一间房，后来是四人一间。室内有地板，白灰墙白灰顶，四白落地。铁床草垫，外配竹竿六根以备夏天支设蚊帐。有窗户，无纱窗，无窗帘。……每两间寝室共享一具所谓"俄罗斯火炉"，墙上有洞以通暖气，实际上也没有多少暖气可通。但是火炉下面可以烤白薯，夜晚香味四溢。浴室、厕所在西边毗邻操场。浴室备铝铁盆十几个。浴者先签到报备，然后有人来倒冷热水。一个礼拜不洗，要宣布姓名；仍不洗，要派员监视勒令就浴。这规矩好像从未严格执行，因为请人签到或签到之后就开溜，种种方法早就有人发明了。厕所有九间楼之称，不知是哪位高手设计。厕在楼上，地板挖洞，下承大缸。如厕者均可欣赏"板斜尿流急，坑深屎落迟"的景致。而白胖大蛆万头钻动争着要攀据要津，蹭蹬失势者纷纷黜落的惨象乃尽收眼底。严冬朔风鬼哭神号，胆小的不敢去如厕，往往随地便溺，主事者不得已特备大木桶晚间抬至寝室门口阶下。桶深阶滑，有一位同学睡眼蒙眬不慎失足，几遭灭顶。[30]

梁氏所言"几遭灭顶"者，应是他另一篇文章所说的项君，梁说："新生是一群孩子，我这一班里以项君为最矮小，有一回他掉在一只大尿桶里几乎淹死。二三十年后我在天津遇到他，他已经任一个银行的经理，还是那么高，想起往事不禁发出会心的微笑。"[31]

与梁实秋同期入学的四川籍学生李先闻，在回忆中也提及如厕的生活："我们中等科前三排是教室，后三排是宿舍，宿舍是'王'字形，我和顾毓琇及另外三位同学住最后一排，左边第二间房，地方大，厕所远，我夜里怕狼（听说西园有狼），不敢起床出去小便，常会在梦中便不知不觉地尿在床上了。湿得不好过，尤其是冬天，炉火熄了更冷，只得向旁边缩着睡，因此垫褥上尽是'地图'。斋务长后来知道，年幼的学生胆小不方便，在通道里晚上准备不少便桶，确是德政。"[32]

当时学校离城较远，就医不便，学校自己成立了校医室，后来发展成校医院。梅贻琦进校时的校医室属初创阶段，无论是房屋设备还是校医水平皆不敷用，特别是校医的服务态度，曾令许多师生不快。梁实秋回忆中对此亦有涉及："在体育馆之南，小河之北。小小的平房一幢，也有病床七八张。舒美科（Shoemaker）医师主其事，后来换了一位肥胖的包克女医师。我因为患耳下腺炎曾住院两天，记得有两位男护士在病房对病人大谈其性故事与性经验，我的印象恶劣……"[33]

刚进清华大门的学生，报到、注册之后，教务室便按监狱的管理方法，给一个编号别在胸前，据说"清华园有很多位美国老师，怕他们搞不清中文姓名，所以用编号代名字"[34]。如此这般，无论点名、排队或做了什么事，一旦被发现，就容易记住，无形中对学生产生了一种约束。当然，如果做了好事被发现并记住，登榜表彰，又是一件荣耀自豪的事，反之则令人不爽。梁实秋清楚地记得，学生几乎全体一致穿着布衣布鞋布帽布手套，只有在清华毕业前夕才试着西装。学生平常是不准出校园的，星期日要有家长或保护人请假信才能出校门。由清华到市内普通是骑驴子，人力车一共只有十几辆，"所以进城听戏逛窑子都很不方便（有两位冶游出事被开除了）"[35]。

对于梅贻琦初到清华园时的膳食与膳费，梁实秋说："膳食比较其他学校为佳，本来是免费的，我入校那年改为缴半费，我每月交三元半，学校补助三元。八个人一桌，四盘四碗四碟咸菜，盘碗是荤素各半，馒头白饭管够。冬季四碗改为火锅。早点是馒头稀饭咸菜四色，萝卜干、八宝菜、腌萝卜、腌白菜，随意加麻油。每逢膳时，大家挤在饭厅门外，我的感觉不是饥肠辘辘，是胃里长鸣。我清楚的记得，上第四堂课《西洋文学大纲》时，选课的只有四五人，所以就到罗伯森先生家里去听讲，我需要用手按着胃，否则肚里会呜呜地大叫。我吃馒头的最高纪录是十二个。斋务人员在饭厅里单占一桌，学生们等他们散去之后纷纷喊厨房添菜，不是木樨肉，就是肉丝炒辣椒，每人呼呼的添一碗饭。"[36] 对于学生的日常生活，斋务人员管理相当严格，一旦越矩就要受罚。如果学生思想行为不端，偷取一本字典，或是一匹夏布，一旦被发现或抓获，就要开除学籍。至于打架斗殴，更是处罚严厉。[37] 梁实秋还清楚地记得，"工字厅西南有古月堂，是几个小院落组成的中国式房屋，里面住的是教国文的老先生。有些位年青的教英文的教师记得好像是住在工字厅，美籍教师则住西式的木造洋房，集中在图书馆以北一隅。从住房的分配上也隐隐然可以看出不同的身份。"[38]。

梁氏所言大体不差，初到清华学校任教的梅贻琦，所住房舍正是如此。

据梅贻宝回忆说："一九一五年我考入清华学校。清华招生名额乃按庚子赔款各省摊派为比例。那一年直隶省录取五名。富庶省份如江苏、广东，都在十名以上。所以清华校址虽然在北京，而学生中反倒是南方人占多数。与我同期入校的有梁治华（实秋）、徐宗涑、顾毓琇、吴景超、吴文藻等，属一九二三年级，入校不久我被提升了一级，改属一九二二级（壬戌）级。……适巧月涵哥亦是本年入清华做教员，他教物理、数学。在物理班上他是我的老师。由十四岁到二十一岁，我在水木清华的环境里长大成人，所受的教诲感染，真是笔难馨述。"[39] 又说：梅贻琦与其他华人教员住在清华园学务处，即工字厅西偏院里。由于他成了我班的老师，"物理这一门我尤其小心预备，以免班上彼此'那个'，学年结业我得了个甲等。我有时到工字厅他的住处看看。他在时，则是彼此互看一番，Interview（谈论一番）而去。他不在时，则偷吃些花生米蛋糕而逃。他亦从未问过我这些琐事，大概是心照不宣的了。有一次学校国语演说比赛，我参加了。题目已忘记，大概与欧战有关。这次去看五哥，五哥居然根据讲题同我讨论了好久。我当时不过十几岁的顽童，不觉顿开茅塞。回房好好预备了一番，演说比赛竟获第一。此后每天看报，数十年如一日"[40]。

梅贻琦初入清华教书时，学校并未划分院系，只是在必修课程之外，开设一些文法和理工方面的课程，供学生按照自己兴趣选修，并为将来的专业打好基础。后来有清华校友以及梅夫人韩咏华在回忆文章中说梅贻琦一入校就当上了物理系主任，其实是不对的。此时梅还是个"小人物"，只是一位教授物理、数学的低级中国教员而已。据1922年考入清华的学生赵访熊回忆："梅先生真正是我的老师，他教我们《普通科学》。他是学物理的，我们上他的课觉得很有意思，一点也不紧张。他讲到爆竹怎么会响的，从物理方面作解释。他教的是很普通的物理课程，当时旧清华有很多的普通课程，其中还有一门《公民学》，讲怎样当一个合格的公民，我想我们的中学也应该开设一门公民课程，使学生不致乱七八糟胡搞。"[41]至于赵氏所说的中学开设公民课程，开了公民课程学生是否就不"胡搞"，或一个专制政权是否喜欢学生从小就具有"公民意识"等，暂且不去讨论，现在接着说清华与梅贻琦的往事。

当时清华分为中文部与西文部，梅属于西文部的中国籍初级教员。据清华史料载，西文部教员"享盛名者"，有德文教员谭唐（G.H.Dantom）夫妇、Van Benschoten女士；英文教员王文显、司密士（E.K.Smith）、周辩明；法文教员宋春舫；历史教员麻伦（Malone）；数学教员梅贻琦；社会学教员狄玛（Dittmer）；音乐教员Sharr女士、施丽（Seelye）女士；图书教员司达（Starr）女士。另据清华校友刘师舜回忆："以上所列诸先生女士，大多数笔者均曾相从，而得受亲炙之益。"[42]1918级毕业的李济对西文部老师印象较浅，他回忆文章中提到的只有一人，即"所授三角这门课程"的梅贻琦。保存于李济印象中的只有两点：梅"是一个很严的老师，我却不算一个好学生"[43]。

尽管同在清华西文部任职，但中国人与洋人的地位比起来，可谓天壤之别，仅一个住房即可见出高下，梅贻琦等住工字厅小平房一间侧室，而洋人却住北院"美国地"拥有七八个房间的上等小别墅。而中西教员的薪水差异之大，更令人慨叹。不过，在梅贻宝看来，当时整个学校除特别邀请前来兼课的梁启超，没有什么赫赫有名的大师，大多是二十几岁的青年教员。老头子教师也有，但大多教国文，学问根底很好，有的还是前清举人、翰林，只是在清华园里有些名声，出了清华园则默默无闻，没人知道他是哪方神仙，绝没有达到窗户棂子吹喇叭——名声在外的境地。个中原因，梅贻宝认为：清华园离城较远，当时学生全体住在校内，缺乏与外界沟通交流。但无论有名或无名，各教员"都很认真，郑重其事，给诸生在中文、英文、数学、科学打下很好的基础。老师督课很严，学生不敢怠惰。中等科课室即是自修室，每人指定一座。晚八时至十时为规定自修时间，随时点名查号。高等科比较自由些，但已养成用功的习惯。熄灯后仍有人点蜡烛苦读，名曰'开夜车'。清早又有人到荷花池边去，高声朗诵"[44]。

　　这一个时期，梅贻琦给同事的印象是沉默寡言，甚至给人孤独自持之感。曾与闻一多、罗隆基、吴国桢等同级，一度做过清华教授和四任台湾省政府秘书长、人尊"逖公"的浦薛凤，曾深情地回忆说："本人于民国三年夏考入清华后，梅师曾授予数学一课，讲话特别缓慢，解释非常明白，练习认真，而态度和蔼，此一印象至深，犹历历如昨日事。"[45]与浦薛凤同级、一度出任清华大学教授兼教务长的吴泽霖，对梅贻琦这段生活有更细致的观察，吴说："像他这样一位不善辞令的人，1915年回国就在清华任教，一周要上三门枯燥乏味又难以用一般词汇讲述清楚的数理课程，还要批阅成堆的学生作业，其紧张繁忙之状，凡我初试教学的人，都会有深切的体会……在清华教学的头几年里，梅先生住在工字厅的一间侧室里，每当深夜万籁俱静，人们总是能从窗帘透出的灯光中，看到他专心致志、埋头备课的身影。尽管工作如此繁忙，他仍挤出时间和精力，认真去从事他认为有利于教育青年的活动。"又说："在梅先生执教初期，中学部学生每晚七至九时，照例在自修室内集中自习功课。校方派教师巡视督察，解答学生提出的疑难问题。这是一般教师最不愿意承担的额外负担，而梅先生年复一年地在轮值的夜晚里，踏遍这些自修室的外廊，耐心地辅导学生，为其他教师节省了大量的备课时间。"[46]

　　当时清华高等科毕业生，仅相当于大学二年级水平，就此放洋留美插入各大学不同的年级继续深造，直至读完本科、硕士、博士等归国。在这样的体制和校方安排下，学生常按照自己的专业兴趣，联合同好组织各种社团，进行一些有助于专业学习的课外活动。自1913年起，有一批志向理工科专业的学生成立了清华"科学社"，但最初的两年间，基本没有让大家特别感兴趣和提高专业知识的活动，直到1915年梅贻琦入校，以及庚款第三批直接留美生返回清华任教的杨光弼、虞振镛等到校后，活动才得以有声有色地开展起来。梅贻琦作为"科学社"顾问，不但辅导社员课外学习、活动，还利用自己的关系，经常为该社邀请校外自然科学家前来演讲和指导，为理工科学在清华校园启蒙与扎根起到了促进作用。曾是清华科学社社员的刘崇乐、程绍迥等青年学生，自美留学返国任教清华后，在自然科学研究领域进步迅速，成为名重一时的教授群体，而这一批清华老学生回忆当年那段岁月，皆称受梅贻琦、杨光弼等指导的"科学社"影响颇大。对于这个循环因果，或如吴泽霖所言："看起来都只是教师们课外的一些零星活动，但正是由于这是课外的，需要消耗大量的时间和精力，一般教师对它们都不感兴趣，不去插手，而梅先生却乐于参加，而且在参加时态度严肃，认真负责。他那时在教学上还没有足够经验，还需要用大量的时间和精力进行备课，而在这样的情况下，他却那样地重视课外活动，看到这些，我们更感到他对学生的爱护和对教育事业的衷心。"[47]

作为一个普通教员和尚是"小人物"的梅贻琦，血气方刚，精力充沛，与学生们在一起并做些有益的工作，是情趣、志趣外加环境所决定，梅贻琦身心当是快乐的。但从另一方面说，当时梅这样一个单身青年居住在工字厅小侧室内，有时难免感到孤独与落寞。他当时的薪水在中国教员中属于最低的一级，根据规定，学生付出的膳费很少，而教员膳费却要自掏腰包。家庭一切开销靠梅贻琦勉力承担，而微薄的薪水令他感到捉襟见肘、力不从心。对这一段生活，梅贻宝回忆说："五哥初入清华供职，另有三个弟弟在各中学读书。不久分别升入北京师大及清华高等科。这几年大家庭的费用，诸弟的教育费，全由五哥一人负担。大概还清偿了一部分家里的旧债。"[48]

或许是经济原因，或许缘于孤独与其他烦恼，半年之后，梅贻琦于清华寒假回津，产生了另谋差事的想法，但被张伯苓所阻止。据梅贻琦夫人韩咏华说："半年后放假时，月涵回天津去见张伯苓先生，表示对教书没什么兴趣，愿意换个工作。张先生说：'你才教了半年书就不愿意干了，怎么知道没兴趣？青年人要能忍耐，回去教书！'月涵照老师教导，老老实实回京继续在清华任教。这是他晚年在美闲居时告知我的一段趣闻。我说：'这可倒好，这一忍耐，几十年、一辈子下来了。'"[49]

梅贻琦与夫人韩咏华相识很早，早到少年在天津严氏家塾求学时期。韩家乃天津名门望族，属商业八大家之一，在津开设天成号商行，经营近海运输。韩咏华的曾祖父和祖父均是京官，职位不高，但有些名望。父亲韩渤鹏，名耀曾，为晚清候补道，民国初年在北京政府国务院任谘议之职。韩咏华一辈兄弟姐妹九人，咏华排行第五，人称"韩五姑"。因与严家是世交，当严修办私塾时便把韩家长子韩振华一并收入私塾就读。后来严老先生看到韩家有女初长成，便说女孩子也可以一起进私塾读书，以开风气之先，造就新式国民。于是，家长同意，时年十岁的韩咏华便穿上长袍、坎肩、戴上帽头，打扮成男孩模样，进入严氏家塾，与严家姑娘、少妇一起读书识字。据韩咏华回忆说："当时除严氏家族的姑娘们之外，尚有亲友们的女孩儿四五个。家塾设在严宅的偏院酒坊院中，男女生各占一边，轮流使用一个操场。女生上体育课时，要把通向男生院的门关上，因我年纪最小，每次都被派去关门。另外，从女生这边隔着窗子也可以看到男生的活动，这样我就知道了月涵和金邦正等人。"[50]

当时中国有点身份的青年才俊，开始学习日本人的装扮，从发型、胡须都要模仿，对日本教育和文明进程更是崇拜有加，严家亦不例外，从日本请来教师为学生教授音乐、手工、日语、缝纫和洗衣等课。1907 年，又从日本请来幼儿教育专家授课，严氏女塾部分演变为幼稚师范，日本的名称叫保姆讲习所。韩咏华读书三年后，严修认为其材可造，发话说："韩五姑可以上幼稚师范。"于是，时年 13 岁的韩咏华又上了幼师班。几年之后，梅贻琦自美国学成回津，正好与出国考察的严修结伴同船归来，众多亲朋师友一起到大沽口码头迎接，韩咏华躬逢其盛，这一个场面给她留下了难忘的印象。

梅贻琦归国后首在天津基督教男青年会任干事，时韩咏华已于幼师毕业，执教于天津严氏幼稚园和朝阳观幼稚园，业余在天津基督教女青年会做些工作，每遇请人演讲等事都找梅贻琦联系，并劝梅的妹妹到女青年会参加活动。天作地合，促成了梅、韩二人正式相识相交。尽管两人心中已有对方，但一层窗户纸没有戳破，谁也不好意思谈及婚姻之事。待梅贻琦去北京清华任教，有提亲说媒者，梅一概不为所动。此段故事据梅贻宝说："像五哥那样的人品，那样资历，当时说媒保亲的不计其数。他好几年不为所动，显然是顾虑全家大局而自我牺牲了。眼看五哥行年已近 30，幸而渐渐的听说常往韩家坐坐。"[51] 想不到这一"坐"，被精于世故的严修老先生看出了门道，于是从中说和，一层窗户纸戳破，梅、韩二人就缔结了婚约。当然，此事也并非严老先生一句话就能定终身，对梅贻琦来说，其间也经过了一番煎熬与波折。许多年后，韩咏华说："现在回忆起当时的经过，仍觉得有趣。当时，严老先生跟我父亲谈，后又跟我哥哥谈，最后由我表哥和同学出面，请我们吃了一顿饭，梅先生参加了。事后梅先生给我写了一封信，由同学转交给我。我把信交给父亲看，父亲说：'不理他。'所以我就没有写回信。不久后，梅先生又给我的同学写信，责怪说：'写了信没得回音，不知是不愿意，不可能，还是不屑于……'我又把这封责问信给父亲看。父亲却出乎意料地说：'好，好，文章写得不错。'父亲因此同意了。此后，我们便开始通信。我们 1918 年订婚，1919 年结婚。婚礼在北京东城基督教男青年会举行，由牧师证婚。我们的婚礼在当时是很新式的，家里有人不满意，纷纷批评。因为我上边的哥哥姐姐都是旧式结的婚。"[52]

韩咏华比梅贻琦小 4 岁。结婚时，梅 30 岁，韩 26 岁，这个岁数在当时算是相当晚婚了。而就在梅、韩订婚前还有一个小小插曲，即关于梅贻琦性格一事。据韩咏华说："我们订婚的消息被我的同学陶履辛（陶孟和的妹妹）听到后，急忙跑来对我说：'告诉你，梅贻琦可是不爱说话的呀。'我说：'豁出去了，他说多少算多少吧。'就这样，我便开始了和沉默寡言的梅贻琦四十三年的共同生活。"[53]

◎韩咏华婚前照

尽管梅贻琦平时沉默寡言，但说起话来不失幽默，许多从梅氏口中说出的段子，被清华师生记住并一代代传了下去。当时梅、韩结婚，在清华教员中产生了不大不小的反响，气味相投的青年教员和朋友赶往北京城内参加了婚礼，并仿梅贻琦平时的幽默风格，在所送对联中把上款的"月涵"题成"悦韩"，梅贻琦自是高兴地"笑纳"了。

婚后，梅贻琦为"悦韩"故，在北京香炉营头条专门租了一个小后院，由天津接咏华前来居住，父母仍住津门。梅平时住在清华园工字厅单身宿舍，只在周末时回香炉营头条租住处与妻子一起生活。为顾及家庭大局，梅贻琦总是把月薪分成三份：一份给天津的父母；一份给读大学的三个弟弟；一份留给北京香炉营的小家。梅家同胞五兄弟中，二弟贻瑞辍学在一中学教了一段书后，重新考入京师高等师范学校，三弟贻琳、四弟贻璠、五弟贻宝皆以优秀成绩考取清华中、高等科，而其小妹贻玲则考入南开大学。作为兄长的梅贻琦，一直供给他们到大学毕业。其中贻琳与贻宝考取庚款留美，贻琳先后获芝加哥大学医学博士、霍布金公共卫生学博士，成为拥有"双博士"学位的"海龟"，历任国民政府首都南京、陪都重庆卫生局长等职。梅贻宝获芝加哥大学哲学博士学位归国，历任燕京大学教授、教务主任、文学院院长，以及抗日战争期间迁于成都重建的燕京大学代理校长等职，被时人称为"小梅校长"。但这位小老弟却奉长兄梅贻琦为真正的"祭酒"，并对其仁厚的"德政"念念不忘。许多年后，在《五月十九念"五哥"》一文中，梅贻宝对去世的长兄有一段深情的追忆："五哥直接教导诸弟的时候可说没有，但是他对我的学业、为人种种方面的影响，是不可言喻的。后来读书，明白儒家道家的'垂拱而治'，'政者正也'，'无为而无不为'等等道理，甚至佛家亦有'无言之教'之说，这都可见潜移默化的功能。我从未听过五哥述说这些道理，而实施此理最著成效的教育家中，恐怕要以'五哥'为祭酒。"[54]

1920年，梅贻琦长女祖彬出生。翌年8月，次女祖彤尚未出世，按校章规定，梅贻琦获得清华公费赴美深造，入芝加哥大学进修物理，同时兼任纽约大学物理课讲师。1922年夏，梅贻琦获芝加哥大学机械工程硕士学位，旋赴欧洲各国考察、游历。9月，返回清华大学担任物理学首席教授，同时被委任为改革学校（筹设大学部）调查委员会委员。未久，迁入清华园南院 5 号教授宿舍居住……这个时候，为筹建清华"四大建筑"和教职工宿舍费尽心血，并聘请梅贻琦进入清华任教的周诒春校长，在内外各种势力倾轧中，已离开清华园四年有余矣。

◉ 周诒春的"初恋"

按清华校史稿记述，周诒春，字寄梅，原籍安徽，1883 年出生于汉口，为独生子，父亲是一位具有新思想和西方价值取向的茶商。周年方启蒙，父亲遵照"只有在新的潮流下才能得以生存和发展"的时髦观点，聘请英文教习让其在家接受西式教育，一心要把小周培养成学贯中西、适应新潮流的时代风云人物。1895 年，12 岁的小周被送入上海圣约翰书院接受基本训练。这位少年确是一位天才的读书种子，各方面表现突出，受到教师颜惠庆及书院主持人卜航（Dr.E.L.Hawksport）等长辈器重。6 年后的 1901 年，小周已变成了品学兼优、风度翩翩的帅哥，遂以学生身份兼任该院数理科助教和英文教员。1903 年，周诒春毕业，留校继续任教。1907 年，周自费赴美留学，初入耶鲁大学习普通文科，1909 年转威斯康辛大学，翌年得硕士学位。留学期间，周氏显示了独特的聪明才智与处世风格，曾被选入三个荣誉学会的会员，1908 年获全美大学生演说辩论最优金牌奖。1910 年 9 月，周诒春返国，先任上海中国公学英文和历史教员，1911 年上半年又通过考试获清廷赐进士出身，成为中国科举制度末班车最后几位搭乘者之一。同年，转入上海复旦公学任心理学和哲学教员，时马相伯为公学监督。在这一时期，周诒春与圣约翰时代的老师颜惠庆保持紧密联系，并协助颜氏编撰《英华双解大辞典》。辛亥革命事起，受颜惠庆推荐，周诒春任职南京临时政府外交部并担任临时大总统孙中山英文秘书。当清华学堂重新开学并改为学校时，原教务长张伯苓辞职回津不归，受颜惠庆荐举和唐国安之聘，周诒春出任清华学校副校长兼教务长。未久，校长唐国安不幸病殁于任所，周诒春顺利接任校长并掌控了全校大局。

从以上叙述可以看出，周诒春留学归国后的仕途与颜惠庆有着既紧且要的关系，而他日后事业上的发展与最终怅然离开清华，也与颜氏的命运紧密相连，可谓中国历代官场之一荣俱荣、一损俱损的典型代表。那么，这位颜氏惠庆又是何许人物？

据史料载，颜惠庆（字骏人）在中国历代英雄人物榜中排不上座次，但与普通士人相比，则非等闲之辈，具备了三拳两脚行走江湖的本领。此公生于1877年（清光绪三年）上海虹口，父亲颜永京曾入美国人在上海办的教会学校读书，并赴美留学。1861年，老颜在英国驻沪领事馆和租界工部局任翻译，后在上海、武汉传教多年，一度做过圣约翰书院的山长。颜惠庆母亲姓戚，受过新式教育。1880年，颜家从虹口搬到圣约翰书院，小颜有机会接触美国人。此后，颜惠庆在圣约翰、英华书塾和同文书院就读，学过英文和拉丁文以及数学。中文旧学是老颜另请家教所教。1895年，小颜被父亲剪去发辫，学西洋人的样子轻装上阵，赴美国中学就读。1897年，青年颜惠庆入弗吉尼亚大学进修。此间学过德文、英国文学以及自然科学和人文社会科学诸学科，而国际法和宪法则是颜生的偏好。1900年，即庚子拳匪之乱那一年毕业回国，入上海圣约翰书院（1905年升格为圣约翰大学）任教，成为这所学校自1879年创建以来，与学校外籍教师享受同等待遇的第一位华籍教员。颜的教学任务是，每周授课24小时，包括中学部的地理、英文（读本、文法、作文、翻译等），以及大学部的数学、英文（修辞、作文等）。学生使用的课本与教师讲授皆用英语。据颜氏本人后来回忆，这段时间，授课重点既多，还须批改作业，工作夜以继日，无片刻余暇。

此时的颜惠庆像一头不知疲倦的狮子，周身爆发出超常的正能量，并突显出一般资质者难以望其项背的干才。他的努力和才智受到校方与外籍教师的钦佩与尊敬，大多数美籍同事公认颜氏对英文文法与结构的了解，超过他们甚远。在如此繁忙的教务中，颜惠庆不忘初心，撸起袖子大干，读书之余开始著述，在学生周诒春协助下，颜氏利用课余和假日时间，为上海商务印书馆编纂《英华双解大辞典》。随着时间推移与交流次数增多，颜、周二人的关系超出了一般师生，结下了近似父子的深厚情谊。颜氏主持编纂的《英华双解大辞典》，于1908年（光绪三十四年）由商务印书馆推出，时距《华英字典》的作者马礼逊来华时间一百年，距《几何原本》译者之一利玛窦来华的时间已三百年。这个时候的颜惠庆，有条件比前贤积累更多的双语知识，也有机会接触更新的科学人文词汇，因而此书一经出版，立即引起业内轰动，被誉为"中国历史上最早最大的英汉双解辞典""巨型双解大辞典的拓荒者"云云，其价值大致如严复在该著序文中所言："《英华大辞典》出焉，搜辑侈富，无美不收，持较旧作，犹海视河，至其图画精详，迻译审慎，则用是书者，将自得之。"——此为颜惠庆首次向社会展示他的才华与巨大能量，借此一役，颜氏名声大噪，为国内外学界所瞩目。

1905 年，颜惠庆于上海创办《南方报》（South China Journal）。这是一份中英文合璧的报纸，颜氏特辟一个英文版面，邀约唐国安任编辑，以树立"利用舆论对外保障国权的楷模"与"经澎湃之风潮而著效于社会"的典范。

作为当年容闳带出的留美幼童唐国安，何以在归国后与作为晚辈的颜惠庆走到一起？此事说来话长但亦可短说。1881 年，在美留学的唐国安尚未毕业被迫回国，因守旧势力与顽固势力双重诋毁和打压，唐国安和与他一同回国的幼童生，受到朝廷及各级官吏不公正对待，一时四散流落。唐国安先到开平煤矿（开滦前身）、京奉铁路等处工作，后辗转到上海圣约翰书院任主讲，并担任寰球中国学生会会董。正是在圣约翰书院，唐国安与青年才俊颜惠庆由相识到相知，最后成为莫逆之交。

1906 年 10 月（光绪三十二年九月），颜惠庆离开上海北上，参加清廷举行的留学毕业生考试。大清王朝对留学生考试，原本属于新鲜事物，但仅举行几届即寿终正寝。据统计，自光绪三十一年（1905 年）至宣统三年（1911 年），清廷共举行东、西洋留学毕业生考试七次，合格者 1388 人，其中留学日本 1252 人，留学欧美 136 人。据曹汝霖回忆："第一次应试者，只有十四人，西洋学生无一人应试。第二试人即多了，西洋学生应试者亦多，颜惠庆即是第二次应试者。考试留学生分两次，第一次在学务处，及格者再行保和殿殿试……殿试悉循科举制。"此次殿试的阅卷大臣为孙家鼐中堂、陆润庠中堂、张亨嘉侍读学士，"越二日发黄榜，张于左角门外，一榜尽赐及第，惟分一等为进士，二等为举人……此次殿试结果，引见后授职，一等者授翰林检讨、主事、内阁中书；二等授七品小京官、县知事。吏部定日引见，在颐和园仁寿殿，御案移近殿门，引见者站在阶下，上下都能看见，每人高声自背履历。慈禧太后坐中间，光绪皇帝坐于左侧，揣引见用意，要观其容，听其声，察其举止而已"。[55]考生们得见天颜后，一律及第。分别授金邦平、唐宝锷、张瑛绪、曹汝霖、钱承瑛、胡宗瀛、戢翼翚、陆宗舆、王守善、陆世芬、高淑琦、沈琨、林棨等十四人为进士、举人出身，并授予官职。[56]

清廷于 1906 年举行第二次留学生考试时，在不变的外表下暗含着重大变革。信息一，主试官不再是一群科举出身、头昏眼花的土包子老朽，换成当年随容闳出洋的幼童生、时为外务部侍郎的唐绍仪；副主考官为严复、詹天佑，此外尚有政府医官、法官等数人，共同主持相关科目考试。信息二，试毕发榜，及第者三十二人，其中最优等九名，第一名不是曹汝霖回忆中的颜惠庆而是陈锦涛。颜惠庆屈居第二，谢天保第三，以上三人是为前三甲；颜惠庆胞弟颜德庆名列第四，其他五人为施肇基、李方、徐景文、张煜全、胡栋朝。优等五名，分别是田书年、施肇祥、陈仲篪、王季点、廖世纶。中等十八名，分别为曹志沂、黎渊、李应泌、王鸿年、胡振平、王荣树、路孝植、薛锡成、周宏业、陈威、权量、董鸿祎、嵇镜、富士英、陈耀西、罗会坦、傅汝勤、涂廷爵。以上三个类别中的最优等九人，授予进士出身；优等、中等共二十三人，授予举人出身。信息三，此次考试合格留学生国别，欧美留学生共十七名（最优等九名均为欧美留学生；优等五名，欧美留学生占三名），日本留学生共十五名。[57]

对于这次记忆犹新的考试，颜惠庆回忆说："我报考的专业是哲学，严复为主考官。试题与答卷均用英文，这在会试中实属奇事。试后发榜，陈锦涛（耶鲁大学博士）名列第一，我列第二名，弟弟颜德庆（利哈伊大学学生）名列第四，施肇基（康奈大学硕士）名列第五。另有五名，几乎也都毕业于美国的大学，以上共计10人取为最优等，赐进士出身。其余40余名列为二等，赐举人出身，其中大部分曾留学于日本。……发榜后数日，中式者首先拜谒学部尚书、侍郎以及所有考官。继之，于清晨诣颐和园，恭候引见太后及皇帝。……当时，清廷对海外归来的留学生尚有疑忌，惟恐他们对清廷存有二心。……清政府一方面希望接受过现代教育的我们能用学得的知识为朝廷服务，一方面又忧心忡忡，惟恐我们会成为此时已开始显露锋芒的革命党人。这次会试后，我被授职于学部。但由于在上海尚有职务，只好请长假，返回南方。比起1880年代游美留学幼童归国后的遭遇，我们这次在京受到的待遇确实很优厚。"[58]

◎颜惠庆

从以上几条信息和回忆可知，清廷官僚集团已由科举出身的本土儒生转向洋务派新生力量；东西洋留学生开始转换位置，欧美留学生以绝对优势占据上风，而留日学生却衰落迅速，明显处于下风；此等转换非人力所及，而是世界潮流所趋。尽管清廷对这一帮留学生极不放心，但仍以礼相待，加以笼络——这意味着，时代变了，当政者不得不在国体摇晃中顺潮流而动，无论是革命的还是反革命者，有一个事实已经形成，即一个以欧美思想学术为中心的现代科学主宰世界的时代来临了。

前文已述，1907年7月，清廷驻美公使梁诚奉召回国，他的职位由英国伦敦学院毕业、中国近代第一位法学博士伍廷芳接替。与伍氏友善的颜惠庆离上海随往，任使馆三等参赞，主要负责使馆的英文文案和留学生事务。时周自齐正在驻美使馆任一等参赞，颜氏与其情投意合，很快成为无话不说的良师益友。此时，唐国安已于《南方报》被迫停办后自上海来到北京，在外务部储才馆任职。1908 年，周自齐于美国返回，任外务部要职。1909 年 6 月，周自齐与唐国安被任命为游美学务处正副监督。同年 11 月，由周自齐荐举，颜惠庆被清廷外务部征召回国任主事，进新闻处，主编英文版《北京日报》，同时襄助筹建清华留美预备学堂，后升为外务部参议。1911 年，清华学堂开学伊始，周自齐、唐国安相继出国公务，周荐颜惠庆代理学堂正监督。颜接任后，每周出城到清华园办公两次，每以策驴代步，出西直门经大钟寺斜插清华园。一路黄尘滚滚，蹄声嘚嘚，赶脚的跟在后面忽左忽右地叫喊窜跑，气咻咻然，也算京城一景。用颜惠庆的话说，走这条"捷径"好处是，比乘马车需要的三个小时节省一半的时间。

当年十月，辛亥革命爆发，已升任外务部左丞、开始进入中国外交界"领导核心"的颜惠庆，与清华的关系暂告中断。以袁世凯为民国首任总统的北京政府成立后，陆徵祥于 1912 年 5 月出任第一任外交总长，颜惠庆出任外交部次长。由于陆氏体弱多病，颜惠庆实际主持外部事宜。此后外交总长多次更迭，但颜惠庆却一直稳居次长之席岿然不动，人称"不倒次长"。由于外交部与清华的隶属关系，颜惠庆与清华当政者一直保持密切联系。——正是上述诸多缘由，当 1913 年唐国安校长病重且自知不起之日，于最后时刻泣血作书，力荐周诒春为继任人。而与周诒春一起登台亮相的副校长赵国材同是圣约翰出身，师从颜惠庆且与周诒春同期毕业，后留学美国康奈尔、威斯康辛大学，获硕士学位。就清华领导层而言，这一个新生局面的形成，自然是才学出众、善于抱团，以颜惠庆为中心的圣约翰人集体帮扶、合力经营的结果。——此为圣约翰人首次呈集团式亮相并占据清华层峰位置。

颇具理想抱负的周诒春继任校长后，自是勇于精进，欲把清华办成一个独具特色的一流学校。按 1920 级清华校友刘师舜的说法："母校校长唐国安先生，我等入学时，唐师已在病中，颇少见面，数月后唐逝，而由副校长周寄梅先生继任校长。吾级肄业时代，多半由周师长校。此为清华全盛时代，盖彼以圣约翰毕业生留美，入耶鲁大学，得硕士学位，其人品端学粹，办学认真。我校之深厚基础，无疑的乃由周师一手创建。彼时清华能在华北享有不可磨灭之令誉，其在若干年内所造就之人才济济，指不胜屈，莫不应归功于周师之惨淡经营，不遗余力。"[59] 周诒春做校长的几年里，主要在如下几个方面发功用力。

首先推行"造就一完全人格之教育"。按周的理想标准，"完全之人格谓何？其人之一切行动均在法律之内是也。"通俗一点讲，即：鼓励学生独立自主，全面发展，养成各种技能，提高综合素质，成为适应现代社会的国家公民。周诒春认为，生活内容千头万绪，千变万化，但主要由体育、生活本身、道德与精神三部分组成。年轻一代在学校了解生活，学校课程应该依照生活需要而设置。从这个角度说，学校生活就是引导规则下的社会生活的缩影。但是，学生生活毕竟是一种简单、受限制条件下的狭窄生活，而社会生活则在一种持续、复杂的变化之中。因此，学生应利用有限的在校时间，充分利用各种机会，全面提升自己，而不仅局限于读书与学习书面知识。[60]

1912年，清华学堂改为新制学校后，在校长唐国安与副校长周诒春主持下，于校内成立体育部，聘请美国马萨诸塞州春田学院体育专业毕业的舒美科为主任，仿照美国的体育制度和规则开展活动。周诒春出任清华校长后，提出了鲜明的办学理念，即德、智、体三育并举，造就"完全人格之教育"。通过体育运动，使学生成为人格、体魄健全的人，以担负起"挽救我极危险之老大国"的重任。在周诒春积极倡导支持下，舒美科博士在清华建立了现代体育训练体系，使清华成为"中国最早设正规西式体育的学校"[61]。当时清华的体育主要有两项："（一）呼吸运动。每星期一至星期六早晨，有十分钟呼吸运动……（二）强迫运动。每星期一到星期五下午四时至五时有强迫运动。在那段时间内，全校学生都穿短衣到操场上作各种活动。有体育教员巡视场际指导一切。"[62]这两项训练直到1919年春季体育馆落成，各类体育课转移到馆内才取消。

关于各项运动的要求和利弊，师生评价各有不同，梁实秋回忆说："教我体育的是舒美科先生、马约翰先生，马先生黑头发绿眼珠，短小精悍，活力过人，每晨十时，一声铃响，全体自课室蜂拥而出，排列在一个广场上，'一、二、三、四……'连作十五分钟的健身操，风霜无阻，也能使大家出一头大汗。"[63]另据潘光旦回忆："清华的体育，即在当年，积极的一面终究是更大的一面。上面说到它的强迫性，强迫就意味着普遍，积极的一面就在这里。对付当年专啃书本、足不出户、手无缚鸡之力的一班'小老头子'，就得这样办，才有希望把千百年的积习与惰性加以初步的扭转。因此，当时得益的倒未必全是'雅座'上的座客，而是一般的同学。有了体育馆的设备和形成正式课程以后，这种好处更取得了物质与制度的保证。缺点也是有的，特别是在最初美国人担任指导的若干年里，一般的鼓励有余，个别的指导很不足。我入校不久，就选择了'跳高'作为经常锻炼的方式。不到一

◎潘光旦（前排左三）与同级同学合影

年，就出了毛病。我自己总想做个'文武双全'的人，想在体育方面也出人头地，好高骛远，一意孤行，当然要负主要的责任。但若当时，作为一个十四五岁的孩子，能够得到一些指导，这毛病与后来的不可挽回的损失，我想是可以不发生的。"[64]

　　潘光旦说的"出了毛病"，乃1914年在校园跳高跌倒，伤了腿。当时校医有欠高明，耽延一阵，竟成不治，只好把腿锯掉。只剩一条腿的潘光旦曾装过假肢，但麻烦胜过架拐，一气之下把假肢拔下扔掉，只靠架拐行走。这一走就走了一生，同事与学生背地里叫他"独腿客"。又因古时有《八仙过海》的传说与戏剧，徐志摩把潘光旦与胡适并列，戏称为"胡圣潘仙"。胡，指猢狲，乃齐天大圣孙猴子；潘仙，自然是和在蓬莱仙阁与何仙姑等辈一起渡海的八仙之一铁拐李扯上了关系。至于到了西南联大末期，有学生因对潘氏政治观念和做法不满，在校园张贴大字报称为"独脚兽"，则是另一场争斗引发的故事了。

　　除了对体育优劣两面的点评，潘光旦又说："此外，又曾推行过一段时期的课间操，每日上午十分钟，也还有意义。像其他中学一样，也曾搞过英帝国主义者贝登·鲍威尔所'创立'的所谓童子军，设备很齐全，解放前的末任校长梅贻琦早年还担任过清华童子军的一员教官。这就不值得多说了。"[65]

　　关于清华组建童子军之事，吴泽霖的回忆在感情上似与潘光旦不同，吴说：

◎ 1917 年，梅贻琦（前排右）、王文显（中）与清华学校童子军合影

"当时的清华，为了促进学生有组织、有领导的课外活动，在中学部发起了一种半军事性质的童子军组织。梅先生与一些年轻教师王文显、林语堂、巢昆霖等都响应参加，都充当了中队长，与学生们共同操练，并不时同他们远足旅行或宿营。在这些颇费时间的活动中，梅先生始终认真负责。我当时就是他那个中队的队员。"[66] 又说："自马约翰先生来到清华后，清华一向贯彻周诒春校长首先提倡的学生普及体育运动，得到了进一步的促进。只要晴天，一到下午四时，所有教室、宿舍、图书馆，甚至小卖部尽行关闭，学生必须到体育场上活动一小时，为了支持这一有利学生健康的措施，不少教师也自动响应号召，组织了各种体育活动。梅先生在这方面也是表率。他是篮球场上的活跃分子，常常兴致勃勃地和学生们一起练习和比赛。"[67]

对于球类比赛，梁实秋有一段精彩的描述："清华对于运动夙来热心。校际球类比赛如获胜利，照例翌日放假一天，鼓舞的力量很大。跻身于校队，则享有特殊伙食以维持其体力，名之为'训练桌'，同学为之侧目。记得有一年上海南洋大学足球队北征，清华严阵以待。那一天朔风刺骨，围观的人个个哆嗦而手心出汗。清华大胜，以中锋徐仲良、半右锋关颂韬最为出色。徐仲良脚下劲足，射门时球应声入网，其疾如矢。关颂韬最善盘球，左冲右突不离身，三两个人和他抢都奈何不了他。其他的队员如陆懋德、华秀升、姚醒黄、孟继懋、李汝祺等均能称职。生平看足球比赛，紧张刺激以此为最。"[68]

梁氏说的这一次比赛，具体时间是 1917 年 1 月 18 日，此为潘光旦所言。为何记得如此准呢，潘说："我记得这日子，因为它恰好是我由于醉心体育运动而不得其道，终于失落一条腿的第一个周年。"又说："记得当天中午食堂上空气氛紧张与推测纷纷的光景，一般出乎主观的愿望，都认为清华必胜，至少主客与劳逸的形势对清华有利。与我同桌吃饭的一个新从南洋转来的插班生却不以为然，大概由于旧有的感情联系罢，认为清华必败。我们在桌上争得面红耳赤——结果是南洋输了，这同学也输了，好几天在桌上没有开腔。"[69]

在普遍提高学生身体素质的同时，清华确也造就了一批体育人才。据档案材料显示，1913—1925 年，华北地区举行了 12 次运动会，清华 7 次获得团体第一名，并涌现出潘文炳、黄元道、杨锦魁、关颂声、孙立人等一批优秀运动员。正如体育家郝更生所言："民国二年至六年，实为清华体育提倡时代。盖斯时学校当局，虽竭诚引导，然身受之者，终感有不能自然领受之苦。……民国七年至十一年，实为清华体育鼎盛时代。"[70]

除了体育，周诒春对德育与智育的培养更是不遗余力。德育方面，又特别注重将学生培养成爱国、拥有良好的社会公德与协作精神的现代公民。周氏不止一次在大型集会上强调说，清华学生既受特别权利，当奋发有为，力戒虚骄自大；当耐劳忍苦，力戒贪安好逸；当以学问为目的，不可以学位为目的；当群策群力，同气同声，以挽救国家。为此，他对学生择业提出了三条标准：（一）天性之所近；（二）国家所急需；（三）能造福于人类。对此，1917 年留美的清华学生裴燮钧曾深情地回忆道："最使我终身不能忘怀者，在到芝加哥之前夜在火车上开座谈会，周校长希望此次同来美国之全体学生，学成后回国服务，并期望每人能创办一项新事业。

◎ 1921 年，清华学校足球队合影。后排左一为王文显

假定一项新事业能使五十人有就业机会，如此则此次同来之七八十人可能为国家创造数千人就业机会云。"正是这种春风化雨般的循循善诱，培育了清华学生强烈的爱国精神与责任意识，"形成了清华爱国、奉献的光荣传统"。[71]

　　从圣约翰到美国留学，再从南京到北京清华园任职，这一段生活历练使周诒春逐渐认识到，道德本身是一个虚幻空洞的名词，只有在社会共同生活的行为准则与规范中才能体现出来。因而，他长校清华以后，着重培养学生的实干精神，提倡参与社会事业，鼓励学生接近身边的穷人，使学校真正成为社会的中心和社会公德建设的组成部分。在周诒春积极倡导下，清华师生纷纷行动起来，热心服务于社会。自1912年开始，清华成立青年会服务部，至1918年周诒春离职，其间共有青年会社会服务团（1912）、通俗演讲团（1912）、校役夜校（1914）、星期六学校（1914）、成府职业学校（1915）、星期日学校（1916）、清华社会服务团（1917）、补习学校（1918）等8个社会服务性团体成立，且各项活动有声有色，声势越来越大，广受社会各界赞誉。许多年后，潘光旦回忆这段生活时说："一部分同学，老成些的，有些相信当时流行的'教育救国论'，有些是认真的基督教的信徒，这两种人就是这方面的活动家了。他们主要是在校内或校园附近做些普及识字的工作。……各式各样的'听差'，或后来改称的'工友'就多了，加上厨丁、厨役、木匠、铜匠、水电工、园丁、火夫、清道夫、理发匠、'美国地'各家的'西崽'，以及住在校外的洗衣工、成衣匠……数目更加庞大。清华全部师生职员，起初不过四五百人，而直接为他们服务的劳动人口，连同他们的家属在内，是这个数目的好几倍，他们几乎全都没有文化，很少几个认得字。于是，校内，就搞起了夜校，校外，如成府、三旗、西柳村、大石桥等村落，办起了些露天的识字班，每当夕阳西下，就有同学轮班出动。为了夜校，学校也出些钱，供给些现成的设备上的便利，至于校外，则物力人力几乎全都是同学自愿提供的了。"[72]

　　潘光旦所说的夜校与识字班，分别叫作"校役夜校"和"成府职业学校"。校役夜校最早于1912年由清华青年会创办人王正序同学创办，当时未得到学校辅助，规模很小。到了1915年，由傅葆琛同学继任校长，竭力提倡，加大组织力度，入校人数猛增，工作较前大为扩张，乃引起周诒春校长的注意和重视，遂与傅葆琛议定，改为青年会与清华学校合办，校方担负一切经费，聘梅贻琦等五名青年教员为顾问，重新组织班次和制定学习规程。按照新的规定，凡清华校役、厨役、电工、花匠、清道夫等均须入学，总数达百人左右。1918年，规模再度扩大，学生达到了165人，以梅贻琦为首的顾问和教职员增至25人。1919年清华社会服务团成立，校役学校归隶该团，校务等诸方面更加发达，为一时之盛。

至于校外的识字班，可分为成府职业学校和露天学校两个阶段、两种教育形式，皆为清华青年会所办，梅贻琦是所聘教员之一。最初，清华学校教职员，怜悯附近村落与夫役人员的贫寒子弟幼年失学、生活困顿，乃由周诒春、赵国材两位校长出面，梅贻琦等青年教员力助，于1915年秋发起成立贫农小学，经费悉由发起人及赞成人捐助，教员由清华学校青年教师和部分学生兼任。这个学校除普通功课外，兼习木工一科，以为日后谋生之道。当时入校者40人，后又扩充一级，共有学生72名。到了1917年，因贫民小学名称不合学生与家属们的心意，乃改为成府职业学校。按该校校章，入学学生皆习木工，各以半日为度，此外仍授普通科目，并由清华师生授以英文、图画、童子军等课，其间梅贻琦仍是主要指导教师之一。1918年再加习拳术、篮球，以养成精神活泼之小工人。以后，该校略有扩充，一切事务多由清华教职员梅贻琦等人担负，学生方面献出的爱心与热情以及实际事务上的帮助亦不少。成府职业学校办学的成功，受到社会各界广泛瞩目和赞扬。1919年，青年会社会服务部又在三旗营开办露天学校，反响很大，报名入学者踊跃，遂于下学期又至西柳村增设第二露天学校。自此，清华园周边的贫农教育如焉展开。

在创办学校及与穷苦人民的交往中，以梅贻琦等为首的清华师生授之以知识，给予精神上的鼓励、情感上的同情和温暖，令对方感念不已。许多年后的1962年，潘光旦有过这样的回忆："记得在高等科的理发室里，好几年挂着今天全国政协委员陈鹤琴先生的一张照相，而陈先生便是这方面最出力的同学之一。因此，尽管离校已经多年，还有人惦记着他。"[73] 对于学生一方面的受益，除增加对社会底层的了解，获得心灵感受，以及在精神层面上受到刺激，促进理解、分析问题的多面化，树立对待人生的态度之外，还产生了一种新的自省与觉悟。这个自省与觉悟，正如清华校友李绍昌所言："余在此官费游美学生之唯一制造厂，每日饱食三餐，每夜酣睡八时，谈笑则有来自各省之同学，释疑则有来自联邦之贤师，凡膳宿费，一概不用缴交，校内书报可以随意览读。余每想及，感激之心油然而生。细想余所享之福，是天之恩泽，余所食之禄，是民之脂膏。余做人若不以敬天爱民为纪纲，则与禽兽何异？因时自警云：尔所受者不是皇恩是天恩，尔所领者不是官费是民费。"[74]

当时清华被外界称为"贵族学校"，周诒春特别以梁启超在清华的讲演为启示，定校训"自强不息，厚德载物"，以启迪学生在俭朴的生活中保持奋发图强的精神。

在校训与校风感召下，大多数学生勤奋上进，德风朴实厚道，如当时的学生陈宏振所言："但凡是身受周校长训诲之学生，经过长期磨炼，养成守法习惯，均能循规蹈矩，束身自爱，为社会所称道。"[75]其中一个著名的例子，即为梁实秋在回忆中几次提到的张心一，梁说："张心一，原名继忠，是我所知的清华同学中唯一的真正的甘肃人。他是一个传奇人物。他嫌理发一角钱太贵，尝自备小刀对镜剃光头，常是满头血迹斑烂。在校时外出永远骑毛驴。"这位张心一对"所食之禄，是民之脂膏"颇有独到的体会，对周诒春校长与清华教师的辛苦栽培，以及清华精神润育心怀感恩、感激之情。走出校门后，张心一仍严于律己，公私分明且特别具有公德心。抗战爆发后，张氏作为一个银行总稽核，整天骑一辆摩托车跑遍祖国后方各省，而"外出查账，一向不受招待，某地分行为他设盛筵，他闻声逃匿，到小吃摊上果腹而归"[76]。这一情形，在"前方吃紧，后方紧吃"的乱离时代，尤能彰显一个承载"自强不息，厚德载物"衣钵的君子所具有的大德之风。

◉ 清华改大与校长出走

周诒春坐上校长交椅之后，于师生欢迎会上，曾慷慨激昂地对天盟誓，要继续执行唐故校长遗留的政策，逐渐提高清华教育程度，把这所留美预备学校逐渐转变为一所学术独立的大学。按照这个构想，很快搞出了一个清华"五步发展计划"，即：第一步，加强硬件设施和物质建设，如添造图书馆、体育馆、科学馆、大礼堂等；第二步，改订招生办法，直接招考高等科各年级插班生，逐渐减收中等科学生，最后取消中等科；第三步，为公开留美机会，每年考选国内大专毕业男生，来年考选女生，直接送美深造；第四步，取消高等科，改设大学。清华一旦成为独立的大学，利益均沾，择优录取留学生，即是清华的毕业生，也必须与国内其他院校大专毕业生接受同等考试，胜出者方可被选送赴美深造。——根据这个"眼光远大，规模宏伟"的计划，周诒春开始步步为营，一步一个脚印地向前迈进。

当此之时，各地军阀逞强示横，内战频繁，军费激增而国库空虚，全国教育经费预算仅约为 500 万元左右，分到各校的经费可谓杯水车薪，难以为继。而清华仅一所学校，从 1911 年到 1928 年，平均每年获得的庚子赔款就高达 70 万美元。如此巨款，引得许多人眼红心跳，而如何使用这笔巨款，更是备受瞩目。许多权势人物和团体，在周围一帮师爷或宵小煽惑下，撸起袖子直接插手清华事务，特别是对清华的钱袋干了起来。有北京教育界人士撰文造势，公开宣称清华只需兴建讲堂、寝室及自修室，不应"妄拟欧美"修建所谓的"四大建筑"，更不需要修建学生宿舍、中外教员住宅和教员办公室。声称教员除预备功课外，别无公事可办，盖什么办公室？面对不怀好意的觊觎、质疑与冷嘲热讽，周诒春采取置之不理的态度，仍按预定计划大踏步前行。为尽快兴建"四大建筑"，清华学校增设"工程处"，全面负责工程招标、设计、建筑等项目。

1913 年，政局动荡，军阀混战又起。李绍昌等一班学生即将于清华毕业放洋，想不到校内贴出通告，谓本年政府财政拮据，不能派遣各毕业生赴美，命静候一年。这一班学生有的留在学校继续进修，有的则回老家暂谋职业或"静候"。1914年 6 月中旬，苦等了一年的"静候"学生 41 人终于得到通知，定于 8 月 15 日在沪放洋。各生准于 8 月 1 日齐集上海，置备行装候船赴美，校长周诒春提前赴沪为学生办理赴美事宜。同时赴美的还有金岳霖、李国钧等高等科应届毕业生 34 人。另有清华选派直接游美第一届女生陈衡哲等 10 人，以及清华选派游美中等科毕业生胡光尘、陈宏振等 12 人。一时间，近百名留学生云集上海，引起社会关注，各路

◎ *1914 年放洋同学*

媒体纷纷报道这一盛况。

据李绍昌回忆说："13日上午，周校长问余定入何校，余答余拟入普连士顿（Princeton，今译普林斯顿），他问余为何选择该校，余谓在清华时，常与西人干事，如步济时君等来往，熟闻普连士顿科目之完备，学风之良好，及教授之循循善诱，故拟入该校。周校长笑云：'彼等皆是普连士顿之毕业生，本其爱母校之精神，为母校宣传，良堪钦佩，但与其入普连士顿，不如入耶路（Yale，今译耶鲁）大学。'周校长不惮烦为余详述入耶路之好处，又命余往青年会取阅耶路大学各科目录。余念王宠惠、王正廷，及周校长诸伟人，皆由耶路大学出身，今有机会步其后尘，实荣幸之至，乃决意入耶路，周校长闻之甚喜。"[77] 延至15日上午11时30分，李绍昌与同学吕彦直、关颂声、余日宣、唐钺、金岳霖、李国钧、陈衡哲等97名男女留美生齐集码头，跟随领队登乘小轮到吴淞口，搭太平洋邮船公司之"差拿"号油轮向美国西海岸驶去。李绍昌至美后顺利进入耶鲁大学，1917年获耶鲁大学教育学学士学位，1918年获哥伦比亚大学研究院教育学硕士学位。此后至美国檀香山夏威夷大学任中国语言和文学讲师、教授，1943年后任美国密歇根大学中国文化教授，一生致力于传播中国文化，有《半生杂记》一书传世，内中对清华校园与周诒春等师长多有描述，"每一想及，感激之心，油然而生"[78]。

1916年，吴宓于清华学校毕业，想入哥伦比亚大学学习新闻学。周诒春校长根据平时对吴的观察，认为"宓无交际及活动之才能，不谙习实际事务与社会人情，决不宜为报馆访员（记者）。统观宓之才性，最适合于文学 Literature。故派定宓学习'文学'"[79]。吴宓听从其计，入美国弗吉尼亚大学与哈佛大学攻读比较文学，如鱼得水，学问大有长进，与陈寅恪、汤用彤并称"哈佛三杰"。回国后，吴氏在文史领域成就斐然，相继成为《学衡》派主将，清华国学研究院主任、大学部教授和抗战时期西南联大的部聘教授，以及红学研究专家、诗人等，名贯儒林。许多年后，吴宓回顾自己一生事业，发出周诒春校长"实是宓之知己"的感叹。[80]

1916年4月，"四大建筑"中的图书馆、体育馆相继动工，其他两大建筑兴建也即将全面展开。这一年，正是清华建校五周年，周诒春认为各种准备已经齐全，具备了由清华学校扩充为一所大学的条件，遂于上学期结束后的7月27日，呈外交部《详外交部文为逐渐扩充学程预备设立大学事》，提出设立大学的三条理由：

　　一可增高游学程度，缩短留学年期以节学费也。考吾国十余年前之游美学

◎ 1916 年，清华学校部分教职员。前排左起：副校长赵国材、中文教务长杨恩湛，左五为校长周诒春；右二唐孟伦，右一吴宓

生，多半须先入彼国高等学校，以资预备。今日之游美学生，已能直入彼国大学，省时节费，业见进步。然闻日本今日之在外国留学者，均已在国内大学毕业，然后出洋进求高深之学问经验。我国本应仿此办理，故拟将清华逐年扩充至大学程度。凡属大学之学程，均在本校内完全设备，至学生在大学毕业后，再择优派遣赴美，迳入日本所称之大学院内肄业，进求大学以上之专科学术。准此办理，则于留学期限及留学经费，实可减少大半。此外敦聘少数名师，造成多数成材之士，于每一学生之所费，较之应予一学生之留美学费，节省之数尤巨。平均以每一教员，实授学生三十人计之，节省之数，可达六分之五。

一可展长国内就学年限，缩短国外求学之期，庶于本国情形不致隔阂也。查今年留学生回国，每于国内情形不甚熟谙，以致言行动作，不能尽合时宜，盖因幼年出洋，本国之识力未充，或者居外日久，事多遗忘。如能在国内肄习其大学学业，同时使其年历相长，志学并进，于其后来立身致知之方，亦可早日裁定，此于学成致用之道，尤能兼备。

一可谋善后以图久远也。清华经费，至民国二十九年庚子赔款摊还清结后，亦将无以为继。届时更恐维持之不暇，势难更求增进之要图。不如趁此时机，渐求扩充，藉可搏节经费。至赔款退清之时，则大学之规模设备，均可早定基础。至时本校回国学生可达数千，如经常费无着，即可望其中富者出财，智者尽力，为母校分任维持之义务，则退还赔款虽已终结，而学校仍可图继续存在。

呈文最后说："综此三端，皆为广育高才，撙节经费藉图久远之大计。今本校已有基地九百余亩，每年接收退还赔款不下百余黄金，机会之佳，当务之急，未有过于此者。且以我国地大物博，已设之完全大学，寥寥无几。当此百度维新之候，尤宜广育人材，以应时需。大学内并拟于实科各种学业，特加注重，俾于国内指日振兴实业之时，有成材可以任使。惟所拟设立大学，一取渐进主义，逐年审察全校情形，徐图扩充之办法。一切建筑布置、增设学科，以及分配预算经费诸端，是当随时详细妥为规划。陈请鉴核示遵。"[81]

14天后的8月10日，周诒春接到外交部指令：

外交部指令

令清华学校校长周诒春：据详逐渐扩充学程、预备设立大学，已悉。所具理由尚属适当，自应照准，即由该校长将扩充办法悉心规划，随时详部核夺可也。此令。

中华民国五年八月九日[82]

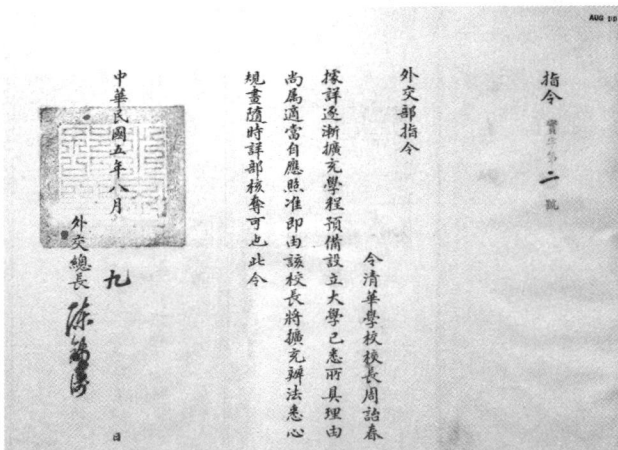

◎ 1916年8月9日，国民政府外交部照准清华学校扩充学程预备设立大学的指令（清华大学档案馆藏）

面对外交部批复，周诒春自是神情振奋，加紧"四大建筑"与一批小型建筑的兴建，可谓敝精劳神，不舍昼夜。与此同时，面对外界对清华以及他本人"崇洋媚外""缺乏独立精神"等批评与指责，周认为不无道理，乃开始加大力度扭转局势，主张清华应用国语教学，西学亦应"中土化"，学术应求独立，中外教员同等待遇，呼吁教师关心学校的利益，认同学校，以产生团队协作精神等。

1916 年 11 月，周诒春撰文公开表示他的治校理念，认为：过去我们必须依赖西人所提供的学术刺激，而现在是我们准备学术独立的时候了。不过，要学术独立，必先具备下列四个条件：

（一）清华应保持一定的政策，但要政策保持，又必须稳定教育行政主管人事，若不断更换，则无法维持一定的政策，成长也就不可能。

（二）对中外、新旧教员应一视同仁，均应同样之待遇，享受同等权利。学校应供给教员在职进修的机会，以充实新知。

（三）学生应遵守纪律，如不停罢课，法纪废弛，学校就无和平，学术就无法进步。

（四）应以国语为教学媒介。唯有如此，才能促进学术独立。用外语教学，使学生的思想穿了一套不自然的外衣，有碍于进步。必须立即作出决定：历史、政治、经济、法律等课，应用国语教学，一旦有译本，就采用国语教学。外籍教师学好国语，并用之于教学；同时希望回国留学生积极翻译教科书，使西方知识逐渐"中土化"，产生属于自己的新知识与新文化。

与此同时，周诒春还呼吁教会的教育家与中国本土的教育家，通力合作，互相学习，促进中国的现代化，并"相信中国必将渡过紊乱的难关，再度统一，朝向光明前途，而对人类有所贡献"[83]。

根据《国立清华大学建校七十年大事记》（初稿）载，周诒春在民国五年（1916 年）丙辰，所办大事如下：

清华之有图书馆，始自民国元年。当时馆址，即日后之庶务科办公处，仅大房一间，小房二间，设备简陋，藏书甚少。迨后书籍渐增，学生加多，不敷使用。经周校长建议，辟建新图书馆，于本年四月兴工，由泰来洋行承办，全部照欧美新式避火法建造，容积一万零七百五十一立方尺，以应实际需要。

本年毕业同学三十一人。与本年考选之专科男生十人，专科女生十人，皆于当年放洋。[84]

1917 年夏，清华毕业学生 43 人。另考选专科男生 7 人，由周诒春校长亲自护送此批同学及进修教职员数人赴美。

行前，周诒春向即将放洋的毕业生致训辞，勉励同学珍惜"唾手而得此良好之机缘与特殊之权利。……他日学成归国，其所以图报祖国，效力社会，增光母校"。最后，特别提醒同学在留学期间注意四大要事，略谓：

> 一要发展个人潜能，勿墨守师说，凡学问"后来居上"，世界是进化的。
>
> 二宜自发心裁，创造发明，勿徒崇拜西人。如清华官费生祁暄发明"国文打字机"，王预之"对照表"和茅以升之"算尺"，证明黄种人是有为的，希望同学接踵而起，日新又新。
>
> 三曰注重调查与克己修省，中国百政废弛，应调查改良者千万，宜取美人之长补我之短。不可为外国之诱惑力而自蔽自欺，务必时时修省戒惧，发扬清华自治精神。
>
> 四宜服务社会，宜扬国光，时以孔子"己立立人，己达达人"相勉，推广在校时之社会服务，由国内贫民而及于海外侨民。要到唐人街去启迪华人智识，以消除外国人对彼之侮蔑。同学与西人交谈时，宜阐扬本国文化，保持"不亢不卑"的言词与态度。毕业论文可选跟中国学术政治社会实业有关者，或与他国有关者为题目更妙，盖外人对于吾国之情势，尚多不甚明了，诸君以此紧要问题立论，不特在我，经一番研究，鉴于人而观我更明，即外人读此，亦可渐除其隔膜而顿起其尊敬之心。
>
> 以上四端，诸君切记勿忘，馀如国学之不可抛荒，行箧中亦多携国文书籍，体育之急须精进，学校中勿趋避体操课程。总之，诸君此行，无论至何地，宜常以祖国与母校为念；无论习何科，宜常以最后之胜利为念。庶几学成而归，将大有于造吾国乎？言不尽意，上慎旃哉。[85]

令周诒春没有想到的是，随着他护送学生出走美国，一场针对他的阴谋随之出笼。

第一件是这年 10 月 12 日，北京教育界黄正明等六人，控告周诒春到外交部，同时将呈文以《北京清华学校之黑幕》为标题，刊登于北京的报纸上。周诒春被指有九大罪状：一、校费浩大，任其挥霍；二、用人烦冗，存心安置私党；三、任意发放薪津，藉以结纳显要；四、养尊处优，以公款添筑卧室，供其亲族居住；五、去取学生，任意徇私舞弊；六、清华教法离奇，有意偏废国文；七、清华学生之成绩不可靠，因他授意教员学监，给显要或亲故子弟加分；八、纵容校医，听其妄杀学生；九、居心媚外，藐视教育部，反遭美使馆之诘责等。[86]

诸项指控，多是捕风捉影兼故意渲染，且感情用事，显系有意策划的"倒周"阴谋，需要外交部与社会有识之士理性辨别是非，调查核实。周诒春作为早年留美的洋派学者，思想前卫，精神放达，但中国旧式士大夫的一些不良生活习惯同样及于他的身心。如周在圣约翰时代的学生、后为清华中等科英文教师兼校长秘书周辨明，回忆时讲过这样一个细节："做寄梅师的秘书，那就不容易了。平常来往的信件，打字出来没有甚么问题。有时甚至替寄梅师签字，因为我练习会了，签得跟他一样。但是遇到有重要的演说时，总是一个难关，总要事先预备很久。有时我要到他家里，他躺在床上，半醒半睡地，等了好久，才发出一言，我每言每字都要记录下来，到了一点半、两点钟之后，才把这些散言零语拿走，好好整理起来，成为一篇有系统的文章，打起字来，奉上呈阅。改过后，仍须誊抄一遍，这篇演稿，才算告一段落。"[87]

类似这种让秘书代为签字，躺在床上叙述讲稿的一连串动作，在新派教育家如梅贻琦、胡适那一代人中已经杜绝，只有在半新半旧的历史过渡人物中才能找到孑遗，周诒春即是此种人物的残留和影子。这些毛病，周诒春应有自知之明，只是陋习难改，积重难返。如抽烟喝酒的问题，清华是有严格规定不许学生沾嘴的，此为不能触碰的高压线，一旦发现即行开除。忽然有一天"一位胆子很大的同学，竟质问周校长：'校长，你不许我们抽烟喝酒，你却大杯大杯的喝酒，抽大支大支的雪茄，这话怎么讲？'"周诒春听罢，甚是尴尬，只好如实答道："我当年不知道不该养成抽烟喝酒的习惯，今天成了烟酒的奴隶，摆脱不了了！我不愿意你们重蹈覆辙，所以不让你们在作学生的时候，就染上烟酒的坏习惯。"[88]

正是缘于这些生活习惯与对学生要求的差异，周氏的对立面便挖空心思，操纵煽惑媒体肆意歪曲报道，使事情变得复杂化，最后连体育甚至清华师生最为自豪的球类活动，都成为周诒春一大罪过。如清华 1922 级学生姚崧龄所言："周寄梅先生自民二接长清华后，对于学生课外作业，极为重视，提倡甚力。除体育方面，如田径、各种球类尽力鼓励外，对于社会组织、演说辩论、刊物发行、戏剧排演，亦莫不倡导推动。民七周先生受外界攻击去职，其平时所提倡之学生课外活动，竟成为当时攻击者指摘焦点之一。意谓清华教育目的，既非为造就'青年会干事'、'礼拜堂牧师'、'报馆主笔'、'舞台戏子'，何得将宝贵光阴，花费于无聊的课外活动。攻击周先生的人，固别有用心。所可怪者，彼时报纸，亦漫无是非，随声附和，将攻击周先生文字大载特载。其知识水准之低，与日后批评清华未尝造就'革命伟人'及'暗杀志士'者，殆相伯仲。"[89]

就在黄正明等辈到外交部控告，于报馆渲染铺陈周诒春"九大罪状"之际，清华董事会有人跳出来质疑周氏拨付驻美监督处美金11万2000余元（合银元18万元）的动机，与报馆的渲染形成掎角呼应之势，宣称周"妄靡巨款，营私害公"，应严加查办云云。外交部与清华董事会眼看如此局面，认为事态严重，发电至美，令周速回国做一解释。

周诒春接电，迅速打点行装乘船返回清华园，于1917年12月25日书面答复董事会，说明那笔款有一部分是归还驻美监督处，代付清华学校向美商购买钢材、图书仪器和聘请美教员川资薪津所用；一部分是学校遇美金跌价时以余款买存美金，以便将来学校在美购买所需图书仪器等用品时支用。另外一部分是帮助监督处支付该年七月毕业生返国川资所用。总之，该款名为拨付监督处，实际上全为清华校本部开支之用，一切会计手续齐全。但董事会对周诒春的申辩并不满意，认为"所称各节，既无充足之理由，且乏确实之证据"。又谓不管周之购买美金是否为裨益公款，但在程序上"办理不当，实属咎由难辞"[90]。

突如其来的变故和打击，清华校内多数教职员甚至部分学生已有所了然，而周诒春本人深知中了暗算。前已述及，周氏能坐上清华校长的交椅，与他的师辈人物颜惠庆和唐国安鼎力相助有密切关联，故任职初期常得到"外交部要人的护符"，享有较大权力。惜好景不长，1917年亲日派上台，把持了北京政府，"留美派之圣约翰人在外交部的势力消退，周氏在清华之地位乃告动摇"[91]。此外，因"外交部有人争夺清华校长这个'肥缺'，周受排挤而去职"[92]。

1918年1月4日，自知事不可为的周诒春提出辞呈。7日，外交部批准。14日，庚款基金董事会董事长章祖申等三人到清华监交，将有关案件资料移交给代校长赵国材。

2月14日，清华学校出版的《清华周刊》第128期发表了周诒春去职消息，称："去岁有京沪各报对于本校撷拾浮言，肆意污蔑，本校以止谤，莫如自修，未予置辩。惟周校长以既遭时忌，愿让贤能，特向外交部辞职。当承派委赵副校长代理，已于一月十四日交代清楚，十八日临行时有全体员生拍照纪念，各生均穿制服，擎枪致敬。现周前校长迁寓天津，闻俟春暖冰融，当即挈眷乘轮南返云。按，周前校长在校服务六载，勤勤恳恳，扩充校务，成绩昭著。此次护送学生赴美，奔走调查尤见心力交瘁。先生虽去，遗爱犹存，甚望诸同学努力前程，不负周前校长数年办学之苦心也。"

此前，周诒春曾经在清华园校门对面，买了几间简易农房和一块地，据说是准备在年老退休后居住，以亲眼所见清华由学校改为大学后的发展。当时的周诒春没有看到正在逐渐逼近他的掺有毒素的雾霾，所谓"誉之所至，谤亦随之"，不得不在政治利益倾轧中黯然离去。周诒春离职经过及为清华大学所做的贡献，《国立清华大学建校七十年大事记》民国七年（1918 年）戊午条，做了如下记载：

> 本年体育馆落成，馆内设各项运动场所及运动器具外，又有游泳池一处，击剑室一间，冲水浴室两大间，蒸气浴室一间，电气濯巾室一间。建筑费二十五万元。为纪念美国总统老罗斯福决定退还部分庚款兴学，特铸铜牌及其半身像，嵌于体育馆正门墙壁内。
>
> 大礼堂亦于本年落成，礼堂位于清华园之中央，其圆顶、铜门、大理石柱，宏伟美观，礼堂内分上下两层，共有固定坐椅一千四百八十七位，讲台化装室等具备，建筑装饰等费约二十万元。
>
> 本年一月四日，周校长以力微任重，劳烦成疾，恳请辞职，外交部批准。一月七日副校长赵国材亦请辞，部令挽留，命其暂时代理校长。[93]

对周诒春而言，"近于形势，他把学校的行政管理交给了继任，但是在他内心深处却从来也不曾忘记他的'初恋'，清华也没有忘掉他。……自从 1910 年清华成立以来，在担任过校长的一长串名单上，他的名字是以一种独特的、充满感情的方式和这个学校及其毕业生们联结在一起的"[94]。——这是清华出身的温源宁在《周诒春博士》一文中所说的意味深长的话。周诒春走后，嗣经清华全体教职员学生联合集资 600 余元，拟建大钟一具以资纪念，但因款数不敷而未果。后又陆续集资，约足千元欲成其事。周诒春得知，提议将此款存入银行，每年以息金津贴品学兼优之寒苦学生，这就是清华校史上颇具声名的第一个奖学金——"周寄梅奖学金"的由来。

周诒春是爱清华的，清华师生也是爱这位校长的。但是他走了，再也没有回头，清华学校改为大学的计划随之延迟了八年。[95] 此为清华师生所未料，亦是周诒春本人不愿看到又无能为力的。关于周氏的人格、学识、办事能力，与其交往甚笃的胡适曾有过如下评价："照我这十几年来的观察，凡受这个新世界的新文化的震撼最大的人物，他们的人格都可以上比一切时代的圣贤，不但没有愧色，往往超越前人。老辈中，如高梦旦先生，如张元济先生，如蔡元培先生，如吴稚晖先生，如张伯苓先生；朋辈中，如周诒春先生，如李四光先生，如翁文灏先生，如姜蒋佐先生。他们的人格的崇高可敬，在中国古人中真寻不出相当的伦比。这种人格只有在这个新时代才能产生，同时又都是能够给这个时代增加光辉的。"[96]

——斯言是也！

注释

[12][40][48][51][54] 梅贻宝《五月十九念"五哥"》，载《清华校友通讯》，新十二期，1965 年，新竹。

[3] 胡适《美国退还庚子赔款记》，载《清季野史》，胡寄尘编，岳麓书社 1985 年出版，第 183—185 页。

[4][92]《清华大学校史稿》，清华大学校史编写组编著，中华书局 1981 年出版。

[5] 曹云祥《清华学校之过去现在及将来》，载《清华周刊》（十五周年纪念增刊），1926 年 3 月。另，曹氏回忆的留学生数字与实际派出人数稍有出入。

[6][28][81][82]《清华大学史料选编》，第一卷，清华大学出版社 1991 年出版。

[7]《外务部学部呈报裁撤学务处归并学堂并将关防毁销》，民国元年四月初七日（1912 年 5 月 23 日），《清华大学史料选编》，第一卷，清华大学出版社 1991 年出版。

[8][27][88] 李若松《访问老学长刘崇鋐》，载《清华校友通讯》，新七十四期，新竹。

[9] 鲁迅《而已集·〈尘影〉题辞》，载《鲁迅全集》三卷，人民文学出版社 1981 年出版。

[10][11][16]《清华的校长们》，黄延复著，中国经济出版社 2003 年出版。

[12]《呈外交部文》，载《清华大学史料选编》，第一卷，清华大学出版社 1991 年出版。

[13]《北京清华学校近章》，载《清华大学史料选编》，第一卷，清华大学出版社 1991 年出版。

[14]《清华学校派出驻美监督处办事章程》，载 1919 年《清华一览》，转引自《清华大学校史稿》，清华大学校史编写组编著，中华书局 1981 年出版。

[15] 奴生《留美通信》，载《清华周刊》，第 275 期，1923 年 3 月 30 日。又，1913 年 7 月，范源濂辞教育总长职，赴上海任中华书局总编辑。1915 年冬，与梁启超等共同发起讨袁（世凯）运动，次年初任护国军务院驻沪委员。袁死后，1916 年 7 月任段祺瑞内阁

教育总长，举荐蔡元培出任北京大学校长并支持蔡元培聘请陈独秀为北京大学文科学长，聘请朱希祖为文科讲师，李大钊为图书馆主任，辜鸿铭为英文教授，新旧思想互相碰撞，使北大最终成为新文化的发祥地。1917 年 1—7 月，范兼代内务总长，与黄炎培、蔡元培等发起组织中华职业教育社。1917 年 11 月辞教育总长赴美国考察教育，翌年回国。1918 年冬，与严修、张伯苓一同赴美国考察教育，回国后即致力于南开大学的创办，多方筹募资金，罗致人才，费尽心力，为南开大学创建做出了重要贡献。1920 年 8 月署理靳云鹏内阁教育总长，翌年 12 月辞职，再赴美国考察乡村教育，对罗隆基等清华留学生的演讲词即在该时期。1923 年 7 月，北京国立高等师范正式改为北京师范大学，范源濂为首任校长，次年 9 月辞职。后任中华教育文化基金委员会董事、董事长。1927 年 12 月 23 日，在天津不幸去世，年仅 52 岁。

[17] 唐国安所言"学风之嚣张，今非昔比"一句，需略做解释。据吴宓《年谱》1912 年条载："九月，清华开学，上课后，高等科三年级（即毕业级）学生何鲁 [字奎垣，四川广安人]。暑假前，因病，未参加学期考试，今请求毕业，并升级。[庚子赔款暂时停付，故清华毕业生不能赴美国游学。清华学校遂加设一高等科四年级，名曰'特别级'，俾毕业生升入暂继续读书。] 周诒春先生谓：'照章，须补考前学期，方能毕业，升级。'而何鲁坚不肯补考。遂至言语冲突。周先生命守卫之校警数人，将何鲁拖出校长办公室，免其滋闹。中等科三年级学生黄秉礼 [四川成都附近某县人]，亦有同样情事。结果周校长悬出牌示，将何鲁、黄秉礼开除学籍。二人即收拾行李，预备离校。"又说："数日之后，某一星期六日，正午，全校正在午饭。何、黄行李已上车，即将离校。忽于此际，何、黄先走入中等科食堂 [学生人数较多]，然后走入高等科食堂，皆站立一食桌上，对众大声演说。略谓：'周校长无理，将我二人开除，又喝命校警，将我二人由校长室拉出，且行且加殴打，视同鸡犬，侮辱我等之人格，破坏我等之自由。校长今日如此对待我二人，明日即以此待诸君。诸君其甘愿作奴隶，安心受侮辱乎？愿诸君警醒！我等即此告别。'演说毕，即走出，并即时离校入城去。在两食堂中，皆有人起立大呼：'我们要奋起，誓死抵抗。我们不愿作奴隶，我们不能忍受！'立时全校沸腾，清华之大风潮起矣。"（《吴宓自编年谱》，北京三联书店 1995 年出版）

此次风潮以四川籍学生为中心，且由川籍之中等科学生王揸亚等 20 余人为发动、指挥之实际领袖，但多隐身幕后指挥策划。风潮之全面表现为罢课，并选举王大亮、吴宓、陈达、施济元、吴芳吉（四川省江津县人，字碧柳，别号"蜀东老汉"，1910 年入学，16 岁）等十人为代表。其中"吴芳吉为代表中最年少、最活跃之人，亦为全校学生中最真诚、最热心来闹此次大风潮之人"。吴芳吉用横幅长条竹纸，仿骆宾王《讨武曌檄》，书写大字《讨校长檄》，谓"伪校长周氏者……"云云，对唐、周二校长大力挞伐。风潮越闹越大，其目的、方向、性质亦随之改变。学生要求恢复何、黄二人学籍，财政公开，改良课程，添聘良师等等，最后演变为"驱逐唐、周二校长"，上书外交部"请予罢免，另委派新校长来"等行动。

罢课风潮使校内停课延续长达三十六日。此为清华校史上第一次罢课风潮，也是学生第一次提出"驱赶校长"的口号并上书外交部请愿。

经外籍教员与闹风潮的学生代表交涉调解，更有外交部发布命令压制，谓"如有不肯遵令上课之学生，仰该校校长即开除其学籍。即使在校学生开除净尽，完全另招新生，亦所不惜。至于充任代表之学生王大亮等十名，更应立即开除学籍，斥令离校，决不宽贷"云云，学潮稍有缓和。最后的结果是，王大亮、吴宓等十代表被开除，后九人写《悔过书》重新入校继续学业。独吴芳吉拒绝认错，并声言绝不屈服，斗争到底。校方骑虎难下，终将吴芳吉开除。后来吴氏在著述中恒言"诸代表中，惟独彼一人兀傲，不肯填写《悔过书》，是以不得返校"云云。但据吴宓说："宓等事实经过，具如上述。亦并无填写《悔过书》之事。当时吴芳吉纵往谒周校长，叩头流血，悔罪输诚，乞求回校，周校长亦必不允许，至多以婉言慰遣而已。"（《吴宓自编年谱》）另据同时期学生刘崇鋐回忆说："当时清华曾闹学生风潮，召开学生代表会反对唐国安先生，结果学生风潮被压平以后，学生代表何鲁、吴芳吉被开除，他们都是很杰出的学生，但始终不肯认错。不久唐校长病逝。"（李若松《访问老学长刘崇鋐》，载《清华校友通讯》，新七十四期，新竹）

吴芳吉被开除后，在战乱中漂泊流离，居无定所，历经坎坷。1931 年，吴芳吉回到家乡，担任江津中学校长。1932 年 5 月 9 日，因积劳成疾，不幸去世，年仅 36 岁。有诗《婉容词》《两父女》《巴人歌》以及《白屋诗稿》集等传世。

[18] 原载《光华学报》，引自《东方杂志》，第十四卷第十号，1917 年 10 月。

[19] 唐国安的西方友人多称他为"唐氏第一"，称唐绍仪为"唐氏第二"，称唐元湛为"唐氏第三"。载《清华的校长们》，第 22 页注，黄延复著，中国经济出版社 2003 年 1 月出版。

[20][84][93]《清华校友通讯》，新七十四期，新竹。

[21]《大师之园——来自北京清华园的报告》，林风著，解放军文艺出版社 1994 年出版。

[22][30][33][36][38][63][68][76] 梁实秋《忆清华》，引自《过去的学校》，钟叔河、朱纯编，湖南教育出版社 1982 年出版。

[23] 转引自《清华风物志》，黄延复、贾金悦著，清华大学出版社 2005 年出版。

[24] 查良钊《寿与国同》，载《清华校友通讯》，新一期，新竹。

[25]《雨果文集》，第 11 卷，程曾厚译，人民文学出版社 2001 年出版。

[26] 冯友兰《清华二十周年纪念感言》，载《国立清华大学二十周年纪念刊》，1931 年。冯友兰所说的第三个时期，"就是近十几年来，我们也不看他们如鬼，也不看他们如神，我们知道他们是'人'，是同我们一样的'人'。譬如吃外国饭罢，有第一时期，中国人称他为'番菜'。在第二时期，中国人称他为'大菜'。现在我们既不见其'番'，亦不见其'大'，我们只称他为'西餐'"。

[29] 史载：圆明园东南部有一个春熙院，乾隆时代将其划分为东西两部分，西部大、东部小。嘉庆七年（1802 年），东部赐给嘉庆第四女儿庄静公主，改称镜春园；西部赐给了嘉庆第五子、惠亲王绵愉，改称鸣鹤园。燕京大学成立后，于 1921 年在北京西郊购买前清亲王赐园，其中包括镜春园，在其遗址上建造了近代中国规模庞大、质量最高、环境最优美的一所校园。1926 年正式迁址。1952 年进行院系调整，因燕京大学属于教会和美帝国主义创办的学校被撤销，原北京城内北沙滩的北京大学借此从城内迁于郊外的燕大校园，成为与清华大学仅一路之隔的名校名园。

许多年后，北大、清华的毕业生在人生道路上不断折腾，有的升官，有的发财，有的因制造原子弹、氢弹等得了勋章，有的成为平民百姓，有的成为罪犯在监狱蹲着回想云起云落的美景，亦有少部分人登上了权力的顶峰。特别是 20 世纪 80 年代以后，于政治舞台上登金字塔尖者，以清华毕业生为最，北大次之。于是，在许多人表示不解与迷惑后，有堪舆学家与风水大师通过对北大、清华两座校园观风视水，得出如下结论：清华园乃太子读书之地，北大的主体为镜春园，乃公主读书之所。太子与公主谁重谁轻、谁主谁辅，谁最有可能黄袍加身、荣登大位，则一目了然矣。——至于这位精通天地之奥秘的"风水大师"姓甚名谁，则无人知晓，只能作为民间饭后谈资或一个传奇故事，姑妄言之，姑妄听之。

[31] 梁实秋《清华八年》，载《梁实秋散文》，第一集，中国电视出版社 1989 年出版。

[32] 李先闻《一个农家子弟的奋斗》，载《传记文学》，第十四卷第五期。

[34] 周贤颂《六十年前两桩小故事》，载《清华校友通讯》，新六十三期，新竹。

[35] 梁实秋《四十年前的清华》，载《清华校友通讯》，新一期，新竹。

[37] 梁实秋《又逢癸亥》，载《清华校友通讯》，新八十三期，新竹。

[39][44] 梅贻宝《清华与我》，载《清华校友通讯》，新七十九期，新竹。

[41]《赵访熊教授的讲话》，载《梅贻琦先生纪念集》，黄延复主编，吉林文史出版社 1995 年出版。

[42][59]] 刘师舜《一九二〇级在校时代之清华》，载《清华校友通讯》，新七十一期，新竹。

[43] 李济《六十年前的清华》，载《清华校友通讯》，新六十三期，新竹。

[45] 浦薛凤《梅故校长精神永在》，载《梅贻琦与清华大学》，黄延复、马相武编，山西教育出版社 1995 年出版。

[46][47][66][67] 吴泽霖《记教育家梅月涵先生》，载《文史资料选编》，第十八辑，政协北京市委员会文史资料研究会编，北京出版社 1983 年出版。

[49][50][53] 韩咏华《同甘共苦四十年——记我所了解的梅贻琦》，载《文史资料选编》，第十八辑，政协北京市委员会文史资料研究会编，北京出版社 1983 年出版。

[52] 韩咏华《我与梅贻琦》，载《梅贻琦先生纪念集》，黄延复编，吉林文史出版社 1995 年出版。

[55]《曹汝霖一生之回忆》，曹汝霖著，中国大百科全书出版社 2009 年 4 月出版。

[56] 引自《东方杂志》，第 2 卷第 8 期，1905 年 9 月。

[57] 引自《东方杂志》，第 3 卷第 10、11 期，1906 年。

[58]《颜惠庆自传——一位民国元老的历史记忆》，颜惠庆著，吴建雍、李宝臣、叶凤美译，商务印书馆 2003 年出版。

[60][62]《清华周刊》，1914 年。转引自金富军《周诒春在清华学校的教育思想与实践》，载《高等教育研究》，2006 年第 10 期。

[61]《清华漫话》（二），清华大学校史研究室编，清华大学出版社 2009 年出版。

[64][65][69][72][73] 潘光旦《清华初期的学生生活》，载《文史资料选辑》，第 10 册第 31 辑，中华书局 1962 年出版。

[70] 郝更生《十五年来清华之体育》，载《清华大学史料选编》，第一卷，清华大学校史研究室编，清华大学出版社 1991 年出版。

[71][75] 转引自金富军《周诒春在清华学校的教育思想与实践》，载《高等教育研究》，2006 年第 10 期。

[74][77][78] 李绍昌《半生杂记》之第三章《南北生活》，载《清华校友通讯》，新四十四期，新竹。

[79][80]《吴宓自编年谱》，北京三联书店 1995 年出版。据吴宓在《年谱》中说，当年周诒春派自己赴美国弗吉尼亚攻读"普通文科"，实"深资倚重"。又说："在当时，以至 1916 后之许多年中，宓恒憾周校长（由其人于中国旧文化、旧学术，所造甚浅）从不了解宓，不赏识宓，认宓为'无用''无前途'之人，因而轻视宓，且不悦于宓者。——此实宓之大错误。晚年宓始自知其误也。"

[83] 周诒春《对中国教育的一些建议》，转引自《从清华学堂到清华大学》，苏云峰著，台湾"中央研究院"近代史研究所 1996 年出版。

[85]《周校长对于第五次高等科毕业生训辞》，载《清华周刊》（临时增刊），1917 年。

[86]《清华学校基金保管委员会》，03—08／18，民国二年六月六日—九年六月十二日，全四册，台湾"中央研究院"近代史研究所藏。转引自《从清华学堂到清华大学》，苏云峰著，台湾"中央研究院"近代史研究所 1996 年出版。

[87] 周辨明《忆当年作教员兼英文秘书》，载《清华校友通讯》，新五十一期，新竹。

[89] 姚崧龄《清华早期学生刊物之回忆》，载《清华校友通讯》，新九期，新竹。

[90][91]《从清华学堂到清华大学》，苏云峰著，台湾"中央研究院"近代史研究所 1996 年出版。

[94] 温源宁《周诒春博士》，载《不够知己》，温源宁著，江枫译，外语教学与研究出版社 2012 年出版。

[95] 所谓"再也没有回头"，指后来清华师生曾几次敦请政府当局令周诒春回清华继任

校长，但屡遭周氏拒绝。周离校后，曾重返清华园出席校庆并做过几次演讲。梅贻琦任校长后，周于 1932 年返校演讲时，就自己未答应继任校长的内情对师生有所说明解释，详见第十章注释。另，据何廉说："把清华改为完全大学，也早在寄师计划之中。我可以引裴燮钧学生的话，来证明这一点。……因其计划受阻，即辞职而去。因此清华大学之实现，迟了八年。"（刘师舜《与好友何廉谈恩师周诒春校长》，载《传记文学》，第十五卷第四期，台北）

[96]《胡适全集》，第 4 卷，第 532 页，季羡林主编，安徽教育出版社 2003 年出版。

第四章　来是空言去绝踪

◉ 流水的校长

当年聘请梅贻琦来清华任教的周诒春黯然离校，赵国材代理校长。赵氏系圣约翰出身，师从颜惠庆且与周诒春属同期归国留学生，因而被外交部亲日派视为颜、周的朋党。卧榻之侧，岂容他人鼾睡，铲除颜、周羽翼，让赵国材离开清华，只是个时间问题。

1918年4月15日，北洋政府外交部任命张煜全为清华学校校长，未到差之前，仍由赵国材暂行代理。同年7月1日，张氏到校就职视事，赵国材的副校长一职被免除并调离清华另行安置。借此机会，外交部把清华副校长的职位一并革除，卡住了赵国材的退路，也堵住了圣约翰派与社会舆论的口实。后来，清华除王文显短暂由代理校长转为副校长，复被取消外，清华正式确定为校长与教务长、秘书长、总务长、训导长等层级管理机制，直到中共接管清华几年后的20世纪50年代初，副校长的层管机制才再度在清华园出棺复活。

张煜全，乃广东南海人，1879年生，比颜惠庆小两岁，比周诒春大四岁，与赵国材同龄。从张氏的学历与经历看，亦非等闲之辈。早年毕业于福州英华书院、香港皇后书院（Queen's College）、天津北洋大学堂，1898—1899年于东京帝国大学肄业，1903—1904年就读美国加州大学与耶鲁大学，获法学硕士学位。归国后，一

◎张煜全

度随清廷"五大臣"载泽等人出洋考察宪政。光绪三十二年九月（1906年10月），赴北京参加学部第二届归国游学毕业生考试，与同时参考的颜惠庆兄弟等九人被赐进士出身，只是颜惠庆名列第二，张煜全名列倒数第二。其后，张氏挟东西洋"海龟"兼清廷皇帝亲赐"进士出身"之声望，做过上海、河北、山东、河南等四省教育督察。1908年改任驻日使馆二等秘书，1910年（宣统二年）转任北京铁路管理传习所（北京交大前身）所长。辛亥革命后的1912年（民国元年），出任北洋政府总统府秘书、外交部参事，继之任江苏、安徽二省交涉使与芜湖海关监督。1916年，张氏转为外交部秘书，直至成为清华学校校长，时年40岁。

按常规，刚满40岁的张煜全正是年富力强的时候，应是一位中西兼通、对世界大局有所认识和把握的优秀人才。但此公恰恰相反，其身体孱弱不堪，常年多病，"到校后，始终过药瓶生涯"，致使学生认为他只是来学校治病护理、修身养性，根本就"不愿当校长"。[1] 事实上，张氏因了身体三天两头闹不愉快的关系，对校务难以顾及，很少与教员、学生见面，师生多只闻其人，不见其形，并对此"深怀不满"。当时在校的1921级学生闻一多曾画了一幅漫画，讽刺这位多病而不理校务的校长是"垂床听政"。[2]

所谓"垂床听政"讽刺画，只是学生不满的一个表现，更重要的是，张氏出任清华校长的时机与他的思想、做派发生了冲突，或者说他对新的历史转机与新的时代变化没有做好充分准备。这个历史转机就是1919年爆发的著名的"五四"运动。运动的发源地虽是北京大学，却引领了全国教育界乃至整个社会新风潮、新思想，以及新文化的萌发和兴起，被称为"20世纪黑暗中国的第一声惊雷"（谢冕语）。按照《清华大学校史稿》的说法："五四"运动之后，在"民主与科学"新思潮影响下，清华学生对校方那一套严格的管束日益不满，要求实行校内民主与自治。1919年10月，清华学生首次起来反对斋务长无故开除学生。12月，在"五四"运动中产生的"清华学生代表团"正式改组为清华学生会。过去，校方只允许有级会一类的组织，而不允许有全校性的学生会，此一举动自是令张校长大为不满兼不快。12

月 23 日，学生会成立大会在清华召开，校长张煜全不顾身体一摇四晃，毅然带病上岗，并暗中派出巡警加以干涉。此事引起学生公愤，立即宣布罢课抗议，最后终于迫使张煜全辞职。[3]

《校史稿》所说"反对斋务长无故开除学生"之斋务长，姓甚名谁语焉不详，传世文献与校友回忆亦无详细说明。虽"无故"而被"开除"，确也令人感到蹊跷，或是双方误会，导致悲剧发生亦未可知，唯梁实秋在回忆文章中记载了这样一件事："有一位同学把另一位同学打伤，揪下了一大撮头发，当然是开除处分，这位被开除的同学不服气，跑到海甸喝了一瓶莲花白，回来闯进大家正在午膳的饭厅，把斋务主任（外号 X 胡子）一拳打在地下，结果是由校警把他抓住送出校去。"[4] 对这一事件，梁实秋认为是"绝无仅有的一次犯上作乱的精彩表演"[5]。梁氏记载与《校史稿》所述人物似不吻合，但此事确是发生在"五四"运动之后。无论如何，这个学生也是醉了，一拳打过去，倒下的不只是威风八面的斋务长 X 胡子（李姓）[6]，连校方历年所建立之权威也随之丧失。两个月后，张煜全校长为干涉学生开会，遭到学生强烈抵制并被全体学生宣告否认，从而激起更大的风潮似已注定。

关于"开会风潮"，清华老学生回忆文章中多有记述，但从梁实秋的记述看，在细节上与《校史稿》记述有些不同。梁说："五四的学生运动，清华轰轰烈烈的参加了。记得我们的学生领袖是陈长桐，他是天生的领导人才，有令人倾服的气质，我非常敬仰他。……学生会的活动引发好几次风潮，不一定是学生好乱成性，学校方面处理的方法也欠技巧。有一晚全体学生在高等科食堂讨论罢课问题，突然电灯被熄灭了，这不能阻止学生继续开会，学生点起了无数支蜡烛，正群情激愤中，突然间有小锣会（海甸民间自卫组织）数人打着灯笼前来镇压，据说是校方报案邀请而来，于是群情大哗，罢课、游行、驱逐校长，遂一发而不可收拾。"[7] 无论是校方调动"巡警"还是梁氏所言的"小锣会"，这一镇压的后果是引爆了更大规模的反抗怒潮，不断的游行、罢课，弄得校政与课业几乎无法进行。张煜全强撑病体"垂床听政"，一面抵抗来自学生的压力，一面抓紧欲把周诒春遗留的发展计划——清华学校改办"大学"落到实处。1920 年 1 月 15 日，张煜全以校长名义正式呈文外交部"陈报筹设大学"事，谓：本案所拟"减

◎清华读书时代的梁实秋

收中等学生，多收高等学生也。查现在中等科四年级之学生，可认为新制大学高等科一年级。高等科四年级学生，可认为新制大学大学科一年级。则本届及下届招考中等科之学生，不招一年级，而招二、三年级，额数最多不过四十名。如此则第三年以后，即可无须招考中等科学生。而现在及将来之中等科学生，即可按序升入高等科，则旧有及新招之高等学生，即可按序升入大学。似此则成功速而收效易……"[8]

想不到呈文内容传出，引起校园骚动和学生更为激烈的反弹。因在计划中并未说明改变大学具体办法，却清楚地宣示要停招中等科，专办高等科，部分学生怕殃及自己的利益，遂起而反对。又因部分学生对校长"心怀不满"，开始结成团体游行、罢课，在校园内外闹将起来。心力交瘁的张煜全见事不可为，乃于"改大"呈文13天后的1月28日，以"学风"为理由，向外交部呈请辞职。1月30日，部令批准，张氏随之离校。

张煜全的离去，使周诒春之前的清华校长历年所建立之权威荡然无存，学生气焰越发嚣张，"驱逐校长，遂一发而不可收拾"[9]。

张氏既去，外交部复任命罗忠诒为清华校长。罗氏乃福建省福州府闽县人，生于天津。其父罗丰禄早年毕业于福州船政学堂，1877年赴英国留学，1880年2月学习期满回国，入北洋大臣李鸿章幕府充当英文秘书、外交顾问兼翻译。1883年5月，罗丰禄调升水师营务处道员，后协同北洋水师提督丁汝昌及林泰曾等起草《北洋海军章程》。1896年出任驻英兼意、比三国公使。甲午海战之前，罗丰禄以保自身性命和家庭为第一要务，把家属撤出天津返回福建老家，并把侄子从战舰上调至后方。消息传出，造成前方军心不稳，广为朝野诟病。甲午战败后，罗丰禄随李鸿章赴日谈判，参与了丧权辱国的《马关条约》签定等。在其父庇荫下，罗忠诒青少年时代即赴英国剑桥大学留学并获经济科硕士学位，宣统二年（1910年）授法政科进士，三年（1911年）得旨授翰林院编修。历任广西抚署交涉科参事、外交部机要科员、北京铁路管理传习所所长、北京大总统府秘书。1914年，罗忠诒出任驻英使馆一等秘书，一度出任国联特别大会代表、国际经济专家委员会代表、国际军缩大会全权代表。1920年后，罗出任北京政府外交部参事等职。

此时，尽管甲午战争与《马关条约》签订已成为过去，但伤痛仍在国人心中挥之不去，清华师生对以李鸿章为首的"浊流派"朝廷命官颇为耿耿。当时的清华尚未发明像后来"文革"时代红卫兵声言的"老子英雄儿好汉，老子反动儿混蛋"之类血统论与口号，但因了老子不名誉的关系，罗忠诒以外交部参事身份被任命为清华校长，立即遭到全校学生反对，认为如此官僚奸客家庭中人执掌清华，实有辱清华之声誉。为此，学生会选出代表前去罗府，以报告校事为名予以"相面"，回来的代表报告说，这个新校长乃一地道的官僚政客且患有肺病，从言谈举止上看，不足胜任一校之长。消息传出，学生更加激愤，学生会乃决定"拒罗"。其方法是动员全体学生每人写一信给罗忠诒，劝其好好在家养病修身，不必来校像前任一样"垂床听政"，以免自取其辱。罗接到几百封对其不友好并有警告、胁迫意味的信函，知难而退，尚未到校即主动向外交部辞职。外部得知此情，亦不勉强，很快照准。

罗忠诒请辞后，外交部吸取教训，也意识到"五四运动"以来各校学风丕变，校长威风扫地，学生成了无王之蜂，在校园内外呼啸成群，横冲直撞，搞得四邻皆惊，社会不安，学校秩序荡然无存。若此风不加遏制，势将越刮越烈，不可收拾。于是，主管清华学校的外交部总长陆徵祥提出改组清华董事会，重订新章程，加强对清华的管理与控制。

此前的 1917 年 9 月，也就是周诒春护送学生与教职员赴美的空隙，外交部官僚认为周氏在清华大规模进行校舍建设，耗资巨大，招致对立面与外界抨击。出于压制周诒春气焰等多方考虑，外交部指令成立了一个叫作"清华学校基本金委员会"的组织，聘请委员十人。后又在委员会之上附设了一个董事会，成立时董事六人，皆由外交总长遴选派充，每年改派三分之二。自此之后，一顶铁皮帽子便戴到了清华学校的头上。到了 1919 年，董事会董事一下疯长到十八人，几乎全由外交部各色官员充任。其任务是具体负责"稽核"清华经费的用途，并"限定经费"，清华学校的财权基本上掌握在董事会手中。遇董事会意见不符美国公使馆意旨时，则唯美国公使之命是听。尽管章程明确规定"关于教务方面不得干预"，但事实上教务与经费无法分割，无经费谈不到办学与教务。此举引起清华师生强烈反弹与批评，指斥董事会为一批"不懂教育"的人插手教育，实是清华之大不幸云云。在这种"不幸"呼声中，1920 年 2 月 5 日，外交总长陆徵祥秉承美国公使馆意旨，反其道而行之，下令改组清华董事会，再次重订章程。将原董事会的十几人改为三人，由外交部部员二人与美国公使馆参赞一人，组成新的三人董事会，并将董事会职权无限扩大为"辅助校长，赞画一切"，清华的"一切事务"与"各项问题"，均"得由董事会处理"。董事会下设审计会，具体管理清华经费。学校的人事、财务大权，都集中于董事会，清华学校校长也必须由董事会荐举。如此一来，清华与校长本人头上的铁皮帽子，一眨眼变成了孙悟空头上的紧箍咒。为挣脱这个紧箍咒的束缚，清华师生与外交部之间展开了长达数年的缠斗，张煜全校长之后的清华风潮，便是由此而引爆。

1920年2月13日，新成立的三人董事会召开第一次会议，主席为外交部参事严鹤龄，另二位董事分别为美驻京公使馆参赞裴克（Willys R.Peck）、外交部参事刁作谦。裴克任董事会书记，刁负责文牍。会议主要讨论学校财政案与罗忠诒校长辞职案，议决：学校会计从速提出财务和退款全部报告，以便董事会讨论支配和控制办法，呈外交总长采行。清华校长暂由董事会主席严鹤龄代理。[10]2月26日，严鹤龄赴清华执掌校事。[11]

严鹤龄乃上海圣约翰书院出身，与周诒春、赵国材皆为颜惠庆高足，并在颜氏门下共同参与编纂《英华大词典》。1908年，严鹤龄考取浙江公费赴美国哥伦比亚大学留学，先后获法学硕士和哲学博士学位。归国后，赴北京参加清王朝举行的归国留学生考试，获最优等，授予法政科进士出身，分发清政府外务部任机要股一等股员。颜惠庆担任外交部次长后，对其着力栽培。严氏本人也算争气，先后完成了《德国殖民地问题报告》《阿尔萨斯罗论问题》（罗论，今译洛林）两部著作并在外交界引起反响，其才学得到充分发挥并为同僚和上司所赞赏。1913年2月，严被荐任外交部佥事，后擢升参事兼充宪法委员会委员。外交总长陆徵祥上台后，称严氏"平日勤奋从公，克尽厥职，而于交办各事件以及酬酢外宾，莫不因应咸宜，深资得力"，特别提请总统给予嘉奖。1919年1月，巴黎和会召开，办事得力的严鹤龄担任中国代表团专门委员，为中国的"和会外交"出了一把力气。

◎严鹤龄

正是缘于这样一个好名声，1919年10月，清华基本金委员会与董事会补充人员时，严氏即进入圈内并排在前列。1920年初，董事会改组，严鹤龄被委任为董事会主席。在张煜全去职，新任校长罗忠诒不敢到校赴任，外交部对校长人选问题束手无策的尴尬情形下，清华董事会推举时任主席的严鹤龄担任代理校长，以维局面。严氏对清华学生与部分师生的对立情绪和气焰并不惧怕，精神抖擞进得清华园，施展平时练就的才学与外交拳脚，几个回合下来，便稳住了乱哄哄的局面。只是，此时的严鹤龄心高气傲，正在仕途的上升阶段，志不在执掌清华，更不愿与师生在清华园这个圈子里进行持久的缠斗，一个学期结束，便坚决要求去职。无奈之下，部令同意，严鹤龄结束了维持清华的短暂使命。

严氏执掌清华校务半年的业绩，除了维持局面，让闹事的学生回到教室继续上课，其他方面没有在师生中留下特别给力的记忆。唯一被人忆起的是潘光旦留学被嘲讽的片断。前文已述，潘光旦入学后，因跳高运动受伤失去一条腿，江湖上人送外号"独脚仙"，又称"潘仙"，一度因能否留学而担忧。眼看离毕业和出洋时间越来越近，有一天，按捺不住焦虑情绪的潘同学找到代校长严鹤龄，问自己清华毕业后，能否与其他同学一道放洋？严氏瞪大眼睛看了看潘同学，想了一会儿，说："不太好罢，美国人会想到我们中国两条腿的人不够多，把一条腿的都送出来了！"[12] 此为一个冷笑话，或近似黑色幽默。后来，潘光旦经过"九年清华，三赶校长"的风云，在一位美籍女教授的助力下，最终得以成功放洋。只是，此时的严鹤龄早已远走高飞，清华进入曹云祥长校时代了。

◉ 南开"王牌"随风飘逝

继严鹤龄之后，外交部于 1920 年 8 月 28 日任命金邦正为清华校长。9 月，金氏到校视事。

金邦正，原籍安徽黟县，1887 年出生于杭州，1905—1908 年在天津南开中学与梅贻琦同班读书。南开毕业后，梅被保送到直隶高等学堂深造，金入北京税务学堂就读，二人保持深厚的同学之谊。1909 年 9 月，金邦正与梅贻琦一同参加清政府游美学务处第一批庚子赔款公费生考试并得以录取。从档案资料看，金的编号 15，名次未知。凭金氏在南开练就的功底，估计不会跑到南开第一名毕业的梅贻琦前面，但也不可能落在"孙山"的位置。无论如何，金邦正是清廷游美学务处第一批录取的 47 名庚款留美生中，唯一一位安徽徽州籍学生，此举对同是徽州人氏的胡适是一个刺激和鼓励。宣统二年（1910 年），胡适由上海赴京参加第二批庚款留美生考试，并以第 55 名成绩得中，想来不是偶然的。

金邦正中榜放洋后，先入马萨诸塞州威勒斯顿中学，1910 年转康奈尔大学攻读

◎金邦正

森林学，1914年获学士与硕士学位。返国后，回原籍主持安徽省林政兼任省立安庆农校校长，1917年出任北京农学院院长。再之后，出任外交部参事，直至被举为清华校长，成为物理教员梅贻琦的同事兼上司。按清华校史研究者苏云峰的说法：当时在北京政、教二界并不算特别出色的金邦正，之所以坐上清华头把交椅，系"由南开校董严修所推荐，亦是南开势力进入清华的第一张'王牌'"[13]。

苏氏所言并不准确，南开势力进入清华的第一张"王牌"，应是张伯苓而非金邦正。清宣统三年（1911年）暑期之后，张伯苓受严修举荐由天津悄然进入清华园，代替辞职的胡敦复为这年四月改名的清华学堂教务长，此为南开势力进入清华的肇端，也是南开系进入清华园大门的一根楔子。前文已述，严修经北洋大臣袁世凯举荐任学部侍郎，负责在全国推广新式教育，声誉日隆，其人格、学问被推为中国教育界"国士无双"的典范，堪称"北大之父"蔡元培的先行者。尽管严氏举荐张伯苓的时候，袁世凯已去职失势还乡，但严修在学界的地位与政界的威望，并未受到冲击而降低，其"风"犹存，"清"味独远，依然保持那个时代少有人企及的人格魅力与庞大的人脉资源。1910年，严修乞休归里，息影津门，倾家办学，其志依然令人敬佩。早年毕业于清华，一度出任南开大学秘书长、西南联大师范学院院长的黄钰生说："南开的募款从一开始直到1919年，都是打着严范孙的旗帜进行，打张伯苓的旗子则不行。包括南开大学筹备时，严老先生都亲自参加募款。后来张伯苓的社会威望渐渐高了，募款主要是张伯苓进行了。"[14]这个事实，从另一个侧面见出严修的社会影响力之深广。

尽管张伯苓入主清华的时候，尚是一名正在成长的青壮年，声望远不能与亦师亦友的严修匹敌，但若凭其敢拼死干的精神以及人脉背景，这根楔子长期立于清华园大门，并在世事风雨中落地生根，成长为难以撼动的中流砥柱，不是没有可能。无奈形势比人强，张氏上任未久，即遇到了南方革命党人10月10日于武昌造反起事，清华学堂内无粮草、外无护兵，只好关门大吉，张伯苓心有不甘又无可奈何地回归津门，继续操持南开事业。当新一轮政治轮替、孙中山与袁世凯先后在中国政治舞台上登场亮相的时候，无论是背后撑腰的严修还是在前台的张伯苓，都不得不在天下纷争的乱世中暂时伏身隐忍，以待时机。

遥想当年，清廷中枢重臣、大权在握不可一世的袁世凯，于宣统元年被摄政王载沣解除本兼各职，赶出紫禁城，以患疾为名，忍辱含垢回到河南老家隐居的时候，权贵们像躲瘟疫一样避开袁世凯这根针刺，唯恐沾到自己身上。唯严修不离不弃，保持了君子坦荡之风。对此，张伯苓晚年曾有这样一段话："当满清末年政治腐败到极点的时候，严先生鉴到袁世凯是人才，但是满清政府不能用。当袁氏解甲归田的时候，所有的朋友都怕得罪清廷，不敢去送他。独严先生置个人私事于不顾，单个儿去送行。后袁氏上台了，找严先生任这样部长，那样部长，三番五次的催请，三番五次都拒绝了。严先生意思，他去送袁氏，只是爱惜真才，并无半点儿为自己留地步的打算。"[15]

张伯苓所言不虚。辛亥革命未久，袁世凯东山再起，重新入主清廷中枢为内阁总理大臣，以朝旨召严修为度支大臣，严氏力辞不就。民国肇建，袁两次推荐严修为教育总长及征聘为参政、国史馆总裁、中卿等各职，均遭婉辞谢绝。此后当国者黎元洪、段祺瑞等皆以要职相邀，严氏终未出山，唯长期居津担任南开校董，继续他的教育改革之路。1929 年 3 月 15 日，严修病逝于天津。[16]

严修与张伯苓相继退居津门后，集中全部精力募款拓展中学，同时准备创办南开大学，但二人并没有忘记北京西北郊清华园这股新近崛起的力量，而清华学校这颗独特教育之星的光芒，也一直照耀着二人头顶，使其无法坐视无睹。当新的时机来临时，经严修幕后斡旋以及中美外交界与政界上层人物的运作，南开中学第一班出身的金邦正顺利执掌清华。此举比当年张伯苓进入清华，更加高调和惹人注目，严、张等南开系人物如愿以偿。只是令南开系没有想到的是，以森林科留洋背景而成为清华校长的金邦正，本"有意为南开扩展对清华的影响，不幸因处理学生运动引起反抗，而于一九二二年四月辞职，任期仅一年八个月。比前任张煜全仅多一个月"[17]。

金邦正之所以重蹈前校长张煜全覆辙，与时

◎张伯苓任教务长时摄于清华园（麻伦先生藏）

代风云、校风急剧丕变、学生地位提升、本人在处理突发问题上的急躁生硬，以及美籍教员、美国势力的胁迫与压制等皆有关系。而所有这些演变中，清华董事会太上皇"基保会"的产生，是横插于学校的一根杠子，或称为一根肉中之刺，正是这根"刺"的插入，使金邦正处理诸事进退失据，终致去职。

1921年4月，外交部以"清华学校基本金关系重要，为谋维持久远，巩固基本"的名义，特设"清华校务暨游美学务基金保管委员会，以外交总长，外交次长，驻京美国公使三人组成之"。该会章程细则规定："清华学校历年积存之现款、股票、公债票、外国金币暨他项资产，以及每年由美国退还赔款项下，开支学校用费、游美学费后盈余之款，均作为基本金，由基金保管委员会保管之。"同时，章程还明确规定：

　　一、新设的"基保会"为此前已存在的董事会的上级机关；
　　二、"基保会"采取三人协议制，凡清华基金之存放、提用、聘用顾问、委托董事会调查及一切决议事件，"须得会员三人之同意"，始可生效。[18]

此一规定，表明三人中的美国公使有一票否决权。尽管章程还有一条规定"本会权限以保管基本金为范围，并不涉及其他事件"。但因清华基金掌握在董事会手中，而"基保会"又凌驾于清华校长的"太上皇"董事会之上，形同最高权力机关，所谓不涉及具体事件只是表面文章，其实是实际操作中不可能越过的绊脚石。又因为董事会与"基保会"两层权力机构，均有美国使馆高层介入，这就引起清华师生与社会部分人士的不快和反感，有学生呼出："以完全国办的学校，一变为中美合办，实系丧失主权。"而董事会与"基保会"之实权，"则操之于美国公使之洋董事，中国董事承颜画诺而已"。[19] 美国公使一跃成为清华校长"太上皇"之"无上皇"，且比中国历史上罕见的"无上皇"权力大得多的多。以上"二会"在清华园上空合龙盘旋，使学校聘请的美国教员也仰视"太上皇"与"无上皇"的形影，叫喊着"OK！"的同时，坐地起价，恣意骄横起来。金邦正执校后，董事会与美国教员对清华校政以及学生政治活动干涉愈益加紧，渐使清华学生反感并呈对立趋势，后来有学生撰文称："现时校长并非董事，故无议决权。且校长须秉承外交总长次长、美国公使以及董事会等之命令，办理校务。上司层层，难关重重，一举一动，莫不为其束缚。在民国九年上期，严鹤龄以董事会主席兼任清华校长，故得措置裕如，职权上不生冲突。及严去位，新校长即发生困难问题。"[20]

"发生困难问题"的金邦正，其解决问题的方法是：对"基保会"与董事会行为姑息迁就，甚至惟命是从，同时把"二会"作为压制学生活动的一个倚重或一根棍子。这就令校长之尊的金氏与学生感情渐行渐远，双方对立情绪不断加重，直至冲突事件发生，大风潮起。

另一个原因是，"五四运动"之后的校风与学生思想已发生了巨大变化，一时间出现了"学潮澎湃，士气翻腾，议政问世，争先恐后"的局面。据当时在校的梁实秋后来说："五四运动原是一个短暂的爱国运动，热烈的，自发的，纯洁的，'如击石火，似闪电光'，很快的就过去了。可是年轻的学生们经此刺激震动而突然觉醒了，登时表现出一股蓬蓬勃勃的朝气，好像是蕴藏压抑多年的情绪与活力，一旦获得了迸发奔放的机会，一发而不可收拾，沛然而莫之能御。……原来为了遂行爱国运动而组织起来的学生会，性质逐渐扩大，目标也逐渐转移了。学生要求自治，学生也要过问学校的事。"[21]与梁实秋同级的学生张忠绂回忆说："'五四运动'提倡学生不应读死书，此项主张对青年的诱惑力很大，有政治野心的学生于是风风雨雨，终日搞党，搞革命。"[22]据《清华大学校史稿》记述：金邦正执校前后，"同学们已开始积极干预校政，在学生评议部里还组织了一个校务改良委员会，对学校行政积弊进行批评，并展开要求改组由美国公使控制的三人董事会的斗争。学生要求言论自由的倾向也增长起来。《清华周刊》也从一向由校长指定学生主编，改为由学生会主编。学生中各种小社团如雨后春笋般兴起。一九一九——一九二〇年间，新成立的社团约有五十多个，其中除文化学术方面以外，有的社团的政治性也开始加强。……反动势力为了压制刚兴起的学生运动，从各方面加强了对学生的控制。'五四'后成立的三人董事会，因学生参加支援北京八校的索薪斗争，举行'同情罢考'，竟勒令一九二一级和一九二二级两个年级的学生各留级一年，推迟出洋"[23]。——正是这一"罢考"与"推迟出洋"事件，最终导致金邦正校长离开了清华。

此一事件发生于1921年6月3日，北大、高师、女高师、法专等八所国立高校几百名教职员，因经费和薪水长期无着，即陈独秀所说的"为饭碗的问题"，掀起风潮。教员及前往声援的22所学校学生共千余人，手制"教育破产"等标语，浩浩荡荡来到教育部，强迫部内大员与闻讯赶来居中调停的八校校长，赴总统府向大总统徐世昌请愿。结果是，当不情愿的教育部次长马邻翼与八校校长，被教员与学生裹挟着来到总统府门前时，沉寂的大门轰然洞开，大批武装宪警蜂拥而出，刺刀猛刺，枪托乱劈。年龄略长的教员和女学生纷纷跌入浊水游荡的沟中，有的满身泥泞，有的一脸血污，叫的叫，哭的哭，乱成一片。法专校长王家驹像死人一样躺在地上，纷乱的脚步从他身上、脸上踩过，差点被踩成人肉饼子。领头的北大国文系教授马叙伦（夷初），额头被打肿一块，鼻孔流血，嗷嗷大叫。医专代理校长张焕文、北大教职员代表沈士远教授等均被打伤，教育部次长马邻翼本人也于混乱中不及辨别而遭到了痛殴，学生伤者不计其数，这便是震动全国的"六三惨案"。对于此次流血事件，向来不赞成闹风潮的胡适，于事后日记中颇为自责地记述道："我这一年半以来，太'不好事'了。因为太不好事，故我们竟让马夷初带着大家乱跑，跑向地狱里去！"[24]

当时位于北京郊区的清华学校，因有"庚子赔款"和美国人把持的基金董事会介入，不存在教育经费被北洋政府克扣的问题，因而校方当局和师生一度置身事外。不料"六三惨案"发生，引起北京各校师生和社会各界强烈愤慨，国内外教育界纷纷致电声援，北京各校学生立即罢课抗议。清华学子闻讯，认为万难坐视，为声援八校教授索薪行动和免考出洋，包括罗隆基、闻一多在内的学生头头力主罢课。于是，清华全体学生大会投票表决，以292票对119票的落差通过"同情罢课案"。在接下来的6月13日期末大考前，清华学生会决定高等科四年级与三年级学生一起"同情罢考"。6月13日大考这天，清华学生无人进入考场。面对此情，清华教职员自早至晚，召开了整整一天的紧急会议，校长金邦正将会议结果报告董事会，董事会于当晚做出决议："本期大考改于18日举行，不赴大考学生即认为自请退学"。布告贴出，已卷入风潮的学生对此并未放在心上，继续闹将下去。考试当天，清华最高两个年级的学生无一人到场，校长金邦正察此情形，极为恼怒，认为学生此举乃是悍然挑战校方权威，太不成体统，必须加以严惩。于是，校方当局与清华基金董事会人员往返协商，决定给学生一次改过的机会，择日再度举行大考，如学生从命，以前的任性使气一笔勾销。若不从命，闹腾得厉害者开除学籍，"凡不赴大考者，一律留级一年"[25]。

校令传出，清华学生会闻讯紧急磋商，面对学校当局的盛怒与施压，入会者表现出两种不同态度：一种认为不要继续任性地闹将下去，应该参考；一种认为既已罢考便不再回头，必须一条路走到黑，即是碰了南墙也决不屈服回头。一时间，学生会分化成两个对立的阵营并为此争论不休。而纠结最厉害、顾虑最多、争论最大的，莫过于即将全部放洋出国的1921年应届（辛酉级）毕业生。这年3月4日出版的《清华周刊》第201期，已刊登学校为辛酉级放洋预订了"中国号"船票106张，驶行日期为8月12日。随后不久出版《清华周刊》（第七次临时增刊），亦刊

◎ 1914 年，清华学校 1921 级生入学一年合影，中有何浩若、罗隆基、潘光旦、萨本栋、时昭涵、闻一多、姚崧龄

布了《本届高四各班同学赴美所习之学科拟入之学校一览》。另外，赴美留学者的治装费 360 元亦已下发，且已交上海一家成衣店制作。[26]

在面临进入考场即可毕业留洋，不进考场或被开除或被留级的两难抉择中，已呈分裂之势的辛酉级两大阵营经过长时间争辩，最终以 36 票对 27 票（辛酉级共 70 余人，有些人显然投了弃权票），表决通过了"高四级单独大考案"，即只有高四级参加本次考试，其余各级继续罢课示威。主张大考的学生认为这是辛酉级多数人通过的决议，该级成员理应遵守。反对者则认为全校学生 600 余人，赞成单独大考的仅 36 人，属极少数，理应服从全校多数学生通过的不参加考试、继续罢课的决议。双方各不相让，自树一帜。同时，坚持罢考的罗隆基、何浩若、闻一多、吴泽霖等表示，案虽通过，但行动仍属个人自由，不愿大考者，自可拒绝参加。

6 月 22 日，为举行期末大考日期，高四级有 50 多人走进了考场，其中令学生们记忆最为深刻的是吴国桢。此公在"同情罢考"会议中第一个举手赞成罢考，后来却是第一个进入考场参考，前后变化之快令人错愕，一如他后来当了蒋介石任命的台湾省省长，又突然跑到美国于媒体大揭蒋家老底一样，令人感到人心叵测，或人为何物？但仍有罗隆基、何浩若、闻一多、吴泽霖等 21 人拒绝进入考场。据壬戌（1922）级学生李先闻回忆道：学生会"领导活动的主席是陈长桐，后来是罗隆基、何浩若等。罗是江西人，一片老表音，口若悬河，能言善道的，瘦长条个子。他们越闹越疯，罢课罢考仍不肯停。1921年夏，罗、何等要毕业那年，校长已换为金邦正了，出布告说：'如果要罢考的话，就给以留级处分！'他们那级有六十三人，廿一人未去考，后来果然留级一年，编为大一班。"[27]

时值民国肇建初期，军阀混战不断，正是有枪就是草头王，城头变幻大王旗的"大时代"。在清华园已苦苦熬了八年，即将登舟放洋的学子，多留一年，就意味着多一年的未知与风险。第二年国内外局势如何？留级学生能否顺利出洋？皆难预料。如因故不能出洋，则前功尽弃，理想破灭。同时，校方当局的这一做法，对学生本身也是莫大的屈辱。因而，被处分的学生闻一多、何浩若、罗隆基等辈不甘受屈，开始发起取消留级抗争运动。学生家长、亲友们得知这一变故，于惊恐中迅速联合、组织起来向清华当局问询。在得不到满意答复后，家长们又派出代表与清华董事会中方董事谈判。董事会章程第二条规定："董事会对于清华学校及游美监督处一切事务，有协同校长管理之权；遇有清华学校或游美监督处发生各项问题，得由董事会处理，但须将议决情形呈请外交部长核准，才可施行。"此时的清华董事会主席已换为外交总长颜惠庆兼任，董事仍为美驻京公使馆参赞裴克，以及外交部参事刁作谦。

8月22日，刁作谦代表董事会接见学生家长代表萨君陆（萨本铁、萨本栋兄弟之父），仍坚持以前立场，谓："在董事会看法，极愿学生肯读书向上，不骛外务，谅贵家长等亦必同此意见。此次清华风潮，专为罢考起见，意在不考而得出洋。此种趋向，若不加以矫正，实非青年之福。董事会就全校利益着眼，故有前之凡不考各生，在校多肄业一年之办法。"[28]

学生家长见董事会毫无通融之意，遂于愤懑中继续寻求各界力量向外交部施压，同时在报端攻击董事会与清华学校当局，联合社会舆论对学生表以同情，并给以道义上的声援。为缓和双方冲突，董事会仅同意校方津贴留级生一年之学杂费，其他要求绝不迁就，仍按既定方针办。面对双方你来我往的对垒较劲，美国董事与清华美籍教员，亦站出来明确表示支持校方立场。据清华官方资料说："当时在学生的强烈反对与社会舆论的谴责下，中国董事有意撤销处分，但'终格于美董事之意而不能成'。"[29]

这个"美董事"就是美国驻华使馆参赞裴克，此公之所以持如此强硬姿态，据说是由清华校内"不满人望"的美国教员，怕"学生权利伸张，不利于己"，要求裴克坚持给学生处分，以"抑制学生气焰"[30]。在部分美籍教师与裴克的联手合谋夹击下，闻一多、罗隆基等罢考学生以失败告终，被迫在清华留级一年。尽管部分教员及社会舆论对这一结果表示惋惜，但大局已定，无力扭转。对此，李先闻说："罗、何等罢考的廿一位同学，都是他们班上的优秀分子，允文允武，文的如萨本栋、赵连芳、何浩若、罗隆基等，武的（指在运动方面），同时功课也非常好的如时昭涵、时昭泽、陈崇武等，都是当时代表中国参加远东运动会的人物，他们重诺言、够义气。这批同学后来到美国，差不多都得到了 Ph.D. 学位。那些不遵守大会决议，自毁诺言的四十二人，虽去考试，比他们早一年毕业。但从此被其他同学们看不起，觉得他们没骨气，其中的一人就是吴国桢。"[31]

既然金邦正校长在此一事件中站在董事会一边，且与学生明显决裂，就很难再有合作的可能，谁去谁留必须在短时间内见一个分晓。虽然在"同情罢考"的决战中，学生们以失败而告终，但他们人还在，心不死，伺机闹事翻盘，光复"五四"之后在清华园形成的政治地位。而社会舆论也多同情留级学生，不满意董事会把持校政，更反对"外人操纵学校"。在这股内外气候聚集下，憋了一肚子气的学生，遂有驱逐金邦正之意。

1921 年秋季开学，罗隆基等被迫留级的学生卷土重来，组织、蛊惑全体学生，抵制由金邦正校长主持的开学典礼，金被弄了个灰头土脸，但一时又无可奈何。未久，金邦正作为出席太平洋会议的中国代表团随员离校赴美，学生会乘机在《清华周刊》发表致校长公开信，谓金氏乃一农业专家，在清华用非所学，一年来"斯校之不进步如故"，是金校长"学非所用之证明"。又谓金氏与学生感情不洽。既然不合，徘徊留恋，徒增双方痛苦而已，"请其不必作卷土重来之梦想"。[32]

金邦正由美归京至清华园看到此信，又风闻清华学生誓要驱逐自己，而校内教职员亦无同情的表示，知大势已去，清华已不再属于自己经略的地盘儿，遂知趣地径向外交部递交辞呈，愤然离校。

金邦正负气出走，乱哄哄的清华园亟须有人出面平息学潮，恢复秩序。被弄得晕头转向的外交部，在一时无合适人选可派的情形下，与金邦正商量，把教务主任王文显这棵清华园的长秧子架了起来，令其"兼代校务"，以维局面。

1921 年 10 月 12 日，金邦正与外交部就清华事宜和自己的去留问题交涉完毕，在外部答应"照准"但没有正式下达任免令的空隙，金邦正由城内发给清华教职员一函，谓："本月十一日奉外交部令：兹委任该校长赴美调查学务事宜，此令。等因奉此，邦正于十二日由京启程。所有校务由教务主任王文显暂行兼代，相应函达并颂台祺。"[33]

随着金氏的离去，南开系两代官宦名流苦心孤诣打入清华的第二根楔子，被如此轻易地拔掉，所谓的第二张"王牌"，随风飘逝。

◎ 圣约翰人卷土重来

王文显何许人也？他何德何能在这风雨飘摇之秋独登高台，执掌校柄且要号令群伦？因至今没有专门记述王氏的传记问世，清华资料又少有记载，考证起来颇为费力。据梁实秋回忆说，王文显是广东人，能说粤语，不谙中文，从小就由一位英国人抚养，在英国受教育，成为一位十足的英国绅士。回国后在清华学校任教，做教务长时间相当久，后为清华大学英语系主任。此公为人"稳重而沉默，经常骑一辆脚踏车，单手扶着车把，岸然游行于校内。他喜穿一件运动上装，胸襟上绣着英国的校徽（是牛津还是剑桥我记不得了），在足球场上做裁判。他的英语讲得太好了，不但纯熟流利，而且出言文雅，音色也好，听他说话，乃是一大享受，比起语言粗鲁的一般美国人士显有上下床之别"。又说："听他叙述英国威尔逊教授如何考证莎士比亚的版本，头头是道，乃深知其于英国文学的知识之渊博。先生才学深邃，而不轻表露，世遂少知之者。"[34] 毕业于英国剑桥大学，一度任教清华外语系（西洋文学系）的温源宁，通过自己的观察认为：王文显"在那些动荡的年月，他的系里从来没有出现过任何麻烦。不管人们对王文显先生的教学可能说些什么，但是必须得承认：他是会议上最理想的主席——不小题大做，不东拉西扯、唠唠叨叨的；所有的讨论全都引向某种决议。会议过后，人们总会有一种毕竟做了点事情的感觉。"[35]

或许因了温源宁所说的这些强项与优点，外交部才在金邦正辞职后，令王文显主持校务，安顿秩序。当然，清华师生与社会舆论并不糊涂，以王文显的出身、教育背景及性格，不可能由"兼代校务"被扶正，只要上奉物色到他们认为合适的人

◎王文显

选，王氏头上的"兼代"帽子也将像金邦正一样随风飘去。果然，1922 年 4 月 18 日，外交总长颜惠庆签发了外交部第 54 号令：

金邦正调部办事，派曹云祥暂兼代理清华学校校长，此令。[36]

4 月 22 日，颜惠庆再度签发外交部第 58 号令：

派王文显暂行兼代清华学校副校长，此令。[37]

此时的王文显名义上晋升了半职，算是第二号人物。但随着曹云祥到来并行使职权，其副校长与教务主任两顶纸糊高帽很快被卸掉，重新回到原位继续做他的西文部主任。再后来，"引用了一位粤籍同乡，反为那人逼走，取而代之"。这个粤籍同乡，似乎是指钱锺书所言清华少壮派三巨头"陈福田太俗、叶公超太懒、吴宓太笨"之陈福田或叶公超。无论如何，王文显在"仕途"上摔过跤却是真的，内中原因，或许正如王的学生张忠绂所言："在过渡期间，西洋脾气与习惯太深的人，往往斗不过中国社会习惯熟练的人，坦白爽直决不是阴险狡诈的敌手。"[38] 王文显或许就是一个显证。

当金邦正离开学校，王文显暂时代理校务之际，清华师生又为"后继的人物"，即新任校长需具备何种资格争辩起来。学生曾公开撰文提出新校长的三个条件："一、中英文兼优者；二、办教育有名望的；三、没有政党臭味的。"[39] 当时与梁实秋同级（癸亥级）的梁思成曾著文予以反驳，谓："除了第二条之外，其余两条就根本上没有存在之必要。"其理由是："没有学问或中英文不兼优的人，办的学校不一定坏，中英文兼优或是有学问的人办的学校不一定好。……有社会便有政治，有政治就会有政党，学生受不受政党利用在于学生自己，不是别人所能管得着的，若说怕受人利用，那人便没有意志。最后，梁思成得出的结论是："清华校长要真能办事，能负责，有条理；清华校长不论属何政党，于我们没有关系。"[40]

就在清华师生你来我往无休止地较劲、辩论、吵嚷声中，曹氏云祥骑着毛驴，连蹦加跳窜奔而来，意气风发地穿过清华园大门，大踏步登上前辈建就的高楼，"咔嚓"一声，屁股坐到了校长椅子上。

曹云祥，1881 年生，字庆五，浙江嘉兴人，幼随父居苏州，及长，随兄入上海圣约翰学堂，因聪颖好学，深为师长喜爱，1900 年毕业后留校任助教，与颜惠庆

◎曹云祥

既是校友又成同事，二人关系进一步加深。三年后的 1904 年，曹离开圣约翰出任常州武阳中学校长，翌年任宁波益智中学教务长，兼及上海《南方报》编辑等职。1907 年春，考取两江总督端方留美公费，入耶鲁大学就读。与曹氏一起赴美就读的有胡敦复等男生 11 人，以及朱胡彬夏等女生 3 人。在校期间，曹云祥成绩优异，深得师生重视，一度荣任耶鲁世界会会长、中国学生会主席及《中国学生月报》总编辑等职。同时业余时间参加大学辩论社并成为会员，先后获得一、二年级演说奖及校际演说赛第一名。其非凡的演讲才华，与同时在美国哥伦比亚大学就读的顾维钧难分伯仲，二人同获 1911 年 11 月《纽约太阳报》赞扬。1911 年，曹云祥于耶鲁本科毕业，获学士学位。继入哈佛大学商学院进修，1914 年获商业管理学硕士学位，旋赴伦敦大学经济学院做短期研究，结束后任中国驻英使馆二等秘书，一度代理总领事职，著有《科学的管理》一书。1919 年夏，曹云祥返国，游历南北各省，考察国内政治、经济、教育，组织全国欧美留学生联合会，当选总干事。同年 7 月 19 日，被任命为中国驻丹麦公使馆一等秘书代办使事，1921 年 7 月 22 日卸任，归国任外交部参事。1922 年 3 月，继原校董王麟阁辞职后接充清华董事会董事。4 月，以外交部参事名义兼代清华学校校长，同年 10 月 6 日为署理校长（1924 年 5 月 12 日真除）。为此，在 1922 年那个明媚的春天里，时年 42 岁的曹云祥出现在清华师生的视野里，其"肥肥的矮个子，下腮重重叠叠"的弥勒佛形象，被好事的同学称为"厚德载物"。[41]

　　曹云祥留学美国的时代，正是大学教育特别强调演说和辩论的鼎盛时期，教育家与社会舆论认为，这种风气和方式是建立民主政治的基础。天性对演说与辩论极感兴趣的曹云祥如鱼得水，很快加入这支队伍并学到了民主精神和风度——尽管这种精神与风度有时不免强装或假扮，但由一个长期处于呆板、麻木、拘谨甚至冷酷状态的民族看来，还是感到异样的温暖和舒适。曹氏本人懂英文、法文、日文、德文和法律，尤其国际法乃其强项，加之曹一到清华就摆出一副改革家的架势先声夺人，与看上去和蔼可亲、"厚德载物"的弥勒佛面相相映生辉，似乎正是师生们争论了很久，而终于觅得最为合格的校长的人选。因而，曹氏甫一亮相，学生们便被他的形象和风度所征服，从心坎里"欢迎这位校长，认为他会给清华带来革新的曙光"^[42]。

曹云祥善于辞令，为人处事在表面上显出一副中庸温和又不失机动性姿态，同时又得到外交部强人颜惠庆、顾维钧等辈支持，可谓天时、地利、人和三者俱备。此为"圣约翰人"进入清华园最为适宜的一个坚实力量。曹氏亦不负各方所望，于风景秀丽的清华园腾跳挪转，左右开弓，施展他的十八路拳脚，真正撸起袖子，大干起来。

清华自建校起，经费独立，学制、课程和教学设备均为美国化，教师亦以美国人为主，颇像一所美国学校。在隶属关系上，自范源濂长教部之后，清华即专属外交部管辖，此点受到越来越多的教育界人士以及社会舆论非议和攻击。曹云祥到校后，采取的第一个步骤便是提倡民主，大开言路，接纳全校师生建议，成立一个由梅贻琦等五人组成的"调查委员会"，对之前的校务问题进行全面调查研究，以便为改革校政找出病源，对症下药。调查委员会成员开诚布公征求各方意见，认为迫切需要改革者有如下几项：

一、改组董事会。由中美官僚组成的董事会掌控清华的大权，校长权力被剥夺，形同傀儡和提线木偶，对学校事务无法行使正当职权。在此制度之下，校长事事皆须仰承上司鼻息仍难有作为。即使得到董事会同意而有所作为者，也往往与学校前途和师生愿望相违。显然，董事会已成为清华改革、发展的阻力和绊脚石，必须废除或重新组革。事实上，《清华周刊》于曹云祥到校的当月即对董事会公开提出批评，曹氏出于自身和大局考虑，完全同意师生意见，并给予舆论和实际支持。但外交部与董事会拒不承认自己有过，反认为有功于清华，双方僵持不下。

二、根据调查委员会"搏节留学开支，整顿课程，限制留学名额，以利在五至十年内完成大学"的建议，决定清华由学校改制为完整的大学。

早在周诒春长校时期，就提出提升办学程度，改办大学设想。惜周氏遭到群小诬告，改办大学计划未及实施，出师未捷身先去。1918年2月22日，代校长赵国材转而向董事会呈请"增高程度，升为大学，各生由大学毕业，再行派美，则既可缩短留学期限，亦可减轻留学经费"报告。^[43]但此时北京政府内阁乱象丛生，无人顾及。张煜全执校后，欲实现前辈周诒春未竟之业，复因学潮爆发，张氏去职，此事再度搁置。直到曹云祥长校时期，此项改革计划又被提出，并成为迫在眉睫的急务和要务。

自五四运动之后，中国文化、思想、教育进入一个大变革时代，全国中小学校如雨后春笋，争先恐后从四面八方冒了出来，学生人数成倍增长，教育程度提高迅速，并掀起了波澜壮阔的"改大潮"。1912 年，全国大学仅为 4 所，到 1922 年已有 19 所。根据各地呈报的改大方案，到 1925 年将达到 47 所。全国大学生也高歌猛进，由 1912 年的 2000 余人，增至 1925 年的 2 万余人。在大学教育迅猛发展的形势面前，有着充裕经费和优良设备的清华学校，仍保留中学程度，实有愧优越的办学条件和世人的期待，如果清华不顺应时代潮流改为大学，将无力与国内各大学竞争，也难以在中国这个群雄并起的新时代发挥作用和影响，很快将被历史的车轮甩在身后，成为一个苟延残喘的进修场所，直至 1940 年庚款用尽，咽下最后一口气，成为历史的陈尸与遗迹，徒令后人凭吊。在内外因交织，尤其清华留美生返校任教的青年教师们一片鼓动呼应声中，热血沸腾、尝谓为一件"大事因缘"而来的曹云祥，在广泛吸取师生意见的基础上，很快制订出清华校史上占有光荣地位的"十八年计划"，筹划逐步改办大学的具体方案。要点有六：

一、预估 1923 年至 1940 年间之财务状况，包括基金之累积统计；二，正确统计清华在校及留美学额，以控制经费流向；三，调整和改良课程为改办大学辅路；四，订定薪级制度，增高教员月薪，以延揽优良教师；五，预定清华于 1935 年可以成为完全大学；六，强化清华基金之管理和营运，以便于 1940 年庚款停止后能有充沛经费来源。为巩固基金，延揽中外银行专家各一人，共同研究存放款和债券股票投资等方法。[44]

此一计划若得以实现，清华将由一所留美预备学校脱胎换骨，正式成为一所独立自主的完全大学。这个目标如同一座灯塔，照耀着清华师生乃至中国教育界的灿烂前程，令人闻之神情振奋，对未来寄予无限美好的憧憬。

曹云祥吸取了前几任失败的教训，再度以"新官上任三把火"的豪风锐气，于清华园树起了改革大旗。紧随这杆大旗之后的，是学制与教育方针的改革——这是改办大学成败的旋钮和关键所在。不算糊涂的曹云祥深知自己最大的特长，在于理财和一般行政组织，而对于教育方针与具体的教务及课程设置等学识，较之真正的专家还属于短板。为使改革顺利并在短期内取得校内外认可的成果，1923 年初，清华成立了"课程委员会"，研究改革措施和清华未来的教育方向。为谋求大学成立后各学科与课程的整体规划，曹云祥表示请一名国内懂教育的顶尖高手前来辅助。在这个历史节点上，南开派系的另一员大将张彭春接受曹云祥召唤，顺势而动，摇晃着高大健硕的身躯，意气风发地大踏步向清华园走来。

注释

[1][11]《国立清华大学二十周年纪念刊》（校史），1931 年。

[2]《清华周刊》（十周年纪念增刊），1921 年。

[3][23][29][39]《清华大学校史稿》，清华大学校史编写组编著，中华书局 1981 年出版。

[4][9] 梁实秋《又逢癸亥》，载《清华校友通讯》，新八十三期，新竹。

[5][21] 梁实秋《清华八年》，载《梁实秋散文》，第一集，中国电视出版社 1989 年出版。

[6][7] 有人认为此斋务长是陈筱田，似不确。据吴宓《年谱》1912 年条载，中等科斋务长陈世奎，字筱田，天津人，"极肥胖，具高大，精干而巧佞"（《吴宓自编年谱》，北京三联书店 1995 年出版）。这就是说，陈是中等科不是高等科的斋务长。据《清华周刊》（第290 期）1923 年 10 月 19 日刊发《董事会之略史》载："清华学生自'五四'以来，受外界所谓新思潮之磅礴，由是对于干涉制发生一种反动力，否认一切权威。于八年十月李斋务长因开除一位学生，致被开除者当众殴击，于是斋务长历年所积之威权，一旦扫地。"由此可见，此斋务长李姓，而不是陈氏筱田。

[8]《发外交部陈报筹设大学》，载《清华大学史料选编》，第一卷，清华大学出版社1991 年出版。

[10]《清华董事会第一次会议录》，1920 年 4 月 1 日，转引自《从清华学堂到清华大学》，苏云峰著，台湾"中央研究院"近代史所 1996 年出版。

[12] 邓云乡《清华旧事》，载《老清华的故事》，廖名春、刘巍编，江苏文艺出版社2012 年出版。

[13][17] 苏云峰《清华校长人选和继承风波》，载《"中央研究院"近代史研究所集刊》，第 22 期下，1993 年 6 月。

[14] 梁吉生《一位不服输的教育先行者》，载《南开校友通讯》丛书，1990 年 1 期。

[15] 张伯苓《对毕业生的讲话》（一九三八年七月），载《张伯苓教育言论选集》，南开大学出版社 1984 年出版。

[16] 王永祥在《试论严范孙先生的风格》（《南开校友通讯》丛书，1990 年第 2 期）中说："严袁之交，当初并非仅限于个人友谊，而是带有一定程度的政治上的契合。两人关系十分投合，但从袁世凯受命担任内阁总理大臣特别是成为总统之后，两人在政治上的歧见日深，导致原本契合的政治关系消失，虽然这尚未影响到他们相互关系中的个人交往。严范孙屡辞袁政府的高官，就是政治上与袁距离加大的生动例证。到袁加深复辟帝制时，严连与袁

的个人交往也不愿保持了，直到袁被迫取消帝制，才恢复个人交往。"对此，王永祥评价说：严、袁二人疏远，主要是政治上的分野，"是由于坚持促进中国政体近代化还是促使中国倒退到封建帝制的政治观念的严重分歧所致。由此观之，严应作为复辟帝制的坚决反对者之一载入史册"。王氏之论，基本合乎严氏性格与"凡而不俗，和而不流""每遇大事不糊涂"之精神。

[18]《清华学校暨游美学务基金保管委员会章程》，民国十年四月九日，转引自《从清华学堂到清华大学》，苏云峰著，台湾"中央研究院"近代史所1996年出版。

[19][44]《从清华学堂到清华大学》，苏云峰著，台湾"中央研究院"近代史所1996年出版。

[20]《清华的根本改造》，1924年2月，王造时编。转引自《从清华学堂到清华大学》，苏云峰著，台湾"中央研究院"近代史所1996年出版。

[22][38] 张忠绂《八载清华》，载《清华校友通讯》，新二十六、二十七期，新竹。

[24]《胡适日记全编》（三），曹伯言整理，安徽教育出版社2001年出版。

[25]《清华周刊》（十周年纪念增刊），清华周刊社编，1924年3月1日。

[26]《清华学校罢课风潮之始末》续，载《晨报》，1921年7月6日。

[27] 李先闻《一个农家子弟的奋斗》，载《传记文学》，第十四卷第五期，台北。另，李先闻所言"六十三人"有误。

[28]《刁作谦会晤家长代表萨君陆谈话》，1921年8月22日。转引自《从清华学堂到清华大学》，苏云峰著，台湾"中央研究院"近代史所1996年出版。

[30]《清华学校当局拒绝调停》，载《晨报》1921年7月8日。

[31] 李先闻《一个农家子弟的奋斗》，载《传记文学》，第十四卷第五期，台北。事后，学校当局提出被处分的学生"具结""道歉""悔过"，方允出洋。1922级学生大部分被迫签具了"悔过书"，于翌年5月除了处分，得以如期出洋。1921级（辛酉级）也同样出了洋，但推迟了将近一年，算是在清华读了九年书，领头的罗隆基后来常以"九年清华，三赶校长"的历史自豪地示人，以显当年的"英雄业绩"。另，李先闻所言"四十二人"有误。

[32]《学年大事记》，载《清华周刊》（第八次增刊），1922年6月。

[33]《金邦正奉派赴美校务由王文显兼代》（1921年10月12日），载《清华大学史料选编》，第一卷，清华大学出版社1991年出版。金邦正出走后，清华留级学生上课如常。与1921年辛酉级多数人一样，1922年毕业的壬戌级60多人，为了出洋而未能顶住高压，全级除潘光旦、闻亦传（闻一多的堂哥）等8人外，都接受了学校的条件。辛酉级受留级处分的29人和壬戌级全体学生（潘光旦等8人后来也如期出洋），于1922年赴美留学。只是，辛酉级29名同学为表明反对处分的态度和自身面子计，没有与壬戌级毕业生同船赴美，而是比他们早些时候单独起程。

[34] 梁实秋《忆清华》，载《过去的学校》，湖南教育出版社1982年出版。据黄延复记

述："王文显，字力山，英文名 J.Wong Quincey，江苏昆山人，生于 1886 年。自幼负笈英伦，1915 年获伦敦大学文学学士学位，毕业后任中国驻欧洲财政委员，同年出任清华学校英文教员兼西文部主任。1920 年率应届毕业生放洋赴美，曾用英文撰写《留美指南》一书，其'卷头语'有言：'满怀热望献给中国之未来领袖'，与稍后清华教职员会议所厘定之清华教育方针'成一造就中国领袖人才之试验'相呼应。"（《水木清华——二三十年代清华园文化》，黄延复著，中国农业出版社 2001 年出版）另，黄延复说王氏乃江苏昆山人，或指原籍昆山，后移居广东。

[35]《不够知己》，温源宁著，江枫译，外语教学与研究出版社 2012 年出版。

[36][37]《清华大学史料选编》，第一卷，清华大学出版社 1991 年出版。

[40] 梁思成《对于新校长条件的疑问》，载《清华周刊》，第 238 期，1922 年 3 月。

[41] 孙碧奇《旧梦萦回五十年》，载《清华校友通讯》，新六十七期，新竹。

[42] 田彩凤《曹云祥》，载《清华人物志》（五），清华大学出版社 2003 年 4 月出版。

[43]《清华学校代校长赵国材致董事会》，载《清华学校基金保管委员会》，转引自《从清华学堂到清华大学》，苏云峰著，台湾"中央研究院"近代史所 1996 年出版。

第五章　进向大时代的时代

● 旧学与新知

张彭春乃张伯苓胞弟,字仲述,1892年生于天津。1904年,与分别比他大3岁和6岁的梅贻琦、金邦正同时考入严修一手促成、张伯苓任监督兼教员、由严、王两馆刚刚合并成立的"私立中学堂"。1908年,张彭春、梅贻琦、金邦正等33人作为南开中学堂第一届学生毕业。梅贻琦与张彭春同时被保送至直隶(保定)高等学堂读书,金邦正入北京税务学堂进修。时张彭春16岁,梅贻琦19岁,金邦正22岁。

1909年9月,第一批庚款直接留美生在北京史家胡同学部衙门考棚开考,梅贻琦与金邦正均参加了这场划时代的考试并得以放洋,张彭春因年龄较小没有参加。1910年7月,第二批庚款直接留美学生考试,张彭春参加并以第10名的成绩被录取。同期录取的还有杨锡仁(第1名)、赵元任(第2名)、竺可桢(第27名)、胡适(第57名)、周仁(第69名)等共70人。张彭春赴美后,入马萨诸塞州克拉克大学攻读教育学。时梅贻琦正在同城的吴士脱工科大学读电机工程学,二人再度相逢并联系密切。梅贻琦胞弟梅贻宝在回忆中提及"五哥"寄往天津家中的照片有张彭春等同学,即指这一时期的合影。1913年,张彭春获理学士学位后转入哥伦比亚大学研究院,于1915年获该校教育学硕士学位。1916年夏返国,任南开中学专门

◎张彭春

部主任，协助乃兄操持南开诸种事务，同时兼任南开新剧团第一任副团长，对话剧在中国的移植、改造、创新起了巨大推动作用，成为话剧艺术"在中国北方的奠基人"。1917 年秋，张伯苓赴美考察学习，离校期间，张彭春为南开代理校长。翌年，张伯苓归校，彭春再度重返美国哥伦比亚大学研究院深造，继续研究教育学，1922 年获该校哲学博士学位归国，与黄炎培、陶行知等组织教育改进社，负责中等教育课程改革。未久，清华代理校长曹云祥放言，欲找一位教育学专家入清华任教务长，协助自己改革清华。经严修、范源濂、张伯苓等南开系人物力荐，1923 年 7 月，张彭春以一个现代教育界新锐的面貌，"怀抱着创造性的实验精神和他在南开大学的经验"[1]，以无限的信心，踌躇满志地踏入了对他来说既熟悉又陌生的清华园，出任改革大潮中的教务长。[2]

清华学校自 1911 年学堂时代起，即开办中等、高等两科，每科皆以四年毕业，后来改为中等科五年，高等科三年，直至 1913 年 7 月止。同年 8 月，又恢复中等、高等两科各四年学制，直到 1920 年止。这年秋天，停招中等科一年级生。1921 年，改高等科四年级为大学一年级，但大一生仍为留美预备生，即毕业之后直接留美，时清华园内从中二到大一，共有七个年级。张彭春到校后，迅速提出了一个类似曹云祥但比曹更为急进的改革计划：

一、新的学校制度与原来的游学模式完全分开，停招旧制留美预备班学生；

二、建立清华为试验大学，完全以在本国造就领袖为目的；

三、游美学额完全公之于全国各大学毕业生，以公开考试行之。[3]

曹云祥原则上赞成这一计划，但为避免使用刺激性文字，引起旧制学生反弹，在坚守自己拟订的"十八年计划"基础上，对张氏之计划做了让步，制订了双方皆能接受的改革方案。与此同时，张彭春与他南开的老同学、时为物理学首席教授的梅贻琦交换意见后，重组"课程委员会"，聘请梅贻琦、庄泽宣、陈有虞、余日宣、戴志骞，以及美籍教员 Elwang、Heinz、Danton，加上张氏本人共 9 人为委员，分别草拟旧制和筹备新设大学的具体步骤与课程。经过无数次反复研究讨论，获得若干共识，最后，由曹云祥于1922年底组建并亲自主持的"教职员会议"通过，决定如下：

> 自1923年起先行停办中等科，1924年起停招高等科，1925年开办"大学部"，分设文、理、法三个学院十二个系，并设大学院（先设研究院国学门），聘请教授，大学部与研究院第一届新生，规定毕业后不能直接出洋留学。[4]

为避免旧制学生反弹，继续维持预备留美制（大一、高三、高二、高一，共四级学生300余人），直迄1929年高等科最后一届毕业生出洋留学为止。换言之，清华将提前于1929年结束旧制，成为一所新型的独立大学。清华毕业生与全国其他大学毕业生一样，须参加国内统一的公开招考，录取者方能享受庚子赔款退回余额出国留学。

这一方案在获得清华董事会、外交部与多数师生支持后，张彭春与曹云祥以及"课程委员会"梅贻琦等诸委员，对其他改革方案反复讨论研究，于多个方面获得共识。令张彭春最为满意者，并不是学制与改建大学的时间得以提前，而是曹云祥对于中国文化与在校内贯彻国学课业的重视，此点与张氏本人的教育理想与改革志愿最为契合。

清华自创办之日起，教育目标是培养留美预备生，学生在八年预备期内，除做好功课预备，还要熟悉美国的语言文字、生活方式、风俗习惯、社会政治等，以适应美国社会生活。根据这一方针，无论是学制、课程、教材、教学方法、体育、兵操、课外活动，甚至董事会设置等，几乎全部搬用美国学校一套模式。尽管清华的组织和课程名义上分为西学部与国学部，符合留美预备需要和"自由教育"思想，但事实上却有天壤之别。按照《清华大学校史稿》的说法："在教学上，英美式的'自由教育'（liberal education）对清华也很有影响。但是由于清华学校只是一所由中学向大学过渡的学校，而且是一个留美预备学校，开办它的目的是为了使学生出洋以后，能适应美国大学的学习，所以这种'自由教育'的实行，不能不受到一些限制。……到了高等科，学生学习，才大体按照'自由教育'的路子走了。"[5]

曹云祥与张彭春到校之前，清华学校有职员与教员之分，职员的地位高于教员。教员又分为西学部与国学部两部分，实际上是分为中国国文教员、中国西文教员、美国教员三部分。以学校对教员待遇和重视程度论，纯种的黄发蓝眼的洋教员，为上等人；黄种的西文教员如王文显、梅贻琦者，定为中等（中等中又分高低

◎ 1914年的清华西文部教员

级）；一生主攻科举功名，最后沦落为教书匠的中文部教员，被看作是劣等的土佬，属最末一流。按学科划分，洋文高于中文，洋课程高于土课程。在课程时间安排上，英语训练全部集中在上午，除了白天上课，每晚还有两小时集体自修，有英语教师辅导。到高等科三年级，学生开始在德、法文中，自选一种学习，为期二年，此为将来到美国后进入研究院做准备的所谓第二外国语。如果学生进入美国大学，本科毕业后，入研究院进修二年，通过论文和一种外国语，可得硕士学位；上研究院三年，通过论文和两种外国语，可得博士学位。——这也就是自美返国的清华留学生，大多都通三种或更多种语言的缘故。

　　另据《校史稿》透露，就当时的课程而言，美国的影响极其强大，"以公民课来说，课本不但是美国的，而且上面还印着星条旗，讲的是'美国政府和地方政府之组织原则、机构和活动，以及合众国政府之变迁'。据后来有人回忆说，这种课的作用，主要是教学生'爱美国'"云云。[6] 就当时的事实言之，这个描述是可信的。从定位"留美预备学校"那天起，就注定了这所学校早期的发展路径与方向，必与美国有千丝万缕的联系。

　　除了课程美国化，具有典型美利坚粗犷风格的英语，成为师生间通用的主要语言和文字，学校的行政会议、布告、出版物、校长训话、中外名人演讲、学生演讲与辩论会、戏剧歌舞演出等，几乎全部以英文为嚆矢。而早期的校歌，也由一位美籍女教师以英文编写。仅仅十年左右的光景，从清华园校风到师生的内心世界，无不渗透着美国化的影响，甚至空气中都飘荡着一种特殊的美国气味，与墙外的社会生活与风气，形成了两个截然不同的世界。在部分国人眼中，这些特立独行、怪模怪样的"夷形",对中国并无多少益处,如此造就的学生"感受美化最深""未'出'而先'洋'"[7],实属一群"非中非西的人"[8]。有人干脆称清华是一所"贵族学校,买办学校,游民制造所"[9]。周诒春长校时代建造的名震一时的大礼堂、图书馆、体育馆、科学馆等"四大建筑",其设计图样无不出自外国建筑师手笔,建筑材料也是自美国订购,通过海轮不远万里运送而来。这一切,造成校内外一些人士对周的批评,甚至还有不怀好意的攻击、诬陷。有人谓周"一生办了一所清华学校,造就了一班美国化的学生,容于本国社会贡献有限"[10]。1920 年,英国大哲学家罗素访问清华后,也曾暗含批评意味地说道:"清华学校恰像一个由美国移植到中国来的大学校。"[11]直到 1927 年,仍有人对当年周诒春的施政方针不以为然。谓:"周诒春当校长以后,学校改革的地方很多,但他的目标仍不外贯彻模仿美国学校的政策。他的希望是把美国的学校,整个儿搬到清华园来。教员多半是美国的教员,课程是美国的课程,教授法是美国的教授法,椅子、凳子、黑板、粉笔,无一样不是美国的。我们还记得那时候课外活动蓬蓬勃勃,真是开北京风气之先,但是这些玩意儿也是从新大陆贩卖进来的。我们还记得那时候的学生查字典,说洋话,唱洋歌的风气比较现在总算高明得多。但所查的字典,所说的洋话,所唱的洋歌,都是美国中小学校的。"又说:"周校长的教育政策,是要建设一个完全美国式的大学。清华学校于是大兴土木,把图书馆、科学馆、体育馆、礼堂都修筑起来,而一切规模都仿照美国大学的建筑。那时候聘请教员,更注意资格一层,因为清华学校不是美国的中小学校了。清华的组织、课程、教学方法等都是'孔步亦步,孔趋亦趋'的模仿美国。后来周校长辞职,大学开办的日期无形的延缓,在清华进步上看起来未免可惜。但是假使周校长不走,最好也不过将美国的大学整个儿搬到清华园来。那时候清华园美国化的空气浓厚到十二万分,上自校长下至听差,开口是美国,闭口也是美国。清华学校要成吕宋大学了。当时外面骂清华的人渐渐的多起来,而攻击最猛烈的要算北京国立大学的学生。他们都说清华是买办学校,所以最漠视中文。这也难怪,清华的教育政策是要造成一个纯粹美国式的大学,又何必注重中文呢?"[12]

以上批评虽有些过火偏激,确也是实情,尽管周诒春后来意识到此一弊病,并欲加纠正,但惯性使然,收效甚微。正是鉴于这样一种校园氛围与教育方针,造成了清华国学部课程特别是中等科国文教学的惨淡,而聘请的教书先生不被重视,甚至当面受辱也就不足为怪了。对于这段生活,《清华大学校史稿》有如下描述:

第一,清华升级,以英文课为标准。中文插班生,到高等科四年级后可以不再

◎ 1914年的中文部教员

上中文课，但仍须等英文课念完高等科四年，方能毕业。这就是重视英文而不重视中文。而学校安排的课程，中文课目根本不多，只国文、中国地理、博物等三四门。除国学外，也全用英文。如此一来，学生对中文课自不免漠视，对国学教员也连带轻视。

第二，按清华当局安排的课程表，中文课时间都排在下午一至四时，之后是体育活动时间。由于没有午休，学生上起课来精神疲倦，打瞌睡的很多。有学生回忆说："学生过了午刻，把西学课交待过后，便觉得这一天的担子全卸尽了，下午的国文课，只好算是杂耍场、咖啡馆。"[13] 教国学课程的教师，都是前清举人或进士之类遗老，除少数学有根底、思想与时代同步外，大多思想迂腐、近现代学术浅薄之人，八股文章做得头头是道，近现代文化与学术茫然无知，且头脑僵化，满口"子曰""诗云"与仁义道德，最为津津乐道者为"尊崇孔孟""忠君爱国"之类"圣道"，对倾向"共和人士"恨之入骨，不断诋毁甚至诅咒、谩骂，如有一位马季立老先生，张之洞督湖广时代，被聘任为两湖高等学堂教习，岁入千金，除购书外不名一文。此老"貌古瘦，极似画像中钱大昕，不能治生产，中年丧妻，遗子女各一，遂不娶，佐饭唯嗜腌肉白菜，而衣履褴褛，时时见肘决踵"[14]。如此一副尊容与打扮，与清华流行的美国化、新风气极不协调，因而此老常常在众师生面前，慨叹世风日下、人心不古之类，并在课堂内外指斥与自己思想相悖的学生："吾辈祖宗皆受清室三百年之恩泽，不能报德，而反诋之，不亦谬乎？"[15]搞得学生哭笑不得。

第三，教学方法与设备很差，引不起同学的兴趣。例如，在地理课上，因为没有挂图，教师讲到镇江金、焦、北固三山的位置时，就用自己脸上的耳、鼻、口比画，搞得学生一头雾水。由于这诸多原因，午后的课堂生活和午前形成极大反差。午前是整齐、严肃、紧张，而不碍活泼。一到午后，同一批人，同一个课堂，却是凌乱、浮动、松懈而死气沉沉。打盹的而外，有看小说的，有写家信的，有吃花生米的……更有在点过名以后，跳窗溜走的。潘光旦曾说过这样一事："有一次，一个同班同学，外号刘大汉，忘记了这次是在二楼上课，也跳窗，幸而一楼窗户的伞形布幕在中间挡了一下，挂彩了事，未酿成事故。"[16]有的学生感觉自己折腾不过瘾，便拿先生开涮，搞恶作剧。有的把教室门半掩，上面安上字纸篓，老先生一推门，纸篓"砰"地下落，正好套到先生的脑袋上，以此影射先生之"陋"；有的在讲台抽屉里放上几只小青蛙，让老先生取粉笔时吓个哆嗦。开始讲课时，同样遭到调皮的学生揶揄或戏谑，如先生讲"人比黄花瘦"，有学生便高声问："人比黄花还瘦？"老先生抬头抹把嘴下的胡子，说："这只能意会，不可言传。"学生不依不饶，进逼道："既然只要意会就行，那么要您在这儿干吗？"接着有学生笑喊"猪如白署肥"，于是全班哄堂大笑。[17]另据1923级张忠绂亲历：一位教国文的叶老先生喜欢听京戏，一上堂，学生就和他开玩笑说："昨天梅兰芳的戏好呵！"或"你今天放我们的假，去看戏吧"。老先生只好哈哈地一笑，或置之不理。"另一位教国文的清末探花左霈，曾因赞助戊戌政变罢官，然而他却赞成多妻制。他的理由是，男子譬如茶壶，女人譬如茶杯。一把茶壶的水可以倒在若干茶杯中，但几个茶杯中的水却不可以倒在一个茶壶内，那样作，水会变混浊的。"[18]这位左霈科举考试得第二名，其实是位"榜眼"，后世有论者给他的定位是"大时代中有名气的小人物"。自1918年起，左氏先后出任清华学堂历史、国文教师，开设的课程有国文、文学史和美术文。据《清华周刊》载，1923年校方特意安排教师在专门地点接待学生并与学生沟通，以改善和增进师生情谊，左霈与梅贻琦、马约翰、余日宣、陈福田等，作为教师的中坚均参与其事。1925年，清华学校设立大学部、开办国学研究院，左霈与杨树达、吴在、戴元龄等被聘为国文学系教授，同时被大学部聘任的还有物理学系的梅贻琦，西洋文学系的陈福田、温德，数学系的熊庆来，

長卿詩城自足以守

何休學海士無不歸

青臣仁兄大人雅正

雨荅弟左霈

◎左霈行书八言对联

政治学系的余日宣、钱端升等。1928年国民革命军北伐成功，以革命健将自居的罗家伦执掌校柄，左氏被罗视为不受欢迎的旧派人物遭解职。

第四，中西教员待遇的巨大反差，亦使不谙世事的学生潜意识里对中文教员产生轻视。如冯友兰所言："担任中文和中国学问的课程的教师，以及比较低级的职员，都住中国式的房子。学生们也轻视中文和中国学问的课程，上课时搞小动作，不听教师讲课。闻一多告诉我说，他那一班有一次上中文课，先生讲《项羽本纪》，有个学生不用心听讲，这本来是常事，可是这一次先生恼了，行使职权，罚这位同学出去。这个学生不服处分，靠在墙上不肯出去。先生更加恼怒，喝问：'你在那里干什么！'那位学生说：'我在这里作壁上观。'搞得先生啼笑皆非。"[19] 有时，教师被学生惹急了，便会用私塾的一套办法予以惩戒，梁实秋曾忆及一事："在中等科时，一位国文先生酒醉，拿竹板打了学生的手心，教务长来抢走了竹板，事情也就平息了，这事情若发生在今天那还了得！"[20] 与梁氏回忆相似的还有一位做过县太爷的中文教员，且带兵打过土匪。"他知道学生轻视中文教员，因此动辄发威。学生送给他一个诨号，叫'徐老虎'。他的教授法相当好，往往叫学生将作文拿回重写一遍，要不失原意而尽量减少字数。其次在黑板上写'马惊，踏犬毙之'，并解释说，'马惊得把犬踩死了'。他是江北人，一位南方同学说，'究竟是马踩死了犬，还是犬踩死了马？'这句话，使'徐老虎'大发虎威，将这位同学一直骂到下课。"[21]

上述故事为张忠绂的回忆，他所说的这位"徐老虎"，即徐镜澄，此老除了脾气大，学问与教学确实有他的独到之处，晚年梁实秋对这位老师一直心存感激，梁说："我怀念徐镜澄先生，他教我作文莫说废话，少用虚字，句句要挺拔，这是我永远奉为圭臬的至理名言。"[22] 又说："我回忆起来感觉最大遗憾者，是我在清华八年中，上午各种课程一律以英语讲授，下午各种课则系国文等科，学生对于英语练习固然获益不少，而下午各课之不被重视实在影响甚大。毕业成绩中，上下午之成绩并不平均计算，因此养成不注重国文之心理。如果有人讥评那时候的清华为过分的洋化，我殊难置答。清华的国文教师不是没有优秀的，我的一位老师徐镜澄先生便是我终身不能忘的一位良师，他改国文卷子真有眼力，有热心，虽然他上课的时候是流着清水鼻涕乱骂人。我并不想提出什么中西文化的大问题，我只是觉得那几年下午的时光被浪费掉，实在是太可惜。"[23]

从这段回忆看，梁实秋似乎属于后知后觉者，直到许多年以后，才意识到少年时期的幼稚与"未能远谋"的缺憾。但与梁氏同处一个大时代的清华学子中，亦有一些较早认识到老先生价值并努力向学的"好学生"，如 1920 级的刘师舜撰文回忆当年的学习生活时，不无感慨地说："中文部教师，名噪一时者，有马季立、饶麓樵、陈曾寿、戴梦松、左霈诸先生。笔者曾受亲炙之益者，有饶、戴、左诸师。饶师主讲文学史，为前清举人，学问渊博，出口成章。每上课一小时，先口授二十五分钟，然后写黑板二十五分钟，其所写出者，完全根据其记忆，袖间无片纸只字可供参考，而其所录出者，辄为层次分明之优美文章。盖其学有专长，对我国文学，早已融会贯通，胸有成竹，故能侃侃而谈，如数家珍。凡知饶师者，无不佩仰不置叹为观止。戴师授课时，讲解明晰，无以复加，尤其对于小学异常注意。每于字之正俗写法，析疑辩难无微不至。"[24]

刘师舜所说的马季立与饶麓樵等诸先生，在李济回忆文章中亦曾提及，李说：这位来自广东的马先生自称他早年教过后来成为"中国的第一大名士"的梁启超，并说梁启超下笔快得很，梁做他学生的时候，"人家做八股，他可以做十六股"云云。到了清华学校时代，当然不再做八股而是做现代文了。李济班上有一位姓谢的广东同学文章做得很出色，马先生说"给他一百分不够，要给他一百二十分"。马氏的幽默风趣，博得部分学生好感与好奇，李济认为"这是记忆里很有趣的事"，并说以上诸位先生都是"很好的教授"。犹让李济难忘的是来自湖南的饶麓樵。李的印象与刘师舜记忆相似，饶先生上课，"不讲话而只写黑板，把所要讲的话都写在黑板上，两个黑板写完了差不多了就要下课了。他叫每人选一部自己喜欢读的书读，例如先秦诸子，或者史记、前汉书、后汉书等。……我写的笔记、写的心得，这位饶先生相当欣赏，常常给我很好的分数和批评。在未进清华以前，在北京五城中学还有一位福建来的国文老师林琴南先生也教过我。我的国文根底就是由这几位先生培植起来的"[25]。

李济所言大体不差，虽然他后来没有走文学创作与研究之路，而从事考古人类学事业，但从李氏主持撰写的考古发掘报告以及相关的考古学术论文来看，国学根底深厚，确有《史记》遗风遗韵，尤其晚年撰写的考古学论著《安阳》一书，其朴实、老到、流畅的文笔，堪比一部优美的文学作品。这一切，除了李济天生的才赋，应与当年对国文下的功夫，以及老先生的教导熏陶分不开。——当然，

◎中文教授便服——马季立先生（麻伦先生摄并解说）

◎清华校歌作词者汪鸾庵先生（麻伦教授藏）

无论是刘师舜的认知，或是李济的自觉，都是在进入高等科以后的事情，也即由一个十几岁的顽皮少年向成熟阶段过渡的青年时期，正如潘光旦所言："同学们的年龄大些了，懂事些了，体会到自己毕竟是个中国人，将来要为自己的国家做些事，读洋书、到外国，只是为此目的而进行的一个手段；即使专为个人打算，如果对本国东西一窍不通，一张'八行笺'也写得疙里疙瘩，将来在社会上不免到处碰壁，寸步难行。因此，一般认为至少够一块敲门砖的汉文准备是必要的。……后来在高等科，汉文课目的所以获得较多的注意，而在我们出国前后的一两年里，学校的所以特邀梁启超一类的有名人物开些临时选修课，如'中国历史研究法''中国历史鸟瞰''先秦政治思想史'等，以及后来的所以搞起一个'国学研究院'来——都是和这些因素分不开的；而就学校当局来说，主要的动机是想通过这些做法来杜塞外界的批评责难。"[26]

潘氏的说法自有道理，但校方采取这些做法，除了"杜塞外界的批评责难"，还有长校者对时局和中国文化重要性的认识与把握，至少在曹云祥与张彭春是有诚意的，并愿意采取措施挽救之。正是缘于对国学重要性的认识，才有了曹、张联袂开创一代新风，在清华园创立大学部与国学研究院的伟大时代。

● 造就中国领袖人才

校长曹云祥与教务长张彭春合作之始，张对曹的魄力、学识、改革路数表示佩服。在课程改革中，多数人认为清华学生在校和留学期间，虽勤奋力学，但"几与中国社会隔绝"，"所学又不与中国国际生活相关"，若闭门造车，因而主张应重视中国文化、史地、社会和人民需要等。曹云祥对这些批评甚为关注，经与课委会委员梅贻琦、余日宣等再三讨论，形成议决案：以后的教育方针，要强调学生应面向世界文化和现代科学，同时应该重视中国文化比重，对新制大学教育则"强调个人创造力和应付中国实际需要的能力，以造就熟悉世界文化和了解中国社会需要的领袖人才"[27]。张彭春对此一设想很是满意，并说："曹是一位有理想和能力的人，肯不断学习，增长学识，重用人才，敢于从事各种新试验的领导者。"[28]张彭春是称羡美国社会的，但不主张全盘西化，他于1923年夏读完《耶鲁评论》一篇论美国大学教育的文章后，表示"中国应创造自己的制度，不能跟着美国走"[29]。1923年11月1日，由张彭春主持、梅贻琦等人参加、曹云祥支持的课程委员会改革总纲，经全校教职员会议讨论并表决通过，此项计分五条：

> 甲，清华希望成一造就中国领袖人才之试验学校。
>
> 乙，清华教育分两级：大学各科及高级中等教育。
>
> 丙，清华大学毕业期限自三年至六年，高级中学毕业期限三年。
>
> 丁，清华大学教育应特别奖励创造学力、个人研究及应付中国实际状况及需要之能力。
>
> 戊，清华高级中等教育之目的，在使将来之领袖人才受广阔的基本训练；其方法在利用教室内外实际生活之动作，使经验近世文化之要领。[30]

就在清华校方按这一总纲实施改革之时，1924年初，上海美国大学俱乐部"为谋清华学校之改良，曾函致美公使及商务参赞，并派专员在京调查，其所征得之意见，业已见诸中西各报"。然"报告中所论清华之缺点，仅为表面上所显而易见者，并非根本上所应改良之点"。此举使清华师生特别是校长曹云祥大为不快，曹撰文先后在英文《大陆报》及《华北明星》发表，对改良清华之各重大问题予以辩解和重申。提及清华改良之处，曹认为有四大端，曰："改组董事会；改办大学；审定教育方针及长期预算；提高学生程度及选派优秀人材出洋。"其中特别提到"是故真心爱惜清华者，赞成按所拟十八年计划及预算，逐渐改办永久之大学，而赔款停止后，亦常能每年资送留美学生十名或二十名。自一九四〇年起，清华基本金，每年可供一百万元，为大学之经常费，伍拾万元为留学经费，伍拾万元为推广大学临时费。凡愿就远大方面进行者，决不愿将赔款在十七年内用罄，关闭清华，停止派送留学生。盖清华办成大学而在美之留学生，可永远有五十名之谱，则清华不特为有价值之大学，并为中美邦交文化友谊之永久关键矣"[31]。

与此同时，在曹云祥与张彭春主持下，很快制定了《清华大学筹备顾问及其工作报告》，并于1924年2月22日，向周诒春、胡适、范源濂、张伯苓、张福运、丁文江等六人发出"顾问聘请书"，聘书内容为曹云祥亲自拟就，并以曹氏名义致聘，内称："惟是造端伊始，举措至为审慎。夙仰执事教育大家、社会领袖、学界泰斗，嘉言懿行，中外同钦，对于改造清华必有宏猷硕画，敢请先生担任清华大学筹备顾问，对于清华大学教育应取之方针与应有之计划，不吝指导，实为厚幸。清华已往之历史，于全国教育界已不无影响，其将来如何，所关尤巨，此诚全国教育界之问题。谅先生必不辞其劳也。如蒙慨允，当俟拟定会期、地点，再行奉闻。"[32]

聘书送达后，只有周诒春因与清华过往的一段纠葛未允，其余五人皆就聘，开始为清华大学筹备出谋划策。根据五位顾问与外交部建议，在校内成立"大学筹备委员会"，曹云祥、张彭春、梅贻琦等为筹备委员。1924年10月，《清华大学之工作及组织纲要》，经"筹备大学委员会"之课程及计划组议决通过。1925年4月，北洋政府外交部批准了大学筹备委员会提出的《清华大学工作及组织纲要（草案）》，学校随即按照《纲要》成立了"临时校务委员会"，由曹云祥、张彭春、梅贻琦等十人为委员，由该会负责将清华学校改组成大学部、留美预备部和研究院三部分，并决定到1929年旧制学生全部毕业后，留美预备部停办。此后，又制订出详细的"组织大纲"，其学制分为六条：

一、本校设立大学部及留美预备部。

二、凡留美预备部学生毕业后，一律资送赴美留学。该部至民国十八年停办。

三、大学部分本科及大学院（大学院未成立前暂设研究院）。

四、本校学程以学系为单位。

五、大学部本科修业期至少四年，学生毕业后给学士学位。

六、大学院未成立之前暂设研究院，先办国学一门，以后斟酌情形逐渐添办它门，至民国十九年大学院成立后，研究院即行停办。[33]

这个计划，既为董事会接受，又得到中外社会人士的好评。而美国方面，对清华同样抱有造就领袖人才的希望，这同美方当年退款本身的意图正相符合。1917年，美国《纽约星期报》发表的《论华人留学美洲之今昔》一文，在论述吸收中国学生留美的作用时曾提及："学成归国之中国少年，一日在中国教育、商业诸界具有势力，即美国之势力一日将为中国历史上操纵一切之元素。此在今日犹有特别意味，盖日本目前正执亚洲之牛耳，然不得谓日本将永执牛耳。"[34]1924 年 3 月 31 日，美国众议院外交委员会讨论第二次退还庚子赔款会议中，检查了第一次"退款"办清华学校的"效果"。一些在华多年的美国人"作证"说，退款办清华"可以造成中国的领袖人才，可以使中华民国的基础巩固"。又说："留美归国的先辈，也有些已经占有重要位置，在政局上很有影响"，"只就目前而论，这番举动，于中国对美关系上，已经发生异常的效验"。[35]

对这样的目的和要求，曹云祥顺时而动，上台后竭力倡导鼓吹，并曾雄心勃勃、豪气冲天地宣称，不但要把清华办成人才的培养基地，还要把清华园变成栽培领袖的摇篮。1925 年 4 月，曹云祥于清华大礼堂做《领袖人才的养成》演讲，希望清华学生日后能成为领袖型人才，曹说："有社会团体，即须有领袖；无领袖则不成其为社会团体矣。譬如电机，若无电力，则与无电机同也。为领袖者必有领袖之才。以力服人者，非真人才也。唯以德服人者，始可为社团精神之指挥，而为真领袖也。……为良好公民，须知己；为良好领袖，须知人……今吾国国事之倥扰，国势之阽危，军阀争权，兵匪充数，士不得安于学，农不得安于耕，工商不得安于市，以无领袖人才之故也。彼欧美列强，国家富强，人民安乐者，是有领袖人才之故也。可知领袖人才，有之则国治，无之则乱。其重要有如此者！吾校炭炭变更学制，提高程度，添设大学部、研究院，实亦亡羊补牢之计；盖欲培养青年学子，成就领袖人才，以供我国之需求，而期挽此狂澜，使政治统一，百废俱兴，人民得以安居乐业，共享和平之福也！"[36]

经过紧锣密鼓的筹备，1925 年 5 月，清华学校大学部和国学研究院国学门正式宣告成立，开始招生。国学研究院国学门招生 30 人，"新制"普通科一年级招收学生 123 人，实际报到 93 人，这一批学生被称为清华大学第一级生。此前通过的组织章程中明确规定："纯以在国内造就今日需用之人材为目的，不为出洋游学之预备。"同时，为避免产生误会，或个别学生进入校门后装傻充愣无理纠缠，校方特别发表"重要声明"如下：

（一）学生在本大学部肄业完全与留美学额无关，但将来清华举行留学考试时，本校专门科毕业生均得报名应试，凡投考本大学之学生务须明了此项办法以免误会。

（二）本校大学部暂不收录女生。[37]

1925 年 9 月，清华具有历史转折意义的新学年开始，曹云祥于开学之日做了热情洋溢的演说，谓："本学年为新计划开办之纪元。……自今以后，派送留美学生，逐渐减少，新大学学生，陆续增加。故今年招收新大学学生一百三十二名，研究院学员三十名。曩时每年仅能招收三十名至五十名而已。四年之后，公开留美考试，并非专派清华学生，凡国立大学毕业之学生，成绩优良，并本所习学科，在社会服务二年者，均可应试。每次考送以三十名为限。曾经当代学界名流讨论决定，故此种新计划，为中国知识界所赞许。"接下来，曹云祥述及预备课程大旨，特别提及国学研究院的创设，谓："现在中国所谓新教育，大都抄袭欧美各国之教育，欲谋自动，必须本中国文化精神，悉心研究。所以本校同时组织研究院，研究中国考据之法。希望研究院中寻出中国之国魂，犹如日本武士道之魂，新意大利之魂，及各国之国魂。其研究院之详细情形，由研究院主任说明之。"[38]

曹云祥演讲毕，张彭春发言，继之由清华早期历史上具有传奇色彩的人物、时任清华国学研究院主任的吴宓登台演讲。——至此，在清华园凭空生出、过渡时期的国学研究院，连同王国维、梁启超等几位大名鼎鼎的导师，首次集体进入清华师生的视野。

◉ 清华国学院的创立

根据 1924 年 10 月，张彭春、梅贻琦等"清华大学筹备委员会"草拟的组织纲要，决定在筹建大学部的同时，筹备设立研究院。由于财力、人力、研究方向等诸方面限制，曹云祥、张彭春与梅贻琦等委员经过多次商讨、斟酌，最终决定研究院先设国学门一科，也就是后来被社会广泛称谓的国学研究院。曹云祥校长提出的表面理由是，在本国设立高深的学术机关研究"中国固有文化，使中国文化与西方文化相沟通"。按《清华大学校史稿》的说法，"实际上，却有着更深刻的背景"，即"五四"运动以后，北京大学教授胡适提倡所谓"输入学理，整理国故"。1922 年北京大学设立了研究所国学门，校长蔡元培亲任所长，由国学大师章太炎的门生、北大教授沈兼士任国学门主任。所聘教授除本校名师，还聘请社会上名声显赫的硕学鸿儒罗振玉、王国维等为通信导师。此举开创了在大学校园内设立研究机构，专门研究学问的先河，一时为天下儒林所重。此后，胡适又想利用清华的庚款，在清华为"整理国故"另设一据点，极力向清华师生宣传"中国办大学，国学是最主要的"，而办研究院呢？则应首先办好国学一门云云。与此同时，胡适甘愿四处奔走，与各路名家联络，向清华"推举教员，比如研究院的一位主要教师王国维就是他推荐的"[39]。

　　胡适的热心鼓动，正合立志校务改革的曹云祥和张彭春二人心意，有英雄所见略同之感。于是，曹、张多次邀请北大教务长、在"五四"运动前后"暴得大名"的胡适聚会就餐，共商清华创办国学研究机构，并有意让胡执掌即将成立的国学研究院院长。尚不算糊涂的胡适推辞说只做顾问不就院长，并建议曹校长根据中国学界优秀传统，采用宋、元时代书院导师制，兼取外国大学研究生院学位论文专题研究法，来办研究院国学门一科。曹校长深以为然，表示请胡氏出任导师，广招天下士子名流，亲身示范，绵延中国文化血脉。胡适鉴于各方面条件尚不成熟，清醒又谦虚地说道："非一流学者，不配做研究院导师，我实在不敢当。你最好去请梁任公（启超）、王静安（国维）、章太炎（炳麟）三位大师，方能把研究院办好。"[40]

　　1924 年 12 月，根据胡适推荐名单，曹云祥致函王国维，聘请其为清华"国学研究院院长"。王接到这份印刷格式、由校长签名的函件，心中不快，以"时变方亟"等语婉辞。面对尴尬之局，曹云祥思虑再三，遂决定由吴宓前来主持院内事务，负责聘请名师与招生、教学等相关事宜。于是，在清华校史上极具人文特色、略兼古怪的一个传奇人物粉墨登场了。

　　1894 年生于陕西泾阳的吴宓，字雨生，又字雨僧。1916 年毕业于清华学校高等科，因体育不及格被强行留校一年，1917 年再度考试过关后，方与比自己低一届的同学同船赴美。根据校长周诒春的建议，初进弗吉尼亚大学，后转哈佛大学就读，获文学学士学位，继入哈佛研究院，师从新人文主义美学大师白璧德（Irving Babbitt，1865—1933）攻读哲学，1921 年获硕士学位。当时与吴氏在哈佛共

◎吴宓

读并友善者，有中国的陈寅恪、汤用彤等，因吴、陈、汤三人学业成绩超群，故有"哈佛三杰"或"三剑客"之称。至于这顶帽子是别人给套上，还是自己扣到头上的，似无确切说法，但三人作为一个优秀小群体，为众生所瞩目或属事实。当时在哈佛就读且与"三杰"友善者，另有陈寅恪表弟俞大维，以及梅光迪、张鑫海、林语堂、楼光来、顾泰来等人，此等人物大都拿到了硕士、博士学位，归国后在政治、经济、军事、教育界大显身手，成为社会瞩目、于各自领域呼风唤雨的一代人杰。

1919 年 10 月，梅光迪受南开大学之聘，离开哈佛归国任教。一年后，梅氏受早年同学好友、毕业于美国西北大学的哲学博士、时任东南大学副校长兼文理科主任的刘伯明邀请，转赴南京高等师范学校兼东南大学任英国文学教授。1921 年 7 月，吴宓受梅光迪举荐，回国出任东南大学西洋文学教授，讲授"中西诗之比较"等课程，自此开中国比较文学先河。按当时规定，清华留美公费生为五年学制，吴宓本应继续学习深造，一举拿下博士学位，可他经不住好友梅氏的劝说，决定提前归国。按吴宓女儿吴学昭的说法，"他实在是太关心中国文化的命运了，迫不及待地回国参加弘扬民族文化、沟通中西文明的战斗"[41]——在那个时候恰又是吴学昭的中青年时代，"革命"与"战斗"成为时髦的生活方式与执笔为文的响亮名词，凡社会中人，都号称自己"参加革命"与"××战斗"。

这年 9 月，陈寅恪离美，进柏林大学研究院研究梵文及东方古文字学。1922 年初，吴宓与刘伯明、梅光迪、胡先骕等一帮志同道合的留美学者，共同于东南大学创办《学衡》杂志，时人称之为"学衡派"。此时正值国内新与旧、传统与西洋文化交织争斗的关键时刻，学衡派成为与陈独秀、胡适为首的号称"新文化派"或"另类派"作对的一个声势浩大的学术团队。统领这个团队的总编辑吴宓，在与胡适"另类派"连续作战过程中声名鹊起，广为学界所知。四年后，吴宓重返母校，出任清华国学研究院主任，尤为学界瞩目，达到了他一生事业和声望的顶峰。[42]

据《清华周刊》报道，吴宓重返清华，与教务长张彭春的推荐有密切关系。但细考历史，其实不然。此前张与吴二人并不熟悉，且张彭春对国学只是为时势所迫表现热心，并不在行。吴宓能进入人才济济的清华，并作为校长麾下掌控一方地盘的三个"封疆大吏"之一而崭露头角，实与校长曹云祥有直接关联，此点从清华大学留存的档案和吴宓、张彭春本人日记，可以找到明确佐证。[43]

吴宓有写日记的习惯和毅力，也是日记高手，行文优美，议论独到，内中充满了真性情和对世事的深邃见解。与好论政治时势的胡适日记大为不同，吴氏日记中珍贵的史料价值与引人入胜的"好看"程度，为学术界所推崇，是研究吴氏本人与清华，乃至二十世纪中国教育界一扇不可或缺的窗口。据已整理出版的《吴宓日记》显示，吴氏留学归国受聘东南大学后，心情舒畅，极富个人理想和创造性。时东南大学管理完善，学风优良，学生颇为上进，为社会各方所称道。就吴宓本人而言，"适为东南大学前后多年优秀之两班学生"正为自己所教，"以东南大学学生之勤敏好学，为之师者，亦不得不加倍奋勉。是故宓尝谓'一九二一至一九二四的三年中，为宓一生最精勤之时期'者，不仅以宓编撰之《学衡》杂志能每月按期出版，亦以宓在东南大学之教课，积极预备，多读书，充实内容，使所讲恒有精彩，且每年增开新课程"[44]。由此可看出，当时的吴宓确是意气风发，颇有一番作为的。惜好景不长，由于一个意外插曲，改变了吴氏的人生轨迹。

1923年夏天，东南大学校长郭秉文出国参加世界教育会议，校务由副校长刘伯明代理。刘氏于秋初赴湖南讲学，因积劳成疾，10月27日陡感头痛，至医院诊断为脑膜炎，医治无效，20余天后去世，年仅37岁。刘去世之际，正是南京高等师范学校并入"东大"之际，校内外各派力量为自身利益党同伐异，争相角逐，是非蜂起，一发而不可收。据《吴宓日记》1924年七月条载："自伯明先生溘逝，事变纷来。本年四、五月之交，校中宣布裁并西洋文学系。于是诸同道如梅（光迪）、楼（光来）、李（思纯）诸君，均散之四方。予亦处不可留之势。一再审思计议，卒于五月底，决然就奉天东北大学之聘。予之生涯，乃大变改。然去南京而之他所，实非本志。故始终依恋，临行尤凄其欲悲。"[45]

尽管心中愤懑悲凉，但大局如斯，吴宓不得不卷起铺盖，抛妻别女独自一人告别南京另谋他就。1924年8月6日，吴宓到达奉天东北大学，为英语系教授，主讲《英国文学史》等课程。此次赴奉，本是仓促无奈中的选择与屈就，吴氏到后越发感到"此校规模狭小，设备简陋，发展不易。为进取及树立名声计，颇不相宜"，乃有另觅高枝之意。23天后的8月29日，《吴宓日记》载："日前函顾泰来君，述此间实况，及欲往清华之意。顾君即赴外交部，与清华校长曹云祥君言之。曹君谓暑假前即欲聘予，因知予已就东北事，故止。今若往清华，颇欢迎。能立刻往，赶秋季开学，则尤佳。否则于半年后，或一年后，再函接洽。云云。顾君快函来告，予即复一函。并上曹校长一函（英文）。略谓此刻若将聘宓之事决定，条件大致议妥，则宓当据情与此校当局商量。如能准宓去，则立刻来清华。如此间不放行，则与此间说妥，定于寒假后迁至清华云云。"9月2日，《吴宓日记》又载："上午，接清华曹校长来电，文曰 Welcome.Letter Follows。译言'欢迎'。信随后到。"

　　这是吴宓首次与曹云祥隔空对话，也可称为初次接触，而曹氏开诚布公地表示早有聘吴之意，并随时恭候吴的到来。曹对吴如此客气，除了吴宓本身条件具备，另有一个插曲或起了催化作用。这个插曲的始作俑者，就是清华1923级学生、后来在文坛大名鼎鼎且被鲁迅骂为"丧家的""资本家的乏走狗"的梁治华，即梁实秋。

　　1923年下学期开学后，清华学校高等科四年级（本年毕业留美）学生实秋等几人到南京东南大学游览、参观，顺便听了吴宓几堂课，梁为吴氏讲课的风采和学问倾倒，回到清华后做了积极反应。据吴宓日记载："梁君本人，连听宓课两三日。适值宓讲授《欧洲文学史》，正至卢梭之生活及其著作。梁君回校后，即在《清华周刊》中著论，述东南大学学风之美，师饱学而尽职，生好读而勤业。又述其听宓讲卢梭课，宓预先写大纲于黑板，讲时，不开书本，不看笔记及纸片，而内容丰富，讲得井井有条，滔滔不绝。清华今正缺乏良好教授，此人之所共言。吴先生亦是清华毕业游美同学，而母校未能罗致其来此，宁非憾事哉！云云。"

　　梁实秋的文章发表后，在清华引起较大反响，也引起了立志改革、正准备创办研究院国学门的校长曹云祥重视。鉴于东南大学俊彦云集、士气高昂，整个学校蒸蒸日上的态势，曹校长没有采取挖墙脚、强行将吴拉入清华的行动，而是引而不发，静静地等待机会，想不到这个机会很快到来了。一直密切关注东南大学动静的曹云祥，得知东大1924年夏天的纷乱和吴宓处境后，即产生发函致聘想法，尚未行动，吴已赴奉天。曹得消息，只有等待机会，想不到吴宓主动表示投奔曹营之意，于是有了曹云祥上述信件与"欢迎"电文。

　　吴宓得电，自是欢喜，但顾及校方与介绍人情面，一时踌躇不定，"清华如招致殷勤，固予之幸，然益难裁决"[46]。经过几次反复，仍未下定决心。到了10月15日下午，东北大学当局召开教职员会议，号召大家以薪资的百分之五捐款，以慰劳正在进行的第二次直奉战争前线将士。此前吴宓已有所闻，此乃张学良夫人所发起，奉天商会等"为见好于长吏"所制定数额，各校皆如此。吴见"同人一体踵行云云"，遂起而发言，谓"同胞相杀，实堪痛心。若如红十字会之救伤，则另是一事，与此不同。故主张捐数轻减"。后虽以薪金百分之三捐数通过，吴宓以300元薪金计，当月被强迫扣除奉大洋九元。奉天当局与学校此种做法，令吴大为不满，愤而叹曰："奉天俨然一独立小国也。奉天之人，知有中国者甚少。所谓爱国心之表示，皆类此耳。呜呼，而学校视教职员，如士官之视兵卒，随意指使。纸币跌落，吾等薪金已大亏折。更遭此类捐项之摊派，恐一而再，再而三，而不能止也。"[47]

正是对此类事件的反感与被强迫捐资的担忧，令吴宓下定决心弃暗投明，即离开独夫民贼当道的奉天，奔向民主解放的清华。于是，吴在勉强完成一个学期授课后离奉赴京，于 1925 年 2 月 5 日抵达北京，暂住城内姑母家中。翌日，吴宓顶着风雪出城，踏入久违的清华园，先后拜见校长曹云祥与教务长张彭春，谈受聘清华之事。此为吴与曹、张二人首次见面，双方稍事寒暄，随即进入聘请条件商谈的主题。

2 月 9 日上午，吴再由城内住处至清华园拜访曹云祥，提出两项条件：

> （一）名义为［国学研究院］筹备主任。（二）须有全权办本部分之事，并负专责。否则，仍回奉。曹允之。
> 下午见张彭春，告之。张谓极妥。[48]

2 月 10 日，吴宓由城内移居清华园古月堂之西客厅，被派举为与梅贻琦等同列的大学筹备会委员。

2 月 11 日晚，张彭春在其宅设宴招待吴宓，就国学研究院等校内事务进行交谈。

2 月 12 日，国学研究院筹备处正式成立，开始办公。尚属光杆司令的吴宓，以清华国学研究院筹备处主任身份，办理的第一件事，是正式聘请"宏学博通"的大师前来任教，名列第一位的便是王国维。

曾任宣统朝五品"南书房行走"、时年 49 岁的王国维，作为清王朝最后一位皇帝——溥仪的"帝师"，属于世人眼中的旧派人物。此前曹云祥曾托胡适向王国维转交过一封印刷体的"研究院院长"聘书，王氏予以拒绝。不甘心的胡适对王就研究院性质与教授任务等做了一番解释，又动用自己的汽车专门拉着王到清华园转了一圈。寡言少语、"老实到像火腿一般"（鲁迅语）的王国维，见园内风景优美，校内颇具规模与秩序，始有进清华的念头。此次吴宓登门之前，怕因言语或礼数不周而偾事，对王氏这位清朝遗老的生活、思想、习性专门做了研究，认为还是按老礼节行事更为妥帖。于是，2 月 13 日上午，吴宓持清华校长曹云祥亲笔书写的聘书，来到北京城内地安门织染局 10 号王国维宅院邀聘，待进得厅堂，见到坐在椅子上的王国维，吴宓先行三鞠躬礼，而后就座，慢慢提及聘请之事。如此一招，令王国维大感意外又深受感动，觉得眼前这个吃过洋面包的年轻人，居然把自己当作一个有身份的前辈人物看待，尊敬有加，顿觉有了面子，心中颇为舒畅痛快，当场答应下来。据《吴宓日记》载："王先生事后语人，彼以为来者必系西服革履，握手对坐之少年。至是乃知不同，乃决就聘。"[49]4 月 18 日，王国维携家人由城内迁往清华园古月堂居住（秋迁入西院十六、十八号两栋毗连的房舍），就任国学研究院教授之职。

与王国维处事风格不同，时年53岁的梁启超一见吴宓送达的聘书，极其痛快地接受了。

梁启超此举，不是一时兴起，而是有其深厚的历史渊源。当时北平学界几乎尽人皆知，梁氏与清华学校有着相当长的密切关系与感情，而梁家的三位公子又先后求学于清华学校。梁启超长子梁思成，1915年入学，1923年毕业，次年留学美国宾夕法尼亚大学；次子梁思永，1916年入学，1924年毕业后留学美国哈佛大学；三子梁思忠，1918年入学，1926年毕业后留学美国，步入著名的西点军校。梁启超本人于1914年前后，曾数次来清华学校做"名人演讲"，开始与清华建立起真挚的友谊。1914年，即清华建校三周年之际，梁启超亲赴清华演讲，讲题名为《君子》，用《周易》中两句关于"君子"中乾坤二卦的卦辞做发挥，以此激励清华学子发愤图强，梁谓："乾象言，君子自励犹天之运行不息，不得有一暴十寒之弊。才智如董子，犹云勉强学问。《中庸》亦曰，或勉强而行之。人非上圣，其求学之道，非勉强不得入于自然。且学者立志，尤须坚忍强毅，虽遇颠沛流离，不屈不挠。若或见利而进，知难而退，非大有为者之事，何足取焉？人之生世，犹舟之航于海。顺风逆风，因时而异，如必风顺而后扬帆，登岸无日矣。……坤象言，君子接物，度量宽厚，犹大地之博，无所不载，君子责己甚厚，责人甚轻。孔子曰：'躬自厚而薄责于人。'盖惟有容人之量，处世接物坦焉无所芥蒂，然后得以膺重任，非如小有才者，轻佻狂薄，毫无度量，不然小不忍必乱大谋，君子不为也。当其名高任重，气度雍容，望之俨然，即之温然，此其所以为厚也，此其所以为君子也。"

在阐发"天行健，君子以自强不息；地势坤，君子以厚德载物"的君子"大道"之后，梁启超结合清华学生现状明确指出："纵观四万万同胞，得安居乐业，教养其子若弟者几何人？读书子弟能得良师益友之熏陶者几何人？清华学子，荟中西之鸿儒，集四方之俊秀，为师为友，相蹉相磨，他年遨游海外，吸收新文明，改良我社会，促进我政治，所谓君子人者，非清华学子，行将焉属？虽然君子之德风，小人之德草，今日之清华学子，将来即为社会之表率，语默作止，皆为国民所仿效。设或不慎，坏习惯之传行急如暴雨，则大事偾矣。深愿及此时机，崇德修学，勉为真君子，异日出膺大任，足以挽既倒之狂澜，作中流之砥柱，则民国甚幸矣。"[50]

梁氏江河狂泻、中流砥柱般的演讲，在清华师生心灵深处打下了深深的烙印，对清华学校优良学风和校风的养成，产生了巨大而深远的影响。清华学校即以"自强不息，厚德载物"定为校训。后来的清华大学校委会决定，把校训镌刻在清华校徽上，以励师生。自此，内含真正"强大""不息"玄机奥秘的八字校训，如同一座高耸的路标，昭示着清华师生前行的方向。——正因为有了如此深厚的历史渊源和情感交结，梁启超接到清华聘书后，立即决定就聘。

国学研究院既开，仅王、梁二位导师显然不足以应付各科学业，于是，清华教务长张彭春积极荐举当年庚款第二批考试的"榜眼"，与自己同期留学，时年34岁，才华超群、号称"汉语言学之父"的哈佛博士赵元任前来任教。曹校长闻知，欣然同意，立即发电聘请。身为国学研究院筹备主任的吴宓，一看张彭春荐了自己同学，不失时机地向校长曹云祥强力推荐自己在哈佛读书时的同学、时在德国柏林大学研究院攻读的史学奇才、37岁的陈寅恪，前来清华担当教授之职。因陈寅恪没能戴上一顶硕士或更高级的博士帽子，曹颇感为难。经过吴宓力荐与梁启超、王国维等共同助力，曹在反复权衡之后，终于同意，并由吴宓电请陈寅恪归国就聘。——这就是当年令天下学界为之震动，被后世广为流传并影响深远的清华国学研究院"四大导师"。

清华校方为聘请"四大导师"任教，可谓不遗余力，其中一个被后世广为称道的鲜明特点是，重视真才实学，不慕虚名，不轻信文凭。在"四大"之中，只有赵元任一人怀揣美国哈佛大学博士学位证书，而王、梁、陈等三位，均无博士、硕士头衔，较为年轻的陈寅恪连个学士学位也未拿到。尽管头上没有金光闪闪的博士帽子，但三位却学贯中西，堪称当之无愧的学术大师。陈寅恪放洋十几载，于日本、美国哈佛、瑞典、瑞士、英国以及德国柏林等欧美名校转过一遍，终未能揣一张文凭回来，哪怕是最低的学士文凭都未得到，完全是为求知而读书，其学问之广博精深，已达到了出神入化的奇境，为学术界推崇备至。[51]

据赵元任夫人杨步伟回忆说：赵元任接电后决定应聘，于这年5月28日，偕夫人杨步伟和两个孩子从上海码头登岸，杨杏佛、胡明复等名流前往迎接。几天后由上海乘船至天津转北平。张彭春得到消息，与梅贻琦两人坐汽车到城内住处接往清华园，住于南院一号，陈寅恪住二号（时未归国），梅贻琦住五号。由于梅、陈、赵等住宅属于一个横排走向，梅每天进出必经过赵家门口，与赵氏一家越来越熟，终成一个阵营的好友，共同经历和见证了清华园若干风浪。此为后话。[52]

且说紧随"四大"之后进入国学院的另一位导师，便是后来被誉为中国人类学和考古学之父的年轻"海龟"李济。

1896 年 6 月 2 日生于湖北钟祥县的李济（字济之），4 岁即入书房，从一个表叔开始念"盘古首出，天地初分"之类的古书。1907 年，李济随时为清朝内务府小京官的父亲进入北京两个著名中学之一——南城的五城中学（北师大附中前身）读书，14 岁考入清华学堂，所学的课程由当时的教务长胡敦复安排，重点是英文方面的语言和文字学习，也有自然科学的部分，其中讲授数学三角这门课的老师就是梅贻琦。

1918 年，李济于清华毕业留美，在马萨诸塞州伍斯特市的克拉克大学攻读心理学，当年张彭春曾在该校就读，而梅贻琦就读的吴士脱工科大学离克拉克校园不远。李济后来回忆说："在同一城中有一个工业学校，也有许多中国留学生，有人告诉我，梅月涵先生就是从这个工业学校毕业的高材生。这也在我心中留下了一个深的印象。"[53]1920 年，李济获硕士学位，同年转入哈佛大学攻读人类学专业，成为当时哈佛大学人类学研究院唯一的外国留学生，同时也是哈佛创建以来这个专业最早到校的唯一的研究生。1923 年，李济以凝聚了三年心血的《中国民族的形成》论文，获得哈佛大学哲学（人类学）博士学位，此为第一位中国人获此殊荣。这一年，李济 27 岁。

回国后的李济，受一位名叫凌冰的美国克拉克大学时期结识的学长举荐（南按：时凌担任南开大学部主任，一说教务长），接受天津南开大学校长张伯苓之聘，先是担任人类学、社会学兼及矿科教授，第二年兼任文科主任。1924 年，李济加入美国华盛顿史密森学会弗利尔艺术馆（The Freer Gallery of Art）毕士博（C.W.Bishop）率领的考古发掘队，在中国展开田野考古发掘和研究。再后来，李氏接受清华大学筹备处顾问丁文江与梁启超推荐，进入清华国学研究院。校方"拟请其任教授，惟恐有碍 Bishop 先生方面之考古事业，则李先生暂任讲师云云"[54]。于是，时年 29 岁的李济，以讲师的身份出任清华国学研究院导师。

在四方邀聘名师的同时，国学研究院筹备主任吴宓遵校长曹云祥嘱，规划一切事务，制定《研究院章程》及准备招生事宜，并多次登门拜访已到校的王国维共同筹措擘画，如赵万里《王静安先生年谱》所言："时院务草创，梁、陈诸先生均未在校，一切规划均请示先生而后定。"[55]

1925 年 3 月 5 日，校长曹云祥邀请清华学校国文部全体教员，以及大学筹备委员会梅贻琦等全体中国籍委员举行茶话会，讨论国学研究院章程及招生办法。3 月 6 日，在曹云祥主持下，清华学校校务会议讨论通过了由吴宓为主、王国维等人参与制定的《研究院章程》，规定如下：

一、宗旨　本院以研究高深学术，造就专门人才为宗旨。

二、组织　本院为清华学校之一部，经费及设备，均暂不另划分。清华学校校长总揽本院一切事务。

三、科目　本院拟按照经费及需要情形，逐渐添设各种科目。开办之第一年（民国十四年至十五年）先设国学一科，其内容约为中国语言、历史、文学、哲学等，其目的专在养成下列两项人才：

（一）以著述为毕生事业者。

（二）各种学校之国学教师。

四、教授及讲师

（一）本院聘宏博精深，学有专长之学者数人，为专任教授。常川住院，任教授及指导之事。

（二）对于某种学科素有研究之学者得由本院随时聘为特别讲师。

五、学员

（一）本院于每年七月，考收合格学生若干名，住院研究，其招考规程另定之。

（二）学员之资格如下：

（甲）国内外大学毕业生，或具有相当之程度者。

（乙）各校教员或学术机关服务人员，具有学识及经验者。

（丙）各地自修之士，经史小学等具有根柢者。

（三）投考手续约分二步：……

（四）学员经取录后，须按期到院，常川住宿，屏绝外务，潜心研究，笃志学问，尊礼教授，并不得有逾越行检，妨害本院之行为。

（五）学员研究期限，以一年为率，但遇有研究题目较难，范围较广，而成绩较优者，经教授许可，得续行研究一年或二年。

（六）学员免交学费及宿费，但每学期入学时，应交膳费约三十五元，预存赔偿费五元。此外零用各项，均归自备。

（七）本院设奖学金，每名每年国币一百元，其名额及给与详章另定之。……

（八）学员研究期满，其成绩经教授考核，认为合格者，由本院给予证书，其上载明该学员研究期限及题目，并由清华学校校长及教授签字。

六、研究方法

（一）本院略仿旧日书院及英国大学制度，研究之法，注重个人自修，教授专任指导，其分组不以学科，而以教授个人为主，期使学员与教授关系异常密切，而学员在此短时期中，于国学根柢及治学方法，均能确有所获。

（二）……（略）[56]

这个章程，是为清华国学研究院成立的法源，也是校方与师生"照章办事"的规矩与准绳。意想不到的是，随着清华"改大"的进展，此一法源竟成为张彭春与吴宓，以及曹云祥与部分师生纷争混战的导火索。

1925 年 6 月 15 日，清华校长曹云祥正式宣布国学研究院教职员名单：

教授：王国维、梁启超、赵元任、陈寅恪；

讲师：李济；

助教：陆维钊（同年 9 月辞职，由赵万里接任）、梁廷灿、章昭煌；

主任：吴宓；

事务员：卫士生；助理员：周光午。

如此精简干练的教职员阵营，颇为校内外同人称赞，向来以木讷寡言著称的王国维更感欣喜，认为此举正合他早年关于治校之论述："一校之中实行教授之人多，

◎ 1925 年冬，清华国学研究院师生合影。前排右起：赵元任、梁启超、王国维、李济；后排右起：梁廷灿、陆维钊、章昭煌。时陈寅恪未到校（引自《清华年刊》1925 年 26 期）

而名为管理之人少，则一校之成绩必可观矣！"[57]

1925年6月18日，吴宓受命正式担任清华国学研究院主任。

7月11日，曹云祥校长在工字厅设宴招待王国维、赵元任、李济，张彭春与吴宓作陪，"为欢迎赵、李二教授、讲师也"[58]。

8月1日，曹云祥宣布国学研究院正式成立，原筹备处于同日撤销。从这一天起，清华学校的改制告一段落，全校分设旧制留美预备部、新制大学部（分普通部、专科部）、国学研究院等三部，以张彭春为教务长兼旧制部与大学普通科主任，庄泽宣为大学部专门科主任，吴宓为国学研究院主任。与校长和三部相关的行政系统改革逐渐完善，而最具现代特色的是成立了新校务会议，人员除校长与各部主任为当然代表外，另有教员代表四人，分别为梅贻琦、赵元任、孟宪承、陆咏沂。各职员与代表列表如下：

1925年秋之新校务会议

校　　　　长		曹庆五先生
旧制部兼大学普通部	主任	张仲述先生
大　学专　门	主任	庄泽宣先生
研　　究	主任	吴雨僧先生
课　外作　业	主任	全希德先生
机要部	主任	王酌清先生
教员代表		梅月涵先生　赵元任先生
		孟宪承先生　陆咏沂先生

（《清华周刊》，第358期，1925年11月6日）

9月9日上午10时，吴宓率国学研究院师生至大礼堂参加校长曹云祥主持的开学典礼，"宓坐前列，居校长之右。秩序单另存。宓以研究院主任资格演说"[59]。吴谓："本校设立研究院之初意，详见曹校长所著《西方文化与中国前途之关系》小册中（民国十三年五月出版），至于研究院之切实宗旨及办法，则备具于'研究院缘起及章程'。……惟兹所谓国学者，乃指中国学术文化之全体而言，而研究之道，尤注重正确精密之方法（即时人所谓科学方法），并取材于欧美学者研究东方语言及中国文化之成绩，此又本校研究院之异于国内之研究国学者也。……今幸得王静安、梁任公、赵元任、陈寅恪、李济诸先生为教授讲师（陈教授须明年二月到校），诸先生为国人之所熟知共仰……本校研究院在中国实属创举，他校如北京大学亦设国学研究所，然组织办法颇有不同。是以本校研究院今年开始，实在试验时期，一切尚待逐渐改良，所望国内名贤，以及各地好学深思之士，常赐教言，藉作指针，则本校之幸，研究院之幸也。"[60]

改制后的清华学校开学典礼，以崭新的面貌和青春勃然的姿态，在庄严、新奇与祥和的气氛中结束。这次典礼，标志着旧时代的结束与新时代的到来，清华的历史揭开了新的一页。——只是，当这新的一页揭开之时，清华师生与社会各界所看到的，不是校园稳定与师生专心学问，而是风波迭起，纷争不断，消停了三年的清华园，又跌入了一个更加扰攘、动荡的旋涡之中。

注释

[1][2][4][27]《从清华学堂到清华大学》，苏云峰著，台湾"中央研究院"近代史所1996年出版。

[3][28][29] 张彭春《清华学校日程草案》（未刊稿），转引自《从清华学堂到清华大学》，苏云峰著，台湾"中央研究院"近代史所1996年出版。

[5][39]《清华大学校史稿》，清华大学校史编写组编著，中华书局1981年出版。

[6]《清华大学校史稿》，中华书局1981年出版。据校史稿"前言"说：此稿编撰始于1959年，由当时的清华大学校长蒋南翔支持，第一副校长刘仙洲任编辑委员会主任，组织人员编写。1965年完成"解放前部分"的送审稿。"文革"中停顿并受到批判。1978年恢复工作，1981年清华大学建校七十周年时出版。从编撰的时间看，校史稿意识形态不够客观，甚至存在反美仇美和一些不可理喻的怪诞情绪兼火气。此种情形，产生于那个年代似不足为怪。

[7] 黄仲苏《海行五日记》，载《清华周刊》，第196期。

[8]《改良清华刍议》，载《清华周刊》，第273期。

[9][12] 邱椿《清华教育政策的进步》,，载《清华大学史料选编》，第一卷，清华大学校

史研究室编，清华大学出版社 1991 年出版。

[10] 刘师舜《与好友何廉谈恩师周诒春校长》，载《传记文学》，第十五卷第四期，台北。

[11]《清华教育政策的进步》，载《清华年刊》，1927 年。

[13] 顾毓琇、梁治华、翟桓《清华学生生活之面面观》，载《清华生活》（清华十二年纪念号），1923 年 4 月。

[14]《石遗室文续集·马贞榆传》，清代陈衍著，自刻本。

[15]《述马先生季立事略》，载清华学校《庚申级史·文苑志》，1916 年印发。马季立，名贞榆，字觉渠，号季立，广东顺德人。以县学生肄业广州学海堂，为陈澧入室弟子。张之洞督粤创建广雅书院，聘为理学分校教经学。张之洞移督湖广后，又任两湖师范高等学堂教习，讲授《尚书》《春秋》。著有《尚书课程》《左传义》《经学课程》《周易要旨》等。据马的好友陈衍所著《石遗室文续集·马贞榆传》（自刻本）说：未久，朝廷行新法，书院悉改学堂，马季立为两湖师范学堂存古学堂教书，岁入较丰，购宅于菱湖之滨，积书数千卷一楼存之。自言夏日荷花弥望恍住舟中，晚见隔湖灯火不知其在城中，一生至乐境也。"未几，之洞入朝为大学士军机大臣，旋薨于位，季立束脩锐减，乃就京师大学之聘。而武昌兵事起，遂流落京师久之，为一小学校教员，年七十余，穷困死校中。"此记述最后结局有语焉不详处，所谓"京师大学"非指北大而指清华学校乎？至少在武昌起义后，马非但没有"为一小学校教员"，且仍在清华学校任教，1911 年入学、1918 年毕业的李济就听过他的课，且给予很高的评价，认为马是"很好的教授"。后马是否"穷困死校中"，不可考。

[16] 潘光旦《清华初期的学生生活》，载《文史资料选辑》第三十一辑，中华书局 1962 年 7 月出版。

[17] 清华学校国文教员汪鞏庵回忆，转引自《清华校史稿》，清华大学校史编写组编著，中华书局 1981 年出版。

[18][21] 张忠绂《八载清华》，载《清华校友通讯》，新二十六、二十七合期，新竹。

关于引文中的左霈（1875—1936），字雨荃，正黄旗汉军广州驻防。光绪二十年（1894 年）广东乡试中举人。光绪二十九年（1903 年）癸卯科进士。癸卯科，是补辛丑、壬寅恩、正并科的会试，主考官是体仁阁大学士孙家鼐，副主考官为徐会沣、荣庆、张英麟。试题废止了八股文，代之以策论。题目为《管子内政寄军令论》《汉文帝赐南粤王陀书论》《威之以法，法行则知恩；限之以爵，爵加则知荣》《刘光祖言定国是论》《陈思谦言铨衡之币论》，涉及政治、军事、外交、经济等层面的问题。

这科会试的状元是山东潍坊人王寿彭（后为山东大学创始人之一），榜眼是广东驻防旗人左霈，探花是贵州遵义人杨兆麟，前三甲名字均含吉祥之意，此为主考官揣度圣上喜好而刻意为之。因是年十月初十日为慈禧太后生日，王寿彭的"寿彭"意为老佛爷同八百岁的彭祖一样长寿。左霈的"霈"，大雨，孟子曾说："油然作云，霈然下雨"，后来引申为帝王的恩泽。杨兆麟的"兆麟"自不必说，麒麟为仁兽，兆麟，预兆天下大治，仁兽麒麟降世。王、左、杨三氏以彭、霈、麟之名成为中国科举史上近于尾声的状元、榜眼与探花。光绪三十一年（1905 年），清廷举行最后一科进士考试为止，经历了 1297 年的科举制度被废除。

左氏进士及第，授翰林院编修、秘书郎，后外派云南任丽江知府。民国元年（1912 年）由蒙藏局派往筹办《蒙藏报》，任总编纂。民国七年（1918 年）起，先后任清华学堂历史、国文教师，直至民国十七年（1928 年）被罗家伦赶走止。1929 年赴香港，任圣士提反书院（St.Stephen's College）教师。民国二十五年（1936 年）病逝。对于左氏一生学问与事功的评价，香港中文大学夏其龙教授认为：左霈是大时代中有名气的小人物。他拥有才华却生不逢时，最终没有机会成就大事业。他能赶在废科举前在二十八岁考得功名，算没有白费了窗前苦读的时光，反而添加了末代前科举榜眼的稀珍名衔，终生使人另眼相看。左霈在出版及教育方面没有出色的贡献，却仍是有功于民族间的文化沟通与培育人才，也不枉费他一生研读的功夫。他一面教学，一面修读法律及英文，算是不倦于进取的学者，为他后来进入香港这洋化社会求职的能力。他能在名气甚高的圣士提反学校任教，与他的勤奋及清朝科举获得的名气肯定有关。（夏其龙《〈蒙藏报〉编辑左霈的生平》）

关于左霈的"茶壶与茶碗说"，可能不是左氏发明首创，而是文人学者集体创作的结晶。不过社会上流传最多的发明人，当属受蔡元培之邀任教于北京大学、"带着瓜皮小帽及其下的发辫去见上帝的"辜鸿铭（张中行语）。辜氏一副典型的清朝遗老做派，一贯鼓吹一夫多妻制和男人纳妾、嫖妓。有洋女士反驳其一夫多妻观点，辜遂祭出他发明的"茶壶理论"，谓："一把茶壶可配四个茶碗，未尝见一个茶碗配四把茶壶的。"后来，类似的故事又引申到徐志摩与陆小曼身上。据云，徐、陆结婚，胡适的贺礼是一张画，上画一把茶壶，一只茶碗，意在劝徐不要再去追其他女人了，只涮一个茶碗便好。喻意被小曼知晓，陆对徐说"你不是我的茶壶，乃是我的牙刷，茶壶可以公用的，牙刷则只有我一个人可用"云云。

[19] 冯友兰《清华大学》，载《三松堂自序》，三联书店 1989 年出版。《史记·项羽本纪》云："项羽……乃遣当阳君、蒲将军将卒二万渡河，救钜鹿。……当是时，楚兵冠诸侯。诸侯军救钜鹿下者十余壁，莫敢纵兵。及楚击秦，诸将皆从壁上观。楚战士无不一以当十，楚兵呼声动天，诸侯军无不人人慌恐。于是已破秦军，项羽召见诸侯将，入辕门，无不膝行而前，莫敢仰视。项羽由是始为诸侯上将军，诸侯皆属焉。"

[20] 梁实秋《清华八年》，载《梁实秋散文》，第一集，中国广播电视出版社 1989 年出版。

[22] 梁实秋《忆清华》，载《过去的大学》，钟叔河、朱纯编，长江文艺出版社 2005 年12 月出版。

[23] 梁实秋《四十年前的清华》，载《清华校友通讯》，新一期，新竹。

[24] 刘师舜《一九二○级在校时代之清华》，载《清华校友通讯》，新七十一期，新竹。

[25] 李济《六十年前的清华》，载《清华校友通讯》，新六十三期，新竹。

[26] 潘光旦《清华初期的学生生活》，载《文史资料选辑》，第三十一辑，中华书局1962年7月出版。

[30]《清华大学总纲、清华学校组织大纲、行政系统和章程》，载《清华周刊》，第293期，1923年11月9日。

[31] 曹云祥《改良清华学校之办法》，载《清华周刊》（十周年纪念增刊），1924年3月。

[32]《请担任清华大学筹备顾问》，载《清华大学档案》，全宗号1，目录号1，案卷号3。

[33]《清华学校组织大纲》，载《清华一览》，1927年。

[34] 转引自《东方杂志》，第十四卷第十一期。

[35]《美国退还庚子赔款余额经过情形》，载《中华教育改进社丛刊》之二。

[36] 载《清华周刊》，第343期，1925年4月17日。

[37]《大学部组织及课程》，载《清华一览》，1925年。

[38]《曹云祥的开学词》，载《清华周刊》，第350期，1925年9月11日。

[40] 蓝文徵《清华大学国学研究院始末》，载《清华校友通讯》，新三十二期，新竹。

[41][44]《吴宓与陈寅恪》，吴学昭著，清华大学出版社1992年出版。

[42]"五四"运动前后，在北大任教的胡适、陈独秀等一批学者，大力提倡新文化运动和白话文改革运动，声势浩大。此一运动得到以青年人为主的众多响应和吹捧，也得到部分学人的强烈反对，认为胡适等人是否定传统学说，搞另类文化。此一运动波及海外，引起不一样的反响。中国留学生在海外反对胡适等人做法者，以哈佛的梅光迪为最早。梅和胡适是安徽同乡，二人关系很好，并以兄弟相称，常在通信中讨论学问，梅对胡的学问人格很是钦敬。当胡适提出"要须作诗如作文"之后，立即受到梅的批评，开始以朋友的口气讨论、相劝，但无效。二人关系越来越僵，说话的口气也越来越生硬，往来书信中渐渐夹杂着火药味道。胡适回国后，得到一批知音，特别是陈独秀及钱玄同等北大教授支持，声名大噪，剑锋所指，大有所向披靡、无坚不摧之势。此举令哈佛相当一部分中国留学生为之窝火与愤怒，时在哈佛留学的张鑫海曾愤然曰：现在我们"羽翼未成，不可轻飞，他年学问成，同志集，定必与若辈鏖战一番！"云云。

1922年1月，梅光迪、吴宓、胡先骕、刘伯明、柳诒徵等七人，在国立东南大学（后改名国立中央大学）发起创办《学衡》杂志，梅光迪在《学衡》创刊号上发表战斗檄文，引春秋时楚国申包胥对伍子胥说的话，"子能覆楚，我必复之"，准备与《新青年》周围的陈独秀、胡适、周豫才（鲁迅）等另类文化派来一番"鏖战"。《学衡》的创立，很快云集了一群文化精英与宏通博学之士，队伍不断壮大发展，除吴、梅、胡等几员主将外，尚有吴芳吉、刘扑、易峻、曹慕管、张鑫海、李思纯、浦江清、张荫麟、赵万里、郭斌酥、马宗霍、汤用彤、黄华、萧纯棉、徐则陵、张其昀、王焕酥、徐镇颚、束世澂、向达、刘永济、刘盼遂、林损、王易、王浩、黄节、刘善择等。另外还有大师级人物如梁启超、王国维、陈寅恪等，均为《学衡》撰稿人，其阵营与声势可谓浩大壮观，形成了中国近现代史上一个著名的文化流派——学衡派。其后的十余年间，学衡派与陈、胡领导的《新青年》派展开论战，两派在各个文化领域的争论都围绕着一个大的战线展开，即如何对待祖国传统文化和西洋文化的问题；对中国传统文化是全盘否定、一概打倒，还是甄别优劣，优者保存继承、劣者扬弃的问题；对西洋文化是盲目崇拜、臣服在地、全盘引入，还是有区别地明白辨析、审慎取择、供我所用的问题。学衡派号称要以"论究学术，阐述真理，倡明国粹，融化新知，以中正之眼光，行批评之职事"为宗旨；以陈独秀为首的另类文化派则倡导全盘西化，对中国文化特别是儒家吃人的礼教文化一概打倒，并云：正因为二千年吃人的礼教法制都挂着孔丘的招牌，故这块孔丘的招牌——无论是老店，是冒牌——不能不拿下来，槌碎，烧去！等等。

对梅、吴、胡为首的学衡派之举动，当时和之后的社会人士有毁有誉。毁者，斥其为保守复古，反对新文化运动，逆历史潮流而动，在死路上爬行。誉者，称其不随时尚为转移，挽中国文化狂澜于既倒，为继承绵延优秀传统文化血脉做了重大贡献云云。毁誉两派的大多数中坚，直到死都不能与对方和解，吴宓更是如此。当时的周氏兄弟对吴宓与学衡派人士颇不以为然，周作人指斥学衡派为复古主义；鲁迅亦为："夫所谓《学衡》者，据我看来，实不过聚在'聚宝之门'左近的几个假古董所放的假毫光；虽然自称为'衡'，而本身的秤星尚且未曾钉好，更何论于他所衡的轻重的是非。所以，决用不着较准，只要估一估就明白了。"（鲁迅《估〈学衡〉》）周氏兄弟的文章，当时反响并不是太大，令鲁迅没有想到的是，他的文章竟在半个世纪之后的"文革"时期，给上海的一个写作班子"石一歌"提供了炮弹，借此对学衡派人物一顿猛烈开炮，指斥整个学派"对新旧学问都是一窍不通的"，并扣上了买办资产阶级和封建势力结合的复古逆流"遗老遗少"，以及"穿西装的卫道士"等等几顶颇为吓人的帽子，大有将其一路人马批倒批臭，且遗臭万年之势。因此，已被定为"反动学术权威"或"历史、现行反革命分子"，而被当权者打翻在地的吴宓等人雪上加霜，迎来了更加严厉的批斗整治。当然，这是题外话了。

[43] 张与吴宓素不相识。吴到职后，张读其《我之人生观》，才知吴之为人与做事方法。张 1925 年 4 月 2 日在他的日记中说："听说……吴力谋研究院主任……"接着自叹国文程度比吴宓差，感到可耻！秋季开学后二日，亦即 9 月 11 日，张说："吴比庄（泽宣）有条理，有远谋，又不轻浮，（惟）眼光窄些，庄不锐并胆怯。"翌日又说吴"来时争研究院筹备主任，由筹备想转入总务主任，因人看穿中止。三科主任制通过后，要求主任名，多给赵元任两个月薪金，以买其心"。翌年，张反对吴之研究院计划，二人针锋相对。（参见苏云峰《从清华学堂到清华大学》）

[45][46][47]《吴宓日记》（1917—1924），第二册，吴学昭整理注释，北京三联书店1998 年出版。

[48][58][59]《吴宓日记》（1915—1927），第三册，吴学昭整理注释，北京三联书店 1998 年出版。

[49]《吴宓自编年谱》，吴宓著，北京三联书店 1995 年出版。

[50]《梁任公先生演讲词》，载《清华周刊》，第 20 期，1914 年 11 月 10 日。

[51] 当吴宓向曹云祥举荐陈寅恪时，陈仍在德国柏林大学研究院研究梵文、巴利文、藏文和佛经。1925 年 2 月 16 日，吴以曹云祥校长的名义致电柏林，陈有过迟疑，后决定就聘，但言不能即刻到校。据吴宓日记 4 月 27 日载："陈寅恪复信来。（一）须多购书；（二）家务，不即就聘。"为此，吴宓感慨道："介绍陈来，费尽力气，而犹迟疑，难哉！"于是，吴再致电陈寅恪劝说。此后，吴、陈之间电报频传，往返协商。6 月 25 日，吴在他的日记中又出现了"晨接陈寅恪函，就本校之聘，但明春到校"之语。同年 8 月 14 日，吴宓再记道："陈寅恪有函来，购书殊多且难。"面对陈的困难，吴宓几次面谒校长曹云祥，请求予以设法资助，最后曹校长同意先预支薪金数千元，兑成美金汇至柏林，陈寅恪得款并料理一切事务后，于同年 12 月 18 日由马赛起程回国，直到次年 7 月 7 日方到京。

通过《吴宓日记》可以看到，除陈寅恪外，吴宓还向张彭春荐介了刘永济、黄学勤、萧一山等同学好友（4 月 20 日），后又向曹云祥引荐柳诒徵、张尔田两位前辈和汤用彤、楼光来等几位哈佛同学，并向教务长张彭春李汉声、李思纯等好友，此等人物皆学界一时之名流，然作为研究院主任的吴宓，并无人事决定权，陈寅恪之来校，都令吴大感"费尽气力"与"难哉！"介荐的另外几人自是难上加难，其结果除萧一山侥幸进入学校大学部普通部任历史教员，其他皆成梦中之花，未得受聘。当陈寅恪于第二年到校时，吴因张彭春等人的倾轧，已辞去研究院主任职，改任新制大学部外文系教授了，即吴、陈二人没有在清华国学研究院共过事。

[52]《杂忆赵家》，杨步伟著，广西师范大学出版社 2014 年出版。

赵元任（1892—1982），字宣重，江苏常州人。清著名学者赵翼（号瓯北，有《廿二史札记》《陔余丛考》等著作）是其六世祖。宣统二年（1910 年）18 岁时考中游美学务处第二批庚子赔款留学生，该批留学生在全国 400 多名投考者中录取 70 人。从当年金榜题名、后来成为著名气象科学家竺可桢保留的一份原始发榜名单看，江苏震泽县的杨锡仁排名第一，赵元任名列第二。全体留学生中，后来在社会上名气较大者，按考试成绩排序：张彭春，排名第十；沈祖伟，第十三；竺可桢，第二十八；胡宪生，第四十三；胡适，第五十五；胡达，第五十七；周仁，第六十七。处于古代科举考生"孙山"地位的最末一名是浙江平湖的张宝华。

[53] 李济《我的记忆中的梅月涵先生》，载《清华校友通讯》，新二期，新竹。

[54]《清华周刊》，第 345 期，"新闻"栏。时李济正与毕士博合作考古项目，在时间分配上，田野考古占相当分量，因而李的薪水由美方与清华分别支付，美方支付月薪 300 元，清华支付 100 元，二者相加正是王国维、梁启超、陈寅恪、赵元任四教授，亦即社会上流

行的"四大导师"在清华所支月薪额。因而李济又被称为"清华国学院五大导师之一"。

[55] 赵万里《王静安先生年谱》，载《国学论丛》，第一卷第 3 号，1928 年 4 月。

[56]《清华周刊》，第 360 期，1925 年 10 月 20 日

[57]《王国维遗书》(5)，载《静安文集续编》，上海古籍出版社 1983 年出版。

[60]《清华开办研究院之旨趣及经过》，载《清华周刊》，第 351 期，1925 年 9 月 18 日。

第六章　南开系清华园沉浮

◎ 曹云祥的回马枪

风浪起于青萍之末。动荡的缘起来自曹云祥本人。

1925 年 10 月 7 日，北京政府正式公布早已辞却外交总长的颜惠庆，以大使衔出使英国。一周后的 10 月 14 日，清华校长曹云祥突然告诉教务长张彭春说，他计划于 11 月随颜惠庆去驻英公使馆任职，需要找人代理校务。张听罢，先是愕然，继是惊喜。如果曹去职，最有资格继任校长的人选就是自己。或许曹也认为非张某人莫属，才把消息在第一时间悄悄透露于他，让其早做准备，对一些不利的人事纠葛尽早设法处理，以免影响荣登"大位"。

张彭春离开曹云祥进入自己的办公室坐定，内心经历了一阵狂喜与激动，待喝了几杯热茶，稍微冷静下来，又觉此事有些蹊跷。曹何以在这个时候做出如此决定？是真的要走，还是故意要一场阴险狡诈的布袋戏，引诱自己钻进去，以便扎口痛击之？如果二者都不是，又是什么花招？怀揣这样一种心境，张彭春决定找人密商对策，而找的第一个人便是梅贻琦。

张彭春之出任清华教务长，是南开系进入清华的又一次努力，也是与上海圣约翰集团争持、角力的平衡结果。作为有着广泛人脉背景和实力的南开派系，自大清国成立清华学堂时代起，就在圣约翰集团强势阴影笼罩下，硬是打进了张伯苓这一根楔子。而在清华学校时代，更有金邦正以校长之职，独立寒秋，在圣约翰集团屋檐下开花绽放的表现。如今，张彭春适时地再次进入清华园，是谓南开派系梅开三度，也是南开集团在清华扩大地盘和影响力的又一次企图，更是为迎接"梅"开四度预做的伏笔。此时的梅贻琦正在清华园悄然无声地扎根伸枝，其开花绽放的时代，还要等到六年之后。尽管如此，梅贻琦这颗南开最早播撒在清华园的种子，已破土而出，蓄力待发，即将成为一棵根深叶茂的参天大树对清华事务和局势发生作用。

张彭春初到清华的时候，曾向张伯苓谈及清华问题并求锦囊妙计，其兄没有赠予具体应对方略，只是告诫说："清华太肥，将来要受人攻击"，云云。[1] 攻击的目的，自然是企图染指清华。据看过张彭春日记的清华校史研究专家苏云峰说，张在日记中明确记载，图谋染指和觊觎清华这块"肥肉"者，主要来自南北二地。在北方，南开自是首当其冲，另有北京大学、北平留法派的李石曾等辈，外加留英派的"现代评论"诸人。[2] 在南方，上海的圣约翰集团一开始就占据清华要津，处于左右时局、指点江山的顶峰地位。继起者为南京的东南大学集团，以校长郭秉文为主帅。另有1922年4月12日正式成立，以陶行知、黄炎培为领导核心的中华教育改进社成员。保卫清华者为外交部、美国大使馆和清华师生。在多股势力交织、角逐中，各派之间不时采取合纵连横之术，于政学两界各显神通，以击倒敌人、控制清华为要旨。

随着时间推移，清华学校的教师队伍亦分为主流与非主流两个派系。主流派为1911年4月29日，清华学堂在清华园开学之后培养的学生，又称为"清华园生"。这部分学生经过清华七八年、留美三四年，前后十余年的培养，于1922年后开始学成归国，相当一部分重返母校任教，不仅取代了美国教员地位，而且渐渐发展成清华园最强大的一股势力，为校内外所重视，被称为主流派或被誉为"少壮派"。梁启超被聘为清华国学研究院导师后，于1925年9月，即清华开学不久的首次演讲中，曾明确指出："今之清华，渐已为本校毕业回国同学所支配，今后此种趋势，当益加强烈，此无庸为讳者。吾侪虽不愿清华以畛域自封，然利用同学爱护母校之心理以图校业之进展，于势最便而为效最宏。故吾侪对于此种趋势，不惟不反对，且热烈欢迎焉。质而言之，则清华前途之使命，由现在在校及留美同学所负者什而八九也。"[3]

相对于清华园走出去的归国留学生，1909—1911年，由北京史家胡同学部考棚录取直接留美的三批"史前生"，连同后来的短期插班生、留美津贴生等，特别是进入清华任教者，被称为非主流派。作为"史前生"第一、二届考取留美的梅贻琦与张彭春，自然属于非主流派。这一批清国留学生，因年龄、资历兼及思想观念较为老气，为主流派或称"少壮派"所不喜甚至不惜打压的一派。梅、张二人更是

◎ 1918 年，清华学校赴美留学生在上海码头登船时合影（清华大学档案馆藏）

主流派注意和随时准备打击的焦点人物。此点，张彭春一入校便有所体会并深感压力，曾对梅说：清华毕业生，尤其是近两三年回国的一批，"有野心来占据清华地盘"，他们"怕北大人或南开人得势，控制了清华每年六七十万元的经费"。因而，张与梅贻琦以及相对接近的朱君毅、杨光弼等少数旧人，被主流或曰少壮派视为"南开系"，张、梅等人尤"是他们的眼中钉"。[4]

面对如此窘困局面和艰难处境，张彭春入校之始，便向无论是年龄还是资历皆比自己老的梅贻琦，以及梅在清华的好友们请教，但仅得到梅与少数教员"暗里"支持，不敢明面声张，以免受到主流派联合外部势力的攻伐。张彭春虽获哥伦比亚大学教育学博士学位，且对戏剧有相当研究与贡献，但凡放过洋的留学生皆认为哥伦比亚的教育学硕士、博士学位，属于专给中国人批发的小卖部中的小商品，并无多大含金量，不值一哂。清华外文系毕业的钱锺书，于后来所著小说《围城》中，对大学各系有过经典的调侃性描写："理科学生瞧不起文科学生，外国语文学系学生瞧不起中国文学系学生，中国文学系学生瞧不起哲学系学生，哲学系学生瞧不起社会学系学生，社会学系学生瞧不起教育系学生，教育系学生没有谁可以给他们瞧不起了，只能瞧不起本系的先生。"钱著虽是调侃戏谑之语，但生活中的事实与此一描绘相差不大，或算是来源于生活而高于生活的文学描写。此时张彭春在清华师生眼中的地位，其学识类似教育系的先生或先生辈人物，故不被一些师生放在眼里自属正常。另外，张彭春的国文根底与写作水平又确实不甚高明，初进清华任职，张怕自己这个短板露怯，只得暗地里请梅贻琦给草拟演说词。此一做法固与张对清华的环境与教学等诸情况不熟悉有关，亦可见出张的胆怯，而胆怯的原因是他在这一方面与梅贻琦相较不在一个档次上。因而，张彭春在事成之后，于1923年9月30日的日记中记下了内心的感受："其实，演说词还是月涵给写的，可耻！"又说："梅是好人。"[5]

从张的日记可以看到，梅贻琦的确给予张彭春以相当的帮助，据清华校史研究专家苏云峰推测，"梅可能也是张的校园情报员"，其证据是："张彭春批评清华董事和办学者（指曹云祥），对于教育方针'毫无眼光'，是'一群小官僚'等的资料可能是梅提供的。因一九二三年三月十七日，梅贻琦与张彭春谈到清华董事会改组迄无效时表示：'曹（云祥）志久留，董事不能大改组，办事人无教育眼光，更谈不到学问。'同年十二月二十五日，张在日记中又记下梅、曹失和的话，张说：'如果曹若久在，他（梅）要他（曹）去；他（梅）同曹精神不能同处。'由此可见梅对曹及一些清华同仁是有意见的。"又说："或许由于曹本人的志趣，或因与梅贻琦等人不和，曹才有重返外交界工作的意向。曹一九二四年以后的活动，可以说是为此铺路的。这也是曹在北京政治和学术界最活跃的时期。"[6]

以上记述需要说明者二。其一是梅、张于3月17日的谈话，时张彭春尚未到清华任职（张进入清华任职是7月，真正施政乃9月开学之后），由此证明梅贻琦与张彭春甚至包括南开集团的各路要人有密切的联系，致使南开系对清华和曹云祥的动向与想法了如指掌。当张彭春进入清华之后，曹云祥的改革计划如焉展开，如学制、课程等改革颇有鼎革气象，至少在表面上透出一副既适应国情，又兼顾西学的虎气生生的模样，此举得到大部分师生拥护以及外交部方面的好评与支持。但年轻气盛的张彭春并未把曹放在眼里，认为曹不懂教育，无力改革清华，有时不免"意气嚣张，与曹云祥有激烈的辩论，批评清华以往的制度、校长、教员和学生，谓留学无用"等等，并谓："一般学生的心理是愈早出去愈妙，眼里没有什么清华教育的价值，而教职员中意见不一致，董事会不能主事，校长惟有敷衍。如果实情是这样，清华可以产出那样的人才？"又说"教员中只有混饭吃的留下，稍有志气的都要求去"云云。张彭春如此这般好胜任性地来回指斥几圈，在校内外"得罪了很多人。一九二三年底便感到'三面受敌'，学生、校长和教员都对他存疑了"[7]。

一直暗中观察、运力，对曹云祥其人所作所为始终不爽的梅贻琦，知大势不可逆转，遂有"曹若久在，他要他去"的打算。苏云峰在引用张彭春这个记载时加了括号，变成"他（梅）要他（曹）去"，其实是不对的。仅从字面上解读，"他去"

指到其他的地方，即梅贻琦本人要离开清华，到其他地方另谋出路。——就当时的境况言之，以梅贻琦的能耐尚无力与曹云祥抗衡，二人不是一个量级，梅不可能让曹云祥来个屎壳郎搬家——滚蛋。梅眼见自己暗中支持的张彭春"三面受敌"，只能是他自己悄然退出清华园，以免全军败退的尴尬。当然，梅的这个话，只是对张发牢骚、随便一说而已，真让他出走清华园，自是不甘心的。在进退两难中，梅贻琦采取了以攻为守的战略战术，原本就沉默寡言的他，为人处事更加低调，以近似潜伏的姿态观察清华的一切，暗中结交一批资深的教授，悄悄拓展自己晋升的通道，同时积极支持张彭春的改革事业与个人前程。1923 年底，梅贻琦对张彭春说：我"在清华，学得比先前滑得多了"[8]，此为梅贻琦所面临的处境，以及当时采取策略和忍而待发的真实写照。

按苏云峰的解释，曹云祥离职的主要原因除与梅贻琦等人不和，还由于"外务太多，难免影响校务，如他当时还兼任长沙雅礼大学副董事长，并于一九二四年十一月赴长沙主持校长就职典礼。……他在校务百忙之余，一九二五年还到北京作了五次演讲。……此外，此年夏天，他为我国出席太平洋国民代表联合会代表之一，同时又与胡适赴英讨论退还英庚款之事。曹氏的频繁活动，难免令人觉得心有旁骛。果然一九二五年底，他表示要辞职，随颜惠庆赴英使馆工作"[9]。

苏氏之推测有些道理，但似不是促使曹云祥弃清华而出走的理由。真正的理由或内幕是什么？因资料缺失，未克深知。但 1925 年 10 月 15 日，也就是曹云祥告诉张彭春要离校赴英的第二天，张在日记中对曹之用意做了如下推测："为推进此项改革而得罪了既得利益者，强大的反对，使他去职。"[10]——正是缘于这一推断，张开始鼓起勇气，为谋代理校长奔波活动起来。可惜的是，张的推断并不准确，而对自己的估计也有偏差。仅隔一天，即 10 月 16 日，张的亲信、清华教授余日宣便悄悄告诉张彭春："校内，尤其是大学部学生反对他继任校长之事。"[11]

张彭春听罢这个不幸消息，并未感到吃惊，只是有些沮丧和寒心，遂"不再谈校长问题"，伏下身子通过梅贻琦等人暗中探寻，到底是哪些人反对自己代理校长？为何要反对？他们心目中的人选是谁？经过梅贻琦等一阵内查外访，张彭春终于得知反对他最力者，为清华校内一个 H.H 教员社团，其组成人员为王文显、钱端升、庄泽宣、吴宓、陈达、叶企孙与一个叫 T.L（不知名）的野心家。其中除王文显属于老派人物，其他成员皆名冠一时的主流派或曰少壮派。据张彭春日记说：T.L 是曹云祥有意培养的接班人，但在张彭春眼中则是一个"乱分子"，此人善于使用手段，写匿名信，制造学校不安，以保送自己上宝座者云云。[12]

　　张彭春所说的这个 H.H 教员社团，有人推测为"北院七号饭团"，亦即叶企孙在北院七号的寓所。身为清华留学生的叶企孙，1918 年赴美留学，1924 年由美回国，应东南大学之聘任物理学副教授。1925 年清华学校改制，由梅贻琦引荐至清华大学部任物理学副教授，次年升教授，后创建清华物理系兼系主任。叶是梅贻琦在清华任教时的学生，虽然梅比叶大 9 岁，但二人秉性脾气非常相投，建立了深厚的师生之谊，因而当清华组建大学部欲聘名师充实教授队伍时，作为物理学"首席教授"的梅贻琦，第一个想到的就是从哈佛大学获得物理学博士学位归国不久的叶企孙。叶来清华后住北院七号寓所，因是单身（终身未娶），雇一厨役单独开火做饭，而这一时期进入清华的"少壮派"多数为单身，有家眷者也多在外地，因而相聚在叶的寓所包饭，被称为"北院七号饭团"。这批青年教授以叶企孙为中心，借此交流思想、议论校政，"教授治校"渐显端倪，并成为推进清华实现校政民主、教育独立与现代化的重要力量。尽管叶是梅贻琦所引荐，但梅因有家眷在清华南院居住，同时为避嫌，除了教学上与叶企孙过从甚密，平时很少来往，更不加入"七号饭团"公开议论校事。

　　从《吴宓日记》看，因老婆孩子住在城内，吴在清华园住工字厅单身宿舍，并作为 H.H 社团中的一员，经常到北院与社团成员相聚，但在六号与九号寓所居多，很少提到七号。聚会时叶企孙多有参与，但仍在六号与九号为多，而上面提及的人物，又无一居住六号与九号寓所者。朱自清住过北院九号寓所，但那是 1933 年 1 月 20 日之后的事了。抗战胜利后，九号又为蒲江清教授所住。或许，这个社团在"驱张运动"中不便在七号而改在相邻的地方，以示掩护亦未可知。但从已发现的照片推测，"七号饭团"真正形成，当在 1928 年之后，即罗家伦到清华长校时代，此时或只是一个"饭团"的雏形或称萌芽阶段。

　　吴宓对于此事的记载，始于 1925 年 11 月 8 日，离曹通知张的时间已过去一个月了。尽管如此，吴在日记中对这一事件后半期的酝酿发展、起承转合，直至曹、张决裂，张彭春被迫辞职离校等等台前幕后秘事，皆做了颇具史料价值的记录，如：

　　　　十一月十八日　星期三

　　　　晨，庄泽宣来，谈及曹校长将赴英国，拟荐张彭春自代，而张继任，恐校内发生冲突，难以和衷共济。故拟设法抵制，并推陈锦涛来任校长各情。宓以张继任，苟能捐弃嫌怨，礼贤下士，开诚布公，则亦幸事。如其不能，则外方继任之人，似范源濂为宜。宓本不喜卷入世网，故此事亦拟不参与。惟静待自然之变迁。即张任校长，如竟不能兼容，则亦只有另求枝栖，自行所志而已。

呜呼！世事之多变也！

张仲述来，谈普通科国文课程事。

十一月二十日　星期五

晨，庄泽宣来，谈校长继任问题。同人之不赞成张者，有（一）范源濂（二）周诒春（三）郭秉文诸说。宓以（一）为宜，（三）决不可。

十一时，访梁任公于其宅。谈拟推范源濂为校长事。梁颇赞之，允先询范意见。

十一月二十一日　星期六

下午……入城。五时……至王府井大街访沈祖伟于其宅，述校中情形。校长问题，将来拟托其从中为力。次至东华饭店，童锡祥请宴。袁同礼、叶企孙亦在。毕，偕童至清华同学会谈，述校事。童劝我（一）如范可成，可加入活动。（二）如范不成，可置之不问。勿明示反对张君意。

十一月二十二日　星期日

梁任公来约，五时往访。知范源濂以师大之故，故不就本校校长，而主张改组董事会，约周诒春回任。又梁任公谓至十分必要时，彼自身愿任校长，但以事简而不妨学业为前提云。

十一月二十三日　星期一

晚，赴庄宅。又偕张访梁任公、王文显，梁愿任校长。王谓此事全系于外部当局之意思云。

十一月二十四日　星期二

11—12，在北院六号，与张、庄、陈、钱、叶协议校长事，拟由同人表示，推（一）范（二）梁（三）周（四）王文显（五）马寅初等为校长。即起草中英文宣言。在其处午饭。

晚8—9，得柬招，谒梁任公。梁甚愿就校长，询校中内情甚悉，但拟以余绍宋任机要主任。又云此事如决办，宜得仲述同意。又云，胡适可聘来研究院云云。

归后，觉连日奔走校长事，殊无味。此席恐终为余日章所得。我等劳碌，何益？即梁就职，且招胡来，是逼宓去。张任校长，其不利于宓，尚未至此也。大好时地，不能安居读书，奔走何苦哉？宓乃爽然自失矣。

十一月二十五日　星期三

晨，9—10，庄泽宣、陈达来，谈校长事。庄主马寅初，而陈赞成余日章。

宓拟不再有所为。庄等仍议拒张之策。庄劝宓见曹表示。宓始终未往。

十一月二十九日　星期日

夕读书，晚访 Mr. Winter 谈。时乱方炽，倒戈成习。赤化革命，其祸何极？忧心忡忡。校长问题，拟不过问矣。[13]

前文已述，吴宓与张彭春（仲述），清华共事之前并不相识，吴进清华后二人关系亦不融洽。张进清华任教务长，一开始尚有自知之明，"自叹中文不行，不足以服人。为了建立自己的事业，狠下功夫，自学国学"。可惜的是，张"生性内向，不够开朗，且时有瞧不起他人之意。在性格上多疑与自我矛盾，如常公开批评他人，事后又反悔，很想任校长，却又担心自己条件不够，致难得人缘"[14]。——张彭春的这些特点或说毛病，自吴宓进清华后多有领教。如 1925 年 7 月 3 日，《吴宓日记》载："晚，访张仲述，谈甚久。彼有聘碧柳之意，惜不及。张君谈次，谓在他地教授者，多喜来京，不知何故。乃至京，则懒惰优游，毫无出息，不如前之勤奋，是诚可惜。"此为吴宓于 2 月辞却东北大学教职，进入清华后首次与张彭春夜中交心式的长谈，想不到张竟抛出如此一番"高论"，如同当面打脸，令吴大为不快并耿耿于怀。当天的日记中，吴宓记下了被打脸的痛苦与发狠雪耻之志："宓愿自发奋用功，《学衡》续办不衰，以自表见，则兹之讥讽，可洗其羞矣。"[15]

如果说张对吴这位比自己晚进清华园的下属兼后辈，在交谈中不免露出居高临下的骄狂气息，使吴宓"过于敏感"，引起误会甚至仇恨，那么，到了 10 月 22 日，就非一个"敏感"所能解释得了的。这天下午，吴宓应邀为张彭春掌控的清华三大地盘之一——清华大学部普通科学生，演讲《文学研究法》，吴自感演讲极不成功，"空疏虚浮，毫无预备，殊自愧惭"，但"张仲述结束之词，颇含讥讪之意。宓深自悲苦"。于是，吴宓于内心自省道："近兼理事务，大妨读书作文，学问日荒，实为大忧。即无外界之刺激，亦决当努力用功为学。勉之勉之。勿忘此日之苦痛也。"[16]显然，这个"悲苦"与"苦痛"，是由张彭春"颇含讥讪"的"刺激"引发。此一结果，或是张彭春故意为之，以损其自尊心，压制吴宓连同与之结盟的清华"少壮派"气焰，或是无意为之，令吴"敏感"并为之浮想联翩。但无论如何，张彭春的性格与学识方面的缺陷，使他与清华"少壮派"甚至曹云祥结怨，令对方越来越感到不快，确是一个不争的事实。

当曹云祥得知张彭春欲谋代理校长，受到清华"少壮派"竭力阻击后，随之端起了瞄向张彭春的猎枪欲击之。曹开始撕下脸皮，当面指责张"专制、冷傲、量小、猜疑心重、不近人情、不让人、好走极端、好唱高调，又不能中西兼通"[17]等。这个指斥对张彭春来说是很重的。因了曹云祥的态度公开翻转，张彭春错愕不及，清华"少壮派"气焰更盛，对张的阻击更趋激烈。极度警觉的张彭春立即意识到，自己旦夕之间已是腹背受敌，遭遇出其不意的伏击，有立毙于敌手枪口之下的危险。事发紧急，张不敢回击，乃悄然潜出清华园，密向张伯苓、梅贻琦以及与南开派关系友善的丁文江、周诒春、胡适、徐志摩等名流大腕请求御敌之策，以跃出陷坑，突出重围。[18]然而，清华"少壮派"势力过于强悍，兼有私心，加之南方的黄炎培、郭秉文等辈又围攻而来，张彭春已是三面受敌。尽管其间想采取苏秦、张仪合纵连横之术，以"联合北大南开来同黄炎培、郭秉文战"[19]，击退黄、郭势力后，再与清华"少壮派"决一雌雄；惜张氏缺少名望与人气，面对四面八方飞蝗一样射来的嚆矢，只有招架之功，并无还手之力。更为致命的是，留英派的《现代评论》诸人如陶孟和等人，都"赞成胡适之"继任校长。原王文显被张彭春视为与曹氏嫡系、"野心家"T.L.竞争的对手，但因大局翻转，王文显复又转向集团中心战略目标——拒张拥胡。"少壮派"骨干分子钱端升等，前往拜访新任外交总长沈瑞麟，明确提出反对张彭春，欢迎胡适之。曹云祥本人闻讯，则倾向范源濂或胡适，但范氏已决定就北京师范大学校长，有了自己的事业，不愿再去蹚这浑水。胡适与其同党，本是张彭春计划中合纵连横的统战对象，属于进击清华"少壮派"的侧翼集团，如今反被"少壮派"利用，要胡适反客为主，夺取帅印，号令群伦。胡自感过意不去，遂予谢绝。"少壮派"骨干分子钱端升等见胡适不识抬举，乃转而抛胡拥梁，并请徐志摩出面，力助梁启超荣登"大位"，并表示"若有反对，H.H包办担任疏通"。梁启超与张伯苓以及老一辈的严修等皆属故交，属南开系的通家之好，在张彭春困兽犹斗的紧要关头，良心所系，不能再射出致对方死命的最后一根嚆矢。相反，梁启超对清华"少壮派"的嚣张气焰，以及曹云祥投机取巧的政客面目很不感冒，遂反其道而行之，表示愿意支持张彭春。只是，拥张是有条件的，"到必要时，也愿为学校牺牲"，即有意执掌校柄。[20]曹云祥见梁氏一下翻转成为自己的对立面，极为恼怒，以梁外务太多为由不予支持。张彭春闻讯，知梁启超不可恃，为自身利益计，乃弃梁拥胡，表示愿意与"少壮派"合作，去向胡适请驾，如胡能来，清华则可实行教授治校，裁靡费，扩招学者，废除普通、专门科，组织完整的文理大学等。如胡不能来，张愿暂时代理，待改组董事会后，由董事会选出正式校长。庄泽宣闻讯，表示不与张合作，如张彭春代理校长，他要辞职不干云云。[21]

正当各路英豪与野心家连续地攻伐进退，战事呈一团麻花之时，作为"少壮派"骨干成员的吴宓，已觉身心俱疲，遂有"拟不过问"或保持中立的打算。但树欲静而风不止，既已陷于旋涡，干净利索地脱身并不容易。吴宓在"两难之局"中，最终选择了一条表面上看来既利己又利人的康庄大道。其日记载：

十二月十三日　星期日

下午，3—4，钱端升来，谈继任校长事。钱谓宓加入反抗与否，与宓前途均无关系。加入恐受人利用，不加入则为众所排斥，是两难之局也。

五时，庄泽宣来，邀赴北院九号。陈达来，叶、钱亦归，在其处晚饭。议反抗张君事，直至晚十时半始散。陈达拟出宣言，并决议明夕公请校长茶叙，表示反抗之意。庄等既欲抗张又不肯出面，欲请他人上前。此事宓本不热心，虚与委蛇而已。

十二月十五日　星期二

庄来，知签名者无一人。故宣言之举，即行取消。

十一时，往告张、钱。张（歆海）竟召庄来。又于下午，自偕钱往见张（仲述）直告以拟举梁任公或某某等为校长，张拒之。宓事后始知，深惜彼等之逞意气而偾事。张不惟不见信，且增嫌怨也。

十二月十六日　星期三

下午，5—6 以梁任公招，往。谈校长问题。梁愿出任校长，以（一）维持现状，（二）不改政策（出洋等），（三）尊重张仲述地位，为方针。宓拟即以调人自居，劝逼张仲述加入，一致推戴梁任公。既维持张氏地位，又免风潮。而宓亦为清华办一大事，见重于各方。似策莫善于此者。

六时，访叶企孙，叶赞成。

晚，访陈达及钱，二人亦均可。又拟招贺麟谈，询学生意向。贺因上课，未及来也。

十二月十七日　星期四

下午，3—4，贺麟来，谈昨晚所拟之计划，彼甚赞成。

晚，谒梁任公。（一）北京反基督教学生，将以 25 日焚毁清华，预嘱梁戒备。（二）以此，梁与宓约，校长事暂勿进行。[22]

蹲在清华园工字厅，对校长一职争夺战失去热心的吴宓，最终还是逃不出圈子文化与时代大潮的推动，由"虚与委蛇"渐渐转变为以调人自居，劝张拥梁，且欲仿魏武帝曹公"挟天子以令诸侯"之故伎，由"两难"变为"两全"，借以"自重"。形势的发展出乎意料，情事所积，势之所逼，竟使吴宓未来得及劝逼张彭春，二人之间，为国学研究院前途问题再起矛盾与冲突，直至演化成势不两立的仇寇。随着吴宓辞职事件发生，驱张导火索终于被"少壮派"点燃，张彭春被曹云祥无情地抛出，轰然倒掉。

◉ 张彭春败退津门

转眼到了 1926 年。

1 月 5 日下午 4 点，清华学校举行校务会议，主要讨论吴宓提出的《研究院发展计划》。此时，清华学校的行政组织系统如下：

1925—1926清华学校教学行政组织系统表

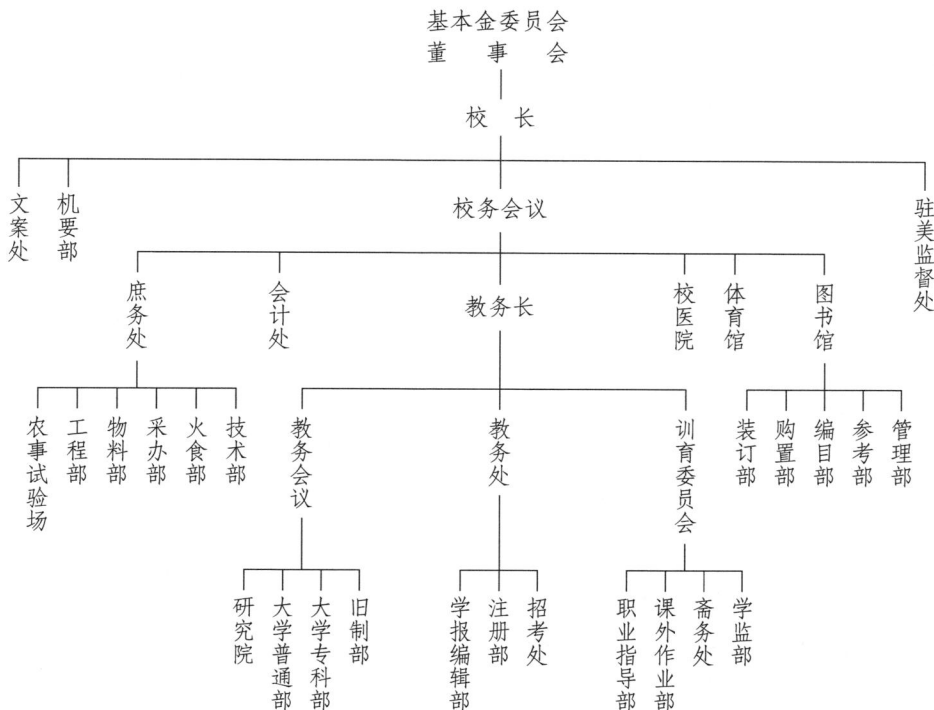

基本金委员会
董　事　会
校　长

文案处　机要部　　校务会议　　驻美监督处

庶务处　会计处　教务长　校医院　体育馆　图书馆

农事试验场　工程部　物料部　采办部　火食部　技术部　教务会议　教务处　训育委员会　装订部　购置部　编目部　参考部　管理部

研究院　大学普通部　大学专科部　旧制部　学报编辑部　注册部　招考处　职业指导部　课外作业部　斋务处　学监部

这天，出席会议的有校长曹云祥，教务长、旧制部兼大学部普通部主任张彭春，大学专门部主任庄泽宣，国学研究院主任吴宓，课外作业部主任全希德，机要部主任王酌清，教员代表梅贻琦、赵元任、孟宪承、陆咏沂等新校务会议人员，以及其他相关人员，由曹云祥主席。会上，吴宓报告国学研究院下半年发展计划，大致内容为：

设古物史料陈列室；添聘宏博教授二名；举行外出考查，派遣教授赴新发现古物之地观察古物出土时之情形，或调查某地之方言语音等；与外界合作进行考古发掘。下年度招生 40 名，加本届留校继续研究生，在院学生总数为 50 人，较本届增加约 20 人，并对招生办法作出新规定。年度预算经费总数为 6.5 万元，比今年增加 1.5 万元。[23]

吴宓报告毕，教务长张彭春首先跳起来表示反对，谓：国学研究院本是大学过渡阶段的产物，不但不加以扩充发展，"此后研究院应改变性质，明定宗旨，缩小范围，只作高深之专题研究，而不教授普通国学，教授概不添聘，学生甄取要从严，可用津贴之法，冀得合格之专门研究生"云云。[24]张彭春言毕，众多附和，吴宓逐条解释，但被张"一力推翻，其结果，通过"。此后研究院"只作高深专门研究，教授概不增聘，普通国学亦不兼授"。——这就意味着，吴宓"所提出之计划尽遭摈弃。而研究院之设，仅成二三教授潜修供养之地矣"。对此结果，吴"未与力争，知其不可挽回矣"[25]。

当天夜里，吴辗转反侧不能入睡，在日记中道："张君之意，是否欲将研究院取归己之掌握，将宓排去，固不敢言，而其一力扶助赵、李二君，不顾大局，不按正道，则殊难为之解也。"[26]

按清华校史专家孙敦恒的说法，此时张彭春与吴宓真正的分歧，前者"主张研究院应办成与大学衔接的多学科研究院，而吴宓则想办成一个有自己特色的国学研究院"[27]。张彭春之主张，也是当初创办国学研究院时明确规定的宗旨，1925 年 4 月，北洋政府外交部批准的《清华大学工作及组织纲要（草案）》之第六条明确规定："大学院未成立之前暂设研究院，先办国学一门，以后斟酌情形逐渐添办它门，至民国十九年大学院成立后，研究院即行停办。"——这个宗旨，曾受到包括国学研究院教授赵元任、讲师李济的拥护，甚至连与张彭春为敌的清华"少壮派"代表人物钱端升等也表示赞同。钱氏曾撰文在清华刊物公开提出取消国学研究院，其教授、学生全部并入大学院，纳入正常大学机制。但吴宓对校务会议上张彭春咄咄逼人的态势与言辞愤懑不平，翌日晨即作函一封，欲交曹云祥表示辞去国学研究院主任，改任研究院或大学部专职教授。时曹、张二人皆觉昨日校务会议言辞激切，对吴氏自尊心有所伤害，先后前来疏解，吴决定另撰写一份《意见书》，以“宓之所主张，提出校务会议。不行，即辞职。庶几光明磊落，否则人将不解，以宓为毫无宗旨办法者。且伈伈伣伣，寄人篱下，欲全身读书而不得。故决采取积极之态度，无所恇怯，无所谦逊，以与张、赵辈周旋矣”[28]。

吴宓所说的“张、赵”，即张彭春与赵元任，因二人与胡适等同为庚款第二批留美“史前生”而建立了深厚友谊。赵元任之进清华国学院则为张氏所推荐，而赵自进清华执教后，与张之关系更加密切，在公私事务上多站在张一边，对身为国学研究院主任的吴宓反而疏远，这自然引起吴的不快甚至痛恨，遂把张、赵二人视为同道，并列为自己的对立面而加以痛击。

1月15日，吴宓找机要部主任王祖廉（酌清）示以撰写之《意见书》油印件一份，听取其意见并借机探听诸方消息。王谓曹云祥校长正极力调和张彭春与各方，如调和不成，则张氏或将去职，故特别叮嘱吴宓两条锦囊妙计：

> （一）宓宜力持原议，不可自行让步。对于张氏，不必畏惧其势力。
>
> （二）张既以并吞三科而归一统为目的，故宓只宜抵抗，决不可自言辞职。辞职则适随他人计中矣。[29]

吴宓听从王祖廉计策，决定放手一搏，乃向校务会议成员及部分“少壮派”教职员，散发油印《意见书》，号称要在《清华周刊》登载全文，对事实与自己心境与打算，做一公开披露。随后，吴找到校长曹云祥出示《意见书》，并陈述平日办事之“毫无私见，及为赵、李等竭诚赞助之实情”，并述及张彭春“似乎有意破坏研究院，及其越职侵权之不当”云云。[30]同时，吴宓请曹以校长之名，于近期召开特别校务会议，对上次否定的《研究院发展计划》进行复议，否则，即展开角斗，不分出是非，决不罢休。

1月19日下午3时，曹云祥按吴宓提议召开校务特别会议，各成员准时到场。席间，吴宓发现气氛有些怪异，预知事情不妙，可能中了埋伏，遂加倍小心提防。当他陈述完毕，作为主席的曹云祥，虽客气地表示前次校务会议议决之案，实嫌“过于粗率，使宓为难，故代表校务会议向宓道歉”云云。但从张彭春的眼神中，可感觉出不以为然的神态，同时吴宓有一种预感，张彭春已经与梅贻琦、赵元任二人结成同盟，并在会议上欲对自己实施致命打击。果不出所料，曹云祥言毕，张彭春便跳出来，"似与梅、赵诸君先有预定计划"，提出将前议通过的议案逐条复议。"然其结果，宓乃完全失败。张仲述等乘胜直进，仅庄（泽宣）君与之力抗，又孟（宪承）君略示讥讽而已。宓虽坚与争辩，亦属徒然。"[31]

吴宓所做报告，第一条便是清华大学研究院正式成立前，继续扩展国学门，直至成为一个具有专门与普通多学科并存的独立、完整的国学研究院。不幸的是，此条遭到张彭春、梅贻琦等入会者无情否决，改为"研究院之趋势，在变为大学院。俟大学院成立之日，研究院即归并其中"。吴宓听罢，大为恼火，认为这个决议与自己"所持之国学研究院之说完全反背"，其他几条，均属细节，已与大局无裨，"盖大势已去，本旨已乖，只得承认失败而已"。究其原因，不是自己拟定的计划不合时宜，实则"以校务会议全为张仲述所操纵故也"。[32]

会散时，已是晚上七点半多，研究院学生原定于此时聚集候听报告，吴深感以会议结果不与自己失败惨象，无颜面对学生，遂强撑"疲困已极"的身体作柬改期，然后自行晚饭。其间，孟宪承与朱君毅来谈，吴宓决定和平辞职，孟表示赞成，朱未知可否。饭后，吴到北院访叶企孙，告以校务会议结果，"叶亦谓宓当辞去今职，徐观后变"[33]。

1月21日，吴宓拟就辞职书，于下午4点到校长室面见曹云祥，书有"恳准宓下学年卸去研究院主任职务，改任教授"等语，辞意坚决。曹始则挽留，继则表示"可顺从宓意"。最后做慷慨义愤状，谓"某方气焰过盛，众皆怨愤，拟即严重警告，或加抑制云云"。按照吴宓自己的领会，"某方"即指张彭春，兼带梅贻琦、赵元任两位帮闲者，当即感到"事势多变，莫可穷究也"[34]。

这个时候的吴宓尚不知道，曹云祥已改变计划，不再赴英，其因是国内局势有变。先是1925年10月，南方军阀巨头孙传芳不满奉系势力南侵，联络直系势力以及与张作霖矛盾激化的冯玉祥，发动了浙奉战争。孙军于11月占领徐州，奉军溃退。几乎与此同时，奉军将领郭松龄、李景林与冯玉祥暗中结成反奉三角同盟，于11月公开倒戈反奉。日军助张败郭，冯于1926年1月1日被迫宣告引退，张作霖联合吴佩孚欲再次入关，吴遂告诉颜惠庆不必赴英，待奉直联军控制北京政府后，令其组阁出任总理，颜听信了吴佩孚的话未克赴英。颜既不行，曹自然随止，清华校长的位子当然要继续坐下去。曹氏既要长期执校，卧塌之侧岂容他人呈虎狼之势虎视眈眈？自然不能让张彭春气焰过盛，喧宾夺主，甚至犯上作乱。于是，曹便有了与吴宓的上述谈话，并生发出收拾张彭春的念头。这个念头很快竟成事实。

1月23日，星期六，师生皆休息。上午10时，庄泽宣密告吴宓，他将与张歆海、王祖廉、虞振镛等辈，于正午宴请曹校长，借机告讦张彭春，劝吴不要再向校长提辞职之事。吴答应照办，于下午偕朱君毅乘车悄然入城。

1月24日下午，吴宓乘人力车返清华园，庄泽宣闻讯跑来报告周六午宴校长密谈结果：曹已于前日径直告张彭春，劝其辞职，拟派往欧美游学，藉此下台。校中则逐渐改组，以庄继张云云。吴宓听罢，大为惊讶，遂慨叹曰："以张君在校内声势之煊赫，及校长倚畀之隆重，而忽至失和去宠，至于强迫其辞职离校，而此事乃发于俄顷。甚矣，人事之多变，而局势之不可长久也。"待从惊讶中回过神儿来，吴宓开始揣摩曹氏痛下其手的心路历程："意者，校长初已决然赴英，乃荐张自代，张无感激之热忱。及校长决留校，张若甚觖望者，此其见弃于校长之真因也。而且反对张氏之人甚众。校长欲去之日，图以全局委张，己则立可脱身；则既不能，今决留，亦遂不得不去张以悦众。斟酌于二者之间，实逼处此。庄君言之如是，实情当亦不甚相远。"[35]

1月26日晚，孟宪承偕朱君毅到吴宓处报告与校长谈话内容，略谓庄泽宣等"少壮派"，利用吴宓辞职等事件攻讦张彭春，而曹已察觉并明了各方之用心，一度斥责张彭春，称其太不合众，并谓"以吴宓之正直无私，且其意常欲转任教授，不乐在研究院；汝何必勾结赵元任等，设术以倾挤之。张自承彼始终主张统一，取消研究院及专门科之独立，归彼一人统治，乃彼之政策，今既不行，愿以相让，请庄君为之"云云。[36]孟又告吴，明天晚上校长设宴，邀诸位参加，即为解决张彭春及庄泽宣等派系关系。按孟的推测，曹云祥凤以调和各方、息事宁人为处事方针，庄泽宣争闹既激，曹或以教务长一席给庄，而庄接手是否能支持得下，则看庄的本事了。对于张彭春，曹未必有去之之心，或只是给予一顿痛责，以压制其威势。待庄泽宣等辈试之而败，曹再支持张行其所谓统一，亦未可知。吴宓闻听，立感庙小风大、池浅鳄多，形险路窄，计谋连环。遂暗嘱自己至时不要轻举妄动，静观待变。

1月27日晚7时，曹云祥在清华园工字厅布下口袋，宴请校务会议成员吴宓及部分"少壮派"教职员。宴毕团坐，曹按预定战略方针，命座中各人述谈对校事意见，曹亲自执笔记录。至此，巨大的口袋已经撑开，擒拿张彭春的决战正式开始。

善于口才的曹云祥，三言两语就揭开了决战序幕。于是乎，庄泽宣与孟宪承等辈发起第一轮攻击，张受重创。而与张彭春友善的余日宣、杨光弼等辈挺身而出，在卫护中竭力为张开脱，予以反击。双方唇枪舌战，攻伐退避，你来我往，难决胜负。张彭春一方，最具杀伤力的干将梅贻琦与赵元任，不知是曹云祥故意设套为之，还是其他原因没有赴宴，未见其喊杀之声的记载。在庄泽宣一方，最有可能出头的快枪手吴宓，却一直观敌瞭阵而不出战。一时间，决战双方号声连连，呈胶着状态。张彭春瞅准一个机会起而反攻，略谓：近顷校中有一股不安静的空气，"此种酝酿，（一）由校长去职及继任问题，实则我决无敢为继任校长之心。今校长既决不去英国，此层自更消释矣。（二）谓我常图谋排挤庄、吴二君去职，而兼并专门科、研究院，合而为一，归我统治云云。我亦无此心，望大众同心协力，勿再疑议横生，散布流言。我已陈明校长，愿以普通科让庄君兼管"云云。[37]

坐在一边默然观战的吴宓，本不打算加入这场决战，眼见张彭春反击，禁不住怒火攻心，加之当晚喝了不少白酒，酒劲发作不能自持，遂在张发言之后霍然站起，尽述自己辞职原因与理由，略谓自己所处地位异常困难，校中各方，如国文教员等，种种揣测仇怨。而犹感苦痛者，则校中体制未立，权限不明，时来越俎干涉之事。校务会议与之作对之人除陆懋德、赵元任等辈，另有人挟持私心，以破坏为能事云云，矛头直指张彭春。此时电灯已熄，吴宓攻势凌厉，言辞滔滔不绝，在旁悄然观战的曹云祥，遂命人燃起蜡烛，秉烛续战。

吴宓甫一言毕，在一边摩拳擦掌、脸呈猪肝色的张彭春立即起身给予反击，略谓吴宓所言非是，如近顷校务会议否决研究院议案，并非我张某人操纵其间。"近顷流言孔多，如此类者，不一而足，我心甚愤苦。此与我之道德名誉有关，望彼造流言者，速将确实证据来源指出，否则，我不干休。"又说："我来清华，提倡俭朴，以教育与平民接近，今所志不行，局势如此，去之亦无所顾惜。但污我令名，则所不能受"云云。张彭春越说越愤，摇晃着高大身躯，"以足击地，颇极激昂慷慨之意"。众人为之所撼，吴宓"亦为之肃然动容"。[38]

这场由曹云祥蓄谋策划的攻击战，直至深夜 12：15 分方由曹氏鸣锣收兵。此役算是第一个回合，攻防双方皆用尽气力，但张彭春显然处于劣势，庄泽宣、吴宓等辈明显居于上风。

回到寝室，吴宓思及当晚发生之事，久不成寐，百感交集，遂在日记中对自己的心境做了如下描述："念宓初无与人为仇之意，惟此次倒张运动，竟以研究院事件及宓之辞职用为导火索，作为张氏大罪状之一，则宓所不及料，而亦无术洗清者也。平心而论，张君仲述实有胜过诸人之处，允称清华办事惟一人才。但其对宓亦无诚意，徒事封殖兼并，不免自私。又学问匪深，疑忌贤明绩学之士，实其所短。宓本无推倒张氏之意，且亦不愿见校中有此风波。然自去年到此以来，局势所驱，情事所积，宓之卷入与张氏为敌之党，实亦不得不然者也"[39]。

第二天，倒张派再度集议密谋，欲进行第二回合的战事，众人推张歆海出面，在城中六部口满园酒馆宴请曹云祥，向其迫切陈词，乘胜追击，一宴而致张彭春于死地，众皆喜，连连称诺！于是，张歆海依计而行，曹云祥如约而来，在座者除张歆海，另有庄泽宣、徐志诚、虞振镛、钱崇澍、吴宓等人。席间，尚未等众人历数张彭春罪状，曹似胸有成竹，自言"已决去张。昨晚之公宴，为使张得知各人对彼之意向而已"。又说："将于本星期六，陈请于董事会，将张免职，即日离校，并给半年薪金，外加一笔旅费，听彼赴欧考察教育，或赴印度游历，如此下场云云。"[40]曹对张如此快刀斩乱麻式的处置，令众人大感意外，默然相对，再无多言者。

下午5时，吴宓乘人力车回校，途中回想宴席间一幕，实有暗藏杀机、步步惊心之感。张彭春离校，一夜间竟成事实，当为各种势力角逐、缠斗的结果，亦"实为权臣威加于主者之普通下场"[41]。据吴宓分析，各方反对虽烈，然在清华已司空见惯，久已无足轻重。但"此次去张，纯由校长自决。而校长之为此，必自有不得已之原因。或缘大权旁落，恐驾驭为难；或张竟有图谋校长而代之之举动，为所觉察，故而出此。诸人之谗言，以及宴会表示，不过适凑其机，校长亦乐于俯从而利用耳"[42]。

宴毕次日，曹云祥果然采取了行动，剑光闪过，张彭春防不胜防，轰然倒地。2月4日晨，张彭春携家眷离开清华园，出走天津，回到南开大学老巢暂时蛰居下来，以图东山再起。

令曹云祥与倒张"少壮派"没有想到的是，张彭春非等闲之辈，在临走前，悄悄于清华园埋下了一颗定时炸弹，这颗炸弹在引爆后产生的威力及掀起的波浪，差点把曹校长的椅子掀翻。

张彭春以清华教务长的身份主持改革，与其分属的旧制部学生感情颇好，学生平日视张氏为清华唯一理想人物。不料张此次突遭以曹云祥为首的"反动势力"暗算，无论是张彭春本人，还是旧制部学生皆不甘心，张彭春遂召学生代表六七人至宅中，慷慨陈词，述说被迫离校之因。学生为其鼓动，义愤填胸，个个顿脚挥拳，欲找校长与攻讦张氏的"敌对势力"问罪。

2月5日晚，校中大风潮起。旧制部学生召开大会，挽留张彭春，并捉拿反张集团头目予以惩处。反张之人列为十一凶，其中元凶三人：王祖廉、庄泽宣、徐志诚（庚款留洋二期生，时为清华教授）；次凶五人：全绍文（希德）、曹霖生（曹云祥侄子，清华体育部主任）、虞振镛、陈达、蔡正；陪凶三人：张歆海、钱端升、吴宓。"三凶"经大会通过后，众生冲出教室，结队包围校长曹云祥于清华园的官邸。曹氏被堵入室内，学生迫曹答应三件事并签约。一，迎回张彭春；二，斥退王、庄、徐三"凶犯"；三，改良学校，裁员减政。曹云祥见学生气势汹汹，誓为张彭春报仇雪恨之状，遂一一答应。学生见事已达成，乃聚众包围王、庄、徐及曹霖生等"次凶"住宅，并在宅前游行、呼口号，加以辱骂，逼迫王、庄、徐当众立允辞职。吴宓与钱端升等当晚已进城，得到心腹报告后，顿感大事不妙，"遂决久住京中，以避内潮焉"[43]。

第二天，清华风潮已见诸各报，围绕张彭春被迫辞职之事，展开数天报道与各方答辩。在倒张风潮中，一直未露面的梅贻琦在接受校刊记者访问时，一改往日的沉默与谨慎，态度严肃、旗帜鲜明地表示："校中组织上似有不安之处，即使任何人来，处于张先生之地位，与别人冲突之事，亦所难免。张先生个人可以去，但去后，必为清华之大损失。"[44]

梅贻琦的发言，使拥张派大为振奋，决计联合起来，与倒张派兵马大元帅曹云祥以及"十一凶"展开新一轮决战。力争一战而直捣黄龙，活捉曹云祥，驱逐其出境，迎取张彭春还朝。

2月21日上午9时，贺麟、张荫麟、陈铨三教员急趋吴宓之清华园工字厅宿舍报告：据已截获的情报，昨晚学生评议会议决驱逐曹校长，并定于今晚八时开会，报告全体学生。如经全体认可，立即拉杆子暴动施行。吴闻讯，大惊，问有何迎敌或金蝉脱壳之计。三教员曰：为今之计，唯有密报曹校长，速行以下决策：

（一）允王祖廉、徐志诚去职；
（二）准庄泽宣请假半年，专门科主任由校长兼代；
（三）裁撤机要部及课外作业部，调任全绍文为学监部主任，兼斋务主任。
（四）表示实心改良学校，与民更始之意。

以上各项，应由校长速出布告，以平众愤而安众心。此诸事行，则大多数和平之学生，皆不至附和，且可出而明言维持，免为少数激烈学生所挟持。同时，校长可于今晚8时，召集全体学生，报告张教务长去职经过，以夺去学生开大会之时间，亦缓兵之计也。盖学生会所拟办法，将以48小时之哀的美敦书（公函），送达校长。除三主任及骈彼机关外，并要求经济公开等，为校长所万不能承允者，然后以此归罪校长而驱逐云云……贺麟等言毕，请吴老师"速言于校长，当机立断，以免迫近眉睫之大祸"[45]。

吴氏听罢，信以为是，乃急奔曹云祥官邸密报危急情形。"厚德载物"、养尊处优的曹云祥刚从浴室出来，且准备入城赴宴。"及闻宓言，大惊，遂亦不复入城"，迅即电话召来何林一、王绍曾、戴超、邹峄隽等亲信嫡系密议御敌之策。众皆认为贺麟等人之计为上上策，曹云祥点头同意，遂立即行动，草拟布告，列之以上方策，交文案处以最快的速度发表，以夺取时间，消弭学生暴动计划。

布告很快由文案处草就贴出。果如贺麟等辈所料，大多数学生见后遂泄愤消气，少数激烈分子挟持学生闹事未成，原定晚上8时召开的学生会议遂告流产，一场欲摧屋拔城、直捣黄龙的大风潮，被消解于无形。迎取张彭春还朝之计成为泡影，曹云祥继续以清华至高无上的地位和名义号令诸侯。唯全绍文不肯受辱，明确表示不就学监部主任之职，自动辞职出校。

2月22日晚，曹云祥于科学馆召集全校教职员大会，报告张彭春去职及清华学生风潮经过，并议善后办法。众议改组行政系统，实行教授治校。当场两次投票举定曹云祥、梅贻琦、钱端升、孟宪承、戴超、陈达、吴宓等七人为宪法起草委员，起草本校组织大纲。

3月6日，清华校务委员会研究《清华学校组织大纲》，国学研究院办学宗旨有几条被改变或裁撤。是日吴宓记道："该大纲中，竟将研究院取消。仅于各系中设研究教授及研究生。此乃钱端升之意，宓亦甚赞成。惟念去年三月六日，研究院中、英文章程，方在大学筹备会中通过，而今年此日，复在委员会之《组织》大纲中取消之。由我作成，复由我手破坏。我乃如杀身自焚之蚕儿。因力顾大局，希望全校改良，协助钱、孟诸君，并愿以身作则之故（裁并机关），乃自在委员会中，将研究院主任之职位取消。如此高尚之心情，谁复谅解？然此弥可伤悲也矣。"[46]

同意裁撤研究院办学宗旨，是校方向张彭春遗留派如梅贻琦等人，与部分"少壮派"的妥协。3月8日，起草委员会召开末次会议，原拟《组织大纲》全文通过，并译成英文在校内张贴公布。

校内师生观之新制大纲，"不满意者甚多"，而研究院学生闻听此讯，惊诧之间大为愤慨，当即开会派代表质问吴宓身为研究院主任，为何不为研究院争利益，且附和诸委员对国学院不利之议？吴的解释，是以个人资格加入委员会，并为全校筹划至计。且校务改组委员会并非巴黎和会，各方为列国外交代表互争权利之地也。但"此言申说再三，而学生等不省。当八日委员会开会时，研究院学生吴其昌、杜钢百到会请愿，言辞态度，已甚顽梗骄横"[47]。

◎清华国学研究院所在的清华学堂

3月9日、10日，研究院学生方壮猷、汪吟龙等辈，出面约吴宓在教室谈话，双方唇枪舌战，不欢而散。

3月11日晨，国学研究院学生会派吴其昌、杜钢百为代表，向吴宓递交要求其辞职的哀的美敦书，谓"唯愿先生即日引退，以免恶声之加，同人等不胜迫切待命"云云。[48]吴持书盛怒，进退不得，乃到校长曹云祥办公室提出辞职请求，同时诉说自己的尴尬与无奈："此次担任改组委员，曾于开会时声言，研究院之事业及工作，宓以为不但须维持保存，且当极力扩张。至于研究院之名义及机关，则宓以为无足重轻，尽可斟酌制宜云云。此乃宓之良心之主张，自谓于校中全局有益，而于研究院无损。乃学生来函责难，此种误会，本可不必置意，惟既已主张改组，应以身作则，以期贯彻。"[49]诉苦毕，吴回寓，决计辞却国学研究院主任一职，请校方当局另请高明。

当吴宓悲愤交加地伏案撰写辞职书之时，国学研究院学生吴其昌等，已持昨日致吴宓之"哀的美敦书"底稿，跑到校长室请求曹校长立即将吴就地免职。稍后，国学院学生又谓吴氏恋栈，不愿辞职离开，即发动众人亲自动手封锁主任室，让吴宓成为无室可依的丧家之人。吴宓闻讯，甚感悲凉，初步判断吴其昌等辈如此绝情、痛下狠手的真正目的，乃"拟迎胡适来为研究院主任，以便与校中接洽要求，较为得力，而在外间名望较大，为毕业生荐事求职，亦较优势云"[50]。

3月16日，在清华园工字厅住室闭门读书、等待消息的吴宓面谒曹云祥，再度提出辞职事，时曹正为张彭春辞职出走之事，被拥张派师生搞得心烦意乱，见吴自动送上门来，正好借此机会给吴一刀，以平息拥张派的愤怒。于是，曹云祥不但立即批准了吴的请求，还把吴调离研究院，安排到大学部外文系任教授，薪金由原来的 300 元降为 280 元。尽管"友人以为颇吃亏",且与此前因风潮被迫辞职的王祖廉、庄泽宣、徐志诚等人相较的确如此,而"宓之不善自谋,到处悉然,可胜悲叹",但也只好安慰自己"知足"罢了。

校长文案处布告,于当日即在清华园张贴:

> 研究院主任吴宓先生,函请辞职,立意坚决,应即照准。所有研究院主任职务,暂由本校长兼理。派侯厚培先生帮同接洽事务。吴宓先生专任教授。此告。[51]

在中国现代学术史和教育史上留有光荣一面的清华国学研究院,是吴宓生前身后久被人赞誉的辉煌业绩,但吴最后还是被迫辞职。从留下的日记可知吴氏此时的心境,同时也显出即便如学术重镇之堂堂清华学校,乃至象牙之塔国学研究院,亦非理想的圣洁之地。此时的吴宓,在这种矛盾与相互倾轧处境中搞得心憔神悴,最终如他在日记中所言"如杀身自焚之蚕儿""以自己的手结束了自己的事业"。

吴宓既已去职,国学研究院暂由校长曹云祥"兼理"。

自 1920 年改组三人董事会后,校长权力削弱,清华实际成了董事会专权。与此同时,学校也进行了一点改革,即外交部下令,清华学校设立教务方面的咨议机关——教职员会议,以校长为会长,《章程》明确规定:"本会议议决事件,校长有否决权。"这个章程虽有明显祖护校长、压制教职员之意,但毕竟打破了以往"教员不得干涉学校之行政"和校长专断独行的局面。[52] 而 1925 年 9 月之后成立的以

◎吴宓与清华国学院主任室职员卫士生(左)、周光午(右)合影留念

曹云祥校长为主席的十人校务委员会，已有梅贻琦等四位教员代表参加，尽管会中负责行政的职员人数比例仍大于教员，但已显露出"教授治校"的端倪。延至1926年，随着"挽张去恶"风潮骤起，在师生压力下，迫使曹云祥接受了"教授治校"原则，制定了以下大纲，取消原有的教职员会议，成立教授会，取消原有的校务会议，改设评议会。评议会由教授会选出的代表参加，是为校内最高权力机关。——这几个会议的设置，在清华历史上堪称划时代的变革，是教育界一项了不起的成就，在中国现代教育史上占有光辉的一页。

根据清华新制《组织大纲》，从公布之日起，教务长一职，不再由校长聘请或委任，而改由全体教授组成的教授会与评议会选举产生。此为张彭春去职与风潮发生后，全体师生以及关心清华前途的有识之士共同促进清华改革的又一成果。

新的《清华学校组织大纲》于民国十五年（1926年）四月十五日制订并发布。关于校长、评议会、教授会、教务长等条款如下：

第一章　学制总则

第二章　校　　长

第七条　本校校长统辖全校事务。

第三章　评 议 会

第八条　本校设评议会，以校长、教务长及教授会互选之评议员七人组织之。校长为当然主席。

第九条　评议会职权如下：

一、规定全校教育方针。

二、议决各学系之设立、废止及变更。

三、议决校内各机关之设立、废止及变更。

四、制定校内各种规则。

五、委任下列各种常任委员会：

甲、财务委员会。乙、训育委员会。丙、出版委员会。丁、建筑委员会。

六、审定预算、决算。

七、授予学位。

八、议决教授、讲师与行政部各主任之任免。

九、议决其他重要事件。

十、评议员之任期一年，于每年五月改选。

十一、评议会之细则另定之。

附注一：关于第九条第一、第二、第三、第六各项评议会在议决前，应先征求教授会意见。

附注二：关于第九条第一、第二、第三、第六各项之事件，评议会之议决，经教授会三分之二之否认时，应交评议会复议。

第四章　教　授　会

第十二条　本校设教授会，以全体教授及行政部各主任组织之。由校长为主席，教务长为副主席。

第十三条　教授会之职权如下：

一、选举评议会及教务长。

二、审定全校课程。

三、议决向评议会建议事件。

四、议决其他教务上公共事项。

第十四条　教授会之细则另定之。

第五章　教　务　长

第十五条　本校设教务长一人（名誉职），综理全校教务。由教授会选举之，任期二年，于五月改选。

…………… [53]

此时的曹云祥以清华改革总设计师自居，特别是在击败逐走张彭春，剪除这个卧塌之侧虎视眈眈者之后，精神振奋而又自我膨胀起来。对于梅贻琦、钱端升两位中青年教授为主导制定的《组织大纲》，因间涉人、财、物等权力重新分配，以及明显对校长权力予以削弱和限制等问题，心中有诸多不情愿。特别是教务长一职由校长任命改为教授选举，令曹心中不快并结了疙瘩，但一时又不便公开表示，只好暂时隐忍，以顺应时代潮流，博取清华师生与社会人士的好感，坐稳校长的椅子。然而，事情并不如此简单，曹云祥终究没能咽下这口气，很快做出回击与翻盘的举动。

● 梅贻琦崛起

不知是外界煽动还是内部亲信串通蛊惑,在《大纲》公布 20 天后的 3 月 28 日,曹云祥突然一个大回环兼大变脸,欲行翻盘复辟。当晚,曹召集吴宓、孟宪承等十位教授,到其官邸以茶叙方式开会,对已公布《大纲》意欲全部推翻,谓学校分设各科,多聘"名人"前来执教,特别是教务长一职,必须由校长委任云云。吴宓等几人听罢,大为惊讶、疑惑,更多在座者却迎合附会,随意妄行举荐各路"名人""大师"。一时间,曹府内各色人等张牙舞爪,气焰嚣张,其五迷三道状"至堪慨叹"。冷眼旁观且呈不悦之色的吴宓认为,曹一番说辞"殊无明白之诚意",如此以小人之态砸君子共成之锅,必"前途无望"[54]。

由于清华"少壮派"联合梅贻琦等老一代归国名将持续反击,加之清华校友与社会进步人士声援与施压,曹云祥在挣扎、摇摆了 22 天后的 4 月 19 日,终于决定放弃复辟之梦,顺势而行。当晚 8 时,曹召集全校教授会,于科学馆 212 号教室选举教务长与新一届评议会评议员。全体教授 60 人,到会者 47 人,出席率 78%,曹云祥为当然主席。根据当天的会议记录,众教授积极响应,发言热烈,提议、附议、讨论、表决、通过或否决,均依循民主程序进行。首由大会公举朱君毅为教授会书记,次主席曹云祥问,本会会员 4 人因事不能出席,函送选举票 4 张,是否有效?入会教授讨论结果,均承认此选举票为有效。接下来,大会进入选举的中心议题。据会议记录载:

> 朱君毅问,大会须有若干人始足法定人数?陈福田君提议,赵师轼(学海)君附议,本会须有全体会员之半数以上,始足开会法定人数,通过。……余日宣君提议,赵元任附议,教务长之选举,在第一第二次票选时,须超过三分之二以上之数,但第三次票选时,过半数即可,通过。虞谨庸(振庸)君提议,钱雨农(端升)君附议,第三次票选时,候补人数定为二人,通过。陈福田君主张采用不记名投票法,众赞成。
>
> 次选举教务长,第二次选举结果,为梅月涵君(二十七票),孟宪承君

（十二票），戴志骞君（七票），赵元任君（三票）。第三次选举结果有梅月涵君（三十三票），孟宪承君（十五票），梅月涵当选为教务长。

次选举评议员七人，第二次选举结果为陈通夫（达）君四十票，孟宪承君三十七票，戴志骞（超）君三十三票，杨梦赉（光弼）君三十二票，吴雨僧（宓）君三十票，赵元任君二十七票，陈福田君二十四票，麻伦（Malone）君二十票，钱端升君十九票，叶企孙君十六票，陆咏沂君十六票，王力山君十四票，虞谨庸君十三票，朱汇臣君九票。票数最多之前七人为陈通夫君、孟宪承君、戴志骞君、杨梦赉君、吴雨僧君、赵元任君、陈福田君，当选为评议员。[55]

校长曹云祥为评议会当然会员兼主席，新当选的教务长梅贻琦为当然会员，加之新当选的七教授共九人，为改制后第一届评议会会员，任期一年。

这次会议，对清华改革而言，具有开先河的重要意义与标志性地位。日后的当权者，若以强权或挟私人意气试图逾越这条河流，或翻越这道具有历史标志意义的层峰，必将付出沉重的代价，无论是继任的罗家伦还是吴南轩，无不为此折戟沉沙。对于时年37岁的梅贻琦而言，这更是一个重大转折，梅氏在张彭春被曹云祥斩于马下的溃败局势中，没有气馁与退缩，反而披挂上阵，继续搏击，并凭借任教11年的丰富经验和阅历，披荆斩棘，过关斩将，终于晋身于清华学校的高层并执掌教务，此举标志着南开集团在清华屡仆屡起，生生不息的人脉与奋发向上的精神得以发扬光大。而南开系在清华园连连遇挫的痛苦经历，亦使梅贻琦在登上教务长高位后，更加谨慎小心，勤劳进取，团结一切可以团结的力量，为学校前途与师生利益计谋筹划。在这个过程中，梅贻琦本人的威望迅速提升。

未久，梅贻琦奉曹校长令"兼理研究院事务"。自此，梅贻琦在清华不但得以崭露头角，且终得大用，而吴宓的身影则从清华国学研究院彻底消失了。但是，正如吴在获准辞职当天日记中所说，"前途困难风波方多"，无论是"隐退"的吴宓，还是正处于上升阶段的梅贻琦，都将面临新的挑战。只是，梅不是一个善于投机钻营的人，他能看懂官场的权术之道，但不玩弄权术。执掌教务和兼理研究院事宜后，仍像平时一样沉默寡言，工作重心则移到全校的教学改革与备受关注和非议的大学部课程中来。

此前，张彭春主导的清华改革教育方针之《大学部组织及课程》明确规定："本校开办大学，分普通训练、专门训练两级，及研究院，纯以在国内造就今日需用之人材为目的，不为出洋游学之预备。"大学部分为普通科与专门科，普通科训练为期二至三年，所修为国文、英文、实验科学、历史、数学、哲学等普通知识，为的是与在国内就业相结合；专门科约二年或二年以上，所修专业分为文理、应用社会科学、自然科学等三大类，为继续研究高深学问打基础。

1925 年 9 月新生入学，校章即规定"一同上课三四星期后，即暂分为两组，一组习普通科第一年级之功课，一组习特别补习功课。无论何生在校之第一年均为试读期，该生能否在本校继续修学当于此期内判定之"。《规定》特别标明：

> 修毕普通科之学生或入本校所设之各项专门训练，或转学他校，或外出就事，一听其便，本校与以相当之成绩证书。……考试及格者与以修业文凭。[56]

这就是说，普通科学生的修业与专门科分为两道门槛，普通科学业期满，拿的是"修业文凭"，要想进入 1927 年才能设立的专门科深造，必须"经过入学考试方能收录。……学生经过各门之训练确有成绩者，给与学位与毕业文凭"[57]。

按张彭春的解释，这一改革方案是参考英美大学改革趋势，分析中国高等教育之弱点及培养国家急需人才而拟订的一种创造性的"新教育试验"，系糅合中国的书院精神与西方现代大学制度而成。之所以在学生入学两年内不分系，先修习实用性普通课程，目的是"待学生确定能力和性向后再决定是否续修专门学科，以免浪费时间、精力和金钱"[58]。——可惜的是，这个构想与实施办法，属张彭春的一厢情愿，事涉学生根本利益，在大学部招收新生实施半年后，即遭到学生、学生家长以及教员普遍质疑和反对，认为青年学子好不容易考入清华，又辛辛苦苦学习两年，拿到的只是一文不值的"修业文凭"，且无法保证继续进入专门科进修。更为师生诟病的是，普通科培养学生的目标含糊其词，没有一个明确指向，且与国内一般大学课程不相衔接，"不文不理""年限又太长，学了没有用也无兴趣"等。[59] 因此，不少学生入学后又纷纷退学转入他校就读。

对于张彭春搞出的这个"自以为是"的改革方案，清华"少壮派"如庄泽宣等人，或为学校发展，或为个人恩怨，自始至终都明确表示反对并给予抵制。而钱端升也于 1925 年底发表文章公开提出质疑，谓："现时之大学部即普通科一年级，以后每年招收新生约百五十人，四年之后或可有大学生五百人云。惟分科既繁，每科学生恐不能多。……且大学而无文理科为基础，决不能为良好之大学。清华一时经费亦有限，与其开科甚多，各科均有支绌之虑，不如先办文理科，以全副精神，全副财力，为完善之设备，且招致国内硕学充教授，为国家造士。若决定先开办文理科，则普通、专门之别似可不分。大学目标为人文教育为主，文科学生应有相当科学知识，理科学生亦应有相当文献知识，文质彬彬，可以挽士风而敦实学。"[60]

鉴于张彭春时代改革的遗留问题和存在的一系列弊病，原本支持张氏改革的梅贻琦，在出任教务长后，不得不顺应时代潮流和师生要求，对课程和教学以及教授等做部分调整。1926 年 5 月初，清华学校评议会与教授会一致通过，废止张彭春主导制定的不分系和"试读"计划，决定在大学部设立十七个学系，随后教授会通过梅贻琦主持拟定的《大学部课程大纲》，拟定先行设立专修课程及暂不设立专修课程的各系。5 月 14 日，梅贻琦就《教务计划和改革》答校刊记者问，对新的改革方针与计划进行了诠释。此次清华改革方案为：

　　一、旧制生课程不变，即从此年秋季起，仍分为高等科三年和大学一年级，各生除和以前一样强调英文必修及中国经史等选修之外，大一和高三学生可到大学部各系选修有兴趣之专业课程，如念完大一后，一律赴美留学，至 1929 年停办为止。
　　二、新制大学部分为本科及大学院，大学学程以学系为单位，本科四年毕业，考试合格后发给学士学位。大学院未成立之前暂设研究院，先办国学一门，

◎ 1926 年初夏，清华学校大学部物理系全体教职工于科学馆门前合影。第一排左起：郑衍芬、梅贻琦、叶企孙、贾连亨、萧文玉；第二排左起：施汝为、阎裕昌、王平安、赵忠尧、王霖泽（叶铭汉提供）

以后斟酌情形逐渐添办它门，至 1930 年大学院成立后，研究院即行停办。

三、课程设计，采取美国流行的初级大学办法，入校新生必须接受一年的普通学科训练，即所谓的"通识课程"教育，第二年方可归于各自的系属，进行专业课修习。各科分为必修和选修二种，成绩以学分计算，各系毕业生至少须修满 136 个学分（体育除外），工程系之学分另行规定。另，体育为每个学生必修之课业，其成绩尽管不计于总分之内，但必须达到及格水平，否则不得参与毕业考试。

上述前二条乃评议会与教授会共同协商甚至相互妥协的结果，第三条则是梅贻琦融合中西教育精髓，具有创见性的教育思想形成的胚芽，后来清华大学普遍实施的"通才教育"，即是这个胚芽不断成长之后绽放的鲜花。对于这一设计和规定，梅贻琦稍后做了专门论述：

> 清华大学学程为四年，其第一年专用于文字工具之预备，及自然科学与社会科学之普通训练；其目的在使学生勿囿于一途，而得旁涉他门，以见知识之为物，原系综合联贯的，吾人虽强为划分，然其在理想上相关连辅助之处，凡曾受大学教育者不可不知也。学生自第二年以后，得选定专修学系以从事于专门之研究，然各系规定课程，多不取严格的限制，在每专系必修课程之外，多予学生时间，使与教授商酌，得因其性之所近，业之所涉，以旁习他系之科目，盖求学固贵乎专精，然而狭隘之弊与宽泛同，故不可不防。[61]

新的学系制度业已建立，清华步入了一个新时代。随着早期庚款留学生纷纷由美返校任教，清华师资阵营得到进一步充实壮大。与此同时，学校又聘请部分外校与社会博学之士前来任教，丰富了清华课程内容，学生也消除了"试读"与"修业文凭"的担忧。学校原拟定的十七个系，有十一个系可开出课程，分别为：国文学系、西洋文学系、历史学系、政治学系、经济学系、教育心理学系、物理学系、化学系、生物学系、农业学系、工程学系。另六个学系，即，哲学系、社会学系、东方语言学系、数学系、体育学系、音乐系，亦在两年之后逐渐开张设课。自此，清华"改大"的基础业已形成，并顺利朝着文理工综合规模和方向的现代化新式学校快速推进，一个全新的、朝气蓬勃的国立清华大学，如躁动于母腹中快要成熟的婴儿，即将在某个丽日艳阳的早晨呼之欲出。

注释

[1] 张彭春《清华学校日程草案》（1923—1925），第二册，第 423 页。转引自苏云峰《清华校长人选和继承风波》（一九一八——九三一），载《"中央研究院"近代史研究所集刊》，第 22 期下，1993 年 6 月。苏云峰乃台北"中研院"近史所研究员，他写此文前得到一份哈佛燕京图书馆馆长吴文津教授赠阅的张彭春任清华学校教务长近三年的日记《清华学校日程草案》，遂在文章中就张的《草案》相关段落有所引用。后，苏氏又经几年努力，完成《从清华学堂到清华大学》（1911—1929）、《抗战前的清华大学》（1928—1937）二著作，分别在台北与北京以繁、简二体出版。本著所引张彭春《清华学校日程草案》，皆来自苏著台北繁体字版。

[2] 李石曾，1881 年生，晚年自号扩武，高阳人。国民党四大元老之一，早年曾与吴稚晖、蔡元培等人发起和组织赴法勤工俭学运动。1920 年，李石曾在北京创办中法大学。同年，得到孙中山和广州政府的经济支持，在法国建立里昂中法大学。1926 年成立故宫博物院，李石曾任院长。抗战期间，李石曾在欧美从事外交活动。1948 年，李氏回国任总统府资政，1949 年以后去瑞士，1956 年移居台湾，1973 年去世，终年 92 岁，葬于台北阳明山。另，所谓的"现代评论"，乃 1924 年胡适与陈西滢、徐志摩等人创办的《现代评论》周刊，其成员多是欧美留学归国的自由主义知识分子，以《现代评论》为主要阵地，被称为"现代评论派"。主要撰稿人为王世杰、唐有壬、陈源（陈西滢）、高一涵（高崇民）、燕树棠、周鲠生、陈翰笙、彭学沛、皮宗石、钱端升、吴稚晖、杨端六、胡适、徐志摩、丁西林、李仲揆（李四光）、张奚若、陶孟和、郁达夫、顾颉刚、凌叔华、沈从文、杨振声等。

[3] 梁启超《学问独立与清华第二期事业》，载《清华周刊》，第 350 期，1925 年 9 月。

[4][5][6][7][8] 张彭春《清华学校日程草案》，第二册。转引自《从清华学堂到清华大学》，苏云峰著，台湾"中央研究院"近代史研究所 1996 年出版。

[9]《从清华学堂到清华大学》，苏云峰著，台湾"中央研究院"近代史研究所 1996 年出版。

[10]《从清华学堂到清华大学》，第 201 页下注，苏云峰著，台湾"中央研究院"近代史研究所 1996 年出版。按，苏氏认为此句之"他"指张彭春自己，唯时张彭春正欲谋代理校长，并未辞教务长职。因而这个"他"，只能是指曹云祥。

[11][17][19][20] 张彭春《清华学校日程草案》，第三册。转引自《从清华学堂到清华大学》，苏云峰著，台湾"中央研究院"近代史研究所 1996 年出版。又，张的亲信余日宣，湖北蒲圻人，清华 1913 级毕业生，普林斯顿大学政治学硕士，返国后曾任南开大学教务

长，后入清华担任中等科教员，兼本校调查委员会会长，并推荐同党张歆海入清华任教。大学部成立后任政治系教授兼主任。

[12]《从清华学堂到清华大学》，苏云峰著，台湾"中央研究院"近代史研究所 1996 年出版。文中所提人物：钱端升，清华 1919 级，1924 年哈佛大学政治学博士；庄泽宣，清华 1917 级，1922 年哥伦比亚大学教育学博士；陈达，清华 1916 级，1923 年哥伦比亚社会学博士；叶企孙，清华 1918 级，1924 年哈佛大学物理学博士。

[13][15][16][25][26][28][29][30][31][32][33][34][35][36][37][38][39][40][41][42][43][45][46][47][48][49][50][51][54]《吴宓日记》（1925—927），第三册，北京三联书店 1998 年出版。

[14][21]《从清华学堂到清华大学》，第 82 页下注，苏云峰著，台湾"中央研究院"近代史研究所 1996 年出版

[18]1923 年 9 月，张彭春受清华学校聘请担任教务长，携妻女迁居北平。11 月，他的次女诞生。张彭春一向崇拜印度诗歌泰斗泰戈尔。因泰戈尔著有诗集《新月集》，张彭春为二女儿取名"新月"，英文名为"露丝"。其时，张彭春正与胡适、徐志摩、梁实秋、陈源（西滢）等文友筹备组织文学社，社名尚未确定。张提出用"新月"二字，众欣然接受，于是便产生了"新月社"，后来新月社不断发展壮大，有闻一多、陈梦家等诗人不断加入其阵营，形成了一个独特的诗歌流派，被好事者称为"新月派"。

[22]《吴宓日记》（1925—927），第三册，北京三联书店 1998 年出版。日记中提到相关主要人物：

一、陈锦涛，1870 年生，广东南海人，美国耶鲁大学哲学博士，清光绪三十二年九月（1906 年 10 月）清廷第二次留学欧美毕业考试第一名，赐进士出身，同场考试者颜惠庆名列第二。陈氏曾任清廷度支部副大臣，南京临时政府财政部总长，北京政府财政总长兼盐务署督办，广州护法军政府财政部长等。1926 年与胡光等在天津合办中国无线电业公司，旋入清华学校大学部任经济系教授。1932 年应聘为国难会议会员。1935 年应南京国民政府行政院院长汪精卫之邀，任币制研究委员会主席。1938 年 3 月任南京"中华民国维新政府"财政部长兼华兴银行总裁。次年 6 月病死于上海。

二、郭秉文，1880 年生，字鸿声，江苏江浦人，早年卒业于上海清心书院，1908 年赴美留学，1914 年获哥伦比亚大学教育学博士学位。回国即参与南京高等师范学校创办并先后为教务主任、校长和国立东南大学校长。1925 年 1 月被教育部免职，出任中华教育促进协会会长。

三、张歆海，1900 年生，上海人，1916 年考入清华学校，两年后以优异成绩毕业，赴美留学。1923 年获哈佛大学英国文学博士学位。回国后，先后执教北京大学、清华学校大学部、东南大学、光华大学，曾任东南大学英国文学系主任、光华大学副校长兼文学院院长、中央大学文学院院长等职。1928 年夏开始从事外交工作。1972 年 12 月 6 日在上海

病逝。

四、马寅初，1882 年生，名元善，字寅初，以字行，浙江绍兴府嵊县人，1914 年获哥伦比亚大学院经济学、哲学双博士学位。1915 年出任北京大学经济学教授。1919 年当选该校教务长。1923 年，任新创立的中国经济学社社长。1952 年 5 月被中共政权任命为北京大学校长。1955 年起，提出控制中国大陆人口主张，1957 年发表《新人口论》，一度遭到当局批判。1982 年去世。

五、余日章，1882 年生，湖北蒲圻人，生于武昌，1895 年进武昌文华书院。后入上海圣约翰大学。1910 年获哈佛大学博士学位。1911 年回国，任文华大学附中校长。辛亥武昌首义时，创办红十字会，自任总干事。1912 年起任黎元洪英文秘书，参与外事活动。1917 年曾参与孙中山《建国方略》撰著工作。1923 年任中华全国基督教协进会会长，曾为蒋介石、宋美龄证婚人。1932 年秋，国联讨论"九一八"问题时，以上海国际问题研究会代表身份赴欧美进行外交活动。1933 年 1 月，在华盛顿发病，1936 年 1 月在上海病逝。

六、余绍宋，1883 年生，浙江龙游人。早年留学日本法政大学习法律学，归国后任北京政府司法部参事、司法部次长、北京政法专门学校校长、北京美术专门学校校长、浙江通志馆馆长等职，1949 年病逝。

七、徐志摩，1897 年生于浙江省海宁市硖石镇。1915 年毕业于杭州一中，先后就读于上海沪江大学、天津北洋大学和北京大学。1918 年留学美国伍斯特克拉克大学习银行学，后进历史系选读社会学、经济学、历史学等课程，十个月即告毕业，获学士学位。1921 年赴英国留学，进入伦敦剑桥大学当特别生，研究政治经济学，开始创作新诗。1923 年春，在北京与胡适、张彭春、陈西滢等朋友创办"新月社"。1924 年与胡适、陈西滢等创办《现代诗评》周刊。1928 年 3 月，创办《新月》月刊，同年 11 月 6 日作《再别康桥》。1931 年 11 月 19 日因飞机失事罹难于济南白马山。

八、贺麟，1902 生，广东东莞人，时为清华大学部旧制部学生，兼任《清华周刊》总编辑。吴宓为高年级学生开设选修课外文翻译，讲授翻译的原理和技巧，并辅导翻译练习，其中贺麟、张荫麟（1905—1942）、陈铨（1905—1969）是选修此课最认真的学生，三人后被称为"吴门三杰"。

[23][24] 吴宓《研究院发展计划意见书》，载《清华周刊》，第 371 期，1926 年 3 月 19 日。

[27]《清华国学研究院史话》，孙敦恒编著，清华大学出版社 2002 年出版。

[33]《吴宓日记》，第三册，北京三联书店 1998 年出版。又，朱君毅（1892—1963），浙江江山人。1910 考入清华学堂，1916 年秋赴美国留学，获霍普金斯大学教育系学士学位，继进哥伦比亚大学研究所，专攻教育心理学与教育统计学，1922 年夏，获哥伦比亚大学哲学博士学位。归国后，历任国立东南大学、南京女子师范学校、清华大学、北京大学、北京师范大学、厦门大学教授等职。

　　吴与朱二人在清华时乃同窗好友，在美国和东南大学时代亦为好友。朱在南京与未婚妻毛彦文解除婚约，吴是见证人之一。吴到清华后开始对毛彦文产生感情和幻想，不惜与妻子陈心一离婚（陈心一与毛彦文乃中学同窗），欲娶毛氏为妻，并有"吴宓苦爱毛彦文，三洲人士共惊闻"等诗发表于世。惜吴氏一生追求而未能如愿，直落得晚年眼盲足膑，孤苦伶仃，被其妹自任教的西南师范学院接到陕西泾阳老家照料，1978 年病逝于家乡泾阳。

[44]《清华周刊》，第 25 卷第 1 期，第 31 页，1926 年 2 月。

[52]《清华学校董事会管理校务严鹤龄报告书》（1920 年 4 月），转引自《清华大学校史稿》，第 22 页，中华书局 1981 年出版。

[53]《清华一览》，1927 年。

[55]《清华周刊》，第 376 期，1926 年 4 月 23 日。

[56][57]《大学部组织及课程》，载《清华一览》，1925 年。

[58] 张彭春《清华学校日程草案》，第一册。转引自《从清华学堂到清华大学》，苏云峰著，台湾"中央研究院"近代史研究所 1996 年出版。

[59]《清华大学校史稿》，清华大学校史编写组编著，中华书局 1981 年出版。

[60] 钱端升《清华学校》，载《清华周刊》，第 362 期，1925 年 12 月。

[61] 梅贻琦《清华学校的教育方针》，载《清华周刊》，第 426 期，1927 年 12 月。

第七章　大角逐

● 国学研究院兴衰

既然新的清华《大学部课程大纲》明确表示，研究院国学一门继续存在至 1930 年，而吴宓已辞去主任转入大学部西洋文学系专任教授，并不懂国学的校长曹云祥不愿再插手这个烫手山芋，于 1926 年 5 月上旬表示不再"兼理"，令新上任的教务长梅贻琦"兼管"。

梅深知这个过渡时期的国学研究院，除了当初宣传的兼顾中西文化，特别是加强中国固有传统文化而设置之外，还有一个不便公开的理由，便是清华为争夺第二批庚子退款而做的表面文章。[1] 因而，这个国学研究院从一开始就在大学系统中先天不足，最后在新与旧的夹缝中被搞得组织复杂、程序难理，直至落了个灰头土脸的结局。

新一轮改革后的国学研究院虽与清华旧制部、大学部呈三足鼎立之势，属于清华"改大"中不可分割的组成部分，但在基本教育目标、学制、学生背景、学习年限、教学与研究方法等方面，皆有巨大差异，内部组织结构又存在明显缺陷，自开学之日起，潜伏的矛盾便显露出来，此点从吴宓日记中可以见到。如 1925 年研究院首届开学典礼第二天，即 9 月 10 日上午，吴宓由清华园西客厅国学研究院筹备处，迁至第一院主任办公室办公，与研究院师生同居一楼。9 月 14 日上午，国学研究院学生开始上课。"是晚，研究院学生集议，（一）欲建议，请将管理规则改宽。（二）欲院中给与博士、硕士头衔。"10月27日，下午"开研究院第三次茶话会，议决不办杂志，各生著述，积多，则出丛书。诸生发言，有持正者，亦有可鄙者"。10月28日，"学生王庸、吴其昌、程憬等七人来见，请求学校废止请假办法，准研究生自由出校（并函学监请求）。宓与理论再三，仍不省。宓乃答以俟呈校长，交训育委员会讨论后再复。"对此，吴对诸生大为不满，嘲讽曰："噫嘻，研究生志趣卑下，不专心力学，殊负本院之目的也。"[2]

结果是未出半年，国学研究院便搞得同事间相互猜忌结怨，学生则对主事者多不理解甚至怒目相视，主任吴宓弄了个猪八戒照镜子——里外不是人，只得撂挑子一走了之。而清华校内教职员特别是"少壮派"，对国学研究院的设立更是不以为然，且多有"质疑"甚至攻讦。如钱端升1925年年底在《北京晨报》《清华周刊》公开发文，抨击清华学校制度、课程设置与人事安排等弊病，对国学研究院的设立"更堪疑问"。其攻讦言词之激烈，引得清华师生和社会人士侧目而视，并"转相告语"。钱氏指斥道："国学之为重要，无待烦言，而在偏重西学之清华尤然。现时研究院教授，若海宁王静安先生、新会梁任公先生皆当代名师，允宜罗致。然注重国学罗致名师为一事，而特设研究院又为一事。清华学生之益于王梁诸先生者，初不限于研究院学生，何以不竟聘先生等为大学教授，尊而崇之，而必名之曰研究院教授乎？岂大学之尊不足以容先生乎？即云研究院已有学生三十，然此三十人者，固皆可为大学特别生，而令其专攻国学者也。盖特置研究院，即多一个机关，亦即多一份费用，而益陷校内组织于复杂难理之境。或云研究院为将来毕业院之雏形，有此机关，扩充较易；此不易通之论也，盖研究国学本无须特别机关，而今日之机关，又不易扩张者也。"[3]

正是由于钱端升等人的攻伐，乃有国学研究院被迫取消，师生并入大学部的决定。后因学生抗争与吴宓去职，国学研究院在生死之间摇摆不定。梅贻琦于5月上旬取得"兼管"职权后，命悬一线的国学研究院开始反转，梅与同是清华评议会评议员的赵元任联手，在确保研究院继续存在的情况下，仍照旧章基本精神和条例招生授课，以承继国学研究院创办时的法源，延续中国文化血脉，使民族精神在清华园继续流通与滋生。

6月21日，梅贻琦以教务长"兼管"资格召开国学研究院教务会议，王国维、梁启超、赵元任、李济等教授、讲师皆出席，对首届坚持到底的29名学生成绩给予评定后认为合格，准予毕业，同时议决给予成绩较优的杨筠如、余永梁、程憬、吴其昌、刘盼遂、周传儒、王庸、徐中舒、方壮猷、高亨、王镜第、刘纪泽、何士骥、姚名达、蒋传官、孔德等 16 人奖学金各 100 元，以示鼓励。

6 月 25 日，清华学校举行毕业典礼，曹云祥、梅贻琦主持，对考试合格者发给毕业证书，旧制毕业生合格者全部公费留洋。此前，国学研究院 29 位毕业生，有15 位申请留校继续研究一年，经梅贻琦主持教务会议讨论通过。吴宓因"不愿见研究院学生毕业给凭（因被逼去职故），遂于晨八时入城"[4]。7 月，国学研究院按计划招生考试，录取与补录新生 29 名。首届 15 位申请通过的留校生，只有 7 人前往注册，因而第二届学生共计 36 名。

◎清华学校国学研究院毕业证书

清华国学研究院"四大导师"之一陈寅恪，自柏林大学归国并在家乡停留一段时间后，于 1926 年 7 月 8 日前往清华园报到。因陈氏乃吴宓所荐，又是吴在哈佛大学的同窗兼好友，已离开国学研究院的吴宓虽不情愿，也只好硬着头皮以前院主任的身份，陪陈氏先后拜访赵元任、曹云祥、王国维、梅贻琦等人。继之，陈寅恪被校方安排暂住西客厅（后移居南院二号，与赵元任相邻），翌日开始正式开坛授课。至此，清华国学研究院"四大导师"阵营正式形成，另有讲师李济和新补换的助教赵万里、浦江清、杨时逢、蒋善国，以及职员卫士生、周光午等。在研究院主任之职空缺的情形下，一切事务由梅贻琦"兼管"。正是得益于梅贻琦的同情和努力，国学研究院才于命若游丝中得到复苏，且不断发展壮大，教学成绩得到社会识者的认同与赞许，而与国际合作的学术项目亦大获成功并赢得了世界性荣誉。

早在 1925 年 11 月，由吴宓主持的国学研究院第三次教务会议，就有设古物陈列室、举行外出考察、与外界合作进行考古发掘等各项计划。1926 年 2 月 5 日，在曹云祥、吴宓和一直热心田野考古的梁启超鼓动下，以及美国弗利尔艺术馆毕士博支持下，李济与地质学家——曾随瑞典学者安特生发掘闻名于世的仰韶文化的袁复礼同赴山西，沿汾河流域到晋南做考古调查。[5] 其间发现了几处新石器时代的彩陶遗址，取得了一批珍贵标本。在初步确定几个可供发掘地点后，二人于 3 月底返回清华园。

此时校内外纷争迭起，国学研究院面临被肢解以及吴宓辞职而去的命运。李济

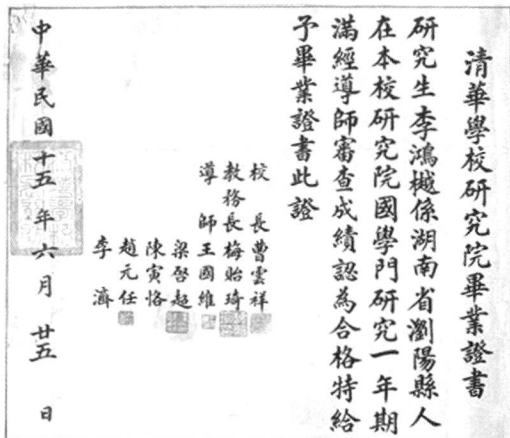

◎ 1926 年夏，清华国学研究院第一届学生毕业时师生留影。前排左六起：曹云祥、梅贻琦、梁启超、王国维、赵元任

摆脱纷争，埋首整理带回的古物并撰写调查报告。梅贻琦"兼管"国学研究院后，认为上述调查乃提高清华在国内外学术地位的极好尝试，遂以极大热情，想方设法延续和推进去年所订田野考古发掘计划。在新学期到来的 1926 年 6 月底，梅贻琦召集清华国学研究院与大学部历史学系教授举行联席会议，重拾组建古物陈列室计划让大家讨论。入会者以惊喜之情纷纷发言，认为"欲研究吾国古代之文明，人类进化之程序，典籍以外，尤必资藉于实物及遗迹之考察也"。于是议决，由国学研究院与大学部历史学系合办古物陈列室，并由两部教授合组一考古学委员会，公推李济为主席，主持其事。每年经费预算约六七千元，大致方针有三：

（一）购买拓片，此为陈列室入手之第一步办法，现已购得约有五百余种；

（二）规定考察公费，遇有古物出土，立即派员前往考察；

（三）进行实地征集。[6]

当此之时，李济以英文撰写的调查报告《山西南部汾河流域考古调查》业已完成，在交付美国《史密森研究院各科论文集刊》发表前，请中美双方代表审阅，结果双方皆在惊喜中表示满意。后来的事情正如李济所说："在读到这份报告后，毕士博先生以及清华学校的校长曹云祥先生和教务长梅贻琦先生，都极力主张我组织一个考古队，到山西南部去作进一步的工作。"[7]

1926 年 8 月底，梅贻琦主持国学研究院本学年第二次教务会议，进一步讨论古物陈列室与开展田野考古发掘问题，最后决定，聘请北京地质调查所袁复礼任清华大学部地质系讲师，与李济同往山西考察发掘古物。同年 10 月，由李济直接协调洽谈，梅贻琦出面拍板定案，清华校长曹云祥代表国学研究院和美国弗利尔艺术馆签订协议，双方共同组织，对方出大部分经费，由李济、袁复礼主持的山西夏县西阴村田野考古发掘正式施行。按照协议规定，发掘古物永久留在中国，论文用中英文撰写并在中美两国学术刊物上发表。[8]

10 月 10 日，李济和袁复礼到达夏县西阴村。15 日开始组织人力发掘，12 月 30 日结束。此次发掘收获颇丰，共采集了 76 箱出土器物，分装 9 大车，于次年元月初，历尽数次艰险磨难和几个昼夜的风餐露宿，总算把古物安全无损地押运到清华国学研究院。

1927 年 1 月 10 日，清华国学研究院欢迎李济、袁复礼二人山西考古发掘成果的茶话会在众人期待中召开。梅贻琦主持，国学研究院导师王国维、梁启超、陈寅恪、赵元任及全体助教、研究生出席会议。李济首先介绍发掘西阴村遗址的情况，略谓选择这个遗址，是因为《史记》上记载"尧都平阳，舜都蒲坂，禹都安邑"，这些行政名城都在今天的山西省南部。在实际调查中，此处的史前陶片覆盖面积大，表层看到的就有几亩地的规模，很值得发掘研究。另一个原因是，发掘位置正处在传说中的夏王朝——中国历史的开创时期——的王都地区的中心云云。袁复礼插话补充说："我同李先生从某地寻找到某地，我敢于同他赌咒：如果能在这里找到新石器文化遗址的话，我决不相信。后来到了西阴村，真的找到了，我就认输。我们用的'刮地皮'（的方法），一层层刮……"[9] 当时骂军阀搜刮民财称"刮地皮"，袁复礼把这个名词移到考古发掘的方法上，颇为形象生动，师生听罢不禁开怀大笑。

西阴村遗址的出土物大多是残破的陶片，因知识与眼界所限，研究生们看罢有点不知所云，当一个半腐的、经过人工切割的小小蚕茧现身时，大家的兴趣才一下子提了上来。只见："助教王庸端着一盒子遗物上来，其中有个被割裂过的半个蚕茧，同学都伸长了脖子看。有人说，我不相信，年代那么久，还是这样白（实际是用棉衬着）；有人说，既然是新石器时期的遗物，究竟用什么工具割它？静安先生说，那时候未始没有金属工具。（他）同时提到加拿大人明义士的话，他说牛骨、龟骨是用耗子牙齿刻的。李老师拿出一块仿佛石英一样的石片，说这种石头可以刻

[割]的……"[10]

此次发掘最大的收获，就是发现了这块呈丝状的半个茧壳，显然是用锐器切割过，用显微镜考察，割的部位平直，茧壳仍旧发光，与西阴村现在的蚕茧比较，比那最小的还要小一点。展览中，李济特别强调："这茧埋藏的位置差不多在坑的底下。它不会是后来的侵入，因为那一方的土色没有受扰的痕迹；也不会是野虫偶尔吐的，因为它是经过人工的割裂。"而这半个经锐器切割的蚕茧，当是一种"文化的遗留。……这个发现替我们辟了一条关于在中国北部史前研究的新途径。中国有历史就有关于蚕业的记载，它是中国文化的一个指数，较之安特生所说的陶鼎与陶鬲尤为可靠"。[11]——这是中国人自己主持的第一次正式的近代科学考古发掘，也是李济在清华任教的几年间，做成的唯一一次田野考古发掘事业。当时，包括梅贻琦在内的清华教职员没有预料到，山西夏县西阴村遗址的成功发掘，揭开了中国现代考古学的序幕，标志着现代考古技术在远东这块古老大地上的突破性示范。作为人类学家的李济也由这次发掘，正式转到了考古学领域探索与实践中，从而奠定了在中国现代考古学发展史上开一代先河的大师地位。

1927年4月中旬，清华国学研究院举行教务会议，由梅贻琦主持，"四大导师"王、梁、赵、陈与讲师李济皆出席，主要讨论国学研究院与享誉世界的瑞典探险家斯文·赫定（SvenHedin）博士合作考察探险的问题。[12]其时正在北京的斯文·赫定，本想自己筹组一支考古探险队赴中国新疆一带进行科学考察发掘，并获北洋政府批准。消息传出，立即得到中国学术界强烈反弹。此前中国的地下古物如敦煌、洛阳、云冈石窟等，被外国人以考察为名盗掘严重，引起国人警觉和愤怒，认为中国的古迹、古物不能再让外国人染指。在民族情绪引导下，北京学术界举行了游行示威活动。迫于压力，斯文·赫定只好表示与中国同行合作，组建中瑞远征考古队共赴新疆进行考察活动。作为中国考古界明星的李济得此消息，立即向梅贻琦汇报，希望清华能派员参加这支声势浩大的远征队伍，在学术上为校方争得世界性名誉。梅贻琦听罢，深以为然，于是召开会议加以讨论。会上，李济报告说："北京学术团体反对瑞典远征队考古之事，现已略见缓和，正在商量合作条件。大概我国可派5人随同前往，可算给清华一个名额。"众人听罢，极为兴奋，皆表示机会难得，清华很有必要派人参加。因李济此时与美国弗利尔艺术馆签订的协议尚未解除，不便随行，经陈寅恪提议，仍聘请与李济合作并有相当经验的地质学家袁复礼参加，以维持清华在国际学术界的地位。这一建议得到与会人员特别是梅贻琦赞成。会后，梅迅速把此议在学校评议会上提出并说明相当理由，评议会议决：聘袁复礼为本校大学部地质学系专职教授，以国学研究院的名义派出参加中瑞西北科学考察团，随队赴甘肃、新疆等地考察。

作为地质学家的袁复礼对这次中瑞合作的大考察自是有所期待并极愿随行，乃辞别北京地质调查所，以清华教授衔、国学研究院代表的名义随团出发，并于 1927 年 10 月在新疆独立发掘到七具完整的三叠纪爬行动物化石。中瑞西北科学考察团之瑞方团长斯文·赫定博士与中方团长徐炳昶教授，共同将袁复礼发现化石的消息向国内外通电发表，北京《晨报》、天津《大公报》和国内外报纸，均在显著位置予以刊登，引起中外学术文化界的广泛观注。三年前，美国人 R. C. 安德鲁（Andrews）在蒙古发现了恐龙化石，曾嘲笑中国学术界在此领域

◎ 1927 年，袁复礼在哈那郭罗附近考察

的无知和无能。袁复礼参加西北科学考察团后，怀揣打破外国学者神话与疯话的梦想，在西部高山大漠历经磨难，不畏艰险，复于北疆等地共发现和采集包括中生代白垩纪、侏罗纪、三叠纪，甚至古生代晚二叠世 72 具爬行动物化石，如此众多而且古老、完整的化石，在当时世界实属罕见。1932 年，中瑞西北科学考察团完成历史使命解散，期间做过三年中方团长的袁复礼（接中途退出之徐炳昶），仍回清华地质学系任教授，后晋升系主任。因西北科学考察出色的表现和在世界人类探险史上罕见的巨大成就，斯文·赫定的大名以及考察团成员在亚洲腹地深山大漠出生入死的传奇故事迅速传遍世界，赫定本人归国后更是成为万人争睹的英雄人物而名动一时。世界各地邀请其演讲的电报、信函，雪片一样飞往瑞典科学院，斯文·赫定由此荣获瑞典国王特颁的北极勋章。而成为各色大学与科学研究机构座上宾的斯文·赫定，于演讲中论及西北科学考察团的功绩，对袁复礼的人格、学问和考察业绩分外推崇，每次都将袁氏的重大发现放在第一位加以介绍。为此，袁复礼声名在世界科学界与社会大众之间广为传播并为越来越多的人所知，瑞典皇家科学院特别为袁复礼颁发"北极星"奖章，以表彰他在本次中瑞科学探险考察中做出的巨大贡献。作为清华校方派出的代表，袁复礼果然不负梅贻琦、李济等师生所望，为本校乃至整个中国学术界争得了世界性荣誉。

正当清华依照新的《组织大纲》向前推进，并在梅贻琦力主下，校内增聘新归

国的青年才俊如金岳霖、熊庆来、高崇文、涂文、张杰民、黄学勤、朱传霖、黄中定、刘师舜等出任各科教授，呈现出一派欣欣向荣的新气象之际，突然传来王国维沉湖的噩耗。

王国维在清华大学执教两年中，尽管生活趋于平静，学问越发精进，但仍"时时以津园为念"，每年春节都要去天津觐见早已逊位的"皇上"溥仪，常为"有君无臣"而忧虑。[13]1927年5月间，听说蒋介石为总司令的北伐革命军一路势如破竹，攻城略地打到了河南，即将北渡黄河，扫荡华北，入主京师。又听说两湖学者叶德辉、王葆心等一代名儒为北伐军或农民协会的人抓起来砍了头，王氏甚为恐惧，认为北伐成功之后，自己也不会为革命军与农民协会之类组织所容，乃于惊恐中常与吴宓、陈寅恪等朋友密谋应变之策。其间有人劝其避居国外，但王氏经济并不宽裕，流亡经费难筹，遂踌躇不定，只是经常深夜枯坐居室，默默流泪。

延至6月1日，清华国学研究院第二届学生毕业。典礼过后，下午举行"师生叙别会"。梁启超、王国维、陈寅恪、赵元任四位教授各入一席，李济、梅贻琦等在座，师生畅谈旧事，离别之情殷殷。据当时在场的研究生柏生回忆："座中（王国维）先生为吾侪言蒙古杂事甚畅，其雍容淡雅之态，感人至深。"宴席将散，梁启超起立致辞，历述同学们之研究成绩，并谓："吾院苟继续努力，必成国学重镇无疑。"[14]众皆聆听，王国维亦点头表示赞同。宴毕，王国维与众师生作别如平时，而后随陈寅恪至南院陈宅，二人畅谈至傍晚。是日晚，王氏在自家宅中会见谢国桢等同学，依旧是谈笑和怡。6月2日晨，王国维餐毕，8时至研究院办公，料理事务如常，并与同人谈及下学期招生事宜。随后离奇地向事务员侯厚培借了五元钱，独自悄无声息地走出清华园，在校西门雇一辆洋车径赴三里地外的颐和园，花六角钱买了一张门票，嘱车夫在原地等候，约10时左右独自向园内走去。进得园来，王国维闷不作声地徘徊于长廊之间，后踱步至鱼藻轩前的昆明湖畔独立沉思，尽纸烟一支，约11时左右，怀揣剩余的四元四角和一纸写有"五十之年，只欠一死，经此世变，义无再辱。我死后当草草棺殓，即行藁葬于清华茔地"等字样的简短遗书，纵身一跃，沉入湖底。虽有园丁"忽闻有落水声，争往援起"，[15]但王的头颅已插入淤泥，前后不过两分钟即气绝身亡。——一代国学大师就此告别了凡尘滚滚，充满血腥、苦痛与悲伤的世界。

王氏死讯辗转传到清华园，众皆惊愕。当晚9时，清华校长曹云祥、教务长梅贻琦，偕陈寅恪、吴宓及国学研究院学生30余人，赴颐和园欲抚视王国维尸，守门者承驻军某连长之命坚不开门，几经交涉始允曹、梅及一个乌姓守卫长三人入内探视。6月3日下午，王国维以前清冠服入殓，由研究院学生抬柩运至清华园南三里许刚果寺暂厝。6月9日，梅贻琦主持王国维身后事务委员会。议决，给王家抚恤金事及请校中聘请王国维之子王贞明为书记，以解其生活之忧等事。8月14日上午11时，梅贻琦与吴宓、赵元任及夫人杨步伟等各乘人力车至刚果寺，为王国维安葬于校东七间房茔地送殡。时大雨如注，柩入土，雨益剧，似苍天有意为一代大师哭泣。安葬毕，大雨仍不止，梅贻琦遂邀吴、赵等冒雨至清华园南院五号自己家中午餐，并含情叙述王氏之经历，以系哀思。

王国维奇特、诡异、神秘地离去，给世界留下一串谜团的同时，也昭示了一个不祥的预兆，清华国学院"四大"支柱轰然断裂一根，另外一根也岌岌可危，马上就要坍崩——这便是学界中号称泰山北斗，被陈寅恪誉为"清华学院多英杰，其间新会称耆哲"的梁启超。[16]

早在1926年初，梁启超因尿血症久治不愈，他不顾朋友们的反对，毅然住进北京协和医院，并于3月16日做了肾脏切除手术。极其不幸的是，手术中却被"美帝国主义派出的医生"、协和医院院长刘瑞恒与其助手，误切掉了那个健全的"腰子"（右肾），虚弱的生命之泉只靠残留的一只"腰子"（左肾）来维持供给。

天命人事，伴着刀割针刺般的噩梦不断纠缠于梁氏的身心，原本十分虚弱的病体越发不支；而北伐革命军势如破竹的锐风与王国维自杀身死的悲剧，给梁启超以巨大刺激。兔死狐悲，梁氏于惊吓中身体一下子垮了下来，不得不反复到医院救治，且不断靠输血维持生命。

鉴于国学研究院两大台柱一死一病的现实，梅贻琦曾多次与校长曹云祥会商增聘名师未果，加之校内一直有减缩直至裁并、肢解该院的呼声，梅贻琦无力扶大厦之倾，清华国学研究院在内外交困中即将崩盘。

● 梅贻琦与校长决裂

屋漏偏逢连阴雨。伴随着王国维之死与梁启超病重以及国学研究院衰亡的危局，另一个不祥的征兆在清华园上空盘旋。校内纷争再起，各路英豪再次借机啸聚并施展法术发起攻曹战役，校长曹云祥陷入争斗的旋涡吉凶难测。

1926年4月20日，北洋军阀段祺瑞执政府因"三一八惨案"辞职倒台。[17]胡惟德摄行不到一个月，在直系军阀吴佩孚支持下，圣约翰派首领颜惠庆再度出山，于1926年5月13日宣布组阁，并依法由国务院摄行大总统职权。因奉系军阀首领张作霖从中作梗，颜氏上台后，非但无员入阁，反落下"光杆内阁"的笑柄。6月23日，颜惠庆被迫下台，携家出走天津，从此把精力转向投资实业，不再过问政事。

此时以张作霖为首领的奉系军阀气焰正盛，京津之地已被其控制。或许是颜惠庆暗中串通，或是曹云祥本意，在清华师生毫无察觉之下，1926年11月初，突然传出曹要离校他就的消息。据《吴宓日记》11月3日条载：晚9—10，"寅恪言曹校长已就商务印书馆总经理之职，年内即离校，并已电约郭秉文来接任清华校长。此意已告知戴、杨、钱、叶诸君云云"。[18]

曹为何突然透露此意，又为何要请东南大学校长郭秉文（字鸿声）以代之？原因不明。但郭秉文与东南大学集团，一直是清华主流派反对、抵抗的对象，几次欲插手清华皆未得逞。同为改进社重要成员的张彭春，在进入清华任教务长后，就曾表示黄炎培、郭秉文、陶行知等辈乃"教育督军"，陶想当吴佩孚。陶行知曾明确表示，教育改进社之黄炎培、郭秉文都有意参与清华董事与校长人选，并谓外交部之聘请张彭春任清华学校教务长，目的就是以南开来抵制东南大学集团云云。[19]

在张彭春被曹云祥扫地出门后，陶行知鉴于清华改革计划部分失败的事实，借机大谈清华问题是属于国家的，大家都应关心。陶主张成立超然客观的专家团体，调查清华之组织、教职员、课程、学生，以及毕业生之活动、经费、校舍设备和校工等，以作为根本改造清华之根据，同时呼吁清华人也应有"自知"和"使人知"的胸怀，去协助这个调查工作。[20]

而如今，曹云祥突然提出离职他就，是东南集团的压力使其屈服，还是由于其他利益冲突或条件交换？种种行迹皆不为外界所知。但当曹要离校且由郭秉文来执掌校政的口风传出后，立即遭到清华主流派或曰"少壮派"的强烈反对，而首当其冲的是钱端升。钱于11月4日给正在英国参加"中英庚款"全体委员会议的胡适写一长信，叙述清华经过，并再度鼓动胡适出面竞争校长职位。信中写道：

> ……在外国没有意思，还是回到中国来罢。我有一个不小的建议——在我的意思是不小。去年我已经问过你是否愿意担任清华校长，我现在请你再考虑一下。曹庆五预备于寒假中到上海商务印书馆做经理去，同时他想请郭鸿声来

替他，这都是他当面同我说的。这一遭，他的确想走。他走了，清华的风气就有变更的可能。不过我们决不能让郭来。想来想去，最妥当的办法是劳你的驾。清华校长，在现在状况下，要有下列几点：（一）通过外交部，（二）美使馆不反对，（三）学生不反对。除了这三点以外，我们希望能得一个学者，有勇敢心者，并且有好的 taste[品味]者。可是这种人能有多少呢？有人提过马寅初，但他是太好好的一个先生，恐怕整顿清华不起来。有人同我说王雪艇很有点力量，我也是这样想，但恐怕打不进外交部，而且他不是留美学生，美使馆也许要反对他。要是你肯来，什么问题都没有。你是学者，有志愿者，有资望者，是美国留学生（这并不是我特别亲美，不过事实不能不这样），是与现今外交当局很有交情，又是能开刀的好手。你肯来，就千妥万当；你不肯来，那就找不出什么适宜的人来了。请你不要看轻了清华的机会。我并不是清华派，平常也不甚重视清华的。不过我常常有两种思想：第一，我既然进了清华，一天不离清华，便一天不能忘情于清华的改良；第二，清华进款每年有二百万左右，以后还可增加，在现在中国财经状况之下，的确不算少。依我看来，二三年内，北方国立大学，不会得有进行的机会；而教会学校，总是教会学校，不可教也；私立学校，总是小家气，不能立也。所以不绝如缕的大学教育，在北方只得从清华着想。若是能把清华本身弄好，把出洋的糜费减少，清华便有百余万的经费。以此吸收北方各大学的像样教授和像样学生，也绰乎有余。北京各大学的好人像通伯、雪艇的境况，你是知道的。你说是不是应该给他们一个好好教授的地方，以维持我们的大学教育么？

我是很同情于北大的，深深地希望通伯为北大出力，把北大弄好。以后要是有机会，大家都进北大去发展，但是谁敢说北大的经济在这几年内有希望呢？巧妇难为无米之炊，在这种时候，当然应该向有希望的地方进行。

总之，我以为清华在未来几年内，负有维持北方大学教育的重任，凡有能力做他的校长者，不可不试。校长不是一种有趣的事情，我可承认。但是我敢说，若是我自己的年岁大一点，资望深一点，我也一定敢牺牲自己安闲读书的生活，去尝一尝校长的辛味。

或许你又要说，你没有力量来做胜任的校长，这一点请你万万不要客气。你要肯来，校内校外俱不患没有帮助。我们的人数虽然不多，但是也有三分潜力；你尽管来开刀整顿，我们一起人一定竭力地帮助（说一句笑话，即使你的刀开到我的身上，我还是十分赞助）。校外的像《现代评论》那班人，你如做了校长，都有愿进清华帮忙的可能。所以清华决不是莫可救药的。

只消你说你愿意考虑我的建议，我便想法宣传；这个宣传功夫，当然不至十分费力，因为大多数的人是十分希望你来的。

临了，请你说明白，要是你可以来，我能否把你的复信酌量发表？这事我当然会谨慎将事，请放心。

我希望不久即可以得到一封满意的复信。[21]

胡适收到信后，在第一页用铅笔做了眉批："我愿意考虑你的提议，却十分不愿意你去'设法宣传'。这是我 [的] 答复。请谅解此意。"

后来胡适是否给钱端升另复过信予以解释，不得而知，但从这个眉批中可以见出胡适的态度。至少，他对钱端升本人和这个热心的建议是没有太放在眼里的。

不知为何，曹云祥离校出任商务印书馆总经理一事，在扰攘一阵子后又归于沉寂，清华校长之争也不了了之。据后世研究者分析，曹云祥中断离校的念头，与上次随颜惠庆出国计划一样，实乃政治环境变化使然。时以蒋介石为首的国民革命军再度吹响了出师北伐的号角，以张作霖为首的各路军阀负隅顽抗，南北陷入战火之中。在即将改朝换代的大势面前，曹云祥不便轻举妄动，只好蛰伏在清华园静观待变。

1926 年 11 月，直（皖）系军阀孙传芳亲到天津拜谒张作霖，并与张宗昌等提议，为了便于对抗国民革命军北伐，宜组织一支统一的军队，由张作霖出任最高军事首领。于是，12 月 1 日，张作霖在北京出任安国军总司令，张宗昌、孙传芳为副总司令，杨宇霆为总参议，势与蒋介石统领的北伐革命军拼死一战。

1927 年 4 月，在蒋介石抛出的权势地位利诱、拉拢下，北方军事大佬、江湖上有名的"倒戈将军"冯玉祥，以及阎锡山部亦改称国民革命军，和北伐军一起夹击奉军与直鲁联军，张作霖在北京的统治已摇摇欲坠。

1927 年 5 月 1 日，蒋介石以南京政府军事委员会名义，发布继续北伐命令，自任北伐军总司令，以何应钦、白崇禧、李宗仁分别为第一、第二、第三路军总指挥，沿津浦路向北攻击前进，先攻安徽，次取山东，最后夺取北京。

6 月初，孙传芳、张宗昌等人按张作霖意图，推戴张作霖为"大元帅"。6 月 18 日，张作霖在中南海怀仁堂就任"中华民国陆海军大元帅"。此为北洋军阀的末代政府，号称中华民国军政府，俗称安国军政府。

6 月 20 日，北洋军阀末代政府以潘复为总理的内阁组成。潘复内阁是中华民国北京政府第四十六届内阁，也是最后一届内阁，同时也是张作霖统治时期唯一的一届内阁。

6月21日，蒋介石与冯玉祥在徐州举行联席会议，决定联合作战计划，第一步，肃清控制区内敌军吴佩孚、杨森部；第二步进行北伐，以攻占北京、天津为最后目标。

国民党北伐大军即将横扫北方，而以奉系为主体的北洋军阀败局已现，清华园陷于扰攘骚乱之中。为清华学校以及师生前途计，1927年7月13日晚，在北院七号叶企孙居室，梅贻琦、叶企孙、吴宓等七人召开清华善后会议，公推梅贻琦于适当时候赴宁沪视察接洽，并陈述意见，其目的在求得清华经济及教育行政之独立，其主张大致为：（一）以清华改办各科研究院；（二）现有之大学部，应办至在校各班学生毕业时为止；（三）教职员任意更动，同人等决不自为计云云。

7月14日晚，清华善后会议继续召开，众皆悲观。吴宓于当天日记中叹道："世乱侵逼，学校行将瓦解，不得久居，益恋此间之安适矣。"[22]

眼见天下大乱，清华园面临分崩离析的危局，留美预备部高三、高二学生共80余人，生怕政局纷乱、学校瓦解后，自己的放洋之梦成为泡影，为图自身利益计，遂密谋于暑假后提前出洋留学，并得到校长曹云祥暗许。大学部学生闻讯，认为此二届学生提前出洋，势必要花费清华拟定只有毕业班才可享受的庚款，这一批人把拨付清华的有数且有计划支出的款子提前弄走，清华经济无疑陷入拮据，这将损害自己的利益，于是群起反对，竭力阻击。双方各欲藉教职员以为重，针锋相对地缠斗起来，清华风潮再度爆发，社会各报纷纷报道。因了这一事件的纠葛，很快演变成以曹云祥为首的拥护派，与梅贻琦为首的反对派的公开对决。

7月16日，梅贻琦以罕见的姿态出头露面，于城内西长安街长安春菜馆邀请清华反对派教授午宴。席间，众皆表示绝不能同曹校长一派同流合污或袖手旁观，必须表示态度，主张是非，遂议定起草《宣言》如下：

> 此次本校留美预备部高三高二级学生，未届毕业期限，竟予提前出洋。此种办法，实属有违校章，且挪用巨额基金，妨碍全校发展。某等对于此举，极不赞成。除向当局陈说，力图取消此案外，特此宣言。
>
> 北京清华学校教授　赵元任、陈寅恪、李济（讲师）、梅贻琦、吴宓、唐钺、叶企孙等同启 [23]

◎ 1927年，清华学校大学部教职员，前排左五为吴宓，左六王文显，左七曹云祥，左八梅贻琦

翌日，梅贻琦等在赵元任南院一号住宅再度议定，"用兵谏之法，以此《宣言》示校长，而请校长取消提前送学生出洋之事"[24]。当天下午，由梅贻琦以评议会名义催请在城内的曹云祥回校，质询详情，并商请取消此案，否则实施"兵谏之法"擒之。

当晚8点半，教授谈话会于清华园后工字厅召开，曹校长准时到会。经梅贻琦等入会教授质询，曹言多支吾矛盾。"尤以其声明出洋经费，两级提前一二年，连治装费及川资，只须四十二万元便足。而其向外部呈请之款，则多至一百二十万元。无辞自解，诡云计算错误。实不足释众之疑也。"[25]

谈话会结束后，教授多有愤愤不平者，乃公推评议会主持表明态度。时已夜间11点，曹云祥乃召评议员到自己住宅继续开会讨论。一直密切关注教授会动态的高三、高二级学生约三四十人，知事情朝着不利于自己的方向发展，在一头目引领下，悄然将校长住宅包围，环伺窗外静听各评议员发言。在即将表决结果时，一个叫何义均的学生代表突然破门而入，径直闯入会场陈述出洋理由，多数教授对这一无礼做法表示极大厌恶与愤慨，会场秩序乱将起来。何义均见状，表示明天以文字形式详细说明，请今晚暂勿议决。曹云祥见状，顺坡下驴，立即宣布散会，时已近翌日凌晨2点矣。

7月18日上午10点，评议会于办公楼上继续昨晚的议题进行讨论。正议论间，忽见旧制学生代表名张汇文者，径直闯入会场发表演说，陈述出洋理由。众评议员见状，皆露义愤之态，有评议员怒而起身离座。另一名叫王季高的旧制学生冲入门口，一手把门阻止评议员离开会场，同时以"威吓之言"，欲逼评议员就范。众人知不能走脱，乃继续静坐讨论，最后制成议案三条，由会议书记吴宓拟稿，全体通过后，在张、王等旧制生代表怨恨悲愤的目光里，以通告的形式公布。内容如下：

（一）按照校章及为学校前途计，旧制高三、高二级不应提前于今年出洋。

（二）校章所定旧制高三、高二级毕业留美之权利应积极保障。

（三）旧制及新大学学生，应互相爱敬，融和无间。不宜以此次事故而稍存芥蒂。[26]

当日下午，梅贻琦和众评议员商定，由吴宓缮写公函，把上述三条决定分达清华学校董事会董事陈恩厚（1927年6月，潘复内阁成立后，代理外交次长）、黄宗法（1911年庚款第三批留美生，纽约大学法学博士）、Howard Backnell（美驻华使馆二等参赞）三人，同时将油印决议公告投登《大公报》等五家报馆公之于众，以阻断曹云祥暗箱操作，并压制高三、高二学生的气焰。吴宓遵嘱把公函写好，交英文更加流利娴熟的赵元任修缮，再转交至梅贻琦手中，由梅持函并油印件亲自乘车入城至邮局发出。

7月19日，梅贻琦发往报馆的决议案见诸各报，清华旧制高三、高二级学生阅罢，勃然大怒，四处寻找梅贻琦与诸评议员欲施以报复。高三级学生曹希文于下午1时许冲入吴宓宿舍。此生向来"深抱悲观，颇类疯癫"[27]。及见吴，怒气冲冲，欲寻打击之物未获，乃指着吴宓鼻子破口大骂，声称二人已结下不共戴天之仇，谓"彼一身已死不自惜。今愿牺牲此身，效荆轲遗事，为同级报仇雪恨"[28]云云。说到激愤处，曹氏疯癫之状毕现，"拍桌顿足，设誓怒骂"[29]，吴宓于惊恐中只好一面辩解，一面极力抚慰，并责以大义，曹生疯癫之状稍退，表示再找叶企孙与其他评议员等"报仇雪恨"。

吴宓见曹生含恨离去，急忙叫一仆役速往北院报告校警，保护叶企孙生命安全。为防曹生或其他旧制生复来寻衅滋事，吴宓携包出门，悄然溜至校内招考处避难。事后从陈寅恪处得知，曹希文当日遍寻叶企孙未得，于第二天上午11点，终在物理研究室将叶截获。曹生与高二级生梁矩章二人，"持刀剪相逼，势将行凶，亘六小时之久。并该二生中间曾往寻宓未获等情"。陈谓"今叶已入城，宓宜速避"[30]。吴宓听罢，大骇，乃速到宿舍略行检点，即赴一外国教员室中借宿一宵。7月21日一大早，吴于晨雾朦胧之际，悄然出园，乘人力车往城中避难而去。

吴宓等评议员逃往城中躲避，校内旧制生与大学部学生各自依靠支持的教授展开攻伐混斗，一时相持不下，各报继续报道宣惑。

7月21日，《大公报》登载清华金岳霖、唐钺、陈寅恪、叶企孙等教授《清华风潮中之一封书 金岳霖等请校董会表明态度》署名文章，该文声称"迩者清华学校董事会为欲注全力以谋大学部及研究院之发展计，决及早结束旧制留美预备部，将该部现余两级八十余人，提前遣派出洋"，而"此次提前出洋，全出董事会发展清华之计划"等语。"按此项提议，迹近童骏，所述理由，显系巧饰。想必非贵董事诸公之意，应请即日正式否认，以祛误会，而息浮言，实为公便。"[31]躲在城中的吴宓阅罢，惊喜之中又为署名的四教授担心，为防旧制生骚扰和过激者伤害，吴立即电知陈寅恪，让其率领同人速到城中一起避难。

已被扯进风潮旋涡的外交部，在清华教授倒逼与社会舆论压力下，不得不出面表示态度。7月29日，外交部致函清华学校，谓外交总长王荫泰将于8月1日上午邀约清华全体评议员会谈。梅贻琦闻讯，乃于翌日召开评议会临时会议，议定坚持7月18日通过之三条议案，共同拟定理由八条，以便呈外交总长阅示。鉴于校内剑拔弩张的紧迫形势，梅贻琦等众评议员"恐学生劫夺威迫，本日议决之理由书，不敢在校书写，决带入城中"[32]。下午三时，梅贻琦率赵元任、叶企孙、陈寅恪、吴宓、金岳霖等铁杆反对者，乘人力车入城办理、避居。

8月1日，曹云祥、梅贻琦以及清华评议会评议员，于上午11时来到城内东堂子胡同外交部东楼，出席外交总长王荫泰邀约座谈会。清华董事会三巨头与董事会书记顾泰来均一同被邀出席，然众人等到12时半始开会，王荫泰致辞即退，会由外交次长吴晋主持。具有演讲天才的曹云祥首先代表清华同人发言，对旧制生何以突然提出提前出洋，以及自己的态度等问题加以陈述，然含糊其词，绕来绕去不得要领，对教授会和评议会的态度与决议未加提及，更未有所表示。入会评议员对这位"厚德载物"的校长之表现，皆感惊讶与愤怒。待曹氏述毕，梅贻琦继之发言，简洁明了、态度肃严，光明磊落地提出二条：此事应听外交总次长主裁；评议会作为规定清华教育方针、制定校内各种制度和审定财务、行政之权的最高权力机关，已于7月18日对此事件形成三条决议案并报董事会与外交部，现仍以此为根据，持此不变。梅言毕，众皆附和。最后，吴宓对梅贻琦发言做了补充，略谓：此事发动于旧制生之逾轨要求，评议会并未通过，亦未默认许可，今仍从梅教务长意见，一致反对旧制二级生今年出洋云云。吴氏言辞颇为激切，众皆动容。入会的董事会董事陈恩厚、黄宗法、Howard Backnell等三人未表示意见，独董事会书记顾泰来对梅贻琦等表示同情，并站在清华评议会一边慷慨陈词，痛斥旧制生之非，并暗指曹云祥从中虚玩阴谋，致使风潮一发而不可收。最后，顾氏明确表示"清华学生之嚣张，实学校当局之咎。应即从速决定，晓谕新旧生代表，勿得有违"[33]。

时已到下午2时多，众皆饥肠辘辘，遂由外部次长吴晋做总结。谓："彼今日始知此事乃源于学生之要求，而非当局自动之主张。"[34]言毕，环视众人，透出一种特殊意味。入会评议员这才明白，原来曹云祥对外交部报告时，一直言称此举乃学校当局与董事会做出的决议。无怪乎此前旧制生发表《宣言》，声言此次全部放洋乃学校当局与董事会之允准，口气跋扈飞腾，气焰灼人，原来是曹云祥中间在做了手脚，玩了暗招所致。"于是，曹校长之朦蔽情形竟被揭破。"吴晋又谓此事应由外交部完全决定，无论如何办理，学生等悉不宜登报宣言及上书请见。今当据诸人所述，转呈总长，从速裁决，"决定后以部令发表"。[35]众人谓评议会意见既已陈明，俟部令发表，评议会自必依法遵守。

散会后，梅贻琦与吴宓等评议员交谈，皆认为以吴次长之态度及会中情形判断，似此事结果，"必不许高三、高二级出洋矣"[36]。

8月5日，外交部批令已达清华园，大意为：不送旧制生出洋，命校长调查学生实情，切实查复核办。曹云祥得令，既不与教务长梅贻琦相商，又不通过评议会议决，径自提笔呈复外交部，请求于本年秋季送高三级出洋，明年再送高二级出洋。曹云祥可能预感此举会引起梅贻琦等人反对并找他的麻烦，事毕悄然乘车离校赴西山，躲进一个庄园别墅不再露面。

第二天，周六。梅贻琦从一机密渠道得知曹批示消息，颇为恼火，又知校长已躲入西山某处，乃修书一封派人送往住处，声明自己与评议会委员绝不赞成此种办法，敦请曹速返校召开评议会，以彰公道。曹云祥接函，拒不回校。梅贻琦于盛怒中，一改往常的谨慎、温和态度，当即分电在校和进城的评议会委员，请大家速回本校，共商应对之策。

8月7日上午，梅贻琦等人在南院一号赵元任居处聚会，到会评议员有戴超、杨光弼、吴宓、赵元任、陈福田、赵学海等共六人（时孟宪承、陈达去职，由赵学海、朱君毅补评议会缺）。[37]时吴宓已得到清华董事会书记顾泰来电话，谓闻外部已批准曹校长拟具办法。于是，梅贻琦与众人决定再请曹云祥速回校召开评议会。曹云祥得函，坚决拒绝回校与梅等共议此事。直到下午7点，仍未见曹的身影，梅贻琦因有他事外出，渐已失去耐心的众评议员大怒，复云集于戴超宅中议决即行辞职，由吴宓着手起草辞职函，送达曹云祥。函谓：

教授会主席曹校长庆五先生台鉴：

按照本校《组织大纲》第三章第九条评议会职权第一第四第六项之明文，此次留美预备部高三、高二级提前出洋问题，在校内，自应先交评议会讨论决定。乃此事发生之始，未经评议会正式讨论，即由校长与部中直接商办。……乃顷闻外交部批令已于八月五日送到校中，校长立即呈复，该项部令及呈文底稿，某等至今均未得见。是某等于评议会之职权，已不能执行。自愧有亏职守，实无以对选举某等之教授会，只有立即辞职。自本日起，所有评议员一切职务，某等概不负责。为此具函奉达。请即以某等辞职之事实及理由，早日报告教授会为荷。[38]

待梅贻琦返回清华园时，众评议委员的函件已成。梅阅罢，为稳定学校大局计，乃劝众人暂勿辞职，待校长回校与之详谈后再决定行止。时已感觉受到轻慢侮辱的众评议员，坚持把此函送达曹云祥。梅劝说无效，只好待曹回校时再倾心交谈，力争双方以诚相待，秉公办事，以挽狂澜于既倒。

躲在西山的曹云祥接函，知大事不好，遂于8月8日立即驱车回校。梅贻琦风闻曹氏归来，立即到其官邸交谈。结果大失所望，曹对此事"伪饰支吾，毫无诚意"[39]。梅见无可挽回，乃本着自己"吾从众"的信条，痛下决心，当即提出辞去教务长职，以示与曹氏势不两立。至此，早已心存芥蒂、面和心不和的曹、梅二人，在清华舞台上走过了不到一年零四个月的共事生涯，正式宣布决裂。

8月9日，进城探听消息的吴宓致电梅贻琦，谓清华董事会书记顾泰来探得外部致清华训令，乃谓新旧学生争执之不当，命校长"切实查复核办"，乃指"惩戒学生而言"，并不是要曹云祥自做主张，以此决定旧制生该否留洋。又谓："本日正午，外交总次长已与美国公使会商决定，高三、高二两级，均着于明年一同出洋。"此议已函《大公报》登载云云。[40]梅贻琦闻讯，知事已至此，不知曹云祥闻之又将做何种打算。

8月11日下午，曹云祥令秘书王绍曾打电话通知梅贻琦与吴宓等评议员，于12日上午10时半到其官邸谈话，会商旧制生出洋问题。在城中的吴宓知曹云祥可能又出其他暗招，在拿捏不准的情形下电话请教梅贻琦。梅态度鲜明，认为外交部虽对清华旧生出洋一事予以否决，但尚未以部令正式公布，曹云祥很可能借这个时机另结口袋，以待评议员入彀。于是，梅贻琦叮嘱吴："此会万不可到，免堕校长术中。"[41]吴宓深以为然，乃躲在城中拒不回校入会。

8月14日，吴宓返校，访梅贻琦、赵元任等人，始知外交部训令已于8月10日拟就，现已到达学校。其文一如前述，清华旧制生高三、高二级，均着于明年一同出洋。大局已定，曹云祥已无转圜、舞弊甚而翻盘的余地，只能听命于外交部，原有之计划亦随之破产。

8月15日下午3点，曹云祥被迫召开全校教授会议，报告旧制生高三、高二级出洋之经过，同时印发外交部训令。会上，众教授纷纷表示意见，曹云祥大受指责。讨论结果，当场通过决议案，"嗣后校长应遵守《组织大纲》。重要事件，必经评议会正式决议后，按照执行"。曹云祥当场表示"引咎屈服"。[42] 于是，梅贻琦及众评议员遂表示全体复职，一如往常参与并决定校内事务。旧制学生闻讯，虽感不满兼含激愤，但靠山已倒，大势已去，只能听命于外交部之训令，一场风波就此平息。

然而，曹云祥并未认识到此次事件中，自己扮演的不光彩角色给校内外带来的纷乱和恶劣影响，并使得支持旧制生的教员与学生，与支持大学部生的教员与学生——二者因此结怨，且势如仇寇。曹氏既不省悟，更不甘心自己的失败，乃伺机报复，并于新学期开学之后立即实施，再度挑起学生对梅贻琦等教授不满愤恨情绪，掀起风潮。

按照9月5日新学期召开的第一次教授会议决定，学校对旧生和新生皆收取一定学费，曹云祥以主席身份主持会议，对决定表示赞同。第二天，曹氏对收缴学费之事又表示异议，"希图纵容学生，或暗与吴作民等勾结，而倾陷梅与评议会诸人"[43]。致使校中危乱再起，一发而不可收。

9月7日上午，曹云祥召开评议会，意在为学生说情，免收学费。而诸评议员则坚持教授会议之决定办法，谓必收学费，双方心意难合，不欢而散。曹云祥与评议会诸评委争持的后果立刻应验，下午上课，大学部学生多不见踪影，偶有二三人前往，因未缴学费而未能领到上课证。此谓学生受到暗中指使，意在与教授会和评议会人员对抗并施以眼色。对此，吴宓于当天晚上同陈寅恪共赴南院找梅贻琦、赵元任、朱君毅、戴超、赵学海等商量对策。诸人对于曹云祥之所作所为，"相与愤慨嗟息"。按梅贻琦、陈寅恪、赵元任、吴宓等意见，既然清华高三、高二级出洋风潮已过，诸教职员"只欲扶助校长，一振乾纲，重整纪律，而立规矩，使校章得行，事事不受恶劣学生之号令"。惜乎曹云祥校长"独具肺肝，只虑教职员得占势力。又以前此高三、高二出洋未成，为教职员所阻，未成。今欲利用大学部学生，推倒教授会及评议会，以为报复而快于心"[44]。本来教授会议定收缴学费乃曹氏同意，而曹云祥则又暗中与学生联络，尤"听命于恶劣之学生吴作民等，仰其鼻息，自甘屈辱。校令不许为未交费生开饭，而校长乃出资请学生吃饭"[45]。如此倒行逆施，致使矛盾恶化。曹氏或因旧制生出洋挫败，令其在全校师生面前丢人现眼一事怀恨在心，遂一意孤行，不惜与整个教授会与评议会为敌对决。这一拙劣计谋，虽与曹云祥极亲厚之人，皆认为曹氏之非，乃竭力谏劝，但曹似走火入魔，终不能醒悟。梅贻琦、吴宓等人于愤怒中认为，"在校长固有众叛亲离，位置难保之势。而在学校，则大局益坏。失却整顿收束之良机会，此则至可痛惜者耳"[46]。

在梅贻琦等人坚持、力争与安抚下，收缴学费事件稍得缓和，又传来外交部改组清华董事会消息。随着章程颁布，清华风潮再起，而这一次则是以陈寅恪、梁启超为首的学界大鳄与虎啸山林的曹云祥的对决，亦即曹云祥执掌校柄四年多来，最为险恶的背水一战。

● 梁启超大战曹云祥

1927 年 7 月起，新一轮的清华董事会改组正式列入日程。

自董事会产生那天起，清华校内外改组或取消这个畸形产儿的呼声就没有消停过。早在 1921 年 10 月，清华学生掀起改组董事会风潮，并把这一风潮上升到斗争与革命的高度，称之为"彻底翻腾的清华革命"。革命的对象自然是三人董事会的畸形组织与结构，正是这个组织的出现，使"完全国办学校，一变为中美合办，实系丧失主权"[47]。而不懂教育的美使馆人员和外交部人员把持董事会，在组织行政上管制学校的一切，更是学校师生与全体国人的耻辱，若不取消董事会，吸收校友与国内教育专家充任董事，清华则一无发展。这一"翻腾"与"革命"，引起社会各界极大关注与支持。1922 年 2 月 11 日，当时尚未进入清华国学院任导师，在天津家居养病的梁启超接受《清华周刊》记者访问，极为干脆地号召清华师生应实现：推翻小官僚董事会；董事会由中美教育家组织；清华毕业生当校长；同学会有监督权；大学以教授团为主体等等目标。[48]3 月，梁启超为清华学生会出版之《彻底翻腾的革命》小册子写序，对学生的"翻革"表示支持，并极力鼓吹清华要有"一个健全的董事会"云云。

随着北洋政府内阁与外交总、次长你未唱罢我登台，于刀光剑影中走马灯似的轮换交织，清华董事会改组之事起伏腾挪，人员不断交替，汤药不断颠来倒去，但一直未得到彻底改组，直到1927年7月才重新酝酿。8月初，基本成案。根据外交部制定的改组办法，除原有的三人外，吸收所谓"教育专家""财政专家"五人为董事。这五人中，又规定必须有两个美国人和清华校友一人。如此在包括曹云祥为"当然董事"的九人董事会中，美国人仍占三席，而董事会职权未变，美国公使馆仍然保留了对清华实际上的控制权。

这个改革方案虽力度不够大，但较之过往的董事会组织结构，毕竟向前迈出了一步，显露出一丝进步的曙光。8月3日，梁启超在《致仲弟书》中欣喜地说道："月来正思尽摆脱百事，独于清华不能无拳拳。董事会之设，实多年来校中师生所奔走呼号而未得者，且其章程殆与我三年前所主张全部相合，见之不能不心动，已复函柳隅应允矣。不审弟及季常谓何如？吾意除校长决不担任外（照校章由董事会在中国董事中互选），董事一职以历史关系，总不能恝然也。"[49]

据外交部传出的消息，新改组的董事会，梁启超不但当选董事，且名列第一。这就意味着，作为当然董事之一的清华校长曹云祥，只能屈居梁氏之后，或第三、第四，甚或第五、第六的末等位置。如此位置排列，在一般董事并不太在意，但对曹而言却大不相同。根据外交部最新规定，校长一职由董事会在中国董事中互选。曹云祥居于梁氏之后，意味着天时、地利皆逊于梁，假如梁氏突然萌发夺取"大位"的念头，暗中联络同党向董事会一齐发力，曹云祥的校长椅子势将被掀翻。若果如此，曹氏将如何自处？于是，曹对梁的羡慕、嫉妒、恨，迅速由心底涌出。

曹云祥的心态，梁启超很快有所感知，并顿悟个中原因。为避嫌，梁向外交部提出特别条件，出任董事"以不任校长为条件"，以此打消曹的顾虑，息事宁人。

想不到曹云祥并未领会梁氏意图，或有所领会但仍认为梁乃一反复无常的市侩政客，此举暗中含讹，不可轻信。又闻知外交部部长王荫泰对梁启超提出的"条件"，并未明白答复认可，为避免事出意外，必须对梁实施先发制人的打击，否则，校长宝座真的休矣。于是，曹云祥暗中运动清华教职员反对梁启超为董事，结果只有大学部教授朱君毅一人附和，并愿做马前卒与梁启超战。梁氏风闻消息，为免除是非，立即致函外交部，提出辞却董事一职，来个彻底了断，然外交部则坚持挽留，曹、梁二人的拉锯战随之延续开来。

10月6日下午，清华评议会召开，曹云祥宣布外交总长颁定改组本校董事会章

◎ 晚年梁启超

程，以及梁、曹等数人被聘为董事的文件。就评议员而言，董事会既已按清华师生多年奔走呼号的愿望得以改组，本是一件值得庆幸之事，但不知为何，众人心中皆蒙上了一层挥之不去的阴影，吴宓在当天日记中道："从此本校前途又多变化。我辈寄身学校以读书适志者，又不免将受影响矣。近者深感学校之营营逐逐，不特有伤清德，抑且无补实利。"[50]

时梁启超因协和医院错割"腰子"，身体虚弱，经常来往于北京与天津看病、养病。加之本身的名人效应，外务活动太多，清华国学研究院的教学自是有所耽误。曹云祥适时抓住这一把柄，与朱君毅密谋办法，欲逼梁启超辞去清华国学研究院教授之职，以达到皮之不存、釜底抽薪之奇效。朱君毅思虑再三，决计照办，暗中运动国学研究院一个叫王省的新生上书评议会，谓梁启超教授因病长期不能到校上课，请学校添聘国学教授，否则应取消研究院云云。

10 月 27 日下午，心中有数又佯装不知的曹云祥召开评议会议决校内各事。会上，朱君毅转交了王省的意见书，令评议委员展开讨论。时梅贻琦已离校到南方与东北各地考察游历，探查各地军阀与国民党的势力与政治主张。到会的评议员认为事有蹊跷，只做了"拟取消研究院"结论，同时促请梁启超如病情好转当返校上课。

曹云祥见一计不成，另出一招，索性把王省的意见书油印一份寄至天津梁府，以讽刺之态势逼梁自动辞职。不料此事为清华学生所闻，特别是国学研究院学生听闻王省竟胆大包天，悍然以梁启超旷课为由要挟评议会与校长，逼梁辞职，且要取消研究院。如果研究院不幸取消，学生们如何自处？于是，众皆义愤填膺，呼呼隆隆涌出门外找到王省责问经过。王省自知事情不妙，吐出部分实情并牵出朱君毅和曹云祥的阴谋，学生更加愤怒，很快聚集一批队伍乘车赶赴天津，劝梁启超不要上当，万勿辞董事与国学院教授职。当学生劝说之时，恰好曹云祥的迫辞函正至梁府，梁氏展函，众生见证了曹氏的阴谋。按梁启超的说法："我只好顺学生公意，声明绝不自动辞教授，但董事辞函却已发出，学生们又跑去外交部请求，勿许我辞。他们未到前，王外长的挽留函也早发出了。他们请求外部撤换校长及朱某……我只觉得小人可怜可叹……"[51]

外出挽梁的学生气势正盛，校内师生也一片哗然。陈寅恪等教授闻知曹氏阴谋，亦大动肝火，认为曹云祥近来所作所为，实在匪夷所思，令人无法继续容忍，为公为私，必须驱曹离校。否则，纲纪不张，败坏之风将愈演愈烈，清华将不可收拾。于是，以陈寅恪为首的反对派，在校内掀起了一场保梁驱曹风潮。

据《吴宓日记》载：11月2日晚，吴夜访陈寅恪，陈"力主梁任公来长校，远胜于曹"。3日，国学研究院学生代表刘颔之、吴其昌等，力主以梁长校，"其行事亦有但求成功，不计手段之嫌"。因受陈寅恪与学生鼓动，吴宓于当日下午4时乘车入城，至西长安街邮电局代陈寅恪发电，促已抵大连考察的教务长梅贻琦速回校共商大计。7日，清华召开评议会，"曹、梁相斗之局，愈益暴露，而以是日会中所谈者观之，则朱君毅之诱使学生王省写信，实多可疑之点。欲盖弥彰，实不能取信于人也"。8日，叶企孙召吴宓于其宅，"叶主不助曹，而推梅为校长，以梁为董事长"。同日，吴其昌等揭示油印各件，"攻讦曹、朱勾通，破坏研究院等情"。晚，胡牧、唐钺、陈寅恪至吴宓宿舍，"宓出王省留别朱君毅函，略为进说。而寅恪怒甚（是日曾向曹发怒一次），谓非朱或曹去职离校不可。旋各散去，宓即走告朱君毅"。

9日，曹云祥招吴宓至其宅，朱君毅、王省二人在，又评议员及教授十余人。王省述写信之经过，朱当众再三询问，"王省均力言朱未尝嗾使彼写信。原信纯出彼之手笔，拟引咎退学云云"。会散后的当晚9点，吴宓访陈寅恪，而王省适在。国学研究院学生戴家祥旋至。"王省对陈、戴又自承适间会中所言非真，谓朱曾诱使彼写信，并曾改信中文字，惟今午3—4遇朱校外，立谈于野。朱自言即将身败名裂，失职去位，要王省承其事，以免朱受祸。故王省自愿担当一切，以脱朱于罪云云。陈、戴当痛责王省之不合理，谓如曹某、朱某，应尽揭其隐，不必为之讳云云。王省意又似动。宓窃观此事，朱受曹命，嗾使王省写信，事诚有之。……寅恪但以摧恶助贤自豪，而意气感情，实嫌纵恣，非其平日冷静之态。宓处此局中，虽无直接关系，但感（一）世局之繁复，人情之险诈。（二）意气感情之易致鸥张。真正之道学克己工夫，见之实行者，殊不易得也。"

10日，清华校方开教授会议，研究院学生借机散发戴家祥所撰昨夕校长宅中会谈记录。"王省又致函教授会，言前者所作之函，非出本心，乃由朱君毅所指使。又昨日在校长宅中为朱洗刷之言，亦本于朱之所要求云云。此函当场宣读。此函未到以前，陈寅恪演说，言阴谋既破，今要求校长及朱君毅速即辞职云云。"

12日晚，陈寅恪招吴宓于其宅谈话，"知曹校长即将去职，现正进行举荐梅贻琦以教务长暂代理校长，以求迅速解决，藉免觊觎而安校内之心。已由寅恪函梁任公转荐梅于外交总长王荫泰。如梁尚犹豫，则拟使宓赴津面谒梁劝说云云。近顷之事，寅恪乃成为发纵指示之中心人物云"。

16日，吴宓两访陈寅恪，外交部仍未对曹、梁之事予以部令明确表示，而各方明争暗斗已达极致。"校长为固位计，运动张学良为奥援，诬研究院学生为乱党。而研究院学生则分谒外交及教育总长，诉说种种，将成为内应外合之局，黜校长职，并查办云。"吴宓"闻之悚然"。并感慨"盖人心机诈横暴，于今为极。凡事每越出本题，以全力外援，为辛辣凶惨之报复斗争。校事尚其小者。我辈处此时世，如麟与蛇居，如羊在虎群，真觉栗栗自危，可无忧生之嗟哉？"

17日，校方再度召开评议会，"校长又欲鼓动学生，要求（一）提前出洋。（二）免收学费。重翻前案，惟恐校之不乱。哀哉！"[52]

21日，外出考察的梅贻琦接电返回清华，与陈寅恪等教授商量如何处置校中危急，议定静待部令查办一切。[53]

12月5日，外交部派朱鹤翔等三人到清华，对校长曹云祥、研究院学生以及王省等，分专见查询。朱君毅闻讯则藏匿未现。外交部查询结果，认为曹、梁之斗及校中风潮，曹云祥为非，示意其辞职离校。曹见大势已去，于12月28日向外交部递交辞呈。

1928年1月4日，外交部派员与清华国学研究院学生戴家祥秘密接触，谓外交总长王荫泰决计让曹去职，专待清华学生及教职员有拥戴梅贻琦之表示，即发部令命梅为代理校长。研究院学生闻讯即刻上书，并于上午10时派人联合其他教职员如赵元任、吴宓等共同行动。11时，吴宓函约叶企孙同赴南院赵元任宅，与赵氏夫妇共商大计，即是否立即出面与曹派之教职员同为表示拥护梅贻琦代理校长之意。结果，"决暂不有所举动，以资慎重"[54]。

是日晚，心中一直感到轱轱颠颠不踏实的吴宓，欲找梅贻琦再商对策，结果访遍清华园未能找到，乃罢。

就在吴宓、赵元任、叶企孙等驻足犹豫之际，校中情形又发生反转。眼看曹云祥这个领袖群伦、决定校中一切的"庞然大物"即将轰然倒下，清华国学研究院学生，自以为驱曹成功，乃骄狂得意，在园内四处炫耀。此举惹得大学部及旧制生二者愤嫉，遂由学生会鸣钟召集众生于大礼堂集会，决议上书外交部挽留曹校长，并在全校教职员生间发起挽曹运动。俄顷之间，局势为之丕变。

6日下午，清华学生会请求召开评议会，并请教职员一致挽留曹云祥，但梅贻琦、吴宓、赵元任等入会者皆冷脸相对，拒不接招，哼哈一顿不了了之。学生会眼见提议未行，并不甘心自己的失败，遂决定破釜沉舟，请曹云祥召开更大规模的教授会，由学生做大学部与旧制教授的思想工作，共同挽留曹校长，做最后一搏。

曹云祥依计而行，于当晚9时召开教授临时会议，议决并通过学生会《致曹校长与外交部》函，略谓"曹校长莅校以来，经营校务，不遗余力，现遽萌退志，对学校前途不无影响"[55]云云。一时间，挽留曹云祥之声势，又在清华园激荡开来。国学研究院学生突见对方占了上风，于恼怒中再度调集一切可以团结的力量予以反击。于是，围绕曹云祥的去留问题，清华教职员与学生分成两大阵营，展开最后决战。双方互相对骂、攻伐，并在校园向对方游行示威。原本属于中间派的教授与学生，皆成为双方争取拉拢的对象，各方力量合纵连横，皆欲以最快的速度致对方于死地。

就在清华两派力量争斗得一塌糊涂之际，外交总长王荫泰也在考虑自己的退路。鉴于国民革命军北伐势头勇猛，北洋政府摇摇欲坠，前途堪忧，王氏瞻念前途，思前想后，遂生弃政从商之意。[56]这个念头一经决定，原对清华的态度为之骤变，乃采纳顾维钧、颜惠庆之意，快刀斩乱麻，决计让曹辞职离校。曹知事不可为，乃发表辞职书，感谢教授会与学生挽留之意，又谓"责重材轻，事与愿违，惟有避位让贤，免遭丛脞"[57]。外交部顺水推舟，曹被免职，同时发表了以严鹤龄为代理校长的部令。

至此，曹云祥的身影在清华园消失。[58]原拟定的梅贻琦代理校长之事，亦随着局势变化发生反转，梅不但前功尽弃，差点遭到继任者放逐海外的结局。

1928年1月14日，严鹤龄至清华园就职。此为圣约翰派在清华最后一次回光返照式的登场亮相。日后的清华与梅贻琦本人，将在血与火交融的大时代里，默默等待凤凰涅槃、浴火重生的时机。

注释

[1]1914年第一次世界大战爆发，北京政府于1917年8月对德奥帝国宣战，并停付庚款。1918年大战平息后，中国成为战胜国之一，各国表示愿与中国建立"友好"关系，用和平手段维护和扩张其在华利益。为表诚意，诸国步美国后尘，陆续放弃或退回了庚子赔款

余额。美国也于 1924 年第二次退还庚款并促成中华教育文化基金董事会成立。美国与其他国家的退款被中国政府广泛应用到中国教育文化事业和实业之中，为中华民族的振兴发挥了有效作用。当时只有日本帝国主义对庚款余额分文不退，且用这笔钱财发展军事力量，建立现代教育系统，很快成为 20 世纪的强盛帝国，并于 1931 年开始侵华军事行动。

[2][4][22][23][24][25][26][27][28][29][30][31][32][33][34][35][36][38][39][40][41][42][44][45][46][50][52][53][54]《吴宓日记》，第三册，北京三联书店 1998 年出版。

[3] 钱端升《清华学校》，载《清华周刊》，第 362 期，1925 年 12 月。

[5] 袁复礼，字希渊，1893 年生，河北徐水人。1915 年清华学校毕业后赴美留学，先后在布朗大学、哥伦比亚大学学习教育学、生物学、考古学和地质学，1920 年获硕士学位后游历欧美学界。1921 年 10 月回国，入北京地质调查所工作。期间，随瑞典地质学家安特生赴河南渑池仰韶村对"仰韶文化"遗址、遗物进行考古发掘。1923 年 5 月至 1924 年 8 月，在甘肃做地质调查，对中国石炭纪地层划分和古地理研究做出了重要贡献。1926 年，与李济赴山西省夏县西阴村遗址发掘。1927 年至 1932 年，袁作为成员之一和阶段性的中方团长参加了由中、瑞双方合作组成的"中国西北科学考察团"赴西北考察。1932 年，袁氏参加创办清华大学地质系，担任教授和系主任。1937 年后，在西南联大地质地理气象系任教授。1952 年院系调整后，任北京地质学院教授，为中国地貌和第四季地质学的创始人。1987 年于北京去世。

[6]《研究院纪事》，载《国学论丛》，第 1 卷第 1 号，1927 年 6 月。

[7] 李济《西阴村史前遗址的发掘》，载《李济与清华》，李光谟编，清华大学出版社 1994 年出版。

[8] 就山西省夏县西阴村发掘事宜，据李济《西阴村史前的遗存》（载《李济与清华》，李光谟编，清华大学出版社 1994 年出版）一文显示，毕士博代表弗利尔艺术馆，曹云祥代表清华学校共同商订如下协议：

（一）考古团由清华研究院组织；

（二）考古团的经费大部分由弗利尔艺术馆承担；

（三）报告用中文英文两份：英文归弗利尔艺术馆出版，中文归清华研究院出版；

（四）所得古物归中国各处地方博物馆，或暂存清华学校研究院，俟中国国立博物馆成立后永久保存。

[9][10] 戴家祥于 1989 年致李济之子李光谟的信。载《李济与清华》，李光谟编，清华大学出版社 1994 年出版。

[11] 李济《西阴村史前遗存》，载《清华学校研究院丛书》，第三种，1927 年出版。

[12] 斯文·赫定（Sven Hedin，1865—1952 年），瑞典籍，世界著名探险家，从 16 岁开始探险事业，中年之后遵照导师李希霍芬的指令，赴亚洲腹地探险。先后发现了喜马拉雅山脉，雅鲁藏布江、印度河和象泉河的发源地，以及中国境内的罗布泊及塔里木盆地沙漠

中的楼兰城市遗迹，墓穴和长城，由此奠定了他在世界探险领域不朽的地位。

　　1927 年 1 月 30 日，斯文·赫定在北京西郊张作霖大帅府，得到了北洋政府许可其到中国西部探险的请求。消息传出后遭到中国国内舆论反对。3 月 9 日，斯文·赫定致函北京学界名流沈兼士，请沈代向中国学术团体协会转达：将此行所获历史文物全数由随行中国学者带回北京。3 月 10 日，与北京学术界进行谈判和沟通。4 月 26 日，双方意见达成一致，签订了"中国学术团体协会为组织西北科学考察团事与瑞典国斯文·赫定博士订定合作办法"19 条。

　　1927 年 5 月，中瑞合组的西北科学考察团从北京出发，经包头、百灵庙至额济纳河流域，于 1928 年 2 月到达乌鲁木齐。考察中，田野考古主要收获有：中国学者袁复礼和瑞典学者 F. 贝格曼在内蒙古沿途 327 个地点采集的细石器，在新疆乌鲁木齐柴寓堡 、吐鲁番辛格尔、哈密庙儿沟等地采集的新石器时代遗物；贝格曼在额济纳河流域调查居延烽燧遗址，采集约 1 万支汉代简牍；中国学者黄文弼在罗布淖尔、吐鲁番和塔里木盆地，进行考古调查和部分试掘。实地考察持续至 1933 年，后分头撰写考察报告。从 1937 年起，以《斯文·赫定博士领导的中国—瑞典考察团在中国西北各省科学考察的报告》为总标题，在斯德哥尔摩陆续出版，总数达 50 种之多。黄文弼负责部分，撰写《罗布淖尔考古记》《吐鲁番考古记》《塔里木盆地考古记》等，陆续在中国出版。

　　[13][14][15]《清华国学研究院史话》，孙敦恒编著，清华大学出版社 2002 年出版。

　　[16]《王观堂先生挽词并序》，陈寅恪《寒柳堂集》。梁启超是广东新会人，故陈寅恪在诗中以"新会"代之。

　　[17]3 月 18 日，北京学生、工人、市民等各界群众在天安门举行声势浩大的反对八国"最后通牒"国民大会，会后游行示威。当队伍到铁狮子胡同执政府和国务院门前请愿时，执政府卫队在不加任何警告的情况下，向请愿队伍实弹平射，顿时血肉横飞，造成 47 人死亡，100 余人受伤。这就是震惊中外的"三一八"惨案。这一惨案导致了段祺瑞执政府垮台，皖系北洋军阀集团不复存在。清华学校部分师生参加了此次活动，其中大学部学生韦杰三于现场中弹牺牲。3 月 19 日《吴宓日记》载："自是日起，以执政府门前枪杀学生惨案，放假，停课。二十八日起，复续放春假一星期，直至四月十二日始上课。在此假期中，校中多故，学生互争。……又追悼韦杰三大会。凡此均经参与。"

　　[18]《吴宓日记》，第三册，吴学昭整理，北京三联书店 1998 年出版。日记中的戴，拟指戴超，1888 年生，江苏青浦（今属上海）人，美国纽约州立图书馆学校毕业，依阿华大学哲学博士。曾任上海圣约翰大学图书馆主任，北京图书馆协会会长。时为清华学校图书馆主任。1928 年任中央大学图书馆馆长，次年任该校副校长。杨，拟指杨树达，1885 生，字遇夫，号积微，湖南长沙人，曾任北京师范大学教授，时任清华学校中国文学系教授。钱，指钱端升。叶，指叶企孙。

　　[19]《清华学校日程草案》（1），转引自《从清华学堂到清华大学》，苏云峰著，台湾

"中央研究院"近代史所 1996 年出版。

[20]《教育评论》，第一卷第 11 期，1926 年 2 月。

[21]《胡适来往书信选》（上），社会科学文献出版社 2013 年 7 月出版。信中的"通伯"即陈西滢（1896—1970），原名陈源，字通伯，西滢是《现代评论》周刊"闲话"专栏撰稿时使用的笔名。时任教北京大学，为《现代评论》派主将。

[37]1926 年 9 月 16 日，《吴宓日记》载："晚，8—11，赴教授会议，举定赵学海、朱君毅二人为评议员，以补孟宪承、陈达之缺，亦可见一蟹不如一蟹矣。"

[43]《吴宓日记》，第三册，北京三联书店 1998 年出版。日记中所载吴作民，安徽省泾县人，1906 年生。1925 年 9 月—1929 年 6 月在清华政治系学习。1926 年底在清华加入中国共产党。

[47]《彻底翻腾的清华革命》单行本，转引自《清华大学校史稿》，中华书局 1981 年出版。

[48] 冠《与梁任公先生谈话记》，载《清华周刊》，第 271 期，1923 年 3 月 1 日。梁启超在与周刊记者谈话中特别提到董事会组织问题。梁说，关于这一个组织，"应当由中美两国的教育家合组；现在这类小官僚的董事会，根本上不能存在。这学校既是两国政府友谊的结果，外交总长和美公使，当然是两位董事。校长也应当董事之一。董事之中应有一部分是清华毕业生。至于国内的教育家，不一定聘为董事的都热心，热心的不一定可以当董事。美国的董事，我们不愿他徒挂虚名，我们一定要他常在中国。但是又不能专为着当董事而聘一位教育家来。我们希望他在清华当一位教授"。

在记者问及校长人选这个"大问题"时，梁启超答道："校长的人选，我固然不能说现在哪几位适宜于当清华校长，不过我认为他的资格就是'有学问能办事的教育家'。我极希望将来能得一位清华毕业在美学教育的来当校长。所以要毕业生的原故，就是对于学校有爱情而熟悉学校情形。他或许离开学校多年，然而学校如同一个人一样，是有生命的。他的年岁虽会增长，不过他性情都是存在的，他有他的 tradition（传统）。毕业生当本校校长是一件应该的事，是校长所应具的一资格。"又说："董事会不应该牵制校长。现在的董事会完全是校长的上司官，我认为是不对的。校长也应该是董事之一，然而决不可当董事长。"

[49]《梁启超年谱长编》，第十二册，丁文江、赵丰田编，上海人民出版社 2009 年 4 月出版。"仲弟"，即梁启超之弟梁仲策。

[51]《给孩子们书》（民国十六年十一月二十三日），载《梁启超年谱长编》，第十二册，丁文江、赵丰田编，上海人民出版社 2009 年 4 月出版。

[55][57]《清华周刊》，第 428 期，1928 年 2 月 10 日。

[56] 王荫泰，山西临汾人，1886 年生。1906 年毕业于日本东京官立第一高等学校。后赴德国留学，1912 年柏林大学法科毕业。1913 年回国后步入仕途，直至外交总长。1928 年 2 月转任司法总长，再转任关税自主委员会委员。同年 6 月，奉系军阀败退，王跟

随奉军退往东北。后前往上海担任律师。抗战时期，王荫泰于 1937 年加入傀儡政权伪中华民国临时政府并任议政委员会委员。汪精卫伪政权成立后出任华北政务委员会常务委员、实业总署督办。1943 年任农务总署督办、总务厅厅长。1945 年 2 月任华北政务委员会委员长。抗战胜利后以汉奸罪被捕入狱，1947 年被处决，年 61 岁。

[58] 曹云祥离开清华后，南下出任上海英美烟草公司顾问、中国红十字总会总干事等职。1937 年 2 月 8 日因心脏病去世，享年 57 岁。

第八章 逐鹿清华园

◎ 罗家伦横空出世

严鹤龄奉部令前往清华，其重要目的便是平息风潮，减政省费。他留给教职员生的印象是"似甚负责而切实，与曹氏异趣"，但此人毕竟老朽，清华"前途未知如何耳！"[1]结果，严只代理了两个多月的校长，于 4 月 6 日遵外交次长吴晋面谕上呈辞职，外部遂于 4 月 16 日，令温应星为清华校长。

温应星，字鹤孙，1887 年生，广东新宁县（今广东台山）罗洞乡尤鱼村人，父亲为清朝进士、七品知事，因"姨太太有四个之多，所以家里没什么钱"[2]。少年温应星靠自己的勤奋兼努力，考取唐山工学院（交通大学前身）。一年后，转而投考清廷特招的公费留美生并被录取，1905 年与堂叔温济忠和另一位叫陈挺甲的 30 岁大龄青年，一同乘船进入美国维吉尼亚军校就读。一年后与陈挺甲奉命转入西点军校继续学业，成为中国入学西点军校受训的第一批留学生。1909 年，温应星以总成绩全级第 84 名毕业，陈挺甲则居孙山之位。与温氏同级毕业的 104 人中，后来衔至将军者 27 人（4 位上将、3 位中将、7 位少将和 13 位准将），著名者有二战欧洲盟军副总司令戴维斯上将、第三集团军司令乔治·巴顿上将等，这个班级的将星之多，仅次于艾森豪威尔所在的 1915 级产生的 54 位将官。与温应星同班、二次世界大战一举成名的美国陆军四星上将乔治·巴顿，当时以第 45 名的成绩毕业。[3]

1919 年，温应星学成归国，先后任广州讲武堂炮科教员、江苏都督府军事顾问、联军驻沪军法处处长。后跟随孙中山四处闹腾革命，一度出任大元帅府第三科科长。当此之时，张群为第二科科长，蒋介石为第二科参谋。再后来，温应星受奉系军阀张作霖之聘，赴东北任职。关于这段经过，据温应星之子、早年毕业于美国维吉尼亚军校的国民党联勤总司令、二级陆军上将温哈熊晚年口述：当时奉军势力正夹在北俄南日之间，张大帅知道这两个虎狼国家惹不得，便找美国人做倚靠。美国顺水推舟，便派一个六七人组成的顾问团，前来协助张作霖谋划，其中一个少校是温应星在西点时的同学（后来当到少将，二战时担任巴拿马运河的指挥官），有一次与张作霖见面时说："你们中国也有西点毕业的，为什么还要花这么大笔钱找我们美国人来？"张大帅愕然道："谁是西点毕业的，我不知道呀？"于是这位少校便通过校友会找到温应星，温便辞却南方政府官职受张大帅之聘当了警务处长，一直到张在皇姑屯被炸死。老张死后，其子小六子张学良接掌帅印，开始清洗内部异

◎温应星在东北奉军营中留影（温哈熊藏）

见人士，当发现温应星来自南方国民党那边，便起了疑心。温得知此情，怕重蹈杨宇庭、常阴槐两名奉系大员被吸大麻之后晕头转向的小六子设计枪杀的覆辙，遂携家漏夜逃到北平。温哈熊说："父亲到北平后便失业了，但当时他有位好友乃清华大学校董，此时由于北平在闹学潮、打校长，大学生把几个校长都打跑了，所以父亲的朋友便对父亲说：'现在清华校长出缺，你愿不愿意干？如果愿意干的话，我向校董提出来。'父亲答称：'我现在没事做，所以什么事情都肯干，更何况是清华校长！'于是父亲便在清华当校长，一直到今日他是唯一军人出身担任过国立大学校长者。"[4]

温哈熊上将的回忆显然属于"失忆"性的胡说，"皇姑屯事件"的具体时间是 1928 年 6 月 4 日。而早在 4 月 16 日，外交部总长王正廷即签发了第 111 号令："派温应星充清华学校校长，此令。"[5] 因而，温入主清华做掌门人，正是奉系军阀在黄河流域以北地区气焰嚣张、权势熏天之时，而不是什么奉系溃败，张大帅被炸死，吸大麻的少帅

张学良要收拾温，而温氏携家星夜逃亡北平之后的戏剧性演变。确切地说，正是奉系在北京势力最为疯狂的末法时代，温应星乘势进入清华园长校的。

温应星既非清华出身，又是一操枪弄炮、以大碗喝酒、大块啃肉、南征北伐为能事的武人，借奉系气焰而主清华，清华师生自是反感。温氏入校后，对清华教育与施政方针极为陌生，除对学生训斥一通诸如"晚近学风不良，风潮迭起，学生血气方刚，往往为感情所驱使，行动辄越范围。……倘意志不坚，眼光不远，责任不明，知识不充，必至陷落旋涡，无由自拔，盲人瞎马，夜临深池，前途殊堪危险也"之类的大话、空话兼胡话，[6] 实在看不出一个校长应有的素养与才质，唯经南北官场熏染历练，在玩弄权术方面却十分娴熟。进清华之前，温即通过各种渠道了解到梅贻琦已成为清华园的参天大树，或曰清华教授拥护的箭垛式人物，属于各派系中最大集团的中坚力量，曹云祥就是被这一集团所压扁击垮的。要想在清华立稳脚跟，要么与梅派合作，要么给对方以出其不意的致命打击。温应星显然选择了后者，他了解到梅系集团人物与对手决斗的方法恰似一条硕大无比的巨蟒，以清华《组织大纲》为锁链套住对方，再以教授会、评议会两股力量与对手缠斗，直到把对方缠倒压垮断气为止。温氏要想与梅贻琦集团斗法，就必须见招拆招，以同样的路数出其不意地猛击之。于是，温应星依靠奉系强大后盾，采取军事上速战速决的战略战术，向梅贻琦为首的教授集团发起第一轮攻击。

1928 年 4 月 24 日，即温应星到清华就任的第六天，温以校长兼主席名义召开评议会，号令修改《组织大纲》，将束缚自己手脚的条款尽量除之，但收效甚微。5 月 8 日下午，温氏再度主持召开评议会，决定教授去留及聘约问题，结果是"声名恶劣之教授如周永德等，均未能除去"[7]。5 月 10 日下午，温应星主持清华校史上第 27 次教授会，选举新的教务长，梅贻琦再度以压倒性优势高票当选连任。但在清华具有决策权的新一届评议会选举中，除吴宓一人继续当选（票数最少），其他六人全部落选。新当选的评议员，皆"儇黠卑俗者流"[8]。吴宓意识到自己的同道者，尽被温应星施展手腕从权力中心铲除，孤身一人留在这个圈子，凶多吉少，意即"陈力就列，必多参差龃龉之处，一己既感苦痛，复增危险"，乃有退出之意。[9]

此次选举五天后的 5 月 15 日下午，温应星祭出撒手锏，再度主持评议会，"决以梅贻琦代为驻美监督"。即梅贻琦不但教务长不能继任，更严厉的是将被踢出清华园，放逐美国做留学生监督。此为温应星最狠、最得意的一招。因温的军阀背景太强势霸道，清华教授集团与之初次交锋，即为秀才遇到兵——有理讲不清，兼有部分歪瓜裂枣式的教职员，匿藏私心，有依靠新主借以得势之心理，暗中与温勾结谋算。结果是，冰冷的寒光闪过，梅贻琦措手不及，踉跄前扑，即将坠地不起。对此，身在现场观战却无法对梅施以援手的吴宓事后慨叹曰："校中所拟为梅派者（多属公正之人，宓亦在其列），将失其中心，而消散不复存在矣。"[10]

5月31日下午，温应星以梅将要赴美就任留学生监督为名，再度操纵教授会选举梅的继任者，结果是余日宣当选为新一届教务长，梅贻琦遭到温氏连环重击，被横扫马下。

6月1日，不甘心失败的梅贻琦在清华南院五号住宅招宴于吴宓、叶企孙、赵元任、陈寅恪等集团中人，密商对策，准备绝地反击。想不到的是，梅氏集团的刀剑尚未出鞘，中国政局又发生了一场巨变。

1928年初，蒋、冯、阎、桂四大军事集团暂时取得妥协，共同对北方最强悍的奉系军阀予以讨伐。蒋介石把嫡系部队改编为第一集团军，自兼总司令；改国民革命联军为第二集团军，冯玉祥为总司令；改北方国民革命军为第三集团军，阎锡山为总司令；两湖各军改为第四集团军，李宗仁为总司令，共同出征北伐。

4月9日，蒋介石下达总攻击令，整编后的国民革命军与奉系集团在河南、山东一带的前沿部队展开激战，奉系所属直鲁联军张宗昌与孙传芳部遭受重创，损失山东大部。4月30日，直鲁联军被击溃，弃济南而逃。5月中下旬，张作霖丢失邯郸、保定、石家庄、大同、张家口等地。

6月1日，国民革命军北伐部队占领沧州、河间后，分三路由津浦、京汉、京绥线大举向京津地区全面推进，兵锋逼近北京近郊。张作霖见大势已去，于6月3日命小六子张学良留守北京，自己连夜带着吴俊升等大员乘专车悄然离京回奉，同时下达总退却令。6月4日凌晨5时30分，张作霖乘坐的专车行至沈阳附近皇姑屯，被日军预先埋设的炸药炸毁。吴俊升当场被炸死，张作霖受重伤，被急救回帅府后，于上午9时30分死去。同日，国民革命军总司令蒋介石正式委任第三集团军总司令阎锡山为京津卫戍司令。

皇姑屯炸弹事件与北伐军兵临城下的消息交织在一起，中外震动，各报争相报道，奉系所属北京政府阁员与各机关单位人员闻讯四散奔逃，温应星于6月5日一大早，借着朦胧夜色弃清华园逃之夭夭，不知去向。[11]

6月6日，即将全面崩盘的奉系北京军政府外交部部令已至清华，准温应星辞校长职，以新当选的教务长余日宣代理校长，余旋就职。

6月7日，暂时留京维持治安的奉军鲍毓麟旅撤退出城，冯军鹿钟麟部抵达北京西苑、南苑驻扎，城内空虚，各城门全部关闭。是夜，"传闻校内之共党将于今夜放火，焚烧校舍。校中防范如前"[12]。有一叫胡牧的职员夜间受惊，窜进吴宓所居工字厅室中要求避难。吴宓继之惊起，颇为惶恐，遂不敢解衣而寝，且"中夜常醒"，闻听窗外动静。然焚烧事件没有发生，只是园内扰攘之声忽隐忽现，似夜鬼出没，令人惊恐不能安眠。待吴宓晨起外观，发现校内安然无恙，只是大礼堂前，已被国民党学生悬红底之青天白日旗，又于校中各处贴满纸条标语，上书"铲除土豪劣绅""以党为国""党化教育"等等口号，清华园政治颜色为之大变。

6月8日，国民革命军第三集团军，即阎锡山的晋军一部自永定门入城，占领北京，北伐军事行动结束。

6月9日，原关闭的京城诸门均已打开，城中恢复原状，楼堂馆所与大街小巷到处悬挂青天白日旗，守城晋军往来市街巡逻、盘查，南京国民政府的势力已延伸到这座古老城市的各个角落。

6月10日，梁启超给即将由美学成归国、打算进清华谋一教职的儿子梁思成写信，告之时局变化与清华园动向，谓："清华评议会许多议案尚未通过，新教习聘书一概未发（旧教习契约满期者亦尚未续发），而北京局面已翻新，校长辞职，负责无人，下学期校务全在停顿中。该校为党人所必争，不久必将全体改组，你安能插足其间？"[13]梁启超不愧是政坛斫轮老手，一语中的，其预言第二天即成为现实。

6月11日，南京国民政府大学院院长蔡元培与外交部部长王正廷，会同致电清华学校并梅贻琦，委任梅"暂代校务，听候接管"。

这个从天倏忽而降的电报，意味着，南京政府当局不承认温应星主校时，为铲除异己、打击对立面而故意设套弄出的以余日宣取代梅贻琦的教务长地位，更不承认余日宣"代理校长"的局面，仍以梅贻琦为清华教务长"正朔"，并"会委"梅出面维持残局，即代理校长。温应星苦心孤诣玩弄的伎俩，竟以如此方式与速度消解于无形，令清华师生又一次目睹恍若梦境的反转轮回，并嗟叹天命人事，世数无常。

因蔡、王电令已成事实，借机出了一口恶气的梅贻琦，正欲和同人为学校前途献计献策，想不到大学院与外交部两个衙门，为争夺对清华的"接管权"又闹将起来。[14]

当此之时，以国民党元老蔡元培为院长的大学院，替代原教育部之职责（教育部已撤销），宣布要"统一全国教育学术机关"，接管北平各大专院校，清华自在接管之列。而外交部则坚持承袭北洋政府外交部对清华的管辖权，并以近水楼台之便抢先接管了清华庚款基金，即把决定清华前途命脉的钱袋子攥在手中，拒绝南京大学院一切人等染指。其争执的根本原因，正如罗家伦后来所言："王正廷任外交部长，他以前在北京政府时代，亦曾担任过这个职务，深知道清华是外交部部长的一个财源，也是外交部的禁脔，哪里肯放松，仍旧要清华归外交部主管。政府里面有人不赞成，他不得已，而提出一个由外交部会同大学院共管的办法。他要外交部参加的理由，是因为清华是美国退还庚子赔款办的，似乎外交部不参加，美国就不答应的样子。这种拿洋人来吓中国人的手段，是当年办洋务的人挟外力以自重的惯技。"[15]

大学院与外交部在接收清华问题上互不相让，双方不惜撕破脸皮，公然叫起板来。原北大校长蔡元培此时出任南京政府大学院院长，重权在握，在各种嘈杂声音中，传出清华将为"旧日北京大学一派人当权，则为毫不容疑之事"的消息。清华校内传闻四起，教职员连同学生在局势突变中又扰攘、骚动起来。

7月16日，梅贻琦以清华代理校长身份召集评议会，就自己受命缘由以及清华前途等发表谈话，同时以答学生记者问的形式公布于众。梅说：

> 上月接大学院蔡院长、外交部王部长会同电命，托余以教务长名义，暂维现状。余恐系政府不承认北京政府以余日宣先生为代理校长之任命，故余勉为其难。后董事会开会，以经费无着，电外部转美使拨款，无复。由此更足证明政府不承认旧有机关。唐外次长来平，余曾往见，彼于实情，想不甚熟悉。惟款则已允拨给。大学院接收委员高鲁，本拟来校，但中途因闻外部将接收本校，遂未来，由卫聚贤君代来。余曾云已受大学院、外交部两方命令，委托维持校务，如二方商妥，方可交代。外部接收委员七人，内推三人负责接收清华诸事，本定来校，仍然未至。余曾建议，学校非其他机关可比，不能封锁停顿，请不必接收。本月十五日，接外部接收委员来函，言接收委员执行董事会授权，明日（十七日）来校外部委员，只察看而已，并非接收。

梅教务长报告后，会上当即有评议员发问。

> 问：如单方接管，当采取如何态度？
> 答：征求双方同意，方可移交。
> 问：一切校事，能否全照旧执行？

答：已有规定者照办，新的建议缓办。

问：教务长对于评议会议决案、宣言等之态度如何？

答：大体赞成。唯事实上恐有外交困难，或折中办理，如改组董事会等。[16]

7月17日，外交部北平接收委员会派张歆海等八人，威风凛凛地进驻清华"查账"，以示"接管"。（南按：6月20日，蒋介石主持国民党政治会议，决定改直隶省为河北省，北京市为北平市。）大学院闻讯，于7月18日急电驻平接收大员高鲁、齐宗颐、卫聚贤等三人速赴清华"视察"，并设法"接收"清华。同时，双方设法寻找更大的势力或靠山，以击败对方，把清华这块"肥肉"吞入自己肚中。面对各派势力相互倾轧、抢夺的混乱局面，清华学生会通过一项决议："在管辖问题未解决以前，任何人不得接收清华……"[17]梅贻琦专门主持教授会与评议会，表示赞同这个决议，并为清华的前途，不惜抵抗各种对学校不利的政治势力进入。

在清华师生共同努力以及国民政府各方势力调处、平衡下，终使大学院与外交部达成暂时共同管辖清华的协议，并决定：

（一）将清华学校改为国立清华大学，按照美国文理科大学办理，并初步添设研究院。

（二）由大学院会同外交部，合派董事九人，组成新的董事会，掌握清华大学。

（三）原清华学校暨留美学务基金保管委员会，改由大学院院长、外交部部长和美国公使三人组成。

尽管这个协议又回归到清华学堂时代，由外交、学部兼美使节共管的陈旧局面，但毕竟使争闹不休的大学院、外交部与清华学校三方，皆从争斗与捆绑的困境中暂时挣脱，亦不失为权宜之计。主事者与清华师生皆长出一口气的同时，遂把兴趣集中到有关觊觎、争夺清华校长这个"肥缺"的悬念上来。

早在张作霖于皇姑屯被炸死、北伐军即将克复北京的6月4日，卫聚贤作为大学院派往北京接收的职员之一，敏锐地看到了清华校长"肥缺"之机，遂立即给胡适发快信一封，以示劝进，信曰：

适之先生：

前函敬呈，未奉手示。北京确下，第三集团已入驻北京。清华校长问题因之发生，生日昨与外交部某友人谈清华校长问题，他说外交部方面欲委查良钊（现河南教育厅长，前北京师大校长），生略露先生长清适宜，他说先生向与西北军（冯）不接头，并云如先生与查良钊认识，或可办到，关于此节，请先生给查氏通信致候为宜。

今见钱端升先生，他说清华校长还无人提及讨论过，不过一位姓郭的（前东南大学校长）他愿去，还未讨论。生云将来由何处委，他说由大学院委，不由外交部委（此事恐怕生出纠纷）。生问他究主张何人长清，他无表示，生推他，他说他不干。生说先生去也适宜，他说恐先生不去，如果去时，是很适宜。并闻蔡院长不日到北京去，此事应速进行。

…………[18]

卫聚贤乃清华国学研究院 1927 级毕业生，曾跟随王国维习中国上古史，又受李济考古学影响，毕业后与友人在太原合办私立兴贤大学，任副学监。后由乡人、冯玉祥连襟薛笃弼介绍赴南京任大学院科员，专事审查历史教科书，继又兼任南京古物保存所所长，其间曾参与主持发掘南京新石器文化与明故宫遗址等。卫氏和胡适交往缘起与经过不详，但一个清华国学院毕业生，对北大教授胡适自称为"生"，且在历史夹缝中适时对胡以信函劝进，请其入主清华园，而不是请梅贻琦、赵元任等与之有关的人物出长清华，可见胡氏势力之大、掌控社会资源范围之广，无怪乎吴宓几次为风闻胡适欲打入清华地盘而大动肝火。就胡适方面言之，接信做何反应不得而知，但从信中描述的钱端升之冷淡，以及卫信的"模糊"与"游移"可揣测，胡适很可能像当年对待钱端升氏"劝进"一样，并未放在心上。此一插曲可视作卫氏之类学界晚辈，像吴宓讽刺的清华国学院学生吴其昌等辈，向暴得大名的前辈胡适献殷勤、套近乎，妄图挟胡适以自重甚而自炫的一个投机小伎俩而已。

胡适这边没有特别表示，或有所表示不为外界所知，但竞争清华校长这一"肥缺"者，却势同飞蝗，腾空走地，从四面八方向清华园扑来。据吴宓日记载：1928年 7 月 10 日，"下午陈寅恪来，知已订婚唐氏。又悉（一）校长一席大约必系凌冰氏。（二）罗家伦来校有所活动云"。7 月 15 日，"十二时，至南院赵元任宅，赴陈寅恪招订婚喜筵。座中遇罗家伦"。7 月 16 日，"赴评议会，……又悉各方荐任清华校长者，有三十余人之多云"。7 月 18 日，"闻唐悦良已以（一）凌冰（二）张歆海（三）罗家伦推荐于外交部长，备选为清华校长。而以罗为最有希望云"。7 月 19 日，"十一时半，赴赵元任宅。是日正午在赵宅与诸君公宴钱端升、张耘夫妇、金岳霖、Lilian Taylor 等，共二三桌。此会为赵元任夫人发起，拟纠众拥戴赵元任为校长，而由罗家伦暗中主持一切。但是日亦卒未提起，但闻钱、张二君述南京大学院、外交部对于清华之态度而已"。

7 月 27 日，吴宓心情忐忑不安，决定离清华南游，日记载："待梅贻琦直至 10—11 始得见。梅嘱到宁有消息即函电报告，并以（一）组织新董事会，（二）防李石曾派之浸入为维持清华之大政方针。" 8 月 6 日，"今日所见情形，大率南京甚乱，政治固纷纭扰攘，教育亦然。中央大学尤为复杂。锡予可留，楼光来已辞院长，而缪凤林在所必去"。[19]

清华校长空缺，竟一时引来 30 余位大腕名流荐举和争夺，其"肥"可见。而此时的中央大学，亦在纷乱中为争夺校长这把椅子闹得不可开交。这个局面的发生，是每一次改朝换代之必然结果。就清华与中央大学等高校而言，除因其校之"肥"，还夹杂着其他利益的引诱，当时教育界名人陶孟和曾在《现代评论》周年纪念刊上发文，对这一现象做过较为明晰的剖析。陶说："五四是教育界变动的大关键。在五四以前，教育界里完全是一群教书匠与一群天真烂漫的青年，除了所谓教育会或全国教育会联合会，稍微在社会上有些'空幻'的势力外，教育界完全没有份量。五四以后，小学教育界里的人，除了索薪运动或受人利用而有所活动的以外，仍然无所作为。可是在中学教育界、特别是高等教育界，面目却大为改观。教育变成了一种势力，谁敢同它抗衡就要垮台，政府、军阀、政客都笼络、讨好它，连商人也不敢得罪它。从此以后，教育界一跃成为政治、外交、军事、财政、政党等一切活动的重要枢纽。"

陶孟和所言的要害处，在于"五四运动"之后，各高校学潮连绵不断，无论是谁，只要与学校或学生过不去，学生就掀起学潮，带领大队人马杀出校园，连喊加叫地上街游行，冲击政府机关，悍然与政府对抗。而当时各路军阀、政客的心思和目标是击败对手，扩大地盘与升官发财，极不愿与穷学生或教书匠啰唆，以免引火烧身，或像五四运动当天游行的学生火烧赵家楼一样，落个引火烧身且被痛殴的局面。因而，军阀政客对学校与师生视之为鬼神，而这个鬼神变化多端，小则近似无形，大则可在全国乃至海外掀起滔天巨浪，淹没、吞噬一切反对的力量甚至政权。若军阀政客还不糊涂，便采取敬而远之或套近乎的态度，虚与委蛇，敷衍了事。另有一位署名宇文的作者，对此门道看得更加透彻并继之发挥道："聪明的政治家或教育家，都采用一种跨界的办法。一只脚站在政界里，一只脚站在教育界里。政界里的人看了他们，以为他们是教育界有势力的人，不管他们政治的知识如何，就不得不给他们政界上的一个相当的位置。教育界的人看了他们，以为他们是与政界有联络的，不管他们的教育的知识如何，就不得不给他们教育界的一个相当的位置。他们在教育界所占的地位愈高，他们在政界里能得到的势力愈大；在政界的势力愈大，在教育界的位置愈加稳固。如此的循环作用，他们就变成了社会上最重要的人物。"[20]

此一说法虽有些片面，并有拉低、揭穿教育界名流大腕的"高大上"形象和"正能量"之嫌，却是一个不争的事实，并暗含深刻的哲理。1929 年由南开转入清华任教的历史系教授蒋廷黻，晚年谈到清华往事时，曾精辟地提到："虽然清华不想受政治干扰，但政客们则不愿清华置身事外。当时一般人似乎有一种想法，认为欲想控制政治就必须先控制教育。有些人甚至认为老师和统治者应该是一个人才对。也有人认为控制一所大学就意味着控制了许多任命权。传统的中国观念，认为教书与做官两者之间是不易清楚划分的。中国过去教书的人转任官吏可能比美国律师转任官吏还要方便得多。因此，战前的清华是有遭到政治干预的危险的。"又说："在过去的五十年，教育和革命是分不开的。每个政治领袖都要靠学生起家。每个政党都要争取学生。"[21] 北伐胜利之前的清华如是，而胜利后更是变本加厉，无孔不入。因而，争夺清华大学校长，就成为一件与政治紧密相连的要务与急务。南京政府大学院与外交部经过多次协商平衡，推举政坛新秀孙科执掌清华，孙科因故辞却未就。据赵元任夫人杨步伟说：以后"大学院又下了几次的命令要元任做校长，元任屡辞不就并荐贤自代未准。但不久就派了罗志希来长校，好些事就一变当日的清华校风了"[22]。

杨步伟所说的"几次的命令"，在清华档案馆等处一次也没查到，凭空杜撰、子虚乌有的可能性最大，而罗家伦的命令却赫然入目。

1928 年 8 月 17 日，国民政府令清华学校改为国立清华大学，议决罗家伦为清华大学校长。8 月 18 日，吴宓日记载："适值彦来访，告宓以中央大学院以孙科呈辞，即任命罗家伦为清华校长之消息，已见杭报。"[23]

8 月 21 日，国民政府以国字第 949 号令发布简任状，分致大学院与外交部。8 月 29 日，国民政府外交部部长王正廷签发外交部部字第 198 号训令：

奉国民政府令，任命罗家伦为清华大学校长。

至此，经过两个多月的扰攘争夺，清华校长的高帽竟神奇地落到了罗家伦头上。

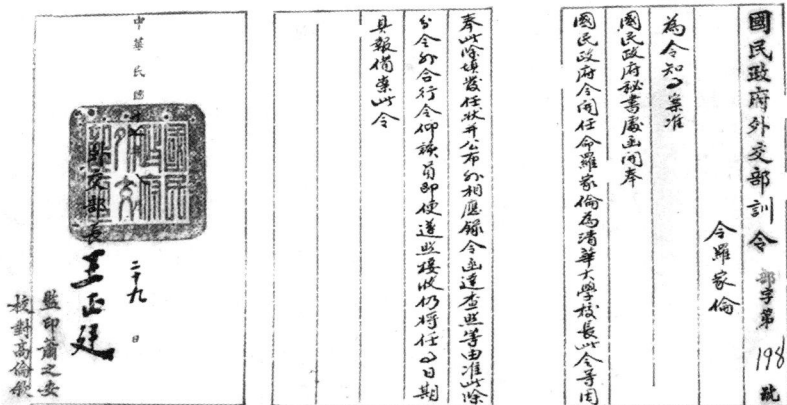

◎ 1928 年 8 月 29 日，国民政府外交部任命罗家伦为国立清华大学校长（清华大学档案馆藏）

◉ 梅贻琦出局

罗家伦何德何能，竟于改朝换代的历史性时刻横空出世，就任国立清华大学首任校长？此话可长可短。可短者，国人在历史的某个转折点上，于胜负之间，尝谓"生死有命，富贵在天"。这个话，是《论语》中的一句，但不是孔子讲的，乃孔子学生子夏所言。此语常被理解为消极的宿命论，其实内中含有如何看待人与自然，亦即人与社会的关系问题。罗氏出任清华校长，确有其独特的人生际遇或曰渊薮，天命人事纠葛到一起，完成了罗家伦出任国立清华大学校长的夙愿。

罗家伦者，字志希也，祖籍浙江绍兴，1897 年生于江西进贤。早年求学于复旦公学和北京大学。1919 年，受陈独秀、胡适等鼓吹的另类文化风潮影响，与北大同学傅斯年、徐彦之、段锡朋、汪敬熙等辈成立新潮社，出版《新潮》月刊。同年，当选为北京学生界代表，赴上海参加全国学联成立大会，支持新文化运动。在著名的"五四"运动游行示威中，起草唯一的印刷传单《北京学界全体宣言》，提出"外争国权，内除国贼"等口号，与同学一起到天安门前游行示威，被时人誉为"五四学生运动健将"。同年秋，罗家伦与傅斯年等于北大毕业。傅回家乡参加山东教育厅主持的公费留学生考试并被录取，旋赴大英帝国伦敦大学就读。罗家伦无缘公费留学，正在北大校园傻乎乎地乱转一通、"拔剑四顾心茫然"之际，上海著名资本家、纺织大王穆藕初，表示将陆续捐出 10 万元巨款给北大，要求校方选送五位"五四"运动学生领袖出国留学。在北大代理校长蒋梦麟和胡适等人策划下，选出了段锡朋、罗家伦、周炳琳、康白情、汪敬熙等五位"五四学生运动健将"。另有一位与五人势均力敌的学生孟寿椿，本在预选之内，因名额限制被叫停。当时官费留学生每人每月 90 美元，穆藕初开出的费用为 120 美元，罗家伦等怜惜同学手足之谊，乃相商每人自愿每月只要 100 美元，把多余的钱凑起来增加一个名额，孟寿椿得以好梦成真，六位同学共同得以放洋。

　　1920 年，罗家伦赴美就读普林斯顿大学研究院，攻读历史和哲学，1921 年转入哥伦比亚大学研究院。时罗的北大同学傅斯年、何思源等正在英国求学，闹得声响很大，罗慕其名，于 1922 年转赴英国伦敦大学研究院，加入了以傅斯年为中心的中国留学生阵营。1923 年，傅斯年转入柏林大学研究院，学习比较语言学等，并与在该校就读的中国留学生陈寅恪、毛子水、俞大维、姚从吾、金岳霖、徐志摩等人友善。罗经不住诱惑，转入柏林大学研究院就读，1925 年再转赴法国巴黎大学与英国牛津大学研究院访问，主攻西洋文化史及历史哲学。时国内军阀混战不息，纺织大王穆藕初经营的企业因各种原因倒闭，罗家伦经济来源中断。为继续在英、法两

◎ 1921 年，北大留美校友与赴美考察的蔡元培先生合影。一排中为蔡元培，一排左二为罗家伦，二排左一为冯友兰

国收集近代史资料，完成最后一年研究计划，罗氏除译书写稿挣点小钱补贴，通过老校长蔡元培介绍，向商务印书馆监理张元济借得国币 1500 元。这笔款项于 1925 年下半年分两次汇至伦敦与巴黎，罗家伦得到此款，顺利完成研究计划。留学期间，罗与傅斯年、陈寅恪等人一样，"为读书而读书"，没有拿到一张学士、硕士或博士文凭，两手空空回到国内，算是与时尚相悖的另类"海龟"。

1926 年 6 月，罗家伦归国，受东南大学之聘，出任历史学教授。翌年由商务印书馆出版了罗氏翻译英国哲学家 J·B·Bury（柏雷）《思想自由史》，序言号称："能为纯粹的知识的主张而殉道，是人类最光荣、最高尚不过的事；能自己为思想言论自由作自觉性的牺牲，以唤起他人对于此事的觉醒，是对于社会最有实利的贡献"云云。北伐军兴，罗家伦受命出任国民革命军司令部参议、编辑委员会委员长。1927 年春，罗加入国民党，出任蒋介石总司令秘书，甚受器重。同年 8 月 25 日，国民政府定都南京。时正值清党时期，急需培养青年人才从事党务工作，遂筹设中央党务学校（政治大学前身），蒋介石亲任校长，罗家伦先后受聘为教务副主任、代教育长，实际负责学校一切事务。1928 年春，蒋总司令再度出师北伐，罗为战地政务委员，随军北上，主要职责是代表大学院兼管收复地区的教育，同时参与总司令部重要决策。关于此段经历罗氏有回忆文章传世，谓："北京一下，所有各机关的接收工作，包括学校在内都是由战地政务委员会负责办理的。我亲自参与接收的是教育和外交两部，至于对各学校的接收，因为正在暑假，学生已经分别回家，我所持的政策是指定原校的教职员继续负责，暂不更张，以保全各校的元气。在这时期我只到过清华学校一次。"[24] 但据吴宓 1928 年 7 月 10 日、15 日日记所载，罗至少到过清华两次探听风声并"有所活动"。又据郭廷以说："以罗先生出掌清大，相信是蔡元培先生推荐的，我想与蒋总司令亦有关，他对罗先生异常器重。"[25]

郭氏之言部分地得到罗家伦证实，罗在回忆中说：外交部部长王正廷在抓到与大学院共管的权力之后，"突如其来地向大学院院长蔡元培先生提出他荷包里的清华大学校长人选，他误以为蔡先生是老好先生，不会持任何异议的。那知道蔡先生对于大学校长问题看得特别郑重，立刻拒绝，并且说人选问题，他已经决定了，要找我去。这是对王正廷一个晴天霹雳，是他想不到的。其实这件事我事前也毫不知道。那时候王正廷是新投到国民政府方面来，而蔡先生是党国元老，他不敢违抗，也就忍下去了"。[26] 正是处于国民党权力中心，并得益于北大老校长蔡元培、直接首长蒋介石的密切关系，罗家伦以近水楼台先得月的便利与强大人脉，一举击败了三十余位竞争者，最终登上了首任国立清华大学校长的宝座。

然而，当罗家伦出任清华校长的消息发布后，却遭到部分清华毕业同学，特别是南京、上海等地同学会校友的强烈反对与抵制。8月22日，正在上海寻车回北平的吴宓于当天日记中记载："至火车站，遇陈寅恪及唐女士。又遇王善佺，由宁来……王又言，闻罗家伦拟多带人往，而大更动清华之教职员。南京毕业同学曾开会请愿反对云云。"[27] 吴宓所闻，很快得到清华学生会于此前派往南京"接洽校务"的学生代表萧仁树、傅任敢、钟一帆等三人证实。三代表根据与南京、上海诸方面接洽情况，写了一份较为详细的《南下代表报告》，就"反对方面"提到："（一）南京同学会：——曾开会一次，到者仅20人左右。……反对罗氏最热烈者，闻为蔡竞平及张静愚二先生。开会后曾上呈大学院及外交部，内有言外部以前管理清华成绩甚佳，历任校长除温应星以外，均为得人。并谓罗氏德不足以服人，且有外交关系，罗氏总不适宜，主张董事会改选……（二）上海同学会：——曾于9月3日下午5时开会，任敢曾往旁听，以会场情形拥杂未果。晚间该会之洪深、吴毓骧、许复七、刘聪强四君，以私人资格来访，仅晤树于旅社。……据洪深云：上海毕业同学，反罗具有决心；北平、南京毕业同学，因地位关系，反罗不力；上海同学则不如此。即令罗来清华，三月内罗必不安于位而去。并谓彼等反罗，纯为爱护母校，与现在在校同学之目的，实为一致，将来必殊途同归，且申明反罗非为外交关系，责在校同学之主张基金独立，为自私自利。末言反对罗氏，具有三大理由：第一，罗氏学识肤浅，因彼等曾与罗氏同学，故深知之；第二，罗氏人格卑鄙，因彼等曾与罗氏共事，故亦知之甚详；第三，罗氏不尊重同学会意见。"[28]

罗家伦出身北大，与清华无渊源，又是国民党党员和蒋总司令以及大学院院长蔡元培眼中的红人和嫡系，清华老派教职员和部分毕业同学生怕清华被北大系侵吞，对自己不利，兼对国民党人的政治色彩和革命作风有些恐惧，怕党化教育进入清华这块尚以民主、自由引为骄傲的净土，使之变色，因而对罗执掌清华心有顾虑甚至抵触。此种观点又以南方与罗氏熟悉的清华校友为甚。

这些校友何以对罗执掌清华表现得如此激烈和愤慨？据罗家伦猜测，此事与外交部部长王正廷有关。罗在回忆中提及这样一件事："民国十七年国民革命军收复北京，我因为担任战地政务委员，在接收外交部的时候，发现到一个文件，就是一个英国会计事务所Thomson and Co.审查清华基金账目的报告。原件是英文的，我翻阅之后，甚为惊异。这报告上所列的清华基金总额已达五百多万国币，但是实数只有二百三四十万，一半以上都损失了。损失的原因何在呢？有以下几点：1.清华基金所购的公债，都以票面价当实价，而且从来不曾中过签。因为凡是中签的，管理人就买不中的换下去了。2. 清华基金里有许多开私人抬头的股票证券，其中有龙烟铁矿的股票二十万元，上面是陈箓的抬头，陈箓是前外交次长，他从前投资在龙烟铁矿，后来该矿失败，股票跌价，陈箓就把这份股票在清华基金里提走了二十万现款。这份股票据汤姆公司的估价只值一元。他为什么要估一元呢？据该公司的理由是这样的，假定不给它一元的价格，这股票的款子，就没有着落了。其余还有平绥铁路的股票几十万元也是如此。还有一笔大有银行的存款，头天送进去，第二天这银行就倒闭了。诸如此类，看了令人发指。"又说："我那时候带了一个副本到南京来向大学院报告，当时虽然没有结果，可是这个基金内容的秘密被我发现了。王正廷以前是做过北京军政府的外交总长的，现在摇身一变做了国民政府的外交部长了，他是在上海办交易所投机的专家，那里肯放过这一笔利之所在的大宗款项？……他知道我是要清理这笔款子的，所以他一定要指挥董事会里面他的奴才来攻击我，使我不安于位。"[29] 按罗的推理，清华同学会的激烈做法，当与王正廷及其部下，特别是清华出身的外交部官员与清华同学会暗中勾结有关。其目的只有一个，即阻止罗家伦进入清华校门，或在不能阻止的情形中，使其不安于位。——后来的事实确实证明了这股力量产生的巨大能量，罗家伦最终被迫辞职，固然与他个人及外部环境有关，但外交部官僚与清华同学会勾结的力量，也起到了相当大的推动作用。

只是，这时的清华学生似对罗家伦展现出的意气风发的革命者形象怀有好感，颇有欢迎之意。不同于外交部官僚与清华同学会勾结下绊儿、欲踹罗氏于门外的动作，清华学生却表露欢迎之态，如此尴尬情形，令罗家伦不敢贸然北上，乃与身边好友、谋僚们密商，决定电请北大老同学、时在北平燕京大学任教的冯友兰、杨振声二人，向暂代校务的梅贻琦与少壮派主力吴宓、赵元任、叶企孙等疏通，以稳住阵脚，而后徐图进退。

此前的 8 月 18 日，正在南方的吴宓闻听罗家伦被任命为清华校长的消息，感觉"颇不舒"，但又意识到"此亦意中事，姑俟仍依原期返清华后再察情形"。[30] 吴返清华后，与几位同事好友言及罗家伦为胡适同党，自己办《学衡》与胡适提倡的白话文等另类观点交锋有年，若罗执掌清华，必以吴为落后分子而不容，遂为自己教职能否保全计，有联合清华少壮派对罗入校予以阻击之意。罗家伦透过暗线闻讯，速托亦师亦友的赵元任对吴予以安抚，同时对赵与叶企孙等少壮派中坚分子，亦采取同样的安抚之策。8 月 24 日，南游中在上海寻车未得、改买船票等候的吴宓，访陈寅恪、陈登恪兄弟于塘山路 27 号俞大维宅。席罢临别时，"陈寅恪述罗家伦告赵元任言，谓对宓可容留。不以文言白话意见之相反而迫宓离去清华云云。教务长拟任赵元任或叶企孙"[31]。也就是说，吴宓可留用，赵、叶二人升迁重用，梅贻琦的教务长的椅子就此垮掉。

就在罗家伦设法安抚清华中坚力量的同时，对清华园内的各种势力仍是雾中看花，不甚了了，乃秘密派遣罗在东南大学时的学生、时年24岁的郭廷以，轻装简行悄然潜入清华园探听消息，并借机与师生沟通，暗中做一些消弭不利影响、清除罗氏入校疑障的地下工作。按郭廷以的说法："罗先生与清华可说毫无渊源，而我多少认识一些老师、助教，并和四年级的学生有交往，罗先生要我跟他去，我因为刚毕业，不想去，但是罗先生坚持我去帮他办行政。"于是，郭廷以辗转到达北平。许多年后，郭在回忆录中说，他于九月间搭津浦路火车到徐州，转陇海路到郑州，再转平汉路到北平，到达北平，"这时北平已经很冷了"。[32]这个时间当是郭氏记忆有误，或是第二次赴平的日子，因从郭给罗信中内容和所署日期看，郭首次到达北平的时间应为8月中旬。

郭氏潜入清华园，不负罗家伦所望，很快展开一系列工作，相继会晤冯友兰和清华学生六七人（其中四人为学生会代表），并阅览《新晨报》和新出《清华周刊》，从多个渠道了解清华师生的动态。8月25日，郭廷以向罗家伦发出第一封密信，其中说道：

> 清华同学十九均深不满于学校现状，而切望其改革。……彼等对于清华之奢靡腐败，一部分教职员之操纵把持，切齿痛恶。彼等所希望之校长，为一以教育学术为己任，富于积极改革之精神与决心，敢作敢为，大刀阔斧，勇往直前之学者，举数十年来之积弊，扩而清之。至其与清华关系之深浅，是否为国内之名流，非所问也。是以一闻孙科长校，即意存反对。"最近又听说改任了罗家伦先生为我们的校长，这使我们非常高兴。"（《清华周刊》[校务讨论专号]原文）
>
> 十余日前该校校务改进委员会（此会委员为学生评议会所推选，受评议会之监督）曾提出校长人选九人于学生评议会，请求决定，结果以我师及周鲠生得票为最多。于此已可知学生之趋向也。
>
> 本月二十二日，学生会派代表二人由海道南下，与我师接洽，并探听京中清华毕业同学消息。据友人云，学生会已于二日前致电我师，表示欢迎矣。
>
> 在校同学对于毕业同学，感情颇恶，决难合作。彼等认明盘踞清华而使学

校陷于目今情境者，均为毕业同学。故在京毕业生以"罗某长校，誓死反对"之电报，及"清华将北大化"之宣传，激惑在校同学，竟均不为所动，而一笑置之。

同学对于现任教员，极多不满者。学生评议会已议决驱逐者十余人，职员尤多。彼等深望周鲠生、秉志、胡步曾、钱端生［升］、陆志韦、傅孟真等能于秋间到校。我师一再致意于吴宓，不知吴早已宣言不与我师合作。清华各系同学于吴均一致不满，对赵元任尚好。

同学希望我师早日北来就职，以开学在即（原定九月三日开始补考，十日上课），各系教员大都未定，负责无人（对梅并无大好感），不免心存恐惶。冯、杨等亦同主即日来平。至美公使不就董事云云，未必可信。即有其事，似亦无重大关系（实情待晤杨先生即知）。……[33]

郭廷以在清华的活动显然达到了预期效果。时清华学生会于 8 月 21 日派出赴南京"接洽校务"的学生代表萧仁树、傅任敢、钟一帆等已抵南京，并先后会晤国民政府大学院副院长杨杏佛、大学院文化处处长钱端升（南按：时钱已离清华赴南京政府为官）、外交部次长唐悦良、外交部参事张歆海及朱敏章，同时还有罗家伦本人等。

以上人物中，杨杏佛是追随蔡元培的助手，对北大出身的罗氏执掌清华，自然表示赞成，而"唐悦良、张歆海、钱端升诸氏，对罗氏均表好感"。此前，清华校内学生会于 8 月 4 日成立的"校务改进委员会"，提出了十八项改革意见，要求校方当局清查与巩固清华基金、裁汰学校冗员、裁并学系、添造宿舍、招收女生、停办国学研究院、筹设毕业院等等，罗对赴京学生当面提出的以上改进校务意见，大多满口答应。受这些人物的鼓动以及罗家伦当面指天戳地的发誓许愿，赴京三生于大感动中立即发表宣言，申明清华学生会非彼毕业同学会，"根据学生会之决案，不但对罗先生毫无反对之意，且对罗先生之来长清华，深抱革除积弊及建设学术化的清华之希望"。"故对于清华同学会所云'为校长者必须与该校夙有关系深知其历史者'之主张，未敢苟同。至以'外交关系'为借口，反对罗先生，是何异借外人势力，干涉中国教育主权。当今革命思潮澎湃之秋，断不宜有此落伍思想"云云。[34]

就在赴京学生发表宣言的同时，清华校内学生会下属的"校务改进委员会"也开始行动，其中一条认为最紧迫、"急急乎的事体"，乃取消国学研究院，成立毕业

◎ 1920 年，罗家伦等人在纽约合影。后排左为罗家伦，右为冯友兰，中间坐者为杨振声

研究院，以为明夏大学部学生毕业，而"欲进求高深学问者"进院继续学业。于是，校务改进委员会面请代校长梅贻琦办理。梅听罢，只冷冷地说声"我不负责"。请求者碰了一鼻子灰，只好"静候新校长来再讲"。

鉴于在梅贻琦面前碰壁的教训，心怀怨恨的学生组织——校务改进委员会，于盛怒中召开会议，决议对"为善不足（讲授功课）、为恶有余（把持校务）的教授"予以扫荡驱逐之。据郭廷以说："当时学生会的领导分子有周同庆、高琦（警寒）、袁翰青、夏坚白、戴克光（戴戎光之兄）等人。他们认为有六个人把持学校，是'帝国主义的走狗'，酝酿一个驱逐的运动。"此事被冯友兰侦知，毕业于北大的冯友兰此时已与罗家伦往来通气，并得到罗的许愿和抬举，已是身在燕京心在清华的强势人物。冯密告郭廷以，说清华这几天将有驱逐教授的行动，梅贻琦亦属被"酝酿驱逐"的六人之一。郭问冯若何，冯说："驱逐这些障疑，罗先生来比较好干。"郭听罢，说："我的看法不一样，不能都赶走了，最低限度应该留下梅贻琦，否则罗先生如何来接事？"冯默然。于是，郭亲自找到自己的中学同学，时为清华 1929 级物理系的学生领袖周同庆劝说。周与学生会领导头目高琦、袁翰青（二人皆 1929 级化学系）、夏坚白（1929 级土木系）、戴克光（1929 级政治系）等辈商量后接受了郭的建议，暂时留下梅，但声称"以后还要赶"。此事很快被梅贻琦侦知，有一天，梅碰到郭廷以，说：'郭先生，我谢谢你！'"[35]。

梅贻琦于不知不觉中暂时躲过了一劫，其他几位教授可谓人在家中坐，祸从天上来。9 月 3 日晚，学生组织"校务改进委员会"召开大会，正式确定余日宣、杨光弼、赵学海、戴超、虞振镛等五人为扫荡驱逐的对象。散会后，会议派代表偕全体同学持函，结队游行，高呼打倒某某之口号，包围余日宣等五位"把持校务之恶劣分子"住宅，迫其即日离校，整个校园陷于纷乱。目睹此情的吴宓在日记中记载道："闻名在册中，尚未及执行者，此外另有十人云。此事与民国十五年春之举动如出一辙，每愈演而愈烈。众多疑为罗家伦氏所指使。罗允许学生之要求，而利用学生为之摧陷廓清。然学生所为，蛮横不近情理，此后将何以制之？清华事变方殷，未知演至如何地步也。"[36]

第二天，即9月4日，清华园"到处皆见驱逐詈骂之标语"。当晚，原清华教授全绍文，于成府蒋家胡同二号家中邀约吴宓便餐，杨振声已先至在座。杨谓罗家伦氏托其向吴宓致意，愿在校合作，勿萌去志，且罗平昔待朋友亦甚好云云。并不糊涂的吴宓"知罗君急欲到校，不惜力事疏通。他日在此稳固，不难排宓而使不堪容留。然姑与之委蛇"[37]。

9月6日晚，吴宓夜访梅贻琦与赵元任，就校事与个人去留问题相商。对校中人事之变与突起的驱赶教授风潮，鉴于罗氏依靠的国民党气焰正盛，一时无计可施，亦无力组织抵抗，只能潜伏隐忍，暂保自己不卷入风潮烈焰之中，成为吴宓以前痛悔的"杀身自焚之蚕儿"。

9月7日，罗家伦以北大老同学杨振声为教务长的消息在清华传开。吴宓闻之大发感慨："罗之与学生勾结，为之扫除障碍，似属事实。如是办法，岂可云正当？清华前途，益将陷于悲境矣。"五天后的9月12日，清华"校务改进委员会"发动学生敲锣击鼓、游行示威，亲至住宅昼夜谩骂围攻，将第二批"把持校务"的"恶劣分子"驱逐出清华园。此后，闹事学生扩大战果，酝酿驱逐第三批不同"罪过"的教职员。吴宓当天日记载："昨与李冈谈，今日与戴、郑谈，均谓学生拟有第三批应驱逐之教职员名单，俟罗氏到校，即请其执行。单中有宓名，罪名为'反革命'云云。宓坦然置之。祸福得失，听其自然变化可耳。"[38]

当"恶劣分子"与部分"反革命分子"被学生铲除扫荡一过，9月16日，罗家伦豪情满怀地抵达北平清华园，晤见教务长兼代校长梅贻琦，就接管或曰"受降"一事进行磋商。罗氏身着少将衔军装，气势逼人，以战胜者和"革命政府"的姿态与梅贻琦谈话。结果是，交谈未久，二者多有抵牾，各怀怨气，不欢而散。

9月18日，罗家伦在大礼堂宣誓就国立清华大学校长职，一切如党国新仪，演说甚多。当天吴宓日记载：

晚8—10访叶企孙、陈总，得悉校中近事：（一）罗氏以革命政府自居，旧约均作无效。教职员留者另发聘书，否则均在斥去之列。（二）罗不听梅言，且有学生要求去梅。梅已辞职。[39]

时代比人强，在革命浪潮激荡的滚滚洪流里，出身北大、投靠国民党层峰、倚仗党国势力、青春正盛的国军少将罗家伦，成为清华校长争霸战中最大的赢家。而默默耕耘、劳苦数载的梅贻琦，在历史夹缝中不幸成为时代的弃儿，愤而辞职。更有甚者，罗氏的战刀已经出鞘，就不能不带血而还。此时的梅贻琦，已被罗视为眼中钉和潜伏竞争对手，不是一个辞职就能"避秦"和逃脱得了的。为斩草除根，拔掉梅氏这棵根深叶茂的大树，当年 11 月，由校长罗家伦承请，南京政府任命梅贻琦接替赵国材出任国立清华大学留美学生监督处监督。至此，梅贻琦正式被罗氏集团踢出圈外，负笈海外。清华校刊对此报道称："近来，监督处开支浮滥，政府及本大学校长对前任监督曾一再函电指责申斥，令其撙节。梅先生两任本大学教授及教务长，公正廉洁……将来到美国后，必有一番改革。"[40]

对于自己被放逐的处境，梅与和他一同失势的清华少壮派包括叶企孙等自是心中了然，但天命人事与历史大势无法扭转。《孟子·公孙丑上》曰："虽有智慧，不如乘势。虽有镃基（锄犁），不如待时。"——梅贻琦欣然受命，以复杂的心境辞别清华园，只身赴美，开始了待时海外的孤旅生活。

◉ 罗家伦与清华革命

梅贻琦被踢出清华园，表面沉稳、内心复杂地出走海外，对罗家伦而言，可谓铲掉了前进道路上最大的一块巨石和清华园最为显赫的一棵大树。乃于窃喜中，抬头挺胸，以"革命政府"的名义，于清华园信马由缰，抡圆了斧头上下左右挥动起来，图谋于人头与石头、树丛荆棘之间拼杀出一条血路，让师生渡过那道血河到达彼岸，以实践他心目中的大学理想与人生目标。

按罗家伦宣示，清华之所以由一所游美学校，晋升为"国立清华大学"，是他个人争取的结果。这个"功劳"直到过去 28 年后的 1956 年，罗氏都没有忘怀，并在这一年撰写的回忆文章《我和清华大学》一文中说："国民政府发表我做清华校长的命令上，只是任命罗家伦为清华大学校长，而不是国立清华大学校长，因为当时规章未定，而先发表校长人选的。后来才由我草拟清华大学规程，呈请政府核定颁布。我在'清华大学'四字上面加上'国立'两字，大学院认为是天经地义的。可是外交部用种种借口来反对，一开口就说怕伤美国的感情。我当时严正的驳斥他们道：'美国的赔款是退还中国来办学校的，这个钱本来是国库的钱，现在美国退还国库，我们为什么不能用国立二字？'这样子才把国立清华大学这个名字称谓定了。我于动身前一天，请当时国民政府主席谭延闿先生写了一张'国立清华大学'的大字带往北平。"又说："我到清华就职的那天，自己拟了一个誓词，提出学术独立，为复兴中华民族的基础的主张（当时是军事初定，政府没有规定统一的誓词，所以我这个誓词是自己拟定，电请大学院核准的）。我就职的时候，是由张继（溥泉）先生监誓。"[41]

◎国府主席谭延闿书写的国立清华大学校牌

罗说南京外交部所发命令上的称谓确是如此，但随后所言自己与外交部官僚争"国立"之事，则无确切资料加以佐证。从当时的情形推测，似没有如此简单轻松，尤其说到就职典礼的监誓人，似不是张继而是国府委员周震麟，这从《国立清华校刊》及当时媒体报道中可以找到根据。该刊在《校长就职》简讯中报道说："校长罗家伦先生于十八日上午十时半宣誓就职。是日来宾计有国民政府代表周震麟以次十余人，各有演说。校长宣誓由周先生监誓。誓词曰：'余誓以至诚，谨守中华民国教育宗旨，谋造成国立清华大学学术独立发展之一主要基础，以完成建设新中国之使命，必遵廉洁，务去浮滥，如有或违，愿受党国最严重之制裁，谨誓。'"[42]罗家伦本人在就职后撰写的《整理校务之经过及计划（上董事会之报告）》中亦有明确记载："宣誓就职，由政府派周委员震麟监誓，董事会及北平政治分会、平津卫戍总司令、北平特别市党部、市政府、外交部北平档案保管处，及美国公使馆，均各有代表参加。"[43]

罗家伦宣誓后，又做《学术独立与新清华》演讲。在大谈中国近代史上的革命首先发源于珠江流域，再澎湃到长江流域，并一直向黄河流域涤荡之后，又以昂扬的神气和胜利者的凛然姿态，向台下师生和嘉宾宣称："这回国民革命军收复北平，是国民革命力量彻底达到黄河流域的第一次，这是中国历史上一个新的纪元。国民政府于收复旧京以后，首先把清华学校改为国立清华大学，正是要在北方为国家添树一个新的文化力量！……我今天在这庄严的礼堂里，正式代表政府宣布国立清华大学在这明丽的清华园中成立。从今天起，清华已往留美预备学校的生命，转变而为国家完整大学的生命。"又说："我们停止旧制全部毕业生派遣留美的办法，而且要以纯粹学术的标准，重行选聘外籍教授……请西方著名的，第一流的不是第四五流的学者'来教'。请一班真正有造就的学者，尤其是科学家，来扶助我们科学教育的独立，把科学的根苗移植在清华园里，不，在整个的中国的土壤上，使他开花结果，枝干扶疏。"

接下来，罗氏畅谈自己来北平前，曾与大学院院长蔡元培先生商量如何调整和组织清华的院系，并决定先成立文、理、法三个学院，以及如何办理得好等等。继这一长篇大论之后，罗又宣布"办理清华方针，重行申明国立清华大学之宗旨——谋中华民族在学术上之独立发展，及完成建设新中国的使命"等，并谓要达到这个目的，就必须对清华旧有制度进行彻底改革。对此，罗家伦提出了清华历史上备受争议的著名的"四化"办校方针：

（一）廉洁化。在过去均视清华校长为肥缺优差，开支浮滥，账目不清，这实在无以对国民和友邦的善意。此后财政定必公开，使大家共同监督。

（二）学术化。以往中国学校皆过借贷生活，缺少独立精神，此后当使清华成为中国学术策源地。第一集中本国学者，不当有丝毫派别观念。第二聘请国

◎北京清华学校大礼堂

外专家，使与本校教员学生共同研究。第三提倡教员学生热心研究的风气。以上三点，当努力做去，五年以后，或可有相当的成效。

（三）平民化。以前一般社会均视清华为贵族学校，由于清华生活较为舒适，在校学生教员或不免流于享乐主义，此后当力为矫正。

（四）纪律化。养成学生有秩序，有组织，能令受命，急公好义的精神。[44]

根据《清华大学校史稿》记述："九月十八日，罗家伦穿着少将军服，煞有介事地到校'宣誓'就职。他口口声声'受命党国'而'长清华'"，"在就职典礼上提出了'四化'的办校方针，即所谓'廉洁化、学术化、平民化、纪律化'，当时听起来使师生'耳目一新'，实际上这些口号，其中心是在'纪律化'的美名下，实行国民党的党化控制。……为培植个人势力，罗家伦还带来了他的'四巨头'教授分任教务长、秘书长、院长等重要职务。"[45]

1928 年 9 月 22 日，罗家伦以校长名义发表聘任杨振声为清华大学教务长，冯友兰为秘书长，而"郭廷以任总务长，尚未发表，已确定"[46]。后因校中教授反对，郭廷以暂以校长办公室秘书兼历史系教员名义，协助罗家伦长校。《校史稿》所说的"四巨头"除杨、冯二位替罗家伦在清华打拼天下的"功臣"外，另外"二巨头"不得而知，但据可考的史料，罗家伦除从南京带来了郭廷以，还有四人属罗氏一同带来，分别是马星野、唐心一、戈定邦、唐培经。马氏与唐心一，乃罗氏在中央党务学校时代的学生兼助手，戈氏与唐培经则是罗在东南大学时代的"得意门生"。五人中的四人被聘为罗家伦校长办公室秘书，各自责任不同。郭廷以原拟出任总务长未成，乃改为文书科主任兼出版部主任，专门协助罗家伦撰写文稿和书刊出版事宜，同时在历史系与罗家伦共同兼授"中国近代史"，主讲鸦片战争、自强运动与海防思想，其余课程由罗家伦亲授。另一位"罗先生十分赏识的学生"唐培经，则被安置在数学系任教，其夫人为女生管理员，故没有与其他四人在校长室共事。[47]

10 月 12 日，国立清华大学开学典礼在大礼堂举行。计到会全体教职员 600 余人，校长、教务长、秘书长、政治系主任及军事训练主任等，皆出席并做长篇讲演。罗家伦校长于滔滔不绝的演说中，报告办理校中各系方针及种种人事制度变动，并发表办理清华之具体意见。之后的一切方针、宗旨，皆围绕罗氏此前提出的"四化"展开。罗对自己凭空弄出的"四化"条款非常满意，大有孤芳自赏，且有一赏再赏直至赏到走火入魔的程度。事过 28 年后，罗氏还大言不惭地说道："我这一篇演讲，在当时北方的空气中，仿佛像一个炸弹的爆发。可是我毫不在乎，以后我对清华的一切措施，都是按照这个方针进行的。"[48]

非常不幸的是，在"四化"实施的不到两年里，清华园便发生了两次驱逐校长风潮，"可见清华园内是有一部分人虽然不致于说到和罗氏不共戴天，但至少，也是时时地准备着'把他撵走'的决心"[49]。而罗氏提倡的"纪律化"，很不幸地成为其折戟沉沙的一个导火索。

据稍后当选的清华学生会主席李景清所言：罗家伦"宣布了四大化的演辞。当时我听着还觉得有点意思，虽然有一点夸大和吹法螺的语气。不过出了大礼堂就听到了许多讥笑的言谈。罗氏就职之后，好像使我们记得最清楚的就是他要从军事训练上，实行他的纪律化（四大化之一）的政策。于是马大队长也请来了，制服也做好了，组织大纲也宣布了，在初次下操的那天，罗先生好不耀武扬威地挂着武装带，蹬着大皮靴，'达、达'地在操场走来走去检阅我们这一群毫无兴趣的小兵。这个时候，大家以为罗先生真正想要把清华大学改成一个兵士训练学校了"[50]。

按罗家伦拟就的组织章程，所谓"纪律化"，就是要对学生实行"军营化"管理，把全校各年级编为四个大队，下设分队，由大、小队长统领，男女生平时一律穿式样不同的制服，教务长等一帮学校官僚身穿军装、脚蹬马靴，脚后跟还有锃明瓦亮、刺人双目的马刺子。平日学生起居、作息与敬礼、报告等都有严格规则，如男女生在路上不小心碰到校长或教务长等"巨头"，或老鼠躲猫一样躲闪不及而不幸遭遇，学生要立正敬礼，不敬礼者将挨一顿严厉训斥或记小过——只差与纳粹和日本鬼子军官一样劈头抡两个耳光。

"罗氏军营化"刚实行的时候，还是秋末冬初，早晨六点钟全体人员拉出来上军操，天有亮色，学生还有一点好奇与刺激，参加的人数较多。待冬天来临，白天越来越短，加之北方天气寒冷，学生便对此"化"产生了厌恶之心，出操者越来越少。于是，罗家伦于某日下了一道命令，令早晚点名，缺一次记小过一次，一次等于一个小时课程。三次小过为一大过，三次大过便开除学籍。于是乎，每日清晨，惨淡的星光下，黑乎乎的操场便传来大呼小叫的点名声与稀稀拉拉的跑步声。尽管有如此严厉的命令，学生还是消极抵抗，宁肯冒着被开除的危险也不愿大清早于暖乎乎的被窝爬起来上军操。据秘书长冯友兰说：军操实行后，他熟悉的学生中发生过二件事，"一位学生张岱年，原来是北京师范大学附属中学的学生，1928年附中毕业，因为成绩优异，可以免试直接升入师范大学。可是他慕清华之名，报考了清华，也被录取了。他就到清华报到入学，过了一两个星期，觉得早操受不了，幸而师范大学的入学期限还没有过，他就退出清华上师范大学去了"。当张岱年于师范大学毕业，怀揣少年梦想重返清华当一名助教的时候，罗家伦早已因风潮辞职南遁矣。冯友兰列举的第二个例子颇有幽默况味，说的是当时一个叫沈有鼎的学生，向来生活很随便，"经常不上早操，也不请假，积累下来，被记了八个小时，如果再有一次小过，他就要被开除学籍了，可是就在这个时候，早操无形取消了，他才得幸免，保留学籍，一直到毕业"[51]。侥幸得以逃脱开除命运的沈有鼎，后来留学美国哈佛与德国海德堡等大学，学成归国出任清华教授，成为著名的数理逻辑和中西逻辑史专家。

罗家伦搞出的"纪律化"，实则是"军营化"或曰"军事化"的管理模式，不但遭到学生反对，即便当时的教职员包括罗的亲信、秘书长冯友兰在内，也认为与清华乃至整个教育传统相悖，是一种"冒充'革命'精神，其实有法西斯的意味"的做法。[52]而《清华大学校史稿》则认定此举是"实行国民党的党化控制"[53]。当时清华外部的教育改革之士，也认为罗氏弄出的这些动静过于荒谬并予以讥讽，如当年与曹云祥校长相互倾轧离开清华的张彭春，受新任清华教务长杨振声之邀，做一场戏剧临时演讲。张在清华讲台上，对众人做了这样一个开场白："你们的教务长写信叫我来讲，并且说：'你必定得答应，你若是不答应我，我就要不答应你了。'我一看信，可把我吓坏了，因为他是穿着军装的，若是一个穿军装的人不答应我，我可受不了！我没有办法，只有答应他了。"[54]张彭春这个幽默段子，既为自己重返清华找到一个台阶，又暗含讽刺清华"军事化"之意，可谓一箭双雕，想来在台下陪同的杨振声也会受到刺激并生出些许感慨。

鉴于清华教职员内外夹击不予合作，以及社会人士的讥讽批评，罗家伦内心升起的"革命精神与热情"虚火渐渐退却，军操不但不再点名叫号，缺席者的小过大过也不再记录，最后全部松懈解体，索性连军事训练也不再搞了。如此一招，令教职员与学生在拍手称快的同时，对罗的好奇心与期待急剧下降，并对其人格产生了藐视、鄙弃甚至厌恶心理。因而"罗家伦在清华同学的脑海中落下了的坏印象，以军事训练去实行他的纪律化的政策的失败，要算一个重要的要素。这种要素，就形成了他这一次被驱的一个远因"[55]。

注释

[1][7][8][9][10][12][19][27][30][31][36][37][38][39][46]《吴宓日记》，第四册，北京三联书店 1998 年出版。

[2][4]《温哈熊先生访问纪录》，访问：刘凤翰，记录：李郁青，台湾"中央研究院"近代史研究所 1997 年出版。

[3] 西点军校 1915 级，即艾森豪威尔一级，产生 2 位五星上将、2 位四星上将、5 位中将、20 位少将、25 位准将，共 54 名将官。美军在二次大战时共有 8 位五星上将，依资历顺序为：麦克阿瑟、马歇尔、艾森豪威尔、阿诺德、金氏、尼米兹、哈尔西、莱希。第 9 位则是二次大战后晋升的布莱德雷。

[5]《外交部令》，载《清华大学史料选编》，第一卷，清华大学出版社 1991 年出版。

[6] 温应星《对于清华同学今后之希望》，载《国立清华大学二十周年纪念刊》，1931 年。

[11] 温应星离职后，在北平等地蛰伏了一段时间，后被蒋介石调任上海市公安局局长。当时上海市市长是吴铁城，市府秘书长俞鸿钧，社会局长潘公展，29 岁的沈怡是所有局长中最年轻的工务局长。据温哈熊回忆说：当时上海情况和社会治安很复杂，黑社会势力很强大，温不愿意赴沪履职，蒋先后发来两份电报催促，温都不为所动。"到了第三份电报时，委员长的口吻变得极为强硬，他表示：'我现在命令你某月某日到南京报到'。父亲没办法也只好前往。父亲认为自己一辈子所干的事，就属清华大学校长最合适，结果做没多久又调任公安局长。"又说："后来先父又被调到宪警班当宪警教导总队（即宪兵学校之前身）的总队长。尔后先父又当过宪兵司令谷大胡子的副司令 [南按：谷氏三杰之一，即谷正纲与谷正鼎之长兄]，是个闲差事。后来他又被调到财政部税警总团担任中将总团长。税警总团乃德国装备、德国顾问，当时的总团长乃西点毕业，副总团长则是法国军官学校 St.Cyr（圣西尔）毕业，旗下的第一团团长是齐学启（后在缅甸阵亡），第二团团长是赵君迈（曾当过长春市长），第四团团长为孙立人（曾于二次大战之初，在上海外围负伤），另外还有炮兵营长贾幼慧、步兵营长唐守治等多人，都是一时之选。一九三六年三月廿六日接任先父职务的是黄杰，那时黄杰与孙立人结下很不愉快的回忆，因为黄有私心，专叫孙打头阵。……然而'八一三'打了四个月，部队牺牲很大。后来税警总团打散了，撤退到贵州都匀，在都匀又成立了三十八师（由整个税警总团陆陆续续回来的官兵所编成）。后来又加了五十师和二百师，共同成立新一军，因此新一军的底子就是税警总团的新三十八师。税警总团在全盛时代共有三万多人，也是国内有史以来第一个拥有战车的军队。"（《温哈熊先生访问纪录》，访问：刘凤翰，记录：李郁青，台湾"中央研究院"近代史研究所 1997 年出版。以下引文同）

　　1937 年抗战爆发后，温应星出任全国伤兵管理委员会主任，因没权没人，未久辞职，脱离军队当了国民政府孙科为立法院长的立法委员。1944 年底，为配合美军登陆中国沿海计划，被任命为全国战地委员会主任，随着日本投降，头上的主任官帽亦被卸掉。

　　1949 年，随着大陆形势反转，温到了香港暂避。后赴台湾见了当年的老同事蒋介石和张群，似未得到什么安置和承诺，遂偕夫人流亡美国，找一个西点军校的同学借两千美元，开了一家机器洗衣店谋生，直到 1968 年去世。据温哈熊说：温应星去世前，嘱儿子要叶落归根，把自己葬在广东乡下。但其子说："那不行，共产党绝饶不了你。你第二个选择呢？"温便说："那就葬在西点吧！"

　　中国人要葬入美军公墓必须经过特批，温的儿子找到西点军校校长柯斯特少将，以温乃中国首位（批）西点军校毕业生为由要求入葬西点。柯斯特校长根据温氏的资历与业绩，特准其与夫人葬入西点军校墓地。温氏墓碑以中英文对照刻就，成为西点校内一景。因为温氏在西点军校的华人毕业生中资格最老，军衔最高，入葬后，只要有中国官员或军人将领等到西点参观，校长或陪同人员就会把他们带到温墓前行礼，算是西点军校对中国人的一个纪念和礼遇。另，温应星有一子名温哈熊，早年毕业于维吉尼亚军事学院，后归国加入青年军，再后来随蒋经国逃亡台湾，任陆军二级上将衔之"联勤总司令"等职。

　　[13]《梁启超年谱长编》，第十二册，丁文江、赵丰田编，上海人民出版社 2009 年 4 月出版。

　　[14] 大学院是蔡元培筹划创建的一个机构，1927 年（民国十六年）7 月 4 日《大学院构造法》获准通过。10 月 1 日，大学院正式在南京建立，院长为蔡元培，副院长杨杏佛，秘书长许寿裳。此为民国初期国民政府掌管全国学术及教育行政之最高行政机关，其理想是借由大学院和大学区（全国划分成几大学区），废除教育厅，以大学区的大学校长兼理地方教育行政，以学人兼教育行政工作。经过一年多努力，因为反对声浪极大、经费过于庞大、事权不统一等原因，无法获得成果的蔡元培不得不于 1928 年 10 月 6 日辞去院长职务，转由蒋梦麟担任。1928 年 10 月 24 日，大学院裁撤，所有改革制度取消，恢复教育部与旧有教育制度。至此，蔡元培一手促成的大学院，经过一年多的改革试验，宣告彻底失败。

　　[15] 罗家伦《我和清华大学》，载《罗家伦与张维桢——我的父亲母亲》，罗久芳著，百花文艺出版社 2006 年出版。

　　[16]《1928 年 7 月 16 日，梅贻琦在校评议会上的讲话》，载清华《消夏周刊》，第三期，1928 年 7 月 23 日。

　　[17]《新闻：学生会》，载清华《消夏周刊》，第一期，第 11 页，1928 年 7 月 9 日。

　　[18]《卫聚贤致胡适》，载《胡适秘藏书信选》，第 601 页，梁锡华选注，台北：远景出版公司 1982 年出版。

　　[20] 何树远《中华教育改进社与民国教育界 1919—1928》，中山大学博士论文，2008年。

[21]《蒋廷黻回忆录·清华时期》，蒋廷黻著，岳麓书社 2003 年出版。

[22]《杂忆赵家》，杨步伟著，广西师范大学出版社 2014 年出版。

[23]《吴宓日记》，第四册，北京三联书店 1998 年出版。吴氏日记所涉主要人物简介：

1. 陈寅恪夫人唐氏，名篔，又名晓莹。1898 年生，广西灌阳人，其祖父唐景崧，同治四年进士，先后任翰林院庶吉士、吏部主事等职，中法战争时慷慨请缨，因功擢升，后任台湾巡抚等职。

2. 凌冰（1891—1993），字庆藻，号冀东，河南固始郭陆滩樟柏岭村人，13 岁入私立南开学校就读，后毕业于清华留美预备学校，赴美留学，先入斯坦福大学、哥伦比亚大学，后入克拉克大学，获教育心理学博士学位。1919 年被聘回国，在南开学校开设大学班，出任大学部第一任教务长。由于凌的人脉，一大批海外归国留学生如梅光迪（文学）、竺可桢（气象）、邱宗岳（化学）、应尚德（生物）、姜立夫（数学）、饶毓泰（物理学）、司徒月兰（英文）、蒋廷黻（历史）、薛桂轮（矿物学）、李济（人类学）、吴大猷（物理学）、杨石先（化学）、徐谟（政治学）、萧公权（政治学）、黄钰生（心理学）、何廉（经济学）、汤用彤（哲学）、萧蘧（经济学）、李继侗（生物学）、张忠绂（政治学）、陈序经（经济学）等先后到南开任教，使南开一跃成为北方学术重镇。1927 年 12 月至 1928 年 4 月，凌冰任河南省立中山大学（1930 年改为省立河南大学，1942 年改为国立河南大学）校长。1928 年 6 月，经好友陶行知推荐，河南督军冯玉祥任命凌冰为河南省政府委员、教育厅厅长，同年任国民政府外交部条约委员会委员。1929 年 11 月出任古巴公使。之后出任外交部参事、行政院中外贸易委员会等职。1945 年，凌冰携全家赴美，定居纽约。后任台湾当局"行政院"驻美全权代表、纽约商爱罗公司董事长等职。1993 年病逝于纽约，享年 102 岁。

3. 唐悦良（1888—1956），广东香山人，生于上海。民国第一任内阁总理唐绍仪之侄。毕业于上海圣约翰大学。庚款第一期直接留美考试第五名，1909 年和第六名的梅贻琦，以及金邦正、秉志、王士杰、胡刚复等作为庚款首届 47 名学生赴美留学，先入耶鲁大学，获学士学位。旋入普林斯顿大学研究院，获硕士学位。1915 年归国后，任清华大学讲师。1919 年在北京政府外交部任职，后任驻古巴公使馆三等秘书。返国后，任北京政府农商部秘书，内政部秘书。1924 年，唐悦良夫人李淑诚介绍堂妹李德全和冯玉祥将军相识，促成李冯婚姻，唐氏亦借冯之势力飞黄腾达。1925 年，唐悦良任西北督办公署外交署长。1927 年入冯玉祥部，历任国民革命军第二集团军总司令部外交处处长，国民政府外交部特派河南省交涉员。1928 年 3 月，任外交部常任次长，5 月代理外交部部长，11 月复任外交部常任次长。1936 年任行政院冀察政务委员会外交委员会委员。1949 年后加入九三学社。1956 年去世，终年 68 岁。唐悦良长子唐统一（1917—2013），毕业于西南联大、伦敦大学，后任清华大学电机系教授；其夫人王文佳（1919—），辅仁大学外文系毕业，后任清华大学外文系教授。

4. 李石曾（1881—1973），原名李煜瀛，字石僧，直隶高阳人。号称国民党四大元老之一，早年曾发起和组织赴法勤工俭学运动。1917 年任北京大学教授，1920 年与蔡元培先后创立中法大学和里昂中法大学。1925 年起，先后任国民党中央政治委员会委员、北平临时政治分会主席，北京故宫博物院院长，北平大学、北平师范大学校长，北平研究院院长，国民党中央政治会议委员。抗战期间，李石曾在欧美从事外交活动。1948 年回国任总统府资政，1949 年以后去瑞士，1956 年转赴台湾定居，1973 年去世，享年 92 岁，葬于台北阳明山。

5. 锡予，即汤用彤（1893 年—1964 年），字锡予，湖北省黄梅县人，生于甘肃省渭源县。曾留学美国，与陈寅恪、吴宓并称"哈佛三杰"。后归国在东南大学、北京大学等高校任教，为中央研究院首届院士，北京大学副校长、校委会主任（校长）等，学术著作如《汉魏两晋南北朝佛教史》《印度哲学史略》《魏晋玄学论稿》等，皆得到学术界高度评价。

6. 孙科（1891 — 1973），字哲生，广东中山人，孙中山独子。1910 年加入同盟会，1917 年任广州市第一任市长，1931 年任南京政府行政院长，1932 年任立法院长，主张速行宪政联共抗日。1947 年任南京国民政府副主席，1949 年辞职旅居香港、法国、美国等地，1965 年任台湾"总统府"高级咨议，1973 年 9 月 13 日病逝于台北。享年 82 岁。

7. "适值彦来访"之彦，即毛彦文（1898—1999），英文名海伦。浙江省江山市人。1916 年入浙江吴兴湖郡女校，四年后毕业，又以浙江省第一名成绩考入北京女子高等师范学校英文系。1919 年毛受留学美国的未婚夫亦即吴宓清华的同窗好友朱君毅之托，两度去杭州代吴宓侧面打听未婚妻陈心一情况，由此与吴发生联系。1924 年，朱君毅与毛彦文解除婚约。1929 年赴美国密歇根大学攻读教育行政与社会学，两年后获教育学硕士学位，到欧洲游历，与在欧洲游学的吴宓一同回国，出任暨南大学、复旦大学教育系教授。1935 年 2 月 9 日与熊希龄结婚后辞去大学教职。1937 年 12 月 25 日熊希龄病逝后，出任北京香山慈幼院院长。1949 年 4 月去台湾，1999 年 11 月 10 日于台北病逝，享年 101 岁。著作有回忆录《往事》等。

[24][26][29][41][48] 罗家伦《我和清华大学》，载《罗家伦与张维桢——我的父亲母亲》，罗久芳著，百花文艺出版社 2006 年出版。

[25][32][35]《郭廷以先生访问纪录》，张朋园、陈三井、陈存恭、林泉访问，陈三井、陈存恭记录，台湾"中央研究院"近代史研究所 1987 年出版。另，清华学生会 1930 年 10 月 16 日晚召开"拒罗问题及欢迎新代表"会议时，一名叫许桂馨的学生报告说："罗氏为人极其卑污。民十七清华改组，教部原委赵元任先生长清华，罗氏为敦聘委员，岂料罗以为机会难得，扬言教部委任伊长清华，于赵氏迁延不就之下，乃伪造文电骗长清华。斯时校内同学认为罗氏人格甚可怀疑，群起反对，此第一次反罗也。"（《最后消息》，载《清华周刊》，第 34 卷第 1 期，1930 年 10 月）此一说法乃罗家伦被学生逐出校门之后，学生会部分操控者为防罗杀回马枪后收拾自己，乃以迎新生为名借机召开会议对罗予以攻击挞伐，但此一说法有违社会基本常识，不足为信也。

[28][34]《南下代表报告书》（1928 年 9 月 13 日），报告者：萧仁树、傅任敢、钟一帆，载《清华周刊》，第 30 卷第 2 期，1928 年 11 月 17 日。

[33] 郭廷以《致志希师》，载《罗家伦先生文存》，转引自《抗战前的清华大学》，第 29—30 页，苏云峰著，台湾"中央研究院"近代史研究所 2000 年出版。

[40] 转引自《清华的校长们》，黄延复著，中国经济出版社 2003 年出版。

[42]《国立清华校刊》，第一期，1928 年 10 月 29 日。

[43][44]《整理校务之经过及计划（上董事会之报告）》《国立清华大学校刊》，第一二号，1928 年 11 月 23 日。

[45][53][54]《清华大学校史稿》，中华书局 1981 年出版。

[47] 马星野《我所认识的罗志希先生》，载《传记文学》，第三十卷第一期，1977 年。

[49][50][55] 李景清《清华校潮的前后》，载清华《消夏周刊》（欢迎新同学专号），1930 年 9 月 1 日。

[51][52]《冯友兰自述》，冯友兰著，中国人民大学出版社 2004 年出版。

第九章　罗家伦的胜败教训

◉ 大洗牌

既是"远因"，罗家伦在被驱逐前，尚有足够的时间在清华园施展他的拳脚。但眼看最具"革命精神和教育理想"的"纪律化"，即在清华园实行的"军事化"管理，在师生共同抵制下逐渐没落失败，罗家伦沮丧之余，不得不在其他几个"化"上听取师生意见，摸着石头过河式地进行改革，其路数主要有如下几项：

一、扩充学额。原来学生不到 400 人，罗到校前，清华曾于暑期中招生 90 余人。罗接到校长任命，曾与主持校务的梅贻琦电商第二次招生，其理由是学校设备，实尚能容纳较多的学生。为求用款经济及给青年学生以较多的求学机会，除招收男生，亦招收女生，"因为此时实无拒绝女子到清华受教育的理由"[1]。罗家伦不愧是"五四"运动闯将，满身豪气兼"革命精神"，对改良社会风气不见得多么有益，但有时也起到开风气之先和引导国内潮流的作用。招收女生是罗赴北平前就决定要办，且由梅贻琦实施的一件划时代的大事和实事。罗在就职演说时曾明确表示："我今天还有一句话要说，就是从今年起，我决定招收女生。男女教育是要平等的。我想不出理由，清华的师资设备，不能嘉惠于女生。我更不愿意看见清华的大门，劈面对女生关了！"[2]

罗就职后，第一件事即展开第二次考试招生工作，惟因时间短，考试严格，笔

◎清华学校第一届女生于园内留影，右为当时的校花葉叶琴。葉氏曾为国民政府立法委员，1949年赴台，1990年退休（图片来自《清华校友通讯》第十五辑）

试科目较以前增加三种，报名学生约230人，内中女生约50人。结果共录取51人，其中女生15人。如此一招，使国立清华大学在校学生增至500多人。同时在一星期内，旧生把上学期未考之科目尽行补考完毕，即于10月12日开学。

对于此点，校内外均给予高度赞扬，冯友兰曾评价说：清华学校时代不招收女生，改为国立清华大学后要招收女生，这个问题如果要跟有关部门商量，那就可能无休无止地讨论下去，不商量是可以马上办的。罗家伦到校之后，就用不商量的办法，只需在招生简章上加上四个字"男女兼收"就行了。"当时就用这种快刀斩乱麻的办法，在招生简章上加上这四个字。另外腾出一所房子（古月堂）作为女生宿舍，事情就办了。"[3] 这是一种潮流的引导，不但使清华的"女禁"得以开放，也为其他学校后来招收女生做出了示范。

二、裁汰有名无实的学系。原清华十七个系，如农学系、音乐系、体育系，只有兼修学生，尚未招考无正式生，几个教员一律裁撤。农学仅留教员一人，主持农场；音乐系留教员一人，教练学生军乐队及普通音乐；体育系留教员一人，助理一人，管理体育馆及学生课外运动与普通体操；教育心理系改为心理系，使成为研究纯粹心理学之学系。根据罗家伦对清华的设计，先以文理为中心，"再把文理的成就，滋长其他部门"，因而率先成立文、理、法三个基础学院。其中文学院分中国文学、外国文学、哲学、历史、社会人类学五系；理学院分数学、物理、化学、生物、心理等五系；法学院设政治、经济两系。罗在就职典礼中，曾慷慨激昂地提到自己的切身体验与设想："我到北平以后，又深深地觉得以中国土地之广，地理知识之缺乏，拟添设地理一系，为科学的地理学树一基础。我们不要从文史上谈论地理，我们要在科学上把握地理。至于工程方面，则以现在的人才设备论，先成立土木工程系，而注重在水利。因为华北的水利问题太忽视了，在我们附近的永定河，还依然是无定河。等到将来人才设备够了，再行扩充成院。"[4] 罗将三院基础确定后，遂按这个思路实施他的改革计划和理想。

三、重新规定学术标准与选择教授。罗家伦在给董事会报告中颇为自得地说："家伦呈请大学院外交部的整理清华方针第四条曾说过：'清华既改为正式大学，又值改组时期，标准不同，需要有别，拟将原有清华学校所发教授聘约，一律废止，以国立清华大学名义，另发聘书。'嗣奉外交部指令部字第二○九号，大学院指令第九○六号，均认为周妥，并令立即实行。家伦到校后，当即遵照奉行，所有聘书，均于十月二十九日以前分送。无论中外教授，均暂以一年为期（过去清华外国教授契约，有为无限期者）。"[5]

罗在到校之前，就已与清华学生会暗中联手，对"把持校政"的"恶劣分子"与"反革命分子"，进行了三个批次轮番扫荡，以铲除障碍。在被铲除的教授队伍中，多数已离开校园另谋他职，有一部分仍在校坚持不走，准备与罗氏当面缠斗。罗自知树敌颇多，对立面太广，到校后不但以"革命政府"自居，还拿出国民党北伐的"革命精神"，施展铁腕手段，宣布旧约均作无效，必须重新洗牌换将。于是，大清洗在清华园迅猛展开，"教职员留者另发聘书，否则均在斥去之列"（吴宓日记）。结果仅在1928年10月29日，一天内送出教授聘书18份，为期一年。原清华教授55人，等于解聘了37人。[6]这些教授中，不管年龄大小、资格深浅，除已经被"斥去"离开者，余部一律逐出校门，自谋生路。——所谓秀才造反，十年不成，被逐教授结伙与罗家伦缠斗几天，气脉逐渐不支，最后一个个口吐白沫，忍辱含愤败阵而去。若前清"榜眼"、清华国文教授、"大时代中有名气的小人物"左霈，就是此时被当作不堪重用的老朽逐出校门、自谋生路而去的一个典型代表。

多数教授被驱逐出校门，必然要聘请一批新锐教授填补空白。于是，罗家伦在两个月内聘请国内外著名教授19人，略谓：国文系教授杨振声、钱玄同、沈兼士；历史系教授朱希祖、张星烺；地理系教授翁文灏、葛利普；政治系教授吴之椿、浦薛凤及美国籍克尔文；经济系教授陈锦涛；哲学系教授冯友兰、邓以蛰；数学系教授孙镛；物理系教授吴有训、萨本栋；化学系教授谢惠；生物系教授陈桢；工程系教授孙瑞林等。半年后又相继聘请具有学术声望的萨本铁、周培源、杨武之、张子高、熊庆来、李继侗、俞平伯、杨树达、刘文典、蒋廷黻、叶公超、陈总、张奚若、萧遽（叔玉）等入校任教（到校时间不同），一些新课程得以开设。

罗氏扫荡37名教授，客观上有为自己顺利长校清除障碍的私心，但从后来聘请的教授阵营看，后者的学术水平显然高于前者，且具有较前卫的现代学术意识和思想。这批人大多数在自己的研究领域取得了巨大成就，亦有相当一部分弃学从政后，在事功上取得了非凡业绩。当然，亦有几位虚张声势，急功近利，看起来名声挺大，实则水平了了、名不副实之辈，罗家伦本人即此一显例。罗入清华聘请史学大师朱希祖前来任教，但又不让他执掌权柄，罗自兼历史系主任，开讲中国近代

◎ 1928年，"七号饭团"成员在清华北院7号合影。左起：陈岱孙、施嘉炀、金岳霖、萨本栋、萧遽、叶企孙、萨本铁、周培源

史，每周三小时，规定文法科学生一律选修，一时声势浩大，似整个清华无出其右者。当年罗在东南大学讲授中国近代史，只有一位学生选修，这便是他带到清华的密探兼助手郭廷以。罗在清华主讲近代史，到第二周的时候只剩学生一人，第三周只剩教授一人——站在讲台上茫然四顾的罗家伦自己，到了第四周，整个教室台上台下空无一人。据当时选修的清华学生周培智说：罗家伦在清华"事实上只讲课两周即辍讲，一律给予三学分了事"[7]。

四、为教职员正名并改善待遇。清华原有教授待遇并不比其他国内大学为高，只是不欠薪而已，月薪约在260元至360元之间。在扫荡一批教授的同时，罗家伦做了革命的两手准备，其一是留聘王文显、陈寅恪、赵元任、金岳霖、陈达、叶企孙等十几位"少壮派"教授与自己合作。一直心怀忐忑，"怵于祸变"并与罗家伦虚与委蛇，差点被学生作为"反革命"驱逐的吴宓，也阴差阳错地留了下来。罗氏以雷厉风行的作风和"革命者"豪情，下令对留聘教授每人增加40元至60元、70元月薪不等，以笼络人心。如朱自清在罗家伦到来之前便在清华中文系教书，但仅是教员名义，月薪160元。罗到后，朱自清晋升为教授，月薪提高到320元。其二是决定丢卒保车，打压、铲除学生会继续图谋攻击留聘教授的"庸劣分子"，以稳定教授情绪和清华局势。

这"革命的两手"立竿见影。9月23日，吴宓访西洋文学系主任王文显，得悉"罗校长力图改良校务，并增善教授待遇，所认为庸劣及为学生攻击之教授，固在所必去；而优良之教授则反加增其薪金。西洋文学系尤为满意。宓之月薪，已内定增为 \$340。宓向不持与人比较或虚空立论之态度，自家能增四十元，亦佳事也"[8]。——借此可见，罗家伦对知识分子软肋和弱点的把握，以及出手打击点和力度的预测，是多么准确——仅40元区区之利，就令具有堂堂国士名的吴大教授抛弃前嫌，乐极并直呼"佳事"，噫哉悲夫！

按清华持续经年的惯例，校内教职员中，职员地位高于教员，时称"职教员"，校内文件、公告、刊物等皆如此称呼。此种现象在国内其他大学亦复如是，犹以北大、清华为甚。北大前身是清朝末年的京师大学堂，行政事务由一批靠"功名"起家的官僚把持，教员乃是清朝举人、进士等科举出身的人物，因而职员高于、大于教员，官场习气弥漫整个校园。如此现象，直到1917年蔡元培执掌北大，招聘一批新派教授，在"兼容并包"口号与新风涤荡下，强调民主作风、学术自由，官僚笼罩的气氛才得以扭转。清华历史虽较北大为晚，但官场作风基本相同。不同者，清华类似办"洋务"的官僚机关。自游美学务处时代起，负责行政的职员多出自外交部官僚。到了清华学堂时代，一切仍袭其旧，清华园中的"工字厅"属行政办公处，被称为"衙门"，校内办事人员多摆出一副衙门中"老爷"派头，颐指气使，吆五喝六，一个个牛气哄哄。辛亥革命后，民国肇建，校内行政体制则是董事会与校长专权，少数高级职员治校。除美国教员享有特权外，校长对一般教员是上下级、雇佣，甚或奴隶主与奴隶、地主与长工、公私企业头头与农民工的关系，普通教员对校政无权过问。至于校役，更是如同家丁或奴婢。按《清华大学校史稿》记述：1925年之后，原本较为庞大的行政机构更加臃肿，"教学方面有留美预备部、大学普通部、大学专门部、研究院四个部门，每部有主任一人。训育方面有学监部（原斋务处）、课外作业部（原德育指导部）及职业指导部。此外还有校长处、体育部、军事学部、校医院、图书馆、庶务处等。全校学生才四五百人，而所设处、部等机构达二十多个，当时被人讽为'机关多如鲫，主任满地游'"[9]。

这一股习气与做派，一直延续到罗家伦上任时。校内职员有大小之别，如校长、教务长、秘书长以及各院院长，甚至文书科主任等为大职员，院长之下各行政部门人员为小职员。所谓职员地位高于教员，则指大职员而非小职员。但阎王好见，小鬼难缠，有时教员找小职员办理公私事务，往往受气挨整，郁闷至极，比之大职员更可恨可畏。因而，钱端升在 1925 年底公开指出："清华教员除研究院三数教授外，余皆微弱无声，往往处职员之下。因有职教员之称。……今岁新设之教务会议，为校内之最高机关，然该会中校长及其委派之职员居十之六，而教授仅得互选四人，以教员与职员较，实有职员万能，教员垂听之慨。因之稍有学问者，必其人之能忍气吞声，否则恒不愿来，即来亦不久留。"[10]

当年山东省政府主席韩复榘咏济南千佛山云："远看佛山黑糊糊，上边细来下边粗。有朝一日倒过来，下边细来上边粗。"要改革这一高山倒扣、上粗下细的畸形现状，必须理顺次序，争取大多数教授拥护。若想校长的椅子坐得稳当，亦必须把"职教员"变为"教职员"，恢复"上头细来底下粗"的天然形状、制度和相应措施。于是，豪气干云的罗家伦挽起袖子，开始对清华陋习和一堆太岁头上动土开刀。具体做法是：把原设的招考处与职业指导部全部裁撤，舍务室亦同时撤销，仅留二人管理学生器具信件等事宜，归军事训练部指挥；原中文、英文文案处合并为文书科，兼管校刊等，由郭廷以负责；技术部归并庶务科，注册部原为 10 人，减为 8 人并兼管讲义；图书馆由原 19 人减为 12 人等等。校内职员由 1927 年度的 95人，减为 1928 年度的 72 人。同时，依照新的组织条例，设教务、秘书二处以及各种会议，如教授会、评议会等。对于教职员的去留，以如冯友兰所说，先"发出一个通知，教员发新聘书，职员发新委任状，突出聘书与委任状的分别。在新聘书中，教员增加工资；在新委任状中减低职员的工资，特别减少大职员的工资，小职员的工资则未减少。这就提高了教员的地位。这个办法，教员固然拥护，职员也不反对，也有表示情愿自动减薪、只求能加委的。这些都是在校长职权范围内所能办的事情。……原来称'职教员'，现改称'教职员'了。当时有一种议论，说清华有三种人物：神仙、老虎、狗。教授是神仙，学生是老虎，职员是狗。这话虽然有污蔑之意，也说明一部分的情况"[11]。

除了职员，与教授们打交道并直接为之服务者是一批"校役"，罗家伦采取安抚怀柔政策，下令除专职如校警等一律改为"校工"，工资标准由原来的每月五六元，增加到每月不少于九元。又特设校工学校，予以强迫教育。对娱乐休沐，由学校提供相当设备加以改良，但渐渐减少校工人数，"务使尽其职，俾无衙门习气。以少数的人力财力，做最经济的事务"[12]。对于屡被外界指责清华校役太多，师生享受服务过头的问题，罗家伦根据学校地处乡间，仍需校警以策治安与师生安全，需水夫、园丁、电厂机工、印刷工等特种工人，遂仅裁去普通校工 30 余人。被裁者均加两个月工资。——在所有的改革计划中，这一条算是最具人道主义，据云校工有对罗氏的菩萨心肠和大恩大德感激涕下者。

清华作为一所留美预备学校，自建立初期即以洋学、洋风为盛，由美国聘请的教员约占全体教员一半以上。洋教员在校内享有较高的待遇，也是校内最有影响的一股势力。这批美国教员来华，是当年的游美学务处委托北美基督教青年协会在美国登报代为招聘的，其中多数是中学教员和刚毕业不久的大学生，教学经验与水平皆不怎么高明，有的水平极差，如英文教员斯密士（E.K.Smith），与一街头混子或小邪骨儿相差无几，被学生讥为"老饭桶"。此"桶"教的是英文和拉丁文，但"在教室里丝毫不讲，一进来就叫甲生读一段，乙生读另一段，如此接连读下去，等到打下课铃了，他挟着书本就走。他对英文的教法尚且如此，拉丁文的高明可想而知"[13]。由于这个"饭桶"与美国驻华公使馆关系密切，尽管学生对其极度厌恶，校方也不能把他辞退。此"桶"在清华园一竖就是 13 年。

要问这"饭桶"何以如此恶劣，既没有学生驱逐，他本人又乐不思蜀？缘由就是美国教员在清华享受特殊的礼遇，月薪比校内西学部中国籍教员高出一倍左右，比国学部的教员则高出两倍甚至四倍。清华园远处北京城郊之外，没有公共汽车等交通工具，园东边有个火车站可乘火车进城，但总是不太方便，因而教职员多数住在校内。为照顾洋人教员，当时学校主事者周诒春专门在清华园北部划了一块地，盖了一些设备极为讲究的西式住宅。这些住宅自成一区、洋气十足，有室有院，宽敞舒适，类似于别墅区，亦被称为"美国地"，即美国人的私人地盘，外人不得入内，所生的孩子叫"西崽"，未成人便凛凛然有其父母之骄狂之风。"美国地"的洋教员只管住房而不向学校当局交纳

◎北院之建筑与环境

房租、煤火费等原本该由私人交纳的费用。"饭桶"斯密士一家四口，竟占有八九间房屋，雇了四个中国佣人伺候，在园内摆足了派头，耍足了威风。这个待遇与排场，与住在工字厅小房间的西学部中国教员如梅贻琦等，以及住在陈旧狭小的"古月堂"国学部教员，形成了鲜明又极富刺激性的对照。[14] 后来曹云祥长校，加盖了南院与西院，中国教员住宅条件得以改善，但与"美国地"住宅区相比，仍是差别巨大。罗家伦到校时，学校已另辟一地建造"三所"，即甲所、乙所、丙所。校长住甲所，教务长住乙所，秘书长住丙所，是为学校"三巨头"官邸。

因有美国退还庚款与美公使的撑腰，早期的清华教务一直受美国教员左右，对洋教员的意见，学校当局只能言听计从，如不听从则引起纠纷或带来麻烦。1911 年清华学堂时期，时任教务长的胡敦复，因主张学生多读理工科课程，与美籍教员瓦尔德（P.I.Wold）主张多念英文和美国文学、史地的意见产生分歧，后者上诉到外交部，美国公使出面干预，结果胡敦复被迫辞职。据《清华大学校史稿》记述，有此教训，日后的清华主政者"按照美国教员的意见办事，实施完全美国化的、殖民地性质的奴化教育"。尽管当时中国教员对美国教员优厚待遇和养尊处优的住房条件，以及强势的霸道作风表示不满，也无可奈何。直到 1923 年以后，随着清华留学生不断学成归国，并重返清华任教，这种现象才得到改观。留美归国的清华"少壮派"教员，以初生牛犊不怕虎的朝气与锐气兼不服气之多种气势，向学校当局和美籍教员施压，终于挤进了中国教员的禁地——北院"美国地"住了下来。"少壮派"也仿美国教员拒向学校当局交纳房租和煤火费，以示与洋大人平起平坐。但这种使性斗气的做法，"不过是争身价上的平等而已，对于清华的美国化教育，他们还不可能有所认识与反对"[15]。

对美国教员学问和教学等方面的抵抗与批评，始自曹云祥、张彭春执校时代。如清华"少壮派"代表人物钱端升，在《北京晨报》和校内刊物公开撰文，向洋教员和学校当局发难，谓清华的现状与庚款的关系，请外国博通之人可为师表者前来任教固无不可，"惟清华美籍教员之大半，能在美国著名大学中充教习者，且不多觏，今在清华则养尊处优，禄食供应远出本国教员之上，不仅如此，美国教员除自动辞职外，校中因惮于美使馆之挑剔，不敢有所黜斥。欲平本国学者之气，得本国贤材而乐用之，尚可能乎？"[16]

冰积泉涌，人心所向，也是大势所趋，梅贻琦任教务长时代开始增聘留美的中国籍教授，对美籍教员的气势有所压制。罗家伦进入清华，外籍教员问题已到了非解决不可的时候。此时，清华西籍洋教员在校者尚有十几位，经过甄别，对校内师生公认称职的如詹姆生（Jameson）、温特（Winter）等继续留任，对不称职者，罗家伦一口气革掉了聘约已到期的六人。这六人闻讯，结伴到美国使馆运动，请公使前往清华施压。罗家伦并未退缩，反提醒美国公使马慕瑞："若是留这些人在清华，决不是美国的光荣，因为他们绝对不能代表美国的学术水准。"[17] 马慕瑞听罢，认为罗说得有理，遂不再坚持，任凭罗氏处置。在处置过程中，有一人给罗造成了很多麻烦，此人便是"老饭桶"斯密士。此前的清华校长不知出于何因，竟送了他一张终身合同，但时任西语系主任的王文显明确告诉罗家伦："这个人在美国教初中都没有人要的，怎么可以教大学？"罗认为"这是确切不移的评语"[18]，但这个"饭桶"在清华已竖了13年，他自己认为没有功劳也有苦劳，没有苦劳也有疲劳，依仗美国公使馆的势力对罗氏纠缠不休。最后罗家伦凭着一种不信鬼、不信邪的"大无畏革命精神"，与"饭桶"叫起板来。几个回合下来，"饭桶"感到败局已定，留校无望，只好认输，但临走前又附加了几个条件，其中之一是他来中国的时候单身一人，在清华任教时期娶了老婆并添了几个孩子，因为小孩是在清华园出生、成长起来的，这些孩子回国的路费必须由清华大学承担。罗一听颇为恼火，认为打炮生孩是你个人的私事，与学校何干？即便清华的终身聘约里也没有这一条合同，遂断然拒绝。这"老饭桶"一计不成又施一计，再找罗家伦缠斗，谓自己在清华13年，买了不少中国式器具，需要清华承担运回美国的费用。罗氏一听，更认为是无理取闹，置之不理。再后来，"老饭桶"又找罗纠缠几次，但见罗态度坚定，言辞一次比一次激烈愤怒，遂打退堂鼓，只好找朋友在相邻的燕京大学谋了差事，但薪水要比清华少得多，养尊处优的好日子算是一去不复返了。据罗家伦回忆说："我赶走这'老饭桶'的事，不但在校的学生，就是许多毕业生也感到痛快的。"[19]

除了以学术和教学能力为标准予以扫荡外籍教授，罗家伦对不守纪律，甚至道德败坏者，同样毫不留情地加以铲除。据冯友兰说："在这个时候，又发生了一件事情。一个荷兰籍的外国教授，在教学生弹钢琴的时候，对一个女生有失礼的行动。学生向罗家伦报告了这个情况，罗家伦通知那个教授：立即停职，等候处理。当时校内有些怕事的人说：外国教授不同于中国教授，他们来的时候立有合同，合同的期限未满，不能由学校单方面解聘。如果改聘，恐怕引起国际交涉。"类似事情罗家伦亦没处理过，于是征求教授和身边谋僚意见，众人多认为无论按什么道德标准说，那个教授都是不合格的。无论按哪国法律，他的做法都是非法的。如怕引起国际交涉，可以先给荷兰使馆通个气，打个招呼，然后再悄然动手。罗家伦认为此言有理，便写了一封信送给荷兰公使，一面通知那位教授，合同已经作废，限期离校。那位教授强词夺理，大耍淫威，并向荷兰使馆求援。已知内情的公使等自知理亏，不敢对外声张，也未向清华当局提出异议。那位教授眼看失了给自己平时作恶撑腰的后援，乃低头认罪，黯然离去。对此，冯友兰说："这个经过，也打击了外国教师在清华的气焰，降低了他们的威风。"[20]

罗家伦在诸方面的努力与锐利作风，可能含有政客的本性与目的，但就当时的效果和影响看，得到了清华多数教授的认可。如 9 月 26 日，吴宓日记载："王文显来，述校事。似罗校长励精图治，人心悦服。此校前途或可乐观也。"[21] 当时作为秘书长的冯友兰在回忆时亦得意地说："一九二八年以后，革除了这些现象，教员住宅的无形的等级也去掉了。……不分中外教员，同工同酬，取消了外国教员的特殊地位。"[22] 另据罗家伦自己在回忆文章中显摆："我既然去掉了若干位不学无术的外国人，我当然应该按照我开学时所宣告的主张，请几位第一流的外国学者，到清华来任教，所以我陆续请到的有英国剑桥大学的正教授 I.A.R.Ichards，美国芝加哥大学国际私法教授 Quincy Wright，哥伦比亚大学史学系教授 Ames T.Shotwell 诸位。他们不但是外国正式的教授，而且是国际间著名的一流学者。"[23] 按罗的说法，后期到清华短期讲学的外籍教授还有很多，为清华开一代风气。这一个局面在冯友兰看来，"都是校长的职权范围内所能办的"，而"有些事是校长的职权所不能办的，那就得大动干戈了"[24]。事实确是如此，未过多久，罗家伦就在校务改革中遇到了强大对手并动起了干戈。

● 改隶与废除校董运动

干戈起于罗家伦提出的清华基金及设备建议案。按罗的说法，清华庚款基金，原设三人管理委员会，一为美国公使，一为外交总长，一为外交次长，底下设两个执行秘书，都是外交部官员，所以基金完全操控在外交部官员手中。基金如何存放与利用，除美国公使外，外界不得而知，但美国公使为对外交部客气起见，亦不认真过问，这就给操控者提供了贪污、蒙蔽的机会。罗说：王正廷之所以"要和大学院共管清华，并且想出共管的董事会制度，不是为了清华的教育，而是为了清华的基金"。罗家伦由蔡元培提名做清华校长，王正廷不敢硬顶，在勉强表示同意的同时，"他又出个花样，说是既由大学部和外交部共同管理，就应该设一个董事会，代表两部行使职权。他就从这个董事会里来做翻案文章，所以我到校以后，第一年许多的障碍就从此而生"[25]。

罗到校后，鉴于清华"大约有十年的时间不曾添过一个像样的建筑，也可以说是停顿了将近十年。现在既然改了大学，就不能不有新的建置，于是我把整个的校址从（重）新设计，另画蓝图"[26]。根据所画蓝图，罗家伦于 1928 年 11 月 2 日晚 7 时，在科学馆二层 212 教室组织召开清华教授会，出席者 33 人，除选举新的评议会评议员外，并通过董事会关于基金及设备建议案四项。略谓：

（1）彻底清查追究以前基金损失。
（2）每年将基金公布一次。
（3）设财务委员会实际管理基金并由本大学推人参加。
（4）提出一部分基金作为建筑自然历史馆，扩充图书馆与图书仪器，及建筑学生宿舍之用。

11 月 14 日，罗再组织召开评议会，新当选的评议员杨振声、冯友兰、叶企孙等七人全体出席，通过对董事会之建议案三项：

（一）提出一部分基金，作特别建筑设备之用。共计七条，分别为：图书、仪器购置；图书馆、男生宿舍、女生宿舍、自然历史馆、化学馆实验室等建筑费用，总计需一百零五万元。除外部如罗氏基金会给予补助外，尚需拨付庚款基金至少八十五万元。清华常年的经费尚不足七十万元，无论如何搏节，在最近几年内，万难筹出这笔巨款，事情办起来也就绝难。唯一的出路就是提出一部分庚款基金作为建筑设备之用。
（二）自民国十八年起至二十年止，每年送留学生十人，以公开考试方法选择之。投考人，以国立大学及政府认可之大学毕业者为合格。留学期限，以三年为度，民国二十一年以后，是否派遣留学，其政策另定之。
（三）裁撤留美自费学生津贴。[27]

鉴于以上议案非校长得以做主，必须由清华的"太上皇"董事会拍板实施。于是，当清华方面得知新董事会将于 1928 年 11 月 29 日至 12 月 3 日，在南京中央研究院召开第一次会议的消息，罗家伦便携带自己草拟的《整理校务之经过及计划（上董事会之报告）》前往参加。新组建的清华董事会成员共九人，分别为蔡元培（原为燕京大学校务长司徒雷登，已辞职）、杨铨（杏佛）、张歆海、唐悦良、任鸿隽、李书华、余同甲、凌冰、朱胡彬夏。其中蔡、杨代表大学院，张、唐系清华出身，代表外交部，其余皆著名学者、教授。以中华教育文化基金董事会专任秘书任鸿隽、外交部常务次长唐悦良为常务董事，主持日常事务。会议召开当天，有蔡元培、杨铨、唐悦良、任鸿隽、凌冰、余同甲等六人出席，罗家伦得以参会但仅为列席资格。

当天，罗家伦根据所携报告，向董事会汇报了自己"到校经过""考察所得""整理经过""将来计划"等事功和未来改革的构想。在提到基金问题时，罗很不客气地批评道："清华的基金向来是一个哑谜，很少有人能够明白其实情"，对于清华基金要采取三项措施：现在的基金，必须彻底清查，研究以前的损失；改良保管方法；确定将来基金的办法，以巩固清华永久的基础。同时，罗提出，如果董事会按照他设想的整顿管理办法，基金数可从 1928 年的五百万元，增至 1935 年的一千万元，及 1940 年的两千四五百万元云云。意谓从现有的清华基金中，提取八十五万元兴建楼堂馆舍，并不影响未来基金存积和生息。

罗氏此言，等于公开指责董事会不尽职责，且有渎职行为。主持会议的主席与众董事皆呈不悦之色，会议气氛骤然紧张起来。但罗家伦并不管这些，仍一根筋到底，坚持动用基金，并极富诗意地描述了动用理由和效果："提到动用基金，大家均不免有些寒心，但是我们要知道以前的动用基金，是为送学生到美国去而动用，或为某种动机而动用。现在的动用就不同了，是为创立国立清华大学的新生命而动用，是为树植中华民族在学术上独立的基础——也就是为谋进中国民族独立的基础——而动用，是为培养建设新中国的生力军而动用。我们不可因噎废食，我们当认清此事的基本动机，明了此事的主要意义"云云。[28]

罗氏这一口号兼墙报标语式的宣传鼓动，如果是主办《新潮》或五四运动时代，蛊惑年轻幼稚的学生跑到大街上游行示威尚可奏效，但在如此场合，对久经官场历练，个个都呈老油条状、滚刀肉式的官僚政客失了效。董事会成员根据"量入为出""学校基金无论如何不能动用""其大宗建筑，在整理期中暂缓进行"等原则，对清华教授会与评议会议案，以及罗家伦本人的"将来计划"给予制度上的否决。同时，董事会对罗家伦在清华凭借个人喜好与标准扫荡教职员，并随意给留任教职员升官加薪的霸道作风颇不以为然，并提出警告："教职员薪俸，应由董事会规定薪额等级标准，以后增加，应照标准执行。"[29]罗家伦听罢，如遭棍击，顿时像霜打的茄子一样焉了下来。无奈中，只好退出会场，怏怏返回北平。

憋了一肚子火的罗家伦，把南京董事会决议向教授会做了陈述，众人听罢极为愤慨，纷纷表示支持罗氏与董事会进行斗争。既然这批官僚政客不许动用基金搞建筑，就想别的法子与之对抗。于是，罗家伦怀揣怒气兼怨气与不服气之"三气"，公然与董事会对抗起来。按罗氏的说法："我不愿看他们的脸色，而且知道向他们谈教育建设大计是毫无用处的。在另谋基本解决的办法以前，我实在不能长久等待。于是先向中南、金城两个银行借款四十万，动工四个建筑。这四个建筑就花费了一百万以上，自然四十万是不够的，可是我做了再说。"另外还有三个，"也都设计完毕，预备继续兴建"[30]。

一晃到了1929年春，罗家伦听说4月1日至4日，清华董事会将在南京举行第二次会议，便再度拿了一摞报告与计划书，赴南京活动并欲列席会议。与罗同去的还有清华教授会推荐的代表冯友兰，冯去的目的是要表达教授会对董事会组织以及清华建设的意见。想不到会议召开之前，罗和冯在南京便与外交部唐悦良等董事会官僚，为各自的主张产生了摩擦。

4月1日，董事会第二次会议开始，与会董事仅为清华出身的外交部次长唐悦良、外交部参事张歆海，以及杨铨、凌冰、余同甲和朱胡彬夏等六人，蔡元培、任鸿隽和李书华因故缺席。会议主席为常务董事唐悦良。罗家伦遵照第一次会议"量入为出"的决议，重新缩编预算，提出1929年度岁入岁出预算书，特别强调添建六项建筑，已获得清华教授会和评议会支持，对学校未来发展极为重要，所需经费可改为基金利息中拨付等等。在报告的同时，罗氏不时露出对董事会责怪之语，谓主事者办事效率不彰，成为清华发展的障碍云云。入会董事闻听此言，自是心中不快，会议气氛再度紧张。为压制董事会诸成员气焰，罗家伦谓冯友兰作为清华教授的代表已至南京，要求列席会议陈述教授会意见。但按照董事会章程规定，除清华校长可列席会议，"该会得拒绝任何人列席"。因而，冯友兰被拒之门外，苦苦等待一天未得结果。

第二天，冯友兰继续提出列席会议，罗家伦与诸董事发生争持，谓冯列席会议，此非法律问题，乃礼貌问题，"为礼貌与学校合计，则董事会系教育机关之董事会，非有外交秘密，教授会代表既不远千里而来，请其共同商议学校建设，亦无不可"。主持会议的唐悦良似被说服，"请其于最短时间发言，而其他董事多主张限定十五分钟"。[31] 冯友兰进得门来，与罗家伦从不同角度分别申述改进清华与基金会意见。冯"发言甚客气，余亦甚客气"，但不知何处又惹恼了董事会成员，其中有二人突然"盛气相向，至于以手击案"。[32] 罗、冯均感愤懑，对董事会彻底失去忍耐与包容信心，而会议议决结果更令罗、冯二人大失所望。罗家伦原编定清华1929年预算为83万余元，结果被以各种名目压缩至实际运用者仅59万元，比历年都少。董事会仍坚守"量入为出"原则，不准动用基金和基金利息。为了清华的四个建筑，罗家伦已自做主张向中南、金城两家银行借贷40万元，且另三个建筑也预备兴建，是谓开弓没有回头箭，已聘之教授不能辞退，已进行计划不能停顿或终止，处此情境，如何是好？罗家伦已无退路，只好使出浑身解数对董事会施以颜色，愤怒中，当场向诸位董事公开叫板道："我虽然不一定要做清华校长，可是却下决心，要做到清查清华的基金和争取清华脱离外交部的掌握，纳诸大学系统。"[33] 尽管罗自知要达到这两个目的，非"经过一场苦斗"不可，然而信心已定，并"决定以去留来力争"。[34]

罗家伦与遭到董事会羞辱的冯友兰退出会场，决定一个返平，一个留京，对列出的两个目标分别采取措施。据冯友兰回忆："那些正在开会的殖民主义者和旧外交部的那些官僚完全不了解时代的变化，不认识清华教授会这个不畏虎的初生牛犊，竟然诿称议案甚多，把清华的申请搁置，也不接见我这个代表。经据理力争，他们才允许我出席会议，但发言以十五分钟为限。我回来向教授会报告经过，到会的人都很愤慨。"[35]

1929年4月6日，清华评议会以董事会两度否定该会关于扩充学校的建议，宣布全体评议员向教授会辞职。4月7日，学生会召开全体大会，要求政府取消董事会及其一切决议案，并将清华直隶教育部（南按：时大学院已改称教育部）。4月8日，罗家伦"上国府辞呈"，以辞职相要挟。

消息传至清华，清华教授会向政府提出取消董事会制度要求，并派教授代表二人到南京请愿。4月11日，罗家伦以"办学政策不行，设施诸感困难。……事与愿违，按此次董事会决议各案，不特清华发展无望，且维持亦将无术"[36] 等为由，分别向教育部和外交部呈文，提出辞却国立清华大学校长之职。罗于辞呈中"诉苦"道："清华为教育、外交两部所共管，已有两姑之间难为妇之苦，今更加董事会，则一国三公，更有吾谁适从之叹。"[37] 慨叹之余，罗家伦认为自己的辞职不是对黑暗的屈服，而是要以自己的辞职，"换取清华的基金的安全与独立，和清华隶属系统的正轨化"[38]。

罗在提出辞职的前两天，亲自拟好一个万余言的长篇谈话，根据汤姆生会计师事务所查账的报告，把清华基金的积弊、清华在共管制度下的困难，一齐宣布出来，寄给上海各报，请他们于罗氏辞职呈文发表的那一天，同时发表。正如罗家伦所料，富有正义感的上海新闻界如《申报》《时报》《新闻报》等，于那天果然发表了罗氏谈话，而报界大佬叶楚伧主持的《民国日报》，以整版予以发表，对外交部官员贪污蒙蔽基金一事予以揭露，引起社会各界一片哗然。罗谓："清华基金表面号称八百三十余万元，但此系票面价值，向由基金保管委员会保管。此种委员会在伪政府时代则由外交总长次长及美国公使三人组织投资，实权操于二三秘书之手。"又说："基金积弊，外间盛传，但家伦因非职权所属，不置可否。惟十二月中华汇业银行停业，该行有大宗清华基金。最近北平农工银行倒闭，据任董事鸿隽电告，谓又有大宗清华基金在内。其保管成绩，可以概见。"[39]

4月16日，罗家伦于上海答记者问，就清华基金积弊之事进一步揭露和抨击。罗说："号称八百余万基金中，有十年公债六十二万零六百元，京绥铁路股票五万二千元，中国银行股票二十万元，交通银行股票十九万元，龙烟铁矿股票十万元……银行存款现金约四百万余元，存在何处银行，则不得知，闻有一银行，多至一百万者。……清华方面，拼命省钱，以供增加基金，纵欲为急切设备，亦不能用基金或基金利息，但基金则日事倒闭。无论何人，在此环境之下，均将灰心也。"

谈话甫一发表，"引起了上下的注意，外交部也受不了了"[40]。教育部对清华"专项管辖"运动一再表示"同情"，想趁机把清华从外交部虎口里夺出，置于自己的控制之下。于是，4月22日，教育部发表训令，对罗家伦表示"慰留"，并劝其"务照原定计划，切实进行，勿萌退志"[41]。

清华基金乃清华的生命之源，它的盛衰直接关乎清华的存亡及师生切身利益。随着罗家伦与记者谈话内容公布，清华师生爆发了更加激烈的反对董事会、彻查基金，要求改隶教育部的"专辖废董"运动。4月24日，清华大学全体学生代表曹盛德、李述庚、袁翰青等三人，径向南京国民政府递上呈文，提出清华归隶教育部、取消董事会、明令撤销本届董事会之上二次议决案、彻查基金以维学校经济基础等四项请愿。同时，学生会自北平致电南京国民政府主席蒋介石，重申清华大学之不能发展，实由于外交部"把持校政"，"校务政出多门，基金黑幕重重"所致，并谓"前上呈文所陈，均出自良心之主张，绝非基于一时之意气，望主席一体革命精神，彻查实况，革新弊政，庶使生等可以早日安心读书"[42]。

以罗家伦为幕后总指挥、清华师生共同努力争持的"专辖废董"运动，借国民政府内部矛盾冲突，终于有了转机。

1929 年 4 月 30 日，南京政府行政院在取得美国公使马慕瑞"谅解"后，决定将清华基金全部移交给"中华教育文化基金董事会"管理。[43] 每月经费也概由该董事会代领代发。[44]

5 月 10 日，国民政府经二十八次国务会议通过，将清华改归教育部专辖。[45]6 月 10 日，教育部批准了清华当局呈请的《校务进行计划大纲》十条。其中除将上述基金、月费管理办法用文字形式固定下来外，又特别规定：清华大学经费，固定每年为 120 万元，每年的图书仪器购置费至少占总预算额的 20%。清华大学的基金及利息，在 1940 年退完庚款以前不得动用，到退还庚款终了（即 1940 年）后一年起，才由利息项下支拨学校经费。大纲还规定，从 1934 年，即最后一班留美生归国之年起，清华同时在国外的留学生总额不得超过 40 人，以使学校经费不受留美经费之影响。这十条大纲，是国立清华大学归隶教育部后，经费应用制度的新的起始与法源，此一规定对保证清华大学稳定发展起了至关重要的作用。

1929 年 6 月 29 日，南京政府教育部下令取消清华大学董事会。8 月 20 日，清华基金移交完毕，"原清华校务暨留美学务基金保管委员会"宣布撤销。至此，清华完全摆脱了外交部控制，全身而退，成为隶属教育部系统的一个备受瞩目的学术重镇。

◎ 干戈突起

当罗家伦在南京与清华董事会官僚缠斗之际，清华园内却上演了一出螳螂捕蝉、黄雀在后的戏剧，一场针对罗氏的阴谋悄然展开。

1929 年 3 月 22 日，学生会代表张人杰、李振芬等五人，突然发起撤换校长罗家伦运动，此风潮由清华园很快波及社会。据《世界日报》报道，肇因是学生不满罗取消学生膳食津贴，一律缴纳学费及裁撤工程系所致。而拨弄风潮者则是部分学生与毕业同学会成员。风潮发生后，清华评议会代理主席吴之椿公开发表谈话，怀疑学生"挟私嫌""勾结外援"等。[46] 有外部人士猜测，此举乃外交部董事会官僚与清华北平同学会私通，并与清华园内学生暗中勾结，致罗家伦"不安于位"的又一次攻伐之战。

恰在这时，罗家伦在南京第二次董事会上再度受挫，并有辞职打算。此一消息传到清华，教授会与评议会就清华董事会改组问题有所讨论。据 1929 年 4 月 19 日清华评议会第七次会议纪事显示：

> 第六次教授会既议决改组董事会，请评议会拟具方案，交教授会通过。当晚（八日）评议会即开会讨论，到吴之椿、陈总、金岳霖、杨振声、叶企孙、张广舆六先生，经长时间讨论，结果一致议决如下：
>
> 教授会交来"改组董事会，其改组之方案由评议会提交教授会通过"案，该项议决案窒碍甚多，难于拟具方案，应将原案退还教授会。并向教授会建议"呈请国民政府取消董事会制度，实行教授治校，校长由教授推举，呈请国民政府任命之。"[47]

这个"纪事"模糊难辨，不深谙时局和清华内部情形的人，难以弄清庐山真面目。若结合《吴宓日记》，便可对记述密码稍有破译。已在清华暂时稳住阵脚的吴宓，当时正考虑是否与结发之妻陈心一离婚，再与梦中情人毛彦文结婚的问题，故而其他方面记事较为潦草。在 4 月 8 日的日记中，吴宓记载道："3—6 赴教授会，议决请改组董事会。由评议会代教授会拟改组方案，呈国府采纳。挽留罗校长，则无人言之。"[48]

罗家伦的"上国府辞呈"，本是借校内风潮要挟教育部与董事会官僚演出的一幕戏剧，属于两军阵前虚晃一枪的"虚辞"，想不到竟弄假成真。不但部分学生与校友会人员勾结驱罗，且校内多数学生竟发出"无论国府批准与否，本校无人表示挽留"的宣言。[49] 而清华教授会与评议会对罗的"虚辞"与"苦衷"，并不表同情，态度暧昧，正如学生宣言中所示"无人表示挽留"。这个风潮中矛头的急转弯，给罗家伦当头一击。罗闻讯备受刺激，知已无回旋余地，遂于 4 月 11 日正式向外部和教部呈文辞职。

有些怪异的是，清华风潮并没有因罗主动请辞而平息，反而干戈再起，欲速铲除罗而后快。4 月 14 日，《吴宓日记》载："正午至 [城内] 骑河楼 39 号清华同学会赴春宴。周诒春先生演说。下午讨论本校风潮。鲍明钤、周永德等欲同学会有所表示，萨本栋等驳斥，乃无结果而散。"[50]

清华园这边闹将起来，远在南京的罗家伦并不想稀里糊涂地丢掉清华校长的位

◎ 1929 年，罗家伦在清华大学

子，想方设法做最后一搏。于是，受高人指点，罗氏于 4 月 16 日自杭赴沪，采取借刀杀人之计，与上海记者做详细谈话，公布辞职理由，揭露董事会暗箱操作，并就清华内部风潮翻转，纯系由董事会与外交部官僚暗中操作，部分学生受骗上当引发等问题公之于世。一时间，舆论大哗，清华师生见报章文字与罗氏之委屈，怒火被点燃，学潮矛头再度翻转，改变愤恨对象，由驱罗而转为讨伐"董事会的昏聩"，并起而"倡议取消董事会，和脱隶外部，直归教部"的"改隶废董"运动上来。[51] 顷刻间，一场由内外勾连的驱逐校长行动，被罗家伦一举消弭。

一个月后的 5 月 17 日，度过风潮危机的罗家伦，接到国民政府第二次慰留令，遂于 6 月 12 日悄然回到清华园，继续当他的校长。

按罗家伦的说法，经过力争，取消董事会、清华基金交由中基会保管等事宜有了眉目，"我实在不愿意在这场恶斗之后，再回清华，于是到杭州去省亲，在西湖边上盘桓了二个星期。因为政府的敦促，和清华南下代表的挽留，我不久也就回校"[52]。这一说法，与倒罗健将、清华学生会代表李景清的讥讽相差很大，李说："谁知在同学对罗先生辞职不挽留后，罗先生又在行毕业礼的前几天收回了他的'决不复职'的辞呈，悄悄地回来了。固然在法理上，罗氏并没有什么错处，但在一般人心目中，他的地位不可讳言地低了很多。罗家伦去年的复职，也要算清华同学对于他印象恶劣的一个要素。这个要素也就形成他这一次被驱逐的第二个原因。"又说："不过单有这几项要素，罗家伦也不致被驱离校。因为去年罗家伦复职之后，大多数同学对他全抱一种'你当你的校长，我当我的学生'的态度，就是一般虔诚要驱逐他的分子，也抱一种'且观后效'的态度。"[53]

6 月 21 日，清华大学于大礼堂举行毕业典礼。"因同时有三班毕业，故礼仪至为隆重。"[54] 各界嘉宾云集，清华园内外车流如梭，热闹非凡。与往昔差别甚大的是，除国立大学校长、教务长，以及私立燕京大学的吴雷川、司徒雷登等名流外，另有一群陆军大学代表和各省市党部代表参加。武人的刀剑与文人党棍交织在一起，给祥和的现场增加了一股异样气味。典礼由悄悄潜入清华园的罗家伦校长主席，罗致辞说："今天的毕业典礼，是具有极大的意义的。因此本人觉得十分愉快和荣幸。这次毕业的共有三个班，一、大学部四年级，二、留美预备部，三、研究院。大学部的毕业，这是第一次；留美预备部，这次确巧又是最末一次；我觉得这里面含有很大的意义。"又说："研究院的同学，这也算是最后的一班，清华的研究院，在中国是开风气之先，虽然组织方面，未尽适合，但是这一点研究空气，是极可贵的。诸位毕业后，要本在校研究的精神，去继续努力，以求贯彻来校进研究院的初衷。下年本校将正式创办各科研究院。"[55]

——自成立以来备受学界关注，同时亦遭受广泛争议甚或被攻击的清华国学研究院，本届毕业生共有10名，其中9人如期毕业，考试未过关的王静如在补齐成绩后，亦给予毕业。至此，这个在中国特殊政治、文化氛围中建立起来的特立独行的国学重镇，在开办四届后，终于以虎头蛇尾的方式完成了它的历史使命，关门大吉。当年极盛时期的五位导师，王国维已沉湖；梁启超于1927年6月因患重病及其他原因离开清华，1929年1月19日病逝；赵元任、陈寅恪、李济三人，同时投奔中央研究院以傅斯年为所长的历史语言研究所，并分别出任语言组、历史组与考古组主任。只是陈寅恪在史语所的职务属兼任性质，本人继续留在清华文学院任历史与中文系合聘教授，开始了新的人生历程。[56]

1929年7月，清华送走了旧制部与国学研究院毕业生，正式成为一所现代意义上的纯粹大学，清华的历史将沿着既定的宽阔航道继续前行。

在此前后一直处在风口浪尖的罗家伦，吸取以前的教训，答应下学期免收学生学费等，与学生的矛盾得以缓和并表面上相安无事。在这个表面平和的短暂空隙里，罗按照他此前"要想办一个完善的清华"的理想，继续实施他的发展计划。清华基金于1929年8月2日正式由董事会移交中华基金会保管，以后每月经费概由中基会拨发。当年罗争持最力的四项建筑，即生物馆、学生宿舍第四院、图书馆扩建工程和气象台，均招标动工兴建，并于1930年至1931年先后落成。在教授阵营的建设上，罗从

◎ 1931年建成的清华大学气象台，引自《清华一览》(1935年)

各大学延聘著名教授 41 人，其中有来自剑桥、芝加哥、哥伦比亚、普林斯顿等大学及东京帝大的客座教授多人，并讲师 21 人，教师队伍得以壮大，而课程方面也相应地得到增加扩展。然而，表面"励精图治"和开疆拓土的背后，一个潜在的危机始终与罗家伦形影不离，这源于罗氏对权力的攫取欲望，以及对清华优良传统与精神的挑战。

按《清华大学校史稿》记述，罗家伦在校内"实行的党化教育和个人专权的作风，早已引起具有资产阶级自由主义思想的清华师生的反感"。不但党化统治的军事训练遭到抵制而流产，学生对罗氏贯彻实行的"党义"课，也"以废话论，置之不理"，听课者寥寥无几，"连教师也不屑与那些党义教员同桌吃饭。罗家伦的市侩政客作风，也深为学生厌恶。……教师们对罗家伦不尊重教授、个人专权的作风很反感，他带来的'四巨头'教授也不满他的专断作风……"[57]

罗家伦并不是一个四六不懂、盲人骑瞎马的傻子，之所以在清华风潮迭起、自己的地位受到挑战之际，仍置若罔闻，专权无忌，就法理上言之，则缘于 1928 年 9 月通过的《国立清华大学条例》。该条例第四章"校内组织"明确规定：

△国立清华大学置校长一人，总辖全校事务，由大学院会同外交部依董事会之规定，呈请国民政府任命之。

△国立清华大学置教务长一人，主持全校教务，由校长聘任之。

△各学系设主任一人，主持各系教务，由校长聘任之。

△各学系置正教授、[副]教授、讲师若干人，由校长得聘任委员会之同意后聘任之。

△国立清华大学置秘书长一人，承校长之命处理全校行政事务，由校长聘任之。

△国立清华大学依行政及设备上之需要，得分设事务机关，分置主任及事务员若干人，由校长任命之。

△国立清华大学依校务之需要，得分设委员会，其委员由校长就教职员中聘任之。

△国立清华大学设评议会，以校长、教务长、秘书长及教授会所互选之评议员四人组成之。

△国立清华大学设教授会，以本大学全体教授组织之，审议下列事项：一、课程之编制；二、学生之训育；三、学生之考试成绩及学位之授与；四、其他

建议于董事会或评议会之事项。[58]

由以上条例可以见出，不但校内重要职员如教务长、秘书长、系主任等由校长聘任，连教授、讲师也须由校长最后划圈点头才能聘用。回顾清华的历史，自曹云祥时代起，经校内"少壮派"教授不断争取与斗争，校长被迫取消了对教务长的任命权，改由教授直选，而梅贻琦就是清华历史上第一任教授会选出的教务长。温应星继任校长后，尽管背后有奉系军阀张作霖的枪杆子做后盾，但想搞掉梅贻琦，仍须借助教授会和评议会的名义。罗家伦借助国民党势力，一到清华便全盘皆翻，揽权弄柄，唯我独尊，以非常手段号令全校教职员，此为教授反感之始。更令教授不能接受的是，罗入校后，架空教授会，导致"教授治校"的自由主义之风和作用尽失，属典型的倒行逆施，一下又回到了曹云祥、张彭春以前的时代——而这个《大学条例》，恰恰是由罗家伦自己"草拟"，呈请国民政府核定颁布的。这或许就是后来罗氏被清华师生称为"市侩政客""人格卑鄙""令人藐视、鄙弃而厌恶"的肇因。正是这诸多的前因，导致4月18日罗家伦辞职消息传到清华后，出现了吴宓日记所载教授会"挽留罗校长，则无人言之"的一幕。更有第二天评议会向教授会建议"呈请国民政府取消董事会制度，实行教授治校，校长由教授推举，呈请国民政府任命之"的决议。——需要说明的是，当时评议会的吴之椿、陈总、金岳霖、杨振声、叶企孙、张广舆六人，至少吴、杨、张等三人是属于罗一手聘用的"自己人"。而"自己人"竟在这样的非常时刻予以反水倒戈，可见人心向背，罗氏独断专行的恶果已在发酵。正如《清华大学校史稿》所言："罗家伦复职后，迫于形势，不得不向教授会作出让步，把由校长任命院长的办法改为由教授会选举二人，由校长择聘一人的'变通'办法，同时他还答应学生下学期'免收学费'，想借此拉拢师生，稳住自己的地位。但是，这并不能缓和他和全校师生的矛盾。"一旦遇到风吹草动和校内风潮，罗家伦的命运就会陷入危机。果不其然，罗氏复职不到一年，随着政局变化，清华校内风潮再起，罗氏的命运随之出现逆转。

1930年2月，蒋介石与阎锡山公开决裂。5月，以蒋介石为首的中央军与阎锡山晋军、冯玉祥西北军组成的联军展开"中原大战"，阎部旋即控制华北。汪精卫趁机与阎锡山在北平另组"国民政府"，蒋介石在北方失势。不满于罗家伦的学生会代表，趁机与北平清华校友会代表鲍明钤等辈勾结，突于1930年5月20日学生会代表大会上，提出"请罢校长自动辞职案"，掀起"驱罗运动"。其理由是罗氏长校以来，"恶迹大彰，丑态百出，箝制言论，束缚同学，滥用私人，离间分化，无所不用其极。所谓四大化——纪律化、学术化、贫民化、廉洁化——结果一化不化，言不顾行，虚伪毒诈，直一政客官僚，宁具点滴学者风味？！同学忍无可忍，于是有第二次反罗运动"。而"罗氏竟于暑假无人之际，悄悄回校矣。同学原其既往，以观后效，而罗氏不自长进，卑污险毒益厉于前，财政不公开，用人不公开，任意开除同学，广聘军阀来校演讲，报复编意毒不可挡。同学百忍之中大为失望，于是有三次反罗"[59]。只是，此次反罗的提议被大会否决，部分反罗者表示不服，欲再次召开学生大会历数罗之罪恶，誓将斗争到底，直至把罗逐出校门。

消息很快被罗家伦闻知，罗氏立即采取应对之策。第一步，暗中请同事压制学生，平息风潮，但无一教授予以援手。此种情形，如政治学系教授浦薛凤在回忆录中所言：罗"对清华大学之有成绩与贡献，自不待言。惟如自写一首诗词，意欲代替原有之清华校歌等项，不无炫耀才华，过露锋芒之处，此可于当时学生所办清华周刊几篇讥讽报道中见之。风潮既起，罗氏住入城内某巷旅社，曾嘱其亲信，邀予前往一谈。伊谓事出无端，甚不合理，盼教授方面主持公道，有所表示。予只能以容加考虑相答。思维再四，实属无从置喙，盖清华一般教授只知授课研究，其他不闻不问，根本未由商量，更谈不到表示。一九三〇年五月二十三日罗校长向教育部辞职，迟至一九三一年三月十七日行政院始决定准辞……"[60]

罗家伦鉴于面临的政治形势和校内教授保持沉默观望的态度，知道自陷于危难之地而难以挽狂澜于既倒，乃召集心腹智囊冯友兰、郭廷以等人商量对策。有人主张不应辞职，冯友兰与郭廷以则主张立即辞职，认为这是学生对校长的侮辱。且在当时的政治情势下，罗已陷于《孙子兵法》所谓的"绝地"或曰"死地"，是故"疾战则存，不疾战则亡。……散地则无战，轻地则无止，争地则无攻，交地则无绝，衢地合交，绝地无留"，非走不可。若走，就要抢在学生会再次召开之前，主动辞职，以保留体面。罗思前想后，终于下定决心，于5月22日在学生再度开会之前，以"学风凌替"为名，拟就辞职书，于23日正式向教育部提交辞呈。文曰：

　　窃家伦奉命忝长清华，迅及二载，整理建设略有端倪。处此螗蜩沸羹之际，苦心维持，无非欲为国家教育保存元气。乃五月二十日学生会代表大会，竟有学生提出关系校长进退之议案，二十一日经学生全体大会多数否决。此等现象在当今虽习不怪，但出自家伦所悉心发展属望最殷之清华，殊非愿见。想亦诚信未孚，有以致之。虽此项议案经大会否决，可见公理自在人心，学生中殊不乏明达事理爱护学术事业者。且家伦受命党国，直隶钧部，进退权衡，自知所属。惟此等现象，不得谓非学生学风凌替之征兆。家伦认为学风虽致凌替，士气不可不存。为此恳请钧部准予辞职，另简贤能，不胜感戴。[61]

呈文发出，罗家伦当日即离校南下，一去不返。之所以如此决绝又痛快，正如郭廷以等人为其所做的辩护："因为他根本否定学生有与闻校长进退之权。"[62] 由一校之学生，决定作为党国大员的校长进退，罗家伦尚来深恶痛绝，从心理上不能接受，遂一走了之，以免受辱。

罗氏的离去，除所痛斥的"学风凌替"等因外，尚有另外一些缘由。后来罗曾撰文披露："我离开的主要原因，是因为阎锡山和冯玉祥联合叛变，勾结汪精卫在北京设立扩大会议，另组政府。当时物理系教授萨本栋先生开始在物理系装置了一架收音机，被阎锡山知道了，以为我们与南京通消息，派人前来搜查，前后在清华搜查过两次，并且预备一个山西人，是以前清华的毕业生，来做校长。这个时候，人心自然浮动起来，我在这种环境之下，更不能留在北京了，所以由天津坐海轮南下。"[63]

对于罗家伦在清华二年的功过是非，以及失败的原因与教训，罗的好友、清华历史系教授兼主任蒋廷黻在回忆中曾有过如下评价："校长罗家伦是国民党忠实党员，同时他也是教育界优秀的学者。虽然他忠于国民党，把国民党的三民主义订为课程，但他毕竟是个好人，是个好学者，所以他不想把清华变成任何一党的附属品。一九三○年春，当北方军阀阎锡山和冯玉祥反对中央时，有一个时期，看起来好像他们就要成功了。此一成功远景使某些阎氏左右的学者煽动一次学潮反对罗校长。清华教授中有些是不满罗的，因为他是个国民党员。他们认为罗的办学政治色彩太浓，不适合他们的胃口。再者罗校长过去和清华没有历史渊源，因此也使他遭到不利。此外，他是一个在各方面都喜欢展露才华的人，此种个性使他得罪了很多教授。所以当反罗运动一开始，多数教授都袖手旁观，不支持他。一九三○年的清华学运，使罗校长离开清华。"[64]

罗家伦离校后，教部表示挽留，罗坚不回头。为表示决不再作冯妇的决心，罗家伦应武汉大学校长王世杰之聘，出任该校历史系教授。而他当年带入清华的嫡系人物如杨振声、郭廷以、马星野等，也在他离校前后星散而去，清华园又在动荡不安的螗蜩沸羹中开始了新的轮回。

注释

[1][5][12][27][28]《整理校务之经过及计划（上董事会之报告）》，载《国立清华大学校刊》，第一二号，1928 年 11 月 23 日。

[2][4] 罗家伦《学术独立与新清华》，载《清华大学史料选编》，第一卷，清华大学出版社 1991 年出版。

[3][11][20][24][35]《冯友兰自述》，冯友兰著，中国人民大学出版社 2004 年出版。

[6] 马星野《我所认识的罗志希先生》，载《传记文学》，第三十卷第一期，1977 年。

[7] 周培智《五十年前的清华》，载《清华校友通讯》，新六十七期，新竹。

[8][21][48][50]《吴宓日记》，第四册，北京三联书店 1998 年出版。

[9]《清华大学校史稿》，第 23 页。另，据《史稿》记载：1925 年，清华学生 342 人，教职工总数为 413 人。学生与教职工之比为 1∶1.2，也就是说，每一学生即有一个多教职工为其服务。学生与教职员之比则为 1∶0.67。而当时的复旦、山西等大学则仅为 1∶0.1 左右。这一比例说明清华在人力上的耗费与学生的优越生活。

[10][16] 钱端升《清华学校》，载《清华周刊》，第 362 期，1925 年 12 月

[13][17][18][19][23][25][26][30][33][34][52][63] 罗家伦《我和清华大学》，载《罗家伦与张维桢——我的父亲母亲》，罗久芳著，百花文艺出版社 2006 年出版。

[14] 关于中西教授居住情况对比，罗家伦有一个有趣的回忆。罗说："清华改为正式大学之后，教授人数增加，尤其是单身教授宿舍不够分配，于是定一个办法，请单身的教授每人只占用一间房。吴宓教授一人住了三个房间，并且请梁任公先生题了一块匾名谓'藤影荷香之馆'，现在要他让出二间事，自然他不高兴极了。但是我想不到他会写封正式的信给我，说是若是我要他让出这两间房间来，他要跳后面的荷花池自杀。我自然站在行政立场上，为解决其他没有宿舍住的教授的困难，一定要使这项行动的规定行得通。可是我也不愿意一个教授因此而自杀。好在办理事务的人是一位老清华毕业生，吴宓的旧同学，经他再三设法，居然办通了，我因此也免除了迫死人命的罪嫌。"（罗家伦《我和清华大学》）

[15][57]《清华大学校史稿》，清华大学校史编写组编著，中华书局 1981 年出版。

[22] 冯友兰《五四后的清华》，载《过去的大学》，钟叔河、朱纯编，长江文艺出版社 2005 年出版。

[29]《国立清华大学董事会第一次会议决议案》，民国十七年十一月二十九日至十二月三日，转引自《抗战前的清华大学》（1928—1937），苏云峰著，台湾"中央研究院"近代史研究所 2000 年 8 月出版。

[31][32][40]《罗校长与上海记者谈话》（1929年4月16日），载《清华大学校刊》，第61号，1929年4月26日。据清华校史研究专家苏云峰推断，"依清华师生后来对外交部的攻击言论看，这两位拍桌子者应为清华出身之外交部次长唐悦良和参事张歆海"（《抗战前的清华大学》，第42页）。

[36][37][39]《罗校长辞职原呈》，载《国立清华大学校刊》，第五八号，1929年4月17日。

[38]《罗家伦在贵阳清华同学会集会上的谈话》（1941年10月24日），载《清华大学史料选编》，第二卷（上），清华大学出版社1991年出版。

[41]《国民政府教育部训令》，部字第572号，载《国立清华大学校刊》，第六二号，1929年4月29日。

[42] 清华学生代表曹盛德等呈《请改订〈清华组织条例〉并设法〈巩固经济基础〉一案》，民国十八年四月二十四日，转引自《抗战前的清华大学》，苏云峰著，台湾"中央研究院"近代史研究所2000年出版。

[43] 中华教育文化基金会（China Foundation for the Promotion of Education and Culture），原名中华教育文化基金董事会，简称为中基会，成立于1924年，是以促进中华教育与文化事业为宗旨的财团法人。

1924年，在亨利·卡伯特·洛奇（Henry Cabot Lodge）、孟禄（Paul Monroe）、韦棣华（Mary Elizabeth Wood）等人推动下，时任美国总统（第30任）的约翰·卡尔文·柯立芝决定第二次退还总计约1250万美元的庚子赔款余额。5月21日，柯立芝批准交还中国庚子赔款余额议案，并由美国国务卿休斯照会中国驻华盛顿公使施肇基，将悉数退还庚子赔款余额，并说明庚子赔款作为发展中国教育文化事业。7月24日，中国教育联合会退还庚款委员会通电主张庚款应全部用于扩充教育及文化事业，坚决反对以其他理由"垂涎攫取"。在全国教育人士强烈呼吁下，于1924年9月17日，北京政府批准设立中华教育文化基金会。

1924年9月18日，中华教育文化基金会在北京外交大楼召开成立大会，推范源濂为会长，孟禄为副会长。该会主要任务是负责保管、分配、使用美国退还的庚子赔款。基金会由颜惠庆、张伯苓、郭秉文、蒋梦麟、范源濂、丁文江、黄炎培、顾维钧、周诒春、施肇基10人及美籍人士孟禄、杜威、贝克尔、噶理恒、白纳脱5人为董事，联合组成董事会。

自1924年至1949年间，中基会共计补助中国大专院校233次、研究机构139次、教育文化事业团体147次，其中包括帮助国立北京大学解决财务问题、建立国立北平图书馆等。1950年"中基会"迁往台湾，此后至1970年为止共投入100余万美元推动教育事业发展。

[44] 关于基金解决的内幕，罗家伦后来在贵阳清华同学会上有过一段较为详细的叙述："我离开北平南下时，已有一点布置。我去访美国公使马慕瑞，把详细的内幕，直率的告诉

他。他才开始了解。我拟了一个办法，就是基金会不归保管委员会管，也不归清华大学校长管，而交给中美人士合组的中华教育基金董事会代管。主权属于清华，支配权属于教育部，保管权属中华教育文化基金董事会。这办法有两种好处，一种是这个董事会有中美社会的信用，而且有投资的经验。一种是我要避免由校长来管理。"此法得到马慕瑞公使的赞成。"等到我的谈话发表，政府和社会都注意到清华基金安全问题的时候，于是行政院通知教育部和外交部在南京召集保管委员会商议处置问题。马慕瑞不能南下参加，于是派驻南京总领事泼莱士代表。"后来泼莱士不但在开会时赞成，而且主张罗氏的办法。外交部官员无法再拿美国方面来要挟，只好同意，于是会议顺利通过，清华基金问题迎刃而解。（《罗家伦在贵阳清华同学会集会上的谈话》）

[45] 关于清华改隶问题，据罗家伦说还有如此内幕：清华改隶，按正当手续，须由行政院会议决定。当时大学院已改为教育部，部长是蒋梦麟。蒋虽对罗的主张表示"同情"，但不愿意在行政院会议上与外交部部长王正廷发生直接冲突，以避免争夺机关的嫌疑。当时在行政院之上还有一个国务会议，由国民政府委员组织，是国民政府的最高会议，行政院所属的部长都不能出席。于是，罗找到出席的委员戴季陶与陈果夫，二人表示支持。接着在会议召开的前一天与当天，再找主持会议的蒋介石与谭延闿和出席会议的孙科，请求帮助，得到三人支持。于是，在5月中旬召开的国民政府第二十八次国务会议上，罗家伦提案通过，清华大学归隶教育部管辖。

[46]《清华学校突发生风潮》，载《世界日报》（教育界版），民国十八年（1929年）三月二十五日。

[47]《评议会第七次会议纪事》，载《国立清华大学校刊》，第五六号，1929年4月10日。

[49] 马全鳌《此次运动的"三要"》，载《清华大学校务改进特刊》，第一期，1929年4月11日。

[51][53] 李景清《清华校潮的前后》，载清华《消夏周刊》（欢迎新同学专号），1930年9月1日。

[54][55]《校闻》，载《国立清华大学校刊》，第八二号，1929年7月6日。另据《清华大学校史稿》载，自1911年清华学堂开办，到1929年留美预备部结束，共计派送留美生1279人。其中留美预备部毕业生973人，被派送留美的有967人，另有6人因各种原因未出国。加上最初三批直接留美生180人，幼年生一班12人，考取直接留美的女生七批共53人，专科生九批共67人，总计派送留美生1279人。此外，还有以庚款津贴的留美自费生476人，特别官费生10人，各机关转入清华的官费生60人，以及"袁氏后裔生"（袁世凯家族）3人。这一时期的清华留美生，照例都是经过直接考选或在清华学校毕业后派送，但也有徇情舞弊之事发生。如1910年在第二批直接留美生赴美途中，忽然发现一个学生长高了许多，原来是没有考取的哥哥顶替了考取的弟弟，负责人也未加追究。又如驻美

公使夏偕复把自己的儿子送去顶替一个已故的幼年生等等。

[56] 清华国学研究院在开办短短四年历程中，前后招生 74 人，中途退学或未获毕业者 4 人。毕业后尚未工作或工作不久即病亡的 6 人。其余 60 余人或执教于大中学校，或任职文化学术机构。其中陆侃如、王力、姜亮夫、刘节、周传儒、张昌圻、杨鸿烈、黄绶、宋玉嘉、蓝文徵、方壮猷、王静如、吴金鼎等十几个人，先后赴欧美、日本等院校或学术机构深造，归国后仍服务于文化、教育、学术研究机构。整个国学研究院毕业生在各自领域做出较大贡献，并在社会有一定学术地位的大家、名家有姚名达、吴其昌、吴金鼎、王庸、罗根泽、刘盼遂、方壮猷、蓝文徵、刘节、杨鸿烈、陆侃如、卫聚贤、谢国桢、杜钢百、王力、高亨、王静如、徐中舒、姜亮夫、周传儒、戴家祥等。所谓"名师出高徒"，在清华国学研究院再次得到了验证。

又，据 1934 级毕业于清华外语系的季羡林回忆说：清华是当时两大名牌大学之一，前身叫留美预备学堂，是专门培养青年到美国去学习的。留美若干年镀过了金以后，回国后多为大学教授，有的还做了大官。在这些人里面究竟出了多少真正的学者，没有人做过统计，我不敢瞎说。同时并存的清华国学研究院，是一所很奇特的机构，仿佛是西装革履中一袭长袍马褂，非常不协调。然而在这个不起眼的机构里却有名闻宇内的四大导师：梁启超、王国维、陈寅恪、赵元任。另外有一名年轻的讲师李济，后来也成了大师，担任了台湾"中央研究院"的院长。这个国学研究院，与其说它是一所现代化的学堂，毋宁说它是一所旧日的书院。一切现代化学校必不可少的烦琐的规章制度，在这里似乎都没有。师生直接联系，师了解生，生了解师，真正做到了循循善诱，因材施教。虽然只办了几年，梁、王两位大师一去世，立即解体，然而所创造的业绩却是非同小可。我不确切知道究竟毕业了多少人，估计只有几十个人，但几乎全都成了教授，其中有若干位还成了学术界的著名人物。听史学界的朋友说，中国 20 世纪 30 年代后形成了一个学术派别，名叫"吾师派"，大概是由某些人写文章常说的"吾师梁任公""吾师王静安""吾师陈寅恪"等衍变而来的。从这一件小事也可以看到清华国学研究院在学术界影响之大。（《读书与做人》，季羡林著，国际文化出版社 2009 年 7 月出版）

[58] 清华大学档案馆藏，载《清华大学史料选编》，第二卷（上），清华大学出版社 1991 年出版。

[59]《最后消息》，载《清华周刊》，第 34 卷第 1 期，1930 年 10 月。

[60]《万里江山一梦中》，第 154 页，浦薛凤著，黄山书社 2009 年出版。

[61]《罗校长辞职离校校务交校务会议处理》（1930 年 5 月 22 日），载《国立清华大学校刊》，第一七八号，1930 年 5 月 23 日。

[62]《教育杂志》，第 22 卷第 6 期，第 245 页，民国十九年六月。

[64]《蒋廷黻回忆录·清华时期》，蒋廷黻著，岳麓书社 2003 年出版。

第十章　驱逐校长风潮

● 乔万选校门被拒

　　罗家伦在上呈教育部的辞职书洋洋大文中，把学生骂了个狗血淋头，以决绝的态度和悲剧英雄的气概，呈大义凛然状离校出走。未久，一个看似比罗家伦还要强悍、名叫乔万选的牛人，以新任校长的名义伴着浩浩荡荡的威势，神兵天降般出现在清华师生面前。

　　乔万选乃山西人氏，1896 年生，属阎锡山同乡。清华学校 1919 级毕业生，1921 年于威斯康辛大学政治系获学士学位，1922 年获哥伦比亚大学法学硕士，1926 年获博士学位。归国后，乔氏出任上海租界临时法院推事、东吴大学法学院教授、中央大学副教授、山西党政学院主任、国民政府内政部统计司司长等职。"中原大战"爆发前，乔氏受阎锡山之邀，在阎氏司令部幕府充当幕僚。当蒋、阎即将决裂，中原大战一触即发之际，乔万选见阎锡山对清华大学教授萨本栋等人于校内制造安装无线电台的做法产生怀疑，继而对罗家伦等蒋系人员把持校政不满，便有了驱逐罗家伦、自已入主清华的打算。经与北平、上海等地清华毕业同学会鲍明钤、邱大年等密谋，鲍、邱等人以"清华为清华人之清华""校友治校"为号令，暗中与清华部分师生串通，力荐乔万选为清华新任校长，并致电要求清华师生"共同拥护"。同时暗中怂恿少数清华学生组织"护校团"，联络部分教授，进行"驱罗拥乔"活动。[1]当此之时，清华毕业同学会鲍明钤等想趁蒋介石势力退出北平而阎锡山派系控制华北，罗家伦在清华已成困兽之机，助乔氏进校，以便"攫取一块肥骨头"。而清华校内部分驱罗健将，趁机"抓住清华同学会的势力，去达到他们驱罗的素愿"。倘若事成，毕业同学会方面可借助乔氏的力量"爬进清华园大门"，驱罗的学生"让近水解渴的乔氏进来堵住罗家伦的回路"，借机将罗这只老虎一棍打死，"他们诸位，就可以高枕而卧，免得再做罗家伦回校整顿校风的恶梦"。[2]如此这般，双方为了各自的利益，里应外合，一声喊杀，终于把罗家伦斩于马下。鲍明钤等辈不失时机地致电阎总司令，以清华同学会与清华校内师生的名义，力荐乔万选入主清华。在无可推卸的"民意"拥戴下，乔万选被大权在握的阎锡山任命为国立清华大学校长。

消息传至清华，全校大哗，多数师生表示不满与愤慨，学生会几位头目更是横鼻子竖眼，认为："乔万选根本就很少有人听说过，他到底是怎样的一个人，我们一点全不清楚。……主要原因，当然是因为他资望太浅，但'由阎总司令任命'的方式，也是我们很不赞成的。"[3]

其实，乔万选乃当年清华园中的风云人物，且一度出任清华学生会会长，著名的"五四运动健将"。据与乔万选同级的陈长桐回忆说："'五四'最初是学生热心国事的运动，本人不但参加了，最初清华还是主力。那时的动机纯洁，后来影响重大，在世界学潮中是最有价值的（有的目标不对）。本人当时正任学生会会长，发起爱国运动时，每天晚上都在体育馆召集同学集会，对外策动号召力量很大，而行动言词等等却极有分寸。记得后来乔万选作会长了，我们排队进城游行前后，赵副校长国材还说：'不管怎么样，如出问题惟陈长桐是问。'不幸请愿游行上来就出了命案……"[4]这个插曲，意在表示像罗隆基自诩的"九年清华，三赶校长"一样，是谓同学少年皆不贱，都是一方好汉。惜乔万选后来放洋没弄出什么动静，归国后亦没在教育界主流团体中混事儿，且渐渐偏向于政客幕僚者流，在学问与教育文化方面毫无建树，竟至成为世人无从提起且被清华校友遗忘于历史陈迹中的默默无闻的人物。不仅如此，连当时比乔万选风头更健，被梁实秋誉为具有天生领导才能的学生会长陈长桐，都少为清华晚辈与社会各界闻知，与北大的傅斯年、罗家伦、段锡朋、张国焘等闻名于世的"五四健将"，甚而清华的后起之秀罗隆基、闻一多、潘光旦与晚生吴晗等相继在校园内外暴得大名的诸辈相较，这实在令人费解兼不可思议，并为之唏嘘叹息（梁实秋谓陈长桐"以后不走进银行而走进政治，他一定是第一流的政治家"）。

当然，在反对乔氏"借着军阀的力量，来把持清华校政"的同时，更多的清华学生意在反对清华同学会"勾结军阀"，来"趁火打劫"，实现他们"清华人治清华"的"门罗主义"。[5]另有学生发出警告："罗家伦假政治势力来长校，我们不能留他；如果有人以军人势力来闯进清华，就叫他带着卫队，我们在手枪与大刀的威迫下，也不能允许他来。"[6]如此一番大呼小叫的抵抗攻伐，令乔万选一股势力警觉起来，为达到顺利接收清华的目的，清华同学会鲍明钤联络同道中人，与校内部分"驱罗拥乔"健将及乔万选身边的幕僚政客，共同研商决定走武装夺取校中大权的道路。在请示阎锡山并得到许可后，拥乔者胆气更盛，决定不惜以武力和流血，强行接管清华。

1930年6月25日上午，乔万选携武装卫兵和秘书长、庶务主任等一批人马，乘坐三辆军用汽车，威风凛凛地向清华园驶来。此时，早已得到消息并有所准备的清华学生，打着"拒绝乔万选"的大旗，由学生会组织的护校委员会纠察队率领，将乔万选一行阻于校门之外，单请乔随纠察人员到校内小礼堂同方部喝茶。其间，横眉冷对的学生说出了拒乔的理由与清华师生的决心，并"要求他当场签字，保证'永不任清华校长'。乔万选在众生喧嚣中碰了一鼻子灰，只得签字画押，灰溜溜地被赶出清华校门"[7]。

学生的行动不仅使乔万选当场受辱，也让阎锡山难堪。如果阎总司令不堪清华师生对自己幕僚的羞辱，在火头上发起威来，下个什么命令再次武装进入清华，即使接收受挫，清华也必蒙受重大损失。为消弭矛盾、化解怨气，争取清华和平过渡，尚算理智的清华校务委员会当晚致电"太原总司令"阎锡山，明确表示态度：

> 本日乔万选先生来校接任，为学生劝阻。窃清华自罗校长辞职后，校务由教务长、秘书长及各院长所组成之校务会议维持，学生学业丝毫未受影响，经费则自去春起由美使馆按月拨给，中华文化基金委员会依法定手续转交清华正式当局。清华基金亦由该会保管，永不动用。现在所有计划均能照常进行，诚属不易。清华非行政机关，以非常手段处理，则校务及经费必生困难，谅亦非钧座素日爱护教育之本心。至学生此次举动纯出爱校热忱，其心无他。诚恐远道传闻失实，谨此电闻。[8]

两天后的6月27日，清华教授会就乔万选入校被阻事件，开会议决并发表宣言，谓："本校不幸因校长问题引起纠纷，同人等职在教学，对于校长个人之去来本无所容心。惟本校为最高学府，一切措施应以合法手续行之，校长自应由正式政府主持教育之机关产生，若任何机关皆可以一纸命令任用校长，则学校前途将不堪设想。"本校现由校务会维持，所有计划照常进行，基金亦不受任何方面干涉，"所愿学校行政亦能超出政潮独立进行，俾在此兵戈扰攘之中，青年尚有一安心求学之处。倘有不谅此衷别有所图者，同人等职责所在，义难坐视。谨此宣言"[9]。

评议会 25 日致阎锡山电文尚有解释、疏通、平息对方怒气之意，此次教授会宣言，则不卑不亢地宣示清华师生态度，最后几句则绵里藏针，暗含刀锋。鉴于清华的现实境况与师生正气凛然的强硬态度，正与蒋介石刀兵相见、欲一决雌雄的阎锡山，自然不愿为一个校长职位开罪清华师生，引爆反阎拥蒋学潮。遂迅速"电饬"清华评议会，收回成命，着令乔万选"返晋"。就此，乔万选的清华校长之梦彻底破灭。[10]

"驱罗拒乔"风潮过后，清华一切事务由校务会议负责处理，例行公事则先后由叶企孙、冯友兰"判行"。但清华园并未平静，仍是暗潮涌动，刀锋待起。时蒋介石与阎锡山、冯玉祥大战正酣，又有南北两个"国民政府"互相指斥叫骂，交战各方皆无暇顾及清华大学校长人选。拥乔的清华毕业同学会鲍明钤、邱大年等辈，不甘心自己的失败，再度与清华校内拥乔健将密谋，想出了三条锦囊妙计：

一、攻击学生代表大会非法；
二、运动乔万选实行武装接收；
三、设法把打着护校委员旗号、蹲守大门，阻止乔万选进入清华的学生干将李景清等辈逮捕监禁，扫清乔再次接收清华的绊脚石。

惜以上三条，经过或明或暗的试探，屡试屡败，只得放弃。继而，鲍明钤等再度与校内拥乔派联手，对罗家伦带来的嫡系予以多方攻击，不惜祭出借刀杀人之计，暗中在校内张贴拥护冯友兰、吴之椿的匿名标语，而后再借助《民言报》等媒体，发表"冯友兰运动长校""吴之椿阴谋长校"等谣讯[11]，以迷惑人心，令不知底细的师生掀起风潮，将罗系人马全部赶出清华，然后再进行拥乔入校行动。

正当校内外诸方力量为校长人选扭打在一起、纠缠在一处，清华学生会部分人员和拥乔派相互攻伐之际，于 8 月中旬又忽然成立一个新的派别——"正义团"，猛烈抨击所谓校内的"护校团"勾结乔万选不成，反过来拥护冯友兰为代理校长。

"正义团"发表宣言，一方面表示要"打倒反复无常的冯友兰、吴之椿"，另一方面又"拥护有声望、有学识、有经验、超越清华各个派别的党柱石为清华校长"[12] 虽二说前后矛盾、暧昧不清，但围绕校长人选的混战仍连续不断，新招迭出，令观战者为之眼花缭乱。夹缝中的冯友兰更是哭笑不得又无可奈何，他在写给罗家伦的信中诉苦说，虽自己并未"运动长校"或出任代理校长，但确实"加入漩涡"，勉强"支此危局"。[13]

如此反复折腾喧嚣，弄得主持事务的清华校务委员会人员疲惫不堪，叫苦连连，乃拍发数电致南京教育部，令其迅速解决校长问题。1930 年 9 月，一直按兵不动的张学良宣布出关助蒋，呈胶着状态的中原大战有了新的转机。

中原大混战爆发不久，蒋介石即派人到东北拉拢奉系军阀张学良入关相助。自"东北王"张作霖由北京退回关外在皇姑屯被日本人炸死之后，其子张学良经过短暂沉默，于 1928 年 6 月 19 日，在奉军元老推戴下出任奉天军务督办。7 月 4 日，张学良出任东三省保安司令，兼东三省巡阅使、陆军上将。自此，年仅二十七岁的小六子张学良开始主政东北，江湖上号称"少帅"。1930 年 9 月 10 日，张学良与蒋介石派来的特使达成秘密协议，并在沈阳北陵别墅召开东北军高级将领会议，宣布出关助蒋。18 日，张学良发表拥蒋通电，同时率十余万东北军入关攻击阎、冯联军。因张部虎狼之师突然窜入关内，胜利的天平很快倾向蒋介石一方，阎、冯联军土崩瓦解，作鸟兽散。9 月 21 日，奉军占领天津。24 日，眼见大势已去的阎锡山发表通电，声明罢战退兵。26 日，奉军进驻北平。至此，平津、河北的政权被东北军全部接收。10 月 9 日，蒋系讨伐阎、冯的军队占领洛阳，阎、冯所属十万军队被俘，中原大战宣告结束。同日，张学良在沈阳宣布接受国民政府主席蒋介石委任的中华民国海陆空军副司令一职，在北平设置行营，全权掌控东北军政，兼理整个华北地区军政事务，收编阎、冯联军残兵败将，扫荡其在北方的势力，驱散汪精卫、阎锡山等组织的北平"国民政府"。蒋介石及其同党在北方再度立稳了脚跟，从阎、冯手中夺回华北地盘和一切权力机关，清华复又成为无可争议的、南京政府教育部隶属的国立大学。

平津乃至华北地区乱象既已平息，南京教育部迅速发表训令，令清华教授周炳琳暂行代理校务，并促罗家伦从速返校主持。此一训令，就国府而言，是对驱罗的清华学生施以颜色，更是对乔万选为校长的非正朔命令不予承认，并给跟随汪、阎、冯等的残余势力一个回击。在国民政府掌权者眼中，罗家伦对清华贡献甚巨，而清华学生竟在党国危难之际借机对罗发难，此乃对党国的不忠不孝，无论是教部还是罗家伦本人，都不应对清华学生反对势力示弱服软，必须予以抑阻并当头棒喝。时罗家伦已受命出任中央政治学校教务长兼代教育长（校长为蒋中正），主持实际事务。接到训令后，罗拒回清华，而被任命代理校务的周炳琳，尽管"很有办事能力，但不接受，大家劝他，他还是拒绝"[14]。与此同时，清华学生会得此消息，大感"事出意外"，于10月16日晚召开常务会议，表示坚决拒罗回校，并电请教部批准罗氏辞职案。

在各方角逐争持中，1930年冬，周炳琳、冯友兰、郭廷以等三人受清华评议会委托赴南京，劝罗返校继续坐他那把已灰尘遍布且有虫蠹的校长椅子。罗因有了自己顺手的事业，同时也为了出一口恶气，拒不接受。于是，清华校长人选再次成为各派议论争夺的焦点。据郭廷以回忆说："此时冯友兰的《中国哲学史》已出版了，名气很大，他是文学院院长，校务委员会的实际负责人，我冲口而出说：'你来做。'他说：'这个千万做不得。'我说：'你是黄老。'罗先生有意支持翁文灏接校长，但陈果夫提由吴南轩接。陈果夫在发表前见到我，问我意见，我说：'人选要慎重一点。'他说：'你认为吴南轩不合适？'当然我也不便于再表示什么。"[15]郭氏的说法得到了时为国民政府简任秘书，处理经济、教育、外交方面文件与事务的钱昌照证实，钱说，罗有意让翁文灏出长清华，但国民党CC派陈果夫借机插了一杠，力荐其嫡系吴南轩就任。[16]

转眼到了1931年春，北方大局已定，清华校内仍在扰攘之中。时杨振声已远赴青岛长山东大学，教授会推举本校教授萧遽代理教务长。未久，学生会代表大会议决，请求教授会解除萧遽职务，又不满意图书馆主任洪范五，要求撤换，且多次提案要求全部减免学费。又，地理系学生用地理学会名义，径函电该系曹国璋教授，请其自动辞职，而"事前未向校务会议陈述理由，事后复不服谆词训诫"，并发表宣言对校务会议质问云云。校务会见学生得寸进尺，步步进逼，遂采取不合作态度，于对方提出事宜虚与委蛇。而学生方面自是不满校务会议所为，乃以"神龙无首，终嫌周转未灵，发展匪易"为名，于3月3日推举学生代表晋京"请教育部从速简贤长校"，并提出以周诒春等为校长人选。冯友兰、叶企孙为首的清华校务会见学生如此不识抬举，且逼迫要挟，便不再沉默，于1931年3月10日，以"应付穷竭，弥感丛脞。最近事端萦扰措理，益趋困蹶。遂使智尽能索，实难继续维持"为由，呈国民政府教育部第103号文，"恳准辞卸维持责任，并乞速予解决校长问题"。[17]

南京教育部面对晋京请愿学生和校务会议呈文，知清华校长一事不能再行拖延，乃提交 1931 年 3 月 17 日召开的十六次国务会议。会上，经各方势力明争暗斗，最终通过了罗家伦辞职、吴南轩出任清华校长的任命案。

◎ 吴南轩走避东交民巷

吴南轩，江苏仪征人氏，1893 年生。1919 年复旦大学预科毕业，同年赴美国留学，在美国加利福尼亚大学攻读教育心理学，1923 年获硕士学位，1929 年获教育学博士学位，号称心理学专家。归国后，任中央政治学校教务副主任，属于党国着重栽培的第三梯队青年干部。

当吴南轩出长清华的消息传到纷扰喧嚣的清华园，多数师生深感意外。此前，据晋京向教育部请愿的学生代表呈言，清华师生对校长人选最中意的是周诒春，另有赵元任或胡适。惟国府认为"周诒春坚辞不就，赵元任非办事人才，胡适言论乖谬，违反本党主义，碍难任命"，予以否决。[18] 于是，清华学生会再次派出学生代表刘汉文（政治系）、林文奎（地理系）、汪镰（经济系）等，赴南京找教育部质询何以不尊重学生意见随便派任校长？时国府主席兼教育部部长蒋中正强压怒火，于国务会议召开的第二天接见三位学生代表，以"新校长学识极优，学生以后不可干预校政"等语，当场对学生给予训斥。[19] 三代表忍辱含诟出门，心中不服，表示要面晤新任校长吴南轩，观其能否胜任，否则决不干休云云。

3 月 23 日，吴在南京中央学校接见清华晋京学生三代表，学生提出兴革计划及十八点建议事项，略谓：校长应用全副精神办理清华，以学生为中心，尽量采纳同学的意见，用人唯才，财务完全公开；特别慎重教务长人选；增加建筑；增加学生毕业旅行津贴；取消学习音乐一切费用；减收学费……吴南轩听罢，当场向他眼中的几个北方瓜娃子宣示自己的治学

◎吴南轩

理念与主张，略谓：

（一）将遵照蒋主席整饬学风的意旨及教育部所核定的长期发展计划，以大无畏精神，稳健步伐去执行。

（二）在人事方面，将本大公无私态度，推诚相见，绝不玩手段，"用人只重品学才能，无派别门户之见"，不带私人，也不轻易更动现职人员。

（三）对于学生，强调"同学应注重自身学德的修养，少分心注意于学校行政方面，盖学校行政之事，应完全由校长负责"。[20]

尽管学生对吴南轩信誓旦旦的保证有些怀疑，并对其盛气凌人的态度与"学生治学、校长治校"的理念加口号颇为抵触，且与学生会对校长人选"原定标准相差甚远"。但鉴于"自驱罗拒乔以来，校长一席虚悬十月"，清华园内纷乱不止，是非蜂起，亟须一根定园神针稳定局势。而清华学生"亦非崇拜偶像之徒，所求者不过其人确能发展清华而已。蒋主席既一力担保于前，谓其必能愉快胜任。而吴氏复发表谈话于后……本校学生亦因之以为必完全无望，所以任吴氏来长清华也"。[21]

1931年4月3日，南京政府兼理教育部部长职务蒋中正式发表550号训令：

开奉　国民政府令开，国立清华大学校长罗家伦呈请辞职。罗家伦准免本职，此令。又奉　令开任命吴南轩为国立清华大学校长，此令。[22]

从这个训令可以看出，南京政府如同不承认汪精卫、阎锡山在北平组建的"国民政府"一样，同样不承认阎锡山下令的乔万选为国立清华大学校长的任命。南京政府认为，国立清华大学校长"正朔"继承人，罗家伦之后便是吴南轩，压根就不存在乔氏其人。令国府主席蒋中正、国民党CC派系陈果夫、陈立夫兄弟，以及吴南轩本人大为尴尬的是，吴氏在清华甫一亮相，尚未走场，便引起师生极大不快，驱吴风潮的引爆似在旦夕之间。

1931年4月20日上午10时，吴南轩在清华大礼堂举行宣誓就职典礼。

一如罗家伦宣誓就职时的铺张豪华，吴南轩从各处请来一批"党国要人"与"中流砥柱"，以及北平党政军警的"代表"前来"监誓"。一时间，清华园内冠盖云集，车马喧嚣，威风凛凛的场面透着一股莫名其妙的煞气与晦气，一种黑色的云雾扭成绳状在清华园上空盘旋蠕动，似有一种不祥的预兆。虽清华师生对有CC背

◎ 1931年，清华大学教授于北院合影。右起：张奚若、萨本栋、周培源、金岳霖、陈岱孙、钱端升、施嘉炀

景的政客极不感冒，特别是风尘仆仆、汗渍淋漓的学生，面对"这盛世，如你所愿"的虚华浮躁，从心底里表示"所不愿"，但之前已折腾得精疲力竭，"从学校前途计，不愿多所举动"，因而采取"且视后效"的态度，暂时没有发作。[23]据清华教授陈岱孙说："吴南轩是国民党内部以陈果夫、陈立夫为首的所谓CC集团中的一个二流人物，他所带来的班子当然是这个派系集团的麾下走卒。CC集团一向采取以抓住高等院校为控制学术、思想阵地的策略，清华是他们极思染指的学校，吴来清华是负有这个使命的。当时清华师生对这一企图是十分清楚的。所以，在吴举行的就职典礼会上，就有一位同学从会场中站了起来，对代表'国府'致辞的张继迟到一个多钟头的官僚派头和其致辞中种种荒谬言论，提出质问和批评，使台上诸公窘态百出，只得草草收场。"[24]

从这一刻起，吴南轩与师生的冲突正式拉开。结果是，未出两个月，便"激起全体同学之公愤，引起教授之反抗"。众师生在忍无可忍之下，"驱吴运动"爆发，起引领和主导作用的清华同学会，历数吴南轩四大罪状及学生行动经过：

一、利用私人失却信用。

吴氏到校以前，郑重声言决不任用私人，实其时已定陈石孚为教务长、朱一成为秘书长，而对外则严守秘密，有询之者，则绝对否认。来清华后，对前教务长之辞职，假意挽留，同时发表陈朱二人分任教务长、秘书长两要职。不久，又以会计科无报告，撤换会计科主任。庶务科、文书科两主任碍于行事而辞职，吴氏更不假思索，任以私人焉。至于全体同学所不满之图书馆主任洪范五，则以私人关系不加更换。此吴氏失却信用之第一声也。

二、院长问题引起怀疑。

吴氏到校以后，积极扩充其个人权限，有隙即入，无孔不钻。清华素以教授治校为原则，吴氏深忌之，盖妨碍其进行也。本校校章规定，三院院长，均须由教授会每院推举二人，由校长在二人中任命一人。吴氏坚不承认，任意指明三教授为院长，三教授均以手续不合法，未便允就。吴氏则坚持其主义，以为院长宁可暂缺，个人主张，绝不能捐弃，以致院长问题，迄未解决。校务会议无从组织，而校务亦无从发展。此外，平时吴氏对于教授蔑视有加，谓教授系雇用者，但不知如何用法也。

三、招待同学用意安在。

院长问题既难解决，吴氏乃分日招待在校毕业同学及一二三年级同学，飨以茶点，冀图博得同学方面之好感，并发表谈话，任意攻击教授，破坏师生间之情感。关于院长问题，则谓教授有心作难。此外并极力担保毕业级同学之饭碗问题，其一片用心，实有令人喷饭者。

四、晋京请命不怀好意。

招待同学次日，吴南轩即南下晋京，施展其手段，向教部请命，变更校章：（一）院长由校长全权聘任；（二）教授由校长全权聘任。凡此两点，将清华一往精神破坏无遗。清华本有聘任委员会之设，其责任在聘任教授，而吴氏则借教部命令解散之，以求达到专权之目的。吴氏在京同时并聘任钟鲁斋为文学院院长携之北上，于是全校大哗，教授皆有去意。

五、学生方面第一次表示。

5月19日，学生会代表大会紧急会议，讨论校务问题，内中三案：

（一）由学生会以全体同学名义诚恳挽留行将去校之教授（通过）；（二）请学校于三日内向全体旧教授发出聘书（全体通过）；（三）电促校长即日返校从速解决院长问题（全体通过）。

彼时，吴氏犹在南京。数日后归校，乃在25日纪念周上，正式报告，谓在三日内教授聘书完全发出，同时并发表文学院长钟鲁斋、法学院长陈石孚（教务长）代理、理学院长叶企孙，以上三人，钟、陈为其私人，叶远在海外，其用意可知。当时同学教授，已极不满，乃三日既过，聘书仍未照发，身为大学校长，不顾信用，至于此极，岂非笑话。且教授聘书，照章应于三月底发出，乃吴氏一延再延，始终不发，同学教授愤慨之情，可想而知，但学校空气，仍极平静。

六、教授会通过撤换吴氏。

此后数日内，吴氏一切行政，更有令人不满意者。教授为自身计，乃在5月28日下午5时召集教授会，以32对2票通过请教部撤换吴南轩，并恢复固有校章，如不邀准，全体教授于大考后离校。空气渐趋紧张。[25]

既然教授会如此抱团表示同仇敌忾，学生也不能等闲视之。于是，就在教授开会的当晚，学生会乃迅即组织代表大会，讨论校务与吴南轩的去留问题。会议自晚10时至12时方散，议决要案八项。重要者为：

（一）请教部撤换吴南轩，并致函吴氏，立时离校。

（二）请陈石孚、朱一成、钟鲁斋三人，即日离校。

（三）请教部即任命周诒春先生为校长。

（四）新校长未到校前，由本会请教授会暂维持校务，并电请教部即予批准。

（五）发表驱逐吴南轩宣言。请图书馆主任洪范五即日离校。宣言如下：

一、才力不足。吴氏之学识甚浅，国内学术界无有知其名者，且又缺乏干才，少有经验，社会人士本不知其为何物也。委之以掌理规模宏大之最高学府，自无怪其不足胜任。吴氏到校以来，已及二月，尚未见其有办理清华之具体计划，偶有所谈，不过支离破碎，不足以论发展也。

二、任用私人。当吴氏未到校前，声言决不任用私人，自己更无私人。而来校之后一二日之内，凡教务长、秘书长、会计科主任、庶务科主任、文书科主任等一律撤换无遗，文理法三院院长，亦力谋由己意聘任，栽植私党之意盖可见矣。

三、院长问题……（略）

上举数端，不过其荦荦大者，末枝小节罄竹难书。再度护校之报酬，十月牺牲之代价，所得不过一建设不足破坏有余之败类而已。我全体同学，为自身利益计，为清华前途计，为国家教育计，不得不出此最后之策，冀清华或得重见光明也。……请教育部撤换吴南轩，并请吴氏即时离校。……但若任吴氏一味孤行，则前途何敢设想。宁为玉碎，不为瓦全。挥泪而行，良非得已。诚恐社会真相未明，兹生误会，谨此宣言……[26]

宣言发出，在学生会头目的鼓动、带领下，"驱吴风潮"如暴风骤起，烈焰中加油，"形势益趋严重矣"。[27]

5月29日晨起，学生会学生公布之议决案，召集全体大会之通告，与不署名之大张传单、驱逐吴南轩等之标语齐贴，五光十色。受到煽动的学生慷慨激昂，于上午9时召开全体学生大会，议决：

（一）请求教育部撤换吴南轩，并由全体同学整队至校长住宅，请其即时离校。如吴不在校时，现致函请其立时离校。

（二）由全体同学整队赴陈石孚、朱一成、钟鲁斋三人住处，请其即日离校。如三人不在时，由大会书面通知，请即离校。

（三）请教部即任命周诒春为校长。如教部仍不顾同学公意，任命他人长校时，一概坚决拒绝。

（四）新校长未到校以前，由本会请教授会暂维校务，并电请教部即予批准。

（五）发表驱逐吴南轩宣言由执行委员会起草。

（六）由全体前往洪宅，请洪范五即日离校。

（七）请教部即恢复本大学原有组织条例。

（八）派代表三人见周诒春，请其来长清华。

（九）请本校全体教授继续爱护清华精神，在任何情况之下，一致维持到底，希勿半途出校。

议案既定，由出席学生300余人整队执行议案。据《新闻报》报道：学生首赴吴南轩住宅，因吴晨已赴平，未获晤。继赴科学馆（办公处在该楼），见陈石孚、朱一成，当众宣读全会议决案，请陈、朱表示态度。陈谓"走可以走，无意见发表"。朱谓："收拾行装，即可离校。惟兄弟在此负有重责，兄弟走后，责任谁负，倘有人接收，兄弟即行交代，离校不成问题。"后学生又至图书馆，洪有丰（范五）出见，除质问洪何以之前将学生会去函之信封退回，及罗家伦携去杨氏藏书一部之事。洪答退信封即代收信收据，罗携书事绝无。继亦宣读议决案，请其离校，洪答与朱同。而学生方面并不计及何人接其交代，认为彼等肯即离校为满意。后寻钟不见，盖钟晨与吴同去北平也。学生至 12 时许始散。下午学校当局方面因恐危险，且为谋抵制起见，由吴令陈、朱等将校中重要文件等携赴北平，寓东交民巷利通饭店，设临时办公处，虽留有庶务、会计、注册、文书等科人员在校办理日常事务，然已呈无政府状态……[28]

对于清华师生的行动以及突然爆发的驱罗风潮，卷入旋涡中心的吴南轩于 5 月 29 日向南京教育部连发两电，"请示办法"，其中第二电谓：

> 本校学生，受反动分子煽动后，即参加风潮。由学生会通过议决，迫南轩及教务长、院长即日离校……立盼钧部电示机宜，不胜迫切待命之至。吴南轩叩。艳。[29]

5 月 30 日，吴南轩呈教育部文，陈述学校情形及学潮经过，同时提出辞职。文称：

> 窃南轩奉令来长本校，原期竭尽绵薄，力图整顿，以副中央兴学育才之至意。不料本校校务久为别有作用之小组织所把持，而以所谓成志会者为中心，积习已深，牢不可拔；加以一年以来未有校长，校务会议全在教授掌握之中，任所欲为，肆无忌惮。自钧部发表南轩为校长后，此辈教授即深感不便，于南轩到校前数日即由教授会通过校长不得为教授会主席。夫校长为教授会主席，实系清华历年惯例，今教授会不先不后于南轩长校任命发表之际，忽有此违反常例之决议，其预留故意为难地步可以概见。然南轩对人自信素能开诚布公，不怀成见。于四月六日进校之时，即致聘书与旧院长冯友兰、熊庆来、陈总三人，请其继续分担文理法三院院长，以免纷更。无如三人忽生枝节，拒而不受，坚持院长之产生必先经教授会推选二人，然后由校长聘请一人。南轩以此种办法，实与规程第七条院长由校长就教授中聘任之规定不合，更与钧部第一一二二号指令所指示者抵触，且所聘院长既属教授会推举之旧人，是人情法理均已顾到，奈此三人坚不应聘，于是更就旧教授中之资望较深者，聘为院长。无如亦为把持之空气所挟持，不敢担任。南轩不得已，始依照钧部之一六八三号训令，所修正规程，在校外聘请钟鲁斋为文学院长，其法学院长由教务主任陈石孚兼代，理学院院长尚未聘定。冀以执行院务并维持校务会议之法定人数，

俾一切不致停顿。乃教授等见之，大为不怿，即于二十八日下午四时召集教授会，并通过呈请钧部恢复旧章及罢免南轩之议案，甚至以宣称准备全体辞职为要挟手段。窃维南轩个人进退原无足重轻，惟按照校章教授会职权范围，仅及学生课程成绩及训育等问题，于校章之修订及校长之人选，均非其职权范围内事。今乃有此决议，公然违反校章，蔑视部令，实属越轨之极。乃复居心叵测，煽动学生，利用少数不良分子，唆使掀播风潮，于二十九日上午开学生大会，通过强迫南轩及教务长兼法学院长陈石孚、秘书长朱一成、文学院长钟鲁斋即日离校。上午十一时，学生集众数百人，包围校内南轩住宅及办公室，叫嚣咆哮，捣乱什物，无所不至。幸南轩因公外出，未遭窘辱，而教务长陈石孚、秘书长朱一成均被多方诟辱，并被迫立即离校，情势汹汹，不可理喻。南轩迫不得已，暂在北平城内赁居利通饭店办公。业经艳申呈报钧部在案。南轩才疏识浅，奉职无状，咎无可辞，惟有恳请钧部迅赐罢斥，并恳即日遴员接替，以利校务。惟政府威信不可不立，学校风纪不可不张。南轩虽去，第驱于爱党爱国之热忱，不能不仰望钧部之有善其后也。临呈不胜迫切待命之至。

　　谨呈

兼理教育部部长职务　蒋

国立清华大学校长　吴南轩 [30]

从吴南轩的呈文看，与清华师生所拟决议案与宣言等不尽相符。特别是在院长聘请与就职一事上，颇有值得探究之处。但就某一事争持似不是驱吴风潮的关键，或如上海《新闻报》所评：吴南轩到校后，"该校维持校务之校务会议及教授会则对新校长不表示态度，从此校长与教授间之感情，已形不易融洽，致卒有今日之风潮。是清华学生思想之澎涨，吴氏未享盛名，学生教授未表欢迎之点，此为掀起风潮之远因"[31]。

根据教务长陈石孚分析，这次风潮起因有四：一、反党传统。清华教职员大都不加入国民党，而校长及重要职员都是党员，双方不能相容。二、院长聘任权限问题。三、校长权力扩张问题。四、私人恶感。[32] 另据清华研究专家苏云峰分析认为，清华自改为国立大学之后，从罗家伦到吴南轩之间的校长风潮，主要原因有六。其一是自由主义与威权政治的碰撞。五四运动以后，学生意气高扬，已是不争之论，后留美同学相继返回母校任教，壮大了清华自由主义阵容，其表征为教授治校与学生自治。不幸，来自南北的政治势力不求了解、疏通和妥协，企图掌控清华，酿成对抗和冲突。其二是，旧清华人由于八年同窗五年留学的共同经验，形成坚强的小群意识，认为"清华应为清华人之清华"，反对北大、南开、东南等势力进入清华。当校长出缺时，各地清华同学会便争先恐后地介入校长人选问题，使校园不安。……另外是改革路线、意气与领导风格之争，以及学生对自身权益的争持，要求不遂，便酝酿风潮。惟自革命后，因受政潮之影响，学生藉革命思潮，随意在校内设立社团如"护校团""正义团"等组织，彼此攻击，学校当局管束无力，遂为酝酿学潮与动乱提供了契机。[33]

◉ 翁文灏代理校长

吴南轩及其亲信，于大风潮中携大学印信及重要文件等逃出清华园，在东交民巷使馆区利通饭店挂起了"国立清华大学临时办公处"牌子，困兽犹斗，与清华师生隔空对骂，并在媒体以相互发表攻伐言论的奇特形式进行博弈。

吴南轩一面断绝清华经济来源，一面进行政治恫吓，在报上刊登启事，诬教授会"唆使学生""威迫校长"，更给教授扣上一顶"反动分子，违抗部令"的帽子[34]，同时暗中与南京 CC 系派头目陈氏兄弟等人，策划派兵镇压或武力解散清华。[35]清华学生闻讯，于 6 月 13 日召开紧急大会，决定组织护校委员会，表示"对吴有意回校事，如其成为事实，决照大会决议案，誓死拒绝。倘吴借武力到校，决武力护校，准备流血"[36]。学生会做出决议："吴南轩以国府命官，大学校长，而竟携走印信文件，托庇于帝国主义者之卵翼下"，实"有辱教育界清白及国家尊严"，决定"通电全国揭发其罪状"。[37]与学生会相呼应的清华教授，也成立一个校务维持会，并选派代表张奚若、吴有训、冯友兰等三人乘火车赴南京教育部请愿。

清华师生掀起的驱吴风潮，原本社会舆论多采取往昔坐山观虎斗、坐看鹿死谁手的姿态予以观望和评论。当吴南轩携学校印信与文件窜到北平城内使馆区，托庇外国人治下的饭店保护后，社会舆论迅速倾向清华师生一方，倒吴风潮赢得了社会舆论广泛支持。平津各报对吴南轩逃往使馆区的行为大加谴责，国民党当局也十分尴尬，蒋介石更是十分恼怒，时广东的中山大学正在发生学潮，心烦意乱的蒋介石表示要从严惩办为首闹事的学生，并派兼理教育事宜的秘书钱昌照速往北平查办。据钱氏回忆说："蒋要我去查办。我北上时与蔡元培同车，到北平住姐夫陶孟和家，了解到清华风潮的主要矛盾在教授与校长之间。教授坚持'教授治校'，而吴南轩则坚持校长大权独揽。学生坚决反对 CC，和教授联合起来驱吴。清华教授会张奚若、蒋廷黻、钱端升、冯友兰、张子高五位教授，学生会也派尚传道三人来看我，叙述驱吴理由，表达了他们的希望。我对五位教授说：'这件事我来办，你们不要着急。'实际上，我已打电报给蒋，主张让吴南轩等三人辞掉清华职务，由我另觅新人接替，蒋已复电同意。"[38]

　　钱昌照所言大体不差，只是在个别细节上稍有出入。钱氏赴北平后，先是从侧面了解情况，复亲赴清华大学调查，待接到蒋介石同意吴去职的电报后，遂与张奚若、冯友兰等教授等见面并计定相应办法，企图让吴南轩回校视事后再行辞职，以挽回国府与吴的"面子"。此意传出，学生护校委员会表示"誓死拒绝"。与此同时，社会各方闻讯，亦通过媒体对吴南轩大加痛责。消息传到南京，蒋介石等国府高层认为吴氏如此不伦不类的行径，确实有失国家体面与政府尊严，认为吴笨拙无能，颟顸行事，不成体统。而吴南轩原任职的学校——中央政治学校国民党区党部，以快邮代电分致南京中央党部、国民政府、国立清华大学党部、学生会、教授会，指斥吴"自长清华大学以来，光怪陆离，无奇不出；而身为党员，竟入东交民巷，寄迹帝国主义下，伤国辱党，莫此为甚。尚望中央国府，以育才为重，收回成命，另简贤能，开治该南轩相当罪咎。我教授诸先生，党部诸同志，学生会诸同学，务望坚持到底，期将该滥污校长撤职查办，中国教育，可望光明。并望将此案扩充宣传，期全国民众，得以了瞭。……"[39]

　　经过这一番动荡与各方夹击，欲借助 CC 派系卷土重来，但很快陷入绝望之坑的吴南轩，才不得不在老鼠过街——人人喊打的情形下，于 6 月 25 日离平南遁，临行前发表言辞怪诞、夺人眼球的"离平宣言"。其首句以"南轩行矣！"的呼号先声夺人，继之说道：

　　　　被命来长清华，到校仅四十日，措施未及，风潮发生。众难群疑，变相扇构。爱之者鉴其赋性庸疏，诋之者目为缺乏手段。箴言善睐，敢不拜嘉。然私心所蓄，容有当世所未尽察者，谨布数义，留于后人。

　　（甲）关于个人态度者：

　　（1）平生自矢，人格为重，事业为轻，宁愿终身不做事，不可一日不做人。

（2）做事之道在守原则，而不在用手段。原则者何？诚是也。不诚无物。手段者何？伪是也。伪终必败。自校中风潮发生，即坦白宣示，宁愿作他人手腕下之牺牲者，而不愿自用手腕以摧毁原则。宁愿干净和干脆的失败，不愿污浊与糊涂的成功。宁愿洁身引退，受讪骂而不辞，不愿躬开恶例，媚流俗而固位。

（乙）关于办学主张者：

……………

（3）法令者学校之纪纲，不可恶其害而去之。青年者国家之命脉，不可取其便己而利用之。水能载舟，亦能覆舟，往举照垂，匪我先觉。

（4）教授治校，原有可采。不过精义在集中于治学方面，养成纯粹研究学术之精神，不在领导学生，干涉校政，以为推倒他人之工具，造成"学生治校""校长不治校""教授不治学"之风气。

（丙）关于校中之设施计划者：

……………

（5）学校未来之建设，应依照最近呈奉教育部核准之方针，注重发展理工，着手筹办工科。从小规模做起，先添办一二年级电机与机械学工程两系。

（6）建筑计划，……

（7）研究院应注意数事，……

（8）为应社会迫切需要起见，得设各种专修科。如图书馆学专修科及艺术专修科之类。

以上荦荦大者，或为南轩来平之初心，或为南轩去平之感想。兹于束装临发之际，拉杂书之，为我纯洁高尚不挟成见之旧同事同学及教育界爱护清华之诸君子一观览焉。倘不以南轩愚戆而以人废言，则幸甚矣。[40]

吴南轩南下后，国府与教育部痛下决心对吴革职。蒋介石发表钱昌照兼任教育部常务次长职务，部长仍自兼。

吴南轩既去，清华须有新任校长执事，经学术界大佬丁文江、陶孟和等人向钱昌照推荐，由翁文灏代理校务。关于此段因缘，钱昌照回忆说："当时我还不认识翁文灏。几个月以前，沈性元的姨夫杨公兆陪翁到我南京住处看我，我不在家，翁留了一张名片。经丁、陶推荐，我认为很合适，就到翁文灏家，向翁说明来意。翁很高兴，表示愿意担任，但要带一个人去办总务。我问什么人，他说：杨公兆。我同意，随即电告蒋介石，复电照办。"[41]

◎ 20 世纪 30 年代，钱昌照携妻儿（左）与杨公兆（右一）、颜任光（右二）、翁文灏（右三）、葛敬恩（右四）摄于南京

翁是罗家伦任内聘任的清华教授，著名地质学家，曾负责清华气象台筹设与地学系课程，有良好表现，人缘颇佳，唯时已离清华出任北平地质调查所所长，翁表示只能回校暂代，诸方面表示欢迎。

1931 年 7 月 3 日，蒋介石已不再兼任教育部长，新任教育部署理部长李书华发表第 1128 号训令：

令翁文灏
　　案据国立清华大学校长吴南轩呈，以暑病时侵，续请辞职，当即指令慰留，惟该校长病体极宜调养，校务未克照常处理，特派该员暂行代理清华大学校务。[42]

同日，李书华再发布第 1129 号训令，略谓：令代理校长翁文灏。清华教授会先后电呈教部，请求另简贤能，"校长处理全校事务，职责所在，本无所谓揽权。各教授均属绩学之士，通达事理，宁不解此！即使所改规程，果有重行筹划之必要，亦宜与校长和衷商酌，转请上陈，何遽意气用事，张皇若是！致令青年学子，蒙其影响，甚至迫辱师长，发言无状，举动越轨，本部当经令饬吴校长照常积极负责，并查明学生中为首滋事之人，照章惩处。……平津各报迭载该校有所谓护校委员会及武力护校团等组织，最近又见各报载有救校团之宣言，学校现状，凌乱如引，实堪痛心！……校内一切非法组织，均令即日解散。"[43]

这道训令，含义多多，一是清华风潮令南京教育部大为光火，为维护政府威望与尊严，不得不责斥清华师生并号称严惩；二为维护吴南轩这位党派大员的面子，不得不表示风潮中教授会的议案"出于误解"而"碍难照准"。此二点于落败一方加以安慰，对胜方予以敲打，是谓平衡各方之权术也。

7月4日，翁文灏在教育部次长钱昌照陪同下来到清华园工字厅宣布就职视事，"当经约集在校教授谈话，各教授金称本校事务一听文灏主持，教授并无成见等语"。而学生对翁之劝说，则"一体表示接受，毫无异见"。之前所谓的"护校会"等非法组织一并取缔，一切均照章制，循序进行。[44]此为《国立清华大学校刊》上的报道，这一记载与钱昌照的回忆相符，钱氏在回忆中说：蒋介石复电同意后，"我即偕同翁、杨同坐陶孟和的汽车去清华，请教授们到工字厅宣布代理校长翁文灏到任，教授们一致表示欢迎。一场轰动当时的清华风潮就这样解决了。清华教授、学生皆大欢喜"[45]。

吴南轩败退与翁文灏入主清华园，此一段扰攘纷争的经历，成为媒体与社会关心人士一大谈资。潮落石出，社会各方开始探究清华风潮发生的真正原因，但各说各话，莫衷一是，如清华教授陈岱孙所言："实际上，院长任命的问题只是对抗的表面现象和冲突的导火索罢了。对抗的本质涉及更深的政治问题。CC集团对于清华校内自成一套体制是深恶痛绝的，因为清华体制所带来的思潮对国内高等院校有一定的影响，是CC集团企图控制全国大学阵地的障碍物。吴南轩的任务就是扼杀这个体制，建立校长的全权统治，为CC集团对教育、学术的绝对控制扫除障碍。院长任命问题只是打进这个体制的一个楔子，清华大学的学生了解吴南轩所代表的政治势力的意图，坚决站在教师一边，学校罢课了……"又说：翁文灏被各方选中，是他当时"还没有'下海'做官，和当时学界有许多联系。教育部是想借他的无政治色彩的声誉来打圆场。而翁本人虽然并不想做清华校长，但未尝没有以自己作为过渡，使清华顺利摆脱动荡局面的意思。在清华有不少教授是他的熟人和朋友，而他也是无所爱于CC集团的"。[46]

陈氏之说，是否真正参透了内里玄机有待探讨，但所说翁文灏的为人与代理清华校长的心思还是大体不错的。事实证明，翁在清华采取应付与安抚之法，以校园平静、大家相安无事为准则，很快稳住了阵脚。到了7月16日，身心俱疲的翁文灏在长出一口气的同时，认为自己不能再恋栈执柄，阻挡贤者入主清华园，遂颇为明智、得体地以"原有地质职务不便轻离""才具短浅"等理由，向教育部提出"迅令正式校长从速到校以策进行"的呈文。

当此之时，原本有个以蒋介石为首的南京国民政府料理国家大事，想不到蒋的对立面唐绍仪、汪精卫、孙科、林森等辈，因与蒋介石意见不和，且自己的淫欲未得到满足，遂啸聚中国东南角羊城几间屋子，鼓捣出一个所谓"广州国民政府"。于是乎，两个政府内阁要员互相指责叫骂，对垒较劲。翁文灏提出辞职之时，南京与广州两个政府的官僚政客，正处于咒爹骂娘的巅峰对决、胜负未明的关键时刻。因而，翁代校长的请求如石沉大海，无人理会，只好继续在清华园苦撑待变。

眼看暑假过去，新学期即将开始，翁文灏已不再顾及南京与广州"两府"政客如何隔空对骂，决心离开清华园，继续自己顺手顺心的地质调查研究事业。8月29日，翁把手头工作安排停当，挥毫向南京政府教育部呈文，报告近两个月来的工作情况和内心苦衷，表示"受事之初，学期将终，教授均未聘定，教务长、秘书长及院长等均已辞职或离职，各种重要会议如评议会、校务会等均无法举行，揆厥情形有同解散。文灏到校之后，首先聘定教务长及秘书长，旋即参考教授意见，斟酌事实情形，先行聘定三院院长。然后按照规程商同院长延聘教授并即召集校务会议及评议会，遇有重要校务均得有所咨询及讨论，一切事务乃克顺序进行"。又说："惟原承乏于一时，难负责于长久，急要校务既已大致就绪，窃谓临时代理之职已可告一结束，应请钧部令正式校长从早到校，俾获交卸，万一校长一时不能到校，即照罗前校长成例，将校务交由校务会议暂行代理，亦必能循轨进行。文灏才力浅短，难胜繁剧，即无他项职务，处理校事亦非所长，今乃兼顾两方，更形竭蹶。现在学期开始，一切事务，更形繁重，倘再苟延，难免陨越，既非文灏恭敬将事之素心，恐亦失钧部慎重校职之至意。近因坠车伤手，执笔为难，更须稍为休息，必不得已，拟以开学为期，开学以后即引退，特先具呈陈明，伏乞俯赐照准，实为幸。所有暂代校务情形及恳请准予辞职……"[47]

9月15日，翁文灏离开清华到北平地质调查所处理事务一去不返，校事委托理学院院长叶企孙代理。三天后，震惊中外的"九一八"事变爆发。

事变发生后，北大、北师大、燕京、清华等校，相继爆发抗日爱国学潮。继之，全国高校学生大批涌入南京向国民政府请愿，并与军警发生冲突，枪击、流血事件次第发生。

10月1日，叶企孙急电南京教育部，内有"现在国难方殷，校务繁剧，企孙决难一再代理"等语，催请翁文灏销假并速赴清华视事。但十几天过去，翁文灏连个影子都没露面。

正在叶企孙以及处于学潮旋涡中的清华教授疲于应付、焦虑万分之时，10 月14 日，南京政府教育部颁布 1716 号训令，正式免除吴南轩虚位已久的国立清华大学校长之职，由梅贻琦接任。

纷争连绵，扰攘不安的清华大学，随着"九一八"事变的枪声以及学生的声声怒吼，终于自海外迎回了已离开清华园，被放逐海外三年之久的梅贻琦。

● 重返清华园之谜

罗家伦长清华校柄前后，梅贻琦"是学生会认为保守、美化、'酝酿驱逐'的六人之一，旋因调任留美学生监督而回避这场不快。他在监督处的工作表现优良，甚得人缘。清华二年多来的扰攘不安，使南京政府了解清华人的愿望，于是在李济和范源濂的联名推荐下，教育部长李书华接受了这个以和为贵的安排，经第四十次国务会议，通过吴南轩的辞职与梅贻琦的任命"[48]。

以上是清华校史研究专家苏云峰的说法，此说大体不差，从《吴宓日记》中可寻出印证这一说法的蛛丝马迹，唯有些地方值得商榷，如梅出任留美学生监督一职，早在罗家伦到校前的温应星时代，即 1928 年 5 月 15 日下午，清华评议会已做出决定，此为梅派力量，亦为南开系在清华园继张彭春被逐之后，受到的第二次重大打击。随着一代枭雄张作霖的奉系在北京倒台与国民革命军北伐成功，梅又迎来了翻身的机会，一个鲤鱼打挺成为清华的头号人物——教务长兼代理校长。惜虎去狼来，在这一新的革命大时代里，梅的一切努力最终化为一缕青烟，校长的椅子被更强势的罗家伦取而代之。已成为清华海归派教授领袖的梅贻琦，自然难与新兴的、挟国民党豪风锐气的罗氏集团合作，被踢出圈外亦是必然。1928 年 11月，梅贻琦出走美利坚，接替赵国材任清华留美学生监督之职。行前，罗家伦做猫抚老鼠状呈董事会文，略谓"梅君为人廉洁诚实，曾任清华教授和教务长多年，对于留美监督处弊端，知之最详。在他未去之先，商同家伦，曾将留美章程及监督处办事章程大加修改，认真考查学生学行，减省用费，并裁减监督职员名额和经费"云云。[49]

梅去国就职后，在留学生监督处工作、生活情状，迄今未发现翔实的官方公开资料，只从其夫人及与之交往的学生回忆中窥知片羽。许多年后，梅夫人韩咏华回忆说："一九二九年，月涵的父亲去世。冬天，我和张彭春先生结伴去美。为了节省开支，月涵不让把儿女都带去，我只好把两个小的孩子留在国内。他为了节省经费，简化了监督处的办事机构，精简了人员。他辞去司机，自己学开车，并将负责做饭和打扫卫生的助理员改为半日工作，只管搞卫生。饭由我来做，不给报酬。秘书何培源兼管买菜，也不另给报酬。"又说："月涵的任务是管理分散在全美国的清华留学生，掌管他们的经费（美金），管理他们的学业和操行。他把监督处办成留学生之家，在华盛顿的学生可以随时来监督处活动、休息，在外州的学生放寒暑假时也回这里来休假。后来有些非清华的留学生也常来活动。记得当时常来的学生有蒋以绵、韩寿萱、何义君、王炳南、陈志[之]迈、徐国懋、韩权华（我的妹妹）、王玉霭（王正廷的女儿）、钮明华（钮永建的女儿）、王文山（后为清华图书馆主任）、陈慧君（后为西南联大女生指导）等人。月涵不赞成学生到社会上去参加娱乐活动，不赞成学生去舞场跳舞，因而尽量把监督处办得好些，使学生们乐于来此。假日，他也允许学生们在这里打打桥牌，搞些健康的文娱活动。"[50] 其时，清华毕业生施嘉炀正在美国留学，他回忆说："在担任留美学生监督时，梅先生也是经常到各地了解学生的学习情况，就地解决他们在专业选择上以及学习上的各种困难。"[51]

关于梅贻琦何以东山再起，由海外归国出任清华校长？这一无论是对清华还是对梅贻琦本人都至关重要的转捩点，当时和之后的回忆与记述大为不同。据长期担

◎ 1929 年，梅贻琦夫妇（前左二、三）在美国任清华留学生监督时留影。儿童为梅祖彦

任清华大学法学院院长的陈岱孙说，梅任校长是前代校长翁文灏推荐的，并说"翁
到校后，对校内事务一仍旧惯，不作更张，并立即建议南京教育部，把在罗家伦来
校后被派去美国当留美学生监督的原本校物理系教授兼教务长的梅贻琦调回，任清
华大学校长"[52]。陈的说法得到了史料佐证。据翁文灏《年谱初稿》记载："本已立
志脱离校课，专心所务，乃清华大学师生因校国立，不愿因校长人选而归入政客派
系之手，故于部派校长争持颇坚。政府为宁息计，命余代理其事，钱昌照来平力为
劝任，余勉允暂任，以六月为限。嗣因余商荐梅贻琦为校长，荷政府采纳。"[53]

　　然而，劝翁文灏出任代理校长的钱昌照在回忆中，却没有提及翁文灏，而是把
这个"人情"送给了李济，钱说："翁文灏代理清华校长不久，感到教授不易对付，
坚决要求辞职。翁辞职后，由理学院院长叶企孙代理校长。过了些时，叶也不愿意
代理下去。有一天中央研究院历史语言研究所李济到教育部来闲谈。我问他什么人
当清华大学校长好。他推荐梅贻琦，说梅是老清华，为人和气，做事稳健。我同
意。当时梅在美国，我请李即日电梅征求意见，得复电表示愿就。国民政府遂即发
表梅为清华大学校长，一直做到解放。"[54]

　　另据赵元任夫人杨步伟说，梅贻琦能当上校长，是赵元任与她夫妻二人从中操
作的结果，杨说："一九三二年，正是'九一八'以后，清华大学发生了种种困难
的问题，元任虽离开了，可是清华凡有紧要的事，他们评议会的人总是来找他的。
那时评议会人员是叶企孙、陈岱孙、周培源、吴有训、金岳霖等等。常常全体来我
们家讨论，经过多次的危机，元任总是在背后帮点忙。这次的风潮（可说是危机）
息后就是校长问题，又有人提议让元任做，元任又不愿意做，他说：'我若愿做，
就不会罗志希来做了。'大家再三商量，就由翁咏霓代理，他只答应代理三个月，
元任是提议梅月涵从驻美清华学生监督处回国长校，不知其中有好些人要做清华校
长，以后都怪元任不该提议老梅（我们总是这样叫他的）。去了五封公私信，而老
梅始终没有回信的消息（我常骂老梅对任何事总是太慢）。翁一方面也追，而校方
也百事待议，元任就说我去代他一年半监督任务，促他快些回国。……我们到唐山
去接他［梅］，他才知道国内已定了，虽然他有点不愿意，没有得到他的同意——谁
叫他老不回信问问呢。"[55]

　　上述二说，皆令人存疑。钱说或与事实相近，唯李济回忆清华与梅贻琦本人的
文章多篇，但无一字涉及他向钱昌照氏推荐梅做清华校长之事，更无从谈及亲自发
电报催促梅自海外回国赴任之"差"——这应不是李济的健忘或故意隐瞒历史真相。
而钱氏当时行事之速、拍板之轻松自如，似与他的身份不符。因为钱当时的身份是

◎晚年的赵元任及夫人杨步伟

蒋介石的秘书兼教育部次长，他的前边还有个署理部长李书华，钱昌照当时再得宠，也不至瞒着锅台上炕，且要下达任命状，非一把手不可，因而钱氏此说存疑。更令人疑窦丛生，甚而哭笑不得者，乃杨步伟言之凿凿之亲历记述。惜杨氏之说，首句即出现时间错误。梅贻琦于清华发表就职演说，乃 1931 年 12 月 3 日，杨氏记述 1932 年才讨论并决定请翁文灏代理校长之事，可谓前后颠倒，时间错乱。更有甚者，梅归国于唐山登陆或转车，才知自己已被国民政府任命为国立清华大学校长……种种情形，如同小孩子过家家，梅贻琦也似乎是一个颟顸无脑式人物，凭赵元任夫妇近似"此处人傻、钱多、快来"的几封信电，就傻不拉地、彪乎乎地离开留美监督处岗位，打起背包乘船归国——这还叫梅贻琦吗？当是虎子、大姑子或张贻琦、刘贻琦所为。杨氏之说不但驴唇不对马嘴，且怪诞不经，一部回忆录式的传记以至如此，实在令人惊诧莫名。而事实是，教育部的命令于 1931 年 10 月 14 日已经开出，梅贻琦接令后才启程归国。抵达国内后，学潮正炽，梅先是小心谨慎地悄然来到南京教育部报到，与各色官僚交谈，待摸清各方底细，拿到尚方宝剑后，才由京返平，继之进入清华园执掌校柄的。显然，杨步伟之记述大谬矣。

那么，梅贻琦出任清华校长，到底是谁在背后使气运力，起了关键作用呢？清华校史研究者黄延复、钟秀斌在《一个时代的斯文》中说："过去有一种传说，说梅出任清华校长，也是蒋介石亲自指挥的，由此还'派出'许多'演义'性的情节。其实这都是不确的。如前所述，尽管蒋介石确曾亲自干预过清华事务，也亲自指派过清华校长（罗家伦、吴南轩，以及担任'临时校长'的翁文灏），但梅出任清华校长却与蒋介石无干。当时梅贻琦还是个'小人物'，在蒋介石那里根本挂不上号。引荐梅出任清华校长的，确有一个'中枢人物'，那就是在 1931 年下半年接替蒋介石出任教育部长的前中法大学校长李书华。"[56]

黄、钟二人所依据的史料是，梅贻琦夫人韩咏华在 1983 年回忆文章《同甘共苦四十年》中有过此说，而李书华（字润章）本人也曾于两次回忆中提及此事。一次是 1940 年在昆明梅贻琦任教母校 25 周年公祝会上，李发言时提及："民国十九年冬，我当着教育部长，那时清华大学校长罗志希坚决求去，梅先生在美国任清华留学生监督，我去电请其回国掌理清华校务，他最后答应了，任职一直到现在。清华有今日的成绩和地位，他当然尽了不少的力，这可说是我在教育部长任上最满意的一件事。"[57]另一次是在梅贻琦逝世一周年的时候，李书华再度提及："民国二十年下半年我任教育部部长的时候，正值清华久无正式校长。我急于解决这个问题，当时我再三考虑认为月涵最为适当，时月涵正在美国任清华留美学生监督，我电征其同意后，于民国二十年九月二十三日提出行政院国务会议通过，以月涵任国立清华大学校长。我旋即电促月涵从速回国。不久他由美国到南京，我们见面后几天内，他便去北平到校就职了。……他对于清华尽力甚多，贡献甚大。回想我在教育部所做的事令我满意的并不多。我为清华选择了这位校长，却是我最满意的一件事。"[58]

李书华的回忆，除在罗、吴、梅三人长校的时间衔接上有点错乱，主体当是可信的。时正值"九一八"事变爆发，全国学潮汹涌，临时负责校务的理学院长叶企孙表示撂挑子，"决不再负兼代校长职务"。处于动荡旋涡中的清华学生会，再度借机向教育部及最高当局发难，多次发表声明，宣称清华校长人选标准必须具备以下五个条件：（1）无党派色彩；（2）学识渊博；（3）人格高尚；（4）确能发展清华；（5）声望素著。在学生胁迫与清华校内外声势压力下，南京政府鉴于国破家亡的危急形势，不敢轻易往清华奉派校长，以避免引起更大动荡与风潮。经反复物色权衡，终于把目光投向了远在大洋彼岸、悄无声息的梅贻琦。在得到梅的同意后，署理部长李书华果断颁布了训令。

现在回过头来看陈岱孙、翁文灏、钱昌照的回忆或记述，如翁、李等人向钱昌

◎ 1931 年 10 月 14 日，国民政府教育部任命梅贻琦为国立清华大学校长（北京清华大学档案馆藏）

照以不同方式提及，或正式推荐梅贻琦是可能的，唯真正拍板定案并决定提交国务会议讨论者，是署理部长李书华，而不是常务次长钱昌照，更不可能是赵元任或其夫人杨步伟。为何最后是梅贻琦在国民党帮派纷争的丛林中突出重围，最终入主清华园执掌校务？此与时势有重大关系，所谓时势造英雄也。对此，《清华大学校史稿》做了这样的叙述与推断：梅"和清华有着较长的历史关系，同时，和国民党北方派系中的李石曾、李书华等人也有联系。但他本人当时不是国民党员，国民政府便挑选了他这样一个无党派关系的人来长清华。"[59]

这个推断应是符合当时情形的。面对清华师生不断引发驱赶校长的风潮和"九一八"事变的国难，势如危卵的国民党高层实在无人再敢轻易去捧这个刺猬，只有顺应大势，找一个识大体、顾大局，人格健全，性情温良又具有威望的人物长校，才能令清华师生接受而不再向政府发难。借此机会，梅贻琦在历史的夹缝中脱颖而出，动荡不安的清华大学，终于迎来了一位与众不同的校长，也是南开系在奋斗、挣扎、坚持了二十年之后，于清华园成就的最大、最长久、最令人瞩目的一个硕果。——自此，国立清华大学迎来了梅贻琦时代。

注释

[1]《上海同学会致清华大学电》，载《国立清华大学校刊》，第一八四号，1930 年 6 月 6 日。

[2][3][11] 李景清《清华校潮的前后》，载清华《消夏周刊》（欢迎新同学专号），1930 年 9 月 1 日。

[4]《欢迎欢送海外校友——台湾清华同学会茶会》，载《清华校友通讯》，第二十六、二十七期，新竹。

[5] 张德昌《我们对于校事的态度》，载《清华周刊》，第 493 期。

[6] 傅永汉《异哉清华同学之干校运动》，载《清华周刊》，第 493 期。

[7][59]《清华大学校史稿》，清华大学校史编写组编著，中华书局 1981 年出版。

[8]《校务会议电告阎锡山》，清华大学档案馆藏，转引自《清华大学史料选编》，第二卷（上），清华大学出版社 1991 年出版。

[9]《国立清华大学教授会宣言》，载《国立清华大学校刊》，第一九一号，1930 年 6 月 27 日。

[10]《阎总司令复电到校》，载《国立清华大学校刊》，第一九二号，1930 年 7 月 4 日。另据 1930 年 5 月 28 日《吴宓日记》载："瞿国眷来，言乔万选欲为清华校长，以教务长许宓，求为援助。并约于明晚在城中会晤云云。宓细询瞿君数事，知乔君并未得山西大力者之切实后援，未必能成功。为宓个人计，自以超然自处，不问校中政局，则在此可长为教授。至于教务长职，不特非才性所近，且得之对宓亦少益处，而反须随波逐流以去，故决不加入乔君、瞿君之团体。然以宓素乏权变，处复杂境地，欲不开罪于朋友，已甚不易，故颇感苦痛云。"又，6 月 7 日载："3—5 访陈逵谈。陈逵宅中适有梅汝璈来访。梅盖极力助乔万选取得清华校长者。据逵言，助乔者，多为清华最近诸级毕业生，本功名之心，行权利之事，满忌嫉之欲。如得清华，于旧有教职员更动必多。宓但求明哲保身，藉以自全可矣。"

吴氏日记可看出几项事实：

一、乔氏确实未得到阎锡山的"切实后援"，如果得到阎氏鼎力相助，当不至落此蒙羞离校的悲惨下场。据云，当时阎锡山的幕僚曾劝阎不要支持乔氏主清华，但经不住一群帮闲者劝说和施压，阎终于犹豫中发了命令。待清华事变发生，评议会致电说明情况，阎也就不再为这件无益于自身的事争持了。

二、梅汝璈（1904—1973），江西南昌人，清华学校 1924 级毕业生，芝加哥大学法学博士。1929 年春归国，受聘山西大学法学院教授。1933 年离开山西，受张伯苓之聘任南开大学教授。抗战胜利后，曾代表中国担任远东国际军事法庭法官。1948 年后任司法行政部部长、司法院大法官等职。梅与乔万选结识，当在山西大学任教初期。梅氏助乔，是否有"借助乔氏的力量'爬进清华园大门'"的打算，不得而知。但从陈逵所云，助乔者"多为清华最近诸级毕业生"以及陈的猜测来看，梅对乔出长清华校长之后的情形，应是有所期待的。

三、据吴氏判断，若乔得清华，"旧有教员更动必多"。因涉及自身利益，旧有教员必群起与学生联合抵制之，乔万选的清华校长之梦最终破灭，这一层原因亦不可忽视。

[12]《清华校长潮愈趋纠纷，另有学生组织正义团，发表宣言拒乔驱冯》，载《新晨报》，民国十九年（1930 年）八月十八日。

[13] 冯友兰《致志希兄》，民国十九年（1930 年）七月八日。转引自《抗战前的清华大学》，苏云峰著，台湾"中央研究院"近代史研究所 2000 年出版。

[14][15]《郭廷以先生访问纪录》，访问：张朋园、陈三井、陈存恭、林泉，记录：陈三井、陈存恭，台湾"中央研究院"近代史研究所 1987 年出版。

[16][38][41][45][54]《钱昌照回忆录》，钱昌照著，中国文史出版社 1998 年出版。

[17]《呈教育部文》（清华大学档案），载《清华大学史料选编》，第二卷（上），清华大学出版社 1991 年出版。

[18] 黄延复《前清华大学校长梅贻琦先生》，载《人物》，1987 年第 1 期。另据清华校友刘师舜说，就清华师生提出的要求，周诒春确是坚辞不就。个中原因，周氏专门做过解释。刘说：梅贻琦当校长后，周先生曾被邀至清华对学生演讲，似为一九三二年或一九三三

年之事。地点在大礼堂，出席的同学颇多。记得其有关的演讲词如下："我不敢接受同学盛意的原因，完全是个人的，也就是藏拙。我前此所办的清华，是中学的范围，同学们多属小孩子，并且是留学的预备教育。现在的清华，是完整的大学及办有研究院，同学们都是大学生，管与教都需要另外一套学问。免得出丑，所以致谢。清华的进步与发展，大家都同样关心。去年我到各地游历，所到之处，都有清华同学来访谈。甚至远到爪哇，也有同学来访。所谈所问，无不望清华扩展。此当然是人人有责。但值时迁境异时，也需要不同的人才与不同的计划，才能继续发扬光大。望大家共同努力。"刘师舜说自己当年曾在爪哇八华学校求学，而周先生"所提到在爪哇的同学，想是汤武杰（18 级）及邓健飞（25 级）或邓耀冠（21 级），他们当时在八华任教"（刘师舜《与好友何廉（津）谈恩师周诒春校长》，载《传记文学》，第十五卷第四期，台北）。

[19]《中央日报》，民国二十年（1931 年）三月十九日。

[20]《中央日报》，民国二十年（1931 年）三月二十三日。

[21]《国立清华大学学生会驱逐吴南轩宣言》（1931 年 5 月 29 日），载《清华大学史料选编》第二卷（上），清华大学出版社 1991 年出版。

[22]《教育部训令》，清华大学档案馆藏，载《清华大学史料选编》，第二卷（上），清华大学出版社 1991 年出版。关于罗家伦辞职事，蒋介石以兼理教育部长职务身份，于 1931 年 3 月 19 日发表《教育部指令》，谓罗家伦校长"任事以来，锐意整顿，不辞劳怨，成绩卓著，正资倚畀。兹据呈称以奉命主持中央政治学校教务，不能北上，所请辞职，应予照准"（《清华大学史料选编》，第二卷［上］）。此令表明蒋对罗的评价和重视，同时对清华师生的表现并不认可。罗氏于 1932 年 8 月离开中央政治学校，出任中央大学校长兼中央政治大学教育长，1941 年 7 月辞中央大学校长职照准。在执掌中央大学近十年里，罗提出建立"诚朴雄伟"的学风，改革教学方法，培养了一大批人才。1941 年 9 月起，罗家伦任滇黔考察团团长、新疆监察使兼西北考察团团长。抗战胜利后，任国民党中央党史编纂委员会副主任。1947 年 5 月，出任驻印度大使。1949 年去台湾，任国民党中央党史编纂委员会主任委员、"中央"评议委员。1952 年任"考试院"副院长。1957 年任"国史馆"馆长。1969 年病势渐重，12 月 25 日病逝台北荣民总医院，享年 72 岁。

关于罗家伦为人为学及一生的功过是非，争议较大。如清华学生或部分教授认为其为一市侩政客，而蒋介石却认为"不错""很好"，并加以重用提携。1977 年，台湾《传记文学》举办了一个对罗家伦的纪念会，与会者有陶希圣、马星野、王世杰等人。王世杰在发言中专门提到罗家伦教育方面的贡献，同时涉及自己与蒋介石一段对话。王列举三点："一、他做清华大学的校长时，中美庚款的清华基金从外交部一些官僚的支配下争取过来，使清华大学成为一家名符其实的国立大学。二、罗先生做中央大学校长的时候，对日抗战发生，他在极艰苦中把中大从南京迁到重庆沙坪坝。像中大这么大的一间大学，在抗战期间戎马仓皇之中，交通工具极端困难，经费也不充裕，在短短的时期却能把中大图书仪器的设备和众多的优秀教职员迁往后方，在重庆沙坪坝建立一所颇具规模的大学，这不能不说是罗先生对中国教育的重大贡献。三、罗先生做大学校长时，对于选聘教授，极为严格，毫不苟且，也是值得我们敬佩的。我记得当政府迁台之后，'总统'蒋公拟提名他为'考试院'副院长。'总统'有一次问我：'罗志希很好，为什么有许多人批评他、攻击他？这是什么原因？'我回答说：'据我所知，罗志希在做大学校长之时，政府中和党中许多人向他推荐教职员，倘若资格不合，他不管是什么人，都不接受，因此得罪了不少人。"（王世杰《我对罗先生三点特别的感想》，载《传记文学》，第三十卷第一期，1977 年，台北）

[23] 杨春《清华学生运动史上最近的几个重要运动》，载清华《暑假周刊》，第七、八期，1933 年 9 月 7 日。

[24][46][52] 陈岱孙《四十年代清华大学校务领导体制和前校长梅贻琦》，载《文史资料选编》，第十八辑，北京出版社 1983 年 9 月出版。

[25][27][37]《驱吴运动爆发》，载《清华周刊》（副刊），第 35 卷第 12 期，1931 年 6 月 6 日。

[26]《国立清华大学学生会驱逐吴南轩宣言》，清华大学档案，全宗号 1，目录号 2—1，案卷号 5：2

[28]《新闻报》，1931 年 6 月 2 日。

[29][31]《清华大学风潮》，载《清华大学史料选编》，第二卷（上），清华大学出版社 1991 年出版。

[30]《呈教育部文》，载《清华大学史料选编》，第二卷（上），清华大学出版社 1991 年出版。

[32]《教育杂志》，第 23 卷第 8 期，民国二十年（1931 年）八月。

[33][48]《抗战前的清华大学》（1928—1937），苏云峰著，台湾"中央研究院"近代史研究所 2000 年出版。

[34]《国立清华大学启事》，载《国立清华大学校刊》，第三〇二号（六月二日常会记录）。

[35] 据《新闻报》1931 年 6 月 9 日报道：清华大学风潮爆发后，吴南轩曾三电致教部，报告教授会与学生行动并设办公处于北平城内之经过。"中央闻之甚怒，以前者学生驱罗后，不满校务会议，今吴到校月余，又附和教授，酿起风潮，显系故意挑剔，过分嚣张，有不得已时即解散另办亦所不惜之意。并闻有于学忠及胡若愚接当局电令，维持该校秩序，致不得已时，可派兵镇压或解散之讯。"

[36]《清华问题之纠纷》，载《教育杂志》，第 23 卷第 8 号，1931 年 8 月 20 日。又载，"学生方面，护校会通过武力护校团组织大纲。该团设正付团长各一人，分五大队，每队大队长一人，又每队分五小队，各有队长一人率领。每大队团员一百人，每小队二十人，另有侦探队，由五十人组织之，专司刺探及报告消息。如有要事立发信号，以便团员聚齐。

又为护校便利计，对华北运动员暑期在该校练习事，表示拒绝。对暑期体育学校学生及赴该校消夏之来宾，均似稍加限制"云云。

[39]《驱吴尾声》，载清华《消夏周刊》，第四期，1931 年 8 月 4 日。

[40] 载《教育杂志》，第 23 卷第 8 号，1931 年 8 月 20 日。另，吴南轩于清华大学被驱逐后回到南京，先后任考试院考选委员会专门委员、留学生管理委员等职。1937 年兼任复旦大学代理校长，1940 年 5 月至 1943 年 2 月任国立复旦大学校长。后任国民党监察委员等职。1949 年去台，次年受聘美国马萨诸塞州国际学院教授。后在伊利诺斯国际大学讲学十年。1966 年返台任政治大学文学院院长。1975 年退休。1980 年因病医治无效在台北去世，终年 87 岁。

[42][43]《教育部训令》，第 1128 号、1129 号，载《国立清华大学校刊》，第三〇三号，1931 年 7 月 21 日。

[44]《呈复教育部整顿校务文》（1931 年 7 月 16 日），载《国立清华大学校刊》，第三〇三号，1931 年 7 月 21 日。

[47]《呈教育部文》，载《国立清华大学校刊》，第三〇九号，1931 年 9 月 5 日。

[49]《清华风流人物·梅贻琦》，黄延复、吕文浩、徐晋如等著，济南出版社 2011 年 5 月出版。

[50] 韩咏华《同甘共苦四十年——记我所了解的梅贻琦》，载《文史资料选编》，第十八辑，北京出版社 1983 年出版。

[51][56]《一个时代的斯文——清华校长梅贻琦》，黄延复、钟秀斌著，九洲出版社 2001 年出版。

[53]《清华漫话》（二），清华大学校史研究室编，清华大学出版社 2009 年 4 月出版。

[55]《杂记赵家》，杨步伟著，广西师范大学出版社 2014 年出版。

[57]《李书华致词》，载《清华校友通讯》，第六卷第九期，1940 年 9 月。

[58] 李书华《悼梅月涵先生》，载《清华校友通讯》，新三、四期，1963 年，新竹。

大学与大师

下

岳南 著

清华校长梅贻琦传

中国文史出版社　博集天卷 CS-BOOKY

所谓大学者，非谓有大楼之谓也，有大师之谓也。

——梅贻琦

我们的校名是清华大学，问你在何处学习，不能说我在清大，只能回答我在清华。

——霍秉权

国立西南联合大学时期，论设备，论经费，论师生的人数，都是清华最多，依世俗的眼光看来，这一联，清华是划不来的，反面看来也可以说，清华在联大占了压倒性的优势。这份家务可不好当。一方面要使清华的各方面绝不感到划不来，一方面要使非清华的各方面绝不感到清华占了上风。这关键与奥妙就在梅校长的大。

——傅任敢

目录
contents

大学与大师

下卷：清华校长时代

第十一章　梅贻琦时代的开启

● 重返清华园

　　1931 年 9 月 21 日，南京教育部函请行政院同意。10 月 14 日任命。12 月 3 日，梅贻琦正式到清华校园就职并做了著名的"大学与大师"演讲。有道是三年不飞，一飞冲天；三年不鸣，一鸣惊人。梅贻琦在海外悄然无声地蛰伏、隐忍了三年之后，终于迎来了展翅腾飞、一鸣惊人的历史契机。[1]

　　与 16 年前首次入清华园任教不同，此次梅贻琦以校长之尊，入住清华园最显赫的第一住宅区——甲、乙、丙三所中头号官邸——甲所。按冯友兰的说法，由校长、教务长、秘书长三巨头所居住的三所官邸，学校不向他们收房租，但在冯氏到清华的时候，只有甲所不收，其余二所皆与教授同等待遇。梅贻琦甫一入住甲所，与其他二所同，不但向学校交纳房租，且原有的额外待遇全部取消，如梅夫人韩咏华之回忆："任校长期间，月涵廉洁奉公的作风仍像在监督处一样。过去甲所住宅的一切日用物品包括手纸都是由公家供给的，有公务人员按时送到。月涵继任后一切全免，公私分清，私宅的一切自己掏钱。我和月涵一起进城时可以坐他的小轿车，我一人进城时永远乘班车，从未要过他的小车。"又说："月涵担任校长后，他的生活几乎就只有做工作，办公事，连吃饭时也想着学校的问题。……他对生活要求很简单，从不为穿衣吃饭耗用精力，也不为这些事指责家人。"[2]

梅贻琦长校时 42 岁，正值年富力强的黄金时期，回顾往昔岁月，清华园风云变幻，多少英雄才俊在此聚首，又走马灯一样离别散去。历史的风云聚会，终于把他推向了校长的位子。既然历史在前行的一个夹缝中选择了梅贻琦，梅自当责无旁贷地承担起历史赋予他的使命。——然而，重返清华、在地位上今非昔比的梅贻琦，面对的第一件事就是"校长治校"还是"教授治校"，这一决定他本人以及清华前途命运的根本问题。

遥想 1926 年 4 月，《清华学校组织大纲》出台，明确规定"本校设评议会，以校长、教务长及教授会互选之评议员七人组织之。校长为当然主席"。又"本校设教授会，以全体教授及行政部各主任组织之。由校长为主席，教务长为副主席。其职权为选举评议会及教务长"。又，"本校设教务长一人，综理全校教务。由教授会选举之，任期二年"等等。也就在这一年，37 岁的梅贻琦众望所归，被教授会选举为教务长，一跃跻身清华高层之列，成为清华园师生瞩目的海归教授集团中坚人物。

惜好景不长，罗家伦执掌清华权柄，《组织大纲》被视为敝履弃于垃圾堆，代之而兴的是另一套校长专权、任人唯亲的方式方法，如此倒行逆施，终于引爆了院长聘任问题与教授会发生冲突，直到引发学潮，罗氏挂冠出校。

罗家伦灰头土脸地离去，南京国民政府加强了对清华的打压与控制。1929 年 6 月 12 日，教育部在 1928 年 9 月颁布的《条例》基础上，再度修订通过并颁布了更加严密、详细的《国立清华大学规程》，其中第三章"校内组织"明确规定：

第五条　国立清华大学，置校长一人，综理校务，由教育部部长提请国民政府任命之。

第六条　国立清华大学，置教务长一人，商承校长，管理关系大学全部之教务，并监督图书馆、注册部、军事训练部、体育馆等机关，由校长聘任之。

第七条　文理法三学院，各置院长一人，商承校长，会同教务长，主持各该院之教育实施计划，及其他仅涉各该院内部之教务，由校长就教授中聘任之。

第八条　各学系各置系主任一人，商承院长教务长，主持各该系教务，由校长就教授中聘任之。

第九条　研究院各研究所，得暂由各学系之主任兼管。

第十条　各学系置教授、副教授、讲师若干人，由校长得聘任委员会之同意后聘任之；置助教若干人，由各系主任，商承校长、教务长、院长同意后聘任之。

第十一条　国立清华大学，置秘书长一人，承校长之命，处理全校事务，管辖文书科、庶务科、会计科、医院等机关，由校长聘任之。

第十二条　国立清华大学，依行政及设备上需要而设之事务机关，得分置主任及事务员若干人，由校长任命之。

第十三条　国立清华大学，设校务会议，由校长、教务长、秘书长及各院长组织之，议决一切通常校务行政事宜。

第十四条　国立清华大学设评议会，以校长、教务长、秘书长、各院长及教授会所互选之评议员七人组织之。其职权如下：

一、议决重要章制；

二、审议预算；

三、依据部定方针，议决建筑及他项重要设备；

四、依据部定方针，议决各学系之设立或废止。

五、依据部定方针，议决本大学派遣及管理留学生之计划，与留学经费之分配；

六、计决校长交议之事项。

第十五条　国立清华大学设教授会，以全体中国教授组织之，外国教授，亦得同等参加。其审议事项如下：

一、教课及研究事业改进之方案；

二、学风改进之方案；

三、学生之考试成绩及学位之授与；

四、建议于评议会之事项；

五、由校长或评议会交议之事项。

第十六条　国立清华大学，依校务上之需要，得分设委员会，其委员由校长就教职员中聘任之。

这个《规程》，是罗家伦时代改变为校长掌权的《条例》之又一次递进式演变，校长权力比罗家伦时代更加宽泛广大。然而，这并不是最终定案。为全面打压和控制清华，1931 年 5 月 16 日，兼理教育部部长职务的蒋中正再次颁布修正案，就上述《规程》中的第七条"就教授中"四字即行删去；第十条改为"各学系置教授、副教授、讲师、助教若干人，由院长商请校长聘任之"[3]。删改后的《规程》，不但原有各院院长人选由教授会推举二人，再由校长择其一人任命的制度被废止，就连从本校教授中择聘的权限，也扩大为由校长任意在国内外聘请各色人员充任。至于教授、副教授、讲师甚至一个小小的助教，也须由院长商请校长聘任。由各方组成并负责严格审查的"聘任委员会"，就此作为一张废纸而弃之。于是，清华的人事大权自上到下全部操控在校长一人手中，权力之大、之宽、之泛、之博，已触及与之相关的每一根神经末梢。时人谓之：皮笊篱捞火锅——滴汤不漏。

尽管上述一系列《条例》和《规程》相继出笼，但清华的自由主义传统依旧，而国民党 CC 派系打入清华阴谋的强势张扬，反而引起广大师生的戒心与厌恶，并希望以校内学生自主的口号，来对抗校外政治控制，以此展开了更加激烈的清华自由主义派与政府当局连同政治威权的对抗和缠斗。到了吴南轩长校时代，"教授治校"与"校长专权"的冲突进一步加剧，吴氏强硬地坚持教务长、院长等必须按照政府法令、法规由校长全权任命，宣称过去由教授会推荐再由校长任命的做法不合法，坚决不予承认。其结果导致教授会与师生合力抵制，吴南轩及其亲信干将在仓皇避入东交民巷饭店后，被迫全体去职。——当然，吴南轩是不服气的，这才有了在"离平宣言"中，认为"教授治校，原有可采。不过精义在集中于治学方面，养成纯粹研究学术之精神，不在领导学生，干涉校政，以为推倒他人之工具，造成'学生治校''校长不治校''教授不治学'之风气"。当此之时，除吴南轩本人奋力呼号，另有一些善于搬弄权术者，包括时任国立北京大学校长的蒋梦麟，也公开叫嚣和赞成吴南轩的观点与做法，宣称："校长治校，教授治学。"[4] 此点，在清华法学院院长陈岱孙看来，蒋梦麟这个主张"其实也无可厚非，如果校长能真正把校治起来，广大的教师是不愿多管闲事的。但在动荡的三十年代，至少在清华，是不具备这条件的"。[5] 按清华校友何炳棣的说法，蒋梦麟的口号和真正的用意，即"逻辑上暗含校长与教授的对立"，而清华传统的"教授治校"原则，"部分地源于早期教授与政客型校长的斗争"。[6] 无论是"对立"还是"斗争"，皆为政客型和挟私弄柄的校长所不喜，因而彼辈对"教授治校"恨之入骨，自有其渊源所在。梅贻琦返国长校前，由于罗家伦、吴南轩等政客校长的政治势力，以及企图夺取教育机构控制权的阴谋，使清华教授们感觉到为维护教育的民主自由，以某种形式组合起来的校内民主、自由领导体制十分必要，且迫在眉睫。这就促进了清华校内领导体制在"校务委员会议暂行维持校务"期间的迅速发展和确立。1930 年至 1931 年间，这一体制迅速形成，它的组织就是教授会、评议会和校务会议。理论上说，教授会对校务有绝对的支配权，其作用则是通过评议会具体表现和实施。

梅贻琦奉命重返清华园，面临的正是一个校长仅处于维持地位，或曰完全没有校长的情形之下，教授们共同努力发展起来的一个新形领导体制的局面。摆在新科校长梅贻琦面前两个选择：一是祭出政府法令和最高领袖蒋介石钦定的《规程》，施行政府明令授予的"校长治校"大权，依法强势组阁与处置校务；一是尊重清华传统和师生意愿，把"教授治校"精神发扬光大。最终，梅贻琦选择了后者，并予以协助把它巩固下去——尽管这个选择明显地削弱了他个人独断的权力。

对于这一抉择的心理活动，梅贻琦没有留下只言片语，外人不得而知。但大体而言，与梅氏的性格、德智以及对世局的权衡分不开，或如陈岱孙之推理："有些可能的原因是明显的：在出国任留学生监督之前，梅一直是清华的教授，从感情上和对教育的基本观点上说，他和广大教师们是一致的。他平易近人，作风民主，学校大事率多征询教师意见，这也和他的谦虚平和的性格有关。他似和政治无缘，在他就任校长后头几年，连一个挂名的国民党员也不是。在南京他也没有政治资本，没有人事渊源。他只有和全校教师们一起才能发挥他的作用。在清华教师中，许多人是他过去的学生或后辈，他们对于他是尊敬的，他也相信广大教师是有办好清华的共同事业心的。同时他也知道力图控制高教阵地是 CC 集团既定的派系策略。吴南轩的拙劣表演虽告失败，但他们是不会就此罢手的，一有机会，还会卷土重来。保留清华这一块'净土'，这是他和全体教师的共同愿望。一个以教育学术民主自由为号召的校内管理体制，在抵抗和缓和外部政治派系势力的侵入和控制上也许能起到作用。"[7]

陈氏的分析不见得是梅贻琦所想的全部，有一部分当是可信的。梅对这一体制具体扶植的措施，是抛开南京政府教育部制定的校长总揽人事大权的《规程》，重新按 1926 年曹云祥长校、梅氏本人被选为教务长时代，由清华教授会制定的《组织大纲》行事，即：评议会为最高权力机关，教授会担任制衡角色，校长为"王帽"，三者相互制衡监督。[8]

在这之前和之后的梅贻琦，一直把自己当作京戏中王冠整齐、仪仗森严、端坐正中，其实并没多少戏份和唱段的"王帽"看待，这是自谦，但也说明了他看待自己身份的态度和治校理念。梅长校后，不但采取"教授治校"的方针，且再次重申：校务依循民主制度运作，开会时必须要有提案，然后才能进行讨论与表决。凡与会者均有提案权与自由发言权，经过多数赞成之后，才能作为会议的议决案。这样的议决案才算是代表多数的意见，少数人自然就无计可施。——这一连串的民主方略，作为不可撼动的制度在清华重新实施后，已离开清华的郭廷以闻讯，认为："教育部为了安定起见，调他［梅］回来，他是清华学生逼走的，结果回来当校长，但此后评议会管事，校长等于是林（森）主席，不管事。"[9] 意即梅贻琦只是教授会和评议会的傀儡，或一个提线木偶而已。

郭廷以后来到了台湾，创办"中研院"近代史研究所并自兼所长，尽管胡适说他从来没听说过郭廷以，也不知道郭廷以是谁，但后来其"事功"颇受本所研究员吹捧抬举，似有成仙变圣之感。不过就郭氏对梅贻琦出任清华校长的一段说辞，至少有两个方面不合事实：一者，梅贻琦并非学生赶走，而是被罗家伦与郭氏等合谋设计挤走并放逐海外的；二者，历史给出的答案是，梅贻琦不是当年的国民政府主席林森，以他的性格也不可能成为林森式傀儡。小子不敏，何足以知之？

事实上，"教授治校"在清华的实施，不但没有削弱梅贻琦作为校长的权力和地位，反而有益于梅的地位稳定与校内风潮平息——梅贻琦是聪明且有大智慧的，非罗家伦、吴南轩等辈，甚而几个小肚鸡肠、蝇营狗苟的幕僚如郭廷以者所能比拟和理解的。从郭氏的认知与说辞中，可以见出郭廷以之"小"，及梅贻琦之"大"。梅贻琦"大"在何处？素有"国师"之志且行之于身的冯友兰，晚年曾说过这样一段话："实际上，如果校长善于运用，他不但可以不招致教授会的反对，而且可以使教授会转化为自己的工具。前北大校长蒋梦麟从经验中得到一个规律。照他说：在一个大学中，校长、教授、学生是三种势力。如果三者之中，有两种联合起来，反对其余一种，一种必然失败。梅贻琦跟教授相处很好，常称：大学者，有大师之谓也；校长的职务是率领职员为教授服务。在这种运用中，他其实掌握了大权，并且在学校有事的时候，教授会总是帮他的忙。后来的几次学生运动中，教授会总是跟校长在一边。按当时校长和教授的阶级性说，这是必然的。"[10] 冯氏之言，可谓一针见血，真正戳到了点子上，比之郭廷以氏之"高见"，确属天壤之别。对于此点，陈岱孙晚年亦有所讨论，谓："无论如何，梅在受任校长后接受了这一体制，并加以扶植。……在理论上，教授会、评议会、校务会议、校长四者之间，在权限和意见上是可以发生矛盾的，但在实际上却没有发生过任何裂痕。校长是教授会、评议会、校务会议的主席，在会上梅总是倾听群众的意见，而与会的成员也十分尊重他的意见。"[11] 于是，学校的许多危机化为无形，许多难关亦平安渡过。造成这种局面的原因或如朱自清所言："在这个比较健全的组织里，同仁都能安心工作，乐意工作。他使同仁觉着学校是我们大家的，谁都有一份儿。"[12]

"谁都有一份儿"，正是梅贻琦长校后"大家"的共同认知和心声，也是力量集结的向心力和化险为夷、不断前行的动力。对此，清华校友赵访熊有过切身体会，赵说：我 1933 年回清华任教时，梅贻琦担任校长已经两年了。"那时清华民主气氛盛行，学校的各种事情，例如分房等等，都设有委员会，记得全校有 34 个委员会。1936 年至 1937 年，我身在 17 个委员会中，为什么呢？因为我是学数学的，梅先生说，把他放进去，算算什么的。"[13] 赵氏所说的 34 个委员会，皆由评议会所统筹，但清华评议会在行政上固然是重要的一环，甚至学校比较大的支出，也须评议会选出的会计加盖印章始为有效，但会计只佐助校长详为稽核而已，并不妨害校长的决策权。因而，赵访熊在回忆文章中特别强调，各个委员会各管各的事，但"都是由梅校长直接领导"[14]。借此可见，梅贻琦是真正参透黄老哲学"无为而治"，并善于在实际中应用的智者高人，不是外强中干的颟顸人物，更不是大权旁落的傀儡，此举如清华校友邹文海所言："梅校长在评议会中，犹英国首相在内阁会议中一样，总是静听他人的意见，而后再作决定，他认为只有这样才能集思广益。他不先表示意见，他人自无从附合他的意见，更不必怕与校长的意见有什么冲突，所以每个人都根据自己的看法据理力争。这样的争论，自然都是对事而发。梅校长兼听众论之后，很容易作一适当的决择。当各人的意见没有什么出入时，他的结论只是归纳大家的意见。当各人的意见距离很大时，他的结论可能表示他自己的看法。无论在哪种情形下，梅校长的结论多数是为入会人士所乐于接受的。梅校长主持任何会议，都是采取上述方式。"[15]——正是因了这样宽广坦荡的胸襟和为人处事的方式方法，才如历史系主任蒋廷黻所言：梅贻琦长校后，清华"在他的领导下不再是个政治皮球，步上了正轨"[16]。

◉ 当头一棒

当"教授治校"这块决定国立清华大学发展的柱石，被"同情者"梅贻琦赋予校内合法地位并夯实镝牢后，清华这个在历史夹缝中闹腾了 20 年的"政治皮球"，于"九一八"学潮稍微缓和之后，在正常的轨道上运行起来。

梅贻琦的性格决定了他不推崇所谓"新官上任三把火"的模式，但身在其位，自然要谋其政，何况梅是一个富有理想，且把理想与现实结合、设法落到实处的实干家。按既定计划，梅贻琦要做的几件大事包括增聘教授，扩建图书馆、体育馆、教职员与学生宿舍，充实图书仪器，加强文、理、法三个学院阵营等等。1932 年 2 月，梅贻琦又提出清华"拟向工程科学方向发展"，以配合政府发展国家急需的理工学科，满足工业界实际需求。适应这个需求最切实的，就是设立专门的工科院系。对此，梅向教授会和评议会特别提案，于清华设立工学院，并对全校师生进行演说，强调建立工学院的意义。在致校友书中，梅贻琦说道："本校自改办大学以后，即有土木工程学系。原附设于理学院，嗣以国家建设猛进，各项工程人才之需要，至为急迫。本校为应付此项需求起见，遂于二十一年呈教育部，添设机械工程学系、电机工程学系，合原设之土木工程学系，成立工学院……"[17]——意想不到的是，计划草就，正欲施展抱负之时，一件令梅贻琦备感头痛的事发生了。

清华庚款基金自 1929 年由中基会"永久保管"后，管理得当，盈余基金逐年增加，各方皆感满意。1929 年至 1931 年，由中基会代领的美国每月退回赔款，除拨汇留美经费外，余款悉数按规定拨作清华大学经费。按原定计划，自 1932 年至 1940 年，每月退款数目增加，约每年有 138 万余元。《章程》规定，清华大学的常用经费每年为 120 万元国币（留美学务处所用经费除外），余额留作基金，在庚款未满期间，基金本息不得提用，满期后只可动用基金利息。中基会根据教育部核准之清华大学及留美学生经费预算，每年分别发放应用。梅贻琦于 1931 年 12 月 3 日上午做就职演说时，第一条就谈到清华的经济，并说清华的经济在国内算是特别好，清华也是特别的幸运，继之谈道："如果拿外国大学的情形比起来，当然相差甚远，譬如哥伦比亚大学本年的预算，共有三千六百万美金，较之清华，相差不知多少。但是比较国内的其他大学，清华的经济，总不能算少，而且比较稳定了。我们对于经济问题，有两个方针，就是基金的增加和保存。我们总希望清华的基金能够日渐增多，并且十分安全，不至动摇清华的前途。然而我们对于目前的必需，也不能因为求基金的增加而忽视，应当用的我们也还得要用。不过用的时候总力图撙节与经济罢了。"[18]

这个演说，听起来底气十足又不乏谦虚和理性，演讲者与听讲者心情之愉快可想而知。只是仅过一个多星期，突然传来不幸的消息，国民政府因处境艰难，军政开支浩大，财政拮据极度困窘，决定自 1932 年 3 月停付美国庚款一年。按照中美协议，如中国停付庚款，美国方面因无收入而不能"退还"多余庚款，即同样延迟一年。如中国继续延迟支付庚款，美方自然照例延迟"退还"。如此这般，清华庚款无继，所需常用经费戛然而断。

梅贻琦与清华高层闻讯，立即致函任职外交部的原清华中等科庚申级（1920）

江西籍学生刘师舜查询。刘于 1932 年 2 月 7 日复函，谓正在"照达美使查照"。据梅贻琦推测，1924 年美国退还第二次庚款，"在中国参加欧战的时候，庚款停付五年，清华之款未被停付。此次如果实行，清华恐不能除外，则于吾们经济上影响甚大"。在此情形下，梅贻琦情绪低落，只好与评议会商定，一旦清华庚款停付，"全部用费都要重加审定，各事要就其性质缓急重为分配，能稍缓的暂行从缓"。[19]但各系课业总得设法不受阻碍，学生宿舍亦必须添造，以便容纳扩招学生和收容全国各地失学、特别是东北因"九一八"事变流亡的学生。

屋漏偏逢连阴雨，正在清华方面与外交部交涉之际，又横生枝节，国立北平三校公开提出向清华借款。此前，因清华拥有庚款基金，常为外界各种势力所觊觎，南北政府也曾多次图谋挪用，并有勒令清华购买政府发行的"公债"等举措。梅贻琦在清华当物理教员的时候，北洋政府曾因财政困难，教育经费无着，欲将清华一部分款项提出分于各校以便接济，"幸赖外交当局，以相当理由拒绝，并未实现"[20]。如今，国家财政入不敷出，各校经费难以为继，便有平津国立院校教职员联合会请所在院校当局，向保管庚款及享受庚款机关借款以维持校务的提议。因清华是享受庚款最大机关和既得利益者，自然成为群雄逐鹿的焦点。经时任俄庚款委员、北方教育界大佬李石曾提议，召开国立北平四校校务讨论会，就借款一事进行讨论。北大校长蒋梦麟、平大校长沈尹默、师大代表李干臣、清华大学代表冯友兰出席会议。会上，冯友兰代表因他事未克出席的梅贻琦校长发言，略谓"外面误认清华有很多的款子，不过各校太苦，清华比较充裕些，也不见得有极多的余钱"。最后解释因此前办理各项建筑向银行借了款子，如果金价大落，没有余款，还要另外设法云云，其结论是："本校对于平津各校困难情形，极愿帮忙，但殊无余力可以做到。"[21]借款者眼看冯友兰软硬不吃、油盐不进，便按沈尹默所拟谋略调整思路，由正面强攻改为侧翼插进，从基金会方面下手，于是便有了第二次会谈。

这次会谈由足智多谋、江湖上号称鬼谷子的沈尹默出面，约请中基会干事长任鸿隽参会，并有李石曾、蒋梦麟、李干臣、梅贻琦等四人出席，会商清华基金借款办法。入会者讨论很久而无定案，最后由李石曾提议，谓三校向清华借款的说法是不妥当的，大家出于对清华的关爱，为清华基金拟一个存放的方法，一俟平津教款经财政部指定确实担保，并经银行界认为可靠时，才向清华商量。若将清华基金存在北平某银行内，如投资一样，清华可得利息，不致受何影响。银行得了这笔存款，然后转而借与各校，如此银行又做一笔生意，而各校得此借款便可维持云云。

李石曾言毕征求任鸿隽及梅贻琦意见，任氏表示中基会保管清华款项，不过尽一种保管的责任，至于动用，却无此权。至于基金存放问题，皆须基金董事会及财务委员会审查核议。梅贻琦认为李石曾的说法似有道理，但清华方面不能不加以审慎考虑，最可注意和令人担心的是，以后万一担保发生问题，清华基金就随之发生问题。鉴于此种险情，梅贻琦表示"盼望平津教款早日有着，或者财部能指定担保，迳由银行借款最好"[22]。

北平三校借款的消息传到清华园，师生自是大不情愿，《清华周刊》以"本校生死关头，平津院校拟动用本校基金"为题予以报道，表示坚决抵制。梅贻琦、冯友兰等通过评议会加以解释，谓对国立北平三校师生处境，只表同情不借款。经此说明，即将掀起的风潮才得消散。[23]

一波刚平一波又起。正在这时，庚款停付的更加确定的消息传至清华，对梅贻琦和众师生不啻一个重大打击。经与评议会商讨，梅于 4 月 22 日向南京教育部新任部长朱家骅发电，就庚款停付和清华经费问题进行交涉。电文曰：

> 南京教育部朱部长钧鉴：
>
> 　　近闻美庚款确有停付一年之说，倘果属实，本校经费将无法维持，扩充计划更难实现，恳向财政部竭力疏解，将前项庚款仍旧拨付，以维现状而利进行，无任迫切待命之至，并乞电复。
>
> 　　　　　　　　　　　　　　　　　　　　国立清华大学校长梅贻琦。叩。养。

23 日，朱家骅向清华方面拍发了梗电，内容为何，因史料缺失尚未查到。清华档案馆存有 28 日梅贻琦回电，电称：

> 南京教育部朱部长钧鉴：
>
> 　　梗电敬悉，谨待后（候）命。窃以美庚款如停付一年，本校基金自下年起积存办法固将延迟，即本校原定增加建筑扩充名额及成立工学院、法律系各计划，均将停顿。而下年图书仪器、增聘教授等经常费用亦无法应付，且留美学生百数十人，势将困流海外，影响所及，不堪设想。除拟一二日内赴京详陈一切外，谨再电恳鼎力维持，向财政当局陈说，仍将该款照旧拨付，俾利进行，无任盼祷。
>
> 　　　　　　　　　　　　　　　　　　国立清华大学校长梅贻琦。叩。俭。[24]

29 日，清华校方发布消息，谓："兹据确讯，英美庚款停付一年，即将见诸事实。此后本校不惟对于原定扩充计划，势将全部搁浅；即经常用费，亦将倍形竭蹶，本校得讯后，尝经迭电教育当局请予竭力维持，使本校经费照旧拨付，藉维现状。现梅校长定于日内赴京权商。结果如何，容俟续布。"[25]

30 日下午，梅贻琦亲赴南京，拜谒教育部长朱家骅，就庚款停付一事进行权商。

新长教部的朱家骅，原是北大德文教授，后步入政坛，成为教育界的盟主。其人生于 1893 年，字骝先，浙江吴兴人，早年结识革命党人张静江，后入上海同济德文医学堂读书。1914 年 3 月，随张静江乘西伯利亚铁路卧车赴德国自费留学，先到 Gelsenkirchen（盖尔森教堂城）之荷兰矿场实习半年，再入柏林大学采矿工程学系攻读，1916 年 12 月 15 日离开柏林回到上海。1917 年初经"鬼谷子"沈尹默介绍，受蔡元培聘请任北京大学预科乙部教授，此为北大最早的第二外语德文教授，也是中国第一代德文教授。时北大共有 28 位教授，朱家骅为其一，年仅 24 岁，是为北大最年轻的教授。再后，朱氏兼任二年级德文本科和研究所德文门主任，享一时之誉。时北大学生罗家伦慕其盛名，专门改选朱氏课业，由此成为朱氏门生而一生受益匪浅。

1926 年，"三一八"惨案发生，朱家骅与李大钊、蒋梦麟等成为段祺瑞执政府通缉捉拿的反动分子，遂秘密离京南下。在家乡隐匿数月后，受南方革命党大佬张静江、戴传贤（字季陶）邀请，赴广东参与北伐工作。未久，协助戴传贤创建中山大学，任校务委员、代理校务委员长。1930 年 11 月，朱家骅调任中央大学校长。1931 年 3 月兼任中英庚款董事会董事长。后累官至国民政府教育部长、交通部长、中央研究院总干事、浙江省主席兼民政厅长、军委参事室主任、中央组织部长、中央统计调查局局长、中央研究院代院长、国

◎朱家骅

民政府行政院副院长代行总统职权等等，成为民国中后期官场的老子与一代政治巨擘。朱氏之成就，据知情者所言，"固由于他自己的发展，主要的还是戴传贤的支持。戴氏认为中国只有一个半人才，朱家骅是一个，还有半个是易培基。可以说朱家骅主要还是他提拔起来的"。抗战期间，朱家骅遭陈氏兄弟 CC 派夹击被迫辞去中央组织部长一职，戴季陶与蒋介石大闹一场，痛哭流涕，随后"跑到成都去隐居，说'再也不做考试院长了'。足见戴氏爱护朱家骅之深"[26]。

1931 年"九一八"事变之际，朱家骅正在南京中央大学校长任上。9 月 28 日，中大学生举行大规模游行示威，包围南京中央党部，迫使中常委丁惟汾出面接见。有学生见校长朱家骅正在党部开会，遂不顾师道尊严，连拖带拉把朱弄出，群起簇拥裹挟，呼呼隆隆拖到了外交部。部长王正廷听到外面叫喊不停，仍在办公室硬装大腕儿，拒不出面接见，学生们在狂潮巨浪中一拥而上，以花盆将其打翻在地，复以红墨水瓶掷伤其头部，王受伤急送鼓楼医院施救。翌日，王引咎辞职。朱家骅随之上书，谓自己对学生约束管教不严，请求撤职处分，未允。11 月 12 日，朱于南京出席国民党四次代表大会，21 日连任国民党中央执行委员。12 月 5 日，中大学生再次举行大规模游行，声援北大南下抗日示威团被捕学生，出发前因向校长秘书取校旗不果而发生冲突。朱家骅对学生大为不满，再次提出辞职，部令慰留。8 日，中大学潮仍未平息，朱氏第三次提出辞呈并以离开南京表示决心，终于获准。朱行前推荐他当年在北大的学生、一度执掌国立清华大学校柄的罗家伦继任中央大学校长并如愿以偿。据观察家分析，朱家骅三次辞却中央大学校长一职的原因，固与学潮有关，但经费问题迟迟不能解决亦是一重要缘由。1931 年 11 月起，江苏省停发中大经费，对教职员欠薪达三个月之久，朱家骅为表示抗议，借学潮之事愤而辞职。12 月 22 日，朱家骅出席国民党四届一中全会，29 日中央政治会议决定，署理教育部长李书华调离，朱家骅继蒋介石之后继任国民政府教育部长。

梅贻琦在赴南京前是否与朱家骅相识，没有资料记载，但据各自的经历推测，即使相识也没有深交。朱与梅的友谊应是梅长清华之后，于工作接触中慢慢建立起来的。在后来的岁月，特别是西南联大时期，随着校内外事务增多和学潮汹涌不息，朱与梅交往增多，密电频繁，二者为了相同的目标和理想，建立了同志兼朋友的感情，超越了一般意义上的上下级关系。此为后话，暂且不表。

却说梅贻琦来到南京教育部，当面拜谒朱家骅，因朱氏有中央大学欠薪的不快经历并面临全国教育界濒临崩溃的境况，对庚款停付以及清华方面的要求自是同情。于是朱、梅携手，经与财政部和行政院相关人员反复协商，终于使财政部答应暂借一百万元国币，由中基会按月发放，以维持清华正常运转。

面对新的形势和财政状况，梅贻琦原拟就的清华扩充发展计划受挫，此前最为各界看好的工学院，于 1932 年 6 月遵教育部令勉力成立。暑假招收二系一年级生及插班生，但因缺乏基本教学设备，只聘就顾毓琇为电机工程系主任、庄前鼎为机械工程系主任，工学院院长一职暂由梅贻琦兼任，以期与各方周旋，使新生的工学院早日步入正轨。同年 9 月 14 日上午，梅贻琦出席清华二十一年度开学典礼，明确谈及清华面临的经济危机，同时敬告学生："在中国今日状况之下，除安心读书外，还要时时注意到国家的危难。吾们如果要像欧洲中世纪僧院的办法，是绝对做不到的。但我们要纾难救国，不必专以开会宣传，为已尽其责，宣传效果之如何，是大家所共知的。我们应该从事实上研究怎样可以得到切实有效的方法，帮助国家做种种建设的事业，这样才可以把学问做活了，我们的学生将来才成社会上真有用的人才……"[27] 梅贻琦最后所指，乃是继"九一八"日军侵占东北，全国高校因抗日激情而爆发学潮之后又一次反日情绪的高涨。

"九一八"事变之后仅四个多月，即 1932 年 1 月 28 日，日本陆海空三军联合进攻上海，中国政府属下十九路军蒋光鼐、蔡廷锴及第五军将士英勇抗战。在近两个月的时间里，日军几易主帅，中国军队遏制了日军的攻势，后因孤立无援而失败。3 月 9 日，日本利用清皇族所搞的伪"满洲国"在长春宣布建立，由流亡东北的清逊帝溥仪任执政，原清廷汉人官吏郑孝胥出任总理兼文教部总长，年号"大同"。伪"满洲国"成立后，对外发表《建国宣言》，宣布与中华民国脱离关系，对东北地区实行政治、经济、文化统制，凡长城以北关外东北四省（辽宁、吉林、黑龙江、热河）均为满洲国法理领土。3 月 14 日，以英国代表李顿为团长的国联调查团，来华调查日本侵占中国东北情况。该团畏首畏尾，调查进展缓慢，激起国人强烈不满，全国各地学生反日情绪再度高涨，并展开了各种抗日救亡宣传活动。其间，清华大学师生先后联合燕京大学等校学生，发起"北平市民公祭抗日殉国烈士大会"和"九一八"半周年纪念会，同时利用中共地下党掌控的"世界语联合会""社会科学家联盟"等社团，开展抗日救亡运动。是年 6 月，清华在校同学欢送第四级毕业同学，献上"铁和血"及"易水送别，慷慨悲歌"等大字条幅，希望这些同学成为保卫国家的勇士云云。[28] 一时间，整个清华园笼罩在忧愤苦闷之中，"几乎无心谈别的事情"（梅贻琦语），这才有了梅以校长身份对学生的谆谆告诫。

与此同时，梅贻琦清醒地看到，国人沉浸在"忧愤苦闷"中的另一面，即不能振作的萎靡状态与麻木心理。在 1932 年清华举行的"九一八"事变一周年纪念会上，梅在演讲中公开提醒国人与在校师生："现在吾人为失东北而悲，吾们中国目前的现象，如患重病之身，不过这病不是立刻就要死的危险病，而患的是血脉不流通，神经麻木，周身不能联络贯气的一种病。行见周身溃烂，体无完肤，不待人之谋我，我自速亡。"[29] 梅贻琦发自内心的"哀其不幸，怒其不争"的沉痛悲愤之语，很快得到应验。而极其不幸和具有讽刺意味的是，应验的其中一地便是清华园。

1932 年底，日本占领东北后继续向南推进，1933 年 1 月 2 日攻占山海关，继之向长城一线进击，热河岌危，平津震动。清华因"校址所在，几成前线地带"，广大师生"感觉工作要被停顿的危险"[30]。时逢各校将要举行年终大考，面对危局，原来慷慨激昂、既是"铁与血"又是"易水悲歌"啸叫着，号曰不惜身家性命抗日的学生一反常态，立即成了缩头的小鸟与一群乌合之众，产生了逃难避危念头。1 月 6 日，清华学生自治会召开紧急会议，议决通过致评议会书，谓：

> 平津动摇，人心骚动，日方态度未明，时局瞬息万变，同学爱国有心，避危无术，忧心惶惶，不可终日，事实上殊无法再事埋首书中预备考试。本校地处郊外，消息迟钝，且教职员均宿校内，一旦时局突变，师生性命堪虞，轻重相衡，自宜趋安避危，先事预防。经紧急代表大会决议，本届学期考试暂缓举行，俟时局平定，于下学期办理。及于原定考试期间请求学校停课一星期，俾师生可以分头准备以免临时失措……[31]

清华评议会接到函报，为之一惊，大有"垂死病中惊坐起，暗风吹雨入寒窗"之感。这个"惊坐起"，不是为日军入侵东北、即将兵临城下而惊，实乃为学生的妄念和不可思议的胆怯做法而吃惊。待证实确切乃学生会征求广大同学所为后，众委员于惊骇、盛怒中立即做出决议："学生中如有因故不能参与学期考试者，可照普通请假手续办理，延期考试疑难照准。"[32]

学生会代表接到评议会面告，仍冥顽不化，不加理会，于 1 月 7 日再度致函评议会："一月七日全体大会议决，全体同学于学校规定考试期间向学校总请假，同学公意所归，特此奉达，务恳照准。"[33]

如此的不识大体，置国家危难于不顾，尚未临阵先行逃脱且一意孤行，令梅贻琦与评议会诸教授更加感到不可理喻。1 月 8 日，清华校长办公处以校长名义发出第 58 号通告，历数上述经过，义正词严地训示道："查近代战争，胜负之关键所系虽多，而全国国民必须有组织之行动，实为决胜必要之原因。今日寇虽张，而前方距平津尚有数百里之远，我大学学生为市民之表率，若先自惊扰，则后方秩序必受影响，是何异于为强敌张目？尤有言者，我国历年积弱，致有今日空前之国难，所恃以为将来复兴之基者，惟在青年不屈不挠之精神。今当事变之来，同学惟以避危无术为虑，瞻望前途，心实痛之。无目的之牺牲，可避免者自当避免，但目下尚非此问题也。现本校对于校中师生之安全，已尽力筹画保卫，除时局有特别变化，本校当另有决定外，兹决定学期考试照常举行。学生会七日来函所请，着仍照前次决定办理。今国势危迫，不能躬执干戈以卫国家民族者，必须于可能范围内努力进行其应作之工作，若以赤手空拳为尽先避难之口实，则平津数百万之市民孰非赤手空拳者？若皆闻风先避，则鱼烂土崩，人不我亡而我先自亡矣。此次学生所要求延期考试及全体请假之问题，其本身尚小，而此次所表示之精神，则所关甚大，望各深自反省，是为至要。此布。"[34]

布告贴出，梅贻琦又令教授会书记吴景超召集教授，于第二天下午四时在工字厅召开临时会议。梅因病未克出席，会议由张子高临时主席，吴景超书记，就学生致评议会函与请假事由进行讨论。最后，会议形成统一意见，并推举冯友兰、顾毓琇、钱端升、蒋廷黻、萧公权、俞平伯、萧叔玉等七人起草一文，以强硬的姿态劝告学生，仍照校中规定时间举行大考。文曰：

教授会告同学书

当我们民族生命在呼吸之顷，我们如果不能多做事，至少不要少做事。假如你们真去拼命，我们极端赞成你们不读书。假如你们担任了后方的切实工作，我们决不反对你们告假。且平心静气的、忠实的想一想：有，不必说；没有，你们就该做你们每天做的事，绝对不应该少做，不做。

不知你们读过《最后一课》这小说没有？我希望你们看一看，或者重新看一下。假如北平并不危险，那你们无所用其张皇；假如北平实在是危险，你们对于这最后一课，又何忍没有稍许的留恋？听说你们要全体请假，全体都有事情吗？

现在学校没有准你们的请求，但是你们还是要全体不考，听说你们所以如此，因为要执行大会的议决案。你们的议决案本是全体告假，而不是全体罢考。你们已向学校请求过，就是议案已经执行过了。至于允许或否那另是一件事。你们又何必坚持不考，贻社会以口实呢？

我们不忍看你们的行动趋于极端，更不忍社会对于清华学生失了期望，所以我们用最诚恳的态度进一忠言，而且这忠言也许就是最后。

教授会

二十二年一月九日 [35]

此为梅贻琦主持的评议会、教授会与学生自治会展开的第一次公开较量，即蒋梦麟所谓的校长、教授、学生"三种势力"的分野，全体教授站在了梅贻琦一边并为梅摇旗助威，"教授治校"制度发挥了特有的作用。尽管如此，学生自治会仍强硬坚持集体请假返乡。11日，大考开始，一部分学生拒绝进入考场。《大公报》于翌日以"清华考试问题解决，昨日举行一部学生请假"为题，专门做了报道：

【北平通信】国立清华大学学生近以榆关失陷，平津震动，遂由学生自治会请求学校停止寒假考试，离校返里。该校校长梅贻琦特发布告，谓学生请求停考，并未具理由，值此国难危急时期，大学生应为民众表率，不应示弱于人，寒假考试仍当举行等语。学生见到此项布告后，曾对该校校长有所辩论。昨日全体教授复发告全体同学书，劝导学生勿作罢考举动。又，昨日为该校季考第一日，校中照常考试，学生应考者甚多，而一部则请假不参加考试，校中情形如恒，无事故发生，校长梅贻琦氏因病在私宅休养，未到办公室云。

1月14日，《大公报》以"清华学生留校考试者仅三之一"为题，再发报道，略谓："学期考试照章举行，而该校学生原有九百余人，此次请假离校者六百余人，留校参加考试仅三百余人……"

清华如此，北平其他学校学生亦复如是，众生于惶恐纷乱中向校方请假归里，以做到"避危有术"。此等情形经媒体报道传播，在社会引发了重大恐慌，有识之士对此极为不满，北平市民黄心汉等365人，愤而联名呈请中央党部、国民政府、行政院、教育部、财政部，对北平学生胆小怕死、苟且偷安的行径表示强烈抗议，谓："榆关失陷后，平市学生不作领导民众奋起抗日之准备，而反纷纷避难离平，实与国家培植学子之本旨大相背戾，故请停发停课期间之教育经费，移充抗日军需。"函中对学生行为进行了严厉抨击，其中说道："窃自榆关失陷以来，举国震惊，日寇侵略平津之野心暴露无遗，值此国家存亡危急之秋，正我人民发奋图救之时，虽无识愚民，尚具此心，而以平日自诩为高等知识分子者，更当于此时出面领导民众作抗日之准备，方不负国家培植之初衷，此所不待言也。岂料榆关一声，而素称爱国之学生颤悚畏惧，似有大祸临头之虞，均纷纷避难，以个人生命视如泰山，把人民国家目为草芥，所谓校规与考试，亦弃而不顾，学校当局，亦毫无约束之力及劝导之方，于是学校走避一空，门穷几可罗雀。昔日卧轨请愿之声，今日无复闻矣，如此现象，实感悲痛……所谓爱国学生未见日军之身影，已竟长避一空，不知将何词以自解，何颜以对此为国牺牲之将士也……"[36]

面对舆论汹汹，北平军政当局紧急约见各大学校长，要求学校照常上课，以安人心。梅贻琦回校后详加考虑，没有再向学生施压，而是采取怀柔策略对学生发表讲话，略谓："有人谓清华业已提早放假，我不欲辩白，因为天下事总是愈描越黑。所谓放假之事，可以这末说，亦不能这末说。可以这末说，因为学校没有禁止学生请假返里；不能这末说，因为学校照常上课，弦歌不辍。"[37]此为清华1930级学生邹文海在梅贻琦去世之后的一段回忆，邹的理解与评价是："梅校长的讲话，多数是上述作风，所以刘崇鋐先生说许多调皮的学生以'大概也许差不多'形容梅校长的讲话。但梅校长的大概也许差不多决非圆滑之辞，而是恰到好处地能把一时的复杂心理充分表达出来的语句。梅校长于知道榆关事变之后，一直为学生的安危着急，政府却要他发表安人心的谈话。他在无法确实留校极为安全之前，不能不负责地劝大家镇定。当然，他也没有理由提前放假。这是他所以有上述演辞的原因。现在事隔数十年，回想梅校长当时的处境，依旧觉得这几句话是最为适当的。他说明了学生可以自由选择的途径，也说明了他处理这个问题的立场。"[38]

邹氏所引刘崇鋐所说"大概也许差不多"句，乃《清华副刊》上登载的一首打油诗，标题是《赋得OOO》，诗曰："大概或者也许是，不过我们不敢说；可是学校总以为，究竟仿佛不见得。"[39]此乃同学讽喻梅贻琦说话慎重，或是"无为而治"的形象。后来这首诗在清华乃至西南联大广为流传，成为体现梅贻琦性格与处事风格的一个标志性符号。至于邹文海所言梅校长这段模棱两可、似是而非、恍打胡系的讲话，是否存在记忆错误，或传闻本身已经变形走板，已无从考证，但得出的结论似与事实不尽相符。此前，梅贻琦以校长名义发出的通告，以及教授会告同学书，旗帜鲜明地宣示了梅与全体教授坚定不移的立场，这个立场与社会舆论是一致的，既然日本鬼子还没有杀入北平，就不存在"不负责地劝大家镇定"等问题。只是后来发展的结果已非梅贻琦本人和教授们所能掌控，而清华的民主制度与自由精神，使梅与全体教授又不愿把自己置于学生的对立面，甚而发生严重冲突，以达到蒋梦麟所说的"三者之中，有两种联合起来，反对其余一种，一种必然失败"的奇效。清华大学是由一所留美预备学校演变而来，原招收的都是十几岁的少年，教师对学生的感情如同父母视孩子，此为清华与其他高校不同，或称之为特殊的感情因素。因而，梅贻琦与众教授仍采取缓和与折中的方法加以疏导，正如清华1936级校友孟昭彝所言："平抑情绪最忌高压遏制，或严词训诫等方式的，工程师们会导洪流而成为受管制的河道。"而以电机专业立身的梅贻琦自是"深得此道"。[40]

1月17日，清华校方发出布告，自1月18日起至1月31日止，放寒假两个星期。自2月6日起，未参加考试的学生前往校园进行补考。寒假期内照常办公，各部职员得酌由主任拟单支配轮流休假云云。

两个星期的寒假一晃而过，归里的学生纷纷返校，接着是学期注册、选课。2月13日，正式开学上课，师生间的心理隔阂消散无形，众生一如往常坐在教室聆听教授"传道授业解惑"。——《礼记·学记》有云："凡学之道，严师为难。师严然后道尊，道尊然后民知敬学。"而韩昌黎《师说》则谓："人非生而知之者，孰能无惑？惑而不从师，其为惑也，终不解矣"，然"弟子不必不如师，师不必贤于弟子"。寒假前的这场"爱国有心，避危无术"风波，足令清华学子在学习、反思中，对韩文公《师说》有更深层的认识与理解。

◉ 国难家愁

清华开课后的第八天，即2月21日，已占领辽、吉、黑东三省的日本军队，对中国东北四省之一的热河省展开进攻。装备不良、士气低落的东北军闻风溃退，非降即窜，日军如入无人之境。张作霖的拜把子兄弟、胡子出身、外号"二虎"的奉系军阀、热河省主席汤玉麟，于3月1日急电平津征集汽车，扣留前线军车200余辆，装满在热河搜刮的金银财宝急速运往天津意租界私邸。3月4日，汤玉麟率部出城，一路狂逃到河北滦平，省会承德失守，继之热河全境沦陷。至此，东北全境沦入日军控制下的伪满统治者之手。日军乘胜分兵数路，攻向长城东部各主要关隘，直指平津。驻守北平北部密云古北口的东北军六十七军节节败退。未久，古北口失守。至此，长城以南已无险可守，不但北平、天津有陷落的危险，整个华北都有被日伪军吞并的险兆。

面对危局，社会各界一片哗然，纷纷谴责国民政府不抵抗政策，抗战呼声四起。清华园内的教职员工闻讯，震惊中对国民政府与东北军溃退表示极大愤慨。3月9日，教授会致电国民政府，就热河沦陷给予严厉批评和谴责。电云：

南京国民政府钧鉴：

热河失守，薄海震惊，考其致败之由，尤为痛心。昔沈阳之失，尚可诿为猝不及备；锦州之退，或可借口大计未决。今热河必守，早为定计，行政院宋代院长、军事委员会北平分会张代委员长且曾躬往誓师。以全省天险俱未设防，前敌指挥并不统一，后方运输一无筹划，统兵长官弃城先遁，以致敌人长驱，境若无人。外交有利之局，不复可用。前敌忠勇之士空作牺牲，人民输将之物委以资敌。今热河省政府主席汤玉麟，已明令查办。军事委员会北平分会张代委员长，虽已由监察院弹劾，但此次失败关系重大，中央、地方均应负责，决非惩办一二人员即可敷衍了事。查军事委员会蒋委员长负全国军事之责，如此大事疏忽至此；行政院宋代院长亲往视察，不及早补救，似均应予以严重警戒，以整纪纲，而明责任。钧府诸公总揽全局，亦应深自引咎，亟图挽回。否则人心一丢，前途更不堪设想者。书生愚直，罔识忌讳，心所谓危，不敢不言，伏乞鉴察。

国立清华大学教授会　叩，青。[41]

在此之前，清华大学举行"九一八"事变一周年纪念会，梅贻琦演讲，对政府的不抵抗政策与麻木、迟钝作风，曾提出尖锐批评，谓："上年此时，本人尚在美京华盛顿，读九月十七日之晚报，即得日人在东三省将有动作的消息。盖日人之侵略东北，蓄谋已久，非一朝一夕之故，早惹世人注意，只要留心万宝山等次的惨案，处处都可以观测出来，何待'九一八'事变之实现！当时对此消息异常注意，以为我方总有一点相当对待办法。但过了两天，国内毫无动静，或疑为一时之策略，不意始终未予抵抗。这是最令人痛心的。以拥有重兵的国家，坐视敌人侵入，毫不抵抗，诚然勇于内战，怯于对敌，何等令人失望。是以沈阳既去，吉林、黑龙江、锦州随之而陷。大家不要以为目前尚可苟安，殊不知此时敌方时时可以再有动作，或另有阴险图谋，实则形势非常危险。"[42]

梅贻琦不幸而言中，不出半年，热河沦陷，长城关口洞开，平津摇撼，薄海同惊。迫于国内外与社会舆论压力，正在组织"剿共"的蒋介石，不得不从南方抽调中央军第十七军徐庭瑶部北上，与西北军、东北军等共14个军20余万人，由军事

◎喜峰口前沿阵地的二十九军大刀队

◎前进中的喜峰口抗战二十九军官兵

委员会北平分会代理委员长张学良指挥，分布在长城各口，与来犯之8万日军和伪军数万人展开激战。3月12日起，由何应钦接替张学良指挥，在长城义院口、冷口、喜峰口、古北口等地抗击日军。中国军队在社会舆论刺激与人民大众声援下，顽强抵抗、浴血奋战。二十九军三十七师师长赵登禹，率队在喜峰口附近与日军展开肉搏战，官兵手提大刀，杀声震天，几处高地失而复得，4000余日军成为刀下之鬼。二十九军大刀队的神勇传到后方，举国振奋，也令日本举国震惊，《朝日新闻》惊呼："明治大帝造兵以来，皇军名誉尽丧于喜峰口外，而遭受六十年来未有之侮辱。"喜峰口之战，中国军队对骄横狂妄的日寇给予沉重打击，鼓舞和坚定了全国人民抗日的决心。

此前，梅贻琦对清华师生演讲中，曾高屋建瓴地指出："东三省虽亡，东北人心未死，前途尚有一线光明。"[43]事实应验了梅贻琦的预见。1933年3月29日，由学生会组成的"清华大学抗日会"收到"辽吉黑民众后援会"来函，征求路工百名修筑遵化至玉田及遵化至沙河二线公路，以利前线官兵运输补给，希望各校支持。寒假前，包括清华在内的北平学生的妄念与退缩举动遭到市民激烈批评，作为最高学府的清华学生，自是觉得脸上无光，洗刷前耻正是机会，遂表示极愿与"后援会"合作。两日内，北平学生有102人报名，其中清华90人，组成8个分队出征。此一具体的爱国行动，获得清华校方鼓励与支持。4月1日晨6时，全体队员集合于清华大礼堂前，梅贻琦亲临训勉，由"辽吉黑后援会"专车接送进城，梅贻琦和陈福田教授亲送至灯市口贝满中学前。随队者还有三名校医和清华所备慰劳品咸菜2800斤及其他物资。清华抗日会组成之"救护队"，随后亦按部署向秦皇岛进发，支持前线抗战工作。[44]据当时在校的1936级学生孟昭彝回忆：我们听到英勇的二十九军在喜峰口轮起大刀片猛砍日本小鬼，并多有斩获的消息后，"真是兴奋的不得了"，后来清华同学又展开"喜峰口劳军筑路"之举，"这般好动的小伙子们以'老魔''小熊'为首的都参加了。坐着敞篷车经过三河县、遵化县等，晚间到了喜峰口，两腿冻僵几乎不能下车了"。[45]

长城血战仍在继续，全国抗日热情越发高涨，清华学生自发组织救护队、看护队、慰劳队等各种团体，对前线将士予以实际支持。此一行动得到了校方与社会舆论的肯定与赞扬，清华学生一雪前耻，重新赢得了抗日救国知识青年的荣誉。

然而，尽管中国军队在长城各关口表现出勇武不屈的气概，并给敌人以重创，但日军装备精良、训练有素，长城沿线仍多处失守。双方战至5月10日，日军对古北口南天门中方阵地发起猛攻。牺牲惨重的中央军十七军以剩余兵力拼死抗击，又与日军鏖战五个昼夜，终因寡不敌众全线崩溃。3月14日，十七军被迫全部撤离密云。15日，日军占领密云县城，而后迅速向怀柔等地进攻，遭中国守军第三十五军傅作义部英勇抵抗。日军渡滦河西进，突破中国军队第五十七军何柱国、第六十七军王以哲

◎《申报》号外，对喜峰口抗战成果予以报道

◎清华大学抗日救国会组成的修路队赴前线支援

等部阵地，先后占领河北丰润、遵化、玉田、平谷、蓟县、三河等县，直逼北平、天津近郊。时华北国军已无力再战，南京政府被迫与日本侵略者"交涉"。5月31日，蒋介石派熊斌与日军代表冈村宁次签订了丧权辱国的《塘沽协定》，划定冀东二十二县为非武装区，中国军队不得进入，日军退回长城以北。中国政府与伪满洲国也因此事实上以长城划界，伪满洲国于长城各地树立"王道乐土大满洲国"界碑。这一协议的签订，不仅使中国政府丧失了东北四省，日本巩固了长城以北占领区，也使华北门户洞开，中华民族危机进一步加剧。[46]

当国人沉浸在长城抗战失败、家国危难的痛楚与慷慨激昂的追责、批评与缅怀中时，作为清华一校之长的梅贻琦，"几乎没有什么言论主张等发表，只是赶紧恢复学业，推进校务。这伟大沉默的精神原是最好清心去火的良药，用不了很长时间，果然都各安其位，弦歌不辍了"[47]。

清华园的弦歌于民族危难中再度响起，但学校的经费却陷入库空援绝的新一轮危机。

按照去年南京政府方面的说辞，庚款停付一年，至1933年3月恢复常态，由中基会继续按照过去的计划向清华拨款。然而再次发生意外，随着日军进攻热河与中国军民长城抗战，我国军需浩大，国库空虚，政府已无力应付，遂有继续停付一年庚款的打算。这一计划，对清华来说无疑是雪上加霜。消息传来，评议会成员与校内师生无不吃惊，梅贻琦更是焦虑不安，遂于3月10向南京教育部呈文予以催款。文曰：

> 呈为经济竭蹶，校用孔亟，恳予商请财部早日拨给三月份庚款。倘势必续停付，乞将下年必需经费照拨，以资维持事。窃查本校在上年庚款停付期间，入少出多，困难已极，惟有特别设备费中存款，及建筑费未付之款，暂时挪用应付，并将大宗用费，可暂缓至今春者，均予推展。是以财政部垫借一百万元，尚能勉维现状。至本年二月份校用益感拮据，不得不向银行商借小款，以济眉急。及交三月以来，借款既将用罄，庚款尚未领得，经济状况遂将陷于绝境矣。查下年度经费及他项必需用费，势非有二百八十万元的款收入，不足以资应付。兹谨将本年各项用费概数分陈如下：
>
> …………
>
> 当此国难紧迫，国库空虚之际，本校同人深知节用救国为目前急务，惟思教育为救国根本大计，而清华复为国内略树基础之大学，且正凛遵钧令，努力于理工之发展，藉促国家建设事业之进步。国难愈急，而此稍有希望之大学愈

宜力予扶持，用培国本，不使因时局影响，归于停顿。现值校需孔亟之顷，庚款复有续停之讯。窃以军政费支出浩大，自有根本筹划方针，倘对本校所需经费亦与全部庚款一并停付，在国家无济大事，而于本校前途则影响至巨，其轻重得失之数，必在当局洞鉴之中矣。除将本校过去庚款停付一年期内收支概况，暨下年本校及留美监督处各项必需经费另单开呈外，谨特备文沥陈现状。仰乞钧部体察，本校需要实情，俯予商请财政部迅将三月份庚款早日拨发。倘必不得已，庚款须再停付时，对于本校下年必需经费，务乞如数拨给，俾资维持进行，则本校前途幸甚。即乞察核示遵，实为公便。谨呈

教育部长　朱

　　附呈上年收支概况及本年必需经费概数单各一纸。

国立清华大学校长　梅贻琦[48]

　　呈文发出，迟迟未见动静。时热河全境早已陷落，长城抗战已经打响。平津人心惶惶，各高校当局已有将重要图书仪器转移南迁，以免于战火的想法。3月26日，清华文学院院长冯友兰、法律学讲师燕树棠二人受梅贻琦和评议会委托，为庚款与图书仪器迁移等事，径赴南京请示办法。27日，冯、燕二人面见教育部次长段锡朋（字书贻，"五四"时期与傅斯年、罗家伦齐名的北大学生领袖之一），段的答复要点为："部中对于北方大学苦无妥善办法，现在只可将重点书籍仪器装箱，必要时移北平附近地方暂避，永久迁移现在无此力量，只好听其自然。庚款事，财部并未与教部接洽，但如果停，财部必另拨款。不过清华所要之三百余万，恐太多耳。"[49] 下午，冯、燕二人拜谒教育部长朱家骅，朱的答复与段基本相同。冯友兰陈述，以校中财政状况，庚款若停，而财政部仍照上年办法办理，则学校必致停顿云云。朱以"庚款尚未定停，可以后再定办法"等语，将二人打发出门了事。不甘心的冯、燕二人转而向在京的李四光、彭浩徐（行政院政务处长）、唐有壬（中政会秘书长）、罗家伦等人打听，皆谓庚款势在必停，因政府实无款可付，至于朱"所云未定者，似系官话。若此，而财部只给一百万元，则学校不能支持矣"。此点关系清华兴衰存亡，冯、燕二人决致快函于梅贻琦，请其亲至南京，以校长资格与各方接洽，或有转机。[50]

　　梅贻琦闻讯，立即起程赶赴南京，但所得结果仍与冯、燕二人大同小异，清华庚款与图书仪器迁移等事皆无人予以承诺，梅氏怏怏而返。

　　面对国破家难的危局，梅贻琦内心焦虑但外表却表现出异常的勇毅与沉着，他知道，作为北方学术重镇的国立大学校长，绝不能在如此危难时刻，对师生表现出

半点的慌乱与泄气情绪。4月29日，是为清华成立二十二周年纪念日。会上，梅贻琦向全校师生致辞并坦承面临的两层困难："一因外患加紧，时局如何变化很难说定；二因经济问题未解决，经费自二月以后分文尚未拨到。"最后，梅以悲壮、肃然的语气勉励全校师生："我们虽处艰窘危迫的局面，不可畏难灰心，不可使精神颓唐。还是要特别努力去作，维持艰局。"[51] 听者为之动容。

面对教育部与财政部等官僚政客推诿敷衍，而清华已到山穷水尽、无力维持之地步，梅贻琦经过思考权衡，决定改弦更张，直接请中基会董事会董事长蔡元培、干事长任鸿隽电陈国府行政院，说明事态严峻，促其设法解决。

对清华处境极表同情的蔡元培、任鸿隽（字叔永），向南京政府有关方面问询，得知庚款不再停付的确切消息后，于5月25日联名致电南京行政院新任院长汪精卫，文曰：

> 自上年三月，美款停付一年，会、校经费已极感困难。本年三月，停付期满，但该款仍未蒙拨发。挪借之款既无法清偿，下年计划尤无以着手。前经屡电宋［子文］部长，请饬财部照拨，迄未见复。窃念中基会与清华大学办理有年，内关国内教育文化事业之发展，外系国际之观瞻。设竟听其停顿，殊非国家之福。特电恳钧座，提出行政会议设法救济，并饬令财政部迅将已经到期之三四月美庚款，先行拨付。俾会、校事业，得以维持，不胜迫切待命之至。[52]

6月20日，汪精卫复函蔡元培、任鸿隽，函曰：

孑民、叔永先生惠鉴：
敬启者，中基会及清华大学留美学费，政府停付美庚款一年，前承电示困难之状，经即由院令饬财部，迅将已到期三四两月之款，先行拨付，以资维持。兹据财部复称，谨当遵照，陆续拨付，等情。特此奉达。即希察照。
顺颂
道绥

汪兆铭 [53]

至此，令清华师生愁思百结的庚款问题，总算有了着落。梅贻琦悬着的心这才落下。

注释

[1] 梅贻琦归国后，清华留美学生监督一职由赵元任接替。根据南京教育部 10085 号部令，自 1933 年夏裁撤留美学生监督处，另托华美协进社代理处务。华美协进社的具体执行人就是后来与梅贻琦友善且为梅在离开大陆于美国争取美金出力甚大的孟治博士。

[2] 韩咏华《同甘共苦四十年——记我所了解的梅贻琦》，载《文史资料选编》，第十八辑，北京出版社 1983 年出版。

[3]《国立清华大学章程》，载《清华大学史料选编》，第二卷（上），清华大学出版社 1991 年出版。

[4][5][7] 陈岱孙《四十年代清华大学校务领导体制和前校长梅贻琦》，载《梅贻琦先生纪念集》，黄延复主编，吉林文史出版社 1995 年出版。

[6]《读史阅世六十年》，何炳棣著，广西师范大学出版社 2005 年出版。

[8]1940 年，清华校友在昆明为梅贻琦服务母校二十五周年召开庆祝会。会上，梅在答辞中说："诸位觉得一人在一个学校服务二十五年，应予鼓励。其实在清华服务达十年以上者，已有三四十人，十五年以上者，亦有一二十人，而马约翰先生且达二十六年之久。可见清华近些年之进展，不是而亦不能是一个人的原故，是因为清华还有这很多位老同事，同心合力的去做，才有今日。现在给诸位说一个比喻，诸位大概都喜欢看京戏，京戏角里有一个角色，叫'王帽'的，他每出场总是王冠齐整，仪仗森严，文武将官，前呼后拥，'像煞有介事'。其实会看戏的绝不注意这正中端坐的'王帽'。因为好戏——除了很少数的几出，如《打金枝》《上天台》——并不要他唱，他因为运气好，搭在一个好班子里，那么人家对这台戏叫好时，他亦觉得'与有荣焉'而已。"（梅贻琦《在昆明公祝会上的答辞》，载《清华校友通讯》，第六卷第九期，1940 年 9 月）

[9]《郭廷以先生访问纪录》，访问：张朋园、陈三井、陈存恭、林泉，记录：陈三井、陈存恭，台湾"中央研究院"近代史研究所 1987 年出版。

[10] 冯友兰《五四后的清华》，载《过去的大学》，钟叔河编，长江文艺出版社 2005 年出版。

[11] 陈岱孙《四十年代清华大学校务领导体制和前校长梅贻琦》，载《梅贻琦先生纪念集》，黄延复主编，吉林文史出版社 1995 年出版。又，从《国立清华大学校刊》记载可以看出，在清华校长空缺之时，校务委员会议暂行维持校务，且发挥了"教授治校"的民主精神，即是会议召开次数的记录，也依次排列并公布。梅贻琦长校后，延续了这一制度与民主精神，并把"教授治校"发扬光大。试看梅贻琦延续发扬这一制度的时间和形式。1931 年

10月5日，梅尚在美国，《校刊》登载了两次会议记录。第一次如下：

二十年度教授会第一次常会记录

日期：十月一日下午四时

地点：后工字厅

出席者：

王文显　浦薛凤　黄子卿　吴景超　杨武之　陈　达　施嘉炀　孙国华

蒋廷黻　周先庚　吴有训　陈岱孙　郑桐荪　余肇池　张子高　熊迪之

陈福田　吴　宓　叶　麐　钱端升　冯友兰　张崧年　萨本栋　吴韫珍

叶企孙

主席：叶企孙

记录：萨本栋

开会行礼如仪，首由主席请郑桐荪先生报告与翁咏霓先生谈话情形，次主席略述部派梅贻琦先生长校及翁代校长请假，校务托其代理经过，继选举本年度评议员七人，投票结果如下：

吴正之　蒋廷黻　杨武之　萧叔玉　陈通夫　王力山

以上七人当选

施嘉炀

以上一人候补

五时半散会。

第十一次校务会议记录

时间：廿年十月一日下午二时

地点：科学馆会客厅

出席：陈岱孙　张子高　冯友兰　叶企孙

主席：叶企孙

记录：张子高

议决事项：

东北学生请求来校借读应如何办法案。

议决：照下列办法准与借读：

1.人数以宿舍空位为限；

2.学杂等费照本科生例缴纳；

3. 须得原校当局公函介绍；

4. 须得本校系主任允许；

5. 借读时间以本学年为限。

1932 年 2 月 5 日，梅由美返国，已出任清华校长。《国立清华大学校刊》登载会议记录如下：

评议会第二十一次会议记录

时间：二十一年一月二十八日下午四时

地点：科学馆会客厅

出席：王文显　冯友兰　叶企孙　吴有训　陈岱孙　萧蘧　杨武之　浦薛凤　梅贻琦　陈达

主席：梅校长

记录：浦薛凤

首由主席报告杨秘书长赴教育部接洽关于此半年余款拨归校用之经过情形，次即讨论各项议案。

议决案：

一、留美学生陈麟瑞请求转学德国柏林大学案。

议决，准可。

二、历史学系教授刘崇鋐先生请按照休假条例于本年二月起赴欧留学一年案。

议决，照准。

三、起草教员服务规程案。

议决，由主席指定三人为"教员服务规程起草委员会"，主席指定冯友兰、萧蘧、陈达三先生为委员。

四、社会人类学系请更改系之名称案。

议决，社会人类学系改称社会学及人类学系。

五、法学院院长提请于下学年成立法律学系案。

议决，法学院之法律学系准予下学年成立。

六、添设工学院案。

议决，本大学应于下学年添设机械工程学系及电机工程学系并即以该两系及现有之土木工程学系合组为工学院，至所有应行筹备事宜由校长组织委员会主持之。

1932年6月6日，《国立清华大学校刊》登载"校闻"一则：

教授会常会记录

时间：六月二日下午四时

地点：后工字厅

主席：梅贻琦

记录：萨本栋

出席者：

张子高　陈岱孙　陈福田　赵人俊　高崇熙　余肇池　杨武之　陶葆楷

钱稻孙　王成祖　赵忠尧　王明之　吴正之　郑桐荪　张菘年　吴　宓

叶　麐　张泽熙　冯友兰　张奚若　陈　达　吴可读　王化成　钱端升

华兰德　王文显　浦薛凤　吴景超　孙国华　梅贻琦　蔡方荫　周先庚

叶企孙　周培源　吴韫珍　蒋廷黻　李继侗　萨本栋　黄子卿　熊迪之

叶崇智

（四十一人）

开会如仪，首由主席报告，略谓：本次常会为本年度常会最后一次，应即推选下年度本会书记，各院院长候选人（每院二人）及评议员（七人）。

并称工学院教授尚未完全聘定，工学院院长候选人拟请暂缓推举等语，随即举行选举，结果及议案如下：

（一）选举下年本会书记：

吴景超　当选

（一）院长候选人（每院二人）

文学院：冯芝生（34票）蒋廷黻（23票）

理学院：叶企孙（29票）吴正之（26票）

法学院：萧叔玉（30票）陈岱孙（初选得17票，复选得33票）

以上六人当选。

（二）院长任期改为二年案。赞成者39，反对者1，通过。

（三）选举评议员七人：

初次投票结果如下：蒋延黻（24票），吴正之（22票），浦薛凤（21票）
以上三人当选。

施嘉炀 郑桐荪 陈通夫 王力山 杨武之 萧叔玉 吴雨僧 张子高
八人得票较多，惟均未及半数，照章应付复选。

先决议案：复选评议员时，每人可就上列八人中选举五人，以得票较多之
四人当选为下届评议员。其他得票过半数者则为候补评议员案。通过。

二次投票结果：

陈通夫（31票）施嘉炀（30票）郑桐荪（27票）杨武之（27票）
以上四人当选。

萧叔玉（25票）张子高（21票）

以上二人候补。

六时半散会。

梅贻琦长校时代清华的会议制度，正如清华校史研究者苏云峰先生所言：诸如此类的会
议和尊重多数又赋予个人自由表达意见的制度，确已成为清华师生共同生活的一部分。这一
制度的精神与形式，除了西南联大时期未设评议会外（事实上，梅到昆明的第二年，便和
校务会议诸先生决定恢复在抗战中一度停顿的教授会和评议会。但只在清华一校恢复，整
个联大未能恢复。虽然开会不多，但正如朱自清所说："清华的民主精神已经重新活跃起来
了。"），这个民主精神和制度深入清华广大师生之心，且一直保持到1952年。

[12] 朱自清《清华的民主制度》，载《清华校友通讯》，第三卷第九期，1940年。

[13][14]《赵访熊教授的讲话》，载《梅贻琦先生纪念集》，黄延复主编，吉林文史出版
社1995年出版。

[15][37][38] 邹文海《记梅故校长"越描越黑"的演辞》，载《清华校友通讯》，新2
期，1962年，新竹。

[16]《蒋廷黻回忆录》，蒋廷黻著，岳麓书社2003年出版。

[17] 梅贻琦《致全体校友书》，载《清华校友通讯》，第三卷第一至五期。1936年4月。

[18] 梅贻琦《就职演说》，载《国立清华大学校刊》，第三四一号，1931年12月4日。

[19][20][21][22]《三月七日总理纪念周记事》，载《国立清华大学校刊》，第三七九号，
1932年3月9日。

[23]《清华周刊》，第527期，1932年3月5日。

[24][25]《梅校长为美庚款停付问题即日赴京榷商》，载《国立清华大学校刊》，第
三九九号，1932年4月29日。

[26]《国民党内的五大派系》，成都周刊部编辑，文光出版社 1946 年出版。

[27]《举行廿一年度开学典礼志略》，载《国立清华大学校刊》，第四三二号，1932 年 9 月 16 日。

[28]《清华周刊》，第 37 卷第 11 期，1932 年 5 月。

[29][42][43][50][51] 梅贻琦《在"九一八"事变一周年纪念会上的讲话》，载《国立清华大学校刊》，第四三四号，1932 年 9 月 21 日。

[30] 梅贻琦《清华一年来之校务概况》，载《清华副刊》，第 39 卷第 7 期，1933 年 4 月 29 日。

[31][32][33][34]《校长办公处通告》，载《国立清华大学校刊》，第四七四号，1934 年 1 月 9 日。

[35]《教授会告同学书》，载《国立清华大学校刊》，第四七五号，1933 年 1 月 11 日。

[36]《北平市民具呈中央停发停课期间教费案》，载《大公报》，1933 年 1 月 18 日。

[39] 傅幼侠《记忆中的小事》，载《清华校友通讯》，新四十五期，1973 年，新竹。

[40][47] 孟昭彝《我所体会到的梅校长》，载《清华校友通讯》，新二期，1962 年，新竹。

[41]《国立清华大学教授会致国民政府电》，载《国立清华大学校刊》，第四八九号，1933 年 3 月 13 日。宋代院长，指宋子文；张代委员长，指张学良。

[44]《大公报》，1933 年 4 月 2 日，第 4 版。

[45] 孟昭彝《熊大缜英灵不泯》，载《清华校友通讯》，新一期，1962 年，新竹。另，"老魔"是南开中学考入清华的孙以玮，亦属南开 1931 年考入清华十几个学生中的领头人物，人送外号"老魔"。"小熊"原名熊大缜，1931 年由南开考入清华，属于清华的"奇才"人物。后有较为详细的介绍。

[46]《塘沽协定》的签订，遭到了国内部分人士强烈抨击，更加激发了全国人民抗日救亡运动的高涨。但以胡适为代表的一派人士认为，长城战败后华北已经无险可守，华北若再陷落敌手，国家损失更大，因此支持华北停战，认为这"是一种不得已的救急办法"，与上海停战同样可以谅解云云。

[48]《呈教育部文》，载《清华大学史料选编》，第二卷（下），清华大学出版社 1991 年出版。

[49][50]《冯友兰、燕树棠致梅校长函》，载《清华大学史料选编》，第二卷（下），清华大学出版社 1991 年出版。

[51]《本校二十二周年纪念会纪事》，载《国立清华大学校刊》，第五〇一号，1933 年 5 月 4 日。

[52]《蔡元培、任鸿隽致国民政府行政院电》，南京中国第二历史档案馆二（1）2197。

[53]《行政院复蔡元培、任鸿隽函》，南京中国第二历史档案馆二（1）2197。

第十二章　黄金时代

◉ 群星映照清华园

清华的经费问题得以缓解，梅贻琦的既定计划随之有了实现的可能。备受政府当局和师生期待，由梅贻琦一手促成、组建的工学院，则属计划的重中之重。在梅直接指挥、督促下，各项建设、实验器材订购及相关人才聘请，齐头并进，进展迅速，社会各界为之瞩目。

1933年3月3日，梅贻琦辞卸工学院代院长之职，清华评议会正式聘请顾毓琇为院长。自此，工学院进入了清华历史上堪称神速发展的"黄金时代"。——至卢沟桥事变前，清华工学院共分三系六组，即土木系（铁路及道路工程组、水利卫生工程组）、机械系（原动力工程组、航空工程组）、电机系（电力组、电讯组），三系教师绝大多数为留美的"海龟"，所开课程与教学方法皆仿照美国工科一流大学设置，同时注意发展当时世界先进的工程技术，如水利、电讯、航空等，为以后清华工学院快速发展并跻身世界一流打下基础。最令政府当局另眼相看的航空工程组，得到蒋介石高度重视和国家航空委员会的得力资助，发展最为迅速，效率更是惊人。按《清华大学校史稿》记述：工学院组建初期，各系花了较大力量建立与扩充实验室，共建成实验室十四个及机械系金工方面的实习工场四个，实验设备属世界一流，其中土木系的水力实验室仿照德国大学类似实验室建造，设备多来自德

◎新建机械工程馆启用典礼。右为梅贻琦，左为顾毓琇

国，被称为"中国第一水工试验所"，其特点是规模大、设备充实，高出当时美国一般大学水平。更为难得的是，整个实验室乃本系教师自己设计的两层楼房高度的建筑，有地下水库一座，可储水一万立方英尺；另有高架水库一座，可储水一千立方英尺，还有户外水槽一道，槽旁安置有钢轨及电车，可作舰艇模型试验、大型河工模型试验及校正流量计之用。室内水力机械多属当时最新式设备，有水轮池及水轮试验台，有十马力冲动水轮机一具、各式反动水轮机五具……其庞大壮观的气势，令人惊叹。——所有这些用大把大把美金建成的实验室与购买的设备，绝不是搞花架子办展览，或搞杂技艺术表演，而是出于教学的迫切需要，更是为开展科学研究，为病弱衰颓的老大中华尽快步上现代化轨道而设立。

与土木系楼堂馆所和先进设备相比，机械工程学系更加壮观气派。因教学及科学研究需要，机械系建有机械工程馆、发电厂、航空工程馆、飞机实验室以及金、木、煅、铸工场。机械工程馆内又专设热力工程实验室，内部设备包括蒸汽机、汽轮机、柴油机、机车及汽车等，设备几乎全部购自英、美和德国，且都在1934年前后购齐并安装完毕，其先进程度为世界之最，堪与欧美各著名大学任何一家机械实验室设备匹敌。航空馆之下层安装有回气式航空风洞，飞机实验室有德制双座单翼教练机及双翼飞机各一架，二机均供学生装拆修理及做局部的设计观摩之用，另有本系教师、技工自行设计制造的滑翔机一架，供教学之用。

当此之时，最受外界瞩目的科技成果，乃航空工程组王士倬教授主持设计的最新回旋式风洞。1935年，经美国航空专家、加州理工学院古根海姆航空实验室主任冯·卡门（Theodore von Kármán）博士向梅贻琦写信推荐，机械系聘请毕业于美国马萨诸塞州理工学院，时在古根海姆航空实验室为冯之助手的华敦德（F.L.Wattendorf）博士担任航空讲座，加强了航空工程组的研究力量，并在航空组全体教师与学生协同努力下，设计出一个更大的十五英尺口径的航空风洞。国民政府军事委员会出于军事、政治的迫切需要，对此研究和设计高度关注并大力支持，先后拨款共23万美元对风洞更改装配，便于需要时扩大至二十英尺口径的大型风

洞。设计完成后，由清华机械系负责主持建造，并派员前往江西南昌择定地点，于
1937 年初开始兴建。时蒋介石在南昌秘密组织训练一支新型空军，且建了一个空军
工厂，只是这支空军的骨干设备都是外国制造的飞机，多半购自美国或意大利，运
到中国后，因"水土不服"，故障不断。为适应中国军事以及即将全面展开的抗日
战争，蒋介石透过航空委员会请梅贻琦协作，由清华工学院自行设计制造飞机，原
料、配件等就地取材，既经济又便于空军官兵实际使用——此项行动列为国民政府
军事委员会绝密计划。梅贻琦受命后，自知使命特殊，任务重大，特别邀请被誉为
"航空航天时代的科学奇才"，后来成为钱伟长、钱学森、郭永怀等中国科学家导师
的美国航空专家、华敦德的老师冯·卡门博士亲自来华商谈，并乘专机前往南昌做
现场视察、指导……

创设较晚的电机工程系，先是借土木工程馆一隅开课建系，自美、英、德等国
购置世界一流的仪器设备，动工兴建电机工程馆，至 1935 年各实验室相继装配完
成。至此，整个清华工学院已初具规模，其仪器设备与教学阵营已达到亚洲一流、
世界先进水平。当工学院四馆于 1935 年 4 月 28 日清华校庆日落成并举行典礼时，
所邀嘉宾无不为眼前的馆室与仪器设备，以及校长梅贻琦显示的执政气魄与办事能
力所震撼，李书华钦佩之余不禁慨叹道："以具有四十年历史之北洋工学院，与现
在之清华大学工学院相较，不啻天渊之别……"[1] 清华校友许世英许多年后仍慨然
赞曰："梅校长真是一位学工程的，他'讷于言而
敏于行'，只知苦干、实干，不空言、求虚名。孟
子说：'声闻过情，君子耻之。'校长的声闻并不
过情……"又说："记得民国二十年冬天校长就职
的那一天，校长对同学只简单勉励几句而已，不
曾开出一张不一定能兑现的支票。"[2]

回溯 1931 年 12 月 3 日那个天冷气寒的上午，
梅贻琦于清华大礼堂就职演讲，特别提到"办学
校，特别是办大学，应有两种目的：一是研究学
术，二是造就人材。清华的经济和环境，很可以
实现这两种目的，所以我们要向这方面努力"。这
一教育理想，主导着梅贻琦毕生办学的方向和实
践，无论是在北平的清华，或是在抗日战争时期
的西南联大，或是后来在台湾新竹创办"清华"

◎ 1935 年校庆日，梅贻琦对清华师生演讲

原子科学研究所，目的皆是围绕这一核心展开。而要实现上述目的，"必须有两个必备的条件，其一是设备，其二是教授"。——而如今，世界一流的设备已安装于清华园楼堂馆室，所急需的自是聘请一流人才从事教学与研究，即梅贻琦所倡导的"一个大学之所以为大学，全在于有没有好教授"的理念。学生智识与道德修养，都需要有好的教授指导，但"这样的好教授，决不是一朝一夕所可罗致的"。因而，自梅长校之日起，便开始"随时随地留意延揽"。到了第二年，即 1932 年 9 月新学年开学的时候，聘请的一流教授进入清华大门者已为数不少，故梅贻琦在新学年开学典礼讲话中，再度提到了他去年宣誓就职时提出、后被广为传颂的"大师说"，并强调："凡一校精神所在，不仅仅在建筑设备方面之增加，而实在教授之得人。本校得有请好教授之机会，故能多聘好教授来校。这是我们非常可幸的事。……凡能领学生做学问的教授，必能指导学生如何做人，因为求学与做人是两相关联的。凡能真诚努力做学问的，他们做人亦必不取巧，不偷懒，不作伪，故其学问事业终有成就。"[3]

在此后的几年里，清华评议会聘任委员会在梅贻琦主持下，相继延聘一大批学贯中西的知名学者，教授阵营在全国已名列前茅，原有之文学院、理学院、法学院得以充分发展，而梅贻琦一手主持新建的工学院，后来居上，一跃成为全国翘楚。除前面提及的冯·卡门、华敦德等世界一流专家学者被聘往清华现场视察、指导外，1935 年秋，美国最卓越的数学家之一、建立了控制论科学的马萨诸塞州理工学院诺伯特·维纳（Norbert Wiener）博士，作为清华电机工程系邀请的客座教授，偕夫人抵清华讲学。次年春，由熊庆来教授任系主任的清华数学系聘请法国数学家雅克·阿达玛（Jacques Hadamard）教授为客座教授，来华讲学。于是，上述两位蜚声国际的大学者，得以在 1936 年的春天相聚清华园。而两位学者的讲学，不仅令清华师生受益匪浅，他们自己的学识与人格亦从中得到了进步与升华。诺伯特·维纳博士在他的自传《我是数学家》中，曾深情地描述了在清华的生活："1934—1935 学年，我接受了清华大学的邀请，到该校进行为期一年的数学、电机工程学讲学。当然，这项邀请来自于清华官方，尤其是梅校长和顾院长，后者以后担任中国教育部次长……"最后，维纳博士着重强调道："回顾我的中国之行以及随后的欧洲之旅，如今我能看到，自从麻工（按：即马萨诸塞州理工学院）的早年岁月后本人取得了多大的进步……我的学术生涯到达了如此的转折点：在这里我的成就无可非议，即使在本国某些地区它们并不受欢迎。我开始意识到，事业的成就不仅仅依赖于大量举足轻重的独立论文，更取决于一个立场，一个永不能被忽视的学习主体。如果让我以科学旅人或者从某种程度上以科学独行侠的身份来勾勒职业生涯中的特殊分界点，我会选择 1935 年，我在中国的年份。"[4]

正是清华宽松自由的人文环境和对大师的尊重，使中外教授得以在愉快、融洽的气氛中切磋交流，交相辉映，共同铸就了清华的黄金岁月。据时为工学院院长的顾毓琇在他后来著述中所列名单，梅贻琦初长清华至 1935 年底所聘知名教授、学者如下：

文学院：中文系之闻一多、王力、浦江清、许维遹、刘盼遂；外国语文系黄伟惠（Erike Wallrich）；历史系之雷海宗，讲师张荫麟、张星烺、钱穆、陶希圣，助教吴晗、杨绍震等；哲学系邓叔存、沈有鼎等；社会人类学系之史禄国（S.M.Shirokogoroff）、傅葆琛等。

理学院：物理系之周同庆（南按：1929 级清华物理系学生，罗家伦入主清华时，力主驱逐梅贻琦并叫嚣"以后还要赶"的那位学生领袖）；化学系之李运华、张大煌；算学系之曾远荣、孙镛、温讷（Dr.Norbert Wiener，美国马萨诸塞州理工学院数学教授）；地学系之冯景兰、张印堂、张席褆；心理系之孙国华、周先庚等。

法学院：政治系之萧公权、沈乃正、赵凤喈、陈之迈，助教邹文涛等。

工学院：除施嘉炀一人外，其余均为梅贻琦主校时所聘，主要者如下：

土木工程系之施嘉炀（主任）、张任、王明之、李谟炽、张雨生、李协（仪社，名誉教授）、章名涛、钱昌祚等。

机械工程系：庄前鼎（主任），刘仙洲、李辑祥、王士倬、冯桂连、殷祖澜、殷文友及美籍教授华敦德（Dr.

© 1936 年，机械工程系的庄前鼎主任在清华电厂 200 千瓦电机组前

F.L.Wattendorf）。

电机工程系：顾毓琇（主任），倪俊、章名涛、李郁荣、任之恭、赵友民、王尔兹（K.L.Wildes）、哈达玛（Jacques Hardamart）等。[5]

根据《国立清华大学大学 1936 年度教职员一览表》等史料考证，除以上学者外，另有新聘教职员为：

沈履（秘书长）、潘光旦（社会学系教授、教务长）、傅任敢（校办秘书）、赵访熊、张大煜、李仪祉、夏翔、张任、李达、彭光钦、戴芳澜、吴达元、唐兰、吴新谋、洪绥、董树屏、张捷迁、段祖澜、霍秉权、范崇武、赵以炳、汪一彪、张润田、殷文友、杨业治、李景汉、贺麟、洪谦、吴柳生、王信忠、邵循正、钟士模、段学复、张岱年、齐思和等。

1937 年起，又聘陈梦家、孟昭英、陈省身等数位青年才俊入清华执教。[6]

卢沟桥事变爆发之前，中国现代教育欠缺有年，大学数量极少，清华的教职员多出自本校，因而形成了"我群意识"，特别是留美"少壮派"逐渐成为左右清华校务的中坚力量。这个力量具有鲜明的排他性，除更早些时候的"圣约翰派"打入清华并一度主宰清华事务外，后来的"南开派"从张伯苓、金邦正、张彭春，以及"东南大学派"包括郭秉文、陶行知、黄炎培等企图打进清华欲执牛耳者，无一不是大败而归或未得入门。再后来，随着"少壮派"力量不断增强，凡非清华出身，或虽出身清华但与清华师生无密切联系者，不管借助何种力量入主清华，都会引起"清华人"警觉与心理反感，从而麻烦不断，几无长久执柄可能，其命运大多是被清华师生扫地出门，卷铺盖走人。深知此要害的罗家伦，借北伐成功之威和蔡元培、蒋介石之力进入清华，意识到这种状况不革除不足以立足，而清华也得不到好的发展，遂以生猛的"革命精神"打开门禁，大量延聘非清华出身者来校任职任教。这一做法虽部分地取得了成效，开创了新的局面，但仍未避免被清华师生合力赶出校门的命运。梅贻琦长校，从历史上看属于"南开派系"在清华园奋斗、争持二十年的结果，应为清华"少壮派"所忌惮，但这个时候，无论是世界局势还是国内情形都发生了巨大演进，人的思想意识也随之发生剧变，三年的留学生监督生活，也让梅贻琦开拓了眼界，对世界教育大势有了更深切的认识，同时，他对周诒春之后，特别是罗家伦、吴南轩等长校者走马灯似的被逐出校门的内在缘由，进行了深层次的思考并吸取教训，决定以学校与师生的发展和利益为重，摒弃老一套帮派势力做法和个人名利思想，顺势而行，为国家民族教育而争胜。

随着梅贻琦竭力扶持的"教授会""评议会""校务会议"三会制度，在清华园重新确立与完善，以及梅氏本人的人格魅力，"清华人"逐渐感到学校是我们大家的，"谁都有一份儿"，遂不再过分拘泥于"非本校出身者不能到清华就职、任教"的思维，加之时代已呈现出"二千年未有之大变局"，归国留学生如通天河水滚滚而来，全国大学数量猛增，学生人数十倍百倍地迅速增长，学问道德皆一时之选的名教授成为稀有资源，出现了教授选学校、学校争教授的新局面，清华的强大对手北京大学也进入了一个迅猛发展时期，诚如冯友兰所言："在美国第二次退回庚子赔款，中国成立了中华文化教育基金董事会以后，北大向这个以老校长蔡元培为董事长的董事会请得了一笔经费，设立研究讲座。这种讲座，讲课比较少，研究时间比较多，用这种优越条件聘请了一些有名的人。这种学校争教授，教授选学校的情况，也促进了当时各大学的学术空气的发展。"至于"一些个别教授，当学校发聘书时期，先到别的某一学校表示愿意应聘，等到拿到此校聘书之后，又拿这个聘书要挟原来的学校，讨价还价，在如愿以偿以后，他又把某一学校的聘书退回去……这些教授更是又当别论了"。[7] 据冯友兰观察和亲身体会，当时各学校教授的流动量很大，教授聘书的限期一般都是一年。聘书满期以后，学校和教授双方都可以自便。学校可以按自己的条件另聘教授，教授也可以按自己的条件另行应聘。"当时清华聘教授，有比较优越的条件，一是研究工作的条件比较好，有比较充足的图书仪器；二是生活待遇比较好，不欠发工资，住宅环境也比较好。有这些比较优越的条件，清华可以聘请比较有名的学者和科学家来当教授。"[8]

除依托庚款为后盾所具备的物质条件，清华还有一些独到的、合乎人性的地方，如教授的聘书虽然是每一、二年发一次，但"一般的教授都觉得自己的地位很稳固，不像有些大学，教授每到暑假都要有一次惶惶不安"[9]。更令教育界人士和清华教职员称道的是，清华采用国际通行特别是美国所用教师进修制度，建立了带薪休假机制，并于罗家伦长校的 1929 年起开始试行。按照规定，清华教授任满五年者，得休假一年，如欲出国研究，除支半薪外，还补助川资美金 520 元，及每月研究费美金百元；如在国内研究，则最高可领补助费国币 2400 元；讲师以下教师亦可申请休假出国研究，唯补助川资及研究费不如教授优厚。梅贻琦长校后，把这一制度发扬光大，即在庚款停付、财部延缓支付维持费，校内资金极度紧张的 1932 年和 1933 年上半年，梅仍于万难之中，想方设法送教授出国进修研究，且每年人

◎ 1935年，清华大学物理系部分师生在大礼堂前合影。第一排左起：黄葳、周培源、赵忠尧、叶企孙、萨本栋、任之恭、傅承义、王遵明；二排之后有林家翘、于光远、彭桓武、钱三强、钱伟长、王大珩等。这些师生中后来有11人成为中国科学院院士（叶铭汉提供）

数由七八人陆续增至十余人，至1936年，共补助70人，其中以教授人数为最多。对此，一度为清华历史系主任，后为南京国民政府行政院政务处长的蒋廷黻回忆说："在那时候，清华的评议会，由梅校长主持，通过了一种教师待遇条例，其要点如下：①清华教师薪额与其他国立大学相等；②各级教师于任教五年或六年之后得出国休假一年，由学校担负旅费及安家费；③图书及仪器尽量补充；④教师为研究便利，得请求减少授课钟点。通过这种条例的用意，在吸收有志研究者。"[10] 又说：如果一个人为了拿薪水，就不必到清华。但是如果为了研究、写作、进修，他就会到清华来。此外根据清华评议会所拟的规定，清华可以资助学者进修深造。以上规定，使清华建立起一种看不见，但却极有效力的延揽人才的制度。"在那段时日中，我们能够从其它大学中挖来著名学者，他们来清华不是因为待遇优厚，而是为了做学问。"[11] 这一举动，或如梅贻琦之子梅祖彦所说："父亲深知在知识分子身上，既有崇高的爱国心，又有强烈追求学问的愿望。可以说，对知识分子心态了解之深，当时少有如他的人。"[12] 此一说法，从下列统计中可见，并非儿子对父亲的溢美之词。

抗战前清华教师历年休假出洋研究人数统计

1929年，吴可读、李济。2人。

1930年，吴宓、陈福田、叶企孙。3人。

1931年，朱自清、温德、金岳霖。3人。

1932年，杨树达、毕莲、翟孟生、刘崇鋐、熊庆来、陈总、孔繁霱。7人。

1933年，孙鲲、吴韫珍、浦薛凤、陈寅恪、冯友兰、王文显、吴有训等。12人。

1934年，蒋廷黻、萨本栋、杨武之、陈桢、张奚若、施嘉炀、萧蘧、戈定邦等。13人。

1935年，刘文典、钱稻孙、李继侗、叶麐、陈达、王明之、郑之蕃、邹文海等。17人。

1936年，周培源、蔡方荫、张泽熙、马约翰等。13人。

合计：70人。[13]

面对新变局和学校急需新型优秀人才的状况，梅贻琦打破过去分派划地的旧框框，在清华"三会"的基础上，复由教授会推举德高望重者组建了"聘任委员会"，专管聘任事宜，且彻底抛弃派系观念，全面实施开放政策。不管此人出身何处，来自哪门哪派，是圣约翰还是南开，或是东南大学集团与其他学术团体，只要认为合乎条件并对清华建设有所贡献，一律按照聘任委员会制定的标准和程序予以聘请。自1931年至1937年，共有190多位学者应聘到清华任教，其中清华出身者所占比例为49%，其他则属非清华出身者，包括外籍教授12人。而这190人，多数为梅贻琦执校期间，由聘任委员会所聘。需要特别指出的是，由于教授会、评议会和聘任委员会的权威作用，在教师聘任与学生入学等大是大非、常被外界诟病的问题上，很少有"越雷池"而踏入门槛者。教师入聘，须由聘任委员会严格筛选鉴别。学生入学，全凭考试成绩。梅贻琦尊重并遵守各会的规定，从不干涉，正如蒋廷黻所说："一九二九年我到清华任教时，校中约有五百名学生，五年后，人数增加了一倍。每年录取的学生约占报考的十分之一。一般水准和入校比率自然都很高。学生们大多数都是一本正经的，他们深深了解对国家的责任，知道挤进清华大门之不易。只有极少数是例外，我敢肯定的说，不会超过百分之二三。"[14]此处所说的"百分之二三"，自是指入校学生有不自觉、表现不佳或没有"一本正经"者，而非指走旁门邪道进入清华者。

◎ 1932 年，郎之万访问清华大学。前排左一为吴有训，左三为郎之万，左四为梅贻琦，左五为叶企孙，左六为严济慈；二排左二为周培源，四排左一为萨本栋

　　除聘任委员会须遵行严格制度，梅贻琦与秘书约定，遇有教师入聘或学生入学，想走后门或向校长求情者，一律挡在门外。凡是"求情"信件，不必呈阅，也不答复，搁在一边，"专档收藏"了事。除非有特别情况和才华的师生，才破例或破格对待，但也要经过几道严格的合法手续方能完成录取或聘用，如青年才俊华罗庚，便是一个典型案例。华氏进清华以及破格升为助教与教员、教授，先是由数学系的熊庆来、杨武之等人推荐，再由梅贻琦同意，最后由聘任委员会定夺，经过若干道关口才成正果。然而，所有把关者为这位天才的数学家大开绿灯，纯出于公心而非私情。[15] 非但如此，梅对门生故旧以及身边工作的同事搭档，同样一视同仁，在制度上不越雷池一步。后来做过新竹"清华"校长的清华校友徐贤修曾有一段回忆，意在说明此一问题。徐说："梅先生主张职责分明分工合作各尽其能。记得抗战前清华有过一段有意义的小插曲。当时清华总务长是一位很有声望而干练的'回国学人'，对清华建筑和校务有很大的贡献，他要求校长聘他为教授，以'重'视听，梅先生则认为学校行政人员与教授对大学而言，各有贡献，相辅相成，同样地重要，但是各有任务，职司不同，不可混为一谈。教授主要的任务在学术上的努力，研究讲学，孜孜不倦，始称其职，五十年前梅先生已有此卓识。结果总务长辞职而去，梅先生不为友情所动，不畏压力，择善固执，留人长思。"[16]

　　徐氏所说的这位总务长，应是秘书长之误。清华制度主要是仿照美国大学设立，对中国大学行政影响甚巨。除教授会、评议会外，自1928年国民革命军北伐成功并由国民政府接管清华始，至1937年卢沟桥事变南迁，国立清华大学校长之下只有两"长"，一为教务长，一为秘书长。教务长辖教务处（只秘书一人）、注册部、图书馆、体育部、宿舍办公室、军事教官办公室、西乐部等；秘书长下设秘书处、文书科、事务科（分设采购、技术、杂务、农事、物料等股）、会计科、警卫队、出版事务所（1934年设置不久即裁撤）、印刷厂、发电厂等机构。秘书长即后来教育部统一各大学组织之总务长。但清华秘书长一职专任，直至北平沦陷亦未照部定组织改称。可考的史实是，初设秘书长始自罗家伦长校时代，秘书长为冯友兰，后为张广舆。吴南轩长校时代，秘书长为朱一成。翁文灏代理校务时代，秘书长为杨公兆。梅贻琦长校时代，秘书长为杨公兆、何清儒（代）、沈履。徐贤修所说的那位总务长，当是秘书长杨公兆。杨是清末经济特科殿试榜眼、清朝四品大员、著名的君主立宪派领袖、被袁世凯颁赐"旷代逸才"之匾额的杨度之子，地质学博士，在社会和学界颇有声名。可能是家风熏染与世风所迫，做了清华秘书长的杨公兆，甚愿在清华地学系开课并改任教授，终未成功。据赵赙飏说：杨"只列地学系名誉教授未开课，结果遂辞职以去"[17]。

　　杨公兆乃柏林大学地质学博士，是中国地质学泰斗翁文灏极为欣赏并带入清华且倚为左膀右臂的人物，年仅30岁即任清华秘书长。据清华档案馆留存的"员工

◎ 1932年，国立清华大学校务会议成员合影。左起：叶企孙、陈岱孙、冯友兰、梅贻琦、杨公兆、张子高

名册"可知，杨公兆自 1927 年就进入清华，在工程学系任讲师、教授，后因故离开。1931 年二度进入清华后，任秘书长兼地理学系名誉讲师、土木工程系名誉教授。按杨氏的学历与资历，在前述二系做个专职或兼职教授，正式开门课未尝不可，只因做了秘书长而不能转为教授开课，着实令人心情不爽。杨离开清华后，转入国防设计委员会任调查处长，在矿产调查及原料与制造方面发挥了重大作用。至于杨公兆出走清华，是否缘于与梅贻琦之间掺杂了"友情"与"压力"，或与徐贤修所言不尽相同。[18]

无论如何，杨公兆离开了清华，再没回头。继之出任代理清华秘书长的何清儒，乃美国教育学专业的博士，惜同样未能在清华开课，任职不长则溜之乎也。继任的清华 1918 级校友沈履，乃美国大学教育学专业的硕士，同样是"以专攻教育（硕士），迄未得任教职"。抗战期间在西南联大休假时，"曾往四川大学任教，清华复员则仍为专任秘书长。据闻乃当局受评议会影响，坚持高级职员得享教授待遇（如注册部主任、图书馆主任），但不必任课，以专责成"。[19]

以如此严格的规章制度与做法，作为学校掌门人的梅贻琦，得罪同事甚至要好的朋友自是不可避免，但对清华制度的坚持与各项事业的进步当是有益的，对国民党党部与政府的干涉校务，更是起了相当的限制与制衡作用。正如冯友兰所言："在清华和后来的西南联大，没有靠政治力量进来的教授，也没有靠政治力量进来的学生。特务没有在学校公然活动，学校当局也没有报告过黑名单。这些情况，在当时的大学中，也还算比较少见的。"[20]

在聘请中外著名学者为专职教授的同时，梅贻琦从清华长期发展的战略着眼，并未忽视对低级教员的聘请与培养，特别是新兴的工学院，因相关专业的大师和中级人才缺乏，只能聘请年轻有为的青年学者入校充当讲师、教员或助教，边学边干，以待将来有所造诣。从下列表格中可以见出梅贻琦聘用人才的良苦用心。

抗战前国立清华大学历年教师统计[21]

年度	教授	讲师	教员	助教	导师	合计
1928	60	15				75
1929	64	18				82
1931	73	42	7	32	5	159
1932	78	44	12	36	3	173
1934	82	39	13	58		192
1935	99	35	21	65	1	221
1936	104	32	23	73		232

　　按梅贻琦的教育理念，一个学校自有他独特的学风与传承法则，大师不是一蹴而就的，也不是一天两天能得聘成功的，对于有才华的青年学者，同样需要注意延聘与扶持，以便在教学研究中渐渐成为新一代大师。与此紧密相关的是，一个学校要想长期稳步向前发展，必须在教师队伍的梯次上均衡布局，才能避免出现断层，避免在传承上发生困难甚而危急。后来的事实证明了梅贻琦的眼光。仅仅过了几年时间，即抗战军兴的西南联大时代，当年在北平招聘的年轻助教，如华罗庚、邵循正、许维通、吴晗、陈梦家、沈有鼎等，都从小荷才露尖尖角的青年才俊，成长为荫庇一方的参天大树。——这是梅贻琦在教育阵地布局上又一过人之处。

　　教师队伍的重新融合与清华行政结构的改变，使校园内部派系意识和排他意识逐渐淡薄，旧有的圣约翰系、南开派、东南大学集团等陈腐狭隘的派系与观念，在奔腾的时代风云和激荡的革命洪流中成为过往陈迹，一个全新的格局业已形成，清华迎来了它的"盛世"和"黄金时代"。而此时的梅贻琦给自己的定位是："一个学校，有先生上课，学生听课，这是主要的。为了上课听课，就必须有些教具以及桌椅之类，因此也需要有人管这些方面的事。一个学校的校长就是管这些事的人。"[22]

● "通识教育"的波折

　　梅贻琦所言校长是管理教具与桌椅之类的人，自是谦虚之辞，但也透出他对教授的尊重和自身的胸襟。梅是由清华的教员一步步干起来的，深知教员的酸甜苦辣、所思所想。因而，在"管理教具桌椅"的表面之下，自有他的抱负与主张。尤其在教育与具体教学这一个大板块内，经过几十年的国外学习、观察与国内实践、历练，特别是由作为留学生监督在美国三年的所见所闻，经过思考、消化、融合，渐渐形成了一套独具特色的理论方法，并在长校后于清华校内强力推行实施，这便是著名的通识教育。

　　前文已述，在张彭春任清华教务长时代，新制大学部不设系，不授学位，而将全部课程分为"普通"和"专门"两个阶段。梅贻琦本是张氏改革的支持者，但后来的实践证明，张氏的理念与方法不得人心。张氏倒掉后，被选为新一届教务长的

◎ 1929年，梅贻琦（右一）在美国任清华留学生监督时留影。右五为韩咏华，前排儿童为梅祖彦

梅贻琦，不得不吸取前任教训，并对张氏的方式方法做部分调整，最显著的一点是：采取美国流行的初级大学办法，新生入学第一年不分文实，各系学生一律实施通才教育，第二年起进入各自专业领域。各学科分为必修和选修二种，成绩以学分计算，视学生能力定高低，各系毕业学生至少须修满136个学分（体育除外），土木工程学系单列。如此改革的总目的，是让学生有较大的选修空间，但各系学生毕业之前，须受该系之毕业考试，考试及格，方为毕业。此办法在英国及欧陆国行之已久，美国大学亦仿欧陆渐多采用，以补救选科制度之弊。

对于这个改革方案，梅贻琦于1927年12月学期即将结束时，在演讲中做了详细解释，再度强调学程改革的理由，谓：

清华大学学程为期四年，其第一年专用于文字工具之预备及自然科学与社会科学之普通训练，其目的在使学生勿囿于一途，而得旁涉他门，以见知识之为物，原系综合联贯的，吾人虽强为划分，然其在理想上相关连相辅助之处，凡曾受大学教育者不可不知也。学生自第二年以后，得选定专修学系以从事于专门之研究，然各系规定课程，多不取严格限制，在每专系必修课程之外，多予学生时间，使与教授商酌，得因其性之所近，业之所涉，以旁习他系之科目。盖求学固贵乎专精，然而狭隘之弊与宽泛同，故不可不防。"

在谈到工程系学科组织与通、专教育时，梅贻琦说道：

今日社会上所需要之工程人材，不贵乎专技之长，而以普通基本的工程训练为最有用。是以本校设立工程系之始，即以此为原则。……今日中国之工商界中，能邀致数专家以经业一事者甚少，大多数则只聘一工程师而望其无所不能。斯故本校之工理学程中，认普通之基本训练较若干繁细之专门研究为重要也。[23]

以上是梅贻琦"通识教育"形成的雏形或称萌芽。1932年，梅贻琦以校长身份和地位，对这一理论做了进一步深化、完善与推广。如这年5月底，在总理纪念周会上，学校邀请刚从西北科学考察返平的著名地质、地层及考古学家袁复礼，以及清华土木工程学系主任施嘉炀对师生演讲。梅贻琦于致辞中，特别强调"通识教育"的意义和学校当局的苦心，谓："这三个月里诸位听了这多次的讲演，对于各学科要点，当已得到不少的了解。本校举办这些系的目的，固然是希望学生获得一技一艺之专长，长期立身致用于社会。同时盼大家在注意本系课程之外，并于其他学科也要有相当认识。有人认为学文学者，就不必注意理科；习工科者就不必注意文科，所见似乎窄小一点。学问范围务广，不宜过狭，这样才可以使吾们对于所谓人生观，得到一种平衡不偏的观念。对于世界大势文化变迁，亦有一种相当了解。如此不但使吾们的生活上增加意趣，就是在服务方面亦可以加增效率。这是本校对于全部课程的一种主张，盼望大家特别注意。"[24]

在"通"与"专"的选择和排序上，梅贻琦认为应先通后专，即"通识为本，专识为末"——尽管这八字方针直到抗战期间的西南联大时代才正式提出，却是梅贻琦融合中西文化并经过长期思考、实践后结出的一个硕果。这个硕果的萌发与蒂结，就外界言之，是受欧美教育界的影响；而内部之关系，则与梅的老师张伯苓创办南开学校，一度受到有识之士批评与刺激相关。

张伯苓属于从草根阶层成长起来的实干型人才，私学未读几年，后又入行伍当海军，继之投身于教育，自身并不具备深厚的人文素养。面对民族危机和列强步步进逼，他倾向于相对功利化的教育模式，加之私立学校经费限制，人文关怀以及与之相关的教育课程，就成为可有可无的边缘化装饰品。这一轻视人文学科的办学理念与做法，曾受到南开内部人士的批评，据邢公畹教授说："张伯苓校长早年办大学，重理工而轻文史的情况很严重，有见地的又极受校长器重的化工系主任张子田教授，为此深感遗憾，乃至当面批评张校长，认为从一个办教育的人来说，这是一种破坏学术界'生态平衡'的短见。"[25] 当年被张伯苓招到南开去的几个留美博士如蒋廷黻、何廉等，亦对此有所体会与论述。蒋廷黻认为张是一位杰出的实干家，但对学生智力方面似乎不太注重，对精细的科学与人文学科似乎有点茫然无知，或从内心里不感兴趣。蒋说："记得某次经济学家何廉（淬廉）博士出席教授会议，会中极力强调统计数字的功用，张氏问他：'你用这些数字干什么？'何回答说：'我的统计研究可以帮助我们用科学方法复兴中国。'张氏说：'你的方法常使像我这样的人用显微镜找象。如果你要想知道我们能在中国做什么，我觉得所有的事我们都可以做，而无需去精研这些数字。例如：我们欲想从城里修一条公路到校区，难道也需要统计调查吗？'"蒋廷黻又说："有一天，张氏问另一位学者李济（济之）博士，李在美国是个杰出的人类学研究生，他一直想对全国人做头部测量。张问他：'告诉我，人类学的好处是什么？'李感到不快，断然回答说：'什么好处都没有。'次年，李氏离开南开。"[26]

对于蒋廷黻的看法，南开资深教授、解放战争后期一度作为张伯苓嫡系的接班人而出任南开大学校长的著名经济学家何廉，说得更加直截了当。何说："南开领导人张伯苓和北大领导人蔡元培、胡适有个性的不同。……他不是，也从不要求做一个书生气的人或者一个训练有素的院士。他不欣赏自由教育，事实上在南开大学的课程表中看不出自由教育来，他的定向是鼓励职业的、实际的和技术性的学习。他承认一些人文科学课程的必要性，但认为在中国急需有实际训练的人才之时，如果将人的一生消耗于这些人文科学的学习与研究上有什么意义？和张伯苓不同，

◎ 20 世纪 30 年代的南开大学建筑与校园风光

蔡元培和胡适都是著名的文学、哲学学者，对人文科学的研究有很深造诣。他们的训练和兴趣反映在北大的课程上，特别着重人文科学的文学和历史的学问。蔡元培和胡适认为南开主要是技术性的职业性的学校，南开作为一个大学和张伯苓作为一个大学校长，从未得到北大领导人的重视。自然，张伯苓是不会默认的。"[27]

蒋廷黻与何廉等都意识到南开大学的课程有修改的必要，特别对人文社会科学更要加以重视，并一度得到张伯苓默许着手改革，但拘于天命人事未能成功转型，其结果是导致了由教务长凌冰氏延揽的一流人才如梅光迪（文学）、蒋廷黻（历史）、刘崇鋐（历史）、汤用彤（哲学）、李济（人类学）、徐谟（政治学）、萧公权（政治学）、张忠绂（政治学）、萧蘧（经济学）、李继侗（生物学）、陈序经（经济学），以及自然科学的竺可桢（气象）、邱宗岳（化学）、应尚德（生物）、姜立夫（数学）、饶毓泰（物理学）、吴大猷（物理学）等教授相继离去。这一批学者或转赴清华、北大，或飞往美国高校任教，盛极一时的南开大学到了抗战之前的几年，教师阵营趋于衰落，与北大、清华的差距越拉越大。这一点，聪明过人又见过世面的张伯苓看得清楚，但由于阶层、历史和个人学识、成长经历以及经费的局限，使他仍不能认识人文学科于大学，特别是在社会发展中的地位和重要性。而作为张门子弟的梅贻琦，因有国外留学与国内实践的历练，不但看得清楚，且在相互比较考量中，清醒地意识到，自己深爱的母校南开大学人文学科的缺失，是一个不折不扣的事实和错误。因而，梅贻琦在清华做教务长的时候，就注意到此点并加以弥补。而当他执掌清华校柄后，所追随的是蔡元培的办学理念，而非张伯苓的办校方针。张是梅的老师，而蔡并不是，但梅还是在历史的大势中追随了蔡元培，并认为"对于校局，则以为应追随蔡子民先生兼容并包之态度，以克尽学术自由之使命。……此昔日北大之所以为北大，而将来清华之为清华，正应于此注意也。"[28]——此举正是亚里士多德"吾爱吾师，吾更爱真理"精神的延续。正是本着这一育才理想，在梅贻琦主持下，清华自1932年新学期开学始，教务处根据评议会决定，对学生课程予以调整，并根据"通才教育"原则，为新生设立了共同必修课。其课程与门类如下：

第一年，文、理、法三院不分院系，工学院分院不分系。

文理法三院新生入学后必修下列五门课程：（一）国文，（二）英文，（三）数学或逻辑，（四）中国通史或西洋通史，（五）自然科学（物理、化学、生物择其一）。五门课程除国文、英文，其他各科如第一年未修，可于第二年内选习。

工学院一年级学生必修课程七门：（一）国文，（二）英文，（三）普通物理，（四）微积分，（五）普通化学，（六）工程画（下学期为画法几何），（七）铸锻实习（下学期为制模实习）。[29]

这个"通才教育"理念与规则的实施，其效果如冯友兰所说："在当时也有一定的影响。当时的想法是，大学，特别是其中的文法科，首先要把学生培养成全面发展的'人'，其次才是成某一方面的专家。……具体措施是，着重所谓公共必修课，主要的是文学、语言的训练和历史及一般文化知识。在文学院，第一学年课程，各系都是一样。到第二年才逐渐分系。到第三第四年，各系的课程才完全分开。这对于学生的所谓'基本功'的训练，有一定的好处。"[30]

冯说这个话的时候，是 20 世纪 60 年代。时清华大学已变成单纯的工科大学，谈不到"通"与"不必通"，且鼓吹"通识"者如潘光旦、钱伟长等人已被批倒批臭，高呼"不通"者反占上风。正如清华校友、香港中文大学（深圳）副校长秦泗钊博士所言："那时全国已经院校调整过了十年，彻底否定通识教育，代之以专科教育。潘仙当年抵制就被批得体无完肤，冯在 1962 年说有一定好处，是当时发表看法的套路而已，已经不易。"[31] 秦氏所言自有道理，不过就梅贻琦长校时代，关于"通"还是"不必通"的问题，亦曾在清华师生间引起过热烈讨论。

清华工学院建立后，入校新生开始还能硬着头皮攻读规定的文科课程，随着时间推移和专业课程增多加重，各系主任与教授认为课程设置不合理，要求校方尽量减少"通识"，增加"专业"课程。早已烦躁不安的学生借机跳将出来，站在教授一边摇旗呐喊。面对新情况，梅贻琦与评议会必须表明态度，否则很有可能发生局部冲突，其状况如蒋廷黻所说："为了行政和教学的需要，清华设四个院：文、理、法、工。法学院内有经济、政治、社会、法律等系。在战前，我就已经看出，理工逐渐抬头，而文法渐趋没落。甚至我们在文法学院教书的人，也都认为这种倾向是对的，因为我们深知中国需要自然科学和工程学。我们绝不想去与自然科学争长短，更不想阻止其发展。然而，在校内却存有冲突，这种冲突不是在课业研究方面，而是在专门程度方面。自然科学家和工程学家们希望高度专门化。他们希望学生在入校第一年中就开始接受专门课程。我们教文学和社会科学的同寅却希望晚一点开始专门课程，要多授一些普通课程。"[32]

在争持的两股势力之间，梅贻琦与评议会倾向于蒋廷黻及文科同寅的观点，并认为设置大一新生必修课，可达到以下四个有利目的：

一、使学生求得关于自然、社会和人文方面的通识；

二、使学生取得入各学系共同必需之工具知识；

三、使学生受到所谓"思想之训练"；

四、使学生有一年的时间来从容考虑和选择将入何系的问题。

为使理工科特别是工学院师生转变对"通识"，或曰"通才教育"的误解与抵触情绪，校方多次邀请不同学科名流前往演讲，以期使学生对各门科学与文学艺术有一个广泛了解，开阔眼界，扩增思维方式与途径。对于如此一番良苦用心，文法学学生多表示欢迎，理学院学生大多有所转变，部分认为对学业和日后发展较为有利。唯工学院大部分学生仍不买账，坚持摈弃"通识"而注重"专门"课业的修学。这一种坚持并不是师生故意与梅贻琦或评议会作对，实乃工学院课程门数较多，学生感到压力大、负担重，且半数以上是自然科学技术基础课，须花费很大力气才能顾及全面，因而引发了多数学生对"通识教育"课程设计的不满。此种情绪冰积泉涌，由私下议论抵制和跟着教授摇旗呐喊，直至发展到公开在报刊上撰文与校方叫板对垒。一位署名"新人"的工程生，在《清华副刊》发表文章，公开质疑"通识教育"的合理性。认为清华一年级"通识"课，早在中学时代已经学过并"大考"过，此为一种"重复"，对学生来说，这种所谓的"科学的训练"，实在是"一种损失""无用的消耗"和"浪费精力的苦恼"。不仅如此，由于大一这些无聊的课程浪费和空耗了学生精力，"无异于将大学的修业年限缩短了一年，这更是一种极大的损失。……一样的四年毕业，自然要比旁人少学东西了。况且我们知道，少学点普通东西，自修是很容易的，少学些专门学识，自己研究起来就要大费困难，这都是这种制度的流弊"云云。[33]

对于"新人"的质疑和批评，有学生不以为然，起而辩之。一个自称"旧人"的学生撰文反驳道：与所谓的"重复"恰恰相反的事实是，"在去年一年级学生中，第一学期物理不及格的有二十几个，得 I. 和 I_ 的有七十四个，这都是志愿入理工学院的，他们对于物理当早已有相当的认识，结果尚且如此，如何可以说'记得差不多'？""旧人"对于"新人君以为文法学院的学生不需要'科学的训练'"，并认为是"无用的消耗"，表示不敢苟同。"旧人"辩驳说："学习自然科学的目的是使你有清明的头脑，用分析的方法对待一切学问，它只是一种科学的'训练'，而不是'研究'。数学或逻辑的目的，也与此相类。同样，人既然是社会中的动物，那能一点儿不懂社会的演进？所以通史也是必需的。谈到国文，似乎是必需的了。然而，不幸得很，去年的新生中竟有不知'宵小'为何物者，可惊亦复可叹。国文难道不必需么？"又说："工学院的学经济，我不愿在这里多说，这是一件很明显的事实，几曾见过不懂经济的工程师！"对于"新人"认为由于空耗精力而比其他大学少学东西的论点，"旧人"认为"这是事实"，但近来高中毕业生的程度一般来说确是低些，入清华后，有的固然知道选定系别，有的却不能认识他们自己究竟应当入哪一系。"现在二年级的同学，在大学已经读了一年多了，还有觉得志趣不对，想要转系的（这种人不止一个）。也有始终不知自己性情如何，马马虎虎混下去的。由此看来，不分院系是必然的趋势，况且学一些普通常识，对将来的生活不是没有帮助呢！再进一步说，各大学的课程，并非从一年级到四年级全读的是本系课程，其间对于外系课程，很有选择的余地。如果怕这种'专门知识'不够，尽可以利用这种选修的学分，结果也不至于比别人少学。"最后，"旧人"的结论是："不分院系的问题，在学校议决后就有反对过，然而根据我所知的本级（第九级）级友的感觉，并不以此为不便。虽然同其他大学同年级的课程比起来，似乎有点相形见绌，然而最后的结果，我们是绝不弱于他们的。"[34]

这位号称"旧人"的作者没有透露来自哪个院系，从文字上推断当属文法学院，而身为文学院学生的可能性最大。

就在"旧人"发表此文的同一期《清华副刊》，又赫然名列一位比"旧人"资格还老，且自称"老古"的作者。此"老"自谓见到"新人"之作"叹为知音"，乃以激烈之词直指"校方当局"的不中人，并为"新人"辩护。"老古"曰："一年级之不分院系，不外旧学制预科之借尸还魂而已。唯其性质之无异于预科之制，故明眼烛之，其矛盾毕露矣。初中学制，中学四年，大学六年而兼有预科两年；其后中学改为六年，乃与大学预科冲突，故有大学预科之取消，而所谓高中之二三年者亦即大学预科也。今使已受预科教育之人，重复再习变相预科之课程，此何谓哉！贤明如最高学府之当局，其有以解此乎？"又说："由于一年级之不能设置专门课程，故凡各系之基本课目，皆须移置于二年，职是之故，各系课程系统之紊乱者比比皆是也。以中国文学系论之，中国文学史如今一年级同学所不能修，迨入二年级时，方与诗经、楚辞、文选等同读，普通之概念未有遽而即作专书之研究，此其滑稽与小儿初习语时即令唱歌同也。……一年级不分院系，其理论上之矛盾如彼矣，其事实上之隙漏又如此矣，贤明之当局，其能俯听吾辞乎？"[35]

多年的校务历练经验，加上前几任校长被清华师生驱逐的前车之鉴，令梅贻琦长校后对校务处理特别小心慎重，每遇事则多方考虑，绝不轻率表态，且大多采取"吾从众"的态度予以处置，因而被师生称为"寡言君子"（Centleman words）。而如今，面对师生两股力量的观念冲突，梅贻琦除了慎重之外，吸取当年张彭春课程改革失之偏激的教训，再度召开评议会，就某些地方予以调整，以缓和工学院师生的不解甚至不平。其调整要略为：文理法三院，原规定属二年级课程的经济学概论与普通化学对调，以减轻学生压力。工学院必修课程如一年级未修完，可于第二年继续选修。同时，对另一门课程做了调整。结果是如蒋廷黻所说："经过一番折衷妥协，才算解决。"[36]

与张彭春当年的改革不同的是，这个"解决"，并不意味着梅贻琦"通识教育"理念以及制度贯彻的退避与放弃，而是使其更能与本校实际情况相结合，走出一条为全校师生所喜闻乐施的"通识"之路。几年后，梅贻琦于平津沦陷、金陵瓦解，国家艰危扰攘之际，率领师生南驰苍梧瘴海，转徙于蒙自滇池之区，乞食于西南天地之间，再次就这一问题做了深入反思与论述，在坚持"通识为本"的同时，也使这一理念与制度得以更全面贯彻实施。此一壮举，正如何炳棣所言："30年代清华文法教研之勃勃生机，必有赖于背后之治学理想，而此理想梅校长迟迟于1941年《大学一解》论文中始阐述其要。"[37]梅说："今人言教育者，动称通与专之二原则，故一则曰大学生应有通识，又应有专识；再则曰大学卒业之人应为一通才，亦应为一专家，故在大学期间之准备，应为通专并重。此论固甚是，然有不尽妥者，亦有未易行者。此论亦固可以略救近时过于重视专科之弊，然犹未能充量发挥大学应有

◎清华工学院机械系原动力组1932年入学、1936年第一届毕业生与教授合影（庄前鼎标注）

之功能。"对此一矛盾的解决之道，梅贻琦首次道出了心中酝酿日久的攻错之方：

> 窃以为大学期内，通专虽应兼顾，而重心所寄，应在通而不在专，换言之，即须一反目前重视专科之倾向，方足以语于新民之效。夫社会生活大于社会事业，事业不过为人生之一部分，其足以辅翼人生，推进人生，固为事实，然不能谓全部人生寄寓于事业也。
>
> 通识，一般生活之准备也，专识，特种事业之准备也，通识之用，不止润身而已，亦所以自通于人也，信如此论，则通识为本，而专识为末，社会所需要者，通才为大，而专家次之，以无通才为基础之专家临民，其结果不为新民，而为扰民。此通专并重未为恰当之说也。大学四年而已，以四年之短期间，而既须有通识之准备，又须有专识之准备，而二者之间又不能有所轩轾，即在上智，亦力有未逮，况中资以下乎？并重之说所以不易行者此也。偏重专科之弊，既在所必革，而并重之说又窒碍难行，则通重于专之原则尚矣。

——此为梅贻琦一生中极其重要的教育思想与治校纲领。梅氏作为一个伟大教育家之"大"，除了教育界视为圭臬且在社会广为流传的"大学者，非谓有大楼之谓也，有大师之谓也"的光辉理论，其"通"与"专"、"新民"与"扰民"之学说，更具体地展示了梅贻琦以育人为本，以人于自然社会之生活本身为轴心和重点的教育宗旨。梅说：

> 通识之教授不足，为今日大学教育之一大通病，固已渐为有识者所公认，然不足者果何在，则言之者尚少。大学第一年不分院系，是根据通之原则者也，至第二年而分院系，则其所据为专之原则。通则一年，而专乃三年，此不足之最大原因而显而易见者。今日而言学问，不能出自然科学、社会科学与人文科学三大部门。曰通识者，亦曰学子对此三大部门，均有相当准备而已，分而言之，则对每门有充分之了解，合而言之，则于三者之间，能识其会通之所在，而恍然于宇宙之大，品类之多，历史之久，文教之繁，要必有其一以贯之之道，要必有其相为因缘与依倚之理，此则所谓通也。今学习仅及期年而分院系，而许其进入专门之学，于是从事于一者，不知二与三为何物，或仅得二与三之一知半解，与道听途说者初无二致。……
>
> 近年以来，西方之从事于大学教育者，亦尝计虑及此，而设为补救之法矣。

其大要不出二途。一为展缓分院分系之年限，有自第三学年始分者；二为第一学年增设'通论'之学程。窃以为此二途者俱有未足，然亦颇有可供攻错之价值，可为前途改革学程支配之张本。大学所以宏造就，其所造就者为粗制滥造之专家乎，抑为比较周见洽闻，本末兼赅，博而能约之通士乎？……

不尽者尽之，不力者力之，是今日大学教育之要图也，是"大学一解"之所为作也。[38]

梅贻琦这一教育思想，既来自于儒家，又颇具庄子遗风，当然亦有欧风美雨的浸润，可谓中西文化的一个凝结精华。即以单纯的学术或事业追求而言，不具备通才的基础和知识结构，过于专一，很难成为大学问家、大思想家和大科学家，以及对人类有大贡献的各界领袖人物，此一见解为中外历代有大成就、大事功者所验证。这一教育理念由清华园辗转西南边陲一隅之地，复漂流过海，在孤岛台湾登陆，最终在新竹"清华"校园生根发芽，开花结果。梅氏作为一个伟大教育家所具有的世界前瞻性眼光与不凡境界，非一般书生、学者、教育家，甚或自命不凡的官僚政客所能望其项背，诚如清华校友、著名史家何炳棣所言："我国20世纪论大学教育以通识为本、专识为末，从未有坚毅明通如梅师者。梅师长校之初即提出含有至理的名言：'所谓大学者，非谓有大楼之谓也，有大师之谓也。'唯大师始克通专备具，唯大师始能启沃未来之大师，此清华精神之所以为'大'也。"[39]

◉ 教育·学风·师缘

在贯彻和施行"通识教育"的同时，梅贻琦在教务改革中遇到了另一个问题，便是"党化教育"。

所谓"党化教育"，肇始于1928年5月，即国民党政府定都南京后召开的第一次全国教育会议，决定采取"三民主义的教育宗旨"予以办学。罗家伦长校后，以北伐的"革命精神"在清华大力贯彻实施，并按自己的喜好大加发挥，结果遭到驱逐。后来，随着教育界乱象丛生，国民党高层又召开了几次会议，对教育实施的具体方针进行修订，但仍以三民主义为根本指导原则，而这个原则主要是按蒋介石教育思想和意旨制定。蒋不止一次强调："我们中国要在二十世纪的世界谋生存，没有第二个适合的主义，只有依照总理的三民主义，拿三民主义来做一个中心思想，才能统一中国。……我们现在只有研究总理的三民主义，拿来做建设的方针，不要讲共产主义、不要讲国家主义，也不要讲无政府主义。……以党治国，是以党义治国，是以本党的三民主义来治中国"，云云。[40]

梅贻琦长清华后，表面上拥护和遵守这个教育宗旨，实际却采取蔡元培长北大时"学术自由、兼容并包"的指导思想，统筹兼顾，领袖群伦。由几十年的风雨历程，梅贻琦已深切感受到新文化、新思想，皆产生于民主、自由的空气和独立的精神创造。无论是北大还是清华，唯有保持民主和学术自由的空气，才可能产生不拘一格的言论和思想，创造的机缘与成就才得以凸现。近代以降，每当政治风浪波及校园，学术自由便被挤兑得退避三舍，而每次风浪过后的反思检讨，又会发觉这一理想的正确与可贵。1945 年 11 月 5 日晚，梅贻琦与闻一多、曾昭抡、吴晗、潘光旦、傅斯年、杨振声等人，在叙谈政局与校局问题的困惑迷局之后，梅在日记中写下了他所坚持的政治理想与办学方针："余对政治无深研究，于共产主义亦无大认识，但颇怀疑。对于校局，则以为应追随蔡孑民先生兼容并包之态度，以克尽学术自由之使命。昔日之所谓新旧，今之所谓左右，其在学校应均予以自由探讨之机会，情况正同。"[41]

这个指导思想与治校原则，成为梅贻琦一生争持的信念和主旋律，也是清华大学光荣历史最为闪光的组成部分。缺此一点，清华的光荣将逊色多多。当然，梅氏强调和施行的兼容并包与学术自由，并不是填鸭式的并与包，以及信马由缰式的奔跑呼号，实则是经过慎重考虑之后，在推动人类文明进步的大前提下，有节有度的兼容与自由。正如清华秘书长张子高所言："大学为学术之府，有兼容并包之任，继往开来之责。校长分寄任于诸教授与各执事，诸教授与各执事尽其责于诸学子。至于因革损益之端，猝然非常之异变，校长则于教授评议会分别与同人共商讨之。每有大计，同人既本其识见所可及，尽其意量而出之，时或反复辩难，势若不相下，公则从容审夺其间，其定议也往往各如其意，充然若有得也。"[42]

清华自建校始，在自由主义与政治威权之间，既有矛盾又有合作。随着时间推移与社会各阶层的觉悟，二者之间的矛盾越来越大，但合作也相应地越来越多。如梅贻琦反感并抵制当局强力推行"党义课程"，却愿意与政府合作设立工学院，后来还设置若干个特种研究所，以配合政府的施政方针与建设大计。同时，在政府提倡理工、限制文法科的大环境下，梅仍坚持对人文、社会学科的扶持，使清华借助历史的机缘，加速走上学术独立，人文社会、自然科学和工业科技均衡发展的道路，不但《清华周刊》等刊物与清华历史学会共同开辟"文史专号"，发表文史类重头文章，相应的更具学术水准的大型刊物亦应运而生。此举正如何炳棣所言："清华精神源自清华传统。清华学堂本为预备留美而设，所以自始即必须是文理兼顾，属于通识教育性质的学校。清华改为国立大学之后，特别是梅贻琦校长（1931年12月）以后，清华有很大的发展。当时国民政府的教育政策是'提倡理工限制文法'。梅校长与教授会只极力响应'提倡理工'，将原属理学院的土木工程系予以扩充，并与新创的机械和电机两系联合成立一规模初具的工学院。但绝口不谈'限制文法'。

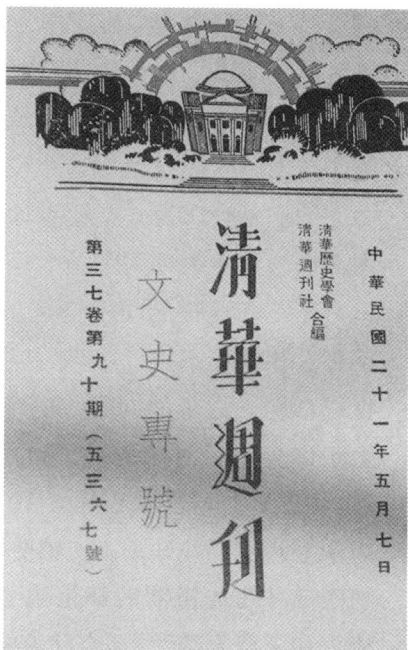

◎ 1932年5月，《清华周刊》文史专号

事实上30年代的清华文法两院表现出空前的活力。除各系师资普遍加强外，教授研究空气较前大盛，研究成果已非《清华学报》所能容纳，于是不得不另创一个新的学术季刊《社会科学》。冯友兰师的《中国哲学史》和萧公权师的《中国政治思想史》，两部皇皇综合巨著更足反映文法教学研究方面清华俨然已居全国学府前列。"[43]

因了梅贻琦倡导的学术自由精神在清华推行，被罗家伦、吴南轩等党棍压制的自由之风，经过几年窒息之后又盛行开来，教师之间、学生与教师之间平等讨论学术问题成为一种普遍现象。校内各种讲座、讲演连绵不绝，有讲"共产主义不合中国国情"的，也有讲"共产主义制度优越"的，到了1934年，国共关系已是剑拔弩张、你死我活，白色恐怖笼罩了清华园，清华文学院院长冯友兰赴苏联观光归来后，在演讲中大谈新生苏维埃政权的各种优越性，并做结论说："……苏俄实为进步之国家。所谓唯物史观，吾等决不应轻视，因有绝对真理存于其中。"[44] 冯的言论引起了北平当局注意，国民党以共党嫌疑为由，于1934年11月28日将冯逮捕。这一举动在教育界引起轩然大波，梅贻琦、蒋梦麟、胡适、傅斯年等大腕名流立刻联手出面营救，最后由军政部长何应钦亲自出面，下令释放冯友兰。冯出狱后，悄然无声地回到清华园，除低调介绍自己被捕经过外，并未对当局进行任何指责，当局也再没有找冯的麻烦，清华师生亦未恐慌，园内的自由空气一仍如旧，学术讨论甚至政治主张愈演愈烈。作为校长的梅贻琦"始终以民主思想、学术自由的开明政策为治校原则，他对左右派的思想兼涵并容，从不干涉"[45]。梅甚至提出："清华的教育并不告诉学生国民党对或是共产党对，只要养成他们自己判断的能力"，就算路子走对了。冯友兰对这个说法的解释是："如果学生都有了资产阶级所希望的能力，他们是会认为共产党不对。幸而至少有一部分学生不是照资产阶级所希望的"，因而认为共产党对。[46]

　　正是在这样的学术空气与政治背景下，清华园大师云集，出现了万物相生而不害，相制而不克，"流派共存，百家争鸣"的繁盛局面。这个局面使思想与学术得以活跃、进步的同时，也令学生眼界大开。1934年考入清华外语系的学生赵俪生于许多年后回忆说："我的《大一国文》教师是杨树达，《大一英文》教师是吴宓，《哲学史》教师是冯友兰，《逻辑》教师是张申府。都是赫赫名流，但当时我作为十七八岁的娃娃，确实感受不深。杨先生一辈子搞训诂，祖述高邮王氏，与他的湖南前辈王先谦前后都是搞《汉书》的。是他给我们讲述了《左传》中的《郯之战》和《鞌之战》，至今犹有记忆。吴先生神经质太厉害，那是他与毛彦文女士恋爱失败的后果，使我们做学生的很难预估他的喜怒。在英语读音上他特别强调英国味，可是当时除吴先生外，众老师全是美国味，真是'一齐人傅之，众楚人咻之'

◎张申府、刘清扬、周恩来与朋友在法国

了。冯[友兰]先生岸然道貌，俨然程夫子转世，讲课纯按他的'两大本'《哲学史》讲，由于咯巴嘴，在表达方面比较吃力。由于这位老师在政治方面的多变性，故我一生迄不与他接近。"又说："张申府当时在清华'吃不开'，但此前他却是大人物，他曾是中国共产党巴黎支部、柏林支部的创建者，黄埔一期生入学口试的主持人。他的《逻辑》课很少讲逻辑学，而是骂蒋介石，成为热门的政治论坛。听他课的不外两部分，一部分是抱持自己见解从拥护或者反对立场上来挑检他的政治论点的；另一部分则是混混学分的。他的课缴一份读书笔记，没有不及格的。……回味起来，受教于这些人，也是'大开眼界'的一个组成部分。在中学里，你是无缘接触到这样的人物的。"[47]

上述"繁盛局面"，一直延续到抗战后的西南联大时期。而自抗战胜利到清华北归的近一年时间里，以闻一多、吴晗为首的几位教授，经常公开骂国民党与蒋介石，并进行宣传。梅贻琦并不赞成此种做法，但没有阻止并尽可能地予以保护，使这一民主自由的局面得以延续。这一段经历，冯友兰有过论述："西南联大时期，教授中有在政治上极右的，也有在政治上很左的，也有教授对于国民党'小骂大帮忙'的。当时学校的风气是，认为只要教授能把他的课讲好，他在政治上的态度，学校不管。在这种风气下，学校没有考虑过怎样把进步的教授解聘。当时认为清华教授有自由、民主作风，其原因就在于此。当然这所谓自由、民主，只是资产阶级自由民主。所谓学校不管，也有一定的限度。当时的教授，一般地说，也都没有超过资产阶级自由主义的限度，所以能维持所谓民主自由的局面。"[48]

这个局面的维持，着实来之不易，但"民主自由"旗帜下的教育理念，或陈寅恪推崇并坚持的"独立之精神，自由之思想"的光芒，并不是拿来保证全体师生满意或无可挑剔，恰恰是让每位老师或学生都有怀疑与批评的权利，如甲认为是好的，乙却认为是坏的，丙又认为各有长短，或各打五十大板以示惩戒者，在相互批评与争论中，促进学风与学术的发展进步。如赵俪生对他的业师就曾做过如此评价："当时有些教师、有些课，也确实不怎么样，如刘崇鋐的《世界通史》和雷海宗的《中国通史》，就是显著的例子。刘后来在台湾被吹捧成史学的泰斗了，可当年教我们时，他的课纯乎是一大堆 bib-liography（资料目录），某著者、某书、某页或某页，无摘引，无转述，无议论，无概括，两堂过去，笔记上记的全是杂乱无章的数据。呜呼！雷呢，大概认为《通史》课嘛，你讲深刻的学生也听不懂，于是就像说相声似的'扯'吧。60年后，我至今仍清清楚楚记得第一堂，老师一上堂就念诵道：'天地混沌如鸡子，盘古生其中，一万八千岁。……'假如这是讲《神话学》

倒还罢了，可这是讲《中国通史》呀？！古往今来，天底下地皮上，哪有讲《中国通史》这么个讲法的？！真是令人百思不解了。"[49]

相对于赵俪生的感受与评判，雷的许多学生有截然不同的评价，如有一位叫齐世荣的学生，由燕京转入清华历史系三年级就读，师从雷海宗。齐后来回忆说："在清华读书两年期间，听了雷先生的课，给我印象最深的是西洋近古史和西洋文化史这两门。当时有些名教授，学问很大，但讲课不考虑方法，兴之所至，想讲什么，就讲什么，有时离题很远，甚至近于聊天。雷先生则不然，他学问渊博，贯通古今中西，但讲起课来井井有条，从不'跑野马'，总是围绕中心题目加以发挥，并能深入浅出，强烈吸引着学生的注意力。他授课的某些内容，在时隔五十年之后，我仍记得清清楚楚。雷先生开的西洋近古史这门课，第一章照例是宗教改革。第一堂先从中世纪基督教在欧洲的巨大作用讲起。他以'七礼'为例，说当时一个人从出生到死都离不开教会。婴儿一出生，要受洗礼。长大成人，结婚时要由教士主持婚礼。临终前要行敷油礼。这样一讲，立刻引起了学生的兴趣。然后，雷先生再讲教会的腐败，接着很自然地引出了路德的宗教改革。再如，他在讲《堂吉诃德》这部名著的划时代意义时，说'它使全欧洲在一阵大笑中结束了骑士文学'。像这样的警句，几乎每堂都有。"又说："雷先生博闻强记，上课从不带讲稿，连卡片也没有，只有粉笔一两支。但如前面所说，他讲课极有条理。最使我惊讶的是：每节课结束时，恰好讲完一个题目。下次课开始时，正好接着上次的内容来讲。当时我年幼，只觉得这是由于雷先生记忆力过人的结果。今天想来，恐怕雷先生上课前总要把所讲的内容在头脑中'过一遍电影'，先讲什么，后讲什么，以及讲到什么地方，等等。否则，纵然有过目不忘的记忆力，也不可能把时间安排得那样准确。"[50]

又如就读于西南联大的1940级清华工学院学生徐天球，曾修过雷海宗的历史课。许多年后，徐在台湾孤岛上仍念念不忘雷师的好处与刘师的过人之处，徐说："雷海宗的中国通史，刘崇鋐的西洋通史，还有陈岱孙的经济思想史，在清华都是很出名的，所以我偷空去旁听了几堂课，讲得实在好！只要用心听，记下来便是一段很好的文章。原本打定主意，以后有机会，一定要正式选这几位大师的课，可惜后来事与愿违，搬到昆明，理工学院和文法学院东西相隔，就无'程门立雪'的福分了。"[51]

1949年后，雷海宗被踹出清华园，与北大的郑天挺等历史学家一起被贬至天津南开大学任教。1957年，有一个叫王敦书的学生有幸成为雷海宗的副博士研究生，主攻世界上古、中古史，毕业后留南开任教。这位亲炙雷师教益的学生晚年回忆说：

"雷先生讲课声音洪亮，极有条理，深入浅出，鞭辟入里，内容丰富，生动活泼。他讲授历史事件人物既有丰富内容，又将因果关系分析得清晰透彻，使人听了感到余兴未尽。他每节课的讲授计时很精确，每节课结束时，恰巧讲完一个题目，告一段落，下节课再讲新的，前后衔接自如。有的同学反映，课后把他讲授的笔记稍加整理润色，就是一篇有头有尾的文章。"又说："雷师记忆力极强，他走上课堂，只拿几支粉笔，不带片纸只字，但讲得井井有条，滔滔不绝，人名、地名、史实年代准确无误，不仅能说出中国历史纪年，而且同时指出公元纪年，每次讲课都顺口说出一二十个年代，从无差错。"[52]

　　以上四人皆是现场亲历者，观察的角度与评价却是霄壤之别，不过就赵俪生本人的性格及其后来在史学领域达到的高度，他对一些老师看不上眼亦属正常，一如赵氏本人佩服的钱锺书对自己的老师不甚感冒一样。不仅对历史系的老师看不上，事隔多年，赵俪生一想起外语系的几个老师"心里就烦躁"，并后悔"当年我为什么选这个系？"赵说："作为一名新生进校，我的感觉还是良好的。首先，一年级不分系，理工科生必须选修一门文科课，文科生必须选修一门理科课，这一点就说明清华着重培养'通才'而不亟亟于'专'。理工科生多选修一门《逻辑》，文科生多选修一门《生物学》或《地质学》。我就是一年级时修了《生物学》，二年级时又修了《地质学》，以此为基础，我才有条件旁听史禄国（Shrugoroff）的《人类学》和《古代人类学》。"[53] 到了第二年，各生需要选系，赵氏选的是外文系，而"入系之后，就一直感到很不得劲。只有叶公超的《文艺批评》我还感到有点滋味，其余的我全不感兴趣。如翟孟生（Jameson）的《西洋文学史》，完全让学生背诵譬如狄更斯生于何年，卒于何年，有多少著作，代表作是什么，再就是如《块肉余生述》（*David Copperfield*，又译《大卫·科波菲尔》）中男主角是谁，女主角是谁……等等等等。再如我们的系主任，他几十年来讲《戏剧》和《莎士比亚》，一直拿他在Ohio（俄亥俄州）跟他老师O'Neill上学时记录下的那本笔记留声机般地念呀念呀，真正做到了'呻其占毕'的水平。……呜呼！堂堂名牌大学，堂堂名牌教授，数十年中不修改讲稿，不增加新信息，不注入新见解，全凭留学国外时的笔记，这顿饭一吃吃一辈子，这叫个什么'对学生负责'、'对学术负责'呀？！钱锺书拒绝留校当研究生，说没有一个教授配当他的导师，我十分佩服他这种高傲。"[54]

　　赵俪生所说的外文系主任乃王文显，类似的评价季羡林曾有过。但清华早期的学生如梁实秋、温源宁、饶馀威等则对王氏充满了崇敬与理解之情，回忆起来别有一番温情与怀思的味道。至于钱锺书拒绝留校当研究生，则又是另一则近似传说的故事了。[55]

季羡林与赵俪生同属山东人,季于 1930 年入学,比赵早入清华四年,那时还称西洋文学系,后来才改为外语系,教授阵营基本维持原状。季除了对系主任王文显照本宣科常年读一本讲义表示不满外,对叶公超也满肚子意见。季说:"叶崇智(公超)教授,他教我们第一年英语,用的课本是英国女作家 Jane Austen(简·奥斯汀)的《傲慢与偏见》。他的教学法非常离奇,一不讲授,二不解释,而是按照学生的座次——我先补充一句,学生的座次是并不固定的——从第一排右手起,每一个学生念一段,依次念下去。念多么长?好像也并没有一定之规,他一声令下:Stop(停)!于是就 Stop 了。他问学生:"有问题没有?"如果没有,就是邻座的第二个学生念下去。有一次,一个同学提了一个问题,他大声喝道:"查字典去!"一声狮子吼,全堂愕然、肃然,屋里静得能听到彼此的呼吸声。从此天下太平,再没有人提任何问题了。就这样过了一年。公超先生英文非常好,对英国散文大概是很有研究的。可惜他惜墨如金,从来没见他写过任何文章。[56]

在季羡林与赵俪生于清华求学的时代,外籍教师约剩 12 人(期间往来短期讲学者不计)[57],像俄国人噶邦福、英国人吴可读、美国人温德等给师生留下了难忘、美好的记忆,其中不乏奇离古怪者,留下的印象令人难忘却不甚美好。仍然是季羡林回忆:"一位不能算是主要教授的外国女教授,她是德国人华兰德小姐,讲授法语。她满头银发,闪闪发光,恐怕已经有了一把子年纪,终身未婚。中国人习惯称之为'老姑娘'。也许正因为她是'老姑娘',所以脾气有点变态。用医生的话说,可能就是迫害狂。她教一年级法语,像是教初小一年级的学生。后来我领略到的那种德国外语教学方法,她一点都没有。极简单的句子,翻来覆去地教,令人从内心深处厌恶。她脾气却极坏,又极怪,每堂课都在骂人。如果学生的卷子答得极其正确,让她无辫子可抓,她就越发生气,气得简直浑身发抖,面红耳赤,开口骂人,语无伦次。结果是把 80% 的学生全骂走了,只剩下我们五六个不怕骂的学生。"[58]

季羡林与几个坚持留守死磕的同学,在"老姑娘"咒骂声中熬到毕业,摇手"拜、拜!"新入校的外文系学生,又别无选择地跌于这个燃烧着空气的旋涡,山东老乡赵俪生即其一。赵说:"我的英文不算那么好,但还够用。法文只在大学三年级时按规定必修,教师是一位未婚的 mademoiselle(小姐),当时我参与一二九运动,校外活动多,有时来不及上课。后来又去上,她就用英语说:'我当你死了呢,你还活着来上课呀。'我认为是一种侮辱。老师可以训诲学生,但不能侮辱学生。我耽误功课不对,但是为了救国,又不是逛八大胡同去了。一怒之下,我到注册课

（科）把《法语》停修了。"[59]

因了这样的氛围，赵俪生感到悲观甚至绝望。在停杯投箸不能食，拔剑四顾心茫然的处境中，是清华的"通识教育"制度救了他，赵氏遂把触角伸向了中文系，并旁听了三位老师的课。赵说："俞平伯90年代报刊上很捧他，也许因为在《红楼梦》上蒙过冤屈，替他平反平反。但当年我对这位老师却尊敬不起来。个儿是短的，眼睛是斜的，小平头，一袭蓝布大褂。……去听课，繁征博引，甚至引到'先曾祖曲园先生曰'，我心里想，做学问就做学问罢啦，引曾列祖有什么必要？！朱自清佩弦先生，温文尔雅，深通人情世故，人望很高。……但我到他课堂上听，一门《陶潜》、一门《李贺》，两个工作量最轻的题目，而且讲不出东西来。……真正讲出东西来的，找到了，是闻一多。"又说：闻一多除了教《诗经》《楚辞》，"也搞考据、搞训诂，但他比所有的训诂家都高明之处，是他在沉潜之余，还有见解、有议论，这些议论对我们学生来说，启发很大。于是，我们就一下子把闻先生爱上了，大家争着选修或者旁听他的课，闻先生一下子在清华园内走了红。但他是有脾气的，同学们也都小心翼翼着"。[60]

比赵俪生的做法稍高明一点的，是得益于"通识教育"制度的季羡林，一边听着"老姑娘"咒骂，一边把注意力转入中文系与历史系的选修中。除学校规定的选修课必须完成，因好学者众，校内旁听之风甚盛，授课教师大多不以为忤，听之任之。有些旁听课给学生的影响，比正规课程还要大，如朱光潜的文艺心理学、陈寅恪的佛经翻译文学等，影响了季氏一生。对此，季羡林回忆说："专就我个人而论，专从学术研究发轫这个角度上来看，我认为，我在清华四年，有两门课对我影响最大：一门是旁听而又因时间冲突没能听全的历史系陈寅恪先生的'佛经翻译文学'，一门是中文系朱光潜先生的'文艺心理学'，是一门选修课。这两门不属于西洋文学系的课程，我可万没有想到会对我终生产生了深刻而悠久的影响，决非本系的任何课程所能相比于万一。陈先生上课时让每个学生都买一本《六祖坛经》。我曾到今天的美术馆后面的某一座大寺庙里去购买此书。先生上课时，任何废话都不说，先在黑板上抄写资料，把黑板抄得满满的，然后再根据所抄的资料进行讲解分析；对一般人都不注意的地方提出崭新的见解，令人顿生石破天惊之感，仿佛酷暑饮冰，凉意遍体，茅塞顿开。听他讲课，简直是最高最纯的享受。这同他写文章的做法如出一辙。当时我对他的学术论文已经读了一些，比如《四声三问》等等。每每还同几个同学到原物理楼南边王静安先生纪念碑前，共同阅读寅恪撰写的碑文，觉得文体与流俗不同，我们戏说这是'同光体'。有时在路上碰到先生腋下夹着一

◎陈寅恪于清华园

个黄布书包，走到什么地方去上课，步履稳重，目不斜视，学生们都投以极其尊重的目光。"[61]

由于陈寅恪在清华园的巨大影响以及如雷贯耳的显赫声名，所授之课人气旺盛，有的竟成为追星一族，效仿陈寅恪当年的读书经验，追而学之。自然，像许多年后的追星族一样，追的过头、过火，而引火烧身者亦时有发生。如番禺黄埔乡人梁嘉彬，其兄乃清华高才生梁方仲（原名嘉官），曾祖乃江宁布政使梁肇煌，即当年选拔推荐幼童梁诚赴美留学的那位老翰林。梁嘉彬先入清华政治系，后转历史系，1932年毕业。他对清华中文系与历史系合聘教授的感受和评价是："寅师之学体大而思精，其所授各课，皆注重创见发明，而避免抄袭他人成说。弟等于上课时常见其苦于穷极思索，勤于指点史料与工具，而敏于训练史学方法也。"又说："寅师授课，恒闭目而思，端坐而讲，奋笔（粉笔）而书，所举史料详记卷数页数，反复论证，数满黑板，所论者皆关宏旨，绝无游词，每堂皆自立己说，非好奇立异，目的实只在求真，对同学发生强烈启发作用。"由于梁嘉彬对陈寅恪崇拜有加，陈氏一招一式，皆成为梁氏仿学之榜样，东施效颦之目标，此举虽无大碍，想不到竟闹出了画虎不成反类犬的遗憾。据梁氏晚年给清华校友赵赓飏函中披露："弟自问受寅师熏陶者有数事：一、弟教书数十年，在讲堂每效寅师之所为，闭目始能讲出，睁目则心不贯注，口反迟钝。二、弟在校时，因闻寅师精通十余国语，工具深广，遂不自量力，在第二外国语方面极思蛮干，先后选修法语、日语两年，旁听德语数周，又旁听政治、经济、地理各系功课。不料因此读书至第三学年，已自觉神经衰弱，常患心跳，始知东施效颦为无益，天赋有限也。"[62]——梁氏之说可谓新版的《醒世恒言》，天才是不世出的，是上帝投放到人间的天使，是麒麟送给大地的儿子。汗水可弥补天才的不足，但绝不能替而代之，更不是所谓的什么百分之九十九的汗水加百分之一的灵感，就能合而成之一个天才人物。天才具有上帝赋予的灵性和使命，凡夫俗子可以追赶，但不能并驾齐驱，更无法超越。通俗一点说，即世间有些事，阎王干得，喽啰干不得。陈寅恪与梁嘉彬在前行途中的不同结果，便是一个有力的注脚。

除了教师讲授不同与学生选课、听课各有所好，清华的自由之风已遍布各个领域的每一根神经脉络，即便一份试题也别具一格，不仅引得校内外瞩目，且议论纷纭，争议不断，甚而成为典故而流传后世。清华生物系学生刘曾复许多年后仍记忆犹新：我1932年考清华时，最有兴趣的是那一年的国文题目，出的是两个对子，一个是"孙行者"，一个是"少小离家老大回"，让你对。另外一篇作文，题目是"梦游清华园记"，整个国文考试题就这16个字，没有其他题目了。听说考题是陈寅恪出的，陈先生学问特别好。"那时候跟我一块考的有段学复，他是学数学的，他对'祖冲之'这个蛮好的；还有一个同学是朱宝复，也是我们师大附中的，他对的是'胡适之'。好像认为'胡适之'是标准答案。我对的是'韩退之'。因为这个题目有点历史，原来这个题目就是对'韩退之'，我知道这个故事。后来《陈寅恪文集》讲出这里面的道理。"[63]

刘生所谓《陈寅恪文集》，实指《与刘叔雅论国文试题书》。优游于异域绝学、独步士林的陈寅恪，受家学以及"同光体"诗派创立者、父亲陈三立等鸿学硕儒熏染，对古体诗词颇有研究和心得，创作的诗文在儒林称道传诵。于正体诗之外，陈寅恪不时还作对子以娱师友，其中戏赠国学研究院学生的对子"南海圣人再传弟子；大清皇帝同学少年"，即在清华园内传诵多时。梁启超的老师康有为是南海人，因而有"康南海"或"康圣人"之称；王国维乃末代皇帝溥仪的老师，因而陈寅恪戏称清华国学院的学生是康圣人的再传弟子，在辈分上与大清皇帝则属一辈的"同学少年"。经此释读，众生无不于惊喜中拍案叫绝。

刘曾复所云1932年的清华招生国文试题，甫一试毕，即引起学界瞩目。但没有"拍案叫绝"或"拍案而起"者，只出现了"舆论哗然"的异动情形。究其因：一乃"孙行者"要对何等人物才最贴切？这个注定要引起若干玄想与争论；二是题型出人意料，隐然透出文言、白话之争的时代气息。因而，有读者与好事者投书报馆，要求出题者提供标准答案，有的则批判出题者有复古心态和遗老遗少的陈腐气息。——此为民国肇建以来，第一桩由大学入学考题引发的社会人士借助媒体予以争论，并上升到一个"事件"受到各方关注的事件。一时间，各报纷纷参与，北平《世界日报》在两个星期内刊出十四篇投书，围绕清华"对子事件"展开辩论。出题者陈寅恪见状，几番回复，并顺势以《与刘叔雅论国文试题书》予以回应。

刘叔雅即清华著名狂人刘文典教授，他在安徽大学校长任上与蒋介石发生冲突，因不称"主席"而挨了蒋氏一记耳光，且被关押多天，此故事流传一时，鲁迅曾在《知难行难》一文中说"安徽大学校长刘文典教授，因为不称'主席'而关了好多天"云云。刘被从关押的班房释出，受当时长校的罗家伦之邀到清华国文系任教授、代系主任，遂与陈寅恪相识并友善，陈所出试题，正是受刘氏嘱托而为之。

陈寅恪长达四千多言的《与刘书》，于 1932 年 9 月 5 日刊登于天津《大公报·文学副刊》，陈在书中列了国文题采用"对对子"的四个理由：

（甲）对子可以测验应试者，能否分别虚实字及其应用；

（乙）对子可以测验应试者，能否分别平仄声；

（丙）对子可以测验读书之多少及语藏之贫富；

（丁）对子可以测验思想条理。

另外，《与刘书》中还提出一套西方历史语言学和辩证法的大道理，借以说明出题的意义同时兼有反守为攻之态势。至于读者与好事者呼声最高的"提供标准答案"，陈寅恪始终未给出明了的说法。

面对陈氏引经据典且中西合璧的"答辩"，有相当一部分读者并不买账，陈寅恪提出的西学理论，以及借以要"摧陷廓清"国文，或说汉语文法照搬西方文法硬套的"格义"观念等等，也未获得学界正面响应。此一段公案，在 30 余年后的 1965 年 5 月 17 日，已是 76 岁高龄的陈寅恪在重编《金明馆丛稿》时，感慨当年清华园"对子事件"，遂另写一篇《附记》，以示补充说明，而"孙行者"的"标准答案"，竟然就是"胡适之"。陈文曰：

三十余年前，叔雅先生任清华大学国文系主任。一日过寅恪曰，大学入学考期甚近，请代拟试题。时寅恪已定次日赴北戴河休养，遂匆匆草就普通国文试题，题为"梦游清华园记"。盖曾游清华园者，可以写实。未游清华园者，可以想象。此即赵彦卫《云麓漫钞》九所谓，行卷可以观史才诗笔议论之意。若应试者不被录取，则成一游园惊梦也。一笑！其对子之题为"孙行者"，因苏东坡诗有"前生恐是卢行者，后学过呼韩退之"一联（见《东坡后集》七《赠虔州术士谢〔晋臣〕君》七律）。"韩卢"为犬名（见《战国策》十《齐策》三"齐欲伐魏"条及《史记》七九《范睢传》）。"行"与"退"皆步履进退之动词，"者"与"之"俱为虚字。东坡此联可称极中国对仗文学之能事。冯应榴《苏文忠诗注》四五未知"韩卢"为犬名，岂偶失检耶？抑更有可言者，寅恪所以以"孙行者"为对子之题者，实欲应试者以"胡适之"对"孙行者"。盖猢狲乃猿猴，而

"行者"与"适之"意义音韵皆可相对，此不过一时故作狡猾耳。又正反合之说，当时惟冯友兰君一人能通解者。盖冯君熟研西洋哲学，复新游苏联返国故也。今日冯君尚健在，而刘胡并登鬼录，思之不禁悯然！是更一游园惊梦矣。[64]

对于"对子事件"及当年的争论，刘曾复在回忆中仍认为，此一题目首先体现了清华的自由空气与民主范儿，出题者是自由的，考生也是自由的，而"梦游清华园记"这个题目的自由度更大，"你可以没有做梦，也可以真的做了梦，愿意怎么做就怎么做；也可以说自己的志向，还可以给学校提要求，你理想的学校是什么，怎么作都可以。……没有一定的标准答案，但是那时候看卷子都是教授，你要是看卷子的水平不够，会把学生的分数给的不正确。……这个考题，到现在我觉得还是挺有思想性的"。[65]

是耶？非耶？此一"对子事件"与"梦游公案"，仍待留作后人评说。然正如陈寅恪为王国维书写的光照千秋的碑铭："士之读书治学，盖将以脱心志于俗谛之桎梏，真理因得以发扬。……先生之著述，或有时而不彰。先生之学说，或有时而可商。惟此独立之精神，自由之思想，历千万祀，与天壤而同久，共三光而永光。"[66]——正是因了这种胸襟与精神，清华的"通识教育"与自由学术之风气，藉此更加勃兴焉。

注释

[1]《大公报》，1935年4月29日。
[2] 许世英《敬悼月涵校长》，载《清华校友通讯》，新二期，新竹。
[3]《校闻》，载《国立清华大学校刊》，第四三二号，1932年9月16日。
[4]《一个家庭 两个世界》，顾毓琇著，江苏文艺出版社2011年出版。
[5]《顾一樵全集》，顾一樵著，台北商务印书馆1961年出版。
[6] 引自《国立清华大学一览》（1936—1937年度），国立清华大学编印，1937年。
[7][8][22]《三松堂自序》，冯友兰著，北京三联书店1989年4月出版。
[9][20][30][46][48] 冯友兰《五四后的清华》，载《过去的大学》，钟叔河、朱纯编，长江文艺出版社2005年12月出版。

[10][14] 蒋廷黻《追念梅校长》，载《清华校友通讯》，新二期，新竹。

[11][26][32][36]《蒋廷黻回忆录·清华时期》，蒋廷黻著，岳麓书社 2003 年出版。

[12][45]《晚年随笔》（附录 1），梅祖彦著，清华大学出版社 2004 年 11 月出版。

[13]《清华同学录》（1937）附录，国立清华大学印。

[15] 华罗庚，江苏省常州市金坛县人，1910 年生。初中毕业后入上海中华职业学校就读，因家贫中途辍学。此后顽强自学，用五年时间学完了高中和大学低年级全部数学课程。1929 年，华氏受雇为金坛中学庶务员，业余时间研究数学，并在上海《科学》等杂志发表论文。1930 年，清华大学数学系主任熊庆来自《科学》等杂志中发现了华氏的论文，在派人了解到华的自学经历和数学方面才华后，与同室的杨武之教授以及理学院院长叶企孙相商，打破常规，召华入清华大学栽培。华罗庚一边在清华图书馆担任管理员一边自学，后在数学系担任助理。当华氏自学了英、法、德文，并在国外杂志上发表三篇论文后，被破格聘为数学系助教，1934 年 9 月晋升为讲师。1936 年，华罗庚前往英国剑桥大学进修，1937 年回清华大学数学系担任教授。在国立西南联合大学时期，华罗庚于昆明郊外一个吊脚楼上，写出了《堆垒素数论》等享誉世界的科学论文。1985 年 6 月 12 日，在日本讲学的华罗庚因心脏病突然发作，病逝于东京。

[16] 徐贤修《怀念梅校长》，载《清华校友通讯》，新八十期，新竹。

[17]《梅贻琦传稿》，赵赓飏著，台北邦信文化资讯公司 1989 年出版。

[18] 杨公兆是翁文灏带入清华负责总务的，翁氏辞职，杨不久离开亦在情理之中。此点如杨公兆女公子、清华 1965 级土木建筑系校友，后赴美国国会图书馆工作的杨友全教授所说："就我对父亲的了解，以及对他的性格、理想等方面推断，他在清华想开课应是真实可信的，但离开清华并不是因为当不成教授而负气出走，而是由翁文灏和钱昌照等推荐进入刚成立的国防设计委员会任调查处长。当时，这个委员会与下面的调查处都是极其重要的，属于蒋介石直接领导的。因属于保密性质，他离开时不可能向清华同人讲他的工作性质与担任职责等等，产生一点误会也属正常。"（2016 年 10 月 15 日晚，杨友全自美国通越洋电话于北京对岳南所说。）事实上，杨公兆经翁文灏推荐，离开清华到国防委员会就职后，梅从杨的来信中才得知具体情况。1932 年 12 月，梅致信杨，除表达怀念之情，想借杨的力量向拟出长教育部的翁文灏进言，以促成清华法律系的招生工作。信曰：

梅贻琦致杨公兆函

公兆仁兄先生大鉴：

　　暌违道范，瞬已半载，回忆昔同，诸承匡助，益我良多。临风怀想，不胜依依。昨奉手示，敬悉吾兄近任国防委员会要职，睨念时局艰危，暂置研究事业，为国宣勤，曷胜景佩。兹有恳者，本校二月间呈请成立法律系一事，当奉部令照准后，即已筹备进行。及五月间，忽奉部令暂缓招生。惟因筹备已将就绪，势难骤予停止。所有一切经过情形，均为吾兄所深知。弟赴京参加会议时，亦曾向骝先部长及次长面陈梗概，亦蒙鉴悉，不过未奉明文准许仍旧进行。本拟容日再行陈请，月前接奉部电，诘询此事。已将经过情形，及不得已之苦衷，备文详覆。斯时幸逢吾兄供职在京，拟恳再向骝先部长处赐为疏解，请准备案，俾利进行。仰荷鼎力维持，信深铭感矣。咏霓先生（案，指翁文灏，1932.10.28任，1933.4.21免；未就，初由次长段锡朋短代，后由朱家骅兼摄）出长教育，至所欢忭，不意甫抵京都，忽因大故北旋，则视事之期，又须延缓矣。肃覆奉托，馀容续叙。敬颂

道祺

弟 梅XX 拜启 十二月二日

（清华档案馆藏，杨友全提供，岳南释读，孟繁之校读）

据台北"国史馆"《资源委员会档案史料初编》述要：国防设计委员会，正式成立于1932年11月，隶属于国民政府参谋本部，会址设于南京。1935年4月易名为资源委员会，隶属于军事委员会。1938年3月改属国民政府经济部。1946年3月改隶于国民政府行政院。蒋介石一度兼任委员长，由正副秘书长（后改称正副主任委员）翁文灏、钱昌照负实际责任，其成员为军政、财经、工商文教各界的知名人士。主要任务为：执掌资源的调查研究和资源的动员开发，后来逐渐发展成为重工业的主管部门。另据钱昌照回忆说：我与蒋介石谈"现在国家基本统一，而外侮日亟，应该在委员长的直接领导下，筹设一个国防设计机构。……延揽目前国内各界知名人士、社会贤达及各方面专家学者参加到政府里来。这样就可以扩大我们的统治基础，巩固统治秩序。蒋介石很赞成我的建议，问我哪些人可以担任这些工作，要我拟一张名单给他。……两个星期后，我把名单拟好交给他。……在委员以外，设专门委员200人，都是当时各方面的技术专家"。又说："国防设计委员会对外保密，会址设在南京三元巷二号，不悬招牌，信封只印'三元巷二号'。蒋介石特批给经常费每月10万元。在他的军事委员会委员长特别费内开支，不必向审计机关报销。……国防设计委员会下设三处八组，三处是秘书处、调查处和统计处。八组是军事、国际、文化、经济及财政、原料及制造、运输、人口土地粮食，以及专门人才调查八大类。……调查处处长杨公兆，留学德国学矿业，是杨度的儿子，在资源委员会一直工作到解放，解放后调中财委计划局任重工处副处长，计划局撤销后调任外贸学院教授。他是资源委员会的元老，已故。"（《钱昌照回忆录》，钱昌照著，东方出版社2011年出版）

[19] 赵赓飏《清华园杂忆》，载《清华校友通讯》，新三十三、三十四期合刊，新竹。沈

履赴四川大学任教的具体时间是 1940 年 1 月，有沈氏给梅贻琦并常委会信为证："敬陈者：窃履承乏本校总务长一职以来，甚少建树，深感愧悚。近因公赴渝，承四川大学程校长坚邀前往襄助校务，曾于上月中电请辞职，谅邀钧鉴。兹以该校需人甚急，迭电促行，拟于日内首途前往，务恳准予辞去本兼各职，即日派员接替。再履离校后已嘱总务处干事胡兆焕代为交代，合并陈明。谨呈常务委员会。总务长沈履谨上。一月六日。"（《沈履辞职信》，清华大学档案馆藏档案）

[21]《抗战前的清华大学》，苏云峰著，台湾"中央研究院"近代史研究所 2000 年出版。

[23] 梅贻琦《清华学校的教育方针》，载《清华周刊》，第 426 期，1927 年 12 月。

[24] 梅贻琦《学问范围务广，不宜过狭》，载《国立清华大学校刊》，第四一二号，1932 年 6 月 1 日。

[25] 司徒允《张伯苓的最后五年》，载《书屋》2004 年 8 期。

[27]《何廉回忆录》，何廉著，中国文史出版社 1988 年出版。

[28]《梅贻琦日记》（1945 年 11 月 5 日），黄延复、王小宁整理，清华大学出版社 2001 年出版。

[29]《国立清华大学一览》，清华大学印，1932 年。

[31] 秦泗钊在 2016 年 10 月审读本著初稿时批语。

[33] 新人《论第一年不分院系》，载《清华副刊》，第 42 卷第 5 期，1934 年 11 月 19 日。

[34] 旧人《读〈论第一年不分院系〉》，载《清华副刊》，第 42 卷第 7 期，1934 年 12 月 1 日。

[35] 老古《申论一年级不分院系》，载《清华副刊》，第 42 卷第 7 期，1934 年 12 月 1 日。

[37][39][42]《读史阅世六十年》，何炳棣著，广西师范大学出版社 2005 年出版。

[38] 梅贻琦《大学一解》，载《清华学报》，第 13 卷第 1 期，1941 年 4 月。

[40]《中华民国教育史》，熊明安著，重庆出版社 1990 年出版。

[41]《梅贻琦日记》（1945 年 11 月 5 日），黄延复、王小宁整理，清华大学出版社 2001 年出版。

[42][44] 黄延复《梅贻琦》，载《中国现代教育家传》，第五卷，湖南教育出版社 1987 年出版。

[47][53][54][59][60]《赵俪生文集：篱槿堂自叙》，第五卷，兰州大学出版社 2002 年出版。

[49] 钱锺书，，江苏无锡人，1910 年生，1929 年报考清华大学，数学仅得 15 分（一度传言为 0 分），因国文成绩好，英文获得满分，被清华大学西洋文学系破格录取，1933 年

毕业后赴上海光华大学任教。1935 年与杨季康（绛）完婚后同赴英伦留学。之后赴法国巴黎大学从事研究。1938 年归国后被西南联合大学破例聘为教授，后辗转各学校、机关教学与研究。1982 年任中国社科院副院长，1998 年 12 月 19 日在北京逝世，享年 88 岁。有《围城》《宋诗选注》《管锥编》等文学、学术著作问世。

当年钱锺书入清华后，与正在清华园就读的夏鼐、吴晗号称清华文学院"三才子"，而以钱氏为龙头老大。据说钱锺书清华四年，用功之勤，读书之多，"横扫清华图书馆"，馆内 130 多万册藏书，从 A 字一号始，全部通览一遍，未有一册遗漏者。如此算来，每日读书数量为 890 册还要多一点。——这显然不是读书而是在书架前"看书"。钱锺书所言"没有一个教授配当他的导师"之事，可参考周榆瑞文章。周是早年清华外文系学生，曾于 1979 年 8 月 4 日于台北《联合报》发表《也谈费孝通和钱锺书》一文，此文后收入天一出版社 1995 年出版的《钱锺书传记资料》一书中。文章略谓：记得一次陈福田师对我若有所憾地说："在清华，我们都希望钱锺书进入研究院继续研究英国文学，为我们新成立的西洋文学研究增加几分光采。可是他一口拒绝了，他对人家说：'整个清华，没有一个教授有资格充当钱某人的导师！'这话未免有点过分了。"吴雨僧师对于钱锺书之拒绝进入清华研究院却没有不高兴，他说："学问和学位的修取是两回事。以钱锺书的才质，他根本不需要硕士学位。当然，他还年轻，瞧不起清华现有的西洋文学教授也未尝不可。"但是，钱氏的一句名言却在西南联大新校舍的氛围中留下了余响。"据外文系同事李赋宁兄说：钱锺书在临走前公开说，'西南联大的外文系根本不行，叶公超太懒，吴宓太笨，陈福田太俗'。这种话实在太伤感情了。随后的两三年中，时常有人复述这句伤感情的话"云云。

[50] 齐世荣《一代名师——雷海宗先生》，载《清华旧影》，鲁静、史睿编，东方出版社 1998 年 12 月出版。

[51] 徐天球《五十年前梦一场》，载《清华校友通讯》，新一一一期，新竹。

[52] 王敦书《忆雷海宗师》，载《联大教授》，冯友兰、吴大猷、杨振宁、汪曾祺等著，新星出版社 2010 年出版。

[55]《赵俪生文集：篱槿堂自叙》，第五卷，兰州大学出版社 2002 年出版。赵俪生文中提到的刘崇鋐，字寿民，1897 年生，福建福州人。1911 年考入清华学堂，1918 年毕业后入美国威斯康辛大学修西洋史。1921 年获哈佛大学文学硕士学位。1923 年回国，应聘为南开大学历史系教授，教授西洋通史等课程。1925 年 8 月转入清华大学，主讲西洋通史和希腊罗马史。1949 年 2 月赴台，任台湾大学历史系教授。1990 年 3 月 21 日因患肺炎不治去世。刘氏认为"不能流传后世的文章不如不写"，故一生著述不多，只有零碎的类似书评文章留世。1978 年，刘应新竹《清华校友通讯》（新六十三期）编辑要求，写了一篇短文《甲子一周》，简单叙述自 1918 年于清华毕业留美，至 1978 年整整一个甲子的经历。刘说："回想这六十年里，国家经历空前巨变，个人在此变故中，如同伏在波涛中的落叶，微末不足道。……得在于清华教学二十余年后，在台湾又任教二十余年。只可惜才学不够，

努力亦不够，只作了个'教书匠'。对于国家的大计未能有所贡献，对于学术亦未曾有可称的贡献，感得有负母校以往培育的期望，同时也愧对各位校友的卓越成就。"云云。

赵氏文中所说的另一位教授雷海宗，字伯伦，1902年出生，河北永清县人。1919年入清华学校高等科。1922年毕业后留学美国芝加哥大学专习历史，1924年入该校历史研究所深造，1927年获哲学博士学位。归国后先后执教于南京中央大学、武汉大学、清华大学和西南联大，担任历史系教授、系主任等职。1952年全国院系调整，雷海宗被视作胡适一派和忠于国民党的"战国策派"人物，调任南开大学历史系世界史教研室主任。1957年夏，天津市召开"反右"大会，雷海宗被批斗并被划为"右派分子"。会后，雷回家进门时弯着腰，很沉痛地对夫人说："对不起你。"次日，突然便血两马桶之多。雷夫人回忆说："他躺倒了，从此无人敢进我们家门。我俩终日默默相对，食不甘味，寝不安眠。"时雷海宗与黄现璠、向达、王重民、陈梦家等被称为历史学界"五大右派分子"。南开大学历史系命雷做检讨，雷数次不能过关，直至把自己骂得猪狗不如，方能过关。1961年底，雷海宗摘掉"右派"帽子。此时已身患不治之症，不能行走。历史系来人让他重返讲台，雷不忍学生荒废学业，遂强撑病体，于次年春天乘三轮车来到教室，为学生先后讲授《外国史学名著选读》和《外国史学史》等两门课程，一直到当年11月底身体不能撑持为止。1962年12月，雷海宗因尿毒症和心力衰竭去世，终年60岁。生前著有《殷周年代考》《历史的形态与例证》《古今华北的气候与农事》等重要论文，另有《中国文化与中国的兵》等著述传世。

[56][61]《读书与做人》，季羡林著，国际文化出版社2009年7月出版。

[57]《抗战前的清华大学》（附录：清华大学外籍教师简介），苏云峰著，台湾"中央研究院"近代史研究所2000年出版。

[58]《读书与做人》，季羡林著，国际文化出版社2009年7月出版。另，据季羡林说，面对这位"老姑娘"的坏脾气，我们商量"教训"她一下。"有一天，在课堂上，我们一齐站起来，对她狠狠地顶撞了一番。大出我们所料，她屈服了。从此以后，天下太平，再也没有看到她撒野骂人了。她住在当时燕京大学南面军机处的一座大院子里，同一个美国"老姑娘"相依为命。二人合伙吃饭，轮流每人管一个月的伙食。在这一个月中，不管伙食的那一位就百般挑剔，恶毒咒骂。到了下个月，人变换了位置，骂者与被骂者也颠倒了过来。总之是每月每天必吵。然而二人却谁也离不开谁，好像吵架已经成了生活的必不可缺的内容。"（引文同上）。

[61]梁嘉彬《陈寅恪师二三事》，载《清华校友通讯》，新三十二期，新竹。

[63][65]《清华记忆——清华大学老校友口述历史》，郑小惠、童庆钧、高瑄编著，清华大学出版社2011年出版。

[64][66]《陈寅恪集·金明馆丛稿二编》，陈美延编，北京三联书店2001年出版。

第十三章　御射技艺的复兴与拓展

◉ 不窥园到强迫运动

就清华课程的设置与相关的制度而言，在中国教育界占有光荣地位者，除著名的"通识教育"，另一项便是闻名遐迩的体育运动。

按清华校方规定，除文、理、法、工四学院大一新生共同必修规定的人文、社会与数理等课程外，同时规定学生必须共修体育、军事训练与党义三门课程。体育每周两个小时，每年两学分，大学四年，每年均修，考试不及格者不得毕业；军事训练，每周三小时，每年三学分，除女生外，一二年级学生均必修；党义每周两小时，全年二学分，仅限于一年级必修。——这具有时代特色的三门课程，历代清华校友对后二者少有提及，津津乐道的则是清华的体育。

从清华图书馆保存的已经发黄的校刊上，可看到早期的体育教员之一郝更生对体育的论述："我国体育，于黄帝时已早有所发明。周时六艺，射御寓焉。秦汉以还，虽间有所发展，然教育上所占地位实少。及乎唐宋，科举兴，文风盛。所谓研究体育者，亦不过深山僧道、陋巷义侠耳。自此以后，关于体育上之宣传，则君主忌惮，文人不言，盖以其仗义轻生也。迨至满清末年，欧美体育，输入中国，及今尚不满二十年……"[1]

中国古人的教育注重六艺，即礼、乐、御、数、书、射，其特点是文、武并重，知能兼求，注意年龄差异以及学科程度循序渐进。秦之后，"收天下之兵，聚之咸阳，销锋镝，铸以为金人十二，以弱天下之民"[2]。此时，作为强身健体兼有搏击性质的体育活动项目如射、御已不存在了。到了汉代，教育家推崇的是"不窥园"，如西汉时期的广汉学者董仲舒，少时读书刻苦，经常夜以继日地读个不停。书房紧靠着花园，但董生三年没有进过一次花园，甚至连一眼都没瞧过。后来董生被征为博士，公开聚众讲学，弟子遍布四方，成了历史上著名的大学问家、大教育家。

　　董仲舒"不窥园"的故事作为一个正能量典型，一直是天下读书人效仿学习的励志榜样，直到清末民初，教育家讲究推崇的依然是"不窥园"。流风所及，遍布宇内，连清华这所自美国移植的学校都未能幸免。"据传著名物理学家萨本栋氏，在清华读了八九年书，却从没有去过颐和园，有人笑他是书呆，有人却赞他是'不窥园'的苦学者。"[3]这个故事或有演绎的成分，或如萨本栋这样的学生属于时代的异类，因为自周诒春做校长起，清华就开始提倡体育运动，只是最初的课目较为简单，由体育教员带领，全体学生每早举行一次十分钟的室外柔软体操，意在达到短时间内增进呼吸的效果。其他课外时间玩一些球类项目，以增进体能。1914年3月，鉴于多数学生蹲在屋里不肯出来"窥园"，校方听取中外教员建议，决定实行强迫运动，即每星期一至星期五下午4时至5时，全校学生，均须着短衣入运动场，做种种有益身心之运动，体育教员则在场地循序指导一切。各处宿舍、教室及食堂，均一律锁闭，"俾全校学生皆能养成体育上之良好习惯"。与此同时，校章还明确规定："本校为鼓励体育之发达，于每学期在本校开演运动会，或与他校比赛一切体育技术之优劣，择其优胜者分别奖励之。"[4]这个时期，是为清华体育运动的发轫阶段，也称作萌芽期，在当时全国大中学校中属于开先河者。

　　1914年秋，清华聘请了一位来自上海圣约翰大学理科兼及医科的毕业生马约翰。这个出生于福建省厦门鼓浪屿，三岁丧母，七岁丧父，靠兄长拉扯成人的青年才俊，自小爱好体育运动，在圣约翰读书时，于运动方面便有出色表现，到清华不久即被周诒春看中，由化学教员调入体育部改为体育教员，协助部主任与其他教员督促、指导学生运动。此时清华的"强迫运动"虽已实行，但只是一般号召加行政命令，在规定锻炼时间内，仍有学生坚持继承"不窥园"的书生传统，躲在树荫、墙角等幽静处悄悄读书，而到操场的学生也大多不能认真科学地锻炼。针对这一现状，精力充沛又极负责任的马约翰拿着本子东跑西奔，到各个角落或树下去发现读书的学生予以劝说，要他们放下书本，到操场好好锻炼，练出一个强壮的身体，放洋后不被外国人讥诮为"东亚病夫",不给中国人丢脸云云。因了这番教导,大多数学生有所觉悟,开始走向操场参加集体运动。

为使"强迫运动"坚持下去并取得有效成果,校长周诒春拿出相当精力亲到现场协助体育教员督促学生。据 1910 年入校的化学专业学生杨石先回忆说,他长期养成了好静不好动的习惯,身体很虚弱,面色苍白,但仍常常在体育活动时间离开操场,找个僻静处看书。1913 年寒假回天津家中,得了感冒,咳嗽不止,被日本医院大夫诊断为肺炎,差点误诊致死。幸亏开学回清华,在校长周诒春关照下,找来校医仔细诊断并到协和医院做 X 光透视,才排除了肺炎,得以正确治疗痊愈。尽管遭此大难,杨石先仍不愿参加体育活动。一次,杨在"强迫运动"时间躲在荷塘边看书,被周诒春校长侦知。周上前极其严厉地质问:"你为什么违反校规?"杨一看周校长凛然的气势,紧张得说不出话来。周望着杨瘦弱的身体和苍白的面容,转而温和、关切地说:"这样度过你的课余时间迟早会搞垮身体的。"又问:"你将来想干什么?"杨石先嗫嚅着说:"想当个科学家,用科学知识和技术救国。"周诒春听罢,微微一笑,说:"你的志向虽然很好,但恐怕难以实现。因为你不爱运动,身体得不到锻炼。像你这样病弱之躯,将来如何耐得劳瘁?学成也无法任事,何以救国?何况还有没学成就已半途夭折的可能呢!"

周诒春的告诫在杨石先心中引起很大震动,此时杨已是 17 岁的青年,对人生大事有了较为明晰的认识与感悟,若没有一个好的身体支撑,一切知识、能力和理想都是浮云。于是,杨开始参加体育锻炼,"起初也只是跑跑跳跳,往篮板上扔几个球,渐渐地对打篮球发生了兴趣,当他进入高等科时,居然成为班里篮球队的队

◎ 1914 年,清华学校的课间操

员了"[5]。

正是得益于周诒春校长的重视与马约翰等教员认真履行职责，才使清华"强迫运动"坚持下来。就历史的传承而言，多数校友认为周诒春是清华体育运动的播种者与奠基者，体育的种子是经过周校长之手，在清华园这片肥沃的土地上播下而开花结果的。只是，从播种到开花结果要经过一个漫长曲折的过程。按马约翰的说法，当时清华聘请的体育部主任舒美科尽管是以培养体育人才而著称的高校——美国春田学院的博士，但此人来到清华后，"不学无术，成天呆在屋子里，空嚷要学生出来打球玩儿，他自己根本不动，只是在同学打棒球的时候，才出来看看。他什么东西都要到美国去买，所有的球类和器械要买，都得通过他，令人很不满意。当时学生打球，除学校供球外，他们自己也向学校买些球。学生买球，就向他买。可是他不把钱交给学校，却放进自己的腰包。后被学生发现，向学校控告，于是他就被开除了。此人在清华时，兼做地毯生意，他的夫人每年回国一次，回国时就从中国带一些地毯去卖。他被学校开除后，就干脆到北京城里做地毯生意去了"[6]。

舒美科离开后，学校又重金从美国聘请了一个叫 D.K.Brace 的人继任体育部主任。"此人在清华倒没有什么坏意思，也愿意教学生一些技术，但因他的目标不在清华，所以工作不很积极，干了大约两年光景，就到哥伦比亚大学当体育系主任去了。"[7]

两个洋人主任离开后，一直当助手的郝更生、马约翰等中国籍教员，才有崭露头角的机会，并一跃成为清华体育运动的主要指导者。到了 1919 年，清华"四大建筑"之一体育馆落成。该馆建筑宏伟，气派非凡，建筑材料除砖瓦外，皆自美国

◎周诒春长校时代建成的清华学校体育馆

进口，内部各种器械亦为美国的舶来品。馆内有篮球场、高大的屋顶下有贴墙建的四圈胶皮铺地跑道，三十三圈为一英里。另有暖气、热气干燥设备，附有室内游泳池，池水水源消毒，异常清洁。馆外廊下正中壁上，有一块铜制的竖匾，上有美国总统老罗斯福的侧面头像，像下刻文："本校成立，深荷美国前大总统罗斯福赞助，缅怀盛德，亟宜表彰，爰以体育馆为罗斯福纪念。"[8] 为此，这座建筑又称"罗斯福体育馆"。

随着体育馆投入使用，清华体育运动正式列入必修课程。原来的常备课目"呼吸运动"与"强迫运动"自然取消，代之而起的是各种现代体育项目。按学程规定，每人每周必须修四小时体育，课程分别为：体操、矫正体格法、初级泅水、高级泅水等。在课程学习的同时要配合"体育实效试验"，项目有康健、灵敏、泅水术、自卫术、跳高、掷铁饼、射箭等，要求及标准如下：

灵敏：（一）腾越过栏与胸齐高；（二）攀绳而上至离地十五尺；（三）于运动席上作一鱼跃滚翻；（四）跳远十四尺；（五）于十四秒之时间作百码赛跑。

泅水术：（一）游泳二十码之距离；（二）拯一人而游泳五码之距离；（三）由助跃台上作一翅跃入水；（四）于深八、半径五之处拾起三瓦并［片］；（五）运用苏人方法之一种。[9]

年终考试有包括泅水术的"五项测验"，全体学生必须达到标准，不及格者，不能毕业出洋。

体育运动的课程与实验、考试规则既定，为出洋计，学生情愿或不情愿地对各项课目操练起来。考试临头，有的过关斩将，顺利毕业；有的则费尽九牛二虎之力，仍关山阻隔，望"洋"兴叹，谓之"奈何！奈何！"这一段特殊生活，给许多清华校友留下了深刻印象和精彩回忆，令后人有机会一窥当年情形与心境。据潘光旦回忆说：对于五项运动测验考试，"每年毕业生中，被搭救一两把而过关的例子也是有的，但一般说来，这一条章程是执行得十分严格的。因此，它的强迫性实际上是大于每天下午的那个钟头，就是中等科生在七八年之内，高等科插班生在两三年之内，平时总得勉强自己，锻炼锻炼，免得临时上轿发生问题，有碍出洋大事。这种例子还不太少，如现在还在重庆大学教授的西洋文学专家吴宓先生"[10]。

潘氏回忆这段清华往事的时候是1962年，吴宓已离开清华任教于重庆西南师范学院。关于他因考试落马未能顺利出洋之事，得到了马约翰证实，马说："当时确实有少数学生因为体育不及格，而不能按时出洋的。如吴宓，跳远跳了十一英尺多，要跳十二英尺才能及格，他就被我扣了半年，通过后才出洋的。"[11]

吴宓本属丙辰级，于1916年暑期毕业，但因体弱未通过清华严格的体育考试而留级、留校。受校长周诒春礼遇，吴氏留校一面做翌年放洋准备，一面担任学校文案处翻译及文牍员，间或还参加一些学生课外活动辅导工作。但未能如期出洋这件事，曾在他心中蒙上了一层阴影。1917年7月，吴宓体育考试过关，与清华丁巳级毕业生一起放洋，由周诒春校长亲自护送赴美，至此才使他一年来抑郁不快的心情为之一扫。

对于吴宓的不幸遭遇以及西洋文学系历届学生的表现，吴的学生辈人物，即1929级毕业生梁敬钊引申说："西洋语文系的学生，是出名的书虫，他们所最熟悉的地方是图书馆。运动场上的技术竟无一长。沈有鼎原在西洋语文系，他的跳高，跳不过二尺。并非他跳得不高，只为他落下来时，却仍在原处。"[12] 沈有鼎是个比较散漫自由的书呆子，用现代话说就是一吊儿郎当的学生。罗家伦长校时代因为不出早操，差点被开除，对此冯友兰曾有过精彩的描述。后来，沈有鼎还是取得毕业证书而顺利放洋，至于他的体育如何通过考试，或者说他如何做到跳高既达到规定高度，又不至于跳起后落到原处把横竿一屁股砸下来，则成为一个谜，徒令后人浮想联翩。沈氏留洋归国任教于清华，后调中国社科院哲学所从事研究，成就斐然，被誉为"中国逻辑学界的开拓者、先行者与天才人物"。或许由于如此人物乃不世出的关系，沈氏一生有许多稀奇古怪兼黑色幽默的惊人之举，吴宓日记多有所录，有的举动离奇荒唐得令人喷饭，但有的也令人肃然起敬。惜很少有研究者或作家对其生平与成就进行研究作传，致使这一位在清华校史上特别值得记述的传奇人物，在学界和坊间的名头并不响亮，或许在不远的将来会有所改观。

无论如何，沈有鼎算是有惊无险的幸运者，而比吴宓晚三年、比沈有鼎早十年的1919级清华校友，则比沈有鼎还要"幸运"。据这一级的钱昌祚回忆："当时学校规定，留美前要通过一种五项之'体力活动测验'。似乎五项中包括百码、跳高、掷铁球、八百八十码及篮球或射箭（以后改为游泳）。是否有不及格而留级者，前期通讯中某同学曾有报道。余所忆一九一八级叶企孙同学，浑名'孔夫子'，大家恐其通过有问题，跑半英里将终时，面色灰白，赖其几个级友扶持到达。余对各项准备，俱自信能及格，不过篮球投不进篮，射箭距鹄太远，正在惶恐，后来'五四'运动发生，全班免考出国，自然解决。"[13]

钱氏所说的此类情形，在战前的清华这是唯一的一次，有渴望第二次"临幸"

者而不注意锻炼者，考试时无不折戟沉沙，后经紧张补课，费好大气力才算过关。至于钱氏回忆中提到的叶企孙，乃上海人氏，典型的白面书生，平时斯文有加，学习成绩名列前茅。只是身体实在瘦弱，对体育又不感兴趣且有些胆怯，故在体育场上经常遭遇尴尬之事。据叶氏日记载，练习掷球、赛跑等五种运动，因"予量力不逮，不敢试也""观棒球比赛，同人等学此道。予素未研究，无兴而出"。[14] 叶在清华读书期间唯一与体育沾边的爱好，便是与同学外出散步，游圆明园、大钟寺、万牲园（动物园），以及爬香山等，而"漫步河滨观渔人打网，极有趣味"。[15] 难能可贵的是，叶企孙自小经历良好家庭教育，从少年起便有"三省吾身"的自觉与悟性，特别能从"事"中寻出"理"来。他虽对体育不感兴趣，却从中悟出别人很少悟到的道理，如 1915 年 3 月 7 日，叶企孙在日记中记述："今日与郑思聪闲谈，郑君谓予善笑，故志之以待验。……予语郑思聪曰：凡劳力之人必寡情欲。因情欲等事，脑之作用，非肉体之作用。常人做事，心力不能并用。劳力时心常清净。劳心时每懒于用力。今既劳力，则心虑必去。心虑去而情欲必自去矣。今日学校盛行体育，虽大效在于练成强有力之身体，以适于生存之竞争。然于德育上能消除情欲，亦未必无间接之效也。近世监狱制度，多使囚人做苦工，亦即此意。予又谓人生无聊之时，每冥然而思，涉于情欲。试观夜不成眠及醒而不起之人，其脑中必百虑交至，而以涉于情欲者为多。故卫生家寝后求速眠，醒后即起床，盖其用意，毋使此身有怠惰之时，而涉于恶念也。"[16]

体育与情欲之关系，以及与精力旺盛的学生成长的相互因果，倡导者与体育家如周诒春、郝更生、马约翰等自是明了于心，但囿于时代局限，不便公开宣示，只以"强身健体"等来强调。叶企孙的"觉悟"和认识，确是戳破了实质之一部，其人"早熟"的才质也令人惊叹。叶氏放洋归国后成为清华"少壮派"的中坚，直至成为梅贻琦校长倚重的左膀右臂和清华二号人物（1949 年 5 月至 1952 年 10 月为一号人物），且在学术上做出了巨大贡献。许多年后中国大陆公布了 23 位"两弹一星"功勋科学家，其中有 13 位与他有师承谱系。回溯往昔，这一切当不是偶然的。

从清华校友多波次回忆中可以看出，陆地上的跑跳腾挪与玩球射箭等所谓的"御、射"类技艺，并没有多高的难度，除了像沈有鼎这类奇人忽悠跳起，又忽悠落下砸断跳竿外，多数学生只要按规则尽心练习即可过关。最难也最令大部分北方学生头痛的则是泅水术，即游泳项目。这个项目令不少同学吃尽苦头，终生难忘。但清华有硬性规定，每位学生必须学会游泳且要达标，按校友蔡孝敏的说法便是："清华德智体三育并重，不但有最好的体育馆，而且有二十五米长的室内游泳池。校方有一条特别规定，所有在校学生，必须学会游泳，否则不准毕业。当时的体育主任马约翰教授，在上游泳课时，遇到同学望水生畏，逡巡不前时，就不管三七二十一，马上在他身后一推，先推落游泳池内再说。总要让他吃进几口水，才把他拖上岸来。所以在清华未改大学以前的'留美预备学堂'阶段时，同学把游泳池叫做'太平洋'，因为你若不能从游泳池的这端游达那端，就无法取得留学资格，而横渡太平洋的彼岸了。"[17]

　　蔡氏所言"留美预备学堂"阶段，应是清华学校周诒春时代或之后的事，因自周氏长校后才建成游泳馆与游泳池。说到游泳的重要性与普及性，虽有调侃的成分，但大体不差。但自远古开始，无论是为捕猎、逃避猛兽攻击或是渡海跨河捕鱼捞虾，甚至不幸遇上水灾海难，游泳都是重要的求生自救技能之一。自1869年1月，英国伦敦成立大城市游泳俱乐部联合会，并把游泳作为一个专门运动项目正式固定下来之后，这一运动在贵族阶层引领下迅速传入各英属殖民地，继而传遍北美大陆，最后传遍东西世界。清华既然是仿照美国模式建立的学校，游泳作为一个重点体育项目在校内推行自是一种必然，何况游泳本身对学生心理及身体健康益处多多。因而，出洋必须会游泳的规定水准逐年提高。开始只在水中扑腾一阵便算过关，到了1923年，需要直游一次，但尚只需横游。在游泳池浅水的一端横游，是可以取巧的，只要泳者弯着腰做游水的状态，脚下碰着池底也无所谓，很容易蒙混过去。但一改变为真正的直游就没有那样容易了，一则游泳池直径长约五十码；二则必须经过深水的一端，因水深的尺度足以没顶而有余，不能取巧蒙混。据1923级校友张忠绂说：游泳考试时，"我用的是蛙式，但不会抬头。头抬则腿直，又不能踩到水底，岂非有喝水的危险？我技术不够，但胆量有余。我纵深的一头用潜水的方式跳下去，已经到了池中，再闭着呼吸，一口气游完另外一半，居然及格了。有几位同班始终无法及格，暑假须留在校内泡水（不管你能不能学会游泳，每天得在水中泡几小时），直到放洋前，方准许回家"[18]。

　　张忠绂所说的"几位同班"，其中一位就是后来大名鼎鼎的文坛健将梁实秋。对这一段历史，梁实秋回忆说："体育馆在清华园的西北隅，虽然不大，有健身房，有室内游泳池，在当年算是很有规模的了。在健身房里我练过跳木马、攀杆子、翻筋斗、爬绳子和张飞卖肉……游泳池我不肯利用，水太凉，不留心难免喝一口，所以到了毕业之日游泳考试不及格者有两人，一个是赵敏恒，一个不用说就是区区我。"[19]又说："游泳一项只有我和赵敏恒二人不及格，留校二周补考，最后在游泳池中连划带爬总算游过去了，喝了不少水。不过在八年之中我也踢破了两双球鞋，打断了两只球拍，棒球方面是我们河北省一批同学最擅长的，因此我后来右手拾起一块石子可以投得相当远，相当准。我八年没有生过什么病，只有一回感染了腮腺炎住进了校医室。起码的健康基础是在清华打下的，维持至今。"[20]梁实秋时代的这个规定，十年之后仍坚持不懈，据1933级校友吴世英回忆："游泳池位于体育馆内，终年不见阳光，亦无调节水温设备，外面天气愈热，里边池水越冷，初学游泳者往往因之望而却步，趑趄不前，我即因疏于下水，考试时不得不奋力挣扎，始未灭顶（水不深也），而得过关。级友潘如澍兄不谙水性，初次临池，见他人从容戏水，颇觉勇气十足，竟自深端纵身而下，少时但见气泡，不见人影，旁观同学，心知有异，下水打捞，潘兄被救起后，腹水吐出，幸告无恙。"[21]根据清华老校友的回忆，体育馆与游泳池有调温设备，外面大雪纷纷，池内犹如春夏，池水温暖宜人，便于游泳运动。至于后来为何如吴世英所言池水冷得令人"望而却步"，则不得而知了。

自1920年起，马约翰出长体育部主任一职，清华的体育特别是田径赛随之进入一个鼎盛时期。1922年之后，清华各种球类技术突飞猛进，大有日新月异之势，梁实秋曾颇为自豪地回忆道："篮球赛之清华的对手是北师大，其次是南开，年年互相邀赛，全力以赴，互有胜负。清华的阵容主要的以时昭涵、陈崇武为前锋，以孙立人、王国华为后卫。昭涵悍锐，崇武刁钻，立人、国华则稳重沉着。五人联手，如臂使指，进退恍忽，胜算较多。不能参加校队的，可以参加级队，不能参加级队的甚至可以参加同乡队、寝室队，总之是一片运动狂。"[22]除了篮球取得傲人的成绩，清华的足球也是后来居上，赫赫有名。校友吴宗济许多年后还清楚地记得："清华早期只有一处足球场，在体育馆东面，也有露天的跑道。清华大学和上海交通大学两校的足球队，在每年冬季必有一场比赛。上海交大的前身是南洋大学，以拥有足球名将做教练的李惠堂而闻名，在全国院校中的足球比赛向来所向无敌。但自清华足球队崛起之后，交大就很难再独占鳌头。双雄各不相让，每年冬季必有一场决战，其胜负成为我校师生最关切的新闻。"[23]

时代在进步，清华在成长，其"体育本身发

◎出任体育部主任时的马约翰

展亦因之进步，各种级际比赛，于是乎盛。……清华体育普及之成效，于此益昭著矣"[24]。自 1925 年起，清华体育除举行校际对决的球类比赛，马约翰还与学校当局进行了一次改革并取得成功，"清华体育发展之趋势，于是乎因此变迁矣。盖由'锦标式之比赛'而变为'有兴趣之练习'也"，"清华体育发展趋势，已倾于兴趣方面，亦可为清华全育改进时代"。[25] 对这一局面，当时的《清华周刊》第 356 期曾以《一个新生心目中的清华》做过如下报道：

> 我所住过的几个学校，除了要开运动会前几天，看见几个运动员在操场跳跳跑跑，平时有人在运动别人就要笑他。清华的体育名气，我是久已闻名，如雷贯耳。在未进学校之前，我以为清华也不过为锦标主义而运动罢！现在才知道清华学生体育，是很普及的。学校提倡于上，学生爱之于下。每日四点钟后，踢球的也有，打篮球的也有，练习田径的也有，游泳的也有，打网球的也有……要是外边的人，在这个时候到清华，必定以为清华要开运动会，或将和人赛球……

可惜这样的好光景只维持了两年多，随着国民革命军北伐成功，罗家伦挟党国之威入主清华，马约翰的那一套以及清华形成的体育传统，不但得不到罗的鼓励支持，反而受到蔑视与压制，而马约翰本人更是遭到了当头棒喝。对这段经历，马约翰自是耿耿于怀："罗家伦来做校长以后，他瞧不上体育，认为体育部还有教授，不成体统。于是他将我降职降薪，改为教员。我没有理睬他。对于罗家伦的这种做法，教授们都看不过去，劝我辞职。我想，我是为了教育青年，不是为名，更不是为钱，婉谢了他们的好意，我不肯离职。不久，我带了清华足球队到天津去参加华北足球赛，赢得了华北冠军。回校时，学生燃放爆竹，热烈地欢迎我和我的队员们，把我从西校门抬了进来。罗家伦一看这一光景，马上就升我做了教授，恢复原职原薪，而且还送给一个银杯。我说这件事，是为了说明国民党时代，是完全不重视体育的。他们把体育只是当作一个沽名钓誉的工具。能猎取到名利，他们就要你；不能，他们就把你一脚踢开。"[26]

马约翰是个勤奋能干、极具人格魅力的体育家，在清华历届校友心目中有崇高的地位，在全国体育界也享有盛名。胡适在台湾对后来出任过新竹"清华"大学校长的沈君山谈到马约翰时说："他对清华学生的影响，清华校风的形成，比许多教授加起来还大。"[27] 胡适这话不能说全对，亦不能说没有道理。但就马约翰这段回忆论，罗家伦在执柄清华后，以所谓"革命精神"四处砍伐，并砍到马氏头上的描述或是事实，最后两句特别是"国民党时代，是完全不重视体育"云云，似与事实不符。不知是马约翰衰老了，还是由于其他缘故？——事实告诉世人的是，在梅贻琦长清华后，学校体育传统与精神不但没有衰落，反而有所提升与发展，即便在抗战烽火中仓皇南渡逃生之际，清华师生仍继续保持这一传统并使之发扬光大，在西南边陲播下了新的种子，结出了那个时代罕有的、令国人钦佩的丰硕成果。

◎ 体育的继承和真精神

梅贻琦对体育的爱好与提倡，早在他进入清华园之前就开始了，这个理念形成，与张伯苓早期的培植和影响有直接关系。

海军学校出身的张伯苓对人的体质相当看重，在行伍的时候特别重视军事训练，待转业从事教育，对体育更是极度热心。张氏尝谓："德智体三育之中，我中国人所最缺乏者为体育。欧美之道德多高尚，公德与私德并重。我国人素重私德而于公德则多疏忽，近则于公德亦渐知讲求矣。……中国人之身体软弱以读书人为甚，往昔之宽袍大袖者皆读书人也。今日学校生徒，若非提倡运动，其软弱亦犹如昔耳。"[28]张对体育的重视，一如他在南开的老学生兼老搭档黄钰生所言："伯苓先生的教育事业，首先是体育。他是中国体育界的先进，这是公认的事实。早在他当严、王两馆私塾教师的时候（1892年），当士大夫阶级、读书人、学生，还是宽袍博带，端着长指甲，迈着方步的时候，他已觉悟到身体锻炼的重要，冒着当时的大不韪，带着他的学生跳高、跳远、踢球、赛跑。"[29]当时社会上体育器械还不多见，张伯苓便仿照水师学堂的体操器具，绘制哑铃和棍棒图纸，请人制作。教学生跳高时，没有跳高架，便用木椅架一把鸡毛掸子代替。竿子升高时，张伯苓便在椅子上垫书本或几块木头。没有木马，就让学生屈身，两手撑膝，排成一列，然后鱼贯腾越，代为木马练习。1907年，南开学校搬到天津西南角的"南开洼"，体育课程主要是兵式体操，聘请一位专业体操教师指导学生训练。自此，南开的体育开始受到业界关注与赞赏。从1909年（宣统二年）起，张伯苓担任历届全国运动会总裁判。

在十二次华北运动会比赛中，南开取得四次团体总分第一名，一次第二名，二次第三名，并有郭毓彬、逯明等三人获个人总分第一名的出色成绩。民国时期所举办的七次全国运动会，皆由张伯苓担任大会裁判长。1913年之后，张伯苓曾任第二、三、九届远东运动会中国代表团领队和第三、第五届远东运动会总裁判，被公认为亚运会与奥运会的先驱之一。

1915年，南开学校成立体育会，组织学生进行体育锻炼。1916年学校体育由单轨制发展为双轨制，体操与运动并行，实行"强迫运动"。学校成立了专门管理体育教学与体育运动的行政机构——体育课。先以孟琴襄为主任，不久由章辑五专任体育主任，体育活动在南开校园蓬勃开展起来。许多年后，张伯苓回忆这段往事的时候，曾对前来采访的记者说："教育里没有了体育，教育就不完全。我觉得体育比什么都重要。我觉得不懂体育的，不应该当校长。英、美精神即是体育精神，民主政治亦即是体育精神。体验过体育中的竞争、团结、合作以后，推行民主政治要有力得多。"[30] 有了这样一种认知，张伯苓希望以体育增强国民的体格和团结互助精神，养成健全人格，并强调"体育无论在学校与社会，必须德、智、体、群四育并重，不可偏求于知的智育"，要"造成德育、智育、体育完全发达"的人才。[31] 张氏的心血没有白费，他的理想可以说是部分地达到了。此举如胡适所言："伯苓当年的教授法已极新颖，堪称为现代教育而无愧色。所授课程且有英文，数学和自然的基本学识，尤注重学生的体育。伯苓且与学生混在一起共同作户外运动，如骑脚

◎南开小学学生上体操课

踏车，跳高，跳远和足球之类。同时注重科学和体育，师生共同学习，共同游戏。张氏于此实为中国现代教育的鼻祖之一。"[32]

因为"鼻祖"的教诲与南开学校的亲身实践，少年梅贻琦增加了对体育的认识和感知，而留学时期复为美国体育之风所熏染，在情感与理性上又得到升华。

当梅贻琦进入清华园任教的时候，已成为引领体育运动的好手。他竭力拥护周诒春校长提出的体育规程，并亲身示范。除在中学部发起了一种半军事性质的童子军组织并亲任教官和中队长，带领、指导学生从事相关训练，在篮球场上也经常看到梅贻琦与学生打球的矫健身影。而在稍后建起的足球场、田径运动场、射击场和体育馆的游泳池边，梅贻琦与学生切磋技艺、倾心交谈的画面亦不断出现。梅被选为教务长后，由于职务的关系，不再把目光投入单纯的体育运动中，而是把这一运动上升到德育与群育，即"养成高尚人格"的层次和境界上来。1927 年 12 月，身为清华教务长的梅贻琦谈到教育方针时，特别强调体育是清华教育的重要组成部分，在校学生仍列为必修，"体育不及格者不能毕业"。此后，梅在继任教务长和校长的许多年里，在学籍管理上一直坚守清华的老规矩，且执行得毫不含糊，无半点通融余地，此点从 1928 级校友陈之迈的回忆中可窥一斑，陈说："我在初进清华时便学习游泳，不幸尚未学会之前两耳即染上了毒素，经校医李纲大夫悉心治愈，痛苦备尝。李大夫不准我再游泳，而清华校规则是非能游泳不能毕业。在我将毕业时，我向梅月涵教务长请求免除游泳考试，并拿出李大夫为我治疗耳疾的证明，梅先生铁面如山，绝不通融，并饬加紧练习，由徐国祥先生指导。徐先生为我加班练习，果然勉强通过，耳疾幸未复发，在抗生素尚未发明前是相当危险的。"[33]不知当时梅贻琦的心境如何，想来他做出这一决定，也为陈生的安危暗中捏着一把汗吧。

1928 年暑假，马约翰、郝更生等体育部负责人，联合发起利用清华较为完备的体育设施和优美环境，在清华园创办第一期"清华暑期体校"，公举清华代理校长梅贻琦为体校校长。虽然北伐甫定，局面较为混乱，但梅仍支持马约翰等这一体育界创举，并同意担任校长。与以往清华体育课不同的是，"暑期体校"的教练与学生来自全国各地，除清华的马约翰、郝更生、徐国祥等教练员，另有来自天津青年会体育部主任董守义，天津南开大学体育部主任章辑五，上海全国体育协进会主任许明辉，武昌文华大学童子军总教头严家磷，北平师范大学生物系教授兼民国大学体育系主任郭毓彬，体育界与社会名流贾观蓉、萧淑娴、高梓、顾谷若、梅贻璋、臧玉淦、周景福，以及美籍游泳教员许特灵（Dortha Haie）、游戏理论教员富博思

（Forbas）等。学程除日常所见运动项目，另有《生理学》《卫生》《解剖学》等书本与实验知识。这年的 7 月 14 日，梅贻琦出席了"暑期体校"开学典礼并讲话，梅说："想当初计划时，毫无把握，因为不知能请得多少好教师，不知能招得多少学员，更重要的是时局要变化成什么样子。不过同时却觉得这是一件值得做的事，所以冒险做了下去，现在幸得安然成功，这是始料不及的。"最后，梅贻琦特别指出，有些人不甚了解心理学与生理学等体育课程，强调"体育之目标，不单是造就几个跑步多快，跳多高，臂腿多粗的选手，不单是要得若干的银盾、锦标，除此之外，也许可以说在此之上，还有发展全人格的一个目标，因此生理学，心理学之列为体育学校的课程中，便不算稀奇了。"[34]

清华"暑期体校"继 1928 年成功举办后，又连续举办两期，至 1931 年结束。先后担任该校教授者有张汇兰、袁敦礼、赵丽连、顾拯来、薛嘘云、吴蕴瑞、沈嗣良、陈掌谔等，培养男女学员近 300 人，为社会培养了一批体育人才，同时为乱世中的校园文化增添了新的、鲜活的光彩。尽管梅贻琦只主持了一期，但他对体育的热忱以及对教练、学员的帮助与关爱，给师生留下了难忘的印象，在清华校史上留下了光辉的一页。

梅贻琦由海外归国出任清华校长后，根据多年来于中西方求学和对西方观察访问的体会，深刻意识到中外体育运动的差异，如西方学校提倡体育运动的真正目的和价值，在于训练学生严守规则，在双方认可的规则下公平竞争，而一方团队的团员必须有和衷共济的精神（team work），不能因个人想出风头或闹情绪而影响全体的得失。所组成的体育团队崇拜英雄，但不是独裁式的英雄，而是民主式的英雄，是一种高尚人格和精神。梅认为高尚人格具体体现在"团体精神""急公好义""遵守纪律"之中，强调要借助团体的运动"去练习舍己从人，因公忘私的习惯"，此为人格培养的重要手段。梅贻琦认为："文明人类之生活，不外两大方面：曰己，曰群，而教育的最大目的，不外使'群'中之'己'，与众己所构成之群，各得其安所遂生之道，且进以相位育，相方相苞，此则地无中外，时无古今，无往而不可通也。"梅氏所述"群"与"己"之间的辩证法，是对人类文明和体育中所诞生的集体主义精神的肯定与弘扬。不幸的是，当时中国一般学校的体育运动，往往失了真义而专一重视胜利，而不问胜利如何获得，更不理会体育比赛的真正价值，甚至采取一些不正当的手段，不惜玩弄花招以获取胜利。如当时北京师范大学有一位外号"大野蛮猪"的十项运动健将，竟由大学长年豢养，既不让他毕业，又不开除，专以便利该生有资格参加全国性诸项体育比赛，此举令其他大学师生极度厌恶，而

◎清华大学体育场正在进行赛球活动

梅贻琦更是深恶痛绝，并决心在清华根绝与体育精神相悖的流毒，以彰显体育运动的本质和真精神。

1931年底，梅贻琦奉命由美归国长校后，除于大礼堂宣誓就职，另一次公开的演讲，就是针对清华的体育比赛。梅说："前天下午（星期六）我曾到操场看本校球队同燕京比赛足球、篮球，这是吾回校后第一次去看赛球。这次特意要去，并不是要看谁胜谁负，不过去看看两校运动的精神如何。听说从前校际比赛，往往有不欢而散之事。吾们在比赛的时间，决不应存侥幸心同妒忌心，踢进一球，则全场欢呼；被人踢中，便尔懊丧，这种表现，是绝对不应该有的。平时对于体育，务须注意：要以引起人人对于体育之兴趣为目的，其精神原不在一时比赛之胜负，以为荣辱，前天看见大家情形尚好。总而言之，吾们运动用正当的方法，发挥自己的职能。胜了固然可喜，败了亦可无愧，而对于敌方务取光明正直的态度，然后吾们可以提高球队的品格，然后可以达到吾们提倡体育的真目的，这是很关重要的，盼望大家能多注意！"[35]

除了贯彻传授体育的真精神，1932年新学期开始不久，梅贻琦即通过评议会增加了体育部人员，并将罗家伦时代改称的体育部"训练员"重新划为教员编制，分别更名为助教、教员、讲师和教授。与此同时，大力拓展体育场地，扩充体育设施，在旧体育馆后面动工修建新体育馆，于1932年底落成。室外运动场地更是大

◎ 20世纪30年代的清华女子篮球队

力扩建，至1935年建成的有：足球场二；篮球场十二；排球场六；网球场二十九；垒球场四；角力场一；溜冰场二；四百公尺跑道运动场一个。——与之相应的各种体育设施配备齐全。自此，体育运动在清华园更加普及，学生养成了爱好运动的习惯，每天下午一到课外活动时间，虽功课繁重，但大多数学生都能习惯性地离开教室与自修室、图书馆和宿舍，涌向体育馆和运动场，进行各种体育活动。

在注重体育运动普及的同时，梅贻琦同样注意到学生身体健康，以及与卫生、吃、住等多种条件和习惯的联系。在1933年2月27日总理纪念周报告会上，梅贻琦特别强调："本校向来注重体育，然而还有许多同学的体力不强，这是应切实注意的。至于如何锻炼，自不全在每日赛跑蹴球，必须对于起居、饮食、眠息种种方面时加注意，方可增进健康。昨与人谈及本校成绩优良之学生，体气每多不佳。此非云体气好者成绩即不佳，不过往往有体气与成绩不能平衡发展，确为事实。身体之强弱，关系一己之成就甚大……外患如此紧急，如作长期抵抗，最要靠各人的全副精力去工作。我们要将灵敏的脑力，寓寄于健全体魄之中，而后才能担当艰巨，才能谈到救国。"[36]

当此之时，国内各派势力纷争再起，外患已逼近眉梢。这是梅贻琦首次把体育、体魄与救国联系在一起，并提高到一个决定民族兴亡的战略高度。此后，清华的体育又进行了一次外科手术式的改革，除校代表队代表学校参加"校际比赛"或其他校外竞赛，各级间的"级际比赛"和学生自由组合的各种比赛，几乎每周都要举行一至二次。这项改革，革除了过去少数选手进行比赛，多数学生场外"观战"的现象，大多数学生都有机会亲身练习和参加比赛活动，从而使梅贻琦早年的体育理想，如体现和发挥"团体精神""急公好义""遵守纪律"，并在"群"与"己"、"公"与"私"的相互关系中，觉悟其理，取得合作互助之实，使"舍己从人，因公忘私"的高尚人格得到进一步强化和升华。

需要特别说明的是，梅贻琦改革的清华体育运动和普及教育，并无妨运动选手整体实力的提高。1933年10月，清华有五名学生田径和水上运动选手，代表北平参加首都南京举行的全国运动会，获得四项第一，两项第二，共有四项成绩打破了全国最高纪录，其中有一项平远东运动会纪录，更有一项打破了远东运动会纪录。[37] 此为清华竞技体育在国人面前获得的又一重大荣誉。

另有值得一提者，乃清华在提倡体育并逐渐形成严格制度与特色的过程中，自周诒春长校时代，便引进、组建了一支军乐队（Tsinghua University Military Band，'THUMB'），此为中国历史最为悠久的西洋管乐团之一。这支乐队成立的目的，是配合当时在清华展开的学生体育军操，以鼓舞学生士气并使得军操更为正规化。1916年，由校长周诒春亲自委托李松涛从美国购进管乐器30件，由李仲华与马约翰负责在校内挑选学生进行训练，1917年3月，清华军乐队正式成立，一些

◎ 1933年10月，清华运动队赴南京参加全国运动会留影。后排左一为马约翰

◎清华军乐队，中为指导教授古普克（1935年摄，原载《六级年刊》）

青年教授也加入其中，为这支乐队鼓与呼，一时声名大噪，为军操的正规化进程发挥了相当作用。在梅贻琦长校前，清华军乐队著名队友有黄自（作曲家、音乐教育家）、赵元任（语言学家、作曲家）、应尚能（歌唱家、作曲家、音乐教育家）、周先庚（实验心理学家、教育家）、张肖虎（音乐教育家）、汪声裕（作曲家）、曹禺（剧作家、戏剧教育家）、梁思成（建筑师、建筑学家）等。1931年底，梅贻琦长校后，面对敌人入侵东北和侵吞华北的险恶局势，这支军乐队更加勃兴，曾数次在校内外演奏曲目，为鼓舞师生的抗日热情发挥了重要作用，同时培养了部分队员和学生对军队与军械的兴趣，毕业后进入军校学习，自此开始了军旅戎马生涯，为抗战效力甚多。如当时在清华读书的篮球、足球健将孙立人与军乐队员贾幼慧即是显著例证。而贾幼慧的成长经历则更夹杂了惊险甚至玄幻的味道——1923年5月6日凌晨，山东省临城县（今枣庄市薛城区）境内，一列由浦口开往天津的中国境内唯一蓝钢皮火车被土匪孙美瑶部千余人以枪炮劫持，上海《密勒氏评论报》主编鲍威尔和另外39名外国人以及200余名中国乘客，被劫往形同一个倒挂葫芦、四壁陡峭的抱犊崮山寨。"临城劫车案"被视为清王朝庚子年拳匪之乱后中国最严重的涉外事件。当此之时，乘车的两位清华学生贾幼慧、郑骏全也被劫往抱犊崮。贾幼慧乃清华学校军乐队队员，会吹号，匪首孙美瑶得知贾的身份后，量才录用，令其在山寨以吹军号为业，当起了匪兵司号员。贾不敢违，遂每日按时吹号，无事时则拿着喇叭四处游荡，等到摸清路线与匪营情况，便带郑同学摸黑逃出山寨，一路辗转回到清华园。1925 年，贾幼慧毕业考取庚款留美生，1929 年毕业于史丹佛炮兵专科学校。1945 年初，任陆军新编第一军孙立人任军长的少将副军长。1947 年随军赴台，后孙立人升任台第一任"陆军总司令"，贾幼慧为"陆军中将副总司令"，任职期间，为梅贻琦在新竹"清华"建校征地，并与当地军官家属交涉等事宜出力甚大。此为后话，暂且不表。

◎ "拖尸"的兴起与覆亡

且说正当清华体育运动蓬勃发展，师生深为自豪、国人为之瞩目之际，清华园内暗流涌动，悄然滋长出一个怪诞的"拖尸"的疖子，且呈菜花状疯长蔓延开来，最终发展成威胁人类健康的恶性肿瘤。

"拖尸"一词，乃英语 toss 音译，据说原是美国大学的一种开玩笑的游戏。高年级的学生为给新生一个下马威，把他们抛在水里，或用其他方法加以捉弄，这种"运动"称为"拖尸"，又叫"托司"。

按照马约翰的说法，发轫于美国大学中的坏习惯、坏风气如"拖尸"，是通过美国体育教员带进清华的。"不过那时清华高年级的学生这样做，也并没有什么很坏的意思，多半是为了逗一下低年级学生，让他们不要老关在屋子里，要出来活动活动。"这种风气，"没有经过很长时间，大约两三年后，就基本没有了"。[38] 然而事实并非如此，《清华副刊》"新编清华术语小辞典"栏目，对"拖尸"做了如下介绍：

> 此举者，恐仅清华一校。法以三四人，分执被拖者之四肢，将其人举起，于空中震荡数次，然后弃之于地。其意义甚多：有为警戒的，例如新生入校，于举行新生欢迎大会或所谓"体格检查"之时，每一新生均须受拖尸，用以警其在中学初毕业时趾高气扬之心，而养成其谦恭之性格，不致破坏清华优美之校风。有为惩罚的，例如某人有不良之行，损及校誉校风，即将其拖尸，以惩其罪。有为表示亲善的，如四年级同学逢毕业时，他级同学以离别在即，亦可

拖毕业同学之"尸"以为送别礼。有为表示慰劳的，如运动员凯旋归来，同学亦拖其"尸"以示景仰及慰劳之意。其他意义繁多，不胜枚举矣。此事照Tradition（传统），惟欢迎新同学有游艺及竞赛之日，国庆日、元旦日、学校纪念日，欢送毕业同学日之夜十二时至六时得大规模举行，他时不得破例。一年前曾用之过滥，乃有许多不幸事件发生。[39]

据1938级校友黄雄盛说："拖尸"的源头可从清华校友的报道中寻出线索，那就是"二级同学在民国十五年的除夕组织了一个拜年团，预先选定了许多新生目标，深夜闯入三院，将目标新生逐一从床上拖起，由老生四人分执手脚，左右上下摆动，或一起一落，并由另一老生在旁担任司仪领导高喊'拜年！拜年！''一二三四！'少则七八次，多则十余次，然后把新生扔回床上或地上，呼啸而去。后来演进为有组织的'拖尸'，成为新生报到体育检验所必经的一个程序。再后来，随着时代而进步，节目、花样以及'刑具'愈来愈多……"[40]

对"拖尸"形式和用意的不断异化，有清华校友认为，这一行为在美国或可施行，但移植到中国便渐渐扭曲变形甚至变态，缘由乃民族心理不同，或者说人心中"善"与"恶"的程度有别，如"恶"的一面得以发挥，效果即天壤之别。不幸的是，"拖尸"在清华盛行后，"善"的一面逐渐式微，而"恶"的一面却如潘多拉魔盒，一旦打开，魔鬼纷出且无法控制，最终的结局必是如当时报上登载的那样，"蓄意凌人头破血流，卧倒医院挂牌记而后已"。或如1931年入校的林公侠所言：所谓"拖尸"，起先是旧生玩弄新生，又是惩戒浮嚣新生的刑罚。对于维持良好校风或新旧生开开玩笑，无可厚非。但后来渐渐变了质，变成众暴寡、强凌弱的虐待行为，所以引起大多数同学的反感。"我进清华园后，对这玩意儿，常存戒心，言行检点，以防受辱。《清华副刊》，常登载关于拖尸的新闻。如新生某行为浮嚣，夜间被拖尸队丢入游泳池；张妖又被脸盖蓝印；某怪的头发被剪……开学后不久，有一晚风声鹤唳。住三院的新同学都说半夜大拖尸，许多人不敢睡。又有些人离开宿舍躲避。我自问没有不检点的行为，心安理得，照平常一样睡觉。熄灯后，忽然三院宿舍门口人声鼎沸，如狼似虎的拖尸队窜进宿舍，有少数同学被抓走了。我睡在床上，他们推门看看就走了。"

经此一惊，与林公侠一起入校的新生，有些人主张组织新同学抵抗，以牙还牙，以暴力对付暴力。如是这般，"拖尸队"再来后就遇到了意想不到的阻力。待到第三次窜入宿舍企图偷袭时，则遇到了进一步的抵抗。林公侠说：这一天晚上，

◎ 1931 年入学之 1935 级部分同学于大礼堂前合影。前排左起第七为林公侠（载 1934 年年刊）

"月黑风高，人马呼啸，侵袭者利用电灯泡作武器，投掷地上，发出响声助威，玻璃碴四射。反抗的同学投臭蛋，但臭鸡子没有杀伤威力，中了只是弄得一股臭气。我睡在床上听他们巷战，幸得平安"。其时，"拖尸队威名赫赫，新生闻风震慑，弱者并未因暴力的压迫而屈服，他们开始作有组织的反抗。大多数同学对这种暴行都有不满的心理"。[41]

当 1932 年 9 月 14 日新学年开始之日，"拖尸"恶作剧自是照旧进行，入校新生又遭高年级同学一番折腾与羞辱。对于这种以游戏为幌子的恶作剧，梅贻琦长校前，当局似无人出面发令制止，任其滋生搬弄。梅长校后，眼看"拖尸"越来越朝着变态、怪诞和"恶"的方向滋长肆虐，决定不再继续容忍。10 月 3 日，清华举行总理纪念周活动，梅贻琦针对刚刚发生的"拖尸"行动，公开提出批评，梅说："近闻自新生入校后，'托司'之举，遂盛行一时，且闻这几天比较更甚。此种游戏，原无多大意义，如大家不作得太过，亦尚无害处。所以学校并不提倡，亦尚未干涉。当新生入校，在体育馆检查体格时，已经玩过一次，或者以为藉此可使新旧学生认识得快些，容易亲密些。俗语所谓'不打不成相与'，也许同学是具此见解。不过以后闹得过甚了。或是有些人仿佛借题发挥，有意与他人以难堪的样子，那就不对了。或者还有人说某某学生不守规则，妨害团体的秩序，所以必须用这方法惩戒，使他们有点警悟。……'托司'一举，无论其用意如何，是不宜常有。尤不宜天天有。大家不要借口维持秩序，反倒妨害秩序。"[42]

　　梅贻琦的批评与劝阻，令"拖尸"恶习表面上消停了一阵，很快又如草原死灰，随风复燃，且越燃越烈。多数新生胆寒心惊，对此深恶痛绝，开始以新时代的"革命精神"，组织起来反抗和回击。据林公侠说：1933 年，第九级新生入校，其中不少是两广学生。他们有敢作敢为的蛮劲，对"拖尸"恶行决定反抗，并且暗中喊出"打倒拖尸"的呼声。"当时军训有马队的组织，人们暗中组织成反抗的队伍，准备武力自卫。"[43]

　　就在九级新生厉兵秣马，准备自卫反击之时，清华学生会要举行换届选举。已升入大三的林公侠等联合四川籍九级同学奋力而争，终使同班的李斯彦与郝威分别当选干事会主席与副主席。前任学生会的头头多数是"拖尸队"的人马，对落选异常气愤又不甘心，遂祭出"拖尸"撒手锏，对林公侠等施以报复和伤害。这个发生于 1933 年秋季的壮烈场面，令林公侠铭记在心。林说："秋夜，大风暴来了！……宿舍熄灯后，不久有大队人马来到五院宿舍。我住楼下，事先我用书台挡住房门，下了锁。手拿棍子，站立门房另一书台上，准备迎击。如果他们打破玻璃闯进来，一定有人头破血流。结果他们并未光顾，直上三楼找李斯彦，扑一个空。第二天早上，同班级代表靳文翰满手鲜血，找我诉苦，说昨夜暴徒打破他的房门玻璃，把痰盂掷于房子，他受了伤，房子弄得一塌糊涂。他要我帮他复仇。四院四楼一位四川同学，我忘了他的姓名，他和李斯彦是同乡，支持斯彦竞选，因此惹祸。他被人从房中拖出来'拖尸'，又拉着他在地上拖行，身体擦伤多处，白衬衫染上鲜血。大家商量了一回，决定对付暴徒的办法。受伤的去医院敷伤口，准备请律师向法院控告他们伤害身体罪。参加'拖尸'的人不少，不能逐一惩戒，只是找出两个祸首，张贴通告，请全校同学参观被害人的房间被捣毁的情形，吁请大家主持公道，签名要求校长惩凶，全校一千人左右签名的九百多人。"[44]

　　此事的最后结局是：梅贻琦校长派教务长张子高前往调查真相。几个回合下来，"拖尸团"人人自保，将责任归于一二头目，并将过去捣毁电灯泡作为武器向新同学示威的事全部招供。校方闻听为之震怒，经梅贻琦为主席的校务会讨论表决，给祸首二人开除学籍的处分。受害一方同学不忍他们被开除，代求梅校长与评议会改为记大过两次小过两次，按校规被记大过三次即开除学籍，此为给二祸首留一条后路。校方同意了被害方的要求，对二祸首分别记过，同时饬令二人公开道歉，并在全校布告严禁"拖尸"。[45]

　　尽管学校对给同学造成伤害者予以严惩，又明文规定禁止"拖尸"，此一恶行本该绝迹，然而事实并非如此。人的本性决定了一些受虐者容易将其虐再施于他人的阴暗恶毒心理。如一个受尽折磨与苦难的童养媳，在九死一生终于侥幸熬成婆婆后，她所做的不是对儿媳的呵护和怜悯，而是变本加厉地折磨和虐待处于弱势的儿媳，且在折磨中不断释放出人性最恶毒的一面。清华学生来自近现代的广大中国城市和乡村，其思维方式亦难以逃脱这一窠臼。当 1934 年第十级新生入学之后，一年前曾以"革命精神"向"拖尸团"说"不"，且进行自卫反击的第九级学生，又以"多年的媳妇熬成婆"和"打倒皇帝做皇帝"的袁世凯之流卑鄙心态，邪从心头起，恶向胆边生，重组"拖尸团"，对入校新生给以"拖尸"的羞辱和变态的施虐，且把这一恶行推到了有史以来的顶峰。

据 1934 年入学的民国大佬、司法院长居正之子居浩然回忆：在体格检查的时候，每一新生都要经过一番体能测验。所谓体能测验，实际上是"服从性"的测验。"若是新生乖乖地钻狗洞、过独木桥、跑步若干圈就算及格。如不服从，或面有难色，就有执法者四人各执一肢（两臂两腿）向上抛掷数次，最后抛入室内游泳池。主持拖尸的是一年媳妇熬成婆的九级同学。他们在办完体能测验以后接着还要负责一年的管教，将来十级升到二年级的时候，才能接手。"[46]

此次"拖尸"细节与新生受虐程度，与居浩然同年入学的赵俪生似有切肤之痛，叙述起来也更加细致入微。赵说："清华多少带有一股洋味，更具体说是美国味。当我作为一个从山东来的高中毕业的土包子学生前去报到时，我只有'高山仰止'的心情。特别是 20 年代建成的四大建筑——大礼堂、图书馆、体育馆、科学馆，巍巍峨峨；清朝咸丰年间的古建筑——工字厅、古月堂，古香古色，都使我仰慕不已。但很快这仰慕之心就复杂化起来，顶头碰到的一件事就是拖尸。"按赵俪生的记述：清华的"拖尸"不只是新生报到时，四肢分别被四条大汉各持一肢上下抖动，然后猛然摔到草垫子上而已。它是被学校列入报到项目之一的一个整过程，如"到财务科缴费""到教务处注册""到校医院检查身体"等。另有一项"到体育馆检验身体"，而"检验"这个字眼带有蒙蔽性，翻译出来，就是叫你去接受"拖尸"，去接受自美国传播过来的风俗，由二年级学生组织起来对一年级学生进行的恶作剧。或者说严重一点，让你去接受一场侮辱。

很不幸的是，赵俪生不但亲身经历了骇人听闻

◎赵俪生

的"拖尸",且如下几个连锁环节一个都不能少:"先是'钻狗洞'。记得昆曲《燕子笺》中有'钻狗洞'一折,那个小生念道:'罢,到这般时候,也就顾不得了。'我们当时的心情,也正好如此。那是用军训用教育步枪穿插起的一条三角洞。步枪上装有刺刀,刺刀尖向着洞内,钻洞人必须蜿蜒着才能躲过刺刀尖,英文叫zigzag,爬出洞去。然后是'端木盘',木盘无边缘,上置一圆木球,地板上用白油漆画着像《解析几何》里高次方程的曲线,叫你沿着曲线走,盘子里的球不能滑落,假如滑落了,那位Sophomore(二年级生)先生就喝斥一声'Repeat!'(重来)……这样的程序大约有五六个,然后到最后一个程序,像'三堂会审'一样,三个凶神恶煞般的'拖尸团'头头命令你躺到草垫子上,由四个彪形大汉将你用力上下颠簸,然后一摔。我想有心脏病、高血压的就该去见上帝了。但这还没完,又听厉声吩咐你爬起来,到头头们面前的桌子跟前执行'盖章'。这'章'是专门到屠宰场仿制来的'验讫'二字,用紫印色打在你的额头上,或者腮帮上、脖子上。至于具体打在哪里,要按头头们的意向。他看你调皮,就打到脑门上。我大概由于老实,给我打在后脖子梗上了。用衬衫领子一遮,或以躲过眼目。而打在额头上的呢?我见过,一走进大食堂,立刻惹起一片轰笑。我现在想起,觉得这'拖尸团'跟60年代的'红卫兵'有某种类似,只是阶级属性不同,后者是'无产阶级'的,前者纯是美国牌资产阶级的罢了。"[47]

赵俪生的这段回忆发表后,有人认为此公是故弄玄虚,或夸大事实,或添油加醋,对"拖尸团"加以丑化与脸谱化。"拖尸团"不但没有赵氏描写的那么狠、那么坏、那么受新生厌恶,且"充满了友情"。尽管"有人看不惯,觉得洋里洋气的",然而"我的看法正好相反"云云。季羡林就是持此类观点的一个典型代表。[48]但翻阅清华1933年(九级)与1934年(十级)入学校友的回忆文章,很少看到对"拖尸"有好感者,或进一步认为"充满友情"的善意者。如和赵俪生同年入校的魏开泛在《难忘的入学》一文中回忆道:"有一项赴体育部检查身体至今记忆犹深。先是测身高、体重、肺量等,记录在案,最后由马约翰老师亲自把关,他命脱光衣裤,从头至脚,亲自查验,并用手按摩背、手、脚各骨节。检查之严,令人十分紧张。检查及格后,这颗'验证'的图章,却不在马老处。当由一'拖尸团'人员,带入体育馆。四周观众挤在一起,黑压压地,笑声不绝。馆内布置有各种玩意儿,带领人员令一一照做。最后要爬行穿过十个架枪,然后走上跳板,规定要跳过一定距离,才算合格。地板上却放置了光溜溜的圆木棍数十根,当时我已六神无主,只得屏气一跳,脚已踏上圆棍,来个正着,屁股和打蜡地板狠狠地重吻一记,顿时全背着地，手脚朝天，观众哄堂大笑。我这个'乡里伢子'满面含羞，已无地自容！算是讨了一个'验证'的图章。"[49]此等羞辱，令每一位亲身体验者都刻骨铭心，没齿难忘。更令新生无地自容的是，在迎新会中，对"新鲜人"每人戴一顶"绿帽子"，像耍猴一样戏弄。此等恶行自然引起第十级同学极大的愤慨与反抗。按1934年入学的洪同叙述："有一天晚上，风声鹤唳，传说二年级拖尸队要在深夜进入宿舍，对入校新生中那些反传统不服管理者拖出去扔到游泳池喝水，以示膺惩。"新生得到消息，立即组织起来，"秣马厉兵，准备了绳索木棒，将宿舍入口处用绳子圈围成一个护网，另外还配置了'武装散兵'，轮流守卫，俨然如临大敌。结果，对方得到消息就停止'执法'了。记得当时一篇洋洋洒洒的'反拖尸宣言'还是我的手笔，如果保留到今天，倒可以列为清华文献了。"[50]

与九级同学当年的反抗不同的是，十级学生除组织"武装散兵"与棍棒进行自卫反击，还以新式的革命方式，拿起笔杆作投枪匕首，书写"反拖尸宣言"，张贴于校内和校门外桥上等处，并有署名"为反对拖尸告全体同学书"等战斗檄文，刊登于《清华副刊》，历数九级同学罪状，痛斥"拖尸"丑行与危害，此举得到校内外舆论的同情和拥护。

当此之时，革命大潮汹涌澎湃，国共两党在清华皆已成立了组织，而中共支部自1926年成立至此已有八年，且有了相当的革命斗争经验。武装自卫并对"拖尸行动"进行全面反攻，已成为中共地下力量在清华园收集人才和人心的一个策略与手段，"拖尸"的覆亡只是个时间问题了。根据居浩然回忆：十级同学中的新生立刻抓住这机会发起反拖尸运动。他们以同一中学毕业的同学为核心，逐渐扩充到同房间同乡等关系。中学如南方的扬州中学、上海中学及北方的师大附中、南开中学人数较多，自然而然处于领导地位。就在体能测验举行完毕后的一星期内，二院新生宿舍内小组会议频繁，最后组成反拖尸团，击溃了九级拖尸团的一次夜袭，从此这一拖尸风气竟告绝迹。"[51]

居浩然所说的"绝迹"只是暂时或他个人了解得并不全面的表面现象，事实上第九级组成的"拖尸团"成员人还在，心不死，仍在寻找反扑的机会。魏开泛清楚地记得这年国庆节，"有拖尸团十数人深夜自新生宿舍，依次来到四院。'团'威格盛，走廊过道，齐声高呼'拖尸'节律'一二三！'喧叫不已，声震屋宇！"多数新生闻听噤若寒蝉，紧闭房门不敢吭声，只有号称"保餐诗人"的曹葆华不信鬼、不听邪，出面与"拖尸团"争斗。第二天晚上，"拖尸团"复来行动，一同学被"拖尸"时"不慎将其手臂擦伤。此人系政治系插班生，粗通律令。当即忍受，从容不迫。次日去医院验明伤痕，上诉北平初级法院。法院曾正式具文来校，传讯被告。其后，学校亦即布告严禁'拖尸'活动，此风就此刹住"。[52]

同居浩然的回忆一样，尽管魏开泛的回忆仍不准确。[53]但在清华盛行多年的"拖尸团"，到了1934年底，确已成强弩之末，势同一个垂死的老朽即将在一阵大风暴中咣当倒下。而第十级学生的"反拖尸运动"，在切除潜伏于清华身上一个特大号肿瘤的同时，出乎意料地产生了一个新的政治硕果，即在中共地下力量的扶植、鼓动下，锻炼培养出一批学生运动骨干分子。其情形正如洪同所说：此项运动使"我们这批从南北各地初进清华的十级同学增进了认识，奠定了友谊，如吴承明、黄诚、姚克广（依林）、杨学成、杨德基（述）、杨戊生（魏东明）、黄季方、居浩然诸兄，都在这一运动里展现了他们的长才。所以第二年，打破惯例之十级同学就进军到学生会的组织，以后就成为学生运动中的中坚分子"[54]。

注释

[1][24][25] 郝更生《十五年来清华之体育》，载《清华大学史料选编》，第一卷，清华大学出版社1991年出版。

[2] 贾谊《过秦论》。

[3]《文化古城旧事》，邓云乡著，中华书局1995年出版。

[4]《北京清华学校近章》，载《清华大学史料选编》，第一卷，清华大学出版社1991年出版。

[5]《杨石先传》，杨光伟著，南开大学出版社1991年9月出版。

[6][7][11][26][38] 马约翰《我在清华教体育》，载《过去的大学》，钟叔河、朱纯编，长江文艺出版社2005年出版。

[8]《清华大学校史稿》，中华书局1981年出版。

[9]《体育课程》，载《清华一览》，1919年。

[10] 潘光旦《清华初期的学生生活》，载《文史资料选辑》，第三十一辑，中华书局1962年7月出版。

[12] 梁敬钊《四十年回忆》，载《清华校友通讯》，新二十八期。新竹。

[13] 钱昌祚《我的清华学生生活回忆》，载《清华校友通讯》，新二十八期，新竹。

[14][15][16]《叶企孙文存》，叶铭汉、戴念祖、李艳平编，首都师范大学出版社2013

年出版。

[17] 蔡孝敏《离校四十年难忘两件事》，载《清华校友通讯》，新七十六期，新竹。

[18] 张忠绂《八载清华》，载《清华校友通讯》，新二十六、二十七期合刊，新竹。

[19][22] 梁实秋《忆清华》，载《过去的大学》，钟叔河、朱纯编，长江文艺出版社2005年出版。

[20] 梁实秋《又逢癸亥》，载《清华校友通讯》，新八十三期，新竹。

[21] 吴世英《毕业五十年杂感》，载《清华校友通讯》，新八十三期，新竹。

[23] 吴宗济《清华旧事竹枝词》，载《清华记忆》，郑小惠、童庆钧、高瑄编著，清华大学出版社2011年4月出版。

[27] 沈君山《清华与我》，载《清华校友通讯》，新一三九期，新竹。

[28] 张伯苓《欲成事者须带三分傻气》，载《张伯苓教育言论选集》，南开大学出版社1984年9月出版。

[29] 黄钰生《张伯苓先生追悼词》，载《黄钰生文集》，申泮文主编，百花文艺出版社2009年10月出版。

[30] 张伯苓《答上海新闻报记者的谈话》，载《南开校友》，第二号，1946年。

[31] 周立中《张伯苓先生事略》，载《张伯苓先生纪念集》，郭荣生、张源编，台北文海出版社1975年出版。

[32]《教育家张伯苓》，载《胡适文集》(2)，人民文学出版社1998年出版。

[33] 陈之迈《清华毕业五十年》，载《清华校友通讯》，新六十三期，新竹。

[34] 梅贻琦《体育之目标》，载清华《消夏周刊》，第三期，1928年7月23日。

[35]《校闻》，载《国立清华大学校刊》，第三五二号，1931年12月30日。

[36]《校闻》，载《国立清华大学校刊》，1932年3月2日。

[37] 据《清华大学校史稿》第138页，注①：五名选手中的张龄佳铁饼第一，成绩43.84公尺，破全国纪录，平远东纪录；罗庆隆八百米第一，成绩2′5″15，破全国纪录；彭永馨标枪第一，成绩48.92公尺，破全国纪录。张龄佳十项运动第一，成绩5887.589，打破远东运动会纪录5886.000；张世光和黄干禄分别获400尺和跳水比赛第二名。

[39]《清华副刊》，第41卷第5—6期，1934年4月29日出版。

[40] 黄雄盛《清华园目睹之怪现象》，载《清华校友通讯》，新六十三期，新竹。

[41][43][44][45] 林公侠《拖尸肆虐记》，载《清华校友通讯》，新四十四期，新竹。

[42]《校闻》，载《国立清华大学校刊》，1932年10月5日。

[46][51] 居浩然《西山苍苍，东海茫茫》，载《传记文学》，第二卷第四期，台北。

[47]《赵俪生文集：篱槿堂自叙》，第五卷，兰州大学出版社2002年出版。

[48] 季羡林说："在校风方面，北大与清华两校也各有其特点。清华校风我想以八个字来概括：清新、活泼、民主、向上。我只举几个小例子。新生入学，第一关就是'拖尸'，

这是英文字 toss 的音译。意思是，新生在报到前必须先到体育馆，旧生好事者列队在那里对新生进行'拖尸'。办法是，几个彪形大汉把新生的两手、两脚抓住，举了起来，在空中摇晃几次，然后抛到垫子上，这就算是完成了手续，颇有点像《水浒传》上提到的杀威棍。墙上贴着大字标语：'反抗者入水！'游泳池的门确实在敞开着。我因为有同乡大学篮球队长许振德保驾，没有被'拖尸'。至今回想起来，颇以为憾：这个终生难遇的机会轻易放过，以后想补课也不行了。"又说："这个从美国输入的'舶来品'，是不是表示旧生'虐待'新生呢？我不认为是这样。我觉得，这里面并无一点敌意，只不过是对新伙伴开一点玩笑，其实是充满了友情的。这种表示友情的美国方式，也许有人看不惯，觉得洋里洋气的。我的看法正好相反。我上面说到清华校风清新和活泼，就是指的这种'拖尸'还有其他一些行动。"（《我的求学之路》，季羡林著，百花文艺出版社 2002 年 1 月出版）

[49][52] 魏开泛（魏奇）《难忘的入学》，载《清华校友通讯》，复二期，1980 年，北京。

[50][54] 洪同《清华、清华人与我》，载《清华校友通讯》，新一三九期，新竹。

[53]1934 年"拖尸团"虽受各方重创，即将成为一具只有喘息能力的躯壳，但仍呈百足之虫垂死而不僵之状，一遇时机便再度还阳复活，起而继续作恶，直到 1937 年卢沟桥事变爆发，清华迁往长沙继之昆明之后才真正绝迹。据 1936 年由南京金陵中学考入清华的学生秦宝雄回忆说：开学两个星期以后，一天半夜，忽然有几个人冲进我们卧室。他们先用手电筒在我脸上照了一下，大声地说："就是找你，赶快下楼！"我糊里糊涂，只好跟他们下楼，看见有一堆人在宿舍大门外。有一个人跳出来说："这位新生行为越轨，应该把他拖尸。"我当时就问他："有什么越轨行为？"他的回答是："有一天你穿了清华网球校队的绒线背心，在各处招摇。你还穿了军官式的制服，在校园走动。"当时不由分说被几个彪形大汉抬手抬脚，在空中摇晃了几下，幸未伤及筋骨。我这才想起来，有一晚去找旧识十一级的林慰梓聊天，临别时因为夜凉，向他借了一件绒线背心穿回宿舍，我还曾穿过金陵中学的制服在校园走动。想不到因为"我的衣服"（入学考题）而致祸。后来有人和我说"拖尸"这件事是一些十一级（比我们高一级）同学搞的。凡是他们看了不顺眼的十二级新生，都要被"夜半拖尸"。那夜被"拖尸"的另一位是王恭斌——著名外交家王正廷的侄子。

最后，秦宝雄说：那晚"拖尸"的领头人是清华十一级的陈体强，外号"陈体亏"。此人 1939 年清华政治系毕业后，赴英国牛津大学就读并获博士学位，所做论文被世界公认为法学经典，大学法学院学生必读之书。1948 年回国后，不久国体改变，此前所学都成为"离经叛道"的谬论，遂郁郁不得志，并屡受冲击，不再有所作为，66 岁就故世了。（秦宝雄《往事杂忆：清华岁月》，载《老照片》，第八十六辑，山东画报出版社 2012 年 12 月出版）另据 1939 级清华校友林征祁说："谈到同学，当年也不少头角峥嵘之士，和我同室两年的陈体强，是我的远房表兄，中英文都极好，唯一弱点喜欢自我表现，……至今不知是否尚在人间。"（林征祁《"挂单的清华人"》，载《清华校友通讯》，新六十七期，新竹）

第十四章 风雷激

◎ "一二·九"运动

洪同所指的学生运动，当是著名的"一二·九"运动，以及此后的若干次学生运动。"一二·九"乃姚克广、吴承明、黄诚、杨学成、蒋南翔等人在中共指示下，于卢沟桥事变前首次发动、震撼全国的学生运动，也是这一批清华学生借势兴起，控制北平学联的开始。

1919年爆发的"五四"运动，让北大学生傅斯年、罗家伦、段锡朋、张国焘等辈出尽了风头，达到"十年辛苦无人问，一朝成名天下知"的轰动效果。校长蔡元培为防事态扩大，在营救出被当局逮捕的学生后，留下了一个"杀君马者道旁儿，民亦劳止，汔可小休"的便条，辞职悄然离京，自天津、上海一路跑到杭州，潜入一位朋友家隐居下来。未久，当时正在南方的蒋梦麟于西湖边一座住宅密室与蔡元培会晤，蔡向蒋坦陈自己对北京大学未来的担忧，认为自此之后，北大的校规、校纪将分崩离析，主校者很难再维持平静局面——因为学生们很可能为此次取得的胜利而陶醉，"他们既然尝到了权力的滋味，以后的欲望将更加强烈，也更难满足"[1]。正是这次会见，促使蒋梦麟鼓起勇气，与前来劝架的学生会代表张国焘等一起，乘火车前往北大，代理蔡元培的校长职务。此后，蒋与胡适等教授谈论时事，胡等有识之士对北大命运表现出与蔡元培一样的忧虑。

◎沙滩红楼──北京大学主楼

担忧很快变成现实,北大学生在"五四"小胜之后,果然为其成功陶醉得忘乎所以,朦胧中有一种将登大位、号令天下的幻觉,遂不再把教授、校长、校规校纪,以及社会伦理放在眼里。蒋梦麟惊奇地发现,"学校里的学生竟然取代了学校当局聘请或解聘教员的权力。如果所求不遂,他们就罢课闹事。教员如果考试严格或者赞成考试严格一点的纪律,学生就马上罢课反对他们。他们要求学校津贴春假中的旅行费用,要求津贴学生的活动经费,要求免费发给讲义。总之,他们向学校予取予求,但是从来不考虑对学校的义务。他们沉醉于权力,自私到极点。有人一提到'校规',他们就会瞪起眼睛,噘起嘴巴,咬牙切齿,随时准备揍人"[2]。这一情形到蔡元培于同年9月重返北大执掌校柄仍未改变,且呈愈演愈烈之势。

1922年10月,北大教授评议会通过一项办法,规定学生必须缴讲义费,此举令部分学生大怒,马上揭竿而起,纠集一干人马,气势喧腾地来到办公楼前示威,要求学校当局立即取消这一规定。蔡元培闻讯赶到现场,告诉示威的学生必须服从学校规则,但权力欲望膨胀的学生已不再把这位使旧北大脱胎换骨的"北大之父"放在眼里,继续高喊口号并对蔡氏本人"威迫狂号",而后又张牙舞爪地拥进教室和办公室,四处寻找主张这条"可恶规定"的人算账,誓要砸烂他的"狗头"。蔡元培见对方如此嚣张,竟蹬着鼻子上脸,遂一改往日温文尔雅的面目,怒目圆睁,一边把袖子高高地卷到肘子之上,一边摇摆着拳头,声色俱厉地大叫道:"你们这班懦夫,有胆的就请站出来与我决斗。如果你们哪一个敢碰一碰教员,我就揍他!"[3]

蔡元培向示威的学生逼近几步,对方就后退几步,但始终围成一个半圆形,如同群狼围攻猛虎,跃跃欲试又不敢强攻,双方陷入僵局。在这紧张危迫时刻,幸得北大教务长顾孟余闻讯出面表示延期收费,紧张局面方得缓和。──当然,学生们明白,所谓延期即是取消,示威者再度取得了"胜利"。

当蔡元培再次辞职离校，蒋梦麟正式执掌北大后，学潮越来越凶，并出现了针对他本人的风潮。对于学潮爆发和学生的陶醉心理，蒋梦麟认为，大多数学生开始是出于爱国热情，起先是游行、示威、罢课和抵制日货，接着转而攻击北京政府，因为他们认为一切毛病都出在北京政府身上。等发现没有重要的国际问题或国内问题足资攻击时，就掉转矛头与学校当局作对。造成这一切的主要原因，在于青年心理上的不稳定性，一旦受到刺激而采取行动时，这种不稳的情绪就爆发出来，而作为学校当局，想压制这种澎湃的情绪是极其困难的。学生如是，工人的情形亦复如此。他们因生活不如意或劳动强度太大而心理不平衡，在找不到发泄与示威对象时，就把一股怨气发泄在雇主身上。不过，中央政府或地方政府对付那些罢工工人，要比对付学生简单得多，有时用武力来镇压，有时干脆就拿机关枪扫射一番了事。后来，段祺瑞执政府认为机关枪是对付一切群众运动的不二法门，在一群学生包围执政府时，遭到残忍的机关枪扫射。1926年著名的"三一八"惨案，蒋梦麟算是亲身经历者，他回忆说："我在事前曾经得到消息，说政府已经下令，学生如果包围执政，军队就开枪。因此我警告学生不可冒险，并设法阻止他们参加，但是他们已经在校内列队集合，准备出发，结果不肯听我的劝告。他们一到了执政府，子弹就像雨点一样落到他们头上了。"结果是"这次灾难有一百余学生死伤，二十余具死尸留在了段执政官邸门前的广场上，另有数十人在送往医院的途中或手术台上断了气"。[4]段祺瑞执政府的这种残暴行动，引起全国各界人士的普遍抗议，段政府

◎左起：蒋梦麟、蔡元培、胡适、李大钊于北京大学校内合影

后来终于垮台，此为主要肇因。

面对形形色色的学潮以及暴力与反暴力行动，十几年后，在昆明西南联大的防空洞中，就着惨淡昏黄的菜籽油灯回忆这段往事的蒋梦麟，颇有洞见地总结道："学生势力这样强大而且这样嚣张跋扈，除了我前面所谈到的原因外，另一个原因是这些学生当时多半是统治阶级的子女。学生的反抗运动，也可以说是子女对父母的反抗。做父母的最感棘手的问题就是对付桀骜不驯的子女，尤其是这些子女的行为偏偏又受到邻居们的支持。"[5] 蒋氏之言可谓一针见血，入木三分，真正道出了学生运动与社会形态的内在隐秘。当时的清华在外界看来是一所贵族学校，但清华师生却极力否认，无论如何解释，有一部分贵族子弟在此就读则是不争的事实。早在清季公开招考的直接留美"史前生"中，就有满汉大臣贵族子弟混迹其间。之后袁世凯执掌朝柄，专门规定袁氏家族子弟额外入学条令，并有"前大总统袁公亲支子孙有愿入清华学校肄业者，无论高等中等均准其报考插班"等规定。[6] 在袁失势之前，已有袁克安、袁克坚、袁克久等共七名袁氏子弟以"特别生"身份入清华插班就读。因了袁世凯创造的这一恶例，继之而起的政治权贵与军阀群起效尤，黎元洪、冯国璋等纷纷把子弟送往清华插班就读，但终因在清华园捉鸡弄狗不务读书正业而被淘汰出局。据 1915 年入校的张忠绂说："民国四年我刚进清华的时候，内地各省同学尚有许多土财主的子弟。嗣后内战频仍，物价日涨，土财主也逐渐变穷了。大多数同学的经济并不宽余，唯因有留美机会，许多政界闻人的子弟也上清华。有一个时期，九部总长倒有八家的子弟在清华。"[7]

张氏所说的这九部总长的八家，或包括曾做过北洋政府司法总长、驻日公使、五四运动中被学生自赵家楼锅炉房拖出痛殴的章宗祥。据与张忠绂同级的梁实秋说："章宗祥的儿子和我同一寝室。五四运动勃发之后，他悄悄地走避了，但是许多人不依不饶地涌进了我的寝室，把他的床铺捣烂了，衣箱里的东西狼藉满地。我回来看到很有反感，觉得不该这样作。过后不久他害猩红热死了。"[8]

正是由于学校与掌握国家机器的权贵间有盘根错节的关系，学生才热衷于学潮且有恃无恐，而统治者们压制消解起来，总是左右为难、软弱无力。但是，正如蒋梦麟所说："工人们情形可就不同了，他们的父母或亲戚，既不是政府大员，也不是社会闻人，因此他们命中注定要挨警察的皮鞭或军队的刺刀。只有在学生领导下，或者与学生合作时，工人才能表现较大的力量。"[9]

然而，这个隐秘不只被蒋梦麟氏所发现，早在北洋政府执政和国民党提师北伐之前，国共两党皆发现了这个秘密，并开始向北大和清华校园渗透。当时学生的政治态度普遍倾向南方的国民党。共产党虽处弱势，但也在发展自己的组织，仅就清华一校论，据《清华大学校史稿》载，1926年11月，清华第一个共产党支部由王达成创立。在这之前，已有了党小组，但一直秘密活动。党支部成立时有党员7人，第二年发展到30多人。支部建立后，清华的学运便在中共高层指导下"蓬勃地向前迈进了"。[10]

南方革命军北伐成功，国民党势力在清华园大增，且在新校长罗家伦支持下，掌控了学生会并公开进行党的活动，气焰嚣张，中共势力受到扼制，不得不分散并转入地下。当时执掌全国教育权柄、身为大学院院长的蔡元培，鉴于北伐期间学运所造成的政治社会乱象，以及对教育界冲击、破坏的教训，于1928年8月国民党第二届五中全会上提案限制学生运动，大意谓：过去国民党发动学运，乃基于牺牲部分青年利益，求得政治上多数人之最大幸福，是不得已的决定。北伐期间，学生有鼓民气之功，也有牺牲学行之弊，"惟今思之，实有歉疚"。未成年男女，身心发育未全，知识经验不足，极易为少数"学生政客"所利用，名为民主，实乃专制愚民，若不改革，教育势必破产。为保护青年，蔡氏主张今后应停止学运。有人问，国民党不搞学运，其他政党从事学运，何以对付？蔡说，国民党已控制学校人事，教职员中已有党组织，足可监视异党活动而阻止之。——蔡氏这一提案，不免幼稚天真和儒生气过重，却显示国民党取得政权后，部分大佬对学运忧虑的态度。惜当时社会情形并不像蔡元培想得那么简单，在野的中共尚未取得政权，自然不会放弃而更加重视"学运"这股政治力量。于是，中共地下党在潜伏了一阵之后，借"九一八"事变和全国反日情绪高涨之机，再度自各个角落露出头来，成立了"抗日救国会"，并藉此公开进行各种抗日救国活动。1934年，中共清华支部书记调任河北省委书记，时整个北平中共地下党员只剩十几人，但清华园就有四五位，并于艰难处境中继续进行地下工作，国共力量在清华乃至全国中等以上校园学生中间彼此消长沉浮。[11]随着民族危机日渐加重，中共地下力量趁势发展壮大，

◎ 1926年，中共清华第一个党支部于校内三院诞生

渐成学运的中坚，在连绵不断的学潮风浪中，终于引爆了震撼全国的"一二·九"运动。

当此之时，清华学生会已为中共地下党员姚克广（即姚依林，1949年后曾任中共中央政治局常委、国务院副总理等职）等人控制。姚于1934年秋考入清华，先读化学系，因搞学运不念书、不做实验，只好转入历史系就读。1934年底寒假，姚与1932年考入清华中文系的中共地下党员蒋南翔一起，由北平师范大学学生周小舟介绍，加入中共地下党领导的秘密群众组织——北平民族武装自卫委员会，负责人为周小舟。这个会共有会员100多人，是"一二·九"运动前夕北平学运的核心。1935年11月，姚克广经周小舟介绍加入中共地下党组织。

早在1935年初，中共地下党领导的学生已掌控了清华校内重要的宣传工具——《清华周刊》，蒋南翔为该刊的总编辑，姚克广、杨德基（杨述）、赵德尊等人都曾担任过《清华周刊》的编辑和撰稿人，为"一二·九"运动做了舆论准备。当时中共地下党在北平各大学学生会取得领导权的有清华大学、燕京大学和东北大学等三所高校。清华学生会领导权之所以被姚克广等人夺取，有两个缘由：一是以革命精

◎ 1935年，《清华周刊》工作人员合影，前排中为蒋南翔，后排左二为姚依林（引自《清华校友通讯》复68辑）

神组织起来，不畏惧清华老生的势力，毅然发动了反"拖尸"运动，得到一年级学生拥护。就当时清华四个年级而言，新入校的1934级学生人数最多。晚年的姚依林（南按：为便于统一，自此处始，姚克广一律称为姚依林）在回忆录中，曾对这一事件的来龙去脉有过说明，姚说："所谓'拖尸'，是美国大学的风气，是高年级学生欺负一年级学生的办法，完全是恶作剧。一是把新同学抬起来，如反抗，就扔到体育馆游泳池里；二是开联欢会时，各年级学生都戴上帽子，但给一年级学生戴上一顶绿帽子，一年级学生意见很大。我们一年级学生进步学生比较多，开联欢会时，我们拒绝戴，把绿帽子撕掉了。高年级（四年级）学生说我们一年级新生破坏传统，扬言要打我们。我们一年级学生也不甘示弱，搞了一些石灰、棍子，我还买了一把刀子，准备还击。这样，就把一年级学生团结和组织起来了。我们这些人，黄诚、吴承明、杨述、杨学诚，都是一九三四年一年级的积极分子。"又说："我们是利用暑假同学会取得领导权的。放暑假期间，不少同学回家了。别人要走，我们不走，而是留下来搞统一战线活动，这样就取得了领导权。当时推一个叫刘毓珩的学生（以后入了党，改名陈其五，解放后曾任中共上海市委宣传部长）当学生会主席。"[12]

姚氏所言大体不差，若追溯"一二·九"运动的缘起，自然要追到姚依林、黄诚、吴承明等一批人控制学生会和北平学联，而控制这几个至关重要团体的本钱，就是在反"拖尸"运动中，以大无畏精神奋力搏击，"反"出的成就和威望。

1935年11月18日，北平学联第一次于中国大学召开会议，选举郭明秋为学联主席，姚依林作为清华大学学生会代表，被选为北平学联秘书长。自这一天始，北平学联开始酝酿发动"一二·九"学运。按姚依林解释："因为传说这一天是华北冀察政务委员会成立的日子，搞所谓华北特殊化。我们就定在这一天举行示威反对。"[14]

然而，当时中国的社会情形与背景，要比单纯一个华北政务委员会的成立复杂得多。

"九一八"事变之后，日本军队相继侵占辽、吉、黑、热四省，继而又进占华北，军队开进了平津地区。1935年6、7月间，日本通过"秦土协定"控制察哈尔省。6月10日，日军借口亲日分子、天津《振报》社社长白逾桓等人于5月3日夜被暗杀，逼迫河北省主席于学忠、二十九军军长兼察哈尔省主席宋哲元辞职，要求南京国民政府军事委员会北平分会代理委员长何应钦，口头承认党政军退出华北，并禁止排日活动。此即被社会舆论批评为丧权辱国的"何梅协定"的政治军事背景。待南京政府任命宋哲元为平津卫戍司令后，日本又策动"华北自治"，以利完全控制华北五省，建立一个全新的"倒蒋、亲日、防共"政权，并逼迫宋哲元公开承认并公布。日寇如此明目张胆的阴谋，遭到宋哲元断然拒绝，日方转而利用流浪政客殷汝耕，于1935年11月24日宣布"自本日起，脱离中央"，建立"冀东防共自治政府"云云。与此同时，汉奸李守信遥相呼应，并与德王在日本支持下筹备蒙古军政府，一时甚嚣尘上。日本为展其淫威，出兵占领北平西南丰台车站，气焰逼人，北方时局已陷"山雨欲来风满楼"之险境。

日军的蛮横行为，激起国人反日情绪。而南京政府以国力薄弱，一味隐忍妥协，更令国人为之震怒，一般认为这就是日人所策动的华北自治运动成为现实的开始。于是，华北地区人心浮动，有识之士为之急躁不安，汉奸傀儡们则趁机煽风点火制造恐慌混乱。面对这一严峻局势，北大校长蒋梦麟、清华校长梅贻琦、北平大学校长徐诵明、燕京大学代理校长陆志韦，以及胡适、傅斯年、任鸿隽、顾毓琇、张奚若、蒋廷黻、查良钊等20余名教授和社会名流，在北平城内举行集会并发表宣言，谓："坚决反对一切脱离中央和组织特殊政治机构的阴谋举动"，并"要求政府用全国力量维持国家的领土及行政的完整"。[15]

时中共清华党支部委员蒋南翔根据上级秘密指令，要求清华学生会起来响应。12月3日，清华学生会召开全体学生大会，700余人参加，形成三项决议：一、以本校全体同学名义通电全国，绝对否认假借民意之自治运动；反对任何脱离中央或类似之华北自治组织。二、联合平市各大中学，向地方当局做一次大规模之请愿运动。三、请愿案由清华"救国会"全权办理。会后即向全国发出通电。清华教授会亦于5日召开全体大会，商讨应付时艰办法。

面对各方压力和社会舆论指责，南京政府采取行动，通缉殷汝耕，设立"冀察政务委员会"，以宋哲元为委员长，平津与冀察的一切军政事务，由效忠中央政府的宋哲元负责。消息传出，引起学生更大的愤懑与不满，认为这是政府的妥协与阴谋，必须提出抗议。于是，12月6日，北平燕京大学、清华大学、北平大学、东北大学等15个大中学校学生自治会发表宣言，提出四项请求：

一、誓死反对"防共自治"，请政府即下令讨伐叛逆殷汝耕！

二、请政府宣布对敌外交政策！

三、请政府动员全国对敌抵抗！

四、请政府切实解放人民言论，结社，集会之自由！[16]

12月9日，北平学生在学联操控指挥下开始了实际行动。

晨7时，清华大学学生随着钟声涌到大操场集合。原本准备乘校车进城，但头天晚上市公安局得到消息已把校车扣住，无奈之中，600 余名学生只好带着自制的旗帜和标语，顶着刺骨寒风，在学运领袖黄诚、吴承明等率领下，自清华园车站，沿平绥铁路往西直门进发。当游行队伍进至西直门外高梁桥时，与闻讯赶来阻止、抓捕的警察发生冲突。经过一阵扭打争斗，游行队伍继续前进。约 9 时左右，游行队伍赶至西直门下，此时守门部队早已关闭城门，城外的店铺全部奉当局之令收市关门，城楼和城门外站满了荷枪实弹的宪兵与警察，严阵以待。未久，燕京大学约 400 名学生，在学运领袖黄华等人率领下也赶到城下，继之北平大学农学院、孔德中学等学生也陆续赶来会合。学生们一边要求守城官兵开放城门，一边向聚集而来的群众宣传游行宗旨。清华救国会成员向学生队伍和周围群众分发由蒋南翔起草、早上刚刚印制的清华大学救国会《告全国民众书》，并手持喇叭高声宣读。书谓：学生们在中华民族危机日见严重的关头，"不能为时代负起应负的使命，轻信了领导着现社会的一些名流、学者、要人们的甜言蜜语，误认为学生的本分仅在死读书，迷信着当国者的'自有办法'。几年以来，只被安排在'读经''尊孔''礼义廉耻'的空气下摸索，痴待着'民族复兴'的'奇迹'！现在，一切幻想，都给铁的事实粉碎了！'安心读书'吗？华北之大，已经安放不得一张平静的书桌了！……起来吧，亡国奴前夕的全国同胞！中国没有几个华北和东北，是经不起几回'退让'和'屈服'的！唇亡齿寒，亡国的惨痛，不久又要临头了！挣扎在死亡

◎ 1935 年，"一二·九"运动中，清华学生游行队伍受阻于西直门外，同学就地进行抗日救亡宣传，站立演讲女生为陆璀

线上的全国大众，大家赶快联合起来！我们的目标是同一的：自己起来保卫自己的民族！我们的胸怀是光明的：要以血肉头颅换取我们的自由！"[17]——这便是后来广为流传的"华北书桌宣言"出笼的经过。

眼看与守城官兵争持而得不到响应，清华、燕京两校领队决定，留两队在西直门守候并继续做对宪警的宣传、感化、瓦解工作，其余队伍转赴阜成门进城。待大队人马赶至阜成门，同样是铁将军把门。继而又转赴广安门，而广安门同样上了大锁，并有重兵把守。再转赴西便门，境况同样如此。学生们在门前高呼口号，要求开门进城，但回应学生们的唯有全副武装的宪警虎视眈眈的眼睛与明亮的刺刀。眼看太阳落下，城内传出消息，中国学院、东北大学等在城内游行呼号的几千学生，已冲破宪警的重重阻挠，会集在新华门向北平军分会委员长何应钦将军请愿，但何闻讯预先躲到小汤山别墅不再理会。愤怒的学生开始游行示威，当队伍进至王府井大街，准备经过东长安街到外交部大楼，即"冀察政务委员会"筹备成立地点时，至霞公府路段遭到二十九军一个连和一部分武装宪警的镇压。宪警和官兵用水龙头冲、大刀砍、木棍殴击，游行队伍很快被打散，有十几人被宪警捕去。时已至傍晚，天寒地冻，气温已降至零下十几度，城里城外游行的学生饥寒交迫，无力再与宪警争持。城内的学生散后，城外燕京与清华学生在极其懊恼与不情愿之中，强打精神喊了一阵口号，向拉车挑担、急着归家的小商小贩等散发"一张书桌"传单后，被各校派出的行政人员劝说乘车回校。[18]

◎ 清华罢课风波

北平当局的戒备，使声势浩大的"一二·九"游行示威队伍被一阵水龙和棍棒消解于无形，请愿目的没有达到。而清华、燕京两校学生被阻于门外未得进城，更使学生懊恼不已，极不甘心。时有消息传出，当天城内游行队伍中有一女生被宪警殴打致死，于是群情激愤，北平学联决定以此为契机，号召学生总罢课，以示与当局继续斗争的决心，各校学生会纷纷响应。同时，"在党的领导下展开了巩固运动收获的工作，更加严密地组织起来，进行自我教育和扩大运动的影响"。[19]

12月10日，面对学生罢课和校内出现的异动，清华、燕京、北大、师大等校长紧急集会，讨论学潮经过与应对办法。会后，梅贻琦校长办公室于晚间发出第207号布告：

> 顷闻学生中有提议全体罢课者，如果属实，殊属非是，在此时局多故之际，诸同学应努力于实力之培养，切不可荒废学业，作无代价之牺牲，望各安心，勿得有越规行动，是为至要。此布。[20]

与此同时，代理教务长叶企孙与四院院长冯友兰、吴景超、陈总、顾毓琇等向学生发出劝告书，谓：

> 诸位同学，闻校中有人因昨日请愿未有结果，并因昨日有别校学生被捕，现在想提议同学罢课，我们处于师长的地位，不忍见诸位同学作无代价的牺牲，愿意提出下列数点，请诸位注意。（一）据公安局电话，昨日所捕学生已有四人释放，其余十余人，正由该校校长往保，即可释放。（二）国事至此，国人无不痛心，但今日如想解除国难，须培养力量，并非发泄情感所能奏效。（三）罢课是消极的行为，对于解除国难，毫无补益，反与人以借口干涉的机会。（四）我们现在愿以诚恳的态度，请各位同学在此期内加倍努力于学业，至于被捕之学生，各校当局自会负责保释，诸同学可勿挂念。[21]

劝告书发出，梅贻琦又召集各学系主任，"对于校事，有所报告，并请各学系主任随时指导学生，努力求学，勿为浮言所诱，否则校规具在，当严重惩罚云"。[22]

对于梅贻琦与诸位师长的劝告，清华学生会与北平学联无动于衷，誓必以全体罢课作为手段，向政府当局施压。各校学生在北平学联与中共领导下，"举行了各种校内集会与演讲会，讨论国内外形势，辩论'国民党究竟抗不抗日？'等等"。最后的结论是"要抗日必须反蒋，跟着共产党走"。与此同时，清华的"救国会和学生自治会组织了纠察队、宣传队、情报队、广播队，积极展开活动。还有些学生参加了学联日报的编辑出版工作。学生还自己装了无线电发报机，用英、法、德、日四国文字向国外发送了'一二·九'运动的消息"。[23]

面对混乱艰危局面，北大校长蒋梦麟、清华校长梅贻琦、北平大学代理校长徐诵明、燕京大学代理校长陆志韦、北平师大校长李蒸、东北大学代理校长王卓然，于12月14日午后联名发表《告同学书》，敦促各校学生上课。书曰：

诸位同学：

连日报纸关于学生的消息，不大登载，以至谣言百出，大家都感不明真相之苦。我们经过几天的实地调查，对于近数日来发生的事实，愿意与诸位同学说一下：

（一）九日北平学生游行，并无女生受伤致命之事。近日最流行的谣言，就是九日有一女生，因游行在王府井大街被警察刺伤殒命。这位女生的学籍，有说是师范大学的，有说是女一中的。女生逝世的地点，有说在市立医院，有说在协和医院。但据师范大学及女一中代理校长报告，该两校并无伤亡的女生。又据协和医院王院长报告，九日有一女生头部有微伤，经医治后即行出院。市立医院，并无女生受伤死在该处。至于城内各校所传清华有学生伤亡之谣言，查明亦非事实。

（二）连日被捕学生，已完全释放。九日北平学生游行，因而被捕的，计北京大学三人，东北大学六人。北平大学三人，已由徐诵明校长于翌日保出。东北大学因有伤害警士嫌疑，先后被捕十二人。现经王卓然代理校长力保，已于十三日完全释出。

（三）何应钦部长对于北平学生的慰问。何部长已于昨日南下，临行有一告别书致各大学校长，其中有慰问诸同学数语，今录于下：

"关于冀察时局问题，连日与各地方当局晤洽，经过甚为良好。现由中央明令设立冀察政务委员会，负综理冀察平津政务之责。此间各当局，均富有国家思想，人事之变更，并不影响国家之统一，尚祈诸先生转告同学，务望埋头努力于学问之研求，更不必涉及课外之活动。各同学素富爱国精神，顾惟有努力学术之增进，始实际有裨于国家。各同学皆具有高深知识之青年，想必能共喻斯旨也。"

综观以上消息，诸位同学请愿及罢课的目标，可以说是已经达到，望诸位同学，勿别生枝节，勿虚掷光阴，即日恢复学业，努力培植自己，以为有用之材，将来在救国事业上，一定可以收最大的效果。[24]

同日，北平市长秦德纯发表声明，略谓：此次华北外交，系由中央主持，市政府并未压迫学生运动，希望同学即日复课云云。

对于蒋梦麟、梅贻琦等六校长以及秦德纯市长的讲话与声明，学运领袖们并未放在眼里，仍坚决主张罢课。清华和其他学校部分学生不肯上课，罢课仍在进行，校内外弥漫着一种看不见但能闻得到的呛人气味，倘若遇到暗火，这股气就会瞬间引爆开来，对古城北平和社会各界形成巨大冲击。

根据北平学联搜集的情报，12 月 9 日成立"冀察政务委员会"消息不确，真正的日期是 12 月 16 日。于是，由中共地下党领导的北平学联，决定在这一天再度发动更大规模的示威游行，以平"一二·九"清华、燕京等校学生未得进城的怨气。同时，逼迫蒋介石出兵抗日，打乱"攘外必先安内"的战略决策，减轻中共领导的、正处于长征路上的工农红军的压力。[25] 对此，北平学联专门成立指挥部，郭明秋、姚依林、黄敬、彭涛、董毓华等议定示威计划和路线：各校一律晨 7 时出发到城内的天桥集合，召开市民大会，使学生与市民结合起来。然后进入正阳门，经天安门，向东行经东单，再到外交大楼——冀察政务委员会预定成立地点，举行总示威。鉴于"一二·九"被阻于城外的教训，学联决定每校派 30 人组成先遣队，提前一天进城潜伏下来以便接应。清华先遣队员由左派分子杨德基（杨述）、华道一率领。临行之前，模仿古代绿林好汉的做派，饮酒相告，以壮行色。

12 月 16 日晨，由清华、燕京大学组成的游行队伍，拂晓即开始由北郊校园出发，途中联络北平大学农学院、孔德学校和弘达中学二院等校学生，共 1000 多人，高擎着"反对冀察政务委员会"大旗，浩浩荡荡向西直门进发。到达后，情形与 7 天前一样，仍是铁将军把门，全副武装的军警分布于城头与四周，如临大敌，随时准备射击。见此情形，队伍只好转头，而阜成门、西便门、永定门同样关闭，游行队伍无法进城。指挥人员正踌躇间，忽闻留守西便门的部分学生已用身体撞开了城门铁闩涌进城去，并与接应的师范大学学生会合向天桥行进。永定门前集结的 600 多名学生闻讯，依计而行，几十人结为一伙，对城门连撞带砸，轮番攻击，同时与前往镇压的宪警扭打争斗，经过一阵折腾，终于冲开城门涌了进去。

当此之时，北平市内南部的天桥一带，已云集了各校前来会合的 10000 多名学生和 20000 多名市民。北平学联大会主席黄敬登上一辆停驶的电车，宣布市民大会开会。[26] 大会当场通过了"不承认冀察政务委员会""反对华北任何傀儡组织""收复东北失地"等决议案，并决定到外交大楼示威。当游行队伍到达珠市口时，涌进城来的清华、燕京等校的大队人马赶到，两支队伍浩浩荡荡地向正阳门前进，但遭到军警阻拦，守城军警见学生队伍汹涌澎湃，非一般口令所能遏止，遂冲天鸣枪数十响，胁迫队伍停止前进，同时四处捕人，数十名学生被押上军车带走。面对危局，学联领导人黄敬等决定以退为进，率队转至西车站广场，由纠察队用自行车搭成主席台，再次召开市民大会。当局闻讯，再度调集大批军警前来包围驱逐，双方

◎黄敬登上电车对民众演讲

◎ 1936年，陆璀在北平学生南下扩大宣传队中

又扭打争斗在一起。学联领导者与中共地下党成员见冲突愈演愈烈，遂决定放弃广场宣传，直奔内城做最后一战。于是，大批学生向内城正阳门冲去，在遇阻后，又沿城墙转赴宣武门，与守城的军警展开城门争夺战。

经过几番拉锯战，站在宣武门前的几个清华学生发现城门底下有一条缝隙，乃惊喜地高呼："从这儿爬进去，可以打开城门！"话犹未了，清华女学生陆璀已伏在地上，"刷"地一下从铁门下钻了进去，而后起身敏捷地把一根插门的铁闩抽下。当陆璀再次伸手拧抽扣住门环的铁丝时，几十名军警扑将上来，将陆璀掀翻在地，带入城内二区警察署扣押。城内一部分学生闻讯，纷纷前来增援，与守城军警扭打在一处。时燕京大学美国籍教授埃加德·斯诺，也混在城中学生中间拍照并痛斥军警行为，现场再度混乱起来。在各方压力下，陆璀被释放。守城军警遵令放开城门，让清华、燕京等游行队伍从西便门返校。时已晚上八九点钟，马路两旁的电灯已经熄灭，事先埋伏在胡同里的上千名军警突然窜将出来，挥刀舞棍向学生队伍打来。游行队伍被突如其来的攻击打散，纷纷向城门奔逃，有数人受伤和被捕。未久，清华校方根据梅贻琦指示，派来校车，送了开水、馒头等供给学生，随后把学生接回学校。在寒风中又饥又饿、筋疲力尽的学生对梅校长与校方当局给予的"无微不至"的关怀，感到"无比的温暖满足"。[27]

北平学潮二度爆发，全国各校纷纷响应，天津、南京、上海等高校学生在当地学联和中共地下党领导下，上街游行，到当地政府请愿。一时间，街道充塞，人声鼎沸，军警与学生打在一起，扭作一团，混乱之状，朝野震动。面对这一动荡局势，教育界自上而下采取抚慰之策，想以此法尽快平息学潮。12月19日，清华大学校长办公处发出第209号通告：

案奉

教育部铣电开："国难严重，青年自不免苦闷。近顷本市各校学生对于时事迭有表示其爱国之诚，政府及社会均已深察。惟目的与行动不可矛盾，此亦爱国青年所应体省。嗣后凡罢课游行，或离校活动之举，必须由诸师长负责阻止。如其行动不越正轨，则诸生之正当意见，校长可随时代为转陈。学校之安全，本部当尽力维护。盼将此意恳切转知，是为至要。"等因，奉此。合行布告周知，务望诸同学共体部旨，迅即复课，勿使学业久荒，有负殷殷劝诫之至意，是所切盼。此布。

校长 梅贻琦

中华民国二十四年十二月十九日

12 月 20 日晚 7 时，蒋梦麟、梅贻琦、徐诵明、李蒸、陆志韦、王卓然等六校长，联合在蒋梦麟官邸宴请平津军政各当局，到者有北平市长秦德纯、天津市长萧振瀛、北平宪兵司令邵文凯、北平市公安局长张维藩等。双方于席间交换对学潮意见，"各校长方面希望军警用和平方法处理，并自行劝导各学生安心求学。秦等表示允可，对各校长处境之困难，甚为谅解"[28]。当晚，被捕学生全部释放。

12 月 21 日，清华大学校长办公处再次发出第 210 号通告：

兹接各大学校长再告同学书，合为公布于下：查此次学生游行，虽属爱国表示，但爱国之道要在培植人才，做将来切实工作。诸君任重道远，来日方长，勿激于一时之气愤，忽视根本之训练，是本校师长切望诸同学注意者也。兹特再恳告诸君共喻此旨，即日复课，勿使学业久荒，是所至盼。此布。

校长 梅贻琦

中华民国二十四年十二月二十一日

附件：

各位同学：

在十二月九日北平各校学生请愿游行之后，我们曾联名发表告同学书，指出"诸位同学请愿及罢课的目标可以说是已经达到，希望诸位同学勿别生枝节，勿虚掷光阴，即日恢复学业"。不意那篇告同学书发表之后，又有十六日北平各校学生大举游行的事，参加者数千人，受伤者总数约近百人。我们对于青年同学爱国心的表现，当然是很同情的。但此等群众行动有抗议的功用，而不是实际救国的方法。诸位同学都在求学时期，有了两次的抗议，尽够唤起民众昭告天下了。实际报国之事，决非赤手空拳喊口号发传单所能收效。青年学生认清了报国目标，均宜努力训练自己成为有知识有能力的人才，以供国家的需要。若长此荒废学业，虚掷光阴，岂但于报国救国毫无裨益，简直是青年人自放弃其本身责任，自破坏国家将来之干城了！

　　现在各校被捕学生都已保释，受伤学生渐告痊愈，我们很诚恳的希望诸位同学即日复课。报国之事，任重道远，青年人切不可激于一时的冲动而忽略了将来报国的准备。

北京大学校长　　　蒋梦麟

北平大学代理校长　徐诵明

清华大学校长　　　梅贻琦

师范大学校长　　　李　蒸

东北大学代理校长　王卓然

燕京大学代理校长　陆志韦

　　与六校长遥相呼应的是，21日下午3时，北平市长秦德纯于市政府召开茶会，邀请记者50余人参加，"公布此次学潮真相及详细经过"，谓："此次学潮当九日第一次举行时，即发现传单标语，共党色彩极为浓厚，显有不良分子参与其间，当局对于学生爱国运动极表同情，唯当此特殊环境，外交关系复杂，万一学生游行酿成意外，何堪交应……"望学生不要受不良分子鼓动，安心学业云云。[29] 同日下午，天津市公安局长刘玉书发表谈话，谓"察同学游行之际，已有不良分子，乘我集合时间，混迹其中，撒放传单（有欢迎红军等语）……深望我同学不为不良分子所蛊惑，作无谓之牺牲，安心学业，将来报效国家"云云。[30]

　　此时各校学生已受北平学生联合会领导，对蒋梦麟、梅贻琦等诸位校长、各校教授和有关当局之劝告抚慰，均置之不理。南京、上海等高校响应游行示威的学生陆续返校上课后，平津学生仍坚持罢课、宣传，并呼吁社会各界支持学生的罢课行动。12月23日，天津《大公报》发表社论，呼吁罢课学生由街头重返教室，继续学业。24日，《大公报》发表冀察政务委员会委员长宋哲元讲话，略谓：青年学子热心爱国，本属可嘉，惟"历次学潮均有野心家操纵，此次学潮，背景复杂，甚至共产党潜匿其间，鼓动诱惑，危害国家。遂致多数热血青年，均为少数不良分子所劫持，不克遂其读书救国之志愿。值兹寒假期迩，学生在校既不能安心受课，深恐误入歧途，合行令省各校即日提前放假，其未尽课程，以后设法于相当时期补足"云云。[31]

宋氏之令发出，河北省与天津市各校响应，除南开大学与北洋大学陆续收拢外出游行、宣传的学生归校外，其余大中小各校均遵命提前放假。此前宋哲元想下令北平各校全部放假，但经与蒋梦麟、梅贻琦等人沟通后，蒋、梅等人认为离放寒假仅约两周时间，上课日期将毕，考试日期即届，除去新年放假三天外，所剩时间无几，实无提前放假之必要，仍做劝慰学生复课之打算。为稳定大局与学生前途计，宋哲元同意这一方案，然北平学联拒不复课，且计划发动第三次游行请愿，并派遣代表各处宣传鼓动。与此同时，学联派员组成一支 11 人的南下请愿团，各骑自行车于 12 月 25 日拂晓，由清华园出发直奔南京请愿。经过数日奔波，请愿团成员一个个灰头土脸到达浦口时，尚未进入南京城，即被早已守候的军警一个个撂倒在地，押上火车遣送回北平。[32]

就在各大学当局与学联以及学联中的中共地下党相互叫板、争持、角逐、缠斗之际，新的一年到来了。

1936 年 1 月 1 日，清华大学校长办公处发出第 212 号通告：

> 查本校学生近因时局问题请愿游行，辍课多日，迭经本校与北京、北平、师范、燕京、东北各大学校长劝告复课在案，诸生之爱国热忱既已充分表现，其他救国事业亦非辍课所能见效，如再荒废学业，殊违国家作育人才之意，况政府已有明令，仰各校学生推举代表进京陈述，是诸生如有意见，亦已无虑隔阂，为此布告，自二十五年一月四日起，应一律照常上课，至十七日止。俾本学期功课得资结束。至本学期期考，应俟下学期开学后再定期举行。此布。
>
> 校长　梅贻琦
> 中华民国二十五年一月一日

此前，"一二·九"与"一二·一六"学运骨干分子，联合天津学联成立了一个更大规模的"平津学生联合会"，凡平津两市学生运动，皆由该组织统一指挥。在中共地下党领导下，平津学联除号召各校学生罢课，另组织起一个"平津学生南下扩大宣传团"。"宣传团"划分地盘和势力范围，兵分四路，各自为"团"，互不隶属但相互策应。第一团以北大学生为主导，包括北平东城各大中学，团长为韩天石；第二团以北平大学法商学院为领导，包括西城各大中学，团长是江明；第三团以清华学生为主导，包括燕京、朝阳、辅仁等校，团长是燕京的黄华与清华的蒋南翔；第四团由天津各大中学校组成，由北洋工学院主导。

清华大学校长办公处通告发出，平津学联与清华"救国会"兼部分中共地下党决定反其道而行之，以示态度与罢课的决心。平津学联决定，南下宣传团行动之日，就选在清华大学当局规定的 1 月 4 日复课之日。于是，在出发的头一天，即 1 月 3 日，清华、燕京、朝阳、辅仁、中法等学校学生，共 150 多人组成的南下扩大宣传团第三团，一大早便云集清华举行宣誓仪式。据参加者记述："在寒冷的清晨，大家集合在大操场上，由领队带着宣读了誓言：'我们下了最大的决心，出发宣传，去训练民众，组织民众，不怕任何阻力，不怕任何牺牲，不达目的，决不返校。'哲学系爱国教授张申府的夫人刘清扬特意从城里赶来，为同学们送行。此时此刻，大家都感到有一个庄严的使命赋予自己。"[33]

就在第三团于清华发表誓言的当日，《大公报》发表蒋廷黻对学生运动意见。时蒋氏已由清华大学历史系主任，调任南京政府行政院政务处长，此次为蒋氏"乘年假之便来平，赴清华大学办理结束该校历史学系事务"，想不到竟遇上如此一幕。有记者向这位南京政府大员提问对时局和学潮的看法，蒋廷黻略谓：学生爱国运动的精神值得嘉许，但工作方针等，似多不当，若再长此以往，不仅徒劳无功，抑且损失实力，故行政院长蒋介石欲召集各校师生代表训话云云。——此次学潮，给蒋廷黻留下了极为深刻的印象，许多年后，蒋在回忆录中说："在知识分子占多数的国家中，学者普遍受到社会尊重，学生在政治运动中自然也会扮演重要角色。在中国，自汉代以来即是如此的。新的民主理论只是强调了学生在中国的政治地位而已。在过去的五十年，教育和革命是分不开的。每个政治领袖都要靠学生起家。每个政党都要争取学生。由于中国对现代政治组织和宣传鼓动方法不大熟悉，不能妥善运用。因此，在政治方面所表现者也和其他方面一样，西方的民主政治的弊端首先传进中国。显而易见的，政治领袖、煽动家、幕后的政治团体的作法都为学生政治家所左右。"[34]——蒋廷黻不愧是近代中国杰出的历史学家与外交家，他对学运本质与玄机的观察、参悟可谓抓住了精髓，比之当时张牙舞爪的政客和号称教育家、时论家或历史学家的各色社会名流要透彻、明了得多。

1 月 4 日，清华、燕京等校组成的第三团，在黄华、蒋南翔以及李昌、杨学诚、于光远等骨干分子领导下，于北平西郊蓝靛厂集合出发，沿平汉路南下，在河北固安与其他三个团会合，然后开始讨论中国的前途等重大命题。北平学联代表董毓华根据中共《八一宣言》提出的抗日统一战线精神，指出"当前应该集中一切力量，打倒日本帝国主义"云云。[35] 南下宣传团第三团在高碑店一带受到军警阻拦，双方发生数次肢体冲突。1月15日，全团

◎学联会南下扩大宣传团第三团部分成员合影

人员在军警监视下被迫返回北平。由天津学生组成的第四团也相继返津。16日，第三团在燕京大学校园召开全体大会，该团负责人蒋南翔提出成立"中国青年救亡先锋团"，得到大会通过。时南下宣传团第一、二团已进至保定，但在军警阻拦下无力前行，只好撤回北平，在途中成立了"中华民族解放先锋队"。2月1日，南下宣传团第一、二、三团聚集北平师范大学召开代表大会，决定将"中国青年救亡先锋团"和"中华民族解放先锋队"合二为一，统称为"中华民族解放先锋总队"，简称"民先"，其下分若干大队。其中"民先队清华大队"有队员六七十人，领导者先后有吴承明、李昌、杨学诚、凌松如（则之）、纪毓秀、钟烈錞等，这个组织后来成为中共领导各高校与学生的一股重要力量。

眼见学生在中共地下党领导下，有的继续罢课，有的索性结成团伙呼呼隆隆骑车南下搞宣传活动，视学校为无物。以梅贻琦为首的清华大学当局，对此无能为力，只好听之任之。1936年1月7日，清华大学召开第101次评议会，会议由校长梅贻琦主席，杨武之、施嘉炀、吴有训、冯友兰、陈岱孙、萧遽、潘光旦、陈福田、叶企孙、沈履、顾毓琇等出席。会议议决如下：

一、教务长吴景超辞职，业经聘请潘光旦继任；

二、本校劝告学生复课无效，业遵部令公布于1月6日起放寒假。……寒假后的2月1日至7日举行上学期学期考试，8至10日缴费注册，12日上课。[36]

寒假在纷乱中过去，待2月1日春季开学当天，清华园情形并未好转。校当局要举行上学期因学潮冲击未能完成的期考，受中共地下党控制的"救国会"阻拦，理由是准备不足，要求校方延期。校方讨论后，决定改于2月24日举行。决定公布，学生"救国会"以施行"非常时期教育"为由再请延期，校当局颇感为难，遂

交由各系主任会议讨论，未得结论。受"救国会"领导的部分学生见校方层级当事者精神不振，且呈疲软与滑坡状，意气更加张扬，干脆提出免考，并发动学生进行所谓的"非常时期教育"。面对此情，清华校长办公处于2月13日发布第222号通告：

> 日前接救国委员会函，要求准免补行本年度第一学期考试一节案，查前奉教育部第〇〇八九七号训令，开奉行政院训令，内开现寒假将满，各省市公私立学校应即按期开课，恢复常态，嗣后凡不照章受课受考学生，各校概不得给予学绩等因，又校方以上学期教学进行因故停顿多日，特将补考日期一再延展各在案，兹经各院长会商金认，行政院既明令于前，校方复一再体恤于后，所请殊难照准。除函复该委员会外，特此布告，希各注意此布。
>
> 中华民国二十五年二月十三日[37]

布告发出，"救国会"骨干分子再次表示置之不理，坚决拒绝期考。校中各系主任职责所在，开会商讨又迟迟不得要领，于是决定提交更高一层的教授会处理。2月19日下午4时，教授会临时会议于科学馆召开，张奚若主席，周培源记录。出席者有杨遇夫、庄前鼎、雷海宗、张子高、闻一多、朱自清、叶企孙、吴有训、冯友兰、金岳霖、潘光旦等59人。"救国会"学生闻讯，立即由主席黄诚纠集500余人于操场集合，先结队围全校游行一周，后到科学馆楼下，由临时主席刘毓珩宣示如下三条：（一）请愿执行学生大会议案；（二）为实施非常时期教育及非常时期生活，要求免考；（三）教职员方面认为学生反对学校，并非事实。

宣示毕，队伍开始高呼口号，要求"清华师生合作""实施非常时期教育""免除学期大考"等等。与此同时，由二头目黄诚、刘毓珩二人代表学生到楼上往见新当选的教务长潘光旦，潘谓教授正在开会讨论此事，劝黄、刘二人不要率学生吵闹，即行散去。黄、刘二人与众生不听劝告，继续在楼上楼下扰攘请愿，被激怒的教授会人员当即决定，如期举行期考。潘光旦把此一决定通知学生，众人大怒，立即蜂拥上楼，高呼口号，"叫嚣要挟本会"。[38]"继复包围会场，并有代表数人，屡次冲入。"在一片混乱叫嚣声中，出席会议的教授会同人"既感执行职务之不可能，又愧平日教导之无方，惟有引咎辞职，以谢国人"[39]。于是，张奚若等全体教授于盛怒中向梅贻琦校长集体辞职，并发表宣言，指斥闹事学生之无理。时在校教授共74人，宣言签名者68人。

蒋廷黻在后来撰写的回忆录中，对此一类事件发生因由有所评析，蒋说："中国大学教授欲想对学生们提出政治性建议是很困难的。我们是否应该建议那些热衷政治的青年，要他们牺牲一切，去醉心政治，去推翻某个政府或打倒某派？又是否应该告诉他们救国不是一蹴而即的，需要很长时间，要他们安心读书，以应未来的需要？在混乱的中国，这些问题都不是一个单纯的答案所能解答的。事实上，当政治风潮刚开始时，具有说服力的劝告还有效果，一旦风潮发展到某个阶段，教授们的话就没有用了。每逢风潮，学生们的心中也是矛盾的。他们一面喜欢风潮的刺激，一面也想要读书。中国大学受外界影响沦为政治剧场，其程度如何，要看相关影响力量的消长而定。"[40]

清华"教授罢教"事件发生的当晚，学生会即召开全体会议研究应对之策，到者619人，主席团为陈元、刘毓珩、黄诚等三人，最后议决：

（一）以全体学生名义，挽留全体教授；

（二）由清华救国会向教授方面解释误会；

（三）加强纠察队组织，维持校内秩序；

（四）登报并发表宣言，声明此事真相，并表明态度；

（五）救国委员会应即执行上次大会关于实施非常时期教育及免考之第三步办法，如有人从事破坏时，应由救国会组织特种纠察队，负责制止。又，即时实施非常时期教育及生活，每日上午七时早操，每星期六、星期日野营，实行食宿集中，如有学生不到时，则由全体学生实力对付。

以上决议，仍是继续煽动学生与学校当局对抗，胁迫校方免考，如有学生进入考场，则由学生会擅自组建的"特种纠察队"，即学生队伍中的打手进行打压，逼其就范。同时，全体学生必须进入战时状态，开始经受由"救国会"操控下的集体生活。如有不从者，则受到相应惩罚，最终迫其就范，以完全达到听命于学生会与"救国会"几个头目指令的目的。

时梅贻琦正在南京执行公务，清华急电校内发生的一切并催其速返平处理。在梅回校前的短暂时间里，清华仅有体育等部分教员上课，以及秘书长沈履等行政人员照常办公，无一教授前往教室授课，所有课业全部停顿。面对此情，部分想安心用功读书的自由主义派学生，对"救国会"表示不满，自发组织起一个"救国护校团"予以对抗。于是，清华园内又出现了一个以自由主义者为领导的派别，成为与

◎清华同方部

"救国会"交锋对垒的新生力量。

"救国会"原为清华学生自治会下属的一个组织，随着学潮高涨，该会渐渐演变成一个拥有私建纠察队和特种纠察队的独立组织，反抗政府和学校权威，自行实施"非常时期教育"，胁迫同学抗拒复课与补考。因常在大礼堂开会议事，被称为"大礼堂派"，其骨干成员为杨戊生、钱伟长、葛庭燧、黄诚等人。新成立的"救国护校团"骨干有刘同声、张肖虎、何炳棣等人。因该会成员多在清华早期礼堂、后改为俱乐部的同方部开会议事，故被称为"同方部派"。又因清华的国民党团部也设在同方部，何炳棣等"同方部派"被中共地下党领导的"大礼堂派"视为国民党的同道者。据《大公报》2月22日报道，"救国会"与"救国护校团"双方各400人左右。但据亲历者何炳棣说，"居浩然回忆中的观察是正确的：'一二·一六'大示威后，清华学生内部发生分裂。主流是救国会派，控制学生代表会干事会，对外代表全体。反主流是同方部派，人数号称三百，实只百余，对外限于个人活动。"又说："就我回忆所及，我们被称为'同方派'的原是毫无组织经验的乌合之众。内中虽有国民党同学六七人，除一人是江苏籍外，其余都是东北逃亡入关，历经千辛万苦考进清华的。……所以复课之后，同方派等于不存在，大家都回到读书岗位。"[41]

就当时情形论，"大礼堂派"学生无论是人数还是搞学运的热情，因有中共地下党的领导，显然拥有压倒其他派别的优势。而专啃书本、不闻外事，甚或躲进小楼成一统的自由派儒生，已被视为"落后分子"或政府当局的拥护、同情者而成为绝对的少数。对此，1939级校友林征祁认为：清华学生有钱也好，没有钱也好，努力读书却是绝大多数清华同学的共同特点。但"进了清华以后不用功的也不少，搅学生运动的多半是这些本来用功，后来却不用功的同学……'一二·九''一二·一六'大示威运动中，清华同学便扮演相当重要的角色。我自已生性好静，一次也没有参加，左派学生把学生宿舍电源总机关了，要全体学生都到大礼堂开会，我却买一根蜡烛在宿舍中顾影自怜，不问外事"。[42]

既然有的要闹腾，有的要安静，矛盾不可避免。而随着矛盾加深，双方开打且以拳头哨棒刀枪剑戟论输赢，也就成为一种必然。

清华自由派组成的"救国护校团"，在国民党团部支持下，于2月22日致电南京教育部，公开指控清华"救国会"受共党分子操控，行为非法，要求梅贻琦校长速回校处理并对"不良分子"予以严惩。

面对"救国护校团"的声明，清华"救国会"立即予以反驳，谓："近有少数同学乘机组护校团，辱骂诬陷。本会领导六百同学请愿，本系执行大会决议案，惟不能善导同学，致生此种不幸，自当深自引咎，极力设法解决，请转达诸师长，即日复职授课，为学校留元气。"[43]

23日上午，清华"救国护校团"于北平城内大美番菜馆召开记者招待会，该团领导人刘同声发表五项主张：（一）挽留教授；（二）遵守校规；（三）否认救国会非法行为及法律地位；（四）退出学联会；（五）否认学联会非常时期教育方案，实行教部所拟非常时期教育方案。并谓："在不反对任何党派拥护中央的原则下，努力救国运动，并负纠正错误救国运动之责任。"最后，"救国护校团"主要骨干成员彭永馨、鲍熙年、纪富升、刘安义、汪复强等5人，以清华救国会负责人杨戊生、沈海清、华道一、郝威、陈元、黄诚、刘毓衍、高承志、郭见恩、钱伟长、陶家淦、葛庭燧等12人，任意散发传单，指为汉奸，毁坏名誉，特拟具诉状，以妨害名誉及诽谤罪向北平地方法院呈控，法院受理并定日开庭审理云云。[44]

在南京得知清华乱象的梅贻琦心急如焚，本欲22日乘机返平，因天气原因未克起飞，只好于23日下午飞回北平。面对处于瘫痪状态的学校，梅入清华园后与诸教授分别谈话了解情况，最后决定以强硬姿态和手段，对"救国会"掀起的风潮予以扼制。

2月24日上午10时，梅贻琦于大礼堂召集全体学生训话，一改"大概或者也许是，不过我们不敢说；可是学校总以为，究竟仿佛不见得"之处事风格，态度明确、极其严厉地指责"救国会"带头闹事、胁迫教授会的学生头头，谓："十九日教授会开会时，有学生多人请愿，包围叫嚣，要求免考，这种行为是极不对的，学生对师长应当信仰，尊重，服从，要挟侮谩，实属失礼。本人返校途中，阅数日来报所载，学生有谓此举系出于误会，误会二字实不足以卸责。"又说："关于大家请求免考一节，现在可向大家简直痛快的说，是不可能的。此事以前曾经再三考虑，一方面顾念学生方面情形，一方面对于教学事业，不愿草率行事，所以一再推延，但决不能不考。现在前定考期既已错过，只好再待三五日，请教授复职后即当举行。"[45]

训诫大会正在召开，校长办公处人员即在园内贴出了第225号通告，可见梅在进入会堂前已决定对"救国会"成员予以痛击。通告曰：

> 查本月十九日下午教授会开会时有学生自治会救国委员会，率领学生多人向教授会请愿，继以包围要挟，鼓噪扰乱，致教授全体辞职。本校秩序素称良好，乃诸生竟有此等不守纪律之行为，且系施之于全体师长，殊为重大错误。凡一团体之能存在，必须其团体中之各分子均守其团体中之纪律，否则土崩瓦解，可立而待。本校为全国有数之学术团体，国家社会对本校均有莫大之期望，本校长负维持秩序、执行纪律之责，对于此等重大之越规行动，自应执法以绳，该学生自治会救国委员会委员黄诚、陈元、刘毓珩、陆璀、宫日健、黄日开、周嘉祺、叶笃廉、丁则良、吴承明、刘汝贤等十一人，本应立予开除学籍，姑念该生等事后已知深自引咎，特从宽每人记大过二次以资儆戒，以后且望体念时坚，力图共济，俾于风雨如晦之际，本校教学工作仍得负其鸡鸣不已之责任，以为国家民族在学术上延一线之命脉，是则本校同人所应共勉者也。此布。
>
> 校长　梅贻琦
> 中华民国二十五年二月二十四日[46]

同日，清华大学校长办公处发出第226号通告：

> 查本学年上学期学期考试，因教授全体辞职，未能于二月二十四日起照新定校历举行，除向各教授恳切挽请复职外，兹改定于二月二十九日至三月六日举行上学期学期考试，自即日起至二月二十八日止暂停上课，俾资温习功课。此布。
>
> 校长　梅贻琦
> 中华民国二十五年二月二十四日

经梅贻琦一番严厉训诫和发布对"救国会"领头闹事者的惩治措施，多数懵懵懂懂、跟跑随风的学生表示遵命，按期应考。辞职的众位教授咸谓"此次事件乃清华自成立迄今二十余年所未曾有者，校长既已惩戒肇事学生，并敦劝复职授课，若果学生自今痛改前非，努力学业，校内纲纪恢复，自可打消辞意"[47]。

2月25日，梅贻琦复函教授会，内有谓学生闹事，自己"因公在京未能到场制止，殊深愧憾"等语，敦请全体教授复职并策学生考试进行云云。各教授见学生已经诚服，风潮平息，遂借坡下驴，表示复职授课。一场严重的师生冲突与学生间的明争暗斗，在梅贻琦果敢处理下暂时得以平息。

然而，一波刚平，一波又起，一场更大的风暴很快席卷了清华园。

◉ 军警围剿清华园

自"一二·九"学生上街请愿之后，南京政府行政院根据军警部门侦查，得知有中共地下党操纵学潮，且呈愈演愈烈之势，而政府又拿不出相应办法以缓和各界情绪。在政府信誉即将崩盘的危急情形中，当局采取并不明智的打压措施，明令"取缔非法组织"，对参与"非法组织"的"不良分子"实施传讯、逮捕、关押，企图通过高压与打击，抑制社会舆论，清除中共地下党分子，使学校不再风波连连，克无宁日。根据这一方案和目标，各地宪警开始对学校严密监视和控制，如有风吹草动便入校捕人讯问。北平方面作为中共地下党领导学潮的发源地，更属监控的重中之重。自1936年2月23日下午始，最具共党地下分子嫌疑的东北大学被军警包围，对学生宿舍与人员等进行检查，共有37人被带往宪兵司令部侦讯。随后，中国学院、东北大学、中山中学等校，数人被带往警局扣押、讯问。教授方面，亦有数人被传。

宪警进入东北大学捕人六天之后的2月29日，原定为清华学生补考之日。想不到凌晨4时左右，师生皆在睡梦中，北平宪兵司令部与北平市公安局联合派遣宪兵与警察200余人，携带40余"不良分子"名单，分乘警车数辆，在朦胧的夜色中开赴清华园予以搜捕。《清华大学校史稿》以胜利者的姿态对这一事件做了如下描述："进步同学早有了准备，在那天夜里，一些党员、救国会和民先队的骨干都没有在自己房间里睡觉。反动军警在各宿舍大搜捕落了空，便又闯进二院等处。当时的清华中共支部负责人蒋南翔在二院附近被他们抓住了；在城里作党的工作的姚

◎清华西校门

依林，从城里赶回学校参加期考，在西校门也被扣留；民先队员方左英与反动军警斗争时也被逮捕；军警还抓走了一位工友。学生救国会当即组织同学护校和驱逐反动军警。'同学们，夺回我们的同学呀！'一声呼喊，在民先队员的带动下，同学们冲出宿舍，用石头木棍和反动军警展开了搏斗，有的同学奋不顾身地向军警夺取枪支。反动军警被打得狼狈不堪，败阵而去。同学们追至西校门，蜂拥而上，奋力夺回了蒋南翔、方左英和姚依林等同学。在与反动军警搏斗中，同学们夺过军警带来的馒头、肉馅饼作为武器，雨点般朝着军警投掷，还将反动警察开来捕人的几辆汽车捣毁。当反动军警企图乘车逃跑时，汽车已全部不能发动了，他们只好拖枪拽刀，悻悻而去。"[48]

与《校史稿》的虚骄之气不同的是，姚依林晚年对此有较为低调、平和、实在的回忆。姚说："'二二九'的前一天，我因考虑到清华要大考了，就问林枫我的学籍要不要？林枫说，你还是回去考一下，保留一个学籍也好。我原来是学化学的，搞运动，书念不下去。我学的是普通化学，要经常做实验，我没有时间去做。结果张子高先生只给了我60分。这样，我只好转入历史系。'二二九'当天，早上，我从城内米市大街坐了校车回清华，还带了一本《共产国际通讯》在校车上看。因为考试期间，别人早已回校了，所以校车上只有我一个人。校车到了西校门口，我下车后立即被警察特务包围了。他们问我叫什么名字，我就随便回答说，叫丁则良，因丁则良是一个中间群众。警察就把我关在校卫队屋子里，当作逮捕的嫌疑犯。不久，警察把蒋南翔抓了进来，又把方左英抓了进来。方左英不是党员。他们两人被捆起来了。我因为是嫌疑犯，没有被捆。我们见面后互相不谈话。最后是由民先队打进来，把警察特务赶走了。"[49]

清华大学校史编研组编撰的《战斗在一二·九运动的前列》一书，对此一事件描述得更为详细也更加玄乎，内中说："拂晓，四百多名反动军警闯进了清华园（南按：军警人数比《大公报》报道数量多近三倍，比《校史稿》多二倍）。当时，校门紧闭，反动军警在门外吵嚷叫门，陈福田教授给他们打开了二校门。这些家伙进了二校门以后，横冲直撞，见人就抓，逢人便打，路上撞见了工学院院长顾毓琇，不问青红皂白，劈面就给他两记耳光。顾毓琇连忙说：'我是院长，我是院长。'反动军警乱嚷着说：'管你院长不院长，谁叫你出来的！'他们杀气腾腾地把平斋、善斋、明斋、新斋等学生宿舍重重包围起来，按照手里的'黑名单'搜捕进步学生。"当学生们发现军警逮人后，"在民先队员的带动下，同学们冲出宿舍，吴承明、高宝琦、黄秋耘、董凌云等奋勇在前，用石头木棍和反动军警展开了搏斗，李伟（原名李鼎声）等同学更是奋不顾身地向军警夺取枪支，反动军警（出发前曾有不准开枪的命令）被打得狼狈不堪，败阵而去。同学们追至西校门，发现反动军警正用绳子捆绑蒋南翔、姚依林和方左英，准备用警车把他们带走。在这万分紧急的时刻，一个同学振臂高呼：'同学们，冲上去，夺回我们的人！'大家蜂拥而上，奋力夺回了蒋南翔、姚依林和方左英。在与反动军警搏斗中，同学们夺过军警带来的馒头、肉馅包子作为武器，雨点般地朝军警扔去。同学们还将反动军警开来的八辆汽车，拆散的拆散，捣毁的捣毁，在反动军警企图乘车逃跑时，汽车已经失灵，不能发动了"。[50]

此一事件发生之际，梅贻琦未在校园，只有教务长潘光旦得到消息后手扶拐杖，一瘸一拐地跑到校警室台阶上，用沙哑的嗓子劝阻学生冷静，不要与军警发生肢体冲突，并云"学校自会好好交涉"等等，但没有一个学生理会。如此这般，"事情反而闹砸了"[51]。

军警败退后，中共地下党和少数侥幸逃脱的学生，以得胜还朝的姿态表示了庆贺之意。时已回校的梅贻琦与教务长潘光旦等校方当局却意识到事态严重，此一单纯事件，已由"公事公办"加进了团体与个人恩怨，绝不会就此罢休，必将招来受到羞辱而失去"面子"的军警极其严重的报复。此时，退出校门的军警并没有撤退，而是在校外看守，并向城内请示下一步行动。北平当局接电，大为光火，立即命令清华西门之外三公里处、驻守西苑之冯治安师增派一个团的兵力将清华园包围并进行弹压，情形极其危急。面对大兵压境，当天上午9时，梅贻琦在大礼堂紧急召集同学训话后匆匆赶往城内分谒北平市长秦德纯、公安局长陈希文以及冀察政务委员会委员长宋哲元，商洽补救、解决措施。但一直未能找到相应办法，军警与学生仍在清华园内外紧张对峙。

就在梅贻琦于城内诸衙门、机关间奔走周旋之际，清华学生会也紧急召开临时全体大会，议决如下：一、请校长立即保释同学和工友（南按：时同学已抢回，被捕的工友寇某已获释）；二、请学校要求政府保证以后不得再有宪警进入校门；三、加强同学组织，在问题解决前不举行补考；四、请新任"救国会"委员立即宣誓就职，进行工作；五、一致拥护校长；六、电请行政院收回取缔平津"学联"成命。会后召集纠察队担任警戒，并派代表晋见校长。

从城内回校的梅贻琦面对学生请求，表示与当局接洽，"无多少效力，恐未能保障安全"。随后，校外宪警复有增加，并有30余人进至校内，学生方面击钟集合同学约五六百人将军警逐出，并将校门闭锁，双方再度处于固守、对峙状态。

梅贻琦见状，知对方必欲得手，事态势将在冲突中扩大，甚至可能出现流血事件。为安抚、平息各方情绪，梅贻琦第二次乘车进城与当局斡旋。同时紧急拍发密电于翁文灏、蒋廷黻，请其施以援手，文曰：

> 本晨六时平市军警□百余人来校检查，逮捕学生，略有冲突。现全校惊惶不安，诚恐军警行动更趋极端。除由校向平市警局接洽，并电达教部外，恳设法请当局电平，务取缓和处置，以免激起意外。
>
> 急抄，南京行政院翁秘书长咏霓、蒋处长廷黻兄鉴：资密，本日本校方将举行学期考试，讵于晨六时，平市军警□百余人来校检查，逮捕学生。多数学生群起抗议，略有冲突。现全校惊惶不安，诚恐军警行动更趋极端。除由校向平市当局接洽，并电达教部外，恳设法请当局电平，务取缓和处置，以免激起意外。
>
> 弟梅贻琦　艳　叩 [52]

◎演讲中的蒋廷黻

当此之时，曾与清华有过密切关系的翁文灏、蒋廷黻已弃学从政，翁氏出任南京行政院秘书长，蒋为行政院政务处长，皆为国府大员。按蒋廷黻的说法，行政院是国家最高的行政单位，由于蒋委员长兼任院长，所以需要秘书人员辅佐他。秘书人员分成两部分："一部分是以秘书长为首，下有秘书十名。另一部分以政务处长为首，下有参事十名。就理论说，秘书长是协助院长执行政务的，而政务处长是替院长拟订政策的。易言之，一个要注意法令与惯例，一个要注意行政的效果。……秘书长与政务处长都是次长阶级，均能出席院会。"[53] 正是二人身处党国中枢高位，梅贻琦才急电向其求援。

在各方斡旋、指示下，事件基本处于可控范围。按《清华大学校史稿》描述："当天的傍晚，两个团的反动军队，包围了清华园，杀气腾腾如临大敌般冲了进来。在气象台上瞭望的于光远发现敌情后，立即奔赴钟亭敲钟报警。等到反动军警进入学校，清华园已变成一座'空城'，仅有少数死读书的同学还留在图书馆和宿舍里，绝大部分同学都不见了。"又说："当时学校的电闸已掌握在进步同学手里。反动军警进来以后，同学们马上关闭电闸，反动军警在宿舍里只好摸着黑东溜西窜。从2月29日晚七时到3月1日晨五时，他们整整搜捕了一夜，一无所获。一直到了天亮，才发现在体育馆屋顶上有同学放哨，他们朝房顶开了几枪，便冲进了体育馆。反动军警这才发现原来许多学生都躲避在体育馆里。他们拿出'黑名单'和全校学生名册，一个个地点名对着名单捕人。可是黑名单上的学生早已分散避开，任凭反动军警以刀枪威胁学生，凶恶地追问，毫无结果。最后，军警又到图书馆等处胡乱抓人，共抓了二十一人，都五花大绑地带走了，但学生运动的主要骨干一个也没有抓着，而被抓的人中，甚至还有国民党特务学生。有一个特务学生在被扔上警车时，极其颓丧地向军警说：'我是提名单的，为什么反而抓我？'"最后，《校史稿》总结说："英勇的二二九"反逮捕斗争，冲破了一个月来的白色恐怖，大大地鼓舞了各校反逮捕斗争的信心，推动了清华学生运动进一步的开展……[54]

与《校史稿》的描述形成鲜明对比的是，当时的亲历者徐贤修撰文说：军警进入校园后，"声明不用枪弹，有些好事同学一听，这倒方便了，竟抢了他们的枪支，把他们缴械了，扣留他们领队的团长，打翻了运输的车辆，一时群情激昂，盲目地跟着少数领导人的行动，奋不顾身护校的组织应运而生，俨然以清华园为堡垒，大有长久对抗的意思。一有发现，便鸣钟示警，集合同学，以广声势。想不到当天晚上，竟有一师军力的步[部]队，荷枪实弹，并附有大刀队，进入校园。在门口首先遭遇的是资深的英语文教授陈福田先生，他们这次来校态度不同了，不由分说先把陈先生吊了起来，来势甚猛，同学中负责的人早已溜了。试想这时节做校长的困难了……"[55]

徐贤修所言大体不差，学潮运动领袖们早已逃走，而多数学生却无处可逃，作为校长的梅贻琦更不能临阵脱逃，躲在小楼透过窗口偷看学生面临的血光之灾。他必须挺身而出，直面这一事件并做相应的处置，其难度自可想象。据清华外语系教授叶公超凭与梅贻琦多年共事的经验及对其观察，认为梅是一个传统的中国人，其性格是慢、稳、刚，但这个"慢"有时颇令人着急。叶公超举例说：如宋哲元派兵到清华去逮捕共产分子那件事，事前我们就得到消息，当时叶企孙、陈岱孙、冯友兰、张奚若等和我，都在梅宅商量如何应付这桩事。"事情紧急，几乎每个人都说了许多话，惟有梅先生自己默默不发一言，大家都等他说话，足足有两三分钟之久，他老先生还是抽着烟一句话不说。结巴的冯芝生最后就向梅先生说：'校长你——你你看怎么样？'梅先生还是不说话。我就忍不住了，我说：'校长，您还是没有意见而不说话，还是在想着而不说话？'梅先生隔了几秒钟答复我：'我在想，现在我们要阻止他们来是不可能的，我们现在只可以想想如何减少他们来了之后的骚动。'有人问：'究竟有多少人会来？什么时候来？'梅先生说：'都不知道。……我看，来是不成问题的了。'后来还是梅先生把校内的安排作了一个最后的决定。"[56]

叶氏所举事例没有说明商谈的具体时间，但据后来的资料推断当在天黑之前。面对"酒兵易压愁城破"的艰危处境，梅贻琦当时心情之沉重，考虑之周密，处理之慎重由此可见。此点正如梅对清华校友刘崇鋐所言："我受的科学训练，教的也是科学，有时处理事情谨慎一点慢一点，也许就是因为我的科学观念，叫我不肯随便。"[57]叶公超评价梅性格中"慢、稳、刚"所得出的结论正应了梅贻琦这段话。叶说："我认识的人里头，说话最慢最少的人，就是他和赵太侔两个人。陈寅恪先生有一次对我说：'假使一个政府的法令，可以和梅先生说话那样谨严，那样少，那个政府就是最理想的。'因为他说话少而严谨，他作事和作人也就特别的严谨。天津话叫'吃稳'，梅先生可以说当之无愧。"[58]

梅贻琦对军警压境所做决定和处理经过，《清华大学校史稿》没有一字提及，倒是几位当年的亲历者披露了一些隐秘，如华道一回忆说："这天下午，当大批军警围困清华大学扬言要冲进校内的紧张时刻（南按：华道一说是数千，蒋南翔在《新清华》撰文说有三千军警，徐贤修说一个师的兵力。），我作为当时学生救国委员会的委员，曾和其他几位委员一起到梅校长住宅（当时称为

◎梅贻琦居住之清华园甲所

甲所）访问。梅校长在他家接待了我们。我记得当时梅校长对学生是十分爱护、关怀的。他说，现在局势很紧张，军警可能要冲进校内来，希望有被捕危险的同学要设法避一避。在我的记忆里，当时梅校长曾交给我们一个名单，说是军方交给学校要求逮捕的，这个名单上列名的同学约有二十余人。其中有几位同学的姓名上划了两个'〇'，表示是一等要犯，我记得其中有黄诚、吴承明、刘毓珩（陈其五）等。第二等的划了一个'〇'，其中有我和洪绥曾（洪同），还有十几人是没有划'〇'的，大概算是第三等吧。我们从梅校长家出来，已将天黑，大家就按校长的话，设法躲避。我自己是躲在叶公超教授家里，像姚依林当时躲在冯友兰教授家里，这在近几年来已屡见报刊，传为一时佳话了。从这一件事看来，梅校长当时作为国民党政府特任的国立大学校长，能冒着一定风险，如此保护学生，应该说是十分难得的。"[59]

华道一的回忆大体可信，因为名单上的主要分子，基本在当天夜里得以躲避而幸免被捕。与华道一同级的林从敏从侧面证实了这一说法："二二九"军警入校被殴之后，"校园内的紧张情形刻刻的在增高，大家预料到要有更大的事件发生。学校的门完全关闭了，陈福田教授与校警们在门内守卫。果然是到了天黑，有至少千人的武装部队从西苑开来，黑暗中只听见跑步的刺刀，整个校园笼罩在恐怖中。在一夜搜捕中，军警逮捕了数十无辜的同学，真正在名单上重要的同学，一个也没有被他们捉到"[60]。

据当时在名单上的"一等要犯"姚依林回忆："这时，在学校里是南翔负责指挥，他通知我，还有黄诚，到冯友兰教授家里去避一避。我们就在冯友兰家的厨房里呆着。到了晚上两点钟光景，国民党军警来见冯友兰，很客气地问了冯友兰，家里有没有人？有没有学生躲在屋子里？冯友兰回答说没有。警察未搜查即离去。第二天早上六点钟的样子，这时军警已撤走了，我离开了冯友兰家，出门碰见蒋南翔从古月堂出来。我对蒋南翔说：我走了！蒋南翔点了点头。于是，我就跑到新斋，翻墙而出。不敢走西直门了，而是绕德胜门进了城。"[61] 另据其他史料显示，当天晚上，有六名学运骨干女生跑到朱自清教授家躲避，另有学生避到闻一多家和华罗庚教授家，均幸免被捕。至于清华园内学运总指挥蒋南翔的逃脱经过，大体路径是：当闻讯军警进校大搜捕时，蒋没有同多数同学一样稀里糊涂地在校园乱窜或躲入体育馆地下室，而是以一个地下工作者丰富经验与机灵的头脑，迅即跑到三院食堂，见到工友老刘，像许多谍战片电影画面表现的一样，将其衣服扒下交换，又用炉灰把脸抹黑，装作伙夫在炉膛边忙活。当军警前来搜查伙房时，他装作若无其事的样子，还大着胆子给对方倒水献殷勤，如此这般躲过了一劫。[62]

相较于《校史稿》或某些学生"唱戏抱屁股——自捧自"式的书写与回忆，天津《大公报》派出记者所做的报道，则更平实、客观、严肃和具有史料价值，报道说："晚七时后，情势再趋严重，当局复增调宪警前往，将全校包围。学生方面，再举行第三次大集合，商应付办法，并派代表见梅校长。……由学校派教授向军警交涉，请其最多派五十人入校，全体同学在体育馆集合，听凭检查。宪警入校后，先至各宿舍检查，并派警将图书馆与体育馆一带包围，对集合体育馆中同学女生概令外出，余分三部分施行检查，直至昨晨五时，始行检查完毕，共带去学生二十一人。名单为林亮、郭守田……此外被抢回之方左英一名，传复被带去云。"又说："事件发生后，学校一般人员，渐见惊异不安之象，咸虑事态或果能即行解决，学生救国会与救国护校团两派学生，均于昨日派代表晋谒梅校长，对保障安全与营救被捕同学各点有所陈请。"[63]

大逮捕风潮过后，梅贻琦对新闻界发表谈话，谓："敝校风潮甫经平息，忽又发生此事，实属不幸之至。……学校对此，惟盼当局早日分析清楚，能早将无关系者保释回校，至是否再有第二次事件发生，因此次被捕诸人多为名单中所无，故不敢断言。被捣毁车辆，当局如无严苛条件提出，校方为息事计，可给予相当赔偿费，否则学校不负此责任。补考问题，初拟将二十九日应考各项延至下星期六（南按：3月7日）举行，其他照原定日期考试，经此波动，似不能不全部加以考虑……"[64]

梅贻琦讲话使事件各方情绪得到缓和，清华园内秩序也由恐怖混乱渐渐转为平静。接下来，一个疑问萦绕在每个同学心中：军警特工人员是如何得到"不法分子"名单的？提供这个名单的是何人？在众人疑虑与相互质询猜测中，有学生认为此人非教务长潘仙莫属，因为他最有条件，也最可疑。于是，部分学生头目便有了教训潘仙（即潘光旦）的计议。

果然，第二天一早，潘光旦遭到了"救国会"部分学生围攻。当时的亲历者林从敏回忆说："我到达校门时，在警卫室的北面，潘先生的两个拐杖已经被丢在地上，他用一条腿边站边跳来保持平衡。我与级友方钜成（《周恩来传》作者之一）赶紧去左右扶持了他，将拐杖拾起，陪着他走到大礼堂台阶上。这时前后还是有人呼喊，但并未动手来打，潘先生头发凌乱，却面带笑容。"又说："这时候从科学馆方向慢步走来了梅校长。梅师穿着一件深灰长袍，登上礼堂台阶后，站在潘教授之旁，面对着二三百同学，有半分钟未发一言，显然是尽量的在抑制他的愠怒。那些夹在人丛中呼喊推打的同学都安静下来。最后梅校长发言了，你们要打人，来打我好啦！你们如果认为学校把名单交给外面的人，那是由我负责。我们记得某学长戏作打油诗一首，描述校长说话谦逊含蓄情形'大概或者也许是，不过我们不敢说，可是学校总以为，恐怕仿佛不见得'。但是在推打潘先生这一天梅师坚定果断，毫不含糊其辞。这是我们第一次见到梅师表现他在'危机'情况下，当机立断处事的精神。"[65]林从敏的回忆并非孤证，当时的学生徐贤修也亲临现场并有过与林类似的回忆，徐说：梅校长看到有学生夺去潘光旦的拐杖，挺身而出，痛心疾首地说："在清华竟出现这样野蛮的行动，我万分痛心，你们一定要发泄闷气的话，来打我校长好了。不然如果你们还有理智良知，应该听从学校的处理，我以校长的身份，来处理这件事，自然有公平的办法。"话音落地，叮当有金石声，几个吹胡子瞪眼极尽煽动蛊惑之能事、恶意抢夺拐杖的学生立马蔫了，部分学生露出羞愧之色，另一部分围观性质的学生则振臂高呼："拥护梅校长！"此举令在场的徐贤修为之动容。[66]

潘光旦被营救，梅贻琦于上午11时召集全体学生于大礼堂，以沉痛的心情予以训话，报告事件经过，随后以梅氏特有的幽默风格告诫同学："青年人做事要有正确的判断和考虑，盲从是可悲的。以血气之勇，不能担当大任的。尤其做事要有责任心。昨天早晨你们英雄式的演出，将人家派来的官长，吊了起来，你不讲理，人家更可不讲理，晚上来势太大，你们领头的人不听学校的劝告，出了事情可以规避，我做校长的不能退避的。人家逼着要学生住宿的名单，我能不给吗？"停了一下，又说："我只好很抱歉地给他一份去年的名单，我告诉他们可能名字和住处不太准确的。"最后，梅贻琦恳切地说："你们还要逞强称英雄的话，我很难了。不过今后如果你们能信任学校的措施与领导，我当然负责保释所有被捕的同学，维护学术上的独立。"言毕，台下响起了热烈的掌声。[67]对这一事件，林从敏进一步解释说："事实上潘教务长与学校当局没有将鼓推学运同学的名单交给军警特工人员。潘先生，特别是在抗战时期，倡言民主自由言行，不可能做出这种出卖同学之事。而梅师爱护学生如子弟，只有言教、身教，不会帮助他人来残害自己学生。在复校之后，他拒绝官方压力与要求，不解除吴晗教授聘约，以后甚至通知吴教授及早脱险离去，这才是梅师爱护学生的表现。"[68]因了梅贻琦大礼堂训话和精神感召，清华学生顺利恢复上课，考试课目由各系负责进行。

梅贻琦"是一个很现实的人，他虽不从事实际政治，但他对政治上的潮流却认识得很清楚"——这是李济对梅贻琦的评价，也是梅氏本人的真实写照。只是，在正处于世纪裂变与风口浪尖上的清华，要想做一个合格的校长，或更进一步地做一个师生拥戴的校长，非有其他的本领与强项不可。梅贻琦任校长之前，清华学生驱赶校长、逼迫教授已是家常便饭。梅上任后不但没有被赶，反而在学生提出"打倒某某某"口号或标语时，后边还要缀上一句"拥护梅校长！"对此，钱思亮深有感怀地说：梅贻琦于廿年接任校长，"那时期清华校长连年更迭，学校很不稳定，校长很少作得长久的，自从梅先生接长以后，就一直安定下来，就只这件事在教育史上已是不朽"。[69]然而，当有人问梅有何秘诀令学生如此敬佩爱戴时，梅贻琦说："大家倒这个，倒那个，就没有人愿意倒梅（霉）！"[70]

这是一句玩笑话，也是梅贻琦为之自豪之所在。梅所以赢得师生广泛敬重，自有他的过人之处。这个过人之处不是孙悟空上天入地的高超本领，也不是唐宗宋祖那样的雄才大略与阴谋算计，而是人类散发出的最优秀也最难得的成分——这便是爱。这个爱的生发过程，按照清华校友傅任敢的说法："由于梅贻琦接触了现代西方科学和教育方法，特别是他本人受过基督教的洗礼，在他的心灵深处又把这种古代思想道德赋予了新的含义，即教育的出发点和终极目标就是爱。这一点，梅贻琦一生奉行不渝，并且以自身的言行为教育界和整个社会树立了榜样。"在谈到梅贻琦以爱惠泽学生与群伦时，傅氏进一步阐释道："我要说到梅校长的爱，做领袖的人有两种，一种使人慑服，一种使人悦服。毫无疑问的，教育工作者应该使人悦服，而不在乎使人慑服。因为教育的出发点是爱。梅校长的品性中具有这一点，他爱学校，所以把他一生献给了学校；他爱国家，所以在抗日时把他的女儿打发到远征军去；他爱同事，所以待人一视同仁，从无疾言厉色；他尤其爱青年，所以在每次的学潮中，他都以自己的力量掩护着青年的安全……我们只要想想，有多少人曾经爱护青年其名，出卖青年其实，或者爱护其名，放纵其实，我们便不能不深深地感到，我们要有根基深厚的爱，教育才有着落。"[71]斯言是也。

3月13日，清华被捕21名学生中，经梅贻琦与社会各界斡旋营救，市公安局两度审讯并报宋哲元审批，决定先释放"嫌疑不足者"马忠、郭守田等五生回校。23日再度释放"情节较轻者"孙世实等11人，由教务长潘光旦、庶务主任毕正宣以大汽车接回学校。其余5人仍羁押在陆军监狱继续侦讯。另有一名叫施养成的学生因情绪激动亢奋，导致精神错乱，释放后未进校门，直接拉到精神病院去了。

注释

[1][2][4][5][9]《西潮与新潮》，蒋梦麟著，团结出版社 2004 年出版。

[3]《西潮与新潮》，蒋梦麟著，团结出版社 2004 年出版。另，这场风潮的结局，最终把一个叫冯省三的学生开除了事。胡适在 1922 年 10 月 22 日日记中记录："因此次暴动而被开除的学生冯省三来，他是山东人，世界语学会的干事，是一个无政府党。他自认当日确曾说：'大家到会计课去把讲义券烧了！'又曾说，'我们打进（校长室）去，把他们围起来，把这件事解决了！'但到了末了，他要求我准他回校作旁听生！我劝他作好汉要作到底，不要对我们作什么请求了。"（《胡适日记全编》[3]，曹伯言整理，安徽教育出版社 2001 年出版）

鲁迅于同年 11 月 18 日写过一篇叫作《即小见大》的小文，说："北京大学的反对讲义收费风潮，芒硝火焰似的起来，又芒硝火焰似的消灭了，其间就是开除了一个学生冯省三。这事很奇特，一回风潮的起灭，竟只关于一个人。倘使诚然如此，则一个人的魄力何其太大，而许多人的魄力又何其太无呢。现在讲义费已经取消，学生是得胜了，然而并没有听得有谁为那做了这次的牺牲者祝福。即小见大，我于是竟悟出一件长久不解的事来，就是：三贝子花园里面，有谋刺良弼和袁世凯而死的四烈士坟，其中有三块墓碑，何以直到民国十一年还没有人去刻一个字。凡有牺牲在祭坛前沥血之后，所留给大家的，实在只有'散胙'这一件事了。"此文最初发表于《晨报副刊》，后收入鲁迅杂文集《热风》。文中看出，鲁迅在表面上同情被开除的冯省三，实际却是讽刺和痛恨那些既得利益的"健忘症患者"，这和蒋梦麟在后文中所讲，更加痛恨那些躲在人群背后暗中鼓动学生如一个"高个子青年"，以及同类的"鬼头鬼脑的家伙"之心情具有相通之处。

[6]《项城袁氏亲支子孙游美暨入清华学校简章》，载《清华大学史料选编》，第一卷，清华大学出版社 1991 年出版。

[7] 张忠绂《八载清华》，载《清华校友通讯》，新二十六、二十七期，新竹。

[8] 梁实秋《八年清华》，载《梁实秋散文》（一），中国广播电视出版社 1989 年出版。

[10][48][54]《清华大学校史稿》，清华大学校史编写组编著，中华书局 1981 年出版。

[11][19][23] 据《清华大学校史稿》载，中共清华支部书记，第一任是王达成（1926 年 11 月至 1927 年 4 月）；第二任为朱器（1927 年 4 月至 7 月）；第三任书记为朱理治。1949 年以后，朱理治累官至交通部副部长、华北局书记、河北省革命委员会副主任等职，1978 年 4 月 9 日去世。

[12][14][49][61] 姚依林《"一二·九"运动回忆》，载《战斗在一二·九运动的前列》，

清华大学出版社 1985 年 11 月出版。

[13]《胡适来往书信选》(中),社会科学文献出版社 2013 年出版。

[15]《大公报》,1935 年 11 月 25 日。

[16]《北平各校通电》,载《大众生活》,第 1 卷第 6 期,1935 年 12 月 21 日。

[17]《清华大学救国会告全国民众书》,载《怒吼吧》,第一期,1935 年 12 月 10 日。

[18] 此为《战斗在一二·九运动的前列》所描述。但据北平市长秦德纯回忆说:面对王府井大街游行的学生,他下令不许警察带枪械和警棒,只许用公安局消防队的水龙冲击,因天寒水冷,一冲即散。之所以选在霞公府冲散学生,系避免学生走向东交民巷,被日军射击,引起更大冲突。见《秦德纯回忆录》,台北:传记文学社 1981 年出版。

[20]《国立清华大学校刊》,第七〇七号,1935 年 12 月 23 日。

[21][22]《平市各院校当局再劝学生安心向学》,载《大公报》,1935 年 12 月 13 日。

[24]《校长办公处通告》,载《国立清华大学校刊》,第七〇七号,1935 年 12 月 23 日。

[25] 时中共领导的中央红军正在长征途中。7 月初,蒋介石由重庆到成都,成立成都行辕,就近督师追剿进入川西的红军。8 月 5 日,蒋限令福建军队 3 个月内肃清边区红军。8 月 13 日,任命卫立煌为闽浙皖边区清剿总指挥。9 月 23 日,电令川康边区军队阻止中央红军北进。10 月 1 日,在西安成立西北剿匪总司令部,蒋自兼总司令,以张学良为副总司令,代行总司令职权。10 月 10 日,蒋在宜昌设行辕,负责围剿湘鄂川黔边区红军。10 月 13 日,飞抵太原,与阎锡山商谈剿共军事等问题。(《蒋介石年谱》,李勇、张仲田编,中共党史出版社 1995 年出版)

[26] 黄敬,本名俞启威,浙江绍兴府山阴县(今绍兴市)人,隶籍顺天府宛平县,1912 年生于北京。山阴俞氏家族乃晚清民国时期名门望族,其祖父俞明震、父俞大纯皆为政学两界名士。俞明震历任江南水师学堂与陆师学堂附设之矿路学堂总办,在该校就读的学生鲁迅有文章介绍并表钦佩。俞大纯历任陇海铁路局局长等肥差。俞大纯族弟俞大维历任国民党交通部长、"国防部长"等职(俞大维之父乃俞明震之弟俞明颐,母乃曾国藩孙女、曾纪鸿女儿曾广珊,妻乃陈寅恪之妹陈新午。其妹俞大絪嫁曾国藩侄曾孙、北大教授、教务长、高教部副部长曾昭抡。三妹俞大綵嫁傅斯年。亦即中国近代史上曾家、俞家、陈家、傅家等四大家族,乃有盘根错节的姻亲关系)。

1924 年,俞启威就读于南开中学、汇文中学。1930 年在上海参加左联文艺团体"南国社",从事另类文化活动。1931 年考入国立青岛大学(今山东大学)物理系。"九·一八"事变后,领导青岛大学学生罢课、请愿等,成为青岛学运领袖人物,并组建海鸥剧社演出新式话剧。时有山东诸城人氏、名李云鹤者(后到延安改名江青)通过自己的戏剧老师、时任国立青岛大学教务长赵太侔,安排到青岛大学图书馆工作并半工半读。赵是俞启威姐姐俞珊的丈夫,李云鹤因此结识俞启威,并从热恋转而公开同居。未久,李云鹤加入海鸥剧社。1932 年,俞启威加入共产党,曾任国立山东大学(由国立青岛大学改名)地下党支部书记,未久介绍李云鹤加入共产党。1933 年，俞启威任中共青岛市委宣传部部长，同年夏被捕入狱。秋，被族叔俞大维保释出狱，旋赴上海治病，暗中参加中共地下活动。1935 年，俞启威到北平，后考入北京大学数学系。同年 12 月，参与领导"一二·九"学生示威游行活动。1936 年初参与组建中华民族解放先锋队，曾任北平学联党团成员，同年 4 月任中共北平市委宣传部部长、学委书记。1937 年 2 月任中共北平市委书记。5 月出席在延安召开的中共全国代表会议和白区工作会议。抗日战争爆发后撤离北平到天津、济南、太原等地。后任中共晋察冀区委员会书记。1938 年春任冀中区党委书记。1942 年秋调任冀鲁豫区党委书记，后任中共中央平原分局书记、平原军区政委。1944 年冬赴延安治疗休养，后赴前线继续工作。1949 年初天津解放，任中共天津市委副书记、天津军管会副主任，后任天津市委书记兼市长。1952 年 8 月调任第一机械工业部部长。1958 年 2 月 10 日病逝于广州。

20 世纪中叶前后，随着解放战争爆发，俞氏家族分崩离析、各奔东西，分别居于大陆、台湾、香港，还有在美国等地，其社会地位、名望与影响仍有世家子弟的遗韵。较有名的人物有二，一为俞大维之子俞扬和；一为俞启威之子俞正声。后者历任青岛、上海市委书记、中共中央政治局常委、全国政协主席等职。

前者俞扬和之所以爆得"大名"，主要得益于巧娶蒋经国女儿蒋孝章，以及与原清华校长温应星之子温哈熊上将打官司纠葛。

2001 年 6 月 4 日，人民网刊发《蒋经国长女告台湾前"联勤总司令"诽谤》一文，大意为：蒋经国的长女蒋孝章及其夫婿俞扬和最近委托律师，控诉前台湾"联勤总司令"温哈熊涉嫌妨害名誉及诽谤死者罪。这起诉讼起因是，三年前台湾"中央研究院"近史所出版的口述历史《温哈熊先生访问纪录》里，有一段内容谈及蒋孝章夫妻以及她公公前"国防部部长"俞大维。蒋孝章和俞扬和认为所言不实，要求温哈熊道歉并更正但未果。他们于是诉诸司法手段。据了解，律师的自诉状已在上个月 28 日递出，法院近期就会传自诉人和被告开庭调查。

引发官司的一段谈话是："孝章是很好的一个女孩子，但是因为生长在他们那样的家庭里，有谁敢去和她约会呢？所以她一直很寂寞、孤独。中学毕业以后，她被送到美国念书，当时俞大维先生住在毛邦初以前的房子里，孝章就寄住在他们家，而俞大维的儿子俞扬和当时已经结了婚，而且还有孩子，他居然还去引诱人家闺女，把人家肚子给弄大了，问题当然就来了。据说，俞大维先生后来居然跪下来求他媳妇，要她成全他们俞家，和俞扬和离婚。俞先生在他自己的传记里，把自己写得像个圣人一样，其实他有的地方确实不错，但有的地方却简直令人不敢苟同，像他求媳妇那段就没有写在他的传记里。其实我也不大原谅孝章，我觉得她妈妈现在这种情况，她就算再怎么不愿意回来，也该多回来陪陪妈妈，反正她的儿子也已经长大了。经国先生最喜欢的孩子就是孝章，但她就是不回来，其实经国先生对俞扬和的态度，也是人之常情。"

这本书虽然在 1997 年就出版了，在一般书店都可以买得到，但是蒋孝章一直到 2001

年2月才看到。据了解，她看到这段对她及她先生的内容之后，十分震怒，写了一封措辞强烈的抗议信给温哈熊，要求温哈熊道歉外并加以更正。据了解，温哈熊以他有"第一手资料"为由，托他的女婿丁守中带口信给蒋孝章加以"婉拒"。此举也惹恼了蒋孝章和俞扬和，他们夫妻原本希望通过道歉、更正，让事情就此过去，不料对方态度强硬，经过多方商量，决定委托律师对温哈熊提出诽谤罪的控诉，并不排除附带的民事侵权损害赔偿。（吴酩）

　　据有关人士透露："温俞官司"双方在开庭前见面时，还互相握手致意，表示要以君子风度来打官司。最后法院以口述历史属于言论自由为由，判决温哈熊上将无罪。原本并没有多少人知道俞扬和与蒋孝章相识、婚配内幕，因了这场中外瞩目的官司和媒体的大力宣传，而使更多的人所知并作为饭后谈资。

　　[27] 据清华校友、后来做过新竹"清华大学"教务长的朱树恭回忆说：到了1935年秋季之后，学生运动澎湃，梅贻琦校长常在集会中报告学校情形并时局近况，"对学生救国运动，默许而不正面鼓励。但偶有请愿游行，校长的关怀更是无微不至。回忆二十四年十二月九日及十六日同学两次进城游行，不论是冲断西便门的门闩，在西单站前直冲正阳门口，以及在和平门外僵持，学校的关切照顾无处不在，特别在和平门外饥饿寒风中，学校的茶水馒头，给予同学们无比的温暖满足"。又说："由于在二十九军戍守长城喜峰口时，清华学生曾为守军筑路并致赠自制钢盔，与二十九军建立良好关系，传说在游行高潮时期，当时的冀察政务委员会最高首长、前二十九军军长宋哲元将军，曾下令优遇清华学生，所以在游行中清华同学未曾挨过打，因此亦导致由清华同学打前锋领导冲向正阳门。一直等到排枪子弹在头上飞过后，才四散。笔者亦在其中，后经由西单站转出。"（朱树恭《念校长忆往事》，载《清华校友通讯》，新八十期，新竹）

　　[28]《各校长再劝告学生》，载《大公报》，1935年12月21日。

　　[29]《秦德纯谈学潮经过》，载《大公报》，1935年12月22日。

　　[30]《刘局长发表劝告学生书》，载《大公报》，1935年12月22日。

　　[31]《宋令省校提前放假》，载《大公报》，1935年12月24日。

　　[32] 此为《清华大学校史稿》的说法。另据相关资料载：清华自行车南下宣传队，由济南继续南下，在徐州、宿县、滁县等地都进行了宣传，于"一月十三日到达了南京，第二天即到金陵大学、中央大学等校进行宣传，接连宣传了三天，受到各校爱国学生的热烈欢迎。后因反对赴京'聆训'的清华伪代表，于十六日被军警武装押上火车送回北平"。（《战斗在一二·九运动的前列》，清华大学出版社1985年11月出版）

　　[33][35][50][62]《战斗在一二·九运动的前列》，清华大学出版社1985年11月。

　　[34][40][53]《蒋廷黻回忆录·清华时期》，蒋廷黻著，岳麓书社2003年出版。

　　[36]《校闻》，载《国立清华大学校刊》，第七一一号。

　　[37]《文告》，载《国立清华大学校刊》，第七二〇号。

　　[38]《校闻》，载《国立清华大学校刊》，第七二一号。

[39]《清华大学又起波澜》，载《大公报》，1936 年 2 月 20 日。

[41]《读史阅世六十年》，何炳棣著，中华书局 2014 年出版。

[42] 林征祁《"挂单的清华人"》，载《清华校友通讯》，新六十七期，新竹。

[43]《清华学生暗斗甚烈》，载《大公报》，1936 年 2 月 23 日。

[44]《清华风潮可望平息》，载《大公报》，1936 年 2 月 24 日。

[45]《校闻》，载《国立清华大学校刊》，1936 年 2 月 26 日。

[46] 被处罚的 11 人中，仅丁则良一人毕业，黄诚、陈元、刘毓珩、吴承明等 4 人于
1936 年 6 月被学校当局开除学籍，扫地出门。

黄诚，河北安次县人，1914 年生。幼年读私塾，1928 年入永清中学。1930 年入北平
第四中学。1934 年夏考入清华大学地学系，参加了"民族武装自卫会""世界语学会清华分
会"等中共地下党领导的组织。1935 年秋，任清华学生会主席，成为学运领袖。1936 年
1 月加入青年团，4 月转为中共党员，并在中共高层指示下继续领导学运。据与黄诚同级的
何炳棣回忆说："这些政治活跃的本级同学中确不乏真正干才。我 1932 年底被南开开除几
月之后，即在北平由南开同班、初中的田径密友长沙周永升介绍认识了黄诚。黄手笔快、口
才好，其抗强权反礼俗的性格已部分地反映于他和一位湘籍有夫少妇真正柏拉图式的精神恋
爱，以补偿他对家庭安排的婚姻的不满。我曾不止一次见过这位少妇，现已忘其姓名，可能
是周的本家或亲戚。"又说："和黄诚一起的吴承明也是 1933 年春即在北平认识的。我自始
即认为吴是清华十级头脑最清楚、分析能力最强的级友之一。"（《读史阅世六十年》，何炳棣
著，中华书局 2014 年出版）

陈元，字达一，1911 年出生，福建省闽侯县人。国民党籍。清华大学肄业，台湾大学
经济系毕业。抗战时期投身国民党部队为文职官员（卫立煌主任秘书、蒋经国主任秘书）。
一度入中央干部学校（蒋介石任永久名誉校长，实际校务由任教育长的蒋经国负责，号称
"第二个黄埔"）研究部第一期学习，日后同班同学王升、李焕一道成为蒋经国的嫡系亲
信。1948 年任总统府简任秘书。去台后于 1955 年任国民党中央第三组副主任。1967 年
转入学界，任台湾"国际关系研究所"研究员兼经济召集人，1975 年改组为大学国际关系
研究中心，续任原职。1977 年退休，任淡江大学教授兼国际经济研究社理事长。此人生平
具有政治复杂性和隐秘性，有文献称其为潜伏在蒋氏父子身边的"中共秘密党员"云云。

刘毓珩，安徽巢县人，1914 生，1929 年就读于巢县中学，再升入扬州中学高中部，
1934 年秋考进清华大学哲学系，积极参加"一二·九"等一系列学潮。抗日战争爆发后，
被中共派往山西卫立煌部工作。1938 年加入中共。1939 年 1 月离开卫立煌部到新四军工
作，胡服（刘少奇）为其改名陈其五。后任华东野战军前委委员、政治部宣传部长兼新华社
华东前线总分社社长。1948 年 12 月遵毛泽东之命起草著名的《敦促杜聿明等投降书》。

陆璀，女，1914 年生于湖州，1931 年毕业于苏州振华女校，同年考入东吴大学，一
年后进入清华大学社会学系就读。1935 年，陆璀参加了"一二·九"等系列学潮，因闯城

门被捕一举成名。1936年任全国学生救国联合会宣传部部长，同年加入中共。1938年底，陆在巴黎吴玉章创办的《救国时报》编辑部工作，由此结识赴莫斯科参加共产国际会议代表、后来出任新四军政委的饶漱石，二人相爱结婚。据清华校友何炳棣说："一二·九"运动闯城门演说，"大出风头的陆璀（未毕业），是苏州传统式美人，爱上美男子球员阔少朱民声（1934级土木系），本想作阔少奶奶，因朱自费出洋留学，陆一气之下就革命了，后嫁饶漱石"。（《读史阅世六十年》，何炳棣著，中华书局2014年出版）

陆璀与年长11岁的饶漱石婚后生育一女陆兰沁。1955年3月，饶因被指和高岗结成反党联盟被开除出党。同年4月，又以"饶漱石、潘汉年、杨帆反革命集团头子"罪名被逮捕并判刑14年。1965年9月23日被假释出狱。"文革"爆发后，1967年被重新收监。1975年3月2日，在牢狱中因病去世，享年72岁。受"饶、潘、扬"案牵连，1955年陆璀下狱，1956年出狱后任北京东城区区委书记。几年后，陆与饶离婚，再嫁曾任中央书记处书记任弼时秘书、比自己小6岁的号称"和平诗人"朱子奇。"文革"爆发后，陆璀再入秦城监狱被关近7年之久。1977年起，任北京市政协常委、全国妇联第四届常委等职。2015年2月16日，因病在北京逝世，享年101岁。

宫日健，即宫尚行，1933年初加入中国共产党，曾任清华大学党支部书记、共青团北平市委书记等职。

黄日开，生卒年月与简历不详。

周嘉祺（朱辉），在清华时与黄诚、吴承明、魏东明同室，学习优秀，被蒋南翔安排担任救国委员会主席。

叶笃廉，即叶方，曾任中共中央党校理论部主任、教授。

丁则良，祖籍福建闽侯，1915年出生于北京。1933年考入清华大学历史系，刘崇鋐教授高足之一（另一为何炳棣），读书期间曾担任杨武之教授之子杨振宁的古文老师。1938年入西南联大历史系，毕业后任联大师院史地系助教，不久任西南联大、云南大学历史系讲师。1947年以中英庚款留学生身份进入伦敦大学斯拉夫学院专攻苏联史。1950年放弃赴美深造机会回国，任清华大学历史系副教授，加入中国民主同盟；1952年院系调整，到东北人民大学（今吉林大学）历史系任教，曾任历史系副主任、主任，民盟东北人大分部副主任，校务委员会委员等。1957年5月，出席莫斯科东方学国际会议，8月回国，暂住北京大学，闻知自己被划为"余瑞璜、丁则良、徐利治右派反党集团"，不甘其辱，于8月8日自沉于北大未名湖，年仅42岁。

吴承明，河北省滦县人，1917年生。1932年考入北洋工学院预科，1934年入清华大学理学院学习化学，1936年被清华退学后转考入北京大学史学系。1940年毕业后供职于重庆中央银行经济研究处，兼任《新蜀报》主笔和《经济日报》编辑等职。1943年冬，考入哥伦比亚大学经济系，1946年获得工商管理硕士学位，归国后任资源委员会经济研究处专门委员。1947年初任上海中央信托局信托处襄理，兼任上海交通大学、东吴大学等校教授等。1949 年后任中央外资企业局、中央工商行政管理局调查研究处处长。1958 年起兼任中国科学院经济研究所研究员。2011 年 7 月 8 日于北京病逝。

刘汝贤，1917 生，曾任解放军六十七军副政委、济南军区后勤部政治委员等职。

[47]《教授态度》，载《大公报》，1936 年 2 月 25 日。

[51] 萧汝淮《四十年梦觉天涯》，载《清华校友通讯》，新六十三期，新竹。

[52]《梅贻琦致翁文灏、蒋廷黻电》，引自南京中国第二历史档案馆国民政府行政院档案。

[55][66][67] 徐贤修《怀念梅校长》，载《清华校友通讯》，新八十期，新竹。

[56][58] 叶公超《忆梅校长》，载《清华校友通讯》，新十二期，新竹。

[57] 刘崇鋐《梅校长与母校》，载《清华校友通讯》，新一期，新竹。

[59] 华道一《回忆梅贻琦校长二三事》，载《梅贻琦先生纪念集》，黄延复主编，吉林文史出版社 1995 年出版。

[60][65][68] 林从敏《追忆校长梅贻琦先生》，载《梅贻琦先生纪念集》，黄延复主编，吉林文史出版社 1995 年出版。

[63][64]《清华大学检查竣事》，载《大公报》，1936 年 3 月 2 日。

[69]《梅贻琦传稿》，第 488 页，赵赓飏著，台北：邦信文化资讯公司 1989 年出版。

[70]《清华风流人物》，黄延复、吕文浩、徐晋如等著，济南出版社 2013 年出版。

[71] 傅任敢《值得我们学习》，载《重庆清华》，第二十二期，1949 年 1 月 1 日。

第十五章　黑云压城城欲摧

● 抬棺游行与罢考始末

　　就在清华校方与社会各界想方设法营救被捕学生之时，根据中共北平市委指示，清华地下党负责人蒋南翔暂时离校到上海开展工作，姚依林等骨干分子先后潜入天津、沧州等地继续从事宣传发动学生运动事宜。留下来的部分地下党与"平津学联"，以及各大学"学生自治会"强硬分子，拒不屈服政府和学校权威，继续利用各种机会发动学生运动，直至搞出了一场闹剧。

　　事情的起因是，北平高中二年级有个叫郭清的18岁学生，因参加"一二·九"和"一二·一六"活动，又反对校长焦实斋，被军警逮捕入狱。该生受刑致病，送医不治身亡。平津学联得此消息，迅速联合清华、北大、师大、燕大等校学生会，决定利用郭清之死搞一次反政府宣传活动。为扩大宣传规模和效果，计划由清华学生杨学诚秘密运一具空棺放置北大三院，作为追悼活动的道具。此计划得到中共北平市委领导同意，后续的一系列活动如期展开。

　　3月31日上午9时许，由各校秘密召集的八九百名学生，陆续潜入北京大学三院，在北大当局与地方警宪并未闻知的情形下，以营救被捕学生为名，悄然展开活动。据清华大学校史编研组编撰的文章说：到会者多为学运骨干分子，礼堂里燃着蜡烛，四周摆着各校凭吊的大批花圈和挽联。"清华学生魏蓁一（韦君宜）写的祭文悬挂在台上，由杨学诚背进会场来的棺材，放在礼堂中央。棺前挂着郭清的遗像，使会场气氛更加悲壮。……宣读祭文和默哀后，各界代表发言，谓："我们今天在你的灵前宣誓，要踏着你的血迹一齐前进"云云。"个个慷慨激昂，声泪俱下。"未久，"会场外大批军警、特务、打手包围了北大三院，并在校门口架设机关枪，禁止学生出入，同学们怒火更加燃烧。……由于北大三院的校门已被机枪封锁，他们推倒院墙，从孔德中学冲出。清华的杨学诚、李昌抬着棺材走在前头，六七百名学生紧跟在后，浩浩荡荡地涌上街头……"[1]

此一事件再度引起社会瞩目，《大公报》对此做了大幅报道，唯与上述所言不尽相同。报道说："学生由骡马市购得棺材一口，用汽车拖入该院，声言开追悼会，并散布各种反动传单标语，北大校长蒋梦麟以外来学生潜入该校开会并运棺入校，实系侮辱，颇为愤怒，当出布告驱逐，未得奏效，公安局宪兵司令部闻讯，饬令该辖内六区派员警前往制止。正由该区警员二人进内与学生接洽劝阻之际，该生中之一部分将三院大门关闭，一面捣毁通孔德学校之后围墙。该院工友阻止，亦被殴伤，遂由孔德学校一涌而出，各手持旗帜，并抬空棺一具，游行至北池子间，警察上前解散不服，略有冲突，有员警数名受伤。警察为维持地方秩序起见，当即逮捕数人，其余均多散去。"[2]

此次抬棺游行事件，被宪警捕去学生男女53人，其中清华13男、4女，北大7男、2女，燕京3男、4女，另20人为他校学生。消息传出，社会各界议论纷纷，但多认为学生做得过分过火，对其行为和遭遇不表同情。参与者所在学校当局更是愤怒不已，北大校长蒋梦麟在学生抬棺涌出三院后，当即布告全校"此次如有该校学生被捕，将不负保释责任"。同时召开各院临时行政会议，议决开除参加此次活动的骨干分子巫省三等4人学籍，停止北大学生自治会一切活动。清华学生会要求校方营救被捕学生，教务长潘光旦同样以事先不知情，须待调查清楚各人背景后再行保释为由，对学生的行为宣示了态度。而1936年春执掌天津北方局的中共领导人刘少奇闻讯，同样对此闹剧表示不满并给予严厉批评。刘少奇明确指出：日本是主要敌人，国民党是次要敌人，过去以打倒国民党为目标是错误的。"一二·九"游行时反对宋哲元和二十九军，以及坚持抬棺游行，都是错误的。这些错误，徒令积极分子被捕，丧失社会同情，使中共陷入孤立。

鉴于上述诸多行动与盲动错误，刘少奇当机立断，提出"停止内战，一致抗日"的口号，并作为学生日后行动的圭臬，以促成抗日民族统一战线。批准抬棺游行的原中共北京市委书记革职调离，改由李葆华任新的北京市委书记，领导学生贯彻实施刘少奇提出的"统一战线"方针政策。经过刘氏对学运领袖与左倾冒进主义骨干分子如此一击，北平学潮暂时缓和下来。与此相呼应的是，自"一二·九"运动以来被捕的学生，包括抬棺游行被捕的53名男女学生，因无人承认是共产党分子，经过校方与社会各界营救，于1936年5月以前几乎全部获释。当此之时，曾积极参与支持学运的清华哲学系教授张申府亦被当局逮捕，并表示要解送南京审判。张表示悔悟，未久即被释放。张出狱后，梅贻琦主持清华评议会对这位在课堂上大骂蒋介石和国民党的"进步教授"去留问题进行讨论。最后，以"因某种关系，请勿庸尸位素餐"的决议予以解聘。张申府无奈地卷起铺盖离开清华园，另谋职业去了。

有道是树欲静而风不止，刚刚平静下来的北平学潮，又因国内外形势变化与日本人步步进逼，再度爆发。

1936年5月间，日本向中国华北急剧增兵，并胁迫宋哲元与统属的二十九军脱离南京政府，实行华北自治，否则将予以驱逐。日本军阀狂妄的企图与行动给宋哲元极大压力。5月5日，中共发表《停战议和一致抗日》通电，以刘少奇为首的北方局立即加以渲染。一时间，宋哲元经不住日本军方压力，将二十九军南调，华北即将独立自治的传言像野火一样燃烧开来，整个平津人心惶惶，似乎大祸已经临头，许多机关、学校，以及豪门大户甚至普通市民百姓开始南迁避难。——这是1933年迫于日军压力和威胁，故宫等处珍贵文物南迁之后，平津乃至华北地区又一次巨大震荡。恰在此时，又发生了天津"海河浮尸事件"，经过略谓："大直沽闸口河内，自四月起，不断地发现浮尸，每日最少在三具以上，至五月间，为数更大增加。据统计，五月份，自一日至二十日，共计发现浮尸一百二十余具。……全市居民莫不惊心，议论纷纷。"[3] 最后查明，这些浮尸实乃驻天津日军骗去为他们修筑军事工程的中国人，因各种原因被迫害致死或直接杀害后抛入海河。此一恶毒残杀事件，使天津人民由惊恐转为愤怒，知识教育界更是怒不可遏，遂引爆5月28日天津各校学生联合示威游行，其口号是"反对日本增兵华北""彻查海河浮尸事件"等。

天津学生的行动很快传到北平，北平学联于5月30日在清华园召开各校学生代表大会，到会者有40多所大学70余位代表。最后议决：向全国发表通电，宣布罢课三日至五日，以示对天津学潮的声援。面对学生罢课，当局处理一如往常，不温不火。而日本军队继续向平津增兵并武装走私，此举令北平学联大怒，决定于6月13日举行全市第四次大规模抗日游行示威。于是，各校在这一天清早行动起来，纷纷向城内云集。清华"救国会"吸取上几次游行而被阻进城的教训，头天傍晚即派遣一支五六十人的小分队，悄悄入城潜入东北大学与该校学生混在一起居住。第二天清晨，清华小分队与东北大学学生一起冲出校门，参加北平学联发动的多校学生游行示威。途中，各路队伍皆遇军警阻拦，并发生肢体冲突，有28人被捕。本次游行队伍多为女生，经数度冲击，最后到达预定目标北平大学者仅300人左右，清华仅有4人荣幸列入。由清华园步行至城门外的大队人马仍如上几次一样，沿途即遭军警拦截，在西直门等各处几经交涉，终未能进城，只得转入城郊乡村进行一番宣传示威活动，算是对"六一三"运动的声援。

当天晚上，被捕的28人在北大、清华等校方斡旋下，北平市长秦德纯本着和平处理方针，全部释放。但秦认为当天的游行有共党分子操纵，其口号与中共"抗日统一战线"相呼应。为防发生更大事端，根据国府行政院颁布命令宣布平市戒严，以维治安秩序。

被阻于城外的清华学生回校后，感到意犹未尽，为出一口途中遇阻的恶气，再度宣示自己力量的存在，学生会召开全体大会，决定把矛头转向校方当局，议决罢课一周，对学校当局施以眼色并进行抵制日货宣传活动。清华当局见学生调转矛头冲向了自己，遂采取针锋相对措施，于15日晚贴出布告，宣布冀察当局取缔华北各校任何学生团体之命令，同时公布6月18日照常举行本校学期大考通告。对校方的当头棒喝，清华学生会头目恼羞成怒，于16日举行全体学生大会，反对校方当局做法，决定以牙还牙，以眼还眼，给校方一点厉害尝尝，进行无限期罢课，并发表反对取缔学生团体的罢课宣言。

6月18日上午，清华大学校方宣布"照常考试"。当部分同学入场时，遭到"救国会"派出的"特种纠察队"拦阻，部分参考的"救国护校团"骨干与干扰考试的"救国会"成员狭路相逢，一场对打与交锋就此展开。主考教师受到"救国会"成员非礼，一时秩序大乱，考试无法进行。当天下午，清华大学校长办公处发布第239号通告：

据教务处报告，本日学年考试举行时，有学生在各教室门口阻止同学入内考试，并闯入考场扰乱秩序，对于主考教师亦有失礼举动。又据庶务科报告，今晨有学生多人，强将打钟锤取去，以致校内时刻无法报告。似此行动越规，实属有干校纪。除俟查明严加惩处外，查本日情形，本学年考试已属无法照常举行。应自本日起即放暑假。所有学年考试，定于九月一日起举行，届时如有不参加考试者，即作为退学，至四年级学生毕业考试，着教务处另定日期，仍于本学期内举行。此布。

校长　梅贻琦

中华民国二十五年六月十八日 [4]

6月19日，清华校长办公处再发第240号通告，以强硬的姿态宣布：

> 查四年级毕业考试，已定于六月二十二日至二十七日举行，届时如有不到场应试者，即以不及格论，如有学生对于应试学生阻挠干涉者，即予开除学籍，应试学生如受阻挠干涉，准随时指名至教务处报告，以凭惩办。此布。

校长　梅贻琦

中华民国二十五年六月十九日 [5]

此次四年级考试虽受到"救国会"几位顽固分子不同程度干扰与阻挠，仍坚持考毕，无论是考生还是校方当局都松了一口气。接下来，便是校方以守为攻，要为18日考试受"救国会"分子阻挠而被迫放假之事予以还击，出一口恶气，以儆效尤。

6月29日，清华校长办公处连续发出三道通告，给发动罢课风潮和阻挠考试，并"违反校规，不知悔改"的"救国会"头头和成员以严厉处分。第一通告：开除"救国会"头头陈元、黄诚、刘毓珩、吴承明等4人学籍；第二通告：对"救国会"委员华道一、宁士英、何玉珍、高葆琦（高原）、方左英、彭国珩、郭见恩（郭建）、曹国枢、洪绥曾、王永兴（黄刊）等11人，以及"救国会"附属所谓"纠察队"队长胡光世，各记大过二次；第三通告：给予民先大队委员钟烈錞记大过一次。

校方三道通告忽于学校放假十余天后贴出，"救国会"成员闻讯，大为惊骇，无奈此时大多数同学都已离校回家，只有少数分子还留在校园继续折腾或期待着什么。"救国会"骨干分子无力再度发动学潮与校方对垒交锋，或拉起团伙揭竿而起，以石为兵，扫荡教授，驱赶校长。但被制裁分子认为自己遭到了校方当局暗算与阴谋打击，心有不甘，于是迅速撰成《清华救国委员会敬告全体同学》书，发表于新闻媒体，向校方与社会各界哭诉自己的委屈，并认为"救国会"成员在爱国运动中没有功劳也有苦劳，没有苦劳也有疲劳，唯得不到校方当局嘉奖与同情，反而遭此暗算，借放假之机打了闷棍，使被"压迫和摧残"的学生徒叹奈何云云。与此同时，"救国会"认为校长梅贻琦一反往日"好好先生"态度，做出如此绝情的抉择，感到震惊并痛心疾首，并抱怨说："在清华，我们一般人和我你自己都认为还存留着一点自由空气，还存留着一点正义感的清华，我们竟也遭受到这样的待遇，这是我们最觉得痛心的。我们的梅校长长校五年，从过去的每一个事实上我们都看出来，我们的梅校长是处处有着爱护青年的、坦明的宽厚仁慈的风度的，五年来全体同学始终一致的爱戴着我们的校长。但是现在，我们看到他第一次出开除同学学籍的布告了，而这四位同学的被开除，只是为了执行全体同学的议决案。我们深知校长先生自有苦衷，但唯其如此，我们才觉得更痛心。"最后，"救国会"成员对校方和社会各界撂下了狠话："虽然现在许多同学是离校了，但是我们相信我们的力量不是从此分散。最晚我们到暑假开学的时候，我们要提交全体同学来公决。我们深信只有我们全体同学的力量，能够解决我们自己的问题。"[6]

被开除学籍的黄诚在震惊之余，更是对校方不满和不服气，于媒体发表文章以浇自己的块垒。文中说：我为了"二一九"的请愿，被记大过两次；"二二九"就遭受了军警的搜捕和传讯；到了"六二九"更受到开除的处分。……清华廿五年来，从不曾有过学校压迫学生运动的事实，更不曾有过开除同学的记录，而想不到在这整个救亡运动都受到打击的时候，我们就成了学校第一次出兵的祭旗礼物了。……我爱护救亡，也爱护学校，我希望清华今后风平浪静，不因此事而泛澜；不过为了救亡，我们是应该不顾一切的！让我们做最末一次的被开除的学生吧！[7]

文中，大多数言辞充满了对政府和学校当局的不满与怨气，并指斥学校当局"妨害

◎ 1935 年，清华学生会抗日救国委员会成员合影。左一为黄诚

了救亡工作"，是"汉奸"云云。至于提到清华廿五年来未曾开除过学生，亦非事实。最后一段思维混乱，似是而非，其语言表述，似与作者当时的遭遇和"心不自安"有关。

9月16日，暑假结束，清华如期开学，梅贻琦校长在大礼堂举行了开学典礼。由于学生对学潮以及学潮人物遭遇不幸的关注度，已随酷暑的热风飘散而去，"救国会"欲借助"全体同学的力量"，对校方当局开除四人学籍加以翻盘的梦想落空，撂下的狠话也成了泡影。被开除者早已各奔东西，另谋出路。留校的被处分者伺机而动，寻找翻案机会，欲与学校当局的规章制度与人事规则再行较量。——正在这个节骨眼上，中共北方局派彭真潜入清华园，秘密与新入党的清华学生杨述一等人接头，悄无声息地住在一间学生宿舍达十多天之久。其间，彭真代表中共北方局秘密约见了已由外地返回清华的蒋南翔、徐芸书（徐高阮）等中共地下党骨干分子，了解情况并有所指示，被处分的学运骨干分子翻盘之事，被暂时按住，忍而未发。为继续开展学运，10月，中共北方局在北平学联之上，设立"中共北平学生运动委员会"，简称"学委"，以蒋南翔为书记，委员有清华学生高承志、杨学诚、于启明、王德、张敬斋等人，各负专责，蒋南翔负责党团和清华、燕京两校的党支部工作。"学委"受中共北方局与北平市委双重领导，彭真离开北平转西安与刘少奇会合赴延安之前（1937年4月），每两周赴清华参加一次"学委"会议。此后，北平学生运动由"学委"根据中共中央及北方局的指示行事。

1936年冬季来临，根据中共高层指示，蒋南翔领导的"学委"主要精力转移到"援绥"事务上。当此之时，日军和伪蒙军联合向长城以南进逼，于喜峰口和怀柔一线，被绥远省长兼国民革命军第三十五军军长傅作义部阻击。包括中共在内的全国各界，对三十五军的行动给予声援和鼓励。北平学生团体更是声援的活跃分子，"学委"决定全体学生罢课，集中精力进行募捐、宣传和劳军活动。11月18日，清华教授朱自清、燕京大学教授代表梅贻宝等与学生会代表一行，奉教职员公会会长冯友兰之命，携带同人捐款2000元，由清华园车站乘火车赴绥远慰劳前线官兵。据天津《大公报》22日报道说："清华学生昨在最后一日停课期中，除一部同学继续在外进行捐募与宣传活动外，数百男女同学齐集大餐厅内为前方将士缝制棉衣，并有教授及教授夫人十余人一同参与进行。十九、二十两日内，共制成棉背心三百件，截昨晚止，预计可完成五百件。同学间希望在最近期内能制成一千件运往前方应用，并拟组织慰劳服务团，携带物品赴前方慰劳并服务各种工作，刻在计划与征求同意中。"

对于此等情形，梅贻琦颇不以为然，认为援绥当然是必要的，但不必以罢课与

◎清华、燕京两校教授与学生代表组成联合赴绥慰问团，在集宁百灵庙前与官兵合影。左二为燕京大学代表梅贻宝，左三为朱自清；右三为清华学生会主席王达仁（清华大学校史研究室存）

停课为代价。11 月 23 日，梅在纪念周讲话中对全体师生表达了他的观点，谓："此时救国工作自不容缓，但非必罢课而后始能进行。罢课适足散漫人心，予社会以不良印象，而自己损失亦大。……如有一部同学因工作而缺课，学校方面或予便利，不必使大家一致不上课。"[8]

11 月 26 日，梅贻琦邀请北平的蒋梦麟、李蒸、徐诵明、陆志韦、周鲸文等五校校长、代表到清华聚会，商讨避免学生援绥罢课办法。尽管众人皆不同意以罢课方式赴前线服务，但仍未能阻止学生志在必往的步伐。北平"学委"组成战区服务志愿团，携带制造的防毒面具、防冻药膏、皮手套、口罩、风镜和耳套等赴绥远前线慰劳。志愿团共有各方派出的代表 48 人组成，其中清华 19 人（女生 4 人），东北大学 2 人，燕京大学 10 人，北京大学 8 人（其中有化学系主任曾昭抡和孙成谔教授）、协和医院 3 人，以及西安学生代表 6 人。11 月 29 日，战区服务志愿团由北平启程赴绥远，预定在前线服务二至四周。

眼看志愿团声势浩大地开往绥远前线，北平"学委"也没闲着，按既定计划，于 12 月 12 日组织了大规模示威游行，喊出的口号是："援助绥远抗战！""争取爱国自由！"令游行示威者与官僚政客及芸芸众生想不到的是，就在这一天夜里，骊山脚下华清池畔"砰"的一声枪响，引爆了震惊中外的"西安事变"。

◎ 从西安事变到学生群殴

西安事变爆发，中外震悚。据《清华大学校史稿》载，12月12日，"张学良、杨虎城两将军将蒋介石扣留，要求停止内战，团结抗日。消息传来，人心大快。校内一部分反动教授和右派学生则垂头丧气，如丧考妣。"但翻阅当时的媒体与清华校内刊物报道，与《校史稿》说法差异巨大。

朱自清于第二天日记中写道："得知张学良在西安扣蒋消息，惟详细情形仍不知，此真一大不幸。"[9]清华"学生会"与"救国会"激进学生与朱的心情正好相反，确实感到"大快"，此举从韦君宜（魏蓁一）回忆中即可见出，韦说："'双十二'西安事变那一次，蒋介石突然被扣。我们这些左派学生欣喜欲狂，大家大喊大叫，要求公审、枪毙蒋介石，党内负责干部黄敬他们也是如此。只有蒋南翔说不要这样提，群众不会同意。而12月14日也据说传来了中央的消息，说要公审。彭真同志赶到北平，说等一等，等中央的正式传达。"[10]

彭真代表中共北方局来到北平，与北平市委委员黄敬等密商对策，因中央未有电示，不便表示态度。中共北方局领导人刘少奇可能受共产国际指示，命令北平停止高校"救国会"及其他活动，以免与南京对立。12月14日，朱自清于日记中载道："一些激进学生对其同志发出通知，称彼等应努力促进华北大同盟。彼等制造谣言，称华清池有五万人请愿，要求对日宣战，而约四十人被蒋的卫士开枪打死，因此张学良的行动是正当的。多么肮脏的骗局。"[11]张春风在《闻一多先生二三事》中说道，这天闻一多"暴怒如雷"地走上讲台，横眉怒目地扫视全堂后，厉声问道："国家是谁的？是你们自己的么？"又如对着仇人控诉一般地说："真是胡闹，国家的元首也可以武力劫持！一个带兵的军人，也可以称兵叛乱！这还成何国家？我要严厉责备那些叛徒，你们这样做是害了中国，假使对首领有个好歹，那么就不必再想复兴，中国也要退回到民国二十年前大混乱的局面，你们知道么？"并厉声责问台下学生："谁敢起来告诉我，你们做的对么？你们这种捣乱，不是害了中国么？你们可以站起来说！"停了许久，闻一多又说道："今天我可说话了，国家绝不容许你们破坏，领袖绝不容许你们妄加伤害！今天我可说话了！"[12]

面对西安事变之"一大不幸",北平各大学校长和教授纷纷集会,谋求挽救办法。12月15日,在清华大学陈福田、萧叔玉、陈达、潘光旦、萧公权等八位教授倡议下,于工字厅紧急召开清华教授临时会议,讨论西安事变问题。会议决定发布《清华大学教授会为张学良叛变事宣言》,由冯友兰、朱自清、闻一多、张奚若、吴有训、陈岱孙、萧公权等七教授组成起草委员会,朱自清担任该委员会召集人,与闻一多等共同起草《宣言》,除电请国民政府予以讨伐张杨,同时刊发于《清华大学校刊》。《宣言》曰:

> 此次西安变乱,事出意外,薄海震惊。同人等服务学校,对于政治素无党派之见,日夕所期望者,厥为国家之兴盛,民族之康乐,以为苟有能使中国民族达于自由平等之域者,凡我国人,皆应拥护。又以为现在对外之斗争,须全国一致,在政府整个计划之下,同心协力,方能奏功。若分崩离析,而侈言抗战,徒为敌人所窃笑。

> 近数月来,统一甫成,而国际观感已有改变,外侮防御,已着功效,方期国家命运渐可挽回,民族危机渐可避免,乃变乱突起,举国复有陷于混乱之虞,长敌国外患之势,寒前线将士之心,事之可痛,无逾于此。

> 夫统一之局,成之甚难,而毁之甚易。辛亥迄今二十余,始有今日之局。此局一坏,恐世界大势断不容我再有统一之机会。同人等认张学良此次之叛变,假抗日之美名,召亡国之实祸。破坏统一,罪恶昭著。凡我国人,应共弃之。除电请国民政府迅予讨伐外,尚望全国人士一致主张,国家幸甚。

> 国立清华大学教授会[13]

12月16日,北平各大学当局代表,于北平市内清华大学同学会进行第二次集会,发表对西安事变的看法。出席者有北大校长蒋梦麟、文学院长胡适、课业长樊际昌、秘书长郑天挺、化学系主任曾昭抡,以及清华校长梅贻琦、教务长潘光旦,另有北平大学校长徐诵明,师大校长李蒸,燕京大学校长陆志韦,北平研究院副院长李书华,艺文中学校长查良钊等十余人。"决由各校分别电告张学良悬崖勒马,并请政府速决大计,以济危局。"接着,辅仁大学,朝阳、中国、民国三学院及北平教育会等数十所大学与团体,纷纷发表通电指斥张学良,其中犹以清华教授会拟就的上述电文为胜。[14]

稍后,清华大学教授会分别致电国民政府中枢,并太原阎锡山、绥远傅作义等党政军大腕，对西安事变及面临处境发表意见，其中致阎锡山、傅作义电文曰：

> 绥北战事我军连捷曷胜，庆幸西安变乱，举国一致声讨，想不久即可救平。务望本原定计划继续进行，国家幸甚。

清华大学教授会叩铣。[15]

与清华教授会情绪一致的是，全国各界特别是军事将领多表震怒，原来拥护张、杨兵变的清华"学生会"与"救国会"成员，遂成清华园内师生、职员、临时工、保安员、伙夫、搬运工、清道夫等人的众矢之的。随着周恩来受中共中央的指令飞往西安，提出和平解决的口号，"左派"学生面对"时局如此迅速曲折的变化，民先队员们的认识一下子转变不过来，心情陡然变得沉闷和不安"[16]。此后的学运目标开始转向，由"反蒋抗日"转到"逼蒋抗日"和"援助绥远"等方向上来。许多年后，韦君宜认为如果当时学生上街游行并喊"杀掉蒋介石"的口号，这个弯就更难转了。当年"蒋南翔提出的意见，实在非常卓越"。后来韦氏曾专门问过蒋南翔："你当时怎么会看那么远的？"蒋说："我也不是看得远，是那时在校车上听同学们议论纷纷，其中大部分人说，如果这下杀了蒋介石，可天下大乱了。我感到我们那杀蒋的口号不符合群众的要求，才提出来的。"[17]

尽管"左派"学生在蒋南翔等人理智劝说与中共中央命令下，没有上街游行并喊杀蒋的口号，但由于西安事变出乎意料的反转，使清华"救国会"成员总感到咽不下那口闷气，在无法上街发泄的情形中，遂转而与群情激愤的"护校团"发生冲突，由此爆发了清华历史上最大规模的一次同学互殴。

据当时的清华校刊报道说，西安事变爆发，"同方部派"学生如丧考妣，然后是"破口大骂，以至变态似的发狂，四出寻衅"。正在众生群情激昂、如疯似狂之时，忽于12月25日传来蒋介石被释放的消息，北平市民鸣放鞭炮，以示庆祝。清华"同方部派"学生闻讯，顿时欣喜若狂，立即召集会议庆贺"张杨悔过""领袖脱险"，随后举行火炬游行。一时间，清华大操场人群涌动，面带喜色又神情凝重。与之针锋相对的"救国会"闻此消息，迅速召开学生会议，说明西安事变已经和平解决，并高呼口号"中华民族万岁！"等等。据《清华大学校史稿》记述："这天晚上，清华救国会为庆祝西安事变和平解决，召开全体学生大会。散会后，大多数同学都已回宿舍休息。突然，国民党学生裹胁了一些落后学生，气势汹汹地冲进了清华救国会。他们抢先把持了大门和电话，对救国会负责人拍桌子大骂，责问他们何故乱提口号，说什么'庆祝西安事变和平解决''中华民族万岁'两个口号不通。声称'政府还要继续讨伐哩！'救国会负责人王达仁、黄绍湘等当即予以反驳，特务学生不由分说就挥拳喊打，并将救国会所有文件翻箱倒柜一扫而光，接着七手八脚地捣毁了救国会会所。然后他们又跑到平斋等处蛮横地搜查了几位民先队员的寝室。许多同学看到他们如此无法无天，愤怒异常，在救国会委员康世恩的率领下追踪前去质问。这时，教务长却急忙出来'排解'，借口'听候校方处置'，掩护这些国民党学生暂时逃脱了应得的惩罚。"又说："这时，国民党学生又把从救国会等处抢来的很多本《清华周刊》和其他救亡书报搬到操场上，付之一炬，然后举行所谓火炬游行，一时颇为嚣张。民先队员和进步同学闻讯后迅速地在被捣毁的救国会会所集合起来，由杨学诚带头，跑步赶到操场，一场搏斗，把这些反动家伙打得抱头鼠窜。"[18]

另据救国会委员黄绍湘说："二十五日晚，刘安义、何炳棣等聚众三十余人捣毁学生会所，我当时在场，并且是何刘等攻击的目标之一。"为使同学更明了事实真相，黄绍湘撰文叙述情形如下：

> 九点多钟的时候，我正在楼下和许多人谈这次西安事件的解决，亏得迅速，不致涂炭生灵等话，听见楼上救国会发[学]生叫'打，打'和其他吵闹的声音。正在不得其解，楼上跑下一个同学说：'王达仁被包围了，最好请人出来排解排解。'宋士英君、唐宝鑫君听见这话，连忙跑上楼，我也随着上楼。代表会主席王达仁君正在写当天代表会布告，手里还拿着一杆笔，态度很镇静，很诚恳，屋子塞满了人，一个个骄横满面，气势汹汹。"王达仁，你叫的口号得过谁的同意？"
>
> "时间太匆忙，是我自己想出来的。"王君说。据事后问王君，这些同学先跑到王君房间，准备将王君毒打一番，王君不在，因此来到学生会，王君第一句话就问："听说你们要打我，我想不会。"因此见面不容分说的毒打没有举行。
>
> "你为什么不征求我们同意？""你有什么权力乱定口号？""打、打"之声又起来了。
>
> 王君说："请安静！诸位同学有话尽可说。"
>
> "你准知道西安事件和平解决吗？蒋委员长虽被放出，但中央并不满足，也许还继续讨伐哩！不根据事实你就叫口号？"许多人的声音。
>
> "这是我的错，但是我觉得中央不会的，蒋委员长已经出来，张学良下野，

不是可以和平解决了吗？王君委婉地解释。

"不通！不通！""王达仁，你简直没有国家观念，明明有中华民国，你不叫中华民国万岁，而叫中华民族万岁。没有民国，怎么有中华民族万岁！"说这句的人是刘安义。

…………

"请你们……"我原想说："请你们好好讲，何必这样？"但是我的话被切断了。"你不配说话！""你什么东西！""混蛋！"一片吼声，最清楚的一个是"打死他！"

"搜查救国会！"山涛似的声音，大家都动起手来了，椅子被踢翻了柜子被打开了，几乎倾跌下来，里面一捆捆的旧文件，被拖出来扔去地上，桌上的报、笔、本子乱扔乱飞，墨水流满了一桌，还一滴滴地滴下来。

……这种横暴的行为，继续三十分钟之久，把救国会捣毁不堪，才认为满足，大声呼叫，扬长地奔下楼去。

事后立刻请潘教务长来查看，荒乱不堪，随着听说何炳棣、刘安义等到宿舍去非法搜查同学房间，有殴打同学的情形，潘教务长于是又到体育馆前去查看了。[19]

对于两派学生群殴，以及"同方部派"搜查"大礼堂派"学生房舍的内幕与真相，牵扯其中的何炳棣后来针对黄绍湘的"当时叙事"有过如下反驳："西安事变真正是天下大乱，他们的希望和企图是酿造长期更大的混乱。蒋介石被释放，西安事变的解决对救国会等组织是迅雷不及掩耳的轰击，以致当晚中立的同学们无不觉得平素得意扬扬的救国会领导者个个都如'丧家之犬'，他们怎能像黄绍湘所述那般公正、客观、安详地'谈这次西安事变的解决，亏得迅速，不致涂炭生灵……'等话呢？这是稍揭立破的谎言，其理至明。"又说：12月25日晚，我获知蒋介石飞返南京，照常去图书馆读书。9点钟即走出图书馆，南开中学同班老友陈国庆走来对我说："今晚他们在大礼堂开会，真

◎何炳棣（摄于1937年）

是像丧家之犬一样。可是还要喊中华民族万岁，不喊中华民国万岁。"我一听大怒，心想这些只知有"第三国际"的竟如此没有国家观念，于是对陈说，"咱们去一院学生会"，就向南走去。……学生会办公室只有黄绍湘一人看守，我们不顾她的盘问，夺步走到柜台之后去翻检架子上的各种各样的印刷宣传品；完全出我意料，一眼就看见了张学良和杨虎城津贴民族解放先锋队400元的收据！我立即决定先回七院宿舍，把这件文件放好……这时，"大操场上已有不少同学喧喧嚷嚷，人数越来越多，一二十分钟内已聚集了好几百人。我站在体育馆外，这时物理系同级的王天眷双手叉腰，眼瞪着我，踱来踱去，重复地用宁波腔的国语说：'你是好汉？好汉怎么做强盗？！……'他终于用拳向我左肋猛击，我闪开，用拳向他左肩还击；这时原本消沉沮丧的左派同学已人多势众，而且不少人拿了棍棒，我就杀开一条血路，急急跑向北院刘崇鋐先生寓所'避难'。清华有史以来最大规模的群殴幸而发生在我逃掉之后，否则我一定是左派棍棒的首要对象"。

群殴过后，自认为受到损失的清华救国会成员，电话教务长潘光旦前来察看并请求依法处置。潘光旦亲至何炳棣等人搜查的办公处等现场视察并了解情况，翌日召开教务会议，议决"停止学生会活动"。"救国会"成员闻知，自是不服，遂与"救国护校团"骨干成员寻机决斗。26日与27日上午，双方人员再度发生群殴，各有负伤者。

就在两派学生群殴之时，何炳棣悄然向梅贻琦校长汇报了25日晚搜查的情况，并愿把搜查到的张、杨津贴民先队400元收据呈交梅，并提出请求："请校长下命令所有左右两派组织全部解散，这件机密的收据由校长毁掉，清华的事由清华内部解决，不要再向外宣扬惹出是非。梅校长说他虽不敢说究竟是否这样办，但他个人的想法和我的请求相当接近。于是在我稳妥面缴这收据之前，梅校长果然下命令解散左右派组织。"[20]

12月27日，清华校长办公处贴出布告，明令解散"救国会"，并将该会委员和与"救国护校团"群殴的学生共18人分别记大过一次。"救国护校团"一方的何炳棣也被记大过二次，其理由是他冲入"救国会"搜寻文件，二是他逼迫工友打开同学房间搜查。对于学校的处置，大部分学生未表示意见，唯"救国会"被记过学生不服，表示上诉，并于28日召开全体同学会，要求学校当局收回成命，"重新考虑对同学的处分"。随后"整队到校长住宅，要他当面答复学生要求，但没有能见到校长"。[21]

本次受记大过处分的"救国会"委员、经济系三年级学生华道一，因于暑假前带头阻挠同学考试被记两次大过，现合在一起为三次大过。按校方规定，凡被记三次大过者必须退学。对此，感到冤枉的华道一发表了告白书，谓："二十五日晚间十时，个人所住的七院四六四号寝室，忽有同学何炳棣等数十人，胁迫工友，开门闯入，任意搜查。个人当时完全不知道是怎么一回事，当时自己也并未在屋。"受记过处分后，华道一请见教务长潘光旦，潘说："学校为了维持秩序，不得不采取紧急处置；又为了维持威信，不能收回成命。但是对于我个人的问题，'所记的大过可以不算'，'决不影响学籍'。"又"梅校长在纪念周上也曾当众报告，对于已受过处分而这次再受处分的同学所得的处分，可以重加考虑。………但是年假以后，教务长忽然又亲自找我去谈话，他仍旧承认他是允许我留校的，但是评议会议决不准。于是我便被迫退学了"。[22]

对这一场清华两派学生互殴风波的结局，一直跟进的《大公报》做了如下报道：因学校处置兼之梅贻琦在纪念周上"对学生作了恳切训诫，会后与此项事件有关之学生，均息未平之气，学生中复有主持正义者，监视同学互相倾轧之行动，昨日除少数被学生进行起诉外，余皆平静"[23]。

被殴的学生表示起诉，但最终未得结果。针对大部分学生对学生会不满的现状，经过一段时间反思与酝酿，中共北平学委提出走"生活路线"，以团结广大学生。1937年春假期间，部分学运骨干仍坚持地下或公开活动，并包租了一些卡车，先后组织包括清华在内的各校学生，进行两次大规模春假旅行。第一次约3000多人去香山；第二次人数更加壮观，约5000多人。报道说，旅行中进行文艺演出和其他集体活动，如清华学生董凌云与崔嵬、张瑞芳合演《放下你的鞭子》，清华学生荣高棠的《国难大鼓》等受到广泛称赞云云。

1937年2月15日，是原定国民党三中全会开幕的日子。中共北平学委负责人蒋南翔、杨学诚等，策划组成了一个"华北学生献旗团"，借机进行请愿活动。该团由华北各校25位代表组成，团长是北平学联代表、清华历史系女生黄绍湘，即与何炳棣当面冲突的那位"救国会"成员。"献旗团"于12日下午抵达浦口，一下车即被军警宪兵包围，过江后被"安排"进中山路华侨招待所。经过多次要求，14日令准举行了场面极其冷落的"献旗仪式"，代表的请愿活动未能展开，当日便被押上火车强令离京返平。

对于北平学委和各校学生会的做法，原"救国会"与"民先队"骨干分子因不满而发生了分歧。此前代表清华"救国会"出席学联的王永胜（黄刊），明确表示要取消"左派"和"右派"，要搞"统一的"救亡运动。清华大学学生、中共北平市委委员兼宣传部长徐芸书（高阮），公开在《学生与国家》上发表《论无条件统

◎徐高阮

一》，批评中共路线，主张"我们应该提出的口号是要求无条件统一，我们要求全国的一切力量，各方面的政治、军事、经济、社会力量，在大患之前无条件的统一起来"[24]。而清华学生蒋弗华（蒋福华）则发表《呼吁统一》等文章，主张"无条件的统一，就是使抵抗有胜利的唯一保证"云云。随后，黄、徐等复在《国闻周报》等报刊发表《青年独立宣言》等文章，公开主张青年人应走"第三条道路"，并指出"民先队员到西北和太原参加救亡运动，是助长了封建割据，到苏区参加革命也不利于全国统一，民先队本身就是救亡运动进一步发展的障碍"云云。蒋弗华等学生领袖纷纷支持黄、徐等人观点，使"这股风不仅在北平一处，在全国各地都刮得很凶"[25]。而"刘少奇同志的文章，彭真同志的指导，党内和民先队内部的辩论，武装了党员和民先队员，很快消除了徐芸书、蒋弗华等人的影响。徐芸书等由于坚持错误，拒绝接受批评教育，终于被清除出党，蒋弗华也离开了民先队"[26]。未久，晋升为中共北平市委书记的黄敬、中共清华大学支部书记杨学诚，以及北平师大地下党中心支部书记林一山等，随刘少奇、彭真等高层人物赴延安参加"苏区党代表大会"，并聆听了毛泽东"对北方青年发表的谈话"，接受新的任务后返回北平继续从事学生运动与宣传工作。

1937 年 6 月，中日战事步步逼近，蒋介石命令全国大中学校二年级以上的学生，暑假期间在当地驻军指挥下接受军事训练。北平地区学生军训队由二十九军主持，总队长为冯治安，副总队长何基沣，二位都是著名爱国将领，清华学生进入相距较近的西苑兵营参加军训，借以学习军事知识与技能，白天随部队官兵翻山越岭长途训练，夜晚在教官指导下练习武装夜袭。山林中，时常响起"穿枪林，冒弹雨，不怕水火深"的歌声。此时，二十九军官兵与受训学生，由过去的敌对关系变成"革命一家亲"，是谓"渡尽劫波兄弟在，相逢一笑泯恩仇"。面对日本侵略者这个共同的敌人，无论是受训的官兵还是学生，个个斗志昂扬，心中憋着一股劲要同日本鬼子真刀真枪地大干一场。而这个时候，日本驻扎在北平郊外西南部丰台、长辛店一带的军队，顶着火辣辣的烈日，于尘土飞扬中操枪弄炮频繁调动演习，不时对天空或宛平城厚实的城墙胡乱放几声冷枪，借以向中国守军和民众显示大日本皇军的强大无敌。永定河畔，马队奔腾，刀枪闪耀，日军官兵满布血丝的眼睛透着瘆人的光。即使是一名非职业军人，也感觉到这股从大海那边侵袭而来的武装力量暗藏锐锋邪气，已形成了不可遏止的旋风，大树梢头响起了民族危难的呼哨。非战即降，非死即活，决定中华民族命运的最后时刻到来了。

◎二十九军官兵奉令出击

　　1937 年 7 月 7 日，日本军队经过长期密谋策划，终于采取占领平津，继而征服整个华北和中国的侵略行动。是日夜，早已驻扎北平市郊宛平城外的日本军队，以走失一名士兵为由，强行进入宛平城搜查。在遭到拒绝后，日军突然向卢沟桥龙王庙中国守军发起进攻，继之炮轰宛平城。中国守军二十九军冯治安师何基沣旅吉星文团奋起抵抗，震惊中外的卢沟桥事变爆发，日本全面侵华战争由此开始，中国军民随之踏上了八年全面抗战之路。

◉ 平津沦陷

　　当宛平城枪声响起之时，二十九军副军长兼北平市长秦德纯，以职业军人特有的干练与魄力，当即于二十九军司令部电令长辛店守军何基沣旅二一九团团长吉星文，率官兵奋起抵抗，并有"保卫领土是军人天职，对外战争是我军人的荣誉，务即晓谕全团官兵，牺牲奋斗，坚守阵地，即以宛平城与卢沟桥为吾军坟墓，一尺一寸国土，不可轻易让人"等悲壮之语。[27]吉星文得令后率部死打硬拼，给日军以痛击。

　　7月8日晨，秦德纯打电话到庐山，向正在牯岭召开会议的中国军政最高统帅蒋介石，报告事变经过以及北平面临的危急情形。蒋闻讯，大惊，继而对日军制造这一事变的真实意图，以及中国将如何采取应对策略，做了反复思考与细致推敲，最后决定采取积极的军事反击，并调兵遣将，誓与日本鬼子大干一场。然而，二十九军军长兼冀察政务委员会委员长宋哲元，联合其下属三十八师师长兼天津市长张自忠，把蒋委员长的电令抛至一边，企图通过与日本人和谈予以解决"卢案"。宋哲元亲至天津与日方"和谈"。面对宋、张态度，日军虚与委蛇，暗中向平津紧急调兵遣将，欲以卢沟桥事变为契机，实现彻底征服中国之"雄图大业"。

　　因中国守军高层在战和之间摇摆不定，低级官兵无所适从，只能呈木偶状于烟尘中飘荡。在这个短暂空隙里，平津地区谣言四起，人心惶惶，各政府机关及工商界人士，于纷乱中开始自寻门路纷纷撤离逃亡。一时来不及逃亡或因特别情形而不能逃亡的各色人等，则在恐惧与焦灼的煎熬中苦苦等待与观望。以北大、清华、南开、北平大学、师大、燕京大学等著名高校为代表的教育界，同样显露出惊恐、慌乱之象，多数人心中暗暗祈祷并希望中国军队赢得神助和佛灵保佑，尽快击退日军，保住北平这座千年古城和延续着民族文化血脉的校园。

　　时在庐山的国防委员会委员长蒋介石，接二连三向平津的宋哲元、秦德纯等拍发"固守勿退"电令，同时邀请各界名流大腕火速赶往庐山牯岭，频频举行谈话会及国防参议会，共商救国图存大计。北京大学校长蒋梦麟、文学院院长胡适，清华大学校长梅贻琦，天津南开大学校长张伯苓，中央大学校长罗家伦，中央研究院史语所所长傅斯年等一大批教育学术界要人应邀参加会议。来自平津的各校校长与教育学术界资深人士纷纷陈情，渴盼中央政府尽快做出决断，拿出切实的御敌方案，以挽救平津，挽救在日军枪刺与炸弹下苦苦挣扎的高校和学界同人。

　　7月14日，北平陷入危急后清华大学教务长潘光旦、秘书长沈履感到孤木难撑，联名向梅贻琦发电："和平望绝，战机已迫，盼急设法绕道正太平绥返校。"[28]

　　7月16日，李书华等时在北平的21名教授、学者密电庐山谈话会，谓：

　　　张岳军秘书长转谈话会诸公公鉴：学密。

　　　　卢沟桥抗战以来，全国振奋，士气激昂。几日来忽有天津谈判之举，敌人重兵深入腹地，城下之盟——求不丧权辱国，岂能幸免。务请一致主张贯彻守土抗敌之决心，在日军未退出以前绝对停止折冲，以维国权。不胜祷切。

　　李书华、李　蒸、李麟玉、陆志韦、徐炳昶、袁同礼、查良钊、

赵　畸、罗隆基、孙洪芬、方石珊、关颂韬、潘光旦、袁敦礼、

梅贻宝、郑桐孙、张贻惠、饶毓泰、沈　履、樊际昌、郑天挺

同叩，铣。[29]

7月17日，梅贻琦自庐山密电潘光旦：

北平清华大学潘教务长：学密。

　　今早重要会议，当局表示坚决，并已有布置。对地方当局极信赖、维护。津方谈判早有传闻，且有芦[卢]线撤兵说，不知究何如。日内与蒋徐商，行程或先赴京再定。

琦，筱。[30]

　　尽管当局已有布置并对地方当局极为信赖与维护，但冀察当局仍沉浸在与日方"和谈"的迷梦中，对中央军令与抗战部署置之不理，且反其道而行之，下令撤除城防与阵地工事设施，以作为"和平"的表率赢得大日本皇军的同情与合作。

　　这个时候，平津两地各高校正逢暑期，清华大学一、二、三年级学生在北平西郊妙峰山一带夏令营做军事演习，土木系学生大部分在山东济宁县实习，四年级毕业生200余人，有的留校寻找工作，有的则准备研究生与留美公费生考试。教职员大部分未来得及离校即遭事变。被邀请到庐山参加会议的各大学校长、院长与著名教授、学者，以及各校部分在外地工作、进修或休假的教职员工，因远离平津，对战事进展讯息难辨真伪，而混乱时局伴着恐怖谣言，如同风中野火四处流窜，北大、清华、南开的蒋、梅、张等校长与教授闻讯坐卧不安，其情形正如梅贻琦所言："斯时也，琦已由庐山到京，因平津交通中断，无法北上，除与校中同人函电询商外，日惟向京中各方探取消息，每闻及沙河激战，西苑被炸，念我介乎其间之清华校园，不知被破坏至何程度。某日报中载有清华学生二百余人在门头沟附近被敌人屠杀，更为焦急，凡兹传闻，虽事后幸未证实，然在当日闻之者，实肠一回而九折也。"[31]

　　正当滞留南京的各校校长与平津不知所措的师生，翘首期盼时局转危为安之际，"嘞"地一下，传来了守军战败、残部弃却平津径自南遁的凶讯。

　　7月27日，二十九军一部与日军战于京郊廊坊，激战后不支，随之撤出，廊坊失守。与此同时，日本军队在华北驻屯军司令官香月清司亲自指挥下，开始对北

平守军展开大规模进攻。集结在京郊南苑一带约 7000 余名二十九军所部将士仓促上阵，与凶悍的日军展开血战。日军凭借优良武器和大批坦克战车步步进逼，并以飞机数十架低空轮番轰炸，由晨至午，片刻不停。因宋哲元一度求和的战略指导思想，导致南苑直到大战到来的最后一刻都未能构筑坚固防御工事，仅以简陋营围做掩体，在敌机疯狂轰炸扫射下，营围被炸成碎片，营房变为一片废墟，守军部队受到极大钳制而无法反击。随着通信设备被炸毁，各部队与指挥部联络断绝，指挥失灵，致使秩序大乱。战至 28 日拂晓，守军伤亡惨重，南苑失守，剩余官兵奉命向北平城撤退。在大血战、大混乱、大溃退中，二十九军副军长佟麟阁、一三二师师长赵登禹及其所属 3000 余名官兵阵亡。

7 月 28 日夜，二十九军军长宋哲元率秦德纯、冯治安以及北平城防司令张维藩等高官大员，仓皇南撤保定。

7 月 29 日，北平沦陷。30 日，天津陷落。

当驻守津门的二十九军所属三十八师奉命南撤，天津尚未全面陷落之时，迫不及待的日军便展开对政府所属机关及文教卫生建筑设施的攻击，而瞄准的第一个目标就是河北省政府大楼，第二个目标便是地处天津城南八里台的南开大学。日军攻击南开大学的第一发炮弹，从校内高耸的木斋图书馆大圆顶擦身而过，第二炮击中目标。巨大的冲击力将南开大学图书馆圆顶整个切掉抛入空中，因圆顶又大又重，在翻转抖动着落下时，整个书库被压塌。紧接着，驻海光寺日军炮兵数炮齐发，南开校园内弹如雨下，秀山堂、芝琴楼女生宿舍、单身教师宿舍区均被日军炮弹击中，顿时楼塌屋倒，几十万册宝贵图书和珍稀资料灰飞烟灭。紧接着，日机凌空在校园内外投放炸弹，校园内残存的建筑以及相邻的南开中学、南开女中、南开小学均被炸毁。轰炸过后，凶残的日军又派出大股骑兵与汽车数辆，满载煤油闯入南开大学校园四处投弹，纵火焚烧，整个校园弹片横飞，黑烟滚滚，烈焰升腾。这所由著名教育家张伯苓等人创办、靠各界人士赞助，经过千辛万苦发展起来的中国最杰出的私立大学，在战火中成为一片废墟。

日军之所以对南开大学进行惨无人道的荼毒，实认为中国的各类学校，特别是位于北方的北大、清华、南开等高校，乃"排日抗日"中心，而"自沈阳之变，我国家之威权逐渐南移，唯以文化力量，与日本争持于平津，此三校实为其中坚"。[32]此时的日本人十分清楚，要彻底击垮一个民族，除动用武力在政治、经济、军事诸方面予以摧毁，更重要的是精神上的彻底征服。因而占领天津的日军怀揣仇视心理，对南开进了毁灭性破坏。

时已由庐山牯岭转往南京的张伯苓闻此凶讯，老泪纵横，悲怆不能自制。当天下午，张伯苓强忍剧痛，以悲壮的语调和不屈的精神对《中央日报》记者发表谈话："敌人此次轰炸南开，被毁者为南开之物质，而南开之精神，将因此挫折而愈奋励。故本人对于此次

◎日军保存的南开大学被炸残骸

南开物质上所遭受之损失，绝不挂怀，更当本创校一贯精神，而重为南开树立一新生命。本人惟有凭此种精神，绝不稍馁，深信于短期内，不难建立一新的规模。"[33]

7月31日，蒋介石约见张伯苓，以同样悲壮与坚毅之情表示："南开为中国而牺牲，有中国即有南开。"[34]

蒋、张此次公开谈话，给茫然四顾的平津教育、学术界人士注入一支强心剂，慷慨悲歌之气油然而生。

在民族生死存亡之秋，保护和抢救平津地区教育文化界知识分子与民族精英，越来越显得重要和迫在眉睫。已转任中央研究院院长的蔡元培，北京大学校长蒋梦麟、文学院长胡适，清华大学校长梅贻琦，南开大学校长张伯苓、北平研究院院长李煜瀛、副院长李书华，同济大学校长翁之龙，中央大学校长罗家伦，中央研究院史语所所长傅斯年等102人联合发表声明，揭露日军破坏中国教育机关的罪行，提出"教育为民族复兴之本"的口号，要求政府采取果断措施，将置于敌人炮火中的高校迁往西南一带腹地继续办学。

8月下旬，国民政府决定由已被敌人占领毁坏的国立北京大学、国立清华大学、私立南开大学组成长沙临时大学；以国立北平大学、国立北平师范大学、国立天津北洋工学院（原北洋大学）等院校为基干，设立西北（西安）临时大学。两个临时大学以原各校校长为筹备委员会常务委员，迅速赴当地选址筹备，尽快组织师生撤出沦陷的平津，在新的自由地区开课。

8月28日，国民政府教育部部长王世杰任命长沙临时大学负责人密谕发出：

> 指定张委员长伯苓、梅委员长贻琦、蒋委员长梦麟为长沙临时大学筹备委员会常务委员。杨委员振声为长沙临时大学筹备委员会秘书主任。[35]

9月10日，国民政府教育部发出第16696号令，正式宣布在长沙和西安两地设立临时大学。

9月13日，长沙临时大学筹备委员会召开第一次会议，北大、清华、南开三校校长为当然委员，另有北大胡适、清华顾毓琇、南开何廉，外加中央研究院史语所所长傅斯年、湖南大学校长皮宗石、湖南省教育厅长朱经农等为委员。教育部部长王世杰为主任委员，教育部次长周炳琳为主任秘书，因周炳琳不得脱身赴长沙，主任秘书一职由杨振声代理。北大蒋梦麟、胡适，南开张伯苓，中研院史语所负责人傅斯年等人仍在内地，未克出席。会议由先行到达的梅贻琦主持，决定租赁地处长沙市韭菜园一号原美国教会所办圣经书院作为临时校舍，明确院系设置、组织结构、经费分配等事宜。此时长沙圣经书院已经停办，校内教室、宿舍、家具及办公用具较为齐备，还有一个大礼堂地下室，正好作为临时大学师生的防空庇护场所，以避日机轰炸。会议同时决定：电催各校重要职员来湘；与中研院史语所等分用房舍；学生用军事管理办法；课程厘订应注意纲要第七条——注重国防需要；定双十节为开学日期；临时大学职务分任：秘书杨振声，总务蒋梦麟，教务梅贻琦，设备张伯苓。[36]

◎暂借上课之圣经学院

9月18日，蒋梦麟与张伯苓已抵长沙，梅贻琦主持召开临时大学第二次常委会议。决定：常委会下设分组，并指定各组负责人，以利事务进行。推定梅贻琦、樊逵羽[际昌]、黄子坚[钰生]、潘光旦、冯友兰等为课程委员会委员，梅贻琦为召集人；学生报到、注册，10 月 24 日止。开学日期延至 10 月 25 日，11 月 1 日正式上课。上课后一星期不到者，本校不再保留名额。[37]

9 月 28 日，各项事宜筹备就绪，奉教育部第 16895 号训令，启用"长沙临时大学筹备委员会"木质关防。

在此前后，西北临时大学也在西安择好了校址，并基本筹备就绪。东南部地区的同济大学、复旦大学、中央大学、金陵大学，以及华北、华中、华南的山东大学、武汉大学、浙江大学等数所院校，已准备或正在迁往西南地区继续学业，抗战爆发后中国教育界院校大迁徙的悲壮序幕，在隆隆炮声中全面拉开。

9 月 3 日，大批日军进驻北大第一院和灰楼新宿舍，于门口挂上了各分队、小队的日文牌号以示全部征用。如此严峻纷乱中，北大秘书长兼历史系主任郑天挺仍每天到校，负责料理校产与未能脱身教授们的生活。直到 10 月 18 日，地方维持会将保管北京大学的布告挂在北大二院门口，郑天挺才和在平全体职员合摄一影，又于二院门前地方维持会的布告底下单独拍了一张小照，算是与他恪守的岗位做了最后告别。

11 月 17 日，郑天挺与罗常培、陈雪屏、罗膺中、魏建功、邱椿、赵乃抟、周作人（南按：经济系，非鲁迅之弟）、王烈之、周濯生、包尹辅等北大教授，最后一批离开沦陷的北平，转道南下长沙。正如罗常培所说："北平沦陷后的北大残局就这样暂时结束了！"[38]

北大结束了，清华亦不能独存。就在北平沦陷的 7 月 29 日下午，日军窜入西郊清华园进行骚扰，随后日本特务机关人员与竹内部队长又以参观为名，数次开着卡车冲入校园，明火执仗窃取珍贵图书、仪器、打字机、计算机以及工学院等大小型设备，虽经校产保管委员会人员交涉制止，全无效果。因梅贻琦在南京未归，局势越来越恶化，代理校务的叶企孙与潘光旦、沈履、陈岱孙等资深教授会商决定，尽快组织师生及其家属撤退，同时决定由校秘书处庶务科长毕正宣与汪健君、施廷镛、陈传绪、傅任敢等五人组成"清华大学保管委员会"，另加几个校务会委员留守，以保护校园与校产。

按清华校方规定，凡流亡长沙临时大学的师生，各自搭伙结伴出行。时平汉路已被日军截断，只能绕道天津。天津市内原有清华同学会，设置清华大学临时办事处，由提前到达的叶企孙与学生熊大缜在此照应，负责为中转的师生租赁旅馆、购买船票并发放路费等事宜。清华师生与北大及其他院校的流亡知识分子，由天津码头乘船至青岛，再由青岛乘铁路转济南、郑州、武汉等地，最后到达长沙。

当各院校师生奉命向西南撤退之时，平津已成日本军人的天下，城墙与城楼上的膏药旗迎风抖动，北平前门车站广场与各进出口，持枪的日本官兵来回检查过往旅客，如有怀疑立即对其拘捕关押。有消息说在天津车站有一清华教授被日军拘捕关押，晚走的教授便格外谨慎小心。许多年后，在台岛的浦薛凤于悼念原清华同事、政治系教授王化成时，曾提及这段往事。浦说：为了路上有个照应，清华的马约翰等八名教授连同家属一起同行。"出发前夕，相约两事，即拒绝家人相送，且避免彼此交谈。是晨细雨蒙蒙，予进前门车站，即遇一武装日警，挥手令停。予方止步，忽有另一旅客从旁疾行而过，此一日警，乃舍予而追阻、检查，予遂得乘机缓步登车。甫经坐定，偶向窗外探视，则化成在前，其老太爷在后，正走向车厢。为贯彻约言计，予惟掉头他顾，不加理会。未几，化成亦上车入座，虽相距只数步，不敢交谈一句。车行良久，予入洗手间，发现口袋中留有陈岱孙自长沙来信，谓开学在即盼尽早启程。倘果被搜，结果将不堪设想。此一时期每次车抵津站，旅客中总有受盘诘而遭拘留者数十人。化成以其身体魁梧，状若军官，最恐惹起注意。是日火车旋驶旋停，到达天津已是万家灯火。及大家分别安抵租界旅馆，在紫竹林餐厅会合之时，始相互拥抱，庆幸脱离虎口。"[39]

大多数教授提心吊胆离开平津转赴长沙，清华园内开始了最后撤离。10月13日，卢沟桥事变祸首、日军牟田口部队开入清华园，强行入住工字厅，古月堂，工学院办公楼，甲、乙、丙三所，女生宿舍，二院宿舍等，并以"随便处理"相告护校的毕正宣等人。经护校委员会人员与日军反复交涉，其间抬出美国使馆和尚未离校，并"负监督之责"的美籍教授温德等"大神"对之施压，日军迫于"国际信誉"和影响，才以"分区划界居住"形式，以大礼堂之小河与女生宿舍马路为日军驻兵范围，护校保管人员则被逼退至学生宿舍（四院）一隅之地。时文学院院长冯友兰等属于最后撤退的一批，对这段经历，冯回忆说："我们参加校务会议的这几个人，还住在清华，说的是要保护学校。我在图书馆内对图书馆的工作人员说，中国一定会回来，要是等中国回来，这些书都散失了，那就不好，只要我人在清华一天，我们就要保护一天。有一次，夜里我和吴有训在学校里走，一轮皓月当空，四周一点声音都没有，吴有训说：'可怕，可怕，静得怕人！'"此情此景，使冯友兰想起了黄仲则的两句诗："如此星辰非昨夜，为谁风露立中宵"，几近潸然泪下。后来日本军队正式进入北京城，派遣牟田口等部队侵入学校公开搜查，强占部分校舍，劫掠校产。冯友兰等几个留守教授觉得政权已经失掉，保管已经没有意义了，事实上是替日本保管，等他们来接收。于是大家决定南迁，"南迁的人和留守的人，都痛哭而别"。[40]

国破家亡，冯友兰等师生悲愤忧戚，仓皇而遁。而在北平各大学拨弄得风生水起，令校长、教授们备受折磨、疲于奔命的学运领袖和骨干分子，认为卢沟桥事变是逼蒋抗日、建立统一战线的转捩点。面对卢沟桥与平郊战区的隆隆炮声，北平"学联"、各校学生会、清华"救国会""民先队"等部分成员"激动地相互传语，民族解放的号炮响了！"中共北方局领导人刘少奇、彭真等一批头面人物，于卢沟桥事变后即移住山西太原，并决定撤出平津地区中共组织和党员、干部，以及倾向中共的各色人等，或到太原或到太行山区乡村打游击。已离开清华园并晋升为中共天津市委书记的姚依林，根据北方局指示，把地下党员分批疏散到上海。在二十九军宋哲元等将领率部退出北平后的翌日，中共北平市委书记黄敬在石驸马大街东口一家茶馆召集紧急会议，决定各校地下党员以及乐意听从中共地下党指挥调遣的学运骨干分子，分头撤离北平，到济南、保定、太原等三地集合，然后决定去向。

会议之后，众人行动起来，除黄敬外，另有中共北平市委委员李昌、黄诚、王文彬、安子文，以及北平"学委"和"学联"的蒋南翔、杨学诚等，均从天津乘船到烟台、青岛、济南等地，然后转赴武汉、太原或南方，在中共当局指导下进行各种工作。其中，一批学运骨干分子与学校师生眼中的"另类学生"，追随黄敬到了晋东北和冀中。另一批学运骨干追随北平师大教授杨秀峰潜入山西，组织太行山游击队并开辟冀西抗日地盘。还有一批学运骨干分子与追随而来的小左派人物，如清华历史系的赵俪生等，潜入山西太行地区，陆续加入"牺盟会"与"山西新军"等军政组织。"民先"总队的领导人杨雨民、杨克冰、李哲人等，先后深入太行山区敌人后方，或潜入晋南开辟根据地，剩余的李昌等人率领"民先"骨干分子，在山西见到了刘少奇、周恩来、彭真等中共领导人并聆听训命。11月太原沦陷后，李昌等"民先"队员随刘少奇撤退到临汾等地继续从事公开或地下工作。由北平转赴济南"南下"的另一路学运领袖兼骨干分子蒋南翔、杨

◎左起：彭真、黄敬、关向应、王震、聂荣臻在晋察冀军区驻地河北平山蛟潭庄（1939年）

学诚、于光远等，率领一批清华学潮活跃分子，先后到达南京、武汉、开封、西安等地，在中共长江局领导下参加当地青年工作。在济南时，中共北平市委农委书记荣高棠，组织平津学生流动剧团进行演出宣传活动。蒋南翔、段君毅等率领的一批学运骨干分子到达南京后，国民政府决定将计就计，以抗战需要人才的名义，专门为蒋南翔等人设立了一个军事训练班，一天从早到晚按口令上操并不断让学员聆听"抗日"训话。未多久，蒋南翔等意识到进了圈套，遂决心率部冲破监狱式军营并获成功。一部分学运骨干与"另类学生"离开南京、武汉等地，潜入皖南参加了新四军，如相继被北洋工学院、清华大学除名的学运领袖黄诚，即参加新四军且官至军政治部秘书处长。"皖南事变"中，黄诚等被围，尽管英勇抵抗，一人打死国民党官兵五六人，终因寡不敌众，最后兵败被俘，拘于上饶集中营，未久被顾祝同下令枪决，死时年仅二十七八岁。[41]

　　北京大学、清华大学、南开大学等三校，由长沙转入昆明成立国立西南联合大学，直到抗战胜利的八年间，尽管有中共地下组织的存在，因国民党打破战前不在大学设立组织的规定，于各大学间广设三青团与党支部组织，势力迅速膨胀，基本掌控了局面。加之梅贻琦与教授们态度明确，坚决反对国共双方组织冲突并像北平时代一样大闹学潮。因而，在抗战大局与国共合作的大背景下，除1941年底因反对孔祥熙家族"乘飞机运洋狗"事件而爆发的一次"倒孔"游行外，几乎没有风波与学潮生起，国共两党学生组织也暂时避免摩擦，忍而未发。偏僻的西南边陲在敌机不断轰炸下，居然安下了一张虽不平静但能用于读书向学的书桌。师生们以"刚毅坚卓"的校训精神，于战火纷飞中弦歌不辍，出色完成了教学任务与各自的学业，并产生了杨振宁、李政道、王浩、汪曾祺、徐贤修、何炳棣、何兆武等等一大批后来获得诺贝尔奖或在世界文学与科学领域出类拔萃的优秀学子。此一境况，乃西南联大师生的幸运，亦是中国教育界，乃至整个中华民族抗战与战后重建与复兴的大幸运。而差不多相同时间，由北平大学、北平师大、天津北洋工学院等三校联合成立的国立西北联合大学，因校方当局意见分歧，以及学潮不断，只存在一年多即宣告解散。西北联大遂成为抗战史上昙花一现的联合学府，其混乱的局面、贫乏的业绩以及凋零的人才，徒令时人与后世研究者扼腕嗟叹。

注释

[1][21]《战斗在一二·九运动的前列》，清华大学出版社 1985 年 11 月出版。

[2]《北平学生抬棺游行》，载《大公报》，1936 年 4 月 1 日。

[3]《大公报》，1936 年 6 月 1 日。

[4]《文告》，载《国立清华大学校刊》，1936 年 6 月 18 日。

[5]《文告》，载《国立清华大学校刊》，1936 年 6 月 22 日。

[6]《清华救国委员会敬告全体同学》，载《觉报》，第 16 期，1936 年 8 月 10 日。

[7] 黄诚《让我们做最末一次被开除的学生吧！》，载《觉报》，第 16 期，1936 年 8 月 10 日。

[8]《清华学生组战区服务团》，载《大公报》，1936 年 11 月 24 日。

[9][11]《朱自清年谱》，姜建、吴为公编，安徽教育出版社 1996 年 5 月出版。

[10]《他走给我看了做人的路——忆蒋南翔》，载《思痛录》，韦君宜著，北京十月文艺出版社 1998 年出版。

[12]《闻一多年谱长编》，闻黎明、侯菊坤编，湖北人民出版社 1994 年 7 月出版。

[13]《专载》，载《国立清华大学校刊》，第七九九号。

[14]《平各大学当局昨午二次集会，决分电劝告张学良》，载《大公报》，1936 年 12 月 17 日。

[15]《教授会分致阎主任傅主席电》，载《国立清华大学校刊》，1936 年 12 月 21 日。

[16][25] 李昌《回忆民先队》，载《战斗在一二·九运动的前列》，清华大学出版社 1985 年出版。

[17]《回应韦君宜》，邢小群、孙珉编，大众文艺出版社 2009 年出版。

[18][21]《清华大学校史稿》，清华大学校史编写组编著，清华大学出版社 1981 年出版。

[19]《救国会委员黄绍湘述二十五日学生会被捣毁的经过》，载《清华副刊》，第 45 卷第 10 期，1936 年 12 月 28 日。

[20]《读史阅世六十年》，何炳棣著，中华书局 2014 年出版。另，救国会于 12 月 26 日发布一个油印的《关于救国会被劫存件敬告教授及全体同学书》，列举 25 日晚被何炳棣等人劫去和损失的"宝贵文件"，同时声明"至彼无耻的侮蔑，谓搜得'张学良之捐款收据'案，这更属笑话（除劫掠救国会同学外，谁也没有收到过），全体救国委员，正要他们交出看看，我们也开开眼界"。声明最后指出："光天化日之下，有目共睹的事实，不到一二日工

夫，劫掳救国会的祸首竟逍遥法外，复信口开河，含血喷人，竟一至于此"云云。(《清华大学史料选编》，第二卷，第978页）

[22] 华道一《为无辜被迫退学敬告全体师长同学》，载《战斗在一二·九运动的前列》，清华大学出版社1985年出版。

[23]《平校各学生，不满学生会》，载《大公报》，1936年12月30日。据华道一后来回忆："一九三七年一月，我在清华因政治原因被迫退学，到当年九月又回到长沙临大作为'借读生'。后来临大迁到云南，定名为西南联大。一九三八年春在蒙自，有一次梅校长从昆明到蒙自来。他在向学生做了一次讲话后正在学校会议室休息，我为了我的学籍问题，贸然闯进去向他诉苦。梅校长见了我这个冒昧闯入的学生，不以为忤，仍是很诚恳地接待了我，听我诉说。后来他对我说：'学校人多，有些问题的处理也有不得已的苦衷。反正目前你还是可以在这里读下去，至于学籍问题，一时难以解决，只能等日后看情况再说了。'后来一九三八年秋，联大公布了关于'借读生'经转学考试及格可录取为'正式生'的规定。我就通过了转学考试，被录取为联大的正式生，成为正式以'西南联大'名义发给毕业证书的第一届毕业生。在蒙自梅先生的这次会见，虽然当时仍没有能解决我的学籍问题，但梅先生一点没有校长架子，对待学生十分诚挚的风度，也给我留下了很深的印象。"（华道一《回忆梅贻琦校长二三事》，载《梅贻琦先生纪念集》，黄延复主编，吉林文史出版社1995年出版）

[24] 徐芸书《论无条件统一》，载《学生与国家》，第一卷第一期，1936年10月10日。另，徐芸书，即徐高阮，字芸书，浙江杭县人，1914年生，1933年考入清华大学，其间参与政治，加入共产党，一度出任中共北平市委宣传部长，1935年被国民政府逮捕送至南京宪兵总部关押。出狱后因与中共北平市委李葆华等领导以及清华大学蒋南翔等之间存在尖锐分歧，被开除党籍，彻底绝了徐的从政之路。抗战军兴，徐先后在沪江大学和西南联大受业于陈寅恪、傅斯年等大师，学术上多有创见发明，深得陈寅恪器重。1948年3月10日，陈寅恪作《徐高阮重刊洛阳伽蓝记序》一篇，文中追述徐氏校注此书的经由，并推许其"不独能恢复杨（南按：东魏杨衒之）记之旧观，兼可推明古人治学之方法。他日读裴、刘、郦三家之书者，寅恪知其必取之以相参证无疑也"。陈把徐氏之作与前三家并列，可见对徐的推崇与期待已超出常人。惜后来因种种原因，徐终未成陈的助手。1949年，徐赴台任职于"中央研究院"史语所副研究员，有《山涛论》等著作问世。其间受国民党政客挟制，写过一堆政论文章，积劳成疾，于1969年去世。

徐高阮在世时，家境状况较差，去世后更显凄凉。对此，新竹"清华大学"之《清华校友通讯》（新二十九、三十期合刊），专门以"敬致哀思"栏目发表讣告："徐高阮37肄校友，于十月九日病逝台大医院，享年五十五岁，台湾'中央研究院'同仁组织治丧会，十月十五日上午在市殡仪馆公祭后火葬。治丧会决定，不收花圈联幛，希徐君亲友致送奠仪作其子女教育基金。又：徐校友高阮遗孀锺水妹女士，女公子静华、念华二人。"

第十五章 黑云压城城欲摧 | 525

[27] 秦德纯《七七卢沟桥事变经过》，载《七七事变——原国民党将领抗日战争亲历记》，中国文史出版社 1986 年出版。

[28]《潘光旦、沈履急电梅校长》，载《清华大学史料选编》，第三卷（上），清华大学出版社 1994 年 4 月出版。

[29]《李书华等 21 教授密电庐山谈话会》，载《清华大学史料选编》，第三卷（上），清华大学出版社 1994 年 4 月出版。

[30]《梅贻琦密电潘光旦》，载《清华大学史料选编》，第三卷（上），清华大学出版社1994 年 4 月出版。

[31] 梅贻琦《抗战期中之清华》，载《清华校友通讯》，第五卷第三期，1939 年 5 月1 日。

[32]《国立西南联大纪念碑碑文》，冯友兰撰，载《清华大学史料选编》，第三卷（下），清华大学出版社 1994 年 4 月出版。另，据时为南开大学秘书长的黄钰生在《被日寇洗劫的南开大学》一文中回忆：当时学校已放暑假，师生大多已离校，"7 月 28 日夜间，留守在校舍的有杨石先和我，还有几位职工。29 日凌晨 1 时，我们听见多处的枪声，拂晓，驻在海光寺的日军开炮了。第一炮打河北省政府，第二炮打南开大学。接着就是对南大各建筑连续的炮轰。又有日军飞机在校园上空盘旋，观察投弹命中的情况。上午九时，我们商请杨石先先走。十一点，我在秀山堂办公室，一颗炮弹从屋顶直穿到地窖，幸未爆炸。留守无用，只好先撤退。我和郭屏藩（平凡）坐小船，沿小河向东划去，划船的是校工老郑，有好几发枪弹从头顶上飞过"。（《黄钰生文集》，百花文艺出版社 2009 年出版）

[33] 南京《中央日报》，1937 年 7 月 31 日。

[34]《南开大学校史·大事年表》，南开大学档案馆档案。

[35]《教育部关于任命长沙临时大学负责人的密谕》，清华大学档案馆藏。

[36] 据曾担任清华大学法学院院长的陈岱孙说，北大、清华和南开三校南下，并在长沙组建临时大学，主要缘于以下几个原因：我们刚到长沙时住在圣经学校，是教会办的，在长沙西门外。为什么叫"长沙临时大学"，因为在抗战前两年，清华已感到北京这个地方有危险，所以停止建设一座大楼，把这个钱拿出来，在南方找一个根据地，以备后患。选中了长沙，在岳麓山底下，是乡下，那是个空旷的地方，投资大概 30 万块的样子，那时 30 万块钱很值钱。1937 年战争爆发时，那个房子还没盖好，里面没整修，恐怕还得几个月的时间才能用。在南京，几个校长开会的时候，认为这个地方既然有清华那个底子在那里，几个学校搬到那儿去，几个月后就可以利用，所以决定搬到长沙。临时这几个月怎么办呢？就看看长沙有什么房子可以利用。到长沙一看，有个圣经学校。因为是打仗，他们人都散了。当时就说把这个圣经学校给租下来。圣经学校有两个地方。一个是主校，就在长沙，另外一个是分校，在衡山底下，叫圣经暑期学校。夏天他们到那儿去，可能是嫌长沙太热了。我们两边都租下了，主要是在长沙西门外。在长沙只有半年。到长沙后，文学院是在衡山底下的那个

圣经学校，法学院是在长沙，我是在长沙，金岳霖先生等是在衡山，两个地方。（见王中江《金岳霖其人其学访问记——陈岱孙先生访问记》，载《金岳霖的回忆与回忆金岳霖》，刘培育主编，四川教育出版社 1995 年出版）

[37]《临时大学第二次常委会议记录》，北京大学档案室藏。

[38] 郑天挺《南迁岁月——我在联大的八年》，载《联大岁月与边疆人文》，南开大学校史研究室编，南开大学出版社 2004 年出版。

[39] 浦薛凤《悼念王化成兄》，载《清华校友通讯》，新十二期，新竹。

[40]《冯友兰自述》，冯友兰著，中国人民大学出版社 2004 年出版。

[41] 黄诚被清华校方开除后，考入中国学院继续求学，并担任了北平学联主席。后加入新四军，就义。（参见杨述《悼黄诚》，载《战斗在一二·九运动的前列》，清华大学出版社 1985 年出版）

第十六章　南渡自应思往事

● 黔滇路上

　　1937年11月1日，由北大、清华、南开等三校组建的长沙临时大学正式上课。据梅贻琦报告称，由沦陷区迁来的学生共1452人，清华学生631人，北大342人，南开147人；另外有北大、清华在南渡途中于武昌联合招收新生，以及南开附中升班新生共114人、借读生218人。三校赶到长沙临时大学的教员共148人，其中清华73人，北大55人，南开20人。三校规模与人数，以清华为盛，北大次之，南开又次之。教员与学生人数，三校依次的比例约为7：5：2。当然，因交通阻梗，尚有各种原因拟赴长沙及在途中未到者，临大当局限于11月底到达，若全部到齐，全校学生可维持在1500人左右。[1]

　　以上只是师生人数，若加上从各个方向赶来的职员、工人，全校总人数达到1700左右，加上教职员工家属，人数更为庞大。原来所赁房舍不克分配，临大当局又租赁长沙涵德女校及附近四十九标营房，分别作为女生和男生宿舍。另将文学院各系师生，迁往南岳衡山圣经学院分院上课。如此这般凑合安抚，整个学校教职员工兼家属才算安顿下来。按当时规划，长沙临时大学共设文、法、理、工四学院十七学系，系别、课程和卢沟桥事变前的清华大学相近，只有个别学系与专业予以调整。开课之后，穿越敌人数道封锁线、经过数月颠沛流离之苦云集而来的师生，痛感祖国山河已如柳絮般破碎不堪，这一方平静乐土得之不易，心中增添了一种悲壮气概。主持校务的临大常委梅贻琦则认为"烽火连天，弦歌未辍，虽校舍局促，设备缺乏，然仓猝得此，亦属幸事"[2]。

临大开始正常运转，潮湿寒冷的长沙古城，特别是韭菜园及圣经学院周边地区，又增添了大批自平津、河北、山东、河南、南京、江浙、上海等地流亡而来的教育学术界人士及其家眷。中央研究院史语所、社会学研究所等几个重要研究所，加上中央博物院筹备处，以及清华校友梁思成、林徽因夫妇服务的中国营造学社等教育学术机构纷至沓来，并于圣经学院周边觅房租屋。继之，整个华北、华东沦陷区大批机关职员，各行业的知识分子、工人、商人，甚至城市与乡村难民、乞丐、小偷、流氓无产者等等各色人物，潮水一样纷纷向长沙涌来，整座城市已呈人满为患、混乱不堪之势。而每一股难民潮的涌入，都标志着前线战场国军不断溃退以及大片国土连连丧失。

1937 年 10 月 13 日，石家庄沦陷，日军第一军团沿正太铁路向三晋大地推进。蒋介石立即抽调第一战区两个军团，由第二战区副司令长官黄绍竑指挥，火速赶至娘子关增援晋军。

10 月 29 日，南京国防最高会议正式决定国民政府迁都重庆，并对外公告，向全世界展示了中国政府和军民长期抗战，决不屈服于倭寇的坚定信念。

11 月 8 日，阎锡山弃守太原南遁，三晋大部落入敌手。

11 月 11 日，自"八一三"开始的淞沪抗战，国民党军队已苦苦支撑达三个月之久。此次战役，中日双方共投入兵力约 103 万人，日本动用 28 万海军陆战队与陆军精锐部队，挟 4 艘航空母舰、34 艘大型军舰、400 余架飞机与近 400 辆战车，与约 75 万中国军队进行了一场空前惨烈的大兵团会战。中日双方死伤俱重，日方阵亡达 10 万人，中方阵亡约 30 万。此次会战是整个二次世界大战中最大型的会战之一，其规模与死伤人数，无论后来闻名欧洲的诺曼底登陆，或太平洋战场的硫磺岛大血战，都无法与之匹敌。由于装备与兵员素质等诸方面悬殊，中国军队在苦战三个月后伤亡过重，力不能敌，被迫从苏州河南岸撤出。

11 月 12 日，远东最大的海港城市上海失陷，日军转而围攻国民政府首都南京，中华民族到了最危急的紧要时刻。12 月 7 日晨，蒋介石偕夫人宋美龄前往中山陵拜谒，因悲怆过甚，当场晕倒，随众惊骇。稍事休息，蒋偕夫人匆匆回寓，继而飞离南京前往江西继续筹划、指挥战事。

12 月 5 日，日军开始围攻南京，中国 10 万守军在司令官唐生智总指挥下拼死抵抗，伤亡惨重但未能阻止日军的凌厉攻势。延至 10 日，强悍的日军以精锐部队和配备优良的武器同时进攻雨花台、光华门、通济门、紫金山等战略要地，切断中国军队的后路，守军 10 万将士血战后不支。危急时刻，蒋介石命令战将顾祝同向

◎南京沦陷，日军入城

唐生智传达弃城突围，全军沿津浦路北撤的命令。由于日军早已切断了后路，而城郊的几支部队又阻住了江面，造成大军阻塞、叠压，相互践踏而无法逃生的悲剧。只有所属的六十六军、八十三军少数部队突围成功，多数将士被困于城外未能及时渡江而遭日军阻截枪杀。

12 月 13 日，首都南京沦陷。国人悲怆哀绝，伏地泣血，整个世界为之震动。日本举国狂欢，提灯游行，许多人拥抱在一起，喜极而泣。

紧接着，杭州、济南等重量级省会城市于 12 月下旬相继陷落，骄狂的日军开始集结精锐部队，沿长江一线大规模向西南方向推进，地处两条干线交会处的军事重地武汉三镇，立即成为中日双方瞩目的焦点和即将进行生死一搏的主战场。

12 月 14 日，蒋介石由江西抵达武昌，紧急布置军事防务。国民政府最高统帅部加紧了武汉大会战的策划和兵力集结。

大战在即，长沙离武汉只有 300 公里，一旦武汉失守，敌人必溯水而上，长沙势难独撑。面对危局，无论是刚组建不久的临时大学，还是中央研究院在长沙的研究所以及中央博物院筹备处、中国营造学社等文化、学术机构，又一次面临迁徙的历史抉择。

何处才是安身之地？长沙临时大学委员会经过讨论，因为迁往西北有诸多不便，只有迁往西南之地尚能立足，最好在重庆或昆明。于是，众委员在迁往重庆还是昆明之间摇摆不定。另有部分政客军阀和持不同政见者，认为临大立足方定，正好弦歌不辍，倘再兴师动众予以迁徙，不但劳民伤财，荒时废业，甚至是杞人忧

天，自寻烦恼。湖南省政府主席张治中更认为迁校无此必要，并表示："即使长沙不安全，尽可以在湖南另找一地，省政府仍愿全力支持办学"云云。[3] 广西省政府闻讯，迅速派员赴长沙与临大常委接洽，积极建议迁到桂林或广西境内较为安全的地方办学，广西政府和人民愿意倾全力支持。

对于上述建议，以梅贻琦为主席的常委会经过慎重考虑，认为武汉万一弃守，长沙必遭攻击，到那时整个城市将陷入混乱和战火之中，再想从容迁徙万般困难，前途更是不堪设想。为学校能够从容不迫办下去，必须未雨绸缪，在长沙遭受敌军攻击之前，转移到一个相对安全地方。经过反复研讨，常委们最后决定迁往云南省会昆明市，其理由是：昆明地处西南，距前线较远，且有滇越铁路可通海外（昆明至法属越南），采购图书设备比较方便。更重要的战略意义还在于，一旦内陆全部被日军攻占或封锁，还可通过滇越铁路在西南之地甚至海外予以周旋，为民族复兴保存最后一批文化种子。而此前校方试探性地与云南当局接洽时，省政府主席龙云表现出极大热情，二者有合作的基础。唯一不足的是，龙云属于独霸一方的军阀，号称"云南王"，与中央并蒋介石本人面和心不和，被蒋视为脑后长有反骨，须日夜提防的三国时代魏延一类人物。

对于上述方案，尚不算糊涂且深谙官场规则的教育部长王世杰，认为昆明虽好，但"云南王"龙云桀骜不驯，躲在大西南有随时捅蒋介石刀子的可能。倘贸然提及，怕由此开罪蒋而被骂一顿"娘希匹"，把事情搞砸，遂不敢定夺。眼看时间越来越紧，无奈中，梅贻琦等三常委相商，绕开王世杰这个滑头政客，直接派蒋梦麟赴武汉面陈蒋介石，但在陈述时要婉转、得体，不能向车胎上扎针——泄气，直白地说武汉一旦战败弃守之类的丧气话，亦不能过多说昆明的政治、军事与"云南王"龙云如何热情客气等等，以免引起蒋的警觉和不快，或刺痛蒋的神经，来个反其道而行之，把临大弄到大西北，令众师生吸北风喝泥沙。蒋梦麟依计而行，到得武汉最高统帅部，二蒋相会，梦麟只简述昆明可通安南直达海外，便于购买图书仪器，并与外国学术界有所联系等语。蒋介石听罢，心领神会，以民族大义和抗战急需计，表示允可。经混迹于国民政府相关机构中的官僚政客反复磋商，临大迁昆之事终于得以正式核准。

1938年1月中旬，根据国民政府指令，长沙临时大学迁往昆明，另行组建国立西南联合大学。1月20日，长沙临时大学第43次常委会做出即日放寒假、下学期在昆明上课的决议。规定全体师生于3月15日前于昆明报到，同时通过一系列迁校具体办法，组建由蒋梦麟为主任的昆明办事处。2月15日，蒋梦麟飞赴昆明，主持校事安排，长沙临时大学事务由梅贻琦坐镇指挥。

搬迁大计已定，临大师生于2月初结束第一学期学业，即打点行装，以悲壮的豪气英姿，毅然迈出了西迁的步伐。

根据校方安排，迁往昆明的长沙临时大学师生分成三路赶赴昆明：

第一批走水路，由樊际昌、梅关德和钟书箴教授率领，成员包括教师及眷属，体弱不适于步行的男生和全体女生，共计600多人，分批经粤汉铁路至广州，取道香港、坐海船到安南（越南）海防，由滇越铁路到蒙自、昆明。

第二批由陈岱孙、朱自清、冯友兰、郑昕、钱穆等10余名教授携家属乘汽车，经桂林、柳州、南宁，取道镇南关（今友谊关）进入河内，转乘滇越铁路火车抵达蒙自、昆明。

第三批为"湘黔滇旅行团"，由290名学生和11名教师组成。随队的11名教师组成辅导团，由黄钰生教授领导，成员包括中文系教授闻一多、教员许维遹、助教李嘉言；生物系教授李继侗、助教吴征镒、毛应斗、郭海峰；化学系教授曾昭抢；地质系教授袁复礼、助教王钟山等人。

应临时大学请求，国民政府军事委员会和湖南省政府令派驻湘中将参议黄师岳担任"湘黔滇旅行团"团长，军训教官毛鸿上校充任参谋长，对旅行团实施军事化管理。师生身穿湖南省政府赠发的土黄色崭新制服，裹绑腿，背干粮袋、水壶，外加黑棉大衣一件，雨伞一柄，犹如一支出征的正规部队。全团分

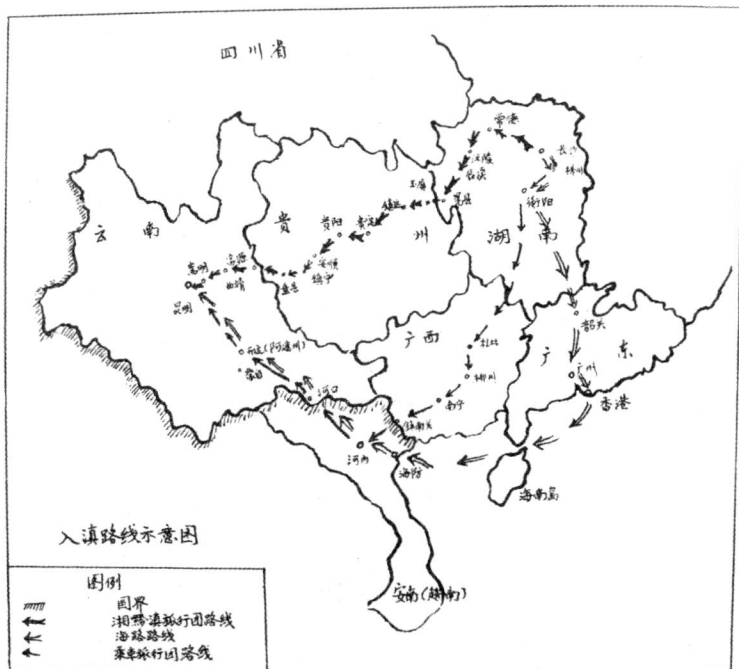

◎长沙临时大学师生三路入滇示意图，引自《清华大学史料选编》（三·上）

为 2 个大队、6 个中队、18 个小队。大队长分别由教官邹镇华、卓超二人担任，中队长和小队长分别由学生担任。

2 月 20 日，"湘黔滇旅行团"大队人马离开长沙，一路经湘西穿越贵州，翻山越岭，夜宿晓行，跋涉 1600 余公里，日夜兼程 68 天；除车船代步和旅途休整外，实际步行 40 天，约 1300 公里。时湘黔一带土匪横行，山野村寨经常传出抢劫财物、杀人越货的消息。湘西土匪之猖獗世人皆知，大股匪群有数千人之众，不但拥有新式来复枪、手枪、盒子炮，还拥有重机枪与小钢炮等装备。在军阀混战时期，匪众为争地盘和钱财，时常与当地驻军交战，有时一棚土匪敢跟一个师的兵力对抗交火。临时大学组成的旅行团之所以由全副武装的军人领队护行，一个重要原因就是生怕途中遭遇匪徒打劫，发生伤亡事件。当然，仅领队军人手中的几条枪，并不足以和好勇斗狠的匪众较量。出发前，湖南省政府主席张治中专门派人与黑道中的"湘西王"打招呼，告知有一批穷学生将"借道"湘西与黔境到云南读书，请传令沿途各"广棚""土棚"和"斗板凳脚"[4]，尔等要以民族大义为重，不要对其进行骚扰打劫云云。

或是张治中的招呼起了作用，"湘西王"真的以民族大义为重，向密布于山野丛莽中的黑道弟兄下达了口谕；或因穷苦师生本身没有多少财物可供劫掠，一路下来，旅行团并未受到土匪打劫。只有一次，走到一个离土匪窝点很近的地方停留过夜，有探子来报，说可能当晚有土匪前来"探营"，众人极其紧张，做了特别戒备和最坏的打算。然而夜间只听得远处几声枪响，并未见土匪来临，众人虚惊一场，第二天继续上路前行。

旅行团进入湘黔交界处，受到当地政府和民众热情照拂。当大队人马进入黔东门户——以侗族人为主体的玉屏县境时，政府专门张贴由县长刘开彝于 3 月 16 日签署的布告，谓临时大学旅行团将抵本县住宿，而"本县无宽大旅店，兹指定城厢内外商民住宅，概为各大学生住宿之所。凡县内商民际此国难严重，对此振兴民族之领导者——各大学生，务须爱护借重，将房屋腾让，打扫清洁，欢迎入内暂住，并予以种种之便利。特此布告。仰望商民一体遵照为要"[5]。

3 月 17 日，旅行团到达玉屏县，受到县长刘开彝、各界代表及童子军热烈欢迎，食宿等诸方面得到了当地最大限度的关照。有一对郑姓姐妹，特地邀请一位同姓的团员到家里吃饭认亲。玉屏产的箫闻名全国，有"苏州笛子玉屏箫"之誉，郑姓姐妹赠送同姓学生玉箫一对留作纪念，从而留下了一段情感佳话。当旅行团进入贵州腹地时，不间断地有村寨地保敲锣，提示商人与百姓不要提高物价，以方便过路的旅行团。此后，旅行团更是一路畅通无阻，有的县甚至派出中学生在城郊列队欢迎。

热烈场景在省城贵阳达到了高潮。这一天正赶上滂沱大雨，旅行团成员们为壮观瞻，步伐整齐地冒雨行军，嘹亮的歌声在雷电交加中传向四方，大街两旁群众无不鼓掌欢呼，冒雨向前与队员们握手拥抱。如此热烈的场景，令师生们深为感动，真的感到自己成了"振兴民族之领导者"，"陡增肩上神圣使命"。据随行的闻一多后来说："那时候，举国上下都在抗日的紧张情绪中，穷乡僻野的老百姓也都知道要打日本，所以沿途并没有做什么宣传的必要。同人民接近倒是常有的事。但多数人注意的还是苗区的风俗习惯，服装，语言，和名胜古迹等等。"又说："在旅途中同学们的情绪很好，仿佛大家都觉得上面有一个英明的领袖，下面有五百万勇敢用命的兵士抗战，反正是没有问题的。"[6]

68天的长途跋涉，旅行团师生真正走出了象牙塔，进入到书本之外形形色色的大千世界。一路上，师生拜访苗寨，调查社会与民众生活，切身感受到国家经济的落后与百姓生活的艰辛，尤其是对当地种植鸦片的背景和毒品给社会带来的危害，有了更深层的了解和认识。辅导团教师们借此时机进行实际教学，当年与李济一同进行山西夏县西阴村田野考古发掘的著名地质学家袁复礼教授，结合湘西、黔东一带的地形地貌，讲解河流、岩石的构造形成，以及黔西岩溶地貌和地质发育理论。清华中文系教授闻一多指导学生收集当地民歌、民谣，研究不同民族语言，并对当地风土人情进行写生。闻氏本人用铅笔写生画作数十幅，取材别致，笔意苍劲。这批素描后来在蒙自文法学院展示，令许多教授大为震动，认为堪称不朽之作。师生收集的云贵民间歌谣多为男女相悦相慕之词，在内地和书本上极难闻见，其含蓄中暗藏的艳丽令师生大感新奇，如"廊前半夜鹦鹉叫，郎弹月琴妹吹箫"，就是一首令师生久久不能忘

◎由北大、清华、南开组成的长沙临时大学湘黔滇旅行团赴昆明，成立新的国立西南联合大学（北大校史馆提供）

怀，暗藏玄机艳色、令人浮想联翩的绝妙民谣。

整个路途跋涉，旅行团师生写下了一本又一本日记、观察心得，创作了一幅幅画作。北大学生钱能欣到达昆明后，将自己的旅行日记整理成《西南三千五百里》一书，由商务印书馆出版发行。来自南开大学的学生、旅行团歌谣采访组成员刘兆吉，受老师闻一多启发，积极从事民间采风，沿途采到民歌、民谣2000多首，到达昆明后精选771首编成《西南采风录》，由朱自清、闻一多、黄钰生等三教授作序，1946年由商务印书馆出版，以后在台北和北京多次再版，为当地历史文化留下了丰富的史料，具有很高的学术研究价值。清华外文系学生、湘黔滇旅行团"护校队员"查良铮，也就是后来著名的诗人穆旦，以澎湃的激情和飞动的灵性，创作了名动一时的《出发》《原野上走路》等"三千里步行"系列诗篇，发表后轰动一时，流传广远，在中国诗歌史上写下了浓墨重彩的一笔，由此奠定了穆旦"第一流的诗才，也是第一流的诗人"地位。

4月28日上午，旅行团师生带着满身风尘和疲惫，抵达昆明东郊贤园。西南联大常委蒋梦麟、梅贻琦，以及南开的杨石先、清华的潘光旦、马约翰等先至昆明的常委、教授，另有部分从海道先一步来昆的学生伫立欢迎。之后，旅行团大队人马向城内开进，当队伍经过中央研究院史语所临时租赁的拓东路宿舍门前时，提前到来的史语所同人，打出了"欢迎联大同学徒步到昆明"的横幅，以示嘉勉。原清华国学院导师、时为中研院史语所语言组主任赵元任夫人杨步伟、北大校长蒋梦麟夫人陶曾毂、南开大学秘书长黄钰生夫人梅美德，携各自的女儿与一群当地儿童，在路边设棚奉茶迎接。队伍前锋一到，众人立即端茶送水递毛巾，向师生敬献鲜花。欢迎人群还为这支历尽风霜磨难的队伍献歌一曲，是著名语言学家兼音乐家赵元任连夜特地为师生创作而成，词曰：

> 遥遥长路，到联合大学，
> 遥遥长路，徒步。
> 遥遥长路，到联合大学，
> 不怕危险和辛苦。
> 再见岳麓山下，
> 再会贵阳城。
> 遥遥长路走罢三千余里，
> 今天到了昆明。

◎旅行团全体成员到达昆明后，梅贻琦（立于第三台阶）、蒋梦麟（立于第二台阶），分别向大家致欢迎词

　　歌声响起，如江河翻腾、大海惊涛，慷慨悲壮的旋律向行进中的每一位师生传递着国家的艰难与抗战必胜的信念，许多师生与在场的群众被感动得泪花盈眶，拥抱而泣。

　　队伍进入昆明圆通公园，在唐继尧墓前举行隆重欢迎仪式。旅行团团长、陆军中将黄师岳站在队前逐一点名完毕，将花名册郑重地送交梅贻琦。——这个简单神圣的仪式，标志着历史上从未有过的学生旅行团，成功地完成了由湘至滇的千里奔徙，全体成员平安抵达目的地，黄师岳中将与随团的官兵也完成了政府赋予的光荣使命。自此，数千名师生在昆明正式组建了足以标榜青史、永垂后世的西南联合大学。

　　根据国民政府指令，原临大常委蒋梦麟、梅贻琦、张伯苓等三人被任命为国立西南联合大学常委，共同主持校务。为鼓励师生精神，坚持文化抗战的决心，表达中华民族不屈的意志，西南联大成立专门委员会，向全体联大师生征集警言、歌词，制定新的校训、校歌。从众多来稿中，专门委员会经过反复筛选和讨论，最后以"刚毅坚卓"四字作为联大校训。同时选定由联大文学院院长冯友兰用《满江红》词牌填写的歌词（一说为罗庸作词）、清华出身的教师张清常谱曲的词曲作为校歌，歌词为：

刚毅坚卓

国立西南联合大学校训

◎联大校训

万里长征，辞却了，五朝官阙。暂驻足，衡山湘水，又成离别。绝徼移栽桢干质，九州遍洒黎元血。尽笳吹，弦诵在山城，情弥切。

千秋耻，终当雪。中兴业，须人杰。便一成三户，壮怀难折。多难殷忧新国运，动心忍性希前哲。待驱除仇寇，复神京，还燕碣。[7]

这是一曲20世纪中国大学校歌的绝唱，它凝聚了中国文人学者、莘莘学子在民族危难时刻最悲壮的呼喊，浓缩了联大师生在国危家难之际所具有的高尚情操和坚强意志。从此，西南联大的歌声响起，激昂的旋律震动校园内外，感染着一代又一代新生，激励着不同职业的中华儿女共赴国难，奋发图强。

1938年5月4日，国立西南联合大学正式上课。6月8日，教育部新任部长陈立夫下达第02093号训令，并国民政府颁发"国立西南联合大学"铜质关防一颗。7月1日，关防正式启用。自此，国立西南联合大学这个在中国教育史上闪亮的名字，于抗战烽火中进入世人的视野。

● 风雨联大

国立西南联合大学组建之初，以蒋梦麟为主任的总办事处设在崇仁街46号。梅贻琦到昆明后，在当地政府和各界人士支持帮助下，又租得大西门外昆华农业学校作为理学院校舍，租得拓东路迤西会馆、江西会馆、全蜀会馆作为工学院校舍，盐行仓库作为工学院学生宿舍，几处房屋略加修整，置办一些桌椅便得以开课。木床赶制不及，每个学生配发几个做外包装用的小木箱，拼拢以代卧榻，箱中可以放书，可谓一石二鸟，一箱两用，搬迁方便，倒也符合战时之需。

因武汉会战在即，许多机关、学校如中央研究院、中央博物院、中国营造学社、同济大学等，纷纷向云南省境特别是省城昆明集中，房舍骤然紧张，联大文法学师生一时无适当地点安置，昆明办事处蒋梦麟等经过考察、协商，决定先行迁往云南东南部、距昆明约 300 公里的蒙自县城稳住阵脚，以图将来。蒙自位于中越边境的红河地区，与号

◎国立西南联合大学校门

称锡都的个旧城相邻，有滇越铁路经过此地碧色寨。个旧锡矿盛时，法国人在蒙自开办了海关、银行、酒店，建有许多漂亮的欧式住宅，一时有"东方的巴黎"之美誉。后来随着形势变化，法国人于战前撤回，留下一些机构房舍，为联大文法学院师生所利用。1938 年 5 月 1 日，联大文法学院在蒙自正式上课。半年后，因此地修建机场，并已接近战争前线，师生于 1938 年 11 月 15 日前撤离，集体迁往昆明，与联大其他学院师生一起生活、学习。——蒙自的半年，给在此教授、就读的师生留下了难忘的印象，后来联大校友的回忆文章，有很大一部分是追忆、缅怀蒙自那段世外桃源般苦难而神奇的流亡生活。

西南联大之文、理、法、工等四院师生再次集中到昆明后，人气大盛，弦歌激扬高亢，铮铮然有铁骨之音。惜经费来源与之相反，只有北大、清华原定经费的四成，加上南开应领教部补助之四成拨充，合计每月不足八万元，各方均捉襟见肘，要想搞点像样的建筑更是力不从心。时联大租赁的拓东路迤西会馆、江西会馆、全蜀会馆和盐行仓库等校舍，简陋至极，修缮后也只能算勉强应付。据工学院航空系学生梁维纶回忆说：在昆明拓东路的工学院，"宿舍是一个由仓库改装、两进院木造两层楼四合建筑格局，房中排满了双层木床，臭虫繁殖特快，深受其苦。上课教室系由附近的一个会馆旧址改装，一切因陋就简。有个大班教室，系利用会馆中的一个正殿改装，并无隔墙，倒也通风凉快。某日上课，记得是刘仙洲教授讲授'机械学'，那时风雨交加，冷不防雨水侵入，淋了刘教授一身，班上同学对此突发情

况尚在发呆之际，刘教授却自我解嘲笑着说：'前不久重庆友人来信问以此间上课情形，我回信告以一切满意，风雨无阻。这就是我们在联大读书了不起的地方，你们看是不是'风雨无阻？'引得全班一片笑声"。[8]

工学院如此，其他几个学院情形基本相同，尤其是女生宿舍更是狼狈，甚而像鬼怪魔幻大片一样令人恐惧。时就读联大外语系的女生陆慈对此有过回忆，陆说："我们女生住一个大庙里，我的那间宿舍就住四五个人，屋里有佛像，就拿草席挡着，那个房子终年漏雨，我们就把铺盖卷起来，拿脸盆、漱口杯接。所以一到下雨，假如没课，我们就往宿舍跑，要不然铺盖都湿了。那个时候真是很艰苦的。"[9]另据联大校花王远定说，当时几个女生住的宿舍，"为地方上一大姓祠堂，范围不小，楼上下有许多大大小小的房间，进门是大的院子，就在此上体育课。二门不远是正厅，也是饭厅，我住在那里面的寝室内。有一天，楼上搬来一瘦小的同学，第二天就要迁出，都很诧异的问她，她说半夜房门被冷风吹开，只看见门外有双大靴子，所以不敢住下去了，听了后几夜未合眼"[10]。

如此窘迫恐怖情形，对师生的生活及身心健康极为不利，必须设法改善。于是，梅贻琦与蒋梦麟于云南省政府机关左右周旋并得到支持，这年7月，联大选定并购置昆明西北城外三分寺120余亩土地作为校舍建筑之用，初步预算暂定为二十万元，按梅贻琦向清华校友的通告，这笔建筑费，"系以中基会补助费之一部，即三校节余之款，凑合共得二十万元左右，当此工料均贵之际，联大建筑之力求简单，一因符抗战节约之旨，二亦因经费所限，不得不然也"[11]。因而，校委会议决，整个建筑除图书馆和食堂使用砖木结构和瓦屋顶外，其他房舍与办公室使用铁皮屋顶并覆盖茅草。此举令具体负责建筑设计的清华校友、中国营造学社负责人梁思成，既同情又感动，曾当着梅贻琦的面流下了眼泪。

1939年4月，按照梁思成设计，联大新校舍在三分寺一片荒丘坟地里建了起来，其景观是：所有校舍均为平房，除图书馆和东西两食堂是瓦屋，只有教室的屋顶用白铁皮覆盖，学生宿舍、各类办公室全部用茅草盖顶。——尽管如此，毕竟有了自己的教室、宿舍、图书馆、餐厅等设施，用冯友兰的话说就是"肝胆俱全，有了这座校舍，联大可以说是在昆明定居了"[12]。

遗憾的是，因经费奇缺，新建教室及宿舍容量，尚不及全校教职员生及其家属所需的一半，36座茅屋宿舍中（东西走向12座，南北向24座），只能勉敷文、理、法三个学院学生之用。工学院仍留在原租住的拓东路三个会馆开课，其后设立的师范学院则租用昆华工校部分校舍，教职员工则在昆明城内自行觅舍租住。只有几位校领导因职务关系，办公室设在新校区，家舍仍需在城里租赁居住，条件同样局促简陋。几年后，梅贻琦曾在日记中描述了一家人租住昆明西郊龙院村李家院子房舍的尴尬情形："屋中瓦顶未加承尘，数日来，灰沙、杂屑、干

◎西南联大办公区与新校舍（清华大学档案馆藏）

草、乱叶，每次风起，便由瓦缝千百细隙簌簌落下，桌椅床盆无论拂拭若干次，一回首间，便又满布一层，汤里饭里随吃随落。每顿饭时，咽下灰土不知多少。"[13]

在忍无可忍的情况下，梅贻琦一家搬到不远处惠家大院一幢小土楼一层租住，因小楼年久失修，显得格外破旧，但毕竟有了安身之处。不大的院落是二层建筑，除梅贻琦一家外，西南联大理学院院长吴有训、清华大学无线电研究所所长任之恭、数学系主任杨武之（杨振宁之父）、中文系教授朱自清等共 14 家 50 多人居住于此，这个院落成为当时西南联大人数最多、最集中的住宅点。时在联大图书馆任职的唐冠芳一家住在楼上，许多年后，唐冠芳的儿子还记得这样一幕：有一天中午吃完饭，母亲照例收拾桌椅、扫地。正在这时，只听见楼下的梅家三姑娘高声喊道："唐太太，你别扫地了，我们在吃饭！"原来，土碴与灰尘随着扫帚扫动顺着楼板的裂隙落了下去，成为梅家饭菜的"胡椒面"了。

住瓦房和小楼的梅贻琦尝了不少云南的灰土，而有幸迁往铁皮顶教室教书与上课的师生，同样深为苦恼。教室内除了黑板、讲桌、课椅（右边扶手上有木板，便于记笔记，因形似宣威火腿，又称火腿桌），别无他物。多雨的云南，潮湿与闷热使北方来的师生难以忍受。一旦遇到刮风下雨，铁皮便在屋顶发情似的抖动摇晃起来，并伴有稀里咣当、叮叮咚咚的叫嚣声，其声之大、其音之刺耳，早已压过了面呈菜色教授的讲课声。有苦中求乐者，把这一独特风景写成对联在校园贴出，谓：

风声、雨声、读书声，声声入耳；
家事、国事、天下事，事事关心。

◎西南联合大学教室

这一副对联，既是自嘲，也借以激励联大师生在举国抗战的艰苦环境中，按照"刚毅坚卓"的校训与民族共患难，为国家争未来。许多年后，在此就读的杨振宁对这段特殊生活仍记忆犹新，杨说："那时联大的教室是铁皮顶的房子，下雨的时候，叮当之声不停。地面是泥土压成，几年之后，满是泥垢；窗户没有玻璃，风吹时必须用东西把纸张压住，否则就会被吹掉……"[14]这位后来的诺贝尔物理学奖得主，连同与他一道获奖的李政道等学生，就是在这样的环境中一步步成长了起来，终于登上了世界学术的高峰。

教室条件如此，学生宿舍更是等而次之。在所建茅屋宿舍中，两端安有双扇木门，两侧土墙上各有几个方口，嵌上几根木棍就是窗子。每栋宿舍放20张双层木床，学生们用床单或挂上帐子把大统仓隔成一个个的小方格，每方格包括两对双层铺——四人住，一个窗洞，一盏灯还有一张门帘。如果认为宿舍简陋不乐意住，随时可以卷铺盖走人。据一度享受过新校舍待遇的学生周明道说："搬家毋需通知学校，爱睡哪里就睡哪里。每天活动在这小天地里，外事概不预闻，即或并连一起的床上睡的是谁都不一定知道。小国——不到6平方米，寡民——最多四个，老死不相往来，是之谓也。由此养成了联大同学的各行其是，不相团结的习性。"[15]

另据中文系学生、时在二十五号宿舍上铺居住的汪曾祺回忆，新校舍共住学生约1200人左右。正是由于人数众多，校舍难以管理，人员也就混杂起来，不是联大的学生也混进来，且一住就是几年，如"有一个青年小说家曹卣，——他很年轻时就在《文学》这样的大杂志上发表过小说，他是同济大学的，却住在二十五号宿舍。也不到同济上课，整天在二十五号写小说"。汪曾祺厌嫌新校舍的人多杂乱，便于夜间到系图书室看书（汪与另一位同学掌握系办公室钥匙，随时可进出），有时一直看到鸡叫或天大亮才回舍睡觉。由于校舍是在一片乱坟圹子之上建成，不免有些恐怖。汪说："有一天夜里，我听到墙外一派鼓乐声，虽然悠远，但很清晰。半夜里怎么会有鼓乐声？只能这样解释：这是鬼奏乐。我确实听到的，不是错觉……"[16]

尽管有疑似小鬼或阎王潜伏于坟地阴沟于夜间哀号奏乐，但学生人多势众，且正是血气方刚，天不怕、地不怕的年龄，并不惧怕邪魔鬼怪缠身叫魂，甚或还有点好奇与刺激。时国难当头，前方将士在流血，难以计数的人民在流亡中，作为学生，能有一个藏身安歇的茅舍已属不易且很满足，因而有学生开玩笑道："蒋校长大概认为住宿条件不错，可以把他的孩子送到这宿舍里住了。"[17]此话暗含了一个不太为人所知的典故。在长沙临时大学时，学生们住在一个晚清时期留下的四十九标破旧营房内。某日上午，蒋梦麟、梅贻琦、张伯苓三常委，由秘书主任杨振声陪同巡视宿舍。蒋看到宿舍破败不堪，一派风雨飘摇的样子，大为不满，认为此处会影响学生的身心健康，不宜居住。海军出身、在长沙临大负责设备采购的张伯苓则认为国难方殷，政府在极度困难中仍能顾及青年学生的学业，已属难能可贵，而且学生正应该接受锻炼，有这样的宿舍安身就很不错了，于是二人争执起来。梅贻琦作为张伯苓的学生，生性寡言，此时不便表示态度。争执中，蒋梦麟突然有点赌气地说："倘若是我的孩子，我就不要他住在这个宿舍里！"张伯苓听罢，脸一沉，不甘示弱地反击道："倘若是我的孩子，我一定要他住在这里！"见二人皆面露愠色，梅贻琦不得不出面打圆场，说："如果有条件住大楼自然要住，不必放弃大楼去住破房；如果没有条件那就该适应环境，因为大学并不是有大楼，而是有大师的学校。"[18]梅氏一语双关的劝说，使一场争执得以平息。

想不到学生们的一句戏言，竟真的成为事实。联大新校舍建成不久，蒋梦麟儿子真的由内地越过数道敌人布设的铁丝网和岗哨，经过九死一生辗转来到联大求学并在茅屋住了下来。当年蒋、张之争与梅贻琦打圆场的典故再

◎抗战时期的张伯苓校长

度被师生忆起，并作为逸闻趣事随着西南联大校史一同流传下来。

无论平津三校南渡长沙还是流亡昆明，总有一些沦陷区学生越过千山万水投奔而来，这一特殊而又易被战时文化史家忽略的过程，蒋梦麟在昆明地下防空洞撰写《西潮与新潮》自传时曾经提及。蒋说，三校到了昆明之后，除招收的新生，还有为数不少的学生是从沦陷区辗转投奔而来，他们不止穿越一道火线才能到达自由区，途中受尽艰难险阻，有的甚至在到达大后方以前就丧失了性命。对此，蒋梦麟特以他儿子为例说道："我的儿子原在上海交通大学读书，战事发生后他也赶到昆明来跟我一起住。他在途中就曾遭遇到好几次意外，有一次，他和一群朋友坐一条小船，企图在黑夜中偷渡一座由敌人把守的桥梁，结果被敌人发现而遭射击。另一次，一群走在他们前头的学生被敌人发现，其中一人被捕，日人还砍了他的头悬挂树上示众。"[19]

尽管如此凶险，沦陷区的学生还是怀揣各自的理想，想方设法向大后方学校挣扎挺进，学校员生不断增加。据汪曾祺说：我在新校舍二十五号居住的时候，下铺有一位历史系的同学，此人"姓刘，河南人，他是个农家子弟，到昆明来考大学是由河南自己挑了一担行李走来的。——到昆明来考联大的，多数是坐公共汽车来的，乘滇越铁路火车来的，但也有利用很奇怪的交通工具来的。物理系有个姓应的学生，是自己买了一头毛驴，从西康骑到昆明来的"[20]。只是，像蒋梦麟的儿子来到昆明后，依靠当联大常委的老爸进入新校舍并顺利插班就读，算是幸运的一员。而无爹可拼或有爹也遥不可及，拼不出个一二三的流亡学生，只好自谋生路，待机入学。1937年暑期赴北平准备报考清华的山东学生梁维纶，因平津沦陷而落空，只好于这年9月乔装逃回山东胶东老家，数月后日军占领山东，梁氏出逃。1938年春，梁维纶随一位北师大毕业的表哥，自威海卫搭海轮经上海转轮至香港，再经当时日机正密集轰炸扫射的粤汉铁路到汉口，闻听北大、清华、南开三校已流亡昆明组建国立西南联大，乃由汉口搭小火轮往洞庭转常德，时西南公路虽通但并无班车，须设法分段搭乘私载乘客的货车或军车。梁维纶或搭货车或军车，一路辗转，几个星期后终于到了昆明。因不是联大学生，只好落脚于昆明西山附近，边自修边准备应考。梁氏在回忆中说："为了省钱，曾有一段时间住在昆明西山的华庭寺，那里有免费房间可以寄宿，每日料理点食物也不难填饱肚子。寺中和尚每晚有打坐，打坐过后且有可口的豆浆稀饭宵[消]夜，'挂单'客人参加打坐，和尚们也很欢迎，于是每晚参加打坐（大约一两小时），为的是享用豆浆稀饭，解决民生问题。因参加打坐存有目的，自然未获打坐修行的功效，所谓'人穷志短'，如此可见。"[21] 当年暑期，教育部统一考试分发，梁维纶考入当时最为时髦的西南联大航空工程系，算是流亡学生中"有志者事竟成"之一例。

1938 年春，长沙临时大学由湘迁滇时，根据政府和学校号令，许多学生脱队离校，或北上延安加入中共组织，或辍学归乡，或参加国军上前线参战，学额大幅减少。5 月 4 日，联大在昆明开课，所属四个学院学生总数 1300 人左右。同年 9 月，文学院和法学院由最初落脚的云南蒙自迁往昆明，联大由原来的文、法、理、工四学院扩大到五院二十六系，其中包括 1938 年秋新创设的师范学院（原联大心理教育学系之教育组改为师院教育学系）。新建的师范学院主要招收云南省内学生，为地方培养人才，成为继云南大学之后第二所综合性高校，此举受到当地政府和民众礼赞（1988 年改为云南师范大学）。几乎与此同时，国民政府因政治、军事需要，1938 年夏，命联大工学院原航空组单独设立航空工程学系，稍后又将南开的化学工程学系扩充后归于工学院。1939 年 2 月，政府又命联大于工学院电机工程学系中附设电讯专修科，并设立先修班与进修班。如此增设与拆解划分，联大学生人数递增，到 1939 年初，增至 2000 余人。1939 年 9 月，规模再度扩充，学生人数达 3000 之众，教授、助教也增至 500 名左右。如加上自沦陷区赶来，进入补习班补习并等待考试过关后正式注册的学生，数量更加庞大。

学生与教职员工人数迅猛增加，校舍内外更显得杂乱，失窃现象随之出现，一些师生开始丢失衣物之类的东西。清华英语系教授、美国人温德作为最后一批离开北平清华园的教授，到达长沙后又随校迁往昆明，住在校舍外不远的一条街巷。不知何时被小偷盯上，房间的衣物先后两次被洗劫一空。悲愤中，温德不知从何处弄来两只猴子而不是狗看家护院，自此之后，室内东西再也没丢失过。这个奇特的场景，美国学者费正清于 1942 年 9 月路过昆明拜访联大教授时曾亲眼见过，费说：两只猴子蹲在院内，"其中一只系着铁链，凶猛地见人就咬，假如有谁再想闯入，除非先开枪把它打死"[22]。

温德教授有了猴子的保护，躲过了窃贼的洗劫，但对大多数男女学生来说，不但猴子，连一只猫或一只老鼠都可能买不起，更谈不到看家护院。无孔不入的小偷贼娃子趁机混入校舍，施展练就的各路技艺，于地上、地下、宿舍、教室全方位展开偷窃活动，令学生气恼又无可奈何。按学生周明道的说法："原来没有什么财产的穷学生还要被偷，岂不恼人？"宿舍中每天有人丢东西，众生经过分析，认为有外贼也有内鬼，于是人人提防，并展开集体破案抓贼活动。结果是闹了好长时间，终于在新校舍抓住一个外贼，此贼形象颇为潇洒，绝非寒酸之辈，"身上西装比任何人都挺，口袋里搜出一大堆东西，包括女同学的相片"[23]。这个贼娃子被学生押送到校警队处理后，校舍被盗事件仍频频发生，学生们很是窝火，对小偷更加愤恨。但宿舍人员来来往往，无法严密控制和监视，贼娃子光临寒舍，来去自由，不仅偷物，连学生平时穿的衣裤也顺手拎走。有学生胡兆炘回忆道："某晨同室刘善治兄醒来，发现放在桌上的衣服全不见了，还以为是我和他开玩笑，便连说：'别开玩笑了！'这一来连起床都成了问题。所以抓小偷是大家最起劲而兴奋的事。"[24]有一天小偷复来，入室后被埋伏在外的同学当场按倒，先是五花大绑，继之怀揣满腔怒火把小偷吊起来，用刮胡刀在小偷眉毛处左右削刮，待剃掉一条眉毛，再把头发刮成有如印第安人（红番）发型，最后用红药水于脸部写上"小偷"二字，领到校园展示之后，才放其走开。

学生们终于出了一口恶气，对待小偷的方式方法很快在联大传开，梅贻琦闻知，专门派训导长查良钊向学生训话，略谓小偷固然可恨，但学生如此做法也是不妥当的，抓住小偷要送警队处理，不要殴打，更不要以刮胡刀乱剃眉毛、把人弄成红番模样污辱人格云云。与此同时，联大当局对新校舍等处加强了戒备，小偷可乘之机减少，乃转战于迤西会馆等工学院所在地，于是工学院学生又与贼娃子展开了猫与老鼠般的较量。据工学院学生郭作青回忆说："有天晚上九十点钟我回宿舍，上楼梯（藏米室旁）碰着一个人走下来。年青小伙子，黑色学生装，五官端正，可是不认得。工学院没几人，所有的人都叫得出名字来，尤其是走这楼梯的人（只有两间小房在楼上），所以看见陌生人就有点怀疑，我就转身跟下来。这位先向右转，然后进后院，再进厕所。我就等在后院。过了好一阵这人出来一见我还在，便开步向大门方向走。我当时赶上问有什么事，他用本地话说'找朋友'。我说'好，我带你去校警室问'。当班的校警记得是个老头子，问了这小伙子一阵，结果他朋友名字叫不出，年级系别说不出，到底做什么也讲不出。那时同学下课回来的越来越多，围集在校警室内外，把这小伙子弄得是（用洋话讲）Panicked。"[25]最后的结果是，众人把这小偷嫌犯按老规矩拔掉眉毛，用墨水在脸上戏弄一顿放掉。尽管此前梅贻琦与学校高层曾谆谆教导学生不要给小偷贼娃子以人格上的污辱，但按郭作青的解释：学生在气愤之下不冷静，甚而不讲理，给小偷施以各种颜色。这一切，或许是大家对美国西部牛仔影片看得太多的缘故，英雄无用武之地，便对贼娃子施起虐来。好在联大小偷不少，真正抓住的贼娃子不多，如此场景也只能是偶尔为之，随着一阵嘻嘻哈哈的哄笑，同学们心中的郁闷与愤慨得以平息，又把主要精力转回到自己的主业——读书学习上去了。

联大校舍师生员工甚至光顾的小偷不断增加，呈现出一派繁盛热闹景象，但与之休戚相关的办学经费却又一次走向了它的反面，即遭到了清华庚款再度停付的厄运。自 1939 年 1 月起，因大部分沿海国土、港口、码头沦陷，国民政府财政部海关收入的十之九为日本所扣留。在此艰难处境中，政府拨给教育界特别是后方高校的经费锐减，西南联大校方当局顿时感到压力剧增。原本想依靠清华庚款接济一时，缓一口气，想不到大雪之后便是霜冻，国民政府决定清华庚款债款原为关税担保者一律停付，致使清华常年经费落空。此一变故，1932 年 3 月至 1933 年 2 月曾经有过先例，搞得刚刚执掌清华校柄、正准备大干一番的梅贻琦极为被动，经多方周旋交涉，财部拨垫款项，遂使事业勉强继续。而如今，当年的一幕再度重演，但国际国内环境已大为不同，国内的情形已到了国破家亡的最后关头，国际对中国的支持与同情尚未显出端倪。面对日军越来越强横、残酷直至赶尽杀绝的侵略行动，梅贻琦在告清华校友书中严正宣示："此次政府之出此，其困难必更甚于前。但学校之各项事业，同人之所日夜努力者，亦实国家抗战后方重要工作之一部，而在建国因素中，尤不可废弃，故吾人深信，政府当局，亦必有维持之法。"[26] 与此同时，梅勉励联大师生正视严酷现实，处变不惊，体谅政府困难的同时要设法自强自立，与军民携手共渡难关，迎接抗战最后胜利。未久，行政院准令财政部与中基会等对清华拨垫款项，以维持清华研究院与关乎国家科技战略的五个特种研究所事业不致中断。

当临大由长沙撤往昆明后，梅贻琦与清华教授会相商，除把学校原设的农业研究所（原设清华园）、航空研究所（原设南昌）、无线电研究所（原设汉口）等三所次第迁滇外，又因地方与时势需要，于 1938 年秋添设国情普查及金属学二所于昆明。前后设立的五个研究所共组一个"特种研究事业委员会"，由叶企孙任主席。各研究所均有一流人才担任所长，在短时期内取得了令

◎ 1937 年，清华航空研究所在南昌建造中的 15 英尺口径大风洞（后被日军侦知并炸毁。清华校友 39 级刘同声提供，载《清华校友通讯》第三十三、三十四期合刊）

人瞩目的成就。特别是航空研究所，继在南昌建成远东最大风洞后，随着战争爆发再度前往昆明建设新的风洞，并完成了滑翔机、直升飞机的设计和模型制造，为中国航空事业的发展开辟了新的道路。而最早设立于汉口的清华无线电研究所，其研究事业在全国各高校以及研究机构中处于开先河的地位。在蒋、冯、阎三巨头中原大战前，清华物理系教授萨本栋便在物理系装置收音机，后被阎锡山部侦知，以为与南京互通消息，派人前往清华园搜查并没收。由此一事件，可见清华对无线电通讯领域研究的领先地位，以及军阀对其重视程度。据抗战前服务于汉口市广播电台的清华 1927 级校友 S.M. 回忆：卢沟桥事变发生前，S.M. 与清华工学院院长顾毓琇谈话得知，清华将对通讯工程进行大力研究及设计，特别是对当时盛行的真空管性能及改进，拟有研究计划与经费。只因北平在地理位置上太接近敌方推进的目标区域，拟在武汉地区安置这个新设的机构。经 S.M. 从中牵线，清华方面与汉口特别市政府主管密商，决定在汉口市广播电台内增建房屋，拨充该研究所使用。建造工程于 1936 年底完成，而年初即开始把各种试验仪器与生产设备运到，人员随之报到，开始秘密研究与制造工作。1937 年卢沟桥事变起，清华大学南迁，南京沦陷，武汉震动，设于汉口广播电台院内的清华大学无线电研究所人员及设备随之南渡长沙，空出的房屋改为平津南迁师生流亡联络站，而汉口广播电台亦向大后方撤离。直至迁湘完毕，武汉临危，清华无线电研究所随同汉口市广播电台人员、设备，在武汉沦陷的前夜自行破坏，所有房屋皆成焦土，电台用的铁塔被切割粉碎，以免被日军缴获利用。当时处于战时中心的汉口广播电台，S.M. 事后认为值得纪念者有二，"一是蒋委员长夫人向美国听众演说的第一次，是由该台播转汉口的交通部短波台，转马尼拉电台，再转至美国各大放送台播出。另一桩有意义的广播，是故国民政府主席林森，在重庆演说，由九省长途电话网连接到武汉，接由汉口市广播电台，播至全国，号召全国人民，团结抗敌，这是清华校友联同制造装配广播电台的校友，为国家贡献的一段史实"[27]。

正当清华搬迁到昆明的五个研究所组成的"特种研究事业委员会"，与西南联大本部师生于经费奇缺、生活艰危之际，茅屋草舍中弦歌不辍、奋发向学之时，凶悍的日军轰炸机已飞抵昆明上空。

◎ 跑警报

　　自 1938 年 7 月中旬始，日本作战大本营指挥 25 万日军沿长江两岸和大别山麓，向西南地区围攻而来，国民政府迅速调集 100 万大军，以武汉为中心，在大别山、鄱阳湖和长江沿岸组织武汉保卫战。10 月下旬，日军迫近武汉三镇，中国军队与日军展开空前大血战，这是抗日战争初期最大规模的一次战役。交战双方伤亡异常惨重，日军伤亡人数达到了 10 万以上，国军伤亡 40 万之众。武汉保卫战不仅有效地阻止了日军进攻西南大后方的脚步，更重要的是为上海、南京等地迁往武汉的大约 3000 多家兵工企业、民用制造业和大批战略物资转移到四川、广西、云南等地赢得了时间，为国民政府以时间换空间的战略计划发挥了巨大效力。10 月 25 日，激战中的国军被打得残缺不全，几乎没有一个完整的师可供补充之际，为保持继续抗战力量和持久抗战，蒋委员长下令全线撤退，武汉沦陷。

　　就在武汉会战正酣的当口，日本军部已将注意力转移到切断和封锁中国国际通道的战略与外交行动中。日军大本营派遣海军航空队轰炸昆明至越南、缅甸的滇越铁路和滇缅公路，同时出兵侵占广东和海南岛，以切断香港和中国内地的联系，继而进攻广西，切断了镇南关和法属印度支那越南的联系。被压缩到西南一隅的中国军队，即将陷入内无粮草、外无救兵的绝境。

　　1938 年 9 月 28 日，日军以堵截、破坏滇越铁路和滇缅公路为战略目标的昆明大轰炸开始了。由 9 架日机组成的航空队从横琴岛（位于广东珠江口外）起飞至昆明上空，首次展开轰炸。昆明市居民和无数难民大多没经历过如此阵势，见敌机轰响着一字排开向这座边城压来，一时不知所措。有好事者意识到又一奇观突现，遂停住脚步和手中的活计，站在地下准备看个不买票的活把戏。

　　无情的炸弹冰雹一样从天空泻下，观看人群没来得及嗷叫一声便血肉横飞，人头在空中如飘舞的风筝，四处翻腾，当空乱滚。时昆明西门外潘家湾昆华师范学校附近，聚集了大批外乡难民和好奇的市民，日机 28 枚炸弹从天而降，当场炸死 190 人，重伤 173 人，轻伤 60 余人。"死者尸横遍野，幸存者呼天嚎地，惨叫之声不息……"[28]

◎飞临昆明上空的日本轰炸机

初试刀锋，日军眼见昆明城防机构几乎无丝毫反击能力，于是放开胆子继续更大规模地实施狂轰滥炸。许多人目睹了这样的景象：只见飞机在空中从容变换队形，一架接着一架俯冲投弹，整个城市浓烟四起，烈焰升腾，而后才是炸弹的呼啸和爆炸声，有时甚至可以清楚地看到一枚枚炸弹如何从银白色的飞机肚子里钻出来，带着"嗖嗖"恐怖之声向城市飞去。据联大学生何兆武观察，"日机来昆明轰炸都是排成'品'字形，3架排一个小'品'字，9架排一个中'品'字，有时候是27架排一个大'品'，有时候是36架，前面一个大'品'，后边九架再组成一个中'品'，看得非常清楚"。至于飞机投弹的状况更是清晰可见，令人久久不忘。"飞机飞过去的时候炸弹极其耀眼，就像一群水银球掉下来，亮得晃人眼，就听见'吱吱吱吱'的一阵响，然后是'嘣——'的一声，如果离得近，就会感到地动山摇。"[29]

—— 因"九二八"轰炸这一血的教训，昆明人被炸醒并提高了警惕，见的次数多了，逐渐对日本飞机有了识别。普通民众大都知道，凡看到"三个头"（双引擎）的飞机飞来，一定是会下炸弹的轰炸机。它们通常三三编队，飞到市区上空就盘旋轰炸。除了普通炸弹，"三头机"还下什么"烧夷弹""空中爆炸弹"等等，杀伤力都十分了得。

由于敌机不断轰炸，"跑警报"渐渐成为昆明城不分男女老少、贫富贵贱共同的一种生活方式，连无孔不入的小商贩在黑市上倒卖的本地酒，也挂名"警报牌"，以此表达与时俱进、开拓创新的商业精神与现代化意识。而随着空袭逐渐增多，昆明的空袭警报系统也逐渐完善起来。当日机最初凌空轰炸时，昆明防空司令部命宪兵组成七八个人的单车队，持红旗在市区大街小巷疾行，表示预行警报。当敌机临近后，则鸣警报器，其声间隔稍长。如果敌机距市空不远，则再鸣警报器，其声间隔短而急。警报解除时，除警报器长鸣外，并由单车队持小绿旗遍示城乡。

试行几次后，司令部与省政府当局觉得这个套路过于烦琐，且费时、费力而收效有限，复将空袭警报改为在五华山铁塔瞭望台旗杆上悬挂灯笼，整个过程分为三级，即预行——空袭——紧急。所谓"预行"警报，即在旗杆上悬一个红灯笼。"空袭"警报悬两个红灯笼，并且鸣警报器，这就意味着日军飞机已飞过河口，进入云南境内，如果还往北飞，昆明就响起空袭警报，五华山瞭望台旗杆就挂红球，警报"昂、昂、昂……"响10分钟。如果日军飞机已经飞临开远县境，意味着百分之百要炸昆明，观察人员传来信号，昆明就要响紧急警报，警笛"昂、昂、昂"响5分钟，两个红灯笼下掉（落下）。5分钟响过之后，人不管在哪个位置都不能再移动，更不能站着跑跳或做什么动作，因为一走动就是移动目标，就有引导日军飞机轰炸重要目标的汉奸或间谍嫌疑。同时，跑警报期间不管是停是留，手中不能携带或高举带柄的可疑物品，这种物品会被认为是给敌机发引导信号，仍属奸细与特务重大嫌疑，必被宪警擒获侦讯问罪。在长沙时，梁思成主持的中国营造学社研究员刘致平，因跑警报拿着一柄伞乱窜，被巡逻警察发现后逮捕关了好几天，幸亏梁思成等人前往说明保释才放出来。在昆明，对此等情形比长沙还要警觉。据联大学生梁维纶回忆说：工学院学生视为贵重财产的是不可或缺的计算尺。当时尚无电子计算工具，所用计算尺均系进口货，被读工科的穷学生视为至宝。"故躲警报时必随手携带与其共存亡，在郊外枯坐时间太长，有时也会利用时间作习题。某次一位同学于使用计算尺作习题时，适有巡逻警员路过发现，认为系用以向敌机打信号，有汉奸嫌疑要带局问话。该同学解释系用以计算数字，更认为是计算飞机高度，带走之意欲坚。虽有其他同学闻争吵声前来帮助解释，警员亦不加理睬，惟因见人多势众，亦莫可奈何，离去时仍面有怒容，自言自语道：'云南这个地方可不是好玩的'。自此次风波以后，同学们躲警报随身所带之计算尺，多深藏书袋中，不敢轻易'露白'矣。"[30]

　　敌机在昆明上空恣意狂轰滥炸后，一旦离开市空，五华山铁塔瞭望台旗杆仍然挂两个红灯笼。等到敌机出境后，改为悬挂一绿灯笼，表示警报解除，同时警报器长鸣数分钟后停止。再后来，又将红绿灯笼改为更加庞大的长形布桶，其他要领与标志一如从前。时在西南联大就读、后来成为名作家的汪曾祺在撰写的回忆文章《跑警报》中，曾有这样一段描述：联大刚进入昆明的那几年，三天两头有警报。有时每天都有，甚至一天有两次。昆明那时几乎说不上有空防力量，日本飞机想什么时候来就来。有时竟至在头一天广播：明天将有27架飞机来昆明轰炸。日本的空军指挥部还真言而有信，说来准来！一有警报，别无他法，大家就都往郊外跑，叫作"跑警报"。

对于当时兴行的三种警报，有些人特别敏感、恐惧，有些人反应较为迟钝，不太在乎。当年的汪曾祺曾遇到过一位对警报反应特别敏感且有些怪异的人物，此人姓侯，"原系航校学生，因为反应迟钝，被淘汰下来，读了联大的哲学心理系。此人对于航空旧情不忘，曾用黄色的'标语纸'贴出巨幅'广告'，举行学术报告，题曰《防空知识》。他不知道为什么对'警报'特别敏感。他正在听课，忽然跑了出去，站在'新校舍'的南北通道上，扯起嗓子大声喊叫：'现在有预行警报，五华山挂了三个红球！'可不！抬头往南一看，五华山果然挂起了三个很大的红球。五华山是昆明的制高点，红球挂出，全市皆见。我们一直很奇怪：他在教室里，正在听讲，怎么会'感觉'到五华山挂了红球呢？——教室的门窗并不都正对五华山"[31]。直到死，汪曾祺也没弄明白这位侯姓同学是否有特异功能。——当然，所谓五华山挂三个红球，或系侯姓同学信口胡喊，或是汪曾祺记忆有误，因为"预行"警报只挂一个红球，"空袭"也只挂两个，所谓"三个红球"不知因何而来。

为了说明昆明警报之多，汪曾祺还以他特有的幽默风趣举例说，西南联大有一位历史系的教授——听说是雷海宗先生，他开的一门课因为讲授多年，已经背得很熟，上课前无须准备。下课了，讲到哪里算哪里，他自己也不记得。每回上课，都要先问学生："我上次讲到哪里了？"然后就滔滔不绝地接着讲下去。班上有个女同学，笔记记得最详细，一句不落。雷先生有一次问她："我上一课最后说的是什么？"这位女同学打开笔记夹，看了看，说："您上次最后说：'现在已经有空袭警报，我们下课。'"[32]

与汪氏的风趣幽默有一拼的是1941级联大学生翟国瑾，他说跑警报也被称为"烟筒响"（警笛"昂昂"的声音类似烟筒的响声）。因为跑得多了，师生便有些不太在乎，又由于年轻人好动，有时还或多或少存着期待的心理，特别是在考试时为然，尤其是在考试而对题目缺乏认识时更甚。对此，翟国瑾特举一例说明之。话说某日，"陈岱孙教授在昆中北院大教室上'财政学'，临时宣布举行小考。大家登时紧张起来，要求改期又未果，某女同学乃气愤地说：'烟筒响就好啦！'不料天下事竟有如此巧合者，一言未毕，而'烟筒'果然响矣！而且没有'预行'和'空袭'，一来就是紧急。大家一阵欢呼，纷纷夺门而逃，秩序为之大乱。只有陈教授仍保其文雅的'尖头曼'（绅士）风度，含着烟斗，不慌不忙地说：'不必跑，不必跑！如果来不及……已经来不及啦！'同学们一想，果然有理，乃秩序井然的缓步追随陈教授之后，从容出西便门而去"[33]。可能就是这次，或许是另外一次，据当时在校的学生周明道回忆："校舍后门外是一大片坟场，面积等于好几个新校舍，荒冢累累，少见树木，但无水沟渠很多，因之成为同学们跑警报的圣地。等紧急警报一响，全躲到沟里去了。有次一位男同学，还没有找到地方，敌机已临空，急忙找了个坑往下一跳，待再起来一看却跳进了一口腐烂了的棺材。"[34]

频繁的警报搞得人心惶惶，鸡犬不宁，联大只好做出决定，白天因跑警报耽误的时间，晚上要补回来，以使课业照常进展。一时间，联大校内出现了吴宓烛下讲中国比较文学，刘文典月下讲《月赋》《海赋》，陈铨等少壮派教师夏夜讲《红楼》等等浪漫逸事。只是这浪漫故事皆为文科教授所创造，学生们有听故事兼看热闹的成分，兴致较高。其他几个学院师生补起课来，自然没有如此浪漫，且经常被折腾得疲惫不堪。按规定，学生是下午6点开饭，7点正式上课，在暗淡的灯光中，抄写先生写于黑板上的讲义，熬到9点半总算结束了补课，诸生拖着疲倦的身子回到宿舍，已经离10点的节电熄灯时候不足半小时了。用功的同学还要抓住这残余的灯光做些功课，一旦灯熄以后，也只好停止一切，在黑暗中摸索上床，静候来日的预行警报了。——如此周而复始的折腾，使许多人对夜间补课感到烦闷，打退堂鼓的呼声越来越高，如联大工学院1943级学生张玉奇说："连日跑警报，学生疲惫不堪，要求学校免于晚上补课，给点时间以应付大小考试，上不完的课到暑假再补。"想不到这个呼声未能奏效，除被施嘉炀院长训斥一顿，刘仙洲教授现身说法加以讽喻："我老头子跑警报比你们跑的还远（越老越怕死），晚上也一样的要预备讲课，而且上课是我站着，你们坐着。"学生听罢，也只有哑口无言接受补课。[35]

学生们是接受了，但身体与精神上的疲惫并未减轻。正在这时，云南省政府通知驻昆学校及科研院、所，略谓日机将长期对昆明进行轰炸，昆明仍无可以迎击敌机的力量，各机关学校尽量疏散乡下，地方当局与民众给予配合，以便减少损伤，同时也可腾出时间从事工作云云。西南联大人多势众，要选个合适的地方极其不易，一时不能搬动，只有特种事业研究所与清华文科研究所等，搬到昆明郊外黄土坡的大普吉村。联大的一些贵重器材也随之运往乡下掩蔽，多数教授一同散落到城市周边乡村避居，只有学生留在城内校舍读书生活。就研究所与多数教授言之，没有课的时候在乡下躲过了轰炸，但进城上课与到图书馆查阅图书资料等，又成了难题。

早在1935年底，"华北自治"甚嚣尘上，日军占领丰台，平津动荡不安，颇具战略眼光的清华校方，即组织在长沙岳麓山建造校舍，以备设立分校，同时抢运图书仪器到武汉，其中图书运出471箱，存入汉口某仓库地下室。卢沟桥事变爆发后，清华留守人员根据梅贻琦指示，于混乱中组织部分师生再度抢救校产，时图书

◎昆明西郊大普吉——清华文科研究所住地（清华大学校史研究室藏）

馆不足半数的在校职员，将本馆及各系预装图书仪器 50 余箱，以及馆中目录文件卡片等，不顾敌军严密检查，运到城中某处秘存。旋敌人强据校舍，封锁图书馆等处，公物不能携出，校内所存几十万册中西文图书只能遗弃不顾，"三十年来日经月营，所剩止此"[36]。长沙临时大学成立后，运往汉口的 471 箱图书转往重庆，继之于卢沟桥事变携出的 50 余箱自长沙撤退之后，由清华工学院院长、未久出任教育部政务次长的顾毓琇联系，将图书大部分运往重庆，放于顾毓琇之弟顾毓瑔为负责人的中央工业实验研究所仓库暂存。想不到 1938 年 6 月 26 日，顾毓瑔从重庆急电昆明的梅贻琦，告之曰：

> 昨日敌机狂炸北碚，烧炸之惨前所未有，敝所全部被焚毁，救无效。贵校存书全成灰烬，函详。[37]

轰炸过后，清华所存 50 余箱中西文图书，有 13 箱自灰烬中扒出，计西文 307 册、中文 4477 册。此前由汉口运往重庆的 471 箱中西文图书，共分两批运往昆明 120 箱，余 297 箱在后来的敌机轰炸中被毁。[38] 此前，南开大学的图书馆被日机全部炸毁，几无幸存者，而藏书量巨富的北大图书没有抢出便落入敌手，后又成为钱稻孙、周作人等按日本人旨意搞起的伪北京大学利用的资源。如此现实境况，导致迁往昆明的三校图书极为短缺。幸赖中央研究院史语所迁往昆明后，所长傅斯年设法将先期疏散到重庆的 13 万册中外善本图书寄运昆明靛花巷三号驻地，并租下对面竹安巷一座四合院作为图书馆，算是为迁来的三校，以及梁思成领导的中国营造学社等研究人员借读和查阅资料缓解了燃眉之急。后来，幸得中英庚款董事会及中华教育文化基金董事会两家机构补助，西南联大图书才得稍稍添购，成为一个略微像样的图书馆。但因外汇价涨之故，所能购得者，质、量均差甚多，只能勉强凑合，尤其数量比起北平时代仍少得可怜。据1942级联大学生周简文回忆："图书馆一大幢，没有间隔，基本参考书如西洋通史、中国通史、政治学、经济学、社会学等，每种仅有数十册。数千同学，为了要借用此类参考书，每每排成长龙等图书馆门开，大家争先恐后，抢先入内，因先到先借，后到者只有向隅之一途了。"[39]

当此之时，联大学生的教科书与参考书有两个来源，一是下一级到上一级学长那里收购，念过的学长就会让给学弟接着读。每逢学年终了，布告板上便会出现出让或征示书籍的布告，相互征购，其中需求的一方难免要花几个钱表示一下，这个香（商）品才算踏实地接手。当然特殊情况也是有的，如遇漂亮嘴甜的学妹向学长收购，老兄除了分文不收慷慨捐赠，可能还要领小妹到文林街泡一杯茶，或凤翥街吃一份云南特有的卤饵块，或到钱局街要一碗黄滴滴油露露，热气腾腾令人垂涎欲滴的酥炸香辣"三六九大排骨面"，只是要看学长"兼差"的腰包几何，以及小妹的迷人程度和运气了。另一个来源便是图书馆，只是一个仅能容纳600来人的图书馆，每天挤满了学生，热门的教科书自然成为第一抢手货，尤其快到考试时，请假的、兼差的、到缅甸仰光跑长途的等等各类学生，都回校准备迎战闯关，教科书近似一种高贵的战利品被诸生来往争夺，颇有中原逐鹿的架势。"图书馆职员有鉴于此，乃提供一种服务，这些抢着借的书如果均已出借，后来者可将学生证、借书单交图书馆，待有还者，即按序通知领书。由于书籍太少，大家只有凭笔记，因之联大学生都有记笔记的本领，甚至在窗外站第二排的人也能临空记笔记。"[40] 当然，图书馆之拥挤还有一个客观原因促成，即当时住新校舍的学生发的是菜油灯，用两根灯芯仍觉不够亮，而校外的茶馆还没有想到以自己的条件吸引学生并做师生的生意。因联大图书馆挂的是明亮的煤气灯，学生们晚上读书都向图书馆跑。每天晚上，只见"一大群人等在门外，一开门暴风一样的挤进，两三分钟后全馆坐满，即时静下，只有翻书写字跟咳嗽的声音。若拍成电影，一定是很可观的镜头"[41]。

学生方面如此，联大教授讲师借阅或查检资料，与学生同等待遇，本来就困难重重，而对迁住乡下的教授或讲师来说，更加不便。除了借阅方面的烦琐以及不能享受夜间图书馆明亮的灯光，老师与学生交流的时间与空间也大大减少，这对师生乃至学校整体质量的提升都是一个损失。除此之外，令校方和教授们备感头痛的另一大问题，乃是交通极其不便。开始的时候，教授及家属出行多是乘坐公共汽车，但正如联大工学院同学躲警报，手拿计算尺而被巡警发现并训斥"云南这地方可不是好玩的"一样，公共汽车更"不是好玩的"。其情形若联大中文系教授王力亲身经历和所做描述："最近因为迁居乡下，每星期须坐几次公共汽车。我们没有理由说公共汽车的票价定得太高，因为往返的车资虽占了我每日收入的一半，但若依物价万倍计算，车资只等于战前的一角多钱，也不算贵了。"令人头痛的是等车、买票与坐车。等车的情形是个啥样呢，王力说："比'人约黄昏'的耐心还要大。目断天涯，但瞻吉普；望穿秋水，未见高轩。候车近日，有如张劭之灵；抱柱移时，竟效尾生之信。……半点钟不来，等一点；一点钟不来，等两点；两点钟不来，等三点。如果最后一班车突然宣布回厂，也只好等到明天。从前的公共汽车是为了旅客的便利，现在的旅客是为了公共汽车的便利。有时候大雨倾盆，旅客们变了一群落汤鸡，仍然冒着雨，等着，等着，竟像公共汽车是开往某地去淘金，非坐不可，非等不可。"好不容易等车到了，买票又是一番大战，但"有些特种人往往不先买票，就从车窗爬了进去。原来先买票的还是傻瓜，只有先抢上车的是英雄。……人满了，另有些人就改坐'头等'，所谓头等就是车顶。……如果都是些干干净净的长沮、桀溺、梁鸿、孟光，倒也罢了；不幸偶然来了几个自从出世以后没有洗过第二次澡，或自从结婚以后没有洗过第三次澡的巢父、许由，在这苍蝇钻不进的人群当中，那非兰非麝的气味儿也就够你消受的。还有他们的全副行李，也未必受人欢迎。有一天，一个老头儿带了一罐不封口的菜油，车子一颠簸，弄得附近的五六个乘客的裤子都油油然利益均沾"。最后，王力教授颇为感慨地说："我还得声明我并不是公共汽车的憎恶者；因为还有一辆容纳四万万五千人的公共汽车比上述的情形更糟。抗战胜利了，但愿抢和乱的情形跟着战祸烟消云散。"[42]

因乘坐公共汽车实在不便，住在乡下的教授们便开始想方设法寻觅其他代步工具。如物理系教授周培源不知从何处搞了一匹马骑着进城上课，初时好不威风，被羡慕的师生戏称为"周大将军"。只是好景不长，有一天，马突然受惊，仰头撅尾疯狂乱窜，其速度与冲力虽没有到当年梁实秋读清华时国文老师"徐老虎"板书"马惊，踏犬毙之"的程度，但"周大将军"还是从马背上被抛下，摔于路边沟内差点丧命。未久，另一位联大物理系教授吴大猷也遭遇了类似不幸。吴乃美国密歇根大学物理学博士、著名的物理学家，归国后于南开大学任教，后转北大任物理系教授。西南联大时期在昆明教授物理学，当时物理系的高才生如杨振宁、李政道等皆为其高徒，特别是李政道，更是吴一手栽培成长起来的。李氏后来赴美留学，得益于吴大猷和叶企孙力荐、梅贻琦特批才获成行。吴到昆明后，先与同事在城内租住云南籍大佬周钟岳公馆一层居住，后为避敌机轰炸，携家迁往昆明北郊岗头村。对于这段生活，吴大猷回忆说："因为躲警报，所以将上课时间安排在上午七时到十时，下午四时到七时。从岗头村走到学校要一小时，我住在岗头村，早上五点多钟就要起程，六点三刻左右到达，上完课又要赶回岗头村。累是不必讲了，穿皮鞋走石子路，一天两个来回共约二十多里，用不了几天，皮鞋就要打掌。更费的是袜子，不知穿破了多少双。那时，我有一条黄咔叽布裤子，膝盖上都补上了像大膏药一样的补丁。虽然学校里有人穿得好一点，但不论谁穿什么，倒也没有人感到稀奇。"[43]

◎周培源骑马上课照

　　如此生活持续了没有多久，即发生了与周培源教授类似的事故。据吴大猷回忆说："有一天我从岗头村搭一辆马拉的两个轮的板车去西南联大上课，马惊跳起来，把我摔下车到路旁。因为后脑受震，晕倒卧床差不多一个月。"[44]

　　周培源与吴大猷骑马、搭车的教训，让教授们不再仿效下去，在搞不到其他便捷交通工具的情形下，索性来回步行。如闻一多住在离学校20里外的龙泉镇司家营村，步行上课，从不间断。坐够了公共汽车的王力教授，同样安步当车，每周自距昆明城近20里的乡下到联大上课，每次进城，总是手提书袋，脚穿布鞋，穿行在崎岖不平的山乡小路与树木丛林之间。往后的日子，步行进城上课的教授越来越多，一般情况下，授课教授大多是头天进城，在学校临时宿舍住一夜，第二天早晨上课，下午徒步返回，如有连课，则再住一宿，第三天返回。如在乡下相互间住得近，可结伴往返。于是，联大校园又多了一景：早晨，诸位教授匆匆忙忙，甚至是气喘吁吁挟着包袱而来；下午，则看到较为从容悠闲地结伴回乡。时间久了，学生们从教授穿衣打扮与走路的姿态上，大体能判断出眼前的教授是来自北大还是清华抑或南开。北大教授"常年长袍一领，步履安详"。清华老师便不同，衣着方面，除李继侗、萧叔玉等少数几位还穿长袍外，其余差不多是西装，由此透出中西文化对知识分子塑造的差异。也有不中不西的"另类打扮"者，如学生周明道所言："我们系主任陈岱孙老师有时还穿猎装，不过都是旧的，盖因物质、收入两缺，添置无从。我曾亲眼看到朱自清先生在一年冬天，气候较冷时节，穿了西装，裹了一张云南骡夫披的灰色毯子当大衣到校上课。"[45] 周明道虽是一个学生，与李广田教授所见略同，只是二人不必是英雄即可辨出毛料华服与毛毡的区别。李广田说："1941 年我到昆明后，在大街上遇到第一个熟人就是朱先生。假如不是他老远地脱帽打招呼，我简直不敢认他，因为他穿了一件很奇怪的大衣，后来才知道那是赶马的人所披的毛毡，样子像蓑衣，也像斗篷，颜色却像水牛皮。我当时想笑却不好意思，他却很得意地告诉我一个大消息：太平洋战争已经爆发，中国的抗战已成了世界大战的一环，前途十分乐观。以后我在街上时时注意，却不见有第二个人是肯于或敢于穿这种怪大衣。"[46]

此时联大教授的物质条件已经降低到了极致，实在难觅一件上等的中式或西装以示斯文焉。据联大法学院教授萧蘧（叔玉）的公子萧庆伦回忆说："我们家从昆明城搬到乡下去住。那时家里经济并不宽裕，父亲从美国回来的时候给姐姐买的洋娃娃，都在昆明典当了，以补贴家用。我们住的是农户的房子，在西山脚下，屋里是泥地、泥墙，院子里可以养鸡。家里 6 个孩子，大概每隔一天能吃一个鸡蛋，每个礼拜吃一次肉。冬天，窗户用报纸糊上，有些阳光进来，但是没有风。夜里着实让人害怕，狼就在窗户下面嚎叫，还不停地抓墙。"[47]

如此艰苦兼有些恐怖的生活，总算能熬下去，如果教授本人或家属不幸染病，则属巨大灾祸，已接近与阎王爷握手的边缘，那可是度日如年、着实难熬了。如吴大猷教授因搭马车被抛下摔晕后，全靠妻子侍候，想不到妻子又在操劳中病倒，差点命丧黄泉。对此，吴大猷回忆说："内子阮冠世本来便连病了几年的，因为又担心，又伺候我，等我稍痊了，她便病倒下来。脉搏微而快，有时数也来不及数。身体太弱了，医生看也没有什么办法。有一天，梅先生来乡下我们住的'实验室'来看看我们，他看到冠世躺在一张帆布行军床上，差不多只有一口气似的，我在旁忧急无法。他说如果要入城请医生来看，可以用他的汽车。第二天城里北京大学的办事处的金先生下乡来，看看是否要预备后事了。幸而冠世挣扎过去，病卧了几个月，到了冬天，费好多事，借了一辆病车，从岗头村送她到西山车家壁的惠滇医院分院，住了两个月，总算回过一口气来。那时虽然没有利用梅先生的车子，但他的好意和关心，冠世和我廿年来始终未能忘记。"[48]——正是缘于这段情谊以及梅的人格魅力，许多年后，当梅贻琦流亡到台湾创办"清华"原子科学研究所而处境最为艰困的时候，吴大猷不忘旧情，由加拿大渡海赴台，成为协助梅贻琦办学最有力的支持者之一。此为后话，暂且不表。

◎ 清华之清

抗战仍在继续，西南联大师生仍在炸弹下读书、生活。尽管读书、生活的条件已降低到有史以来最低的水准，但作为联大主持者，梅贻琦不能让师生纪律松懈，学术水平降低，多次在会上对师生宣示"穷要穷的有意义，苦要苦的有希望"，其情形正如冯友兰所述："梅校长实际是常委会的主席，在风雨飘摇，惊涛骇浪的环境中，联大保存了原来三校的教学班子，维护了'学术第一，讲学自由，兼容并包'的学风，一直维护到抗战胜利，三校北返。"[49] 冯氏所言大体不差，在国势阽危，江山摇撼，"支离东北风尘际，漂泊西南天地间"的困苦岁月，梅贻琦仍怀揣创办一所"大大学"的理想，以昂扬的斗志率领师生在烽火中前行，并竭力排除政治、经济以及人事上的纷争与干扰，于万难中使学校逐渐步入正轨且声望与日俱增。

1940 年初，国民党 CC 系大佬、教育部长陈立夫，认为中国的大学受西方教育制度影响过大，实行的都是西方一套理论，缺少中国自己的历史与社会教学内容，成为在中国土地上的"外国租界"。为把中国大学从"外国租界"这个泥潭旋涡中拉上岸，以救莘莘学子乃至天下苍生于倒悬，陈氏以教育部长之尊，下令改革大学制度，亲自操刀修改大学科目表，规定大学必修中国人须备的知识百科等等。如此一路修改下来，虽引得部分师生不快，但尚未到愤怒和不可忍受的程度——毕竟是以加强中国文化知识为掩饰。令全国大多数师生特别是西南联大教授群体感到愤怒的是，陈立夫所谓的改革越来越离谱，后来竟借改革之名强塞私货，露骨地加强对大学的政治控制和党化教育，在课目表中生硬地塞上一些国民党党义之类课程，并以教育部训令方式下达各学校强迫执行，同时取消民主和学术自由，企图把大学校园演变为一个政党特别是 CC 系的地盘，使广大师生像砖瓦石块一样全部改名更姓，统一姓党，同列 CC 系大佬的门墙，隔三岔五地列队恭候党派头头检阅等，大有恍惚怪诞之感。对此，包括梅贻琦在内的西南联大常委和教职员在忍无可忍中毫不客气地起而回击。1940 年 6 月 10 日，联大教务会议草拟《西南联合大学教务会议就教育部课程设置诸问题呈常委会函》，函中开列教育部对课程设置与考核学生成绩详细规定而特别下达的三份训令，对陈立夫破坏联大课程设置的民主自由，以及贯彻专制党化教育提出了严厉抨击，函谓：

> 部中重视高等教育，故指示不厌其详，但准此以往则大学将直等于教育部高等教育司中一科，同人不敏，窃有未喻。夫大学为最高学府，包罗万象，要当同归而殊途，一致而百虑，岂可刻板文章，勒令从同。世界各著名大学之课程表，未有千篇一律者；即同一课程，各大学所授之内容亦未有一成不变者。惟其如是，所以能推陈出新，而学术乃可日臻进步也。如牛津、剑桥即在同一大学之中，其各学院之内容亦大不相同，彼岂不能令其整齐划一，知其不可亦不必也。今教部对于各大学束缚驰骤，有见于齐而无见于畸，此同人所未喻者一也。教部为最高教育行政机关，大学为最高教育学术机关，教部可视大学研究教学之成绩，以为赏罚殿最。但如何研究教学，则宜予大学以回旋之自由。律以孙中山先生权、能分立之说，则教育部为有权者，大学为有能者，权、能分职，事乃以治。今教育部之设施，将使权能不分，责任不明，此同人所未喻者二也。……盖本校承北大、清华、南开三校之旧，一切设施均有成规，行之多年，纵不敢谓为极有成绩，亦可谓为当无流弊，似不必轻易更张。若何之处，仍祈卓裁。[50]

此一函件由联大常委会研究通过，梅贻琦拍板定案后转呈教育部，表明梅氏本人在"吾从众"的治校方针下，坚决地与"众教授"站在一起，毫不含糊地支持这一义正词严的态度。这一个"顶风而上"的动作，在标志着梅贻琦与教授们追求独立之精神、自由之思想的同时，也意味着西南联大民主、学术自由的思潮，已与陈立夫为代表的官僚专制教育体系公开决裂。有"权"者与有"能"者相抗与决裂直至斗争的结果是，以陈氏兄弟为首的国民党 CC 集团势力强制推行的党化教育，终未能在西南联大形成气候。与之相反，西南联大渐渐成为"民主堡垒"与秉持民主、学术自由、兼容并包的"圣地"。

在这块"圣地"之上，西南联大形成了独特的战时教育风格与中西合璧的授课、选课特色，如联大的同一门课（course），可能有好几位老师担任，至如文科如大一和大二的国文、英文、法文等更可多达十几个班。学生中有生于江苏高邮，1939 年夏从上海经香港、越南到昆明，以第一志愿考入西南联大中国文学系的汪曾祺，后来成了著名散文家、戏剧家，京派作家的代表人物，被誉为"抒情的人道主义者，中国最后一个纯粹的文人，中国最后一个士大夫"云云。晚年的汪增祺写过多篇回忆西南联大的文章，一贯的汪氏风格，诙谐幽默不失其真，是研究联大生活难得的情真意切的好材料。对当年的往事，汪曾祺特别提及西南联大"大一国文"，此为西南联大各院系学生共同必修的课本，也是人人需要过关的"通识教育"不可或缺的重要组成部分。汪氏认为这本书编得很好、很有倾向性，更有一些鲜明的个性与特点，是教育部指令的其他大学所没有的好教材；正是这本书，指导自己走上了文学创作道路，成了著名作家。汪说："严家炎先生编中国流派文学史，把我算作最后一个'京派'，这大概跟我读过联大有关，甚至是和这本'大一国文'有点关系。这是我走上文学道路的一本启蒙的书。"[51]

汪曾祺回忆的这本"启蒙的书"，是 1938—1942 年间，由西南联大的杨振声、罗常培、朱自清、罗庸、浦江清等名师主持参与、"大一国文编撰委员会"编订，联大教务处和常委会审定的《西南联合大学国文选》。这个本子历经三次修订，每次略有增删替换，一直作为大一国文课教材在全校学生中施行。从藏于中国国家图书馆的修订本中，可见其目录：

西南联大一年级国文课

上篇：

《论语》选读（十章）

附：谢良佐 论语解·序

左传·鞌之战

战国策·鲁仲连义不帝秦

史记·司马穰苴列传

汉书·李陵苏武传

三国志·诸葛亮传

世说新语（选录）

慧立、彦悰 大唐大慈恩寺三藏法师传（起长安终伊吾）

刘知几 史通·自叙

下篇：

诗经·小雅·六月

楚辞·九歌·国殇

古诗八首

王　粲　七哀诗（一首）

陶渊明　咏荆轲（一首）

　　　　饮酒（五首）

王昌龄　从军行（四首）

　　　　出塞（一首）

岑　参　轮台歌奉送封大夫出师西征（一首）

　　　　走马川行奉送出师西征（一首）

杜　甫　悲陈陶（一首）

　　　　悲青坂（一首）

　　　　述怀（一首）

　　　　羌村（三首）

　　　　茅屋为秋风所破歌

　　　　闻官军收河南河北

　　　　登楼（一首）

　　　　登岳阳楼（一首）

白居易　新乐府·缚戎人

　　　　新乐府·官牛

陆　游　夜泊水村

　　　　书愤

　　　　纵笔（第二首）

　　　　纵笔（第三首）

　　　　书愤

　　　　夜登千峰榭

　　　　北望感怀

　　　　示儿

教育部公布新式标点符号案（存目）[52]

关于这个课本的好处与特点，汪曾祺做过如下评述（南按：针对首订本，与上述第二次修订本目录略有差异）："一是课文的选择。《诗经》选了'关关雎鸠'，好像是照顾面子。《楚辞》选《九歌》，不选《离骚》，大概因为《离骚》太长了。《论语》选'冉有公西华侍坐'。'莫春者，春服既成，冠者五六人，童子六七人，浴乎沂，风乎舞雩，咏而归'，这不仅是训练学生的文字表达能力，这种重个性、轻利禄、潇洒自如的人生态度，对于联大学生的思想素质的形成，有很大的关系，这段文章的影响是很深远的。联大学生为人处世不俗，夸大一点说，是因为读了这样的文章。这是真正的教育作用，也是选文的教授的用心所在。"[53]

比汪氏早一年入学，即1938年考入西南联大外文系的学生许渊冲回忆说："这一年的'大一国文'真是空前绝后的精彩；中国文学系的教授，每人授课两个星期。我这一组上课的时间是每星期二、四、六上午十一时到十二时，地点在昆华农校三楼大教室。清华、北大、南开的名教授，八仙过海，各显神通。如闻一多讲《诗经》，陈梦家讲《论语》，许骏斋讲《左传》，刘文典讲《文选》，唐兰讲《史通》，罗庸讲唐诗，浦江清讲宋词，魏建功讲《狂人日记》等等。真是老师各展所长，学生大饱耳福。"又说：陈梦家先生讲《论事·言志篇》，讲到"莫春者，春服既成，冠者五六人，童子六七人……咏而归"时，只见陈氏"挥动双臂，长袍宽袖，有飘飘欲仙之概，使我们知道了孔子还有热爱自由生活的一面。有一个中文系同学开玩笑地问我：'孔门弟子七十二贤人，有几个结了婚？'我不知道，他就自己回答说：'冠者五六人，五六得三十，三十个贤人结了婚；童子六七人，六七四十二，四十二个没结婚；三十加四十二，正好七十二个贤人，《论语》都说过了。''五六'二字一般指'五或六'，有时也可指'五乘六'，从科学观点看，这太含糊；从艺术观点看，这却成了谐趣"。[54]——此为《论语》一课衍生的一个插曲。孔子门人结婚之多寡并不重要，重要的是后世来者从这个场面的描述，体会到历史人物的温情与生活趣味。

"大一国文"的优点当然不只这些，意犹未尽的汪曾祺继续评述道："魏晋不选庾信、鲍照，除了陶渊明，用相当多篇幅选了《世说新语》，这和选'冉有公西华侍坐'，其用意有相通之处。唐人文选柳宗元《永州八记》而舍韩愈。宋文突出地全录了李易安的《金石录后序》。这实在是一篇极好的文章。声情并茂。到现在为止，对李清照，她的词，她的这篇《金石录后序》还没有给予应有的重视，她在文学史上的位置还没有摆准，偏低了。这是不公平的。古人的作品也和今人的作品一样，其遭际有幸有不幸，说不清是什么原故。白话文部分的特点就更鲜明了。鲁迅当然是要选的，哪一派也得承认鲁迅，但选的不是《阿Q正传》而是《示众》，可谓独具只眼。选了林徽音[因]的《窗子以外》，丁西林的《一只马蜂》（也许是《压迫》）。林徽音[因]的小说进入大学国文课本，不但当时有人议论纷纷，直到今天，接近二十一世纪了，恐怕仍为一些铁杆左派（也可称之为'左霸'，现在不是什么最好的东西都称为'霸'么）所反对，所不容。但我却从这一篇小说知道小说有这种写法，知道什么是'意识流'，扩大了我的文学视野。大一国文课的另一个特点是教课文和教作文的是两个人。教课文的是教授、副教授，教作文的是讲师、教员、助教。为什么要这样分开，我至今不知道是什么道理。我的作文课是陶重华先生教的。他当时大概是教员。"[55]

汪氏所提的第二个特点，似没有人出面做过"何以如此"的解释，或许这便是西南联大中文系不同于其他大学的奥秘之一吧。当然，西南联大与其他大学的不同处可谓多多，否则便谈不上"民主堡垒"与"自由圣地"，也无须与教育部长陈立夫叫板争雄，并惹得陈氏怀恨在心，未久便对西南联大施以报复性回击与打压。如联大老师与学生上课与听课时间安排问题，诸位教师各自订定上课时间表，学生的上课时间表并不如后来的学校由教务处编行，而是由学生各自拟订。有同学回忆，当时经济系的"货币银行"这门必修课，由周作民、滕茂桐二位教授担任，上课前，各生纷纷打听，哪一位讲得更好？谁的内容充实，教材新鲜？得分难易？是否影响兼差？……一切由自己决定。系主任则依次按以往成绩，核定学生新学期修哪几门课，几个学分，可以替你划去一门，也可以替你加上一门。学生凭系主任签证过的选课单，到注册组领一联的上课证，凭证上课。——在这个制度下，诸生可依功课轻重决定选修多少门，重则少修一二门，反之亦然。同班同系的学生上课时间、读的课程可以不一样，或全部挤在那几天中，或分上午、下午，全由自己选择。教授对于所开 course 有多少学生，什么时间来上课，事先并不知道，要等到收齐上课证以后才见分晓。教授成为被选择者，教得好的，选的人多，大教室里挤满了人，窗户外面都是听课的，否则人数稀少，脸上光彩褪色不少，因之当老师的也要有真本事才行。据学生周明道回忆说：当时联大的老师有被奉为国宝者，如国文系的刘文典、陈寅恪教授，"都是部聘底薪八百元的大教授，院长系主任都在六百元上下"。学生上课分几个大的校区，情况各有不同，如在西门校区，"教室分布在北院，南区和新校舍。每当一堂课下来，便见大批学生挟着讲义夹，南来北往，熙来攘往，在十分钟内赶赴另一教室。北院教室最大，容纳三百人左右，南区四号、新校舍可容纳百五十人左右，它是大教室，其余容量只有几十人。有时，一个教室"学生最少的 course 只有一人。有时老师已到教室而高徒在途中，老师便会搬过二把椅子，面对面摆好，等候高足大驾光临，甚至还替学生把坐椅上的灰尘抹掉"[56]。

汪曾祺对这段生活亦有深刻体验并做过如下描述："联大教授讲课从来无人干涉，想讲什么就讲什么，想怎么讲就怎么讲。刘文典先生讲了一年《庄子》，我只记住开头一句：'《庄子》嘿，我是不懂的喽，也没有人懂。'他讲课是东拉西扯，有时扯到和庄子毫不相干的事。倒是有些骂人的话，留给我的印象颇深。"又说："曾见过几篇老同学的回忆文章，说闻一多先生讲《楚辞》，一开头总是'痛饮酒熟读《离骚》，方称名士'。有人问我，'是不是这样'，是这样。他上课，抽烟。上他的课的学生，也抽。他讲唐诗，不蹈袭前人一语。讲晚唐诗和后期印象派的画一起讲，特别讲到'点画派'。中国用比较文学的方法讲唐诗的，闻先生当为第一人。他讲《古代神话与传说》非常'叫座'。上课时连工学院的同学都穿过昆明城，从拓东路赶来听。那真是'满坑满谷'，昆中北院大教室里里外外都是人。闻先生把自己在整张毛边纸上手绘的伏羲女娲图钉在黑板上，把相当繁琐的考证，讲得有声有色，非常吸引人。还有一堂'叫座'的课是罗庸（膺中）先生讲杜诗。罗先生上课，不带片纸。不但杜诗能背写在黑板上，连仇注都背出来。唐兰（立庵）先生讲课是另一种风格。他是教古文字学的，有一年忽然开了一门'词选'，不知道是没有人教，还是他自己感兴趣。他讲'词选'主要讲《花间集》（他自己一度也填词，极艳）。他讲词的方法是：不讲。有时只是用无锡腔调念（实是吟唱）一遍：'双鬓隔香红，玉钗头上风——好！真好！'这首词就 pass[略过]了。"[57]

汪氏之记述与另一位联大中文系学生朱德熙的回忆有大同小异之趣，部分场景也得到了进一步证实，朱说："当时联大中文系最叫座的教授是闻一多、罗庸两先生。尤其是一多先生，他讲《楚辞》，连教室外边都围满了人。听课者都是慕名而来的外系同学和校外人士。立庵先生的课远没有这么热闹，但在学生里威信很高。有的同学凡是唐先生开的课一律都听，我便是其中的一个。"当时唐兰在联大开课较多，有"六国铜器""甲骨文字""古文字学""尔雅""战国策"等等，当然也包括汪曾祺述及的"词选"一门。唐氏讲课不带讲稿，像平时聊天，如此一来，师生之间的距离无形中拉近了不少，时间越长越备觉亲切。朱德熙说：听唐兰的课不但可以了解先生学术见解，而且还可以看出先生治学的方法、态度和风格，所以很多同学爱听先生的课。记得当年在联大听先生课的，除了中文系同学之外，还有两位教授，一位是物理系的王竹溪，另一位是哲学系的沈有鼎。"王先生听的是'说文'，沈先生听的什么课我不记得了。不过沈先生是联大有名的不修边幅的人，他那满脸胡子茬儿，光脚穿一双又旧又破的布鞋走进教室的样子至今犹历历在目。当时昆明物价飞涨，教授生活十分清苦；加上日本飞机轰炸，三天两头跑警报。就在这样的环境里，王、沈两位先生居然有闲情逸致跑到中文系来听立庵先生讲古文字学，这事很能说明当时联大学术空气之浓厚。联大前后办了九年，师生颠沛流离，生活十分艰苦。可在茅草棚的教室里却培养出不少国内外知名的学者。"究其原因，朱德熙认为至少由三个方面所决定："第一是外来的干扰少，第二是教授阵营强，第三就是有浓厚的学术空气。"[58]

此一认识，朱德熙与汪曾祺又可谓高才所见略同。

面对许多年前的往事，汪氏认为联大的中文系与理工科的学风又有所不同，中文系的自由甚至"随便"，体现在"北大精神"上更为充分，具有中国本土传统书院的气味；而理工科体现的则是"清华精神"，有欧美现代化学院的风气。但无论北大、清华还是南开，皆是以自由精神为前导，铸就了国立西南联合大学的伟大与光荣，并使之流传后世，永垂不朽。在另一篇回忆文章《新校舍》的结尾，汪曾祺写道："有一位曾在联大任教的作家教授在美国讲学。美国人问他：西南联大八年，设备条件那样差，教授、学生生活那样苦，为什么能出那样多的人才？——有一个专门研究联大校史的美国教授以为联大八年，出的人才比北大、清华、南开三十年出的人才都多，为什么？这位作家回答了两个字：自由。"[59]

自由加民主，是照耀西南联大前行和取得光辉成就的灯塔。然而，打破校外特别是 CC 集团政治势力渗透和控制的西南联大，并不是滩头阵地修建的那种只见枪眼不见天地、四面封闭、用于阻击来犯之敌的碉堡式"堡垒"，更不是无原则、无规矩的"法外之地"和权贵者任性使气的"自由之地"。西南联大的自由，更多的是体现在"道德意志的自由"而非其他，此举正如后世研究者刘东教授所言：联大的精神是中西兼备的，或可更加全面地概括为"自由与传统的会通"，由于"传统"的具体规定性，这"自由"又毕竟不是抽象的，对教师而言，乃是尽心进行"教育"的"自由"，而不是可以"不教"的"自由"。对学生而言，亦是尽力进行"学习"的"自由"，而不是可以"不学"的"自由"。即在自由的选择中"从心所欲"，又不失章法，从心底产生"不逾矩"的约束感。[60]

事实上，西南联大在自由的空气氛围中，自始至终内含一套紧密、严肃、笃实的教、学系统，即"自强不息，厚德载物"校训精神的具体践行。整体言之，教授教学与学习选课以及考试成绩判定，皆仿照北平时期清华的制度、规定进行，教

◎西南联大任教时的刘文典

授上课的教案更是需在专业上深入研究、精益求精，不能随意编写或马虎大意，否则校方的"课程委员会"审查一关绕不过去，而学生一关更是难以糊弄。联大中文系与外文系等纯文科师生，尽管较其他系的师生更加自由，或更散漫、随意一些，但除了像刘文典这类被蒋介石誉为"国宝"的老牌教授，不时在学生或校领导面前要要大牌，在课堂上摆摆架子、闹闹情绪，骂骂军阀与政客兼及年轻新文学教授沈从文，并呼曰"在西南联大，陈寅恪才是真正的教授，他该拿400块钱，我该拿40块钱，沈从文该拿4

块钱。可我不会给他4毛钱！如果沈从文都是教授，那我是什么？我不成了太上教授？"[61]云云，以显示西南联大与自己之"大"（后来刘文典私自到磨黑镇中学任教兼为当地土著官僚写墓志铭，以换取大烟土等，"自由"过度而耽误了学生课业被联大解聘），西南联大的多数教授，一直保持严肃认真的态度为学生授业、解惑，丝毫不敢懈怠。即便像闻一多这样深受学生欢迎，以至听者"满坑满谷"的名牌教授，亦每天在菜油灯光下工作至深夜，认真研读、备课。除专业教案过硬、过关，还有一个如何教的问题，这便需要各自设法，深入浅出地把知识精华传授给学生，给对方以启迪并使之发扬光大。在讲授《楚辞》时，闻一多曾拿着四易其稿的《天问疏证》给学生逐句讲解。与闻氏同为中文系教授的朱自清讲"中国文学史"，除讲解清晰，还坚持让学生定期交读书报告，有的学生一年中写十几个报告，有的长达100页左右。据《清华大学校史稿》说，朱还认真给学生改笔记，他不同意那种只顾教师个人学术研究，不肯为学生花功夫改作业的态度，认为"文化是继续的，总应该给下一代人着想，如果都不肯替青年人服务，下一代怎么办？"即便所开的新课"文辞研究"只一人选课，他也按时上堂讲课，从不缺席。在长期的教学实践中，朱自清得出一个结论，即"兴趣这东西不宜过分重视，尤其在大学生，教育还当注意整个人格的发展。兴趣是常会变动的，训练应该循序渐进的训练下去，有时候必需使学生勉强而行之"[62]。对此，朱自清教宋诗时，上课带一沓卡片，一张一张地讲。规定学生除了交读书笔记，还要进行严格的月考、期考。一路下来，有些不用功的学生就难以过关。据汪曾祺说："我老是缺课，因此朱先生对我印象不佳。"[63]而对汪氏印象好的联大教授沈从文讲《中国小说史》，因"有些资料不易找到，他就自己抄，用夺金标毛笔，筷子头大的小行书抄在云南竹纸上。这种竹纸高一尺，长四尺，并不裁断，抄得了，卷成一卷。上课时分发给学生。他上创作课夹了一摞书，上小说史时就夹了好些纸卷"，为的是"学生省点事，不怕自己麻烦"。[64]——这是汪曾祺的回忆，汪氏一生对沈从文当年的耳提面命之恩心怀敬意。

有一个时期，联大教务长暂时离职，由梅贻琦自兼。位于新校舍区的办公室只有两坪（约合6.6平方米），以木板相隔，与训导长查良钊为邻。因了校长兼教务长的"便利"，梅贻琦把北平清华时代教务上一套风格与规矩，几乎全盘带进了联大，如在课业上采取学分制，尊重学生的志趣，容许大一升大二时申请跨院转系。而系不分专业，但广设选修课，供学生自由选课，以利"通识教育"等。中文系的语言学概论、文字学概论、文学史（分段）等是必修课，其余大都任学生自选。《诗经》《楚辞》《庄子》《昭明文选》、唐诗、宋诗、词选、散曲、杂剧与传奇……选什

◎西南联大中文系最后一班学生与师长合影（时刘文典教授已被联大解聘，转入云南大学任教）

么，选哪位教授的课都成，但要凑够一定的学分，否则不能毕业。对此，汪曾祺说："一学期我只选两门课，那不行。自由，也不能自由到这种地步。"[65]

与西南联大中文系较为散漫的"北大精神"，以及中国书院气味差异较大的是，联大工学院一直保持战前严格的授课与听课制度，所属三系（后为四系）的课程与教学制度皆仿照美国著名工科大学，或具体说以马萨诸塞州理工与密执安大学为蓝本而设置，教授与学习、考试等程序极为严格，如机械动力学一门课，用的是美国 Frank.l.Brown 著的教材，学生名之曰 "Brown 力学"，又称为 "天下第一关"。不但教材深奥难懂，教这门课的教授也格外邪性，严格得有点不近人情，每次考试都有 20%—30% 的人不及格，有时甚至多达三分之一。给学生考试分数 59.9 分也是常事，致使有的学生学到第四遍，考过第四次，仍是 59.9 分，不能及格。土木系之"构造学"，亦以考试难闻名于清华和联大，三分之一考试不及格属常态。电机系之"电工原理"被学生称为"老虎课"，课程内容如虎，教授之苛刻更是猛于虎，每遇此课，学生无不畏惧胆怯。尽管学生点灯熬油用尽力气，每周用时超过 70 小时，同样有大批同学考试不及格而被淘汰出局。机械系的严格程度与前二系亦不差上下或更甚，1932 年入学新生 22 人，到 1936 年毕业时为 13 人，淘汰率为 41%。土木工程系的严格更加邪性，1932 年度招收新生 46 人，至 1936 年毕业时为 21 人，淘汰率为 54.5%；1934 年度录取新生 62 人，到了 1938 年毕业时仅剩 27 人，淘汰率达到了 56.5%。以顾毓琇、章名涛、倪俊、李郁荣、任之恭、赵友民，以及美籍教授王尔滋（K.L.Wildes）为主将的电机工程系，同样与众不同，采取羊群中培养叫驴的方式搞另类天才论，以培养所谓"不是人人可立志强求"的天才人物与枭雄为职志，采取极其严格苛刻的授课与考试制度，层层把关，对非天才学生予以大量漂零、淘汰。因而，在工学院早期的三系中，以电机工程系淘汰率最高。1932 年度招收学生 31 人，至 1936 年毕业时仅剩 10 人，淘汰率为 67.8%；1933 年度一年级新生 36 人，至 1937 年毕业人数只有 13 人，淘汰率达到了 63.9%。而到了西南联大时代，淘汰率亦相差无几。[66] 如此高标准要求与高比例的淘汰率，在世界诸地一流大学中亦属罕见。

西南联大在昆明组建后，理工学院考试制度如周考、月考、期考等仍按北平清华时代模式执行，且执行得毫不含糊。按照联大校方规定，学生的加、退选，转院系、休、复学等，全部要写报告，候教务长批办。因战时物资匮乏，纸质极差且易破损，梅贻琦在兼任教务长时期所批的文字一般不超过三个字，即"准"或"不准"；"可"或"不可"，以签名为第一。只要批了，拿到注册组即可立办。学生所选的学分，有最低和最高界限，选什么课由系主任签字决定，考试成绩 55.9 分与 0 分相同，没有补考。二分之一课业不及格即勒令退学，三分之一不及格留级，连续两次三分之一，按二分之一计。

此项规定执行如铁，毫无通融余地。分数单一旦送进注册组，九牛也拔不出来。如果在具体的考试与判分中教授有所不同，那一定是与各位教授的风格有关，与制度无涉，正如联大学生周明道所说："联大是由清华、北大、南开三校合成——是混合物而非化合物。……由于三校风格不同，因之三校教授作风当亦有所异。大体上说，北大承袭了蔡子民先生的遗风，崇尚自由放任，所以凡北大老师上课很少点名，甚至不点名，平素也不会突然来个 Quiz（测试），给分不会很高，可也不致于脱底令人提心吊胆。……清华老师给分就很抠门，抓到机会便 Quiz，并且经常给不及格，甚至像陈福田先生那样还要给负分，从下次所得分数中扣除。考试时监考非常严格，稍微移动一下身子，便可吸引老师疑虑的眼光。……有位物理教授给某同学 59.5 分，学生向老师抱怨只差 0.5 分，如果多给个半分，可以在工学院念下去了。老师说：'你就只值那么多，虽为半分之微，无法多给。'所以考前常有人扳着手指在算，那几门可以及格，那几门不会及格，从而作战术性的决定。"又说：如果算下来有二分之一之虞，便"乘早找个理由在考前申请休学，过年再来，或认为不好念时申请转系，经济系人数最多，便由此而来。在这情形下，要四年毕业还真不易，工学院同学作五年计划的更是常见"[67]。如果各系大一学生主科不及格，虽未达留级的规定，若系主任拒不接受，能转到合适的系并得到该系主任同意自是甚好，否则就变成无系可依的游击学生，其选课亦由教务长签字才能就读。如英文大一起必修二年，不论院系，每周上课 5 小时，由两位教师任教，作文 2 小时，教本 3 小时。第二外国语一选就得修二年，否则不计学分。据工学院 1948 级学生胡兆炘说："每学期分数公布后，点一点红字，几门重头课总是占三分之一，我校不同于他校，根本没有补考一说，不及格，便完蛋。记得航空系的空气动力学某学期八人选修，六人完成考试，四人及格。"[68] 另据工学院航空工程学系 1948 年毕业的庞家驹回忆说，这一年整个航空系共有十人毕业，分别是：

庞 33，郭 33，丘 32，蒋 32，张 31，廖 32，冯 32，张 31，欧阳 31，梁26。

前一个字是姓，后面数字是诸生学号上的入学年份。庞，就是庞家驹，33 是民国三十三年（1944年）入学。当时航空系共有30多人，经过四年的淘汰，到毕业时，只剩他和郭氏2人。其余和他同时毕业者，有4人读了五年，有3人读了六年，如张31，即民国三十一年（1942年）入学，1948年毕业。有1人读了十一年，这便是梁26，即民国二十六年（1937年），即卢沟桥枪响的那一年入学，1948年解放战争即将结束时毕业。——尽管这个材料和统计数字，是1952年对清华进行院系调整后，庞家驹为控诉"旧清华"使"多少青年在学习的道路上半途倒下去"之残酷和罪恶而提供，但从另一个侧面亦说明清华与西南联大办学之严格并非虚传。[69]

　　上述所列乃诸生专业课程学习之经过，至于在国内大学体系中并不受重视的体育一科，一如北平清华时代，且有过之而无不及。尽管西南联大因抗战而变得条件极其艰苦，体育场地与设施受到很大限制，但根据梅贻琦与教务处并体育部主任马约翰等所立规定，体育运动与考核照行不误，四年一贯必修，不及格须补修，不过关不能毕业，此所谓清华传统"三育并进"是也。有些学生各科全部得以通过，只有体育差几分，就变成"体育专修"，每天累得精疲力竭，苦不堪言，但不一定能够过关。如不能过关，其他课业再好也不能毕业，拿不到那一张纸质毕业证书。1934年入学的外文系学生赵俪生，本应在1938年昆明西南联大时期毕业，但他在清华只读了三年，并未毕业，其中一个缘由是体育不及格，作为体育部主任的马约翰和校长梅贻琦自是不能允其拿到毕业文凭。据赵氏自己说，马约翰老师最讨厌他，因为自己连个最简单的跟头都翻不过。或有自知之明，卢沟桥枪声响过，赵俪生便辞别清华园，独自一人跑到山西打游击去了。许多年后，赵俪生成了山东大学、兰州大学著名的史学教授，并栽培出秦晖等一批优秀学子重返清华园以续其志。此点，应说是清华的自由精神和独立思想的血脉，于涌动澎湃中催发赵氏砸破横于眼前的局限与框子，于兰州大学悍然"破格录取"高中生秦晖氏直接读硕士研究生的因缘，也是赵俪生本人努力修行的结果——与在清华操场"翻跟头"关系不大了。此为另一话题，不赘。

　　且说西南联大在昆明成立之初，清华学生习惯了因袭而成的严格体育管理与考核制度，认为一切规章制度都理所当然。当时新入学的毛头小伙子，不知此一源头来自何处，只好过河随大流——跟着走。唯尚以自由、散漫兼有"五四精神"著称的北大学生特感不适，产生了反对声音和抗拒动作，如拒绝参加爬杆、跳木马等几项体育活动，并鼓动其他同学向校方公开抗议，欲改变规矩。面对此情，梅贻琦沉着忍耐，绝不因他人的毁誉而随波逐流，坚持贯彻施行，久之则"习惯成自然"，终于使北大学生从思想到行动都有了转变，且认为此举有益于身体健康与人格健全发展。此一风气，不仅男生受到感染，包括女生亦相继产生了巨大变化。据 1942 级女校友王远定回忆说："我们一上体育课，就要绕操场跑三圈，跑完下来也很累，我总是瞅老师不注意时溜了出来，当然有志一同的也不少，好在人数众多，首尾衔接，不容易发觉，但张苏生同学仍奋勇的跑在最前面，在这种暖身的活动中，是不计名次的，就毋怪乎那时她的学业成绩，为全校之冠了。"[70] 由此，王远定认识到，学校的严厉与强制，还在于培养学生对体育本身的兴趣与自觉锻炼，继而产生奋发向上、自强不息的精神。如果学生不按这个套路走下去，甚至反其道而行之，体育四年下来仍不能过关者，"即是学业成绩再佳，也不能毕业"。而凡为此不能毕业者，只能怨自己不尽心力或无能，不能否定体育规定的合理性。如体育部主任马约翰教课的严厉是全校知名的，当时就有"系中一男同学，就是跑跳上去用双手攀住高牌翻越而过的功夫，练不到家不能过关，一气之下说这张'纸'不要了"[71]。

对学校和主持校务的梅贻琦而言，这张"纸"能否得到，决定权在学生自己手中，要与不要，悉听尊便。规章制度所在，势难对某人给予特殊照顾或网开一面。此之为清华之清，联大之大也。

注释

[1]《长沙临时大学筹备委员会工作报告书》（1937 年 11 月 17 日），清华大学档案馆藏。

[2][11][26] 梅贻琦《抗战期中之清华》，载《清华校友通讯》，第五卷第三期，1939 年 5 月 1 日。梅贻琦在本文中说："长沙临时大学赁得校址于湘垣圣经学院，乃于十一月一日开学。本校 [清华] 学生到者六百余人，教职员到者百八十余人。"而《报告书》记载清华教师只有 73 人，那么员工数量当为 180-73=107 人。以此数字推断，长沙临时大学共有教职员工和学生约为 1700 人。

[3][5]《国立西南联合大学校史》，西南联合大学北京校友会编，北京大学出版社 2006 年出版。

[4] 川黔滇一带土匪内部与民间的称谓，凡集结匪众在一千人以上，形成一个强有力的武装集团者称为"广棚"，该集团一般居住深山野外，有独立的山寨房舍，形同小说《水浒》中描写的样子；"土棚"人数在百人以上，常住深山与乡间，游走不定；"斗板凳脚"人数几人与几十人不等，如同乡间拿着板凳围在一起聊天之类的小股团伙，一般分散乡间，做一些

打家劫舍和绑肥猪之类的"小买卖"（当地土匪称绑票为绑肥猪，绑女票称绑女猪）。

[6]《八年的回忆与感想》，载《历史动向——闻一多随笔》，闻一多著，北京大学出版社2008年出版。

[7]《国立西南联合大学校史》，西南联合大学北京校友会编，北京大学出版社2006年出版。该《校史》附录的校歌，署名为：罗庸词，张清常曲。就作者考证，该校歌词作者应为冯友兰。其论据除《冯友兰自述》中的冯氏自白，尚有其他证据表明作者乃冯氏而非罗庸。具体考证经过见《南渡北归》（岳南著）第二部第二十四章注释。

[8][21][30] 梁维纶《往事只能回味》，载《清华校友通讯》，新一一八期，新竹。

[9] 陆慈《在语词的密林里——陆慈口述》，载《清华记忆》，郑小惠、童庆钧、高瑄编著，清华大学出版社2011年出版。

[10][70][71] 王远定《联大琐忆》，载《清华校友通讯》，新一一八期，新竹。

[12][49]《冯友兰自述》，冯友兰著，中国人民大学出版社2004年出版。

[13]《梅贻琦日记》，第206页，黄延复、王小宁整理，清华大学出版社2001年出版。

[14] 杨振宁《读书教学四十年》，载《世纪清华》，庄丽君主编，光明日报出版社2001年出版。

[15][23][40][45][56][67] 周明道《联大的育乐衣食住行》，载《清华校友通讯》，新七十六期，新竹。

[16][20][59][63] 汪曾祺《新校舍》，载《芒种》，1992年10期。

[17][18]《联大人九歌》，第206页，许渊冲著，云南人民出版社2008年出版。

[19]《西潮与新潮》，蒋梦麟著，团结出版社2004年出版。

[22]《费正清对华回忆录》，[美]费正清著，上海，知识出版社1991年出版。

[24][68] 胡兆炘《闲话十九、二十两级》（上），载《清华校友通讯》，新二十六、二十七期，新竹。

[25][41] 郭作青《从昆明到美国杂记》，载《清华校友通讯》，新四十四期，新竹。

[27]S．M．《对日备战时期清华的一角安排》，载《清华校友通讯》，新七十七期，新竹。

[28] 孔庆荣、段昆生《忆日机首次轰炸昆明》，载《昆明文史资料选辑》，第6辑。

[29]《上学记》，何兆武口述，文靖撰写，北京三联书店2006年出版。

[31][32] 汪曾祺《跑警报》，载《滇池》，1985年第3期。

[33] 翟国瑾《联大逸事》，载《清华校友通讯》，新一期，新竹。

[34] 周明道《联大生活拾零》，载《清华校友通讯》，新十一期，新竹。

[35] 张玉奇《毕业三十年回忆》，载《清华校友通讯》，新四十四期，新竹。

[36]《图书馆工作报告》，载《清华校友通讯》，第六卷第二、三期，1940年3月1日。

[37]《梅贻琦1937—1940来往函电选》，黄延复整理，载《近代史资料》，第19页，李学通主编，中国社会科学出版社2002年出版。

[38]《图书馆工作报告》说："本校运出书籍始存汉口，继移重庆，二十七年冬，提运四十一箱至昆明，嗣又提运九十五箱，共计一百三十六箱。"又《清华大学图书损失情况表》记载："民国二十四年由北平运往汉口，民国二十七年春由汉口运四川北碚共 417 箱。民国二十七年至二十八年分两批运昆 120 箱，损失共 297 箱。"又"北碚存书被炸后现尚存：西文 307 册，中文 4477 册"（见《清华大学史料选编》，第三卷（上），第 355 页）。据此推断，所载北碚被炸之书，当属卢沟桥事变携出之 50 箱之其中一部分。

[39] 周简文《西南联大琐忆》，载《清华校友通讯》，新八十五期，新竹。

[42] 王力《公共汽车》，原载《自由论坛周报》，1945 年 9 月 8 日。转引自《龙虫并雕斋琐语》，王力著，商务印书馆 2002 年出版。王力自注：

1. 人约黄昏。朱淑真《生查子》："月上柳枝头，人约黄昏后。"

2. 未见高轩。指公共汽车。

3. 候车近日。昆明城内有个地名叫近日楼，是公共汽车站所在地。

4. 有如张劭。《后汉书·范式传》记载范式与张劭很要好，张劭死后，托梦给范式。发丧时，张劭灵柩不往前走，等范式到了之后，灵柩才前进。

5. 抱柱移时。《战国策·燕策》："信如尾生，期而不来，抱梁柱而死。"《汉书·东方朔传》注说，尾生与一女子相约在桥下相见，等了很久，女子不来，遇上了大水，尾生便抱住桥的柱子而死。

6. 长沮和桀溺都是春秋时的隐士。《论语·微子》："长沮、桀溺耦而耕。"

7. 汉梁鸿，家贫，妻孟光貌丑，夫妻很和睦，隐居霸陵山，以耕织为业。

[43] 吴大猷《我在抗战中的西南联大》，载《联大教授》，冯友兰、吴大猷、杨振宁、汪曾祺等著，新星出版社 2010 年出版。

[44][48] 吴大猷《我想念的梅月涵先生》，载《清华校友通讯》，新三、四期合刊，新竹。

[46] 李广田《最完整的人格——悼朱佩弦先生》，载《联大教授》，冯友兰、吴大猷、杨振宁、汪曾祺等著，新星出版社 2010 年出版。

[47] 萧庆伦《追忆家父萧蘧》，载《校友文稿资料选编》，第十六辑，清华大学出版社2011 年 7 月出版。

[50] 清华大学档案，载《清华大学史料选编》，第三卷（下），清华大学出版社 1994 年出版。

[51][57] 汪曾祺《西南联大中文系》，载《人间草木》，汪曾祺著，江苏文艺出版社2005 年出版。

[52]《西南联大国文课》，大一国文编撰委员会编，刘东、张耀宗校订，译林出版社2015 年出版。另，此课本由张耀宗先生根据国家图书馆所藏《西南联合大学国文选》校订整理而成。据张耀宗在《版本说明》中云：1938—1942 年间，由西南联大"大一国文"编撰委员会主持《西南联合大学文选》的编订工作，其间经过了三次修订，国家图书馆所藏这

个版本究竟是三次修订中的哪一个版本，"从现存文献很难勾勒出三次修订的详细过程"，根据许渊冲、方龄贵、浦江清、罗常培等所做回忆与遗存文献，张氏认为这个版本当为三次修订中的第二次修订本，即既不是 1938 年的初版，亦不是 1942 年的三版。同时，张耀宗认为 1942 年的最后一版也没有使用多久，因为"很快就有了部颁的大学国文的教材"。(《西南联大国文课——版本说明》) 作者认为，许渊冲与汪曾祺二人在西南联大使用的"大一国文"，当为第一版，其回忆篇目与上述所列第二个版本略有不同。

[53][55] 汪曾祺《晚翠园曲会》，载《当代人》，1996 年 5 期。

[54]《追忆似水年华》，许渊冲著，北京三联书店 1996 年出版。

[58] 朱德熙《纪念唐立庵先生》，载《联大教授》，冯友兰、吴大猷、杨振宁、汪曾祺等著，新星出版社 2010 年出版。

[60] 刘东《西南联大国文课——导言：自由与传统的会通》，译林出版社 2015 年出版。

[61]《刘文典轶事》，刘平章主编，云南美术出版社 2003 年出版。

[62] 朱自清《论大学国文选目》，载《朱自清全集》，第二卷，江苏教育出版社 1996 年出版。

[64][65] 汪曾祺《沈从文先生在西南联大》，载《人民文学》，1986 年 5 期。

[66]《清华大学校史稿》，清华大学校史编写组编著，中华书局 1981 年出版。

[69]《今昔清华》，第 30 页，陈泓、姚世光著，北京出版社 1958 年 4 月出版。

第十七章　烽火中的西南联大

● 迁校叙永

历史的进程伴着战火硝烟进入 1940 年春夏之交，国内外局势进一步恶化。

这年 5 月，欧洲战场上的德国法西斯机械化部队绕道比利时，以闪电速度斜插法国腹部，从法国马其诺防线左翼迂回，在蒙梅迪附近突破达拉第防线，占领了法国北部；紧接着进抵马其诺防线的后方，导致号称"固若金汤"的马其诺防线变成了毫无用处的垃圾堆，在此布防的英法盟军数十个师瞬间崩溃，德军势如破竹向巴黎挺进。与此同时，远东战场上的日军与德国统帅希特勒遥相呼应，立即出兵威胁越南，封闭滇越铁路，进而封锁香港。毫无国际道义，贪利忘义、见风使舵的英国政府迅速与日本达成协定，拱手交出中国政府存放于天津英国银行的大批白银，并承诺配合日军封锁滇缅路三个月，与日本共同觅得"光荣之和平"等等。

就在以上战略步骤实施前后，为确保已经侵占的武汉三镇，控制长江水上交通线，扼住中国军队的咽喉并置中国政府于死地，5 月 2 日，日军调集 15 万精锐部队在第十一军司令官园部和一郎指挥下，于襄阳、枣阳、宜昌一带展开夏季攻势，史称"枣宜会战"。中国第五战区司令长官李宗仁指挥六个集团军进行阻击。日军分三路先后攻占明港、桐柏、唐河、枣阳等地，10 日会师于唐白河畔。中国军队转入外线部队将敌反包围于襄东平原，收复明港、桐柏，一度克复枣阳。5 月 14 日，第五战区右翼集团军兼第三十三集团军总司令张自忠，亲率第七十四师、骑九师及总部特务营数千人渡襄河出击，截击敌军，与日军血战竟日，复激战通宵。第二天，日军调集飞机 20 余架，炮 20 余门，轮番轰击。尽管三十三集团军将士忠勇苈忱，死打硬拼，不惜牺牲，终因装备与兵员素质等方面与敌方悬殊，未能阻止日军的凌厉攻势，张自忠将军以身殉国。骄狂的日军在扫荡武汉周边战略要地后，又集中兵力向西部宜昌赶来，企图打开三峡门户，围攻陪都重庆，给精疲力竭的国民政府及所属军队致命一击。中华民族又一次面临死里求生的危机。

　　1940 年 7 月，为彻底切断中国仅存的一条国际通道，日本军队直接出兵强行占领法属印度支那越南，不仅切断了滇越铁路，而且由于距离缩短，使得飞机对滇缅公路和终点站——昆明的轰炸更加频繁起来，轰炸范围由城里扩大到昆明郊区。与此同时，日军开始组织精锐部队向云南境内进犯，处在硝烟炮火中的云南人民与流亡到昆明及周边地区的各机构、单位、学校，全面置于敌人的轰炸范围之内，已迁昆的同济大学有师生被炸死，其状甚惨。相隔不远的西南联大自然不能幸免，时仍在联大读书的何兆武回忆说："从 1940 年夏天到 1941 年秋天，在这一年零一个季度的时间里，日本几乎天天来飞机轰炸，而且很准时，早晨九十点钟肯定拉警报。据说重庆一拉警报大家就躲进山洞里，可是昆明没有山洞，幸亏联大就在城边，一拉警报我们就往郊外跑，十来分钟就能翻两个山头，跑到山沟里就安全了。不过因为日本飞机到处丢炸弹，山沟里也有不安全的时候。有一次，华罗庚先生和教我们西洋史的皮名举先生躲在一起，不知怎么日本人在那山沟里（记得叫黄土坡）撂下两颗炸弹，石头土块把他们埋了起来。皮先生爬出来，晕头转向地往外走，没走几步忽然想起华罗庚还在里边，赶紧又找人回去，又把华先生拉了出来。"[1] 另一位联大学生余瑞麟说："警报响起，漫山遍野都是人潮，有一次敌机扔炸弹，伤亡很多人。……某教授腿跛不良行，曾受附近的炸弹掀起的土堆掩着，大家将这一代大数学家从土堆拖出来，口中尚吐了数口血，这些都是四十年前的往事。"[2]

　　如果华氏没有第二次跑警报被掩埋吐血的巧合，余瑞麟所言与何兆武的回忆，当发生在同一时间和地点。时梅贻琦作为常川驻校的常委会主席，并无例外地要随师生一起跑警报，且在奔跑途中还要尽掩护督促之责，如亲历者陈岱孙所说：那时候经常有警报，而"一有警报，我们就往后山跑，上坟堆里去。飞机来了，就趴在坟堆里看着下炸弹，下了炸弹以后飞机飞走了，我们才站起来。那时候，张伯苓校长在重庆，蒋梦麟也经常到重庆去，有时也在昆明，但是很少参与学校的事情。梅校长就是那个时候的校长，尽管名义上是常委。他经常每天办公，警报一来，也跟学生一样一起往后山跑，飞机来时，跟学生一样趴在学生身边。所以当时，学生看起来，梅校长是很亲近的"。[3]

除了亲近，梅贻琦更多是保持了临危不惧、先人后己的君子风范，而这个形象给女生留下的印象要比男生深刻得多。如联大女生王远定在海外漂泊许多年后仍记得当时的场景："有一次在紧急警报后，来不及走避的同学，便集中在南院防空洞前，看见梅校长到来，当然请校长先行，而敌机已来空中机枪扫射，在这样危急的情况下，校长仍坚持我们一个个先进去，自己殿后。长者风范，真令人钦仰。"[4]

鉴于敌机对昆明的轰炸越来越凶，国民政府相继下达指令，令国立西南联合大学，国立同济大学，国立中央研究院史语所、社会学所、气象所，以及国立中央博物院筹备处等驻昆学校和科研机构，"宜作万一之准备"，即向滇境腹地和川黔一带安全地区迁移。

根据教育部训令，梅贻琦与当时的联大教务长樊际昌、庶务处主任毕正宣赴云南澄江考察，寻求新的迁移之所。惜澄江接纳能力有限，只能前去一个学院，其他院系无法安置。梅贻琦等决定继续寻觅校址，以策师生安全。经叶企孙、周炳琳、杨石先、樊际昌等人前往澄江再次调查并与当地接洽，联大常委会决定不去澄江，分校地点以设在重庆以西的四川辖境为宜。——号称天府之国的巴蜀之地，既有千山万壑的阻隔，又有长江或岷江、金沙江、嘉陵江等支流和国民政府战时首都重庆相通，其间有大大小小的坝子可以耕种，粮食、蔬菜等生活必需品容易解决，是一个天然的避难场所与积蓄力量、待机反攻的后方基地。中国历史上许多王朝在大难临头之际都逃亡四川避难，如天宝年间发生安史之乱，在长安城陷之际，唐玄宗携部分文臣武将出逃四川剑南，李唐王朝在天崩地裂的摇晃震荡中最终稳住了阵脚。鉴于这样的天然条件，西南联大做出迁川的决定。四川省政府闻讯，立即致电联大常委会，对其迁川之意"极表欢迎"，并表示"校址似以泸县、宜宾、叙永一带为宜"[5]。

正当联大拟就迁川地点做最后抉择的时候，或是日军得到情报，借机对联大师生施以颜色，或是本身就有对昆明教育界有轰炸威胁的计划。1940 年 10 月 13 日，敌机发起了针对联大校舍和师生的凶残大轰炸。

这天下午，梅贻琦正在办公室处理公务，紧急警报响起，梅仍像往常一样走出办公室，随师生穿过校园后门奔赴后山躲避。他尚未跑到离校园最近的白泥山，敌机已飞临校园上空，密集的炸弹冰雹一样落下，顿时浓烟腾起，常委办公室与临近的一幢宿舍被炸塌，继之文林街一带及其他校舍与图书馆皆被炸弹击中，联大及周边房舍陷于浓烟火海之中……

◎西仓坡被炸情形

轰炸过后，梅贻琦指挥师生抢救被埋衣物，继请建筑工人对炸毁房舍修补、重建，各地清华校友与热心人士闻此凶讯，函电纷驰，备致慰问，梅贻琦专门作《联大校舍被炸启事》一文，对此一事件予以详细报告："敌机袭昆明，竟以联大与云大为目标，俯冲投弹，联大遭受一部分损失，计为师范学院男生宿舍全毁，该院办公处及教员宿舍亦多处震坏。缘该院校舍系借省立昆华中学之一部，房屋稍旧，而环学校四周，落弹甚多，故损毁特巨。清华在西仓坡之办事处前后落两巨弹，幸该房屋建筑尚坚固，仅玻窗、屋顶有相当损坏。本校在办事处自建一防空洞，原为存储重要卷宗，筑在屋之后身荒园内，而屋后所落之弹，即紧逼此洞，遂全部震塌，经发掘后，对象受损不大，卷宗完好，惟有工友二人，平素忠于职守，每值警报声作，均不外出，愿留看守，是日匿邂[避]该防空洞内，竟以身殉，实堪惋惜。外此全体同人及眷属与联大全体师生，均各无恙……"最后，梅贻琦以悲壮坚定的信念敬告清华校友及"亲爱友朋"，谓："物质之损失有限，精神之淬励无穷，仇深事亟，吾人更宜努力。"[6]以此与师生共勉。

联大遭到有目的的大规模轰炸这一天，正是日军全面占领法属印度支那一个月的日子，昆明距日军占领的越南河内军用机场不足600公里，距已经推进至河口一线的日军先头部队不足400公里。地处边陲的云南昆明由大后方一变而成为战火纷飞的战区旋涡和进退无门的孤岛。为保存民族文化命脉与火种延续，以及保证各项研究事业继续进行，必须尽快撤离这块危难之地。根据派人勘察与教育部协调结果，联大常委会于11月13日决定，在四川泸县以南的叙永设立分校，此地经过千辛万苦的奔波与反复勘察、斟酌、协商，最后得以拍板定案。按西南联大建设长黄钰生的说法："当时在四川乡下乘滑竿者有三种生物：（1）新娘子；（2）肥猪；（3）大学教授。最后才找到叙永。"[7]

　　校址既定，西南联大常委会聘请杨振声为分校主任，先迁移一年级及选修班学生于 12 月 10 日前到该校上课，待将来形势变化再做是否全部搬迁的抉择。这个打算，按梅贻琦的解释：选择办学的地方，并不是专以安全为原则，"单纯为安全可到西藏或喜马拉雅山。但是过分闭塞的地方，不是学校所在的目的地。到云南，是因为有滇越与滇缅两条路可以通到国外，图书仪器容易运进来。不幸，太平洋战起，越南与缅甸相继沦陷，这时被圈在里面，无法通出去，且安全又成问题，所以一部分又到叙永。政府曾经提醒我们注意，万一敌人攻云南时，得求一安全之地。可是仍不愿离开昆明，宁愿冒险，去叙永是作万一的准备"[8]。

　　因战时交通不便，这一年招收近 700 名新生，入校注册时间推迟到 1941 年 1 月 2 日，4 日选课，6 日开学，10 日，新生与先修班学员共同上课。自此，中国西南边陲叙永小城的庙宇祠堂，又诞生了一个个特殊课堂。

　　叙永分校既已安置妥当，在昆明的西南联大校方，一面继续组织二年级以上本科生与研究生等上课，一面酝酿继续迁校事宜。时日机对昆明轰炸进入最后疯狂阶段，许多着弹点针对政府机关、厂企、学校甚至民房，人员伤亡与房屋财产毁坏更加严重。为躲避敌机轰炸，全城民众与各机关职员、学校师生三天两头在"昂、昂"的警报声中奔跑，到警报解除时都是疲惫不堪。时梅贻琦一家已搬至西仓坡清华办事处东院暂住，从其保存下来的 1941 年日记可以看到，有数十处记载敌机临空轰炸与自己"跑警报"过程，如：

　　1 月 5 日，星期日，为旧历"腊八"，亦即余旧历之生日。午饭樊、郑、章、罗、陈五君约饭一桌。晚饭蒋夫妇之约，共两桌，皆为余祝寿者，感愧之至。上午十点三刻有警报，将近中午则有炸声连续至廿余分，敌机数架盘绕市空甚久始去。

　　1 月 7 日，早九点将进早餐，忽又来警报，步行郊外，觉甚燥热。二点解除回家。祖彦患头痛发热，令睡下。

　　1 月 9 日，上午九点有预行警报，到办事处后，见办事员有先自离去者，严予告诫。

　　1 月 23 日，警报九点十分至两点十分，黑林铺被炸。

　　1 月 29 日，中午有敌机在市中投弹，西仓坡上下又各落一弹，翠湖小学被毁，西仓之米飞散甚多，寓中门窗及室中零物又有损毁，但不如上次之甚。幸已于前日移住乡间，否则虽自己无所畏惧，将使照看之人勉强留守，而又遭此一番震动，太觉抱歉矣。

2月26日，上午十点半至十一点半，在联大办公室。午饭后一点余，忽有警报，敌机来两批，各有二十七架。所炸为拓东路一带及城内绥靖路以南。闻人民死伤颇多，龙公馆亦落一弹。

4月8日，上午九点余有预行警报，初未介意。十点余赴校办公。十二点返家未久而警报来矣，家人幸皆已进午饭，余则携面包一块出门，与诸孩仍在苏家塘北山坡停留。12：45紧急警报，1：05敌机二十七架由南而北，炸弹声数批连续过后，而见城中起黑烟二三处，以后北方亦[有]炸声，闻为沙朗一带。2：45回至新校舍休息，趁便办公。4：45解除。五点余与诸孩至市中查看：翠湖东南西三面均落弹，一老人在桥边炸死，劝业场及大众电影场炸后延烧一空，武成路关岳庙对面烧数家，民生街炸二三处，光华街炸二三处，正义路马市口南炸……（原文有脱落）任均不至。

4月29日，警报12：55，紧急1：30，敌机来炸1：42，解除4：45。所投小炸弹甚多。敌机二十七架斜排由南向北飞来，故西面由甘公祠附近于翠湖，东面由威远街至小东门外均有炸毁，寓听纸窗有震破者，杯壶有倾倒者，灰土亦颇多，幸无损失，此为第四次矣，且看下次如何。

5月8日，警报11：20，紧急11：45，敌机来炸12：13，解除二点半。被炸地点为圆通山及莲花池、沙沟埂一带，民房延烧一片，死伤亦颇多，盖皆在郊外未曾卧倒或入防空洞者。此次各处捡得碎片颇多，有谓系来自空中炮炸弹者。

5月12日，十点一刻警报，与孩至尹家大坟疏散，较苏家塘一带又远二三里矣。十一点敌机十五架入市空，炸声颇近，二点解除后入城，则西北区又遭一次，情形与十月十三日大致相同，西仓坡住寓又幸而免耳。下午五点在寓开联大常委会。[9]

5月16日，梅贻琦飞重庆，向教育部报告、洽商留美考试、叙永分校、研究所补助等西南联大诸项事宜。而后携由昆至渝的西南联大总务长郑天挺、中文系主任罗常培赴叙永视察联大分校，并慰问在校师生。

8月14日，西南联大校舍再度被炸的凶讯传出，远在四川的梅贻琦得到消息，既惊且恐，立即发电向蒋梦麟、查良钊等询问，稍后从媒体报道中略知被炸情形。报道说：

昨敌轰炸机二十七架袭昆，对我最高学府国立西南联合大学，做有计划之轰炸，以图达到其摧残我教育与文化事业之目的。前四日敌机轰炸市区或市郊时，其机群均同时出现，而昨日则分批而来，每批九架，相距时间约五分钟。第一批于十点十分自西南窜入，直抵大西门外联大校舍上空，投弹约三十余枚，即行逸去；第二批旋即自原路窜入，抵达市区东部拓东路一带，盲目投弹约二十余枚，该处邻近之联大工学院侥幸安然无恙；继则第三批窜入，仍抵达联大校舍上空，又复投下大批爆炸弹，旋即逸去。炸后各部出动人员甚为努力，联大同学自郊外疏散者亦返抵该校，协同整理善后，当在校内发现受伤者还有二人，一为同济学生，一为该校校警，旋即分送医院疗治。该校舍各部几无不遭炸弹波及。

损失情形：

宿舍方面：新舍男生宿舍第一、二、二八、三二等号被毁，其余受震。师院女生宿舍第二号被毁，男生宿舍第一二号亦被毁，教职员宿舍被毁，损失甚重。南院女生宿舍饭厅整个被炸，其余卧室多受震而有倒塌之势。

图书仪器：第七、八教室被毁。南区生物实验室一栋全毁，内有仪器多件。图书库被毁，内有清华名贵图书甚多，悉成灰烬。其余，常委会办公室、出纳组、事务组、训导处、总务处均被夷为平地。法律系政治系等办公室亦受震不能应用。又该校舍篮球场与北院尚有未爆发之炸弹各二枚。[10]

此为日军对西南联合大学最惨烈的一次轰炸，据当时在校学生何兆武回忆说，轰炸过后，他看到蒋梦麟校长坐在图书馆前的地上，一副凄凉无奈的样子。众生见校舍毁坏如此惨重，悲愤中有的流下了热泪。

校舍被炸，近半数联大学生已无枝可栖，只得随着大批流民自寻住处，新一轮困难继之发生。梅贻琦提前结束川渝考察，于8月23日晨由重庆珊瑚坝机场乘机返回昆明，刚出机场即闻有空袭预警，遂匆忙搭朋友沈天梦汽车进城，至西仓坡清华办事处察看，只见四周落弹甚多，梅氏一家所居东院中一巨弹，致房屋全部倾圮，私人什物多有损毁，幸家人当时未在房舍，得以保全性命。西院之办事处房舍，被波及者仅门、窗、屋瓦及一部分墙壁，公物均获保全，算是不幸中之大幸。慨叹之

◎联大南北院中七弹

◎西南联大校舍遭日机轰炸惨状

余，梅贻琦转向府甬道宿舍联大教授、庶务科主任毕正宣处进早点，而后与毕共赴新校南北区略看被炸各处情形，昔日熟悉的联大校舍已满目疮痍，惨不忍睹，梅贻琦在废墟中徘徊忧思，痛楚不已。

8月27日，梅贻琦至昆明才盛巷二号北大办事处召开联大常委会，略述赴渝情形和联大数事，讨论校舍修葺问题。会上，众多悲观，谓新校舍被炸似无修复之办法，乃有提议延期开学者。梅贻琦"心中大不谓然，决赶快筹备，设法如期开学"[11]。

28日，蒋梦麟乘机离昆赴缅甸公务。梅贻琦于艰危中孤木独撑，于翌日到联大办公室，与查良钊、樊际昌等商致教育部代电，报告联大校舍被炸惨状与损失情况，请拨修理费90万元，以资尽快恢复校舍如期开学……当天晚上，忙碌了一天的梅贻琦回归西仓坡寓所，顿感身心俱疲，坐于廊上喘息，时明月当头，梅独自"寂对良久，为之凄然"。[12]

所幸的是，在梅贻琦亲自督导下，清华办事处及联大新校舍得以及时修葺，特别是新校区的教室、实验室与宿舍，经月余赶工清理与修缮，以神奇的速度于新学年到来之时交付使用，并照常开学上课，弦歌再度于秋雨秋风与炮火硝烟笼罩下的茅屋陋室响起，铮铮然若不屈之声。

就在此一时期，中外抗战局势又发生了变化，以美籍空军上校陈纳德为队长的中国空军美国航空志愿队在昆明成立，即将展开对日空战。日机轰炸昆明的疯狂与残忍即将受到扼制，中国已现翻盘的迹象，抗战胜利的曙光通过一条缝隙映照西南天地。考虑到四川叙永分校过于闭塞、简陋，与外界联系极其困难，加之仓促建校，设施与图书资料等极度空乏，师生对此皆不满意，且思归心切。梅贻琦根据夏间前往考察并与师生交谈的情况，与常委会诸委员多次讨论，最终决定回迁。

1941年8月31日，叙永分校一年级生考试完毕，全部迁回昆明，租借昆华中学校舍上课。至此，叙永分校结束，实际在叙永时间为一个学期，先修班学员也于同年 12 月撤回。——西南联大叙永分校尽管只存在了半年多时间，却长久地留在联大师生的记忆里。

◉ 联大之大

叙永分校师生的回归，是谓联大在组建初期的文法学院于蒙自转赴昆明之后，整体实力的第二次汇合与勃兴。时在昆明西南联大已有文、法、理、工、师范等五院二十六学系，学生人数超过 3000 人，加上先修班与研究院、各研究所的师生，人数更加庞大，一跃成为中国境内规模最大的高等学府。

然而，国民政府教育部任命的校务主持三常委，此前和之后只有梅贻琦常川驻校。年龄最大、资历最老、德高望重的张伯苓，在国民政府陪都重庆有一个南开中学需要照看，且另有政府与社会多项兼职要顾及，难以常川昆明料理联大事务。且张伯苓与梅贻琦的关系既是师生，又同父子，按照中国北方"父子不同席"的风俗，不便于在一个屋檐下共事——特别是对人事、财权等管理方面的事务更是忌讳。张彭春自清华被逐退入南开后，一度管理过校事，但最后还是出走海外任职，一个重要原因是兄弟同在一所学校的高层共事，于公于私有诸多不便。抗战爆发后，不能说老谋深算，但可称深谙人情世故的张伯苓，自然知道联大体制是一个混合物，而不是化合物，既联合又独立；如果三位校长都去负责学校管理事宜，言失事缺，某方面顾及不周，即有可能出现差错、误会甚至矛盾，导致三人共同管理但谁也不肯出面承担责任的乱局，也即中国俗话所说"一个和尚挑水吃，两个和尚抬水吃，三个和尚无水吃"的尴尬局面。鉴于此情，张伯苓遂将联大管理权全部交付蒋、梅二人，自己则常川重庆，偶尔到一次联大，也属视察、慰问性质。因了这一现状，多数联大学生对这位鼎鼎大名的常委并不熟悉，甚至有西南联大三校合作并不愉快的流言传出。

或是张伯苓听到了外面的流言蜚语，或是感到自己在西南联大的角色和定位有必要向广大师生说个清楚，表个明白，以消除误会甚至隔阂，于是特地择一时间来到昆明，召集联大师生发表讲话。据当时的学生彭令占回忆：学校有时举行朝会，大家清晨听到铃声都要去参加。有一天，我去参加朝会，主席是梅校委，他的旁边站着一位又高又大的大汉，穿了一件大褂，还戴着一副墨晶眼镜，有同学悄声说，他就是南开的张伯苓校长。梅校长讲完，便介绍张校长给大家见面，张校长一口浓重的北方话，说自己"是搞体育的，在运动场上，以裁判最有权威，裁判凭以计算时间的，是他袋中的表。我是南开的校长，我已经将袋中的表交给梅校委，他就是我的代表，大家要听他的话，有人说联大的负责人不能合作，这是绝对没有的事"。[13] 又说"左边站的梅先生是他的学生，右边站的蒋先生是他的朋友，他身为常务委员不常在昆明，有他的学生和朋友在昆明，他安心了"。[14] 另据联大学生张启新回忆，张伯苓还说："有人以为我们联合大学是联而不合，岂有此理？你们看，他（手指旁边的梅校长）是南开中学第一班毕业生，他的成绩最好（暗示他同梅校长的关系），在这样的情形下，我们怎么可能联而不合呢？"[15]

　　张伯苓这番话，让人想到抗战初期他与蒋梦麟于长沙四十九标营房是否适合学生居住而产生的争论，这段令双方不愉快的旧事虽很快平息，但张伯苓在心中感到不舒服的同时，也意识到自己不便以老资格与两位年轻校长共同处理校中具体事务。自此之后，张对于联大事务很少过问，间涉南开本校之事，则由南开大学秘书长黄钰生代办。因了这些或明或暗的原因，外界开始有蒋、张二校长失和，且已不能合作的传闻散布。张伯苓乃一位耿直的君子，此次借联大朝会，以幽默的语言公开表态，在驱散流言的同时，也对梅贻琦寄予高度信任和厚望。需要说明的是，张伯苓此次抬梅，并非对蒋不信任或故意压制。实际情形是，蒋梦麟此时也已常川重庆，代表学校向中央政府接洽一切，同时兼领中国红十字会会长等职，西南联大的

◎ 1940 年夏，张伯苓赴昆明西南联大，与在校南开毕业班师生合影（陈家麟藏，新竹）

校务，实际只有常驻昆明的常委会主席梅贻琦一人主持。

时清华的人力、财力在联大所占比重仍居三校之首，师生在校内具有强势地位，西南联大的规章制度遂多以清华规章制度为蓝本予以制定。如联大的教务通则、教授会组织法及行政管理制度等，基本上沿用战前清华章程，而最典型的是教授会与校务会议组织。"五四运动"之后，蒋梦麟主张"校长治校，教授治教，学生治学"，北大教授会在蒋氏长校时期形同虚设，基本没发挥什么作用。身为私立学校的南开大学更有过之，张伯苓乃行伍出身，思想观念比旧派先进，而比新派落后，属于大时代中具有冲力与干劲的过渡性人物，校内事务皆按自己的意志与好恶办理，人事安排自然是一把抓，即便学科和课程的设置也要他本人一手包办。此一作风尽管不断受到本校教授和社会有识之士的轻视或批评，但张伯苓并不放在心上，依然我行我素。三校之长，唯梅贻琦对儒家道统与黄老哲学领会最深，同时吸取了西方教育的先进理念，把教授会、校务会及"教授治校"制度，从形式到功能全部在清华实施，抗战南迁，又移植到西南联大。这一功能有效阻止了陈立夫CC集团的侵入与控制，保持了民主与自由的校格学风，而且在联大后期特别是学潮大规模爆发，各种势力渗透联大校园，师生于争吵不休中发生分裂并成为敌对力量相互交锋争雄之时，教授会和校务会更是起了极其重要的关键性作用。特别值得提及的是，在北平清华大学行之有效的最高权威机构——评议会，因一直被教育部部长陈立夫视为眼中钉、肉中刺，是妨碍CC系控制师生思想的绊脚石，未被列入大学组织法。尽管梅贻琦做过努力，终没能抵挡住陈立夫的威权高压，未在西南联大实行，只在清华办事处系统保留了北平清华时代的传统——评议会。此为一个遗憾，也算抗战中的西南联大总归不是北平清华的一个新的特色吧。

当然，西南联大的特色不只是一个评议会设置与否的差异，还有若干地方与北平清华有所区别，其中一个重大区别表现在教职员的聘请事务中，即三校参加联大的教职员，须由各校发给聘书后，联大才能继发聘书。号称"清华三才子"之首的钱锺书，于1938年秋自海外归国于联大任教，就是以清华的名义破格聘为教授，而后才由联大复聘的一个显例。至于钱氏到联大后，受外文系主任陈福田、叶公超等辈打压以及相互倾轧而最终离去，则是另外一桩学案，与人事纠葛相关而与联大制度无涉。如果北大、清华、南开等三校各自不聘，联大则不能聘请。其中一个典型案例是，抗战后期，清华中文系教授刘文典因私赴哀牢大山深处的磨黑镇，半年未回校开课，"民主"不张，"自由"过度，引起清华中文系教授兼代理主任闻一多反感，本来就与刘文典不属一股道的闻氏抓住刘的小辫子不放，表示清华方面坚不聘请。西南联大中文系主任罗常培虽对刘文典表示同情，则无法绕开清华而单独以联大名义发聘书给刘。最终，事情闹到梅贻琦处，梅对闻一多之坚持亦无办法，同时对刘文典过度的自由散漫感到不满，顺水推舟，同意闻一多的处置，刘文典无法越过清华中文系这一关，终被联大解聘，卷铺盖走人。

在联大中后期一个阶段，有过不经三校之聘而由联大直聘的教授，但此人必属新人，且属无名之辈，不若钱锺书一样才名俱盛而呈三校争抢之势。这类情况即冯友兰所说："在昆明新聘请的人，如果是为教学的需要，那就只有联大的聘书，如果三校之中有一校认为这个人很好，那就给他另加一份聘书，表示将来三校分家的时候，可以继续聘请他一起回北京或天津。当时一般师生对于最后胜利都有坚强的信心，都认为联大是暂时的，三校是永久的，而三校除了维持其原有的班子外，也都随时网罗人才，以为将来的补充。"[16]如果三校认为此人不咋地，没一校愿意聘请，则联大结束，这个人只能卷起铺盖，连同吃饭的破铁盆捆在一起，搭在胸前脑后，支撑着瘦弱的身子，低头躬腰，一步三摇，到别处另谋高就了。

与教授的聘任类似的是，学生方面，三校于战前入学者，毕业证书由原学校颁发，与联大无涉。只有抗战爆发后，即1937年暑期之后考入联大的学生，毕业证书才以联大名义颁发。对于两者之间的关系与区别，联大文学院长冯友兰有过较为详细的解释："除了联大的总部外，三校各有自己的办事处，自己设立一些机构，与联大无干。清华的办事处最大，自己设立的机构也比较多，主要的是那些原来办的研究所，有农业、航空、无线电、金属和国情普查等研究所，这些所都不招学生，与联大毫无关系。清华还有研究院，招收研究生，他们虽然也往联大听课，可是不算联大的学生。北大办有文科研究所，招收研究生，也与联大无关。"又说：如果用一个比喻来形容，即："当时的联大，好像是一个旧社会中的大家庭，上边有老爷爷、老奶奶作为家长，下边又分成几个房头。每个房头都有自己的'私房'。他们的一般生活靠大家庭，但各房又各有自己的经营的事业。'官中''私房'，并行不悖，互不干涉，各不相妨，真是像《中庸》所说的'小德川流，大德敦化，此天地之所以为大也'。"[17]

冯氏所说的是联大制度与形式，确有《中庸》所谓"大"格局与"大"天地之势头。但制度和形式是人定的，也是由人来执行的，这个"大"的后面，必有一个相匹配的"大"人物来操持一切、把控全局，才可能称其为"大"，否则很可能变为"小"，或"乱"，或"大"乱。这个"大"人物，当然是师生公认的、主持校务的常委会主席梅贻琦。关于梅氏如何之"大"，清华校友傅任敢曾有过一段精彩论述：

　　抗战起后，国内成立过好几所联合大学，可是除了西南联大一直联到胜利以后方才各自复校以外，其余全都中道夭折了。我们可以设想一下，倘若西南联大也如其他联大，因为意见不合，联不到底，那是中国教育界以至全中国国民多么重大的一件耻辱。外国人看不起中国人，说中国人是一盘散沙，是一个无组织的国家。倘若在那国难临头的时候，连智识最高的高等教育界都仍没有例外地联不拢来，一盘散沙之说岂不全盘证实，百口莫辩了吗？而其所予全体国民与下代青年的暗示又将是何等的恶劣与深远？我们又可以再想一下，为什么其他的联大通通联不下去，惟有西南联大能够联到底呢？这就与梅校长的大很有关系了。[18]

　　傅氏所说的国内成立过"好几个联合大学"，主要指西北联大与东南联大。东南联大由时在上海的暨南大学为首，收拢上海、江浙一带几家专科学校师生，在福建建阳筹备国立联合大学，惜因诸方实力不一，合作困难，1943年6月2日，教育部指令东南联大文、理、商三学院并入暨南大学，法学院与艺术专修科并入英士大学，7月底所有移交工作全部结束，东南联大就此流产。而与西南联大几乎同时成立的西安临时大学，于1937年9月10日在西安开课，同年11月9日太原沦陷，日军沿同蒲路南下，迅速占领临汾、侯马、直逼潼关，西安告急并遭到敌机轰炸，临大教务长杨其昌与几位学生被炸死，师生处于极度危险境遇中。为避战乱与敌机轰炸，1938年3月，西安临时大学迁往陕南汉中城固及周边地区，4月改名为国立西北联合大学，全校设6院23个学系，领导体制与国立西南联合大学一样，同为校务委员会制，由北平大学校长徐诵明、北平师范大学校长李蒸、北洋大学校长李书田等组成校务委员会，上述三人为常委，管理校政。学制一般为四年，医学院为五年。此外，还附设大学先修班，招收高中毕业生，学习一年，成绩优良者，可保送上大学，其他中学毕业生则须经过国家大学统一考试才能入学。国立西北联大开课不久，因校方高层几位常委以及教授之间意见不合，加之学潮不断，学生无法进行正常课业。1938年7月，工学院单独设立，称西北工学院；农学院也单独设立，称西北农学院；教育学院改称为师范学院。1939年7月，国民政府教育部部长陈立夫发出指令，撤销国立西北联合大学，新成立西北大学、西北师范学院、西北工学院、西北医学院、西北农学院等五个独立国立院校。8月，西北联大正式撤销，存在时间为一年零四个月。中国抗战史和教育史上昙花一现的国立西北联合大学，就

◎位于陕西城固的国立西北联合大学校舍

此烟消云散。[19]

对于西南、西北两个国立联合大学的差异与区别，冯友兰打过如此比喻："梅贻琦说过，好比一个戏班，有一个班底子。联合大学的班底子是清华、北大、南开派出些名角共同演出。但是步骤都很协调，演出也很成功。当时还有一个西北联合大学，也是从北京迁去的几个学校联合起来而成的，设在陕西城固。但是它们内部经常有矛盾，闹别扭。蒋梦麟说，它们好比三个人穿两条裤子，互相牵扯，谁也走不动。"[20]这一形象的比喻得到了西南联大师生普遍认同，西北联大就是在这样的历史境况和相互拉扯中，把裤子撕碎，直至露出底裤有碍观瞻而被迫解散的。

相较同一时期的西南、西北两个联大，北大秘书长郑天挺认为："西南联大的八年，最可贵的是敬业和团结的精神。教师之间、师生之间、西南联大三校之间均如此。在蒙自的半年，已有良好的开端。同学初到蒙自时，我与其他教授每次都亲到车站迎接，悉心照料，协助搬运行李。北大考虑干部时，也以敬业、勤奋、团结为出发点，避免不必要之误会。"[21]

这段话在赞誉师生同心协力的背后另有深意，不研究这个课题与西南联大校史者，很难看出暗含的奥秘。而整段回忆最有研究价值者，乃"不必要之误会"之语。此句到底何所指？郑氏没有明确说明，或者不便提出，但从清华教授浦薛凤回忆中可以窥知一二。西南联大组建之初，以蒋梦麟为首的昆明办事处筹备班子力主联大文法学院迁蒙自，包括浦薛凤在内的清华部分教授并不认同，浦氏说："予与寅恪未离香港时，早闻蒙自有飞机场，且紧贴校址附近，当即诧异联合大学当局何以糊涂至此地步。原所以由湘移滇者，纯为安全起见，俾教员学生得长期各事所业。今不于昆明郊外或西山一带，因陋就简，改作黉舍，又不听云南省政府之示意，到大理一劳永逸，而必贪便苟安暂迁蒙自，其故何在？"当浦薛凤与陈寅恪等抵达蒙自后，见机场与校址几乎相连，且均在一块广阔的平地间，若敌机飞至，必玉石俱焚，"于是私心更以为迁到蒙自殊不甚妥当"。当时北大部分教授认为浦氏的看法是杞人忧天，敌机不会光顾离昆明 300 公里之遥、如此偏远的蒙自。其结果是徐州失陷不久，政府即开始扩建整修蒙自飞机场，柳州航空学校将迁蒙自，以迎战即将前往西南地区轰炸的敌机。在这种情况下，被置于险境中的联大不得不迁移。"然而眷属初来，喘息甫定者，闻之殊甚怏怏……及七月中旬，知已定夺，迁往昆明。异哉明知昆明而可设法，何不早在一处。若系敷衍一时，则曷不乘此时机彻底打打算盘。总之数位校长之委员制，自不能迅捷处理校务。"[22]

由浦氏的说辞可知，当时云南政府曾有让联大文法学院迁大理之意。大理是滇西著名的城邦重地，也是唐宋时南诏国国都所在，不但有著名的苍山洱海，依山傍水，风景优美，且寺院林立，空闲房舍尤多，是办学读书的好去处。1939 年，武汉华中师范大学从桂林迁入该地喜州小镇，借用当地的文庙、大慈寺、张氏宗祠及部分民居开堂授课，平安地度过了抗战岁月。不知为何，长沙临时大学派出的代表蒋梦麟等人却拒绝了云南当局的示意，舍大理和昆明西山等处不就，匆忙定于距昆明路远闭塞又潜伏着战争危险的蒙自县城，未几又仓皇撤离。这一番颠来倒去的折腾，实在令人郁闷，此举因是以北大校长蒋梦麟为主促成，引起部分教授特别是清华教授的不满和非议也就不足为奇了。

迁往蒙自的联大文法学院于 1938 年 5 月 1 日开学后，梅贻琦与蒋梦麟分别由昆明来此地视察和小住。梅的到来与回返甚为低调，但蒋梦麟偕善于交际的夫人陶曾穀到来，则不断召集北大师生开茶话会，引起清华部分师生猜忌与不满。对此，浦薛凤说："三

◎蒙自城外的碧色寨米轨火车站，为联大师生来往的必经之地（作者摄）

◎蒙自城内歌胪士洋行正面，联大文法学院教授住所与授课处（作者摄）

校合作，本非易事，处此困难最后关头，自然诸多容忍。闻北大与清华学生方面，有些意见。据云起源于步行入滇团。盖彼此各自团结，曾到处互争卧地，而发生小冲突。南开学生甚少，固无所谓。北大自蒋校长到后，屡开会谈。闻钱宾士曾独排众议，谓此刻无所谓北大精神。清华则仍然个人主义，例如梅先生来，同仁绝未想到，设宴开会。"[23]

浦氏所闻旅行团中的北大与清华学生在宿营地发生一些小冲突，不难理解，但这似不是主要矛盾。而后面所说的"北大精神"与"个人主义"则是关涉这个群体团结与分裂的要害处。只是浦氏所说语焉不详，不知内情者难得要领，只有参考钱穆的回忆以及梅贻琦日记等史料，方才明白大体脉络。

浦氏所说"力排众议"的钱宾士，就是此次事件的参与者、北大教授钱穆（字宾四）。钱说："一日，北大校长蒋梦麟自昆明来（蒙自）。入夜，北大师生集会欢迎，有学生来余室邀余出席。两邀皆婉拒。嗣念室中枯坐亦无聊，乃姑去。诸教授方连续登台竟言联大种种不公平。其时南开校长张伯苓及北大校长均留重庆，惟清华校长梅贻琦常川驻昆明。所派各学院院长，各学系主任，皆有偏。如文学院院长常由清华冯芝生连任，何不轮及北大，如汤锡予，岂不堪当一上选。其他率如此，列举不已。一时师生群议分校，争主独立。余闻之，不禁起坐求发言。主席请余登台。余言，此乃何时，他日胜利还归，岂不各校仍自独立。今乃在蒙自争独立，不知梦麟校长返重庆将从何发言。余言至此，梦麟校长即起立厉言，今夕钱先生一番话已成定论，可弗再在此题上起争议，当另商他事。群无言。不久会散。"[24]

这个插曲，就是对浦薛凤上述含糊其词的释解。蒋梦麟召开会议遇到的问题，不仅涉及北大本身，更关系到西南联大的兴衰存亡。而西南联大之所以没有像西北联大一样"三个人穿两条裤子"，由不可避免的摩擦、矛盾，导致互相扯皮、各自为政，甚至露着底裤拉杆子搞独立，而是最终以辉煌的成果昭示于世，除了蒋梦麟是一位"有魄力，有担当"的校长（胡适在北大五十周年纪念会上语），还与像钱穆这样识大体、顾大局的北大、清华、南开三校教授的共同努力分不开。当然，若无梅贻琦的高尚人格与处事风度，前二者的"担当"与"识大体"，仍将付之东流。

为多数人所了解或深知的是，上到国家政府，下到大小机关、厂矿、企业、学校或公私单位，最重要的几个枢机无非是对人、财、物方面的把控、分配和管理。若对这一切掌握、处理得当，自然于团结合作有利；若是相反，则势必意见纷呈，扰攘不止，最终导致组织松懈，事业无法进展，甚或土崩鱼烂，不可收拾。此点，在清华园亲历各种势力你来我往、城头变幻大王旗的梅贻琦，看得极为清楚，且有自己的清醒认识。"在史中求史识""吸取历史的教训"，乃清华国学院导师陈寅恪提出的警世名言，也是梅贻琦极愿遵循和追求的理想目标。无论是北平清华时代，还是战争时期的长沙临时大学和西南联大时代，同样如是。三校组建联大之始，对于备受教职员甚至学生关注的人事安排问题，梅贻琦可谓费尽心机，在不同点上，以不同的角度和方式寻找平衡，以称众心。试看1939年的西南联大行政组织概况和联大四长及院系负责人一览表：

（1）教务长、总务长、建设长、训导长

教务长

　　潘光旦（1938年1月20日任）

　　樊际昌（1938年7月29日暂代，1938年10月18日任，1941年11月13日辞）

　　周炳琳（1941年11月13日任，未到校期间由杨石先暂代）

　　梅贻琦（兼，1942年8月28日）

　　杨石先（1943年3月28日兼代，同年10月27日任）

　　潘光旦（1945年代，1946年3月离昆）

总务长

　　周炳琳（1938年1月20日任，同年4月辞）

　　杨振声（1938年4月19日暂兼代，同年6月辞）

　　沈　履（1938年6月17日任，1940年1月赴四川襄办校务，辞）

　　郑天挺（1940年1月9日任，1941年5月赴叙永分校）

　　查良钊（1941年5月暂兼代，同年11月请辞）

沈　履（1941年11月13日任，11月19日因体弱请辞）

郑天挺（1941年11月19日复任，1945年10月17日赴平）

查良钊（1945年10月17日暂兼代，因太忙请辞）

沈　履（1945年11月暂代，1946年3月13日赴渝）

鲍觉民（暂代）

建设长

黄钰生（1938年1月20日任，同年10月3日辞，建设处撤销）

训导长

查良钊（遵教育部令设立训导处，于1939年7月11日任）

（2）分校校务委员会主席、分校主任[①]

陈岱孙任蒙自分校总务分处主任，樊际昌任教务分处主任（1938年4月20日）

樊际昌任蒙自分校校务委员会主席（1938年5月1日）

杨振声任叙永分校校务委员会主席、分校主任（1940年11月13日）

杨振声辞职，郑华炽任叙永分校主任（1941年8月25日）

郑华炽辞职，沈履任叙永分校主任（1941年9月24日）

（3）院长

文学院

胡适任文学院院长（1938年1月）

冯友兰代文学院院长（1938年5月24日）

冯友兰任文学院院长（1938年10月21日）

杨振声代文学院院长（1943年3月15日）

杨振声辞文学院代院长（1943年8月21日）

汤用彤代文学院院长（1945年1月19日）

法商学院

方显亭任法商学院院长（1938年1月）

陈序经任法商学院院长（1938年5月24日）

陈岱孙暂代理法商学院院务（1941年7月14日）

陈岱孙代法商学院院长（1943年6月21日）

---

① 下述行政组织与院系负责人名单系由南开大学档案馆整理。

陈岱孙代法商学院院长（1944 年 5 月 17 日）

陈序经辞职，周炳琳任法商学院院长，陈岱孙代法商学院院长（1944 年 8 月 17 日）

理学院

吴有训任理学院院长（1938 年 1 月）

杨石先代理学院院长（1942 年 9 月 7 日）

杨石先代理学院院长（1944 年 3 月 14 日）

叶企孙任理学院院长（1945 年 9 月 6 日）

工学院

施嘉炀任工学院院长（1938 年 1 月）

李辑祥代工学院院长（1942 年 9 月 7 日）

陶葆楷代工学院院长（1945 年 11 月 14 日）

师范学院

黄钰生任师范学院院长（1938 年 8 月 19 日）

查良钊代师范学院院长（1939 年 7 月 18 日）

陈雪屏代师范学院院长（1940 年 10 月 8 日）

李辑祥代师范学院院长（1942 年 3 月 7 日）

陈雪屏代师范学院院长（1943 年 7 月 7 日）

许浈阳代师范学院院长（1943 年 10 月 30 日）

黄钰生任附校主任（1940 年 10 月 8 日）

查良钊代附校主任（193□年 7 月 7 日）

魏泽馨代附中主任，沈勤冬代附小主任（1945 年 6 月 25 日）

（4）各学系教授会主席、系主任（略）

（5）行政各组主任（略）

（引自《国立西南联合大学史料》一，总览卷，第 91—100 页）

由上表可知，除三常委张、蒋、梅，联大秘书主任、教务长、总务长、建设长、训导长、图书馆长等"巨头"，原隶属关系为：

樊际昌、严文郁、周炳琳、郑天挺、郑华炽等皆为北大出身；杨石先、黄钰生等为南开出身；其他为清华出身。查良钊以南开、清华、教育部参事背景，入西南联大任训导长；杨振声以北大、清华、教育部代表背景，入长沙临大与西南联大任职。

文学、法商、理、工、师范等五院院长隶属关系为：

胡适、汤用彤（北大）；冯友兰（清华）；杨振声（北大、清华、教育部）。

方显亭［廷］、陈序经（南开）；陈岱孙（清华）；周炳琳（北大）。

吴有训、叶企孙（清华）；杨石先（南开）。

施嘉炀、李辑祥、陶葆楷（清华）。

黄钰生（南开）；陈雪屏（北大）；李辑祥（清华）；查良钊（南开、清华、教育部）

这个名单，基本上是三校兼顾，且对教育部奉派人员亦有所顾及，各方力量基本达到了按三校人数比例7∶5∶2分配的均衡状态。唯工学院院长位子由清华一家独占，是谓北大、南开根本没有工学院，清华自是当仁不让。至于学系主任一级人物，从西南联大校史开列的名单看，基本是三校你中有我，我中有你，与"四长"及院长的比例略同。如中文系主任分别是朱自清（清华）、罗常培（北大）、闻一多（清华）、杨振声（北大、清华、教育部）、罗庸（北大）。其他系如此前三校皆有设置，则错落程度与比例相似。若属一家独有或独大，如清华的工学院或外国语文系，属清华专设或独强，系主任自是全为清华包办。也因为这个缘由，就联大全部系主任比例看，清华高于北大与南开，是谓高低错落中之较为合理的一种平衡。

◉ 大德敦化

身为常委会主席的梅贻琦，在竭力维持校内各阶层人事平衡的同时，最忌讳也最提心吊胆的是清华在领导层人数一家独大，或渐渐演变成一家独强甚而独霸，成为联大分裂的导火索。1941年秋，被敌机炸毁的校舍得以修复，新学期刚一开始，总务长郑天挺与教务长樊际昌相继致函梅贻琦请辞。梅劝说不灵，复于 10 月 15 日在西仓坡办事处召开联大常委会予以讨论，仍未解决。梅贻琦在当天日记中明确表示："余坚谓常委主席、总务长、事务主任不宜由一校人担任，且总务长若再以沈[履] 继任，则常委会竟是清华校务会议矣（岱孙现代序经任法商院长）。"

经过十几天劝说仍未奏效，樊际昌先是答应继任，而后再次反悔，表示坚决不再作冯妇。11 月 3 日，梅贻琦日记："上下午皆在联大，郑未复职樊又辞职，查[良钊] 病尚未愈，只好勉唱独脚戏，尚不以为苦也。"

尽管"不以为苦"，但毕竟独木难撑，况且校中不能没有总务长与教务长，此为教育部明令设置的高级职员。职责所在，势不能无视这一空缺。于是，梅贻琦与联大有名望的教授交换意见，就"二长"问题予以妥善解决。11 月 8 日，梅日记："午饭后黄、陈序经、吴、岱孙同来谈二长问题。"11 月 10 日又载："下午 3 : 30—5 : 00 偕查、毕、陈及三教官查看新校北区，与蒋谈二长问题历五分钟。"11 月 13 日再记："五点半再开常委会，通过改聘周枚荪为教务长，杨石先暂代；沈茀斋为总务长。"[25]

周枚荪乃北大的周炳琳，沈茀斋即清华的沈履，杨石先即南开教授阵营中的代表人物。此一人事安排，三校皆得照拂平衡，达到了梅贻琦心中最为理想的境界。想不到第二天，即 14 日，便接到沈履的辞职信，梅于无奈中"赶再函郑促仍复职"。11 月 17 日："上午石先到教务处，毅生来商须下星期复职。"[26]

毅生即北大的郑天挺，终于被梅说动，表示下周可就总务长之职。纠葛了一个多月的"二长"问题，总算得以解决，梅不必再唱"独脚戏"，三校教职员亦无不平之意见，众皆相安。然通过联大史料可见，这个格局是暂时的，日后还会有诸部门的各位"长"辞职或请假，人事安排还会不断推演变换，唯一不变者，是梅贻琦的胸襟和风度。

除各系统的人事安排，另一个棘手的问题便是涉及公私财政事宜，亦即钱财的分配问题，此为又一关乎三校、特别是北大与清华合作与分裂的要害之处。而在知识分子成堆的大学校园，除了钱财本身的经济价值，还有与之相关的学校本身与学者个人尊严与荣誉等问题，若处理不当，便会引起连锁反应，终累大局。1941 年 3 月 30 日，梅贻琦日记载："午前往惠老师院访武之未遇，与正之稍谈。新建之房梁柱已竖起矣。饭后杨、吴二君来 [谈] 颇久，关于陈、华问题，余表示二君已尽最大努力，现可听之。学校自有其尊严与地位，不能为一二人之故迁就太多。最后对杨尤加劝慰。四点起 [步] 行进城。"[27]

日记中的"武之"即杨武之，亦即杨振宁之父，时为联大理学院数学系主任；

◎华罗庚一家在昆明乡下住处门口留影

"正之"即吴正之，即吴有训，时为联大理学院院长。"陈、华问题"之陈，指陈省身；华，指华罗庚，二人为联大理学院数学系教授，上述四人皆属清华系统。尽管梅氏日记没有明确记述所为何事，但显然对陈、华二人某种做法或要求表示不满，为学校"尊严与地位"计，坚持既定原则，绝不姑息迁就，并对从中斡旋可能受点委屈的杨武之予以抚慰。

4月2日，梅贻琦记述："晚六点至十点一刻开联大常委会，讨论事项多为关于同仁领费问题，以一五百人员之团体，一事即为一例，故不可不慎也。"4月16日又记："晚六点至九点开常委会。上午适接杨今甫函，谓昆明有不公允之待遇，叙委会乃决定加给迁移津贴，使人不快，而益感觉分校之不宜设立。"4月23日再记："下午六点开联大常委会，叙永分校近来措置颇多不合，会中皆有同感，余亦有不满之词，但话语似太多矣。"

日记中的杨今甫即杨振声，时为联大叙永分校负责人。杨给梅的信函具体所指何事，因材料缺失无从知晓。查4月2日、16日两次常委会记录，未涉与此日记所载相关事宜，唯4月23日会议记录，有如下二条：

（三）此次教育部支配给本大学之美金设备费三万八千元，除应以总数百分之五美金为购置行政设备之用外，其余应由理工设备设计委员会暨图书设计委员会参照上年分配比例平均支配，作为本大学购置图书仪器设备之用。（通知）

（四）本大学由昆明派赴叙永分校服务之教职员，其单身前往者得由校给予补助费贰百元，其有家属随同前往者得由校给予补助费肆百元，但以此一次为限。（通知）[28]

从此二条记录看，已涉及校内经费分配与个人补贴等事宜，或许杨振声之不满与此有关。然而在梅贻琦看来，杨的说法并非事实，因而对杨表示不满，同时感到叙永分校设立之困难与麻烦。郁闷中，梅贻琦在会上接同人的话柄，对杨振声等人发了一通不满的牢骚，事后自觉说得太多，对问题的处理并无帮助甚或有害，遂有后悔与自省之意。

上述动作，皆为学校利益或个人津贴分配方面产生的枝节，若没有光明正大的理由和公平正义的处置方法，"一事即为一例"，例子越多，对大局产生的负面影响越大，直至无法收拾。作为联大常委会主席的梅贻琦，如果在三校间的平衡与钱财分配方面拿捏不准，或有私心，则更加不堪设想。下一桩事例或可说明此一症结之严重。

1941年3月24日，梅贻琦日记载："下午四点开纪念会筹备委员会，六点开校务会议，决定让售北大美金三千元。"这个记载外人看来有些突兀，但一个"让售"，则能看出清华对北大利益上的考虑。3月26日，下午5时开联大校务会议。会前，蒋梦麟谈及研究问题，谓宜三校分头推进，不宜绑在一块云云。梅表示赞同，并言"最好请教部不再以联大勉强拉在一起，分开之后可请政府多予北大、南开以研究补助，清华可自行筹措，如此则分办合作更易进展矣"。但事情并不如此简单。3月28日，梅在日记中写道："昨晚接一樵来电，谓八十万美金联大可分得三万八千元，同仁闻者大哗。下午端升、正之、序经、奚若、企孙先后来舍共商一代电稿，再试一争，恐或无结果耳。"4月12日，梅日记载："晚饭后光旦自渝归来，谈与竺、罗二校长商四校联合招考经过（武汉王校长未到）。又以蒋校长留与向教育部商量经费问题所提'办法'文稿见示，阅之极为不安，不知应如何对付也。晚睡甚迟，作'大学一解'要点。后二点始上床，睡去时已在三点以后。"4月13日，梅再记："晚作长信与顾一樵，论蒋所提'办法'中困难之点，信中不免牢骚语，实亦心中甚感闷郁，不觉溢于言表耳。"[29]

梅贻琦日记中的顾一樵，即原清华工学院长顾毓琇，时为国民政府教育部次长；光旦，乃潘光旦。大意为潘光旦自重庆携来蒋梦麟向教育部提请

◎梅校长在昆明（杨立达摄藏，载《清华校友通讯》第三十三、三十四期合刊，新竹）

经费分配、利用"办法"的文稿，梅看后认为蒋氏如此做法和处理大为不妥，乃郁闷不已。

事情仍在向着令梅贻琦郁闷甚至联大分裂的方向发展。4月17日，梅贻琦日记载：

> 下午六时约校务会议诸君会谈，蒋君提议由清华拨款补助联大八十万及其向教部所提之'办法'，惜因通知有未送到者，又同时有纪念日会序委员会，致到者先后颇参差，但最后决定二原则：
>
> 1.倘北大同人果愿另起炉灶，则可三校预算分开，清华对于联大负其全责。
>
> 2.倘只令清华向联大拨出应摊之八十万，则联大所多出之八十万为补助各校研究费者，清华应分得其比例应得之数。
>
> 后商定先由冯、吴分访周枚荪，一探北大方面意向后再商量。
>
> 4月24日，下午四点，约校务会议诸君谈，出示昨日所接顾一樵信。众人对于部中所拟由清华借款五十万补助联大研究院，然后由联大分给北大、清华、南开各研究部分。（编者注：原文如此，似有脱落。）
>
> 5月8日，四点半在寓开清华教授会，到者四十二三人，因有十余人来函为所闻关于清华补助联大研究费问题请开会讨论。发言者有萧［蘧］、张［奚若］、王［信忠］、伍［启元］、陈［岱孙］、陈［福田］等十余人，最后未有决议，但多数似愿接受余之建议，惟对于蒋公之做法多感愤慨耳。
>
> 七点余晚饭后开清华评议会，关于补助联大研究费事决定四原则：
>
> 1.办法商妥后先由校提议再请部核准。
>
> 2.尽校款能匀（自？）拨为限，不另借款。
>
> 3.出五十万两年内拨付。
>
> 4.三校依原则预算比例领用。

这段日记关键之点在于解释"惟对于蒋公之做法多感愤慨耳"之"蒋公"是谁？研究者谢小芩、李华夏两位教授"根据日记前后文之对蒋梦麟及蒋介石之称谓，推测此蒋公应为蒋委员长"[30]。

谢、李二教授的推断有其依据，但不免给人以突兀之感，按当时的规章制度，行政院会议通过议案后拨发至教育部的经费，以何种形式分配，各校应得多少，纯属教部之事，亦即陈立夫部长一人掌控，似与更高层的蒋委员长无涉。从梅贻琦日记看，这笔经费所涉之最高当局人物，就是一个教育部长陈立夫，且梅、陈二人在重庆教育部有所讨论。因而，这个"蒋公"只能是"留与向教育部商量经费问题所提'办法'文稿"之"蒋校长"，亦即蒋梦麟。谢、李二教授之所以推断"蒋公"乃蒋介石而不是蒋梦麟，置于梅贻琦日记凡提及蒋梦麟处，多称为"蒋兄""蒋校长""蒋君"，或一个"蒋"字，亦有提及"孟公"者，很少提及"蒋公"，因而把"蒋公"的帽子扣到了蒋介石头上。但细检索梅氏日记，发现称蒋梦麟为"蒋公"的时候还是有的，如1941年2月26日，梅日记载："晚与蒋公在寓宴教部视察员王、蒋、赵三君，尚有汪、杨因事未到。"[31] 此宴会地点在昆明。查蒋梦麟事略，其间正在昆明联大，而据蒋介石年谱等材料，这一天蒋委员长在重庆接见居里话别，并提出中国在美购买飞机及补充器材办法之"备忘录"。由此可见，与梅一起在昆明寓所宴请教育部视察大员之"蒋公"，就是蒋梦麟。以此类推，5月8日清华教授会所"愤慨"之"蒋公"，同样非蒋梦麟莫属。

只是，此一事件的讨论，并未因众人"愤慨"而解决。5月13日，梅贻琦日记载：

> 上午至联大办公处与郑毅生谈二事：1.告以清华拟补五十万事，因恐昨日与蒋君略谈者或未明了。郑谓北大明日将有校务会议，再行计议，大家之意拟不接受，而专注意于预算之确定。2.告以余愿蒋君继任主席至少一年，盖吾二人原无所谓，但校中人众，如此似较好耳。

郑毅生[天挺]时在北大的地位仅次于蒋梦麟，有"北大舵手"之誉，他的话可以说代表了北大当局态度，亦即不接受清华补助联大的五十万元，但要北大预算独立，意为：别人的钱我不馋，属于我的钱我自己拿来花，与联大无涉。对这一提议，梅贻琦不便言说。面对显然已出现裂隙的西南联大领导层，梅请求蒋梦麟不要做甩手掌柜，亦不要整天喊"对于联大，我不管就是管"等好听的口号，至少出任联大常委会主席一年，蹲在昆明踏踏实实地为联大师生谋生存、求发展办点实事，同时也亲身体验一下在这个摊子中当"老大"的难处与苦衷。——梅对郑天挺所言，特别是让蒋"继任主席至少一年"之语，应是怀有怨气而发，对蒋梦麟来说含有批评之意，是很重的。君子好德，君子慎言，这些在梅贻琦身上都得到了体现，但他并不总是"大概或者也许是，不过我们不敢说"，在重压之下或遇特殊情形，梅贻琦也是有脾气的，也是敢说并不必慎言的，对郑天挺的一番说辞，即公开、严正地表明了他的态度和立场。

5 月 16 日，梅贻琦飞往重庆，就联大经费、叙永分校等问题向教育部请商，时西南联大有几位教授正在重庆公务。梅贻琦当天日记："十点后约芝生、嘉炀、正之、企孙先后来略谈昨日蒋君所告北大要求预算独立……（编者注：原缺约十字），仍以预算独立为向部交涉目标，清华自表同情，并望其成功。至清华所拟拨补联大五十万之办法，则须视将来演变如何则酌为办理耳。"

5 月 19 日，梅贻琦于下午 4 点到教育部，先与吴俊升司长谈数事，待至 6 点多始与部长陈立夫会见。梅在当天的日记中记下了会谈经过和内容：

> 1. 关于研究费问题，陈问是否与蒋已商量妥数目等点。余谓初已商有办法，后北大方面仍主成立独立预算，蒋谓日内将有信与部长详谈。陈问：是指研究费抑指整个预算？余答：是指每校整个预算；大约北大同仁意见欲有独立预算，然后由各校预算拨提一部作联大经费，而以其余作各校自办事业费。陈摇首，谓：如此办法未妥，联大已维持三年有余，结果甚好，最好继续至抗战终了，圆满结束，然后各校回北边去。且委员长有主张联合之表示，未必肯令分开（教育合办事业多未成功，西南联大为仅有之佳果），而物质上（指预算）如分开则精神上自将趋于分散，久之必将分裂，反为可惜，故不若在研究工作各校自办为是。[32]

梅贻琦受令后，返回昆明与蒋梦麟及同人协商办法，以团结和大局为念，最终以联大预算不分，而各校研究院、所的经费分开之方法达成共识。这便是：教育部允拨联大 24 万元做研究院补助费。清华在庚款停付、经费极端紧张窘迫情形下，拟筹 50 万元，分两次支付，并于翌年初筹拨 25 万元做三校研究补助之用，以使"联大同人之研究工作，可有更多之进展矣"。[33]

因了这一慷慨举措，进一步促成西南联大三校师生谅解与合作，才出现了联大本部与三校研究院、所齐头并进，互不干涉又共同发展的学习、研究成绩，才有冯友兰所谓"小德川流，大德敦化，此天地之所以为大"的广阔局面。对于这一段历史演进过程，清华校友傅任敢认为梅贻琦以高洁、仁厚的性格，发挥了一个道德模范和中坚作用，并进一步诠释道："西南联大由三大的校长作常委，而由梅校长担任主席。张校长与蒋校长是不常在校的，实际就是梅校长一人在撑持。有一个时期，他甚至于兼着教务长。体力的劳苦不必提，精神上的劳苦也是可想而知的。那

◎ 1939 年 4 月 29 日清华二十八周年校庆，借云南大学礼堂举行。部分师生会后于云大主楼前台阶上合影，藉此可见清华人气之盛（引自《清华校友通讯》，新竹）

时，论设备，论经费，论师生的人数，都是清华最多，依世俗的眼光看来，这一联，清华是划不来的，反面看来也可以说，清华在联大占了压倒性的优势。这份家务可不好当。一方面要使清华的各方面绝不感到划不来，一方面要使非清华的各方面绝不感到清华占了上风。这关键与奥妙就在梅校长的大。这时他的心中与他的作为都只有联大，没有清华了。他对整个联大一样看待，所以整个联大也都一样看待他，因此就能一直联到底了。这事作来不易，假装不成。这事的成功是他真真实实具有一副大的品格。"[34]

　　——信哉，斯言！

注释

[1]《上学记》，何兆武口述，文靖撰写，北京三联书店 2006 年出版。

[2][14] 余瑞麟《多难殷忧新国运》，载《清华校友通讯》，新七十五期，新竹。

[3]《回忆梅贻琦座谈会》，陈岱孙发言，载《梅贻琦先生纪念集》，第312页，黄延复主编，吉林文史出版社1995年出版。

[4] 王远定《联大琐忆》，载《清华校友通讯》，新一一八期，新竹。

[5]《国立西南联合大学图史》，第130页，郭建荣主编，云南教育出版社2006年出版。

[6]《梅贻琦关于联大校舍被炸的启事》，载《清华大学史料选编》，第三卷（下），清华大学出版社1994年出版。

[7][8] 梅贻琦、黄子坚、胡适《纪念联大九周年校庆大会上的讲话》，载《国立西南联合大学史料》（一），总览卷，第16—17页，云南教育出版社1998年10月出版。

[9][11][12][25][26][27][29][31][32]《梅贻琦日记》（一九四一—一九四六），黄延复、王小宁整理，清华大学出版社2001年出版。

[10]《昆明报刊关于联大校舍被炸的报道》，载《清华大学史料选编》，第三卷（下），清华大学出版社1994年出版。

[13] 彭令占《从张伯苓先生说起》，载《清华校友通讯》，新六十五期，新竹。

[15] 张启新《联大三常委》，载《清华校友通讯》，新八十五期，新竹。

[16][17][20]《冯友兰自述》，冯友兰著，中国人民大学2004年出版。

[18][34] 傅任敢《值得我们学习》，载《重庆清华》，第二十二期，1949年1月1日。

[19] 国立西北联合大学解散后，各院组建及人员去向情况大致如下：已独立的师范学院和医学院又相继分别独立为西北师范学院和西北医学院。文理、法商学院组成西北大学。1941年起，西北师范学院陆续迁往兰州。抗战胜利后，部分师生返回北平复校，称北平师范学院，1948年底恢复北平师范大学校名。1946年西北大学迁往西安。

1946年初，西北工学院大部分师生返回天津，与泰顺北洋工学院、北洋工学院西京分院、北洋大学北平部等合并复校，并复名为国立北洋大学，部分教师仍留在当地西北工学院任教。1951年9月22日，北洋大学与河北工学院合并后，更名为天津大学。

西北联大农学院的复校过程颇为曲折艰难。在校友会不断努力下，多次与北大校长胡适联系、协商，达成共识，原北平大学农学院得以在原址恢复重建，改属北京大学，成为北京大学农学院。1949年，北京大学农学院、清华大学农学院、华北大学农学院、辅仁大学农学系合并组建北京农业大学（今中国农业大学）。

除国立西南与西北两个联合大学外，尚有国立东南联合大学的组建。淞沪抗战爆发，上海沦陷区的高校撤离上海。1942年1月，国民政府教育部决定将所有尚未撤出上海沦陷区的高校全部合并，撤退至浙江境内组建国立东南联合大学，由暨南大学校长何炳松担纲主持。最终暨南大学、上海美专、上海法学院、大同大学成建制撤退，其他未能撤退的高校亦有部分学生随同撤退。学校先期撤退至浙江金华，最终撤退到福建建阳。1943年6月，根据教育部指令，国立东南联合大学的文理商三学院和先修班并入暨南大学，法学院和艺术专修科并入国立英士大学。自此，仅存在了一年又半的国立东南联合大学，遂成为历史陈迹。

[21] 郑天挺《南迁岁月——我在联大的八年》，载《联大岁月与边疆人文》，南开大学校史研究室编，南开大学出版社 2004 年出版。

[22][23]《浦薛凤回忆录（中）：太虚空里一游尘》，浦薛凤著，黄山书社 2009 年出版。

[24]《八十忆双亲·师友杂忆》，钱穆著，北京三联书店 2005 年出版。

[28]《第一七五次会议》（1941 年 4 月 23 日），北京大学档案，载《国立西南联合大学史料》（二），会议纪录卷，云南教育出版社 1998 年出版。

[30] 谢小芩、李华夏《贫与富，私与公——梅贻琦与清华基金》，载《梅贻琦校长逝世五十周年纪念会论文集》，新竹"清华大学"出版社 2013 年出版。

[33] 梅贻琦《抗战期中之清华》（三续），载《清华校友通讯》，第八卷第一期，1942 年 4 月。

第十八章　艰危岁月

● 光辉映照下的污垢

战争仍在继续，且越来越悲壮、惨烈，中国军民于艰难苦撑中已达极限，胜利的曙光在远东大陆地平线涂抹飘荡了一阵之后，迟迟未见万道霞光簇拥的一轮鲜活红日喷薄而出。1941 年 4 月底，正是清华建校三十周年与抗战南渡昆明三周年纪念日。清华在这座美丽的春城举行了校庆会，梅贻琦作为大会主席在致辞中，简要回顾了自己服务清华的历史，继之满含深情地说道：

母校成立，今年恰为三十周年。琦自一九〇九年（宣统元年），应母校第一次留美考试，被派赴美，自此即与清华发生关系，即受清华之多方培植。三十二年来，从未间断，以谓‘生斯长斯，吾爱吾庐’之喻，琦于清华，正复如之。今日清华校园沦陷在敌骑之下，举校同人流离于西南边隅，勉强工作，北返无期，偶一回思，心伤靡已。值母校成立三十周年，允宜扩大庆祝，但国难校难，夫何庆祝可言！无已，则惟有以吾辈工作之努力，作母校纪念之贡品，爰与同人商定，恢复本校原有之四种刊物：一、《清华学报》，二、《理科报告》，三、《社会科学季刊》，四、《工程季刊》。另于纪念日前后，举行一周之学术讨论会。凡此措施，一以尽吾人学术救国之责任，一以寄对于母校之忧思耳。纪念之日，各地同学，当均有集会，希于欢庆之余，亦各以尽力职守之决心，作贡献母校之最上礼品，则他日母校之光荣，其清其华，不系乎一园之水木矣。[1]

此次纪念活动，清华校方根据国外大学先例，曾函达国外较著名之大学予以通报。到1941年底，"校方接获贺电凡四十余件，其中奖励之词固多，而情意关切多方勉励者亦不一而足，尤以牛津之来函为最恳挚，美国大学来函中有'中邦三十载，西土一千年'之赞语，盖言清华进步之速。"对此，梅贻琦以清醒、谦虚的态度，在翌年所作《抗战期中之清华（三续）》中，谆谆告诫清华师生："实则在以往三十年中，我校对于吾国教育、学术、文化，究已有几许贡献，此我校同人于聆受奖许之余，当更加惕励者也。"[2]

世事纷纭，战争形势变化无常，到了1941年底，日本联合舰队悍然偷袭夏威夷瓦胡岛珍珠港，美国太平洋舰队几乎全军覆没。被激怒的美国总统罗斯福于12月8日身披深蓝色海军斗篷，登上国会大厦讲坛，发表了令全世界为之震撼并注定要流传后世的演说。罗斯福痛斥日本的无耻行为和罪恶，同时要求国会宣布："自12月7日星期天无端发动这场卑鄙的进攻之时起，美国和日本帝国之间处于战争状态！"——就在罗斯福总统发表讲话的同一天，中国政府正式对德、意、日三国宣战。随后，英国、加拿大、澳大利亚、荷兰、新西兰、自由法国、波兰等20多个国家，相继对德、意、日宣战。惊心动魄的第二次世界大战全面爆发，世界反法西斯联盟业已形成，危难的中国战局随之发生战略性转变。

◎ 1941年清华大学校领导人于昆明迤西会馆合影。左起：工学院院长施嘉炀、教务长潘光旦、法学院院长陈岱孙、校长梅贻琦、理学院院长吴有训、文学院长冯友兰、特种研究所委员会主席叶企孙

与罗斯福演说遥相呼应的是，12月10日，中国最高统帅蒋介石发表告国人书，号召努力协助友邦，消灭共同敌人。稍后复电美国总统罗斯福，对美国的援华表示谢意，并说："现时我两国已对共同之公敌而作共同之奋斗，中国自当贡献其所能及其所有，期与友邦美国以及各与国团结一致，奋斗到底。"[3]11日，蒋介石部署中国远征军准备入缅作战，同时电令第六军九十三师开赴车里，第六军四十九师以一个加强团开赴畹町，归英国驻缅甸军总司令胡敦指挥，准备开赴景东，与盟军会合抗击入侵缅甸日军。12日，电令杜聿明第五军、甘丽初第六军准备入缅对日作战，部队归杜聿明统一指挥。

12月23日，蒋介石在重庆官邸召集中、美、英军事代表会议，会议通过了《远东联合军事行动初步计划》决议案。蒋介石对太平洋战局发表演说："日、美开战之初，日本不宣而战，偷袭檀岛，使美国遭受不测之重大损失。……我国抗战，以后如能自强不息，则危险已过大半。往者美国限制日本，不许其南进北进，独不反对其西进。而今则日本全力侵华之危机，已不复存在矣。"[4]蒋委员长此说，暗含对美国原来漠视中国存亡，以及放纵日本侵略者侵华的怨恨与批评，在座的国军将领想起四年多来，中国军民以一己之力抗击日寇的艰难危急，百感交集，有热泪盈眶者。

1942年1月3日，由美国总统罗斯福提议，蒋介石被正式推举为中国战区最高统帅，负责中国、泰国及越南地区联军部队的总指挥任务。同年2月，蒋介石下令第五军、第六军与第六十六军和第五十四军三十六师编组为中国远征军，以中国第十九集团军总司令罗卓英为司令长官、杜聿明为副司令长官，由中国战区参谋长、早年毕业于西点军校的美国人乔·史迪威（Joseph Stilwell）将军任指挥官，陆续开往缅甸战场配合英军与日军展开决战。

4月10日，蒋介石飞抵昆明，命令陈纳德指挥其空军飞虎队掩护中国远征军对日作战。与此同时，以美国为首的盟军展开对日本本土轰炸。中国的抗日战局彻底改观，全国军民为之振奋。

4月29日，是为清华三十一周年校庆日，梅贻琦在例行校庆会上，一扫压在心头五年的阴霾，欣喜地说道："我校于昆明举行周年纪念，此次亦为第五届，且可望为最后之一届……而旬日前东京之轰炸，亦即敌人势力崩溃之肇端。则一年之后，亦或半年之后，敌我消长之势必更大，而见我军收复燕京之日，当亦即使我校重返故园之时，然则明年此日，此跄跄跻跻者安知不重见于水木清华之工字厅耶？言念及此，已不禁'漫卷诗书喜欲狂'！兹将我校一年来之校务，为我校友诸君作一简短之报告，曰'抗战期中之清华'者，仍其旧也。"

梅贻琦在报告北平清华的"故园之情形""播迁期内之学校建筑"，以及"西南联合大学之情形"等事业进展后，特别提及校友陈三才殉国之事，谓："陈君以前年殉国，然因真相未明，不及于去年报告中及之。"接下来，梅贻琦认为此事"虽于可悲，不得不向校友诸君报告"，遂述陈三才简历及壮烈殉国经过。梅说："三才系江苏吴县人，为本校旧制一九二〇级级友，民国九年留美后，为马萨诸塞州渥斯德大学电机系高材生，得有电机工程师学位。民十四归国，在上海工商界历任要职，'一二八'之役，以及'八一三'沪战开始后，参加救援工作不遗余力，及汪逆叛国，设伪政权于南京，陈君在沪上以为巨奸苟除，群丑自败，遂决心图谋暗杀，不幸机密泄漏，功败垂成，卒至以身殉国。陈君于民国廿九年七月初旬，被汪逆党羽绑赴南京，备受刑毒后，于十二月二日被汪逆枪杀于南京雨花台。陈君殉国之经过，大要如此。我校校友于抗战期内杀身成仁者，以陈君为最著，亦以陈君为最惨，今后应如何于文字上及事业上纪念陈君，永垂永远，一部分校友正在筹划中。鄙意事平以后，凡校友为国家抗战直接间接捐躯，而校中应有一伟大而永久之纪念物品以慰英魂，以励来者，所望各位校友随时随地留意访察，倘有所闻，希以见告。"最后，梅贻琦特别指出："其作奸附逆者，当亦有人，亦应给予相当之处置，但吾人深信前者大光辉，足以掩后者之污点耳。"[5]

梅贻琦于抗战胜利曙光初露的校庆活动中特别提及此事，除因对清华校友陈三才壮烈殉国的敬仰和同情，还与当时社会背景有关。卢沟桥事变爆发，大片国土沦陷，教育学术机构南渡西迁，一批未能南下的知识分子出于各自目的，或被迫或自愿，或半推半就，留在沦陷区甘愿为日本人或伪政权效犬马之劳。如1937年11月19日，在天津负责清华师生南迁工作的叶企孙致函梅贻琦，谓："稻孙先生昨日来津，据云：日人新城新藏（天文家，曾任西京大学校长）等现在平酝酿组织华北大学，恐明春将开办；清华及北大之校址将被用，现在校之保管人员有被请担任职务之可能，彼等是否应在新组织下任事是一问题。对此问题，清华当局表示意见也可，不表示也可，不知夫子倾向于何种办法，倘不表示，则各人可自由决定而不获咎。"[6]

◎ 1920年，陈三才于清华

钱稻孙乃清华外语系日语教授，在平津教育界师生陆续向西南撤退之时，钱氏不但留住北平不动，且迫不及待地与日本人合作，欲开办所谓的"华北大学"。随着汪伪南京政府与伪华北政务委员会等组织相继成立，部分失意政客纷纷来投，教育文化界一批文人与专家学者，在各种利益诱惑下纷纷"下水"，成为汪伪政府与"华北政务委员会"治下的汉奸分子。日军每占领一地，便通过汉奸傀儡政府发布所谓"新教育方针"，如日军在华北通过"华北临时政府"教育总长汤尔和公布了九条所谓"教育部训令"，其中第一条："过去国民政府所声明的教育，是以党化为方针、以排日为手段，以至惹起了今日的事变。今后，对于党化排日教育要严加取缔。"[7] 在日军与汉奸协作下，沦陷区的教育体制逐步日本化，大力在中小学推行以日语教育为核心的奴化教育。与此同时，日军与汉奸合作，利用中国各大学的校舍资产开办由日人、日语主导的专科以上学校，除从日本招聘大学教师，更在中国国内物色"知日""亲日"的大学教职员，并使用已撤退、流亡的各大学名称如"中央大学""北京大学""中国大学"等，继续办学并借以实施奴化教育。当清华教授钱稻孙与日人新城新藏组织的"华北大学"流产后，钱氏又与日人利用北京大学校址，成立了一个伪北京大学，钱氏出任伪北大校长，清华化学系教授萨本铁出任伪北大化学系主任。原北大教授周作人、燕京大学教授容庚等辈，置民族大义和胡适等友人的竭力劝阻于不顾，变节附逆投敌，成为伪北大的文学院长与教授，等等。

　　除这所臭名昭著的伪北京大学，另有伪中央大学等数所伪大学在平津与京沪地区设置。1938 年 1 月，日本人在其炮制扶持的傀儡政权"新民会"名义下，于原北平大学法学院故址创办了一所大学，名为"新民学院"，其后又将一部分迁往清华园，是为一校两区。由大汉奸王克敏为院长，日人佐藤三郎为教务长，教员多为日人，亦有中国附逆者参加，如钱稻孙即为该校的兼课日语讲师，而学生中的大部分为汉奸子弟。1938 年 4 月，日本人又设立"北京师范学院"，物色王汉为院长，又从东京派遣中学或专门学校教师 9 人前往该校充任教员……[8]

　　清华大学师生流亡西南之后，故园大部被日军强占，复被"新民学院"抢占一部分，多数书刊与教学仪器被伪教育机构勾结日军抢走。如 1941 年 5 月，伪华北政务委员会教育总署、伪北京大学等机关单位，借助日本驻华北司令部（多田部队本部）的力量，每日雇夫役数十名、汽车五辆，到已成为日军伤兵医院的清华大学图书馆装运书籍杂志。每辆汽车约装两千册，每日运送二次，于 8 月 21 日全部搬运完毕。清华图书馆书库原有三层存放书籍的钢架近四十列（每列十格，每格钢板七层，双长，合每格钢板十四块），全被伪北大与新民会等伪组织派员拆除运走。钢架以

◎北平清华学校图书馆

外，尚有清华图书馆全部目录柜和书档六千余个，亦全被伪北大校长钱稻孙等派人拆除运走。"至此，历史悠久，宝藏丰富之国立清华大学图书馆，其寿命遂告终焉。"[9]

——正是有了如此不堪的背景与切肤之痛，梅贻琦在流亡西南边陲的清华校庆会上，专门提及陈三才并予以表彰，是谓讴歌正气，伸张民族大义，对下水投敌的汉奸给以痛斥鞭挞，更是对留在沦陷区的知识分子，特别是在抗战大局中仍观望、摇摆不定且预谋附逆的文人学者，给以道义上的谴责与警示，督促其尽快收手转身，回到抗战图存的轨道中来，为中华民族的最后胜利尽一份责任。

◉ 时穷节乃现

战争一旦展开，即变化多端，军事上彼此消长胜负，亦属于战争本身的常态，虽盟军以虎狼之势自多个战略目标向日军实施攻击，仍然未消减敌人的锐气，缅甸战场几度出现反复，中国远征军初战败绩，日军气焰藉此更盛，悍然向世界叫嚣"我们没有对手"。

自1942年1月4日起，日军第五十五、第三十三师团由泰国分别向缅甸南部的土瓦和毛淡棉发动进攻，至31日占领毛淡棉及以南地区。2月11日，日军强渡萨尔温江，随后突破英军比林河和锡当河防线，在勃固附近击溃英第七装甲旅的反击，迫使英印军3000余人撤往同古。危急中，英国政府急电中国战区最高统帅蒋介石，请求中国远征军火速入缅作战，以支持溃不成军的英国军队。蒋介石下令成立不久的中国远征军 10 余万将士向缅甸急速挺进，以迎击日本陆海空三军联合兵种进攻的强敌。3 月 6 日，中国远征军第五军戴安澜师长率领的先遣第二百师抵达同古。3 月 8 日，日本以精锐师团抢先攻陷缅甸首都仰光，是谓战略上超胜中国远征军一筹，因仰光是滇缅公路的入口，日军占领仰光，等于切断了中国唯一与外界相连的国际运输线。3 月 19 日，中国远征军第二百师在同古城与日军首次交火，局部决战的序幕随之拉开。

同古乃南缅平原一座小城，又译作东吁或东瓜，人口约 11 万，南距仰光 250 公里，北距曼德勒 320 公里，是仰曼铁路经过的重要城市和战略要地，西北还有克永冈机场，属日军"必须迅速占领"之地。时远征军仓促成军入缅作战，在先

◎ 1942 年 6 月 1 日，蒋介石成为美国《时代周刊》封面人物

遣第二百师缺乏空军支援的被动局面下，戴安澜师长沉着指挥，以集束炸弹、汽油瓶同数倍于己的日军血战，顶住了日军十余天的猛攻，歼敌近 5000 人。此次战斗是中国远征军入缅之后遇到的第一场正面攻防战事。时国内战局已进入中日相持阶段，战争进行得异常艰苦，急需振奋人心的消息传来。而国际上，盟军处境亦非常艰难，同样需要中国军队在缅甸拖住日军，避免其抽调兵力进入其他战场，打乱盟军整体战略计划。在这样一种背景下，同古之战的局势意味着中国远征军将是日军强有力的克星。遗憾的是，在连续予敌以重创之后，中美英三国在缅甸的战略目标不能达成一致，统帅部对曼德勒会战估计错误，远征军内部指挥系统不够统一，致使中国军队陷入被动和混乱，补给断绝，最终导致功败垂成。危急中，杜聿明不顾史迪威将军吹胡子瞪眼、摔盆子砸碗的强烈叫嚣和反对，毅然命令血战中伤亡重大的二百师放弃同古，于 30 日拂晓渡河撤退转移。中国远征军首次战役，就这样铩羽而归。

更为糟糕的是，战事延至 4 月底，中国远征军东路力战不支，被迫分两路向国内和印度境内撤退。因一时找不到合适的向导，撤退军队在茫茫热带雨林中迷失了方向。远征军所属第五军军部、第二十二师及第六军所属新三十八师共几万人，在日军尾随其后、穷追不舍的情形下，由杜聿明、戴安澜等将军率领，被迫翻越气候环境极度恶劣的野人山。因对当地环境缺乏了解，第五军撤退路线皆是崇山峻岭，

人烟稀少的蛮荒之地，补给困难，蚊蚁成群，蚂蟥吸血，沿途官兵死亡相继，暴尸荒野。其间又经历了震惊中外的野人山战役，打退日军后，复于遮天蔽日的热带雨林穿山越岭，扶病前行，杜聿明本人也感染重病，几乎丧命。堪称国军精英的第五军出征时兵力约 4.2 万人，战斗死亡人数为 7300 人，而撤退死亡人数竟达 1.47 万人，其悲惨之状目不忍睹。在即将全军覆没的关键时刻，撤退的残兵败将被美国军队派出寻找的一架直升机发现并做向导，剩存者才于茫茫丛林中摆脱了巨蟒、毒蛇、蚂蟥与奇异爬虫的威胁和血腥吞噬，侥幸走出了死亡交织的胡康河谷。——此次中国远征军入缅参战的总兵力有 10 万余人，伤亡为 6.1 万人，其中约 5 万人死在了野人山与胡康河谷。首次与敌军在同古交火的第二百师师长戴安澜、九十六师副师长胡义宾、团长柳树人和凌则民等将官，在撤退途中遭巨蟒缠身与毒蛇吞噬而倒地惨死。与日军正式作战中，中国远征军未损失一名团长以上军官，而在撤退中竟连损四名优秀指挥员。无数没有倒在日军枪炮下的中国远征军将士，却倒在了茫茫山谷和望不见尽头的原始丛林，野人山因此有了"十万军魂"的传说。

九死一生，中国远征军残部终于撤往印度与滇西。此后，这支部队被纳入盟军国际战场。而在此之前，孙立人率领新三十八师经过长途跋涉，进入印度。未久，根据蒋介石命令，与国内最新开进的青年军一起整编为中国驻印度远征军，简称"驻印军"。由于战事失利，原中国远征军正副总司令罗卓英、杜聿明被撤免召回国内，由美国人史迪威将军和中国将领、黄埔一期出身的郑洞国接替指挥。时英美先进武器和机械化设备陆续赶运至印缅战场，为适应盟军作战需要，史迪威、郑洞国两将军要求中国国民政府迅速征集一批会英语、懂机械化设备和先进武器的青年学生入伍，空运到印度兰姆伽训练基地接受战前训练。与此同时，美国空军部队如陈纳德将军率领的飞虎队等来华助战，在桂林、昆明等后方相继设立基地，急需大批翻译人员与懂机械化设备的后勤人才协助……于是，国民政府开始在未沦陷的自由地区各高校动员、征召学生参军入伍。

此前，当中国远征军首次开赴缅甸战场时，已有一批高校青年教师与学生随杜聿明指挥部入缅在各部队任翻译官，其中包括西南联大外文系青年教师、著名诗人穆旦。当第一批远征军败退，第二梯次的驻印军成立后，自由地区高校的一大批学生，纷纷响应国民政府号召，投笔从戎，来到美军驻昆部队和印度兰姆伽空军训练基地服务。身处昆明的西南联大学生自是当仁不让，满怀一腔豪情热血，纷纷报名参军。——此为西南联大第一次学生大规模、成建制从军的开始。

这个时候，遭受多面夹击的日本统帅部决定孤注一掷，拼死一搏，对盟军实施反包围并各个歼灭，战争再度进入惨烈的拉锯式状态。无论是中国军民还是西南联大师生，都在几次大战和反复震荡中，意识到抗战胜利并非想象的那样简单，尽管中国军队已从弹尽粮绝的险恶处境中重新得到补充，并以崭新的姿态投入到伟大的世界反法西斯和抗日战争中，但离最后的胜利还有相当长的一段路要走，中国军民包括西南联大师生必须咬紧牙关，度过黎明前一段黑暗而苦难的历程。

遥想当年，卢沟桥事变爆发不久，蒋委员长在庐山发表著名的演讲，敬告全国军民："如果战端一开，那就是地无分南北，人无分老幼，无论何人，皆有守土抗战之责任，皆应抱定牺牲一切之决心。"而如今，战争已持续经年，中国东部最精华的国土相继沦陷，中日战争仍处于进进退退的胶着状态。原本脆弱的中国经济经过几年战争延宕，彻底崩溃。放眼望去，半壁江山，成片的田地荒芜，工厂倒闭，商店关门，乡野田畴遍布面黄肌瘦的逃荒者与失业者。为民族存亡与生活本身计，大后方的女人们在听取战场英雄们壮烈故事的同时，悄悄搬出她们的纺车，开始用手纺线，以维持基本的生存。原已用上煤油灯的人家早已改用桐油灯照明，抽纸烟的人改抽水烟，家织布代替了机织布。——各阶层的辛勤劳作与节俭，仍没能减缓经济的急速衰退甚至崩溃。作为国民的一分子，身处战争旋涡的西南联大师生，同样遭到了经济直线下跳的巨大冲击，诚如蒋梦麟所说："物价则一日三跳，有如脱缰的野马"，根本无法控制。[10]

回忆西南联大刚刚于昆明组建的时候，虽然战争持续了将近一年，且首都南京业已失守，中华民族处于存亡续绝的最危险时期，然师生生活勉强还能撑持下去，按联大学生胡兆炘的说法，蒙当时教育部长陈立夫的"德政"，工学院的学生是全体公费，理学院百分之八十是公费，文法学院好像是百分之四十。换言之，大多数的学生都是靠公费维持生活，尤其是家在沦陷区的。政府发给学生每人每月九元钱，除包饭六元，还有四元可购学习用具与洗涮用具等。到了迁滇的第二年，"昆明物价之高为后方各省区之冠，而物质的引诱又领先于大后方，领到的公费不足以缴伙食团的膳费"[11]。连锁反应是，碗里的货变了味，伙食越来越差，有学生曾几次"发现包饭的采买买来死马肉，莫怪肉是绿色的，米饭中掺了多种杂质，被称为'八宝饭'，所以牙齿受损坏很多"[12]。1941年之后，经济凋敝，生活更差，联大学生伙食团八人一桌，有桌无凳，四小碗菜，离食堂五十公尺以外即可闻到冲鼻的霉味。吃饭要抢，名曰"打冲锋"，去晚了只剩饭桶，米已颗粒无存，连菜汤都光了。后来米商缺德要奸，在米内掺砂石以增重量，"八宝饭"中的石头可以拣出，砂粒则必须练习"牙功"与"吞功"才能强行下咽。对此，胡兆炘说：好在那时物资艰难，什么都能变钱，午晚饭时，收破衣烂衫的老太婆和卖豆腐干卤蛋卤肉的担子，都在门口恭候大驾。一手卖掉一件破衫，一手买进二块豆腐干。如果价钱卖得好，还可以"荤"一番。在拓东路和太和街的交口处有一家小饭馆，时常有人带着大盅的饭去那儿合伙叫一盘炒青豆米或是西红柿蛋，有时馋极了，大伙儿卖掉一些东西上饭馆打牙祭。联大化工系学生冯克坚素来诙谐，他每夹一筷子菜便说："这不是某某的那条裤腿吗？这是某某那颗纽扣吧！"[13]

学生们吃"公费"伙食，不满之处自是多多，而西南联大单身教授亦参加教授伙食团，质量与学生相差无几。当时在校就读的学生何焕生后来讲了一个故事："据一位教授告知他同桌的某教授（故隐其名）有一种习惯，他每到吃饭时间，不管人到齐与否便先行开动，而且先吃菜，等到菜吃完再吃'白饭'两碗。同桌的其他教授起初都没有说话（面子问题），后来有一位教授提出抗议说：'某先生你需要营养，我们亦需要，请你客气点！'某教授说：'你也可以抢呀！'因此发生争吵，几乎动武。"最后，何焕生说："我写这段话，只是反映当年教授们的生活清苦情形。"[14]

所谓时穷节乃现，岁寒梅更香，多是自书本上读到，现实生活中难见几人达到如此境界。然而，在战时的西南联大，却真的有此类人物与故事出现。1939年春，东南地区面临日机轰炸与进击，形势危急，广州的中山大学迁往云南澄江。清华校友、时任中山大学史学系教授的罗香林，于4月6日抵达昆明，借短暂休整间隙，前往联大拜谒老校长梅贻琦，并报告自己辗转的历程。梅以乐观态度对罗说："教书，诚然辛苦，但也还有喜乐。只要我们忍耐下去，环境总会好转的"云云。第二天上午，罗将起程去澄江，梅贻琦亲自前往旅店回访罗香林这位老学生。当时梅身上带了一包冬天的衣服，说要顺便去典当，因为联大最近的薪水还没有发领，只好先自典当周转云云。许多年后，罗香林仍记得这一幕情景并饱含情感地说："这更使我感动到几乎流泪。梅先生主持这么庞大的学校，也还要以典当周转，这一方面固然显示时局的艰难，一方面更显示梅先生的高风亮节。"[15]

罗香林所见这一情景，与梅贻琦五弟、太平洋战争爆发后曾任流亡成都华西坝燕京大学代理校长梅贻宝所见所闻，在体现艰辛生活与高洁气节上，有其相类之处。梅贻宝说："三十四年美国国务院约请燕京大学指派教授一人，赴美报聘。教授会议推举我去应邀。由成都起飞，道出昆明，在'五哥'五嫂家住了一夜。校长住宅倒也罢了，只是人口多些，挤些，晚饭实在太简单了。当晚只见祖彦侄闷闷不乐，迥异寻常。临睡给我搭了张行军床，借了条被，就设在'五哥'书架前。他一面看学校公事，我们一面叙谈家常。我问到祖彦，'五哥'才说，两天前跑警报，彦侄把一副眼镜连盒给跑丢了。家里无钱给他再配一副，而他没有眼镜就不能念书，故而父子都觉十分窘困。我素来服务于私立学校，大致比国立机关待遇好些，而家里多半有两份职务收入。亦曾听说'五哥'在昆明主持联大，生活不宽裕，但未料到他们一贫至此。遐迩传闻的校长太太制卖定胜糕的佳话，大概就属于这个时期。"[16]

罗香林与梅贻宝所言故事，发生于抗战初期与末期，即一头一尾，而校长太太制卖定胜糕的事，则发生于 1941 年至 1943 年之间，属于抗战中后期，与前二人所言时间正好错开，此为联大

◎ 1939 年，梅贻琦全家在昆明东寺街住所合影。后排左起：梅贻琦、韩咏华、梅祖彤；前排左起：梅祖芬、梅祖彦、梅祖彬、梅祖杉

师生最为艰难的一个时期。据联大校史记录，时昆明物价为抗战初期的 404 倍，而联大教职员薪金则为原薪金的 10.6 倍，陈寅恪诗云："淮南米价惊心问，中统银钞入手空"，即指这一时期。在如此情形下，梅贻琦与蒋梦麟等数次商讨以校方有限资金为教职员予以补助，同时对学生贷金问题重新调整，以使师生生活水平稍微有点提高。梅贻琦日记载：1941 年 3 月 19 日，梅召集联大常委会，到者有蒋、梅、郑、查、樊、冯、陈、李、黄等，报告及讨论事项共十三件，"最后通过'生活津贴'办法，虽所予补助，不过三五十元，但于低薪者较令欣慰耳"。3 月 20 日，"上午在办公处，为学生贷金新规定发布告并呈部"。[17]

尽管梅贻琦等学校高层想方设法对教职工兼及学生体恤有加，然而补助只能济一时之急，且与飞腾狂涨的物价比起来显得微不足道。延至 1941 年末，西南联大之大部分家庭已无债可举，无物可卖，遇到疾病更是穷愁不已，莫可奈何。教授的月薪只够半个月吃饭，剩下的半个月只好另想办法，且多靠夫人们操劳。教授夫人

来自五湖四海，时势所逼，为了吃饭生存，在昆明这块地盘上开始八仙过海，各显神通。有的绣围巾，有的做帽子，也有的做一些小食品拿到街上叫卖。就在这个时候，校长夫人韩咏华加入了教授夫人为生活操劳奔波的行列。

生于江苏丝绸之乡盛泽书香之家，毕业于燕京大学英语系的郑芳，后来成为清华心理学系主任周先庚教授太太，抗战时随清华师生一同到了昆明西南联大，备尝艰苦。郑芳根据自己的所见所闻，以特有的敏感和文才，有过多篇描述联大教授太太生活的文章问世。随着影响不断扩大，郑芳出任《中央日报》"妇女文艺"等栏目主编，笔名芳郁，为报刊写了大量表现抗战期间妇女与家庭方面的小说、散文与通讯报道，直到抗战胜利返回清华园，仍笔耕不辍，数篇文章刊发于报纸或《清华周刊》，如在一篇描述西南联大妇女、家庭生活的散文中，郑芳写道："太太每天不停地在她的小天地——'家'里盘旋着，一双勤快的手，轻捷的步子，点点地工作着。早晨手挽菜篮，去菜市里买菜，手中握着有限的一点钱，心中计划着一天的菜单，她从一个摊子前，走到另一个摊子去。猪肝买不起，改买牛肝，排骨又涨了价，用大叉骨代替吧，营养是一样，而价钱却便宜多了；她们知道用最低价值的钱，去设法得到最高价值的营养，使一家人在抗战的岁月中能支撑下去，这就是智慧的表现。……可是，她在家中的辛勤，并不能维持一个最低限度的生活，永久向着直线上涨的物价，像一条铁链似的紧紧捆住了她。"[19] 于是，太太们开始把工作再展开去，其中一件是刺绣。当时盟军驻昆部队和相关人员很多，对中国的绣龙围巾等绣品很感兴趣，连同绸质小手帕、睡衣、桌布等，都争相购买并郑重地寄回美国家中。联大教职员如梅贻琦太太韩咏华、潘光旦太太、袁复礼太太等，便适时组织起来，在拓东路开一门面，专做各种刺绣品销售，受到盟友甚至当地人的喜欢。

◎ 1941 年 7 月，周先庚、郑芳夫妇与孩子们在昆明乌龙浦留影

郑芳在她的纪实作品《抗战中的教授太太们》（七）中，列举了两个感人的例子："有一位太太，她是五个孩子的母亲，抗战以来，她始终辛勤艰苦地工作着，没有一个女仆帮忙，一早起来，她和另的太太一样，手挽菜篮，去菜市买菜。有一次她买菜回来，恰巧碰见了一位当地的名夫人，瞧见她提着笨重的菜篮，惊奇得半天圆睁着眼睛，说不出话来。可是，我们的耐苦的太太，却很自然的把她请到家中去小坐。有一次，她伺候完了家中人的饭菜后，孩子们急匆匆地夹起书本上课去，她一人静静地收拾残剩，忽然一阵头晕，她几乎倒在地上，好容易自己支撑坐了起来，心里想：'要是我现在真的晕倒了，有谁知道啊！'想着，不禁流下泪来。"然而，如此的辛苦并不能维持一家最低限度的生活，于是她开始做定胜糕在冠生园销售。"当时昆明有名的定胜糕，盟友和一般中上阶级的人士，争相订购的定胜糕就出之于这位太太之手。她天天下午，家事料理完毕后，提着糕，穿过闹市，走到冠生园去销售，她没有坐过车子，始终是在昆明的七高八低的石头子路上来回走着，终于有一天，让石子刮破了脚心，脚底生脓溃烂起来，她病倒在医院里，同事的太太们知道了去探望她，瞧见她只有白面粑粑充饥，感动得拉着她的手叫了起来：'这不成，×太太，你至少也得要有一个鸡蛋吃吃啊！'但是她却淡淡的说：'我孩子们在家里，不也是没有鸡蛋吃吗？'"[20]

郑芳所描述的这位太太，就是梅贻琦夫人韩咏华，买菜时碰见的当地名夫人，乃云南省主席龙云夫人顾映秋。顾氏出身云南昭通名门望族，曾就读于北平女子师范大学外语系，后嫁云南王龙云，一跃成为"云南一号大美人"。顾氏爱出风头并扮演多种社会角色，但没有做过对不起联大师生的事，反而与师生特别是教授夫人韩咏华等颇为友善，并一度联袂做过几件对社会教育方面有益的事。——此一段制作刺绣围巾与定胜糕的经历，韩咏华本人曾有回忆文章提及："我年岁比别人大些，视力也不很好，只能帮助做做围巾穗子。以后庶务赵世昌先生介绍我做糕点去卖。赵是上海人，教我做上海式的米粉碗糕，由潘光旦太太在乡下磨好七成大米、三成糯米的米粉，加上白糖和好面，用一个银锭形的木模子做成糕，两三分钟蒸一块，取名'定胜糕'，即抗战一定胜利之意。由我挎着篮子，步行四十五分钟到冠生园寄卖。月涵还不同意我们在办事处操作，只好到住在外面的地质系教授袁复礼太太家去做。袁家有六个孩子，比我们的孩子小，有时糕卖不掉时，就给他们的孩子吃。"又说："卖糕时我穿蓝布褂子，自称姓韩而不说姓梅。尽管如此，还是谁都知道了梅校长夫人挎篮卖定胜糕的事。由于路走得多，鞋袜又不合脚，有一次把脚磨破，感染了，小腿全肿起来。"尽管如此，还是要风雨无阻地来往奔波，而换来的钱大都给孩子们添置了必需的生活、学习用品，至于自己的生活，"经常吃的是白饭拌辣椒，没有青菜，有时吃菠菜豆腐汤，大家就很高兴了"。[21]

韩咏华一家高兴了，潘光旦却有点不太高兴，他除了吃菠菜豆腐汤，还想吃点荤，沾一点腥味，但又无钱购买，于是因地制宜，根据昆明当地耗子又肥又大且无处不在的特点，支起铁质夹子抓耗子。每抓到一鼠，便"剥皮去内脏，收拾得很干净，切块红烧"，全家人分而食之。据潘光旦女儿潘乃穆在《关于潘光旦吃鼠肉的故事》中说：老鼠肉的味道"感觉和吃鸡肉、兔肉差不多，并无异味。吃过之后也没人因此害病"[22]。

尽管没人害病，但潘光旦吃耗子肉的故事还是在昆明和更大范围传开，经过好事者不断加工渲染，一时成为街谈巷议的话题并上了《大公报》。据 1942 级学生周简文说："一天，重庆大公报刊登潘光旦先生吃'耗子'，学术界见后大惊，其弟潘光迥先生在香港主持交通器材采购事宜，得悉兄长吃老鼠肉，认为生活一定非常清苦，随即汇寄港币以济兄长之急。事后，潘先生幽默的说，我倒在无意中发了一笔'横财'，是乃大公报之赐也。那天，我在潘府用午餐，我问潘先生：'你为何吃老鼠肉？'他说：'老鼠的食物与人相仿，因此我想鼠肉一定可以吃。'说着，他还指挂在窗口风干的老鼠皮呢！"[23]

到了 1942 年，形势不但没有好转，反而越来越糟，联大师生的生活更是每况愈下，接近崩溃边缘。这年 9 月 20 日，哈佛大学教授费正清，以美国国务院文化关系司对华关系处文官和战略情报局调查员的双重身份，与海顿博士一起，乘飞机由印度经驼峰航线来到昆明，欲再转战时首都重庆任职。费氏于 1933 年 9 月始，曾在北平清华蒋廷黻主持的历史系做过一年讲师，与多数清华教职员兼及清华校友梁思成等成为同事或朋友。在昆明停留的几天里，费正清自是要拜访西南联大特别是清华的朋友，而拜访的第一位便是校长梅贻琦。尽管梅看上去要比当年费氏记忆中的形象憔悴疲乏得多，但仍满腔热忱。费正清了解到，获得食物和住房以及最起码的生活必需品，成了联大教职员工当下最主要的问题。时美国驻昆领事馆在唐继尧公馆，清华的金岳霖、陈岱孙、陈福田等教授，刚刚在美领事馆隔壁一个老剧场的露台上，搭起临时活动房屋住下来。房屋虽简陋，好处是不收房租，几位教授算是节省了一笔活命钱。费正清说："当我们坐着谈话时，大老鼠在纸糊的天花板上面跑来跑去，几乎从上面掉下来。于是，我们谈论到设法买一只猫，但一只猫时价为银洋 200 元……"[24] 对于教授们的贫困处境，感到极为不安的费氏在备忘录中写道："他们正在开展一场顽强的斗争，但是难以持久地坚持下去。可以想象此种处境——绝望、贫穷、苦撑门面、相互支援，以及行动的渐次削弱。"[25] 时剧场舞台上居住的几位教授，除陈福田之外都是单身汉，而陈的妻子在美国檀香山。费正清接着说："对已有家室的人来说，生活更加艰苦。我四处寻找联大图书馆馆长严文郁，他原是国立北平图书馆馆长临时接替者。当我上次在北京见到他时，他刚出任北大图书馆馆长之职，干劲十足地提出了一个第一流的图书馆方案，弄来了美国国会图书馆的所有书目卡片，制订了一个庞大的规划。这一次，我在一家皮匠店的阁楼上的房间里，看到他正半披着衣服躺在床上，贫病交加，为三个孩子没饭吃而发愁。"[26]

◎来华时的费正清

当天晚上，梅贻琦设宴招待费正清、海顿博士，并邀请清华资深教授张奚若、钱端升、金岳霖、陈福田、温德以及高职行政人员作陪。事后据温德对费说，梅博士月薪不足 600 元，而这次宴会费用决不下 1000 元。费正清"考虑到这个问题，我们送了他才一英寸高的一瓶专治疟疾的阿的平药片，它应当能够换回这 1000 元。通货膨胀产生令人惊愕的反常现象。一种吉士牌香烟每包售价 10 元，一支派克自来水笔售价 6000 元。钢笔、手表和照相机成了投机买卖的抢手货，而投机买卖正是伴随着为了实利而积聚过多财富的必然产物。因此，把一支自来水笔送给一位中国教授，胜似送给他一年薪金"[27]。

西南联大教授的生活境遇使费正清感到"毛骨悚然"，他立即将所见到的情况向华盛顿做了报告，其中有"他们由于得不到本国政府的资助而正在逐渐陷于垂死的困境。……但在过去的一年中，我们竟然没有为援助他们而提出些许解决办法，仅由美国联合援华会干了那么一点工作"。在报告的附件中，费正清以"清华教授"为题，专门提到了中国官场作风与以陈立夫为代表的 CC 系对西南联大教授的打压。报告说：

现任教育部长陈立夫博士，在谋求严密统制中国文化知识界生活的进程中，长期以来想方设法推行控制清华及其他大学的办学方针，然而在清华大学各院系里，他遇到了留美归国而资历较深的教授们的极其明确而坚决的抵制，结果是双方持续的斗争。在这场斗争中，一方是教育部和国民党当局的权力，并以他们的财政金融为后盾。另一方是决心力图维护美国式学术自由的教授们，两方进行着较量。这是一场双方实力不相等的斗争，因为教授们的财务资源（所积存的书籍衣物，他们为了养家糊口而把这些东西出售），很快已到了山穷水尽的地步。除非得到援助，否则这场斗争只能得到如下的结局——为支持在教育上实现美国自由信念而挺身奋斗的教授们继续遭受营养不良和患病，导致情绪低落，直至死亡、离散或堕落。

……在中国，政府拨给各所大学的经费（大体上也适用于西南联合大学），总是少于按其国内学术地位的理应得到之数，各校经费系按照学生人数发放，而不是按照教学质量。在昆明，省立云南大学学生众多，经费也就比西南联大宽裕得多，尽管西南联大三校（南开、北大、清华）的教师集中了中国学术界的精华。[28]

清华大学乃至西南联大的教职员生是崇尚民主与自由的，这个"自由"有美国人推崇和实施的成分，但并不属于美国的专利，"自由"对世界一切人类都是相通并适用的好东西。国民党CC系的领袖人物陈立夫，则借教育部长之尊，欲设法控制联大并以党义主导办学方针，而联大特别是清华教职员自北平时代的罗家伦、吴南轩时代就不买账，直到流亡昆明仍是如此，1940年6月形成的《西南联合大学教务会议就教育部课程设置诸问题呈常委会函》，就是对陈氏胁迫联大及党化教育的激烈反击。然而，陈立夫亦非等闲之辈，对联大教职员的强烈反抗，自是不能服软认输，更咽不下这口闷气，寻找机会回击或利用手中权力加倍惩罚自是必然。——陈立夫是既有权力又有脾气的，也是有回击能力和办法的，办法之一就是对西南联大所拨经费，不动声色地施展手脚，借以抑制和报复，同时显示自己权威的存在。

与西南联大相邻的云南省立大学，1936在龙云支持下启动改为国立大学计划，并于1937年6月国民党中央政治会议第48次会议上获得通过。经龙云与时任教育部长的王世杰协商，决定于1938年7月正式改为国立。抗战爆发后，国民政府手忙脚乱，此一事项没人再提及。陈立夫接替王世杰出任教育部长后，云大方面担心生变，遂由校长熊庆来（由清华数学系主任调云大校长）专程前往已撤往汉口的国民政府教育部与陈立夫洽商，陈表示不致改变成案，云南大学遂按原案改为国立。熊庆来在新学年开学典礼致辞中称：陈立夫执掌教部后，谋于国家教育定通盘计划，于西南文化，特为关切，对于云大改国立事，积极促进云云。——因了这一个上下左右"和谐"局面，改为国立后的云南大学，新学年经费由原来的国币 25 万元，一下猛增到 50 万元，中央和省府各拨其半。

就当时的西南联大与云大相较，联大是流亡者在异地他乡组成的一所学校，云南大学则有家乡主人的地位，有地利、人和之便，比起远道逃难而来的联大教职员工和家属，谋生之道相对较多较易，且除了中央的资助，处于云大同样地位的地方院校，往往可得地方实力派的支持与补助。而国民政府教育部长陈立夫，自"1938年陈立夫担任教育部长时，情况有点像 J. 埃加德·胡佛既担任伯克利大学校长，同时又控制了全国各州立大学的预算一样，控制了中国所有的高校的经费预算"[29]。把权力与金钱完整结合到自己手中的陈立夫，端坐在国民政府教育部高位上，目视下方，面对成千上万因饥饿而面黄肌瘦、两腿打晃、眼冒金星的秀才、书生、教授、国学大师，微微扬起手中金光四射的孔方兄，以施舍的姿态向各校当局和儒生们加以布施，且以各校人头多寡为准绳，每人一份，各皆相同。——这个做法表面上一碗水端平，或称一视同仁，实则令西南联大等一流高校处于不利地位。此一别有用心的手腕，不但联大同人，即便是时任云南大学教授的清华校友吴文藻也看得出来，吴氏对此一做法为联大师生鸣不平，并公开指出：一个带地方性的国立大学，较之一个带全国性的国立大学任务是不同的。[30] 后世教育史家、中山大学教授桑兵也认为"实际上两校所承担的任务确有分别，因而所需经费额度也有所不同，陈立夫采取的办法貌似公平，其实显然对那些不为其所用的水平较高的大学及其教授们不利。其法有相辅相成的两方面，首先，扩大国立大学的数量，将一些地方性院校升格为国立"[31]。1941 年 5 月 25 日，梅贻琦日记载："本年政府教育文化事业费共一亿三四千万，其中用于军事机关者约五千万，国民教育一千万，用于高等教育（110 单位）者只三千万，大学学生共约四万人。"[32] 如此可怜的经费，对于全国高校设备配置及师生薪金的发放，自是杯水车薪，难以为继。1942 年 10 月，顾颉刚在国民参政会上就质问陈立夫：现有大学已不充实，何以近年增加不少大学？使得陈氏甚不高兴。升格之举，让有限的教育资源像在大饼上撒芝麻盐一样四处撒放，使得类似西南联大等一流高校与教职员所得摊派更加稀薄，可谓雪上加霜。1943 年 1 月 5 日，顾颉刚日记载："陈立夫蓄意统制教育界，非其私人必加以困厄，逼其脱离；属其私人，则无论如何办得坏，亦与维持。五年以来，一个个大学收为己有。所未侵入者，中央大学、西南联大、武汉大学、浙江大学四校而已。中大有四千学生，四百教员，七院六十二系，而孟馀先生不肯投降，彼遂以经济封锁政策相胁迫，以至一年半来亏空至五百万元（等于战前五万），闻孟馀先生办不下去，已提出辞职，予亦浩然有归志矣。"[33]

顾孟馀时为中央大学校长，虽是汪系人物，但蒋此时则重用顾，以示拉拢。如此一人物都难以抵挡陈立夫的压力而被迫辞职，可见 CC 势力之强悍霸道已到何种程度，后来被国民党内部与社会有识之士称为"亡国之臣"，似自有道理。顾颉刚乃北大出身，是"五四"运动的健将之一，在古史研究领域与傅斯年同为胡适麾下两员最凶猛、锋锐的大将，亦属朱家骅系统之干才，时正帮顾孟馀主持中央大学出版社，对中大内幕颇为熟知。孟馀辞职，颉刚自有唇亡齿寒之感，因而有脱离中大另谋高就的想法。

与中央大学"二顾"等人不同的是，远在西南边陲昆明的国立西南联合大学教职员，极富理想主义与自由主义精神，且在这种精神导引下，有一股敢与恶势力争锋对垒的浩然之气，被誉为"民主斗士"者不乏其人。面对陈立夫的压力与下绊使坏的伎俩，采取"兵来将挡，水来土掩"的战略战术，与其斡旋缠斗，不屈服，不辞职，坚守民主堡垒这一阵地，誓与 CC 抗争到底。孟夫子所谓"居天下之广居，立天下之正位，行天下之大道。得志，与民由之。不得志，独行其道。富贵不能淫，贫贱不能移，威武不能屈"的"大丈夫"风范，在西南联大教职员乃至学生身上得到了充分体现。令世人为之瞩目和敬佩的是，昆明八年，西南联大师生于艰苦卓绝的情形中，不畏权势的压迫与利禄引诱，成功抵制了陈立夫 CC 集团一次又一次侵入，出色完成了自己的历史使命，此一壮举，堪称中国抗战时期教育史上又一奇迹。

◉ 兼差

就在联大生活降到冰点的 1942 年至 1943 年间，据《联大校史》统计，校中同人不但更动较少，且教职人数有增无减，成为联大教授最多的时候。——此举令中外学者、观察家，包括路过昆明短期逗留的费正清、李约瑟等学者深为吃惊，认为学者们在生活濒临绝境的情形下，顶着炸弹掀起的尘土仍从容地为学生传道、授业、解惑，这在欧美人看来是不可思议的，也是很难做到的。正是有了这样一群具有民族风骨的知识分子，中国的抗战一定能取得最后胜利云云。

所谓"君子固穷"，虽"无恒产，但"有恒心"，即贫贱不能移，固穷守节，为联大教职员乃至学生的高尚品格。但作为联大校方当局，不能熟视无睹，视广大师生穷困潦倒的生活为当然或活该，必须设法挽救。若师生最低限度的生存都成了问题，所谓的弦歌不辍或文化香火延续等等，亦必相继发生问题或陷断绝。按过去旧例，学校打个报告至教部，请求国家政府补贴、救济，或能解决燃眉之急。而今再如法炮制，已形同痴人说梦，唯一一条路就是设法自救、自助、自立，苦撑待变。因而，梅贻琦邀请教授会议和常委会讨论，决定在暂时没有更好办法的情况下，凡联大师生业余时间在外兼差，只要不影响教学与读书，不再设限阻拦，但不鼓励。通俗说，就是睁只眼、闭只眼，不再以行政的方式加以干涉。

时之所逼，势之所迫，加之校方新政出台，师生在外"兼差"者越来越多，成一发而不可收状，其情其景如学生周道明后来所言："联大的兼差，是时势所逼，所以绝大部分的同学在四年中都有过兼差。一到放暑假，尤其急于要找一份事做，以补助学杂费之需。兼职的范围极广，虽不敢说绝后，至少是空前。这里面包括了最奇特，也是最稀有的兼职，如放午炮，在福照街摆测字摊，替工程师当测量员，报馆的编辑，公路上的押运员，最普通的是教员包括家馆、会计员、店员、绘图员。昆明有所南菁中学，是当地的贵族学校，其教员中绝大部分是同学的兼职。更有些具有冒险精神的，或因为三分之一或二分之一、必须休学，以便东山再起的人，便远适思茅、文山、大理等地去做事的。"[34]

对于这一段生活，与周道明同级的校友李锺湘说得更加详细幽默，令人感怀。李说："想起联大，大家都有一个共同的感觉，联大真大，而这个大，不是说校舍如何之大，教室如何之大，而是说无形比有形更大，其大如何？庄子曰：'大至无外'。……如果联大同学一旦不高兴而罢工，那将使所有的中学势必放假，甚而有一两间中学，将没有一位老师（包括校长），报纸必将一部分停刊。谁都知道，那张小时报便是45级同学传记文学发行人刘绍唐办的，其他如昆明报道等刘兄全有份儿。所有杂志没有联大同学，不仅失去读者，也将失去作者。当时比较著名的，如今日评论，当代评论，连战国策……无一无联大师生。不仅此也，法院如何发薪？邮政局里谁卖那邮票？盖法院会计主任，邮局售票员皆联大同学也。电影院中文字幕何处来，有些舶来化装品也将缺货而致物价上涨。银行存放款又将由何人管理？固然，他们多是联大毕业同学。"不仅如此，"每天中午或午夜十二时，都听到大西门上一声炮响，那位炮手，正是联大同学。……联大同学一旦不管，警报不响，其损失殆将如何？电局拍不出电报，电台也播不出消息，没有联大同学，昆明成何世界？"又说："到了晚上，文林街、凤翥街，哪一家茶馆不是坐满了联大同学？因为联大同学不仅是茶客，而且也是某些茶馆的主人。文林街有一家最大饭馆叫文林食堂，便是联大同学开的。我很爱喝同学开设的酒吧里的酒，也抽过同学自己制的烟，如果由昆明到缅甸去，滇缅公路上，一定可以看到联大同学的面孔。"[35]——正因为联大教授知道学生在外兼职之繁、之多，上课点名的便不太多，据周明道回忆："赵乃搏老师——北大经济系主任，教我们的经济思想史，开学不久便当众宣布，本学期预备点名三次，第一次不到假定你去了桂林，第二不到假定你去了仰光——当时颇有同学客串押运员的，第三次不到，假定你不想修了。"不过，同学们尽管在外兼差挣钱，但还是难忘初心，有时可以不去上课，"一旦进入讲堂全都全神贯注，决不神游户外、心有旁骛的。更没有请人代为上课的情形。有时为了赶早上八点第一堂课，洗脸来不及，但只好干洗了——以干毛巾将面部抹一下的动作"。[36]

在所见西南联大学生兼差的回忆中，有一篇故事堪比好莱坞大片的奇文，令人看罢笑中带泪，或者说欲哭无泪。故事的主角叫许仲钧，原籍无锡，因家乡陷落，流落于滇缅公路局半工半读。20 世纪 40 年代初，许氏考上西南联大，由滇西漾濞小城奔赴昆明大西门新校舍报到后，怀着激动兴奋与新鲜之情，在校园与文林街一带转悠。正在徘徊间，忽听有人叫自己的名字，回头一看，正是自己的乡党"师兄"。这"师兄"原籍常熟，因父母双亡，初中毕业就随叔父做生意，抗战之后，家乡沦陷，叔侄二人辗转来到云南，在滇缅公路局做办事员，与时在滇缅公路局半工半读的许仲钧相识。因是同乡且为人热情、和善，许仲钧等人亲切地称其为"师兄"——当然，这位"师兄"只上过初中，只是一个客气的称呼，与许氏并无真正的师传关系。至于"师兄"姓啥名谁，则未提及。

"师兄"把许仲钧领到一家饭馆，吃了一碗难得一尝的"米线大王"鸡汤米线，便问起生活方面的打算。按许仲钧的说法："联大是不收学费的，战区来的流亡学生还可以申请助学贷款。但是物价天天上涨，助学金很难养活学生，但我初来乍到人生地疏，到哪去找一份工作呢？心里也有些着急。当时同学们半工并读很普遍，干工作叫兼差。好一点的工作是在中小学兼课，或给当地人当家庭教师，也有的在美国空军机场仓库当个雇员，或者在工厂商店值夜班、当店员，士、农、工、商、兵、学各界都有。其时昆明还较落后，每天中午在城中心五华山上放午炮，表示 12 点，晌午了。这个放午炮的差事，也是联大同学兼的差。"[37]

当此之时，"师兄"正在昆明晓东街一家鞋店当伙计，老板是苏南人，家乡沦陷，跟人跑滇缅路发了点国难财，滇缅路被日军掐断，便到昆明专为美军和富贾提供服务的繁华地段晓东街小巷开了皮鞋店。其人属典型的暴发户，大字不识几个，好酒贪杯，嗜赌如命，吝啬贪财，每天只是下午或晚上到店里查查账便溜进赌场，店内大小事都依靠"师兄"一人撑持，店里管饭，月薪 12000 元，约合一双中等皮鞋的价钱。经介绍，店老板答应许仲钧来此兼差，管一顿晚饭，月薪 6000 元，约合一只皮鞋的价格。自此之后，许生上午在校选课，午饭后或因课晚些时候到店里，直到夜里 10 点多关门。遇天雨路滑，许生便在店堂地上铺床草席过夜。话说有一天，"师兄"吃过晚饭出去办事，许生一人守店，突有一身穿白色衬衣、脚蹬长筒皮靴、马刺锃亮的便装军人，醉醺醺地携一妖艳的吉普女郎进门。女郎坐在沙发上，喝令许生把柜台上那双乳黄色高跟鞋拿下给她穿上。尽管不情愿，许仲钧还是顺从地答应着，从货柜里取出皮鞋给女郎穿在脚上，一试，大小正合适。接下来，围绕着价格问题产生了争执。许生喊价两万块，军人与妖女同喊"还要少，再少！"面对如此霸气骄狂且任性的买主，许生有点招架不住，只好亮出底牌，说："最低一万六，老板交代过的，少收了钱，会说我们贪污，要我们赔的。"话音刚落，具有戏剧性的一幕发生了，许生说："只听'喇'的一声，那军人一下子掏出一把左轮手枪，对准我胸口：'还要少，不少不行！一万块，卖不卖？'……我忍不住脱口而出：'不要钱也可以！'……他把手枪一挥跳了起来，脸红脖子粗，吼道：'好呀，你瞧不起我们，今天我们就是要你的，不给钱又咋个？我是警备司令部的，我姓熊，你认到我！'边说边把左轮手枪在我脸上晃来晃去。"[38]

幸亏隔壁帽子铺的老伙计听到吵闹声急忙跑来打圆场，加之"师兄"也相继赶回店内，那满身酒气的军人甩下一万元法币，搂着妖女，挥枪冲围观而来的众人乱点一气，骂骂咧咧地扬长而去。

晚上，店老板回来，一听卖了双高跟鞋才收一万元，登时火冒三丈，黑着脸把二人大骂一顿。待"师兄"把实情说过，老板的眼神顿时温和起来："警备司令部，姓熊的？你们又何必收钱呢，这么傻，他们是请都请不来的……"言毕，坐上收银台，扒拉了几下算盘，貌似宽容地说："这回算了，你们赔六千元就是了，一人三千，一个月一千元，三个月赔清。"[39]

令人沮丧的一幕刚刚落下，高潮大幕继之揭开。一天，空袭警报一直到下午 5

点才解除，许仲钧回去店里，看见店门紧闭，便到不远的如意巷老板家兼皮鞋作坊去找"师兄"，刚一进门，便发现"师兄"躺在地上呻吟，衣服被撕烂，牙被打掉，嘴角还在流血。许生急问发生了何事，"师兄"说："我也是跑警报才回来，刚进大门，作坊里跑出来几个人，抓到我就一顿打。还问你们老板躲到哪里去了？那人还说：'你们老板欠了赌债，赢了钱就想跑，躲得到吗？告诉你，我们是三公子家的，叫你们老板马上拿钱来，不然我们天天来，打你个稀巴烂！'"一会儿，老板回来了，许生把情况告诉老板并要老板赔钱，并找人送"师兄"去医院。老板顿时火起，大声喝道："我赔钱，赔个火钳！遇到三公子的人你们就该躲远点呀！店里早该开门了，你们还不快去？"许生见状，只好扶起"师兄"，一瘸一拐地向店里走去。[40]

然而，故事并未就此结束。"师兄"因心情郁闷，也学老板的样子到外面赌钱，自是中了圈套先赢后输，被人追债打闹上门。未久，店里潜入小偷把鞋子偷了大半，许仲钧的薪水被扣个吊蛋净光，扫地出门，只好另谋兼差。另一段钩心斗角、尔虞我诈、惊心动魄的"兼差"大幕再度开启……剧终！

许生的奇遇与遭遇，堪称联大学生兼差的一个代表。不过，兼差的学生并不全如许生这样的悲剧，亦有喜剧发生，如1940年11月，西南联大利用自己的师资力量和毕业生，创办了联大附属中学、附属小学等教育机构，形成了极为可观的教育基地。杨振宁于联大本科以及清华物理学硕士研究生毕业，考取公费留美的等待期间，曾在联大附中"兼差"教数学近一年，当时的杜聿明将军之女杜致礼就在班中上课。后来杜小姐赴美留学，1950年与杨振宁邂逅于异国他乡并一见钟情。再后来，杜致礼成为杨氏夫人。1957年12月，杜致礼与杨振宁同行，参加了瑞典斯德哥尔摩诺贝尔物理学奖颁奖仪式，全世界为之瞩目。此一段姻缘，为西南联大兼差的逸闻趣事再添一段佳话。

◎杨振宁、杜致礼夫妇

除了穷学生在外兼差，联大教授在外兼差或以各种手法挣点钱者亦不乏人，如罗常培为大理县修地方志挣稿酬，刘文典替官宦巨贾政客写墓志铭以赚外快和大烟土，闻一多则在家中刻图章挂牌公开售卖，补贴极为困顿的家庭生活。文学院院长冯友兰也列在卖字之内，惜生意不佳，始终未能发市。联大政治系教授赵凤喈凭借自己所学法律知识，在昆明开了一家律师事务所赚取讼费……流风所及，教授太太们也开始兼差，一如郑芳于文章中所做的描述："第一块工作园地，教授太太们跨进脚去的是学校。在昆明，由大学至小学，可以说没有一个学校，没有她们在里面工作着：联大附小，除了几位师范毕业生外，也有联大教职员的太太们，在里面担任教育下一代的工作；她们以前都有过良好的教育基础，在这基础上，现在又加上了工作的热忱，和上帝赋予女子的一颗慈母的心，用爱来抚慰每一个小学生。联大附小之所以能闻名于全昆明，而被誉为全市办理最佳的小学，当非偶然。其他联大附中，云南大学，都有好几位太太在里面执教。……《中央日报》的'妇女与儿童副刊'，曾经有过一段光荣的历史，编至一百多期以上，主持这编辑工作的就是联大的一位教授太太。……当时在《中央日报》的'妇女与儿童副刊'上，执笔为妇女问题发表言论的，很多是联大的教授的太太们。"[41]——那位主持《中央日报》"妇女与儿童副刊"编辑工作的联大教授太太，就是郑芳本人。

注释

[1] 梅贻琦《抗战期中之清华（二续）》，载《清华校友通讯》，第七卷第一期，1941 年 4 月 27 日。

[2] 梅贻琦《抗战期中之清华（三续）》，载《清华校友通讯》，第八卷第一期，1942 年 4 月。

[3][4]《蒋介石年谱》，李勇、张仲田编，中共党史出版社 1995 年出版。

[5] 梅贻琦《抗战期中之清华（三续）》，载《清华校友通讯》，第八卷第一期，1942 年 4 月。关于陈三才谋刺汪精卫事，当时的报纸有简略报道但语焉不详。许多年后，据几位与三才相识且有过交往的清华校友回忆，三才谋刺与遇难事才勾画出一个大致轮廓。据清华 1933 级校友、曾在国民党情报部门工作 40 多年的徐文祺回忆说："抗战事起后，汪逆精卫离渝走沪，投靠日寇，开府南京，时陈三才正创设北极有限公司于上海，事业兴隆，在当时的上海社会上甚为活跃，因之为军统局局长戴雨农将军所重视，请他负起除奸之任。陈同学当仁不让，慨然担承，岂料为手下所运用的一个白俄籍人所出卖，致遭日本宪兵伙同伪特工

人［员］予以逮捕，经询问属实后，就押解到南京宁海路廿五号伪特工的拘留所内，几个月后他就殉国了。"（徐文祺《寥落的这几个》，载《清华校友通讯》，新八十三期，新竹）陈三才被捕后，与同为军统局特工而被捕的徐文祺校友住一间囚室数月，因而徐氏乃得知三才经历，惜徐氏回忆文章较短，未能叙述详细经过，幸有清华 1920 级校友刘奴万有所补充，但刘氏似乎并不知道陈三才刺汪是接受军统局长戴笠的指示。

刘奴万说：我于民国六年（1917 年）考入清华学校高等科二年级，当时快到 20 岁了，而陈三才是中等科学生，当时还不到 17 岁，但属于文武全能的好学生。由于二人都爱好运动和音乐，很快在清华园熟悉起来并成为好朋友。三才殉国后，奴万从陈氏前妻处得以了解具体情节。当时三才满怀抗日爱国热情，觉得汪精卫在南京对于重庆反攻日寇最为不利，要扰乱敌人的后方，就非去汪不可。"在上海地方爱国的人实在不少，恨日本的人也很多。三才结交了一位白俄，随时不断的和他同谋如何刺杀汪精卫。刚巧汪精卫因为肝病，预备在上海北四川路福民医院（日本医院）施手术。三才就转托这个白俄买通了一位看护，乘汪入院诊病时施以毒剂。当时言明，先交费用若干，汪入医院时再交若干，汪死后再交若干。哪晓得在那时老天不要汪的命，预定到福民医院的主意改变了，他结果没有进去，三才的计划也就半途而废了。可是第一次的款子已经交给白俄某某，后来这白俄常向三才索款。始则索，后来改口说借，三才实有对付不了之势。正在这个当儿，戴雨农在上海活动的朋友们对于三才的勾当似有所闻，乃向三才建议，若是这个白俄在上海不便居留，戴先生可以接他到重庆，并保证替他办护照到香港再往美国去。那一次三才在香港跟我碰见的时候，他大半是为商议如何对付这个白俄而去的。当时他并没有告诉我到香港的任务，仅是笑眯眯的向我说：'我来港有点小事要接头的'。不料这个头倒接好了，可是他自己的头也就丢掉了！这位白俄本来不是好东西，他想要他到重庆不是调虎离山，就是不怀好意。'先下手为强'！他就把三才向日本军方检举了。"又说：陈三才被捕后直认不讳，敌方觉得必须争取中国民心不可，因而对于处置办法，"汪精卫主张赦免，褚民谊并设法营救，只有陈璧君那个女人非常狠毒，认为不严办不能显出汉奸的威风，杀一儆百，杀鸡吓猴，为谋汪氏傀儡的安全，三才非死不可。经军事法庭判决后，三才在雨花台就被枪决了"。最后，刘奴万说："在抗战前我在上海见过戴雨农一面，后来在九龙我在黑夜里又见过他一次。后来我才明白我与三才最末次见面那个当儿，也就是三才与雨农在香港会商如何对付那个白俄的时候。现在他们两人都死了，我这个猜想真可以说是死无对证。戴雨农是最佩服三才的一个人，在重庆见面时，雨农对我说：我生平不佩服清华毕业生，因为他们不肯革命的，但是对于陈先生我是绝对地佩服，他的为国舍身，改变了我轻视你们留美清华学生一种的'错误印象'。"（刘奴万《为国舍身的陈故同学三才》，载《清华校友通讯》，新八期，新竹）

[6]《叶企孙函梅校长》，载《清华大学史料选编》三（上），清华大学出版社 1994 年出版。

[7][8] 王向远《日本在华奴化教育的实施》之十九，载《作家通讯》，2016 年第 9 期。

[9] 梅贻琦《抗战期中之清华》（四续）》，载《清华校友通讯》，1944 年 4 月。

[10]《西潮与新潮》，蒋梦麟著，团结出版社 2004 年出版。

[11][13] 胡兆炘《闲话十九、二十两级》（上），载《清华校友通讯》，新二十六、二十七期合刊，新竹。

[12] 云镇《津湘滇求学记》，载《清华校友通讯》，新六十七期，新竹。

[14][52] 何焕生《毕业清华三十年来的回顾》，载《清华校友通讯》，新三十六期，新竹。

[15] 罗香林《回忆梅月涵校长》，载《传记文学》，第二十一卷第六期，台北。

[16] 梅贻宝《五月十九念"五哥"》，载《清华校友通讯》，新十二期，新竹。

[17][32]《梅贻琦日记》（1941—1946），黄延复、王小宁整理，清华大学出版社 2001 年出版。

[19][20][41] 郑芳《抗战期中的教授太太们》（一、七、二），载《清华周刊》，1947 年 3 月 9 日；6 月 24 日；3 月 16 日。

[21] 韩咏华《同甘共苦四十年——我所了解的梅贻琦》，载《文史资料选编》，第十八辑，政协北京市委员会文史资料研究会编，北京出版社 1983 年出版。

[22] 潘乃穆《关于潘光旦吃鼠肉的故事》，载《中华读书报》，2007 年 7 月 4 日。

[23] 周简文《西南联大琐忆》，载《清校友通讯》，新八十五期，新竹。

[24][25][26][27][28][29]《费正清对华回忆录》，费正清著，知识出版社 1991 年出版。

[30] 吴文藻《云南大学与地方需要》，载《云南日报》，1939 年 2 月 5 日。

[31]《历史的本色》，第 366 页，桑兵著，广西师范大学出版社 2016 年 8 月出版。

[33]《顾颉刚日记》，中华书局 2011 年出版。

[34] 周道明 1944 级《联大生活拾零》，载《清华校友通讯》，新十一期，新竹。

[35] 李锺湘《忆联大——昆明的灵魂》，载《清华校友通讯》，新七、八期，新竹。

[36] 周明道《联大的育乐衣食住行》，载《清华校友通讯》，新六十七期，新竹。

[37][38][39][40]《兼差》，许仲钧口述，张尚元整理，载《校友文稿资料选编》，第十六辑，清华大学出版社 2011 年出版。

第十九章　走向胜利

● 创办清华服务社

日子一页页翻过，抗战于胜负进退间摇摆，贫困仍无尽头。在人与艰苦环境的对抗中，联大弦歌旋律比往昔增加了更多的悲壮气氛。

1943 年 3 月，英国剑桥大学李约瑟（Joseph Terence Montgomery Needham）教授奉命来中国进行考察和文化交流，当他乘机飞越驼峰航线抵达昆明时，与此前的美国学者费正清一样，拜访了西南联大并与数十位师生交谈。李约瑟以一个杰出科学家的眼光与理性，忠实地记录了联大师生贫困窘迫的生活状况："由于战争及世界形势的转变，自由中国现在已经与世界的其他部分隔离很久了。"[1] "各系都设在用泥砖建造的'临时营房'中，房顶上简单地盖着瓦和铁皮。……由于没有煤气可使用，所有加热必须用电进行，因而（黏土自制的）电炉的电炉丝用完后，工作陷于停顿，人们发现云南一家兵工厂的制炮车床的刨屑是很好的代用品。苏木精买不到时，人们发现与其类似的一种染料可以从云南土产的一种橘黄色木头中提取。显微镜的载片买不到时，就切割被空袭震破的窗玻璃代替。买不到盖板就代之以当地产的云母片。还可以列出许多详细的事例。"[2] 在专门为同盟国科学工作者撰写的报告中，李约瑟记述道："学生们住在糟糕的宿舍里，并且遭受着肺结核一类疾病的严重侵袭。因为缺乏洗涤设施，沙眼一类的感染非常普遍。但普通科学工作者现在的生活与以前相比差距更显著，有重大成果的男女科学家也住在院子周围摇晃的旧房子里，无法保持清洁。工资只涨了 7 倍，而云南的生活费用上涨了 103 倍。"[3]

根据当时形成的生活逻辑，越是穷塞潦倒，四处打工兼差挣外快的就越多，眼看整个西南联大除几位常委和高层"三长"等少数领导者还在原位蹲守，多数教授和学生以至教职员工家属，都加入到浩浩荡荡的兼差打工队伍之中。教授的精力受到耗损，学生越跑越野，不少人竟随车跑到缅甸一带从事各种倒买倒卖的行当，半年甚至一年不回校读书，有的干脆休学，先挣钱活命，再入校就读。如此这般，难免影响到联大士气与教学读书的热情。因而，在 1943 年暑假大考之前，梅贻琦专门召集师生发表讲话，略谓现在国难当头，政府财政支绌，联大当局与师生皆感生活压力之大，兼差是为学校所同情和允许的，但同学们不要忘了我们的主业是读书学习。以前我们提倡"救国不忘读书，读书不忘救国"。现在我要说"兼差不忘读书，读书之余可以兼差"。但首要的是读书，马上进行学期考试，请各位同学集中精力温习功课，至少不要因分数不及格而留级、休学云云。与此同时，西南联大教授会推选两位代表，赴重庆向教育部提出适当增加联大教职员工的生活补助，将教职员工的部分米贴按市价折合现金发放，薪水应按物价上涨的比例增加，以此维持同人的最低生活要求。此时，昆明的物价已上涨了 300 倍。然而，不幸得很，两位代表一无所获。

这年 7 月，费正清再度访问昆明并对上述事实前后经过有所了解，费在备忘录中记载道："还有一项要求，是西南联大想利用本校实验室从事一些商品生产，比如市场上紧缺的电灯泡和收音机电子管等。为筹备该项规划的开工，需要一定的资金，孔祥熙博士已答应借贷 300 万元法币，据说蒋介石也已批准。但当该项议案提交行政院会议讨论时，陈立夫提出在所有的国立高等院校都采取同样办法，得到同样的扶持，预算为 1700 万元。"对这种冠冕堂皇的理由与伎俩，费正清认为陈立夫此人不地道，并指出：

> 以前他［陈立夫］并不赞成这种做法，现在这样提，其蹊跷是在按同等比例核算的基础上，西南联大只能从这 1700 万元法币中分到 80 万元。西南联大又一次遭到挫败。对以前头脑还不怎么清醒的人来说，教育部长所玩弄的这一花招似乎最后证明：CC 系下定决心要压服西南联大的教授们。各学科的教授们宣称，他们对当局已不再承担任何义务，并将试图以他们所拥有的各种手段来自谋生计。[4]

费正清所言教授们表示对当局"不再承担任何义务",自是针对 CC 系打压、挟制西南联大的气话,有些与抗战和教育发展密切相关的"义务"不但要承担,且要倍加努力。只是在"自谋生计"一点上,受到陈立夫当头棒喝的西南联大,怀揣"威武不能屈"兼与陈氏集团较劲的"大丈夫"精神,以清华工学院为先锋开始了行动。

考试已过,暑假即将开始,梅贻琦与校方领导人及清华教授会讨论,既然陈立夫对联大提出的"商品生产"计划再度玩弄布袋戏、下绊使坏,联大教授决不屈服泄气,必须想方设法把这一计划落到实处,所收获的利益除给予师生补贴,更重要的在于以这种新的商业利润方式,形成一个师生组合的团队,替代无组织的个人盲目外出"兼差",避免或减少个人安全等事故发生,亦对恢复校园秩序,师生进学修业有所促进。

提议立即得到教授会通过,决定先在清华创办一个服务合作社,以教职员生集资和学校补助的形式投资国币五百万元,设管理委员会,以工学院院长施嘉炀为主席,阎振兴为服务社经理(阎氏后来赴台,一度为新竹"清华大学"校长),下设机械工程、应用化学、电机工程、土木工程、矿冶工程、无线电、理化、农艺等八个部。经过施嘉炀、阎振举等与相关合作单位谈判,很快敲定一系列生产计划。此一计划经梅贻琦组织第二十一次评议会议决通过,并张贴公布:

(一)与骏业木材公司合作组设拓东机制木材厂。

(二)在普吉设立碾米厂。

(三)农业部在大普吉成立生产农场。

(四)无线电研究所与中央电工器材厂合作制造电灯泡,由校供给制电灯泡机器,由厂垫付资本。

(五)联大机械实习厂改为经营生之之工厂已具体进行。

(六)土木工程部为外界试验材料。

以上各计划已具体商定即可进行。

(七)与资源委员会化工厂合作烧碱事业。

(八)应用化学部拟制牙水。

(九)土木工程部拟与他方合作组织建筑材料改进厂。

(十)植物生理组拟制葡萄糖及纯碱计划。[5]

计划既定且已公布，随即进入实战阶段。借暑假来临之机，各部门负责人在联大招聘师生甚至家属子弟，共同投入到服务创收事业中去。整个联大师生报名者众，各路人马与设备很快到位，在经理阎振兴具体组织指挥下，按照各自分工，与已签订合同的单位，或合作或单独设立木器、碾米厂等，就此展开各项业务。在各个项目中，发展最为迅速者为机制木材组，仅半年时间，单为"供给美国陆空军供应处建筑材料一项，营业数目达数千万元之巨"而"各锯木厂彻夜工作，尚有供不应求情形。他如应用化学部，化妆品制造厂牙水、发油已在市上流行。农艺部，除碾米厂外，增设酿造组，制造味精酱油及普通酱油等等"[6]。一位参与服务社工作的学生回忆说：作为服务社经理的阎振兴教授，"手提黑皮公文包，进出于迤西会馆，颇为忙碌，大部分都是美军方面的生意。有一次阎师曾向美军借了一套电影片来，在迤西会馆露天放映，'福利'同学"[7]。

正是得益于联大人才济济这一现实及与外界各方保持的良好关系，兼之学校在昆明良好的信誉，清华服务社生意兴隆，至1943年底，纯盈余200多万元。除各项公开的业务之外，有一个因涉军事机密当时未对外声张的大客户，为服务社创收贡献多多，这便是抗战中后期闻名中外的空军"飞虎队"，以及扩编后的AAF第十四航空队。

在中国抗战史上留下浓重一笔的飞虎队，全称为"中国空军美国志愿援华航空队"，正式名称为"美国志愿大队"（American Volunteer Group），简称AVG，创始人是美国飞行教官陈纳德（Claire Lee Chennault）上校。1941年初，陈氏接受中国国民政府航空委员会委托，前往美国重金招募美军飞行员和机械师，以平民身份前往中国参战。1941年7月中旬，陈纳德回到中国时，已有68架飞机、110名飞行员、150名

◎ "飞虎队"的风采英姿

机械师和其他一些后勤人员陆续来华。同年 8 月 1 日，中国空军美国航空志愿队成立，陈纳德担任上校队长。12 月 7 日，陈氏率第一中队和第二中队到昆明。此前，日机来犯，驻昆军方只有高射炮抵御，很难击中、击落敌机，因而日机轰炸昆明毫无忌惮，随意向任何地点投弹，此为昆明包括联大校舍被炸惨烈的客观原因。12 月 20 日，日机 10 架复前往昆明空袭，这次遇到了强硬对手，在陈纳德指挥下，AVG 立即起飞迎敌，瞬间便击落毫无防备意识的日机 6 架，伤 3 架，仅剩 1 架急调机头回去报信。志愿队初战告捷，昆明乃至整个中国军民为之振奋，各报相继报道战斗经过。AVG 一战成名，被中国人热情地称为——飞虎队。

日机经此一击，受到很大震慑，知昆明已有了对手，遂变得小心谨慎起来，后来虽多次进犯昆明，皆受 AVG 迅速反击落荒而逃。这年的 12 月 23 日，陈纳德派第三中队转往仰光，协同英军作战。在两个多月的空战中，美英战机对日作战 31 次，共击落日机 217 架。1942 年 7 月 4 日，美国航空志愿队转变为美国驻华空军特遣队，陈纳德担任准将司令。此时，随着中国远征军第一次远征缅甸失败，仰光陷落，滇缅公路被日军切断，原有的作战物资转而通过"驼峰航线"与中印公路输送。

1943 年 3 月 10 日，美国驻华空军特遣队整编为美国陆军第十四航空队，陈纳德担任少将司令。航空队除协助组建中国空军、对日作战外，还协助飞越喜马拉雅山，从印度接运战略物资到中国自由地区。同时还担任运输作战人员任务，将中国作战部队，空中运送至印度兰姆伽进行军事训练，再联合当时国内作战部队，同时出击，反攻日军，恢复失地，以打通滇缅公路。对此，十四航空队原分散于境内外的基地或驻点，全部撤回滇境，以昆明为主要基地。——于是，庞大的后勤供应等一系列问题随之突显，极需相应的配套设施为之服务。清华服务社在这个关健点上，与美国航空队接触并开始了业务往来。

据西南联大工学院机械系教授，一度出任过清华服务社工程部主任的孟广喆回忆说：因日本占领了缅甸，十四航空队基地由缅甸等处撤往昆明后，首要的一个问题就是美国人生活离不开的自来水。但当时昆明没有自来水，只有井水与河沟水。要为美国驻昆空军基地人员装自来水，就需要大量的管接头和阀门，清华服务社就令机械工程部承制了这一批自来水管配件。有了自来水，对方又提出冰块的要求，因为冰块也是美国人生活的必需品，而当时昆明没有冰块供应。于是乎，清华服务社又承揽了制冰的生意。七七卢沟桥事变后，清华大学机械系师生自热工实验室中，抢出一台造冰机，辗转运到昆明，此次正好派上了用场，服务社机械工程部在

◎移防昆明的第十四航空队

董树屏讲师带领下，很快造出一批冰块供应航空队并受到极大欢迎。

清华服务社为美空军基地人员解决了自来水与冰块问题，双方关系更加密切，其他业务如焉展开。亲身参与此事的联大工学院航空系学生贺联奎做了如下回忆：土木工程部不仅承包了修建美军营房等工程，为扩大业务，增加收入，还在教授兼企业家阎振兴带领指挥下，从事建材工业，在外县开山烧石灰，代木制材。除供应美空军基地，也销往其他地方。而修建营房需要的门窗合页等五金配件，则由服务社的机械部提供。有了房屋还需要家具，于是就由清华服务社的土木工程部家具专业承制。由于工学院的教师与技术人员多为留美归国的"海龟"，对美式家具与美国人的偏好有所了解，制作的家具成为抢手货，昆明本地家具厂商无法与之竞争，只能甘拜下风。当时的"家具厂设在江西会馆的最南端，负责的是联大机械系主任李辑祥教授。从建材到营房和家具统统由清华服务社包下来，可以想象当时服务范围多么广泛"[8]。

生意越做越红火的清华服务社，不仅在生活和必需品方面为美军提供服务，即在军事上也大显身手。正如贺联奎所言：空军活动与气象条件关系十分密切，特别是抗战时期。当时"美军在中国各地设了不少气象观测站，这需要放大量的探空气球，因之需要大量氢气。最简易的制氢法是用锌加稀盐酸或稀硫酸，但当地难以提供那么多锌。另外，强酸运往各气象站也不方便，清华服务社便想别的办法。他们在煮沸的氢氧化钠水溶液中加入铝粉，生成偏铝酸钠，放出氢气。铝粉则是从报废的飞机上拆下部件后，熔化铸成铝棒，在简易车床上反复车削而成的，这也是联大师生想出的一种办法"[9]。另据孟广喆教授回忆：机械部承担了制氢任务，由强明伦先生负责，对于难度较大的包装问题是这样解决的："利用美军炮弹的旧火药筒装铝粉和氢氧化钠，交付美军运往各地气象站。充分利用美军的废弃物资作原料

◎ 1945 年，清华服务社主要成员于昆明合影。前排左二起：阎振兴、陶葆楷、施嘉炀、张泽熙、李庆海；二排左四为郑林庆

和包装品，选用了适合于当时条件的制氢工艺，这是清华服务社发挥知识优势的一例。"[10]

　　清华服务社因特殊的时代而生，且顺应时代潮流，经营得当，获利颇丰。随着业务扩张，师生参加人数越来越多，盈余更巨。所得收益，校内师生按劳分配，除参加业务者每位分发的酬劳，定期给每位教授补助一百美元。战时的美元虽也贬值，但对当时生活塞困的联大教授而言，一百美元还是不无小补；而参加之同人自助助人之精神，尤堪欣慰。只是，联大毕竟不是以赢利为最终目标的商业集团，而是一所高等学府，职责所在，不容在追逐商业利润上走得太远，陷得太深，正如梅贻琦所言："此究属权宜之计，他日战事终了，当即随同结束。"[11]

　　果如梅贻琦所言，1944 年下学期，清华服务社各项业务逐渐收缩，抗战结束时一并完成了它的历史使命。回溯两年多的经历，正如孟广喆等教授所言，在这个抗战期中，本校同人可算各尽其力，就直接对抗战的贡献言之，则是对十四航空队的服务，尽管多数制造成果如制氢新工艺的创造等，对清华教授来说，属于大材小用，但总是给盟军予以帮助，也算清华服务社对抗战的一项直接贡献吧。

◉ 胜利前的决战

1944年1月1日，新年伊始，蒋介石向全国军民发表广播讲话，指出中国的抗日战争胜利在望，中国国誉日隆，围攻并彻底打垮日寇为期不远，中国须担当主要任务云云。

就在抗战曙光照亮东方地平线、一轮红日即将喷薄而出之际，风云突变，即将全面崩盘的日本大本营，用尽最后一丝力气拼死一搏，欲打通大陆交通线，力争"一战而挽回颓丧之民心士气"[12]。其战略构想是：以黄河南岸之"霸王城"（河南省荥阳市东北）为基点，先征服平汉铁路之南半段，进而攻占长沙、衡阳、桂林、柳州以迄南宁，打通湘桂及粤汉两铁路线，全程共1400公里。因华北、东北已操在日本人之手，如拿下"霸王城"之南段，整个中国由北至南将在日本人手中全线贯通，日军的补给运输等所有难题迎刃而解。这一作战构想，即抗战后期著名的"一号作战计划"。

根据这一计划，在全面崩盘之前已经杀红了眼的日本小鬼，于4月初正式从北线发动攻势，先后发起豫中战役、长衡战役、桂柳战役等一系列大规模决战。国

◎日军大陆打通线构想图

民党军队在各个战场虽进行了顽强抵抗，却连连败绩，中原重镇洛阳陷落。

5月27日，日军分左、中、右三路对湖南省会长沙展开围攻，先后调集36.2万人，与整个湖南战场的第九战区薛岳部30万国军展开激战。6月16日，国军伤亡惨重，力不能支，岳麓山失陷。18日，负责守卫长沙的第四军被日军包围，又遭敌机30余架轰炸扫射，终至"军心动摇，遂难掌握"，长沙城陷。第四军军长张德能收集该军残余1300余人突围而出，虽经薛岳解释战役经过，并有副参谋总长白崇禧请求从轻发落，张德能仍被满腹怒气的蒋介石下令枪决。

攻陷长沙后，日军以其第二线兵团加入第一线作战，迅速南下，企图一举拿下衡阳，达到与桂境兵力会师的战略目的。面对迫于眉梢的危局，国民政府军事委员会总指挥部急速调兵遣将，分三路进行阻击，抗战史上最为惨烈的以衡阳为中心的剧战拉开了序幕。

6月20日，中日双方在衡阳周边50公里的范围内，分别投入了30万与35万兵力，先于外线展开激战。至7月底，日军4个精锐师团相继逼近战略中心衡阳。国民党第九战区第十军方先觉部扼守衡阳，抵抗日军猛烈进攻。此次衡阳之战，是抗战后期最大规模的会战，被蒋介石称之"有关于国家之存亡，民族之荣辱至大"的最后一场生死之搏。[13] 日军大本营灯火通明，各级将官、参谋人员日夜研究、关注着这场战事。中国军民与各党派团体翘首以待，盼望国军用尽吃奶的力气也要顶住，千万不要被打趴压垮。中共领袖毛泽东对这场大战给予热切关注的同时，以一个卓越战略家的智慧与姿态高屋建瓴地指出："衡阳的重要超过长沙，它是粤汉、湘桂两条铁路的联结点，又是西南公路网的中心，它的失守就意味着东南与西南的隔断，和西南大后方受到直接的军事威胁。衡阳的飞机场，是我国东南空军基地之间的中间联络站，它的失守就使辛苦经营的东南空军基地归于无用。"不仅如此，"衡阳位于湘江和耒水合流处，依靠这两条河可以集中湘省每年输出稻谷三千万石，还有极其丰富的矿产于此集中，这些对大后方的军食民食和军事工业是极端重要的，它的失守会加深大后方的经济危机，反过来却给了敌人以'以战养战'的可能性"。[14] 毛氏之说可谓一针见血，衡阳之要害确实关乎国家生死存亡。

6月23日凌晨，衡阳攻防战正式打响，双方均以火炮为主猛击对方，日军主用重炮与野山炮，中方主用迫击炮，中间伴有其他武器交火与小范围、短时间肉搏战。中国守军士气高涨，日本方面"负责攻城之两师团，鉴于长沙之攻占，已被他人捷足先登，功震全国，乃欲急起效尤，一时战志如云"[15]。两支强军狭路相逢，各怀战志，死拼硬磕，战斗持续了近一个月，双方伤亡重大，未分胜负，攻防双方皆拼全力支撑。多少年后，据方先觉对日本《产经新闻》记者古屋奎二说："由于长期作战，医药品和食品缺乏，极感困苦。没有止血药剂，没有绷带，负伤官兵的伤口有发炎生蛆的现象。本来可以救治的官兵，很多都死亡了。我们给予敌人的打击也非常之大，每天可以望到敌阵在举行火葬的烟焰。整个衡阳城被死尸臭气所笼罩，实在是很悲惨。"[16]

经过如此长时间消耗，衡阳已成为一座内无粮草、外无救兵的孤城。而日军自7月下旬起，设在外线的兵站每夜仍可向衡阳前线官兵输送30—40吨的给养。亲自指挥此次会战的中国最高统帅蒋委员长意识到局势严峻，严令外线各军迅速攻击前进，以解衡阳之危，但在日军强大炮火与兵力阻击下，援军被迫数次停止不前。衡阳面临弹尽粮绝、城破有日的险恶处境。

生死已到紧要关头，最后的决战即将开始。中日双方皆倾全力投入这场关乎国家民族存亡的攻守战。大海那边的日本天皇翘首以待，密切关注着这场五千里之外的战事。日军大本营命令第十一军全力投入攻城之战，并调集炮兵、化学部队配合，以尽快拿下衡阳。正身患痢疾、身体衰弱、焦躁不安的日军横山勇中将认为时机已到，不再犹豫，集结第十三、四十五、五十八、六十八、一一六共5个师团，外加五十七旅团和重炮、化学部队共11万余众，向衡阳城围攻而来。面对日军强悍攻势，国民党军事高层人员更加焦虑不安，皆以悲壮的心境关注着这场关乎民族安危的攻防大战。

8月1日，日本第十一军司令官横山勇中将，佩戴"天照皇大神宫"神符，携随员乘侦察机三架由长沙飞抵衡阳机场，亲自指挥日军步兵、炮兵等兵种、相当于七个师团的兵力联合作战，企图一举攻下衡阳，击溃方先觉部。

8月2日，国民党增援部队按蒋委员长数次电令，火速向衡阳推进，但仍如携山搬家，无法突破日军封锁。无奈中，蒋介石动用飞机穿越敌人炮火向衡阳投下手谕，不许方先觉再发电请援，嘱其注意以死报国。同时告之增援大军已"严督猛进"，严令第十军将士继续坚守勿退，力克敌军。

8月6日，中日双方经过激烈的争夺拼杀，强悍的日军第五十八师团凭借熟练的攻坚经验，终于突破衡阳城北一角，并迅速以一部突入城内。在敌机猛烈轰炸下，守军阵地几夷为平地，阵地官兵与攻入之敌展开近战与肉搏，血战不久全部战死。日军乘势以精锐之师向城内第十军指挥部所在地——中央银行急速进击，守城官兵再度与日军展开大规模巷战与肉搏，衡阳顿成一座鲜血喷溅的血城，第十军无一人不参加近战与白刃格斗，无论是炊事员还勤杂兵，都抢着菜刀与烧火棍进入战场竭力拼杀，惨烈的肉搏持续了两个昼夜又半天之久。

8月7日，日军调集重炮、野山炮百余门齐向衡阳城猛烈射击，横山勇再度下令强行总攻，欲一举攻克城池。蒋介石深知衡阳战况已到生死存亡、千钧一发之际，特督令援军战车部队急进增援，并电第十军告以"援军明日必到衡阳，决不延误"。延至下午3时，衡阳城内仍不见援军到达，此时守军支撑已到极限，方先觉在征求手下几位高级将领意见后，向蒋介石发出了最后一份电报：

> 敌人今晨由北城突入以后，即在城内展开巷战，我官兵伤亡殆尽，刻再无兵可资堵击，职等誓以一死报党国，勉尽军人天职，决不负钧座平生培育之至意。此电恐为最后一电，来生再见。
>
> 职 方先觉率参谋长孙鸣玉，师长周庆祥、葛先才、容有略、饶少伟同叩 [17]

电报发出，方先觉巡视部队已过，回到指挥部决心自戕，当手枪对准太阳穴之际，两个副官扑上来把枪打掉，众皆悲泣，一面组织伤兵残将继续阻击，一面仍幻想有天兵突降，挽狂澜于既倒。

蒋介石通过空军侦知衡阳城已岌岌可危，约晚7时接到方先觉发来的电文，悲怆中几乎晕倒。于绝望中口述"祝上帝保佑你们"七字电文，[18] 一声长叹，整个身子靠在椅背上，无力地闭上眼睛。站在蒋介石一边的侍从室第六组组长兼军统局帮办唐纵，在当天日记中记载，六组首接方先觉来电，"读后不禁暗然神伤，热泪夺眶！查衡阳自六月二十六日敌军迫城至本月八日止，达四十四天，我援军始终不能攻达衡城，致守城士兵全军玉碎，痛叹无已！"[19]

衡阳攻守战，国民党第十军以1.7万人的劣势兵力，与11万日军相抗，坚守孤城47天，在仅2平方公里的战场上，数度肉搏，以死伤1.5万人，亡7000余人，军长方先觉以下参谋长、四师长被俘的代价，致敌死伤7万余众，其中4.8万人被击毙，日军六十八师团师团长佐久间中将于此役被击毙，五十七旅团长吉摩源吉少将，被迫击炮弹自腹部贯穿而亡。[20] 衡阳之战，是中国抗战史上最惨烈的剧战，尽管打出了第十军全军覆没的悲剧，衡阳最终失手，但同样打出了中国军队在抗日战争中防御作战独一无二的巅峰，也是少有的在一次战役中，日军伤亡人数成倍地高于中方的一次大战与剧战，如此悬殊的比率，在世界战争史上极为罕见。日本战史把此次战役称为"中日八年作战中，唯一苦难而值得纪念的攻城之战"，其"牺牲之大，令人惊骇"[21]。正是由于此次衡阳久攻不下与官兵伤亡惨重，引起日本军政两界及社会舆论对日本首相东条英机内阁的痛责。在群起声讨中，东条内阁于7月18日倒台散架。纵观抗战八年，真正血火交织的死打硬拼之战，自淞沪始，以衡阳终，其间不过数场而已。

日军大本营对攻占衡阳"如释重负，对尔后之作战，则一面规诫横山加强整补，勿再急进，一面考虑于中秋节前后，再向次一目标——桂林——发动攻击，并立即以新兵十万，拨补予第十一军"[22]。

随着战略中心衡阳陷落，湖湘一线的国军全面崩溃，导致广西失去了重要屏障。日军趁机调集优势兵力，与西南战区日军遥相呼应，南北夹击，在很短时间内，南线军事重镇桂林、柳州、南宁以及广东、福建部分军事要塞相继失陷，中国军队损失兵力60余万。此后不久，日本中国派遣军和驻东南亚的南方军，于广西南部胜利会师，从而打通了中国内地通往越南的大陆交通运输动脉，完成了日军大本营拟订的"一号作战计划"。这一战略计划的成功，极大地鼓舞了日军士气和野心，认为"一号作战的显赫成果，可以说是使当时陷于凄惨不利战局中的日本，微微见到一线光明"[23]。

当柳州沦陷之时，骄悍的日军一部北进贵州，进攻并占领黔南重镇独山。日军如同一把锋利的尖刀，从侧部刺向中国的软肋，且这尖刀如狂飙突降，来势凶猛迅疾，威胁贵阳，震动重庆，中华民族又一次面临覆亡的危险。凶讯传出，举国皆惊，一时人心惶惶，认为又一次大难临头。国民政府召开紧急会议，商讨放弃重庆，迁都西昌或大西北的计划。

就在日本大军迫近，即将饮马川江之际，10月11日至14日，蒋介石在重庆召集国民政府党政军各界大员、各省市政府要人、各级三民主义青年团负责人，以及教育界首脑与各高校校长150余人，举行"发动知识青年从军会议"，讨论知识青年从军方案，决定成立知识青年从军委员会，指定张伯苓、莫德惠、何应钦、白崇禧、陈立夫、张厉生、周钟岳、顾毓琇、谷正纲、张治中、康泽等为委员。会议决定从全国各地招募10万名知识青年编成新军，投入战场。蒋介石亲自指定长子蒋经国加入青年军，共赴国难。

消息很快在全国范围内传播开来，《中央日报》、中央广播电台等新闻媒体，开始配合这一计划高声鼓噪。诸如"一寸山河一寸血，十万青年十万兵""国家第一，民族至上""军事第一，军人第一""国破家亡君何在""皮之不存，毛将焉附"等宣传口号，连篇累牍地见诸报刊、广播。迫于外敌压力与舆论宣传，各地知识青年，特别是各高校师生经过短暂彷徨、观望，情绪终于被调动起来。西南联大校方为响应政府号召，梅贻琦与训导长查良钊，分别在联大总部校舍及工学院召集全校学生训话，鼓励同学投笔从戎。据当时在场的学生何焕生回忆："查先生是非常富感情的人，在工院训话时激动得流下非常感人的热泪。那时我的心情非常沉重，

◎西南联大师生欢送参军同学

经考虑后决定申请休学，正式投入抗日行列。"[24] 另据西南联大文学院院长冯友兰说："国民党政府的这个措施，如果是在抗战初期，学生们是会争先恐后报名参加的；可是在这个时候，学生们对于抗战最后胜利的信心虽然没有动摇，但是对于国民党政府的幻想已经破灭了，对于青年军的报名疑虑很多，观望不前。当时的教育部为各大学分配了名额，规定了指标。联大的常委会慌了，于是召开动员大会，请教授们向学生劝说。我的发言大意说，抗战已经进行这几年了，以前国家、政府不征发高中以上的学生，实行免役，这是因为当时没有新式武器，还用不着有科技训练的人。现在美国送新式武器来了（南按：此时美国已开始在人力与武器装备方面援华，用于中国本土和缅甸战场），正需要有科技训练的人去使用。如果有科技训练的青年不去从军，叫谁使用呢？这个仗以后怎么打呢？闻一多发言最突出，大意说，现在我们在政治上受压迫，说话也没有人听，这是因为我们手里没有枪。现在有人给我们送枪，这是一个最好的机会。不管怎么样，我们要先把枪接过来，拿在手里，谁要反对我们，我们就先向他下手。这次会开得很热烈。散会以后，我走出校门，看见有人正在那里贴大字报，反对报名从军。我心里很气愤，走上前去，把大字报撕了，并且说，我怀疑这张大字报是中国人写的。这次动员会开过以后，学生报名从军的多起来了，不过几天就超过了指标。"[25]

⦿ 在战争里成长

面对风起云涌的国际国内局势，在西南联大实际主持校务的梅贻琦，极其清醒、沉着地驾驭了政局。从联大保存下来的史料看，在几次征召入伍的宣传声中，梅贻琦都是积极响应、配合，但从来没有主动要求教师或研究生弃学从军，整个西南联大的从军者，大都是本科以下学历的青年学生。即使在这类学生中，梅贻琦亦尽可能地保留下一批最有希望的读书种子，使人文特别是自然科学知识结构不至于出现断层或后继无人，如文科方面的王浩、何炳棣、丁则良，理科方面的杨振宁、黄昆、唐敖庆、郝诒纯等一批经过严格筛选的优秀学子，均被保存于校内或清华研究生院中。而李政道、邓稼先等稍年轻的学术苗子，也无一例外地被保留了下来，并于战火纷飞中不断成长，且通过正式考试，陆续取得公费放洋机会继续深造。

自 1929 年暑假，清华最后一批留美预备部毕业生如愿赴美后，于同年夏考选了 10 名专科生放洋，原拟每年继续招考，因已成立了研究院，学校当局有意从研究院毕业生中选拔留学生以提高留美程度，缩短留学时间并节约经费。因而，1930 年之后停止招生。直到 1933 年，"九一八"事变引起的危机以及清华庚款基金问题稍微得到缓解，南京教育部训令清华在全国各大专院校范围内招考留美公费生，且由清华组织考试委员会考选。原定续招三届，每届 25 名，期满后再续三届，每届招 20 名，结果因七七卢沟桥事变爆发，清华南迁，1937 年招生陷入停顿。统而言之，改制后的庚款留学生于战前在全国范围内共招收四届 93 人，其中清华毕业生 39 人，占 40% 左右，习理工科者 64 人，约 2/3 强。留美公费生出国及回国川资全由清华庚款基金拨付，往返各发给美金 520 元，留美期间每月津贴美金 100 美元左右，培养一个留美公费生所需要的美金，总额约为 3400 美元左右。与此同时，清华研究院毕业生特优者，由校方当局单独资送海外深造，计三年共送 11 人，研究期限均为二年。

抗战军兴，国家迫切需要专门人才，而清华派遣留学生为其特殊事业之一部分，故虽在经费困难乃至借款补充之日，仍勉力继续筹办，以符政府之期望和社会之急需。

1938 年 6 月，国民政府教育部公布限制留学暂行办法，规定：凡选派公费留学生，研究科目一律暂以军工理医各科有关军事国防为目前急切需要者为限；公私立大学毕业后，曾继续研究或服务二年以上，著有成绩者等等。1939 年，派遣留学生制度开始恢复。8 月 26 日，梅贻琦向教授会报告，谓："奉教育部令，本校本学年派遣留美公费生名额应扩充为七十名，下学年再增三十名，共应为一百名……"时为教育部长的陈立夫，气魄不小，眼光长远，惜雷声大雨点小，最终，本学年之清华历史上第五届留美公费生只选派 20 名，且无一文科生。

1940 年 8 月，由梅贻琦为主席、教育部派代表参加的考试委员会，组织人员分别在渝、港、昆三地举行考试，旋因日寇攻占安南，港地疏散居民，只得将香港一区取消，只在渝、昆二地区举行。报名者共 400 余众，考试时渝区曾遇空袭，众生在敌机轰炸、墙倒屋塌的惨烈情形中按时完成了考试。1941 年 2 月，录取名单公布，只有汪德熙等 16 人及格，原开列的造舰、枪炮、水力发电、航空（发动机）等四门，因应试者全部成绩欠佳，暂付阙如。录取名单与专业如下：

> 汪德熙（化学工程）、陈耕陶（农业化学）、胡宁（金属学）、励润生（采矿工程）、黄培云（冶金学）、陈梁生（土壤力学）、朱宝复（灌溉工程）、叶玄（汽车工程）、屠守锷（航空工程之飞机机架）、吕作维（无线电）、梁治明（要塞工程）、孟庆基（战车制造）、黄家驷（医学之外科）、蒋明谦（制药学）、张培刚（工商管理）、吴保安（经济史）。代考：陈新民（林森主席将学金炼钢门）。[26]

录取的 16 人中，有 2 人因故拖延，一人患沙眼病，在香港治疗；一人由闽去港，道路迟滞，值太平洋战争爆发，致均未能成行，于公于私皆成憾事。

时抗战正处于艰苦卓绝的阶段，中华民族仍处在极端危难中，对于教育部提出的留学生以"军工理医各科有关军事国防为目前急切需要者"的界限，梅贻琦并未反对且遵命行之，但此举又与清华行之有效的"通识教育"理念与制度不相称合，如果只有理工法商农医与国防诸科，而没有人文及社会科学科目的加入，无论对国家还是个人的发展，皆是一个极大缺憾和损失。在任何情形下，必须文理有所兼顾，才能成就一流的大学，培养一流的人才，创造一流的业绩。因而，当第五届公费留学生考试与派遣学习门类遵照部令决定之后，为弥补没有文科生的缺憾，1941年 1 月 9 日，梅贻琦在评议会报告及议决事项中，特别提请会议议决："下届招考留美公费生时，应将植物形态学、语言学、人口问题暨文法方面科目特予注意。"[27]

　　此为梅贻琦与清华同人对教育部制定规程的修订校正，也是梅氏本人对"通识教育"理念与经验的坚持与展示。唯因太平洋战争爆发，考试得以推迟。延至1943年夏，清华考选第六届留美公费生规程正式制定，梅贻琦的意见得到重视，人文社会科学门类首当其冲地列入考选科目。据考生何炳棣回忆说：消息传出，"我们非常兴奋，因为人文社科方面科门比往届都多了不少，计有英文（文字学）、西洋史（注重16、17、18世纪史）、哲学（注重西洋哲学史）、人口问题、政治制度、刑法学、会计学和工业经济等8个科门。……这项决议反映梅校长及评议会一向在响应教育部'提倡理工'的同时，无时不在极力暗中设法发展文法。因为清华精神之可贵正在它一向对通识教育的重视"[28]。

　　各科既定，遵教育部令，庚款第六届考区分为成都、重庆、桂林、昆明四处，报考人员共370余人，共分24个门类，计划录取24人，以补上届计划中的4名缺额（原定20人）。清华考试委员会组织诸生于四区顺利通过了各科考试。因邮递迟缓，待至1944年夏始将试卷汇齐。8月，评阅揭晓，未能按计划满额，只录取何炳棣、杨振宁等22人，名单与所学门类为：

◎ 1943年，何炳棣参加第六届清华庚款留美生准考证（引自《读史阅世六十年》）

何炳棣（西洋史）、李志伟（社会学）、黎禄生（会计学）、樊星南（师范教育）、黄杲（医学）、王积涛（制药学）、吴中伦（造林学）、吴仲华（农具制造）、钟开莱（数学）、杨振宁（物理学）、凌宁（动物学）、方中达（植物病理学）、张柄熹（矿物学）、郭晓岚（气象学）、钱钟毅（道路工程）、张燮（造船工程）、白家社（机械制造）、黄茂光（原动力工程）、曹建猷（电机工程）、洪朝生（无线电学）、沈申甫（航空工程）、张建侯（化学工程）。[29]

　　据清华大学所存档案记录，此一届考试，以何炳棣成绩最高，总平均78.50分，第二名黄茂光，总平均73.90分，杨振宁属中间偏上，总平均68.71分，最后一名为郭晓岚，58.39分——

已在通常规定的及格线以下了。

当然，正如何炳棣后来所说："理工科门与人文社科科门性质迥异，不可类比。"但是师友间仍不时照传统习惯逗趣，何说："最富戏剧情趣的是，60 年代我在香港初访全汉昇兄的新公寓时，一开门，全夫人这位巾帼豪杰就吓我一跳，大声叫我'状元哥'！如果今后有人研究 20 世纪前半的新词林掌故的话，历届清华留美考试的'状元'，按总平均分数多少排列如下：第五届经济史门吴保安，82.8；第三届戏剧门张骏祥 82.24；第四届英国文学门孙晋三 78.86；第二届考古门夏鼐和第六届西洋史门何炳棣同得 78.5。如以专门科目论，孙晋三的莎士比亚 98 分，第三届逻辑门王宪钧的数理逻辑 97.4 分和我第六届史学方法的 97 分为最高。"又说："如果历届中美和中英庚款考试合并统计，总平均最高的要推中英第三届的钱锺书了——87.95 分！20 世纪新登科录中创下最高荣耀的是学兼中西、文才横溢的钱锺书，绝不是偶然的。"[30]

第六届庚款公费留美生考试选送，是抗战时期清华组织的第二届，也是最后一届。因种种关系，久未能遣送出国，直到 1945 年秋，何、杨等 22 人才由渝转加尔各答等运兵船赴美，开始了各自的前程，杨振宁获得诺贝尔物理学奖众人皆知，何炳棣亦蔚然成为史学界大家。至于后来与杨振宁合作并共同斩获诺奖的李政道，当时尚是联大物理系大一的学生。1946 年 8 月，正读二年级的李政道，与唐敖庆、王瑞骁、朱光亚、孙本旺、徐贤修等六人，在曾昭抡、华罗庚、吴大猷率领下赴美进修（时徐已在布朗大学攻读），则是因美国原子弹在日本广岛、长崎爆炸引发的另外一桩机缘了。

抗战前后清华庚款资助放洋的这一大批学人，日后为中华民族振兴，以及人类科学的进步做出了杰出贡献。此为梅贻琦在历史洪流和政治

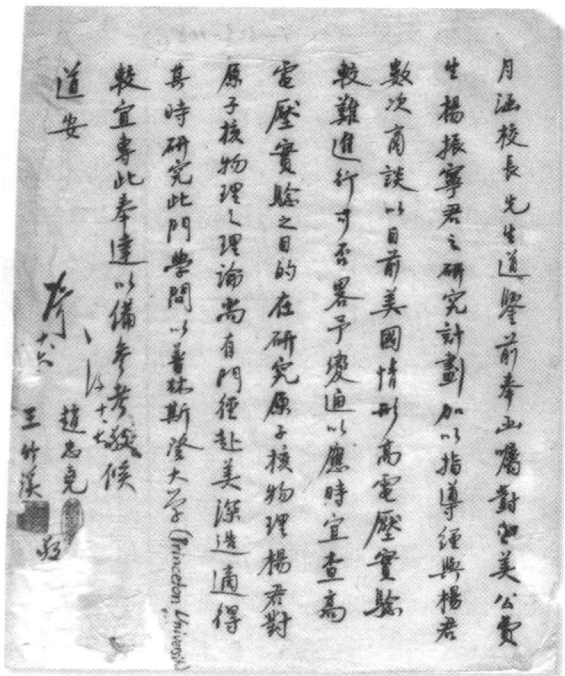

◎ 1944 年 10 月 5 日，西南联大物理系赵忠尧、王竹溪二教授联名致函梅贻琦校长，建议已被庚款留美招生录取的杨振宁赴美国入读普林斯顿大学原子核物理专业（清华大学档案馆藏）

◎ 1946年，李政道与西南联大同学在一起。左起：楼格、李政道、叶铭汉、陆祖荫（叶铭汉提供）

大潮中，显示的又一非凡超人之处。此举正如北大历史系教授、图书馆馆长，亦是西南联大教授毛子水所言："西南联大，是杨振宁、李政道、王浩等等的母校，这班学生，无疑的都在学术上有相当的成就。我们若着眼于文化的更可贵的一方面，则八年多的西南联大，始终都在雍容和睦的气氛中长成。这非特是我们教育史上的佳话，亦是我们中华民族最有光辉的事情。……这件事情的成就固然由于三位校长都是德行可亲的人士，但月涵先生的不辞劳苦，要为最大的原因。"[31] 此论于情于理基本是相称的。

需要特别说明的是，梅贻琦曾不主动要求教师、研究生，或最优秀的读书种子弃学从军，但若有教师与研究生等主动请求从军，梅亦本"吾从众"与尊重当事人选择的态度不加阻拦。他自己的一儿一女就曾先后从联大应征入伍，其女儿梅祖彤加入国际救护组织，为抗战效力；其独子，当时就读于西南联大水利工程系二年级的梅祖彦，于1943年11月第二次参军热潮中，决定弃学从军。梅贻琦认为当时国家形势动荡，能在大学读书，机会难得，希望儿子把学业完成再做决定。但儿子去意已决，梅未阻拦。对此，梅祖彦回忆说：当时"西南联大和其他几校都动员了四年级下学期的学生出去服务两年，工作期满后发给毕业文凭。我们一批二年级的学生本不在征调之列，但大家爱国心切，决定放弃学业，投笔从戎，志愿去参加翻译员工作"[32]。直到战争结束一年后的9月，梅祖彦的译员工作才告结束，并遵照美国军方安排，赴美国马州WPI（伍斯特理工学院）复学，插入机械系二年级继续学业。比梅祖彦高一级的联大同学李锺湘回忆说："到抗战晚期，青年军、美国十四航空队，全成了小型联大。同学们脱去蓝布长衫，换上卡基布军装，一个个样子倒满帅的。几个美军招待所，主持人也多半是联大同学。"[33] 至抗战结束，西南联大共有834名学生与青年教师参军入伍，为中国的抗日战争暨世界反法西斯战争做出了应有的贡献。

1945 年 4 月末，清华迎来了三十四周年校庆，亦为抗战流亡西南第八个纪念日，梅贻琦按惯例在会上发表演讲，谓："目前西欧战场即将结束，东亚战场亦与胜利日益接近，本校于斯时举行抗战期中第八届校庆，吾人追怀往事，感慨靡穷，而瞻念前途，希望亦自无限。胜利到来之前，尚有最艰巨之一段，自尚需吾人最后之加倍努力，琦所希望我全体校友者，亦曰'百尺竿头，更进一步'而已。"继之，梅贻琦将清华一年来的成就向诸校友分述，着重提及由清华、北大、南开三校组建西南联合大学已七足年，"属于三校学籍之学生，皆相继毕业已去。由联大毕业者，逮今年夏，亦已四班，计共一千五百余人。校内情形，大都如旧，惟自年来物价飞涨，同人及学生生活，极度困难，最近二三月，窘迫尤甚"。但是，相较于战火惨烈与生活的苦难，值得庆幸和深感光荣之事亦复不少，如"联大学生从军服务者，包括译员在内，颇称踊跃，三年以来，应征及志愿充任译员者，共四百余人，最近加入青年远征军及空军者亦二百余人，成绩都甚良好。学校予以鼓励外，并予以种种便利，以便青年报国之志得以表现"。

最后，梅贻琦满怀豪情地展望联大与清华的未来，谓："今年八月，琦服务本校将满三十周年。溯自一九〇九年（宣统元年）应母校第一次留美考试，被派赴美，自此即受清华之多方培植。待民国四年秋返国，即在本校服务，流光如驶，匆匆三十年矣。吾昔曾言：'在这风雨飘摇之秋，清华正好像一个船，飘流在惊涛骇浪之中，有人正赶上负驾驶它的责任，此人必不应退却，必不应畏缩，只有鼓起勇气，坚忍前进，虽然此时使人有长夜漫漫之感，但我们相信不久就要天明风定，到那时我们把这船好好地开回清华园，到那时他才能向清华的同人校友说一句'幸告无罪'。此天明风定之日，不久可望来到。……一旦复员开始，北返有期，自更盼校友诸君能与在校师生共策共力，使涉世三十三年之母校得以重新奠定于清华水木之间，更从而有一番簇新之发展，以与一般建国事业力求配合，斯则琦历年艰苦支持中所时刻馨香祷祝者也。"[34]

梅贻琦渴望的"天明风定之日"，没有像往昔的胜利曙光一样反复与飘忽，真的如其所料很快到来了。自 1945 年 4 月起，为摧毁日本的经济力量和瓦解日本军心，以美国为首的盟军加紧对日本本土战略轰炸。同年 7 月 26 日，中、美、英三国联合发表促令日本投降之《波茨坦公告》，谓："直至日本制造战争之力量业已毁灭，有确实可信之证据时，日本领土经盟国之指定，必须占领。"又说："日本政府立即宣布所有日本武装部队无条件投降，并对此种行动诚意实行予以适当之各项保证。除此一途，日本将迅速完全毁灭。"[35]

公告发布后，日本政府在军部强硬分子操纵下，宣布"绝对置之不理"，并"把战争进行到底"。素以鹰派著称的新任美国总统杜鲁门闻讯雷霆震怒，决心给日本以毁灭性打击（南按：罗斯福于 1945 年 4 月 12 日在乔治亚州的温泉突发脑溢血去世，副总统杜鲁门继任总统）。

1945 年 8 月 6 日，被激怒的美国在日本广岛投下第一颗原子弹。

8 月 8 日，苏联根据雅尔塔密约决定对日宣战。次日，苏联红军迅速进入中国东北地区，继之向朝鲜北部和库页岛进军，一举歼灭近百万日本关东军。

8 月 9 日，怒气未消的美国在日本长崎投下第二颗原子弹，整座城市化为一片废墟。当晚，已被打急了眼的日本天皇，在御前会议上不顾军部强硬分子阻挠、胁迫与蛊惑，最后裁决：以不变更天皇地位为条件，接受中、美、英三国提出的一切投降条件。

8 月 10 日下午 7 时左右，日本政府决定接受中、美、英《波茨坦公告》，通过瑞典驻美公使向中、美、英三国发出乞降照会。消息迅速传遍世界，重庆《中央日报》稍后接到中央社记者由美国发来的电讯，证实了这一事实。敏感的《中央日报》把这一消息迅速印成"号外"，开始在大街小巷四处叫卖、张贴，整个重庆立即形成欢乐的海洋。在这具有重大历史意义的非凡的傍晚，重庆中央广播电台播音

◎抗战胜利后，重庆举行大规模游行，庆祝胜利

员热血澎湃、感情激荡，已没有了平日圆熟的技巧，任由情感随着话筒喷涌，广播结束时，播音员哽咽着说："诸君，请听陪都欢愉之声！"

是时，收音机中传出了响亮的爆竹声、锣鼓声以及外国盟友"顶好""顶好"的欢呼声。紧接着，"日本小鬼投降了！""抗战胜利了！"的欢呼声如春雷般炸响开来，整个重庆形成了一片欢腾的人海。

——重庆不眠，中国不眠，整个中华民族伴随着这个不眠之夜，开始新的历史纪元。

日本时间 8 月 15 日，中午 12 时，重庆上午 11 时，日本裕仁天皇对全世界广播"停战诏书"，正式宣布 330 万垂死挣扎的日军放下武器无条件投降。9 月 2 日，在泊于东京湾的美国"密苏里号"战舰上，盟军正式举行了日本投降签字仪式。美联社在这一天向全球播发的电文称："第二次世界大战，历史上最惨烈的死亡与毁灭的汇集，今天随着日本的正式无条件投降而告终。"[36]

注释

[1][2]《中国西南部的科学（一）物理—化学科学（1943）》，李约瑟著，载《自然》杂志，第 152 卷，1943 年。

[3]《李约瑟游记》，李约瑟、李大斐编著，余延明等译，贵州人民出版社 1991 年出版。另，关于昆明物价上涨指数有很多种算法与说法，对于各家记载，此处只引录，不做考证。

[4]《费正清对华回忆录》，费正清著，知识出版社 1991 年出版。

[5]《第二十一次评议会关于组织清华服务社的报告》（1943 年 6 月 22 日），清华大学档案馆藏。

[6] 梅贻琦《抗战期中之清华》（四续），载《清华校友通讯》，1944 年 4 月。

[7] 胡兆炘《闲话十九·二十两级》（上），载《清华校友通讯》，新二十六、二十七期，新竹。

[8][9][10] 贺联奎《联大的清华服务社》，载《筚吹弦诵情弥切》，中国文史出版社 1988 年出版。

[11][34] 梅贻琦《抗战期中之清华》（五续），载《清华校友通讯》，1945 年 4 月。

[12][15]《日本帝国陆军最后决战篇》（衡阳战役之部），赵庆升译，载台北《军事杂志》，第三十六卷，第五、六、七、八期连载，1968 年。

[13]《蒋介石秘录》，第九卷，古屋奎二编撰，转引自《抗日战争时期的湖南战场》，罗玉明著，学林出版社 2002 年出版。

[14] 毛泽东《衡阳失守后国民党将如何？》，载延安《解放日报》（社论），1944 年 8 月 12 日。

[16]《蒋介石秘录——中日关系八十年之证言》，古屋奎二编撰，转引自《从历史的角度读蒋介石日记》，黄仁宇著，九州岛出版社 2008 年出版。

[17][18]《"总统"蒋公大事长编》，秦孝仪主编，台北中山图书公司 1968 年出版。

[19]《在蒋介石身边八年——侍从室高级幕僚唐纵日记》，公安部档案馆编著，群众出版社 1991 年出版。

[20] 中日双方伤亡数字源出美国国会图书馆资料，转引自《长沙·常德·衡阳血战亲历记：国民党将领葛先才将军抗战回忆录》（附录五），葛先才著，李祖鹏编，团结出版社 2007 年出版。

[21][22]《日本帝国陆军最后决战篇》（衡阳战役之部），赵庆升译。据该文显示数字，日军衡阳之战死伤亡共计 19381 人，内含军官 910 人（死 390 人，伤 520 人）。

[23]《湖南会战》（下册），日本防卫厅防卫研究所战史室编，转引自《抗日战争时期的湖南战场》，罗玉明著，学林出版社 2002 年出版。

[24] 何焕生《毕业清华三十年来的回顾》，载《清华校友通讯》，新三十六期，新竹。

[25]《冯友兰自述》，第 271 页，冯友兰著，中国人民大学出版社 2004 年出版。

[26][27] 清华大学档案馆藏档案。

[28][29][30]《读史阅世六十年》，何炳棣著，中华书局 2014 年出版。

[31] 毛子水《追念月涵先生》，载《清华校友通讯》，新二期，新竹。

[32]《晚年随笔》，梅祖彦著，清华大学出版社 2004 年出版。

[33] 李锺湘《忆联大——昆明的灵魂》，载《清华校友通讯》，新八期，新竹。

[35]《日本问题文件类编》，世界知识出版社 1955 年出版。

[36] 王作化、王晋阳《第一个报道日本正式签字投降的中国记者》，载《纵横》，2005 年第 9 期。

第二十章 "一二·一"惨案

● 案发

日本投降了，中国军民总算松了一口气，然而"联大师生虽然实现了原来的信心和期望，但没有表现应有的欢乐"[1]。大家为可能即将爆发的战争与中国的未来而担忧。陈寅恪诗《乙酉八月十一日晨起闻日本乞降喜赋》云：

> 降书夕到醒方知，何幸今生见此时。
> 闻讯杜陵欢至泣，还家贺监病弥衰。
> 国仇已雪南迁耻，
> 家祭难忘北定时。丁丑八月先君卧病北平，弥留时犹问外传马厂之捷确否。
> 念往忧来无限感，喜心题句又成悲。[2]

在全国军民与知识分子悲欣交集的短暂空隙里，国民政府开始组织、号令所属各军政机构，接收沦陷区地盘、财产并组织南渡之人北归等事宜。

1945年9月25日，蒋介石在重庆军委大礼堂出席教育界复员大会并午宴致辞，大旨为：1.各校迁移应在明年课业结束之后；2.西北西南各校除少数外，宜留设原处；3.战后建设应农、工并重；4.未来学校发展应质、量并重云云。会后，梅贻琦即派清华外语系教授陈福田赴北平，与战时一直留平的校产保管委员会委员张子高教授等人，会同教育部特派员一并到清华园接收。

10月10日，《国共双方代表会谈纪要》（《双十协定》）在重庆签订，12日正式公布。国民党同意和平建国基本方针，承认各党派的平等合法地位，以及承诺召开政治协商会议，中共承认蒋介石的全国领导地位。

10月13日，蒋介石向各战区国民党将领发布密令："遵照中正所订剿匪手本，督励所属，努力进剿，迅速完成任务""迟滞贻误者当必执法以罪"。[3]蒋所谓的"剿匪"，自然是指围剿共产党部队，《双十协定》墨迹未干，战争的导火索再次拉开。

当此之时，西南联大常委蒋梦麟兼国立北京大学校长，于抗战胜利后离校加入宋子文组阁的行政院任秘书长，国民政府任命中央研究院史语所所长傅斯年继任西南联大常委兼代理北大校长之职。

10月21日，傅斯年由重庆抵达昆明与梅贻琦会晤，并对联大做短暂视事，商讨学校复员北归事宜。按当时平津校园情形与国内险恶局势以及交通状况，傅斯年与梅贻琦二人意识到此时北归绝无可能，至少还需要半年方可复员，因而决定下学期继续在昆明开课。但梅贻琦根据此前赴重庆公务时，亲睹亲闻国共和谈问题之复杂，以及战后几个月时局的发展，对日后教育前途产生疑惑并惴惴不安。10月28日晚，梅在昆明出席北大资深同人章廷谦家中晚餐会，会上"谈及时局及学校将来问题"，梅贻琦在日记中记述："倘国共问题不得解决，则校内师生意见更将分歧，而负责者欲于此情况中维持局面，实大难事。民主自由果将如何解释？学术自由又将如何保持？使人忧惶！深盼短期内得有解决。否则非但数月之内，数年之内将无真正教育可言也。"[4]——梅贻琦的忧惶不幸竟成事实，日后的西南联大与复员后的清华、北大、南开，将在分化、分歧甚至枪炮声中度过，而梅氏理想中的"真正教育"与"大大学"亦不复存在矣。

11月7日，梅贻琦赴重庆向教育部汇报联大情形，并欲转北平办理清华复员事宜。

11月16日，蒋介石主持召开军事委员会议，做了题为《剿匪战术之研究与高级将领应有之认识》报告，称要"建立必胜信心"，并加紧调兵遣将围剿共军。一时间，全国范围内用于围困、进攻共产党部队的国民党正规军已达80多万人。

就在蒋介石调兵遣将的同时，中共方面已由华北地区与陕甘宁边区悄然进入东北地区，并组成以林彪为总司令的东北民主联军，人数约10万人，开始与地方势力联合收编各色武装力量，扩编整军，在苏联的暗中支持下，3个月后，林彪所辖部队增至50万人。国共双方为争夺东北接收权与控制权各不相让，交火不断，大规模战争一触即发。

19日，重庆各界反对内战联合会成立，消息传到昆明，各校学生反应强烈，蠢蠢欲动。此时，中共地下势力已在云南和联大校园悄然壮大起来。中共云南省工作委员会抓住时机，决定立即出马，悄悄潜入校园，暗中支持学生运动。时西南联大三个常委均不在校，张伯苓仍常川重庆；梅贻琦已由重庆转赴北平接收清华校产，为学校复员做准备；傅斯年正满头大汗穿行于北平与重庆之间，忙于中研院史语所与北大复员事务。梅贻琦离昆之时，按照老规矩，把校务交与清华二号人物叶企孙代理，而叶氏是位办事平和低调，不喜声张，更不乐意多管闲事的理科教授。在三校即将复员之际，叶氏名义上是代理常委，实际只是勉强维持大局而已。想不到就在这个空隙，学潮爆发，血案发生。

25日晚，在昆明的西南联大、云南大学、中法大学、英语专科学校等四校学生自治会发起"反内战时事演讲会"，于西南联大图书馆前草坪上如期举行，会议特地邀请钱端升、伍启元、费孝通、潘大逵、尚钺、闻一多、杨西孟等与共产党接近的教授发表演说，到会师生6000余人。学者们相继登台慷慨激昂发表意见，呼吁制止内战，强调"内战必然覆灭中国"，"中国需要建立联合政府，要进行和平建国，督促美国迅速从中国撤兵"，"撤换赫尔利、魏德迈"云云。[5]

当几位教授正讲得面红耳赤之际，国民党中央军驻昆明第五军邱清泉部，奉令悄悄包围联大校园，并发射机关枪与小钢炮进行威胁恫吓。一时间，围墙外枪声大作，子弹尖叫着划破夜空，会场出现骚乱。正当师生茫然四顾、不知所措时，会场照明电源突然中断，操场一片漆黑，人群开始散乱。在会场即将全面崩盘的时刻，早有防范的组织者把事先准备的汽灯点燃，总算稳住了阵脚。经此一折腾，师生们心情压抑、情绪激动，心怀怒气继续发表演讲。

时间已近夜半，当学生们高唱着《我们反对这个》反内战歌声散会时，突然发现校门口已被国民党军警封锁，门外军警如麻，枪炮林立，冰冷的刺刀在夜色里发着瘆人的光，架在墙头屋檐的机关枪正对准路口，不准外校师生通行。夜色沉沉中，军警传出口令，如有胆敢外出者，格杀勿论。面对如此凶妄并带有血腥气味的威胁，师生不知如何是好，现场一时出现混乱，漆黑的道路上人影绰绰，前拥后挤，一位女生被挤倒踩成重伤哀哭不止。数千人在深夜的寒风中踟蹰、抖颤。激愤中，有人高呼以罢课相抵抗，于是群起响应，仅联大学生当晚签名罢课者就达700

余众。直到深夜两点多钟，外校学生才陆续自农场小路经云大后门入城。

第二天，昆明《中央日报》刊出中央社题为《西郊匪警 黑夜枪声》的消息：

> 本市西门外白泥坡附近，昨晚七时许，发生匪警，当地驻军据报后，即赶往捉捕，匪徒竟一面鸣枪，一面向黑暗中逃窜而散。

据当时的新闻从业人员沈沉回忆，经他事后调查了解，先是由云南警备总司令部宣传人员炮制了这则消息，经总司令关麟征过目并同意后，指派少将处长宋文彬亲自送到中央社和云南通讯社，饬令立即转发各报社刊登。这则消息一经刊出，再度激怒了昆明各校师生，认为这是地方当局为掩盖昨晚的罪行而编造的谎言，以莫须有的"匪人匪事"，影射中伤当夜在联大操场集会师生。盛怒中的学生决心以罢课表示对当局这一系列行径的抗议。于是，在整个昆明处于老大地位的西南联大学生率先行动，纷纷签名罢课。继而老二云南大学、小三中法大学，外加英语专科、昆华工校、昆华农校等18所大中学校相继罢课。到28日，罢课学校达到31所。昆明学生自治联合会眼看学生们大规模闹将起来，且来势汹汹，气焰高涨，潜伏于校园的中共地下党人趁机组成了昆明市大中学校罢课联合委员会（简称罢联），选举联大、云大、中法大学、昆华女中、云大附中等五校为罢联常委，并发出了措辞强硬的"罢课宣言"。——一场规模浩大的学潮，如同荒原上的熊熊烈火，在冬日的西南边陲燃烧起来。

一个月前，蒋介石密令驻昆杜聿明亲率部队包围并炮击五华山，逼迫"云南王"龙云走出官邸，在宋子文等党国大员陪同下，乘机飞往重庆出任军事委员会军事参议院院长虚职。抗战胜利后，滇军首领卢汉（字永衡）遵中央军事委员会令，带大军赴越南受降。为防止兵变，也为暂时稳住龙云在滇的旧势力，蒋介石让卢汉接替龙云做省主席。在卢未回国之前，由蒋介石的铁杆追随者、新任命的民政厅长李宗黄（字伯英）代理。对此安排，蒋对李的解释是："因为国军全面反攻即将全面展开，卢汉将随何总司令率部反攻，云南方面，在此过渡期间，我想暂以卢汉负云南省政府主席的名义，而以伯英兄任民政厅厅长兼代主席，到了相当的时间，再为伯英兄真除。这样的做法，对于政略的运用上不无裨益。"[6]

蒋的意图很明确，龙云手下的头号大将卢汉做省主席，只是一个"过渡"，李宗黄需要暂时隐忍，到适当时候再予以"真除"。也就是说等到国军受降结束，局势稳定，卢汉大军开赴东北与共军交战，云南潜在的不安静因素被消除后，再设法

◎垂头丧气的龙云在宋子文担保生命安全的情形下，走下五华山，乘机赴重庆任新职。前排左起：何应钦、宋子文、龙云、卫立煌、李宗黄

免去卢汉之职，把李扶正。因了蒋介石的这个许诺，李宗黄全力以赴助蒋赶走了龙云，自己轻装便捷，急不可耐地来到昆明出任省民政厅厅长、省党部主任兼代省政府主席之职，以待"真除"。从李宗黄回忆录中可以看出，当时他完全相信蒋的话是真实可靠的，后来也没产生过怀疑，因为卢汉不是蒋的嫡系，而自己却是其铁杆的心腹。李临行前，蒋介石授意他"回云南以后的主要任务就是除'三害'"。[7]蒋所指的"三害"，即民主堡垒、学生运动与龙云旧势力。因李宗黄在昆明各派势力中名声不佳，引起许多人嫉妒与厌恶，而云南各高校一些中间派师生对李的所作所为，以及傲慢狂妄之态也表示反感。在这种境况下，李宗黄与当地各方势力的冲突也就成为一种必然。

登上临时"封疆大吏"宝座的李宗黄，本来就极端厌恶对自己不友好的龙云旧势力，以及其纵容云南民盟组织等亲共分子的做法。上台伊始，为了表现忠党忠蒋之心，一开始就决定对学生运动采取严厉的处置措施，联合昆明警备总司令关麟征、国民党驻昆第五军军长邱清泉，动用军队、警察、特务和国民党党团骨干，采用破坏加恐吓的双重伎俩，使大多数师生心生畏惧，知难而退。25日晚，当学生在联大图书馆前草坪上进行演讲时，李宗黄下令手下党徒特工人员，按预定计划轮番上阵进行破坏，并说服邱清泉出动第五军官兵，以枪炮齐鸣的激烈措施扰乱示威，达到恐吓学生，使对方不敢外出游行的目的。而本来已取消游行计划，更不曾想过罢课的学生们，在经历羞辱后的极度义愤中，于第二天掀起了要求"取消禁止集会游行非法禁令""保护言论及身体自由"的罢课风潮。

就在罢课风潮形成狂涛巨浪，大有决堤之势的关键点上，中共中央机关报《解放日报》、重庆《新华日报》闻风而动，先后发表了昆明"罢联"草就的《告全国同胞书》等言辞激烈的檄文。《新华日报》更是慷慨陈词，发表社论，指出"这几项要求实在非常温和而合理"，当局的做法实在过于霸道与蛮横云云。此后，罢课风潮呈滔天之势决堤而出，开始向昆明之外的广大地区奔腾蔓延开来。而此时的李宗黄等人，不仅不为自己不当的处置检讨并采取补救措施，相反，仍坚信自己的行为是实实在在的"反奸党"的正义斗争，是姓党且忠于党国和领袖的大无畏革命精神的光辉写照，是领袖意志与思想决策的忠诚执行者，是坚持本党主义、需要继续弘扬的模范。

11月27日下午，李宗黄再度找到关麟征、邱清泉等军事将领和特务头目，于省党部召集会议，决定针锋相对，组织一个反罢课委员会，由第五军军长邱清泉任总指挥，第五军政治部主任张濯域为总干事，反罢课委员会下设情报、行动、破坏、对抗等各组，各组组长皆为国民党、三青团、军队政工人员、宪兵头领与特务骨干分子构成。会后，关麟征向蒋介石拍发了密电，报告25日晚昆明四所大学举行时事讨论会，已派党团工作人员参加操纵会场。26日，联大学生开始煽动罢课，主张"组织联合

◎台儿庄战役时的军长关麟征（右二），与到访的记者范长江（右一）等合影

政府，停止内战，在华美军撤退，言论及集会自由等项，并勾引裕滇纱厂工人，有掀动罢工扩大全昆明罢课并大举联合游行示威举动"等情况。关麟征向蒋介石请示："除竭尽各种方法严密防范外，如反动情势扩大，实行游行示威，加倍诋毁政府与钧座应取何种态度对付？"[8]

重庆蒋介石侍从室得到关氏密电，即交由次日官邸党政军汇报会处理。会议议决"教育部派人前往劝导复课，如开导无效，即不惜解散；并决定改组党政军会报机构，以为应付时局指挥机构"[9]。但公文尚未按程序走完，"一二·一"惨案突然爆发。

12月1日上午9时左右，根据预先布置，由李宗黄及助手李耀廷把省党部各科室与市县党部的助理干事，以及调统室的便衣特务，集合到大礼堂前面的空地上，准备向学校全面进攻。行前，李宗黄亲自训话，并为党徒们打气说："过去我在昆明办党，学生们也闹事，打到门口来。当时，我手下的干事宁伯晋他们就不怕，他们也打了出去。现在，他们又向我们进攻了，这是大家效忠党国的大好时机，我们要以宣传对宣传，以流血对流血，进行还击。"[10]

受到蛊惑的大批党团人员准备出发时，李宗黄仍不放心，吩咐省党部守卫大门的卫兵长，将所有卫队枪支上的通针和刺刀收集起来，交给党徒，藏匿身边以做凶器。待党徒们各自手中均有攻击的家伙，李宗黄巡视一过，方命令亲信杨灿率队跑步至如安街三青团团部的行动指挥所，与等候在那里的军官总队学员等军人、特务联合一处，杀气腾腾地向云南大学、中法大学、联大新校舍、联大师范学院、联大附中、昆华女中、南菁中学学校冲去。

因有李宗黄背后撑腰，几百名党徒、军人、特务精神亢奋，呼呼隆隆地冲入学校，见人就打，见物就砸，有自视勇猛者竟公然投掷手榴弹进行轰炸。仅片刻工夫，联大地质系教授袁复礼及20余名学生被打翻在地，喊叫不止。其时正从联大门口路过的南菁中学教员、退伍军官于再，不幸被一暴徒拉响的手榴弹当场炸倒，后送医院不治而亡。当日12时左右，在三青团云南支团部秘书兼宣传股长周绅率领下，四五十名特务强行攻入联大师范学院，在院中投掷手榴弹。师院学生人少势寡，猝不及防，见对方来势凶恶异常，于混乱中只好从食堂窗户爬入窗外的昆华工校求援，待与昆华工校同学联合后，即从窗户复入师院以石块木棒进行反击，这一行动竟将大批特务击退于校门之外。只是大门刚刚关闭，又被后续的大批党徒攻破，并从门外投入手榴弹两枚。烟雾腾起，响声过去，联大师范学院学生李鲁连当场被炸翻在地，有学生冒着生命危险将李救起，急送云大医院抢救，途中复遭暴徒拦截毒打，李鲁连登时气绝。另一位女学生潘琰胸部被手榴弹炸伤，手指被弹片削掉，浑身是血倒在地上痛苦呻吟。一暴徒见状，兽性大发，举起手中带尖的铁棍，照其腹部猛刺三棍，潘昏死过去，送医院后气绝身亡。昆华工校学生张华昌被手榴弹炸伤头部，倒在师院大门石槛上不能动弹，一特务上前举起木棍照头部猛力打砸，黑红的血液顿时从张的右耳流出，红色之上漂浮着白色的脑浆，而"脑浆和血液

◎军警冲进校园

已混在一起，业已无救"，当场丧生。[11]被手榴弹炸成重伤的还有联大学生缪祥烈、昆华工校学生李云等十余人，缪被炸断一条腿，虽侥幸保住性命，但不得不将断腿锯掉，落了个终身残疾。

——这便是震惊中外的昆明"一二·一"惨案的大体经过，它的直接代价用傅斯年的话说，就是"四具尸体一条腿"。有些巧合的是，惨案发生的当天，龙云手下头号大将、率部赴越南受降的滇军将领卢汉回到昆明，正式接替李宗黄出任云南省主席一职。于是，昆明与重庆之间再度波诡云谲，陷入了一场派系复杂，身份隐秘，各为其主，合纵连横，剪不断、理还乱的大争斗。

◉ 拉锯战

1945年11月9日至16日，蒋介石召开复员整军会议，卢汉被召，从越南飞到重庆参加会议。蒋招卢参加此次会议的意图，是要把滇军调往东北战场，参加即将与共军林彪部进行的决战。

卢汉抵渝后，以主动请求"辞去本兼各职"的方式试探蒋介石态度。蒋原打算

免去卢汉云南省主席职务，以实现对李宗黄的许诺，但鉴于昆明方面复杂局势，认为时机仍未成熟，只好挽留卢说："李宗黄在云南搞得不洽人意，需要你去就主席职，安定地方。"[12]此时卢汉已受控制，尽管对蒋介石软禁龙云，以及让李宗黄插手云南的做法和意图心生不满，但无力立即实施反制，同时又得到"云南王"这把令人眼热心动的虎皮交椅，一时觉得进退皆不合心愿。在蒋威逼利诱下，最终以复杂的心情同意出任云南省主席。作为交换条件，卢汉答应把自己指挥的滇军全部交出，开往东北参加剿共。

◎卢汉

卢汉受命，没带一兵一卒，光杆一人回到云南省任主席职。12月1日上午8时许，李宗黄在省政府大厅与卢汉草草交接后，迅速返回省党部，指使手下党徒冲杀而出，酿成了"一二·一"惨案。

卢汉闻讯，认为此举显然是李宗黄为给自己难堪而采取的借刀杀人之计，自己中了埋伏。鉴于已经形成的流血局面，自己立足未稳，只好强压火气，小心谨慎地周旋于上下左右之间，待机出手。

12月2日，叶企孙以西南联大代常委名义给新任教育部部长朱家骅发电（时陈立夫与朱家骅对调，陈任中央组织部长，朱任教育部长），报告惨案发生经过和死伤人员数量，云"已将事实经过就近通知钧部周司长及云南警备司令部，请求察看，及采取处置外，理合据实陈报钧部，仰祈鉴核，除分呈蒋主席宋院长外，并请钧座来昆，亲加处理，不胜迫切待命之至！"[13]未久，国民党中央宣传小组汇报会也得知昆明惨案情形，并有所讨论。蒋介石侍从室专门负责情报工作的唐纵，会后立即与关麟征通了电话，并于当晚赶写报告呈送蒋介石。

这个时候，昆明方面的军政大员，已嗅出校园血案对自己前途命运凶多吉少的气味，于是关麟征与李宗黄之间，国民党特务派系的"中统"与"军统"之间，三青团与便衣队之间开始乱将起来。为保护自身，推卸责任，攻打联大师范学院的李宗黄系统的党团分子、特工人员，与关麟征、邱清泉系统的第五军便衣队、军官总队学员吵作一团，由互相推诿到互相指责，直至发生互殴和恶斗。结果是近百人又以枪刺、板凳、铁铲、烧火棍等器械斗在了一起，打成了一团。与这一打斗场景相映成趣的是，原本团结一致，积极对外的李宗黄、关麟征之间也爆发了激烈争吵和互殴。

12月3日上午，蒋介石向侍从室唐纵询问昆明学潮情况，闻后大怒，当即表示"对投弹凶手，饬即电令枪毙"[14]。唐氏马上用电话向关麟征与省主席卢汉传达了蒋的意旨。下午四时，蒋再次询问昆明局势，并表示自己的焦虑与关切，谓："此次学潮与过去不同，有血案，必须追查杀人凶手以平息民愤和国内外舆论，否则学生的罢课不会停止。"[15]

迫于重庆最高当局压力，4日上午，云南省地方当局于警备司令部军事审判庭正式开庭"公审"投弹罪犯。审判长由新上任的省主席卢汉担任，邱清泉第五军的军法处长担任主审法官，李宗黄、关麟征为陪审官。昆明各校均没有派代表参加，西南联大个别教授仅以私人身份旁听。庭审之后，当场宣布陈奇达、刘友治两退伍军官为凶犯，判处死刑，立即枪决；判处从犯陈云楼解渝法办。——这个时候，远在重庆的蒋介石尚不知道，公开会审与宣判死刑和枪决罪犯，整个过程都是关麟征、邱清泉等玩弄的骗局。所谓凶手陈奇达，系抢劫黄金的第五军炮兵营营长；另一个系倒卖军服的第五军上尉军需。当时二人均关押在第五军军法处。经关、邱等高级将领授意，军法处威逼利诱，二犯同意公开露面并当众承认为惨案的"凶手"。庭审之后，二犯被稀里糊涂地押入囚车在郊外枪决。[16]

就在云南军政大员表演性地"公审"投弹罪犯之时，4日上午9时，代梅贻琦主持校务的叶企孙，于清华办事处召集联大教授会，就学潮问题进行讨论。会议主席由叶企孙担任，中文系教授闻一多以书记员身份负责记录。教授们围绕学潮是息事宁人地尽快结束，还是继续扩大等问题激烈辩论。以闻一多、潘光旦、吴晗等为代表的一派教授力主扩大学潮，与当局争胜。而以三青团负责人姚从吾为代表的另一派教授，表示强烈反对，力主尽快结束学潮，恢复校园秩序。两派主张分别有共产党与国民党的政治背景支撑，因而整个教授会议，实际演变成了国共两党安插在联大的代表在较劲、谈判。双方你来我往，唇枪舌剑，各不相让，最后出现了"空气紧张，且几濒分裂"的局面。[17]

关于三青团、国民党与中共力量对西南联大渗透的具体时间，据可考的资料显示，源于抗战军兴之后。据北大教授王奇生研究，卢沟桥事变前，除个别外，国民党很少在大学校园建立组织。1938年1月，以党务发迹的CC系头目陈立夫出任教育部长后，出于争占地盘的需要，开始谋划在教育界扩张势力，并在大学建立党部。至1938年底，由CC派干将张厉生控制的国民党中央组织部，已经着手在中央大学等八所高校筹设党部，使得国民党在大学教职员和学生当中势力迅速膨胀。而在战时全国的大学党部中，尤以西南联大区党部办得最具声色，约半数教授加入了国民党，校属各院院长除陈序经外，全部加入国民党，蒋、梅、张三位联大常委不但加入国民党，且梅成为中央执行委员，蒋、张为中央监察委员。"但联大同时也包容其他党派的教授与学生。联大教授群是一个多元分化的群体，其中既有闻一多那样的'民主斗士'，亦有姚从吾这样的'坚贞党员'。正是不同党派知识精英在西南联大的共存和共处，才建构起这座极具包容性的'民主堡垒'。"[18]

为抑制 CC 派的过度膨胀，平息党内外怨气，避免出现尾大不掉的失控局面，蒋介石采取了几项措施，其中重要一项是另行组建具有新的政党性质的三青团，与国民党并行，不允许 CC 派插手团务。1938 年 7 月 9 日，三民主义青年团在重庆正式成立，蒋介石任团长，陈诚为书记长，朱家骅任干事会常务干事，未久兼代书记长，照料团务一切事宜。9 月底，国民党西南联大直属区党部，及三民主义青年团西南联大分团部筹备处成立，由联大历史系教授姚从吾任筹备处主任。未久，姚从吾任直属区党部书记长，教育系主任陈雪屏任青年团分团部主任。为了加强队伍建设和发挥作用，姚、陈二人领导的党、团部门，分别在联大师范学院设有专门办公室，三青团还在新校舍布置一间"中正室"，陈列《中央周刊》《文艺先锋》等杂志，每天午后开放，同时出版《青年》壁报，发表与学生社团群社主办的《群声》《腊月》等壁报，以及其他"另类"壁报针锋相对的言论。眼看国民党已在大学普设党部与三青团组织，且将触角全面深入到高等教育界，中共同样在各大学暗中设立组织。这年 10 月，中共西南联大地下临时支部成立，与之相随的叫作"中国民主青年同盟"的组织（简称"民青"）也相继成立。1939 年春，中共云南省工委批准中共西南联大地下党支部委员会正式成立并开始活动。[19]同年 12 月，朱家骅出任国民党中央组织部长，全面掌握国民党党务与三青团事务。

随着两派性质不同、主义不同的党团队伍在联大崛起，往日纯粹的学术氛围被打破，越来越浓厚的政治空气笼罩了校园。但在梅贻琦与大多数教授监管、训导下，联大生活仍以正常的民主、自由空气为主体，尚未发生两派力量直接争锋对垒局面。1941 年 12 月，珍珠港事件发生，日军占领香港，国民政府派出飞机到港抢救流落港岛的陈寅恪等学人，结果飞机被行政院副院长孔祥熙妻子儿女，连同老妈子和洋狗所霸占，致使陈寅恪等文化教育界名流落入沦陷的港岛未能逃出。此一事件激起西南联大同学强烈愤慨，群起讨伐孔祥熙并走出校门在昆明大街小巷示威游行。——这是西南联大成立以来第一次学潮。此次行动，国共两党、两派势力仍为同一个目标而呐喊，表面上和平相处的局面一直维持下去。

然而，事情正在起变化。1945 年 5 月，国民党第六次全国代表大会出乎意料地通过决议："一、本党在军队中原设之党部，一律于三个月内取消。二、各级学校以内不设党部。三民主义青年团改属于政府，担任训练青年之任务。三、在六个月内，后方各县市临时参议会，应依法选举，俾成为各县、市正式民意机关……四、制定政治结社法，俾其他各政治团体得依法取得合法地位。五、本党党部在训政时期所办理有国家行政性质之工作，应于本届代表大会闭会后，陆续移政府办理。"[20]

这个决议来自于蒋介石本人亲自交议的"促进宪政实现之各种必要措施案"，并获得"修正通过"。该案称："本党现经决定召开国民大会，实施宪政。若干准备工作，必须即予完成，各种措施，凡可为未来宪政预立规模而可提前实行者，宜于本届代表大会闭会后，分别予以实施，以示本党实行宪政之真诚与决心，兼以保证未来宪政之顺利推进"云云。于是，国民党各级领导层很快按决议案撤销了部队党部，并相继关闭了全国各学校的党部，三青团的政治任务亦随之转变。

1945 年 8 月 29 日，中共中央向各（局）分局、各区党委发出"关于在国民党占领的大城市和交通要道进行合法斗争的指示"，对于暂时无力控制的大城市和交通要道，要做长期打算，蓄积力量，以待将来。为此要趁敌伪投降，国民党统治尚未建立和稳定的混乱时期，尽可能留下不暴露的力量，并派遣大批干部，潜入国民党重要的军事、政治、经济、文化、党务机关和铁路、工厂、矿山、市政、银行、学校里边建立工作，利用合法团结群众，以便将来更有力地进行民主运动等等。[21]此后，中共在各大学校园内迅速发展、扩充其势力，两党在校园特别是学潮鼓动与反制态势，随之发生逆转，国民党党团势力大幅度削弱，中共地下党在全国教育界一跃成为领导学生运动的超级力量。

时西南联大校内国民党支部已基本处于关闭状态，唯三青团勉力苦撑，与中共地下力量加以缠斗。两股政治势力很快由隐蔽转为公开对抗，直至斗在一起，闹到难解难分的胶着状态。这两股政治力量的缠斗厮打，不但为西南联大学潮再度兴起有着至关重要影响，也为震惊中外的"一二·一"血案埋下了伏笔。所谓形势比人强，中共力量的强势进入校园，以及三青团势力于且战且退中永不放弃、誓死抵抗的恶斗态势，已不是战后的梅贻琦与教授们所能掌控和左右得了的。

据闻一多长孙闻黎明编撰的《闻一多年谱长编》显示，当昆明学生联合会决定于 11 月 25 日晚举办演讲会时，曾事先邀请过闻一多、吴晗等当时被看作"另类分子"或称为"左派"的教授出席。闻一多力主改在联大操场进行，并最终促成了此事。当时与闻一多、潘光旦、吴晗等"另类分子"联系的神秘人物，是一位叫洪德铭的西南联合大学二年级学生。此人乃湖南临澧县人，早年加入共产党并出任过新四军某团政治处副主任。蒋介石下令摧毁新四军大本营的皖南事变发生时，洪氏因重伤被俘，后成功脱险。1944 年，洪考入西南联大（南按：那时被政府逮捕法办后，转学、升学仍自由进出），创建民主青年同盟，为西南联大地下党的主要负责人，受中共南方局昆明方面的负责人华岗和地下云南省工委直接领导。后来中共在联大成立了党总支和下属两个支部，由袁永熙出任总支书记（南按：1947 年，袁与陈布雷之女、1939 年成为共产党员的陈琏结婚。1949 年之后，袁为清华大学党委书记，后被划为右派分子下放改造，陈琏与袁离婚，1967 年，陈琏不堪忍受批斗折磨跳楼自杀），洪德铭、马识途分别出任支部书记，暗中发展学生，反对国民党在校内的统治。闻一多、吴晗等教授在政治方面主动向中共靠拢，并无条件地听从袁、洪等几位中共地下党员学生的指挥调遣。与闻一多等人针锋相对的派系是，以联大历史系主任姚从吾为首的国民党右翼集团骨干分子。姚氏将三青团办得特别高调，很受国民党省党部及中央负责人朱家骅重视。初涉政治的姚从吾见办团已有所斩获，又开始热火朝天地负责组建西南联大国民党党部，在政治上大有冲出联大扶摇直上之势（姚在台湾去世后，蒋介石送的挽彰称"从吾同志千古"，可见蒋把姚视为党内同志对待）。

在 11 月 27 日学潮爆发后，姚从吾便以西南联大国民党支部残余势力，与三青团组织总负责人的名义，致快件向教育部长朱家骅汇报昆明学潮发生情况和他所采取的对策。从维护当局利益出发，姚与部分国民党员特别是三青团成员竭力阻止学潮蔓延扩大。

与姚氏的行动和举措相反的是，根据中共地下党组织指示，闻一多等人希望使罢课斗争扩大和持续下去。于是，在 12 月 2 日由叶企孙主持的教授会上，闻一多不但赞成学生罢课，还力主全体教授罢教，以声援学生示威游行。这一提议受到姚从吾等国民党右翼的强烈抵制，最后以"罢教问题延缓讨论"予以否决。此举令闻一多大为不快，双方都窝着一股心火，并在背后积蓄力量，准备新一轮决斗。

12 月 4 日，西南联大再度召开教授会，闻一多、潘光旦、吴晗等"另类派"教授旧事重提，力主全体联大教授以罢课声援学潮，给当局施加压力。此举同样遭到了以姚从吾为首的国民党籍部分教授的强力阻击。经过长达 6 小时的唇枪舌剑，双方不分胜负，讨论仍无结果。鉴于各大小派系互不相让和自以为是的强硬态度，最后由会议主席叶企孙提议，以投票方式决定胜负。结果是当日入会者共 82 人，赞成停课者 61 票，主张罢教者仅 19 票。会议形成的决议是：自即日起本校停课七天，对死难学生表示哀悼，对受伤师生表示慰问，并对地方当局不法之横暴措施表示抗议。

这一决议，意味着闻一多等"另类派"教授在罢教问题上连战连败，而姚从吾等国民党右翼总算有惊无险，最后取得了胜利。然而，就在姚从吾得意扬扬的时候，国内外政治形势又发生新的转折，西南联大学潮由国内事务，渐渐演化成世界瞩目的热点，并危及美国对华政策。

此前的 11 月 27 日，美国白宫宣布前陆军参谋总长马歇尔继赫尔利任驻华大使，并将以杜鲁门总统特使地位赴华，领大使衔，借此执行特别任务。就在这个关键时刻，平地响手雷，昆明惨案爆发，进一步恶化了国民党在国际上已极其糟糕的形象。蒋介石闻讯自是大为懊恼，急图迅速灭火，以平息国内外舆论和批评指责之声。但是，昆明各校学生和教师，并不接受云南当局的解释和处置，成立了"昆明各校联合罢课委员会"，发表了《罢课宣言》，以"严惩凶手，撤办惨案主使人"为号召与当局抗争。面对血淋淋的四具尸体、一条腿和汹汹舆论，李宗黄、关麟征、邱清泉等被迫收手，不敢进一步采取暴力行动。学生们不仅继续罢课，而且涌上街头进行抗议宣传活动，并与全国各地高校遥相呼应，声势越来越大。在重庆的蒋介石把教育部长兼三青团实际负责人朱家骅找来骂了一顿，令其立即设法平息事端，否则严惩不贷。朱家骅深知此事处理绝非易事，但又不能回避，颇有两姑之间难为妇的意味。受命后，朱急忙找到在重庆正准备赴北平处理北大事务的傅斯年，令其速乘飞机赶赴昆明进行调处，平息汹涌狂涨的学潮。同时拍发电报至北平，催促正在接收清华校产的梅贻琦速返重庆面授机宜。傅斯年得令后深觉事关重大，不敢怠慢，于 12 月 4日下午乘机抵达昆明。

◎手拿烟斗的傅斯年

傅斯年摇晃着高大粗壮的身躯，喘着粗气踏进西南联合大学大门，对事件经过稍做了解，便以其精明和以往处理学潮的经验，认为必须坚持将学生复课与惩凶事项分别办理，只有如此，方有处置的可能，这个想法与重庆的朱家骅不谋而合。

严酷的现实与社会各界的强烈反响以及傅斯年等人的态度，促使蒋介石不得不对学运人物做出让步，并决定对关麟征"明令停职，听候处分"，由青年军编练总监霍揆彰中将接替其职。同时撇开李宗黄，正式授权由卢汉出面主持惨案的调查和善后事宜。

12月8日，昆明《中央日报》刊登关麟征自请处分电文，同时发表蒋介石于7日草就的《告昆明教育界书》。深知蒋介石脾气的朱家骅，已从这封公开书中嗅出了软中带硬，且真有解散学校的意味。朱氏深恐学潮扩大会迫使蒋出此下策，故一面请示蒋介石，允派教育部次长朱经农急飞昆明，会同各方处理死伤学生的善后问题，一面向傅斯年等拍发急电，令其谨慎处理。

关麟征辞职后，昆明学界的矛头又转向了李宗黄，并响起了倒李去李的呼声。鉴于此情，12月8日，傅斯年给朱家骅、陈布雷拍发密电，态度鲜明地表达了政府当局应速撤办李、邱立场。但蒋闻讯，只要求朱转告傅斯年速劝学生复课，恢复秩序，压根不提去李、邱之事。同日，卢汉约集各校教授谈话。9日晚，傅斯年向蒋介石再次拍发密电，颇有和稀泥意味地说道："今日劝导四校学生会代表，彼等已允接受钧座劝谕，早日复课。但时期及丧葬事，明晨由斯年再与彼等细谈。"[22] 同日，美国、英国等一些国家的媒体报道了昆明惨案情形，并尖锐抨击美国政府干涉中国内政，引起了较大国际反响。

为给傅斯年以援手，同时达到向"罢联"施压，逼其就范的目的，12月10日，昆明《中央日报》发表云南省主席卢汉《告各校同学书》。第一句话就是："汉不幸，就职之日，即昆明学潮酿成惨案之时。"接着，看似自责，实则在抽李宗黄耳光地说道："消弭无由，防护无方，虽为时甚暂，诸君谅我，然职责所在，我岂能无愧于心？谁无父母？谁无子女？使我之子女为惨案中之牺牲者，痛心何如？今日之官吏，即昔日之学生。易地而居，愤慨何如？"

当抽完了李宗黄耳光，又巧妙地撇清了自己的责任，落得个一身干净后，卢氏立即板起党国大员的面孔，软硬兼施，劝学生复课，并暗含讥讽地说道："我蒋主席爱护诸君，有如子弟，昨命汉转致各大学校长一书，披诸报端，谅在见闻，谆谆以上课恢复常态相期望，并谓学生一言一动，应为社会之模范，亦系国家之命脉，必须明辨是非，认清职责，重视课业，遵守纪纲，勿自误误国，为亲者所痛，仇者所快。又昭示对于此次事件，必当根据是非与法纪，作公平负责之处置。三读主席手书，仁爱之怀，溢于言表，此真慈母严父，备于一身。蒋主席为中华民国之元首，汉认为每一中华民国之官吏及国民，均有接受服从其命令之义务。"

卢汉暗示自己作为地方长官对罢课不能"袖手不问"，在一定时候可能采取断然措施。最后又说："忆自抗战，于兹八年，诸君或转徙入滇，或负笈晋省，共甘苦者有日矣。汉今日为地方之长官，昔日固诸君之朋友，今各校行将复员，惜别伊尔，为己为国，愿诸君采纳此一忠告！"

最后几句，看似缠绵动情，实则暗含更大的玄机秘诀，即有意透露如不复课，当局将解散联大的口风，以警告学生，挟制在学潮处理问题上趋于中间派的大多数教授，促使其为了自身利益转向政府一边。

出乎意料的是，卢汉文告的发表，不但没有达到平息学潮的目的，相反却激起了昆明教育界对李宗黄新一轮的仇恨。"谁无父母？谁无子女？使我之子女为惨案中之牺牲者，痛心何如？今日之官吏，即昔日之学生"，这字字血、声声泪的述说，无不痛扎着师生的心，激发着对李的憎恨之情。按照卢汉的话推演，那便是：你李宗黄也有父母，也有子女，也是从学生时代度过的。如今做了党国大员，不为国家人民福祉谋利，竟丧心病狂地拿起屠刀砍向无辜的学生。天理何在？道义何在？国法何在？李若不被严惩，何以对天下父母儿女？面对当局对李的庇护，深受刺激的学生们更趋激烈地以去李相要挟，并立下宏心大愿，如果李宗黄不去，决不复课。同时一并提出了另外几条要求，令当局回复。

有研究者认为，卢汉发表此文，真正的目的就在于刺激学生，煽动仇恨，借学生之力向重庆最高当局施压，以扳倒李宗黄，拔去这颗眼中钉，为自己坐稳省主席的虎皮交椅，全面掌控云南地盘开道。如果既扫荡了李宗黄，又平息了学潮，则是卢汉最愿看到的结果。只是学潮未能平息，去李之声却高涨起来。面对此局，12月11日，昆明《中央日报》转发一条中央社讯：

> 警备总部息：关总司令麟征以联大手榴弹案曾向委员长自请惩办，此次赴渝又坚请予以严厉处分，并以此次惨案发生，皆因身负治安之责，事前疏于防范所致，请勿追究其他，所有惩罚，皆愿以一身当之云。

显然，这是重庆方面最高当局欲保李、邱而采取的政治策略，既然身负治安之责的关总司令都认为惨案与他人无关，并愿"以一身当之"，要杀要砍要腰斩，或抽筋剥皮暴尸都愿一人承担，对于李、邱等人又何必非抓住小辫不放，欲扳倒在地或铲除扫荡之而后快？

在昆明的傅斯年看到这条消息，比一般的师生更能领会最高当局的意图。不过，他的领会并不透彻，仅限于以平息学潮为大局的表面现象，至于更深层的内因则没有去想，或根本无法想到。既然有了关麟征"一身当之"的公告，傅斯年也只好按这个意图再度向学生施压，力图劝说学生代表降低要求，早日复课。但双方在讨价还价时均火气甚大，傅斯年以"五四"学生运动领袖、老前辈的派头自居，感情用事多于理性。但此时"罢联"的代表也正处于情绪激动中，不把这个陌生的、脸上沁着汗水、喘着粗气的大块头常委放在眼里，更不买其当年任"五四运动"北京学生游行总指挥的旧账。在联大学生代表们看来，傅斯年当年那一页辉煌的历史已经翻过去了，今非昔比，新的历史使命与辉煌需要新一代年轻人来承担和创造。于是，双方在争执中发生了意见冲突，傅斯年暴跳如雷，差点蹿上去以自己的"体积乘速度"和学生代表来一番对打（南按：傅斯年尝谓与别人打架斗殴的制胜法宝即"以体积乘速度"产生巨大力量，可把对方击趴），幸亏被人拉住方罢，最后的结局当然是不欢而散。事后，傅斯年认为这一切都是因为老妖怪李宗黄所致，盛怒难消中，于11日给朱家骅拍发一封急电，再一次强调"李宗黄如能即去，教授心意可以平"，因为"彼实为主谋主使，去彼则政府占着地步，罔仅受李之愚而已"。[23]

但是，傅斯年显然低估了李宗黄以多年的政客生涯在国民党内部形成的强势地位，更不清楚此前蒋介石与李氏在云南人事上的密谋以及蒋对李的许愿。1945年10月5日，蒋介石侍从室侍从秘书唐纵在日记中记载道："现云南省政府改组业已完毕，均系主席个人独运匠心，外人鲜有知者。"[24]所谓"鲜有知者"，并不是没有一个外人知晓，而是没有几个人知道其中的内幕，作为知识教育界首领人物傅斯年，尽管也属呼风唤雨的一个人物，但对政治高层圈子内的奥堂之妙就不得而知了。相对而言，已跻身国民党中枢、身为党国大员的朱家骅，在政治舞台的搏杀中，显然比傅了解得更多，也看得更远更透，并深知各种政治势力合纵连横、钩心斗角的秘诀要领。此时他虽未必了解蒋与李之间的幕后交易，但显然从蒋宁肯撤换黄埔一期的嫡系爱将关麟征，也不肯动李宗黄一根毫毛，且还要关总司令公开声明"一身当之"的态度这一点，已领悟到其中必有私密和隐情。因而，朱家骅以多年官场历练出的政治敏感和判断力，于当日回电，明确告知傅斯年说："李事一时尚难办到，因此延长必生枝节，务请先行上课，恢复常态，一切俟兄返渝面报主座后似无甚问题。"但"务盼劝导学生即日复课，否则后果莫测，弟亦难负责矣"。[25]

傅斯年接电后陷入了极大痛苦与郁闷，他不能理解蒋的嫡系、堂堂警备总司令、军权在握的关麟征可轻易解决，而一个党棍恶徒李宗黄为何就不能调离昆明？其中到底有何隐情？李宗黄不走，自己不仅说服不了学生，就连教授方面也难有说辞。这一点，朱经农抵昆明的次日就曾明显地注意到了。他在给朱家骅电报中说：此次学潮"不仅为教育界问题，亦不仅为共产党（问题），更有其他方面夹杂在内"，解决起来相当困难。而"目前最大问题即为学生'抬棺游行'。原拟明日举行，经孟真设法，已允改至十四日游行。有无变化，尚不敢说。倘得五天犹豫时间，或可设法将其打消，否则亦当极力避免冲突。此点党政军方面已均同意"。[26]鉴于这一复杂情势，傅斯年越发感到事态严重，心中焦虑不安，血压自然也随之狂升猛蹿。

12日，激愤之情稍微平息的联大学生，向傅斯年明言几项要求不能改变。在反复权衡后，傅认为集中精力推倒李宗黄这块风刮不进、雨泼不透的铁板，是最为急需和关键的一招，否则皆无出路。主意打定，傅斯年狠下心来，于当天发出一封经朱家骅转呈蒋介石的特急密电，电中先是对自己未能尽到复课之责表示"负罪极深"，接着明确、强硬地指出："教授对李宗黄极度愤恨"，[27]希望"蒋公"速下去李之决心。据朱家骅档案显示，傅斯年的这封电报在当天便由朱转给了蒋介石，但蒋仍无丝毫去李之表示。

就在同一天，傅斯年收到由一位朋友自重庆携来的蒋介石侍从室第二处主任陈布雷亲笔信。信曰：

孟真吾兄大鉴：

手函奉悉，已与骝兄同阅，并将要旨报告。闻昨日永衡主席约学生代表谈话后，今日各校开会商讨复课，是此事将有平息之希望。兄等苦心斡旋，所保全者甚多，无限欣慰。然弟有一语愿告吾兄者，即学校方面万不可提出中央所绝不能做之要求（去李），否则此事又将成僵持之局面，而有延长扩大之可能。当局以霍代关，即以关为负治安责任者，而关至磊落，亦愿引负全责于一身，不涉其他。兄之来函末段所言，自属至情至理，然若为中央当局设身处地以思，好必能谅解去李之绝无可能。弟与骝兄对此点（几经踌躇）郑重研究后，弟终于据实陈述于当局，而果不出弟所预想。此点兄必能详察，不待弟之赘述。弟对兄之观察及处境与建议之好意完全明了，而且有几分同感，然万望兄对于此一难题，要切劝各校同人不可提出，庶几吾人共同希望早了此事之目的得以达到。此函仍托便友带昆，匆匆写成，诸维心鉴为感！尊体如何？万望珍重。

弟畏垒谨上

34/12/10[28]

陈氏之信写于 10 日，但辗转到 12 日，即傅斯年发往重庆再度向蒋公呼吁去李的电报后才到手中。尽管如此，事情的结局与陈布雷的劝告之语是一致的。尚与傅斯年友善的陈氏，对蒋、李之间的秘密与隐情自是一清二楚，信中把话说到这个份上，傅斯年才恍然大悟，知蒋、李之间的关系没有自己想象的那样简单，看来近期难以拿下。于是，傅氏只好在摇头苦笑中打掉去李之念，把精力与智慧集中于争取教授支持，想方设法敦促学生上课的计谋上来。

◉ 潮起潮落

就在傅斯年 12 日的电报发出当晚，梅贻琦抵达昆明，这让在夹缝中挣扎突围的傅氏大为惊喜并长出了一口气。

梅贻琦离昆飞渝向教育部汇报完公事，于 11 月 27 日乘机到北平，在颐和园南之新机场降落，然后乘木炭卡车入城，在骑河楼清华校友会遇陈福田，随后一起访张子高、陈雪屏等人，畅谈清华园接收事。翌日，梅与几位同事乘车赴清华园视察，面对离别八年、满目疮痍的故园，自是百感交集。时清华园各房舍仍为日军伤兵留住，梅贻琦"随至各处查看一过，房舍外观仍旧，内部损毁甚重，至器物书仪之损失则一时尚难详查也"[29]。

12 月 6 日，梅贻琦接重庆教育部密电，告之昆明学校摊上了大事，请其速返重庆。梅大惊，于午前急托北大教授沈兼士复电教育部"待机即返"。下午，梅再接教部急电促归，时无民航可乘，只好于 8 日下午亲至北平东皇城根九号访空军司令王叔铭，欲搭乘空军飞机返重庆，王"允为定机赴渝"。梅再托沈兼士复电教部，"告十日返渝"。10 日上午，梅贻琦偕清华原庶务科长毕正宣再访王叔铭，对方"承允明早必有机赴渝，并留午饭"。11 日上午 8 点半，梅贻琦终于在北平南苑机场搭上了空军飞机，于下午 1 点半降落于重庆九龙坡机场，然后乘车进城入住上清寺中央研究院招待所。

稍做安顿，梅贻琦便赶到教育部向朱家骅汇报北平事宜并听命。朱简要叙述昆明方面情况，要梅尽快赴昆处理学潮。当晚，朱设便宴为梅贻琦接风洗尘，陪坐的有中央研究院同人萨本栋、李济与中国营造学社的梁思成、林徽因等，席间再次谈及昆明学潮，朱家骅得知蒋介石当天下午又萌发了解散西南联大和云南大学各校的念头，因而"似甚紧张"。[30] 见此情形，梅贻琦借着酒劲当面向朱保证，明日即赴昆明，到周末一定争取复课，倘"本周末不能安定复课，则与其经政府解散，毋宁自请停办耳"[31]。抗战胜利，西南联大本来就准备解散复员，只是按原定计划要在明年春夏之间，现在既然政府为平息学潮强行解散，那就干脆由校方提出，来个一了百了。——此为梅贻琦为顾及上下左右各方打不开的死结而出的中策。

12 日上午，梅贻琦再度与朱家骅晤谈后告别，因当日没有去昆明客机，只好搭乘一架货机于当天晚上 8 点抵达昆明。梅下机顾不得回家，匆忙"搭公司车至才盛巷，晤孟真、今甫、枚荪、廉澄，以汤面一碗作晚餐，且食且谈，乃详知半月以来之经过。十二点后始返寓，家人惊起开门，略话北平情形，一点半睡"。[32] 梅在日记中的寥寥几语，形象生动地勾勒出当天紧张忙碌的情形。

12 月 13 日，卢汉在不知梅贻琦已到校的情况下，致函傅斯年和云南大学校长熊庆来，措辞强硬地指出："务请约束贵校学生，自明日起，停止一切校外活动。否则此一责任应由校方负之。"[33] 这意味着，云南当局已做好了对学生下手的准备。

同日上午，梅贻琦先后约见叶企孙、钱端升、冯友兰、傅斯年、朱经农等人会谈。特来昆明处理学潮的教育部次长朱经农进门后，说自己刚从卢汉处归来，重庆密电告卢，有"十五日以后如不复课（蒋）即准备举动"之语。[34] 梅听后未做表示。谈话会结束后，梅贻琦赶至云大医院慰问受伤未愈的学生，随后又拜访了卢汉与新上任的昆明警备总司令霍揆彰等军政大员，对各种情形有了较为详细的了解。稍后，梅贻琦与傅斯年商定，二人联合起来对主张继续罢课的师生进行夹击行动。因重庆密电的最后期限是 15 日，故二人在 14 日紧急召集联大常委会，确定把复课期限拖到 17 日。选定这一日期，是因为 15 日恰逢周末，只有周一的 17 日才能看出是否复课。此举既与蒋介石要求不相冲突，又为校方从中周旋延长了两天，而这个时间正好是美国总统特使马歇尔抵达中国的日子。倘学潮即此结束，不啻对马特使献上一个不是礼物的礼物，对国民政府的形象亦有所挽回，蒋介石在肚中憋了多天的闷气自然随之消解。

14日下午5点，梅贻琦特约闻一多谈话，想从侧面摸清"罢联"与中共地下组织方面的反应。二人交谈后，梅对闻的言行颇为失望，当晚在日记中写道："一多实一理想革命家，其见解、言论可以煽动，未必切实际，难免为阴谋者利用耳。"[35]

15日晨，蒋介石侍从室幕僚唐纵奉命以电话向梅贻琦询问学潮情形，并指示"如果不能如期复课，其不上课之学生一律开除，政府无解散学校之名，而贯彻处理学潮之决心"[36]。梅得电后不敢怠慢，迅速与常委会全体召集学生代表在清华办事处谈话，先由梅说明学校规定17日上课之缘由，及届时不上课后果之严重，继由傅斯年、冯友兰、潘光旦、陈序经、周炳琳等名重一时的大牌教授发言，强调学生不仅应顾及为死难学生申冤，亦应为学校前途着想等等。会后，耐不住来回拉锯痛苦的教育部次长朱经农离昆返渝汇报。15日下午，蒋介石电谕朱家骅，声称"此次昆明学潮情形复杂"，责令西南联大和云南大学将"其中主谋及领导分子希速查明具报为要"。[37] 在国民党中枢混迹多年的朱家骅，自然掂得出这个电谕的分量，遂立即将此电转发西南联大和云南大学，待弄清基本情况后，于当夜电复蒋介石，报告说："学潮主谋及领导分子，闻各校教授中态度激烈者为联大教授闻一多、潘光旦、吴晗及云大教授潘大逵、尚健庵、楚图南等，整个首要分子名单，已电令各校当局密查具报，除俟查明立即呈报外，谨先电陈。"[38]

就在重庆与昆明之间密电频传，暗含杀机之时，远在延安窑洞的毛泽东于12月15日，为中共中央起草的党内指示《一九四六年解放区工作的方针》明确指出："目前我党一方面坚持解放区自治自卫立场，坚决反对国民党的进攻，巩固解放区人民已得的果实；一方面，援助国民党区域正在发展的民主运动（以昆明罢课为标志），使反动派陷于孤立，使我党获得广大的同盟者，扩大在我党影响下的民族民主统一战线。"[39] 因了这一明确指令，中共中央南方局对昆明学潮地下组织者和领导者加强了联系与指导。

12月16日，美国总统特使马歇尔衔命到达中国"调处"内战。同日，周恩来率中共代表团吴玉章、叶剑英等人抵达重庆，出席即将召开的全国政治协商会议。仍然是这一天，西南联大学生自治会召开代表大会讨论后，表示拒绝复课要求，并送给梅贻琦一份书面答复："经代表大会决议，在条件未圆满解决前不能复课。"[40] 绕了一个大圈，事情还是落到了最初的起点上。

梅、傅等人见此情形，决定实施反制，命人在西南联大张贴布告，以强硬姿态表示，全体师生一律于17日复课。云南大学80名教授联名发出《告全体同学书》，劝告学生复课。闻一多等人感到无限期罢课，可能逼迫蒋介石采取"最后措施"，而教授们对当局解散联大也忧心忡忡，颇为凄惶，遂有让步的念头。此时中共云南省地下工委经过酝酿研究，认为"罢课必须适可而止。应修改复课条件，除惩凶一条由联大教授会提出公诉外，如其他条件得到解决，即可采用停灵复课的办法，以便巩固胜利，积蓄力量，争取全胜"。[41] 据中共联大地下总支书记袁永熙回忆："会后我见到闻先生，他见面就问：'你们下一步打算怎么办？'还说：'罢课不要拖得太久，过去我们在教授会上说话，多数人都支持，现在会上我们成少数派了。'又说：'教授们从学校利益考虑，都希望早些复课。'我见闻先生这种态度，便将我们开会的情况告诉他。闻先生听了很高兴，说：'这样好，这样好！我马上去告诉梅先生，他是我的老师。'"[42]

当晚，闻一多与梅贻琦进行了晤谈，梅在当天的日记中记载道："饭后九点，光旦偕一多来，一多告学生方面可有转机。甚喜，即走告孟真。"[43]

令梅贻琦大失所望的是，事情并不如闻一多、潘光旦所说的那样有所"转机"。17日上午10点，梅贻琦冒着寒风冷雨，哆嗦着身子与傅斯年同往联大新校舍察看，竟没有一个上课的人影。二人在失落中张皇，于心虚中调整。下午3点，梅怀揣懊丧沉郁的心情约教授会同人茶话："报告最近数日经过及本人（与傅）感觉无望，不能不退避贤路之意。"[44] 继梅贻琦之后，傅斯年起身以哀惋的声调说道："为学校前途和为学生命运计，在万般无奈，无所希望中，作为校务负责人，我们只能引咎辞职，别无他法可求之。"说到这里，泪水不知不觉地顺着面颊流了下来。傅摘下眼镜，用手绢不住地擦拭着，欲述而不能语。受梅、傅二人情绪影响，许多教授对学校前途悲观失望起来，于是纷纷提出辞职。面对此情，向来与闻一多、潘光旦等站在一条线上的张奚若，适时站起来对众教授道："何必呢，我们应该尽力地挽留梅、傅二常委，凡是慰留常委的都请站起来。"[45] 如此一说，茫然四顾的教授们陆续站起来表示慰留，梅、傅二人便半推半就地表示打消辞职之意。

带有使气任性和表演性质的茶话会尚未结束，有人提议转开本年度第六次教授会议，梅、傅二人表示同意，新任教务长潘光旦等签名，入会者达88人，由周炳琳任会议主席，闻一多以书记员身份负责记录。会上，围绕复课与惩凶问题再度展开辩论，以傅斯年为首的大多数教授都主张复课日期再延长三天，诸位应劝导学生于20日一定复课，如届时仍不能复课，则"教授同仁只好辞职"。

针对这项提议，闻一多、潘光旦、钱端升等人则反其道而行之，弄出一个反提议，即"要求政府将李宗黄立即撤职，如不能办到，则全体辞职"[46]。这个反提议，再度将事情绕回过去一直争论不休的"先复课再惩凶，还是先惩凶再复课"的老路上来。于是两派之间就这一提议和反提议，你来我往拉锯式地进行了长达 5 个多小时的争吵。急躁烦闷中，傅斯年气喘吁吁，用他那庞大的烟斗敲得桌子"啪啪"乱响，而闻一多则不时地放下记录的笔杆，手攥比傅氏小一号的烟斗，边抽边与傅展开激烈论争。相互之间越争越恼火，越论越偏离主题，闻一多在猛吸了一口烟后，对傅斯年大声道："这样，何不到老蒋面前去山呼万岁！"[47]据当时出席会议的张奚若说，闻一多这是揭傅斯年的旧疤，很少有人知道的。于是，张与其他教授开始劝解，谓"大家争执，何必重提以前的旧事"云云，意在指责闻一多有些过分。而此时的傅斯年脸涨得比猪肝还要黑一大半，沉默了足有两分钟，突然起身振臂高呼："先生们——"略做停顿后，又用一种颤抖的声音急促地喊道："有特殊党派的给我滚出去！"[48]接着又高呼："布尔什维克给我滚出去！"

面对傅斯年的叫骂与呼喊，闻一多忽地站起，怒气冲冲地对傅道："我就是布尔什维克！"[49]意思是你想怎么着，这一极具挑战意味的口气，令傅斯年更加暴躁狂怒，他把大字号烟斗往桌上"砰"地一摔，剧烈的碰撞使烟斗蹦跳着带动风声从冯友兰耳边擦过，冯氏为之失色。傅斯年复大声喊道："你这个布尔什维克给我滚出去！"

这一声明显带有颤音的叫喊，在场者大为震惊，众人用一种近似陌生的眼光打量着这位当年五四运动学生领袖、北京游行队伍总指挥、目前的联大常委兼北京大学代理校长兼北大文科研究所所长兼中央研究院史语所所长兼国民参政员傅斯年，心中百感交集，大有今夕何夕之慨。当众人把傅斯年强行按回椅子上，坐在身边的冯友兰伸过脑袋，悄悄对傅斯年半开玩笑地说："你原来也是个学生头头，专门跟学校当局闹别扭。现在别扭闹到你头上来了，真是'请看剃头者，人亦剃其头'。"[50]傅瞥了一眼冯友

◎闻一多在昆明潘光旦租赁住所竹篱笆前留影

兰，铁青着脸，只顾猛喘粗气，话已说不出来。

此次会议在无休止的吵闹中总算熬到结束，最后形成三项决议：大意是：本会代表于明日起召集学生自治会全体代表，劝导学生复课，并听取其意见。担任书记员的闻一多在关键的第三项中记录为："本会认为本星期四应行复课。"会议主席周炳琳在审查中认为该记录不够明确，乃改为："劝导学生时与说明本星期四务必复课，如不肯复课，教授同仁只好辞职。"但又加了一个附加条件："只要星期四（20日）整天中有一个学生上课，教授就不集体辞职。"[51]

闻一多等人一直吵闹坚持的那个反提议方案，在本次会议中遭到断然否决，未能写入会议记录。对此，中央社昆明分社于当日发往重庆的电讯稿明确说道，"今下午全体教授会议中，两常委报告此次经过后，各教授一致坚劝勿辞职，并决议于18日全体教授再劝导学生一次，如在20日不复课，即总辞职。同时亦希望政府早日罢免李宗黄"云云。[52]

教授会在纷乱争吵中形成的这个决议，依然没有得到中共地下党领导的学生自治会代表认可。梅、傅等派出各系主任与大批教授加紧做学生的劝导工作，姚从吾等国民党、三青团联大负责人全力以赴，集结校内党团力量，或明或暗地对学生进行内部拉拢、分化、瓦解，各派力量皆憋着一股劲进行最后一搏。此时，眼看杜鲁门总统已公开宣示对华政策，要求国民党必须扩大政府基础，容纳国内其他政治势力，实行民主改革，马歇尔的专机已在中国落地。对国民党政府而言，昆明学潮问题已到了必须摊牌的最后关头。

12月18日上午，卢汉给蒋介石发出特急密电，称："对于学潮最后之处置工作，业已就绪。"目前"作最后努力"。并暗喻，如果劝解失败，即以武力解决之。

战刀已经出鞘，一触即发。

12月18日下午3时，蒋介石给朱家骅发出一封盖有"中华民国国民政府"红印的"国民政府代电"。文称：

教育部朱部长勋鉴：

昆明学潮受少数反动学生操纵，迁延反复，妨害全体学生学业甚大，如延至二十日尚有未复课学生，应即一律开除学籍。除电昆明卢主席查照办理并一面仍准备军训办法候令实施外，希知照并速密知各校当局为要。

中正。（三十四）亥巧。府军信。[53]

朱家骅接电，见蒋介石明令学生复课的最后期限可缓至 20 日，意识到蒋在极度的忍耐中做出让步，悬着的一颗心遂稍微放下。他把蒋令转发昆明，特地告诫傅斯年以及卢汉、霍揆彰诸军政大员，并特别强调在"如何与何时执行"蒋令的问题上，务必"妥慎办理"。言外之意，即使限期已到，也要三思，不可贸然挥刀动武，以免重蹈李、关之覆辙。同时，朱明确要求联大和云大两校当局"再尽最大之努力，恳切劝导学生即日复课，以重学业，以副期望"[54]。

朱家骅在重庆与昆明间全力调和，傅、梅二人与联大、云大多数教授亦积极运作劝导，学生自治会内部开始松动。中共联大支部负责人洪德铭找到闻一多，正式委托闻单独会晤梅贻琦，表示学生会方面的复课条件还可修改，争取梅打消顾虑站在学生会一边。闻一多当天晚上单独面见梅贻琦，并把学生会的条件向梅交了底。心中有数的梅贻琦与傅斯年商定，于 19 日再度召集教授会，通过了以书面形式劝告学生的决议，同时推冯友兰、周炳琳等为代表，面见卢汉，请其取消"禁止自由集会"之前令，如果取消此令，学生减少敌意，事情可得缓解。卢汉听罢，极其痛快地允诺。政府当局做出了让步，布告贴出，学生方面也明显开始发生分化。到最后期限的 20 日，联大各系均有学生陆续到教室上课。但过了两天，上课人数依然不到五分之一，脾气暴躁的傅斯年又沉不住气了。

22 日下午 3 时，梅贻琦与傅斯年再次组织教授会开会，由梅贻琦主持，朱自清等 86 人参加，商量如何进一步推动复课问题。各路派系的教授积极献计献策，最后以折中方式形成决议：在 17 日会议中，曾有人提出政府将李宗黄先给予撤职处分，学生再复课，如不能办到，则教授全体辞职。这项当时未获通过的决议，兹补为"从今日起，以两个月为求此事实现之最大限度"。此决议实际上既照顾了闻一多等人的强硬态度，又默许了傅斯年等人提出的"先复课，再撤职"的主张。对于这项决议，学生自治联合会方面表示基本满意，中共地下党联大支部与民青组织负责人洪德铭认为，闻一多"确在这里立了大功"。[55] 为表明校方态度，由教授会议决，授权梅贻琦向学生自治会发表书面谈话，梅在谈话中称："本月二十日，本人曾对学生自治会理事会代表面加告诫，对于上课同学不得加以阻拦或采取其他行动。乃近两日学生会对于上课同学竟采取行动，剥夺同学应得权利，殊属违背学校纪律，应迅即自行纠正，以后如再有此种行动，本人决将执行学校纪律，严予惩处，以维持秩序。"[56]

22 日晚，梅贻琦在日记中写道：

　　下午三点教授会，学生会又有函，报告'罢联会'对于复课条件再加修改，其意似欲得早日结束者。闻未到会，派寿民暂代。孟真颇示焦躁，盖已决于明日返渝，校事不过问矣。会散后留周、冯、赵晚饭，草'谈话'之二。饭后又随周、赵访傅，劝其稍缓返渝，未得谅允。以后只好仍自支撑耳。[57]

　　此时的傅斯年认为大局已定，自己无须久留，但梅贻琦等人却颇不情愿傅在事情未明确之前过早离开。从梅的日记可以见出，他的内心透出一股独木难撑、孤苦无助的凄凉。

　　出乎梅贻琦意料的是，事件正朝着他期望的目标急速进展，并且急转直下。

　　21日，马歇尔由上海飞至南京，与蒋介石举行了首次会谈。鉴于国内外舆论压力，及对尽快平息学潮的考虑，同时为达到斩草除根的目的，蒋忍痛割爱，电令李宗黄速赴重庆述职，并于23日电告卢汉，对昆明学潮问题应"忍让为怀，谨慎处理"。[58]

　　同样是对马歇尔已经来到中国"调处"的事实，原来暗中推动学潮的中共一方也迅速改换了原有的态势。中共地下云南省工委书记郑伯克接到中共中央南方局从重庆发来的紧急密电，指出："运动已在政治上获得重大战果，应改变斗争方式，及时复课，以便巩固胜利，积蓄力量，把民主运动引向深入。"[59]

　　12月24日，李宗黄卷起铺盖，在万众声讨中黯然离开昆明飞赴重庆。

　　同日，联大常委梅贻琦与云大校长熊庆来联合举行记者招待会，报告"一二·一"惨案真相，明确指出地方党、政、军当局"处置大错"，"应负激成罢课风潮之责任"，并保证学校将根据法律控告杀人凶犯等。国内外报刊纷纷转载这一消息。

　　25日，昆明学生"罢联"经过讨论，一致通过《复课宣言》，声明为顾全大局，"忍痛抑悲，停灵复课"，昆明各校学生即日复课。至此，持续了一个月的罢课风潮算是暂告一个段落。

◎ 九年移帐去

中外瞩目的昆明学潮得以暂时平息，学生们又回归教室上起课来。但每一位师生都感觉到，此时整个西南联大的情形已与往昔大不相同了，那种温馨浪漫、团结和睦的气氛已随风飘散，无处寻觅，冥冥中似有一种神秘东西在校园游荡飘浮，令师生心神不宁、相互防范，甚而时刻警惕有人背后捅刀子。这个感觉刻骨铭心，令大多数师生难以忘怀。许多年后，冯友兰在回忆这段往事的时候说："'一二·一'运动结束以后，联大在表面上平静无事了，其实它所受的内伤是很严重的，最严重的就是教授会从内部分裂了，它以后再不能在重大问题上有一致的态度和行动了。"[60]一个生命体自有其诞生、成长、衰老、死亡的过程，一旦消失不会再有。时势所迫，此时的西南联大已走到了生命阶段的尽头，任何努力已无法挽回曾经的繁盛与强劲。而摆在联大教授会面前的当务之急，不是愈合内伤、重整旗鼓，或再建"教授治校"的威信和威力，而是解散联大，三校各自设法返回平津，再造未来之新生命。

1946年4月12日，西南联大在清华办事处召开教授会议，由梅贻琦报告筹备复员事宜。按此前傅斯年与梅贻琦通信中的设想，鉴于陆海空交通工具难以寻租，联大继续一学期，至9月后再始移动。这一计划遭到多数师生反对，教授们更是强烈要求按原计划于5月10日开始北返，校方只得同意执行。

4月14日下午1时，西南联大昆明校友会为欢送母校师长，在昆明大东门外临江里一七二号龙云公馆举行校友话别会。据说选此地点乃闻一多的主意，为的是让入会者睹物思人，唤起心中的悲愤之情。当天，共有60余位联大教授和200多名学生参加了会议。会上，闻一多按惯例发表了演说。据当时的记录显示，闻一多说过几句客套话后，接着话锋一转，谓：

> 联大就要分开了，北大、清华和南开，不久就要回到老家去啦！这当然是值得高兴的，我也和大家一样，怀念故乡，怀念清华园。可惜，如今除了那半个中国之外，哪儿也不会有安乐土！比如说，这座美丽的花园，多么幽静！这

个会场多么欢畅！你们可也知道：丑恶的东西就躲在旁边，要威胁，要破坏这个会议，要带军警前来检查，要把他们的反动货色硬塞进会场，连这样一点高兴，也不甘心让人享受，连这样一个惜别联欢的会，也违反了什么集会法。现在总算开起来了。但是，这使我不能不想到北平，在那里等待着我们的恐怕不是什么幸福，也许是更丑恶的灾难！

……今天我想说的是，这三个大学都和美国关系很密切，我们都是在美国式的教育里培养出来的，固然也可以学得一些知识和技术，但是经过这八年的检验，可以说，过去受的美国教育实在太坏了。它教我们只顾自己，脱离人民，不顾国家民族，这就是所谓的个人主义吧，几乎害了我一辈子！有些人毕业了，留了洋，干脆不回来了；有的人爬上去了，做了教授，或者当了校长，或者当了大官，有了地位，就显得不同，想的和说的也和别人不一样啦！其实，这些有什么值得夸耀的呢？……

别人又以为我在骂人了。是的，对于反动的不公道的不对的事情，为什么不该骂？

前几天有个刊物隐约地骂了蒋介石，于是他的党徒们嚷起来了，说侮辱了什么似的，还有些好心肠的知识分子跟着说这太过分了，难道说，他这些年造了那么多的孽，害了那么多的人民，骂一下都不行吗？咱们应该讲真理，明是非。我有名有姓，我就要骂！[61]

据参加会议的冯友兰回忆，闻一多越说越慷慨激昂，继之说：

大家都说清华有优良的传统，这不对，清华没有优良传统，有的是半封建半殖民地的教育传统。我受了这种传统的毒害，现在才刚有点觉醒。我向青年学习，学会了一件事，那就是心里想说什么，就说什么。比如我现在想说蒋介石是个混账王八蛋，我就说蒋介石是个混账王八蛋，他就是个混账王八蛋！[62]

闻一多的演说，令在场者大为惊恐，许多人认为有些过分，也有人认为这是闻氏故意耸人听闻，哗众取宠，在幼稚学生面前博取声名，当然也有一部分人为之拍手叫好。作为联大实际掌舵人的梅贻琦听了他人的转述，自是别有一番滋味在心头，在当天的日记中写道：

　　下午昆明联大校友会有"话别"会，余因恶其十二月强梁改组之举动，故未往。晚，勉仲（南按：查良钊）来告开会情形，更为失望。会中由闻一多开谩骂之端，起而继之者亦即把持该会者。对于学校大肆批评，对于教授横加侮辱，果何居心必欲如此乎？民主自由之意义被此辈玷污矣。然学校之将来更可虑也。[63]

　　第二天，即 4 月 15 日，梅贻琦又记道："午前马约翰来，谈及昨日校友会情形，极为气愤。"对此，梅贻琦曾产生了清华大学复员后解聘闻一多的念头，而"在这个时候，梅贻琦接到美国加州大学的一封信，说是他们想请一位能讲中国文学的人到他们那里去开课，请梅贻琦推荐一个人。梅贻琦想推荐闻一多去，向闻一多一说，他就拒绝了。他要留身于'是非之地'，继续斗争下去"。[64]

　　梅贻琦本想来个顺水推舟，把闻一多这个棘手的"斗士"弄到美国，闻并未领受梅贻琦的"好意"，坚决要留在联大斗下去，只有如此才能斗出个名堂。因了闻的强硬态度，尚有谦谦君子之风的梅贻琦亦不强人所难，本着"吾从众"的态度听之任之。只是梅贻琦没有想到，只隔了两个多月，闻一多就被国民党军警特务暗杀于昆明西仓坡居处，算是鞠躬尽瘁，死而后已了。闻氏其"斗"至死的重大意义，正如冯友兰所说："他以他的一死把联大的'民主堡垒'的地位推到当时的最高峰，把当时的民主运动推到最高潮。就在这个最高潮中，联大结束了它的八年的历程。"[65]

　　1946 年 5 月 4 日，也就是著名的五四运动爆发 27 周年纪念日，众人翘首以待的三校复员之日终于到来了。西南联大师生与特邀来宾在新校舍图书馆前广场上，举办了联大校史上最后一次结业典礼。唯一在昆明统揽全局的联大常委会主席梅贻琦，做了具有历史纪念意义的报告。北大、清华、南开三校代表汤用彤、叶企孙、蔡维藩相继致辞。另由校方组织撰写校史简稿一份，留存后世，永怀缱绻。内有："三十四年，抗战胜利。三校奉命于三十五年暑假后在平、津复校，本校亦即因三校之复校而结束。本校之存在虽只九年，然北大、清华、南开为本校之前身，亦为本校之后继。三校以前之历史，亦为本校之历史。三校将来之成就，亦为本校之光荣。由斯而言，本校虽与抗战相终始，而实将与国同休，永垂无极也。"[66]

　　会后，全体师生来到校舍后面的小山，竖起了代表联大师生情感与精神寄托的纪念碑。按照传统款式，纪念碑署名分别是："文学院院长冯友兰撰文；中国文学系教授闻一多篆额；中国文学系主任罗庸书丹。"碑之背面刻着西南联大自抗战以来共 834 名参军入伍的学生名单。碑文曰：

中华民国三十四年九月九日，我国家受日本之降于南京。上距二十六年七月七日卢沟桥之变，为时八年；再上距二十年九月十八日沈阳之变，为时十四年；再上距清甲午之役，为时五十一年。举凡五十年间，日本所鲸吞蚕食于我国家者，至是悉备图籍献还。全胜之局，秦汉以来，所未有也。国立北京大学、国立清华大学，原设北平；私立南开大学，原设天津。自沈阳之变，我国家之威权逐渐南移，唯以文化力量，与日本争持于平津，此三校实为其中坚。二十六年，平津失守，三校奉命迁于湖南，合组为国立长沙临时大学，以三校校长蒋梦麟、梅贻琦、张伯苓为常务委员，主持校务，设法、理、工学院于长沙，文学院于南岳，于十一月一日开始上课。迫京沪失守，武汉震动，临时大学又奉命迁云南。师生徒步经贵州，于二十七年四月二十六日抵昆明。旋奉命改名为国立西南联合大学，设理、工学院于昆明，文法学院于蒙自，于五月四日开始上课。一学期后，文法学院亦迁昆明。二十七年，增设师范学院。二十九年，设分校于四川叙永，一学年后，并于本校。昆明本为后方名城，自日军入安南、陷缅甸，又成前方重镇。联合大学支持其间，先后毕业学生二千余人，从军旅者八百余人。

河山既复，日月重光，联合大学之战时使命既成，奉命于三十五年五月四日结束。原有三校，即将返故居，复旧业。缅维八年支持之苦辛，与夫三校合作之协和，可纪念者，盖有四焉。我国家以世界之古国，居东亚之天府，本应绍汉唐之遗烈，作并世之先进。将来建国完成，必于世界历史，居独特之地位。盖并

◎西南联大纪念碑

世列强，虽新而不古；希腊、罗马，有古而无今。唯我国家，亘古亘今，亦新亦旧，斯所谓"周虽旧邦，其命维新"者也。旷代之伟业，八年之抗战已开其规模，立其基础。今日之胜利，于我国家有旋乾转坤之功，而联合大学之使命，与抗战相始终。此其可纪念者一也。文人相轻，自古而然，昔人所言，今有同慨。三校有不同之历史，各异之学风，八年之久，合作无间。同无妨异，异不害同；五色交辉，相得益彰；八音合奏，终和且平。此其可纪念者二也。万物并育而不相害，道并行而不相悖，小德川流，大德敦化，此天地之所以为大。斯虽先民之恒言，实为民主之真谛。联合大学以其兼容并包之精神，转移社会一时之风气，内树学本自由之规模，外来"民主堡垒"之称号，违千夫之诺诺，作一士之谔谔。此其可纪念者三也。稽之往史，我民族若不能立足于中原，偏安江表，称曰南渡。南渡之人，未有能北返者：晋人南渡，其例一也；宋人南渡，其例二也；明人南渡，其例三也。"风景不殊"，晋人之深悲；"还我河山"，宋人之虚愿。吾人为第四次之南渡，乃能于不十年间，收恢复之全功。庾信不哀江南，杜甫喜收蓟北。此其可纪念者四也。联合大学初定校歌，其词始叹南迁流离之苦辛，中颂师生不屈之壮志，终寄最后胜利之期望。校以今日之成功，历历不爽，若合符契。联合大学之终始，岂非一代之盛事，旷百世而难遇者哉！爰就歌词，勒为碑铭。铭曰：

　　痛南渡，辞宫阙。驻衡阳，又离别。

　　更长征，经峣嵲。望中原，遍洒血。

　　抵绝徼，继讲说。诗书丧，犹有舌。

　　尽笳吹，情弥切。千秋耻，终已雪。

　　见仇寇，如烟灭。赵朔北，迄南越。

　　视金瓯，已无缺。大一统，无倾折。

　　中兴业，继往烈。维三校，兄弟列。

　　为一体，如胶结。同艰难，共欢悦。

　　联合竟，使命彻。神京复，还燕碣。

　　以此石，象坚节。纪嘉庆，告来哲。[67]

　　冯友兰朗诵完纪念碑碑文，揭幕仪式开始。历经九个年头的联大生活就此宣告结束。[68] 西南联大师生留在这块土地上的身影，以及与当地民众建立的深厚情谊，堪谓桃潭秋水，瞻怀难忘。正是：

博我以文日就月将惠此南国
仰之弥高察时垂象譬如北辰

万里采药来载将时雨春风已为遐方开气运
九年移帐去种得天南桃李长留嘉荫咏清华

天教振铎泽被南滇看到满门桃李正开时为金碧湖山平添春色
夜话避戎事同西土例诸欧洲文艺复兴史愿乾坤抖擞早放曦光[69]

注释

[1]《冯友兰自述》，冯友兰著，中国人民大学出版社 2004 年出版。

[2]《陈寅恪诗集》，陈美延、陈流求编，清华大学出版社 1993 年出版。

[3]《蒋介石年谱》，李勇、张仲田编，中央党史出版社 1995 年出版。

[4][29][30][31][32][34][35][40][43][44][57][63]《梅贻琦日记》（1941—1946），黄延复、王小宁整理，清华大学出版社 2001 年出版。

[5]《昆明联大、云大、中法、英专四大学奸党分子鼓动学潮及我方防制经过概要》（1946 年），载《一二·一运动》，中共党史资料出版社 1988 年出版。

[6][7]《李宗黄回忆录》，李宗黄著，台北"中国地方自治学会"1972 年出版。

[8]《关麟征致重庆蒋委员长电》（1945 年 11 月 27 日），台北"国史馆"藏蒋中正档案，特交文电 34030858 号。

[9][14][15][16][24][36]《在蒋介石身边八年——侍从室高级幕僚唐纵日记》（下），唐纵著，群众出版社 1991 年出版。

[10][11][13][41][56][58]《一二·一运动》，中共党史资料出版社 1988 年出版。

[12] 张增智《龙云在解放战争时期》，载《中华文史资料库》，1996 年。

[17]《朱自清日记》，转引自《闻一多年谱长编》，闻黎明、侯菊坤编，湖北人民出版社 1994 年出版。

[18] 王奇生《战时大学校园中的国民党：以西南联大为中心》，载《历史研究》，2006 年 4 期。

[19][67]《国立西南联合大学校史》，北京大学出版社 2006 年出版。

[20]《中国国民党第六次代表大会记录》，载《解放日报》，1945 年 5 月 30 日

[21]《中共中央文件选集》，第 15 册，中央党校出版社 1991 年出版。

[22][23][25][26][27]《朱家骅致傅斯年并转冯友兰、周炳琳、姚从吾电》（1945 年 12 月 5 日），台湾"中央研究院"近史所档案馆藏"朱家骅档案"。

[28]《陈布雷致傅斯年》，载台湾"中央研究院"史语所傅斯年图书馆藏"傅斯年档案"。

[33][37][38][52][53][54] 台湾"中央研究院"近史所存"朱家骅档案"。

[39]《毛泽东选集》，第四卷，人民出版社 1991 年出版。

[42][45][46][47][48][51][55][59][61][62]《闻一多年谱长编》，闻黎明、侯菊坤编，湖北人民出版社出版。

[49]《我所知道闻一多先生的几件事》，载《龙虫并雕斋琐语》，王力著，商务印书馆 2002 年出版。

[50][60][64]《冯友兰自述》，冯友兰著，中国人民大学出版社 2004 年出版。

[65]《冯友兰自述》，冯友兰著，中国人民大学出版社 2004 年出版。关于闻一多死难经过大致如下：1946 年 7 月，西南联大已解散两个月，大部分师生已北归平津，只有少部分人因事务、家庭等原因还留在昆明待机而走。7 月 11 日，中国民主同盟领导人、昆明北门书店老板李公朴，在昆明被国民党特务用无声手枪暗杀。西南联大教授，也是中国民主同盟委员兼云南省负责人、昆明《民主周刊》社长闻一多，听到消息后决定留下来料理李的丧事。此时已有传闻，特务要暗杀的第二人便是闻一多。中共地下党派人深夜通知闻暂时隐蔽，闻未听，毅然参加了在云南大学致公堂为李公朴举行的追悼会。会上，闻一多对国民党特务予以斥骂，发表了著名的演说《最后的演讲》。会后，闻一多又与云南民盟主委图楚南一起来到府甬道十四号民盟所属的《民主周刊》社主持记者招待会。为防意外，闻一多的大儿子闻立鹤特地前来接迎。会毕，闻一多与儿子闻立鹤走出大门向西仓坡宿舍奔去。在离家十几米处，突然从小巷角落里蹿出四条彪形大汉，喝声站住。闻一多父子刚一站定，一颗子弹飞来，击中闻一多脑部，闻立仆，气绝身亡。儿子闻立鹤见父亲脑浆迸裂，倒地不起，立刻赴上前去以身掩护，紧跟着几颗子弹飞来，闻立鹤倒在血泊中。四条大汉骂了几句，转过西仓坡一个弯道，乘一辆军用吉普车扬长而去。身中数弹的闻立鹤被送医院抢救三天，总算保住了生命。闻一多被刺事件经过媒体报道，引起全国人民的关注和愤慨，国民党政权也因此事件而大受影响，尽管蒋介石下令对制造这次事件的当事人与谋划者进行了严厉处罚，仍未消除在人民心中的恶劣影响。

1947 年 4 月，在清华复员北平一年兼成立三十六周年纪念会上，梅贻琦专门谈及中文系与闻一多，谓："八年中本系最不幸者厥惟去年闻一多先生在昆明惨遭杀害一事。闻先生研究中国语文，工力深，造诣高，又能运用人类学等新知识，其贡献于中国神话及文学史者

甚大，壮年被难，不特本校本系之损失，抑亦中国学术界之损失也。"（梅贻琦《复员后之清华·续》，载《清华校友通讯》，复第二期，1947 年 4 月 25 日）

[66]《国立西南联合大学校史》，载《清华大学史料选编》，第三卷（下），清华大学出版社 1994 年出版。据编者按：此稿应系在联大结束前写成，是"拟于北平付印"的联大校志的一部分。

[68] 西南联大于 1938 年 5 月 4 日分别在昆明、蒙自上课，1946 年 5 月 4 日宣告结束，除师范学院学生外，其余师生于同年 6、7 月间分别北返平津复校。整个联大在云南上课时间实为八年余。如以学期计，则为八年又一学期，故有泛称九年者。

[69] 以上为云南省商会联合会、昆明市商会，分别赠国立北京大学、国立清华大学、私立南开大学复校纪念屏联文，载《国立西南联合大学史料》（一），总览卷，云南教育出版社 1998 年出版。

第二十一章　多难殷忧新国运

◉ 北归一梦原知短

西南联大就地解散，三校师生及眷属四五千人，自西南边陲昆明播迁平津。经国府当局与校友共同努力，所属人员搭载各类交通工具，水陆空并进，踏上了北归之路。间关万里，困难重重，所幸北归的男女老幼一路得到各地校友、军政人员及社会热心人士帮助扶持，总算如期安全到达目的地。10月初，清华师生于清华园集结完毕。

沦陷八年多的清华园数次遭日军洗劫，期间换过三批军队共一万余人，而后改为中国最大的"北京日本陆军野战医院"。据当时因腿伤送进这所"野战医院"的日本空军后勤兵市川幸雄说：我1940年进住时，整个校园已是荒芜杂乱，野草丛生，大礼堂放着一架高雅的钢琴，日本艺人来慰问时还使用过，后来就不知所踪了。另外破落的体育馆"角落里堆放着喂马的干草和稻秸，又脏又乱。

◎日本伤兵市川幸雄（右边穿白衣者，左臂绑着绷带夹板），与前来探视的战友在清华园旗杆台下合影

据说清华大学被改成医院之前，曾被日军的辎重部队占用过一段时间"。又说：在礼堂前的庭院中，"有一栋三层楼房，最高一层窗户上装着铁窗棂。当我散步走到那里时，护士警告说：'这里是危险病房，请别过来！'那里好像是精神病房。……在众多士兵中，出现精神失常者是不足为怪的。那些发狂的人们有时会采取狂暴行为，因此护士提醒我们注意。在医院里，每天都有从前线送来的伤病员，每天也都有重新返回前线的痊愈者"[1]。

1942年，在昆明的梅贻琦接到由平至昆公务的校友报告，谓清华园仍为敌人占为伤兵医院。书库内藏书，特别是西文书之贵重部分被抢劫一空，运往敌国。中文部出版之各种期刊，悉遭焚毁。其他中西典籍，于去秋少数移至伪北京大学。生物馆东半已沦为马厩，后进课室为酒排间。工学院全部机器被运去南口修理厂，专供敌人修器械之用。新南院住宅区，变为日军开设的妓院。旧工友早已流散，仅有两位工友留校观望，被日军捉住后，逼为伤兵一再输血，未久皆输死。"凡兹所述，当不逮真相之什一，已足令吾人痛心疾首矣。"[2]

◎日本一流演员小呗胜太郎等艺人来清华园日本伤兵医院慰问，于清华大学图书馆前合影

抗战胜利后的1945年10月中旬，平津一带奉命由第十一战区受降并接收占领资产，清华当局于10月下旬指派张子高、陈福田会同教育部特派员前往接收。11月27日，梅贻琦至北平，携陈岱孙、施嘉炀、毕正宣、陈福田等翌日赴清华园察看，校内仍驻有大批日本伤兵，校园凌乱不堪，接收事宜未克进行。12月初，清华组织一校产接收保管委员会，由陈岱孙主其事。尽管陈等做了大量工作，但收效甚微，原因是国民政府中央派往的接收官员从中作梗，导致清华校方接收节外生枝，进展迟缓。1946年2月25日，陈岱孙函梅贻琦报告在平接收情况，谓："与第五补给区在校

内之交涉，至今仍是无进展，区方面仍是口口声声以一切应由他们接收再发还清华。何敬之先生前复先生之电，区方总说未曾收到，故卫生器材要，被服要，凡是没有油漆之床桌椅要，交通工具，马牛木料、煤也要，而言语之间日人所修之

◎ 1945 年 11 月，梅贻琦、陈岱孙等接管清华大学，在校门口举行升国旗仪式

tatami（榻榻米）木料亦认为应为彼接收。在校病院主持者为郭某，此外有一军需主任廖某——此人态度甚坏，一切接收事俱归其管，其现在作风，就是迁入校内，直接向日人接收物资，接收后，即认为他们已接收，我们无权过问，以后他们走时，自是一切运去也。"[3] 经过梅贻琦与国民政府层峰以及何应钦等军政大员多方疏通，连同教育部部长朱家骅多方助力，清华校产总算从虎口中夺回了大部，但可移动的部分仅属一些零碎的遗物而已。图书仪器等陆续从被劫后保存的机关、单位，如伪北京大学等处运回一部分，而多数器具与仪器已渺无可寻。尽管如此，清华园与零落的校产，毕竟在遥天相隔九个年头之后重新回到了清华人手中，算是苦难中一件令人欣慰之事。

1946 年 4 月 29 日，是清华大学成立三十五周年纪念日，梅贻琦率领清华流亡师生及校友在昆明举行了纪念会。留守北平的清华"接收管理保管委员会"，亦专门邀请部分在平清华校友和媒体记者，前往清华园参加"胜利后首度返校节"纪念活动。一名受邀记者在清华园游览后，写下了如下观感：

先从礼堂说吧，在外表看来，和从前没什么两样，但是内部破坏的地方很多，软硬木的地板已经不再会有弹性发光了，几个铜门也都坏了，但内部的椅子还好好的。图书馆过去被日寇当作病房，书籍和桌子全搬散了，现在校方正在整理遗失的书籍，玻璃地板的书库还没破坏。体育馆敌人把它当作大厨房了，破坏的不成样子。新斋、明斋等宿舍都作过敌人的病房，所以破坏的轻微些。

气象台破坏的最厉害，甚至于连石阶都给移动了位置。至于化学馆、生物学馆、科学馆仪器和家具一无所存，内部的暖气及电线也给破坏了。水力实验馆及土木工程馆等等地方也破坏了很多。旧南院、新南园许多的房子被日寇改换了本来的面目，屋子内改装了许多日本木炕。据说马约翰先生的房子当了养马槽，也许因为他姓马的缘故。校内的建筑物要想重整旧观，恐非短时间内所能办到。

……记者乘车返城，在车上把目睹的情景，和十年前的清华一一回忆，一面怨恨敌人，一面感到复旧工作应十二分的努力。[4]

1946 年 10 月 10 日上午 10 时，复员后首度开学典礼在清华园大礼堂举行，梅贻琦对全校师生做了讲话。根据梅此前提出的清华复员后"不应以恢复旧观为满足，必使其更发扬而光大，俾能负起清华应负之使命"的计划与理想，[5] 全校原来的文、法、理、工四院各自添设学系，另增添农学院，共五院二十六学系，比战前的清华多出十个学系，另外还有一个先修班。学生由昆明迁来者 900 余人，北平临时大学补习班分发者 370 余人。暑期间又招考录取一年级新生及转学生、研究生共900 余人，外加先修班 200 余人，整个清华园学生达到了 2300 余人，人数超过了战前的一倍。而增长最快、规模最大的则属工学院，共有学生 1200 余人，比战前增长了二倍。复员后校内教职员初有 500 余人，教员 391 人，其中教授、副教授 110人，以后数月因需要陆续添聘，工友校警 180 余人，共 720 多人。教师与学生，职工与学生的比例皆为 1:6 强。

11 月 1 日，北大、清华、南开三校为纪念国立西南联合大学成立九周年，于上午十时半在北大四院礼堂举行纪念活动。清华校长梅贻琦、北大校长胡适、南开秘书长黄子坚（钰生），各校院系主任陈岱孙、郑天挺、沈履、马大猷、江泽涵等十余人，以及三校学生、校友 2000 余人入会。梅贻琦作为大会主席带领行礼如仪，继之报告西南联大近九年来艰苦奋斗与三校始终合作到底的精神。因是复员后三校师生首次集会，梅的发言极富感情色彩，谓："今天大家聚集在这个地方，大部分是来自昆明的。想到九年前在长沙、在昆明，更想到开始领导联大之张伯苓、蒋梦麟、傅孟真诸先生没有来，还有很多师长或因特殊任务留在昆明，或因某种原因也不能随校来平津，前者如大家所爱护之查训导长，为了养成云南的师资，主持昆明师院，不仅只是政府的任命，也是经过同仁的研讨，请查先生留下来的。同时怀念到从军与翻译员的同学，经过几年的辛苦工作，有的已经欢欣地回来了，有的已经牺牲在战场，固然为国家出力，牺牲在所难免，回忆起来，一方面很愉快，一方面也很感伤。特别是去年与今年夏天，由于当局的戒备不够，错乱措施，因而遭难被杀害者，今天更觉悲痛！"[6]接下来，梅贻琦讲述了在艰苦的抗战背景下，三校合作到底的奥秘，即，战前三校对事情的看法与做法大同小异，人的方面多半是熟人，三校已为"通家"，间或有远有近，但是很好，这便决定了三校联合的成功。

继梅贻琦之后，南开大学秘书长黄钰生代表张伯苓和校方当局出席会议并演讲，略谓三校合作、互助的精神过去在，今后依然存在。"过去无论辛酸或欢乐，都可珍惜，不要把过去作一个累赘，历史可给教训，也可给累赘。把握现在，展望将来，使三校在学术上之贡献，与日俱增"云云。[7]

最后，由名满天下的儒林盟主胡适演讲。此前卸任国民政府驻美大使而滞留纽约几年的胡适，根据国民政府命令，于1946年7月4日由美国乘船返回上海，29日乘机至北平接替傅斯年出任北京大学校长。也就是说，胡适执掌北京大学校印至这次集会才三个月时间，因而在发言次序中排在最后，但胡却格外客气地说："我是客人，但不敢自外，因为如以九年计，也是创办人之一，且为倡组临时大学者。后来到美国，临大决迁昆明，当时有最悲壮的一件事引起我很感动与注意，师生步行，历六十八天之久，经整整一千里之旅程，后来把照片放大，散布全美。这段光荣的历史，不但联大值得纪念，在世界教育史上也值得纪念。"又说："说到三校是'通家'，在美时，渠曾为全美清华同学会总会长，现在还是南开的董事。战前清华校长罗家伦是我的学生。现任北大文学院长汤用彤，理学院长饶毓泰都是南开之教授。江泽涵也是南开校友。清华教授朱自清，是北大校友，诸如此类，举不胜举。如果说梅贻琦为清华第一代老祖宗，我就是第二代老祖宗。"说到此处，全场哄堂大笑，入会者情绪被调动起来，会场传出欢快的叫喊、盛赞声，气氛达到了最高潮。胡适见此光景，满面微笑，拱手对台上台下的师生说了几句如"三校有九年共患难的历史，过去休戚相关，现在休戚相关，将来也要休戚相关"等客套话[8]，庆祝大会在一片喜悦掌声中散去。

遥想两个月前，当联大师生历尽千山万水，从遥远的西南边陲初次进入被日寇占据了八年之久的北平城时，面对宏大的建筑与破败景象，其兴奋、激动与伤感之情无以言表。特别是清华学生首次走进已初步修缮、勉强敷用的清华园，无不惊叹于宽阔的校园与宏大庄严的校舍。而学生的生活更是令人难以忘怀，正如1943年入校的学生傅元彬所言："抗战胜利于三十五年秋在北平复校，我们是复校后第一届毕业的。……一般人对清华的生活似乎不甚了解，在我来说，那是人间仙境，不只是校园的风景幽雅，可以和圆明园颐和园并称，而且校方对学生的照顾也是无微不至，那时三千多同学大部分都是全公费，我也在内，学校规定凡是清寒的同学，都可享受全公费的待遇，其他少数的是半公费，我记得三十五年秋入学注册时，甚么费用都不曾缴过，自然连伙食费也不必操心，那时全部同学都住在宿舍里，每三人住一间，冬天宿舍里还有暖气，以今日而言暖气已不稀罕，那时的大官富贾有几人有暖气设备呢？充其量也不过生只火炉而已。工字楼宿舍后的饭厅相当大，容纳了全部的同学入伙，伙食团办得不错，每桌六人四菜一汤，不是米饭就是馒头，每月的伙食费由伙食团直接向校方领取公费，每当月底结算时把剩下的钱发还给每位同学作为零用金，有少数同学依我估计约有一百多人，他们希望月底能多剩一点钱，所以在饭厅的边角另成一个伙食团，专吃窝窝头，三十五年教育部朱家骅部长莅临视察，正在图书馆时，不知是哪位同学端了一盘窝窝头送给部长尝试，部长自然是容人之量，不过梅校长则十分尴尬……"[9]另据与傅元彬同级的工学院学生张有琼说：当我们这一群由抗战的大后方回到母校的怀抱中时，特别觉得耳目一新，心胸开阔了不知多少倍，"像是走进了天堂。就拿住来说罢，我住在新斋860号，西式楼房，三人住一个房间，每人有床桌椅各一，还有衣橱柜，房间有人清扫，衣服有人收去清洗。吃的虽然还是拿公费……物价尚称平稳，可以吃大米饭或洋面馒头，每桌四菜一汤。教室几乎各系都有固定的专用房屋，我们机械系就有机械馆，还有热工试验室以及实习工厂等等，其他当然也还有广大的操场、游泳池及室内体育馆，更有漂亮的校车。以上谈到的这些，据老学生们谈起来较之抗战前母校水准，已大幅降低不能同日而语。……可是这种好景不长……发生了几次大游行大罢课事件后，当然书不能够好好的念了，连吃也逐渐水准下降，最后只好啃窝窝头了……"[10]

据《清华大学校史稿》记述，复员后的清华，"各系课程编制与教学制度、教学作风，基本上是承袭战前清华的一套，变化不大"。只是，此时的清华已不再是战前的清华，此时的校风已不再是战前的校风了。诚如冯友兰所言："一二·一"运动结束以后，不但教授会从内部分裂了，"五四运动以来多年养成的教授会的权威丧失殆尽了。原来三校所共有的'教授治校'的原则，至此已成为空洞的形式，没有生命力了"[11]。随着社会各阶层变化以及国共两党争斗愈演愈烈，清华教授团体内部分裂加剧，学潮如汹涌激荡的洪水势不可挡，直至把师生带入国共战争的汪洋大海之中。

此一段情形，从校方存档的《清华两年》所列"大事年表"可窥知大概：

1946 年

11 月 5 日，复员后第一日上课。

19 日，膳团分裂，经济膳团出现。

12 月 9 日，"一二·九"纪念日于冷清中度过，仅一壁报出特刊。

27 日，为沈崇被美军污辱事，饭厅门口有紧急呼吁贴出。

28 日，开紧急代表会，决议为抗议美军兽行，三十日开始罢课。

30 日，同学数百人，步行进城与其他各校联合举行抗议美军暴行大游行。

1947 年

1 月 1 日，新宪法颁布，"普天同庆"。饭厅门口有"恭祝宪法完成"的词贴出，文词优美，观者如堵。

14 日，北大正发动倒陈（雪屏）运动，风浪传入清华。旧年祭灶日物价暴涨。

2 月 13 日，晚七时代表会决议声援渝沪被特务殴打之爱国人士及决定拒领国民身份证。积雪未融，大风曳人。

22 日，35 年度上学期最后一日上课。

24 日，王宪铨同学被捕，消息传遍校内。

◎ 1946 年 12 月，为沈崇事件，北平爆发学潮，掀起抗暴运动。图为清华大学游行队伍

25日，王同学被捕事件扩大，情绪激昂，饭厅门口红绿布告满墙。晚有同学发动签名，要求罢考抗议（时即大考）。

26日，有一千二百三十六人签名支持罢考，下午一时在东饭厅召开紧急代表会，适训导长褚到场报告王君已获释，会中仍决定罢课三天，并成立"抗议非法逮捕罢课委员会"。清华先修班亦决定罢考。

27日，晚于大礼堂开全体同学大会，决议后日复考。

3月14日，张东荪先生演讲"南行二月"。四外长会于莫斯科开会，莫洛托夫提议中国问题应列入议程，因之政府大哗，在各地发动"反苏游行"。今日城中亦有某方主持之游行，上午并有公共汽车两辆，载着欢迎者来清华，接同学游行，然却在同学嘲笑责备声中狼狈而去，清华同学参加者二。一车抛锚，被同学贴满民主标语，并贴"棍子大游行"，"拥护希特拉"大字后缓缓而去。

16日，清华校车被暴徒击毁，并迫令游行示众，上书"共产党大学"。

4月2日，自治会常驻会产生。

5月8日，公费申请获准名单公布，观者人山人海，有喜有愁。

15日，开代表会，决定成立"反内战，反饥饿罢课委员会"。

17日，今日开始反内战反饥饿罢课，并与十九个学校联络，大饭厅作罢委会之办公室，工作至为紧张。宣传队至海甸作街头宣传。决定明日进城宣传。有校内"不肖分子"把守各斋电话室，监视与城中联系。

18日，宣传队员三百多人进城宣传，途中与青年军小有冲突，下午在西单宣传时有同学遭青年军殴打，校车被毁。唐山、天津、北平专科以上学校，开联席会议，当即成立"华北各院校抗议五一八血案后援会"。

20日，全校同学进城游行，以"清华退伍军人大队"领头。

21日，罢课。

22日，罢课。

23日，罢课。

24日，罢课。汪弘同学失踪今日始悉。[12]

《年表》或过于简略，需对当时背景略做补充：

抗战胜利后，原本百业萧条的窘境随着战争再次爆发更是凋敝不堪，特别是1947年之后，整个北方战火频起，城市落魄，工厂倒闭，乡村破产，公教人员朝不保夕，多数学生家庭沦为赤贫。继之通货膨胀，物价一日数涨，市民与公教人员啼饥号寒，濒于绝境。平津高校的教师员工曾组织起来向政府呼吁求援，但"一切的呼吁和请愿都不见效，薪水增加永久赶不上物价。他们只能在生活之前低首下来，怎样束紧腰带咬牙生活下去"。正如清华心理学系主任周先庚教授太太、时为《中央日报》特约通讯员郑芳所述：北方的教授们"三百多万元的月薪只够买八斗多米，想把这些钱分配得够一个月开销，只有仿照一般华北贫困市民，以杂粮来充饥了。几个月以前，胡适博士，这位名闻全球的学者，就叹着气对人说，他家中太太永久须备二锅饭，一小锅是给他预备的，太太和家中人都是一锅杂粮。……清华的梅校长，这位劳苦，为清华服务过三十年的有名学者想必对于昆明还不生疏，因为抗战期间，他一直在大西门内居住着。现在抗战胜利来清华园后却病倒了，先是腿上生疮，开了刀痊愈后，现在背上又生了一个，开了刀后，却一直没有痊愈，靠在床上，还每天在床上批阅公文。医生说是缺乏维他命 B 的缘故，缺乏维他命是当然的结果，在现在的物价之下，哪里还能谈到营养？"[13]

在如此的政治、经济、军事混乱背景与残酷的现实情形下，清华师生于饥寒交迫中，提出了"为生存而设法奋斗"的口号，原来的馒头、米饭膳团先后宣布停办，多数改吃杂粮混合而成的丝糕。饥饿的阴影笼罩着清华园，"求知"与"求生存"那个更为重要？一时成为师生共同讨论的热门话题，清华民主墙上开始出现反饥饿的呼声："内战声高，公费日少，今日线糕，明日啃草！"另一张标语则以"饥饿事大，读书事小！"相呼应。在各种怨声哀叹中，中共地下党瞅准时机，于 5 月 15 日晚清华学生代表大会上加以引导，经过四个小时的激烈辩论，最终通过了震撼全国的"反饥饿反内战"罢课行动，于

◎ 1947 年 4 月 27 日，清华大学校庆，四校代表于清华园合影。左起：昆明师范学院院长查良钊、北大校长胡适、清华校长梅贻琦、南开秘书长黄子坚（清华 1949 级社会学系张祖道摄）

◎ 1947年5月20日，国立清华大学反内战、反饥饿大游行队伍（清华大学校史研究室存）

是，大风潮起。

据当时中共北平"南系"地下党学委委员、大学委员会书记王汉斌回忆说："如果说，在抗暴运动中，我们打了一场遭遇战，事件的发生带有一定的偶然性，那么，1947年5月20日爆发的'反饥饿、反内战、反迫害'运动，地下党则是主动出击的。我们是根据钱瑛同志的指示，有计划、有准备地发动了这一场斗争。"[14]

面对北平教职员工与学生饥寒交迫的事实，以及汹涌不息的学潮，疮病尚未痊愈的梅贻琦，只好拖着病体，力予斡旋，奔走呼号于军警当局与清华师生之间，以光明磊落的姿态和一个杰出教育家的风度，在媒体上公开发表对"学生干政"的意见，谓：

　　学生因生活陷于困苦，对政治有不满的表示，本极自然。一种运动最初发生时，其动机往往极为纯洁，但到了后来，变到使人难于同情。即以此次学生罢课而言，学生因抗议日前游行所发生的事件，宣告罢课三日，期满后本应立即复课，讵又假借其他题目，旷误学业。本来要找问题，问题很多，昨天"西单"，今天"朝阳"，明天后天……说不定问题愈来愈多，究竟要闹到什么时候为止？政治不良，成因绝非起于一日，亦非一日所能改善。故学生罢课决不会使政治立刻改善，也不会因学生罢课而内战就立刻停止。因为打内战是双方面的，非双方住手不能和平。这次参政会是应该讨论这个问题的。……学生定六月二日为反内战日，而要发动全国性的总罢，我亦有所闻。我认为不必再热闹了，因为学生的"反内战、反饥饿"等等口号，经过了这次各地的游行，已经宣传的很普遍了，何必再来一次呢？"

最后，记者报道说："谈到清华学生和青年军发生误会的问题，梅校长称，本校、青年军二〇八师驻地毗近，亟应有密切的联系。前晚本校在农学院邀请该师师长吴啸亚和干部联欢，学生方面昨天亦有代表前往该师解释误会，双方极为和谐。清华并应该师之请，将有教授数人，分期到该师作学术讲演，以加强双方的交谊。梅校长谈这次学生罢课问题，面部表情极为沉痛，充分表示其对青年学生荒废的珍惜。"[15]

然而，学生并未听从梅贻琦劝告，当月 31 日，清华再开代表大会，决定"六二"游行，但仍遵守学联决议。——《清华两年》所列 1947 年"大事年表"记述：

6 月 2 日，"反内战"日，全国各地罢课，民主广场举行追悼大会。今日得悉各地大批逮捕爱国人士，学联决议罢课抗议。

5 日，罢课。

16 日，为追悼武大死难同学罢课一天，开追悼会。

7 月 10 日，开始大考。

17 日，放暑假。

28 日，经二同学金承义因殴打教授开除。

8 月 16 日，朱家骅来清华被同学围住质问甚窘。

9 月 26 日，第一次代表会开会，常驻会产生。

10 月 10 日，放假。晚临时代表开会，为保障人权抗议非法逮捕，决议自明日起罢课三天。

12 日，学校出布告明天上课，自治会请同学坚持罢课三天之决议。

14 日，休罢。

11 月 1 日，联大校庆，晚有纪念会及联大照片展览，北大同学五百人，中学同学数十人，盛况空前。于子三惨死消息传来。

3 日，晚开第二次临时代表会，决议为声援浙大及营救北平被捕师生，自明日起先行罢课三天，罢委会成立。

5 日，上午劝募队进城，同学二人被捕即释，训导长因阻止同学进城无效再度辞职，同学八百余人签名挽留。晚间举行追悼控诉大会。

6 日，同学百余人进城参加学联主持之追悼示威大会，因清华五同学被捕，学联号召如不释放则明日游行示威，并无限期罢课。

7日，校内同学四五百人会同燕京同学步行进城与城内同学会合，时被捕同学已获释，旋即开欢迎被捕同学大会，会后大家返校。

10日，休罢。

12月10日，发行十万元大钞，同学叫苦。

1948年

1月12日，开始大考。

18日，所载九龙事件恶化，张奚若教授揭穿政府阴谋，同学无热烈反应。

3月4日，开始上课。

14日，一九五一级为要求修改大一英文教程事，发出宣言，十五日开始罢课，社团纷纷支援。

15日，本学期第一次代表大会开会。大一同学罢课。

29日，警备部公开查禁华北学联。

4月1日，为抗议政府非法查禁华北学联，本校先修班自今日起罢课五日。代表会开会，决议与学联一致行动，争取罢课抗议，保卫华北学联委员会组成。

2日，罢课。

3日，本校职员一百六十人为要求改善待遇签名罢工。

4日，罢课宣传同学五十余人进城。

5日，罢课。在大饭厅开午叙会，极成功，并有教联会代表及工友致词及朗诵。会后全体同学赴燕京打气。郑之蕃等十一教授宣布罢教。晚开代表会，决议为"反饥饿，反迫害"支援教职员工友继续罢课三天。并决议组织全校性纠察队维持秩序。

6日，罢课。工警联合会为反饥饿宣布罢工三天。工联委员会宣布与教联工会、职员工会一致行动，罢工三天。

7日，警备部指名逮捕二十名北大同学消息传来，下午开第二次午叙会，情绪激昂。

9日，师院被捣毁消息传来，同学八百余人步行进城请愿，胜利凯旋。

10日，晚叙茶会，检讨运动，并有南开同学参加，罢课。

12日，继续罢课。

16日，休罢。

21日，为抗议川大事件及河北高中被捣毁事件，罢课一日。

5月12日，甘介侯先生讲《实际政治》，揭穿竞选总统内幕丑史！

18日，校内整日可闻隆隆炮声，园外附近有战事，通城中公路已戒严。

6月4日，司徒雷登以驻华大使身份发表谈话，对中国学生反美扶日运动加以污蔑。

8日，上海学生为举行反美扶日游行，有同学三人被军警击毙，消息传入校内。

9日，晚间晚叙会，及代表会商讨支持上海同学事。罢课。早晨，有同学签名要求进城举行反美扶日爱国大游行，旋即进城，晚归，西直门曾一度关门。

10日，罢课。

25日，开始大考。

7月1日，暑假开始。

3日，梅校长于体育馆举行茶会，与本届毕业同学话别。南下同学开全体会议。

5日，东北流平学生为要求参议会撤回要他们当兵的议案，游行请愿。市参议会被捣毁。午后于许惠东议长宅边，被军警包围用机枪扫射，死十七人（已查明者。实死人数尚不止此），伤一百二十余人，造成空前未有大血案，校内同学闻悉，悲愤之心情，无法描述。

9日，华北、东北数十院校为"七五"血案事到李宗仁副总统住宅请愿，并在民主广场开追悼控诉大会，本校有少数同学进城参加，多数同学因西直门关闭，被拒城外，且有九同学被暴徒用石击伤，午夜大队于暴雨中返校。

12日，清晨，有"剿总人民服务大队"，数百人包围清华园，靠近校门者为徒手强拉来的农民，较远则为具有武器之"人民"，再远为武装军人殿后，师生出入校门皆强遭污辱及检查。夏翔教授及八同学被殴伤，新林院潘光旦、赵凤喈教授家被闯入园内之"人民"将所种之花果毁坏大半，并用石子投掷教授之住宅。一时园内空气极为紧张沉痛，同学即刻组织纠察队捍卫校园。下午开全体留校同学大会，向当局提出严重抗议。包围校园之武装"人民"于下午七时始全部退出，校车全日停开。

13日，大雨，但园外严重情况并未解除，校车竟日未开。清华教授、讲师、教员、助教，开会商讨对策。

15日，故教授闻一多先生死难二周年，举行"闻一多先生史料遗物展"。晚餐时全体同学静默哀悼，晚九时在同方部举行"追念闻一多先生晚祭"，会场空气极为沉痛，到同学数百人，有朱自清、李广田、吴晗诸教授讲演。在校内紧张空气尚未解除、被捕同学还未释放之际，忽传训导长褚，于明日离校赴台，同学于深夜到褚先生家请愿，请暂缓离校。

16日，训导长褚于晨七时离校，训导长之职由戴世光先生暂代。社一徐芳伟同学已送特种刑庭，同学呼吁营救。南下最末一批同学十余人离校。

暑假。

——《清华两年》所列"大事年表"就此结束。[16]

然而，北平乃至全国高校的学潮不但没有结束，反之更加猛烈、如火如荼地进行。

1948年7月31日，南京教育部向各大专院校发出密令："务望各校当局鉴于局势严重，将校内共产党嫌疑或接近共党营私自便别有企图分子，不论员生，均应视为危害分子，在此暑期内，分别处理，务望肃清。"[17]

8月12日，蒋介石特派对付学生的斫轮老手、青年部长陈雪屏携带"清匪除奸"密令飞往北平。陈下飞机径直来到北平警备司令部，以蒋介石密谕展示，敦请陈继承司令紧急召集在平有关机构和高校负责人开会商讨对策。陈司令不敢怠慢，立即执行。到会者为国民党北平市党部书记长吴铸人、北平市长刘瑶章、警察局长杨清植、北京大学校长胡适、清华大学校长梅贻琦、北平师范大学校长袁敦礼等。另有华北"剿总"代表及警备司令部秘书长邓继禹、稽查处长倪超凡等列席会议。会上，陈雪屏宣读最高当局下达的密令，要求军警迅速出动，搜查逮捕潜伏捣乱的"共党分子"，并要求各院校协助，保证完成任务。

事后，北大校长胡适、清华校长梅贻琦、师大校长袁敦礼等与陈雪屏、北平市长刘瑶章等再度密商，胡、梅、袁等校长认为当局派军警强行入校搜查逮捕学生，于法于理皆不可行，还是按正常的司法程序办理较妥。但陈雪屏与吴、刘、杨以及警备司令陈继承等表示不能做主，坚持按最高当局指令入校捕人。胡、梅等见对方态度强硬且事发紧急，乃直接向教育部长朱家骅并转蒋介石电陈理由。文曰：

> 雪屏来，已细商两次。适、琦以为此事万不得已或可由正规法院执行，若用军警入校，则适、琦极以为不可行，行之必致学校陷入长期纷乱，无法收拾，政府威信扫地，国内则平日支持政府者必转而反对政府，国外舆论亦必一致攻击政府。论者或以为美国亦有清共法案，必能谅解。殊不知美国清共全用法律

手续，决不能谅解军警入校捕人等——现状。试设想最近云南大学的怪象若重演于北大清华等校，国家所蒙有形无形损失固不可胜计，而全校学生骚动，教员解体，适、琦等亦决无法维持善后。故敢以平日忧虑所及，以去就谏阻此事。深盼政府郑重考虑，并乞务转呈总统为感。

> 弟胡适、梅贻琦　未元。[18]

朱家骅接电后立即回复，文曰：

> 胡校长适之兄亲译。密。并转月涵兄。未元电敬悉，无任感佩。已转翁院长并转呈总统核示矣。

> 弟朱家骅　未寒里。[19]

当天晚上，北平"剿总"司令傅作义约胡适、梅贻琦会谈，略谓奉最高当局密令"暂不入校拘捕，由法庭传讯。名单性质请特注意。并请慎重将事"[20]。

8月19日，北平军警针对地下共党学运骨干的大逮捕开始了，普通高校中有100余名嫌疑学生被逮捕，投入北平城内草岚子监狱。

8月20日晚，梅贻琦向清华教务会议报告当局逮捕学生事态，略谓：8月19日，清华校方接警局送拘票张冠堂等6人，传票劳乃光、毛世英等26人。20日校方回复法庭，午前又接第二批传票27人。下午警官来校催询。校方应请协力劝告学生者：勿抗拒。不到庭者只好速设法离校……[21]

就在梅贻琦汇报之时，以梅本人署名的清华大学《致北平高等特种刑事法庭公函》，早已根据梅校长指令由秘书处于下午送往特刑庭，略谓：贵庭签发拘票拘提本校学生张冠堂等6人，准此经查"张冠堂一名，本校并无此人，吴锡光一名已于上学期退学离校，杨得园、杨荣厚、宁世铨等叁名均于上月毕业离校，至郭德远一名，因暑假期内未在校，相应函复查照"。又，午前拘传名单开列26名，嘱为送达之由。"查其中劳乃光、刘元鹤、杨鸣岗、杨春曜、李玉润、许四福等六人业已毕业离校，傅秉良一名业已休学，崔利益、贺文元、毛世英三名本校并无此人，至其余裴毓荪等拾陆人，因值暑假，各生行止不定。……贵庭传票，惟均不在，未能送达，除已布告各该生于返校后即行领票到案外，相应函复，并希查照为荷。校长 梅贻琦。"[22]

洞若观火的北平高等特种刑事法庭，对清华大学校方敷衍了事，或称欺骗隐瞒自是清楚，唯因职责所在，传不到一"嫌犯"，则无法向当局交差，遂再度向清华校方发出第二批多达 27 人的拘传票。清华校方除仍旧敷衍外，小心谨慎的梅贻琦怕有闪失，遂于当晚教务会议中，提出不到庭者速设法悄然离校潜伏或藏匿的应对之策……

　　就在北平军警四处搜查追捕共党与学运骨干，各高校警笛鸣响，刺刀摇晃，直至弹片横飞之际，1948 年 9 月 12 日，中共将领林彪指挥的东北野战军在辽宁省西部和沈阳、长春地区，对国民党军卫立煌部发起总攻势，史称辽沈战役。此役东北野战军以伤亡 6.9 万人的代价，歼灭、俘获国民党军 47 万余人，缴获了大批美制武器装备。经此一役，国民党军元气大伤，踏上了衰亡败退之路。9 月 16 日，中共华东野战军以 32 万兵力，围攻国民党重点守备的战略要地济南城，历时 8 天，城陷，国民党军 10.4 万人被歼，最高指挥官王耀武出逃至寿光县境，被当地民众与公安部队（武警）山东总队寿光县中队官兵截获俘虏。

　　11 月 6 日，中共华东、中原野战军与地方武装共 60 余万人在以徐州为中心，东起海州、西至商丘、北至临城、南达淮河的广大区域内，向集结在这一地区的 70 万国民党军发起强大攻势，是为淮海战役（南按：国民党称之为徐蚌战役）。解放军攻势凌厉，兵锋所至，所向披靡，国民政府首都南京岌岌可危。

　　面对危局，清华校长梅贻琦于内外胁迫中，上下奔波，左右调和，心力交瘁，既痛心于复员后兴起之全国骚动，又感多年抱持之大学教育理想再次破灭，遂"与平津学术机构（大学院校、国立图书馆与若干公私立研究所）主管暨爱国学人，频频联名发表对国是之呼吁，希望国人明辨是非善恶，珍重国家民族前途，配合世界局势，避免无谓之叫嚣与扰乱社会治安、动摇战后人心望治之群体活动（如反饥饿、反内战、罢课游行、反美等等）。一九四八年冬季，平津三十六学人祈求平乱之宣言，先生与胡适之同列名其中（张佛泉、刘崇鋐、崔书琴、梅贻宝诸教授皆在内），国内外论者咸认为持平之议"。——尽管梅贻琦等迭次发表声明，疏导学潮，解救师生衣食难题，朝夕焦思奔走，终因大局逆转，无补于事，"渐乃认定毕生办学之理想，与夫蒋廷黻'大大学'之主张，至此皆成为绝无可能之幻想。……先生之慨叹者屡矣"[23]。

◉ 如此匆匆更可悲

面对山河崩裂、天地改色以及大厦将倾的国民党政府，蒋介石困兽犹斗，在决心背水一战的同时，没有听天由命，而是采纳了历史地理学家出身的著名策士张其昀（晓峰）纵横捭阖之术，决定着手经营台湾，作为日后退身和反攻大陆的"转丸"之地。

在国民党军队大举败退台湾之前，根据蒋介石密令，以中央银行为首，把储备黄金、白银等财宝全部秘密运往台湾。据国民党当局后来披露，1948 年之后从大陆运到台湾的黄金、银锭、银圆共有 3 批，其中黄金 27 亿 7500 万余两，银（锭）圆 1500 万元，另有 1530 万余美元存进美国银行的国民政府账号。

1948 年 11 月 10 日晚，国民政府行政院长翁文灏以故宫博物院理事长身份，召集朱家骅、王世杰、杭立武、傅斯年、李济、徐森玉等故宫和中博两院理事于官邸举行谈话会，决定先把当年运往伦敦展览的精品文物 500 箱运往台湾，同时将中央研究院史语所、中央博物院筹备处、中央图书馆等机构的主要文物、图书一并运往台湾，并由朱家骅向蒋介石呈报，争取海军派军舰押运。于是，故宫博物院南京分院、中央博物院筹备处、中央图书馆、中央研究院历史语言研究所、外交部档案室等五机关联合组成统一机构，将所藏的珍贵文物、图书和历史档案、外交案卷等装箱运往台湾。本次迁运，由教育部次长、故宫博物院理事会秘书、中央博物院筹备处主任杭立武全权指挥。经海军派出的"中鼎"号军舰、上海招商局派出的海护轮、海军部派出的"昆仑"号运输舰等三艘舰船相继运送，至 2 月 22 日全部运抵台湾港口。至此，五家机构共 4286 箱古物、资料、珍贵图书、档案等全部运完，无一件损坏。故宫博物院南京分院运去的珍贵文物多达 2972 箱，这批文物后来存放于台北"故宫博物院"。而中研院史语所仅"内阁大库"档案就达 311914 卷（册），其中明代档案 3000 多卷（件）。史语所的历史文献珍宝与其他文物抵台后，先暂放于台北杨梅铁路局仓库，后转南港"中研院"史语所历史文物陈列馆永久保存。几乎与此同时，中研院史语所全所大部分人员如李济、董作宾、石璋如、凌纯声、芮逸夫、高去寻、屈万里、王叔岷、全汉昇、董同龢等于惶恐纷乱中，携妻带子乘

◎中鼎号军舰运送文物抵达台湾后，复运输军队赴台

军舰和商船，紧急逃亡台湾海峡那边的孤岛，只有吴定良、夏鼐、郭宝钧以及晚一辈的逯钦立等少数人留下来"静观待变"。

1948 年 11 月 29 日，东北野战军会同华北军区主力共 100 万人，在北平、天津、张家口地区联合发起平津战役，与国民党军傅作义部 60 万人展开决战，平津形势岌岌可危。出于对清华前途命运的考虑，梅贻琦与教授会、评议会要员迭次筹商，"曾有人建议再迁校于江南或昆明，但以事实所限，毫无可能。仅为防万一，在北平城内设一保管小组，将学校重要账册文件移存保管"[24]。

12 月 10 日，解放军炮击北平市，中南海落有炮弹，社会与各大学动荡加剧，梅贻琦与南京当局联系，商就应付方策。12 日，北平城被解放军包围，南苑机场失守，国民党军气脉已竭，力不能支。蒋介石急派飞机空投手谕致平津守军各军长，以鼓舞士气。手谕末尾以悲壮无奈的口气道："固守待援，不成功，便成仁。"13 日，北平西郊炮声隆隆，解放军发射的弹片从清华园上空"嗖嗖"掠过，校内教职员生及眷属大为惊恐，纷纷逃跑躲避，清华陷入混乱。鉴于此情，校方只好宣布停课，师生员工自寻避难场所与出路。

在国民政府风雨飘摇、大厦将倾的危急时刻，朱家骅、傅斯年、杭立武、蒋经国、陈雪屏等在蒋介石授意下，于南京紧急磋商谋划"平津学术教育界知名人士抢救计划"细节办法，并很快拟定了"抢救人员"名单。名单包括四类：

（一）各院校馆所行政负责人；
（二）因政治关系必离者；
（三）中央研究院院士；
（四）在学术上有贡献并自愿南来者。[25]

计划既定，立即实施。南京方面急电北大秘书长郑天挺，令其迅速组织胡适、梅贻琦等平津重量级知识分子火速南下，共商图存大计。密电到达，胡适以筹备北大50周年校庆为由不肯起身，而接到电文的清华校长梅贻琦也磨蹭观望。直到1948年12月12日，胡适接到朱家骅亲自拍发的密电："明天派专机到平接你与陈寅恪一家来京"，才有离平的打算。不巧的是，就在这一天，清华校园"北面即有炮声，晚间有大部由平绥路退下的国民党军，住在学校附近。十三日上午炮声更近，在[清华]气象台及宿舍屋顶上，已可望见北面战争的进行"。[26] 当国民政府由南京派出的飞机飞抵北平上空时，南苑机场已被解放军控制，飞机无法降落，遂在密集炮火硝烟中空返而回。

12月14日，蒋介石两次亲自打电报催促胡适飞南京，并派专机迎接。胡得此消息，知北平不可再留，决定乘机南飞。行前的匆忙慌乱中，胡适给北大秘书长郑天挺和汤用彤等人留下了一张便笺：

> 今早及今午连接政府几个电报，要我即南去。我就毫无准备的走了。一切的事，只好拜托你们几位同事维持。我虽在远，决不忘掉北大。[27]

此时北平南苑机场仍被解放军控制，当天南京派来的飞机未克降落，胡适夫妇与城内的清华大学教授陈寅恪等人联络，等待下班飞机到来后再设法南行。

15日，平郊战火蔓延，枪炮声更加杂乱紧急，清华园内的国民党军炮兵已于凌晨悄然撤去。下午，解放军一部开到并进驻清华园，平郊海甸一带已成为解放军的天下。在南京为"抢救学人"计划翘首北望终未如愿的蒋介石，心知北平存亡到了最后关头，再抢救无着便无机会，万分焦急中亲自下达手谕派出飞机再次飞往北平，胡

◎ 1948年，叶企孙（左）和陈寅恪（右）于清华大学

适、陈寅恪两家闻讯赶至中南海勤政殿等候。北平"剿总"傅作义下令城外部队组织兵力向南苑机场攻击，不惜一切代价夺回机场，完成"抢救学人计划"。两军经过两个轮次的浴血大战，解放军退缩，国民党军夺回了机场控制权。下午，南京派出的飞机冒着解放军发射的炮火在北平南苑机场紧急降落，傅作义命人通知胡适等立即前往登机。于是，胡适与陈寅恪两家，立即从中南海勤政殿门前换乘傅总司令的座驾驶往南苑机场。与此同时，北大、清华的毛子水、钱思亮、英千里、黄金鳌等著名教授，先后乘车到达南苑机场。因时间紧迫，被抢救南飞的教授除了手中几件行李，再无他物。胡适只挑选了视为珍宝的甲戌本十六回《脂砚斋重评石头记》和《水经注》稿本随身携带，与夫人江冬秀一起南飞，小儿子胡思杜却出乎意料地自愿留在北平，迎接解放。而陈寅恪在登机前的恓惶怆然中，留下了一首对后世研究陈氏思想至关重要、标题长达38字的"乱离永诀诗"：

戊子阳历12月15日于北平中南海公园勤政殿门前等车至南苑乘飞机中作并寄亲友

临老三回值乱离，北平卢沟桥事变，香港太平洋战争及此次
蔡威泪尽血犹垂。
众生颠倒成何说，残命维持转自疑。
去眼池台成永诀，销魂巷陌记当时。
北归一梦原知短，如此匆匆更可悲。[28]

就在胡适、陈寅恪一家飞往南京的当天，国民政府行政院第二十九次会议通过，正式免除台湾大学校长庄长恭职务，任命中央研究院史语所所长傅斯年为国立台湾大学校长并公示。对于这一任命，傅斯年并未理会，他深知还有清华校长梅贻琦与诸多中央研究院院士等一大批学人没有抢救出来，必须利用一切可行的方案加以抢救。16日，负责指挥"抢救学人计划"的傅斯年再拟一快函代电，通过航空系统由平津路局转致北大秘书长郑天挺，急切要求对方再做努力。函曰：

天挺：
　　空运队可即派两架机到平，兄前信中所开三批名单，作一次走，又中航机亦可能到平，其他可走者，应即准备勿延，与剿总联络，务即办好送斯年。
　　此页乞转北大郑秘书长天挺或清华梅校长！

弟　傅斯年

一、今日（十六）中航五架大部空归，想校方未接头好，可惜之至，以后必须先集中，每人只能带随身行李，剿总协助，如协助胡校长是必须的！

二、通知时请千万勿犹疑，犹疑即失去机会。

三、必须事先集中，与中航联络好。

四、凡北大郑秘书长或清华梅校长或师大袁校长出证之搭客（教授及眷属）均不必在北平付款，在京由教育部直付。

又，大维甚记念其令妹大缜，乞兄务必问她一下，给她一个机会，至感！

一、决定

二、集中

三、与交通联络好

四、剿总协助

今日胡先生与总统谈及由总统指定三人小组，陈雪屏、蒋经国及弟，大绂则由弟联络，大维大买（卖）力气，每日调度至可感。只要以上□办好，而机接（新旧）可行（南按：原文如此），飞机要原原（源源）而来的。

十二月十六日

17日，"抢救"陷入围城中的"学人"计划仍在进行，鉴于北平方面无一点音信传出，傅斯年于焦急中再发一电：

特快

北京大学郑秘书长毅生兄：

北平速凑够一机人数约四十人后即急电雪屏，友人可走者均须搭此款机。

斯年　元[29]

南京方面急如星火，北平方面却因解放军围城正紧，飞机降落与起飞地点皆成问题，南苑机场险象环生。无奈中，北平"剿总"只好在城内东单一块空地上抢修跑道，可供小型飞机起降，这条跑道成为南飞人员唯一的通道与出口。

清华大学于13日下午炮声紧迫宣布停课后，国共两军在附近地区展开搏杀，清华师生四散，有的入城避难，有的散往各地，多数仍在清华园"静观待变"。周边居民于炮火中纷纷入清华园避难，空气更趋紧张，各色人等陷于对战争的恐惧与慌乱之中。时清华保管小组已设城内骑河楼校友会居地，校长梅贻琦因学校经费枯竭，乘车进城设法，临走对同事说提些款项明天一早赶回，想不到当晚电话得悉解放军已占领北平西郊各地，清华园已落其包围圈中，师生出入已受限制，西山通西直门之大路亦遭封闭。15日，大批解放军开始围城，梅贻琦已无法出城，遂以电话通知，请校务会议代理校务，冯友兰为主席，暂主持校内事务，并设法维护校产及师生安全。

延至19日下午，梅贻琦接到南京"抢救学人计划委员会"将于明天派飞机在北平东单降落，并请他组织学人登机南飞的电报。事涉紧急，许多重要事务已来不及处理，落荒于城内的清华员生亦无法安置。当天夜晚，梅贻琦匆草一书给北大的汤用彤、周炳琳、郑天挺等人，书曰：

锡予、枚荪、毅生诸兄惠鉴：

明日如竟走了，关于城内清华员生事宜，还须请费神照料，既愧且感。清华现在城内教员中，已嘱托五位负责联系：许振英、陈体强、唐统一、李宗津、张肖虎。

1. 前商请北大垫备教职员借款各若干，办法如改，按各人底薪核发十二月份薪数亦好，或尤较直捷，请酌定告张君等。

2. 如能领到三个月经费（包括学生公费），琦意学生不必发给三个月，仍照现办法维持为妥。（有公费者以后再清结。）

3. 北大如于近期上课，可否请令清华百余学生依班系寄读，俾得完成本期学业，则嘉惠更多矣。

临别心绪烦乱，不尽欲言，诸友均祈代候。

弟 梅贻琦 匆启
十二月十九日夜[30]

这是已知梅贻琦飞南京前草就的最后一封书信，清华师生的命运自在其挂怀之中。

20日，南京方面派出的飞机在北平东单降落，原拟由东长安街越哈德（崇文）门起飞，但因雾雨交加无法行动，直等到21日下午一时雾开云散，梅贻琦率领第二批政府"抢救"学人登机启行。为数不多的送行者"目睹先生只带手提打字机一架，别无长物，神情凄怆，默然登机。飞机越过城墙时，只见机身仅高过五六尺许，大家惊叹不已"[31]。

当晚，梅贻琦一行抵达南京明故宫机场，前往采访的《申报》记者连夜发出如下电讯：

◎崇文门

政府派专机飞平救援各大学名教授之工作，因北平城内机场可资使用，已于廿一日开始，第一批教授及其眷属等廿四人，廿一日下午五时分乘专机两架先后飞抵京，其中有清华大学校长梅贻琦及李书华、袁同礼、杨武之、董守义、张颐、张起钧、顾毓珍、赵梅伯、江文锦等。专机抵达时傅斯年、陈雪屏及蒋经国等均至机场欢迎。据梅贻琦氏语记者，北平一周前确甚紧张，现已较前稳定，清华大学一度停课，现已复课，学校对于应变亦已有准备。记者询以如北方各校之校长及教授南来，是否仍如抗战时期相同，设立联合大学，梅氏称现与抗战时期不同，另设联大或无可能。[32]

梅贻琦由北平南飞以及日后具体情形，从梅给夫人韩咏华信中略知大概，梅说："起飞空场不大，跑道不长，吾们的飞机是第一次载重起飞，C47只载十四人，连行李不过半量，起飞的几秒钟实在担心。听说驾驶员是空军选的好手，所以很顺利的起飞了。五点到南京。在我们之后第二架就费些事，但亦平安到达了。现住在赤壁街三号招待所，与胡先生同住，消息较为灵通。不过来客太多，往往终日不能做事。"又说："平津各校员生南来者人虽不多，亦有事须照料，所以成立一'联合办事处'，吾为主任，北洋大学张校长含英为副主任，有问题时再与胡校长等共同商量。在此人员均自一月起在南京发薪，所以清华的薪津即从一月起，不必向北大借领。"[33]

● 梅贻琦南飞之谜

在服务清华 30 多年岁月中，梅贻琦曾不止一次言及自己"生斯长斯，吾爱吾庐"。在 1948 年这个改朝换代、天翻地覆的历史转折时刻，作为一校之长的梅贻琦，为何置部分同事甚至中共秘密劝说于不顾，抛下清华多数师生执意南飞？向以沉默寡言、处事稳重严谨的梅贻琦本人没有留下回忆文字，只有身边的亲朋好友、同事弟子有片断的回忆可供梳理、考证、探讨。

许多年后，梅贻琦秘书沈刚如回忆说："一九四八年十二月，解放战争临近北平近郊，清华园可闻激烈枪声。十三日星期一，枪炮声更密更近，学校决定自下午起停课。连日来校长皆于下午进城与城内各大学校长商讨应变措施。十四日下午，校长以电话把我召至其家，交给我一包股票和契纸（这是与清华合办数学研究所的卢木斋后人交来用作基金的），让我整理好抄一清单。另外，叫我把一枚金圆和一根金条交给出纳组妥为收存。交代清楚后，校长便乘车只身进城。当晚黄庄一带即告解放，校长欲归不能，从此梅校长便离开了我们。"[34]

另据抗战胜利复校后担任清华教务长的吴泽霖回忆："他临走的时候，有一天早上，哪一天，我忘记了，在门口他乘车出去，我刚走进来，他车停下来，我先问他，怎么样？听说你是不是要走？他说，我一定走，我的走是为了保护清华的基金。假使我不走，这个基金我就没有法子保护起来。最后两句话是他思想的一闪念，很紧张。以后到上海后，他给我通过一次信，以后再也没有联系了。"[35]

赴台后一直追随梅贻琦的秘书赵赓飏，在梅南飞前后住在北平骑河楼清华同学会，恰好目睹并参与其事。赵说："十五六日先后遇清华刘崇鋐、噶邦福两教授及同学多人，皆间道落荒绕路由德胜门入城，略知校园消息。晚间谒先生于其次女公子宅得悉：（1）冯友兰先生十五日下午宣布：a. 代理校务；b. 开班讲授唯物论辩证法。（2）青年部与教育部除派专机迎接北大胡校长南飞外，将续派专机接运平津各大学教授。（3）北平各院校已组成接洽专机之小组五人，先生任召集人，师大袁校长敦礼及北大郑秘书长天挺在内。（4）先生已不能回校，急于向中央洽商善后，将乘第一架教授专机飞南京。原嘱笔者同行，若来不及，即嘱笔者以教育部督学身份，参加小组，并电话通知郑天挺，俾直接联络。"[36]

对此事最具发言权的是梅贻琦夫人韩咏华，几十年后就当时情形做了如下回忆：

> 北京解放前夕，我的大女婿在国外，我怕大女儿祖彬与丈夫长期分离，就跟梅先生商量，决定由我送祖彬出去。一九四八年十一月廿八日，我带祖彬及她的两个小孩搭亲戚（南按：卫立煌将军）飞机离开北京，飞往广州，之后不久又转到香港，借住在祖彬爱人的兄嫂家里。
>
> 这时候梅先生还在北京，他为学校事务城里城外地奔波着。十二月十四日下午他进城办事，赶上北京城被围，阻于城内，从此再没有回到清华。南京国民党政府连续来飞机接人，他搭乘最后一班飞机走了。以后，梅先生从南京取道上海到香港，在香港遇到一个法国朋友，约他到日内瓦参加联合国的会议。这样，梅先生就离开中国大陆了。[37]
>
> 另，我在广州报纸上看到谁谁走啦，就是梅校长还是从里从外照顾学生。以后，听说进城以后，出门证作废了，他住在北京饭店，那时南苑的飞机场炸毁了，在东单修跑道，有飞机去南京，他赶上尚在北京，梅贻琦和华罗庚就坐那个飞机到南京去了。到南京后又到上海，当时李宗仁在南京。我们就在香港相遇，我从广州到香港，他从南京、上海到香港。我问他，你为什么不把祖芬带来，他说他念书呢，是个学生，不要紧，我是不能回清华啦，能出城还是要出城。[38]

从以上相关人员的回忆可以看到，梅贻琦离清华园和北平的时间、地点、事情进展脉络基本不差，只有一度做过清华大学法学院院长的陈岱孙，在 1980 年 10 月清华召开的纪念梅贻琦会议上，有另一种说法，陈谓：梅进城的时候，"西直门每天晚上都关门，10 点钟左右关门，不过有一个出门证，清华也有一个三联单出门证。有出门证，可以开这个西直门出来，随便什么时候办理都可以。但是那一天，出门证失效了，不许出来，就回到城里去了。住到胡适家里，过了一、二天，胡氏说，你不必回去了，跟我一起走吧！于是就跟胡适一起走了"[39]。

陈岱孙这一说法，引起出席同一次会议的原清华党委办公室主任何介人的质疑。何说："据台湾出版的一份材料说，梅先生进城后，没有住胡适家。有人告诉梅先生南苑机场有一架接胡适的飞机，你是不是一齐走。据说梅先生说，不是接我的我不走。后来是乘另一架国民党接教授的飞机走的。"[40]

以上二说，何氏所闻是正确的，只是用不着根据台湾出版的材料加以佐证，从梅氏出行时接触人员的叙述，以及《申报》等媒体报道即可见出事实真相。对此一经过，清华1938级校友张起钧说得更加清楚。张说："三十七年冬，共军围北平城，我侥幸得与梅贻琦先生同乘政府接运教授的飞机离北平，在这一段变乱危难的当中，我看到了梅先生崇高伟大的人格，垂为典训的风范。真所谓是：'时穷节乃见，一一垂丹青。'"[41]

按张起钧的说法，梅贻琦离平大体经过是：由于战事紧张，北平城门关闭，梅被困城中不能回清华。12月9日，梅得知东单操场的临时飞机场修好，南京政府飞机来接运教授。当天晚上梅贻琦和北平师范大学校长袁敦礼等学界领袖及少数进城的教授，齐聚在北大秘书长郑天挺办公室内，商讨第二天南飞事宜。鉴于胡适飞走时的混乱情形，大家主张有秩序地组织起来，由梅氏为主导，跑腿打杂的事则由年龄最小的张起钧担任。同时规定裁一部分邮简，由梅、袁签字，郑天挺和张起钧盖章，算作临时飞机票，凭票登机。张说："这批起飞的除了梅先生和本人外，计有李书华、张颐、杨武之（杨振宁的父亲）、敦福堂、赵梅伯……等先生。（当时本还有胡先骕、钱思亮两先生，第二天临时因故未来，又改补旁人，梁实秋夫人便是临时补进这批飞出的。）计划好后，二十日清晨大家齐集北京饭店候机，由于南京有雾不能起飞，大家又在北京饭店住了一夜，二十一日中午起飞，傍晚到达南京。"[42]

关于何介人在会上质疑陈岱孙说法过程中，提到梅贻琦曾说过南京派来飞机"不是接我的我不走"之事，张起钧这样叙述和解释：

最使我感动的是他那临难不苟的精神。在梅先生离平的前几天，我偶然去看胡适之先生，恰好知道胡先生即将搭乘政府来接的专机离北平。于是告辞回家，默祝胡先生的顺利成行。傍晚获知：由于共军的炮火控制了南苑飞机场，胡先生一行并未能成行［后来傅作义下令军队冲了一阵，护住了机场，胡先生才与张佛泉先生等在十五日起飞（南按：张当日未能起飞，过了几天坐中央民航派出的飞机出走的）］。这是十二月十四日的事，那时清华的敦福堂教授逃进城来，住在我家，便忽然想起梅先生也正在城里候机离平，何不通一消息（因为当时北平的局势已极混乱，大家不能保持正常联系），使梅先生与胡先生一起飞出围城？于是敦先生便马上打电话给梅先生。凡是那时身在围城中的人，当可知道大家是如何焦急的渴望离开这围城。尤其长春围城的惨状，大家谈虎色变。假如北平的战事继续下去，则其情形将不堪设想。何况还有政治立场的问题？因此在敦先生预料：梅先生闻讯后一定大喜若狂，立即行动，那知梅先生在听到此事，并弄清这架飞机并不是接他之后，他竟无动于衷，一如平日缓和低沉的声调，说是他不预备去。虽经敦先生一再告以时局的危急，错过这架飞机，可能不会有机会，但他始终若无其事的谢绝了这建议。后来政府接梅先生和各位教授的飞机来了，他才把一切事安排妥贴后，从容不迫的提着一架打字机，拿着两本书走上飞机。

最后，张起钧说道：在这一幕前因后果中，我亲临其境，我深深地受到了感动，而深深地体会到梅先生的高风亮节。但可惜我不能把我这意之所会，传诸于言。这并非纯由我的笔笨，而是当时还有许多相关的事件与情势，只有在这些事件的情势的陪衬中，才能了解其意义。若是摒弃背景，脱空而言，不仅挂一漏万，有失真相，并且还会由于文字的隔障，反滋歧义。不过有一点我可以说的："许多人在平日装腔作势，好似高不可及，一旦遇到危急关头，便丑态百出，以求苟免，因为他内心本没有真正高贵自尊的地方。而梅先生则是已把高贵自尊建基于本身，因此才能夷险一节，不为外境左右。甚至在生死存亡的关头，都一直保持着尊贵不群的风格，使人顽廉懦立，肃然起敬。——这才真是中国读书人传统的最高修养；这才不愧是一个'人物'。"[43]

正是梅贻琦无愧于一个"人物"，才在昆明跑警报时从容凛然地指挥掩护师生躲避炸弹，而不像昆明联大时代某教授一样面无血色，"连滚带爬"地丑态毕现；更不可能以堂堂的"清华第一代老祖宗"、国立清华大学校长之尊，屈居于清华"第二代老祖宗"，同是国立大学一校之长的胡适之下，求其走后门开舱救济，何况关乎清华命脉存亡续绝的庚款基金，还与自己有很大关系！尽管梅贻琦绝没有仿效当年曹操挟天子以令诸侯，挟清华庚款基金以自重之心，但南京方面的官僚政客甚至最高当局，亦不至于糊涂到把如此一个掌控国之重金的重量级"人物"抛置脑后。因而，在傅斯年主其事、以北大为主要联络点的"抢救学人"行动中，北大校长胡适等顺理成章地抢先一步出走，南京方面再派机"抢救"梅贻琦等人，就成为一种必然。而梅的出走恰是于匆忙中，经过自己精心考虑之后做出的决定，而不是像某些局外人如袁随善等所言"什么都来不及就被架上飞机"。[44]此点正如叶公超所说："梅先生是个外圆内方的人，不得罪人，避免和人摩擦；但是他不愿意作的事，骂他打他他还是不作的。"[45]短短几语，已触到了梅贻琦的典型性格和灵魂。做过"外交部长"的叶氏乃清华知名教授，与梅共事多年且私谊甚笃，对于梅的评价绝无似是而非的外交辞令，而是一针见血地点出了梅的本质。这一点，从许多年后冯友兰的回忆中亦见得分明。

时任清华文学院院长、梅离校后主持校务的冯友兰回忆说：1948年12月上旬，陈雪屏从南京到了北平。陈本来是北京大学教育系教授，后来当了西南联大的训导长，南京认为他有一套对付青年的办法，把他调去当了青年部部长。陈雪屏抵北平时，由东北南下的解放军已推至昌平一线，陈于匆忙中召集梅贻琦等清华教授开会，商讨"抢救学人"实施办法，并云南京已派飞机至北平南苑机场待命，被"抢救"者随时可以登机南飞，等等。在场者相顾无言，均不置可否，会议不了了之。想不到挨到12月中旬，"有一天晚上，校务会议在梅家开例会。散会后，别人都走了，只剩梅贻琦和我两个人。梅贻琦说：'我是属牛的，有一点牛性，就是不能改。以后我们就各奔前程了。'他已经知道我是坚决不走的，所以说了这一番告别话"[46]。冯友兰听罢梅言，不禁黯然神伤，又不知如何言说，二人相望不语，握手道别。

在这一关键转折点上，有一个不可忽略的细节是，梅贻琦尚未离开清华校园，曾有学生张贴海报并结队至校长办公室和住宅请愿，要求梅不要跟随国民党南撤，留下来继续主持校务。此时已秘密赴解放区的原清华历史系教授吴晗，也发来"挽留"函电。设在张家口的中共电台发出广播，略谓"北平各大学惟有清华校长梅贻琦可以留任，请勿擅离"云云。[47]梅闻此消息，认为是一种"劝降"："对政府同仁，殊有无法表白之苦"。[48]恰在此时，有军方亲戚卫立煌将军携眷南飞之便，"梅夫人及长三两女公子（祖彬祖杉）与两外孙，仓皇离平赴沪转香港。次女公子祖彤，适在北平市内住院产一女，四女公子祖芬，方在清华二年级读书，一家人乃分别离散"[49]。——此为梅贻琦决然乘机离平赴南京，进入溃退中的国民政府中枢的又一史实脉络。

梅贻琦走后，清华大学虽有临时校务会维持，但教职员工连同部分学生仍有各谋前程的打算。据清华校友林从敏回忆：1948年底傅作义息兵，中共军政人员入城。我们接到通知，在骑河楼清华同学会将有个聚会。那时天气还冷，到会者只有百人左右。讲话的有三人：张奚若、罗隆基、吴晗。吴的讲话我记得清楚，他说："梅可以留在清华，胡是走了好。"对于吴晗此言，林从敏分析说"那时吴先生与邓小平、彭真等的关系很和谐，听说是邓的扑克牌友，邓总是称他为教授，且已内定为北京副市长。吴先生对梅师与胡适先生的看法，可以说是半官方的意见。不久周恩来在协和大礼堂对北京高校的校长、教务长们谈话：'梅贻琦先生可以回来'，而且承认'梅先生没有做过对共产党不利的事'"。林从敏认为："这可以说是共产党官方对梅师的看法，也可以看出他们对予梅师这个教育家的尊重。也证明了梅师不会出卖同学。"[50] 另据当时有人透露，梅贻琦走时对人说："我留下有二种可能，一种是做傀儡，一种是做反革命，因为这两种都是我不想做的，所以必须走。"[51]

对于种种说辞和解释，清华校史研究者黄延复教授认为"虽有些刺耳，但只要认真思索一下便会承认，这种分析还是切中要害的……梅离开大陆，是他的文化立场和教育理念使然。对他来说，既是必然的，又是必要的。而且，恰恰是从这件比较容易引起敏感的事情上，才能真正窥察出他超人之处——头脑的清醒，决意的果断，以及对于自己的理念或为人原则的执着和坚守"[52]。与黄延复的分析推断相呼应的是，梅贻琦胞弟、一度做过燕京大学校长、教育界呼之为"小梅校长"的梅贻宝，于1948年底携家带口辗转万里到了美国，并在美国教育界终了一生。对于兄长梅贻琦出走的理由，梅贻宝的解释是："战后大家在北平复员，'五哥'一家搬回清华园校长住宅。住处是宽敞多了，但伙食日用，仍甚拮据。随后我们……离开了北平，各自辗转到了美国。"[53] 梅贻宝的话，似有在一个大时代转折中，因时势所迫，不得不重新选择人生道路的意思，这个意思或应了鲁迅先生那句话："中国现在是一个进向大时代的时代，但这所谓大，并不一定指由此可以得生，而也可以由此得死。……不是死，就是生，这才是大时代。"——两位梅校长的出走与吴晗等人的留守，以及后来各人的"得死"与"得生"，皆缘于这一命运转折的"大时代"之裹挟与放逐。

与以上诸说颇为不同的是，原清华秘书长沈履之子沈铭宏有此一段"宏论"，略谓：早期清华鼓动学潮的人物，主要是张申府一类左派人士，"一二·九"时期地下党从不出面，主要抓的是钱伟长一类爱出风头的人。日本投降，清华迁回北平以后也是这样，南系、北系地下党领导从不出面，我从没见过彭佩云参加游行，闹腾的都是我们一类的大路货团员。"因为校长常年不在北平，但我父亲有时候能给学校搞到一些经费，所以清华对外出面基本上是我父亲出面。1947年钱学森考虑回国工作，到清华参观，在我家吃的早饭（我父亲认识钱学森的父亲），问我父亲为何校长不见面，我父亲告诉他，梅贻琦在南京搞钱。"又说："1946年以后校长梅贻琦一年在学校不超过一个月，主要在南京当官（国大代表等）。清华解放前几天他突然来清华，向我父亲要走了全部外汇（'庚子赔款'的存款和现金），我父亲当即问他钱都拿走了，这个月教职员工的薪水都没有办法发了，梅说那你自己留下一点，我父亲没有肯要。吴泽霖（教务长）收下一些钱，所以新中国成立后成了大历史问题。梅贻琦拿了钱当即离开清华，第二天随胡适逃往南京。梅的秘书周久庵是经手人，为此'文革'被逼死（新中国成立后在校图书馆工作）。梅贻琦拿走的钱就是他去台湾后，蒋介石因为要搞原子弹才成立台湾'清华大学'的原因与经费。"

最后说："我和梅贻琦之子梅祖彦很熟，对他爸爸的看法我们基本一致。"[54]

沈氏的"宏论"与众不同又悬念丛生，堪称一部电视剧剧本的好素材，只是仅一句"第二天随胡适逃往南京"，就明显与事实不符，藉见列举其他类似悬念故事，尚待释疑与考证之处不少。

然而，以上诸家叙述不论有多少待解悬念和待考证之处，有一个事实不会改变，这便是梅贻琦确于 1948 年 12 月 21 日由北平飞抵南京。

就在梅贻琦等抵达南京的第二天，朱家骅在陈立夫等 CC 系挤压下被迫辞教育部长职，行政院院长翁文灏为首的内阁继之总辞职，孙科即另行组阁，并拉梅贻琦入阁继任教育部长，原青年部长陈雪屏为教育部政务次长。时梅贻琦正痛心失落清华，无法多接运北方教授南飞，面对"众生"即将进入一种陈寅恪所预言的"颠倒"的生活状态和方式，梅不知从何说起，遂"翘首北望，无限焦思"，坚辞不就，只允任"南来教授招待委员会"主委，暂客居上海老友朱经农家中。[55] 对于内中原因，梅在南京清华同学会有过沉痛解释：自己"身为清华校长，把清华弃置危城，只身南来，深感惭愧，怎好跑出来做官？"[56] 对于梅的态度，孙科表示理解但又不愿放弃，一时形成了"梅先生坚辞，孙科则坚邀"的僵持局面。"虽经李副总统促驾，蒋总统召见劝说，先生始终谦辞逊谢。"[57] 在你来我往的拉扯中，政院改组令急于发表，教育部长仍列梅贻琦名。梅见报后通过新闻记者发表谈话，谓：自己"留平不南来，对不起南方朋友，来了就作官，无颜对留平的师生"，坚辞不允。[58] 部事遂由政务次长陈雪屏代行。

随着战事越来越糟以及国民党高层相互倾轧，包括朱家骅辞职，梅贻琦拒不入彀，傅斯年血压高涨即将病倒等一连串事件发生，"抢救学人计划"渐趋式微。继之国民党军队大举溃败，以及李宗仁集团逼迫蒋介石去职下野的呼声高涨，此一计划最终以虎头蛇尾的方式结束了它的使命，大多数教授学人仍留居平津未克南行。

1948 年底，淮海战场的国民党军全线崩溃，北平城破在即，国民党败局已定，蒋介石决定辞庙下野。在退出历史舞台之前，蒋氏通过行政院突然任命心腹干将陈诚为台湾省政府主席，倾全力经营台湾，为国民党撤退做准备。这道命令，连时任副总统的李宗仁和台湾省主席魏道明都事先毫不知情。

1949 年 1 月 9 日，被解放军围困在淮海战场达 66 个日夜的徐州"剿总"副总司令杜聿明，向蒋介石发出了最后一封电报："各部队已混乱，无法维持到明天，只有当晚分头突围。"[59] 是夜，两军展开激战，国民党军全面溃败。整个淮海战役，解放军以伤亡 13 万人的代价，歼灭、俘获国民党军队 55.5 万人，除李弥、胡琏等杰出的军事将领突出重围外，徐蚌"剿总"副总司令、战场总指挥杜聿明和参谋长文强等高级将领被俘。

1月15日，解放军占领天津。胡适匆匆赶往上海拜访银行家陈光甫，商讨赴美求助方案。

1月19日上午，傅斯年遵照事先安排，赶赴机场搭乘军用飞机赴台，出长台湾大学校长。

1月22日，驻守北平的"剿总"傅作义，在各方合力夹击下，决定身子倒向中共一边，宣布《关于和平解放北平问题的协议》公告，北平城内25万余国民党军被他一道命令移出城外，开至指定地点听候解放军改编。整个平津战役国民党军队损失52万人，解放军伤亡3.9万人。

1月31日，解放军进入北平城。

4月21日，中共毛泽东主席、朱德总司令发布"向全国进军的命令"，号召人民解放军广大官兵"奋勇前进，坚决、彻底、干净地歼灭中国境内一切敢于抵抗的反动派，解放全国人民，保卫中国领土主权的独立与完整"。[60] 当天，中共中央军委一声令下，百万大军在西起九江东北的湖口，东至江阴，总长达一千里的战线上，强渡长江，国民党苦心经营达三个半月，号称"固若金汤"的长江防线轰然崩溃。

4月23日，国民党统治了22年的首都南京失守，崩溃中的国民政府南迁广州。24日，南京解放。

当此之时，时孙科已于南京城破前辞行政院长，由何应钦将军组阁，教育部由杭立武接掌，梅贻琦遂卸脱部长虚衔，成为国民党在大陆统治时期最短命的教育部长。

10月1日，毛泽东在北京天安门城楼上宣告中华人民共和国中央人民政府成立。时正在广州与国民党军政大员策划阻止解放军进击的蒋介石，闻之痛心疾首，在当天的日记中写道："据报，共匪已于十月一日在北平成

◎北平解放

立伪人民政府，毛泽东为主席，副主席六人，宋庆龄为其中之一，总理在天之灵必为之不安。国贼家逆，其罪甚于共匪，痛心极矣。"[61] 晚上，蒋氏以沉痛的心情独自步入黄埔公园的屋顶纳凉，心中"忧虑党国，不知何以为计"[62]。

10月10日，正是国民党政府庆祝"双十节"之日，身为基督徒的蒋介石于晨四时起床，早课完毕，仍感六神无主，不能自制，遂以《圣经》卜问国民党前途与自己的命运。一番凝神默祷之后，蒋氏闭着眼睛按住《圣经》，随手翻开一页，而后用手指点在某处。查看内容，"得使徒行传第九章四十一节之启示，有彼得拯救多加起死回生之象"。[63]《圣经·新约·使徒行传》第九章四十一节原文为："彼得伸手扶她起来，叫众圣徒和寡妇进去，把多加活活地交给他们。"

见此卜文，蒋介石神情为之一振，心中默诵："感谢上帝，使我中华民国得由忠贞子民介石之手，能使之转危为安，重生复兴也。"[64]

10月14日，在解放军隆隆炮声中，广州解放，"国民政府"再迁重庆，蒋介石随之出山，在台湾与四川之间布置、指挥战事，并在大陆度过了最后一个生日——63岁诞辰。

11月，桂系将领白崇禧指挥的子弟部队大部被歼，争战与和谈皆不成器的败家子李宗仁，在政治上赖以生存的条件与靠山被摧毁，遂于11月20日以就医为名，从南宁乘专机仓皇逃往香港，后流亡美国。

11月30日，重庆陷落，蒋介石偕蒋经国乘机逃往成都。

12月7日，新任"行政院长"阎锡山（南按：3月孙科辞职，何应钦继任；5月何辞职，6月阎接任），率领包括"中央研究院"在内的"国民政府"各机构，从成都逃往台湾，"政府"迁台声明当天对外发表。

12月10日下午2时，蒋介石带着儿子蒋经国，在瑟瑟寒风中，从成都凤凰山机场起飞逃往台湾。此时的蒋氏没有想到，此一去，竟成永诀。

注释

[1]《悲惨的战争——我的回忆》，[日]市川幸雄著，戴炳富等译，清华大学外事办公室1990年4月。

[2] 梅贻琦《抗战期中之清华》（三续），载《清华校友通讯》，第八卷第一期，1942年

4 月。

[3]《陈岱孙函梅校长报告在平接收清况》，载《清华史料选编》三（上），清华大学出版社 1994 年出版。

[4] 二水《胜利后首度返校节》，参见《清华大学史料选编》，第四卷，清华大学出版社 1994 年出版。

[5] 梅贻琦《复员后之清华》，载《清华校友通讯》，复第一期，1947 年 3 月 15 日。

[6][7][8] 梅贻琦、黄子坚、胡适《纪念联大九周年校庆大会上的讲话》，载《益世报》1946 年 11 月 2 日，北平。

[9] 傅元彬《快乐的一年》，载《清华校友通讯》，新五十九期。新竹。

[10] 张有琮《忆》，载《清华校友通讯》，新五十九期，新竹。

[11][46]《冯友兰自述》，冯友兰著，中国人民大学出版社 2004 年出版。

[12] 据 1947 级学生傅元彬回忆：“三十六年北平反饥饿大游行的前一天，有人在宿舍挨门逐户，约请同学们参加大游行，我和室友三人都加以拒绝，宋君诘责他们：‘吃饱了没事做，反甚么啊？’翌日的大游行学校只有三百人参加，我相信他们都是盲从的。队伍一进了西直门就和愤怒的中大学生遭遇了，北大的队伍在西单牌楼也遇上了一队徒手的青年军，他们气不过看不惯，于是引起一场混战。仔细想一想，后来的北平，学生能比以前吃得好吗？冬天还有暖气享受吗？我想他们内心的感觉当是‘欲说还休，欲说还休，却道天凉好个秋’。”（傅元彬《快乐的一年》，载《清华校友通讯》，新五十九期，新竹）

[13] 郑芳《北平教授们的生活状况》，载《中央日报》，1948 年 1 月 29 日于清华园。

[14][15][51][52]《清华传统精神》，黄延复著，清华大学出版社 2006 年出版。

[16] 国立清华大学《1948 级年刊》，1948 年，内部刊物。载《清华大学史料选编》，第四卷，清华大学出版社 1994 年出版。

[17] 张颂甲《解放前夕北平的“八一九”大逮捕和草岚子监狱》，载《中共党史资料》，2006 年第 3 期。

[18][19][22] 清华大学档案馆藏档案。

[20][21]《梅贻琦手拟在教务会议报告大纲》，载《清华大学史料选编》，清华大学出版社 1994 年出版。

[23][24][31][33][36][47][48][49][55][57]《梅贻琦传稿》，赵赓飏著，台北：邦信文化资讯公司 1989 年出版。

[25][29][30] 北京大学档案馆档案，全宗号（七）。

[26][46] 冯友兰《解放期中之清华》，载《清华校友通讯》，复第一期，1949 年 4 月 24 日。

[27] 王昊《文人南渡》，载《历史学家茶座》，总第八辑，2007 年 6 月出版。

[28]《陈寅恪诗集》，陈美延、陈流球编，清华大学出版社 1993 年出版。

[32]《申报》，1948 年 12 月 22 日。

[34] 沈刚如《献身大学教育的梅贻琦先生》，载《文史资料选编》，第十八辑，政协北京市委员会文史资料研究会编，北京出版社 1983 年出版。

[35]《回忆梅贻琦座谈会》（吴泽霖发言），载《梅贻琦先生纪念集》，黄延复主编，吉林文史出版社 1995 年出版。

[37] 韩咏华《我与梅贻琦》，载《梅贻琦先生纪念集》，黄延复主编，吉林文史出版社 1995 年出版。

[38]《回忆梅贻琦座谈会》，韩咏华发言，载《梅贻琦先生纪念集》，黄延复主编，吉林文史出版社 1995 年出版。

[39]《回忆梅贻琦座谈会》，陈岱孙发言，载《梅贻琦先生纪念集》，黄延复主编，吉林文史出版社 1995 年出版。

[40]《回忆梅贻琦座谈会》，何介人发言，载《梅贻琦先生纪念集》，黄延复主编，吉林文史出版社 1995 年出版。

[41][42][43][56] 张起钧《临难不苟的梅贻琦先生》，载《梅校长月涵先生逝世三周年纪念刊》，新竹"清华大学" 1965 年 5 月印行。

[44] 袁随善《怀念梅贻琦校长》，载《清华校友通讯》，复 20 期，1989 年 10 月。

[45] 叶公超《梅贻琦：一位平实真诚的师友》，载台北《传记文学》，第六卷第五期，1965 年 5 月。

[50] 林从敏《追忆校长梅贻琦先生》，载《梅贻琦先生纪念集》，黄延复主编，吉林文史出版社 1995 年出版。

[53] 梅贻宝《五月十九念'五哥'》，载《清华校友通讯》，新十二期，新竹。

[54]《沈铭宏回忆父亲沈履》，载《清华名师风采》，增补卷（下），周文业、胡康健、周广业、陶中源编著，中州古籍出版社 2016 年出版。

[58] 蔡麟笔《杏坛巨星，人师典范》，载《清华校友通讯》，新一一三期，新竹。

[59]《蒋介石年谱》，李勇、张仲田编，中共党史出版社 1995 年出版。

[60]《毛泽东选集》，第四卷，人民出版社 1991 年第 2 版。

[61][62][63][64]《"总统"蒋公大事长编》，秦孝仪总编纂，台北：中山图书公司 1968 年出版。

第二十二章　大事因缘

◉ 浮槎入海

　　1949 年 3 月，南京阽危，梅贻琦奉命转赴上海继飞广州。5 月，国民政府教育部部长杭立武，在广州邀约历任教育部长李书华、王世杰、陈立夫、梅贻琦等四人于爱群酒店相聚，共商未来方针大计。时解放军攻势凌厉，众人知大陆难保，随把精力集中于台湾和海外。梅贻琦任务是联系有名的教授学人，赴台湾筹组编译馆，他本人先赴巴黎出席联合国教科文组织的科学会议，会后再赴台主持。此前的筹备工作，学术部分由清华 1920 级校友、正拟辞职赴台的中山大学校长陈可忠负责；行政部分由清华 1934 级校友赵赓飏办理。议毕，梅召赵赓飏由南京赴广州，命其刻梅贻琦名章一枚。未久，部令下达，赵赓飏受权携梅章先行押运教育部档案材料专轮赴台，而后随教育部中等教育司司长胡家健视察台湾中等教育，同时筹商创设编译馆事宜。

　　6 月底，梅贻琦由广州赴香港，与夫人、孩子短暂相聚后飞抵巴黎，与李书华、郭有守、陈源、袁同礼、程其保、蒋复璁等，代表国民政府出席即将召开的联合国教科文组织第四次科学会议，并出任首席代表。其间，国内形势急转直下，梅贻琦面临人生最后抉择。据出席会议的国立中央图书馆馆长蒋复璁（字美如，号慰堂）回忆：当时共军自北向南势如破竹一路推进，"一天早晨我与梅先生两人在

◎ 1949 年，泊于台湾基隆港的上海货轮，船上装满了逃台的达官贵人及其小轿车等物品

联教组织的办公室内阅报，看了许多坏消息之后，梅先生忽然神情激越地对我说：'慰堂，我们准备全部接受吧！'说了一句——他也没有再说，我也无法接话，我们两人忧闷地默对着。我揣测他的话，就是，一切痛苦，我们准备接受。我从他面部表情看，觉得有一种坚毅不屈之色，真是神圣不可侵犯。中国儒家的大无畏精神，有的是杀身成仁，决不妥协；有的是不屈不挠，坚苦卓绝。梅先生的临难不苟，忍苦负重，就是这种精神的表现"[1]。

上述一段回忆，如果不是蒋氏故意编造或夸大其词，或像鲁迅所讽刺的一类，对文人名士"谬托知己"并曲解其意，梅贻琦的心境以及日后的去向，已和盘托出，大明了矣。此举与清华校史研究专家黄延复等人的推论，以及与梅同时出席会议的李书华所言正好契合，李说："大会闭幕后，我们移住巴黎南郊儒维集（Juvisy，今译瑞维西），距巴黎约三十公里，可乘近郊火车往来巴黎。不久月涵亦搬到我们的居所同住。月涵的习惯夜间睡眠甚迟，我的习惯则夜间睡眠甚早。同住的期间，我们采取折中办法，在晚十时至十一时之间就寝，然有时我们也破例作长夜之谈。月涵颇喜欢饮酒，我则饮酒很少，于是我们吃饭时以饮几杯葡萄酒为乐。同住不久月涵更准备办理赴美手续，几星期后他便飞往纽约去了。"[2]

子云："道不行，乘桴浮于海。"梅贻琦离开巴黎，先赴英国伦敦稍事停顿，而后于 1949 年 12 月飞抵纽约，与云南籍失意政客缪云台合租贝松生（建筑大师贝聿铭之父）一所闲置公寓暂住，开始与中华教育文化基金会在美成员会商清华基金保管及运用等事宜。1950 年初，梅贻琦出任"华美协进社"常务董事常川纽约，原在广州与杭立武等人密议在台创设编译馆之计划，未能前往主持。

华美协进社（China Institute in America）乃中华教育基金会驻美机构，该机构由热心中国教育文化事业的哥伦比亚大学著名教育学、哲学教授杜威（John Dewey）、孟禄（Paul Monroe），与中国知名学者胡适、郭秉文等共同创建，是一所非营利民间文化机构，旨在通过各项教育与宣传活动，介绍中国文化与文明，增进中美两国人民相互了解和友谊。1926 年 2 月，中基会在北京饭店召开董事会第一次会议，以三年为限常年补助 2.5 万美元于华美协进社，推选原东南大学校长郭秉文担任华美社董事兼国际教育组主任。同年 5 月 25 日，郭秉文提议并经董事会同意，华美协进社设于美国纽约曼哈顿市，郭自任社长。自此，清华大学在美的庚款基金，改由这个名义上由中基会下属的华美协进社协助管理。未久，郭秉文聘请孟治入华美协进社服务。1929 年，中基会改组，年底宣布撤销对该社的资金支持。后来该社成员自行改组，由中美人士合组董事会及顾问委员会，中基会鉴于华美协进社的重要性，又于 1930 年 7 月议决续予补助，每年一万至三万余国币不等。郭秉文离职后，由孟治博士担任华美协进社社长，直到梅贻琦抵美并进入该社之时，孟氏仍担任社长之职。

鉴于国立清华大学在美的全部庚款基金由华美协进社协助管理这一事实，当梅贻琦由北平飞南京之际，即与朱家骅谈及清华基金问题，当时认为应先通知孟治，设法把基金"转移"至国民政府控制范围之内，时解放军在军事上已占上风，国统区风雨飘摇，国民政府迁转不定，未有决策。杭立武接替教部后，朱家骅亦升任行政院副院长，再与梅贻琦商量处理基金办法。梅建议再函孟治博士，设法探询如何保持及能否"转移"？时美国对华政策举棋不定，国务院官员多同情中共，而远东统帅又极力主张防共反共，各派政客议论纷纷，孟治接函后，一时难得美方肯定明朗的答复。梅贻琦念及在美之清华公费生及休假教授急需拨款支应，在赴巴黎开会之前，于广州临行时与杭立武约定，巴黎会后视情形直接赴美，料理清华在美师生款项问题，同时直接进行庚款基金"转移"之研究和洽谈，不致使清华庞大的庚款基金，因战乱和国内政权更替而散乱流失。梅贻琦在离平南飞之际，对教务长吴泽霖所说的"我一定走，我的走是为了保护清华的基金"，就指此一"大事因缘"。

梅在解放军将进城、炮声隆隆之中，之所以敢对吴泽霖说这个话，心中自有几分底气。然而，底气何来？除了中基会与华美协进社一系列铁打的规章制度，与外力难以撼动的董事会制度，还有人事上的便利。这个便利，就是梅与时任华美协进社社长孟治的非常情谊。据孟治博士自述，梅贻琦自美留学归国服务于天津青年会，孟是南开中学三年级学生。梅到南开中学演讲，原打算投考北洋工学院、并未想要出国进修的孟治为梅氏讲演所打动，遂在毕业时投考清华插班生二年级得中，时梅贻琦已到清华教书并成为孟治的老师。孟跟梅念了两年数学，一年物理。因了这段缘分，师生二人建立了深厚情谊。1928 年，当梅贻琦被罗家伦等党国新贵踢出清华园，赴美国做留美学生监督时，孟治在美学成并担任中国留美学生青年会总干事已四年。南开校长张伯苓赴美考察，晤孟治并令其尽快回南开做事，正巧此时郭秉文欲拉孟到华美协进社工作，孟举棋不定，遂找当年的业师梅贻琦请教。梅说："近来的潮流，留学生作事没有常性。教书的想做官，做官的想发财，所以很少人有成绩。你到南开去亦好，到华美协进社去亦好。我劝你三思而决定。可是，拿定主意后我希望你 Stick-to-it（坚持下去），作出成绩来。"[3] 孟在三思后决定接受郭氏之聘，进华美协进社工作。未久，郭秉文因谋得其他肥缺而离职，孟继任社长 33 年，直到退休。除以上这段情谊，梅与孟还有一段交往经历。1931 年，梅贻琦自美国留学生监督任上回国任清华大学校长，监督一职由赵元任接替。1933 年，赵元任归国，梅贻琦派孟治兼理其职，此一兼就是 16 年，直到梅贻琦赴美国纽约，孟仍在其位（1950 年，孟自动去职）。

正是由于孟治的身份及与梅贻琦的公私情谊，才使梅由中国大陆辗转纽约后，顺利进入华美协进社，并有插手清华庚款存放、使用甚至"转移"的机会，继之全面掌控这笔巨款的存放与用途。假如此时的协进社掌门人不是孟治，而是另外一个与梅并无交情，甚至在政治上对立的人物，梅贻琦想踏入这个门槛，势必会困难重重，变数多多，甚至难入其门，清华在美庚款基金这块"肥肉"，像国共双方争夺、抢救的"北方学人"一样，鹿死谁手则难以预料了。

"诸佛世尊，唯以一大事因缘故出现于世。"许是前缘修定，历史展示给世人的是，梅贻琦此次赴美，有惊无险，顺利跨进华美协进社的门槛，找把椅子坐了上去。在孟治博士配合下，梅贻琦很快出任华美协进社常务董事，进而担任中基会之荣誉秘书（义务职）。自此，梅以上述双重身份，如同一根锋利的楔子，很快打入中华教育文化基金会董事会心脏，开始自由地与美方董事、会计分别接头，了解庚款基金存放与拨付手续。在得知诸位董事分居各地，久未开会，呈一盘散沙，业务无法进行时，梅决定以一己之力，协助中基会恢复与诸位董事的联络，推动董事会对基金的保管和运作。

1950 年 2 月，梅贻琦把自己在美了解、研讨的情况，向已迁往台北的"教育部长"杭立武函报。函曰：

> 接奉元月十七日航函及附件，十二月五日中文来件亦于一个月以前奉悉，因去年十二月到纽约后，即进一步研讨清华基金之"转移"及如何运用利息，以应在美支付之需要。经过与孟治先生面谈，并函电接洽多位有关人士之结果，方知吾人前者疏忽了几个要点。其实，"转移"似乎不若吾人在广州时想象之简单。但是现在，从另一角度视之，或许已无"转移"之必要。兹据多次接洽研

讨所得情况，整理综述如下，备供参考：

（一）关于清华基金转交中基会者：以前我等所知不详，中基会早在一九二九年，美国即与中国政府订有协议，中基会对清华基金，保有永久监护保管之权。其中所谓"永久"，固然可能有各种不同之解释，但其初旨，乃为保持基金，使不致被撤回，或被将来当政者擅移作其他之用，并且假定基金会诸成员，皆能体认彼等负有维护基金之责任，应予妥善运用，则"转移"一举，似乎已无必要。

（二）关于中基会之运作者：去年秋天有人犹在忧虑，该会董事分居于欧洲、美国与中国，而且主席被留滞上海，释放无期，恐影响所及，清华基金连带无法正常运作。目下得悉，该会经过数位董事联系，已有自动补充恢复之可能，且已订于三月初召开全体董事会，以期充实董事会人事，推选新任主席，俾能在美国继续推行业务。

（三）关于清华基金之安全保障者：孟治博士及在美若干友人皆认为：清华基金之最佳安排，是无条件的将所有权让给基金会，则将来不虞有任何政权干预其事。可惜此项设想却无法实现，其原因已于去年十一月四日函中详细说明（南按：据1955年冬，梅贻琦向秘书赵赓飏出示中美协议书，原协议中只有"监护权"或说"保管权"，而非"所有权"，故不能更改）。所以，此监护权之转移，并不能保障将来紧急变化时之安全可靠。不过，就协议上"永久监护权"一节观之，中基会对清华基金，具"监督"与"行政管理"之权，倒可以藉此加强保障，不致遭到其他政权之劫掠，即使透过美国外交管道，也莫可如何。

（四）关于运用清华基金之利息者：设置基金之目的及其运用，在协议之章程上，已有明文规定，所有关心人士应有些共识，在我尤其职责所在，自然不可例外。基金利息之使用，必须限于与大学教育直接有关之项目。惟其数额有限，并不足以提供庞大计划之用。然而，我们相信此一规定之诠释将不会持久，因为北平清华大学在短期之内，将不会复校，无从运用基金。而清华大学三年前已向教育部提出的七年（一九四七至一九五四）预算案中，其中一项是每年四万美金（七年总数十三万）作为在美支付留美公费生与教员在国外进修考察之用。际此时局大乱，一九四七年以来，清华大学已无法正常续办留美公费生考试，原已在美国的公费生奖学金，都将在一九四九年满期。自一九四九年以后，此每年四万美金，可以暂时移作在美从事高级研究工作 advanced research，及家境清寒的中国学者之用。

综上所述，目前似乎最好将"转移"一事暂时搁置，而以上述第四项建议办理。当然，华美社计划远大，范围广泛，为促进中美文化关系事业，远超乎清华基金使用幅度多多。但就此特殊时会与需要而言，清华与华美社允宜密切愉快地合作。不久将拟定可能实施的下年度计划。[4]

在梅贻琦努力运作下，当年 3 月，中基会董事会董事补充会议在纽约召开，改选蒋梦麟为董事会主席，蒋廷黻为副主席，胡适为代理干事长。新的董事会全体会议，完全支持梅贻琦所持观点，以及经杭立武同意之基金利息运作原则，赞成华美社与清华合作之各项活动，但以"清华大学在美文化事业顾问委员会"名义出面行事，并以胡适与台湾当局"驻美"官员，资深华籍教授和知名政客如赵元任、李书华、何廉、黄文山、于斌、陈立夫、吴经熊、何浩若、霍宝树、郭秉文、顾毓琇、顾毓瑞、程其保、毛神甫、孟治，以及华美社中美籍核心人物为委员，台"新闻局驻美"人士宋晞、唐振楚二人为秘书，逐渐开展中美文化沟通与合作事宜。——当然，顾问委员会真正的掌门人乃梅贻琦。

1950 年春末，梅贻琦认为时机已到，遂于纽约市六十五街一二五号华美协进社楼上，专门租定一室，作为"清华大学在美办事处"，雇用一位半时助理，处理清华大学在美事务。梅为自己定出薪水，每月 300 元，以维持日常开销。这份薪水，相当于美国教授最低薪，生活自是拮据。在当时已任教于美国爱荷华（Iowa）大学的梅贻宝看来，"五哥"这点薪水，"几乎无法维持生活。先前住的还是一栋通常的公寓，后来退掉了，搬进一个很不像样的住处，大概是势须撙节而然。我的大侄女祖彬，几年来住美国洛杉矶。她维持一个子女四人的家庭外，还挣扎着给大学研究生们打论文。这样赚来的辛苦钱，不时五块十块的寄给她母亲，贴补家用"。面对"五哥"的窘境，梅贻宝说："我在美国比较有些办法，过些时我们夫妻都有了固定职位，生活比较安定，衣食可说无缺，但是无法同'五哥'谈他的经济状况。我偶尔给他寄张支票，有些兑取了，有些始终未兑。我想这不是他遗忘，他似乎自有分寸，自有道理。"[5]

1951 年起，梅贻琦以"清华大学在美文化事业顾问委员会"名义，提取部分清华基金利息，补助在美研究学术的华籍学者，月薪 300 元，李书华即为接受补助的学人之一。梅个人不享受这项基金补助，每月薪水与受补助学者的 300 元相同，表示与中国学人同甘苦、共患难且相互砥砺之意。同时，梅亲自订购美国出版的学术期刊，赠台湾专科以上学校和北京的清华大学，并筹划恢复《清华学报》。按赵赓飚的说法，梅贻琦急切恢复《清华学报》目的有四：一则使在美与在台湾许多人的学术研究成果，有地方可以发表。尽管外国学术期刊也可发表华人学术成果，但门户之见甚深，华人学者苦少机会；二则使清华在国际学术界难得创出的信誉，得以延续命脉，并维持清华的精神、业绩不坠；三则与其花费许多金钱去订购国外学术期刊赠送国内高校，不如利用自己出版的学报去交换世界有名的刊物图书，既经济又长远；四则由大陆赴台的教授学人寻找相应职位极其困难，整个台岛只有台大、"省立"师范、农学、工学院三院与台北工专，且都人满为患，无力延揽更多学人。如有学报出版，许多学人行箧中的存稿和新撰成的论文，可较便利地得以刊行，既彰显了学术成果，也可得一笔稿酬聊以度日。这一利公为人的构想，以梅贻琦的资望和在美广泛补助中国学人的关系，征稿与编辑皆相当顺利，在李书华、胡适、赵元任、洪业、陈世骧、袁同礼、萧公权、李方桂等在美清华校友和学界硕彦支持（聘为顾问），以及中美两地的何廉、柳无忌、梅贻宝、杨联陞、浦薛凤、李田意、刘崇鋐、赵赓飚等具体编辑、操持下，《清华学报》很快在台出版并发行全球学术界与相关高校，使东西方学术教育界人士重新触摸到从战火中走来的中国学者自强不息的精神与流淌不绝的学术血脉。其间，梅贻琦一往情深地记挂着北京清华园内的师生，密切关注这批留守者的命运，借原清华大学经济系教授萧家魁回大陆之机，梅托其带回一封致清华大学新任领导人的亲笔信，表示可以用清华基金资助母校图书仪器。因当时政治环境关系，这封信未及交给学校，此事便不了了之。[6] 据说，北平在解放初期，清华大学曾收到过从美国寄来的"来历不明"的期刊，很可能是梅贻琦订购赠送，时在乱离之世，人心惶惶，没人深究而任其流散了。

　　鉴于当时纷乱的国内国际环境以及梅贻琦的举动，台湾方面频频派人到纽约华美协进社，以各种名义商谈将清华基金调拨台湾，归政府作为教育之外汇来源，或请梅贻琦携带基金利息到台湾，为学术机构购买设备仪器等，但皆被梅拒绝。时与中国有庚款赔付退还关系的英、法、意、比等欧洲国家，先后承认中共政权，只有美国尚与台湾当局维持"邦交"。台当局见梅贻琦搂紧基金不放，甚为焦虑，又不便强行施压胁迫，只好派各路大员委婉劝说。据原清华大学教授、时任台湾当局"外交部长"的叶公超回忆：梅贻琦在美国的时候，"我每次至纽约都去看他，都劝他回台湾来，而且要把清华的钱用在台湾。他每次都说：'我一定来，不过我对清华的钱，总要想出更好的用法来我才回去。'有一次，他拿出许多计划来，他说：'我不愿意把清华的钱去盖大房子，去作表面上的工作。'他一直在想如何拿有限的钱为'国家'作长期的研究工作。那时候'国内'就有些人对梅先生不甚满意，认为他是一个守财奴，只肯把钱用在‘国外’，不肯用在台湾。我最初也这样想，后来我才知道他并非如此，而是比我想的周到。他是第一个想到现在的长期发展科学，至少胡适之先生是这样告诉我的”[7]。

除叶公超之类的名流大腕不断劝说，另有一些国民党政客和不明真相的社会闲散人员也搅和进来，怀揣各种目的对梅贻琦予以纠缠甚至发难。据梅在台湾的助手赵赓飏说："四十年冬天，政府已经决定令清华在台复校，而有的官员倡言清华基金是庚子赔款的余额，最好尽量花光，等于‘雪洗国耻’。梅校长对此虽然不表示意见，却从心里不赞成。尤其限于委托保管案的事实，也不可能办到。"[8] 赵氏所说的保管案，除了明确政府不予干涉外，这笔庞大基金的支用手续，必须由"教育部长"与清华大学校长一致同意，并提出相当计划提交董事会，由董事会召开全体董事会议决定是否通过并拨发利息（本金不动）。鉴于既成规则的严格限制，许多人对这批基金只能吹胡子瞪眼，发一通荒谬怪论而无可奈何。最后，事情闹到蒋介石处，蒋遂亲自出面垂询原北大校长、时在台湾的"农复会"主委、新当选的"中基会"主席蒋梦麟，以探究竟。蒋梦麟略谓"清华基金在美之数，向由中基会保管经营，利息之支用则须清华大学校长与教育部长提请董事会通过，由会拨支清华大学"云云。[9] 随后，蒋梦麟把当局意旨通知中基会，由新当选的"中基会"代干事长胡适专函报告蒋介石，略谓：

> 清华基金于民国十八年交中基会保管时，中美两国订有协议，董事十五人，中十美五，将来每届自行改选三分之一。基金本身不得动用，利息可经清华校长及教育部提出计划，由董事会决议后交清华大学支用。中美两国政府同意将此事交与民间文化团体负责，双方政府不予干涉。现在美国此类基金会甚多，皆依此原则办理。如由外交途径交涉，恐不易获有结果，而徒引美国朝野之非议。目前清华基金利息，未与北平清华，只以一部分在美国用作中美文化事业及补助台湾高等教育之用……[10]

另，经董事会讨论决定，清华在台"复校"原则可行，如何办理，由梅贻琦校长与台湾"教育部"研商决定。[11]

蒋介石得报，对上述制度与办法有所了解，遂命"教育部"电告梅贻琦，嘱将清华基金利息，尽量用于文化教育事业。继杭立武之后新任"教育部长"的程天放与梅贻琦函电磋商，并根据蒋介石的意旨邀梅贻琦回台湾一行，以便对清华基金详加计议。

1954 年 3 月，梅贻琦以"国民大会"代表的名义，与胡适等学界名流先后由美赴台，梅下榻原清华教授、台湾"省政府"秘书长浦薛凤官邸。梅氏的行动，立即引起台湾高层高度重视，蒋介石更是打起精神，束邀梅到官邸参加茶会。梅如约而至，原以为有很多官僚政客或学界名流参加，到后方知只有自己一人，所谈皆中美文化及在美学人之事。临别前，主客合影，梅被推让于左，显违常格。时梅贻琦方顿悟蒋介石如此安排，实出于对自己的特别礼遇，意在避免"召见"之意，并借此彰显最高当局对此事的重视。最后，蒋介石握着梅的手，语气温和地特嘱梅在台环岛考察，并拟命浦薛凤秘书长全程陪同。

◎ 1954 年，梅贻琦回台北出席会议，承蒋介石邀约茶会留影

◎左起：蒋梦麟、梅贻琦、胡适，于台北中山堂合影

梅贻琦遵嘱而行，在浦薛凤、赵赓飏等人陪同下，由台北出发，沿途访问学校、工厂、企业及医疗、研究机构，便中游览名胜，对风土人事甚多咨询。各地清华及西南联大校友风闻老校长来台的消息，纷表欢迎，梅贻琦与久违之故旧门生经历了生死离别的战火硝烟，在流离的孤岛再度相逢，欢宴相聚，自是唏嘘感慨不已，大有恍若隔世之感。正可谓，欲说还休，欲说还休，别有一番滋味在心头！

此次回台，梅贻琦与当局洽定数项事宜，其中与"教育部"商定，"清华"与台大合作，筹办新兴科学之研究机构，训练高级人才，其设备与师资经费由"清华"负担。同时支助"教育部"每年招考留美公费生十名，每名留学二年，经费全部由"清华"自基金利息中支付……

就在当局礼遇，校友欢迎，各项事宜洽商顺利之际，梅贻琦之子梅祖彦被"意外劫回大陆"的消息传到了台湾。

◉ 以启山林的岁月

　　1950 年，梅贻琦辗转在美国纽约华美协进社落脚，夫人韩咏华于翌年携两个外孙由香港赴美。此时，儿子梅祖彦正在美国读书，一对老夫妻与分别八年的儿子又得以相聚。

　　抗战胜利后，时在美军驻昆部队当译员的梅祖彦，被派往美国密西西比州一军事基地工作。1946 年 9 月，梅祖彦退役复学，进入梅贻琦早年留美时的母校伍斯特理工学院机械系插班就读，1949 年以"高才生"（Honors）毕业，入美国伊利诺伊理工学院攻读研究生学位，1950 年毕业，入美国沃兴顿公司任技术员。当梅夫人携两个外孙由港至美时，梅贻琦的区区 300 元薪水实难养家，但又不愿破格自提待遇，生活相当拮据。及公子梅祖彦获硕士学位辗转至华府任技术员，月薪三四百元，乃每月私馈母亲若干，始对家用稍有挹注。时梅贻琦已年逾耳顺，既为清华节省不肯购汽车，自己又不会驾驶，赴华美社及洽公务访友，均乘汽车、地下铁道转车来往。梅祖彦因工作需要及善于驾驶，在纽约时常为乃父驾车接送，梅贻琦感到方便轻松了不少，原本离多聚少的父子，在感情上也拉近了许多。想不到的是，就在老子赴台参会之机，儿子却突被"劫返大陆"，此一凶讯成为台湾一大新闻，给梅贻琦内心的震撼可想而知。

　　对这一突发事件或曰传闻，梅在台的秘书赵赓飏做了如下分析："在大陆正大举'清算胡适思想'之后，可能藉此作恶意宣传，似意在阻止清华基金续拨台湾者。先生身在国内，既不悉详细经过，又无法干预或挽回，深有难言之苦，为此卧病数日，惶然焦虑，寝食难安。"又说：梅贻琦对政治无何兴趣，因热爱教育，对国家政策一向竟诚奉行，"早在西南联大时期，闻一多教授等言论过激，先

◎ 1945 年冬，着戎装的梅祖彦转入美国 Keeslr 工作时留影

生虽未干涉,但内心渐不谓然。复员后清华张奚若、吴晗教授之动众言论,先生亦于为学校容忍中时予谏解。中共于占领北平之前,即传劝先生'合作'之讯息,迫使先生先遣眷离平,准备在维持校务至最后一课时,向政府及同仁告退,坚持一贯之态度。殊未料及一九五四年中共挟持其家人(南按,没被绑架,是梅祖彦自己回大陆,详见注 13)。先生彼时若稍有含糊,恐各方面怀疑其动摇凤志,对当局对清华同仁与同学,甚至海外学人,难以自白,予人以'晚节不终'之讥。此为其一生名誉之影响。……祖彦赴巴黎时,'中华民国'使馆尚在,足资保护,但北欧地区则中共人员特多,防不胜防,致遭诱迫,骨肉离析。迄先生寿终,父子未得团聚,暮年失子,凄切可知"[12]。

1954 年 4 月 19 日,梅贻琦大病初愈后,将"国民大会"出席费新台币 8000 余元,留交"教部"供职的赵赓飏,俾留作联络之用。自己只身搭机离台赴美,调查其公子离失经过并处理相关事宜。

至美后,梅贻琦就儿子回大陆一事,询问夫人韩咏华与相关知情者,得知情形较为复杂,大略为:梅祖彦"自美赴法国参加物理学会,会后与会员集体往北欧参观,途中意外被迫登飞机,直赴北平,并受命在北平清华任教,且闻将发表广播。不料对先生造成颇重之损害"。同年秋,梅贻琦写就一"情词恳切之报告,托由台北某当道,转陈蒋'总统',内容叙述此意外,不止政治上有恶劣影响,为'国家'之损失,并致家计生活之困窘。且独子走失,生离等于死别——甚至较死别更为可哀。今后誓以有生余年,竭尽绵力,为'国家'鞠躬尽瘁云云。因此,'总统'决定令先生赴台,恢复清华大学"[13]。

儿子梅祖彦的离失,令孤悬海外的梅贻琦痛苦于心,劳累于形,家计与交通均感困难,每外出访友,会谈至夜深人静时,梅贻琦独自踯躅街头,或踽踽独行,再看不到那熟悉的高大身影,再听不到那轻声的呼叫了,涌上心头的是如同冬夜浓雾一样无边无际的凄冷与苍凉。因为失去儿子的薪水支助,家用渐趋不敷,韩咏华只好不定时应召赴中国菜馆摘虾洗菜,以获取低微薪水度日。梅贻琦于悲伤劳累中,一如往常处理有关清华基金与华籍在美学人资助事宜,创办《清华学报》并设法与欧美大学交换交流;同时加紧与台湾当局联系,商讨资助留学生数额、办法,变更原决定之"清华"与台大合作计划,改为在台"复校"等琐碎事宜。

1955 年,台海局势暂趋稳定,梅贻琦认为实现心中那个"大事因缘"时机已到,遂于这年 11 月接受台湾当局敦请,"奉召返台",创办"清华"原子科学研究院(所),继而使"沦陷"于大陆的清华大学在台"复校"。自此,已是 66 岁高龄的梅贻琦，以"清华大学"校长的身份，在这座前日本殖民地的孤岛上，生根发芽，梅开二度，再次结出了一串世人瞩目的硕果。

梅贻琦抵台后，受台湾大学校长、"中华文化教育基金会"董事之一钱思亮之邀，暂在其官邸安身。其时，台湾政局虽稳住了阵脚，但财政捉襟见肘，特别是外汇储备急需打一针强心剂，以缓解内外交困的压力。众人见梅贻琦果真回到台湾，如同阴霾的大山深处看到一个光芒四射的金娃娃，或于通天河谷、火焰山麓，突然闻到西天取经路经此地的唐僧的气味，纷纷从各自潜伏的洞穴魔窟飞蹿而出，龇牙咧嘴围将上来欲咬上一口，以解饥寒之迫并渴望长生不老。各色妖怪或社会民众，或代表个人，或代表团体，纷纷跑到梅贻琦面前指东道西，说长论短。梅是受儒家恭谦礼让思想熏染很深的夫子，尽管识破了彼辈的意图，但又感到"甚多善意不便拒却"，因而顿成一"困扰问题"。[14] 更有许多不相干的官僚、军人、政客和所谓的民意代表，借各种机会对梅进行围殴式质询。梅贻琦每次在公私场合与这帮乌合之众遭遇，都要耐着性子历述清华庚款基金保存与使用计划，直折腾得口干舌燥，血压呼呼上蹿，几欲吐血晕倒方休。不知是出于战事失利、流亡孤岛的恐惧，还是狭小窄仄的空间本身令人心理变态，匪夷所思的是，有几位已列军籍的清华校友，不知受了何方、何人的蛊惑与煽动，居然找上门来把梅贻琦团团围住，态度既刁钻又蛮横地提出质询和要求，欲从清华基金中得到一块瘦肉或一碗老汤——理由却极为荒唐怪诞。此次老鼠动刀——窝里反式的纠缠与吵闹，给梅贻琦留下了极其恶劣的印象，使他更加认清了部分流亡者骨子里的龌龊和丑陋，内心增添了"似此星辰非昨夜，为谁风露立中宵"的悲哀。但面对历史与现实，儒家的人格修养与心中的理想，又使他无法从内心放下这一"大事因缘"，只能是"缠绵思尽抽残茧，宛转心伤剥后蕉"。当一切阴谋与阳谋揭开并暴露在阳光之下，梅贻琦对人心参悟得更加透彻，对世事辨得越发分明，原本郁闷不快的心胸豁然开朗，遂坚定了对清华庚款基金严管到底，用之于最为切实事业的决心与勇气。——"虽千万人吾往矣"，正是梅夫子此时的心境与写照。

梅贻琦之所以首先创办"清华"研究院，并非一时性起，实则是经过长期考虑、考察的结果。战后科学界已认识到原子能不仅可以制造骇人听闻的原子弹，把广岛、长崎瞬间从地球上抹掉，数十万生灵由此登上鬼录，还可能转变为极其丰富的电能造福于人类。1953 年，美国总统艾森豪威尔在联合国发表讲话，抛出了"原子能和平用途推广计划"，目的除了"尽快结束人们思想中对于原子的恐惧"，还可利用这种高效能源创造经济成果，造福人类。自此之后，一些发达国家争相开发利用这种能源。1954 年，美国国会通过一项法案，推广原子能和平用途，赠送世界各民主方与地区原子炉一具，价值美金 70 万元，美政府负担半数，另半数以及运费由接受国家支付。一直支持台湾的美国把捐赠原子炉和技术，作为原子能和平用途推广计划之一部，欲与台湾当局合作，赠送原子炉一具。台方自是惊喜非常，欲伸出热手迎接。颇为巧合的是，这年 6 月，苏联建成并启动了世界上第一座装机容量为 5 兆瓦（电）的核电站，这项建设工程曾被称为和平利用原子能的开端和榜样。稍后，英、美等国也相继建成各种类型的核电站，原子能和平利用并为人类造福的成果开始显现。在这种科学发展趋势下，于战争创伤与灾难中复苏的台湾，急需发展电力以恢复经济，因而梅贻琦与继程天放之后继任"教育部长"的张其昀多次磋商，终于拟出一个各方皆能体谅的"复校"方针，略为：先恢复"清华大学"研究院，开始先以治原子科学为主，即在台设立原子能研究所。以此为依托，逐渐扩大成由三五个研究所组成的研究院，最后恢复"清华大学部"，成为一所建制完全、教学与研究一流的"大大学"。

这一计划得到台湾高层认可和批准，接下来就是选址、购地、建设校舍。蹲在士林官邸不时观望外界动静的蒋介石，对梅贻琦回台和拟定的"复校"计划寄予殷切期望，特别允许其在台北阳明山官邸附近划拨校址，此处没有机关和住户，无须价购和拆迁。时任阳明山管理局局长的清华校友周象贤奉令拜访梅贻琦，谓如决定校址选在该辖区，保证一切顺利。眼见蒋介石如此关心，受蒋特别提携关照而坐上"教育部长"交椅的张其昀，亦不敢怠慢，热心张罗，向梅推荐多处自认为合适的校址。台湾岛内许多县、市头目闻讯，认为这个突然从天而降的金娃娃应该搂在自己怀中，不能让它溜到别人的地盘乱蹦狂跳。于是，各县、市长纷纷想方设法找梅贻琦游说，促使这一计划在自己管理的一亩三分地生根发芽。一时间，舆论纷纷，群情瞩目，官僚政客怀揣不同目的找上门来施展勾缠之术，搞得梅贻琦难以招架。正在此时，蒋介石亲自出面解围，在与梅贻琦会谈中，蒋谓梅，如果认为阳明山一带不合建校理想，可自由选择，亲自环台湾岛转转，找到最合适的所在，不要听那些县市长拉拢与宣传，以免选错了地方遗憾无穷。梅颇以为然，蒋再度亲自指派台湾"省政府"秘书长浦薛凤陪同梅一起环岛察看。其间，赵赓飏作为梅的秘书全程陪同服务，正在台大读书的沈君山因其长辈与梅贻琦属旧交，亦陪同一段时间。

梅贻琦一行沿台岛纵贯线奔波十几天，对沿途风土人情大致有个轮廓印象。回到台北后，梅邀约时任"中研院"代院长的朱家骅、正中书局董事长陈雪屏等诸公研商，共同谋划"清华"的未来。得出的初步结论为：①以台北为学术交通中心，便于"国内外"学术机构与研究人员联系；②原子炉附近五百尺内不能有住户或农工设施，须地势空旷而便于防护，以免放射线影响安全；③原子研究实验需要大量热能与水力供应，须顾及此项便利与经济；④为适应美国所提原子能和平用途而捐赠原子炉的计划，建校必须迅速，校址须空旷便于立即开始建筑；⑤为维护多项精密设备之耐久性，须避免潮湿多雨之地。

当此之时，"中研院"已在台北南港地区建馆起舍，安家立业。按"中研院"代院长朱家骅设想，清华研究所选址最好在南港，以后"清华大学"复校，可与"中研院"合办这所大学，师资力量与科学仪器互惠互助，成绩一定不亚于甚至超过台北市内的台湾大学。此举令梅贻琦大为感动，唯南港潮湿多雨，不宜仪器设备存放。台北阳明山虽有广大空地，但气候条件近似南港，且水源不足，不宜原子炉设立。基隆地势气候虽合，但略显局促，难以施展抱负，对未来发展亦有掣肘。台中南投地区水源虽丰，距台北稍远，不利学者互相交流。高雄当时学术机关甚少，草莽之中，孤茕独立，并非良策……正在诸公前思后想、踌躇徘徊之际，清华1924级校友、时任台湾石油公司总经理金开英，以及清华1936级校友、时任新竹工业研究所所长朱树恭，共同提出新竹县赤土崎可为建所和"复校"校址。此地距台北约80公里，交通便利。更为有利的条件是，当时整个台岛仅苗栗、新竹有天然气，且毗邻水源地，面积广大而住户农田甚少，且大部分田地光复前属于日本海军基地，光复后归属石油公司所有，台当局"经济部"为主管机关。以朱树恭校友为所长的新竹工业研究所就在此一区域内。在此建校，石油公司、工研所与地方政府及士绅皆极表欢迎，一旦拍板定案，关于该地住户及农田之迁移清理等事宜，皆由朱树恭并新竹县县长朱盛淇力助解决。

梅贻琦闻讯，认为此处可做重点考虑对象，为慎重起见，先后七次约同相关人士前往勘察，详为了解，并约同清华1913级校友、台北基泰建筑师关颂声，谈及具体建筑初步计划。最后，梅贻琦与诸公决定在南港与新竹之间选其一。南港多雨，新竹多风，各有利弊，众人拿捏不定。最后梅说："新竹风，南港雨，宁可风大，不要雨多。"[15]此议一出，众人多表同情，倾向新竹，此案基本敲定。按沈君山的解释：南港与新竹，除风与雨的差别，还有其他几个因素决定选择，"那时梅校长已想定了复校的清华将走科技大学的路，不与台大争锋，所以才弃南港而就新竹"[16]。沈氏之说，自有道理，但在南港同样可以走科技大学的路子，看来弃南港的真正原因，乃是原子炉设施等因素是当时考虑的着重对象，也是弃南港就新竹的关键所在。另一个原因有目共睹，新竹县赤土崎便于征地和建设，而离台北约一小时车程，海内外学人前往"清华"交流亦相对方便。梅贻琦经过反复勘察、思虑，与政学两界人士多次协商，最终确定该地为"复校"地址，并报请台湾当局获准。

万事俱备，只欠东风——清华庚款基金利息拨付到位。就在梅贻琦与台湾当局组织的"清华大学研究院筹备委员会"人员拟定具体计划过程中，仍有政客出身的委员，以破落户心态在会议上大放厥词，声言把清华基金本利全部调拨台湾，尽量一次性花光花净，以"洗雪国耻"。据赵赓飏回忆说：这一谬论再度提出后，令许多有识之士感到不快。著名清华校友、时为"教育部"聘请筹备委员之一的钱昌祚，在 1955 年 12 月 16 日举行的筹备会上发言说："吾政府正在竭力争取美援，美方很注意稽查援款之按照洽议目的，有效运用，故中美文化基金之运用，必须慎重。"[17] 又谓："近百年来外患频仍，国耻甚多，不只庚子一桩，但花尽基金本利，似与雪国耻无何关系。"[18] 经此一击，对方自感无趣，只好闭上令人厌恶的嘴巴。又经过几次反复商讨，最后敲定，购地、建设经费由台湾当局财政拨给，建所（院）与"复校"的一切设备、仪器由清华基金利息支付。为配合"清华"复校，新竹县政府设立专门小组，由县长朱盛淇指派主任秘书韩仙溥为召集人，有关县府局室主管为组员，杨尚霖（后任建设局长）为执行秘书，共同推进征地、拆迁、安置境内军人、军眷与当地住户等各项事宜。

◎ 1956 年，梅贻琦（前左）视察新竹赤土崎预定校地（新竹"清华"图书馆藏）

　　按梅贻琦最初估计，所用校地至少要 40 甲，为补足此数，在划定范围内占地约 4 甲的一个成功湖归于"清华"。据说，此湖在日据时期一度为日本海军试验潜艇所用，一说为日海军基地修船的湖，没有命名。此湖划于"清华"后，为地图上标志方便，鉴于当时联合国正在纽约成功湖集会而命名为"成功湖"。其含义除仿照美国名称，更有期望祝福复校后的"清华"师生学业与生活皆获成功之寓意。后来有人谓此湖乃为纪念明末清初，由大陆率兵渡海收复台湾的一代人杰郑成功之意，其实是不对的。

　　当第一批圈地计划实现后，梅贻琦想起北平清华园的广阔，仍觉局促狭小，不够理想，遂决定继续向周边开拓。经石油公司与新竹县政府两次拨让与价购，共计 81 甲，约 1300 市亩（另据清华校友洪同回忆，"清华"复校时所占土地号称 86 甲，相当于 86 公顷）。扩大后的地盘虽经当地政府拨让，但圈内住有农户与军眷，得知"清华"欲占其领地，遂选出民意代表联合现役军官请愿阻止，更有部分军眷与地方人士联合，向校方索取高价迁移费并制造麻烦，致原定计划再三延宕，进展迟困。幸赖清华 1925 级校友、时任陆军副总司令的贾幼慧嘱托陆军参谋长高魁元协助，清华 1938 级校友、时任"军人之友社"负责人洪同具体操办，兼及清华 1928

◎ 1957 年 6 月，新竹县政府拨赠"清华"土地清册，由新竹县代表顾毓琛（右一）送交，陈可忠（右三）代表梅贻琦校长接收。右二为朱树恭，右四为赵赓飏，右五为石让斋（引自《清华校友通讯》，新三、四期合刊，新竹）

级校友、时任"国防部"次长张彝鼎、台湾"省政府"主席黄杰将军从旁疏解，阻挠的现役军官及一群闹事者才告停息。

　　然而，一波刚平一波又起。赤土崎旁有一小山，山后有一军方营区，不知是出于军事需要，还是觉得"清华""此地钱多、人傻、速来"[19]，采取"打枪的不要，悄悄进村"的日本鬼子扫荡中国华北村庄的办法，从营区辟出一条大道直通新竹县城，所过之处把"清华"校区劈成两半。"清华"方面几次交涉均未成功。迫不得已，梅贻琦只得怒恨交加地一咬牙，同意由学校拿出一笔钱，与县政府与军方相商另辟道路，绕开"清华"校区。此事过去20年后，参与其事的"清华"代表朱树恭仍耿耿于怀，说："在清华复校后，清华的钱很少直接用在学校的，这也许是唯一之例外。"[20]

◎ 新竹建校

　　一切障碍扫平之后，1956年1月，由梅贻琦主持，新竹赤土崎"清华"第一批校舍动工兴建。同年7月，"清华"原子科学研究所第一班研究生招考完毕，共有15名男女生被录取。

　　当时"科教兴国"理念与口号在台湾刚刚成为时尚，且被"朝野"同奉为圭臬，但真正对科学教育深入了解并有所远谋者并不多见，台湾学界与民众对梅贻琦搞的原子科学，更是知之甚少且多有疑惑。在一次聚会上，一位号称博学多能的老先生，听到众人在谈"清华"的原子炉与原子能，恍然若有所悟地道："袁子能？那一定是袁子才的弟弟了。"有人说："不是的，老先生，这是讲核子的。""什么字？""木字边一个亥时的亥字。"老先生肯定地道："那就对了，袁子才，名叫袁枚，枚亦是木字旁，更证明是弟兄们了。"对方驳斥道："老先生，核子是一种很巨大的力量。"老先生瞪大眼睛自信地道："是啊！袁子才作过一本书叫《子不语》，不就是讲怪力乱神的吗？"[21]

　　据说此故事是梅贻琦参加某宴会所亲见并对清华校友们讲的，或有幽默的成分，但从另一个侧面，透出梅氏内心的孤独与悲凉。马克·吐温说："幽默的内在根源不是欢乐，而是悲哀，天堂里是没有幽默的。"是耶？非耶？由这个故事，可引出赵赓飏所说的一个事实：原子科学为一崭新的高层级的学问，涉及多门自然科学与应用科学，如物理、化学、数学及工程等。"本校原子科学研究所，于训练研究生作高深研究之外，并有介绍推广原子能理论及其应用于社会之使命，故于复校之初，即订定训练与研究并重之原则，努力以赴。"又说："清华承办此尖端科学，社会一般人士颇多不解，因为有认为过难而怀疑者，亦有逾分期许而要求过甚者，梅校长时感舆论之压力与阻力，认为急需将原子理论予以常识化与社会化。其着手之方，乃于清华招生之前，即分别约聘世界知名之我国学人，先后来台向各大学及高级知识分子介绍此种知识。自四十五年七月起，先邀袁家骝博士回国讲学两周，彼时孙院长运璇任台电总工程师，曾热烈欢迎袁博士。"[22]

1956 年，美籍华裔、杰出的物理学家袁家骝受邀赴台讲学，在梅贻琦陪同下，先后拜访会见了包括蒋介石在内的数位政治、科学、教育界首领，并在"教育部"和其他不同场合，做过数次关于"原子能研究之重要与程序"等专题演讲，使得各界及社会人士对原子能与"清华"创办原子科学研究所之前景进一步了解的同时，亦起到了振奋人心的作用。

1956 年 9 月 28 日，乃孔子 2507 年诞辰纪念日，全台教师放假一天。是日中午，蒋介石在台北宾馆宴请包括梅贻琦在内的教授 60 余人共度教师节。据梅贻琦

◎ 1956 年，梅贻琦与原子科学研究所第一班研究生合影

当天日记载："陪座为张秘书长、俞院长、张部长等，主人之长桌上为八位老人：齐如山、某君、于右任、陈含光、李石曾、贾景德、莫德惠及余。然余实不老，而主人之命亦不敢辞耳。饭后有七八人被询问，各作短词以对。问及清华，余稍报告近状，仍在筹备期中。又问哪天开学，余谓下星期在台大上课，只系小规模的起始，故不拟举行仪式。"[23]

9月29日，"清华"原子科学研究所第一班研究生共15人，到台大理化楼报到注册，分别入住台大男女学生宿舍。[24]梅贻琦在现场亲自照料，为学生发放补助金，并与诸生合照，为报刊登载。10月13日，"清华"所招研究生正式借台大理化楼上课。梅贻琦亲至课堂与诸生做第一次英语谈话，不甚满意，乃决定亲自为学生上课补习英语。10月29日，梅贻琦日记载："星期一，晴。10—11AM（上午）至台大上课，学生对于听英文讲解作笔记能力甚差，以后应令多练习。"此后，梅贻琦若不出差在外，每周一上午均赴台大为诸生亲授英语，直到第二届迁往新竹校舍后仍未间断。

鉴于诸方面客观因素限制，在"清华"第一届研究生上课之后，专任校务者只有三人，即校长梅贻琦；秘书兼教务、总务、训育等事宜的赵赓飏，以及在台大还有一门本科德文未修完的助教沈君山。后来又增加一位管理仪器的采购主任卞学钤。教学方面，没有一位专任教授，梅贻琦商请台大校长钱思亮，代约物理化学系教授戴运轨、潘贯、李博为等三位兼任"清华"研究所教授兼研究员，以加倍钟点费计酬，并补助两系设备费各美金一万元。数学则聘台师大教授李新民博士兼任（李氏后来一度担任新竹"清华"数学研究所所长、"中央大学"校长等职）。

当时台湾仍处在战争的阴影与风雨飘摇之中，人心不定，"复校"与招聘学界有名望的教授困难重重，其情形如赵赓飏所言："以在美之少数清华教授言，习理工而有资望者，自1949年游离无定所，逐渐得专任地位，而生活甫经安定，且多惊愕于美国学界之设备与研究成绩，对台湾设校似无大信心。而国内教授待遇与设备落后甚多，某在美任教之我国教授（现已在台常驻）曾慨乎呼吁，希'将教授薪金至少须与空中小姐相侔'，可见一斑。梅公细数凡在理化电机研究方面有成就者，皆已生活安定，亦有渐谋迎聚大陆逃出之亲眷者。"[25]在此种情形下，因"清华"原子科学研究所所长问题未决，致使"清华"与台大方面的联系对接不畅，合作颇有不洽，加之"清华"没有一位专职教授，研究生对授课情形不满，直至发生全体研究生拒绝第二期注册的"学潮"。幸赖各方斡旋与梅贻琦以民族大义等苦心劝勉，取得诸生谅解，课业才归于正常。自此风波之后，梅贻琦下决心不惜一切代价，聘请一流教授为诸生授课。然而，要请到高水准的教授专家又谈何容易？此点，从梅贻琦留存的日记可以看到当时的境况。

1956 年，美国

三月二十五日，中午十二点前与郁文至 103 街之大上海，约客八人餐叙，藉谈清华研究所筹备诸问题：

李润章　袁家骝　朱汝瑾　顾一樵

吴健雄　杨振宁　魏学仁　李政道

饭后，顾、朱先辞去，又与诸君至袁家详谈。袁氏夫妇最为热心，建议甚多，获益匪浅。五点后别出，与润章至李家。李太太留晚饭，与润章谈台湾见闻甚久，

最后余表示待其 Permanent Residence（永久居留权）办妥后，请其至台湾参加研究院工作，俾可使余得分身，往返中美间兼顾各事。

四月九日下午，吴大猷来（自 Ottawa［渥太华］来，现任 Nat.Research Counci［国家研究院］一所主任）。谈关于筹备清华研究所各问题，彼甚热心帮同考虑。并谓已设法请假，可去台半年，闻之甚为欢慰。五点，与大猷同至胡家，为适之夫妇谈叙。

四月二十一日，陈省身自芝城来，约至大上海晤叙。饭后三点，与省身至袁家骝家，谈多关于清华研究所筹备问题。省身议论似太消极，照其说法，将因在台科学人才程度不够，不宜请专家去指导，则难有提高之希望矣。

五月二十一日，午前至［华美］社，两周来积存信件甚多，二时后始大致看完。

下午三点，袁家骝来谈，告杨、李二君对于筹办研究所之建议三点与余原意正合。对于所长之人选，袁与杨、李皆推重吴大猷，余前恐其不能离开加拿大之研究所，未与吴提商。今大家皆如此想，即当敦劝，并请袁告杨、李协同劝驾。

五月二十四日，予吴大猷信，商聘为研究所所长，盼能惠允。

六月十一日，接吴大猷信，辞研究所所长之聘。

六月三十日，［下午］四点到李家，与润章谈研究所筹备情形。余先二日备致一信，约其勉任所长以分余责，今日出示之。李推辞，云二三年内，愿将中国科学史稿完成后，再作他计划，是为第二个钉子碰了！

日记所示之郁文，乃梅贻琦夫人韩咏华的表字。润章，即李书华表字。袁家骝，乃袁世凯次子袁克文之子，享誉全美的物理学家，其妻吴健雄，华裔美籍实验物理学家，素有"东方居里夫人"和"物理皇后"之誉。顾一樵，即顾毓琇，曾任清华大学工学院首任院长、教育部次长、国立中央大学校长等职。杨振宁、李政道皆为西南联大学生，时已成为美国物理学界杰出人物，1957 年，杨振宁与李政道共同获得诺贝尔物理学奖。陈省身，曾为清华大学、西南联大数学系教授。吴大猷，北京大学、西南联大物理学教授，亦为杨振宁、李政道的老师。吴氏当年在昆明为躲避敌机轰炸偕妻阮冠世适居乡下，阮氏得病差点死掉，梅贻琦等前往探视慰问，并谓如果到医院看病可用自己的汽车云云，吴大猷对此事深为感激并终生不忘。

当此之时，上述诸位人杰皆旅居美加，梅贻琦与其取得联系后，经常聚会商讨清华基金与在台创办原子科学研究所事宜，每个人的眼界与对此事的态度不尽相同，而梅贻琦最希望的是吴大猷出面担当所长之职，却遭拒绝，是谓第一个钉子。继之请李书华出山担纲，结果复遭拒绝，是谓"第二个钉子碰了！"

1956 年，台湾

七月十六日，七点至张仪尊家晚饭。思亮夫妇、潘贯夫妇、锺盛标夫妇、某君夫妇。锺家谓廿号将起行，往星加坡［新加坡］就南洋大学教席，是其已决心不回台大。明日须约可忠代往挽留，如能留住则甚佳矣。

七月十七日，约可忠来谈，请代挽留锺盛标君在研究所任教。可忠午后往访，谈颇久，最后锺夫妇表示愿考虑后再决定。

九月二十日，发予吴大猷函，附聘函（兼任客座教授）。

十月二十九日，晚七点与祖彤赴……饭约，思亮告刚接萧之的信，陈福田于数日前病故矣！可惜之至！

十二月二日，晚饭后，作信予陈福田夫人致唁慰之意，回忆陈君在校忠诚协助、患难与共之情景，深为感伤，更惜其未得来台，偿夙愿也。

十二月四日，下午接陈福田夫人信，谓福田系于十月十八日夜二时，于伏案看书时忽而逝世。欲吾为陈君书其中文姓名，刻于墓碣上。久未执笔，勉为书成，赶即寄去。[26]

日记显示之锺盛标，核物理学家，1937 年获法国国家科学博士学位，曾任清华大学物理系助教、北大物理研究所研究员、台湾大学物理系教授，一度兼任台大理学院院长。陈可忠，清华校友，芝加哥大学化学博士，曾任中山大学校长，1949 年赴台后受聘台湾师范大学理学院院长，时受梅邀请，准备调往新竹"清华大学"研究院任筹备处主任，后为"清华大学"教务长、校长。陈福田，清华大学、西南联大外语系教授，1948 年离开中国移居夏威夷。陈可忠费尽口舌邀请的锺盛标，未顾私情，弃新竹"清华"研究所远赴新加坡南洋大学出任理学院院长兼物理系主任。并不甘心的梅贻琦再令陈可忠与锺联系，请其回台就"清华"教职。1957 年 2 月 15 日，梅贻琦日记载："午前，陈可忠来，示锺盛标复信，虽未完全拒绝，但谓'今夏恐难返台'，请陈再函催促。"最终，锺氏拒绝了陈的邀请而留在了南洋大学。此举令梅贻琦"最为失望"（赵赓飏语）。清华耆宿陈福田在美时曾与梅贻琦联系，有赴台湾与梅共事之计划，可惜天不假年，出师未捷身先死，徒令梅贻琦这位患难老友扼腕长叹。

从梅贻琦日记还可见到，1957 年，梅曾邀请过清华晚辈学生杨振宁、李政道、王瑞铣等人，但皆未成行。如这年的"四月五日，晚饭，淬廉约柳无忌、朱文长、王瑞铣及祖麟来。与王谈往台湾任教事，彼愿待其母能逃出大陆至香港后再定"。"四月九日，早十一点至社办公。十二点半，杨振宁与李政道先后来，同至法国小馆 Henri 餐叙，李作东道。杨夏间将往法、瑞讲学，并希望能接其父母至法会见。李下年休假，将往 Princeton lnst.（普林斯顿）研究，或能来台作短期讲学。""四月二十六日，与袁家骝夫妇、李政道便饭。再谈及李、吴去台问题，待将来再商定。"直到 1958 年，梅贻琦仍不断邀请吴健雄等在美华人赴台讲学，但依然令人失望。如这年的 3 月 7 日晚，梅贻琦"与吴健雄女士电话，渠下年仍不能去台湾，为之失望"[27]。

据赵赓飏说，所邀请礼聘学者过程中，梅贻琦极为看重清华第六级（1934）毕业生周长宁，也最有把握能邀请成功。此生在校入学及毕业成绩皆列前茅，为留英博士，萨本栋主厦门大学时最为欣赏，延至厦大任教，复员后赴台任台大教授，后至美，应聘阿冈研究，眷属留台。梅贻琦"嘱望其回台任教清华，奈研究专题未完，不能即返"。[28]令赵赓飏和梅贻琦意想不到的是，周长宁不但不能即返，很快演变成为一场"长使英雄泪沾襟"的悲剧。此一过程，梅贻琦日记有所记述：

1957 年，台湾、美国、台湾
二月十日，得周长宁复信，谓短期内不能来台，为之失望。
三月六日，10 点携行李赴机场。诸友来送行者约卅余人，蒋经国亦至。

11：00 登机起飞。5：40 到东京，办理过境手续，费半时。……7：30 起飞。夜间遇天气不佳，在 18，000 高空仍有冷雨，飞机上有冰层，闻之为之不安，更难入睡……

十月十七日，晚报载有周长宁在芝城因车祸去世之消息。

十月十八日，午前十点周太太来商长宁后事，商定电复在芝城领事馆，请办火葬，他事请陈省身代处理。

（附剪报）留美物理学家周长宁罹难——中央日报

【美联社芝加哥十七日电】在此间阿冈国家实验所任职的中国物理学家周长宁，昨在纳波维尔郊区撞车殒命，享年四十三岁。周氏系七月一日始由佛吉尼亚（弗吉尼亚）技术专科学校转来此间，他在该学校中担任物理学副教授。他的太太和孩子现居住在台湾。他出生在中国，是英国剑桥大学的留学生。

【本报讯】我国留美物理学家周长宁在美逝世后，据此间周氏之友人谈，周氏系清华大学物理系毕业者，卅八年初携眷来台，曾在台大任教。四十年初即赴美继续研究。在佛吉尼亚大学任副教授。今年七月一日始参加美国阿冈研究所工作。

1958 年，美国

三月十九日，一点与邓［昌黎］至阿冈办公处，与 Drum 及 Golden 商谈关于周长宁数事。四点半与邓赶至 Oak Ridge Cemetery（橡树山陵墓园）取周骨灰匣。六点回至旅馆。[29]

长达一年多的纠葛，最终落到实处的却是一个骨灰匣子。——此情此景，令在台美之间来回奔波、已是 69 岁高龄梅贻琦情何以堪？

◉ 最难风雨故人来

梅贻琦的美国求贤之路是荆棘丛生，令人伤感。然而，正如赵赓飏所言：人是重于物的，这个"物"不只是薪水的高低多寡，更在于社会环境、人文状况，以及校内可供学者研究的图书、仪器设备等储量。时梅贻琦在新竹复校中的"清华"可谓一无所有，或者说只有一片荒山野岭，这就令以事业为职志的学者不能不再三斟酌。更重要的是，韩战之后，台海局势复又起紧（1958 年 8 月 23 日，解放军炮击金门，每日万余发）。作为战争的亲历者与历史大动荡中的过来人，历经千辛万苦，好不容易依靠平生所学，在美、加得到了相对固定职位，此时正是潜心学术实现抱负之时，无论从自身利益还是事业长远考虑，都不太愿意到一个笼罩在炮火之下的孤岛另谋"高就"。海峡对岸"解放台湾"的喊声响彻云天，一旦台岛解放，又将如何自处？——这一切，皆是问题的症结所在。因而，赵赓飏不无感慨地说，以梅校长之资望，平生接触海内外硕儒之广泛，清华联大有成就师生之众多，两年间直接访求与间接介绍者不下 20 位，竟未聘得专任教授一人，实在令人至堪扼腕。梅贻琦本人也"于事务丛脞中焦虑忧急，日夜不宁"。稍得安慰者，总算聘得几位世界知名学者赴台短期讲学——继袁家骝之后，第二位赴台支援者，便是吴大猷。

吴氏时任加拿大国家研究院理论物理研究所所长，各国高级专家云集于加院，最多时达 700 多人。因了当年在西南联大结下的深厚情谊和梅贻琦真诚力邀，加之

◎吴大猷在新竹"清华"演讲"近代物理学之物理及哲学性质"（《清华校友通讯》新三十一期，新竹）

胡适等人从中斡旋，吴大猷特向院方请假，自愿停薪半年，赴台讲学四个月，除"清华"原子所诸生外，台大研究生与各校物理教师亦得亲蒙教益。当吴大猷于 1956 年 11 月 22 日由日本转乘"横滨丸"在台北基隆港招商局码头停靠时，梅贻琦、钱思亮、毛子水等原清华、北大耆宿亲往迎接。分离多年的老友相见，别有一番滋味在心头。据沈君山回忆说："一九五六年秋，清大借台大一角开学上课以后，就一直在等一位大学者从美国回来。一直等到十一月初，大学者回来了，就是吴大猷先生。"又说："吴先生回来，到次年四月返美前开了两门课：古典力学和量子力学，供清大研究生和台大年级生选修。这两门课我都是他的助教，工作除了校讲义、印讲义、收习题、发习题等，还有随班上课。吴先生教书的认真是

出了名的，但凭心而论，这次来台，他在讲学方面的投入，恐怕不如以前西南联大时期。……平常各式各类的访客，也占去了他很多时间，使得他除了上课时间外，难再匀出时间来和学生相处，但即使如此，那两门课，还是给入门的学生打下坚实的基础。吴先生上课注重厘清基本观念

◎ 2012 年 10 月 27 日，在新竹"清华"举办的"梅贻琦校长逝世五十周年纪念会"期间，专程自美国赴台的特邀代表邓昌黎院士（左），在"清华"早期教职员区给参会者钟秀斌（右）、岳南二人讲解当年建校情形（作者摄）

和整体架构，不蔓延枝节，我在这大半年学到的物理，比大学四年还要多。"[30]——正所谓"莫放春秋佳日过，最难风雨故人来"，吴大猷自海外赴台，给予梅贻琦莫大的慰藉。

继吴大猷之后，是美国阿冈国家实验室研究员、著名美籍华裔高能物理加速器专家邓昌黎。邓受梅贻琦邀请，于 12 月 7 日赴台为"清华"研究生讲学三周，"听讲受惠者泛及大学及若干研究机构"[31]。对于几位理工方面的名家归国，当时身为"清华"原子科学研究所助教的沈君山对邓昌黎记忆犹新，沈说：邓昌黎可能算是第一位青年才俊归台学人，当时"报纸用第一版的头栏大字标题报道，当然一方面是为了装原子炉，'我国'步入原子时代而宣传，但是对邓的描述，什么才华横溢、英俊潇洒等等，使得邓成为青年学子心目中的偶像。时有'生不愿封万户侯，但愿一识邓昌黎'的风气"[32]。关于邓昌黎在台引起的轰动，从梅贻琦日记中可寻出若干线索，并知沈氏此言不虚。梅日记载：

> 十二月十日，下午三点，四学会约请邓昌黎在中山堂作公众讲演，以"反应器及加速器"为题，讲得甚有条理。听者楼上下已坐满，立而听者若干人，共约二千以上，秩序甚好。余被推为主席介绍，讲了一时有半，最后余为讲"范大哥拉夫"之笑话以稍松快。讲后许多青年围在台前不散，问长问短，其殷

殷求知之情状，实甚感人也。

　　十二月十三日，四点至台大欲听邓演讲，竟因室小人多，户外拥挤，遂作罢回寓。[33]

　　经过袁家骝、吴大猷与邓昌黎等三位物理学大师不同场合的演讲、释疑，"袁子能"逐渐摆脱了著名诗人袁子才弟弟的徽号，"范大哥拉夫"也逐渐被范氏加速器和原子炉的学名所替代。三位大师对"清华"初期研究生之嘉惠，对梅贻琦精神和事实上的助力，甚至于台湾民众新兴科学思维、眼界之开拓，皆产生了重要的、划时代的影响。

　　转眼到了1957年。

　　这一年夏秋，新竹"清华"首批校舍、办公楼、教授住宅、职员、学生宿舍完工并投入使用，秋季开始在新校舍开课。梅贻琦正式礼聘陈可忠为教务长（梅去世后，陈继任"清华"代校长兼原子科学研究所所长、校长），并招考第二届研究生。本届招生共录取23人，报到注册者17人，全部迁往新竹新校舍住校上课。[34] 自此，在梅贻琦于台美间来回奔波、努力下，世界一流科学家如刘易、冯彦雄、钱家骐、陈省身、孙观汉、傅瑞雪、马祖圣、徐贤修等海外华人学者，与一大批外籍学者如小谷正雄、河野宗治、李德曼、布来德等著名人士，相继前往新竹"清华"任教或短期讲学。另有国际原子能总署于1956年令派戈仁德博士、马慕德教授赴台任教两个月至一年。美国在华基金会所聘傅瑞雪博士讲学三年，滨口博教授讲学一学期，白约礼教授任教一年，斋滕一夫、真田顺平、神原博尚等三位日籍教授各讲学一学期。曾获

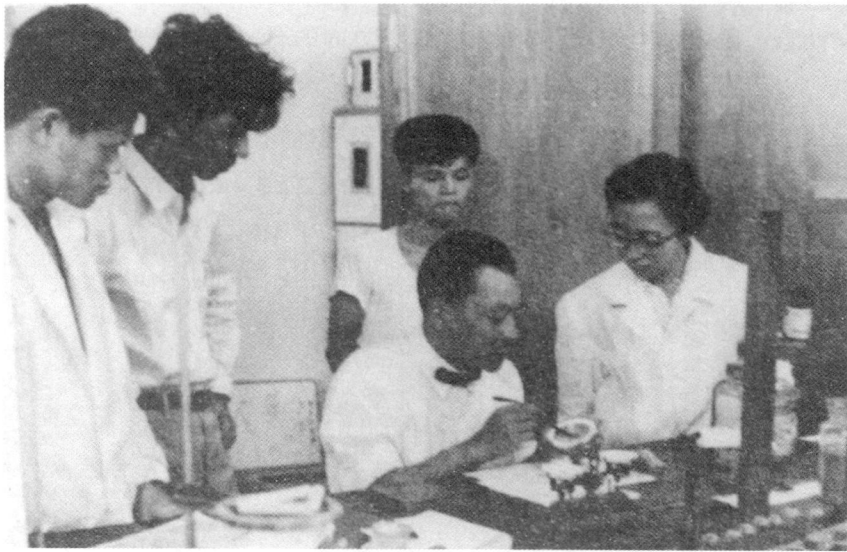

◎滨口博教授指导李远哲（左二）做实验（新竹"清华"图书馆藏）

诺贝尔奖的台湾新竹县人李远哲，在"清华"原科所进修并探讨北投石所含天然放射性同位素硕士论文，主要指导教授便是滨口博。

据新竹"清华大学"校方统计，自 1956 年到 1968 年，"清华"原子科学研究所延聘 100 余位来自欧美或日本各国的客座教授与兼任教师，这些欧美华侨学者或外籍学人前往新竹"清华"，竭尽所能，把才学与经验传授给年轻的门生弟子，并与之建立了深厚情谊，而滨口博教授与其亲自指导的研究生李远哲，更是建立了终生友谊。

除聘请上述一流科学家前来授课，基本学科如物理、化学、数学等高级课程，仍需专任教师连续授课并指导研究，早期自台大聘请的戴运轨等教授，一如既往地为诸生授业解惑，使学生的学业不断向前推进。为提高诸生英语读写能力，新竹校舍投入使用后，梅贻琦仍亲自操刀上阵，以英文《读者文摘》授课。这一幕，事过30 多年仍为当时的学生所忆起："春天的傍晚，靠近光复路一幢两层建筑的楼下，一间小教室里，十几个大孩子，正在静静的聆听一位身着长衫、面容清癯的长者，语声铿锵的讲授英文。——这是三十年前梅校长利用课余时间，为我们补习英文的情景，却留给我一片深刻而清晰的印象。"[35]

当时在新竹 80 多甲 1000 余亩土地上，"清华"教职员生不超过 50 人，每逢节令，全校师生会餐，在东院二号最多时开席四桌，富有浓厚的家庭气氛，师生在如此气氛中慢慢建立了亲密关系。十年后，部分学生学成归台，投身母校或其他科学机构予以反哺，成为推动新竹"清华大学"和台湾科技界的强大力量。——1959 年考入新竹原子科学研究所放射化学组硕士班研究生、1986 年斩获诺贝尔化学奖的李远哲，就是其中一个代表。1972 年，李远哲返台于新竹"清华大学"任教半年，以报答母校栽培之恩。

除此之外，梅贻琦还积极利用台湾当局考选原子能训练，以及联合国国际原子能总署的进修机会，热心推荐选派有学术前途的青年才俊，到欧美如阿冈等一流科学实验室进修。几年之后，派送学生相继学成归台，并充实到"清华"原子科学研究所教师队伍之中，如杨毓东、曾德霖、钱积澎、郑振华、戈宝树等皆成"清华大学"教师队伍的中坚，而叶锡溶则为"清华"原子科学所第一位获得博士学位的专任教师，后出任原子科学院院长，桃李满天下，其丰富的研究成果被誉为"台湾放射化学之父"。[36] 正如后来转入新竹"清华"任教务长的朱树恭所言："梅校长在当时为延聘教授至为辛苦，仆仆风尘往返台美间，至各地访问学人，商请转托，维持学生学业，非常艰难，极非目前人士所能想象者。同时为培植人才，鼓励研究所毕业学生进修，由学校借支美金促成其行。因此在早期，教授中多因受此恩而回校任

◎新竹"清华"创校时的教职员：王显荣先生（左一）、孙观汉教授（左二着白西装者）、陈可忠教授（左五）、钱积澎先生（左六）、梅贻琦校长（左七）、图书馆长张龄佳（左八）、会计主任郝学儒（左九）、李育皓先生（左十）、原科所化学组主任朱树恭（右二）、星兆鑫先生（右四）、总务长彭传珍（右五）、杨毓东（右七）（新竹"清华"图书馆藏）

教者。清华原子科学研究所之建立，不论仪器设备购置，与教授延聘，由咨询学者专家及与厂商洽谈起，多经熟思研究，然后定案，皆是梅校长独立担任。"[37]

在第二届研究生入学之前，校内物理馆及加速器实验室已开始全面兴建，校园初具规模。于隆隆的机器声中，望着来回穿梭的车辆人马和四面开花式的建筑工地，师生皆感振奋。忽一天，梅贻琦在工地突询建筑师与身边人员未来校园建筑计划，众论纷纭。梅于喜悦中透出一股宝刀不老的英雄气概，目视前方，以手比画，谓将在成功湖旁盖一座500人居住的研究生宿舍，另盖多少教职员宿舍云云。豪气之盛，气魄之大，目光之远，把身边的建筑师与朱树恭等人吓了一跳。当时在校的研究生区区不足20人，与500人是何等的距离？身边人闻听此言都不敢置信，想不到后来竟得验证。另有台北前来观摩、考察的官僚政客与社会人士，每看到梅贻琦在新竹赤土畸一下圈了80多甲土地（较北平故园尚多百余亩，后来又有多次扩展），有些疑惑地问：你占的这地盘"太大了吧？"梅答："将来不大。"有人又问"太远了吧？"梅答："将来不远。"随行的助教、后来一度出任新竹"清华大学"校长的沈君山不禁感叹：梅校长此举"真正是百年树人的风范"[38]。

当然，除了气魄与风范，还要有处理具体问题乃至官场周旋的本事，尽管梅贻琦在台"复校"的理想与事业，得到蒋介石父子、陈诚等层峰人物以及科教界许多大佬与名流的支持，但在实施过程中，为之掣肘、作祟甚至公开捣乱者亦不乏其人。其中"教育部长"张其昀，在"清华"复校具体事宜以及庚款派出留学生数量、年限等具体计划与实践中，与梅贻琦多有抵牾，而张的部下亦有为取悦主子而投机输诚，对"清华"事务从中作梗者。如梅贻琦日记1957年记载：

> 八月十五日，上下午，为昨前日招标无结果，再由陈、郝、张三君往教部说明，乃为一科长（常）欲卖弄手法，从中作梗。往返徒劳，大家叹息。
>
> 八月十六日，上午，可忠与郝君至教部商决标事，下午再至审计部，似均无大问题，只教部一科长名常松茂者新到部未久，既不懂事又要装腔做势，其捣乱结果并不能阻挠不办，只更使拖延数日耳。[39]

青山遮不住，毕竟东流去，且常松茂者流根本算不上青山，最多算一小坟包或坟包中一堆腐朽的积骨，抑或阻挡历史车轮前进的一只螳螂。历史潮流浩浩荡荡，梅贻琦顺势而为，为民族文化的火种延续，以及学术进步和人类的福祉而倾尽生命和热情，因而他的事业终获成功。从中作梗下绊的常松茂者流，只能成为滚滚洪流中的一块顽石瓦砾而沉入泥沙之下。

1958年初，新竹"清华"校园各馆舍建设明显提速，一座现代化的物理馆即将全面封顶。4月1日上午，梅贻琦与张昌华由台北来到新竹校园视察工程进度，午后再往后山查看地形，认为原子炉安置地点，仍以前天所看地段最为合宜。晚上，梅氏一行受事务组职员林尔芬相邀到其家小聚，为其女孩弥月做汤饼之会。林氏请梅贻琦为小女命名，梅于欣

◎ 1958年5月25日，新竹"清华"校园内原子炉破土典礼。由左至右分别为梅贻琦校长、庄来德大使、陈诚、张其昀"部长"。同日物理馆落成（新竹"清华"档案馆藏）

喜中以"清华"应之。"盖为新清华园中第一诞生之孩也。"[40]

随着新竹"清华园"第一个新生婴儿呱呱坠地，大地复苏，万物萌发，无数新生命在春天的雨露中蓬勃成长。初具规模的"清华园"已是水清木华，各项事业迅猛发展，一个个喜讯不断传来。5月，举行物理馆落成及原子炉基地破土典礼，此为台湾军政及学界的一件大事，轰动一时。1960年，"清华"原子炉炉房、原子炉实验室、核子工程馆、同位素实验室相继完工。1961年4月，原子炉装置完成，临界试车顺利。1962年3月，物理馆扩建工程完成，化学研究所和应用物理研究所相继创立，"清华大学"研究院已具规模。如此快捷的速度，被台湾学界称为"魔术师般的神速"。[41]

梅贻琦赴美求学时代习的是电机专业，原子物理不是他的专长，但在建立"清华"原子科学研究所过程中，梅以近七十的高龄边干边学，无论仪器设备购置、教授延聘、咨询学者专家及与厂商洽谈，都亲自为之。每一件事皆经过深思熟虑，以及与专家同人详细研究，然后方可定案。当原子炉订购案成之后，梅派遣后来建造监工操作人员，分赴各地参观访问，务求确实做到妥善境地。原子炉在新竹落成，自试车至临界运转，一路顺利。其时，台湾民众对于原子科学虽有所认知，但毕竟隔行如隔山，仍是不甚了了，可谓一则以喜，一则以惧，特别是原子能的安全以及对民众的危害传说纷纭，恐怖的流言与人们的惊悸和担忧相伴而生。梅贻琦为安定人心，把校园内新南院教职工宿舍建于办公楼、教室与原子炉之间，作为安全之最好证明与保障。随着新宿舍的建成与操作原子炉教职工进住，流言逐渐式微，一个最具前沿性、崭新的原子科学时代就此到来。

许多年后，作为新竹"清华"原子科学研究所第一任所长的归台学人孙观汉，在回忆这段往事时不禁感慨万千，孙说：后人要了解先驱者的理想、遭遇的困难和建立的功业，是一件很困难的事，梅贻琦在台"复校"的时代，"台湾本身尚不稳定，复校是创新和勇气的构想。同时鉴于'国

◎原子炉建成

家'亟需科技，他选择了当时最新、最重要、和所知最少的原子（核子）科学为起点，意在迎头赶上。清华当时经费有限，他不惜花费，在美国和阿冈国家实验室订约，优先培植基本人才，装置原子炉和三百万伏特加速器的构想和眼光，在当时的情形来说，远超

◎梅贻琦陪同蒋介石视察原子炉（引自《清华校友通讯》新七十三期，新竹）

于目前的同步辐射加速器。那时台北没有现在的繁忙和拥挤，他却在远离台北的新竹，收集大块的土地做校址，他的远见，使新竹后来成了台湾的科技中心"。又说：梅贻琦以远大的眼光和锲而不舍的精神，终于使"清华"在台复校，达到了他的理想和目的。"如果目前有人认为新竹的清华已超越了旧时的母校，我想至少在校舍、设备和民主观念上来说，是毫无问题的。"[42] 此一丰功伟绩，或如新竹"清华大学"特聘教授潘钦所言："没有梅校长就没有原科所，没有原科所就没有清华大学，因为原科所的诞生，实为日后清华大学的开发经营奠定了办学的楷模。"[43]

　　——这个话，很容易令人想起位于美国肯塔基州霍金维尔镇以南约三英里的林肯木屋。一个世纪过去了，当游人走近已被当局完整保护的林肯木屋时，会听到讲解员一段意味深长的话："有森林才有原木，有原木才有木屋，有木屋才有林肯，有林肯才有这个国家。"[44] 梅贻琦之于新竹"清华大学"，正是这段讲词和史事的现实写照。

注释

[1] 蒋复璁《永生不是死》，载《清华校友通讯》，新二期，新竹。
[2] 李书华《悼梅月涵先生》，载《清华校友通讯》，新三、四期合刊，新竹。

[3] 孟治《梅校长对于一个学生的影响》，载《梅贻琦先生纪念集》，黄延复主编，吉林文史出版社 1995 年出版。

[4][8][9][10][12][22][28]《梅贻琦传稿》，赵赓飏著，台北：邦信文化资讯公司 1989 年出版。

[5] 梅贻宝《五月十九念"五哥"》，载《清华校友通讯》，新十二期，新竹。

[6][41] 黄延复《前清华大学校长梅贻琦先生》，载《梅贻琦先生纪念集》，黄延复主编，吉林文史出版社 1995 年出版。

[7] 叶公超《忆梅校长》，载《梅校长月涵先生逝世三周年纪念刊》，新竹"清华大学" 1965 年印行。

[11] 据赵赓飏说："清华基金之数额，原较中基会者为多（约五六倍），利息均赖美籍董事及会计善于经营。除清华大学于抗战期支用少数（支持五特种研究所及教师休假）外，所余利息皆并入基金，其本金增加，盖由于此。"（《梅贻琦传稿》）另据谢小芩、李华夏二教授总结资料显示，1949 年清华基金账面值为 4，098，646 美元，市场价值为 4，553，868 美元。又，1949—1955 年间，"清华"尚未在台复建，清华基金乃快速累积，至 1970 年账面价值达 700 余万美元，实际价格达 900 余万美元。（谢小芩、李华夏《贫与富，私与公——梅贻琦与清华基金》，载《梅贻琦校长逝世五十周年纪念会论文集》，新竹"清华大学"出版社 2013 年出版）

[13]《梅贻琦传稿》，赵赓飏著，台北：邦信文化资讯公司 1989 年出版。另，关于梅祖彦返大陆经过，按当事人梅祖彦后来的说法，并非中共"劫持"而是自愿返回大陆。其经过略谓："此前有不少留学生回到了大陆，并传来了很多解放后的情况。父亲知道我和一些同学也在筹划远行，他虽然未动声色，但显得出心中焦虑。后来还是重视了我自己选择前途的意愿。只是在为人处事的道理上对我做了些规劝，而对我的行动却给予默许。我到法国后遇到一些旅程上的困难，父亲让我去看望当时驻法国大使段茂澜先生（清华老校友），希望我能听听多方面的意见，或许能改变我的回国决定。我因为决心已定，没有去见段大使。我回到北京后不久父亲即长住台湾。"（《怀念先父梅贻琦校长》，载《晚年随笔》，梅祖彦著，清华大学出版社 2004 年出版）

梅祖彦另一篇回忆在细节上与上述有所不同，梅说：原重庆发的护照已过期，后经过 20 美元的疏通，于 1954 年 3 月初才得到了去法国访问一个月的签证。"到法国不久就决定去瑞士访问，当时的想法是要到那里的新中国使馆，申请发给新护照，使我能取道苏联回国，而不愿走较通顺的海道经香港回国。但在申请去瑞士签证时又遇到了证件不全的问题，在多次奔走后觉得还必须冒些险到国民党大使馆去把手续补全。当时驻法大使是段茂澜先生，清华大学 1921 年的老校友，曾是先父的学生。我去求见大使，不巧他不在，但一位秘书认出我的身份，称我为世兄。他相信了这个托词，当即给我的护照延了期，并盖上同意访问英、法、德、意、瑞等国的印章（我未敢请他再加上香港）。这样于 4 月 14 日才到了瑞士。在首府伯尔尼的中国使馆见到了公使冯铉、参事彭华和秘书叶式春几位同志，这几位是我第一次见到共产党员。"（《由美回国经历纪实》，载梅祖彦《晚年随笔》）后在中共秘密安排下，取道苏联，于 6 月 6 日乘机到达北京。此次由美返大陆，历时 74 天。梅到北京后，先是住在教育部招待所，继之被分配到清华大学水利水电工程系任教。2003 年在北京去世，享年 79 岁。

梅祖彦返回大陆后仍与其父保持联系，同时对其父进行"统战"工作，劝其"早回头"，投入新中国怀抱。据梅贻琦 1956 年日记载：

> 三月十三日，彦一月间来信，述刘仙洲入共党，众人往贺。因劝乃父早回头，速设法回大陆。看其语气之兴奋，尚是莫名其妙者，重要消息彼非所知。大陆上的人恐多系如此，则蒙瞳亦可算是幸福，惟此子太可惜耳！

梅贻琦日记所载的刘仙洲（1890—1975），原名鹤，又名振华，字仙舟，一字仙洲（后以此字行），河北完县唐兴店村人。据 1945 年 8 月 17 日，因赴美游学考察向梅贻琦提交的"自撰履历"，略谓：1912 年，毕业于保定育德中学。1914 年 7 月，国立北京大学预科肄业，同年 8 月考取省官费，进入香港大学工学院机械系学习。1918 年 6 月，获工程科学学士学位，回母校保定育德中学附设之留法高等工艺预备班任教员，后来的中共高官刘少奇、李富春、李维汉等曾是这个留法预备班的学生。后一度出任过北洋大学校长。1932 年 8 月，受聘为清华大学教授，参加了工学院和机械工程系的筹建工作。"卢沟桥事变"后，刘随校南迁到昆明在西南联合大学任教，直至 1945 年抗日战争胜利。其间一度与陈寅恪、吴宓、汤用彤等学界名流，被教育部聘为部聘教授。1946 年赴美国考察。据刘仙洲对人说，1947 年，刘访美回国路过南京时，教育部长朱家骅拟设宴邀请其再次出任北洋大学校长。刘拒不赴宴，连夜离开南京，北上北平，仍于清华大学工学院任教。后来，教育部虽公开宣布这一任命，并一再致电敦促刘赴任，但他置之不理。1949 年之后，刘仙洲继续在清华大学任教。1952 年高校院系调整，刘先后担任清华副校长、第一副校长。1955 年，刘仙洲以 65 岁高龄加入了中国共产党，此为 1949 年之后最早入党的知名老教授，在校内外引起强烈反响。1955 年 12 月 24 日，刘仙洲在《人民日报》发表《我为什么加入共产党》一文，谓："在 1947 年，我 57 岁的时候，自己还这样盘算过，也公开向朋友讲过：'剩下的一段时间，顶多再教十年书，再写五本书，就算尽了我一生的责任了！'那时认为业务与政治是可以分开的。我认为人的性格，各有不同，有少数特别聪明的人，对于搞政治和搞学问可能都好，但是有的就宜于搞政治不宜于搞学问，有的就宜于搞学问不宜于搞政治，如果弄得不得当，就会成绩很差，甚至毫无成就。我当时主要的目的就是想说明：'宜于搞学问的人最好不参加政治！'解放以后，在各方面受到党的教育，思想上逐渐有了转变。……1952

年春季，学校进行思想改造运动的时候，大家把我过去'只重视个人的事业（如埋头教书写书），对人民的事业不够热心'的缺点做了彻底的批判，使我开始认识到自己过去的不正确的思想，衷心接受了大家的意见。后来，在全系总结会上，我曾说过：'……我虽说是老了一些，但是我决心要一步不停地向共产主义迈进！'……后来，一方面经常参加政治理论的学习，一方面不断旁听党课，政治觉悟继续有些提高，更觉着：我的旧习惯、旧思想残余，如果在党的组织生活里边，由同志们多帮助我，一定会改得快一些。直到1954年3月5日，向学校党委会提出申请入党。……由于几年来我在实际工作中多次的体会，使我认识到任何业务不但不能脱离政治，而且必须由马克思主义的政治思想指导才能搞好。……结果，在伟大的十月社会主义革命38周年纪念日那个好日子，党的支部大会经过讨论通过，接受我入了党。"又说："从入党的第二天起，我就不断地接到许多人给我拍来的贺电和寄来的贺信。……这一切都使我感到无限的兴奋和温暖。"此后，在刘仙洲副校长带动下，清华教授群体在政治上发生了很大变化，张子高、梁思成、张维、张光斗等30余位老教授都加入了中共，此举被誉为"从旧中国过来的知识分子的光荣归宿"，清华校长蒋南翔还专门著文《共产党是先进科学家的光荣归宿》，以示唱和与表彰。1957年，刘仙洲被打成"反动学术权威"，时已身患多种疾病，不能工作，终于1975年10月6日去世。

1952年院系调整，清华的文、理、法商等学院和相关专业，全部调到其他学校或单独建校去了，只剩一个工学院，专门培养红色工程师的社会主义工科大学。为体现社会主义特色和优越性，教学方面搞了一个"六时一贯制"，即学生从早上8点开始上课，中午不吃不喝不休息，一直要上完6节课才允许回去吃饭。结果是学生身体受不了，很快就出了毛病，"六时一贯制"随之破产，复从以前的制度与方法教学、生活。随着"三反五反"运动开始，此前已被中共批倒批臭的胡适，再度被拎到前台加以批判，梅贻琦亦敬陪末座一起受批。对这一段历史，徐贤修回忆说："我第一次能和梅先生长谈远在一九五〇年以后芝加哥。有一次芝城梅氏宗亲盛大欢迎梅校长。在芝一些校友也顺便欢迎我们的老校长。在吃饭的时候，谈起在北平的清华园中的'三反五反'运动。梅先生当时很沉痛地说：'口号如何能建国，未免把事情看的太容易了。'接着幽默地说：'他们闹着要倒胡适之、梅贻琦思想，会自食其果的，我自己并不介意。'我们问为什么呢？他说：'我早就晓得他们迟早会倒梅（霉）的。'"（徐贤修《怀念梅校长》，载《清华校友通讯》，新八十期，新竹）

1956年6月，继梅祖彦之后，原清华经济系教授、时为中国人民大学统计系教授的戴世光，按当局意旨致函梅贻琦，继续进行"统战"工作。梅贻琦1956年日记载：

> 六月十三日，接戴世光自北平来信，情词颇恳挚，但意在劝"老师"回去，则甚明显也。

据韩咏华回忆文章载，韩曾试探性地问梅："你看共产党怎么样？"梅答："把国家治理得不错。"——梅是否说过此话？假若说过，是出于对后来回归大陆安度晚年的韩咏华予以敷衍，还是出于真心实意？因无第三者在场，且对话二人皆墓有宿草，可谓死无对证了。据韩咏华的猜测，梅是"考虑到自己的身份和处境，顾及面子，觉得不好行动"，才一直未回大陆。但从梅贻琦日记看，事实并非如此，如1957年日记载：

> 三月十八日，[在纽约]看祖彦、自强[媳]来信数封，述彼等结婚后情形，并有盼娘先回大陆，则父亲亦就容易亦回去之语。傻孩子们，终不明了乃父为什么不想回去！一言以蔽之，吾不能相信共党，此意在彼等处在北平特作点缀的场面里，如何能体验，如何能了解！但望共党将来改变"百花齐放"而为"百叶清除"时，他们不受波折，便是幸运矣。

1957年，对梅贻琦与国立清华大学，以及梅氏本人的办学理念、方针、思想等"流毒"，进行大规模的、全面的清算与整肃。从当时《北京日报》的连续报道看，所涉人物除梅贻琦之外，还有钱端升、潘光旦、曾昭抡等数十位大字号"右派"和"祖国的叛徒"，而火力最大、最强的人物、目标、事件等表现在如下几个方面：

一、八国联军和庚子赔款问题。批判者认为，这些"都是我国的国耻；清华是以庚款开办的，岂不是'国耻产物'？开办的目的又是为美国培养忠实的奴才，岂不更可耻？美国的目的果然没有落空，像胡适、梅贻琦之流，就是由清华头两批资送留美，培养出来的美帝国主义的忠实奴才"。

二、这所为美帝国主义培养奴才的学校，同时也是反动统治者争权夺利、营私舞弊的场所。"在舆论的压力下，董事会和基金会都取消了，在主子面前极尽谄媚、在师生面前飞扬跋扈的罗家伦也'坚决辞职'了。实际上，这只是换汤，并没有换药，继罗家伦之后来的是另一个反动学阀梅贻琦。梅贻琦和罗家伦的作风相反，是以虚假的'民主'来迷惑人，搞什么'教授治校'。他说的'教授治校'，实际上是'把头治校'。他表面上是对于一百元的事情也不拿主意，实际上是大权在握。梅贻琦是教授会的主席，又是评议会的主席，教授会以外所设立的聘任、财务等重要的专门委员会，它的主席又是梅贻琦。学校的'人权''财权'都紧紧地掌握在他的手里，所谓'教授治校'的'民主'完全是虚假的。在昆明时期，他不满意评议会的人，连会议也不召开了。所以，梅贻琦的'民主'戏法，旧清华的教师都是领教过的。一九二五年在清华毕业、从一九三四年起直到现在都在清华教书的李辑祥老教授说：'教授治校就是把头治校，我从前就是把头治校里的一个小把头，学校的事情实际上是梅贻琦决定一切的。'他说：'清华过去就是一个大宗派，在这个宗派里，崇美亲美思想统治一切，梅贻琦就是这个宗派的头子。'想不到梅贻琦的'德政'直到今天还留有'余泽'。鸣放期间，清华有个右派分子不知耻地说：'我当学生的时候，还可以直接找梅校长借钱呢！'以此来说明旧清华'民主'。在清华当了多年教授的吴晗听了这话，气愤地说：'我当时是清华的教授，除去一次而外，梅贻琦和我从来没有来往过，而那一次，是梅贻琦陪着一个国民党特务来审问我的。'"

"右派分子们说旧清华的教授会和评议会是无比优越的，于是提出了'教授治校'，来否定在高等学校里党的领导。清华大学在抗战和解放前是有教授会和评议会的，过去曾参加过教授会和评议会、现在仍在清华的副校长刘仙洲教授、张子高教授和李辑祥教授等。刘仙洲教授向我们简单地介绍了旧清华这方面的情况。……'教授治校'，今天是否合适呢？刘仙洲认为是不合适的，主要理由是这样：第一，在军阀混战时期，教授治校有一定好的作用，现在的国家有党的领导，建设社会主义的国家，一切事情是有计划的；一个高等学校的工作是整个国家工作的一部分，办学校的方针政策必须由党来领导。怎样领导呢？必须由学校的党组织来实现，如果由教授会决定一切，可能有些工作会与党的方针政策相违背……""从他的介绍里可以看出，在北洋混战时代提出'教授治校'还合乎情理，但是到国民党统治时期，教授会、评议会不过是一个御用的工具罢了。这些简单的道理，右派分子们不是不知道，他们不过是借此来迷惑群众，以达到他们反党的阴谋罢了。"

"几十年来，清华大学确实培养了不少反苏、反共、反人民的渣滓，也就是美国国务院所殷切期望的'民主个人主义者'。不信，我们可以摆出一批名单来看看。人们知道，六月六日右派头子章伯钧召开的臭名昭著的'六教授会议'，有四教授是旧清华培养出来的。他们是曾昭抡、吴景超、钱伟长和费孝通。另一个右派头子罗隆基的社会基础有三大方面，一个是新月派，一个是国社党，一个是清华派。他的反党小集团的骨干分子包括上海的孙大雨、彭文应、王造时，四川的潘大逵，北京的费孝通、潘光旦、钱端升，以至他的心腹赵文壁，都是当年旧清华的'人才'。更不用说，企图恢复反动社会学和经济学的右派骨干吴景超、李景汉、陈达和陈振汉，也曾在旧清华的法学院占有重要地位。这批名单足以说明旧清华的'丰功伟绩'。……旧清华不仅培养了资产阶级右派分子如罗隆基、钱伟长，而且还培养了美蒋走狗、祖国的叛徒、臭名远扬的蒋廷黻、孙立人、陈福田、顾毓琇之流。右派分子夸耀旧清华出了多少'人才'……办了将近四十年的旧清华，培养出有成就的科学家和专家，真是少得太可怜了。何况这些科学家和专家的成就，很大一部分是他们自己长期刻苦努力的结果。……当然，旧清华的传统不是只有反动的一面，还有光荣的革命的一面……在历次政治运动中，培养了一大批革命干部……这是罗家伦、梅贻琦之流作梦也没有想到的。"

三、对教学内容的批判。"解放初期，清华大学的教学依然如故。潘光旦的优生学、吴景超的社会学，继续用反动的观点来毒害青年。为了改变旧清华的反动性质，原中央教育部在一九五〇年决定废除一切反动的社会科学课程，并且确定社会系停止招生。这是课程改革的第一步。为了适应国家工业建设的迫切需要，同年的高等教育会议提出，要将清华大学改变为一所重点培养社会主义工业建设人才的学校，把旧清华的文、法、理等学院划到别的学校。这是一个从根本上改变旧清华面目的计划，但是实现这个计划却遭到了费孝通、钱伟长为代表的资产阶级右派教师的反对和抵制。……院系调整是一场两条路线的尖锐斗争，社会主义在这场斗争中获得了重大的胜利。清华教师们打破了'清华第一''清华一家'的思想桎梏，纷纷服从组织分配，转到北京大学、哈尔滨工业大学、北京钢铁学院、北京地质勘探学院、北京石油学院、北京航空学院和北京矿业学院等校工作。费孝通、钱伟长的阴谋完全失败了。"

四、"旧清华对学生培养是完全无目的、无计划的。学生所学的课程什么都有，比如机械系的学生要学汽车原理，也学水力机械，还要学市政工程和兵器学等等。它的教育方针是把学生培养成样样都懂一点，以便找职业，还美其名曰'通才教育'。在这种方针的指导下，学生学了四年，也不知道毕业后能作什么工作。旧清华培养目标笼统、模糊，对学生进行'通才教育'，是旧中国半封建半殖民地经济的反映。新的清华大学为了满足国家建设的需要，必须有目标、有计划地培养建设干部。经过几年的政治培养和理论联系实际的专业训练，学生一毕业，就能成为一个忠于社会主义祖国的高级工程技术人员，担负起实际的工作。所以说，高等工业学校的培养目标是红色工程师。"（《今昔清华》，陈泓、姚世光著，北京出版社1958年4月出版。作者注：原载《北京日报》，结集出版时有增删）

1957年，梅贻琦日记载：

> 十一月二十六日，早十点出门，理发，买零物，至社办公。阅夏间彦与自强来信数封。一封为彦与爸爸的，劝吾即不返大陆，可不必去台湾，当系一番诚意，然尚未能了解乃父之意愿耳！（《梅贻琦文集》1[日记][一九五六—一九五七]，杨儒宾、陈华主编，新竹"清华大学"出版社2006年出版）

从仅存的梅贻琦1960年之前的日记看，这是梅祖彦给乃父发的最后几封信，或日后继续发信而梅贻琦没有记载。无论如何，随着各自"意愿"不同，以及梅赴台后以整个身心筹建原子科学研究所，梅氏父子的交流只能是越来越疏淡，甚而隔绝，直至梅贻琦客死孤岛。至于梅祖彦以独子身份由北京首次前往新竹"清华"梅园祭奠，则是乃父去世34年之后了。1996年，梅祖彦专程来到新竹，在"清华大学校长沈君山先生和老教授张昌华先生（当年建造原子炉的总工程师）陪同，在父亲墓前行礼，献上迟到了34年的一束鲜花"（梅祖彦《怀念先父梅贻琦校长》，载《晚年随笔》，梅祖彦著，清华大学出版社2004年出版）。

[14][18][25][31] 赵赓飏《协助清华复校琐忆》，载《清华校友通讯》，新八十期，新竹。

[15][16] 沈君山《清华与我》，载《清华校友通讯》，新一三九期，新竹。

[17] 钱昌祚《怀念梅故校长》，载《梅贻琦先生纪念集》，黄延复主编，吉林文史出版社1995年出版。

◎ 1959 年，梅祖彦抱女儿梅佳音在中关园

[19] 此语据说是 20 世纪 90 年代，发自杭州市宝石山下一出租房汇款单上的简短附言："此地钱多人傻速来"，是一位从农村外出打工的按摩女，给家乡妹妹汇款时信手拈来的八字要诀。

[20] 朱树恭《念校长忆往事》，载《清华校友通讯》，新八十期，新竹。

[21] 张起钧《清华人轶事》，载《清华校友通讯》，新八十四期，新竹。

[23][26][27][29][33][39][40]《梅贻琦文集》1[日记]（一九五六—一九五七），杨儒宾、陈华主编，新竹"清华大学"出版社 2006 年出版。

[24] 第一届研究生名单为：吴正言（女）、乔隆文（女）、沈铭梁、林多梁、林信雄、林嘉熙、张仲澐、陈以南、陈守信、邹祖德、赵光来、蔡剑深、卢保、魏达贤、关信民。其中吴、乔、魏及林嘉熙，均先有机会出洋进修，未在"清华"修毕硕士学程。

[30] 沈君山《清华与我》，载《清华校友通讯》，新一三九期，新竹。

[32][38] 沈君山《新竹复校前轶事》，载《清华校友通讯》，新七十三期，新竹。

[34] 第二届研究生姓名为：伍法岳、朱克昌、何兆中、易仲生、林光华、张昭鼎、郭子斯、莫玮、陈家骅、陈蔡镜堂、单越、杨德礼、赵铁栅、叶文、刘郎棣、蔡先实、邓兰汉。朱、易、杨三生提前出洋。

[35] 郎棣《琐忆》，载《梅贻琦先生纪念集》，黄延复主编，吉林文史出版社 1995 年出版。

[36][43] 潘钦《从梅贻琦校长的日记探索清华与原子科学在台湾的奠基》，载《梅贻琦校长逝世五十周年纪念会论文集》，新竹"清华大学"出版社 2013 年出版。

[37] 朱树恭《忆梅校长建校初期若干事》，载《梅贻琦先生纪念集》，黄延复主编，吉林文史出版社 1995 年出版。

[42] 孙观汉《一位历史人物》，载《梅贻琦先生纪念集》，黄延复主编，吉林文史出版社 1995 年出版。

[44] 罗雪村《林肯木屋》，载《中华读书报》，2002 年 2 月 4 日。

第二十三章　常留嘉荫咏清华

◎ 执掌"教部"

当新竹原子科学研究所初具规模之际，1958 年 7 月，台湾当局"行政院"重新组阁。陈诚以国民党副总裁身份兼任"行政院长"，原"行政院长"俞鸿钧去职。俞氏下台，其内阁"教育部长"张其昀亦在去职之列，但张是蒋介石的宁波同乡，曾做过蒋的秘书，也是著名的策士。当年蒋介石兵败如山倒，面对解放军咄咄逼人的兵锋，提出"国民政府"播迁台湾，并以台湾作为"转丸"复兴之地的策士，就是张其昀。念及张氏对"党国"的忠诚和为此立下的功劳苦劳兼疲劳之"三劳"，蒋介石希望陈诚继续留任张其昀执掌"教部"，并亲自带张拜访陈。但陈认为张不便留任，并决定邀请与之友善的梅贻琦出任"教育部长"兼原子能委员会主任。7月 7 日，梅贻琦正在新竹校园与许明德、潘宁顿等人，陪同成功大学合作之美国普渡大学佛瑞尔等五人参观访问，午餐后接王世杰电话，谓"陈副总统"已奉命组阁，约先生 8 日上午到台北面谈。下午五点，梅贻琦返台北，即闻浦薛凤报告，陈诚嘱托劝促先生担任"部长"。梅于晚饭后邀请钱思亮、陈雪屏、浦薛凤、查良钊、赵赓飏等会商如何推辞办法，但众说纷纭，直到 11 点未达成统一意见。众人散去，一切待梅翌日见机行事。据梅贻琦日记载：

七月八日，午前十一点往草山访陈［诚］，果不出所料，余提李润章、罗志希及曾约农，皆为更适当人选，而未允考虑。……晚七点，赴江良规夫妇饭约于阳明山蔡君寓（Harrer Toy）。饭后回寓再约查、钱、陈、浦及宗涑一谈，雪屏被邀任秘书长，否则亦应可长教部，看来似难推辞。余更有顾虑者，清华事实不能不管，或请可忠代所长。

七月十一日，晚，有某报访员冒钱校长打电话问消息。查方季来，戚长诚来。

勉仲偕逖生来，谈及次长问题，逖生允考虑。

七月十二日，晚与逖生晤谈，因某报之一段，甚怕有人故意破坏，经解释后，始为心安。

（附剪报）教部政次常次　人选已经内定

【本报讯】清华大学校长梅贻琦氏经陈"副总统"数次恳邀后，已允入主新阁中教育部席位。

陈氏初意邀请梅氏入阁时，系由陈雪屏氏代为接洽，梅氏初时固辞，旋经陈"副总统"挽以前曾任省府秘书长之浦薛凤氏再度往邀，仍未果，惟浦氏曾向陈"副总统"表示："副总统"如诚意邀请，梅氏或可就任，陈辞公因再嘱浦氏坚邀，三顾之后，梅氏出长教部乃成定局。

据悉：梅氏并已决定其两位次长人选，政务次长为浦薛凤，常次则由现任师大物理化学系主任陈可忠氏出任，两氏均系早期清华大学毕业生，且在学术上著有成就［南按：陈可忠未就任］。

七月十四日，早九点后起行赴新竹。……五点到台北，见晚报上新阁名单，知已成定案，无可改易矣。与记者六七人谈约十余分。

七月十九日，早九点半教部凌秘书（孝芬）来，陪余至教部。十点交接仪式在"合作馆"，王政务委员（世杰）监交，十分钟后礼成。下楼照相，而张部长已匆匆离去矣。[1]

面对"张下梅上"的新格局，张其昀自是不甘心又无可奈何，只能在关键时刻甩个脸子给梅贻琦、王世杰等人，以示自己的任性使气与不合作态度。

据与梅贻琦搭班的"政务次长"浦薛凤（逖生）回忆："梅师卒勉尊政府之命，主持教部。当局深知梅师不愿舍离复校甫始之清华，故嘱仍任清华校长。就职之日，向部中同仁致辞，勉以多记着'教育'两字，而少注意'部'一字。"[2] 意即实事求是，完成百年树人这一极端重要的责任，避免中国官场惯用之"衙门"观念和推诿拖延之官僚习气。

按规定，大学校长不允许兼任政府官职，抗战胜利后蒋梦麟欲出任行政院秘书长，必须辞去北京大学校长之职。但此一时，彼一时，退守孤岛的国民党政府已与大陆鼎盛时期不同，须有特定时期的考虑，经蒋介石与陈诚特允，梅贻琦被任命为政务官，仍兼任"清华大学"校长，主持新竹"清华"一切事宜。按当时台湾教育界主流的说法，陈诚之所以坚邀梅出任"教育部长"，与李政道、杨振宁斩获诺贝尔奖有关。1957 年 10 月，李、杨二人因提出"弱相互作用中宇称不守恒理论"共同荣获诺贝尔物理学奖金，此为华人首次获得世界科学最高奖。台湾"教育部长"张其昀得此消息，于第一时间拨电话向蒋介石报告佳音，并以此为由向蒋介石道贺并祝七十大寿，蒋介石自是高兴并感到与有荣焉。因李、杨二人皆为抗战时期西南联大培育的人才，属于校长梅贻琦的学生，台北记者得此消息，纷纷前往访问。据梅贻琦 1957 年日记载："十月三十一日，中午得杨振宁、李政道获得 Nobel[诺贝尔] 奖金消息，大家皆感兴奋愉快。下午发电予杨、李致贺。报馆记者来访问'资料'者甚多，差难应付。……饭后谈甚久，十一点别归。返寓后又有二记者来，已在门外守候一时许者，但实无多资料可奉告耳。"[3] 11 月 1 日晚，西南联大廿周年校庆在台北中山堂举行，梅与蒋梦麟、樊际昌、查良钊等出席并各致短词，校友会决议拍电报向在美国的李、杨道贺。据清华 1941 级校友宗良妃说："次年梅校长受特任为教育部长，猜测似与两位高材生荣获 Nobel 奖不无关连。月涵部长是破例的仍继续担任清华大学校长，层峰倚重之殷切可以概见。"[4]

宗氏所言有其道理，像梅贻琦这样德高望重的元勋级人物，在当时的台岛已寥若晨星，梅能答应陈诚的邀请，夹杂着与陈氏多年的情谊和惺惺相惜的意味。在赴台的国民党官僚中，陈诚算是与知识分子比较亲近的一位，遥想七七卢沟桥事变爆发，平津学校迁湘成立长沙临时大学，湖南政府主席张治中到校训话，这位与日军作战指挥并无多少干才、代表国共和谈又左右摇摆的国军将领，在学生面前却是一番牛气哄哄的气味，"劈头便把大家痛骂一顿，说'际兹国难当头，你们这批青年，不上前线作战服务，躲在这里干吗！'骂得大家都没什么好气"，"后来来了陈诚将军，则把大伙喻为国宝，说国家虽在危难之中，但十年生聚十年教训，国家以后的命运，全在我们这班青年身上。说得大家飘飘然。当时三位校长，好像只有梅校长住在校内办公，纪念周时讲话，还是与在清华时一样的神态"。[5]——此为清华 1939 级学生郁振镛离别长沙三十年后的回忆。就陈诚的性格以及与学界中人蒋梦麟、傅斯年、胡适等人非同寻常的交往推断，此话当是可信的。南京沦陷后，国民政府军政机关大部分迁至武汉，陈诚任湖北省主席、武汉卫戍司令和第六战区司令长官，负责武汉三镇防务。陈主政湖北期间，曾仰慕晚清重臣张之洞督鄂期间的"教育鼎盛"，决心挽救湖北教育的逐年衰落乃至"一蹶不振"。他做的第一件大事就是合并湖北全省47个省、市私立中等学校而成为一个联合中学，自任教育厅长兼校长。校本部设在武昌，后迁恩施，下设22个分校，遍布于鄂西、鄂北等战争烽火尚未烧到的安全县境。联中学生绝大部分属抗战时期流亡的青少年，故全部享受公费。随着日军进攻与武汉沦陷，湖北省境烽火连天，联中只办到1940年为止，但这一办学模式经教育部鉴定、研究后，认为较其他办学方法更为可行，于是推广"国立中学"建制，遍布大后方各省区，一直延续到1946年，其办学质量与人才培养均属上乘，受到了时人与后世教育史家的肯定与赞扬。而陈诚与梅贻琦建立公私友谊，亦自流亡西南之地始，特别是梅贻琦由美赴台后，关系更加密切。1958年，陈诚六十寿辰，一度与胡适、蒋梦麟、王世杰、梅贻琦四位杏坛耆宿结伴南游庆祝。照片传出，朝野颇为瞩目，认为此乃现代版的"汉惠帝与商山四皓"，搞得蒋介石心情不畅，与陈诚之间的关系一度出现裂痕。[6] 所幸蒋介石为顾大局计，没有对"四皓"施以颜色，且仍以和善大度姿态予以拉拢，才有了梅贻琦出长"教部"的可能与事实。

然而，梅贻琦虽一时身居高位，但他一直明白自己的事业在哪里，正如后来做过新竹"清华大学"校长的刘兆玄所言："梅先生是以提倡科学教育为最大抱负，而实现抱负的对象是清华，这也是他数度婉谢出任教育部长，最后虽强做了教育部长，但仍然兼清华校长的真正关键。"[7] 而清华校友蔡麟笔对此则有一番稍有不同的解释，认为当局邀约，梅在不得已的情况下做有条件的许诺，"其中最令人难解的一条件，他以清华大学校长兼任教育部长，理由是学校的事务尚未能告一段落。最高当局也同意了。其实梅先生本想只是应付一下，为当局暂舒难题，等有人可以接任时，则立辞'部长兼职'。这种怪现象，在中外历史上俱属罕见。何故？梅先生之尘垢秕糠，浮云富贵之本性，是皎然可见的"[8]。

无论做何解释，梅贻琦终以复校中的"清华大学"校长，兼任了"教育部长"和原子能委员会主任，1959年又兼任台湾"长期科学发展委员会"副主任，与1958年由美赴台的"中央研究院院长"兼"国科会"主任胡适，共同主持制定《长期发展科学计划纲领》。一连串的职衔虽体现当局的倚重，但几摊子事务叠加一起，令梅贻琦不得不在海内外来回奔波，终致简食少眠，积劳成疾，身体渐趋不支，身体每况愈下。

梅贻琦最初自美返台复校时，受台大校长钱思亮之邀，暂栖于其官邸一间书房内，并不宽敞的书房只设一床、一桌、一椅，另有书柜书架，书房之外是一小客厅，无桌可写字办公。梅贻琦招来清华校友赵赓飏充当"侍从"，办事时借助钱三公子钱复的卧房书桌，因当时钱复正在台大读书，早出晚归，赵赓飏才钻了这个空子加以利用。只是钱公子的卧室接近书房又邻近电话室，梅贻琦初到台北访客极多，电话日夜不断，颇为烦扰。对此，赵赓飏在回忆中说：梅校长"出门拜客接洽公务的事，每天都要事先约洽而临时勉强抽身，有时难免使访客不满，尤其是约会冲突必须商改时间，是最不容易完成的任务。一位资深医界领袖认为梅公不亲自听电话而迁怒笔者，曾经扩大宣扬于权要名人之间"[9]。

显然，借住钱公馆有诸多不便，必须另想办法。当"清华"在台"复校"定案与新竹校址选定后，梅贻琦决另觅房舍办公。时为"教育部长"的张其昀显得格外热心，除转让一辆公务小轿车，并允将台北青田街部长官邸拨让"清华"办事处使用，情辞恳切。台北的青田街建筑多为日据时代所建，房舍也多为日式建筑，美观雅致，令人向往。光复前，是为台湾大学的前身"台北帝国大学"教授与台湾教育界著名人士、官僚政客的聚居地。光复后，基本保持了此前结构（琼瑶的小说处女作《窗外》改编的电影，内景即在台大地质学著名教授马廷英所住青田街七十六号宅邸拍摄完成，后来马廷英之子、作家亮轩有《青田街七巷六号》一书问世）。张其昀"部长"的一番力邀，令梅贻琦深为感动，盛情难却之下派秘书赵赓飏随同张到"教育部"，伙同部中派出的总务司职员前往察看、接收。谁知不看不知道，一看吓一跳，张部长拨让的青田街官邸，正是卸任"国民政府"播迁台湾后第一任"教育部长"的程天放的住所。程于1954年卸任"教育部长"后赴美，时正任教于华盛顿大学远东问题研究所，其夫人及眷属仍留在此处居住。不明就里的赵赓飏面对此一景况，深恐有诈，敬谢而归。梅贻琦闻讯，同样大吃一惊。按理推测，程天放夫人及眷属留住于此，作为"教育部长"的张其昀不会不知，但为何又要梅贻琦派人去接收房产？瞒天过海乎？借刀杀人乎？二桃杀三士乎？无论如何，梅贻琦打定主意不去蹚这一浑水，更不会为人利用而稀里糊涂地当了别人铲除异己的马前卒，遂决心谢绝张部长的"好意"，在台北市另觅房舍办公。

因事务紧急、繁杂，在秘书赵赓飏奔波下，匆促间租赁台北市中华路七十七号二楼独院一空屋，于旧历除夕前赶工修理，梅贻琦偕赵赓飏于春节前搬出钱府，住于中华路七十七号。后来，随着事务和人员增加，梅贻琦决定在金华街购买一处房

◎ 台北金华街"清华大学"办事处

产，作为"清华"在台北永久的办事处与联络站。当时台湾经济状况尚未完全恢复，梅贻琦以节俭自律，简陋的办公室本来有些寒酸，却始终不肯买一套沙发，只肯用矮藤椅代之。面对朋友们出于关爱的提议，梅总是说："清华有点儿钱，要撙节着用在图书、仪器、请教授上，房子要坚固持久，不要好看舒服。"[10] 根据这个要领，梅贻琦书房始终以普通小靠背椅为座椅，直到做"教育部长"以后，每夜写信、看公事、打字，经常到两三点钟，秘书赵赓飏为梅的身体计，提出换一好点儿的椅子，梅不肯。无奈之下，赵赓飏只好让事务员买了一个厚的靠垫放在小靠背椅上，以做缓冲。当时，梅贻琦在台的正式月薪 1300 元之谱，在物价渐涨中，其俭省超过了身边的师友，衣着方面多是长袍布鞋，而布鞋则购自地摊。为出门穿戴体面些，赵赓飏托人讲面子，替梅做了一件丝绵袍，花掉 1175 元，事后梅贻琦几次对赵表示心疼不已。据赵说，梅贻琦有一双黑色皮鞋，但只有出客时穿用，这双皮鞋伴他走完最后十几年人生历程。因夫人不在身边，每当长袍袖口破时，梅便借晚上归金华街宿舍的喘息时机，于灯下一针一线地缝补。日常生活，梅对饭菜要求极为简单，但常条谕秘书兼管生活杂务的赵赓飏，将其个人（包括陪客如在金华街"清华"办事处居住的查良钊）所需之草纸、火柴、茶叶、肥皂等完全自费支付，不得报公账。对此，赵赓飏颇为感慨地道："类似事务，笔者本不善处理，复不得不勉力支持。多年以后思之，此事竟成当年协助复校工作中之棘手问题。梅校长不只高风亮节为举世所钦，即此生活收支细节亦世鲜其匹。"[11]

◎ "酒圣"梅贻琦

　　赵赓飏所言大体不差，梅平生对个人要求甚严，对物质要求甚俭，若说有个例外，或称为小小爱好，便是饮酒。然而梅对酒的品种以如对待饭食，并不苛求，有酒即可。在昆明时，限于物质条件，常饮者乃廉价的白酒或米酒。后来条件时好时坏，饮的酒也随之变换花样。时间久了，梅的爱喝、能喝但不闹酒的名声在学界传播开来，每遇他人在酒场敬酒，总是来者不拒，极豪爽痛快地一饮而尽，因而在同仁与学生们心中，落了个"酒风甚好"和"酒圣"的美名。1947级清华校友蔡麟笔曾有过如下一段深情的回忆：自美国返台后，梅校长时常约清华各级校友餐叙。当时在台的清华校友显要如吴国祯、孙立人、贾幼慧、胡适之、叶公超等也常邀请他同饮。而年级晚、地位低的校友邀请他，梅校长不管什么草庐陋巷、上漏下湿，也准时赴约。酒酣耳热之际，一向沉默寡言的梅校长也会打开话匣子，

◎ 1954年4月10日，孙立人将军于台中宴请梅贻琦校长及清华校友

与学生们谈笑风生，欢饮而归。有一次蔡问梅："何以对毕业同学不计名位一律看待呢？"梅答："师生的感情是自然的，是有因缘的，各个人的际遇不同，环境有异，年级低，年龄小，当然不会像高年级的同学一样。所谓富贵权势全是世俗所崇尚的身外之物，师生就是师生，如果以权位富贵来衡量，那还能算师生吗？那是商贾的行为。"蔡说："当时在座的有刘崇鋐、查良钊、包华国多位，听了全默然久之。"[12]

新竹"清华"校舍建成后，自美国特别聘请的教授兼原子科学研究所所长孙观汉，主持所（校）务并兼理原子炉的安装等事宜，孙回忆说：梅在校内有一辆小汽车，过去舍不得用它，但一下就拨给我自开使用，我因原子炉各地路远，车对做事增加效率，就接用了，"这是梅校长体贴下级的一种美德"。继之又说，自己和梅校长在情感上最大、最直接的联系，则在清华与酒之中，"当我从新竹到台北去的时候，总是住在金华街清华办事处梅先生隔壁的房间。过了午夜，客人已回去，梅先生换上了舒适的西式睡袍和中国布鞋，嘱廉志玖君搬出来他的'宝藏'，开始给我'酒杯旁议清华，清华内品酒味'的授课生活。在这样理想清幽的场合下，我无形中学到了些梅先生的爱'清华和酒'！认识梅先生的人都知道他是沉默寡言的，但从'清华和酒'窗户中，我欣幸地看到过许多次他的热情流露。他的沉默，很可能是他从环境中体验出来最好的处世和治事之道。由于他的天才运用，更炼成为一种最有效的'工具'"。最后说："大家都知道梅先生最使人敬爱的时候，是吃酒的时候，在许多次的聚会中，我从来没有看到过他拒绝任何敬酒人的好意。他干杯时那种似苦又喜的面上表情，看到过的人，终身不会忘记。在清华全校师生员工中，梅先生的酒量可称第一"[13]。

梅贻琦不拒绝任何敬酒人的好意，已成为清华校友的共识。如清华第六级校友许世英在谈到梅氏饮酒时说：在台北或新竹，"每次我们六级级友聚餐总要邀请校长，校长和我们有说有笑，一片慈祥气氛由他那里散发出来，我们陶醉在那气氛下，感到愉快兴奋。校长酒量既大，酒德更高，从不推三推四，斤斤计较，看他一杯杯和敬酒的人干杯，从容自在，不由得令人肃然生敬。即便有时喝过了量，也从不失态的。所以大伙儿公上他老人家为'酒圣'的尊号，可以说是当之无愧的"[14]。

当然，所谓"不拒绝"和"不推三推四"，是指与成人间的"酒事"，因为小孩不能喝酒，就不存在"拒"的问题，但事情偏有意外。仍然是据蔡麟笔回忆说：梅校长返台后，首次参加清华校友于4月29日的校庆。活动一如在北平时的作风，老少三代、成人小孩全欢迎。席间，校友纷纷向梅校长敬酒，孩子们也仿学成人之样儿向梅敬酒，梅一一站起来干杯。当时在场的蔡麟笔小声对梅

◎ 1958年，清华校友于新竹"清华"聚会，梅贻琦亲自迎接校友与家属

说："梅先生何必干杯，又何必站起来，他们是小孩子，酒杯里是汽水。"梅听罢，正色严肃地对蔡说："这就是教育，他们是小孩子怎可以饮酒？然而人格与我相同，岂可因为我是校长，年龄大，就视若无睹？我正应该做一个典范。"蔡说："这几句话，真令人'口呿而不合，舌举而不下'，愧然呆若木鸡者久之。很惭愧，我对我的学生，恐怕现在还办不到。我在清华教课时，向同学们提到这件事，他们都感到惊讶不已。"[15]

孟子曰："君子所以异于人者，以其存心也。君子以仁存心，以礼存心。仁者爱人，有礼者敬人。爱人者，人恒爱之；敬人者，人恒敬之。"蔡氏记述的这个小孩敬酒的故事，真真显示梅氏之宽广胸襟与仁者爱人的君子之风。无怪乎梅的老学生李济认为梅是真正的"酒圣"，并撰文称赞说："大家都知道梅先生酒量很高，但他的酒德更高。他在宴会中饮酒总保持着静穆的态度。我看见他喝醉过，但我没看见他闹过酒。在这一点我所见当代人中，只有梅月涵先生与蔡子民先生才有这种'不及乱'的纪录。"[16]或许因了这些纪录，令新竹"清华"原子科学研究所的教职员工与学生，莫不知道梅校长脾气好、酒量好、酒品尤好。对此，新竹"清华"原科所1962级校友杨觉民曾有如下一段记述："相传学生们在东院网球场打球打累了，可以到校长官舍里摸啤酒大喝一通。另有一位学化学的研究生，偷偷在实验室里酿酒，事情被总务长知道了，带着警察到实验室去捉拿，酿酒人夺窗而逃，藏酒却被当场搬到校长室请依'国家'烟酒公卖法令议处。梅校长吩咐事务人员打开酒坛，倒了一杯出来，亲自品尝后，皱了一下眉，对前来的彭传真总务长说：'老实说，这东西还谈不上是酒，总务长，我看就算了吧。'这位当年的酿酒者，就是后

来一度担任过清华大学化学研究所所长的张昭鼎博士。"[17]

世间万物相生相克，梅贻琦的爱酒、喝酒以及来者不拒的酒风酒德，在赢得一连串"美名"的同时，也需要付出代价。有时兴致上来，不免酒醉。清华1933级校友谈尔益许多年后还记得梅校长醉酒的事：抗战胜利后的两年校庆，我都回清华园参加，"尤其三十六年校庆是胜利后第一次，校友到的很多，学校在新体育馆摆满酒席，喝的是日本人留下的大瓶清酒。那天梅校长特别高兴，由教职员开始，然后一九〇九级，每级向校长敬酒。梅校长总是老老实实干杯，总计足足喝了四十多杯酒，虽是宏量，听说最后还是醉了"[18]。看来，无论是"酒仙"还是"酒圣"，终有敌不过"酒魔"而马失前蹄的时候。

梅贻琦去世后，其子梅祖彦曾有过论述："先父在外表上给人印象严肃拘谨，非对熟人不苟言笑，实际上他对生活仍是充满热情的。例如他喜欢喝酒，酒量很大，这可能是由于当时社交的需要，另外在闲暇时他也常与三五好友品尝美酒。在日记中他承认自己喝酒太多，也有过自我批评，但似乎没有什么改变。"[19]

人云知子莫如父，作为儿子的梅祖彦，看来也是颇知父亲生活况味的。从梅贻琦日记看，在许多场合，梅氏都有喝酒过多且在事后自责的记录。如在抗战时期的1941年，梅贻琦由昆明飞往重庆准备赴叙永和李庄视察、访友，5月23日，梅贻琦日记载："（晚）六点余至国货银行清华校友十六七人之饭约，食时因腹中已饿，未得进食即为主人轮流劝酒，连饮廿杯，而酒质似非甚佳，渐觉晕醉矣。原拟饭后与诸君商量募款事，遂亦未得谈。十点左右由宝弟等将扶归来，颇为愧悔。"[20]当由李庄沿长江赴成都考察再返回重庆时，对朋友招待的各色酒水，梅贻琦同样来者不拒，仍有不少的醉酒记录，且在不到20天的短短时间内就有三次。如7月25日，"6：30至南打金街99号赴邓敬康、王孟甫饭约，在彼晤佩弦、李幼椿、魏、李秘书长等。酒颇好，为主人及朱、李、宋等强饮约廿杯，微有醉意矣"。8月4日"3：00王铮如（中行专员）来，陪余往朝阳城垣访刘季陶，季陶适病疟稍痊，勉强起床。晤其所中刘鸿万及康某。德章忽滑倒，伤颧骨，颇重。晚饭为刘太太留住，并由余送信邀郑、罗及杨夫妇同来。饭时饮大曲，刘太太兴致颇好，但饭后即呕吐上床，罗亦至院中呕二次。余初代刘太太打牌一圈，后牌停，在堂屋坐椅上竟睡去，盖亦有几分酒意者。10：30归寓时误着王衣，余未觉，而王亦因醉先归去矣"。8月11日，"5：30至小可食馆，主人为王翰仙、郑颖孙、戴应观、邹树椿，客为余等三人：杨仲子、任东伯、张女士。席间饮大曲，酒杯颇大，五杯之后若不自胜矣，临行竟呕吐，主人以滑竿送归，王君伴行，益感不安也"。[21]

梅贻琦赴台的时候，已是人生的晚年，对酒的嗜好更深更勤，甚至有了酒精依赖，因而对餐聚或宴会是否有酒水特别在意。如主人招宴而未安排酒水，梅的心里便产生遗憾甚而反感，并在日记中专门记载。如1958年日记："四月十三日，早七点半起，早点后九点至'中央研究院'评议会。十一点半散会，留便饭（无酒）。""九月二十七日，十二点三刻至中山堂光复厅，'总统'约大专校长及资深教授，共约一百五十人，西餐，无酒，似失敬酒之意义矣。"1960年，"三月十二日，'国大'第三次会议报告，并推举'总统'、'副总统'候选人，至六点后结束。……晚七点总裁招待会议，出席及列席者共约四百人，在三军军官俱乐部晚饭，无酒，'总统'致短词，八点半散""四月二十三日，七点赴王亮畴夫人饭约，有董显光夫妇，浦夫妇，仍未备酒，而菜又太多，以冰汽水佐餐，甚不合味耳。"[22]

尽管梅贻琦嗜酒更切，但酒量与抗酒力显然已不比在大陆时的少壮之年，因而醉酒的次数也逐渐多起来，从梅贻琦日记中可以见出。如1956年记载：

一月六日，下午四点半赴教部清华研究院筹委会。……会后，教部设席二桌为贺，徐部长送介寿酒十二瓶，饮了五瓶，七瓶带归。

五月三十日，七点往钱家饭聚，初饮惠斯其［威士忌］，后饮红酒，与郑、刘、段、钱周旋，颇畅快。后他客有去者，郁文亦促余归，余自未觉醉，盖已有醉意之表现矣。

十月一日，晚饭，孔德成君在丰泽楼之约，有台静农、济之、蒋慰堂诸君同座。饮山东老酒。初入座，饮来稍急，未终席，竟醉矣。经人扶持下楼上车，再下车上楼，上床睡下，竟全未醒觉。以后当更小心，少饮为是。

十二月七日，午饭为张部长约宴邓昌黎君者，共四桌，余与Brown、Graham（L.C.A）等在第二桌。清酒不佳，为罗荣安等劝饮四五杯，非所愿也。归寓后睡一时许，醒来不甚舒快，岂酒之故哉！

1958年日记：

五月二十八日，中午赴雷教实家饭约，客有胡、济之、徐道麟夫妇、顾文霞大夫、李先闻、刘淦芝、傅太太、王女士。三点归，竟大睡二时，醒来床上甚湿。恐已醉矣。

十月四日，二点后归寓，小睡竟至五点始醒，盖连日睡眠不足，而午饮稍多也。

1959 年日记：

二月九日，晚六点半至刘白如夫妇饭约，客为赵（3）、胡（1）、浦（2）、钱（2）、李济之、沈亦珍，酒饮颇畅，据云共尽绍酒十瓶。

三月二十五日，六点赴赵恒惕与赵峰樵饭约，晤赵永植（韩国校长）。七点半赴石超庸校长（东吴法学院）饭约，浦、李、刘、罗皆在座。二处饭聚皆饮白兰地，共不过七八杯，乃返寓后，痔下出血，颇非所料。

七月三十日，七点半至阳明山陈公馆为第三小组月会，饭时陈夫人与黄少谷夫人在座，饮白兰地酒，杯稍大，稍不经意，为诸君欢饮，竟稍过量。饭罢不知何时即睡去，后由黄季陆兄与□君照顾送归寓，以后当戒之〇〇〇。［日记编者按：原稿此处加三个圈，殆表慎重之意。］

1960 年日记：

一月二十一日，晚七点至陈"副总统"官邸，为第三小组月会兼为蒋组长

◎新竹"清华"校长官邸，又被称为甲所，自梅贻琦始，历任校长皆居住于此（岳南摄）

补寿（昨日），饮酒稍未留意，竟又过量。饭后演放电影吴总统来访历程，余坐一旁便又睡去，十一点散时，为人唤醒，归家后已清醒，恐系饭前，腹中已觉饥，而饮来太猛，遂不胜酒力也。

三月二十四日，上午行政院会议。十二点半在献堂馆请客，赠与顾一樵奖章奖状。云［五］老兴致颇好，共饮稍多。饭后一睡，竟至五点始起，仍觉不适，恐饭馆之酒掺有劣酒，以后须加防范矣。[23]

小酒怡情，大酒伤身，自古皆然。据梅祖彦推测："实际上他（梅贻琦）晚年得的中风病，肯定是和饮酒过多有关。"[24]

因缘果报会有时

按梅贻琦秘书赵赓飏的说法，梅之病发似与喝酒关系不大，至少没有直接原因，应是长年累月超负荷工作而积劳成疾，最后得以爆发。赵说：当年梅贻琦在北平初任国立清华大学校长的时候，习惯用红蓝铅笔判行和改稿，职员开始颇有非议，但不到一个月，同事就纷纷发出赞叹之声，谓梅批阅公事"真细致，又老到，文字古色古香"。事隔20多年，梅贻琦辗转台湾做了"教育部长"，部中许多单位主管谈起梅的办事作风与治事能力，无不交口赞誉，谓梅批的公文"合乎法规，洞悉人情，词句利落老练，尤其是办法切实，部中作风为之丕变"。殊不知，梅贻琦白天公务处理不完，每天要带公事回住处，逐件细看，常为一件公事考虑几十分钟之久。对于英文函件，则常拿起打字机来重打（他不惯用十指打字，一面想一面打，很费时间），几乎每天到夜里两三点钟才能就寝。这一个事实，迫使梅的公事批语必须简明扼要，干脆利落。赴台中后期，梅身兼多职，事务更繁，批复公事更不允许拖泥带水。如新竹"清华"原子科学研究所属于草创，无前例可循，来往文书须件件过目件件改，连同学会的通知也不例外。因而，赵赓飏得出结论："他认真执事的习惯，在临去几年中想必是形成癌症的主要因素。"[25]

赵氏推测不见得完全如是，但肯定与食少事繁、过度劳累有关。诚如诸葛亮六出祁山与司马懿对垒五丈原，司马氏根据来使所言丞相"饮食日少"，且"早起晚睡，事无巨细都要过问"，从而断定诸葛亮"食少事繁，岂能久乎？"梅贻琦与诸葛孔明之时代与事功皆不能同义而论，但祚命确有相似处。此点从梅氏日记中可以寻出端倪。如：1956—1957 年，为聘请教授事，梅于海内外奔波，"焦虑忧急，日夜不宁"。1957 年 12 月 16 日，在纽约的梅贻琦"早十点后至社办公，甚感疲倦，恐系连日眠睡不足所致。拆阅来信甚多，电话亦来，为之生厌。五点回寓，晚饭前后未多工作，睡时仍将十二点矣"。[26] 到了 1958 年，新竹原科所多项事务全面展开，有些文书必须连夜赶批，身体渐趋不支，其情其形，梅贻琦日记多有记载：

> 三月十一日，十一点半上床，乃久久不能睡去，盖近日迟睡之习惯使然，以后当力改之。
> 三月十二日，早六点起，七点出门。……[下午]5：30 回旅馆，甚疲倦，未作他事，十点半睡。
> 三月二十八日，[凌晨]一点半大致收拾就绪，上床始觉疲倦矣。
> 三月二十九日，[晚]十点半睡，L.A. 颇冷，咳嗽似加重。
> 六月一日，夜中赶将与 Eisner 及 Sun 二信及与 Hodge 信写完，三点始睡。[27]

1958 年 7 月 19 日，梅贻琦正式接任"教育部长"并兼理校事，更是食少事繁，忙碌不息。如 7 月 20 日晚，"批阅新竹文件，二点始毕"。7 月 23 日，"晚饭在家，饭后甚觉疲倦。十二点前睡觉"。8 月 16 日，"[下午]七点半部中卷宗批阅尚未完，但只得停下，回寓晚饭。饭后清理校事，二点始睡"。[28]

1959 年，梅贻琦身体状况明显下降，英雄迟暮，疾病屡袭，已显不祥之兆。梅氏日记载：

> 四月五日，早睡至十点后始起，疲倦甚已。
> 四月十九日，七点半赴陈"副总统"夫妇饭约，为宴张大千夫妇者，有于院长、王雪艇夫妇、陈雪屏夫妇及谭伯羽、王壮为。归后再整理讲稿等事至三点始睡。
> 七月十五日，下午台风，Billie 起始发作，至晚八九点最烈，夜三点余始息。早起腿下部颇不适，眼亦疲累，视力模糊，或系昨日站立太久所致，早点

后决计休息一日，免成大患。

八月二十二日，早八点半出门，因故官理事新经呈院重聘，今开第一次集会，须推举理事长及常务理事，并商讨要件，故不得不出席，十二点后归。

上楼时右脚行进如常，但下楼时则甚吃力，到家后右脚浮肿更甚，星太太来看时，因未能遵医嘱，颇感愧歉。[29]

9月6日，梅贻琦右脚踝部与小腿肿胀甚烈，疼痛不能站立，下午4点半住进台大医院。9月14日，施行手术，以石膏固定脚踝与小腿。因部务与"清华"事务繁急，治疗期间，梅在病床或坐轮椅于床前小桌上办公，批阅文件、接待来访、召集手下开会等一切事宜皆处理不辍，而烦心事亦接踵而至。且看：

九月二十二日，上午张光督学来，表示不肯担任甄试事，劝告不听，极为失望。晚，浦偕刘、张来，再商找钟健担任，只好如此。余对部中人员风气之劣，殊感不快，但非一朝一夕所能纠正耳。

十月八日，下午赶写信予陈、孙二君，处理研究所分组负责及人选等问题，又料理其他文件，备明早托人带新竹，至夜半一点始睡。

十月九日，上午早事办完已十点半，下床拟阅批公文。未久浦、刘二君来，告监察院已就丰等提案推出调查小组，三人为陶百川、丰及余某。遂生情绪似颇紧张，盖近日已甚劳乏，而外间捣乱分子，又欲以渠为目标，使更感烦扰，殊为不安。下星期必试出门到部，以纠正视听。

六点罗司长来。晚饭后批阅公文多起。今日自午前至夜晚未得空闲，甚感疲倦，腰间酸痛。[30]

这一场手术，梅贻琦卧床整一月，直到10月14日方出院到部视事。12月29日，已是年尾，梅贻琦在日记中颇为感慨地做了如下记录：

早十点到部办公。……此日以西历计之，余洽满七十年矣！ [31]

1960年1月27日，是旧历年的除夕，梅贻琦仍须上班处理公务，其日记载："上午十时在部举行留学考试委员会……夕五点至部赶批急件数件，一为部内职员升格，一为额外人员补实名单，后为久留至六点出，免使秘书等员工因而不得早归去也。六点至钱家吃年夜饭……回寓后稍料理，三点睡。"

旧岁在爆竹声中过去，新的一年到来，但这一年对梅贻琦来说，其兆头并不爽快，张其昀时代留下的不合作余波荡漾不止，钩心斗角的衙门官僚习气仍盛行不衰。梅贻琦日记较为详细地记载了如下史实：

> 一月二十八日，庚子年元旦。贺年。
>
> 二月六日，午前在部中闻有司处主管等集议攻讦人事室魏主任，后推三人（周督学、叶司长、陈匀）来见，似谓因最近人事处理不公，众人不平，请有以纠正。余告倘有不实不公之事，当予考虑，但众人绝不应有捣乱行为。
>
> 二月八日，下午四点召集部中各司处主管会谈人事问题，到部时适见《民族晚报》登新闻一段，故意造谣，拨弄是非，甚感气愤。乃向会集诸君表示，原欲商谈者无可进行，先须将不良空气澄清，望诸君自行考虑可也。六点后周、叶、陈及万，来解释，并请追究该稿来源。
>
> 二月九日，[晚]十点迩生来，同至陈家，与雪屏谈日来二三报纸关于教部人事问题恶意造谣情形（教部司处主管致《民族晚报》更正函竟不肯刊出），同意且看今后如何演变再说，十一点半归。
>
> 二月十日，上午十点半到部，与浦、刘商谈，余表示一旦空气不澄清，一切问题不予考虑。
>
> 二月十一日，下午高司长与柯秘书报告，同人为前致《民族晚报》之纠正函未被注销，欲自行集资以启事送登各报以澄清空气，后又有他意见（张参事、曾秘书），遂决延至明日再定。
>
> 二月十二日，下午四点到部，约万子霖稍谈，适有记者数人来访问消息，请由浦、李、刘等代向说明真象。
>
> 二月十三日，今日早晚各报注销浦、李、刘、周、叶、柯向各记者说明真象，虽间有出入，大致已可使外界了然矣。
>
> 二月十九日，[晚]饭后至浦家稍坐，迩生告监院又派朱宗良查询有人对浦与高举发事项，似为部中小人之又一次捣乱耳。
>
> 二月二十六日，下午至立法院续受质询，至五点结束。

这次风波，由于事实清楚，媒体澄清挽救，加之3月1日召开"国民大会"选举新一届领导人而暂告一段落。梅贻琦与浦薛凤等亦暂时摆脱了各种势力的纠缠，把精力投入到开会中去。然而会场并不平静，纷争扰攘连绵不绝。据梅贻琦日记载：

> 三月一日，上午"国大"会议至十一点后散，关于议事规则（无记名投票问题）讨论仍甚热烈，有时情况殊不佳，最后决定交付审查。
>
> 三月二日，上午九点大会情形有时仍现混乱，盖有人故为捣乱者，有瞎代表凌某，为人架出，瞎说一阵，后于将表决时，又欲登台，为主席（张希文）坚拒，只好转去，殊自讨无味耳。
>
> 三月三日，今日上午"国大"第一审查委员会审查三要案，竟于开会不久即发生冲突，竟至打斗，则笑话更多矣。
>
> 三月十日，上午大会讨论修改"临时条款"审查报告，演说者甚多，趁十一点休息，先出到部。[32]

尽管会场上瞎说连连，打斗不断，笑话成串，给梅贻琦劳累的身心带来几多欢乐，但这群跳梁小丑的丑态与"欢乐颂"，并不是梅贻琦这样的正人君子所希望和需要的。所谓人在江湖、身不由己，官场的应酬敷衍自是不可避免，但梅是身在会场心在部，因而有趁休息之机溜出会场，悄然往部办公一节。

1960年4月6日，梅复"腰部左方感酸痛"。4月17日晚，"阅批'清华概况'颇费力，夜半始完"。24日，"午前十一点半始起，腰背仍不适"。5月1日，梅腰部疼痛不已，只得扶手杖勉强行动，一连数日，疼痛剧烈，直至病倒于金华街"清华"办事处寓所。据赵赓飏说："其时教育部部务及清华校务繁忙，无法休息。五月一日（星期日）梅校长乘小汽车赴新竹参加校庆集会，因腰痛持手杖而行，劳乏一日之后，原拟留宿新竹，但以事忙，晚间仍赶回台北。菲律宾总统贾西亚访华日程，排定五月三日到新竹参观清华，梅校长又专程赶往新竹迎候。缘菲律宾组设原子科学之训练机构，筹办有关建设，迭与清华联络，并决定派员来华见习，故菲总统之参观，并非普通酬应。梅校长腰腿欠适，不良于行，是日竟亦扶杖陪同参观清华各项设备，亲自说明，下午始返台北。五月五日晚间，美大使庄莱德晚宴，宴后聆美国管弦乐团之演奏，但以腰背疼痛，临时电话致谢，翌日即未能到部办事，公文皆送寓所。此为患病之始。"[33]

自第六天起，梅贻琦逐日请台大医院医师诊断，院长高天成以及姜、蔡二位主任率医务人员多次会诊，服药与物理疗法并用，但仍疼痛不减，起坐不易。因此时部务与校务繁忙异常，梅不忍在医院空耗而耽误公事，乃于 12 日借医院一张病床拉至寓所，并请特别护士一人在寓所照料，以卧病之身忙于公文批阅与"清华"原子炉安装，以及研究所学生课业等事宜。延至 5 月 30 日，因腰痛、发热与肺炎并发症益见严重，不得不移入台大医院特二号病房接受治疗。自此开始了为期两年与病魔斗争的生活。其间，梅犹批阅重要公文，有时在病房召开小型会议。

6 月 4 日，梅贻琦病情再度加重，已无法办公，但仍每日垂询部务与"清华"原子炉工程进行情况，并表示意见。6 月 10 日，梅被诊断为摄护腺（即前列腺）患癌，施行颈部淋巴腺摘除手术。经病理检查，结果认定是摄护腺癌转移，手术后病况急变，很可能危及生命。消息传出，中外人士震惊之余极表关切，蒋介石、陈诚等分别到医院探视，并下令台大医院想尽一切办法挽救与延长梅氏生命。台大医院院长高天成率各科有关医师，召开专门会议研究应对方案，并决定以增加抵抗力和控制摄护腺肿瘤进一步恶化为主治措施，以尽量维持到病人亲眼看到自己呕心沥血经营的"清华"原子炉完成时刻。6 月 11 日，院方开始对病人进行雌性荷尔蒙激素围堵，效果并不显著，梅仍处于生命垂危中。闻讯赶来的胡适、陈雪屏、钱思亮、查良钊、浦薛凤等学界要人兼好友，紧急商谈处置及治疗事宜，决定向在美国的梅贻琦知交分别致函通报病情，并电请梅夫人韩咏华由美赴台予以照拂。

胡适于 1948 年底由北平飞南京，1949 年 1 月受蒋介石委托赴美国"看看"，为国家"做点面子"。想不到这一去就是八年。其间，台湾"中研院代院长"朱家骅与蒋氏父子、特别是大权在握的陈诚关系越来越糟，在国民党层峰合力阴谋与阳谋夹击下，朱家骅于 1957 年 10 月 22 日辞"中研院代院长"职，挂冠而去。同年 11 月 3 日，经台湾"中央研究院院士"选举，蒋介石从李济、李书华、胡适三位候选人中，"圈点"得票最高的胡适出任"中研院院长"。按"中研院"史语所石璋如先生之说："做过驻美大使、北大校长的胡适先生，抗战中帮了中国不少忙，政治上坚决反共，四十几年大陆清算胡先生，台湾眼见大陆批胡，于是就捧胡，使台湾与胡先生合拍。若非大陆清算胡先生，以他的自由派立场，'总统'也不太放心的。"[34]

1958 年 4 月 8 日，68 岁的胡适作别夫人江冬秀，独自一人由美乘机返台，10 日于台北南港"中研院"史语所考古馆出席院长就职典礼并发表演说，蒋介石亲临现场祝贺并致辞。自此，胡适又以儒林盟主的身份在台湾落地生根，并于科教界指点江山，激扬文字，搞得四方祝贺，八方来朝，风生水起，颇为热闹。

胡适既由美赴台，自然与庚款留学生"第一代老祖宗"兼老友梅贻琦来往密切，胡氏在台发起影响深远的"长期科学发展委员会"并出任主席，梅贻琦积极响应并出任副主席，与胡适共同主持制定《长期发展科学计划纲领》，使这一计划渐渐步入正轨。而如今，面对梅贻琦的危急病情，颇重情谊的胡适自是焦急万分，但又无力插手医治，只好做一些协助性的筹划、服务工作。1960 年 6 月 12 日，胡适在写给赵元任的信中说：

> 现在要报告一件很不幸的消息：月涵病倒已一个多月，周身骨节疼痛，行动艰难，故五月里没有搬入医院。到五月尾，因有热度，始入台大医院。起初的诊断是"骨质疏松"（osteoporosis），但当时即有一位大夫疑是 cancer[癌症]，连日病势转变很不好。医生说病似在摄护腺（prostate），用 femalehormone "围堵"，今天（十二日）稍好。月涵本人尚不知道。前夜（十夜）朋友与医生会商，决定由我与思亮打电报给梅太太（由叶良才转），请她飞回台北。她在 Philadelphia 女儿家，今早有电话来，说可以回来。
>
> 此事使许多朋友很伤心。医生说，用 femalehormone "围堵"的方法不能根治，但可能延长病人生命一两年以上。月涵浑身骨头痛，不能移动，故谈不到迁地治疗。
>
> 今早我与陈雪屏去看他，他说话很吃力，故无法谈话。现在只盼望"围堵"方法生效。
>
> 我七月九日飞 Seattle①，但可能即须飞回台北。原因还是为了月涵的病。
>
> 匆匆写这封不忍写的信。乞勿太忧虑，我当随时报告你们。
>
> 　　　　　　　　　　　　　　　　　适之　一九六〇、六、十二　夜半 [35]

6 月 13 日，胡适又写信给台湾当局"驻联合国代表"蒋廷黻详报梅贻琦病情，并说："此事使很多朋友很伤心，我们都很焦虑。这样一个终身忠心做一件大工作的人，这样一个可敬爱的朋友，现在很受痛苦。这几天的转变不可乐观。因为他浑身骨痛，故不能考虑迁地出国治疗，请不必打电报给他本人，我们已请他不看任何公事。……恕我写这封很伤心的信。" [36]

6 月 19 日，韩咏华乘美国西北航空公司 99 号班机，于晚上 10 点 30 分到达台北。当日上午 10 时，胡适心脏病又发"警报"，但他深夜仍亲自从南港驰往松山机场去接梅夫人。由此见出"胡适的人情之厚及对病者家属的体贴之微"。 [37]

---

① 西雅图。胡适将率团赴西雅图华盛顿大学参加学术合作会议。——程巢父注

自梅祖彦离美回归大陆后，韩咏华在纽约独自生活。因梅贻琦赴台后领的是台币，薪水微薄，远不能支持夫人穿衣吃饭，一生倔强要强的韩咏华开始到外面打零工。此时韩已 62 岁，先是在一家衣帽工厂做工，后转一家首饰店卖货，继之经人介绍到一家医院做护工，最后转到一个盲童学校照料盲童，生活极其艰难。据赵赓飏回忆说：1958 年左右，清华校友阎振兴从美国赴台，说"曾经探望过梅师母，'生活太苦，赓扬，必须跟梅先生说，设法给师母汇钱，或接她来台湾！'说着阎兄眼中就充满了眼泪"[38]。赵氏把阎校友所说的情况向梅贻琦报告后，梅认为自己在台薪金微薄，无法汇钱照料，而新竹"清华"校区的建设正在关键时刻，自己还负有"教育部长"职责，应酬极多，心力交瘁。更为难的是梅贻琦的居处是台北"清华"办事处办公室，没有自己的私人住房，只有等新竹"清华"原子炉建成，自己辞去"教育部长"之后，才能有安家定居的打算。想不到原子炉尚未建成，"教育部长"仍在任上，便因劳累过度一病不起，甚至到了生命垂危的边沿。面对此情，只得召韩咏华赴台照料。

韩咏华赴台侍疾的消息传开，引起美国华人学界震动，梅氏故旧门生纷纷通过不同渠道打听消息，言辞间倾注关怀爱惜之意。6 月 22 日，胡适致美国朋友数封书信，其中在致李书华函中，直白地透露梅贻琦患病的缘起与现状："月涵病起于腰痛，后转为肋骨痛，痛到周身不能转动，故五月里只在家调养。……到六月十日上午，医院才下大努力，把月涵搬出病室，作新的透视片子，又用手术切片。很不幸的，这两项资料都证实了 cancer（癌）。"[39] 信的末尾，胡适介绍梅病已用"女性激素"围堵，并特别叮嘱李："此信可与纽约友人同看，但不可公布，月涵自己并不知道他的病原"云云。[40]

一个月后的 7 月 22 日，梅贻琦病情更趋危急，医生开始采用未婚女性鲜血反复输血（在两年时间里，先后输血 39 次）。直到 7 月 28 日，施行切除睾丸手术，病情才稍有缓和。

就在台大医院医护人员全力为梅贻琦救治的同时，美国"驻台"协防司令，特别派美国海军军医院外科主任 Firoved 军医上校前往会诊，而后专门自日本横须贺美军海军基地医院请来内科主任 Weiss 博士为其诊断，并尽力自美军医疗系统供应所需药品。在台湾层峰和美军驻台协防司令部共同努力下，美国 X 光最高权威 Hodges 博士，多次被邀赴台为梅检查胃肠及全身。日本癌症专家久留性胜博士亦受台湾当局层峰特邀，自日本赴台为梅诊察病情，并提出救治办法。经过各地一流专家齐心协力施救，梅贻琦病况渐有起色，食欲增加，至 10 月 31 日首次离床，由轮椅推出病室外散步，病情稳定。此一现象，一直维持到翌年春夏之交。其间，新竹"清华"原子科学研究所招收的新一届学生，在教务长陈可忠组织带领下，集体乘车至台大医院晋见校长梅贻琦。据前来的新生杨觉民回忆说："这天校长的脸色有些苍白，但精神很好，坐在床上，笑容可掬。领队唱名后，校长与学生一一握手。嗣后对大家作简单的训勉，频频点头说自己非常高兴见到大家，很好、很好。我们大概是他所见到的最后一班清华学生。下一次见老人家的面，已经是临时组了个合唱团在葬礼上献诗了！"[41]

1961 年 3 月，梅贻琦胞弟梅贻宝偕夫人倪逢吉女士由美赴台探视，发现梅的病况进一步缓和，大感欣慰。对于这段往事，梅贻宝回忆说："我在离美以前就同若干医生谈论过'五哥'病况，到台北又听了高天成院长两次报道以及他的意见。我不得不承认'五哥'所染是不治之症，问题只是能延迟多久而已。'五哥'以及若干他人都表乐观，吾当然不愿打断他们的高兴，只可保持一种'但愿如此'的态度。在他的病床前我曾婉转提过两点：一是设立梅月涵奖学金，一是立个遗嘱。对这两点他毫无反应，我明白他都非所愿。"又说：在离台前，有一天天气很好，梅校长的身体看起来也恢复到最佳点。中午，汽车载着梅贻琦一家人由医院开回金华街一一〇号梅的住处，吃了一顿烂面，算是家人聚餐。饭后，"他把家里三间屋子巡视了一周，叫我到书房看他的一套大英百科全书。柜橱里还存有各种好酒若干瓶，他看了看，然后向我点头微笑。上车回医院前，我给'五哥'五嫂在汽车前面照了个像。不料回院后第二天他感觉不支，并且又发起烧来。看来这回家一举，是过了力，是闯了个祸。原意那次回家，乃有演习用意。如若经过良好，校友返校节有试赴新竹的打算。退一步讲，亦可以在金华街办事处举行一个校长亲临的集会。然而病况经这一反复，一切计划，只可打消"[42]。这年 3 月底，梅贻琦病情加剧，遂向当局辞去"教育部长"一职，由黄季陆继任。

入秋后，梅贻琦病情再度加剧，胸背疼痛，起床用餐皆感困难。1961 年 9 月，痰塞左肺，又濒危急，台大美籍客座教授 Doan 博士建议使用抗癌新药 5-Fluoro-Uracil，也是美国下议院院长雷朋所用的药品进行强力阻击。台湾当局经过密商，同意该方案并立即指令相关方面自美国进口该药，以最快的速度搭机运台，延长梅氏生命。9 月 16 日，该药运抵台湾并对病人应用，前后共享六期，每期陆续注射两周然后休息十日，周而复始，每期药量逐渐增加，渐见效果。

尽管病情不断反复加剧，但梅贻琦于住院期间，一直牵挂着他倾尽心血的原子炉事宜，身体稍好的时候仍在病榻上批阅公事。12 月，原子炉安装完毕，台湾当局

◎ 1962 年 1 月 1 日，梅贻琦在台大医院象征性启动原子炉

布置庆典，因梅不能下床出行，遂于 1962 年 1 月 1 日，安排梅贻琦在病榻上象征性地按动原子炉启动转运的电钮，标志着最后岁月中的一段"大事因缘"已修成正果。伴随这颗硕果到来的，是一个崭新的、科学现代化的原子时代。[43]

◉ 最后岁月

就在梅贻琦病情暂时稳定，生命回光返照的日子，最后一次住进台大医院特一号病房的胡适，也在医务人员紧急施救中挣脱了死神召唤，重新站立起来。

1961 年 2 月 25 日，台湾大学校长钱思亮宴请美国密歇根大学校长韩奈，邀请胡适作陪。那天晚上 7 点左右，胡适从地处郊区南港的"中央研究院"动身时，已经十分疲倦。到达目的地后，感觉呼吸困难，脉搏跳动加快，额头出汗不止。于是，钱思亮立刻把他送到台湾大学附属医院。经过输氧、注射强心针等一系列抢救措施，病情才得到控制。

时梅贻琦在台大医院特二号病房住院已近十个月。此次胡适患病，入住台大特一号病房，与梅贻琦的特二号病房对门。一对甘苦与共几十年的老友，想不到竟在这样的场合，以无可奈何的方式聚会，无论是胡、梅，还是身边的亲友，皆不胜唏嘘。3月12日，是个星期日，胡适让秘书王志维把他对梅贻琦要说的话用录音机录下来，然后拿到特二号病房播放。大意谓自己的病很快就会好起来了，梅也不要着急，身上的病也很快会好起来云云，言辞恳挚，充满了关怀与温情。4月3日，胡适开始下床，并能在轮椅上坐半小时，危险期已经过去。之后的日子，胡适经常来到特二号病房探望躺在病床上的梅贻琦，聊一些公私事宜。其间，一生爱好为文立据的胡适深知梅氏病况和医治情形，预感到老友将不久于人世，在交谈中委婉劝梅写一个遗嘱，不论公事、私事，皆立一字据，给自己也给后人一个明晰的交代。梅听罢并不作答，且有不悦之色，胡不便继续劝说。后虽经韩咏华和梅贻琦之弟、专门从美国赶到台湾的梅贻宝劝说，仍未奏效，此事遂不了了之。4月22日上午11时，胡适病愈出院，行前再到特二号病房探望梅贻琦，说了一些安慰话。知梅已病入膏肓，将不久于人世，出门时面带悲色，神情凄然。

胡适出院后，人在南港心仍在医院，一直牵挂着梅贻琦病情，并不时到医院探望，将情况及时报告海内外朋友。1961年9月3日，胡适由台北南港写给李书华的信中，仍提到梅的病情："月涵去年五月底进台大医院，住院十五个月了，卧床已十六个月了。上星期我去看他，尚无出院之期……"[44]

此时的胡适没有想到，这是与李书华的最后一封通信，而他与梅贻琦之间反转

◎ 1961年春，梅贻琦于台大医院二号病房到一号病房看望病中的胡适。后为韩咏华与钱思亮。（杨锡仁存。照片上手写字：March 29, 1961[1961年3月29日]送给锡仁 适之）

性的突变，更不是他生前能预料得到的了。事隔半月后的 9 月 19 日，胡的秘书胡颂平做了如下记述：

> 这两天先生有点怕听电话的声音；因为梅贻琦的病已经到了危险的境地，如果有人电话来，只怕是他不幸的消息。昨天下午从卧房出来，轻轻地问："有没有坏消息？"王志维就说："没有没有。听说梅先生的病体见好些。"
>
> 今天下午到台大医院去检查身体，顾文霞、徐秋皎等都在那里。检查之后，先生要去看梅贻琦，但他们都劝先生不要上去，说："梅太太同一屋子的女人在祈祷，在唱歌。现在只求上天保佑了。"先生四点半回来，很沉痛地大声说："这是愚蠢！我本来很想看看梅先生，他也渴望能够见见我。他还没有死，一屋子愚蠢的女人在唱着歌祈祷，希望升天堂。——这些愚蠢的女人！"
>
> 先生平时常说："任何事我都能容忍，只有愚蠢，我不能容忍。"

9 月 22 日，胡颂平又记：

> 清华大学的总务长郑振华来访。先生接到电话时，吓了一跳，以为是梅贻琦的什么消息。后来知道他谈别的事，就放心了。先生留他在此午饭。

10 月 2 日，胡颂平再记：

> 早上，先生对胡颂平说："我昨天上午去看梅贻琦，他说：'我好了，我已能签字了。'"随手把他给先生的信给胡颂平看，他的签字颤抖得厉害。先生又说："他还说他可以做事了；'人苦不自知'，这是没有办法的呀！"[45]

1961 年 11 月 26 日凌晨三点多，胡适突觉胸部憋闷，呼吸紧促，且痰中带血，急起床喝了一杯白兰地，服了一颗应急特效药，病情稍缓。随后他又住进台大医院，诊断为心力衰竭。

12 月 16 日上午，蒋经国代表蒋介石专程到医院探望梅贻琦与胡适。在特二号病房，蒋氏详细询问梅的病情和治疗情况，叮嘱医务人员不惜一切代价延续梅的生命。此时胡适病情已得到控制且大有好转，蒋经国进入病房后做了简单询问，代表蒋介石预祝胡适 70 岁生日，并商定等胡出院后再专门设宴为其祝寿云云。

12月29日，是梅贻琦生日，胡适亲自到特二号病房向这位老朋友祝寿，梅颇感欣慰。

1962年1月10日，胡适病愈出院，回到台北福州路26号临时住宅疗养，行前专门到梅贻琦房中探望，并做了推心置腹的长谈。2月20日，胡重返台大医院复查身体，血压、心脏均正常无恙，临走前，再入特二号病房探望梅贻琦。面对两位老友恋恋不舍的情景，在场者深为感动，同时认为躺在病床上一年有半，靠输血维持生命的梅，一定走在胡之前。想不到世事无常，勾魂之笔攥在阎王爷手中，来去皆有缘，生死亦有定数，谈笑风生的胡适竟先梅贻琦而去。

1962年2月24日，"中央研究院"在南港蔡元培馆举行第五次"院士"会议，选举新一届"院士"。胡适在海外的几位学生，或隔代门生如吴健雄、袁家骝、吴大猷、刘大中等四位"中央研究院院士"，皆从美国赶来助势。身体不佳的胡适怀着激动与亢奋之情出席会议。上午9时，胡适宣布开会，选举开始。经过三轮投票，选出新一届"院士"七人。分别为：

数理组：任之恭、梅贻琦、程毓淮、柏实义。
生物组：李景均。
人文组：陈槃、何廉。

据闻，钱思亮与梅贻琦同时被提名为"院士"候选人，钱考虑到梅是自己的师辈，又是母校校长，且来日无多。作为学生对师长应当礼让，遂坚请撤销对他本人的提名。梅贻琦顺利当选，胡适等均表祝贺。

下午5时，胡又出席"中央研究院"举办的酒会，入席者达一百余众。胡适满面含笑登台致辞："今天是'中央研究院'迁台十二年来，出席人数最多的一次院士会议。令人高兴的是海外四位院士也回来参加这次会议。中央研究院第一届院士是在大陆上选出的，当时被提名的一五〇人，选出了八十一位。……只有廿多位在自由地区。'中央研究院'在此恢复时，只有十九位活着在台湾。……现在得了政府的帮助，及海外团体学会的帮助，始有今日的规模。设了七个研究所，召开了四次院士会议，选了三届院士。今天上午第五次院士会议，经过了三次投票，结果选出七位院士。二位在台湾，五位在海外。在台湾的是梅贻琦、陈槃，在海外的是任之恭、柏实义、程毓淮、李景均、何廉。十几年来，我们在这个孤岛上，可算是离群索居，在知识的困难，物质的困难情形之下，总算做出点东西……"[46]

　　胡适讲罢，由凌鸿勋与李济分别讲话，然后是吴大猷讲话。吴先是对胡适与梅贻琦的贡献表示钦佩，并说："科学委员会的成立，可以说是未来国家科学发展上的一件大事，但若不是胡适之、梅月涵两先生的远见、信心和推动力，假若没有他们两位在学术上、教育上的资望，是绝没有成功的可能的。"[47] 吴大猷言毕，胡适接着批评了由李济此前引起的话题——学界的悲观主义和自大狂，并说："我们现在不要谈太空理论，是达不到的，今天连一个完全的物理系都没有，还谈什么太空？[新竹]清华大学花了 200 万美元，添购设备，可是依旧没法聘到中年的物理人才来领导……"胡适说到此处，似有些伤感和动情，继之说道："我去年说了二十五分钟的话，引起了'围剿'，不要去管他，那是小事体，小事体。我挨了 40 年的骂，从来不生气，并且欢迎之至，因为这是代表了中国的言论自由和思想自由。"[48]

　　胡适所说的"围剿"，是指以台湾的徐复观为盟主的一批所谓的"新儒家"及反胡异己分子徐子明之流，对胡氏的思想文化观与人身攻击。[49] 当时在酒会现场的胡颂平看到："先生讲到这里，声调有点激动。"接着对台湾"立法院""监察院""省议会"，特别是"监察院""那个破房子里一群老先生老小姐聚在一起讨论批评"进行了嘲讽。就在胡氏"大声疾呼的时候，突然把话煞住，也许感到（身体）不适了。急忙接着说：'好了，好了，今天我们就说到这里，大家再喝点酒，再吃点点心吧，谢谢大家'"。

　　此时，立在不远处的胡颂平看了下表，正是 6 点半，客人开始陆续散去，胡适仍站在原处含着笑容和一些人握手告别。当他正要转身和一位客人说话时，忽然面色苍白，晃了一晃便仰面向后倒下，后脑先碰到桌沿，再摔倒在磨石子的地上。站在他附近的凌鸿勋、钱思亮等连忙伸手来扶，但为时已晚。一代鸿学硕儒、儒林宗师、新文化运动的老祖宗，因心脏病突发溘然长逝。

　　胡适撒手归天，台岛震动，躺在病床上的梅贻琦从广播中聆听此不幸消息，大恸，悲伤地说："不料竟先我而去。"

　　兔死狐悲，物伤其类。对相知五十年的密友，一旦先行弃世，梅贻琦至为悲痛。经此刺激，病情加重，几度昏迷不醒。据台大医院院长高天成对前往访问的《新生报》记者黄顺华说：对梅校长病情的扼制，最要紧的是增加抵抗力和控制摄护腺肿瘤进一步恶化，因而从 7 月份开始输血。在一年多中，梅校长先后输血 39 次，这是 39 位青年女孩义务的捐输，多由省护专校长徐霭诸在该校学生中所征求。"第一次输血，从一九六〇年七月至九月，一共二十一次，效果很好。一九六一年九月至十二月，再输血九次。今年一月至五月又输血九次，由于摄护腺的肿瘤用女性荷尔蒙医治有效，至今均在使用中。去年台大美籍客座教授杜思博士抵台，他建议使用抗癌新药5-Fluoro-Uracil，也就是美国下议院院长雷朋所用的药品。梅校长于九月十五日开始使用，前后共用六次，每次要陆续注射两周。"又说：梅校长去年九月之后已不能起床了，但"意识极为清楚，胃口也很好。究竟自己知不知道是癌症，很难说，因为他每天看书报杂志，去年试用抗癌新药后，在阅读美国《新闻周刊》时，发现自己与美国雷朋议长用一样的药，曾问过医师，但是医师没敢告诉他。一向很有幽默感的梅校长，在怀疑之余，又告诉朋友说：'如果是癌症，我不早死了吗？'他自称是风湿病，快好了。"最后，高院长说："胡适博士的去世很有关系，因为他说过：'胡适死了，给我影响很大。'"[50]

梅贻琦病重的消息传出，几位老友和清华校友闻讯前来探视，知老夫子来日无多，便"很郑重的考虑是否要问问梅先生，关于清华的将来，他有什么叮嘱。但是他们终究没有勇气向他提出这个问题，因为梅先生认为他的病将会痊愈，他要继续为清华服务。朋友们实在不忍使他伤心。"[51]梅的思维、幻觉与态度，被清华校友蔡麟笔所证实，当蔡前往医院探视时，梅对蔡也似乎是对自己说："没有什么了不得的毛病，只是年纪大了，抵抗力弱，所以恢复比较慢，再过些时候就可以出院了。"[52]蔡闻之默然，只于痛楚中颔首以示安慰。

1962 年 4 月 29 日，是清华大学建校 51 周年校庆日，在查良钊等人安排下，梅贻琦提前两天在病榻上做了对清华校友讲话录音，态度诚朴谦逊一如往常，只是言语稍有错乱。梅讲道：

诸位来宾，诸位校友，今天又到了本学校的周年校庆的日子，有这么多位校友到学校来聚会，实在是隆盛的事情。本人很可惜的是还不能够来参加，不过，这两年以来生病，给病魔缠绕，在医院里头，我临到很危险的时候也不是一次，所以今天还能够向诸位说几句话，我觉着已经是很幸运。要是再过三两个月，能够更像样一点，能够出了医院，再同诸位当面聚会，也是更所期望的。

诸位都看过这个学校的情形，这是比去年，比前年，都有些进步的地方。这也是清华的幸运。虽然是教职员不多，可是大家都能够通力合作，有什么问题，有什么困难，大家都是共同来解决。所以，能够有今天的这种情形。就拿去年的原子炉落成——差不多就是一年以前——的时候来说，也是大家合起来努力作成的。而且这过程当中，竟然没有遇到什么特别的困难，或者意外的纰漏，这也是学校里边很幸运的事情。将来呢，我也期望大家仍旧通力合作，向前去进展。[53]

梅贻琦一生清廉俭朴，可谓两袖清风。患病入院后，由"教育部"与"清华大学"暂为垫付住院费，台大医院院长特批，采取记账方式，待出院时一并结算。但梅身边人员以及同事好友都知道，所住的特二号病房属于高级护理室，较普通公教人员病床每日需补加数百元差额，伙食费例需自付半数，而营养费需全部自付，尤其输血几十次，涉数百人之营养补品代金，其数额超过个人薪俸数十倍。再加上特别医疗费、护士费等，更是一笔不小的数目。梅贻琦终身从事教育，毫无储蓄，自是无力偿付，但他又不愿申请动用一分公帑为自己补贴。在这种情形下，台大校长钱思亮与台大医院院长高天成相商，酌情为梅贻琦减少一部分医疗费，但其他款项仍需梅本人支付。对此，赵赓飏曾提请在台北的清华同学会会长查良钊，以及清华在台知名校友浦薛凤、陈可忠等人早日设法筹措薪金，以免将来梅校长撒手归天，各种欠费难一清偿，令各方为难且影响校长一生清誉。查良钊认为此一问题确实棘手，但必须抢在老校长去世前解决，乃与香港清华同学会会长罗香林联系，协商办法。罗香林发动香港清华校友先捐港币千元为倡导，而查良钊复乘清华校友王文山（CAT［民航空运］董事长）来台之机，约集浦、钱、陈、赵等校友，计议发起祝贺梅贻琦任校长 30 周年募资贺仪捐献活动，一并祝梅校长早日康复。此议很快获得通过，并印发启事如下：

敬启者：

清华成立，"寿与国同"，吾梅校长莅校服务，计有四十六载，而其接长清华系于民国二十年十二月五日，弹指迄今，正值三十周年。春风化雨，教泽普施，功绩昭彰，举世钦仰。忆自去年五月底，梅校长在兼长"教部"期间，积劳抱病，入台大医院疗养以来，瞬届一年有半。在此一年有半之中，梅校长对于"清华"原子能研究所之进行发展，仍亲自（擘）划，口讲笔授，公而忘私。凡吾海内外清华校友，对梅校长之健康至为关切，佥祈求早占勿药，对梅校长三十年之贡献，咸思所以略表微衷。同人等或曾同窗共事或曾亲列门墙，有鉴于全体校友之关切与愿望，爰发起于梅校长长校三十年之期，联合致送贺仪，并推定查良钊、王文山君等九位校友负责进行，想必为吾清华校友所乐予赞同而踊跃参加者也。再者，梅校长近来睡眠益见充分，食量日渐增加，此必为各校友所乐。所愿吉人天相，早日痊愈。谨布缘由，诸祈亮察。

一九六一年十一月十二日[54]

　　启示署名发起人为蒋梦麟、胡适、杨锡仁、王求定、何墨林、高惜冰、陈可忠、浦薛凤等63人。贺仪委员会由9人组成：查良钊、樊际昌、李翰、王文山、浦薛凤、李先闻、钱思亮、俞国华、顾如。

　　身在台湾和岛外的清华、西南联大校友，以及梅贻琦亲朋好友、故旧门生闻讯，极表热情，纷纷解囊以表寸心，半年内集资68万新台币。以部分捐款定制千年樟木根大屏风一架，两面镌刻题字。一面是于右任题清华校训"自强不息，厚德载物"；另一面是罗家伦撰题两行四句："种子一粒，年轮千纪，敬教劝学，道在斯矣。"屏风制成，置于新竹"清华大学"校长办公室，以示敬贺。与此同时，台湾清华校友会刊印第一批贺仪征信录并附校友捐献数额。

　　1961年12月5日，清华同学会特在台北举行盛大茶会，为梅贻琦募资贺仪。当时胡适正住台大医院，负责料理胡适病情的胡颂平一到医院，胡适便笑着说："今早七时，我写了一封情书，是给对面的老朋友的情书。"言毕拿给胡颂平观看，内容如下：

　　　　恭贺
　　　　月涵老兄做清华校长整三十年的纪念日，
　　　　　并祝

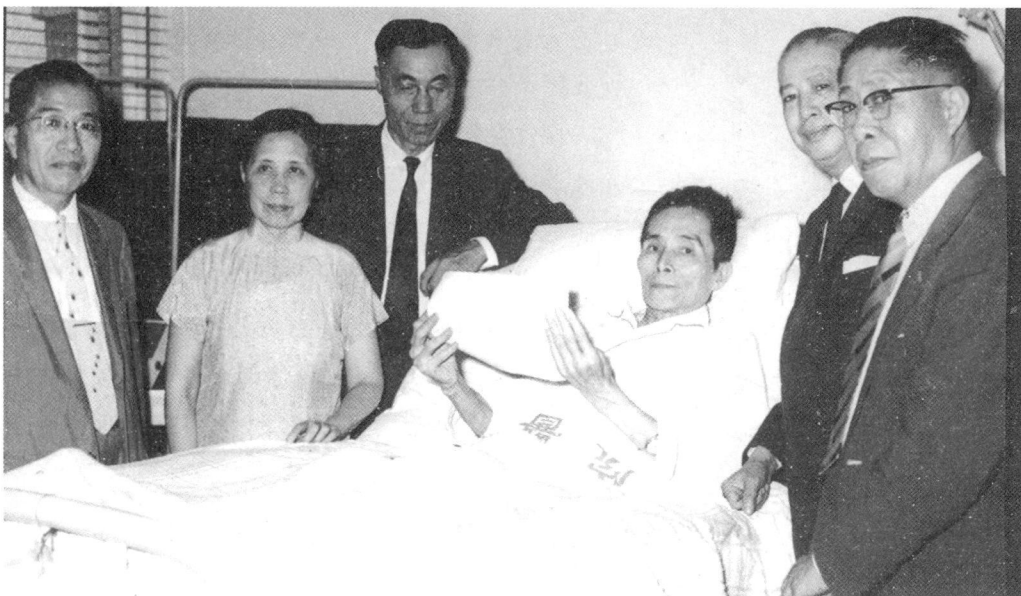

◎清华校友看望病床上的梅贻琦，并汇报梅服务清华30年纪念事宜。左一为陈可忠，右一浦薛凤

您早日完全恢复健康！

　　　　　　　　　　　　　　　　　　　　　小弟弟　适之

　　　　　　　　　　　　　　　　　一九六一年十二月五日早晨七点。

　　——入医院后第一次写字，敬告老兄，我觉得很好了！[55]

　　据胡颂平当天记载："今天是梅贻琦做清华校长三十年的纪念日，清华校友会有一个庆祝纪念会，同时给他发起募捐医药费，不让梅贻琦本人知道。查良钊送来祝寿募捐办法，先生捐了美元五百元。"[56]

　　此时胡适经济并不宽裕，一次捐助 500 美元，可见与梅的深厚情谊以及作为士林盟主的仁德之风。

　　当天下午，由查良钊代表清华全体校友，亲至医院汇报活动概况与赠送印册。卧于病榻的梅贻琦，翻阅凝聚着清华及西南联大同人爱心的征信录，半晌无语，后曾"流泪颔首"。对这一举动和情谊，直至 1962 年 4 月 29 日校庆时，梅贻琦在校庆预做致辞录音中，仍感念不已，为之深情地说：

◎胡适给梅贻琦的字条

　　近些天，才听到诸位校友有一番盛意，要为着本人在学校，曾任校长三十年而有一种表示，所谓"祝贺"的意思。只是本人在这三十年的功夫没有什么大的建树，已经感觉很惭愧。诸位这种举动，使我更十分是，很不过意，更觉着惭愧。

　　诸位聚起来的款数，据听说已经不少，现在在医院里边所用的钱，有的欠的款，或者借垫的款都还了之外，还余下的有相当的数目，这个数目，我倒不希望在医院里还要住个三两年的，就把它用掉，将在短期内，能够好了，出了医院，这笔钱我想我可以本着诸位对我这个鼓励意思，拿来作一点于学校于大家都有意义的事情，将来还要同各位委员同仁大家商量。现在，我想向诸位表示很感谢。谢谢诸位。

　　一九六二年四月二十七日于台大医院录音。[57]

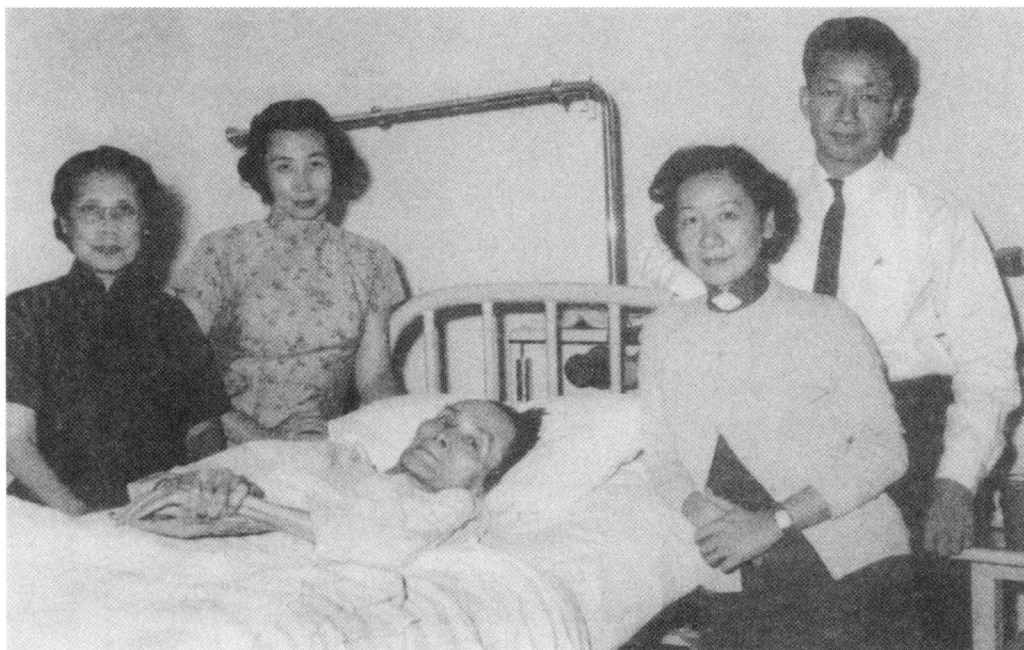

◎ 1962 年，梅贻琦在台大医院病榻上进入生命最后岁月。左起：韩咏华、长女梅祖彬

　　这段录音于新竹"清华"校庆集会时当众播出，听起来中气尚足。此为梅贻琦对挂怀于心，念念不忘的"清华"师生最后一次公开讲话。众人于悲欣交集中，暗暗为老校长——病中的老人祈祷、祝福。

　　5 月 4 日，梅贻琦病体由微热到高烧不退，咳嗽转剧，任何抗生素都不能控制。18 日晚上体温升至 39℃，脉搏 100 以上，呼吸 30 次以上，神志不太清楚，至 19 日早晨陷入昏迷状态，脉搏 140，呼吸 40，体温升至 41℃。如此病况，令国民党层峰为之震动，蒋介石闻讯，立即指示陈诚、蒋经国等组织台大院长、各科主任及医务人员全力抢救。延至上午 10 时 50 分，医务人员回天无力，梅贻琦终告不治，溘然长逝，享年 73 岁。

　　是日中午，台北各电台首传噩耗，"清华"师生与校友闻讯，数百人于惊骇、悲痛中急趋台大医院奔丧。特二号病房阴沉暗淡，韩咏华举哀室隅，泣不成声。清华校友会会长、台大教授查良钊忙于奔走料理，力竭声嘶。"清华"师生、校友环列榻前，默对遗体，缅想往日耳提面命之恩，益感此时天人遥隔之痛，无不掩面悲泣。

　　5 月 20 日，台湾最有影响的报纸《联合报》发表梅贻琦去世消息，历数清华故校长梅氏经历与对中华教育事业付出的心血与巨大贡献，报道说：梅贻琦身患重病，仍然放心不下"教育部"和"清华大学"的公务，"直到住进台大医院，即使在昏迷中，还是惦记着部务，去年（1961年）三月交卸'教育部长'职务以后，仍然牵挂着清华大学的事。老人能够眼看到自己苦心策划的原子炉落成启用，实在有说不出的喜悦与安慰。这也是梅校长对中国科学发展的最后一项巨大贡献，梅校长与清华大学五十年的成就，在科学方面是完全做到了。当年西南联大时代的简陋设备，尚能培植出杨振宁和李政道。以今日新竹原子炉的设备，第一流的原子科学家，自必能不断的产生于台湾。"——事实验证了《联合报》的预言，一批世界第一流的原子科学家从新竹"清华大学"脱颖而出，成为世界原子科学界的翘楚。而于台湾新竹市土生土长、1959年考入新竹"清华"原子科学研究所的研究生李远哲，1979年被选为美国科学院院士，1986年获诺贝尔化学奖。这是20世纪中国继李政道、杨振宁获诺贝尔物理学奖之后，又一位在国内大学毕（肄）业，通过数年努力而成功的诺奖得主，而上述三人皆是梅贻琦主持大学校务时期栽培的学生。正是：原子创新纪，水木湛清华；千秋事业在，方兴未艾时。

梅贻琦生前有一个随身携带的手提皮包，入住台大医院时放在床下一个较隐秘的地方，包里装的什么珍贵东西没人知道。梅去世后，故旧好友以及清华校友组成的治丧委员会，在料理后事时迅速将手提包封存，以备查检。下午三时，决定将梅贻琦遗体由台大医院移至极乐殡仪馆前，经"国府"秘书长张群、"教育部长"黄季陆指定，浦薛凤、查良钊、李熙谋、陈可忠等四治丧委员对封存的手提皮包启封。提包打开，所有人都目瞪口呆——里边没有片言遗嘱，装的是由梅亲自管理的清华基金账簿数册，一笔笔清清楚楚地列着。睹物思人，在场者无不为之感动，有热泪盈眶者。此时韩咏华才顿悟，梅"没有任何财产，所有的话都在病床上讲完了，所以也就无须写什么遗嘱了"[58]。

账簿数册重新装包加封后，梅贻琦遗体移至台北市极乐殡仪馆。经询韩咏华与治丧委员会成员意见，决定采用土葬，墓园选在新竹"清华大学"校园内，三天后发引。

5月23日上午9时，梅贻琦葬礼公祭在台北举行，宋美龄亲到梅夫人寓所慰问，蒋介石特颁"勋昭作育"挽额，以旌逝者高风亮节之典范，同时遣秘书长张群代表致祭。一时间，陈诚及夫人、"五院院长""各部部长""中研院""长期科学发展委员会"、各大学校长，清华校友会、北大校友会、西南联大校友会，以及各学术团体、各界首长，中外学者、友好门生亲临致祭者达2000余人。新竹"清华大学"师生则于正午 12 时恭祭。按照计划，逝者遗体于下午 1 时在瞻仰遗容后大殓盖棺，复由查良钊、陈可忠、浦薛凤、钱思亮等四位清华校友覆清华校旗，嗣由治丧委员会正副主任委员王云五、蒋梦麟、王世杰、黄季陆等四人覆盖"国旗"。下午 1：30 分，在哀乐与鸣炮声中启灵登车，向新竹"清华大学"校园进发。路途执绋者 1000 余人均步行相送，行至中山北路道口时，由孝眷致谢。灵车于开道车、丧车、乐队车、"总统"挽额车、遗像车引护下启行。后为孝眷车、送殡亲友团体大小汽车多辆，径向新竹进发，于下午 4 时到达新竹县境。其时，新竹各界首长、名流、士绅，已事先集合郊外十里之"头前溪桥"恭迎灵椁。行进沿途民户商店，设立祭案焚香祈祷，有的燃放鞭炮迎接灵椁，数不尽的三轮车夫在车上架放花圈，一并加入行进车队行列。更多的男女老幼，自动聚集在街道两旁祭拜，整个街道形成了一支逾万人的盛大的迎灵队伍。更有身穿制服的各校学生，配以自己组织的乐队肃列道路两旁，向缓缓驶来的一生献身教育的伟大学人——梅贻琦遗体默致哀悼。

应地方当局、乡绅及民众请求，灵椁行经路线扩至新竹市区以内，迎送队伍于下午 5 时方抵达"清华"校门。陈可忠代校长率领全体教职员生及眷属，肃立校门外向灵椁致敬。礼毕，在乐队导引下，恭迎灵椁进入校园早已布置好的灵堂。继之，由陈维屏牧师在灵堂前领导祈祷，治丧委员会主任王云五亲为主持安灵仪式，接着是新竹各界公祭和"清华"全体员生致祭。

◎梅贻琦灵枢移往新竹，新竹各界之花圈仪仗队

◎梅贻琦灵柩移往墓地，执绋上山者数千人

逝者的奉安之地选在新竹"清华"校园西南区十八尖山之麓，此地倚山面水，居高临下，俯视全校，远眺大陆，正是一个理想的安息之处。经过几个月的勘察、修建，梅贻琦灵柩于11月18日下午3时安葬墓穴。当日，陈诚亲临新竹校园主持安葬典礼，"行政院副院长"王云五及全体治丧委员会委员，"四院正副院长""中研院院士"暨各研究所所长、"长期发展科学会"与各学术机关团体负责人，及各大学、清华校友会、西南联大校友会、各地市及新竹各界领导人、教职员生等，共3000多人前来参加安葬典礼。灵柩奉安之后举行安葬礼拜，由查良钊读经，李广业牧师祈祷，陈维屏牧师证道并祝福。继于哀乐声中由治丧委员会主任王云五领导全体致最后敬礼。整个场面拥挤中肃穆无哗，来宾各以崇敬怀念之情，向这位中国教育界的先驱致以最深沉的吊唁缅怀之情。治丧委员会同人修撰的祭文，一并敬祭于梅故校长墓前。文曰：

> 治丧委员会同人，谨以清酌庶羞之奠，致祭于
> 故国立清华大学校长梅月涵先生之灵而泣曰：
> 　　呜呼！
> 　　天之将丧斯文欤，胡夺我先生之速？人亦有言：死归无物，惟圣与贤，虽埋不没，如先生者，其庶几乎！

先生学比渊澄，道同岳峙，仁者爱人，作育多士。

先生粹然儒者，躬行身教，对国家之贡献，独多且要。与并世诸君子比，华若未逮，而实则过之。卒也，诸君子名满天下，谤亦随之。誉之者或过其实，毁之者亦未必不杂其私。而国人之尊仰先生，翕然称之。盖无智愚，通朝野，乃至白叟黄童，胥无异词。孔子云：天何言哉，四时行焉，万物生焉，于先生见之。

先生生平尽瘁国立清华大学，虽于国家艰危之际，两度出长教部，而兼领清华如故。人有恒言：见果知树。五十年来清华人才之盛，堪称独步，贡献之多，尤彰明而皎着。斯非幸致，实耕耘者心血之所倾注。

先生之行谊，本乎中国文化之渊源，而学术则造乎西洋文化之峰巅。观乎先生之仪型多士，我先民中体西用之理想在焉。

今世以有无原子科学设备，为衡量一国文野之准绳。

先生忠爱国家，于政府播迁来台之际，殚精竭虑，奋不顾身，为"国家"提供此一需要，使"自由中国"崛起而与于近代文明国家之林，厥功之伟，莫之与京。"中央研究院院士"之膺选，学界引为殊荣，孰意先生竟不稍留而遽殒

◎位于新竹"清华大学"校园内的梅贻琦墓，前方墓碑镌刻蒋中正"月涵先生千古""勋昭作育"等亲笔手书（作者摄）

其生，终天遗憾……呜呼！胡夺我先生之速？岂天之将丧斯文？
尚飨！[59]

——"原子开新运，士林哭大师。"中国教育界一代名宿，连同一个伟大的灵魂，就此长眠于地下。

为纪念梅贻琦对中国教育事业特别是清华创业的贡献，台湾于这年夏季在新竹"清华"研究所基础上，正式成立"清华大学"并招收本科生。同时在校园内为梅贻琦修建了墓园，取名"梅园"。园内建有墓碑两座，一座正面镌刻蒋介石题赠的挽额"勋昭作育"，背面是"褒扬令"。另一座正面为罗家伦题写"梅校长贻琦博士之墓"，背面是蒋梦麟题撰的碑文。墓的左侧建有"梅亭"，园内植有各种名贵花木，其中有杏梅 287 株，梅花 241 株，名花草木构成了壮美秀丽的"梅林"。核子反应器实验馆更名为梅贻琦纪念馆，以志后来者亲炙梅先生遗泽余芳，永久缅怀纪念。[60]

注释

[1][22][23][27][28][29][30][31][32]《梅贻琦文集》2 [日记]（一九五八——一九六〇），杨儒宾、陈华主编，新竹"清华大学"出版社 2006 年出版。

[2] 浦薛凤《梅故校长精神永存》，载《梅贻琦先生纪念集》，黄延复主编，吉林文史出版社 1995 年出版。

[3][26]《梅贻琦文集》1[日记]（一九五六——一九五七），杨儒宾、陈华主编，新竹"清华大学"出版社 2006 年出版。

[4] 宗良圮《梅校长的巨大贡献》，载《清华校友通讯》，新七十九期，新竹。

[5] 郁振镛《三十年后忆长沙》，载《清华校友通讯》，新二十六、二十七期，新竹。

[6]1958 年 4 月 8 日，胡适由美返台，飞机在台湾松山机场降落时，陈诚亲率党政当局和学术界人士前往机场迎接，以示台当局与陈氏本人对胡的尊重。这一年，正是陈诚 60 岁大寿寿辰，不知出于何种考量，陈邀约胡适、蒋梦麟、王世杰、梅贻琦四人结伴南下旅行庆祝。此时陈诚在台湾的声望仅次于蒋介石，胡适自美返台怀揣两个愿望：一是阻止蒋介石出任第三任"总统"，支持陈诚竞选；二是给国民党制造出一个反对党，让台湾有两个政党以增加民主气氛。因而，朝野把陈诚与胡、蒋、王、梅等四位学术界大佬的南游，比喻为"汉惠帝和商山四皓"。四皓即东园公唐秉、夏黄公崔广、绮里季吴实、甪（lù）里先生周术，

他们是秦始皇时 70 名博士官中的 4 位，分别职掌：一曰通古今；二曰辨然否；三曰典教职。后来他们隐居于陕西商县南山，曾经向汉高祖刘邦讽谏不可废去太子刘盈（即后来的汉惠帝）。后人用"商山四皓"来泛指有名望的隐士。汉高祖死后，吕后专权，以汉惠帝为傀儡，"四皓"支持汉惠帝，力斥吕家势力……为时人与后世史家所重。

当时台湾上下把胡、蒋、王、梅四人比作"商山四皓"，从另一个侧面也反映出朝野人士对陈诚寄予希望和拥戴之情。惜蒋氏父子仍紧紧抓住权柄不放，1960 年 3 月 21 日，蒋介石越过重重阻碍，再度当选，陈诚荣登"大位"之梦彻底落空。

[7] 刘兆玄《梅校长为清华树立的民主风范》，载《梅贻琦先生纪念集》，黄延复主编，吉林文史出版社 1995 年出版。

[8][12][15] 蔡麟笔《杏坛巨星，人师风范》，载《清华校友通讯》，新一一三期，新竹。又，尘垢秕糠，典出庄周《庄子·逍遥游》："是其尘垢秕糠，将犹陶铸尧舜者也。"章炳麟《与吴君遂书》云："世未有尘垢秕康而足以陶铸尧、舜者，则知以书籍图史教人，必不为教育之良法，而况圣人不死，有大盗不止之惧邪。"

[9][11] 赵赓飏《协助清华复校琐忆》，载《清华校友通讯》，新八十期，新竹。

[10][25][38] 赵赓飏《琐事忆梅师》，载《梅贻琦先生纪念集》，黄延复主编，吉林文史出版社 1995 年出版。

[13] 孙观汉《清华和酒》，载《清华校友通讯》，新七十九期，新竹。

[14] 许世英《敬悼月涵校长》，载《清华校友通讯》，新二期，新竹。

[16] 李济《我的记忆中的梅月涵先生》，载《清华校友通讯》，新二期，新竹。

[17][41] 杨觉民《怀念二十年前》，载《清华校友通讯》，新七十九期，新竹。

[18] 谈尔益《敬悼梅校长》，载《梅贻琦先生纪念集》，黄延复主编，吉林文史出版社 1995 年出版。

[19][24] 梅祖彦《写在本书出版前的几句话》，载《梅贻琦日记》，黄延复、王小宁整理，清华大学出版社 2001 年出版。

[20] 宝弟，即梅贻宝，燕京大学教授，时由兰州专程来渝与梅贻琦会晤。

[21]《梅贻琦日记》（1941—1946），黄延复、王小宁整理，清华大学出版社 2001 年出版。

[33][59] 赵赓飏《治丧纪实》，载《清华校友通讯》，新二期，新竹。

[34]《石璋如先生访问纪录》，访问：陈存恭、陈仲玉、任育德；记录：任育德，台湾"中央研究院"近代史研究所 2002 年出版。

[35][36][37] 程巢父《〈胡适未刊日记〉整理记事》，载《文汇读书周报》，2010 年 2 月 26 日。

[39] 庄志龄《两岸清华校长梅贻琦》，载《档案与史学》，1998 年第 1 期。

[40][44] 李书华《悼梅月涵先生》，载《清华校友通讯》，新三、四期，新竹。

[42] 梅贻宝《五月十九念"五哥"》，载《清华校友通讯》，新十二期，新竹。

[43]2010 年 10 月，新竹"清华大学"与台湾荣民总医院合作，利用清华水池式反应器产生超热中子进行头颈部肿瘤硼中子俘获治疗（Boron Neutron Capture Therapy，简称 BNCT）研究，通过在肿瘤细胞内的原子核反应来摧毁癌细胞，已获重大突破并取得治疗成果。此成果标志着一个使用超过 50 年的研究反应器，又立了新的里程碑。

[45][46][48][56] 胡颂平《胡适之先生晚年谈话录》，中国友谊出版社 1993 年出版。

[47] 吴大猷《我想念的梅月涵先生》，载《清华校友通讯》，新三、四期合刊，新竹。

[49] 徐复观是公开撰文攻击辱骂胡适，而徐子明等辈则采用散发小册子《胡祸丛谈》等，对胡适进行人身攻击。1958 年 4 月 7 日，梅贻琦日记载："早九点起，十点后张伯谨来，在适之室谈雪屏与志希电，告匿名小册子事（为徐子明与李某所为）。"（《梅贻琦文集》2 [日记]（一九五八——一九六〇），杨儒宾、陈华主编，新竹"清华大学"出版社 2006 年出版）

[50] 黄顺华《精神长留'清华'》，载台北《新生报》，1961 年 5 月 20 日。

[51] 樊际昌《梅先生的无我精神》，载《清华校友通讯》，新二期，新竹。

[52] 蔡麟笔《为百世师为天下法——哭月涵校长》，载《清华校友通讯》，新二期，新竹。

[53][57] 新竹"清华大学"校史馆存原声录音带，同时参考《五十一年校庆梅校长讲话录音辞》，载《清华校友通讯》，新二期，新竹。

[54] 新竹"清华大学"图书馆档案室存。

[55]《梅贻琦传稿》（生平影集），赵赓飏编著，台北邦信文化资讯公司 1989 年出版。

[58] 据新竹"清华大学"教务长朱树恭回忆说："清华是'国立'大学，待遇受规定限制，复校之初，实无法留请返台任教之学人"，在不得已情形下，教员按教授、副教授、讲师等级给予补助，藉以安定工作。在新竹"清华"的兼任教员钟点费比较优厚，并支付交通费及台北、新竹二地车站接送。此项办法后随规定待遇调整而陆续取消。但在陈可忠校长退休时，"曾交付笔者一密封小包，嘱为保存，说是梅校长交付，为额外补助如发生问题时，可拆阅参考。梅校长处事一向循规蹈矩，对责任有关时，体谅负责人有如此者。是项小包内容，陈校长未曾拆阅，笔者当然不敢拆。在笔者退休时，原封转交张校长"。（朱树恭《忆梅校长建校初期若干事》，载《梅贻琦先生纪念集》，黄延复主编，吉林文史出版社 1995 年出版）此一故事有点像诸葛亮五丈原临终授锦囊妙计的感觉，不知梅校长留下的这个"锦囊"，是否已传至今天校长的手中，或内容有所披露？

[60]"原子开新运，士林哭大师。"乃台湾前"教育部长"张其昀献敬梅贻琦挽联。关于梅贻琦入葬新竹"清华"校园事，据清华老校友、梅贻琦去世时担任新竹"清华大学"总务长的洪同回忆说："校长逝世后，我和查良钊、浦薛凤、朱树恭、赵赓飏几位学生和陈[可忠]代校长共商他的后事。先决定在学校为校长辟建一个墓园，让他在天之灵，永远和他担

任了卅一年校长，从入学算起，先后已有半个世纪以上的关系的他所爱的学校在一起，看着她的发展。可是这个建议，当时出现了一些杂音：认为假如一个学校校长死后葬在学校，学校岂不成了校长的墓园？但是我们认为对一般学校，这种看法是可以接受的。不过，梅校长和清华的关系绝不是任何一个学校的校长和其学校所能比的。所以我们还是决定在校园里选了一块地方，作为梅校长永远安息之所。于是有一天，查、浦、陈、朱、和我就伴侍梅师母披荆斩棘，在一个杂树林中，勘定了一块可以俯瞰全校的高地，作为校长长眠之所。并邀请一向为校长所信爱、为母校设计原子炉并负责监工的张昌华学长（29）负责墓园的设计兴建事宜。"又说："张学长设计的墓地，不同于一般的'土馒头'，是在地面下挖筑了一个相当大的墓穴，最初设计可以容放两个灵柩的空间，意以一半保留作师母百年后之用。但安葬的时候，梅师母坚决表示：校长是清华的人，理应长眠清华，而我则不是，不需要如此安排。于是在她的坚持下，我们只好将校长灵柩安置在墓穴中间，覆以由曾任清华校长的罗家伦先生题署的大理石墓碑，完成了这个隆重的葬礼。"（洪同《清华、清华人与我》，载《清华校友通讯》，新一三九期，新竹）

　　另据新竹"清华大学"教务长朱树恭说：梅校长逝世后，移灵新竹校内，墓地由梅师母韩咏华选定，建造的时候墓穴是双人穴，即夫妻共享之墓。但"安葬时梅师母以梅校长和她都是基督徒，日后会在天国相晤，她自己随处可安，不必留墓穴，所以梅校长遗体安放墓中央"。又说：蒋经国对梅贻琦素极敬重，在梅逝世后最初若干年，每届 5 月 19 日梅校长逝世周年之祭日，常来梅园致敬。有一次适逢大雨，自体育馆前上梅园坡道是泥路，经报告以学校经费支绌，短期内无力铺设柏油。不久"国军退除役兵辅导会"奉命来梅园铺设柏油（当时预算闻为新台币八万元）。又一年，蒋经国在墓地行礼后，在平台观望，经报告梅园梅树由校友捐款种植（每单位五十元），但负责部门以台湾无真梅树，种了杏梅树，实是桃树，结出桃子，颇与传统墓地花木不合。蒋经国当时即说辅导会在嘉义梅山农场有梅树，可用于梅园。不久，辅导会即送来梅树一百棵，代替了原有的假梅树。"梅园有了真梅树，也表达了经国先生对梅校长的怀念与关切。"（朱树恭《忆梅校长建校初期若干事》）

　　　　　2014年10月13日—2016年9月10日，新竹—北京—新竹，一稿。
　　　　　2016年9月12日—2016年11月18 日，北京亚运村，二稿。
　　　　　2016年11月27日—2017年2月2日，北京—新竹、天津滨海新区，三稿。
　　　　　2017年4月26日—5月2日，北京亚运村，四稿。

鸣　谢

　　这部著作是我受邀新竹"清华大学"驻校作家期间的一个创作成果。在访问、研究、写作过程中，得到了时任新竹"清华大学"校长陈力俊，教务长陈信文，文学院长蔡英俊，中文系兼写作中心主任刘承慧教授的大力支持与关怀。副校长冯达旋、刘容生、叶铭泉等教授，以及图书馆、档案馆馆长与诸位职员，新竹"清华大学"校友总会及海内外多所分会，校长特别助理孙海珍女士等亦给予大力协助与关照。

　　同时得到了国立西南联合大学老校友、诺贝尔物理学奖得主杨振宁教授，著名历史与人文学者何兆武教授，著名高能物理学家叶铭汉教授，国立西南联合大学及海峡两岸清华已故校友的多位直系亲属，时任清华大学校长陈吉宁教授，清华大学图书馆及档案馆、北京清华校友总会、北京清华台湾校友会以及北京清华校友会的秦泗钊、王正、钟秀斌、郝志杰、周广业、周文业等先生协助与关照，特表感谢。

　　因水平有限，本著谬误在所难免，期盼各位方家、读者朋友与出版人、编辑交流并提供宝贵意见，也可通过新浪网"岳南博客"或岳南电子信箱 yuenan_999@sina.cn 直接赐教。

岳南

2017. 7.7日

图书在版编目（CIP）数据

大学与大师：清华校长梅贻琦传 / 岳南著. —
北京：中国文史出版社，2017.6（2023.10重印）
ISBN 978-7-5034-9279-2

Ⅰ.①大… Ⅱ.①岳… Ⅲ.①梅贻琦（1889-1962）—传记
Ⅳ.①K825.46

中国国家版本馆CIP数据核字（2023）第186671号

大学与大师：清华校长梅贻琦传

作　　者：岳　南
责任编辑：窦忠如
选题策划：楚　静
装帧设计：姜利锐

出版发行：中国文史出版社
网　　址：www.wenshipress.com
社　　址：北京市西城区太平桥大街23号　邮编：100811
电　　话：010-66173572　66168268　66192736（发行部）
传　　真：010-66192703
印　　装：三河市中晟雅豪印务有限公司
经　　销：全国新华书店
开　　本：889毫米×1194毫米　1/16
印　　张：51.5
字　　数：1100千字
版　　次：2017年9月北京第1版
印　　次：2024年3月第2次印刷
定　　价：128.00元（全二册）

质监监督电话：010-59096394
团购电话：010-59320018